ANDREAS OBERHOFER

WELTBILD EINES „HELDEN"
ANDREAS HOFERS SCHRIFTLICHE HINTERLASSENSCHAFT

„… weil ich überhaupts eine unleserliche Schrift mache"

Aussage Andreas Hofers in einem Gerichtsprotokoll von 1804
TLA, Jüng. Gub., Fasz. 1051 (Kassa 1804), Akt Nr. 1455

Andreas Oberhofer

Weltbild eines „Helden"

Andreas Hofers schriftliche Hinterlassenschaft

SCHLERN-SCHRIFTEN 342

UNIVERSITÄTSVERLAG WAGNER · INNSBRUCK

Die Schlern-Schriften wurden 1923 von Raimund v. Klebelsberg (1886–1967) begründet und nach dessen Tod bis Band 289 von Franz Huter (1899–1997) betreut; mit Band 290 übernahmen 1992 Marjan Cescutti und Josef Riedmann die Herausgabe der Reihe.

Bibliographische Information der Deutschen Nationalbibliothek
Die Deutsche Nationalbibliothek verzeichnet diese Publikation in der Deutschen Nationalbibliografie; detaillierte bibliografische Daten sind im Internet über http://dnb.ddb.de abrufbar

ISBN 978-3-7030-0448-3

Dieses Buch wurde im Auftrag
der Tiroler Landesregierung anlässlich
des 200. Gedenkjahres der Freiheitskämpfe
von 1809 herausgegeben.

Umschlaggestaltung: Roland Kubanda

Copyright © 2008 by Universitätsverlag Wagner, A–6020 Innsbruck

Das Werk ist urheberrechtlich geschützt. Die dadurch begründeten Rechte, insbesondere die der Übersetzung, des Nachdruckes, der Entnahme von Abbildungen, der Funksendung, der Wiedergabe auf fotomechanischem oder ähnlichem Wege und der Speicherung in Datenverarbeitungsanlagen bleiben, auch bei nur auszugsweiser Verwertung, vorbehalten.

Herstellung: Grasl Druck & Neue Medien, A–2540 Bad Vöslau

Inhalt

Vorwort 7

1. Einleitung: Annäherung an einen Mythos 11
   1.1. Forschungsstand 14
      1.1.1. Quelleneditionen 16

2. Wer war Andreas Hofer? 19
   2.1. Zeitgenössische Urteile – Quellenkritik 19
   2.2. Der historische Hofer – Kurzbiographie 24
      2.2.1. Kindheit und Jugend 25
      2.2.2. Hofer als Bauer und Wirt 27
      2.2.3. Hofer als Händler 29
      2.2.4. Hofer als „Politiker" 30
      2.2.5. Die militärischen Ereignisse von 1796 bis 1805 32
      2.2.6. Tirol unter Bayern – Die Vorbereitung der Erhebung .. 34
      2.2.7. Die militärischen Ereignisse von „Anno neun" 35
      2.2.8. Hofer als „Landesregent" 37
      2.2.9. Das Ende der Erhebung 39
      2.2.10. Verhaftung und Tod 42
   2.3. Religiosität 43
   2.4. „Patriotismus" – Die „tirolische Nation" 48
   2.5. Soziales Gewissen, Sitten- und Moralbegriff 53

3. Andreas Hofers Schriftlichkeit 59
   3.1. Bildung 59
   3.2. Andreas Hofer als Schreiber 65
      3.2.1. Hofers Schrift, Schreibstil und Diktat 68

4. Die „Kanzlei" der Tiroler Landesverteidiger 77
   4.1. Hofers Sekretäre 81
      4.1.1. Matthias Purtscher (1777–1846) 82
      4.1.2. Matthias von Lama/Delama (1780–1827) 86
      4.1.3. Kajetan Sweth (1785–1864) 87

5. Quellenkundliche Aspekte 91
   5.1. Handschriften 91
      5.1.1. Äußere Merkmale 97
   5.2. Die gedruckten Kundmachungen 105
   5.3. Zeitliche Verteilung der Dokumente 108

6. Edition 113
    6.1. Transkriptions- und Editionsrichtlinien 113
    6.2. Edition der datierten/datierbaren Texte
        in chronologischer Reihenfolge 116
    6.3. Undatierbare Texte 616
    6.4. Andreas Hofer betreffende Einträge (ohne eigenhändige
        Unterschrift) in ausgewählten Verfachbüchern 621

7. Anhang 623
    7.1. Abkürzungsverzeichnis 623
    7.2. Maße, Gewichte und Währungen 623
    7.3. Verzeichnis der benützten Quellen und Literatur 624
    7.4. Orts- und Personenregister 633

Vorwort

Thomas Vogtherr hat im Rahmen eines Symposions am 22. Oktober 2004 in Köln konstatiert, die Historischen Hilfswissenschaften erlebten bereits seit längerer Zeit einen gravierenden Bedeutungsrückgang im Rahmen des Gesamtfaches Geschichte.[1] Obwohl sie sich – so Theo Kölzer – in der Defensive sähen und ihre Existenzberechtigung unter Beweis stellen und verteidigen müssten, blieben Editionen aber weiter „unverzichtbar und nützlich, solange es eine quellenbezogene Geschichtsforschung gibt"[2], quellenkritische Studien seien heute gar wichtiger denn je.[3] In diesem Sinne lege ich hiermit eine Edition der Briefe und Schreiben Andreas Hofers vor; das Buch ist eine überarbeitete und erweiterte Fassung meiner Dissertation, die 2003 durch Herrn o. Univ.-Prof. Dr. Josef Riedmann angeregt und 2006 an der Universität Innsbruck approbiert wurde.

Der Tiroler „Freiheitskämpfer" und „Volksheld" Andreas Hofer (1767–1810) hat zahlreiche handschriftliche Zeugnisse seines Wirkens hinterlassen, deren Großteil aus dem Jahr 1809 stammt. Briefe, Verträge, „Geschäftsaufzeichnungen", Quittungen sowie Gerichtsakten geben aber auch Zeugnis über das Leben des Sandwirts vor seiner Tätigkeit als „Oberkommandant" des Tiroler Aufstandes gegen die bayerische Regierung von 1809, dem wohl bedeutungsschwersten Jahr im kollektiven historischen Bewusstsein der Tiroler Bevölkerung.

Ziel der Arbeit war eine Sammlung aller Texte, die von Andreas Hofer selbst und aus seiner „Kanzlei" stammen, d. h. einerseits der Briefe, Schreiben und Notizen, die einen Einblick in die Lebenswelt des Wirtes, Bauern, Wein- und Viehhändlers aus dem Passeiertal gestatten, andererseits der Aussendungen, der berühmten „Laufzettel" und gedruckten Proklamationen, die die Rekonstruktion eines detaillierten Bildes über das (Nicht-)Funktionieren der militärischen und zivilen Verwaltung durch den Sandwirt, seine Adjutanten und Sekretäre ermöglichen.

Es zeigte sich aber bald, dass eine lückenlose Sammlung ein unmögliches Unterfangen wäre: Bis kurz vor Drucklegung wurden mir immer wieder Hinweise zugetragen, die zu neuen Dokumenten und Erkenntnissen führten. Es ist auch zu erwarten, dass sich mancher Sammler/manche Sammlerin im bevorstehenden Gedenkjahr 2009 des wissenschaftlichen Wertes seiner/ihrer Originaldokumente bewusst wird und diese zugänglich machen will.

Die Schreiben sind heute über ganz Alttirol, Bayern, Norditalien, Österreich und Deutschland verstreut; vieles befindet sich in privater Hand. Die Erhebungen führten mich durch ganz Österreich, nach Südtirol, ins Trentino, nach Deutschland; sogar in der British Library in London fand sich ein Original. Eine kleine „Sensation" war die Auffindung eines Hofer-Autographen im Pfarrarchiv von St. Leonhard in Passeier, die

---

[1] Vogtherr, Bemerkungen, 2.
[2] Kölzer, Diplomatik, 7.
[3] Kölzer, Diplomatik, 18.

mir gemeinsam mit Frau Dr. Monika Mader gelang: Das Schreiben ist in der Form von etwa fünf gleich großen Streifen überliefert, die als Markierungen in einer älteren Handschrift von 1765 (Verlassenschaftshandlung eines Zöllners in St. Martin) eingelegt waren. Wie ein Puzzle waren sie zusammenzusetzen, bis die Unterschrift „Andere Hofer" Sicherheit über den Urheber des Textes gab (vgl. S. 128, Abb. 27).

Anhand von Versteigerungskatalogen, Hinweisen in der Literatur und in Zeitungsartikeln aus dem 19., 20. und 21. Jahrhundert, aber nicht zuletzt durch mündliche Informationen von Wissenschaftlerinnen und Wissenschaftlern, Sammlerinnen und Sammlern sowie historisch Interessierten lässt sich der Weg vieler Dokumente – wenigstens bis zu einem gewissen Zeitpunkt – verfolgen, der Verbleib anderer bleibt ganz im Dunkeln; die Papiere sind teilweise bereits vor Jahrzehnten zur Versteigerung gelangt oder haben sich durch Schenkungen in alle Winde zerstreut. Eine weitere Ursache für den Verlust von Dokumenten schildert Adolf Pichler in seinen Tagebüchern (1850–1899):

„Der schriftliche Nachlaß Hofers mit Briefen hochgestellter Personen befand sich zu Passeier im Besitz seiner Erben. Ein Beamter aus Meran wußte sich in ihre Freundschaft einzuschleichen, er war ‚neugierig' und so vertrauten sie ihm arglos alle Stücke zur Durchsicht an. Später fanden sie, daß die wichtigsten verschwunden waren. Der fragliche Herr, den ich [Pichler, Anm.] nennen könnte, wurde sogleich zur Belohnung an eine höhere Stelle befördert, er hat sich mir gegenüber seines Gaunerstreiches selbst gerühmt: hatte er ihn doch in höherem Auftrage ausgeführt!"[4]

Bleibt zu hoffen, dass es sich bei dem „fragliche[n] Herr[n]" um einen Archivbeamten oder Bibliothekar gehandelt hat.

Die Recherchen führten zu einem derzeit mehr als 680 Schreiben, Notizen und andere Aktenstücke umfassenden Corpus aus Dokumenten, die als Originalausfertigungen, als zeitgenössische oder spätere (beglaubigte) Abschriften, als Fotografien oder Fotokopien, als Regesten oder Zitate überliefert sind.

Ein Teil der Schreiben, auf die es Hinweise gibt, muss weiterhin als verschollen gelten; ob sie nun wirklich nicht mehr existieren, in einer Bibliothek bzw. in einem Archiv falsch eingeordnet wurden oder sich in Privatbesitz befinden und deswegen nicht zugänglich sind, ist nicht herauszufinden. In diesen Fällen verfügen wir aber meist über Faksimiles bzw. mehr oder weniger korrekte Abschriften. Erfreulich ist, dass vor allem durch das Aufarbeiten von Beständen durch Kolleginnen und Kollegen von Universität und Archiven ab und zu Hofer-Autographen auftauchten, die laufend in die Edition eingebaut werden konnten.

Den eigenhändigen Schreiben Andreas Hofers wurde bereits früh großer Wert beigemessen, was sich allein darin zeigt, dass in Museen und Archiven die entsprechenden Dokumente aus dem zugehörigen Aktenumfeld genommen und gemeinsam mit bildlichen Darstellungen, Zeitungsartikeln u. Ä. in „Hoferiana"-Sammlungen zusammengeführt wurden. Autographensammlungen zu Andreas Hofer finden sich etwa im Tiroler Landesarchiv, im Tiroler Landesmuseum Ferdinandeum und in der Bayerischen Staatsbibliothek. In diesem Kontext ist auch auf die sog. Sammlung Steiner im Südtiroler Landesarchiv hinzuweisen, die eine wertvolle Zusammenschau von Dokumenten zu 1809 und Andreas Hofer im Speziellen bietet. Der vermutlich erste stolze private Besit-

---

[4] Pichler, Aus Tagebüchern, 300.

zer eines Hofer-Autographen war der „Thurnerwirt" und Gerichtsanwalt in Passeier Johann Hofer, der sich am 12. August 1809 auf einem Schreiben verewigte: „Gehorret mir Johann Hofer am Thurnfeld Passeyr. No. 1." Auf einem weiteren Schreiben, dat. 1809 Oktober 3, findet sich ein Vermerk des Entdeckers: „aufgefunden J. Sigwart."

Entsprechend der nach wie vor ungebrochenen Betrachtung eigenhändiger Hofer-Unterschriften und -Schreiben als „Reliquien" gestaltet sich die Einsichtnahme vor allem in Privatsammlungen teilweise mühsam. Abgesehen von ihrem ideellen und historischen Wert lässt der Preis, den derartige Papiere heute bei Auktionen[5] und im Antiquitätenhandel erzielen, die Besitzerin bzw. den Besitzer solche „Schätze" mit noch mehr Verantwortungsgefühl bewachen. Dass es also Sammler und Sammlerinnen gibt, die zur Zusammenarbeit mit der Wissenschaft nicht bereit sind, ist zu akzeptieren und sei hier vermerkt. Umgekehrt haben sich Personen, die im Besitz von Hofer-Autographen sind oder über den Verbleib eines oder mehrerer Schreiben Auskunft geben konnten, auf die in verschiedenen Medien erschienenen Aufrufe[6] hin gemeldet, ihnen sei mein ganz besonderer Dank ausgesprochen.

Dank

In erster Linie bedanke ich mich bei Herrn o. Univ.-Prof. Dr. Josef Riedmann, der der ausschlaggebende Impuls für meine intensive Auseinandersetzung mit den Historischen Hilfswissenschaften war, der diese Arbeit betreut und mir immer wieder intern als „AH-Erlebnisse" bezeichnete neue Hinweise zugespielt und mich überhaupt in den letzten Jahren in Vielem, das ich in Angriff genommen habe, tatkräftig unterstützt hat.

Besonderer Dank gebührt weiters Herrn Dr. Marjan Cescutti, der sich für die finanzielle Unterstützung des hiermit abgeschlossenen und eines neuen Forschungsvorhabens stark gemacht, mich aber ebenfalls durch etliche Hinweise unterstützt hat.

Dr. Cescutti und Dr. Riedmann als Herausgebern der Schlern-Schriften ist zu verdanken, dass vorliegende Arbeit in der Reihe erscheinen kann. Für das Zustandekommen des vorliegenden Bandes zeichnet Dr. Mercedes Blaas vom Universitäts-Verlag Wagner verantwortlich, die sich immer als zuvorkommende und angenehme Ansprechperson erwiesen hat.

Für die finanzielle Unterstützung des Forschungsvorhabens in Form eines Stipendiums danke ich dem „Verein zur Förderung der wissenschaftlichen Ausbildung und Tätigkeit von Südtirolern an der Landesuniversität Innsbruck", dem Land Tirol für die Finanzierung der Drucklegung.

Die namentliche Nennung aller Mitarbeiterinnen und Mitarbeiter der Archive, Museen und anderer Einrichtungen, mit denen ich zusammengearbeitet habe, sowie

---

5   Vgl. Auktionskatalog Venator & Hanstein. Bücher Graphik Autographen Auktion 96, 24. März 2006, Köln.
6   Edition der Briefe und Schreiben Andreas Hofers. Forschungshilfe, in: Tiroler Chronist. Fachblatt von und für Chronisten in Nord-, Süd- und Osttirol, Nr. 94, 2004, 19–20. Andreas Hofers Autographen – Zur Schriftlichkeit eines Helden, in: Tiroler Schützenzeitung, August/September 2004. Handschriftliche Zeugnisse von Andreas Hofer gesucht, in: Stadtzeitung Hall, Nr. 18, 2005, 6. Edition der Briefe und Schreiben Andreas Hofers. Ein Forschungsprojekt, in: Der Schlern, Jg. 79 (2005), Heft 10, 10–11. So schrieb der „Comendant in diroll", in: Tiroler Tageszeitung, 8. September 2006 (Nr. 208), 6.

aller jener Personen, die mir Informationen zukommen ließen, würde den Rahmen dieses Vorwortes sprengen, sie mögen sich angesprochen fühlen. In besonderer Weise aber bedanke ich mich bei den Mitarbeiterinnen und Mitarbeitern von Bibliothek und Historischen Sammlungen des Tiroler Landesmuseums Ferdinandeum, des Tiroler Landesarchivs (namentlich bei Herrn DDr. Martin Schennach) und Südtiroler Landesarchivs sowie des Museums Passeier – Andreas Hofer, die durch ihr Wohlwollen und ihre Hilfsbereitschaft das Arbeiten immer wieder zu einem Vergnügen gemacht haben. Herrn Dr. Romedio Schmitz-Esser gebührt besonderer Dank für die Ermöglichung der Arbeit im Stadtarchiv von Hall in Tirol und zahlreiche spannende Gespräche.

Schließlich sei den Kolleginnen und Kollegen am Institut für Geschichte und Ethnologie gedankt (die abseits des Instituts an zahlreichen Forschungsprojekten in Hinblick auf das Gedenkjahr 2009 Arbeitenden eingeschlossen), die mich immer wieder inspiriert, aber auch mit hilfreichen Informationen unterstützt haben. Das Buch widme ich meinen Eltern und Geschwistern.

Innsbruck, im Juni 2008
ANDREAS OBERHOFER

1. Einleitung: Annäherung an einen Mythos

„Was bleibt, ist auch in diesem Fall der Mensch.
Mythen sind längst zu Anachronismen geworden."[1]

Die Geschichte von 1809 und Andreas Hofers im Speziellen wird aus Anlass des Gedenkjahres 2009 von wissenschaftlicher Seite neu durchleuchtet. Der kritische Blick auf die Tiroler Erhebung gegen die Bayern führte bereits 1984 und durch einige nachfolgende Publikationen zu einer gewissen Entmythisierung, Meinrad Pizzinini schrieb anlässlich des damaligen 175-Jahr-Jubiläums: „Die politische Szene um den Sandwirt scheint sich gegenwärtig beruhigt zu haben, womit der Blick für ein objektiveres Andreas-Hofer-Bild offen bleibt."[2] Martin Schennach hat das Abweichen neuerer Arbeiten von der traditionellen Tiroler Geschichtsschreibung in Hinblick auf „Anno neun" jüngst kommentiert: „Eine wissenschaftliche Beschäftigung mit 1809 erscheint nur mehr abseits der ausgetretenen Pfade der traditionellen Landesgeschichte zielführend und vielversprechend."[3]

In den Vordergrund rückt unter anderem auch die Frage nach der Person, nach der historischen Figur Andreas Hofer abseits vom Mythos, von dem unser gegenwärtiges Bild immer noch überschattet, geradezu belastet ist.[4] Im Lauf der letzten zweihundert Jahre hat sich dieser um die Figur des Sandwirts gebildet, um den „Mann vom Land Tirol"[5], der wie kaum eine andere Persönlichkeit aus der Geschichte Tirols von verschiedensten Instanzen für ihre Interessen eingesetzt wurde, der als Tiroler Freiheitsheld schlechthin, als Wahrer der Identität des Tiroler „Volkes" herhalten musste.[6] Die Verehrung geht und ging so weit, dass etwa Karl Paulin 1934 von der „allen Tirolern heiligen Grabstätte des Helden"[7] spricht; kritische Stimmen aber bezeichnen Hofer mehr als Märtyrer[8] denn als Helden, ja sogar als Antihelden; Josef von Hormayr konstatierte ihm bereits 1817 eine „gänzliche Unschuld an den großen Erfolgen des Jahres 1809".[9] Ein Großteil der Bevölkerung hatte unmittelbar nach den Kriegsereignissen andere Probleme, als die Mythisierung des Sandwirts zu betreiben, die Insurrektion (die Bezeichnung des bewaffneten Aufstandes von 1809 als Insurrektion ist insofern legitim, als es sich um einen Aufruhr gegen die bestehende Regierung handelte mit offenem und asymmetrischem

---

[1] Chorherr, Große Österreicher, 64.
[2] Pizzinini, Hofer, 245.
[3] Schennach, Aufstand, 389.
[4] Zu den Ereignissen von 1809 als Mythos, Andreas Hofer als mythischer Figur vgl. v. a. Scheichl, 1809, sowie Pizzinini, Entstehung, 57.
[5] Der Ausdruck ist belegt in einer Rede von Bischof Sigismund Waitz 1934, in der er Hofer direkt mit Dollfuß vergleicht (Pizzinini, Entstehung, 62–63).
[6] Zur Rezeption des Jahres 1809 und v. a. der Figur Andreas Hofers siehe z. B. Kühebacher, Tirol; Feichtinger, Tirol; Steinlechner, Kleider; Pizzinini, Hofer, sowie Schnaiter, Willram.
[7] Paulin, Andreas Hofer und Innsbruck, 14.
[8] Vgl. z. B. Hartungen, Gaismair, 110.
[9] Hormayr, Geschichte, 5.

Kampf gegen die als illegitim betrachtete Autorität) wurde sogar als Fehler betrachtet, „der alles nur noch schlimmer gemacht hatte […]. Von einer Verehrung Hofers war in Tirol in den ersten Jahren nach 1809 wenig spürbar."[10]

„Was bleibt vom ‚Menschen' Andreas Hofer […]?"[11], fragt sich Meinrad Pizzinini im Gedenkjahr 1984. Otto Stolz schreibt:

> „Hofer hat dank seiner Religiosität vor und während seiner Hinrichtung eine bewundernswerte Fassung bewahrt und gilt wegen dieser Krönung seines Wirkens im Jahre 1809 als der erste tirolische Nationalheld."[12]

Bereits sehr früh war man sich bewusst, dass die tragische Art des Todes und die damit verbundene Erhebung in den Status eines „Märtyrers" maßgeblich zur Mythisierung Hofers beigetragen haben. Friedrich Förster schrieb in seinen 1816 (!) in Berlin erschienenen „Beiträge[n] zur neueren Kriegsgeschichte":

> „Ewig bleibt sein Name den Tyrolern unvergeßlich, seine Biederkeit, seine glühende Vaterlandsliebe, die Reinheit seiner Absichten, geben ihm ein heiliges Recht hierauf, vor allen ‚des Todes reinigende Kraft'."[13]

Bereits seine Zeitgenossen sprachen Hofer z. T. jedes militärische Geschick ab. Der Priester Josef Daney, Freund und Mitkämpfer Hofers, etwa beschrieb diesen nicht als Kämpfernatur:

> „Hofer kommandierte bei keinem einzigen Treffen und setzte seine Person auch sonst nie einer Gefahr aus. Ob dies aus Mangel an Tapferkeit oder aus sonstigen Gründen geschehen, weiß ich nicht. Er trank gern ein gutes Glas Wein, lebte aber übrigens sehr mäßig. Sein Blick war voll Redlichkeit und flößte wie sein Umgang Zutrauen und Liebe ein."[14]

Die also durchaus nicht neue These, Hofer hätte immer „hinter der Front gesessen", ließ Karl Theodor Heigel nicht gelten, wenn er 1875 in einem Vortrag referierte, wenigstens in der Maischlacht am Bergisel hätte der Sandwirt an vorderster Front gekämpft.[15] Seinem Verteidiger bei der Gerichtsverhandlung in Mantua gegenüber aber bekannte Hofer, zumindest in den entscheidenden Treffen im Sommer und Herbst 1809 nicht persönlich mitgekämpft zu haben.[16] Josef von Hormayr, der in seiner „Geschichte Andreas Hofer's" kaum ein gutes Haar am Sandwirt lässt, gesteht ihm immerhin zu, an

---

[10] Schnaiter, Willram, 142.
[11] Pizzinini, Hofer, 246.
[12] Stolz, Geschichte, 600.
[13] Förster, Beiträge, 184.
[14] Zit. nach: Blaas, Aufstand, 364.
[15] Heigel, Hofer, 6.
[16] TLMF, FB 2729, 91: Zeitgen. Abschrift eines Briefes des Dr. Basevi, dat. Mantua 1810 Februar 19: „[…] Quando Hoffer fù condotto avanti il Consiglio io gli dissi in che consisteva l'accusa ed egli mi dichiarò che non aveva in persona combattuto, ma aveva dato unicamente alcuni ordini nelle ultime fazioni […]."

„persönlichem Muthe" hätte es ihm „wahrlich nicht" gefehlt.[17] Friedrich Engels aber kannte nur ein militärisches Talent „unter allen deutschen Bauernchefs" und meinte damit nicht Andreas Hofer, sondern Michael Gaismair.[18] Sogar der angeblich von Hofer stammende Aufruf „Mander, es ist Zeit!", der nach wie vor auf Kleidungsstücken prangt (neuerdings werden hier auch die „Weiber" oder „ManderInnen"[19] einbezogen), wird von der neueren Forschung angezweifelt, Sigurd Paul Scheichl bezeichnet ihn als vielleicht apokryph[20], in den von Hofer geschriebenen bzw. zu schreiben angeordneten Texten von 1809 findet er sich nicht.

Worauf also gründet der ganze Heldenkult?

Im 18. Jahrhundert bildete sich ein Klischeebild der Tiroler heraus, das dieses Volk als sehr religiös, blind dem Haus Habsburg verbunden und die Tiroler Eigenständigkeit betonend versteht; dazu gehören ferner die flammende Liebe zur Heimat und ein besonderer Wille zur Verteidigung derselben.[21] Diesen Bedingungen entsprach Andreas Hofer, er war religiös und kaisertreu, d. h. dem Kaiser unbedingt ergeben[22], mit sehr starken Bindungen an sein „Vaterland" Tirol.[23] Für Pizzinini war der Sandwirt damit eine typische Persönlichkeit des 18. Jahrhunderts, auch in negativer Hinsicht: so zeichnete den tirolischen Menschenschlag dieser Zeit „eine gewisse[n] Schwerfälligkeit, eine leicht in den Aberglauben abrutschende Frömmigkeit und Rauflust [Hofer als erfolgreicher Robler/Raufer im Passeier] als Auswuchs sportlichen Kräftemessens"[24] aus. Auch unter „Freiheit" verstanden Hofer und seine Landsleute offensichtlich etwas ganz anderes als der heutige Mensch: nicht die Freiheit von alten Werten, sondern die Freiheit für Religion und Herrscherhaus, für patriarchalische Ordnung und „unverrückbare Werte".[25]

---

[17] Hormayr, Geschichte, 55.
[18] Benedikter, Gaismair, 33.
[19] Werbeauftritt der Jungen SozialistInnen (http://www.jusos.at/zukunft/, 19. Juni 2008).
[20] Scheichl, 1809, 149. Becker, der sich hier wahrscheinlich auf ein Gerücht stützte, erwähnt einen Laufzettel, der nur mit diesem Aufruf beschrieben gewesen sei (Becker, Hofer, Bd. 1, 203).
[21] Pizzinini, Tiroler Nation, 53. „Im allgemeinen gilt der Tiroler des 18. Jahrhunderts als eher konservativ, duldsam, arbeitseifrig, ehrlich, patriarchalisch denkend, fromm und freundlich. Er ist äußerst patriotisch gesinnt, traditionsbewußt, mutig, freiheitsliebend und abweisend gegen Zwang und zu viel Staat" (Pizzinini, Tiroler Nation, 57).
[22] Laurence Cole sieht den Kaiser in den Augen Hofers als „Beschützer des göttlichen Erbes auf der Erde und Stellvertreter des Herrn in Tirol. Hofer regiert als Regent im Namen des Kaisers, nicht jedoch im Namen des Volkes oder der ‚Tiroler Nation'. Es scheint, als habe er keine wirkliche Machtstellung erstrebt, sondern die ganze Zeit seinen einfachen Glauben und sein Vertrauen in das Wohlwollen der Autorität behalten" (Cole, Identität, 234).
[23] Pizzinini, Entstehung, 64.
[24] Pizzinini, Tiroler Nation, 57.
[25] Pizzinini, Entstehung, 65; vgl. Vajda, Austria, 431. „Der Grund von Hofers Erfolg lag in seinem allgemeinverständlichen ‚Politischen Programm', das nichts anderes darstellte als die Forderung nach Rückkehr zu den gewohnten früheren patriarchalischen Verhältnissen. Er war ein Kind seiner Zeit und verkörperte genau das, was ein Großteil der Bevölkerung wünschte. Er konnte dadurch zu einer echten ‚Integrationsfigur' werden, die alle gewünschten und erforderten Eigenschaften in sich zu vereinigen schien, gepaart mit der Tatkraft, die ihn von der Zeit der geheimen Vorbereitung bis zum bitteren Ende an exponierter Stelle stehen ließ. Bei aller Gutmütigkeit und eher leichten Beeinflußbarkeit war er auf jeden Fall eine starke Persönlichkeit mit großer Ausstrahlung, ein redlicher, gerader, offener Charakter, der für sich eigentlich nichts erstrebte und sich ausschließlich für die Erhaltung der Religion, des Herrscherhauses und Tirols einsetzte. Auch in der Zeit seiner Regierung zeigte er keinerlei Ansätze zu Mißbrauch der Macht oder zu einem Diktator" (Pizzinini, Tirol in den Franzosenkriegen, 210).

Heigel sprach in seinem Vortrag von Hofer als einem nicht ungeschickten Bauern, „der die bureaukratische wie die staatliche Form überhaupt geringschätzt" und dessen Blick nicht über die Berge hinausreiche (derselbe Vorwurf trifft die Tiroler Bevölkerung bis zum heutigen Tag schmerzlich).[26]

1.1. Forschungsstand

Die wissenschaftliche Auseinandersetzung mit dem historischen Akteur Andreas Hofer (im Gegensatz zur mythischen Figur) steckt – so unglaublich es klingen mag – in den Kinderschuhen. Josef Hirn hat 1909 ein immer noch gültiges Standardwerk über den Tiroler Aufstand von 1809 publiziert, das noch im gleichen Jahr in zweiter Auflage gedruckt wurde.[27] Als wissenschaftliche Hofer-Biographie ist vor allem die zuletzt erschienene von Meinrad Pizzinini[28] zu nennen, in der auch die Vorgeschichte des Tiroler Aufstandes von 1809 und die Mythisierung bzw. Rezeption des Sandwirts breiten Raum einnehmen. Einen ersten Überblick über die umfangreiche Literatur zu Andreas Hofer und „Anno neun" legte Hans Hochenegg 1960 vor.[29] Gerade anlässlich des Gedenkjahres 1984 aber ist eine Reihe von neuen Publikationen erschienen, was Werner Köfler dazu veranlasste, 1986 einen kritischen „Literaturbericht"[30] zu veröffentlichen. In Hinsicht der Edition von bisher unbekannten Bild- und Textquellen wird darin der Band „Der Tiroler Freiheitskampf 1809 unter Andreas Hofer. Zeitgenössische Bilder, Augenzeugenberichte und Dokumente" von Wolfgang Pfaundler und Werner Köfler[31] (!) gewürdigt, in Hinsicht der Forschung über Andreas Hofer hebt Köfler die Neuauflage der Biographie von Karl Paulin[32], die „bereits klassisch" sei, hervor, andererseits die Biographie von Meinrad Pizzinini. Letzteres Werk sei – so Köfler – „frei von Mythologisierung, ohne andererseits die Tiroler Opfer dieses Kampfes geringzuschätzen".[33] Die mehr populärwissenschaftlich ausgerichtete Hofer-Biographie von Hans Magenschab „Andreas Hofer. Zwischen Napoleon und Kaiser Franz"[34] zeichne sich zwar durch das eingeflossene historische Wissen, das Interpretationsvermögen, die Phantasie und das stilistische Talent des Autors aus, sei aber in manchen Aspekten der auftretenden Personen, vor allem Hofers, stark verzeichnet.[35] Aufgrund der genannten gedruckt vorliegenden bibliographischen Überblickswerke wird hier auf eine umfassendere Darstellung der Buchlandschaft zum Thema verzichtet. In Hinblick auf das Gedenkjahr

---

[26] Heigel, Hofer, 10.
[27] Tirols Erhebung im Jahre 1809, Innsbruck 1909.
[28] Andreas Hofer. Seine Zeit – Sein Leben – Sein Mythos, Wien 1984.
[29] Bibliographie zur Geschichte des Tiroler Freiheitskampfes von 1809 (= Hermann Wopfner/Franz Huter (Hgg.), Beihefte zu Tiroler Heimat. Jahrbuch für Geschichte und Volkskunde. Tiroler Bibliographien, Bearbeitet von der Universitätsbibliothek Innsbruck, Heft 1), Innsbruck 1960.
[30] Tirol 1809–1984. Neue Literatur über den Tiroler Aufstand aus Anlaß des Gedenkjahres, in: Innsbrucker Historische Studien 9 (1986), Wien 1986, 253–260.
[31] München/Bozen/Innsbruck 1984.
[32] Andreas Hofer und der Tiroler Freiheitskampf 1809, 5. Auflage, Innsbruck/Wien/München/Bozen 1981.
[33] Köfler, Literatur, 255.
[34] Graz/Wien/Köln 1984.
[35] Köfler, Literatur, 256.

2009 sind mehrere Monographien, Sammelbände und Zeitschriftenbeiträge in Vorbereitung, in der Neuauflage der Aufzeichnungen Josef Daneys[36] und der Herausgabe des Werkes von Viktor Schemfil[37] hat das 200-Jahr-Jubiläum bereits seine ersten Schatten vorausgeworfen.

Die Forschung über den „historischen Hofer" war in den letzten Jahrzehnten neben dem Erscheinen der genannten biographischen, mehr oder weniger wissenschaftlich fundierten Monographien von zahlreichen Artikeln und Aufsätzen in Zeitschriften und Zeitungen begleitet, die sich mit einzelnen Aspekten des „Lebenslaufs" befassen. Zu nennen ist hier vor allem das ältere, umfangreiche, teilweise allerdings historisch nicht fundierte Werk von Rudolf von Granichstaedten-Czerva, der in den ersten Jahrzehnten des 20. Jahrhunderts zahlreiche Artikel über den Sandwirt publiziert, sich eingehend mit dessen Familiengeschichte beschäftigt und somit das Fundament für zahlreiche kompilierende Werke gelegt hat. Bezeichnend ist, dass der entsprechende Nachlass Granichstaedten-Czervas (Handschriften, Skizzen, Ahnen- und Nachfahrentafeln u. a.) Eingang in den Bestand „von Hofer" des Archivs der Matrikelstiftung (früher Tiroler Adelsmatrikel) in Innsbruck gefunden hat.

Die Durchsicht älterer Werke zeigt, dass der Schwerpunkt der herangezogenen Quellen auf den Sammlungen in Innsbruck, vor allem jenen des Tiroler Landesmuseums Ferdinandeum und des Tiroler Landesarchivs lag. Josef Hirn hat zudem zahlreiche Akten aus dem Bayerischen Staatsarchiv in München sowie dem Österreichischen Staatsarchiv in Wien auf- und eingearbeitet, während die in den peripheren bzw. kleineren Archiven liegenden Quellen „tröpfchenweise" entdeckt und publiziert wurden. Hierin zeigt sich nicht zuletzt der Wandel des Interesses, das sich im 19. und am Anfang des 20. Jahrhunderts im Sinne der historistischen Geschichte der „großen Männer" noch ausschließlich auf die politischen und kriegerischen Geschehnisse beschränkte, hin zu mehr wirtschafts- und sozialhistorischen Fragestellungen im 20. Jahrhundert. Auffallend ist beispielsweise, dass die Rolle Anna Ladurners, Andreas Hofers Frau, erst in der zweiten Hälfte des 20. Jahrhunderts im Zuge der Frauenbewegung mehr Beachtung fand[38], während diese vorher nur als „Ehewirtin" und Mutter rezipiert worden war und Angaben zu ihrer Biographie sich mehr oder weniger auf Herkunft, Geburts- und Heiratsdatum beschränkt hatten. Eine weitere bedeutende Frau im Leben Andreas Hofers, seine Stiefmutter Anna Frick, die Josef Hofer nach dem frühen Tod seiner Frau Maria Aigentler 1772 geheiratet hatte, wurde gar auf ihre äußerst negative Rolle als Person reduziert, die aufgrund ihrer mangelnden wirtschaftlichen Fähigkeiten den Sandhof in den Ruin getrieben habe. Auch sie hat wie ihr männlicher Gegenpart Franz Raffl, dem als Verräter („Judas von Tirol") eine ebenso negativ konnotierte Rolle zufiel, Eingang in den bis heute tradierten Hofer-Mythos gefunden.

Die militärischen Ereignisse, aber auch Vorgeschichte und Nachwirkungen der Tiroler Insurrektion werden in der aktuellen Forschung aus nüchterner Distanz betrachtet, ohne genaueres Augenmerk auf die Figur Hofers zu richten. Gerade durch Quellen-

---

[36] Mercedes Blaas (Hg.), Der Aufstand der Tiroler gegen die bayerische Regierung 1809 nach den Aufzeichnungen des Zeitgenossen Josef Daney (= Schlern-Schriften 328), Innsbruck 2005.
[37] Der Tiroler Freiheitskrieg 1809. Eine militärhistorische Darstellung. Für den Druck vorbereitet und herausgegeben von Bernhard Mertelseder (= Schlern-Schriften 335), Innsbruck 2007.
[38] Annemarie Achenrainer, Anna Ladurner – die Frau Andreas Hofers, in: Tiroler Tageszeitung 1959, Nr. 186, Beilage S. 15.

editionen mit neuen, teilweise ungewohnten Perspektiven (etwa der Aufzeichnungen Josef Daneys) erscheinen die Ereignisse von 1809 und ihre Hauptakteurinnen und -akteure in neuem Licht. In den Archiven und Museen liegen aber nach wie vor Manuskripte, deren Herausgabe lohnend wäre, wie etwa die umfangreiche Korrespondenz (teilweise mit Andreas Hofer) des Haller Hauptmannes Josef Ignaz Straub.[39]

Schließlich sei noch festgestellt, dass sich die Forschung anlässlich des Gedenkjahres 1984 vermehrt nicht nur mit der politischen[40], sondern auch der künstlerischen[41] und literarischen[42] Rezeption von „Anno neun" und Andreas Hofer auseinandergesetzt hat und weniger mit der Ereignisgeschichte an sich.

1.1.1. Quelleneditionen

Die vorliegende Publikation hat sich zum Ziel gesetzt, in der 1809- und Hofer-Forschung eine Lücke zu schließen: Die Quellen, die am zuverlässigsten Aufschluss geben können über den „Anführer" der Aufständischen, Andreas Hofer, wurden bisher nicht systematisch zusammengestellt. Rücken wir den Sandwirt aus dem Passeiertal in den Blickpunkt, ist es nahe liegend, sich den Briefen und Schreiben zuzuwenden, die direkt von ihm, aus seiner Feder sozusagen, stammen. Der Befund, dass es seit verschiedenen Ansätzen zur systematischen Sichtung der Quellen im 19. Jahrhundert und Josef Hirn am Beginn des 20. Jahrhunderts nichts wesentlich Neues gegeben hat, verwundert. Gerade deshalb muss die Sicherung und Aufarbeitung des vorhandenen Materials ein Anliegen der Geschichtsforschung sein. Otto Stolz schrieb bereits 1955 in seiner „Geschichte des Landes Tirol":

„Es wäre zu wünschen, dass der Wortlaut der wichtigsten Originale [aus dem Kriegsjahr 1809, A. O.] in einem eigenen Bande herausgegeben würde, denn der Geist dieses denkwürdigen Jahres kann auch aus den besten Darstellungen der späteren Historiker nicht so unmittelbar erfaßt werden wie aus den ersteren."[43]

Stolz spricht in traditioneller Weise von den Zeugnissen zum Aufstandsjahr 1809 und klammert somit wie viele seiner Fachkollegen die gesamte Vorgeschichte aus, die aber gerade in Hinblick auf eine einzelne Figur wie Andreas Hofer von fundamentaler Bedeutung ist, was etwa Pizzinini in seiner Biographie aufgezeigt hat: Nur durch die genaue Betrachtung des Werdeganges des Menschen Hofer bis zum Höhepunkt seiner „Karriere" im Jahr 1809 können seine Anschauungen, sein „Weltbild", sein Wirken und Handeln erklärt und verstanden werden.

---

[39] Straub-Korrespondenz (Abschriften) in: TLMF, FB 1649, FB 1651, FB 2707.
[40] Z. B. Siegfried Steinlechner, Des Hofers neue Kleider. Über die staatstragende Funktion von Mythen, Innsbruck 2000.
[41] Z. B. Gert Ammann/Michael Forcher, 1809 – Der Tiroler Freiheitskampf in Bildern von Franz v. Defregger und Albin Egger-Lienz. Eine Ausstellung des Arbeitskreises Meran in Zusammenarbeit mit der Südtiroler Landesregierung, dem Meraner Museum und der Kurverwaltung Meran. Kurhaus Meran, 31. März – 30. Juni 1984, Lana/Meran 1984.
[42] Z. B. Josef Feichtinger, Tirol 1809 in der Literatur. Band 4 der literarischen Zeugnisse aus Tirol, hrsg. im Auftrag des Kreises Südtiroler Autoren im Südtiroler Künstlerbund von Alfred Gruber, Bozen 1984.
[43] Stolz, Geschichte, 596.

Einzelne als bedeutend erachtete Dokumente und darunter auch eigenhändige Schreiben des Sandwirts wurden immer wieder – mit besonderer Häufung natürlich in den Gedenkjahren 1909, 1959 und 1984, in den gängigen Tages- und Wochenzeitungen in Form von Volleditionen, Zitaten, Regesten und Fotografien publiziert, andere in Aufsätze und Miszellen eingebettet. Als jüngste derartige Publikation über ein neu erworbenes Hofer-Schreiben ist jene über „die grosse Schlacht in Wien" zu nennen.[44]

Als Vorarbeiten zu einer Sammlung wie der von Stolz gewünschten, gerade in Hinblick auf „Anno neun", sind vor allem die Werke von Josef Hirn, Joseph Rapp und Hans von Voltelini[45] von Bedeutung. Genannte drei Autoren haben sich besonders dadurch hervorgetan, das vorhandene Schriftgut, namentlich auch viele Hofer-Autographen zu sammeln und erstmals zu publizieren. Texte, die weniger zum überlieferten Bild und zum ausgebildeten und tradierten Mythos um die Figur Andreas Hofers als „Freiheitsheld" passten, wurden dabei allerdings gerne ausgeklammert. Ein möglichst vollständiges Corpus aber ist die ausschlaggebende Grundlage für eine neue Biographie; es erhellt das Itinerar des historischen Akteurs bzw. der „geschichtstragenden Persönlichkeit" (Isa Schikorsky), aber auch das Netz von Verwandten, den Freundschaftskreis, die Kampfgefährten und die in wirtschaftlicher Hinsicht oder anderweitig mit ihm verbundenen Personen.

Grundlegend ist vor allem das Miteinfließen von Quellen, die über Hofers militärischen Werdegang vor 1809 Auskunft geben, sprich Dokumenten, in denen sich der Sandwirt als Schützenleutnant und später als Hauptmann präsentiert, als der er bereits 1797 eine der Passeirer Kompanien angeführt hat. Die Beobachtung nämlich, dass Andreas Hofer hier als einer unter vielen Landesverteidigern aufscheint, dass sich die herausragende Rolle, die er 1809 spielen wird, nur sehr zögerlich anbahnt, wurde bereits ins Zentrum der Aufmerksamkeit gerückt[46], allerdings wurde die Frage nach den wirklichen politischen, ereignisgeschichtlichen und nicht zuletzt menschlichen Beweggründen, die Hofers steile „Karriere" ermöglicht haben, bisher nicht in befriedigendem Maß beantwortet. Die Tatsache etwa, dass der Kaiser bereits am 15. Mai 1809 anordnete, Andreas Hofer gemeinsam mit Martin Teimer in den Adelsstand zu erheben[47], d. h. *vor* den berühmten Gefechten am Bergisel bei Innsbruck, dürfte relativ unbekannt sein.

Damit ist eine der wichtigsten Forschungsfragen angerissen, mit der sich auch eine Biographie Hofers zu beschäftigen haben wird: Aus welchen Gründen und in welchen Schritten wurde gerade Andreas Hofer zum Anführer, d. h. zum „Oberkommandanten" der Tiroler (gemacht)?

---

44 Meinrad Pizzinini, Andreas Hofer und „die grosse Schlacht in Wien" – Ein Laufzettel des Sandwirts vom 29. Mai 1809 als wertvolle Neuerwerbung, in: Veröffentlichungen des Tiroler Landesmuseums Ferdinandeum 83 (2003), 185–196.

45 Joseph Rapp, Tirol im Jahre 1809. Nach Urkunden dargestellt, Innsbruck 1852; Hans von Voltelini, Forschungen und Beiträge zur Geschichte des Tiroler Aufstandes im Jahre 1809, Gotha 1909.

46 S. v. a. Franz-Heinz Hye, Andreas Hofers Aufstieg zum „Oberkommandanten in Tirol", in: Der Schlern, Jg. 58 (1984), 187–194.

47 Der Kaiser bestätigte, Hofer und Teimer sollten, da sie sich bei den „glücklichen Ereignissen" in Tirol durch zweckmäßige Veranstaltung und persönliche Tapferkeit ausgezeichnet hätten, die Adelsdiplome ausgestellt werden. Masch. Abschrift in: ÖStA, Adelserhebung Hofer: Diplome Fasz. 140: „Adelstand 26. Jänner 1818 Hofer. Andreas Sandwirth": Kaiser Franz I. an den Hofkanzler Grafen Ugarte, Nieder-Hollabrunn 1809 Mai 15.

2. Wer war Andreas Hofer?

2.1. Zeitgenössische Urteile – Quellenkritik

Aussagen und Urteile über Andreas Hofer stützen sich einerseits auf eine in der älteren Literatur aufgearbeitete Quellenbasis, andererseits handelt es sich in nicht wenigen Fällen um verschriftlichte Anekdoten, die lange nur mündlich tradiert worden waren. Vor allem Josef Hirn hat etliche dieser „Begebenheiten" erstmals festgehalten. Als Beispiel sei eine „O-Ton-Aussage" Hofers angeführt, die dieser bei der Übernahme der Regentschaft in Innsbruck getätigt haben soll:

> „Ös saggra Schwänz! Zwui [warum, Anm.] treibts enk no alleweil umer? Öpper zum Leutplagn und Stealn? Und Schützen sein a no drunter? Schamts enk nit? Was habts ös no in der Stadt z'tien? Geats liaber in Feind nach ins Unterland, er kann no nit weit sein. Obaus glei fort, sag i enk! I will koan mer da söchn. Und wenn's mier nit folgts, so will i enker Kommadant [sic] nit mear sein!"[1]

Hirn gibt hier wie bei zahlreichen weiteren Beispielen (auch bei Paulin finden sich ähnliche Dialekttranskriptionen) keinen Quellenverweis, immerhin aber muss ihm bescheinigt werden, die etschländische oder gar Passeirer Mundart gewissenhaft rekonstruiert zu haben.

Es ist also grundsätzlich Vorsicht geboten bzw. Quellenkritik angebracht, wenn mündliche Aussagen Hofers als Grundlage für eine Beurteilung etwa seines Charakters herangezogen wurden. Einen Einblick in die Problematik des Umgangs mit Beispielen individueller Erinnerung, zeitgenössischen (Augenzeugen-)Berichten und anderen Ego-Dokumenten und ihrer Subjektivität, nicht zuletzt aber auch mit der älteren Literatur und immer wieder aufgegriffenen Klischees sollen die folgenden Beispiele bieten.

Ein berühmtes Beispiel der frühen Legendenbildung um die Figur Hofers ist die Geburt: Deren Umstände verwiesen nach verbreitetem Glauben auf die künftige Bestimmung großer Persönlichkeiten. Die Mutter Napoleon Bonapartes war am 15. August 1769 in Ajaccio auf Korsika auf einem Teppich mit Schlachtenszenen aus Homers Ilias niedergekommen, die Bilder waren somit der erste optische Eindruck für den kleinen Napoleon gewesen. Diese Legende wurde aber durch die Mutter selbst entkräftet, als sie aussagte, in ihrem Haus hätte es gar keine Teppiche gegeben.[2] Bei Andreas Hofer lag die Sache etwas anders, über dem Sandhof war in der Nacht vom 21. auf den 22. November 1767 eine auffallende Sternkonstellation zu sehen. Dem Sprössling der Sandwirtsleute wurde bereits zu diesem Zeitpunkt eine besondere militärische Karriere geweissagt, allerdings weichen die Schilderungen voneinander ab: Die Hebamme behauptete, am Himmel

---

[1] Zit. nach: Hirn, Erhebung, 632.
[2] Willms, Napoleon, 12.

einen „eigenartig geformten glänzenden Stern, einen Kometen in Gestalt eines Säbels" gesehen zu haben[3], der Zeitgenosse Hofers Josef Thaler aber schreibt, wobei er sich auf „mehrere glaubwürdige Zeugen" beruft, von einem Kometen in der Form einer Muskete.[4]

Weitere direkte Aussagen über die Kindheit bzw. Jugendzeit Hofers sind meist nicht zeitgenössisch, sondern wurden dem Sandwirt oft von späteren „Geschichtsschreibern" angedichtet. Den Mangel an Quellen aus der Zeit, bevor Hofer als Geschäftsmann ins Licht der Geschichte tritt, hat Laurence Cole in folgende Zeilen gefasst:

> „Insgesamt ist jedoch vergleichsweise wenig über Hofers früheres Leben oder seine Person bekannt: Die meisten ‚Biographien' widmen den größten Teil ihrer Erzählung den Feldzügen des Jahres 1796/97 und 1809. Das Fehlen detaillierter Kenntnisse eröffnete daher einen großen Raum für Glorifizierung und anekdotische Schnörkel."[5]

Es gibt einige Angaben, die sich durch die Literatur ziehen, so etwa, dass Hofer bereits als Kind ein fleißiger, aber langsam lernender Schüler gewesen sei. Dies schreibt schon Beda Weber[6] in der Mitte des 19. Jahrhunderts. Woher er diese Information hat, wissen wir nicht.

Viel zahlreicher sind die Aussagen über Hofer in dessen Mannesalter, naturgemäß vor allem über das Aufstandsjahr 1809. Wie erlebten die Zeitgenossen den Sandwirt als Oberkommandanten?

Durch die zeitgenössischen Quellen ebenso wie durch die historiographische Literatur zieht sich wie ein roter Faden die Betrachtung Andreas Hofers als schwankende Persönlichkeit, die mit sich selbst nicht im Klaren war, aber auch als sensibler Mensch, der als Oberbefehlshaber einer „Volksarmee" alles andere als geeignet war. Ein unbekannter Schreiber berichtete am 26. September 1809 aus Pest an den Grafen Zichy u. a.:

> „Der Sandwirth von Paßeyr, Andreas Hofer hat weder die zu großen Unternehmungen gehörige Energie und Planmäßigkeit, noch auch militärische Kenntniße, aber ein Vertrauen auf seine gerechte Sache, und auf einen höhern Beistand."[7]

Josef Daney schrieb in seinen Memoiren:

> „Hofer war bloß ein schlichter Landmann und Wirt, hatte zwar eine sehr richtige Beurteilungskraft in Dingen, die ins Hauswirtschaftliche, in Handel und Wandel und in gemeinen Verkehr einschlugen, war aber ja nicht fähig, irgendein höheres Regierungsgeschäft zu verstehen und zu leiten. Indessen hatte er gar keinen Stolz und ließ sich gerne beraten und belehren. Sein Herz war gut und Gutmütigkeit der vorzüglich hervorleuchtende Zug seines Charakters. Im Umgange war er,

---

[3] Paulin, Leben, 13.
[4] Innerhofer, Geschichte, 2.
[5] Cole, Identität, 229.
[6] Weber, Thal Passeier, 324.
[7] TLMF, FB 2073, 101, 35.

wenn ihn keine besonderen Sorgen drückten, heiter, munter und angenehm. Er hatte nicht selten gute Einfälle und unterhielt sich manchmal nicht ungern witzig scherzend mit den beiden hübschen Kammermädchen […]."⁸

Gottfried Wilhelm Becker teilte die Ansicht, Hofer hätte sich nicht als Anführer eines derartig gewaltigen Unternehmens wie der Tiroler Landesverteidigung geeignet:

„Obschon noch im kräftigsten Mannesalter, zeigte er doch einen Hang zur Bequemlichkeit, zur Ruhe, zum Wohlleben, welcher ihn selten mit Entschlossenheit handeln ließ. […] Zu heftigen Maßregeln ließ er sich eben so schnell hinreißen, als er sie wieder zurücknahm, wenn sein gutes Herz oder eine andere Darstellung der Sache den ersten Eindruck überwunden hatte, denn meistens kam es bei ihm darauf an, wie man ihm die Sache vortrug. Wer auf sein Herz wirkte, hatte gewonnenes Spiel."⁹

Der preußische Diplomat und Historiker Jakob Ludwig Salomon Bartholdy schrieb in seinem 1814 in Berlin (!) erschienenen Werk „Der Krieg der Tyroler Landleute im Jahre 1809", sowohl Speckbacher als auch Haspinger hätten viel mehr Einsatz und militärische Fertigkeiten gezeigt, gesteht Hofer aber zu, zumindest am 29. Mai „eine halbe Stunde im Handgemenge" gestanden zu haben.¹⁰ Anzumerken ist hier, dass sowohl Becker als auch Bartholdy Historiographen waren, die ihre Kenntnisse nicht aus authentischen Quellen oder gar der eigenen Erfahrung, sondern aus der gängigen Literatur gezogen haben.

Josef von Hormayr kommentierte zynisch ein während des Gefechts verfasstes Schreiben Hofers:

„Da dieser offene Zettel weder Ort noch Datum hatte, war auch schwer abzusehen, an welchem Morgen und in welcher Stunde der Angriff erfolgen solle? doch würde man in den ordres de bataille Hofers, solche Kleinigkeiten stets vergebens suchen, wie Zeit und Weise des Angriffs, – Stärke, Richtung und Verbindung der Colonnen? etc. etc., dafür mußte das Herz Jesu sorgen und die göttliche Mutter."¹¹

Der Student Anton Knoflach schrieb am 30. Mai 1809 in sein Tagebuch:

„Soeben sah ich den Sandwirt. Bis auf den schönen Säbel, den General Chasteler ihm verehrte, und die feinere grüne Jacke, unterscheidet er sich nicht von den übrigen Bauern; er ist groß und dick und hat einen ungeheuren schwarzen Bart. […] Alles gafft ihn an wie ein Wunderding. Wäre es Napoleon, die Menge der Gaffer könnte nicht größer sein. Die Meinungen von seinen Fähigkeiten sind sehr geteilt."¹²

---

⁸ Blaas, Aufstand, 180–181.
⁹ Becker, Hofer, Bd. 1, 144.
¹⁰ Zit. nach: Becker, Hofer, Bd. 1, 145.
¹¹ Hormayr, Taschenbuch, 49.
¹² Zit. nach: Paulin, Andreas Hofer und Innsbruck, 15.

Der Hauptmann der Villanderer Schützenkompanie, Dr. Anton von Gasteiger, beschrieb Hofers Verhalten vor der „Schlacht" folgendermaßen:

> „Beide Hände in seinen Ledergurt gesteckt, erhob Hofer nur bald den einen, bald den anderen Fuß und begleitete durch diese Gebärde jeden seiner Befehle. ‚Ös geht da außen!' sagte er zu mir, als ich mit meiner Kompanie an ihm vorübergezogen kam, und wies mir mit seinem erhobenen linken Fuß die Ellbögener Straße an. [...] ‚Ös seid halt die ersten', entgegnete der Sandwirt. [...] ‚Wenn ihr die Bayern trefft, so schlagt drauflos und werft sie über den Berg hinab!'"[13]

Keine Spur von Entschlusskraft, taktischem Geschick oder gar „Heldentum" also, die die Mythisierung Hofers rechtfertigen würden?

Von Daney stammt folgender Satz: „In und für Kaiser Franz schien er [Hofer, Anm.] zu leben. ‚Wenn ih a mal zum Kuaser kim', sagte er öfters, ‚ich will ihm erst Sachen sagen, wie's in Landl zugangen ist.'"[14] An anderer Stelle legt Daney seinen Bericht an den französischen General Graf Baraguay d'Hilliers dar:

> „Ich [Daney, Anm.] kenne den Hofer und das Volk von Tirol sehr genau. Der erstere ist bloß ein guter Mensch, der sich selbst zu nichts entschließen und keinen Entschluß ausführen kann, und der immer von der Seite sich zeigt und zeigen muß, von welcher ihn seine Umgebungen ans Licht stellen."[15]

Daney schrieb mehrere Aussprüche nieder, die Hofer getan haben soll, etwa: „[...] ih kann kuan Hühnl' nicht Luad's tien" oder „[...] ih wuaß mir nit z'helfen. Tiet mein'tweg'n, was ös wöllt, unser lieber Herrgott und die Mutter Gottes werd'n wohl all's recht mach'n."[16] Hierin kommt vor allem die Religiosität des Sandwirts zum Ausdruck, der das Geschick von Volk und Land auch in seinen Briefen und Schreiben immer wieder Gott, Jesus Christus, der Muttergottes (in einem Schreiben, dat. 1809 August 14, ist von einer „gute[n] Beschützerin" die Rede) oder einem anderen Heiligen anvertraut (etwa dem Hl. Antonius, Schreiben dat. 1809 August 7).

Andererseits konnte Hofer aber auch ziemlich derb sein; so soll er zu mehreren Bittstellern, die ihn in der Hofburg bei einer „Audienz" besuchten, gesagt haben:

> „Schamts enk nit, ös Facken [Schweine, Anm.]! Facken seids alle viere! Ist itz dös a Streit, seids ös Christen? Lumpenleut seid's! Wie tiet denn ös beichten? Marschiert enk und wenn's mier no a mal mit sölle Fackereien kemmt, laß i enk alle viere insperr'n. Marsch fort, geht mier aus'm G'sicht, ös Saumagen!"[17]

Überhaupt soll es während der Regierungszeit Hofers in Innsbruck oft ziemlich bäuerlich grob, dann wieder gemütlich zugegangen sein, die Hofburg wurde nach den Vor-

---

[13] Zit. nach: Forcher, Freiheitskampf, 65.
[14] Blaas, Aufstand, 181.
[15] Blaas, Aufstand, 256.
[16] Blaas, Aufstand, 263–264.
[17] Paulin, Leben, 98; vgl. auch Blaas, Aufstand, 210.

stellungen ihrer neuen „Bewohner" eingerichtet, es wurde gebetet, getrunken, musiziert, getanzt und gesungen; in derartigen Situationen kam die Bauernnatur des Sandwirts zur Geltung. Heigel bestätigt, Hofer hätte in dieser Zeit seine wahre Identität nicht verschleiert: so hätte er etwa das Licht mit der Hand geputzt und nicht aus Gläsern, sondern aus der Flasche getrunken, außerdem nur vor geistlichen Herrn den Hut gezogen. „Den Titel ‚Excellenz', womit ihm Supplicanten zu schmeicheln suchten, wies er zurück. ‚Ich heiß' Andre! Ich bin nicht besser als die andern, wir alle sind Bauern und keine Herren!'"[18] Ein Zeitgenosse stellte überrascht fest, dass sich Hofer aber doch auch von seiner Rolle als niederer Diener des Kaisers lösen konnte:

> „Der Sandwirth Hofer wohnt zu Innsbruck auf der Burg, und zwar auf großem Fuße; nach Generals-Art, und läßt sich an der Tafel, welche die Stände bestreiten, trefflich schmecken. Man hat ihm darüber verschiedene Vorstellungen gemacht, er soll aber geantwortet haben: er habe lange genug andere bewirthet, und fände es daher ganz billig, daß er nun auch einmal bewirthet werde. –"[19]

In ähnlich sarkastischer Weise schrieb ein Archivar bzw. Sammler auf die Rückseite eines Schreibens Hofers vom 4. Oktober 1809: „Moratorium. Ein Beweiß, daß auch Wirthe [gemeint ist Hofer, Anm.] Moratorien ertheillt(en), ein Reservat des Konigs heut zu Tag."

Interessant ist der Blick eines bayerischen Hauptmanns auf die Tiroler und die Wahl Andreas Hofers zum Oberkommandanten: Carl von Baur, Hauptmann und Lehrer der Kriegswissenschaften, publizierte bereits 1812 ein Werk über den Aufstand in Tirol, worin zu lesen ist:

> „Dieser rohe, aller Kultur sich entgegensetzende Charakter des Volks, erklärt auch sein unbegränztes Zutrauen gegen seinen Anführer Andreas Hofer. Die Natur des Tirolers forderte unbedingt auf die oberste Stelle einen Mann, welcher bei einer starken körperlichen Constitution, den bildungslosen Sinn und den schlichten Verstand dieses Gebirgsvolks in sich vereinigte, ohne deswegen ein überlegenes Talent zu seyn. Alle diese Eigenschaften fanden sich in Hofer vereinigt. Vorzüglich war es auch der religiöse Sinn dieses Mannes, welcher mit zauberischer Kraft auf die Masse wirkte. […] Mit einem Wort, Hofer hatte das Zutrauen des ganzen Tirols, weil er in seinem Charakter durchgängig die Bauernnatur aussprach. […] Das Epitheton [Beiwort, Attribut, Anm.], welches er sich beilegte, in welchem er angeredet wurde, und in welchem er sich auch in öffentlichen Geschäften unterschrieb, war: Lieber Vater."[20]

Die bayerische Polizei hielt in einem Bericht fest, wie sie den „Oberkommandanten" der Tiroler einschätzte:

---

[18] Heigel, Hofer, 17.
[19] Ablichtung einer handschriftlichen Notiz unbekannter Provenienz ohne Signatur (Original im HHStA) in der Sammlung Kirchmair, Zentrum für Erinnerungskultur und Geschichtsforschung (ZEG) am Institut für Geschichte und Ethnologie, Universität Innsbruck.
[20] Baur, Krieg, 169–170. Letztere Feststellung, dass Hofer als „Vater" unterschrieben hätte, ist nur für ein Schreiben (Sand 1809 Juli 14) belegbar.

„Hofer Andre vulgo Sandwirth: hat sein Ansehen vorzüglich seinem Barte zu danken gehabt, sonst hätte er es schwerlich bekommen; denn er ist ein Mann ohne Kopf und Character. In Hinsicht seines Herzens ist er wenigstens nicht hart, ihn einen gutartigen Fanatiker nennen, heißt ihn vielleicht am besten characterisiren. Persönlichen Muth hat er nicht viel gezeigt, denn immer war er einige Stunden oder Meilen hinter seinen Horden; […] Daß aber Innsbruck nicht von den Bauern angezunden oder geplündert worden ist, hat es ihm zu danken, doch ist auch die Insurrection im Monat August vermöge seinen Umlaufsschreiben de dato 4t(en) Aug(ust) ausgebrochen, und dadurch das Elend des Landes um einige Monate verlängert worden."[21]

Wieweit also diese (Augenzeugen-)Berichte die Realität beschreiben, sei dahingestellt; es handelt sich aber um subjektive Zeugnisse, die natürlich zu hinterfragen sind, nicht zuletzt wegen der Tatsache, dass sich in ihnen immer wieder widersprüchliche Angaben finden.

Natürlich hatten die Bayern einen anderen Blick auf die Ereignisse in Tirol als die Tiroler selbst, ebenso die Franzosen, die Tirol als relativ unwichtigen Nebenkriegsschauplatz betrachteten. Selbst die mit Tirol kämpfenden österreichischen Soldaten und Generäle, die die großen Schlachten gegen Napoleon ausfochten, sahen das Ganze wiederum anders. Schließlich gab es auch innerhalb Tirols Unterschiede in der Beurteilung der Ereignisse von 1809 bzw. der Figur Andreas Hofers; dies ist durch die Denkweise und Absichten der verschiedenen sozialen Schichten, aber auch durch den Geschlechter- und Altersunterschied zu erklären. So ist etwa ein offenes Geheimnis, dass sich ein Teil der Geistlichkeit vor allem an der Propagandatätigkeit im Vorfeld des Aufstandes entscheidend beteiligte und Vertreter dieses Standes an vorderster Front kämpften. Die Bürger der Städte Innsbruck, Bozen und Trient, die sich großteils mit den bayerischen Maßnahmen arrangiert und deren Beamte die Umstellung von den Habsburgern zu Bayern als Dienstgeber gut verkraftet bzw. sogar begrüßt hatten, zeigten wenig Begeisterung für den Aufstand. Dass die Bauern, Wirte, Knappen und Tagelöhner, die zu Hofers Heer gehörten, v. a. in Innsbruck Häuser plünderten und verwüsteten, trug gewiss nicht zu ihrer Beliebtheit bei der Bürgerschaft bei. In diesem Kontext ist die Bemerkung in einem Schreiben, dat. Meran 1809 Mai 6, interessant, wo sich Hofer darüber beschwert, die Bewohner von Trient hätten 14 kaiserliche Soldaten getötet.

2.2. Der historische Hofer – Kurzbiographie

Hans Heiss hat jüngst darauf hingewiesen, es wäre höchst an der Zeit, dass eine neue, wissenschaftliche Biographie Andreas Hofers geschrieben wird, die der weiteren Mythisierung des Sandwirts keine Nahrung geben soll.[22] Da eine ausführliche Lebensbeschreibung den Rahmen dieses Buches und des gestellten Themas sprengen würde, folgt an dieser Stelle eine gestraffte Biographie unter Berücksichtigung „neuer" Quellen.

---

[21] „Character-Züge (das Schwarzbuch der bayerischen Polizei in Innsbruck von 1809)", TLMF, FB 3704, 188, 4–6.
[22] Heiss, 1809–2009, 16.

2.2.1. Kindheit und Jugend

Andreas Nikolaus Hofer wurde in der Nacht zum 22. November 1767 gegen Mitternacht am Sandhof als jüngstes von sechs Kindern des Josef Hofer und der aus Matrei am Brenner gebürtigen Maria Aigentler geboren und in der Pfarrkirche von St. Leonhard in Passeier im heutigen Südtirol getauft.[23] Als Andreas drei Jahre alt war, verlor er im Dezember 1770 seine Mutter durch eine plötzlich auftretende „Unpässlichkeit".[24] Josef Hofer stellte 1772 beim Gericht das Ansuchen, Anna Frick, Köchin im Pfarrwidum in St. Leonhard, heiraten zu dürfen, d. h. die Kinder erhielten in ihr eine Stiefmutter. Dieser wurde in der Historiographie immer wieder das finanzielle Absinken des Sandhofes angelastet, das – wie Hans Hochenegg zeigt – aber andere, viel weiter zurückliegende Gründe hatte: So wurden im Laufe des 18. Jahrhunderts immer wieder größere Bauarbeiten am Sandhof durchgeführt, die auf Schäden durch Überschwemmung zurückzuführen waren.[25]

1774 starb auch Josef Hofer relativ unerwartet und hinterließ vier Kinder aus erster Ehe sowie eine Tochter aus der zweiten Ehe mit Anna Frick, Andreas war der einzige überlebende Sohn und somit designierter Hoferbe.

Wann der junge Hofer eingeschult wurde, ist nicht eruierbar. Er besuchte vermutlich zwischen ca. 1774 (im gleichen Jahr führte Maria Theresia die allgemeine Schulpflicht ein) und 1780 die Volksschule in St. Leonhard in Passeier (s. u.).

Am 16. Juli 1777, drei Jahre nach dem Tod des Vaters, wurde durch das Gericht Passeier ein „Bestandskontrakt" aufgesetzt, wonach dem Ehemann von Andreas' ältester Schwester Anna, dem Säumer Josef Griner zu Rabenstein, für zehn Jahre (bis 1787) der Sandhof zur Bewirtschaftung überlassen wurde. Griner stimmte zu, Annas Geschwister zu versorgen und ihnen die nötige Erziehung angedeihen zu lassen. Anna Frick (†1779) hatte bereits 1775 einen Teil des Gerichtshauses in St. Leonhard mitsamt einem „Krautgarten" gekauft und 1777 heiratete auch sie zum zweiten Mal.[26]

Andreas Hofer wurde bald nach dem Besuch der Volksschule nach Welschtirol geschickt, um als Dienstbote Erfahrungen für seine spätere Arbeit als Gastwirt und Bauer zu sammeln, andererseits aber um Italienisch – oder besser – die Welschtiroler Mundart zu erlernen, die er für seinen späteren Beruf benötigen würde. Es war durchaus üblich, dass sich die Söhne auch sozial gut gestellter Familien in ihren späteren Erwerbs-

---

[23] Eintrag im Taufbuch (1767 November 22): „Andreas Nicolaus fil leg(itimus) honest(orum) conjug(um) Josephi Hofer Würth auf dem Sandt et Mariae Aigentlerin Bapt(izatus) est a R. D: Andrea Krafft coop(eratore) sub patrino Joanne Pichler Juvene auf der Möhrr auf Täll" (Taufbuch St. Leonhard i. P. 1765–1806, SLA, Mikrofilmrolle 80).

[24] SLA, Verfachbuch Passeier 1771, fol. 6v–12v, am Sand 1771 Jänner 3.

[25] „Die [...] Schuld des Joseph Hofer erscheint auch in der Abrechnung von 1761 und belastet im Jahre 1783 die Joseph Hoferische Nachkommenschaft [...]. Eine weitere Last ergab sich aus einem Umstand, der auf drückende Geldnot des alten Hofer schließen läßt [...]. Dann aber ist eine weitere Schuld erwähnt. Der vormalige Kirchpropst Pammer hatte am 25. 4. 1775 die Kinder des im Vorjahr verstorbenen Joseph Hofer bei der Rosenkranzbruderschaft mit 143 Gulden belastet." Letztere Schulden gehen laut Hochenegg auf „die wiederholte Bedrohung des Sandhofes durch die Fluten der Passer und dabei erlittene schwere Wasserschäden" zurück; eine schwere Überschwemmung hat es offensichtlich 1772 gegeben, die dem Sandhof erheblichen Schaden zugefügt hat (Hochenegg, Bruderschaften, 31–33).

[26] SLA, Verfachbuch Passeier 1775, fol. 568v–569v; 1777, fol. 674v.

zweigen als Hilfskräfte bewährten.[27] Es scheint einleuchtend, dass es für einen Wirt im Passeiertal, an einem wichtigen Durchzugsort, wenn auch nicht unumgänglich, so doch sehr vorteilhaft war, die zweite Landessprache (*lingua volgare italiana*) zumindest in gesprochener Form zu beherrschen, sprach man doch in Hofers Zeit von der „Tiroler Nation" im Sinne Alttirols, dem auch die welsche Sprachgruppe angehörte. Für die Tatsache, dass sich Hofer nach einer Zwischenstation in Cles am Nonsberg, wo er am Bauerngut des Giuseppe Maria Miller vermutlich als Stallknecht („stalliere"[28]) gearbeitet hatte, am Ballinopass in einem Wirtshaus als (Haus-)Knecht verdingte, gibt es zwei einleuchtende Erklärungen: Einerseits befand sich der Ort Ballino auf einer wichtigen Durchzugsroute, die als Verlängerung der Uferstraße des Gardasees vom Hafen von Riva als einzige Verbindung über die judikarischen Täler in das Sole- und Nonstal führt, von dort ins Ultental, den Vinschgau und das Passeiertal; andererseits aber handelte es sich bei Ballino um ein gewissermaßen deutsches Reliktgebiet, wenn auch nicht in sprachlicher Hinsicht.[29] Das am Gasthaus Armani-Zanini, einer wichtigen Zollstätte, vorbeiziehende Publikum wird jenem des Sandhofes sehr ähnlich gewesen sein. Bis heute wird das sog. „Hofer-Zimmer" gezeigt, ein Pächter hat den Aufenthalt des späteren Sandwirts in „seinem" Gasthaus auch schriftlich belegt: „Andrea Hofer, detto l'oste barbòn tirolès, ha lavorato come famei in quest'azienda per alcuni anni, circa tre, dormendo qui, in questa cameretta."[30] Zudem soll Hofer in dem Gasthof ein Zimmer kunstvoll ausgemalt haben, eine Tatsache, die aber wohl eher ins Reich der Legenden gehört.

Hinsichtlich der zeitlichen Einordnung des Aufenthaltes in Welschtirol können wir keine genauen Daten nennen. Riccadonna datiert ihn mit dem Ende der Schulzeit (1783) und dem Jahr 1788, als Hofer das 20. Lebensjahr vollendete und ihm der Sandhof übergeben wurde.[31] Wahrscheinlicher ist aber m. E., dass Hofer spätestens 1780 die Schule beendet und noch mehrere Jahre als Dienstbote am heimatlichen Hof gearbeitet hat.

Am 14. Februar 1787 wurde im Verfachbuch des Gerichtes Passeier festgehalten, der Erbe hätte nun das erforderliche Alter für die Hofübernahme erreicht.[32] 1789 heiratete Hofer Anna Gertraud Ladurner (*1765) aus Algund.[33] Die Eheleute übernahmen nach dem Wegzug des Schwagers Griner nach St. Martin den Sandhof, das Vermögen wurde

---

[27] Vgl. Riccadonna, Hofer, 70.
[28] Riccadonna, Hofer, 89.
[29] Riccadonna, Hofer, 73, 83–84.
[30] Vgl. Riccadonna, Hofer, 88.
[31] Riccadonna, Hofer, 72.
[32] SLA, Sammlung Steiner, Nr. 413.
[33] Pizzinini, Hofer, 25. Wegen einer Wette, wonach sich Hofer gegenüber seiner Frau durchsetzen wollte, soll sich dieser den langen Bart wachsen lassen haben, der ihm in Italien auch den Beinamen „Barbone" einbrachte (vgl. Schönhuth, Hofer, 4–5). Die Ladiner nannten Hofer „Barbun" (vgl. Gruber, Bruneck, 52), die Franzosen „Le Général Sanvir [Sandwirt, Anm.]" (Hormayr, Geschichte, 322). Laut Hormayr war es unter den Wirten „jener Thäler" aber durchaus üblich, sich einen Bart wachsen zu lassen (Hormayr, Geschichte, 52).
Eintrag im Ehebuch (Teil des Taufbuches): „Andre Hoffer Jungesöll Wirth an Sandt 23 Jahr alt ein Sohn des Joseph und Maria Aigentlerin et Anna Ladurnerin 21 Jahr alt ein Tochter des Peter Lädurner und Maria Tschöllin in Ällgundt Seindt gethrauet worden von mir ut supra Zeug(en) war(en) Mathias Lädurner und Johann Tschöll gärber" (Ehebuch St. Leonhard i. P. 1766–1807, SLA, Mikrofilmrolle 80).

auf 11.095 Gulden geschätzt, wobei die auf dem Gut liegenden Schulden etwa gleich hoch waren und die Geschwister weiter Erbanspruch hatten.[34]

Aus der Ehe gingen sieben Kinder hervor[35], sechs Mädchen und ein Knabe, von denen fünf das Säuglings- bzw. Kleinkindalter überlebten: Maria Gertraud (*24. Februar 1792, †1793), Johann Stephan (*26. Dezember 1794, †1855), Maria Kreszenz (*16. Februar 1797, †1835), Rosa Anna (*30. August 1798, †1832), Anna Gertraud (*13. März 1803, †1836), Gertraud Juliana (*15. Februar 1805, †1834) und Kreszenz [Margareth] (*23. Juli 1808, † Oktober 1808).

2.2.2. Hofer als Bauer und Wirt

Andreas Hofer wird wie seine Vorfahren in den Quellen durchwegs als „Wirt" bzw. „Gastgeb" bezeichnet, er selbst unterschrieb bevorzugt als „Sandwirt" oder als „Wirt am Sand", aber nie als „Wirt an der goldenen Krone", wie das Gasthaus zwischen den beiden Orten St. Leonhard und St. Martin in Passeier eigentlich hieß (dementsprechend zeigt das heute noch vorhandene Wirtshausschild eine goldene Krone). Zur Taverne gehörte ein größeres Bauerngut, das die Versorgung der Wirtsfamilie sicherstellte und vermutlich auch Verpflegung für die Gäste lieferte; der Wein allerdings musste zugekauft werden, da das Passeiertal selbst über keine Reben verfügte.

Beda Weber bezeichnet den Sandhof als „das größte Bauerngut der Gegend und vielleicht im Thale".[36] Die zum Hof gehörenden Liegenschaften wurden im Maria Theresianischen Kataster von 1775 minutiös verzeichnet, wobei sich ein recht düsteres Bild zeigte: Der Besitz bestand neben Haus, Hof und Gastwirtschaft aus einem „Krautgarten", einem „Stück Ackerfeld", einem „Stück Wiesfeld", einer kleinen Wiese, einem Stück Gemeindegrund („ist vom Hochwasser gänzlich zerstört worden und liegt nun zu Ganden"), einem Wald, einem „Stück Wiesmahd" („welches aber vom Hochwasser gänzlich zerstört worden ist und nun wirklich vom Seebach oder von der Passer besetzt wird"), einem Ackerfeld („ist ebenfalls von obiger Beschaffenheit") und einem „Sand" („ist ebenfalls gänzlich zerstört und überschüttet worden, und der Seebach hat dadurch ein Rinnsal geführt").[37] Der Sandhof lag also in einem sehr exponierten und ständig von der Passer bedrohten Gebiet. Im Verfachbuch von 1774 wird darauf hingewiesen, die Schätzung des Besitzes nach dem Tod des Josef Hofer hätte sich verzögert, „weillen kurz vor seine(n) tödt(lich)en Abschied durch daß eingefallene Gewäßer seine Gütterschafft[en] großen Theils veruinniret Stadl und Stall(ung) verflesßet"[38], die Schäden aber bereits beseitigt worden seien. Offensichtlich gab es 1772 eine schwere Über-

---

[34] Graf, St. Leonhard, 75. Vgl. Weber, Thal Passeier, 324. Der „Besitzüberlassungs-Kontrakt für Andree Hofer, Wirth und Gastgeb an der goldenen Kron auf den Sandt von seinen geschwisterigten Maria und Gerdruth Hoferin" wurde 1791 ausgestellt, von 1787 datiert eine „Bestands-Rückschätzung […] dem Junggsell Andree Hofer" (Maiser Wochenblatt 1904, Nr. 10, 5). S. a. Innerhofer, Geschichte, 4.
[35] Als Paten der Kinder fungierten „Maria Raflin gärberin in der Wiß" bei den Mädchen und „Joanne Tschöll Gärber" bei den Knaben (Taufbuch St. Leonhard i. P. 1765–1806, SLA, Mikrofilmrolle 80; Taufbuch 1807–1833, SLA, Mikrofilmrolle 80).
[36] Weber, Thal Passeier, 98.
[37] Zit. nach: Graf, St. Leonhard, 74–75.
[38] SLA, Verfachbuch Passeier 1774, fol. 824r.

schwemmung, die dem Sandhof erhebliche Schäden zugefügt hat. Auf derartige Katastrophen und die anschließenden Reparaturarbeiten ist ein großer Teil der Verschuldung der Sandwirte, in diesem Fall des Josef Hofer, zurückzuführen.

Am 15. Juli 1790 beschwerte sich Andreas Hofer bei der k. k. Steuer-Regulierungs-Kommission darüber, er würde zu viele Steuern zahlen, „weilen zum Theil seine Würths Tafferne in ausserster Wassers Gefahr, und die Aecker nicht in so gutem Ertragnis sich befinden, als die Aecker der übrigen angränzenden Nachbaurn". Das Gericht Passeier ordnete zwei beeidigten „Schätzmännern" an, die Güter neu zu taxieren. Diese lieferten einen Bericht[39], wonach Hofer für seine „Würthshauß Tafferne samt dem Gewerbe, und denen darbey befindlichen Eingebanden" nicht wie bisher 730 fl, sondern nur 175 fl zahlen sollte, da der Besitzer

> „dieße in der grösten Wassers Gefahr liegende Effecten jährlich durch Archen, und anderen Wasser Vorbau mit großen Unkosten versichern muß. Zu dem muß ein Inhaber bey androhender Verfleßungs Gfahr [sic] fast alle Jahre die Haußgeräthe, und den Würths Wein anders wohin aus dem Hauße in Sicherheit bringen, wo so dann in dergleichen Fällen viele Mobilien zerrissen, und der Wein trüb gemachet, und fast ganz verderbet wird."

Die achteinhalb Jauch Acker (das Jauch bzw. Joch war ein Flächenmaß, das in etwa der Ackerfläche entspricht, die an einem Tag gepflügt werden konnte), welche mit einer Steuer von insgesamt 1.700 fl belegt waren, sollten nur mehr mit 1.547 fl besteuert werden. „Und dieß aus der Ursache, weil solcher Acker keinen Blenten [sog. schwarzer Plenten = Heidekorn, Anm.], wie die übrige angränzende Aecker der Nachbahrn der vielfältig gemachten Versuchen ungeacht, erzeiget." Offensichtlich war am Sandhof also sogar der Boden schlechter als in den benachbarten Grundstücken. Von den 50 Morgen (Morgen ist ebenfalls ein altes Flächenmaß und entspricht mehr oder weniger dem Jauch bzw. Joch) Wald schließlich würden fünf Morgen zum „Arch(en) Vorbau zu Versicherung des Haußes erforderlich" sein und zu nichts anderem zu gebrauchen, deshalb sollte die Steuertaxe (25 fl) für diese fünf Morgen vom Steueranschlag abgesetzt werden.

Was den Sandhof von anderen Dorfgasthäusern unterschied, ist vor allem die Tatsache, dass er nicht im Dorfzentrum neben der Kirche gelegen war, sondern am Ortseingang bzw. Ortsausgang. Er war damit nicht der übliche Treffpunkt der Bevölkerung nach dem Kirchgang, sondern vielmehr ein „Durchzugsgasthaus", dessen Bewirtschafter sich vermutlich auf die Verpflegung der Säumer, Wanderhändler und Fuhrleute spezialisiert hatten. Weiters sollen neben dem „Fahrenden Volk" vor allem in der Zeit Andreas Hofers auch Studenten und Geistliche gern gesehene Gäste gewesen sein.[40]

Die Wirtshäuser im Passeiertal waren für den Saumverkehr sehr wichtig: Der Name „Auflegerhof" – eine übliche Bezeichnung für den Sandhof – weist auf eine Stätte hin, an der die Pferde mit Saumwaren „bepackt" wurden; auch durch den relativ großen Stall wies sich der Sandhof als Umschlagplatz aus. Auffallend war die Dichte von Gasthäusern im Passeier, derer es allein in St. Martin drei gab, was wohl nur durch den Durchzugsverkehr zu erklären ist.[41]

---

[39] SLA, Verfachbuch Passeier 1791, fol. 624r–626r.
[40] Kramer, Hofer, 5.
[41] Judith Gögele, Transportwesen, 111–112.

2.2.3. Hofer als Händler

Der Weg über den Jaufen verband das wichtige, an der Brennerroute liegende Wegkreuz Sterzing mit der Marktstadt Meran. Von Amandus Platter wurde der Weg im 18. Jahrhundert als „Sämer- und Gangsteig" klassifiziert, auch in der Anichkarte von 1774 scheint er nur als „Säumerweg" auf und war somit ein ganzjährig passierbarer Jochübergang, der zu Fuß und von Tragpferden begangen werden konnte.[42] Die Zollamtsrechnungen von St. Martin in Passeier aus dem 18. Jahrhunderts weisen zwei wichtige Positionen auf, einerseits die Einkünfte von den Säumern, andererseits den transportierten Wein und Branntwein. Dazu kamen Früchte und Trockenfrüchte, Kastanien, Nüsse, Salz, Flachs und andere kleine Handelsgüter. An Tieren wurden Pferde, Schafe, Rinder, Stiere, Kälber, Ochsen und Schweine durch den Zoll geschleust. Der Wein stellte also das wichtigste Transportgut dar, gefolgt von Früchten und Kastanien.[43]

Hofer ging neben dem Wirtsgewerbe auch dem Geschäft eines Pferde- und Viehhändlers nach, hier trieb er vor allem mit den Welschen Handel; außerdem war er als Wein- und Branntweinhändler aktiv, wozu er seine eigenen Saumpferde einsetzen konnte. Aus seinen Aufzeichnungen geht hervor, dass er mit Wein, Branntwein, Pferden, Ochsen und Kleinvieh gehandelt hat. Dass er auf seinen Rückwegen aus dem Inntal Salz von der Saline in Hall mit in das südliche Tirol genommen hätte, ein bedeutender Erwerbszweig der Passeirer Säumer[44], findet in den Quellen zwar keinen Niederschlag, kann aber angenommen werden. Die Säumer von Passeier und Ridnaun hatten weiters die Aufgabe, die Bergwerke am Schneeberg und am Jaufen mit Holz, Kohle und anderen Bedarfsgütern zu versorgen[45], in den Andreas Hofer betreffenden Quellen scheint aber ein Handel mit Holz oder Kohle nicht auf.

Es hat den Anschein, als hätte Hofers Handel unter keinem guten Stern gestanden, was sich etwa darin zeigt, dass die Anzahl seiner Pferde von 1794 bis 1809 von 16 auf zwei gesunken ist.[46] Andererseits aber beschrieb der Generalkommissär des Eisackkreises, Johann Georg von Aretin, Hofer in einem Bericht an den König vom 22. März 1809 als „sehr vermöglichen Mann".[47] Der Richter von Passeier Andreas Auer berichtete am 18. Juli 1803 an das k. k. Kreisamt, Hofer ginge nach wie vor dem Viehhandel nach und wäre „sehr wenig zu Hause".[48] Beda Weber äußert sich abfällig über die (Branntwein-)Händler, die im Land „umherschweiften":

„Sie wandern bis nach Modena hinein, und liefern ihre dort wohlfeil angekaufte Waare selbst ins Innthal, wo sie bei Kleinwirthen Geschäfte machen. Im Ganzen ist diese Erwerbsart stark im Abnehmen, und von vielen Seiten nicht ohne Grund angefochten, weil sie weder der Sittlichkeit, noch dem Vermögen der Betheiligten gedeihlich ist. Der Seelsorger kennt in der Regel diese Art von Händlern kaum,

---

[42] Judith Gögele, Transportwesen, 54.
[43] Judith Gögele, Transportwesen, 57, 74–75, 77–81.
[44] Stolz, Verkehrsgeschichte, 146–147.
[45] Vgl. Stolz, Verkehrsgeschichte, 145.
[46] Paulin, Andreas Hofer und Innsbruck, 16.
[47] Hirn, Erhebung, 245.
[48] TLMF, FB 8706, 52.

sie schweifen das ganze Jahr umher, und erscheinen nur bisweilen auf kurze Zeit im Thale […].“[49]

Weber streicht weiter heraus, Hofer hätte vor allem durch Geschäfte in Welschtirol erhebliche Summen verloren, was ihm den Spruch eingebracht hätte: „Wäre Andreas Hofer nie über die Spitalbrücke bei Meran gekommen, so wäre er ein wohlhabender Mann geworden."[50] Spätestens in der bayerischen Zeit können wir von einer schlechten wirtschaftlichen Lage am Sandhof ausgehen, da Hofer selbst am 3. Mai 1808 in einem Brief an den Müllermeister Rössler in Bozen, den er wegen seiner Zahlungsunfähigkeit in den Jahren 1807 und 1808 immer wieder vertrösten musste, explizit auf seine eigene und die allgemein schlechte ökonomische Situation des Landes hinwies: „[S]ie söchen wohl harte zeiten […] nirgent khein gelt sein, ich wisset nit wass ßagen oder Thuen."

Nicht zuletzt in der allgemein prekären wirtschaftlichen Lage des Landes – die natürlich die Wirte und Händler besonders zu spüren bekamen – ist ein wichtiger Faktor für den Ausbruch des Tiroler Aufstandes zu sehen. Dietmar Stutzer schreibt über die wirtschaftlichen Beweggründe für den Ausbruch der Insurrektion von 1809 und die tragende Rolle des Sandwirts:

„Es ist kein Zufall, daß ausgerechnet Andreas Hofer an der Spitze einer Bewegung stand, die diesem Unmut gewaltsam Ausdruck verlieh, gehörte er doch selbst zu den Betroffenen, denn er stand unter erheblichen und auch nach 1810 […] noch keineswegs bewältigten Existenzproblemen, da sein Sandwirtshaus, seine Säumerei über den Jaufenpaß und sein Pferdehandel mit hohen Verbindlichkeiten belastet waren."[51]

2.2.4. Hofer als „Politiker"

In der Literatur wird durchgehend hervorgehoben, dass sich Hofer als wichtige Person des Gemeindelebens ausgezeichnet hätte. Bereits 1802 hat er laut Granichstaedten-Czerva als Sprecher der Passeirer Säumer fungiert, als es darum ging, um ein altüberliefertes Recht zu kämpfen, die Saumpferde auf dem Terlaner Moos zur Weide auftreiben zu dürfen.[52] Im Juli 1809 habe sich – so Hirn – der Sandwirt zum Wortführer der Passeirer gemacht, als sich die Klagen der Steuereinnehmer wegen nicht gezahlter Steuern häuften: In einer Gesuchsschrift hätte er der Intendantschaft nahe gelegt, für die Waren, die von Meran über den Jaufen nach Hall gehen, Zollfreiung zu gewähren. Die Vorbildwirkung Hofers im Tal sei hier darin zum Ausdruck gekommen, dass Josef Gufler und der Unterwirt Johann Griner, Ersterer Hofers Schwager, Letzterer Hofers Neffe, die Schanksteuer (Weinzoll) nur dann zahlen wollten, wenn auch der Sandwirt zahle.[53]

---

[49] Weber, Thal Passeier, 189.
[50] Weber, Thal Passeier, 325.
[51] Stutzer, Hofer, 83.
[52] Granichstaedten-Czerva, Hofer als Schiedsrichter, 4. Die Akten über diesen langwierigen Streit in: TLA, Jüng. Gub., passim.
[53] Hirn, Erhebung, 498–499. Das Originaldokument ist nicht eruierbar.

Johann Jakob Staffler bringt in seiner topographisch-historischen Beschreibung von Tirol und Vorarlberg (Innsbruck 1846) ein Kapitel über den Landgerichtsbezirk Passeier und darin einen Abriss über das Leben Andreas Hofers. In dieser Quelle dürfte wohl der Ursprung der immer wieder tradierten Behauptung zu sehen sein, Andreas Hofer hätte am offenen Landtag von 1790 in Innsbruck teilgenommen:

„So nahm er als Abgeordneter des Thales Passeier, erst 22 Jahre alt, den thätigsten Antheil an den Verhandlungen des offenen Landtages, der im Jahre 1790 nach dem Tode des Kaisers Joseph II. zu Innsbruck gehalten wurde, und zu manchen heftigen Diskussionen, vorzüglich in Ansehung der damals ziemlich prekär gestellten ständischen Verfassung, Anlaß gab."[54]

Der Autor bekennt, aus St. Leonhard gebürtig und „schon als Knabe" mit dem „Sandwirth Anderle"[55] bekannt gewesen zu sein, womit seinen Ausführungen der Wert eines Augenzeugenberichtes zukommt. Josef von Hormayr relativiert, Hofer soll „mit [sic!] auf dem Landtage von 1790" gewesen sein, „wo die Sprecher des Passeyrer Thales eine nicht unbedeutende Rolle spielten".[56]

In den Akten über den Landtag findet sich aber kein Beweis für eine Anwesenheit Hofers, schon gar nicht als Vertreter seiner Talschaft. Weit einleuchtender ist, dass Veit Neurauter und Johann Rempp in deren Funktion als Gerichtsanwalt bzw. -kassier von Passeier entsandt wurden.[57] Hofer mag vielleicht wie auch sechs Jahre später (1796) ein Gesuch eingebracht haben, er wird aber weder als Deputierter noch als Ersatzmann aktenkundig. An dieser Stelle ist ein Blick auf seine Vorfahren von Interesse, welche sehr wohl „politische" Ämter bekleidet haben: Caspar Hofer wird 1712 erstmals als Gerichtsanwalt bezeichnet. Als laut fürstlichem Erlass jedes Gericht seine Privilegien prüfen lassen muss, sendet die Talschaft Passeier neben einem zweiten Deputierten Caspar, Andreas' Urgroßvater, nach Innsbruck, um die gerichtlichen Abschriften der Privilegien zu überbringen.[58] Constantin Wurzbach bescheinigt ihm, Caspar, „geachtet im ganzen Thale" gewesen zu sein.[59] Dass Caspar Hofer im Passeiertal als Bauer, Gastwirt, aber auch wegen seiner Funktion als Gerichtsanwalt einer gehobenen sozialen Schicht angehörte, zeigt auch die Tatsache, dass er einerseits bereits im 17. Jahrhundert des Schreibens mächtig war, eine Fähigkeit, die bis ins 19. Jahrhundert keineswegs selbstverständlich war. Außerdem besaß Caspar den Usancen der Zeit entsprechend ein Petschaft, das zwar nicht wie ein Adeligensiegel ein Wappen zeigt, sondern einfache Ornamentik, weshalb es Franz Heinz Hye als „Bauernsiegel" bezeichnet (s. u.). Von Johann und Josef Hofer, Andreas' Großvater und Vater, sind bis dato keine Siegel bekannt, erst Andreas Hofer tritt mit zwei Privatsiegeln in Erscheinung, von denen in der Zeit vor 1809 ausschließlich das erste verwendet wird.

---

[54] Staffler, Tirol und Vorarlberg, 713.
[55] Staffler, Tirol und Vorarlberg, 713–714.
[56] Hormayr, Geschichte, 51.
[57] TLA, Landtagsakten 1790, Fasz. 21. TLMF, Journal des offenen Landtags von 1790 (FB 2495). Weiters FB 3636, FB 2732, W 2118.
[58] SLA, Verfachbuch Passeier 1712, fol. 230r; fol. 727v–230v.
[59] Wurzbach, Andreas Hofer, 135.

Josef Hofer war ebenfalls Gerichtsanwalt, als solcher wurde er erstmals 1761 bezeichnet.[60] Andreas Hofer selbst aber bekleidete dieses Amt, das einem Gemeindemitglied durch Wahl zufiel, nicht. Zweifellos hatte er im Tal als vermögender (?) Bauer und Wirt eine besondere soziale Stellung inne, der Mythos vom „Politiker" Andreas Hofer aber wurde immer wieder unhinterfragt weitertradiert und schließlich als Erklärung für die ungeheure „Karriere", für den Aufstieg zum „Oberkommandanten" und „Landesregenten" herangezogen. Die Ursache für diesen Vertrauensbeweis sowohl der einfachen Landesverteidiger als auch der Tiroler Obrigkeit bis hin zum Kaiserhaus haben wir aber weniger in Hofers Funktion als „Landtagsabgeordneter" zu sehen als vielmehr jener als weitum bekannter Wirt und Händler, dem seine Landsleute nicht zuletzt aufgrund seiner imponierenden Erscheinung Respekt zollten.

2.2.5. Die militärischen Ereignisse von 1796 bis 1805

In einem undatierten Dokument tritt Hofer als Schütze in Erscheinung, indem er als „Oberleutnant vom Schießstand Passeier" unterschreibt. Ein zweiter Text, von ihm als Sandwirt und anderen Schützen („Sitzen") unterzeichnet, datiert vom 19. März 1797. Überliefert sind weiters die Standeslisten des Gerichtes Passeier von 1797, die – sofern sie Hofers Kompanie betreffen – von diesem als „Hauptmann" signiert sind.

Bereits 1796, als Napoleons Truppen von Oberitalien gegen das südliche Tirol zogen, war Andreas Hofer als gemeiner Landesverteidiger, als Korporal in einer Meraner Kompanie, dabei.[61] Dass er seine eigenen Saumpferde für den Nachschub und die Versorgung der österreichischen kaiserlichen Armee eingesetzt hätte[62], wirkt auf den ersten Blick befremdlich, allerdings besagt ein am 7. Juli 1796 ausgestellter Passierschein des Kreisamtes Bozen, Hofer dürfe sich nach Innsbruck begeben und Lebensmittel für die Armee nach Süden bringen (Abb. 1).[63]

Dieses Dokument erklärt sich aus der Tatsache, dass die nötigen Lieferungen für die Armee die Transportkräfte an einzelnen Abschnitten der Brennerstrecke überbeanspruchten. Die Gerichte sahen sich deshalb teilweise außerstande, die Transporte aufrechtzuerhalten, was zu improvisierten Aushilfen zwang, weshalb ab Mitte Juli sogar von den Kreisämtern Bozen und Pustertal Aufstellungen der verfügbaren Säumer und „Grattenzieher" eingeholt wurden:

> „Diese sollten mit ihren Pferden, Maultieren und Gratten helfen, die in Innsbruck liegenden Getreide- und Hafervorräte für die Armee bis zur Lände in Branzoll zu liefern. Auch alle anderen Parteien, die Pferde besitzen, jedoch keinen Vorspann leisten, sollten mit Pferd und Wagen herangezogen werden."[64]

Im August 1796 bildeten die Passeirer Scharfschützen eine eigene Talkompanie, der Schützenmeister und Stroblwirt in St. Leonhard Johann Holzknecht, der 1809 zum

---

[60] SLA, Verfachbuch Passeier 1761, Register.
[61] Kolb, Tiroler Volk, 173[44].
[62] Hofer, Persönlichkeit, o. S.
[63] TLMF, FB 2729, 1; vgl. Kolb, Tiroler Volk, 145[57].
[64] Kolb, Tiroler Volk, 145–146.

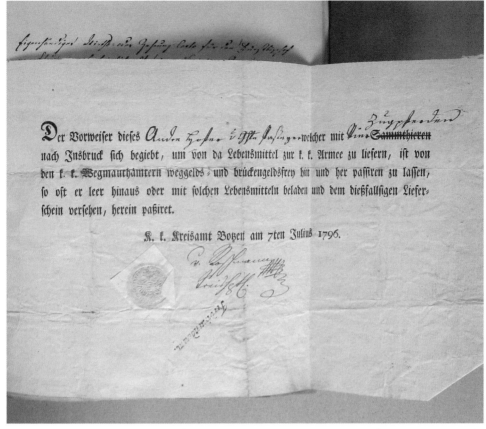

Abb. 1: Passierschein für Andreas Hofer, ausgestellt vom Kreisamt Bozen (Kreishauptmann von Roschmann) am 7. Juli 1796. TLMF, FB 2729, 1. Foto: Oberhofer.

„Finanzminister" Hofers avancieren wird, reiste zusammen mit dem Sandwirt nach Innsbruck, um sich die Aufstellung dieser Kompanie bewilligen zu lassen.[65] Im September begaben sich die beiden als Abgeordnete des Schießstandes Passeier wieder nach Innsbruck, um für die neu aufgestellte Scharfschützenkompanie einige Angelegenheiten zu regeln; in einem Gesuch an die Schutzdeputation unterschrieb sich Hofer als „Andre Hofer, de budierter".[66]

1797 führte Hofer als Hauptmann eine Passeirer Landsturmkompanie nach Meran, rückte dann gegen Jenesien vor und nahm an den Gefechten am 29. März, 2. und 3. April teil, in denen die Franzosen zur Räumung Bozens und zum Rückzug gegen Brixen gezwungen wurden.[67]

---

[65] Kolb, Tiroler Volk, 289.
[66] Kolb, Tiroler Volk, 317.
[67] Paulin, Leben, 20.

2.2.6. Tirol unter Bayern – Die Vorbereitung der Erhebung

Nach der Dreikaiserschlacht von Austerlitz wurde im Frieden von Pressburg (1805 Dezember 25) Tirol an Bayern abgetreten. Als Erzherzog Johann sich in Sterzing und Bruneck von den Tirolern verabschiedete, soll auch Hofer mit den anderen Abgeordneten der Gemeinden mit Handschlag gelobt haben, „für Haus Oesterreich wieder Alles zu wagen, wenn sich ein neuer Hoffnungsstern zeigen würde".[68]

Als ab 1806 Tirol offiziell zu Bayern gehörte (am 22. Jänner 1806 erfolgte das Besitzergreifungspatent des bayerischen Königs), begann die neue Regierung, verdächtige Subjekte im Land zu überwachen, und zwar aus gutem Grund: Bereits 1806 gab es einen gedanklichen und brieflichen Austausch zwischen den Tirolern und dem Kaiserhaus, was durch ein Schreiben Hofers, dem Oberndorfer Wirt Josef Hager, dem Verweser des Schneebergs in Sterzing sowie einem Sparber von Sterzing, dat. Oberndorf 1806 August 8, belegt ist. Die Treffen der Tiroler fanden bevorzugt heimlich in Wirtshäusern statt, wie etwa eine Zusammenkunft von Bauern 1807 in Peter Mayrs Wirtshaus an der Mahr bei Brixen, bei der auch Hofer dabei war. Diese Versammlung, bei der beschlossen wurde, die Befehle Bayerns in kirchlichen Belangen nicht weiter zu befolgen, blieb nicht unbemerkt: Der Bozner Kreishauptmann Anton Gummer schrieb am 12. Dezember 1807 an die Obrigkeit in Passeier, Hofer sei ihm als gefährlicher Mann angezeigt worden, weshalb ihm über dessen Denkart, Benehmen und Äußerungen Bericht zu erstatten und er genau zu beobachten sei.[69]

Im Jänner 1809 schließlich war Hofer Mitglied einer kleinen Delegation, der auch der Kaffeesieder Franz Anton Nössing aus Bozen und der Brunecker Wirt und Kräutersammler Peter Huber, vulgo „Kreitter", angehörten, die sich zur Besprechung der Aufstandspläne nach Wien begab. Warum die Wahl zum Abgeordneten gerade auf Hofer fiel, ist unklar. Huber trieb mit auf Tiroler Almen gesammelten „Heilkräutern" einen schwunghaften Handel und konnte sich somit als „Geschäftsreisender" tarnen, Nössing war angeblich zum Einkauf von Kaffee über Triest nach Wien gereist.[70] Der Sandwirt aber musste in der Kaiserstadt als Fremdkörper erscheinen, hatte er doch seinen Handel kaum über Tirol hinaus betrieben. Durch seine auffallende (Bart-)Tracht erweckte er in Wien das Interesse der Behörden wie auch der Damenwelt, einen auffälligeren Deputierten hätte man gar nicht abschicken können.

In den folgenden Monaten soll Hofer die mit ihm bekannten oder befreundeten Wirte aufgesucht haben, um sie über die Aufstandspläne zu informieren, und vor allem im Passeiertal, im Vinschgau, im Etschtal und am Nons- und Sulzberg unterwegs gewesen sein, um Bundesgenossen zu finden.[71] Als es schließlich zum Ausbruch der Erhebung kam, soll Anna Ladurner, Hofers Frau, Holzspäne in die Passer geschüttet haben, um den Zeitpunkt zum Losschlagen anzuzeigen. In dieser Episode haben wir vermutlich einen Hinweis darauf zu sehen, dass die Nachwelt versuchte, Anna als aktiv Beteiligte in die Geschichte der Aufstände einzubinden und sie nachträglich zur Heldin zu formen, die sie aber wohl nur in der Hinsicht war, dass sie während Hofers Abwesenheit Gastwirtschaft und Hof allein mit ihren Kindern und den Dienstboten weitergeführt hat.

---

[68] Schönhuth, Hofer, 6.
[69] Transkription des Textes in: Rizzolli, Amtsschreiben, 570.
[70] Stutzer, Andreas Hofer, 179.
[71] Kramer, Hofer, 16; Pizzinini, Tirol in den Franzosenkriegen, 203.

2.2.7. Die militärischen Ereignisse von „Anno neun"

Anfang April 1809 kam es zu Gefechten um die Ladritscher Brücke und im Sterzinger Moos, wo der Sandwirt als Kommandant von Passeier die Initiative ergriffen hatte; in seinem und Martin Teimers Auftrag versuchen Passeirer und Wipptaler Bauern, die zwei bayerischen Kompanien in Sterzing gefangen zu nehmen. Auch in Welschtirol fanden die Aufrufe Hofers starkes Echo; die kaiserlichen Truppen und die Passeirer Schützen unter Hofer eroberten Trient, die Franzosen wurden bis an die südlichen Landesgrenzen verfolgt, Rovereto wurde gewonnen. Es war dies die erste Aktion Hofers, bei der sich die Tiroler durch selbstständiges Vorgehen hervortaten, während in den vorhergehenden Gefechten die Schützen mit den regulären Truppen eng zusammengearbeitet hatten.[72] Dass sich Hofer in einem Schreiben an den Geistlichen Jakob Hofer in Stuls vom 9. April 1809 nicht als erwählter, sondern als ernannter Kommandant unterschrieb, ebenso in einer eigenhändigen Aussendung vom 10. April („Ehr nentter comän dänt"), ist wohl damit zu erklären, dass in Wien eine Ernennung durch Erzherzog Johann erfolgt war.[73] In den folgenden Schreiben vom 12. und 13. April unterzeichnete Hofer als „Kommandant", am 13. April aber als „Andreas Hofer, Sandwirt vom Haus Österreich erwählter Kommandant"![74]

Am 27. April war das ganze Land vom Feind geräumt. Anfang Mai rückten die Franzosen bei Ala ins Etschtal ein, das österreichische Militär und der Sandwirt waren aber gleich zur Stelle mit Schützen aus Deutsch- und Welschtirol; Hofer stand Mitte Mai mit einer Passeirer Kompanie von 150 Mann in Levico und leistete an der Südfront „Kommandantendienste im Range eines Hauptmannes".[75] In einem Schreiben, dat. Levico 1809 Mai 14, äußerte er seine Vermutung, der Krieg in Tirol würde bald zu Ende sein.

Am 20. Mai 1809 – Hofer machte an diesem Tag Bruneck zu seinem Hauptquartier[76] – wurde der Sandwirt in einem Schreiben (Vintl) als Absender mit „Oberkommandant" bezeichnet, am 29. Mai verwendete er den Titel erstmals in seiner Unterschrift[77]; sein Selbstbewusstsein war zu diesem Zeitpunkt so groß (was auch durch die gravierende Fehlinformation bedingt war, Napoleon sei in der Schlacht „bey Wien" getötet worden), dass er dem bayerischen Generalkommando in Tirol die Niederlegung der Waffen nahe legte.[78]

Im Mai 1809 kam es zu neuen Gefechten südlich von Innsbruck, als Hofer am 24. das Wehraufgebot vom Brenner nach Norden abmarschieren ließ: Ein Zug von ca. 5.000 gut bewaffneten Schützen unter seinem Kommando brach vom Brenner in Richtung Innsbruck auf und besetzte die Anhöhen südlich der Stadt beiderseits der Sill. Die Kämpfe am Bergisel führten am 25. Mai zu einem Sieg der Tiroler. Ein ähnliches Gefecht fand am 29. Mai ohne konkrete Entscheidung statt, die Bayern aber zogen durch das Unterinntal ab. Vom selben Tag datiert das „Wolkersdorfer Handbillet", in dem der Kaiser den Tirolern versicherte, keinen Frieden mit Napoleon zu schließen, in welchem Tirol für Österreich verloren gehen würde.

---

[72] Pizzinini, Tirol in den Franzosenkriegen, 204.
[73] Hofer, Persönlichkeit, o. S.
[74] Vgl. Hye, Aufstieg, 188–189.
[75] Hye, Aufstieg, 189.
[76] Vgl. Gruber, Bruneck, 32.
[77] Pizzinini, Schlacht, 194.
[78] Schreiben dat. Unterschupfen 1809 Mai 30; Scharnitz 1809 Mai 31.

Nach der zweiten Befreiung Tirols ernannte Hormayr als kaiserlicher Intendant am 4. Juni 1809 Hofer zum Oberkommandanten im südlichen Tirol, d. h. im Landesteil südlich des Brenners, Teimer zum Oberkommandanten für das Inntal. Das Recht, Schützenkompanien und den Landsturm aufzubieten, beanspruchte Hormayr aber weiter für sich.[79] Der Intendant versuchte immer wieder, das Defensionswesen an sich zu binden und die Verdienste Hofers zu schmälern sowie diesen von der Entscheidungsgewalt fernzuhalten: „Diese Tendenz darf auf die Eifersucht des krankhaft ehrgeizigen jungen Intendanten gegenüber der rasch populär gewordenen Vaterfigur Andreas Hofer zurückzuführen sein."[80] Als sich aber Hormayr und Teimer nach dem Waffenstillstand von Znaim am 12. Juli dem Abzug der österreichischen Truppen anschlossen, übernahm Hofer die Position des Oberkommandanten des ganzen Landes. Major Jakob Sieberer schrieb in seiner „Beschreibung der tirolischen Landesvertheidigung vom Monathe April bis 6ten December 1809", er sei von Hofer, „welcher sich in der Zwischenzeit zum Obercommandanten erhoben hatte, ganz kalt aufgenommen" worden.[81]

Der Sandwirt war Anfang Juni nach einem Abstecher nach Hall und Rattenberg, wo er zum ersten Mal ein Schreiben im Namen des „k. k. Landes Vertheidigungs Commando im Tirol" ausgestellt hatte[82], nach Innsbruck und von dort ins Passeiertal zurückgekehrt. Auffallend ist die Floskel, mit der er sich in einem Brief (1809 Juni 14) als Aussteller präsentierte: „Von der von Sr k. Hochheit Erzherzog Johann in südlichen Tyrol aufgestellten Oberkomandantschaft"; vier Tage später schrieb er von einer besonderen Gnade, die Gott ihm hätte zuteil werden lassen (Sand 1809 Juni 18):

„gott hatte mir disse gnad gegöben, das ich gewißß nicht Ent spröchen werde, abßondlich, waß ich glaube, vnd waß mein ge Ringer verstand Beßßizt, vnd waß ich glaub ette, das gott, den kheisser, den lant gedeilich wehre [...]".

Ab dem 19. Juli 1809 hielt sich Hofer in Lienz auf, von wo er – trotz des Waffenstillstandes von Znaim – die Wehraufgebote aufrief.[83] Am 4. und 5. August fanden die Gefechte in der „Sachsenklemme" statt, bei welchen Speckbacher, Haspinger und Mayr der Division Rouyer eine vernichtende Niederlage beibrachten; Hofer, der sich auf einer Alm „beim Schindleregg im Wald unter dem hohlen Stein" versteckt haben soll[84], schrieb bzw. ließ am 4. August schreiben, er sei vogelfrei, auf ihn sei ein Kopfgeld ausgesetzt, er sei an einem „ungelegenen" Ort. Sobald „sich die wahren Batrioten von Land Tyrol hervorthun werden und die Gegenlieb einander so erzeigen und sagen: Wegen Gott, Religion, und Vaterland wollen wir streiten und kämpfen", würde er sich zeigen, sie anführen und kommandieren (man beachte die auffallende Ähnlichkeit mit der Kyffhäusersage, wonach ein Kaiser in einer Höhle „schlafe" und wieder erwachen würde, um sein Reich neu zu begründen oder den Teufel zu bekämpfen; ob Hofers Bildungsstand

---

[79] Am 20. Juni 1809 erließ Hormayr eine Proklamation, wonach er selbst an der Spitze der neuen Kommandostruktur stand, „Herr Major Martin Teimer" als „Oberkommandant im Ober- und Unterinnthal" folgte auf Platz zwei, „Herr Andreas Hofer, Sandwirth, Oberkommandant von Passeyr und im südlichen Landestheile", an dritter Stelle (Hye, Schützen, 54).
[80] Pizzinini, Tirol in den Franzosenkriegen, 206.
[81] Sieberer, Beschreibung, 31.
[82] Vgl. Hye, Aufstieg, 189.
[83] Vgl. Thonhauser, Osttirol, 41–42.
[84] Vgl. Hirn, Erhebung, 581–582.

die Kenntnis dieser Überlieferung zuließ, ist aber zweifelhaft). Der Text ist unterzeichnet mit „Euer treues Herz – Andere Hofer Ober-Comendant von Baseyr dermahlen wo ich bin". Dass sich Hofer im Passeiertal versteckt hielt, beweist ein Schreiben vom folgenden Tag, das mit der Ortsangabe „Paseyr" ausgefertigt wurde.

Der Sandwirt beteiligte sich an den folgenden Gefechten im Sterzinger Talkessel. Am 10. August bezeichnete er sich erstmals nicht nur als „Oberkommandant von Passeier", sondern auch als „Oberkommandant in Tirol" („Andere Hofer oberComen dant in diroll Vo Passeyer"), dieser Titel sollte wohl die im Kampf „nötige Klarheit über den einheitlichen Oberbefehl gewährleisten".[85] Am 11. August besprach sich der „Oberkommandant" mit Speckbacher und Haspinger, die mittlerweile seine wichtigsten Berater und Mitstreiter waren, wobei ein Angriff für den 13. August angesetzt wurde. Als dieses Gefecht ohne Entscheidung wegen Erschöpfung und Munitionsmangels auf beiden Seiten endete[86], zogen die Bayern durch das Unterinntal ab und die Tiroler feierten ihren „Sieg". Hofer wurde nun gebeten, auch die zivile Verwaltung zu übernehmen, „war er doch zur Zeit die einzige ziemlich allgemein anerkannte Autorität im Land".[87]

2.2.8. Hofer als „Landesregent"

Am 15. August 1809 – dem Hohen Frauentag – übernahm der Sandwirt im Namen des Kaisers die Regierung des Landes und zog in die Innsbrucker Hofburg ein; „ohne offizielle Ernennung und ohne Auftrag einer höheren Instanz"[88], sondern auf Drängen „angesehener Bürger und Geistlicher"[89] hätte er sich entschlossen, in den „Landes-

---

[85] Hye, Aufstieg, 192.
[86] Pizzinini, Tirol in den Franzosenkriegen, 208. Auch hier soll Hofer seine Strategie in wenigen Worten zusammengefasst haben: „Grad nit aufferlassen [herauflassen, Anm.]!".
[87] „Es ist ein äußerst sympathischer Zug des Sandwirts, daß er sich selbst nie aufgedrängt hat. Hofer war auch nicht von vorneherein der ausschließliche Führer der Aufstandsbewegung, sondern er ist in die Führungsrolle hineingewachsen bzw. durch die Umstände teils gleichsam hineingezogen worden. Ein ganz entscheidender Einschnitt in seinem Werdegang war, dass er im Mai mit seinen Aufgeboten aus dem Süden zu einer Rettungsaktion des nördlichen Tirol angetreten war. Damit war er automatisch in die Position eines Oberkommandanten gerückt, eine Position, die es früher im landständischen Verteidigungswesen nie gegeben hatte. Von da an hatte es für Hofer auch kein Zurück mehr gegeben! Wenn er also nach dem Abzug des kaiserlichen Intendanten [Hormayr, Anm.] und des Militärs und der auf seine Initiative hin neuerlichen Befreiung des Landes auch zum Chef der gesamten Verwaltung wurde, so war dies fast eine logische Entwicklung. Es bedeutete aber auch den Höhepunkt in der Laufbahn eines einfachen Bauern und Wirtes, wenn er als Statthalter des Kaisers akzeptiert wurde. Dies war wohl nur in Tirol möglich, wo der Bauernstand schon sehr früh persönlich und wirtschaftlich frei war und auch zur Mitbestimmung im Rahmen der landständischen Versammlung – neben Geistlichkeit, Adel und städtischem Bürgertum – zugelassen war" (Pizzinini, Tirol in den Franzosenkriegen, 208–210).
[88] Mühlberger, Absolutismus, 529. Heigel vertritt die Meinung, nicht durch offizielle Ernennung, auch nicht durch eine Wahl sei Hofer zum Oberkommandanten geworden, sondern nur durch die öffentliche Meinung (Heigel, Hofer, 16). Dieser hätte dabei nie seine persönliche Macht vergrößern wollen, sondern sich nur als Sachwalter des Landes verstanden, als Treuhänder des Kaisers (Mühlberger, Absolutismus, 529). „Nach einigem, gewiß echtem Sträuben nahm er [Hofer, Anm.] die schwere Bürde mit den Worten an sich: ‚Wenns Landl grad mi habn will, so sollts mi habn, so guat i's dermochn kann, aber im Namen des Koasers'" (Kramer, Hofer, 56). „Von außen war keine Hilfe mehr zu erwarten, was die Tiroler nicht einsehen wollten, weil der Kaiser schriftlich versprochen hatte, das Land nie mehr abzutreten. Und im Innern fehlte eine gesetzmäßige Autorität" (Forcher, Freiheitskampf, 41).
[89] Sander, Purtscher, 21.

dienst" zu treten, womit er die militärische und zivile Gewalt in seiner Hand vereinte. Beda Weber hierzu: „Nach Innsbruck zurückgekehrt, stand er (Hofer) durch die Meinung des Volkes [!] und die Macht der Umstände nicht bloß an der Spitze der Landesvertheidigung, sondern auch der Landesverwaltung".[90] Hofer selbst ließ in einem Brief an den Kaiser schreiben (Innsbruck 1809 August 19): „Der Wunsch, das Zutrauen des gesammten Volkes fiel auf den gehorsamst Unterzeichneten", was beweist, dass er sich wirklich als vom Volk ausersehen fühlte. Dass aber auch die Obrigkeiten, allen voran Baron von Hormayr als Intendant, als Ruhestifter im Land Hofer auswählten, eine Autoritätsperson, der die Bauernhaufen und Schützen Respekt zollten und den sie als einen von ihnen akzeptierten, liegt nahe.

Nach seinem Einzug in Innsbruck soll Hofer vom Fenster des Gasthauses „Goldener Adler" aus die berühmte, in Stein gemeißelte Rede gehalten haben, die Joseph Rapp bereits 1852 als „durchaus unecht" bezeichnete:

> „Grüaß enk Gott meine liab'n Schbrucker, weil ös mi zum Oberkommandanten gwöllt hobt, so bin i holt do, es seyn ober a viell andere do, die koani Schbrucker sein. Alle do; dö unter meinen Waffenbrüder seyn wöll'n, dö müaßt'n für Gott, Kaiser u. Voterland, als tapfere, rödle und brave Tiroler streiten, dö meine Waffenbrüder wern wöll'n; dö ober dös nit tüan wöll'n dö söll'n hoam gien, i roth enks, u. dö mit mir gien, dö soll'n mi nit verlaß'n i wer enck a nit verlaß'n so wahr i hoaß Andere Hofer, g'sogt hob i enck's, gsech'n hob's mi, bfied enk Gott."[91]

Die Echtheit der Rede sei dahingestellt, die Diktion jedenfalls passt sehr gut zu den geschriebenen Texten Hofers, die in ähnlich knapper Form und dialektaler Sprache die beabsichtigte Aussage auf den Punkt bringen.

Gerade Andreas Hofers Rolle als Bauer, Gastwirt und Händler verhalf ihm also zu seiner „steilen Karriere", nicht etwa eine besondere Kaltblütigkeit, militärisches oder gar diplomatisches Geschick. Entscheidend war vielmehr, dass ihn die Tiroler als einen von ihnen akzeptierten und ihm gehorchten, was im Fall der Einsetzung eines Militäroffiziers zur Lenkung der Tiroler Aufständischen sicher nicht der Fall gewesen wäre.

Dass die „recht sonderbare" (Vajda) Regierung Hofers die bürgerlichen Freiheiten unterdrückt, Juden, Protestanten[92] und Frauen in ihre „gewohnte Außenseiterrolle" gedrängt und dass die Verwaltung „so gut wie überhaupt nicht" funktioniert hat[93], verwundert keineswegs. Der Zeitgenosse Anton Knoflach beschrieb das „Bauernregiment" in der Hofburg:

---

[90] Zit. nach: Hye, Aufstieg, 187.
[91] Text zit. nach der am genannten Hotel angebrachten Marmortafel. „Rapp bezeichnet […] oben angeführte Anrede als ‚durchaus unecht'" (Maretich von Riv-Alpon, Berg Isel-Schlacht, 381[2]). Bei Hirn, Erhebung, 631[1]: „Rapp erklärt diese Rede für unecht. […] Pusch bringt die Rede mit einem ‚soll gehalten worden sein'." In der Bayerischen Staatsbibliothek in München (Autogr. Cim. Hofer, Andreas: 5) liegt ein Exemplar eines der vielen Abdrucke dieser Rede, durch den Spruch ergänzt: „Rede wenig, rede wahr, / Iß und trink, bezahle baar, / Sey aufrichtig und verschwiegen; / Was nicht dein ist, das laß liegen. / Im Gasthof zum goldnen Adler in Innsbruck."
[92] „Lieber katholisch derschiessen als lutherisch sterben" (Schreiben dat. am Sand 1809 November 19).
[93] Vajda, Austria, 433.

„Personen von hohem Rang und Standen stehen vor ihm [Hofer, Anm.] mit entblößten Köpfen, während er sein schwarzes Hütchen aufbehält […]. Der Sandwirth ist den ganzen Tag beschäftigt. Wer weniger als 3 Stunden zu antichambrieren [im Vorzimmer warten, Anm.] braucht, kann von Glück sagen, so sehr wird er [Hofer, Anm.] überlaufen."[94]

Es gab durchaus auch Kritik an Hofers Regierungsstil, dies geht etwa aus einer Wendung in einem Schreiben des Bozner Stadtmagistrats hervor, in dem der Empfänger sarkastisch als „Ein hochlöbliches k. k. Oberkomando, das die Rettung des Vaterlandes, und aller dahin einschlagenden Gegenstände sich allein vorzubehalten entschlossen ist"[95] bezeichnet wird. Tatsächlich scheint Hofer in dieser Zeit mit seiner Selbsteinschätzung zu weit gegangen zu sein, wenn er sich etwa als Richter betätigte. Zeugnisse hierzu datieren von 1809 August 25, September 22 und September 27, wobei in letzterem Fall aber offenbleiben muss, welchen Vergehens sich Josef Farbmacher aus Telfes und Anna Angerer schuldig gemacht hatten. Hofer kündigte nur an, er würde die beiden bei Bedarf selbst vernehmen und weitere Schritte einleiten. Dass der Sandwirt sich kraft seines Amtes erlaubte, einem Zillertaler Paar die Heirat zu ermöglichen (Schreiben an Siard Haaser, dat. Innsbruck 1809 Oktober 4), mutet ebenfalls befremdlich an, vor allem wegen der Wendung „Wie ich haben beide Geld […]". Außerdem sah sich Hofer befugt, die Versteigerung einer Wiese als nichtig zu erklären (Meran 1809 September 5).

Andererseits aber sah der „Oberkommandant" bald ein, dass er mit seinem Amt überfordert war: In einem Schreiben an einen unbekannten Empfänger etwa forderte er „zwei vertraute Männer" an, die nach Innsbruck kommen und ihm als Gehilfen zur Seite stehen sollten.[96] Am 23. August beschloss er die Einsetzung einer obersten Behörde, die die Verwaltung des Landes übernehmen sollte, der „Provisorischen General-Landes-Administration"; Hofer selbst behielt sich nur die Agenden der Landesverteidigung vor.

2.2.9. Das Ende der Erhebung

Am 14. Oktober 1809 schloss Österreich mit Napoleon Frieden, am 21. verließ Hofer Innsbruck und zog sich in das Silltal zurück, am 29. bestätigte ein Brief Erzherzog Johanns den Friedensschluss, Hofer befand sich im Posthaus am Schönberg. Er entschloss sich zur Unterwerfung, ließ sich aber von Haspinger und Kolb umstimmen.[97] Er bezeugte sein festes Vertrauen in den Kommandanten Firler und verabschiedete sich vom Feldpater Krismer mit den Worten: „Mein lieber Stephan, bet! Woaß mer nöt z'helfen!"[98]

---

[94] Zit. nach: Forcher, Freiheitskampf, 42.
[95] Bürgermeister Menz und die Stadträte von Bozen klagen über den hohen Geldaufwand für die Truppendurchmärsche und die Verpflegung der sieben städtischen Kompanien und bitten um augenblickliche Aushilfe mit Bargeld (Bozen 1809 Oktober 9, s. Edition).
[96] „[…] in dem ich ane mit gehilfen Eß um möglich zu Ehr Thuen ist, vnd Ehr hate auch merer folmacht, ver an staltung zu dröffen, in dem ich Eß um miglich alles ver ßöchen khan, […]" (Innsbruck 1809 August 26).
[97] Vgl. Kramer, Hofer, 63–64; Achleitner, Stöffele, 100–101.
[98] Achleitner, Stöffele, 103. Krismer schreibt: „Am Tag vor Allerheiligen aß ich zum letzten Mal mit Andreas Hofer in der ‚Schupfe' […]. Er sagte mir: ‚Mei lieber Stephan böt, woas mer nöt zu helf'n.'

Das Gefecht am Bergisel am 1. November endete mit der völligen Niederlage der Tiroler. Hofer hielt sich an diesem Tag in Matrei auf, „nicht anordnend und sammelnd wie einstmals, sondern wie in einer vom Waffenlärm nicht berührten, träumerischen Resignation".[99] In einem Brief an Morandell schrieb er (Matrei 1809 November 1): „Lassen Sie uns also mit vereinigten Kraften arbeiten, wir haben kein anderes Losungswort mehr, als siegen oder sterben. Gott starke uns in unserm Kampfe – dann wird alles gut gehen, welches ich auch sicher hoffe." Auch ein Schreiben an die Kommandantschaft Meran, das zeigt, dass Hofer über die Niederlage seiner Haufen informiert war, bezeugt noch Optimismus (Matrei 1809 November 1): „Liebe Brüder noch ist nicht zum Verzagen – fasset Muth noch ist nicht alles verlohren – es lebt noch der alte gerechte Gott, vertrauet auf ihn und wir werden mit der Hilfe Gottes wieder siegen."

Am 2. November entschloss sich Hofer doch zur Unterwerfung und schickte zwei Deputierte, Josef Daney und Jakob Sieberer, zu Eugène Beauharnais, dem Vizekönig von Italien, nach Villach, um Verzeihung zu erbitten. Noch während die beiden Deputierten unterwegs waren, rief er in Tirol erneut zu den Waffen. Auch ein Mahnschreiben des Bischofs Lodron fiel auf keinen fruchtbaren Boden, sondern wurde von Hofer beantwortet: „Ja es sind zwar natürlicherweise keine Aussichten. Aber wer kann der Menge und dem Volke widerstehen? Wir müssen Gott die Sache anheim stellen und allein auf ihn vertrauen."[100] Am 8. November trafen Sieberer und Daney in Sterzing in Hofers Quartier ein, auf die Vorwürfe Daneys hin habe dieser geantwortet:

> „Ich hab nit anders können. Wie Sie fort waren und ich zum Brenner gehen wollte, sind solche Brixener Lumpen kommen und haben mich aufgefordert, das Volk aufzubieten. Ich habe selbst lange nicht gewollt. Aber ich musste, sie hätten mich erschossen. Was hätt' ich tun sollen?"[101]

Die zwei Gesandten entwarfen ein Manifest, das von Hofer unterzeichnet und in zwei verschiedenen deutschen Versionen, einer italienisch-deutschen und einer italienischen Übersetzung gedruckt wurde (dat. Sterzing 1809 November 8).

Am 10. November unterschrieb Hofer mit „Andere Hofer Ehe mahliger ober comen dant"; am 11. wurde er am Sandhof zu neuem Widerstand überredet und schickte Laufzettel aus.[102] Am 12. November erließ der Vizekönig eine Proklamation, die zur Entwaffnung des Tiroler Volkes aufrief, am 13. bot Hofer erneut den gesamten Landsturm auf. Forcher folgt, in der letzten Phase des Freiheitskampfes hätte sich gezeigt, dass der Sandwirt seiner Aufgabe, die über die Kräfte eines Bauern und Wirtes hinausgehen musste, nicht mehr gewachsen war: „Sein klarer Blick hätte ihm sagen müssen, daß weiterer Widerstand sinnlos war und dem Land nur noch mehr Blut und Tränen kosten mußte; Hofer hätte dem Land dies ersparen können. Er aber geriet unter den Einfluß hitzköpfiger Berater und verlor die eigene Urteilsfähigkeit."[103]

Nach dieser Zusammenkunft sah ich Andrä Hofer nimmermehr" (Achleitner, Stöffele, Bildteil). Vgl. zur Endphase des Aufstandes: Oberhofer, Unentschlossenheit.

[99] Hirn, Erhebung, 754.
[100] Zit. nach: Hirn, Erhebung, 767.
[101] Hirn, Erhebung, 768.
[102] „Gott wird uns noch auf eine curiose Weiße erlösen" (Hofer an Josef Ignaz Straub, 1809 November 7).
[103] Forcher, Hofer, 3.

Die zeitgenössischen Berichte legen nahe, dass Hofer zumindest in der Schlussphase der Erhebung geistig verwirrt war, was sich tatsächlich in krausen Aussagen und Anordnungen in den letzten Aussendungen, die Hirn als „buntes Allerlei"[104] bezeichnet, zu zeigen scheint. Andererseits aber vermutet Hirn, mehrere Aussendungen seien Hofer „abgerungen"[105] worden, wohl auch eine Anspielung auf gefälschte Schreiben, die im Umlauf waren.

Am 20. November 1809 rief der Sandwirt gemeinsam mit Speckbacher zu weiterer Verteidigung auf. Da das entsprechende Dokument nur als Abschrift überliefert ist, kann eine Fälschung des Textes nicht ausgeschlossen werden. Es heißt darin:

„Daher komt Jung und Alt und foderten mich auf, Vater zu seyn und das Amt zu betretten, welches ich vorhin verwaltete. In den Namen meines gekreuzigten Heylandes, welcher unschuldig für unß sein Leben aufopferte, will ich mein beschwerliches Amt auf mich nehmen und so lang für Gott und Vaterland streiten, biß es dem Allmächtigen gefallt, unser zeitliches Elend in ewige Freude zu verwandlen."

Wie bereits bei der Regierungsübernahme Mitte August 1809 wird betont, es sei allgemeiner Wille, dass der Sandwirt die Führung übernehme. Auffallend aber ist der Hinweis auf die Legitimität dieser Vaterrolle: Nicht mehr im Namen des Kaisers, sondern im Namen Jesu Christi selbst übernimmt Hofer sein „beschwerliches Amt", womit der religiöse Sinn des Handelns der Tiroler in den Vordergrund gestellt wird.

Über die Angebote zur Flucht und die Entscheidung des Sandwirts, in Tirol zu bleiben, berichtete Matthias Purtscher, Hofers wichtigster Schreiber, er hätte ihn gedrängt, zuerst nach Österreich, dann nach Bayern zu gehen. Hofer aber hätte erwidert: „Es ist ja Amnestie, ich gehe nach Haus, mir geschieht nichts."[106] Als auch Sieberer Hofer anbot, mit ihm nach Österreich zu fliehen, hätte dieser erwidert, er könne nicht sofort gehen, ohne seine Familie in Passeier besucht zu haben.[107] Der Sandwirt scheint zu diesem Zeitpunkt noch mit dem Gedanken der Flucht gespielt zu haben, wenn er zu Sieberer sagte: „[G]ehe nur bald ab, und wann Du nach Insbruk kommst, so schreib mir, wie es Dir ergangen, und wann Du nach Wien abzugehen gedenkest, denn mir reißen mitsammen, bestimme nur dann den Ort unserer Zusammenkunft, ich werde gerne auch Dir zu Lieb eine Strecke reißen."[108]

Hofer floh mit seiner Familie und Kajetan Sweth am 23. November auf die Kellerlahn in Passeier (Sieberer behauptet, Hofer am 20. November (!) dort besucht zu haben[109]), wo er den Landsturm erneut zu den Waffen rief[110]; Sieberer schreibt, er hätte Hofer damals zum letzten Mal gesehen, „und man konnte seine Geistesverwirrung sehr leicht aus seinen Gesichtszügen und anderem Benehmen ersehen, denn seine Hare standen gegen Berge, sein Bart, den er sonst so schön gekämmt hatte, war ganz zerrauft und

---

[104] Hirn, Erhebung, 791.
[105] Hirn, Erhebung, 792.
[106] Sander, Purtscher, 33.
[107] Sieberer, Beschreibung, 60.
[108] Sieberer, Beschreibung, 61.
[109] Sieberer, Beschreibung, 72.
[110] Sieberer, Beschreibung, 73.

in sichtbarer Unordnung, die Stimme war heiser, und überhaupt sein ganzes Betragen war einem Verzweifelten gleich".[111]

Am 26. zog sich Hofer auf den Pfandlerhof in Oberprantach zurück, am 11. Dezember schickte er seine Familie in ein Versteck des hintersten Schneeberges und ging selbst mit Sweth zur Mähderhütte auf der Pfandleralm, wo am Heiligen Abend seine Frau und sein Sohn zu ihm stießen. Am 4. Dezember 1809 war in einem Lagebericht an das bayerische Generalkommando festgehalten worden, Hofer hätte sich „in die Gebirge mit der Äußerung zurückgezogen", „von der ganzen Insurrektion nichts mehr wissen zu wollen".[112]

Hormayr schreibt über die Versuche, Hofer zur Flucht zu überreden: „geheime Boten aus Wien […] drangen bis in seinen armseligen Aufenthalt, aber er wollte keinen folgen, bald Frau und Kind nicht verlassen, obgleich man ihm betheuerte, man würde sie nachsenden […]. Bald wollte er sich den Bart nicht abnehmen lassen, bald scheute er die Unbequemlichkeiten, und die immer neuen Gefahren der Flucht."[113]

2.2.10. Verhaftung und Tod

In einem Brief an Erzherzog Johann, dat. Tragwald 1810 Jänner 26, äußerte Hofer seine Enttäuschung darüber, von Österreich im Stich gelassen worden zu sein, da er es gewesen sei, der seine Mitkämpfer immer mit der Versicherung angefeuert hätte, Österreich werde die Tiroler unterstützen. Sweth schrieb für Hofer, dieser hielte sich mit Frau und Kindern „in einem öden Stall auf einer Alpe" auf, er sähe sich nun als Lügner und Ursache allen Unglücks. Trotz der aussichtslosen Lage bat der Sandwirt noch um Truppenunterstützung und – hierin zeigt sich wieder die völlige Ergebenheit in die Religion – das besondere Gebet der Kaiserin. Das Schreiben ist unterzeichnet mit „o der arbme ver lassne, ßinder [Sünder, Anm.] Andere Hofer".

Am 28. Jänner 1810 wurde die Gruppe verhaftet, Hofer und Sweth wurden Richtung Süden deportiert. Am 30. Jänner (Neumarkt) schrieb Ersterer an seine Frau, er hätte einen General darum gebeten, ihr seine Schriften schicken zu lassen; außerdem hätte er um die Ermöglichung der Heimkehr seines verletzten Sohnes ersucht. Er traf weitere wirtschaftliche Verfügungen und berichtete, er werde gut versorgt, gab sich insgesamt sehr zuversichtlich und auf Gott vertrauend.

Am 20. Februar 1810 schrieb Hofer seinen letzten Brief, vier Stunden vor der angesetzten Hinrichtungszeit, an Vinzenz von Pühler in Neumarkt: Die Totengottesdienste sollten in St. Martin in der Wallfahrtskirche „zum rosenfarbenen Blut" gehalten, in jeder Pfarre sollte gebetet werden, beim Unterwirt[114] wären Suppe, Fleisch und Wein zu verabreichen. Auf das Geld Hofers könne Pühler zugreifen, er sollte dieses verwalten und mit Hofers Gläubigern abrechnen, Morandell wäre über sein Schicksal zu informieren.

---

[111] Sieberer, Beschreibung, 76.
[112] Zit. nach: Kirchmair, Tirol, Bd. 13, 483.
[113] Hormayr, Geschichte, 449.
[114] Unterwirt oder „Kreuzwirt" in St. Martin, betrieben von Johann Griner, dem Neffen Andreas Hofers. Hofer soll beim Unterwirt oft und gern eingekehrt sein, nachdem er in der Pfarrkirche von St. Martin beim „Heiligblut" die Messe besucht hatte (www.wkreuz.com/12d34.htlm; 4. Juli 2006).

Der Sandwirt starb am 20. Februar 1810 in Mantua. Im Sterbebuch von Passeier fand sein Tod folgenden Niederschlag: „Andreas Hofer gewester. [...] Wirth. an St. Grab auf dem Sandt. NB: 434. verheurathet. zu Mantua [...] erschossen. den 9. Merz 1810. 44 Jahr"[115], wobei die unlesbaren Stellen im Original durchgestrichen und sogar abgeschabt worden sind; Karl Gögele geht von dem ursprünglichen Wortlaut „gewester Anführer der Insurgenten" bzw. „standrechtlich erschossen" aus. Außerdem merkt er an, das angegebene Todesdatum sei falsch[116], dieses ist aber bereits im Sterbebuch nachträglich korrigiert worden: „recte: 20. Feber".

2.3. Religiosität

In einer 1809 herausgegebenen bayerischen Druckschrift findet sich eine überzogene „Charakterisierung" der Tiroler Religiosität:

> „Die Religion der Tiroler ist im wesentlichen die des jüdischen Pharisäers. Brav Rosenkränze schnattern, sich von allen Seiten mit Heiligenbildern bepanzern, Kreuze schlagen, statt des Fleisches Butterlaibe auf Brot gestrichen und Eierkuchen essen – – – das sind die herrlichen Werke, mit welchen der Tiroler seinen Glauben beurkunden will."[117]

Soweit die Meinung eines bayerischen „Aufgeklärten" über die Tiroler, die seiner Meinung nach zu den „unkultiviertesten Völker[n] Deutschlands" gehörten.

Wir haben es im ausgehenden 18. Jahrhundert in Tirol mit einer sehr religiösen, der barocken Frömmigkeit und der Gegenreformation stark verhafteten Welt zu tun, in die die Ideen der Aufklärung, die über ganz Europa ausstrahlten und auch von Wien aus stark propagiert wurden, wenig Eingang fanden. Die Religiosität der Zeit war bis zur weitgehenden Beschneidung zuerst durch Joseph II., dann durch die Bayern gezeichnet von einer ausgeprägten Volksfrömmigkeit, das Leben eng an den Ablauf des Kirchenjahres geknüpft, dementsprechend gab es relativ viele kirchliche Feiertage. Es zeigte sich außerdem der Einfluss der Jesuiten bis zur Auflösung des Ordens 1773 sehr stark, nicht zuletzt in den Volksmissionen, deren letzte in Passeier 1771 stattgefunden hatte.

Beda Weber berichtet in seinem umfangreichen Werk über das Passeiertal, Andreas Hofer hätte bereits in seiner Jugend gern die Wallfahrtskirche zum Heiligen Blut in St. Martin besucht, obwohl seine Familie zur Pfarre St. Leonhard gehörte.[118] Schon

---

[115] Sterbebuch St. Leonhard i. P. 1807–1846, SLA, Mikrofilmrolle 81.
[116] Vgl. Karl Gögele, Hofer, 265.
[117] Zit. nach: Hirn, Erhebung, 98.
[118] Die Gelegenheit des Kirchenbesuchs nutzte man, da an Sonn- und Feiertagen die ganze Dorfgemeinschaft zusammenkam, auch in weltlicher Hinsicht. Immer wieder wird darauf hingewiesen, Hofer hätte bald durch seine körperliche Erscheinung und seinen gefestigten Charakter aus seinen Altersgenossen hervorgeragt, er sei von kraftvoller Gestalt und außergewöhnlicher Muskelstärke gewesen und oft auf Märkten und Kirchtagen als Robler, d. h. als Raufer aufgetreten (Paulin, Andreas Hofer und Innsbruck, 15; Weber, Thal Passeier, 327). Interessant ist eine Auswertung durch Erich Egg, wonach sich unter den „bekanntesten Anführern" des Aufstandes von 1809 neben 25 Wirten, 10 Bauern, 5 Kaufleuten und 10 Priestern immerhin vier „Robler" befunden hätten (Egg, Gesellschaft, 20). Diese Angaben sind aber fraglich, da allein Andreas Hofer in die Kategorien Wirt, Bauer, Kaufmann und Robler passt.

früh – so Weber – hätte sich der junge Mann hervorgetan, indem er seine Betgenossen öfters zur Frömmigkeit ermahnt habe.[119]

In St. Martin wurde die Reliquie des „Rosenfarbenen Blutes" verehrt, die das Dorf zu einer Gnadenstätte hatte werden lassen, die während der Kriegsjahre eine besondere Rolle für die Landesverteidiger spielen sollte. Die Tatsache, dass die orographisch rechte Seite des Passeiertals mit St. Martin dem Bistum Chur, die linke Seite – und damit auch die Gemeinde St. Leonhard sowie der Sandhof – der Diözese Trient unterstand, machte das Tal in kirchlicher Hinsicht immer wieder zu einem Konfliktherd: Dies rührte vor allem daher, dass die Pfarre St. Martin, die auch zu Hofers Zeit von den Benediktinern von Marienberg betreut wurde, vom Churer Kirchenstreit betroffen war. In den 90er-Jahren des 18. Jahrhunderts wirkte hier ein aus dem Elsass emigrierter Hilfspriester namens Pater Georg, dessen Aversion gegen die Französische Revolution und die Umwälzungen in Frankreich sich in der Seelsorgetätigkeit, vor allem natürlich in den Predigten niederschlug.[120] Damit stieß er bei der Talbevölkerung auf offene Ohren, die – wie sich auch später in Hofers Aussendungen zeigen wird – den Idealen der Französischen Revolution wenig abgewinnen konnte. Napoleon selbst wurde in der Propaganda der Zeit als Sohn des Teufels dargestellt (vor allem in der Gefangennahme des Papstes durch Napoleon 1798 schien sich die Annahme, im Franzosenkaiser den „Antichristen" vor sich zu haben, für die Tiroler zu bestätigen[121]). Ab 1808 schließlich wirkte in St. Martin der von der Regierung angestellte „Staatspfarrer" Matthias Hermeter, dem die Bevölkerung aber kein Vertrauen entgegenbrachte; er war während des Kirchenstreites in das Lager der „bayerisch Gesinnten" übergewechselt und galt deshalb als „Abgefallener".

Der Begriff des „legendären" (Pizzinini) „Heiligen Landes Tirol" ist ein Konstrukt, dessen Entwicklung erst mit der Gegenreformation anfing; vor allem der Missionsarbeit der Jesuiten verdankt Tirol das Attribut eines „heiligen Landes". Es gab im Laufe von Volksmissionen, die bis zur Auflösung des Missionsinstitutes durch Joseph II. durchgeführt wurden, „Heilige Wochen", an denen die bäuerliche Bevölkerung teilnahm und während derer die Arbeit ruhte. Die religiösen Werte wurden vertieft, Moralbegriffe und religiöse Grundhaltung in den Menschen tief verwurzelt. Mit der Missionstätigkeit wurde der Landbevölkerung nicht nur tiefe Religiosität, sondern auch die heftige Ablehnung der europäischen Aufklärung eingeimpft, es kam zu einer zunehmenden Abhängigkeit der Bevölkerung vom Klerus: Durch die intensive Indoktrinierung durch Kanzel und Beichtstuhl wurde den Gläubigen der Blick für zeitgemäße und vernünftige Reformen versperrt. Der Weg zum „Heiligen Land" wurde schließlich mit dem Gelöbnis am 1. Juni 1796 besiegelt, wonach das Herz-Jesu-Fest jährlich mit einem festlichen Gottesdienst gefeiert werden sollte. Tirol „flehte den Schutz Gottes herab und proklamierte einen ‚Heiligen Kampf' gegen die revolutionären, antikatholischen Franzosen und Sachsen."[122]

---

[119] Weber, Thal Passeier, 328–329.
[120] Mader, Pfarre, 503. Zum Churer Kirchenstreit 1806–1809 vgl. Mercedes Blaas, Die „Priesterverfolgung" der bayerischen Behörden in Tirol 1806–1809. Der Churer Bischof Karl Rudolf von Buol-Schauenstein und sein Klerus im Kampf mit den staatlichen Organen. Ein Beitrag zur Geschichte des Jahres 1809 (= Schlern-Schriften 277), Innsbruck 1986. Weiters: Hirn, Erhebung, 151–152.
[121] Hamm, Integrationspolitik, 87. Hamm weist auch auf eine wirksame Form der Propaganda hin: die Veröffentlichung der Korrespondenz zwischen Napoleon und dem Papst als Beweis für die religionsfeindliche Gesinnung des Franzosenkaisers (Hamm, Integrationspolitik, 318).
[122] Schnaiter, Willram, 140. Vgl. Pizzinini, Tirol in den Franzosenkriegen, 193; ders., Tiroler Nation, 59.

Bis ins zwanzigste Jahrhundert kam es vor, dass die Attribute „katholisch" und „tirolisch" gleichgesetzt wurden und man sich hierin auf die Ereignisse von 1809 berief.[123]

Paul Bertagnolli bezeichnet den Tiroler „Freiheitskampf" als „wahrhaft romantisches Unternehmen", und zwar nicht nur wegen der starken nationalen Komponente des Krieges, sondern er wäre vielmehr auch Ausdruck einer „katholischen Volksromantik", die gegen die Aufklärung ankämpfte, wie sie der Verfassungsstaat Bayern durchsetzen wollte[124], ein „Symptom' einer im weiteren Sinn romantischen Reaktion in Tirol".[125]

Laurence Cole sieht die Gläubigkeit der Tiroler als typisch für die zeitlichen und örtlichen Bedingungen, gerade Hofers Auffassung von Verantwortung und Akzeptanz hierarchischer Strukturen hätte seiner sozialen Stellung als Grund besitzendem Bauern und Gastwirt entsprochen.[126] Die besondere Hingabe an das Herz Jesu hebt Cole besonders hervor, obwohl in den „Freiheitskriegen" zur Unterstützung der Tiroler – zumindest geht dies aus Hofers Schreiben hervor – eine ganze Reihe von anderen himmlischen Mächten angerufen wurde.

Als die Bayern am 22. Jänner 1806 die Regierung in Tirol förmlich übernommen hatten, betrafen ihre Bemühungen zur Errichtung eines zentralistischen, aufgeklärten und absolutistischen Staates auch den kirchlichen Bereich: Die Kirche sollte dem Staat unbedingt unterworfen sein. Da aber bereits Joseph II. das religiöse Leben in die gleiche Richtung gelenkt hatte, war dies für die Tiroler nichts wesentlich Neues. Die Spannungen aber, die aus den bayerischen Reformen resultierten, führten dazu, dass der Generalkommissär Graf Arco bereits im November 1807 einen bevorstehenden Aufstand befürchtete, zumindest aber den Ausbruch „bedenklicher Gährungen" in Tirol.[127] Trotz der gerade in der neueren Forschung stärker betonten prekären wirtschaftlichen Situation des Landes in bayerischer Zeit, die neben Konskription, Aufhebung der ständischen Verfassung, Zerschlagung der Landeseinheit und anderen Ursachen[128] als wesentlicher Auslöser des Aufstandes von 1809 akzentuiert wird, ist die starke religiöse Komponente der Insurrektion („Religionskrieg"[129]) nicht zu unterschätzen:

Karl Theodor Heigel schildert 1875 eine Begebenheit, die sich nach dem gewonnenen dritten Gefecht am Bergisel (13. August 1809) zugetragen haben soll: Hofer hätte sich auf die Knie geworfen und mit dem ganzen Volk laut gebetet, danach wären die Landstürmer still und feierlich in Innsbruck eingezogen; die Studenten seien ihnen mit Fahnen und Musik entgegengekommen, Hofer aber soll gesagt haben: „Jetzt beten, nit schreien und musiciren, i nit, ös a nit, der droben hat's gethan!"[130] Hormayr erzählt eine Anekdote, wonach ein „alter" Bauer Hofer zum Weiterkämpfen am Montag, den 29. Mai, aufgefordert habe; der Sandwirt und die Umstehenden hätten den alten Mann für einen Heiligen (!) gehalten, da man ihn nach dieser Begebenheit nie wieder gesehen hätte.[131]

In einem undatierten, vielleicht von Hofer selbst geschriebenen Text (Schönberg [?] 1809 Mai 28), kommt die Religiosität plakativ zum Ausdruck:

---

[123] Vgl. Pizzinini, Tiroler Nation, 58–59 sowie Scheichl, 1809, 142.
[124] Bertagnolli, Spätaufklärung, 5.
[125] Bertagnolli, Spätaufklärung, 25.
[126] Cole, Identität, 233–234.
[127] Hirn, Erhebung, 125.
[128] Vgl. zu den auslösenden Momenten der Erhebung: Hamm, Integrationspolitik, 312–313, 319.
[129] Vgl. etwa: Cole, Nation, 482.
[130] Heigel, Hofer, 15.
[131] Hormayr, Geschichte, 227–228.

„Wier wollen die Boaren mit Hilff der göttlichen Muetter fangen oder erschlagen und haben uns zum liebsten Hertzen Jesu verlobt. Kombt uns zu Hilff, wollt Ihr aber gscheiter seyn als die göttliche Firsichtigkeit, so werden wir es ohne Euch auch richten."

Gerade das Gebet spielte immer wieder eine wesentliche Rolle:[132] Im September 1809 teilte Josef Valentin von Morandell dem Marktrat von Neumarkt den Wunsch des Oberkommandanten mit, das dort vorhandene wundertätige Muttergottesbild der Kapuziner solle bei einer Prozession mitgetragen werden, um Gott zu danken und den Segen Mariens zu erbitten und somit den erwünschten Friedensschluss zu erzielen.[133] Das absolute Vertrauen auf himmlische Mächte ging so weit, dass die Tiroler sogar ihre Waffen als gesegnet betrachteten. So heißt es in einem Schreiben, dat. Sterzing 1809 Mai 21: „Übrigens vernahm ich aus Ihrem werthesten Schreiben, daß Gott der Allmächtig die Waffen unserer Landesvertheidig(er) am 25t(en) dieß und ich hoffe auch am 29t(en) gesegnet haben werde."[134]

Das Vertrauen auf Gott in Verbindung mit der Tugend konnte die Tiroler zu übermenschlichen Taten anspornen:

„Setzet euer ganzes Vertrauen auf Gott; haben wir denn nicht schon Dinge gethan, über die das Ausland staunte, nicht durch Menschenkräfte, sondern durch unverkennbare Hilfe von oben. Tugend giebt wahre Stärke und schaffet den Schwachen zu einem Helden um."[135]

Bereits am 10. Mai 1809 wies Hofer darauf hin, ohne Zusammenhalt würden Gott, Tugend und Habseligkeiten verloren gehen. Insofern verwundert nicht, dass die Tiroler als auserwähltes Volk mit dem Volk Israel verglichen wurden (1809 November 20). Nach wie vor wartete der „Oberkommandant" auch in hoffnungsloser Lage auf die göttliche Rettung: „Gott wird uns noch auf eine curiose Weiße erlösen" (Sterzing 1809 November 7).

Während sich seine Mitkämpfer auf Gottes Segen verlassen sollten, warnte er sie vor „teuflische[n] Liste[n]" (Lienz 1809 Juli 21); dementsprechend fehlt auch nicht der explizite Hinweis, die Tiroler würden gegen den Teufel selbst kämpfen (Schreiben ohne Datierung, vermutlich 1809 November 16).

Im Umfeld der militärischen Ereignisse von 1796/97 und 1809 kam es also zu einer Kollision bzw. einer Vermengung der Religionsauffassung der geistlichen Elite (den gebildeten Theologen), die sich in Hofers Umfeld bewegte und den „Oberkommandanten" beriet, mit der auf guter Kenntnis der biblischen Begebenheiten beruhenden Religionspraxis der vor allem bäuerlichen Schichten, aber auch dem volksreligiösen „Bauernhimmel" mit dem für ihn typischen Vertrauen auf Nothelfer und Amulette,

---

[132] „Es [das Kriegswesen, Anm.] erfordert fleisig Betten und die Vorbitte der Heiligen und die Gnad Gottes, daß muesße uns auch Gott mit wirken, wie ehr uns noch nie verlaßen hat! […] veranstaltet Andachten, bettet fleisig" (Lienz 1809 Juli 28).

[133] Archiv der Generalgemeinde Fleims (Magnifica Comunità di Fiemme), Cavalese. Marktrat von Neumarkt an den „Scario" von Fleims (1809 September 15).

[134] Innsbruck 1809 September 26: „Man kann es wirklich mit Händen fühlen, daß unsere Waffen eine höhere Hand leitet"; Innsbruck 1809 September 27: „Augenscheinlich war die Hand Gottes bey dieser Affair im Spiel, und nun dancken wir demüthig diesen errungenen Sieg."

[135] Aufruf dat. Lienz 1809 Juli 28.

der Angst vor Dämonen und dem Bösen in der Form von Unbekanntem und Neuem. Bereits 1807 war in Hamburg ein Druckwerk erschienen mit dem Titel: „Merkwürdige Prophezeyungen, daß der französische Krieg ein Vorboth des Endes der Welt ist." Kommissär Graf Arco setzte natürlich alle Hebel in Bewegung, um herauszufinden, wer für die Verteilung dieses Buches zuständig war, um es sofort aus dem Verkehr ziehen zu können.[136] Es dürfte auch kein Zufall sein, dass im Jahr 1797, als Tirol direkt durch Napoleons Truppen bedroht war (am 2. April 1797 fand das Gefecht bei Spinges statt), an der Fensterscheibe eines Hauses in Absam ein Abbild der Muttergottes erschien, das dem Ort zum Aufblühen einer prosperierenden Wallfahrt verholfen hat.

Hofers Religiosität als symptomatisch für die Religiosität der „Tiroler" einzuschätzen, die offenbar für ein starkes Wir-Gefühl in den Freiheitskämpfen gesorgt hat (ergänzend zum aus dem Begriff einer „tirolischen Nation" resultierenden Wir-Gefühl), ist aber insofern problematisch, als die Volksfrömmigkeit in der katholischen Lebenswelt auf der Regional- und Lokalebene stark unterschiedlich ausgeprägt war.[137] Die zwar bemerkenswerte Tatsache, dass die auf die Religion verweisenden Floskeln nicht nur gezielt in den an die Landbevölkerung gerichteten Aussendungen zur Anwendung kamen, sondern auch in offiziellen Schreiben an die militärische Obrigkeit[138], ist also dennoch differenziert zu sehen.

Der Sandwirt allerdings war in Hinsicht seiner Religiosität ganz ein Kind seiner Zeit und Lebenswelt. Beim Religionsbezug, der in den Schreiben aus seiner „Kanzlei" immer wieder ins Auge sticht, muss von einer üblichen Form der Rhetorik ausgegangen werden (die natürlich bei der breiten Masse der Bevölkerung auf offene Ohren stieß). Die Landesfürstliche und landschaftliche Schutzdeputation Innsbruck etwa ließ am 1. Juli 1799 einen Text verkünden, in dem es heißt: „Unter dem segnenden Beystand Gottes ist der vor kurzem noch so übermüthige Feind […] überwunden."[139] Im Beschluss des Tiroler Landtages von 1796 zur Einführung des Herz-Jesu-Festes als Landesfeiertag wurde festgehalten, es gehe

> „um den Segen des Himmels für die angeordneten oder noch zu unternehmenden Verteidigungsanstalten und die Hilfe desselben, welche die geliebtesten Voreltern bei ähnlichen verzweifelten Umständen zum Schutze und zur Rettung des Vaterlandes so wiederholt als auffallend erfahren haben […]".[140]

Selbst Erzherzog Johann schrieb in einem Brief an die Tiroler (1809 Mai 16): „Gott gebe Euch den Segen, den Ihr alle verdient"[141], wobei aber die sog. Gottesschutzformel für Handschreiben auch von oberster Stelle offensichtlich auch etwa in Preußen zum „guten Ton" gehörte.[142]

---

[136] ASBz, Kreisamt Bozen, Fasz. 90 B (Polizei 1807), Akt Nr. 2156/326: Aussendung Arcos an das Kreisamt Bozen, 1807 April 28.
[137] Braun, Projekt, 31.
[138] So z. B. in einem an den Freiherrn von Buol adressierten Schreiben, dat. Lienz 1809 Juli 29: „[…] und uns der Allmächtige, wie wir sicher hoffen, seinen ferneren Beystand verleihen wird."
[139] TLMF, Bibliothek, Mischbestand.
[140] Zit. nach: Egg, Volksreligiosität, 115.
[141] Zit. nach: Kramer, Erzherzog Johann, 44.
[142] Vgl. Meisner, Urkunden- und Aktenlehre, 35–36.

Hofer stand mit seiner zumindest in den Aussendungen zum Ausdruck gebrachten tiefen Verwurzelung in der Religion also keineswegs allein da, vor allem seine Mitkämpfer aus dem ländlichen Umfeld teilten die von durchaus barocker Frömmigkeit geprägte Weltsicht. In einem Augenzeugenbericht über ein Ereignis, bei dem Hofer nicht dabei war, heißt es etwa, ein Siebzehnjähriger hätte die Landstürmer zum Kampf aufgerufen mit den Worten: „Wer ein echter Christ, wer ein braver Tiroler ist, der folge mir nach, zur Verteidigung der heiligen Religion, zur Verteidigung des Vaterlandes!"[143] Major Anton Aschbacher schrieb am 13. November 1809 an Hauptmann Josef Ebster und Thomas Penz:

> „Brüder, unterwerft Euch der Fügung unsers Gottes, verthrauet nur fest wie Job [Hiob, Anm.] auf Ihm. Er scheint uns nur zu brüffen: Sind wir standhaft unter der Straff-Rutte, so wird er uns unvermuthet erretthen. Bittet nur um Aufrechthaltung unser geheilig cristlichen Religion. [...] Gott lohn es Euch, und sein Seegen sey bey Euch."[144]

Schließlich sei noch erwähnt, dass die religiöse Überzeugung Hofers durchaus in Intoleranz, ja regelrechten Fanatismus umschlagen konnte, der dem heutigen Leser seiner Schriften etwas befremdlich, wenn nicht abschreckend anmutet. Dies lässt sich gut an einem Schreiben an Josef Kuen in Längenfeld vom 7. August 1809 zeigen, in dem der Sandwirt über den militärischen Status berichtete; diesem wurde ein von Hofer geschriebenes Zettelchen angehängt: „Extra Zöttele. Liebe Brüder. Wann es etwan so leith göben Thätte, die unser veranstaltung verhintern wolten, diesen ist nicht zu verschonnen, den es ligt Kristenheit daran, und wer an Kristenthum nicht denckt, der ist hätte ich bald gesagt böser a wöckh [weg, Anm.]."

2.4. „Patriotismus" – Die „tirolische Nation"

Erst seit dem Ende des 18. Jahrhunderts wird der Ausdruck „Nation" in Schriften mit Tiroler Herkunft auch auf die Tiroler selbst bezogen, wobei sowohl einheimische amtliche Schriftstücke als auch englische und französische Autoren von der „Tiroler Nation" sprechen:

> „Tirol wurde damals noch nicht als integrierter Bestandteil des vagen Staatsbegriffes Österreich angesehen. [...] Die wirtschaftliche Ausrichtung Tirols nach Nord und Süd und teilweise nach dem Westen ergab mit Österreich wenig Gemeinsamkeiten. Im Grunde hatte Tirol in der allgemeinen Ansicht der Bewohner mit Österreich nur den Kaiser als Landesfürsten gemeinsam. [...] Die Tiroler waren gut kaiserlich, aber nur beschränkt österreichisch, wenn man den neuen Beamtenstaat meinte. So entstand in der zweiten Hälfte des 18. Jahrhunderts der Begriff der tirolischen Nation, der nicht zuletzt von der Französischen Revolution genährt wurde, die das Nationalgefühl erstmals in überspitzter Form betonte."[145]

---

[143] Zit. nach: Forcher, Freiheitskampf, 66.
[144] Masch. Abschrift in: TLA, Autogramme F 13.
[145] Egg, Nation, 6.

In der entstehenden Gesamtmonarchie behauptete die „tirolische Nation" ihre markante Sonderrolle[146], ihr Selbstbewusstsein kam etwa in der Benennung des „Nationaltheaters" oder des „Tiroler Nationalmuseums" in Innsbruck zur Geltung, ihren Höhepunkt erlebte sie in der Zeit zwischen 1790 bis 1820.[147] Gerade im 19. Jahrhundert, als der „Landespatriotismus" (im Gegensatz zum neuen „Reichspatriotismus") durchaus üblich war, passte die Betrachtung Tirols als eigene Nation sehr gut ins Bild.[148]

Graf von und zu Lehrbach, k. k. Hof-Kommissär, hatte bereits am 5. Mai 1797 eine Kundmachung drucken lassen, die von der „Tyroler-Nation" spricht, die ihrer Religion, ihrem Fürsten und „Vaterland" stets treu gewesen sei. Aus dem Zusammengehörigkeitsgefühl dieser „Nation" entstünden Pflichten jedes Mitglieds gegenüber Gott, dem Staat, dem Landesfürsten und anderen „Staatsmitbürger[n]".[149] Andreas Hofer selbst schrieb gemeinsam mit dem Freiherrn von Luxheim und Anton Steger an den Kaiser (1809 August 19) von der „braven Nation", die entscheidende Taten für Fürst und Vaterland gesetzt hätte, die in die Annalen eingehen würden. Der Sandwirt machte sich zum Sprecher der „Tiroler Nation": „In dieser traurigen Lage wage ich es im Namen der ganzen Nation, zu dem Vaterherz Euer Majestät die Zuflucht zu nehmen" (Innsbruck 1809 August 19). In der gedruckten Proklamation von 1809 September 10 ist die Rede vom einheitlichen Wunsch der „große[n] Mehrzahl der tyrolischen Nation", das zu vermeiden, „was die göttliche Strafgerechtigkeit gegen uns reizen würde".

In einer weiteren Kundmachung (dat. Innsbruck 1809 September 29) äußert Hofer seine Vorstellung, mit seinen Erlässen „den Wünschen der Nation, deren unbeschränktes Zutrauen er sich durch sein leidenschaftloses Benehmen verdient zu haben schmeichelt", zu entsprechen, um „das gemeine Beste" befördern zu können. Der Begriff der „Nation" ist hier eindeutig mit jenem des „Volkes" gleichgesetzt. Es gilt, „Nationalrepräsentanten" zu wählen, „welche mit allen Lokalverhältnissen innig vertraut das Wohl ihres Kreises im beständigen Einklange mit dem allgemeinen Besten zu berücksichtigen haben". Im ganzen Land sollten zudem „Institute der Nationalbildung für den heranreifenden Bürger" entstehen. Spätestens an diesem Punkt wird klar, dass der Text zumindest dieser Proklamation mit Hofers Weltanschauung nicht viel zu tun hat, sondern aus der Feder eines seiner „Berater" stammt.

In einem weiteren Schreiben, dat. 1809 Oktober 11, gibt Hofer der Provisorischen General-Landesadministration zu verstehen, in Kriegszeiten sei es selbstverständlich, dass die „tyrol(er)ische Nation" eigenmächtig Verfügungen treffe, die ansonsten nur der landesfürstlichen Regierung zustehen würden; zu diesem Zweck sei die General-Landesadministration konstituiert worden. Dieses Schreiben wurde von Matthias Purtscher verfasst; inwiefern Hofer die Formulierung des Textes beeinflusst hat, ist nicht nachvollziehbar. Am nächsten Tag berichtete Hofer dem Freiherrn von Reinhart, er hätte die „Repräsentanten der Nation" einberufen, jedenfalls aus Inn- und Eisackkreis, da der Etschkreis noch vom Feind besetzt sei. In einem ebenfalls – laut Hirn[150] – von Purtscher verfassten Brief an den Kaiser, dat. 1809 Oktober 22, schließlich bittet Hofer wiederholt, die hervorragenden Taten der Tiroler hervorhebend, um Unterstützung: „Hat

---

[146] Heiss, Grenzen, 173.
[147] Egg, Nation, 6–7.
[148] Hermanns, „Volk" und „Nation", 35.
[149] TLMF, Bibliothek, Mischbestand.
[150] Hirn, Erhebung, 735.

eine Nation das gethan – was Tyrol gethan hat? – Man kann mit Recht sagen – Tyrol hat sein Äußerstes gethan, und für wen? – für Gott, für Religion und für seinen allgeliebten, rechtmäßigen und allgerechten Kaiser von Oestreich!"

Die antirevolutionäre und antifranzösische Stimmung im Lande war bereits seit dem Beginn der Koalitionskriege 1792 zu spüren, unter der bayerischen Herrschaft kamen durch die Eingriffe in die Landesrechte (ständische Verfassung), die wirtschaftlichen, kulturpolitischen und kirchlichen Repressalien weitere antiaufklärerische Ressentiments hinzu, die bei Einführung der bayerischen Konstitution von 1808 ihren Höhepunkt erreichten. Bereits Joseph II. war vor allem bei der Bevölkerung auf dem Land mit ähnlichen Gesetzen und Verordnungen nicht auf Gegenliebe gestoßen und hatte einen Großteil von ihnen zurücknehmen müssen, um die Gemüter zu beruhigen. Die Bayern jedoch als Handlanger Napoleons wurden zum Ziel der Kritik aus der breiten Masse, die sich vor allem in Richtung der bayerischen Beamten im Land und jener, die sich der neuen Obrigkeit angepasst hatten, entlud. Aus den Schreiben Hofers lässt sich immer wieder die Tendenz herauslesen, durch die Überzeugung, für die gerechte Sache zu kämpfen, den ungemeinen Hass sowohl auf die Bayern als auch auf die Franzosen zu rechtfertigen. So etwa ließ er schreiben (Kalch 1809 August 8):

„Lasset Euch von den Spitzbuben nicht irre machen, wir werden sie gewiß antreffen und dem gebürenten Lohn geben, den sie schon lange verdient haben. Also liebe Brüder lasset uns nur einig seyn, ich werde Euch die Lumpestück von dieser verfluchten Nation [!] erst aldann sagen, so bald wir zusam kommen werden. Nur gutes Muthes, die Sach kombt alle von Gott her."[151]

Die Ablehnung zuerst des österreichischen, dann des bayerischen Absolutismus in Tirol ist durch die staatlichen und sozialen Traditionen begründet: Das Grundprinzip, dass ein Land persönliches Eigentum seines Fürsten sei, hatte für Deutschtirol nie gegolten. Die Tiroler fühlten sich mit Österreich durch den gemeinsamen Landesherrn, die Habsburger, nicht aber als Glied eines absoluten Staates verbunden (anders war die Situation in Welschtirol, wo die Gebiete von Trient und Rovereto wie das persönliche Eigentum ihrer Fürsten behandelt wurden):[152]

„Andreas Hofer und seine Mitstreiter konnten […] gar kein Verständnis für den absoluten Reformstaat Bayern aufbringen, weil sie und ihr Land die historische Entwicklung zum Absolutismus nicht mitvollzogen hatten und deshalb die Reformen nicht brauchten, die Bayern […] durchführte."

Nach Adelung (1777) besteht eine Nation aus den „eingebohrenen Einwohnern eines Landes, so fern sie einen gemeinsamen Ursprung haben, und eine gemeinschäftliche Sprache reden, sie mögen übrigens einen eigenen Staat ausmachen, oder in mehrere vertheilet seyn".[153] Die Tiroler hatten innerhalb der Monarchie nach ihrem Selbstverständnis ein eigenes Land mit eigener Verfassung; sie betrachteten sich als eigene, als

---

[151] Bezeichnungen für den Feind, die sich in den Texten finden, sind etwa „Unmenschen" (Innsbruck 1809 Oktober 3, Oktober 18), „Unthiere" (Innsbruck 1809 Oktober 3), oder der Teufel (s. o.).
[152] Stutzer, Andreas Hofer, 57–58.
[153] Zit. nach: Hermanns, „Volk" und „Nation", 28.

„tirolische" Nation, wobei hier zwar das Kriterium der gemeinsamen Sprache nicht erfüllt war (im Land lebten Deutsche, „Welsche" und Ladiner nebeneinander), es ging aber vor allem um ein Gefühl der Zusammengehörigkeit aufgrund der Herkunft, des Ortes der Geburt (*natio* von lat. *nasci*), um ein „Wir-Gefühl".[154] Das Beharren auf der Erhaltung der ständischen Verfassung in den Denkschriften, die 1805 an den Kaiser ergingen, war ein eindeutiger Hinweis auf den spezifisch tirolischen „Patriotismus": Die ständische Verfassung war für die Tiroler offensichtlich wichtiger als der Verbleib unter Österreich; sollte eine Abspaltung Tirols unbedingt notwendig sein – was die Erhaltung der Sonderrechte gefährden würde – sollte sich Österreich weiter um die Erhaltung dieser Rechte bemühen.[155]

Eng mit dem Nationenbegriff verbunden war jener des eigenen, „angestammten" Territoriums, sowie der Gedanke der Überlegenheit anderen Nationen gegenüber, der „erwählten Nation" bzw. des „erwählten" Volkes[156], wie er in den Quellen zu 1809 immer wieder auftaucht (so wird etwa auch das Tiroler „Volk" von Andreas Hofer mit dem von Gott erwählten Volk Israel verglichen, s. o.).

Margot Hamm hebt hervor, neben (relativ) geschlossenem Territorium, zumindest in Deutschtirol einheitlicher Sprache und starker gemeinsamer Verwurzelung in der Religion hätte in Tirol auch das System der Landesverteidigung, die Wehrverfassung, d. h. die allgemeine und gleiche Wehrpflicht in Landmiliz und Landsturm, eine wichtige Rolle gespielt: Sie hätte das Selbstbewusstsein nicht nur der Bauern gestärkt, die Unterschiede zwischen den einzelnen Ständen nivelliert und schließlich in der Abwehr äußerer Feinde zu einem ausgeprägten tirolischen Landesbewusstsein geführt.[157] Gerade Andreas Hofer und seine Adjutanten sahen alle Tiroler als Einheit, die gemeinsam stritt, um gemeinsame Ziele zu erreichen. Der Landsturm als umfassendes Aufgebot der gesamten Bevölkerung war bereits 1796/97 zum Tragen gekommen, zu lokaler Berühmtheit gelangten aufgrund ihres besonderen Mutes prototypische Figuren wie der „Senseler" von Volders Anton Reinisch und Katharina Lanz, das „Mädchen von Spinges"[158] (Letztere symbolisierte wie die „heldenmütigen" drei [laut Mühlberger: zwei] Frauen, die am 11. April 1809 im Sterzinger Moos die Karren mit Heu zogen, aus denen die Schützen herausschießen konnten[159], die Beteiligung auch des weiblichen Geschlechts an der Erhebung).

Gerade der „Oberkommandant" wandte sich in seinen Aufrufen nicht nur an militärische Befehlshaber, sondern auch und vor allem an die Geistlichkeit, die die Inhalte der Schreiben von der Kanzel predigen und somit allen sozialen Schichten und Altersstufen beiderlei Geschlechts vermitteln sollte. Die im Namen der „Oberkommandantschaft" erlassenen gedruckten Proklamationen trugen durch ihre öffentliche Anbringung ebenso dazu bei, den Aufstand zu einer Angelegenheit aller werden zu lassen. Ausgeklammert blieben die „bayerisch Gesinnten" im Land, d. h. Sympathisanten, die sich mit der neuen Regierung angefreundet hatten, „frey herumschwärmen und die guten Einwohner in Forcht und Schröcken bringen" (Schreiben Andreas Hofers, dat. Kalch

---

[154] Hermanns, „Volk" und „Nation", 31.
[155] Hamm, Integrationspolitik, 89.
[156] Hermanns, „Volk" und „Nation", 32.
[157] Hamm, Integrationspolitik, 29.
[158] Vgl. zu beiden: Pizzinini, Hofer, 55.
[159] Vgl. Hirn, Erhebung, 294–295.

1809 August 10). Dass sich durchaus nicht alle Tiroler mit Freuden an der Erhebung beteiligten, zeigt beispielsweise der vertrauliche Bericht eines Naturnser Bauern: „Wir Naturnser waren 1809 sehr hinterhältig [zurückhaltend, Anm.] bei den Auszügen, denn es waren viele gut Bairisch gesinnt; man that nur, was man thun mußte."[160]

Als Hofer sich 1809 als „Oberkommandant" und „Landesvater" in der Position fand, oft nur unterschwellig verbreitetes Gedankengut mithilfe seiner Schreiber auch offen zum Ausdruck zu bringen, nahm er sich kein Blatt vor den Mund und richtete sich mitunter selbst gegen seine Landsleute, die er als Verräter brandmarkte und beschimpfte. In einem Schreiben, dat. 1809 Juli 22, heißt es:

> „Sollten sich Leüte finden, welche unserer gerechten Sache entgegen zu arbeiten sich bemühen, so erklären wir selbe nicht nur für Feinde des Vaterlandes, sondern sie sind […]der Wuth des Volkes preißgegeben, und es wird der Zeitpunkt in Kürze kommen, wo wir selbe als Nicht Patrioten des Landes verweisen werden – Wer in Tyrol will wohnen, muß selbes beschützen – wer es nicht beschützet, der wird im Lande gar nicht geduldet."

Hierin kommt klar zum Ausdruck, dass als „Patrioten" nur jene Tiroler gelten konnten, die sich am Aufstand aktiv (d. h. durch Waffengebrauch, finanzielle Unterstützung, Transportdienste oder Vorspannleistungen, Propagandatätigkeit etc.) beteiligten oder wenigstens nicht gegen die Erhebung stellten. Der eng gefasste Begriff des „Patriotismus" klammert somit alle jene aus, die als das kleinere Übel für Land und Leute die – eventuell vorübergehende – Anpassung an die neue Regierung sahen und einem Aufstand skeptisch gegenüberstanden. Somit ist auch die Formulierung, das Land müsse „beschützt" werden, denkbar schlecht gewählt, waren sich doch beispielsweise zahlreiche Beamte bewusst, sie würden ihrer „Heimat" durch die Aufrechterhaltung von Ruhe und Ordnung einen weit größeren Dienst erweisen als durch das Ergreifen der Waffen.

Gegen die Feinde des „Vaterlandes" aber richtete Hofer heftige Worte: In einem Schreiben über die Sarntaler von 1809 November 15 heißt es etwa, falls diese nicht die übrigen Tiroler unterstützen wollten, solle das Sarntal sofort dem Feind geöffnet werden! Personen, die sich dem „allgemeinen Besten" (Innsbruck 1809 August 23) nicht fügen wollten, seien festzunehmen bzw. dem Oberkommando anzuzeigen, Gerichte, die sich offensichtlich nicht an der Insurrektion beteiligen wollten (was durchaus keine Seltenheit gewesen zu sein scheint), würden dem Kaiser und dem ganzen Land als „widerspänstig" angezeigt, um sie „vor aller Welt zu brandmarken" (Innsbruck 1809 Oktober 9); die Anzeige an oberster Stelle war ein beliebtes Druckmittel der „Oberkommandantschaft". Die Gefangenen sollten in diesen Gerichten einquartiert, die Beschwerden der entsprechenden Gemeinde nicht mehr berücksichtigt werden.

---

[160] Zit. nach: Eberhöfer, Frühmesserbuch, 256.

2.5. Soziales Gewissen, Sitten- und Moralbegriff

Dass Hofer regelrecht „explodieren" konnte, wenn seine Anordnungen nicht befolgt wurden, zeigt ein Beispiel. Er schrieb an den Richter von Passeier Andreas Auer, dieser möchte dem Zöllner von St. Martin zum wiederholten Mal die Zolltarife mitteilen, da dieser sie offensichtlich nicht kenne (Innsbruck 1809 September 19): „Sollte es H(err) Einnehmer noch deutscher verlangen, so müßte er wirklich in eine andere Landschaft gehn." Eine Anspielung auf die klare deutsche Sprache gab Hofer auch am 13. August (Schönberg): „[…] und das muß geschwind sein, das heist, deitz gesprochen." Es handelt sich hier offenbar um eine gängige Redewendung der Zeit.

Ein Satz, den Hofer am 14. August 1809 schreiben ließ, munterte seine Leute auf, zusammenzuhalten (in den Briefen finden sich immer wieder derartige Aufrufe zu Zusammenhalt und Solidarität), lässt dann aber doch wieder Zweifel am sozialen Gewissen aufkommen: „Ich sage Euch und befehle Euch, alle einander in der Hande zu gehen, keiner soll dem andern verlassen, denn wir streiten nur für Gott und dem Glauben, und nicht für Land und Leute."[161] Die Formulierung scheint etwas misslungen, da aus anderen Schreiben hervorgeht, dass Hofer sehr wohl für Land und Leute gekämpft hat, wenn er etwa an den bayerischen Festungskommandanten in Kufstein schrieb (1809 September 22):

„Bayern streitet aber mit dem Verwüster des ganzen Erdbodens, dem allmächtigen Napoleon, um den Armen den letzten Tropfen Blut gleich den Egeln auszusaugen, die Waisen und Witwen zu unterdrüken, den Unschuldigen zu martern"; auch an dieser Stelle fehlt nicht der Religionsbezug, es ist zu lesen, Bayern wolle „die Religion […] vernichten und so sich selbst und den übrigen Allirten den ewigen Sitz in der Hölle […] bereiten".[162] Es handelt sich hier eindeutig um offene Kritik an den kirchenpolitischen Maßnahmen, die die bayerische Regierung vehement, teils auch mit übertriebenem Eifer, gesetzt hatte.

Das soziale Gewissen Hofers zeigt sich in mehreren an „seine" Schützen gerichteten Aufrufen, geraubte Privatsachen ihren rechtmäßigen Besitzern zurückzugeben[163], wobei er im April 1809 auch von P. Benitius Mayr unterstützt wurde, als dieser als Stadtpfarrprediger auftrat: „[…] Das Gestohlene muß zurückgegeben werden wenn ihr euch mit euren erzürneten Richtern versöhnen wollet. Der Jude ist ein Ebenbild Gottes wie der Christ, er darf nicht mißhandelt, nicht bestohlen werden."[164] Dass die Plünderungen vor allem in Innsbruck im April 1809 wesentlich auf die Häuser der Juden abzielten, findet dagegen in Hofers Schreiben keine Erwähnung.

Der Sandwirt wollte offensichtlich mit himmlischer Hilfe „Tausende" Unterdrückte aus ihrer Knechtschaft führen, worin ein klarer Führungsanspruch zum Ausdruck kommt: „So geht es alles gut, wir werden mit der Hilf Gottes und des Heiligen Antoni gute Siege machen, und darnach wird alles in Erfüllung gemacht werden, was so viele

---

[161] Auch Mühlberger vertritt die Ansicht, Hofer hätte „jede seiner Entscheidungen für Gott und den Glauben getroffen" und sieht das Gottvertrauen des Sandwirts als einzigen inneren Motor der Befreiungskämpfe (vgl. Mühlberger, Absolutismus, 526–528).
[162] Dieses Schreiben trägt das sarkastische Postskript Hofers: „zu des H(errn) Festungs Kommandanten seinner Freude lebe Franz Kaiser von Oesterreich Prinz Carl, und Johan."
[163] Z. B. Sterzing 1809 April 14; Innsbruck 1809 Oktober 1.
[164] Zit. nach: Eberhöfer, Frühmesserbuch, 234–235.

tausend und tausend arme Gedruckte schon lang gewunschen haben."¹⁶⁵ Die Erwähnung des Hl. Antonius bezieht sich vermutlich auf Antonius von Padua, obwohl Antonius Abbas bzw. Eremita, einer der äußerst populären Vierzehn Nothelfer (nach der Staffelberger Reihe¹⁶⁶), interessanterweise nicht nur als Begründer des christlichen Mönchtums, sondern auch als Dämonenaustreiber gilt.¹⁶⁷

Das mäßigende Handeln Hofers zeigt sich in seinem Aufruf, die bayerischen Beamten, die sich gegen das Haus Österreich „verdächtig gemacht haben", ohne geringste Misshandlung zu ergreifen (Sand 1809 April 9). Er wurde bereits hier ganz der von ihm selbst bzw. der ihm von den Tirolern zugedachten Vaterrolle gerecht, die er später auch auf seine Unterkommandanten übertragen sollte, wobei es sich dabei vermutlich um die Übernahme des üblichen Rollenbildes handelte: Wie die Grundherrschaft als Institution in das Konzept der „väterlichen" Gesellschaft mit ihrer starken Betonung der *auctoritas* passte, so übte das Familienoberhaupt hausväterliche, der Herrscher aber „staatsväterliche" Autorität aus. „Wie der Bauer das Haupt der Familie, so war der Grundherr der ‚Vater' der Bauern und der Herrscher der ‚Vater' aller"¹⁶⁸ (dementsprechend wurde auch in bayerischer Zeit einem Landrichter nahegelegt, „dem Unterthan Beschützer, Wohlthäter, Freund, und Vater" zu sein¹⁶⁹). Andererseits könnte auch der Aspekt, dass Hofer als Wirt zugleich „Herbergsvater" für wandernde Gesellen, Lehrlinge und Studenten war, eine Rolle gespielt haben. Als Vaterfigur war dieser für das Wohlergehen seiner Gäste verantwortlich und hatte für die freundliche Aufnahme zu sorgen.¹⁷⁰ Am 30. August 1809 schrieb Hofer an Anton Wallner, Kommandant im Pinzgau:

„Ihm wird hingegen auch gebotten, für seine Untergebenen so zu sorgen, *als wie ein Vater für seine Kinder sorget* [Hervorhebung A. O.], sie zur Religion anzueifern, denn nur mit der Religion mit Gott den Helfer in allen Nöthen und Maria der liebvollen Mutter und Furbitterin bey ihren lieben Sohn ist alles zu gewinen und zu erhalten. Ihm wird auch gebothen, Einigkeit unter seinen Untergebenen zu erhalten und so sich zeit(lich) und ewig bey Gott und der Welt mit seinen Waffen Brüdern verdient zu machen."

Zeitgenossen und Biographen sind sich darin einig, dass Hofer mit den Gefangenen einen besonders fürsorglichen Umgang gepflegt hätte. In dem in Vevey in der französischen Schweiz erschienenen Jahreskalender „Der Hinkende Bott von Vivis" von 1811 heißt es u. a.: „Sooft Hofer einen seiner Gefangenen sah, war seine erste Frage: ‚Wie geht es Ihnen? Sie sind doch gut verpflegt?'"¹⁷¹ Dieses Mitgefühl kommt in den Schreiben von 1809 immer wieder zum Ausdruck, so forderte Hofer etwa den Herzog von Danzig auf, die Tiroler Arrestanten nach dem „Völkerrecht" zu behandeln (Innsbruck 1809 August 16).

---

¹⁶⁵ O. O. 1809 August 7.
¹⁶⁶ Vgl. Schreiber, Nothelfer, 25.
¹⁶⁷ Vgl. Sauser, Antonius.
¹⁶⁸ Bruckmüller, Sozialgeschichte, 240.
¹⁶⁹ Hamm, Integrationspolitik, 240.
¹⁷⁰ Tlusty, ‚Privat' oder ‚öffentlich'?, 60.
¹⁷¹ Zit. nach: Pfaundler/Köfler, Freiheitskampf, 278.

Dass die beiden Proklamationen, die zur Wahrung von Sitte und Moral aufrufen (Innsbruck 1809 August 25 und 1809 September 10), nicht von Hofer diktiert wurden, sondern eigenmächtige Produkte von „Beratern" aus dessen Umfeld sind, dürfte nicht anzuzweifeln sein (s. u.). Die These, in diesen Texten würde sich ein übertriebenes Maß an sittlicher Strenge oder ein überzogener Moralbegriff Hofers zeigen, ist somit nicht haltbar. Die Frauen, die zurechtgewiesen wurden, da sie „ihre Brust und Armfleisch zu wenig oder mit durchsichtigen Hudern bedecken und also zu sündhaften Reizungen Anlaß geben", dürften also weniger den Landesverteidigern als engagierten Geistlichen ein Dorn im Auge gewesen sein. Allerdings war es für „ehrbare" Frauen zumindest in der frühen Neuzeit tatsächlich unüblich, einen zu weiten Ausschnitt oder allgemein zu viel nackte Haut, sei es auch „nur" ein entblößter Oberarm, zu zeigen.[172] In den zeitgenössischen Darstellungen der Trachten zeigt sich, dass sich die Frauen – auch die Bäuerinnen – sehr zugeknöpft gaben, d. h. zur Alltagskleidung gehörten ein Halstuch und ein Oberteil mit zumindest bis zum Ellbogen reichenden Ärmeln. Ignaz de Luca beschrieb 1785 die Frauentracht u. a. folgendermaßen:

„Unter diesen Schnüren trägt man einen sogenannten Brustlatzen, der von verschiedenem Stoff ist. Über das Schnürleib trägt man eine weiße gestärkte Leinwand, welche den Namen Koller hat, die Brust ganz deckt, nur den Hals etwas offen hält, und der Ausschnitt, der den Hals umschlängelt, ist mit Zwirnspitzen besetzt. […] Der Hals wird gewöhnlich mit einem Flor bedeckt, […]."[173]

Hofer achtete als Schützenkommandant auch und ganz besonders auf das gebührliche Verhalten seiner Leute: In einem Schreiben an den Bataillonskommandanten Josef Rangger (Innsbruck 1809 September 15) teilte er mit, er hätte erfahren, dass sich einige Hauptleute in Sterzing „auf den Abend gerne beweinen und zu dem noch sich mit Menscher abgeben" (d. h. betränken und sich mit Frauen vergnügten); dies sei zu unterlassen, da es einem rechtschaffenen Offizier nicht zustehe.[174]

Ein zweites „Sittenmandat" (so die volkstümliche Bezeichnung oben erwähnter Verordnung) aus Hofers Kanzlei (Innsbruck 1809 September 10), das bisher in der Forschung kaum Beachtung gefunden hat, beinhaltet ebenso wie das berühmtere Stück Eingriffe in das gesellschaftliche und private Leben: Um göttlichen Strafen vorzubeugen, aber auch im Dienste des „staatsbürgerliche[n] Verein[s]" an der „wahren Tugend" und nicht zuletzt mit der Zustimmung der „große[n] Mehrzahl der tyrolischen Nation" werden von der Oberkommandantschaft Tanzmusik und Bälle – mit Ausnahme von Hochzeiten – sowie das nächtliche „Herumschwärmen" verboten. Weiters wird verordnet, dass während der Gottesdienste in den Wirtshäusern nicht gegessen und getrunken werden dürfe; schließlich hätten ledige Mütter den Obrigkeiten den Namen des Vaters bzw. die Geburt des Kindes mitzuteilen.

---

[172] Vgl. Duerr, Nacktheit und Scham, 109: Marie-Antoinette bestand bei ihrer Hinrichtung darauf, dass ihr Dekolleté, das von einem Halstuch bedeckt war, nicht entblößt würde. Von Ludwig XIII. ist überliefert, der „schwer verhaltensgestörte[n]" Monarch hätte sich als „prüder Sittenapostel" betätigt und einer „Dame mit freizügigem Dekolleté in den Busen" gespuckt (209).
[173] Zit. nach: Egg, Leben, 84.
[174] Zum Verhältnis Hofers zu übermäßigem Alkoholgenuss vgl. Oberhofer, Unentschlossenheit, 217.

Tanzmusik und Volksfeste auf dem Land einerseits und Bälle in der Stadt andererseits waren ein beliebter Zeitvertreib, im Dorf traf man sich vor allem in den Wirtshäusern zu ausgelassenen Feiern mit Musik. Dass Hofer, der durch seine Zeitgenossen vorwiegend als umgänglicher und lebensfreudiger Mensch beschrieben wurde, sich mit dieser Vehemenz gegen Tanz und Fest einsetzte, wirkt befremdlich, nicht zuletzt aufgrund von zeitgenössischen Berichten, wonach auch in der Hofburg unter dem „Bauernregiment" getanzt, gesungen und musiziert worden sei.

Im städtischen Bereich gab es bereits das ganze 18. Jahrhundert über behördliche und kirchliche Erlässe, die die Ballveranstaltungen strikt reglementierten. Vor allem die sog. „Redoute", den Maskenball, versuchte die Obrigkeit wiederholt zu verbieten.[175] Der Ablauf derartiger Veranstaltungen war durch Ballordnungen genau vorgeschrieben, bis Andreas Hofer hier offensichtlich einen schnellen Schlussstrich zog. Ob und in welchem Maße seine Anordnung aber befolgt wurde, ist fraglich.

Das Verbot des Wirtshausbesuches während der Gottesdienste war nichts Neues. Bei weltlichen und vor allem geistlichen Obrigkeiten war es die ganze Neuzeit hindurch nicht gern gesehen, wenn sich während der religiösen Handlungen an Sonn- und Feiertagen Gäste in den Wirtshäusern aufhielten und die Wirtin bzw. der Wirt ausschenkte. Eine Ausnahme bildete das Gastrecht für ankommende oder abreisende „Fremde" und Fuhrleute. Die Konkurrenz Kirche–Gasthaus war restriktiv zugunsten Ersterer organisiert: „Wenn der Bürger schon nicht gewaltsam zum Kirchgang gezwungen werden konnte, so sollte er in dieser Zeit sich wenigstens keinen anderen Seelentherapierungen zuwenden können, denn für das Seelenheil fühlte sich ausschließlich die Kirche zuständig!"[176] Bereits die Tiroler Polizeiordnung von 1573 hatte das „Branntweinschenken" an Sonntagen während des Gottesdienstes verboten.[177] Auch die Einhaltung der Polizeistunde wurde je nach Obrigkeit mehr oder weniger streng überwacht.

Welchen Ursprungs die letzte Verordnung über die Väter unehelicher Kinder ist, bleibt unklar. Am ehesten zeigt sich hier der Einfluss eines Beamten, der sich bemüßigt fühlte, durch Ordnung und Klarheit betreffs unehelicher Kinder das Gemeinwesen (d. h. milde Stiftungen für Arme und Kranke u. Ä.) zu entlasten. Das Gesetz schrieb in dieser Hinsicht nämlich vor, dass Kinder, deren Vater nicht bekannt war, dem Geburtsort der Mutter zur Last fallen sollten.[178] Andererseits aber diente auch diese Anordnung Sitte und Moral, da dadurch der Verführung zur „Unzucht" ein Riegel vorgeschoben werden sollte.

In einem vom Geistlichen Franz Xaver Nikolaus Köck erarbeiteten[179] Schreiben an die Provisorische General-Landesadministration, dat. Innsbruck 1809 Oktober 11, in dem es um die Wiedereinrichtung der Schulen und der Innsbrucker Universität geht, wird darauf verwiesen, Hofer wolle vermerkt haben, dass in „Betreff der Schul- und Vorlesbücher […] alle nicht nach dem Sinne der römischkatholischen Kirche verfaßte, alle

---

[175] Fink, Tanzkultur, 213–214.
[176] Heise, Gastwirt, 118.
[177] Stolz, Rechtsgeschichte, 289.
[178] ASBz, Kreisamt Bozen, Fasz. 36 B (Polizei 1802), Akt Nr. 8021/967. Kreisamt Bozen (?) an die Obrigkeit Kaltern, 1802 November 14.
[179] Hirn, Erhebung, 659[1].

für Religion und Sittlichkeit gefährliche Bücher entfernet zu bleiben haben". Der „Landesregent" wollte auch hier, in einem Bereich, der seinem Bildungshorizont sehr fremd war, mitbestimmen und tat dies in einer Weise, die sein Weltbild charakterisiert: Keine Toleranz gegenüber anderen Glaubensrichtungen als „seiner" Religion sollte geübt werden nach dem Motto: *Cuius regio, eius religio.*

Weitere zwei Beispiele sollen genügen, um den Einblick in Hofers durchaus christlich-katholisch geprägten Sitten- und Moralbegriff, soweit er sich aus den Schreiben rekonstruieren lässt, abzuschließen: Wessen hatte sich der wegen seiner „sittlichen Schwäche" (Innsbruck 1809 Oktober 13) verhaftete Professor und Weltpriester Alois Jud schuldig gemacht? Einerseits war er ein Spätaufklärer, andererseits wies er eine ausgeprägte Neigung zum anderen Geschlecht auf.[180] Josef Eberhöfer schrieb in sein „Frühmesserbuch", Jud sei vom König nach Meran gesandt worden, wo er am Gymnasium unterrichtete, „mit oberflächlichen Wissen nach dem neuesten Zuschnitte, in seinen Sitten und Katholizität sehr verdächtig".[181] Jud scheint weder bei den Studenten noch bei den Kirchgängern besonders beliebt gewesen zu sein: „Das Volk und die Bürger haßten ihn, und gingen zur Kirchthüre hinaus wenn er Messe las, in der Meinung die Messe von diesen schlechten Menschen sey ungültig."[182] Die Ablehnung gegenüber dem Geistlichen wird sich (im Gegensatz zu Eberhöfers Auffassung, wonach sie für „[d]as Volk und die Bürger" gleichermaßen zugetroffen hätte) vor allem auf antibayerisch eingestellte Kreise beschränkt haben, wenngleich Jud durch seine amourösen Eskapaden wiederholt negativ aufgefallen sein mag. Als jedenfalls der Landrichter von Meran plante, diesen nach Taufers im Pustertal zu versetzen, lehnte Hofer ab (Innsbruck 1809 Oktober 13), da die Moral des Professors in der Haft in Meran gestärkt werden sollte.

---

[180] Bertagnolli, Spätaufklärung, 72.
[181] Eberhöfer, Frühmesserbuch, 207.
[182] Eberhöfer, Frühmesserbuch, 207.

3. Andreas Hofers Schriftlichkeit

3.1. Bildung

Josef Daney sah den Bildungsstand des Sandwirts nüchtern:

> „Seine geistige Bildung war, wie es bei gemeinen Leuten überall der Fall ist, beschränkt, doch bei weitem nicht so dürftig wie bei den übrigen Tal- und Gebirgsbewohnern von Passeier. Er schrieb zwar schlecht; indessen war er doch imstande, seine Gedanken zu Papier zu bringen. Viel besser, als er schrieb, hat er gelesen. Auch sprach er [...] ziemlich fertig das Trientiner Welsch."[1]

Die Quellen geben keine Auskunft über die Schulzeit Andreas Hofers, anzunehmen ist aber ein etwa sechsjähriger Besuch der (einklassigen?) Volksschule in St. Leonhard zwischen ca. 1774 und 1780.[2] Innerhalb der Pfarre St. Leonhard gab es durch die josephinischen Reformen mehrere Schulen, die zwar unter kirchlicher Aufsicht standen[3], die Lehrpersonen waren aber nur zum Teil Geistliche. Wir wissen, dass in St. Leonhard vor 1815 ein Lehrer in zwei Schulhäusern gewirkt hat, der auch den Organistenlohn bezogen hat.[4] Lediglich für den Religionsunterricht war vermutlich der Dorfpfarrer bzw. ein Kooperator zuständig. Bereits 1700 scheint in den Quellen der Schulmeister und Organist Balthasar Voglsberger auf[5], um 1749 war der Frühmesser Josef Simith als Lehrer tätig, um 1767 Josef Wolf, der auch das Organistenamt innehatte:

> „Pfarrer Siebenfercher erklärte, daß Joseph Wolf in seine Hände das Glaubensbekenntnis abgelegt habe, und daß er in seinem Fache bestens ausgebildet sei. Er verstand es, die Jugend zu erziehen und ihr das Lesen und Schreiben zu vermitteln."[6]

In der Rechnungslegung der Rosenkranzbruderschaft von St. Leonhard von 1783 ist die Rede von einer „Normalschule", die durch die Bruderschaft, zu der auch Hofers Fami-

---

[1] Blaas, Aufstand, 364.
[2] Maria Theresia erließ am 6. Dezember 1774 die „Allgemeine Schulordnung für die deutschen Normal-, Haupt- und Trivialschulen in sämtlichen k. k. Erblanden". Auf dem Land wurden ein- bis zweiklassige Trivialschulen eingerichtet, deren Lehrpläne genau vorgeschrieben waren. Die Kinder sollten im Alter von sechs bis zwölf Jahren unterrichtet werden. Aus dem Stundenplan ist ersichtlich, dass vor allem Wert auf die religiöse Erziehung gelegt wurde, das Rechnen kam mit nur einer halben Stunde pro Tag ziemlich kurz (vgl. Augschöll, Schüler, 84–86). Die Dauer des Schulbesuchs wurde in der „Allgemeinen Schulordnung" nicht präzise festgelegt, sondern im Idealfall mit wenigstens sechs Jahren veranschlagt (Augschöll, Schüler, 117; vgl. auch Osti, Tangl).
[3] Vgl. Lanthaler, Schulwesen, 301–302.
[4] Lanthaler, Schulwesen, 307.
[5] Öttl, Pfarrei, 158.
[6] Mader, Pfarre, 526.

lie gehörte, finanziell unterstützt wurde.[7] Aufgrund der Tatsache aber, dass die Familie Hofers öfters in St. Martin zur Kirche ging (s. o.), kann auch der Schulbesuch in diesem Dorf nicht ausgeschlossen werden.

Die Einführung der allgemeinen Schulpflicht stellte zwar oberflächlich eine markante Zäsur dar, sie brachte zunächst aber keine durchgreifende Verbesserung des Alphabetisierungsstandes, da die gesetzlichen Forderungen zögerlich realisiert wurden. Ein entscheidender Wandel begann erst im späteren 19. Jahrhundert, als die Prozesse der Urbanisierung, Industrialisierung, Demokratisierung sowie der räumlichen und sozialen Mobilität einsetzten und die pädagogischen Bestrebungen der Aufklärung in Hinblick auf die Anforderungen der wachsenden Industriegesellschaft wieder aufgegriffen wurden.[8] Laut vorsichtigen Schätzungen (!) waren um 1800 in Mitteleuropa etwa 25 Prozent der Bevölkerung über sechs Jahre alphabetisiert, d. h. des Lesens mächtig, während es um 1700 noch 15 Prozent gewesen waren.[9] Diese Angaben werden in der jüngeren Forschung aber angezweifelt bzw. nach oben oder unten korrigiert.[10] Pier Paolo Viazzo versteht unter dem Begriff der Alphabetisierung im 18. Jahrhundert die Fähigkeit, den eigenen Namen zu schreiben. Er stellt fest, dass in dem von ihm näher untersuchten Alpendorf Alagna Valsesia im Piemont gilt, dass 1781 80 Prozent der Bevölkerung zwischen 60 und 79 Jahren fähig waren, ihre Unterschrift zu setzen, bei den 40- bis 59-Jährigen betrug der entsprechende Anteil 85 Prozent. Die jüngeren Männer waren vollständig alphabetisiert, während die Frauen erst viel später, um 1850, des Schreibens mächtig waren.[11] Derselbe Befund gilt für Andreas Hofer, seine um zwei Jahre ältere Frau, genauso aber für seine Schwestern (Hofer unterschreibt am 1. Februar 1792 auch an Stelle seiner Schwestern Maria und Gertraud: „*Jch Andree Hofer wie auch maria vnd gedrautt hoferin*"). Mädchen wurden von der Schule nicht erfasst. Zudem gab es offensichtlich Zeitgenossen, die beklagten, dass sich der Unterricht in manchen Talschaften bis in die Mitte des 19. Jahrhunderts auf den Katechismus, die Messe und die religiösen Riten beschränkt hätte, d. h. auf die Wiederholungslektüre weniger religiöser Texte. Hierin bestätigt sich einerseits, dass das Lesen im Vergleich zum Schreiben und Rechnen als wichtiger erachtet wurde[12], andererseits, dass es im Alpenbereich auf dem Gebiet der Schulbildung bedeutende Unterschiede gab, aber auch, dass die Qualität der schulischen Bildung grundsätzlich nicht so gering war wie häufig angenommen.[13]

Auf dem Land war es üblich, dass Kinder vom sechsten bis zum achten Lebensjahr die Sommerschule (Ostern bis 29. September), vom neunten bis zum 13. Lebensjahr die Winterschule (1. Dezember bis Ende März) besuchten, im Passeier überwog aber

---

[7] Öttl, Pfarrei, 164.
[8] Schikorsky, Schriftlichkeit, 48.
[9] Durchhardt, Absolutismus, 132.
[10] Vgl. Hinrichs, Menschen, 89–90.
[11] Viazzo, Comunità alpine, 164–165. Eine Studie in den französischen Alpen hat weiters gezeigt, dass 1776 mehr als zwei Drittel der besitzenden Bauern (proprietari contadini) alphabetisiert waren; allerdings muss es sich hier um Vertreter der Gemeinden gehandelt haben, womit sich die Zahlen relativieren. In der Lombardei der napoleonischen Zeit variierte die Zahl der Männer, die ihre Heiratsverträge unterschreiben konnten, zwischen 45 und 70 Prozent in den Bergen, während sie in der Ebene „nur" 30 Prozent betrug.
[12] Hinrichs, Menschen, 95.
[13] Viazzo, Comunità alpine, 165.

– mit Ausnahme von St. Leonhard – die Abhaltung der Winterschule.[14] Diese Tatsache hat zur Annahme verleitet, die Alphabetisierung hätte in den Berggegenden stärker um sich gegriffen als in der Ebene, da die Kinder in den Ersteren im Winter keine andere Beschäftigung gehabt hätten als die Schule.[15]

Josef Thaler, Zeitgenosse Andreas Hofers, lobte dessen „Schulkarriere" in höchsten Tönen:

> „Als er das schulpflichtige Alter erreicht hatte, wurde er von seinem [...] Vater fleißig in die Schule geschickt. So wie der um das Wohl seiner Kinder eifrigst besorgte Vater, erfüllte auch der stets gehorsame Sohn seine Schuldigkeit. Sein Vergnügen war die Schule, Lernen seine Freude, pünktlicher Gehorsam seine Richtschnur; daher machte er auch unter seinen Mitschülern einen so ausgezeichneten Fortgang, dass er bald ihr Liebling wurde, Katechet und Lehrer ihn hochschätzten [...]."[16]

Aus den Mahnungen der Regierung an die Lehrer und den Berichten Letzterer geht aber hervor, dass sowohl 1787 als auch 1811 der Schulbesuch im Passeier sehr zu wünschen übrig ließ[17], was nicht zuletzt auf die unsicheren Wetter- und Wegverhältnisse im Gebirge zurückzuführen ist, aber auch auf die Tatsache, dass die Kinder am elterlichen Hof zur Mitarbeit gebraucht wurden. Aufgrund der Schulpflicht und des Vorhandenseins von Volksschulen auf dem Land auf einen schnelleren Fortschritt der Alphabetisierung zu schließen, ist also problematisch, nicht zuletzt aufgrund mangelnder Qualifikation der Lehrer, dürftiger Ausstattung der Schulbauten, Zusammenfassung mehrerer Altersgruppen in einer Klasse.[18] Der Aspekt, dass im 17. und 18. Jahrhundert der Heimunterricht vor allem im Lesen eine nicht zu unterschätzende Rolle gespielt hat[19], sei hier ergänzend angeführt.

Nach dem Besuch der Schule begab sich Andreas Hofer bald nach Welschtirol (s. o.), wo er die italienische Sprache erlernte. Sieberer verweist in seiner „Beschreibung der tirolischen Landesvertheidigung" auf ein 1809 eingegangenes Schreiben, das in französischer und italienischer Sprache verfasst war und das niemand in Hofers Umkreis lesen konnte.[20] Diese Aussage wird sich wohl eher auf das Französische denn auf das Italienische beziehen, das Hofer sehr wohl gelesen und verstanden hat. In einem weiteren Schreiben, dat. 1809 Juli 21, wurde festgehalten, der „H(err) Oberkommandant" hätte mit einem französischen Offizier, der als „Parlamenteur" zu den Tirolern geschickt worden war, „auf Italienisch gesprochen". Auch scheute der Sandwirt offensichtlich nicht

---

[14] Lanthaler, Schulwesen, 301, 307.
[15] Viazzo, Comunità alpine, 167.
[16] Innerhofer, Geschichte, 2–3.
[17] Vgl. Lanthaler, Schulwesen, 302.
[18] Vgl. Hinrichs, Menschen, 93.
[19] Bei der Visitation eines Ortes auf dem Land hätte ein Pädagoge überrascht festgestellt, dass in allen Häusern die Fünf- bis Sechsjährigen „durchgängig", die Sieben- bis Achtjährigen „recht gut" gelesen hätten: „Beim Viehhüten nahmen die Kinder ein Buch mit, lasen und korrigierten sich gemeinsam. Die Kinder gingen nur im Winter in die Schule, und dies erst, wenn sie schon lesen konnten" (Hinrichs, Menschen, 97).
[20] Sieberer, Beschreibung, 50.

davor zurück, in italienischer Sprache zu unterschreiben: *"Andera. Hofer comen. dant di Seir"*. Diese Unterschrift setzte er unter ein Schreiben, dat. Fondo 1809 Juli 4, wobei er „Passeier", mundartlich als „P'seir" ausgesprochen, kurzerhand zu „Seir" machte. Eine zweite „italienische" Unterschrift Hofers lautet *"Andere Hofer ober Com endant di pseir"* (Meran 1809 Juli 10, Abb. 2).

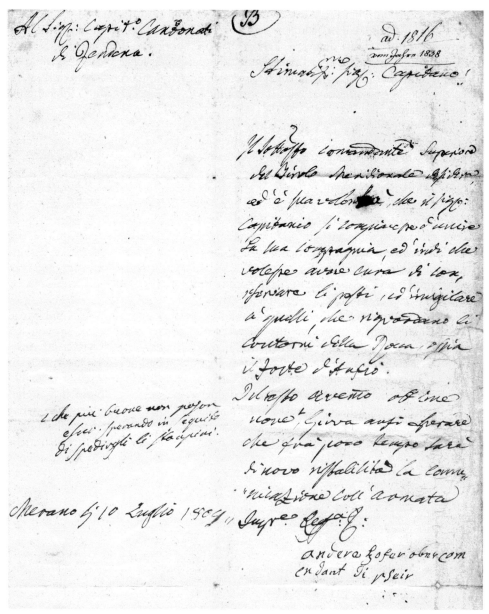

Abb. 2: „Italienische" Unterschrift Andreas Hofers. Meran 1809 Juli 10. TLMF, Autographensammlung Andreas Hofer. Foto: Oberhofer.

Hormayr schreibt, Hofer hätte das Italienische „im gemeinsten venezianischen Dialekt ziemlich geläufig" gesprochen sowie Druck und Schrift lesen können.[21] Bei seiner Verhaftung auf der Pfandleralm allerdings, die von einer Truppe italienischsprachiger Soldaten vorgenommen wurde, verlangte Hofer nach einem Dolmetscher. Sweth überliefert in seiner Erzählung über die Festnahme[22] die Aussage des Sandwirts: „Ist Keiner unter Ihnen, der deutsch versteht?"

Dass der Sandwirt nicht gerade belesen war, davon lässt sich ausgehen, die „Bibliothek" des Sandhofes (soweit rekonstruierbar) bestand aber immerhin aus mindestens zwei Büchern, einem Gebet- und einem Reisebuch, sowie einer Landkarte (der Hof wurde nach Hofers Tod durch die Franzosen geplündert, was nahe legt, dass wichtiges Quellenmaterial, etwa persönliche Aufzeichnungen, bereits zu dieser Zeit verloren gegangen ist[23]). Andererseits aber war der bäuerliche Besitz von nicht religiösen Büchern alles andere als gewöhnlich, Gunter Mahlerwein konnte nur für fünf von 44 rekonstruierten Haushalten im Ort Heßloch in Rheinhessen in der Mitte des 18. Jahrhunderts Bücher nachweisen, wobei es sich hierbei um die Bibel und Gebetbücher gehandelt haben dürfte.[24]

Das Reisehandbuch Hofers, das wahrscheinlich bereits von dessen Urgroßvater Caspar auf einer Reise nach Palästina (Karl Atz / Adelgott Schatz und Beda Weber gehen von einer Rom-Wallfahrt aus[25]) benutzt wurde, von der die Heilig-Grab-Kapelle beim Sandhof zeugt, wurde 1602 in Augsburg gedruckt und zeigt die Entfernungen der Ortschaften verschiedener Länder.[26] Das „Mündlich-beschauliche[s] Gebett-Buch" hingegen, gedruckt 1747 in Konstanz, trägt ein eigenhändiges Exlibris Hofers: *disses Piechl gehört mir andere Hofer an ßant in Passeyr 1804.*"[27] Im Kriegsarchiv München ist eine „Operationskarte" Hofers überliefert, welche ziemlich rudimentär das heutige Nord-, Ost- und Südtirol zeigt, nicht aber das Trentino. Ob dieser Plan wirklich als strategische Grundlage gedient haben kann, ist fraglich.[28]

Seine geschäftlichen Aufzeichnungen tätigte der Sandwirt wahrscheinlich in einem heute verschollenen „Kalender, worin Rechnungssachen von unseren Hausgeschäften".[29] Wir verfügen zwar über vereinzelte Aufzeichnungen über Hofers Handelstätigkeit, die bruchstückhaft überliefert sind und in gewisser Weise eine primitive Buchhaltung darstellen (s. Edition), allerdings wurden diese auf losen Blätter festgehalten, die nicht der gängigen Vorstellung eines „Kalenders" entsprechen. Der Schreib- oder Bauernkalender hingegen enthielt neben dem chronologischen Kalendarium einerseits vorgedruckte astro- und meteorologische Eintragungen, Marktverzeichnisse, land- und

---

[21] Hormayr, Geschichte, 51.
[22] Hörmann, Adjutant, 768–769.
[23] Graf, St. Leonhard, 75.
[24] Mahlerwein, Herren, 148.
[25] Atz/Schatz, Anteil, 38; Weber, Thal Passeier, 100.
[26] Hofers Rosenkranz und Reisehandbuch, in: Innsbrucker Nachrichten 1897, Nr. 130, 2. „Ein gewisser Stadeler, Johann Illmer, einst Rossknecht Hofers, konnte die im Estrich des Hoferhauses aufbewahrt gewesenen Reliquien genau beschreiben und bestätigte die Echtheit derselben."
[27] Buch in Privatbesitz, Fotographie des Exlibris in: Kirchmair, Tirol, Bd. 1, 437.
[28] Abbildung von Gebetbuch und „Operationskarte" in: Oesterreichs Illustrierte Zeitung, 18. Jg., 46. Heft, Wien 1909, 1071.
[29] Schreiben Hofers an seine Frau, Neumarkt 1810 Jänner 30. In diesem Text findet sich auch der Hinweis auf „Arzneibücher" in Hofers Besitz.

Abb. 3: Schreibpult mit der Aufschrift „Anna Ladurner Andreas Hofer Santwirt" und dem Jesus-Monogramm. Das Möbelstück eignete sich offensichtlich auch zur Aufbewahrung von Dokumenten sowie der Schreibutensilien. Museum Passeier – Andreas Hofer.

hauswirtschaftliche Ratschläge u. Ä., bot aber genügend Platz für handschriftliche Tageseintragungen.[30]

Bereits 1754 gab es am Sandhof offensichtlich ein überkommenes Hausarchiv („briefliche[n] Gerechtigkeiten"), das – und darin zeigt sich dessen Bedeutung für den Bauern – in einem nach dem Verkauf des Gutes durch Bartlmä Hofer an Andreas' Vater Josef zusammengestellten ausführlichen Inventar an die erste Stelle gesetzt wurde.[31] Bücher werden in dieser Aufzeichnung wie auch in einem zweiten Inventar[32] nicht erwähnt, sie wurden offensichtlich als weniger wichtig als die Urkunden und Akten, welche die Besitzrechte für die zum Hof gehörigen Liegenschaften sicherten, erachtet. Ebenso wenig ist in den Inventaren von Schreibgerät die Rede, obwohl es am Sandhof zumindest unter Andreas Hofer ein eigenes Schreibpult gab (Abb. 3). Im Inventar von 1787 ist zudem ein Schrank für sensiblen Hausrat erwähnt: „Ain kleines Brief Kästl, darinen zwai Wein Glöser, und ain Appeteckher Glaß [Apothekerglas, Anm.]."

Von einem „Piechl" ist im „Testament" Hofers, dem an Pühler in Neumarkt adressierten Brief von 1810 Februar 20 die Rede, gemeint ist wohl ein Buch, das Pühler Hofer auf dem Weg nach Mantua zusammen mit etwas Geld geschenkt haben soll.[33]

---

[30] Vgl. Schenda, Volk, 279–287.
[31] SLA, Sammlung Steiner, Nr. 417. Inventar nach Bartholomäus Hofer, dat. Auf den Sannt 1754 Februar 19–21.
[32] SLA, Sammlung Steiner, Nr. 413: „Bestandsrückschätzung" für die Hofübergabe von Josef Griner, dem interimistischen „Bestandswirt", an Andreas Hofer, dat. „Sandt Wirths Hauß" 1787 Februar 14.
[33] Böhm, Bekanntes, 3.

Die kulturelle Aufgeschlossenheit Hofers, der in der Zeit der Regierung in Innsbruck auch ins Theater gegangen sein soll, bringt Mühlberger auf den Punkt: „Nur geringen Anteil am Innsbrucker Theaterleben nahm im Jahre 1809 Landesoberkommandant Andreas Hofer, der wohl zwei Aufführungen besuchte, aber wenig Geschmack daran fand"[34] (fraglich erscheint deshalb auch die Anekdote, wonach der Sandwirt bei seinem Aufenthalt in Wien im Jänner 1809 ein Theaterstück im Kärntnertortheater besucht haben und dort durch seine Tracht besonders aufgefallen sein soll[35]). Dieselbe Einstellung manifestierte sich, als zwei Gemeindevertreter an den Oberkommandanten schrieben (Wilten 1809 September 24), in Wilten gäbe es Pläne für die Aufführung einer Komödie, die Zeitumstände wären aber für „Lustbarkeiten" kaum geeignet. Vielmehr sollte man an Sonn- und Feiertagen den Gottesdiensten beiwohnen und den Segen des Himmels erbitten; Hofer vermerkte als Rückantwort am gleichen Tag, er hätte diese Aufführung auf keinen Fall erlaubt.

Aus einem Schreiben dat. Passeier 1809 Juli 14 geht ein Aspekt hervor, der – die rudimentäre Schulbildung Hofers im Hinterkopf behaltend – einigermaßen überrascht: „[G]anz" Italien sei „wieder die Frazosen [sic] in Aufstand" und wolle „den Freymauren" (Aufklärung!) ein Ende machen. Hier stellt sich natürlich die Frage, inwieweit Hofer auf derartige Passagen Einfluss genommen hat. Der Text stammt jedenfalls von einem nicht identifizierbaren Schreiber, wurde aber Hofer zur Unterschrift vorgelegt. In einer Proklamation dat. Innsbruck 1809 August 18, unter die ebenfalls des Oberkommandanten Name gesetzt wurde, heißt es: „Innerlicher Krieg, Zerstörung, Mord und Todtschlag würden die unausbleiblichen Folgen seyn – wie es dem vorher glücklichen Frankreich ergangen ist" – auch dieser Gedanke stammt vermutlich nicht von Hofer. Ähnlich liegen die Dinge bei einer weiteren gedruckten Proklamation (dat. Innsbruck 1809 September 27), die zwar die Unterschrift des Sandwirts trägt, in der es aber heißt, der Tiroler sei entschlossen, „eher vor seiner Haustühre zu sterben, als sich wie eine Heerde Schaafe für die unersättliche Eroberungssucht des Feindes der deutschen Nation auf die Schlachtbank führen zu lassen". Der Gedanke, die Tiroler kämpften gegen die Franzosen als Feind einer „deutschen Nation", kommt nur hier vor und hat mit Hofers Weltbild wohl nicht das Geringste zu tun, da sich der Sandwirt – wenn überhaupt – nicht einer „deutschen", sondern der „tirolischen Nation" zugehörig fühlte. Der „wirkliche" Hofer ist authentischer aus anderen Wendungen herauszulesen, mit denen er die Bayern oder die Franzosen meint, wenn er etwa eigenhändig von den „Pairischen Panden" oder „disser sauerei" (Brenner 1809 Mai 23) schreibt.

3.2. Andreas Hofer als Schreiber

Hofer stellt in einer Zeit, in der zwar ein großer Teil der ländlichen Bevölkerung lesen, ein geringerer aber schreiben konnte, eine Ausnahme dar; dies verdankt er vor allem seiner Tätigkeit als Wirt und Händler, die ihn zu einer gewissen Schriftlichkeit zwang. Sobald er mit dem Wein-, Pferde- und Viehhandel begann, entstanden erste schriftliche Zeugnisse von eigener Hand, es existieren Rechnungen und Schuldverschreibungen

---

[34] Mühlberger, Absolutismus, 462.
[35] Vgl. Pizzinini, Hofer, 89.

aus diesen Gewerbszweigen, ebenso aber auch von seiner Gastwirtschaft „am Sand" im Passeiertal.

Auffallend ist, dass für vorliegende Arbeit nur zwei (!) Rechnungen über die Verköstigung von Gästen am Sandhof eruiert werden konnten, wobei für eine davon gar kein eigenes Blatt Papier verwendet wurde, es handelt sich vielmehr um einen Textteil auf einem mit „Erinnerungshilfen" beschriebenen Blatt. Dies mag einerseits daran liegen, dass es vielleicht heute verlorene Rechnungsbücher gegeben hat, andererseits aber wurde in Wirtshäusern noch bis ins 16. Jahrhundert die offene Zeche auf einem „Zahlbrett" notiert.[36] In den Inventaren des Sandhofs (s. o.) ist mehrmals von Schreibtafeln die Rede, die vermutlich an den Wänden der Wirtsstube angebracht waren und u. a. auch zur Aufschreibung der offenen Beträge gedient haben könnten. Bei der Rechnung auf einem Einzelblatt könnte es sich also tatsächlich um eine Ausnahme handeln, die für besondere Gäste – vermutlich das Gefolge des Churer Bischofs Karl Rudolf von Buol-Schauenstein – auf Papier ausgefertigt wurde.

Vor 1809 schrieb Hofer noch sehr wenig, d. h. nur das Notwendigste wurde mit wenigen Worten festgehalten. So umfassen etwa eigenhändige Aufzeichnungen über aus dem Handel entstandene Schulden und Guthaben auf einem einzigen Zettel den Zeitraum von 1799 bis 1809. Zu diesem internen Schriftgut, das Hofer als Erinnerung diente, gehört auch der „Schreibkalender" (s. o.), sofern er tatsächlich verwendet wurde. Daneben gab es offizielle Verträge, die von zwei oder mehr Parteien unterzeichnet wurden und dazu dienten, geschäftliche Abmachungen schriftlich zu fixieren. Diese sind z. T. als Ausfertigungen[37], z. T. als Niederschriften in den Verfachbüchern[38] erhalten.

In der Zeit vor 1809 tritt Andreas Hofer in den Quellen nicht nur als Gastwirt und Händler, sondern wiederholt auch als Schützenhauptmann[39] in Erscheinung, ebenso aber auch als Rechtsperson in den Gerichtsakten[40], die von Verhandlungen zeugen, in die der Sandwirt verwickelt war als Zeuge, Kläger oder Angeklagter. Er stellt sich hier als Person des öffentlichen Lebens vor, die Akten sind teils vom Gerichtsanwalt Josef Gufler, später vom Gerichtsschreiber (in bayerischer Zeit mussten Schreiber und Kanzlisten mindestens den Besuch eines Gymnasiums nachweisen, die Gerichtsdiener und -knechte sollten wenigstens schreiben und lesen können[41]) Johann Oberdörfer oder dem Richter Andreas Auer geschrieben, von Hofer teilweise eigenhändig unterzeichnet und nicht gesiegelt. Die Gerichtsakten, Vernehmungs- oder Sitzungsprotokolle, sind sprachlich neutral gehalten, d. h. sie sind unabhängig von einer Adressatin bzw. einem Adressaten.[42] Nicht wenige dieser Protokolle, z. T. auch ohne eigenhändige Unterschrift(en), begeg-

---

36 Vgl. Heise, Gastwirt, 124.
37 Vgl. z. B. Vertrag dat. Rattenberg 1803 Oktober 18.
38 Zur Einrichtung der Verfachbücher in Tirol vgl. Stolz, Rechtsgeschichte, 79–80, 441–442.
39 So z. B. in einem undatierten Dokument, Andreas Hofer unterzeichnet als Oberleutnant des Schießstandes Passeier („Andree Hofer oberleite nant von schieß stand Paßßeyr") eine Liste von Waffen, die den Schützen von der Tiroler Landschaft geliefert wurden.
40 Diese liegen zum Teil im TLA (Tiroler Landesverteidiger 1809, Fasz. I, Pos. 1), zum Teil in der Sammlung Steiner im SLA. In den Verfachbüchern des Landgerichtes Passeier im SLA finden sich von Hofer eigenhändig unterschriebene Protokolle aus dem Zeitraum von 1789 Juli 22 bis 1806 September 24, darunter auch der Ehevertrag zwischen Andreas Hofer und Anna Ladurner. Weitere Hofer betreffende Akten sind etwa in den Verfachbüchern von Hall in Tirol und Meran überliefert.
41 Hamm, Integrationspolitik, 80.
42 Vgl. Meisner, Urkunden- und Aktenlehre, 48.

nen in der Form sog. „Gütiger Berichte". Diese Aufzeichnungen, gerichtlich beglaubigte Niederschriften von Zeugnissen zugunsten einer Handelspartnerin bzw. eines Handelspartners, trugen vermutlich dem Anspruch Rechnung, Autarkie in der eigenen Hauswirtschaft zu bewahren, wie sie vor allem in den deutschsprachigen Alpenländern angestrebt wurde: Die Landbewohnerin bzw. der Landbewohner bemühte sich, so wenig wie möglich auf die Hilfe Anderer angewiesen zu sein. Wenn diese aber unbedingt notwendig war, wurde über die Verpflichtungen und Leistungen genau Buch geführt, um hier eine größtmögliche Ausgewogenheit zwischen den Parteien zu erzielen.[43]

Den weitaus größten Bestand der Schreiben Hofers bilden jene aus dem Kriegsjahr 1809. Dazu gehören die berühmten Laufzettel[44], „private" Briefe etwa an seine Frau, die Regierungskorrespondenz aus der Zeit, als der Sandwirt in der Innsbrucker Hofburg residierte und schließlich die Kommentare, die er auf ein- oder ausgehenden Schreiben, entweder auf der Vorder-, normalerweise aber auf der Rückseite als eigenwillige Form des Kanzleivermerks notierte.

Die Laufzettel sind oft undatiert, von Hofer eigenhändig geschrieben, teilweise gesiegelt. Der Text besteht üblicherweise aus kurzen, prägnanten Sätzen. Diese Dokumente wurden von Hand zu Hand weitergereicht und tragen deshalb keine Adresse: Sie waren nicht an die ganze Bevölkerung gerichtet, sondern nur an bestimmte Kompanien oder Kommandanten. Durch Kuriere, sog. „Vorzeiger" oder „Überbringer", wurden sie übermittelt, da sie dem Feind auf keinen Fall in die Hände fallen durften. Die kurz gefassten, fast „lapidar einfachen Texte[n], gleichsam gesprochenes Wort zu Papier gebracht, strahlten von Anfang an eine frappierende Wirksamkeit aus".[45]

Neben der militärischen Korrespondenz gibt es wenige private Schreiben Hofers von 1809, darunter sechs Briefe an seine Frau Anna Ladurner. Ein Papier trägt die Adresse: *„An die wohlersamme Annä Ladurerin in Paßeyr zu Sanct Leonhart Sant wirthtin* [sic] *ad Paßeyer."* Und weiter: *„man leße ihn* [den Brief, Anm.] *der wirtin für, und her nach nach Kalteren"* (1809 Mai 21). Anna Ladurner konnte nicht lesen und schreiben, in den Akten über die Englischen Subsidien findet sich auf einem Dokument der Hinweis: „Weillen die Frau Anna Ladurnerin das Schreiben unerfahren, hat sie ein Kreizzeichen vorgestellt."[46]

Die Sinnsprüche Hofers sind kurze schriftliche Bemerkungen zu ein- und ausgehenden Schreiben, die typisch für des Sandwirts Korrespondenz von 1809 sind und eine Entsprechung zur mündlichen Schlagfertigkeit darstellen, von der zahlreiche überlieferte Wendungen, die Hofer zugeschrieben werden, zeugen (s. o.). Der Oberkommandant hat es sich nicht nehmen lassen, auf vielen Schreiben zu seiner Unterschrift noch ein paar – teilweise recht originelle – Worte oder Zeilen hinzuzusetzen.

---

[43] Viazzo, Comunità alpine, 74.
[44] „Laufzettel' ist die richtige Bezeichnung für diese kurzgefassten schriftlichen Aufforderungen und Befehle, denn sie wurden von ‚laufenden' oder reitenden Boten und Ordonanzen […] über Berg und Tal getragen" (Paulin, Andreas Hofer in seinen Laufzetteln und Briefen, 4).
[45] Pizzinini, Hofer, 117.
[46] TLA, Englische Subsidien, Karton 1, Pos. 1, 23.

3.2.1. Hofers Schrift, Schreibstil und Diktat

Hofer war zeitlebens kein Schreiber, Daney schreibt an einen imaginären Ansprechpartner über einen Aufruf vom 4. August 1809: „Freund! Lachen Sie nicht über den Stil und über die Einfalt des Inhalts dieser Aufforderung."[47] Da der Sandwirt hart und vermutlich auch ungern schrieb, ist es gar nicht so abwegig anzunehmen, er hätte zu Bittstellern gesagt, sie sollten ihre Anliegen selbst zu Papier bringen, danach würde er diese unterschreiben; Daney behauptet, Hofers Geschäft sei es gewesen, willig jede ihm vorgelegte Schrift zu unterzeichnen.[48]

Tatsächlich ist es fraglich, wie viele von den Dokumenten, die Hofer während seiner Zeit als Oberkommandant vorgelegt wurden, er auch wirklich gelesen hat. Sieberer notierte in seiner „Beschreibung der tirolischen Landesvertheidigung", ein eingegangener Bericht sei „vielleicht nicht geleßen" worden, jedenfalls hätte davon niemand Notiz genommen.[49]

Zu Daney soll Hofer gesagt haben:

„Ah was, Kanzleistil, [...] die Herren sollen so deutsch schreib'n, daß es d' Bauern ah versteh'n, seitdem des hochdeutsch Wesen aufkommen ist, werd'n die Zeiten alleweil schlechter."[50]

Dieser Aussage ging eine Beschwerde Hofers voran, er würde die ihm von der Administration (gemeint ist wohl die Provisorische General-Landesadministration) übergebenen Schreiben zum Teil nicht verstehen; Daney glaubte hierin einen Angriff gegen seinen eigenen Schreibstil zu erkennen.

Rudolf von Granichstaedten-Czerva rezensiert ein Werk des geistlichen Rats J. Schunter, der die Handschrift Hofers graphologisch gedeutet hat; diese hart am Rand der Esoterik stehende Interpretation sei hier kommentarlos wiedergegeben:

„Und doch ist die Handschrift Hofers sehr charakteristisch, viel charakteristischer als die von Sweth. [Es ist darin zu erkennen,] daß lebensfroher Optimismus nicht ein Grundzug in seinem [Hofers, Anm.] Wesen war. Er hat im Grunde etwas Ernstes und Gedrücktes an sich, wenn er auch nicht die Zuversicht verliert, vielmehr sicher auf den Sieg seiner Ideen hofft. [...] Hofer ist nach seiner Handschrift zwar eine bedeutsame Persönlichkeit, aber doch von der Kultur nicht beleckt; er ist dabei eine konservative Natur, [...] und da er, wie wir gesehen auch viel Innigkeit und Pietät besitzt, so ist anzunehmen, daß er diese Gesinnung vor allem gegen diesen Gott zeigte und ihm in aufrichtiger Frömmigkeit zugetan war."[51]

---

[47] Zit. nach: Blaas, Aufstand, 161.
[48] Blaas, Aufstand, 185.
[49] Sieberer, Beschreibung, 35.
[50] Blaas, Aufstand, 212. Bei Paulin (Leben, 98) abweichende Wiedergabe dieser Aussage: „A was Kanzleistil, die Hearn solln Deutsch schreibn, daß es die Baurn verstiehn! Kemmen Sie, geistlicher Hear, iatz gien mer a Halbe trinkn!"
[51] Granichstaedten-Czerva, Handschrift, 12. Derselbe Text in: Granichstaedten-Czerva, Garde, 125–127.

Auch Karl Paulin versucht sich in einer Deutung der Schreibgewohnheiten Hofers, er spricht diesem eine immerhin „relevante Gewandtheit" zu, die von „ungewöhnlicher Intelligenz und Wortprägnanz trotz der krassen Rechtschreibung" zeuge. Dass Hofer, so Paulin weiter, eine „besondere Begabung" hatte, seine „Landsleute mit kurzen, schlagwortartigen Sätzen anzusprechen, ihnen Zweck und Ziel des Aufrufes einzuprägen und

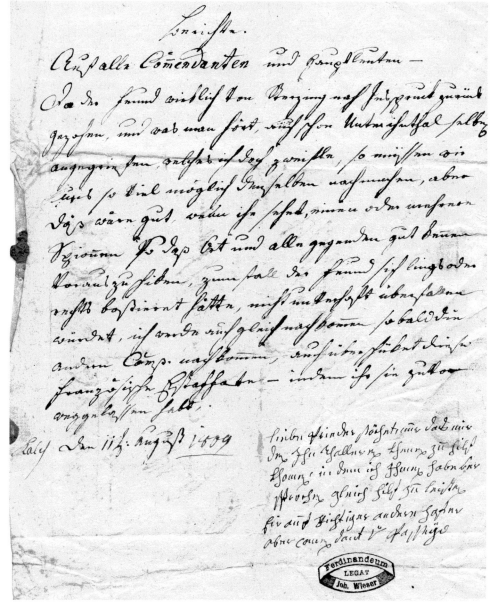

Abb. 4: Schriftproben: Balthasar Leiter (?) und Andreas Hofer. Kalch 1809 August 11. TLMF, Autographensammlung Andreas Hofer. Foto: TLMF (s. Nr. 204).

sie anzufeuern"[52], steht außer Zweifel. Hans Schmölzer bringt den Schreibstil des Sandwirts auf den Punkt, wenn er vom „schlichten" Hofer schreibt, „dem die Grundgesetze der Kriegswissenschaften und die der Rechtschreibung in gleichem Maße fremd waren, und an dem selbst gescheidte Leute nichts Bedeutendes finden konnten, als seinen Bart".[53] Ludwig Steub schließlich charakterisiert Hofers Schrift als „gewöhnliche Bauernschrift ohne Zittern und ohne Korrektur, ruhig und fest, wie er selbst war in der letzten Stunde seines Lebens".[54] Am aussagekräftigsten ist in diesem Zusammenhang aber wohl ein Urteil von Hofer selbst über seine Schrift: Als er sich vor Gericht rechtfertigen muss, anstatt 200 fl in Münzen das Sechsfache davon als Verlust gemeldet zu haben, gibt er zu Protokoll, er habe vermutlich auf einem

> „alten Stückgen Papier […] vor der Zahl 1200 ein Beystrichl, weil ich solches wohl öfter hinseze, wo es nicht hingehört, hingesezt […], so daß es dann die Obrigkeit anstatt 200 1200 laße; oder es kann vieleicht sonst ein Strich vor dieser Zahl von einem Buchstabe herab oder hinauf gestand(en) seyn; weil ich überhaupts eine unleserliche Schrift mache".[55]

Hofers Handschrift steht der für die Zeit üblichen Kurrentschrift relativ fern, der Vergleich mit einer geübten Kanzleischrift bietet sich nicht an – zu einzigartig scheint Hofers Schreiberhand zu sein. Bei näherer Betrachtung allerdings fällt auf, dass etwa die Hand eines unbekannten Schreibers jener Hofers dermaßen ähnelt, dass sie fälschlicherweise immer wieder für des Sandwirts Schrift gehalten wurde.[56] Es wird sich dabei um einen Urheber handeln, der einen ähnlichen „Bildungsweg" durchlaufen hat wie Hofer, d. h. Schulbesuch über einige Jahre und wenig Übung im Schreiben. Graphische Ähnlichkeit mit Hofers Schrift weisen auch die im Staatsarchiv Bozen[57] überlieferten Handschriftenproben einiger Handwerker auf (Abb. 5, 6).

Als Vergleich zu Hofers Schriftsprache bietet sich die Formulierungsart des Andreas Ilmer an, was folgender Beispieltext veranschaulichen soll:

> „Es werden etwelliche Mann, die hier sind, für andere stehen bleiben wans beliewig ist, ich werde geschwind die Nemmen derr schreiben und auch den Breis um wie vüll gelt, macht und das wir die be[stimb]te Tege abgelöst werden, dan die Leite gehen widerum einmall gern nach Hauß und forderist, weill ihre[n] Zeit aus ist. Andere [!] Jllmer Hauptman."[58]

Ähnliche Parallelen weist die Schriftsprache des Josef Thaler vulgo Hasler (1765–1831) in St. Martin in Passeier, eines Zeitgenossen Hofers, auf, wobei dieser auch stolz darauf

---

[52] Paulin, Andreas Hofer in seinen Laufzetteln und Briefen, 4.
[53] Schmölzer, Hofer, 146.
[54] Steub, Drei Sommer, 91.
[55] TLA, Jüng. Gub., Fasz. 1051 (Kassa 1804), Akt Nr. 1455.
[56] Schreiben dat. 1809 April 9. Abbildung in: Pizzinini, Hofer, 98; Tiroler Landesmuseum Ferdinandeum, Tirolische Nation, 269. Sowohl Pizzinini als auch der Katalog zur Landesausstellung von 1984 bezeichnen das Schreiben fälschlicherweise als durchgehend eigenhändig von Hofer geschrieben.
[57] ASBz, Kreisamtsakten Bozen, Fasz. 1.
[58] Innsbruck 1809 Oktober 6 (s. Edition).

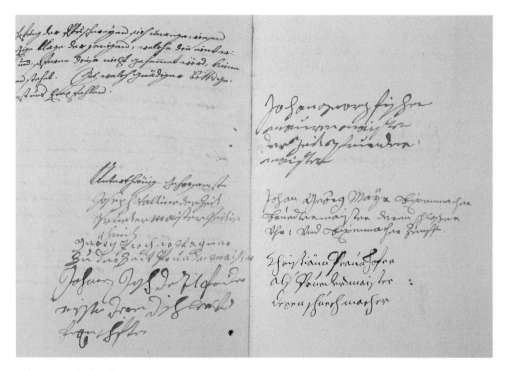

Abb. 5–6: Schriftproben von Handwerkern, ca. 1790. ASBz, Kreisamt Bozen, Fasz. 1. Fotos: Oberhofer. Genehmigung zur Veröffentlichung vom 13. Mai 2008, Konzession Nr. 5 (Prot. Nr. 342 Kl. 28.13.07/1.5).

hinweist, er hätte (Thaler war zwei Jahre älter als Hofer) überhaupt keine Schule besucht. Ernst Hinrichs äußert die Vermutung, die Besitzer größerer und marktorientiert ausgerichteter Bauernstellen hätten auf das Schreibenlernen ihrer Kinder mehr Wert gelegt als Klein- und mittlere Bauern[59]; dies wäre in Hinblick auf Andreas Hofer durchaus denkbar angesichts der Tatsache, dass dieser nicht nur ein Bauerngut, sondern auch eine Gastwirtschaft zu verwalten hatte. Thaler schreibt:

> „Mein gedreister Leser ich mues Dich ja schon zuvorauf um Verzeichen Biten, das ich mich Joseph Thaler unterstanden Ein geschichten Zu Schreiben oder Ein Buch dariber zu verförtig Weil ich von einer Rechtschreibung ganz und gahr kein Erkentes Besitze, doch wage ich Es und könnte Mihrs Ja Ein Jeder Rechts und wohl gelernter Leser Wohl verzeichen Weil ich das Schreiben Erst in die vierzig Jahr von Mihr selbsten und Hochen alter ohne lehrn Meister gelehrnt hab, [...]."[60]

Was zeichnet nun Hofers Schrift aus? Auf den ersten Blick fällt ein äußerst unharmonisches, unruhiges Schriftbild auf, das sehr impulsiv scheint; die Schrift weist größtenteils eine leichte Rechtsneigung auf, viele Buchstaben werden neu angesetzt, ein fortlaufender Zug der Feder ist kaum gegeben. Besonders auffallend sind die Kleinbuchstaben *m* und *n*, die als drei bzw. zwei parallele Senkrechtstriche gesetzt sind, was teilweise auch auf das *u* zutrifft; diese Besonderheit findet sich aber auch bei anderen zeitgenössischen Schreibern aus dem ländlichen Milieu.

Zusammengesetzte Wörter sind meist nach Sinninhalten getrennt geschrieben; die Groß- und Kleinschreibung ist dabei beliebig, wobei der Schreiber dazu neigt, bestimmte Buchstaben nur als Minuskel bzw. Majuskel zu verwenden; es darf also nicht verwundern, wenn mitten im Wort ein Großbuchstabe steht. Wie die Groß- und Kleinschreibung ist auch die Zeichensetzung beliebig, es kann hier kein durchgehendes „System" herausgelesen werden. Rechtschreibung und Grammatik spielen überhaupt keine Rolle, Hofer scheint einfach die gesprochene Sprache buchstabengetreu verschriftlicht zu haben.

Die Verwendung des *v* anstelle des *u* am Wortanfang (bei Hofer nur als Minuskel) scheint im ausgehenden 18. Jahrhundert nach wie vor verbreitet gewesen zu sein. Auffallend ist weiters die häufige Verwendung der *en*-Abkürzung, wobei der ursprüngliche Sinn aber weitgehend verloren gegangen ist: oft steht ein *e* am Wortende, dem besagte Abkürzung angehängt wurde. Auch die *er*-Kürzung wird teilweise irritierend verwendet, so etwa im Attribut *in/von Passeyr* in den Unterschriften; diese wären nach dem vorliegenden Zeichenbestand eigentlich als „*Passeye*[+Abkürzung]" zu lesen und als *Passeyeer* zu transkribieren.

Hofer verwendet auch die Abkürzung für *etc.*, die normalerweise wohl nicht zum Repertorium eines Volksschulabgängers zählte. Selten fügte er aus der Kanzleisprache übernommene Wörter in seine Zeilen ein, in einem eigenhändigen Schreiben dat. Sand 1809 Mai 3 findet sich etwa ein *defacto*, in einem Brief an Morandell, dat. Lienz 1809 Juli 29, ein *adio* als Abschiedsgruß. Die Schreibung fremdsprachlicher Wörter durch die Tiroler Landesverteidiger hat zu durchaus amüsanten Stilblüten geführt; so ist etwa in

---

[59] Hinrichs, Menschen, 96.
[60] Zit. nach: Innerhofer, Geschichte, VII.

einem Schreiben ohne Datierung von Napoleon Bonaparte als *Wane Parthe* die Rede; ähnlich kryptisch mutet die Schreibung *Schappeledrin* für San Pellegrino an (Trient 1809 Mai 11). Dass Hofer vom Kaiser als *das Papa* schreibt, ist bemerkenswert, es könnte sich hier aber auch um einen Transkriptionsfehler Hirns handeln (Innsbruck 1809 August 28). Den Vizekönig von Italien macht der Sandwirt kurzerhand zum *fizi khenig*.

Lateinische Ausdrücke kommen in den von Hofer zumindest unterzeichneten Schreiben nur sehr selten vor (es handelt sich hier ausschließlich um Fachausdrücke aus der Kanzleisprache), die Schriftsprache bewegt sich zwischen geglättetem Amtsdeutsch und zu Papier gebrachten umgangssprachlichen Formen. Dasselbe gilt für die Aussendungen in italienischer Sprache: Während die gedruckten Proklamationen stilistisch sehr ausgefeilt sind, kommen in handschriftlichen Texten dialektale Züge zur Geltung.

Angesichts der eigenhändigen Schreiben Hofers und teilweise auch seiner Landsleute und Mitstreiter ist somit festzustellen, dass Umgangssprache und Dialekt durchaus nicht nur für die gesprochene Kommunikation typisch waren, in den Schreiben begegnet vielmehr ein Nebeneinander von Standard-, Umgangssprache und Dialekt(en), die dazu beitrug, dass die Aussendungen bei der ländlichen Bevölkerung nicht als „lästiges" Kanzleideutsch abgetan wurden, sondern mit Interesse gelesen bzw. vernommen wurden.[61] Ob sie auch befolgt wurden, steht auf einem anderen Blatt.

Unterschrift

Die Unterschrift, die in Hofers Schriftlichkeit als Beweis der eigenhändigen Ausfertigung, aber auch als Zeichen des Einverständnisses und der Verbürgung der Richtigkeit sowie als Beglaubigung mit der Funktion eines *vidimus* diente, wurde in der Regel in der eigenwilligen Form *Andere Hofer* gesetzt, die in bisherigen Editionen einzelner Texte oft als „Andre" bzw. „Andree" gelesen wurde. Dass diese Schreibvariante durchaus nicht einzigartig ist, zeigen die Namen von Andreas Ilmer (s. o.) und Andreas Pichler, die ebenfalls als *Andere* in den Quellen aufscheinen. Josef Thaler schrieb in der Vorrede zu seinem Manuskript den Namen als „Anderes v. Hofer".[62] Ein Schluss auf die zeitgenössische Aussprache ist schwierig, da das *Andree* die Namensform „Andrä" mit Betonung der Endsilbe nahelegt, frühe Unterschriften aber in der Form *Ander* die zweite Variante mit Betonung der Anfangssilbe belegen. Dies würde der heute noch zum Teil üblichen Namensform im mündlichen Sprachgebrauch, v. a. auf dem Land, entsprechen. In den zeitgenössischen von Beamtenhänden stammenden Quellen jedenfalls wird der Name meist in Analogie etwa zu „Bartlmä/Bartlmee" als „Andrä" geschrieben.

Hofer wechselt in seinem Namenszug beliebig zwischen Groß- und Kleinschreibung, es finden sich alle möglichen Varianten.

Hervorstechend ist der häufig verwendete Ausdruck *dirolln* für Tirol (Oberkommandant in/von Tirol). Selten sind Unterschriften mit doppelter Nennung von Attributen wie etwa *Oberkommandant in/von Tirol von Passeier*.

Vor 1809 unterschrieb Hofer natürlich meist mit *Andere Hofer am Sand* oder *Andere Hofer Sandwirt* und den entsprechenden Varianten, im April 1809 meist mit *Andere*

---

[61] Vgl. Schikorsky, Schriftlichkeit, 26.
[62] Innerhofer, Geschichte, VIII.

Hofer als Kommandant. Besonders auffällig ist schließlich die einmal verwendete Formulierung *Patter Andere Hofer an sant Vo Passeyr* (Sand 1809 Juli 14), die wohl nur als latinisierte Form des Epithems „Vater Hofer" zu verstehen ist. Ob sich dieses „Patter" mit religiösen Motiven erklären lässt, ist fraglich. Eng verwandt mit der „Vater"-Anrede dürfte die Bezeichnung der Adressaten als „Brüder" sein, Hofer selbst unterschrieb z. B. als *Andere Hofer dein Prueder* (o. O. 1809 November 20). Weitere auffallende Schriftzüge sind etwa *Warer manns liebling Andre Hofer Oberkommandant in Diroll* (Innsbruck 1809 Oktober 10) oder *Andere Hofer dein lieb lingling* (Schönberg 1809 Oktober 27) in einem Schreiben an Speckbacher.

Diktatvergleich

Lässt man die eigenhändigen Schreiben Hofers bzw. jene, die eigenhändige Passagen aufweisen und im Original überliefert sind, beiseite und betrachtet die abschriftlich überlieferten Texte, so stellt sich die Frage, inwiefern aus diesen „herausgelesen" werden kann, was von Hofer diktiert und was von den Schreibern eigenmächtig verfasst wurde. Eine besondere Schwierigkeit liegt darin, dass Hofer mit Ausnahme der Unterschrift kaum feste Floskeln verwendet, die sich in seinen Texten öfters nachweisen lassen würden und die die Grundlage des Diktatvergleichs sind. Vielmehr muss für eine Diktatanalyse in unserem Fall auf die Untersuchung der Sprache, der Formulierung und des Stils zurückgegriffen werden.

Es bieten sich zudem Hinweise beispielsweise in biographischen Werken von Zeitgenossen, etwa jenem von Daney oder Sieberer, an, die die Verfasser einiger Texte verraten sowie Bemerkungen zur Entstehung derselben geben. So finden sich etwa Angaben, ob ein Schreiben von Hofer diktiert oder einem Schreiber zum eigenmächtigen Verfassen delegiert wurde, ob Hofer es vor dem Setzen seiner Unterschrift gelesen hat oder nicht. Auch haben wir – vor allem für die Endphase des Aufstandes im November 1809 – Hinweise auf Schreiben, zu deren Unterschrift Hofer durch Waffengewalt gezwungen wurde.[63]

In einigen Abschriften bzw. in der Literatur überlieferten Texten lässt sich eindeutig Hofers Schreibduktus erkennen, etwa wenn der Unterschrift eine der für ihn so charakteristischen Bemerkungen beigefügt ist. Hieraus lässt sich mit großer Wahrscheinlichkeit auf eigenhändige Unterschrift und Bemerkung im Original schließen. Als Beispiel sei ein Auszug aus einer Abschrift (Original dat. Innsbruck 1809 August 22) angeführt:

„Also möchtn Sie diese Order von Ihnen gleich durch Ordinaz am negsten Orth wo Sie glauben hinsicken u von dortiger Ordinaz gleich wieder auf den negsten Orth, in dessen leb(en) Sie wohl. Innsbruck den 22 August 1809
Andere Hofer Ober Comen dant in Diroll nur eilligst machen Sie das die Sach in Ordnung khombt."

Dass die Unterschrift und die folgenden Wörter im Original aus Hofers Feder stammen, ist klar, da der Kopist sogar die Worttrennung zeichengetreu übernommen hat (*Ober*

---

[63] Vgl. Oberhofer, Unentschlossenheit, 209, 212.

Comen dant), was keineswegs selbstverständlich ist. Ob in diesem Fall aber das Schreiben durchgehend eigenhändig von Hofer ist, ist nicht eindeutig zu sagen; die unsichere Schreibung weist zwar darauf hin, der Text kann aber genauso gut von anderer Hand stammen, hatte der Oberkommandant doch gerade im August 1809, als die „Kanzlei" sehr produktiv war, eine ganze Reihe von „Schreibern" und Adjutanten um sich. Eindeutig ist die Lage der Dinge bei anderen Texten, die zwar nur abschriftlich überliefert sind, aber mit Sicherheit aus Hofers Feder stammen: „Pöster Herr straub sein sie vo der giete vnd Thuen sie sich mit den Herr sPöckh [Speckbacher, Anm.] Beim Juden stain verstendigen [...]" (Schönberg 1809 Mai 28). Typische Merkmale für Hofers Schrift (Minuskel- und Majuskelverwendung, „v" statt „u" am Wortanfang, Trennung von Eigennamen nach Sinninhalten) weisen hier auf den Urheber hin.

Als weiteres Beispiel sei ein Schreiben zitiert, das nur in der Literatur in Auszügen überliefert ist:

„[...] 3. Ist von den General Bolli (Buol) oder Schmidl oder nach Möglichkeit von Prinz Johann sich zu erkundigen, in was für Umständ wir uns befinden, ob wir das Gewöhr auf Abforderung abgeben oder nicht, ob wir uns zum Wöhren in Bereitschaft halten sollen, oder ob von uns gar keine Hoffnung der Erlösung mehr da sei. Anmerkung des Verfassers. Hier hatte Hofer mit seiner Handschrift als Antwort beigesetzt, ‚Ja hofnung Gott verlaß unß nicht'."[64]

In diesem Fall gibt es keinen Zweifel, da der Autor eindeutige Hinweise auf das Original gibt, das ihm offensichtlich vorlag. Schwieriger ist das Ganze wiederum bei Schreiben, die im Original von Hofer stammen könnten, in der Abschrift aber dermaßen verfälscht sind, dass eine eigenhändige Vorlage nur vermutet werden kann. Hier ist Vorsicht geboten, da – wie bereits erwähnt – Zeitgenossen Hofers ähnlich gebrochen und „wirr" schrieben wie der Oberkommandant selbst, der Schriftduktus ist jenem Hofers zum Verwechseln ähnlich. Liegen derartige Texte als Abschriften vor, können leicht Fehlschlüsse gezogen werden.

Zusammenfassend lässt sich sagen, dass Andreas Hofer seine Schreiben so verfasst hat, wie sie ihm gerade aus der Feder geflossen sind, d. h. er verzichtet gänzlich – abgesehen von den Anrede- und Grußformen – auf die in seiner Zeit für die Textgattung „Brief" gängigen rhetorischen Muster (Topoi) und äußerlichen Merkmale wie z. B. die brüchige Beschriftung des Papiers. Die Schreibkonventionen des 18. bzw. beginnenden 19. Jahrhunderts kommen in den Texten seiner geübteren Schreiber klarer zur Geltung. Auch diese Texte lassen aber Elemente der Rhetorik vermissen, die in Briefen aus dem adeligen oder geistlichen, aber auch bürgerlichen Milieu gang und gäbe waren. Dies lässt sich einerseits dadurch erklären, dass Hofer bei der Abfassung vieler Schreiben, die er unterzeichnet hat, vermutlich anwesend war und die Schreiber zurechtgewiesen hat, wenn sie ins „Kanzleideutsch" verfielen. Andererseits stammte natürlich der wahrscheinlich eifrigste Schreiber, Purtscher, aus der „niederen" Beamtenriege (er war Dorfschullehrer), Sweth war ein gescheiterter Student, allein Matthias Delama hatte das Studium der Rechtswissenschaften abgeschlossen. Zudem lässt sich aus vielen Schreiben eine gewisse Dringlichkeit herauslesen, die mit ihrer Entstehung zusammenhing, d. h.

---

[64] Zit. nach: Peternader, Landes-Vertheidigung, 2.

zum Ausformulieren und Austauschen förmlicher Floskeln blieb wenig Zeit. Schlussendlich ist hier auch das Zielpublikum mitzudenken: Die Texte waren großteils an die Landbevölkerung, d. h. Bauern, Dienstboten, Tagelöhner, Handwerker usw., die sich zu Schützenkompanien und Sturmmassen formiert hatten, gerichtet. „Beamtendeutsch" hätten diese wohl kaum verstanden oder akzeptiert, was Hofer durchaus bewusst war und was er auch klar zum Ausdruck bringt, wenn er gegenüber Daney den „Kanzleistil" verurteilt (s. o.).

4. Die „Kanzlei" der Tiroler Landesverteidiger

Ein bayerischer Kriegsgefangener hielt in seinen Briefen einige Notizen über Hofer fest, darunter auch über dessen Verhältnis zu seiner „Kanzlei"[1]:

> „Wenn Hofer selbst etwas schriftlich entwerfen oder diktieren sollte, stand ihm der Angstschweiß auf der Stirne und dicke Wolken Tabaksdampf stiegen aus seiner Pfeife empor. Freier atmete er wieder, wenn einer seiner Adjutanten, die er Schreiber nannte, hereintrat und ihn aus solch qualvollem Zustand erlöste.
> Sein gepreßtes Herz machte sich dann durch folgende Worte Luft: ‚Hob i Ochsen und Kälber oder hob ich Leut um mich? Konn i's Land regieren und zugleich schreiben Dös konn nicht sein.'"[2]

Diese Zeilen sind wohl überspitzt formuliert; dass Hofer eine gewisse Scheu vor der Schriftlichkeit hatte, kann aber angenommen werden angesichts der Schwierigkeiten, die auch andere Zeitgenossen allein mit dem Schreiben ihres Namens hatten.

In Hofers Umfeld war – hauptsächlich während der Regierungszeit in Innsbruck – offensichtlich eine ganze Reihe von Schreibern tätig, welche je nach Verfügbarkeit eingesetzt wurden. Hirn erwähnt in besonderer Weise Matthias Delama als Sekretär in der Hofburg, ebenso den Stroblwirt Johann Holzknecht, der sich vor allem um die finanziellen Angelegenheiten kümmerte[3], aber auch etliche Schreiben zu Papier brachte, was sich durch Handschriftenvergleich belegen lässt. Der französische Gesandte in München Ludwig Wilhelm Otto Graf von Mosloy berichtete am 27. August 1809 an den Minister des Äußeren Jean Baptiste Champagny, Duc du Cadore, Hofer hätte sich in der Hofburg einquartiert: „Ce chef de rebelles est actuellement établi dans le palais d'Innspruck, oú il déploye une grande activité expédiant des ordres et donnant des audiences du matin au soir. Un de ses principaux conseilleurs et l'homme le plus habile du Tyrol est nommé Senn, avocat."[4] Beim genannten Senn handelt es sich um Franz Michael Senn, den Hofer auf dem Landtag von 1790 kennen gelernt haben soll; 1801 hatte dieser einen Entwurf für eine Reform der Tiroler Landesverfassung vorgelegt. Als Berater Hofers tritt er nur im erwähnten Schreiben in Erscheinung.[5]

Hirn beschreibt, wie in der Nacht vom 12. auf den 13. April 1809 in Hofers Hauptquartier emsig gearbeitet worden sei, wobei dem Sandwirt hier Anton Stebele, Josef Graf Hendl und Johann Holzknecht *beratend* zur Seite gestanden hätten, die *Adjutanten* Josef Ennemoser, Balthasar Leiter und Matthias Purtscher hätten die Befehle „ausge-

---

[1] Zum Begriff der Kanzlei im 18. Jahrhundert vgl. Meisner, Urkunden- und Aktenlehre, 56, 168. Meisner definiert als Kanzlei grundsätzlich jeden „abgesondertete[n] Raum […] wo die Behörde (schriftlich) arbeitet".
[2] Zit. nach: Aegerter, Kriegsgefangener.
[3] Hirn, Erhebung, 634–635.
[4] Zit. nach: Voltelini, Forschungen, 378 (Anhang 77).
[5] Hirn, Erhebung, 497; vgl. Kurzbiographie in: Blaas, Aufstand, 444; Hamm, Integrationspolitik, 89.

Abb. 7: Die „Kanzlei" der Tiroler Landesverteidiger 1809 nach der Vorstellung des ausgehenden 19. Jahrhunderts. Am Tisch sitzend Kajetan Sweth mit der Schreibfeder in der Hand. Dargestellt sind weiters Josef Speckbacher, Andreas Hofer und P. Joachim Haspinger. Franz von Defregger, „Tiroler Helden", 1894. Besitz und Foto: TLMF, Gemäldesammlung.

tragen".[6] Eine Fußnote ist Hirn die Bemerkung wert, der „Studiosus Josef Ennemoser von Passeier, der spätere Universitätslehrer in Bonn, soll dem Sandwirt in Schreibsachen gedient haben", allerdings gibt er keinen Beleg an.[7] Der 1787 „in der Schönau" der Gemeinde Rabenstein im Passeier geborene Ennemoser besuchte ab 1802 das Benediktinergymnasium in Meran, danach das Gymnasium in Trient, anschließend studierte

---

[6] Hirn, Erhebung, 612.
[7] Hirn, Erhebung, 635⁴.

Abb. 8: Schriftprobe: Johann Holzknecht. Das Papier wurde aufgrund seiner Bedeutung als Beleg zur besseren Haltbarkeit beschnitten und auf einen Karton aufgeklebt, bevor es Eingang in die Sammlung des Ferdinandeums gefunden hat. TLMF, FB 2729, 32. Foto: Oberhofer (s. Nr. 296).

er in Verona und Padua, bevor er nach Wien ging. Ab 1807 setzte er sein Studium der Physik und Arzneikunde in Innsbruck fort und wurde bei einem Urlaub im Passeiertal mit Hofer bekannt:

> „Seiner zu Ostern 1809 geschlossenen Freundschaft mit Andreas Hofer verdankte er zunächst seine Ernennung zum Adjutanten, bezw. ‚Federführer' Hofers, dann zum Leutnant der Passeirer Schützenkompagnie, mit der er nun die Kämpfe im Sterzinger Moos (11. April 1809) mitmachte. Ennemosers erste Tat war die Abfassung der berühmten ersten ‚Offenen Ordre' Hofers vom 9. April 1809, die eine Art Aufmarschplan beinhaltete. […] Nach der Besetzung Innsbrucks durch Hofer widmete sich Ennemoser wieder seinen akademischen Studien und zog nach Kriegsende wieder nach Wien."[8]

Der Autor dieser biographischen Notizen liegt hier in einem Punkt falsch, der erwähnte Text wurde nicht von Ennemoser, sondern von Teimer geschrieben (s. Nr. 51). Weiters schreibt Granichstaedten, Ennemoser sei durch Sweth als Sekretär Hofers abgelöst worden[9] – die Idee einer derartigen „Ablösung" ist nach der Auswertung der Quellen nicht nachvollziehbar; in der Literatur wird Ennemoser mehr als Adjutant denn als Schreiber Hofers bezeichnet.

---

[8] Granichstaedten-Czerva, Hirtenbub, 13.
[9] Granichstaedten-Czerva, Garde, 193.

Ein weiterer Hinweis auf die Schreibertätigkeit Ennemosers besagt, dieser hätte sich beim Stroblwirt Holzknecht in St. Leonhard gemeinsam mit Ignaz Auer, dem Sohn des Passeirer Richters Andreas Auer, mit Hofer getroffen und den Aufruf an die Geistlichen in Passeier, dat. 1809 April 12, geschrieben:

„Im Namen Sr. Majestät des Kaisers von Oesterreich befehle ich, daß alle waffenfähige Mannschaft Morgen früh um 3 Uhr sich hier einfinde mit Pulver und Blei."[10]

Das besagte Dokument konnte für vorliegende Arbeit zwar auch nicht als Abschrift ausfindig gemacht werden, Tatsache ist aber, dass sich Hofer am 11. und 12. April in Gasteig und danach in Sterzing aufhielt, womit auch die Datierung nicht stimmen kann.

Friedrich Förster bringt hier bereits 1816 einen Hinweis, der in der späteren Rezeption offensichtlich zu wenig beachtet wurde: „Als Schreiber war bei dem Sandwirth der Schullehrer Purtscher aus Leutschgau."[11] Obwohl der Autor das Wort „Vinschgau" offensichtlich falsch gelesen und übernommen hat, weist er auf die Bedeutung Purtschers als Hofers Schreiber hin, die zunehmend in Vergessenheit geriet und durch den Sweth-Mythos übertüncht wurde.

Festzuhalten ist angesichts der Schreiben aus Hofers „Kanzlei", dass nicht wenige von ihnen nicht von Hofer selbst konzipiert oder diktiert wurden. Ein gewisser Professor Malsiner kleidete diese Erkenntnis unter Zuhilfenahme eines Textes, dat. 1809 Oktober 11, in die bitterbösen Worte: „Ich darf Ihnen wohl nicht bemerken, daß der Maul-Eseltreiber Wirth Hofer, der kaum seinen Namen zu schreiben vermag, nimmermehr Verfasser dieser Schrift seyn kann, [...]."[12] Auch die Bayern waren offensichtlich der Meinung, Hofer habe das Formulieren lieber Anderen überlassen:

„[D]ie Verordnungen die er machte und ausgehen ließ, wurden ihm von seiner Umgebung u. [von, Anm.] Stadler, Atzwanger, Rapp, Ingram v Wörndtle, Mathias u. [von, Anm.] Lama, Pater Joachim Kapuziner von Klausen, dem Schulmeister von Nauders oder Graun, Purtscher seinem Adjutanten, dann den zwo Bauern Strobel vulgo Holzknecht [!] und Tschöll vulgo Gärber und andern eingegeben. War er gut beraten so handelte er besser, beim Gegentheile schlechter."[13]

Jakob Sieberer schrieb in seine „Beschreibung der tirolischen Landesvertheidigung":

„[D]er gute Hofer hatte immer einen Schwarm Bauern um sich, die weiter nichts verstanden, als ihren Beutel zu spicken und Leute, die anders als sie gekleidet waren, verdächtig zu machen. Die einzigen H(errn) v. Chiovanelli [Giovanelli d. J., Anm.] und H(err) de Lama, der Purtscher, so den Adjutanten machte, waren

---

[10] Zit. nach: Förster, Beiträge, 79.
[11] Förster, Beiträge, 79.
[12] Durch das Pamphlet dieses Professors (TLMF, FB 3704, 166; hier: 43¹) zieht sich dieser Tonfall als roter Faden.
[13] „Character-Züge (das Schwarzbuch der bayerischen Polizei in Innsbruck von 1809.)", TLMF, FB 3704, 188, hier: 4.

Männer die zu brauchen sind. Man kann sich leicht vorstellen, daß bei einem Zusammenfluß so vieler Geschäfte das meiste unerledigt blieb und die wichtigsten Depeschen von denen Bauern zu s. v. [‚sit venia' = ‚mit Erlaubnis', Anm.] gebraucht wurden."[14]

4.1. Hofers Sekretäre

Josef Hirn stellt fest, Hofer hätte zu seinen Sekretären Delama und Purtscher gewählt:

„Delama schrieb vornehmlich Aufrufe und öffentliche Kundmachungen, Purtscher […] besorgte die Korrespondenz, die Abfassung von Verträgen und die Ausfertigung der Erledigungen. Hofer selbst, seiner geringen Schreibkunst sich wohl bewusst, begnügte sich meist, seine Unterschrift zu zeichnen, mitunter setzte er ihr einige Worte bei, die den Leser verblüfften. […] Die wichtigste Persönlichkeit neben ihm war sein Landsmann, der Stroblwirt Holzknecht, der Finanzminister […]. Mitten unter diesen markigen Gesellen wandelte auch ein Student, Kajetan Sweth."[15]

Dies entspricht wohl der Wirklichkeit, obwohl es zunächst nicht möglich war, für die vorliegende Arbeit Delamas Handschrift eindeutig zu identifizieren. Allein ein eigenhändiger Zusatz auf einem Schriftstück im Bayerischen Archiv des Tiroler Landesarchivs konnte hier Sicherheit bringen.[16]

In einem eigenhändigen Schreiben an die Oberinntaler vom 14. August 1809 versicherte Hofer, in Schönberg bleiben zu müssen, da er bei seiner Kanzlei nicht abkömmlich sei:[17]

„glaubt ßicher lich, das ich in schen Perg ge wißß Ber sendlich [persönlich, Anm.] Bin, das ich Eich nit khon hin Jber khomen, weill meine 2 schreiber kheine antborth göben khenen […] ver zeicht mir das ich Vo der Conzllei, nit ab khomen khon."

Wie sah diese „Conzllei" aus? Neben den ständigen Beratern und Hilfskräften, die Hofer als Oberkommandant um sich hatte, bezeichnet er zwei Personen explizit als Schreiber. Gemeint sind vielleicht Matthias Purtscher und Kajetan Sweth, der nach wie vor als *der*

---

[14] Sieberer, Beschreibung, 32–33.
[15] Hirn, Erhebung, 634–635.
[16] TLA, Bay. Archiv, lit. D, Fasz. 173: „Militär Conscription vom Jahre 1809. Tom. I." (Innsbruck 1809 Februar 19). Ein Dokument (TLMF, FB 2730, 27) ist von Marberger und Delama unterzeichnet, bei Marberger aber ist die Unterschrift mit einem „manu propria"-Verweis versehen: Zeugnis für Martin Firler (Wien 1810 Juli 30). Tatsache ist, dass Marberger ebenso wie Delama in der Zeit der Ausfertigung bei Hofer war und auch für ihn geschrieben hat (vgl. Schreiben dat. Innsbruck 1809 August 18, unterzeichnet von Marberger und Andreas Hofer eigenhändig). Auch die Möglichkeit, dass der vorerst unbekannte Schreiber Purtscher entspricht, wurde erwogen, allerdings weichen etwa die Schreibformen der Datierungen wesentlich von jenen Purtschers ab.
[17] In ganz ähnlicher Weise ist in einem Schreiben von der Kanzlei Johann Nepomuk Maria von Kolbs die Rede, mit der dieser in Lienz bleiben müsse (Lienz 1809 Juli 31).

Sekretär Hofers gilt, während Ersterer ziemlich in Vergessenheit geraten ist. Tatsächlich aber tritt in den Quellenbeständen Purtscher als Hauptschreiber Hofers in Erscheinung, während die Rolle Sweths stark revidiert werden muss: Purtscher scheint der wirkliche „Kanzleischreiber" gewesen zu sein, der das Geschäftsschriftgut erledigte, vor allem in der Zeit der Regierung in Innsbruck. Sweth hingegen können nur sehr wenige der Schreiben zugeordnet werden, das verschobene Geschichtsbild hängt in seinem Fall mit der Mythisierung zusammen, die mit jener Hofers verwoben ist, nicht zuletzt wegen der gemeinsamen Gefangenschaft in Mantua und Grablege in der Hofkirche. Ein eigenes Kapitel wird im Folgenden auch Matthias Delama gewidmet, dessen Bedeutung unter Hofers Sekretären nicht ganz klar ist, der aber wohl eine tragende Rolle zumindest als Berater in Hofers Umfeld gespielt hat.

4.1.1. Matthias Purtscher (1777–1846)

Über das äußere Erscheinungsbild Matthias Purtschers schreibt Hermann Sander, er sei

> „von mittlerer Größe [gewesen]. Er trug schon in seiner Jugend städtische Kleider, die bei der Stärke der damaligen Stoffe jahrelang, ja durch Jahrzehnte sich im Gebrauche hielten. Ein Bild des Innsbrucker Bürgermeisters Kasimir Schumacher in Knoflachs ‚Tagebuch' zeigt eine ähnlich Tracht, wie Purtschers Bild: den Hals wohlverwahrt durch eine breite schwarze Binde, weiße Weste mit Stehkragen, einen Rock, den man später ‚Altvaterrock' nannte; dazu gehörten kurze Hosen und Schuhe mit Schnallen. Die Farbe der Strümpfe scheint nicht festgestanden zu haben. Purtscher trug ein Zöpfchen, das mit einem Bändchen zusammengebunden war."[18]

Der am 25. Februar 1777 in Bludenz in Vorarlberg geborene[19] Purtscher bildete sich zum Lehrer aus und erhielt am 10. April 1798 eine Bestätigung seiner Lehrfähigkeit an Hauptschulen. Vier Jahre lang war er Schullehrer, Organist und Mesner in Ried im Oberinntal. 1800 heiratete er und wurde Oberleutnant bei einer Laudegg'schen Schützenkompanie. Es folgte ein vierjähriger Aufenthalt in Kauns als Schullehrer, Organist und Mesner. Nach demselben Dienst in Brixlegg (fünf Monate) und Kauns (drei Jahre) kam Purtscher schließlich nach Schlanders, als der Krieg zwischen Österreich und Frankreich ausbrach. Martin Teimer bot gemeinsam mit Franz Frischmann auch in Schlanders auf, Purtscher wurde bei einer Bauernversammlung zum Kommandanten ernannt. Als sich Hormayr in Bozen aufhielt, nahm er Purtscher als Adjutanten zu sich, am 28. April 1809 erhielt dieser die Erlaubnis, zu seiner Kompanie zurückzukehren. Purtscher plante darauf, nach Vorarlberg zu gehen, wo am 24. April die Erhebung gegen die Bayern begonnen hatte. Als aus diesem Plan nichts wurde, wurde Purtscher zum Oberleutnant ernannt und von Frischmann zu dessen Adjutanten gemacht; in dieser Position kümmerte er sich um die Organisation der Kompanien im Vinschgau und um die Kriegsgefangenen. Am Kampf bei Gasteig und am Bergiselgefecht am

---

[18] Sander, Purtscher, 47–48.
[19] Die Kurzbiographie stützt sich vor allem auf die Ausführungen Sanders (Sander, Purtscher, 1–19).

Abb. 9: Matthias Purtscher. Lithographie (?) mit faksimilierter Unterschrift. Aus: Sander, Purtscher, Vorsatzblatt.

13. August beteiligte sich Purtscher mit „seinem" Landsturm, bereits zu diesem Zeitpunkt war er Adjutant Hofers. Am 15. August 1809 wurde Purtscher vom Sandwirt formell zum Adjutanten mit dem Rang eines Hauptmanns ernannt:

> „Für Purtscher war diese Zeit eine Zeit fast nicht zu bewältigender Arbeit und Mühe. Es galt bei der Oberkommandantschaft, die ihren Sitz in der Hofburg zu Innsbruck hatte, des Sandwirts starken Briefwechsel zu besorgen, eine Menge Bescheide, Weisungen, Befehle, für den Druck bestimmte Verordnungen und Aufrufe zu verfassen und die fortwährende Masse von Bittschriften zu erledigen."[20]

Der Student Anton Knoflach schrieb über die Amtsgeschäfte in der Hofburg:

> „Einmal saß der Herr Vater [Hofer, Anm.] […] mit fünf vertrauten Bauern und dem Purtscher an einem Tische voller Schriften; der eine pfiff, der andere schmauchte, ein dritter streckte gähnend die Arme auseinander; einer ließ sich durch nichts stören und las aus einem geistlichen Buche."[21]

---

[20] Sander, Purtscher, 21–23.
[21] Zit. nach: Sander, Purtscher, 25.

Als Hofer am 1. September für eine Woche in das südliche Tirol verreiste, übernahm Purtscher die gesamten Amtsgeschäfte, nachdem Hofer ihm noch aufgetragen hatte, jeden Abend mit dem „Gefolge" einen Rosenkranz zu beten. In einem Schreiben dat. Innsbruck 1809 August 30 vermerkte Hofer ausdrücklich, er reise ab, aber „der schreiber Bleibt noch hier".

Viele Dokumente, die Hofers Unterschrift tragen, zeigen, dass der Oberkommandant sich in seiner Zeit als Landesregent nicht nur mit Kriegsangelegenheiten beschäftigt hat; es kamen auch verschiedene Bittsteller zu ihm, die seinen Rat suchten. Diese wandten sich somit an den in der Hofburg residierenden „Vater" Hofer selbst, brachten ihre Anliegen vor, die zum Großteil von Purtscher bearbeitet wurden. Dieser unterschrieb zeitweise mit „in Abwesenheit des Herrn Oberkommandanten Andre Hofer", „im Auftrag des Herrn Oberkommandanten" oder „auf Befehl"[22] desselben, daneben griff er aber auch für andere Landesverteidiger ab und zu zur Feder.[23]

Am 8. November 1809 wurde Purtscher bei seiner von ihm erbetenen Entlassung von Hofer ein Zeugnis ausgestellt, das ihn als Adjutanten des Oberkommandos für seine

> „rastlose Thätigkeit und [seinen] unermüdeten Fleiß bei Tag und Nacht am Schreibtische zur Aufrechthaltung der guten Ordnung, zur Verhinderung jeder Art von Mißhandlungen und zur Handhabung der bürgerlichen Gesetze mit großer Geschicklichkeit und allgemeiner Zufriedenheit"

auszeichnet. Am Sandhof entließ ihn Hofer aus seinem Dienst, nachdem er ihm ein Pferd geschenkt hatte. Hermann Sander erklärt, es sei für ihn unverständlich, dass Purtscher nach 1809 nicht im Lehrermetier weitergearbeitet hätte, sondern „gegen Ende des Jahres" 1809 als Schreiber beim Pfandgericht Schlanders eingetreten sei.[24] Margot Hamm aber arbeitet in ihre Darstellung eine Quelle ein, wonach ein Lehrer in Haid namens Matthias Purtscher, der „wohl gegen das sittliche Empfinden der Gemeinde verstoßen [hatte], da er öfter zusammen mit der Wirtstochter gesehen worden" sei, in einen Brunnen geworfen worden wäre.[25] Ob es sich hier um den Hofer-Sekretär gehandelt hat, muss an dieser Stelle offen bleiben.

Bis 1815 jedenfalls arbeitete Purtscher als Schreiber beim gräflich trapp'schen Pfandgericht bzw. dem späteren Landgericht Schlanders. 1815 wurde er zum dritten Kanzlisten beim Kreisamt Rovereto ernannt, trat diese Stelle aber nicht an, sondern ging nach Imst, wo er im Kreisamt als Registrant arbeitete. 1822 wurde er zum Protokollisten beim Kreisamt in Bruneck befördert. 1823 trat er den Dienst als Gubernial-Registrator zweiter Klasse in Innsbruck an, nach fast 19 Jahren wurde er Registrator erster Klasse. 1819 schrieb er über seine Arbeit als Hofers Adjutant: „Mir war einzig nur die Arbeit in der Schreibstube überlassen; da griff mir niemand ein, wenn ich auch Tag und Nacht arbeitete, was ich auch wirklich getan habe."[26]

---

[22] Vgl. z. B. Ausfertigungen in: TLA, Tiroler Landesverteidiger, Sep.-Fasz. III, Pos. 1.
[23] Am 5. Juli 1809 stellte er etwa im Namen der Kommandantschaft Schlanders ein Schreiben aus, wonach acht Gefangene von den Meraner Schützen nach Schlanders gebracht worden seien (TLA, Materialiensammlung Rapp, Schuber 8); am 9. Juli 1809 schrieb er für Frischmann (ebd.).
[24] Sander, Purtscher, 34.
[25] Hamm, Integrationspolitik, 251–252.
[26] Sander, Purtscher, 38–39.

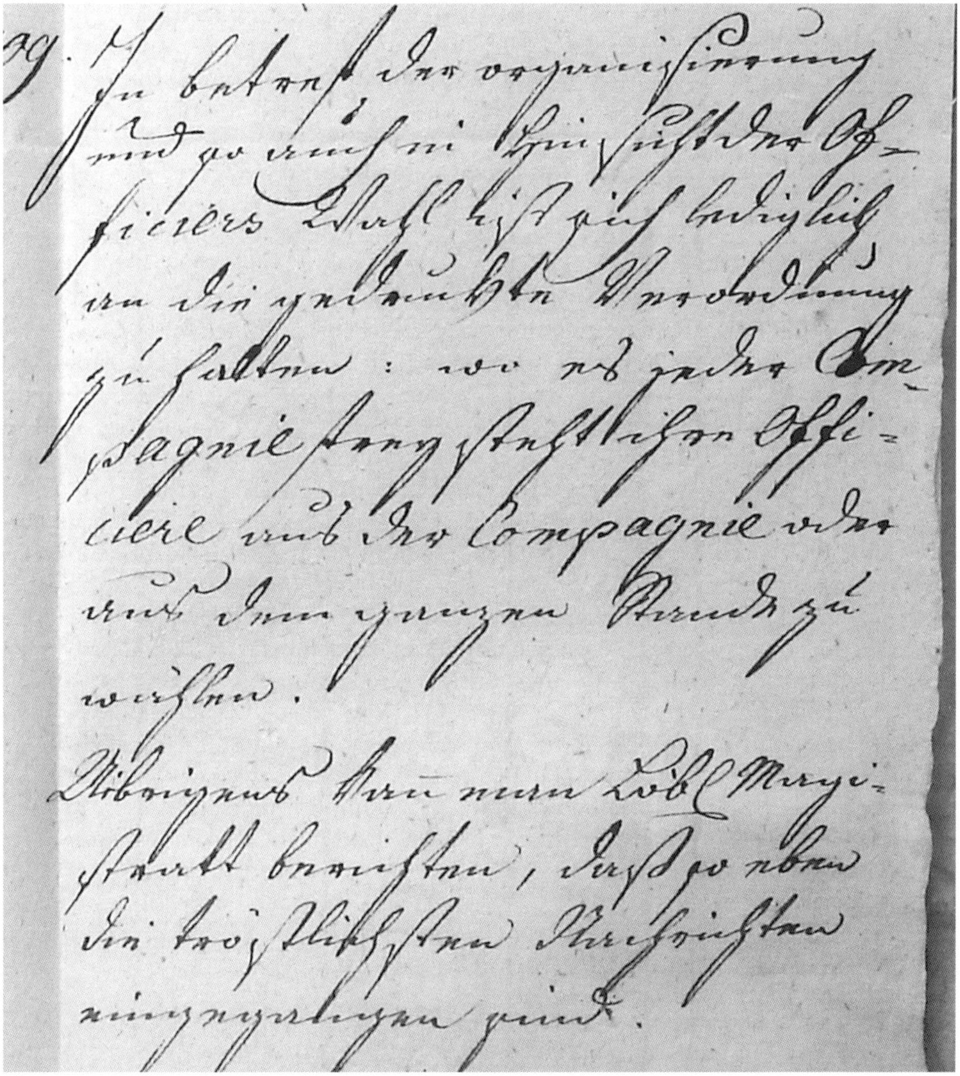

Abb. 10: Schriftprobe: Purtscher. Stadtarchiv Hall in Tirol, Verordnungen vom Gubernium 1809, Fasz. VIII. Foto: Oberhofer.

Am 8. Dezember 1825 erhielt Purtscher die „kleine goldene Ehrenmedaille mit Öhr"; 1839 bewarb er sich um die Gubernial-Expedits-Adjunktenstelle, sein Gesuch wurde aber zurückgewiesen. So suchte er im Mai 1842 um Versetzung in den Ruhestand an. Er starb am 26. März 1846 und wurde im Stadtfriedhof von St. Jakob in Innsbruck beerdigt; nach dessen Auflassung wurden die Gebeine in den Friedhof von Mariahilf übertragen.[27]

---

[27] Sander, Purtscher, 46–47.

Als Schluss seiner Memoiren schrieb Daney (der Satz ist vielleicht später hinzugefügt): „H(err) Purtscher widersprach dem Hofer sehr oft. Und sagte ihm manchmal, dieß thue oder schreibe ich nicht. Dann muste Schwett [Sweth, Anm.] schreiben."[28]

4.1.2. Matthias von Lama/Delama (1780–1827)

Hirn nennt – wie bereits erwähnt – neben Purtscher Matthias Delama (die Namen „von Lama" und die italienische Form „Delama" werden sowohl in den Quellen als auch in der Literatur als Synonyme verwendet) als Sekretär in der Hofburg.[29] Granichstaedten-Czerva bezeichnet ihn als Hofers Geheimsekretär, d. h. als besonders vertrauten Sekretär[30], der 1809 die „Kabinettskanzlei" innegehabt hätte. Matthias Anton Nikolaus Franz Ignaz Delama wurde am 4. Dezember 1780 in Innsbruck geboren, nach dem Studium der Rechtswissenschaften wurde er Aktuar beim Landgericht Sonnenburg. Ab dem 20. April 1809 war er städtischer Deputierter bei der Schutzdeputation Innsbruck. Noch am 20. Mai aber verließ er die Stadt und begab sich nach Schönberg, wo er von Elias Domanig einen Empfehlungsbrief an Andreas Hofer erbat; dieser empfing ihn in Sterzing. Hier soll Delama das Kommando über die Schützen von Völs, Götzens und Axams übernommen haben. Ende Mai kehrte Delama wieder nach Innsbruck zurück, floh aber Ende Juli nach Gries im Sellraintal; später kehrte er wieder nach Innsbruck zurück. Als Hofer die Regierung übernahm, soll er Delama zum Geheimsekretär gewählt haben, da dieser geübt im Schreiben und ein guter Jurist gewesen sei:

„Lama schrieb vornehmlich Aufrufe und öffentliche Kundmachungen und war Sekretär und Adjutant zugleich. Die zahlreichen Befehle, Bescheide, Weisungen, Verordnungen und Wünsche Hofers, die dieser ihm oft nur gesprächsweise mitteilte, hatte Lama in juristische Form zu kleiden, die riesige Zahl von Bittschriften zu erledigen, über langatmige Eingaben dem Oberkommandanten zu referieren und ihm schwierige Rechtsfälle zu verdeutschen. Lama soll sehr fleißig gewesen sein und oft bis tief in die Nacht gearbeitet haben, da ihm [sic] der unorganisierte Parteienverkehr zu keiner ruhigen Arbeit tagsüber kommen ließ."[31]

Granichstaedten-Czerva scheint hier in einigen Passagen Purtscher und Delama verwechselt zu haben, so war etwa die Erledigung der Bittschriften – wie bereits gezeigt – vielmehr Aufgabe des Ersteren.

Matthias Delama stand bis zum 22. Oktober 1809 in Hofers Dienst, am 1. November soll er den linken Flügel mit 1.500 Mann angeführt haben. 1810 floh er nach Wien, kehrte aber nach Tirol zurück und wurde Stadt- und Landrat in Innsbruck. Seine Karriere beendete er in Salzburg als Landrat; er starb am 12. Dezember 1827 in Meran.[32]

---

[28] TLMF, Dip. 1258 (Handschrift Daney), 226.
[29] Hirn, Erhebung, 634.
[30] Granichstaedten-Czerva, Matthias von Lama, 5. Schmölzer spricht vom Adjutanten Hofers (Schmölzer, Hofer, 167), ebenso Pizzinini (Pizzinini, Hofer, 170): „Herr Delama schrieb ein Landsturmaufgebot."
[31] Granichstaedten-Czerva, Matthias von Lama, 5.
[32] Granichstaedten-Czerva, Matthias von Lama, 6.

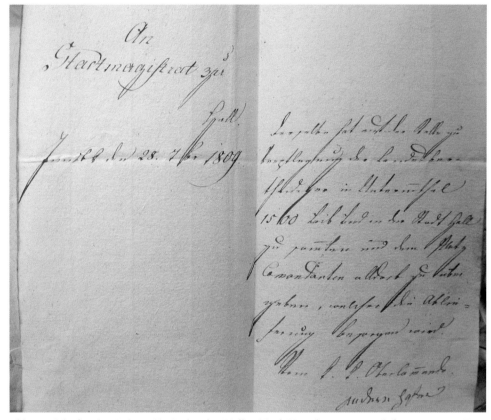

Abb. 11: Schriftprobe: Delama (?). Stadtarchiv Hall in Tirol, Verordnungen vom Gubernium 1809, Fasz. IX. Foto: Oberhofer.

4.1.3. Kajetan Sweth (1785–1864)

Als weiterer Schreiber Hofers ist Kajetan Sweth zu nennen, der in der Überlieferung als Adjutant, meist aber als Sekretär Hofers fortlebt und als solcher sogar in der Hofkirche in Innsbruck bestattet wurde. Purtscher schrieb über Sweth, er sei ein

> „drolliger, junger, guter Mensch [gewesen]. Er kam dann öfter zu uns in die Burg [Hofburg, Anm.] – machte sich bei dem Hofer durch drollige Spassetten zu, küsste ihn wohl oft des Tages zwanzigmal und nannte ihn immer ‚Vaterl'. Hofer gewann ihn durch sein drolliges Benehmen lieb und war bemüht, ihn irgendwo unterzubringen, […] [er] überlief den Hofer so, daß er [Hofer, Anm.] oft sagte ‚Ich weiß nicht, wie ich den Menschen vom Hals bringe; wenn ich ihn nur los würde!' […] hin und wieder wurde Sweth zum Abschreiben verwendet, schrieb aber auch eigene Texte."[33]

---

[33] Sander, Purtscher, 44.

Abb. 12: Kajetan Sweth als älterer Herr. Gemälde von Georg Anton Köck (1828–1895), TLMF.

Wohlgemerkt: Das Abschreiben als Aufgabe eines Sekretärs im Gegensatz zum eigenständigen Schreiben Purtschers wird hier betont.

Daney fand für Sweth keine schmeichelhaften Worte, er wäre

„ein niederträchtiger, in Kopf und Herz leerer, kropfichter Bube. […] In Innsbruck übergab ihn zwar anfangs der Hofer den Kapuzinern daselbst; nachdem ihn aber sogar diese nicht brauchen konnten, so mußte ihn Hofer wieder zurück- und zu sich nehmen."[34]

Sweth wurde 1785 in Graz geboren, studierte ab 1806 in Marburg, Varaždin und Salzburg[35] und flüchtete im Frühjahr 1809 nach Tirol, da er fürchtete, von den Bayern rekrutiert zu werden. Er wollte in Neumarkt im heutigen Südtirol bei den Kapuzinern als Novize eintreten; da ihm dies aufgrund der drohenden Aufhebung der Klöster versagt

---

[34] Blaas, Aufstand, 186.
[35] Sweth besuchte vier Grammatikalklassen des Gymnasiums, arbeitete danach aber als Schafhirte, Nagelschmied, Schlosser, Bauernknecht und Stafettenreiter, wodurch er vom Militärdienst befreit wurde. Erst 1806 begann er ein Studium in Marburg, ging dann nach Varaždin und schließlich nach Salzburg, um Philosophie zu studieren (Peter, Sweth, 5–7). Vgl. auch die Biographie in: Blaas, Aufstand, 448.

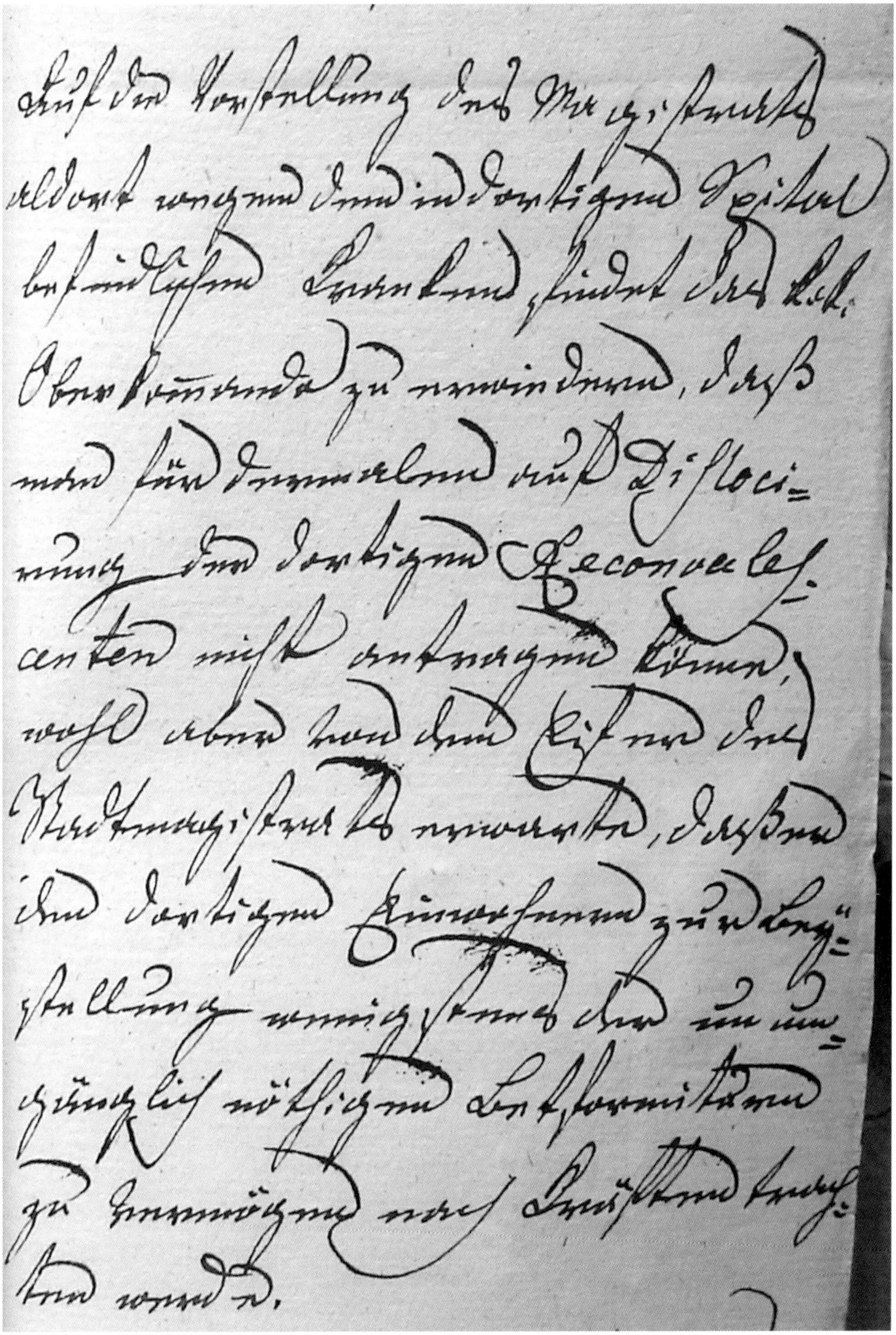

Abb. 13: Schriftprobe: Sweth. Stadtarchiv Hall in Tirol, Verordnungen vom Gubernium 1809, Fasz. IX. Foto: Oberhofer.

blieb (die bayerische Regierung zeigte sich ab Mai 1809 zunehmend zu Zugeständnissen bereit, die Bettelmönche erhielten die Erlaubnis, in ihren Klöstern zu bleiben, ohne jedoch Novizen aufzunehmen[36]), beschloss er, in seine Heimat zurückzukehren. Um einen Reisepass zu erhalten, zog er ins Passeiertal zu Andreas Hofer. Am 5. August kehrte er im Sandhof ein, wo Hofer ihn überredete, sich der Erhebung anzuschließen. Sweth stimmte zu und wurde der zweiten Passeirer Kompanie unter Andreas Ilmer zugeteilt. Nach dem dritten Gefecht am Bergisel am 13. August 1809 soll Hofer Sweth neben Purtscher als Schreiber verwendet haben.[37] Sweth, der „Döninger", hätte – so sein Biograph – sich die volle Zufriedenheit Hofers erworben, der ein „wahrhaft väterliches Wohlwollen für den Oberjäger Sweth an den Tag gelegt" hätte.[38] Das Vertrauen Hofers (oder aber der Wunsch, ihn loszuwerden, vgl. Daney) zeigt sich vor allem darin, dass er Sweth am 23. September dem Grenzkommando in Achental als Adjutanten zuteilte und ihm am gleichen Tag ein Zeugnis ausstellte.

Im Zuge des letzten Bergiselgefechts am 1. November wurde Sweth leicht verwundet, am 8. November befand er sich im Hauptquartier Hofers in Sterzing. Am 9. November ging der Sandwirt ins Passeiertal, Sweth folgte ihm am 16. November nach, am 23. flohen beide – Hofer soll Sweth vorher Geld angeboten haben, um ihm zur Flucht zu verhelfen, welches Sweth aber ausgeschlagen habe[39] – mit der Familie Hofers gegen die Kellerlahn und von dort auf den Pfandlerhof. Am 2. Dezember stieg Hofer mit Sweth zur Pfandler Mäderhütte im sog. Awald auf.[40]

Erst 1814 kehrte Sweth nach Gefangenschaft und Militärdienst nach Tirol zurück, wo ihm Speckbacher ein Zeugnis ausstellte (Rinn 1814 September 2), zog dann über Graz nach Wien, wo er zunächst Diurnist (Schreiber, Abschreiber) bei der k. k. niederösterreichischen Staatsbuchhaltung war. Danach kehrte er nach Tirol zurück und arbeitete als Ingrossist (Buchhalter) bei der k. k. Provinzial-Staatsbuchhaltung in Innsbruck.[41] Am 16. Oktober 1818 unterschrieb Sweth folgendermaßen: „Kajetan Karl Sweth (manu propr)ia vormaliger mit dem Andreas Hofer geweßten Oberkommandanten gefangen genommener Adjutant nunmehriger k. k. Provinzial Staatsbuchhaltungs Ingroßist."[42] Als Sweth im März 1823 die kleine goldene Zivil-Ehren-Medaille mit Öhr und Band als gewesener „Adjutant" Hofers erhielt, wandte sich Purtscher mit einer Vorstellung an das Gubernium, in der er klarstellte, Sweth wäre niemals Adjutant Hofers gewesen.[43]

Kajetan Sweth starb am 21. März 1864 in Innsbruck und wurde im städtischen Friedhof in Wilten beigesetzt, seine Gebeine wurden später in die Innsbrucker Hofkirche übertragen.

---

[36] Hamm, Integrationspolitik, 326–327.
[37] Vgl. Peter, Sweth, 5–13; Kramer/Pfaundler/Egg, Tirol, 222.
[38] Peter, Sweth, 13.
[39] Vgl. Abschrift eines Zeugnisses dat. 1815 Oktober 3, in: TLA, Tiroler Landesverteidigung 1809, Sep.-Fasz. III.
[40] Vgl. Peter, Sweth, 13–27.
[41] Vgl. Peter, Sweth, 54–59.
[42] TLA, Englische Subsidien, Karton 1, Pos. 1.
[43] Sander, Purtscher, 44; Peter, Sweth, 60; Granichstaedten-Czerva, Garde, 185.

5. Quellenkundliche Aspekte

5.1. Handschriften

Als Briefe im engeren Sinn werden nur Schriftstücke bezeichnet, „die eine persönliche, private Mitteilung des Absenders an den entsprechend als Privatperson angesprochenen Empfänger zum Inhalt haben."[1] Als Beispiel hierfür kann der „Abschiedsbrief" Hofers an Pühler in Neumarkt, dat. Mantua 1810 Februar 20, angeführt werden. Laut Definition, wonach das entscheidende Kennzeichen des Briefes „der persönliche, von amtlichen oder geschäftlichen Befugnissen unabhängige Charakter der Beziehungen zwischen Absender und Empfänger"[2] sei, fällt somit nur ein Bruchteil der in die Edition aufgenommenen Schreiben – sofern es sich dabei nicht überhaupt um „interne", d. h. zur eigenen Erinnerung dienende Aufzeichnungen handelt – in diese Kategorie. Vor allem die amtlichen Aussendungen aus Hofers Tätigkeit als Oberkommandant und „Landesregent" sind vielmehr dem aus dem Aktenwesen hervorgehenden Geschäftsschriftgut zuzuordnen. Mehr als ein Gespräch zu ersetzen stellen sie gewissermaßen verschriftlichte Anordnungen dar, obwohl aber auch Auskünfte, Akten u. ä. angefordert werden. Ihnen fehlt die enge Verbindung zu einem entsprechenden Gegenbrief[3], der vertrauliche Charakter aber ist in zahlreichen Fällen gegeben: Aufgrund der Brisanz des Inhalts nicht weniger Stücke durften die Schreiben nur von der Empfängerin bzw. vom Empfänger eingesehen werden und dem Feind auf keinen Fall in die Hände fallen; ein unterwegs geöffneter Brief wurde bereits als Alarmsignal gewertet.

Demgegenüber klassifiziert Irmtraut Schmid Schreiben, die der Wirtschaft zugehören und aus der Beziehung zwischen Kaufleuten hervorgehend einen stark persönlichen Charakter zeigen können (bei Andreas Hofer in seiner Tätigkeit als Wirt und Händler spielten derartige Schreiben eine wesentliche Rolle), als „Geschäftsbriefe".[4]

Der Bestand der Edition besteht somit aus Briefen im engeren Sinn (Privatbriefe über Angelegenheiten der persönlichen, intimen Sphäre) einerseits sowie Urkunden (in Briefform) und Akten („Geschäftsbriefe") andererseits.

Wirkliche Urkunden als Niederschlag von Rechtshandlungen finden sich großteils in der seriellen Quelle des Verfachbuchs. Ein Beispiel für eine von Hofer und Anderen ausgefertigte Urkunde als Rechtsgeschäft aus dem Jahr 1809 aber ist der Vertrag mit dem „salzburgischen Gebirgsland" Pinzgau, Abtenau, Lungau, Zillertal, Brixental und

---

[1] Irmtraut Schmid, Briefe, 111.
[2] Ebd.
[3] Die an Anna Ladurner adressierten Schreiben enthalten neben privaten Mitteilungen auch militärische Anweisungen und waren nach der Einsichtnahme an einen Kommandanten oder Hauptmann weiterzuleiten.
[4] Irmtraut Schmid, Briefe, 112. Vgl. hierzu z. B. die Korrespondenz zwischen dem Sandwirt und dem Müller Rössler in Bozen (Sand 1807 Februar 18; Meran 1807 Oktober 29; Passeier 1808 Mai 3) sowie das Schreiben an zwei Unterhändler wegen eines Pferdekaufs (o. O. 1800 März 16).

Windisch-Matrei, die als Teile Tirols anerkannt wurden (Pinzgau 1809 September 25). Das Dokument wird im Text explizit als Urkunde klassifiziert. Ein Großteil der Schreiben von 1809 wurde gemäß den Kanzleigepflogenheiten als Akten behandelt, d. h. sie tragen die typischen Aktenvermerke (*praesentatum, expeditum, copia, in fidem copiae* etc.) und flossen demgemäß – im Gegensatz zu „Briefsammlungen" in Bibliotheken – in Archivbestände ein.

Die „offiziellen" Schreiben aus der „Kanzlei" der Tiroler Landesverteidiger lassen sich vor allem den Kategorien[5] der Weisung im Ich- bzw. Briefstil (Handschreiben und formlose Handbilletts) sowie der Weisung im unpersönlichen Stil (z. B. „Die k. k. Oberkommandantschaft … befiehlt …", „der Gerichtsobrigkeit von … wird hiermit befohlen …") zuweisen, in denen die übergeordnete Stellung des Absenders gegenüber dem Empfänger auch in der formalen Gestaltung deutlich zum Ausdruck kommt. Das Handschreiben hat in der Regel familiär vertraulichen Charakter und kommt dort zum Einsatz, „wo keine größeren Rang- und Machtunterschiede bestanden oder wo man solche überbrücken wollte […]. Als Ausdruck der Überordnung war es von Hause aus ungeeignet."[6]

Schreiben an den Kaiser, Erzherzog Johann, den bayerischen König oder den italienischen Vizekönig, d. h. an vorgesetzte Instanzen, sind demgemäß als Mischform zwischen Berichten und Suppliken zu bezeichnen, die die untergeordnete Stellung des Verfassers ausdrücken. Schreiben an die Provisorische General-Landesadministration können aufgrund der Gleichrangigkeit zwischen Aussteller („Oberkommandantschaft") und Empfänger den (Mitteilungs-)Schreiben zugerechnet werden, wobei auch hierfür der Begriff des Handschreibens verwendet wird.

Die Vorgaben für das Verfassen sowohl eines eigentlichen Briefes als auch eines Handschreibens sahen im Allgemeinen die Gliederung in die „partes" Gruß (Anrede), Exordium (Begründung), evtl. Captatio Benevolentiae (Bitte um Gunst), Narratio, Petitio und Conclusio vor. In Hofers schriftlicher Rhetorik und jener seiner Schreiber aber spiegelt sich die ganze Palette vom nach formalen Kriterien einwandfreien Schreiben an den Kaiser bis zum in Aufwand, Form und Aussage auf das Wesentliche reduzierten Billett, etwa mit dem allein aus Anweisung (Petitio) und Unterschrift bestehenden Text:

„die Jber Plibenen Paderonen sein den Herrn Joseph gogl ab zu göben
Andere Hofer
100 Päckhtlen khenet es khalten."

Derartige Vereinfachungen können sich evtl. aus Zeitmangel ergeben haben, andererseits entsprechen sie aber der Kürze und Prägnanz, die auch für Hofers mündliche Instruktionen charakteristisch war und die besondere Effektivität der „Laufzettel" bei den Schützen und Sturmmassen garantierte.

Die Korrespondenz der Tiroler Landesverteidigung von 1809 wurde vermutlich in den meisten Fällen direkt in Reinschrift (mundiert) geschrieben. Zwar wurden nur die Ausfertigungen der Schreiben gezielt gesammelt und etwa (teilweise in gebundener Form) in den größten Bestand an Hofer-Schreiben im Tiroler Landesmuseum Ferdinandeum aufgenommen. Es zeigt sich aber auch in der Überlieferung in Aktenbeständen

---

[5] Kategorisierung nach Gerhard Schmid, Akten, 85–90.
[6] Meisner, Urkunden- und Aktenlehre, 35, s. auch 43.

das weitgehende Fehlen von Konzepten und (diktierten) Entwürfen. Dabei ist allerdings nicht auszuschließen, dass derartige Papiere in einem Schreibernachlass noch auftauchen werden. Für die Hoferiana-Sammler jedenfalls sind bzw. waren sie von geringem Interesse, weisen sie doch nicht die begehrte eigenhändige Unterschrift auf.

Anstelle von Konzepten haben wir in Hofers Fall öfters zwei, drei oder mehr Ausfertigungen, die sich geringfügig unterscheiden können. Die zahlreichen Abschriften (*copiae* und *copiae vidimatae*) „berühmter" Texte erklären sich einerseits aus der bald nach dem Tod des Sandwirts einsetzenden Verehrung, andererseits aus dem zeitgenössischen internen Amtsgebrauch. Vor allem Zeugnisse über besondere Leistungen einzelner Landesverteidiger, ganzer Kompanien oder Gerichte waren verständlicherweise noch lange nach den militärischen Ereignissen begehrte Objekte der Selbstdarstellung, die entsprechend vervielfältigt wurden. Als die Passeirer Säumer etwa in einen sich über Jahre hinziehenden Streit über ihre alten Weiderechte verwickelt waren, legten sie als Belege für ihre besonderen Verdienste für das „Vaterland" bei der Landesverteidigung 1796 und 1797 Abschriften von Zeugnissen vor, die ihren Kompanien von den wichtigsten militärischen Führern ausgestellt worden waren.[7]

Aufgrund der Tatsache, dass Originale für die vorliegende Arbeit in einigen Fällen nicht eruierbar waren, wurde auf Abschriften zurückgegriffen, wobei hier Vorsicht angebracht ist,

„sowohl was die Vollständigkeit und Echtheit des Textes betrifft als auch hinsichtlich ihrer sprachlichen Form und nicht zuletzt in bezug auf die Orthographie. Das gilt für zeitgenössische Abschriften wie für spätere; auch solche, die in bester editorischer Absicht angefertigt wurden, weisen infolge der etwa im 19. Jahrhundert noch wenig präzisen Editionsgrundsätze in unterschiedlichem Maße Fehler und Abweichungen auf."[8]

Faksimiles, die bereits im 19. Jahrhundert durch die genaue Nachzeichnung des Schriftbildes angefertigt wurden, stehen dem Original wesentlich näher als Abschriften und erlauben zudem Rückschlüsse auf den/die Schreiber desselben (Abb. 14).

Als weitere Kriterien zur Beschreibung der in der Edition präsentierten Quellen seien noch zwei Begriffe eingeführt: jener des Autographen und jener der Fälschung.

Wir haben es bei Hofers Schreiben nur zum Teil mit Autographen im engeren Sinne zu tun, d. h. mit Texten, die vom Sandwirt nicht nur unterzeichnet, sondern auch konzipiert bzw. erdacht wurden. Da das Autograph als „eigenhändige oder doch autorisierte, nämlich unter Aufsicht oder auf Veranlassung des Autors zustande gekommene"[9] Niederschrift definiert ist, ist es im Gegensatz zu Hofers Schriftlichkeit vor 1809 in Bezug auf den Großteil der überlieferten Schreiben von 1809 eher angebracht, von „Autogrammen" als eigenhändig unterschriebenen (vollzogenen) Schriftstücken zu sprechen[10], da – wie bereits gezeigt – vor allem Purtscher großteils selbständig geschrieben und die Texte Hofer nur zur Unterschrift vorgelegt hat.

---

[7] TLA, Jüng. Gub., Fasz. 1984 (Publica 1800), Akt Nr. 1091.
[8] Irmtraut Schmid, Briefe, 114.
[9] Meisner, Archivalienkunde, 29.
[10] Meisner, Archivalienkunde, 29.

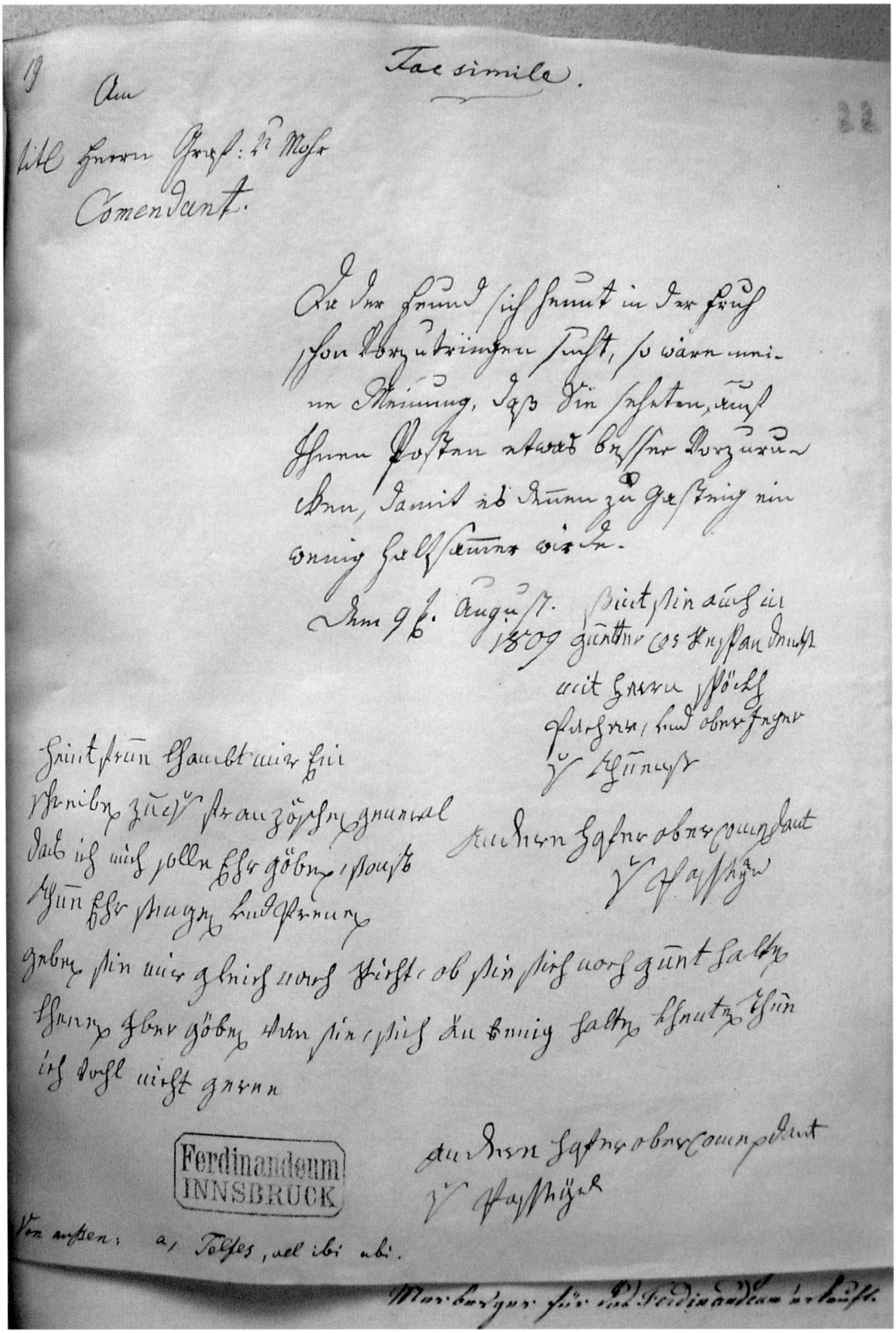

Abb. 14: Faksimile. Die genaue Kopie wurde durch die Verwendung von dünnem Papier erreicht, das über das Originalschreiben gelegt wurde. TLMF, FB 2729, 22. Foto: Oberhofer.

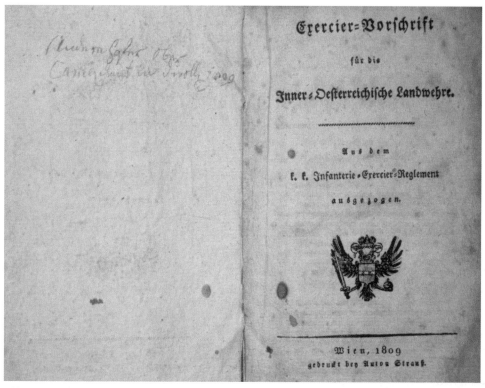

Abb. 15: Nachzeichnung der Unterschrift Andreas Hofers mit Graphitstift auf der Einbandinnenseite einer „Exercier-Vorschrift für die Inner-Oesterreichische Landwehre" von 1809. Privatbesitz. Foto: Oberhofer.

Andererseits verleihen die Postskripte, die zur eindringlichen Betonung des Inhalts eines Schreibens dienen bzw. gegenüber der Rezipientin/dem Rezipienten die Nähe des Absenders zum Ausdruck bringen, als eigenhändige Wörter bzw. Zeichen den entsprechenden Schreiben den Charakter von Autographen. Demgegenüber kann ein Text als Autograph betrachtet werden, der zwar keine Unterschrift aufweist und anonym ist, aus dem sich aber das Konzept bzw. Diktat des Ausstellers herauslesen lässt.

Als Fälschungen sind Schriften zu bezeichnen, die eine in redlicher Absicht nachgeahmte Unterschrift aufweisen, andererseits aber Texte, die vermutlich ohne Wissen des Sandwirts mit seiner vermeintlichen Signatur versehen wurden. Eine Unterschrift Hofers in einem 1809 erschienenen Buch über Kriegsführung etwa, die eine Sensation gewesen wäre (Hofer hätte das Buch signiert!), stellte sich als genaue Nachzeichnung heraus (Abb. 15). Diese Unterschrift auf dem Vorsatzblatt eines gedruckten Landwehrreglements wurde 1935 noch als echt hingestellt.[11] Der Schriftzug „Andere Hofer, Ober Commandant in Diroll 1809" aber ist mit Graphit- oder Bleistift geschrieben, was Hofer nie getan hat, zweitens sind die Buchstabenformen teilweise untypisch für Hofer, drittens hätte dieser seine Unterschrift verständlicherweise nicht mit der Jahreszahl 1809 versehen.

---

[11] Wurm, Erinnerungen, 9.

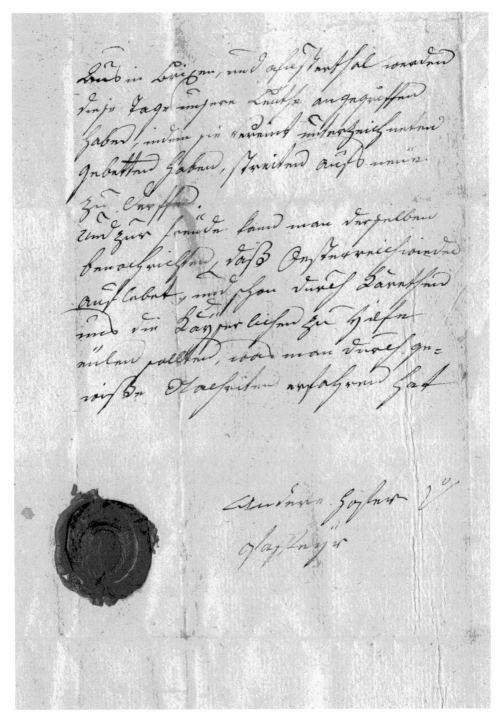

Abb. 16: Wahrscheinlich handelt es sich hier um eine Fälschung. Die Unterschrift stimmt zwar mit der Schrift des Textes überein, ist aber völlig verschieden von der Unterschrift Andreas Hofers. Das Siegel scheint ungelenk gesetzt. TLMF, Autographensammlung Andreas Hofer. Foto: TLMF (s. Nr. 666).

Ein weiteres Schreiben, dat. Innsbruck 1809 Oktober 10, muss als Fälschung bezeichnet werden, da die Unterschrift des „Oberkommandanten" mit Graphitstift vor- und etwas ungeschickt nachgezeichnet wurde. Schriftbild und Papier entsprechen nicht dem Üblichen, auch handelt es sich bei Text, Adresse und Eingangsvermerk wahrscheinlich um den gleichen Schreiber. Ein dritter Brief, dat. 1809 November 22, trägt zwar die Signatur „Andere Hofer Vo Passeyr" und das Amtssiegel, es war aber der unbekannte Schreiber des Dokuments, der es sich nicht hat nehmen lassen, die Unterschrift selbst zu setzen, ohne sich im Geringsten zu bemühen, Hofers Schreibstil nachzuahmen. Es fehlt auch jeglicher Verweis auf eine Auftragsarbeit in Abwesenheit bzw. im Namen Hofers (Abb. 16). Ähnliches gilt für eine vermeintliche Unterschrift Hofers unter einem Gerichtsakt, dat. Passeier 1807 Juni 11: Der Schriftzug „Andere Hofer" unterscheidet sich in einigen Merkmalen von den anderen Unterschriften Hofers, vermutlich wurde er vom Gerichtsanwalt Josef Gufler nachgeahmt.

In einem Brief an den französischen Divisionsgeneral Drouet (Steinach 1809 Oktober 24) äußert Hofer seine Freude (!) über den zwischen Frankreich und Österreich geschlossenen Frieden und rügt den General dafür, trotzdem noch gegen Tirol vorzurücken; der Sandwirt trägt ihm einen Waffenstillstand an, Drouet aber „erklärt es unter seiner Würde", auf Hofers Brief zu antworten.[12] Da die vermeintliche Unterschrift Hofers stark vom üblichen Namenszug abweicht und einen sehr unruhigen, unsicheren Duktus aufweist, ist zumindest von starker (psychischer) Beeinträchtigung des Schreibers auszugehen, wahrscheinlich aber handelt es sich um eine Fälschung, der Schriftvergleich legt die Urheberschaft Haspingers nahe.[13]

5.1.1. Äußere Merkmale

In einem Schreiben an Straub (1809 September 25) wird die Ausstattung eines Kommandanten, zu der auch die Schreibutensilien gehörten, beschrieben: „Anmit folgt, wie H(err) Commandant in seinem Schreiben von gestrigen Datum verlangt, 2 Lt [1 Lot = 4 Quentchen = 17,5 Gramm, Anm.] Pulver und 2 Blatten Bley samt 4 Bücher Papier, 4 Stangl Siglwachs [Siegellack, Anm.], eine Scheer und einige Schreibfedern." In einem weiteren Schreiben (Steinach 1809 Oktober 26) ist ebenfalls von „Siegelwachs" die Rede. Es war – den Gewohnheiten der Zeit entsprechend – auch bei der Tiroler Landesdefension üblich, auf einem relativ einheitlichen Papierformat (Folio) zu schreiben, das in den meisten Fällen als Doppelblatt erhalten ist. Oft wurde die beschriebene Seite – wahrscheinlich von übereifrigen Sammlern – von der leeren abgetrennt, meistens trägt diese zweite Seite aber die Adresse, eventuelle Dorsal- und Eingangsvermerke und das/die Verschlusssiegel. Der Bogen wurde gefaltet und durch das Siegel geschlossen, die Außenseite mit der Adresse versehen; das Kuvert war noch nicht üblich. Zahlreiche Dokumente sind beschnitten, wir haben Schreiben in fast jedem erdenklichen Unterformat, die kleinsten Zettel messen nur etwa 10 Zentimeter in Höhe oder Breite. Es kann

---

[12] Hirn, Erhebung, 738.
[13] Zeitgenössische Abschrift. Abbildung der vermeintlichen Originalunterschrift Hofers sowie eines Schreibens P. Joachim Haspingers mit ganz ähnlicher Schrift an den Herzog von Danzig im Online-Katalog Kotte-Autographs Stuttgart (https://ssl.kotte-autographs.com/deu/katalog/frame_katalog.php, 23. Oktober 2006).

Abb. 17: Wasserzeichen der Papiermühle Wattens um 1800. Links Weintraube mit Krone; rechts Wappen mit Krone, innen ein Wappenschild mit den königlich bayerischen Insignien, Initialen des Papiermachers Karl Heilig, Gegenzeichen „W" für Wattens. Unten: Schriftzug „Wattens" als Gegenzeichen. Aus: Vlk, Papier, 173–174.

sich hier um zeitgenössische Beschneidungen handelt, etwa wenn das Papier knapp war, oder aber um spätere Anpassungen, falls das Blatt gerahmt bzw. einem Archivbestand einverleibt oder gebunden wurde. Die Schreiben waren für den Transport im Wesentlichen relativ klein gefaltet und mit ein bis drei Siegeln verschlossen. In den Texten selbst finden sich Hinweise auf Briefe, die auf dem Postweg unerlaubterweise geöffnet wurden (z. B. Innsbruck 1809 Mai 21).

Wenige Schreiben sind als Libelle überliefert, d. h. in der Form mehrerer gebundener Bögen. Das Papier trägt teils das Wasserzeichen „Wattens", was eindeutig auf die entsprechende Papiermühle im Unterinntal hinweist, wo ein Papiermacher namens Alois Schwarz von 1786 bis 1797 Papier hergestellt hat, der das Gewerbe nach dem Tod seines Vaters übernommen hatte. 1797 wurde die Papiermühle von Alois Schwarz an seine Schwestern Maria und Anna abgetreten, 1801 wurde Anna Rosina Schwarz alleinige Inhaberin, im gleichen Jahr aber heiratete sie Karl Heilig. Dieser verwendete sein eigenes Wasserzeichen, d. h. das bayerische Wappen, ein Beleg dafür, dass er sich den neuen Gegebenheiten angepasst hat, um seine Produkte weiterhin verkaufen zu können.[14]

Die Schreiben wurden durchgehend mit Tinte geschrieben, nur der eine oder andere Dorsal- bzw. Kanzleivermerk mit Graphitstift, der von der Tiroler Landesverteidigung verwendete Siegellack ist durchgehend rot. Auf der (Kriegs-)Post finden sich die Vermerke „per Ordinanz"[15], meistens noch mit einem ein- bis dreifachen „eiligst" versehen, oder

---

[14] Zu den Wasserzeichen der Papiermühle Wattens auch in bayerischer Zeit siehe: Vlk, Papier, 164, 173.
[15] „Die Ordinánz, *plur.* die -en, aus dem mittlern Lat. *Ordinantia.* 1) * Der Befehl; eine im Hochdeutschen veraltete Bedeutung. Man gebraucht es 2) nur noch bey den Soldaten, wo die Ordinanz derjenige Soldat ist, welcher beständig bey und um einen Befehl habenden Officier seyn muß, um dessen Befehle in nöthigen Fällen an andere zu überbringen, in manchen Ländern Ordonnanz, unmittelbar aus dem Franz. *Ordonnance;* wo es denn auch von diesem Verhältnisse, von dieser Verrichtung eines solchen Soldaten gebraucht wird. Auf Ordinanz seyn, einen Befehl habenden Officier begleiten, um auf dessen Befehle zu warten. In manchen Gegenden hat man auch dergleichen Civil-Bediente, welche,

"durch Stafette", d. h. letztere Schreiben wurden durch Zusammenarbeit und Abwechslung von Boten übermittelt. In einem Schreiben, dat. Sand 1809 Juli 16, bestimmt Hofer über die Aufstellung der Ordinanzen in Riffian und weist den Empfänger an, Sorge zu tragen, dass nicht nur Kinder und "alte Männer" als solche eingesetzt würden, da gerade von der Qualität der Boten vieles abhing. Die Kuriere Andreas Hofers waren somit von der offiziellen Post unabhängige "Briefträger". Ein Hirte soll einen Kurierbrief einem Schaf um den Bauch gebunden haben, Frauen hätten die zu befördernden Botschaften in ihre Gewänder eingenäht. Im Bereich Sterzing – Mittewald – Niedervintl soll ein zehnjähriger Bub namens Hans Bacher Botschaften überbracht haben.[16]

Siegel

Andreas Hofer verwendete drei Petschafte, selten tragen von Hofer unterfertigte Briefe fremde Siegel. Den sphragistischen Aspekt von Hofers Briefen und Schreiben hat Franz Heinz Hye bereits genauer analysiert, an dieser Stelle seien seine Ausführungen ergänzt.

Das **erste Privatsiegel** Hofers (Abb. 18), im Editionsteil ausgewiesen als "Privatsiegel (I)", wird in der Zeit vor 1809 ausschließlich verwendet: Es

> "ist leicht oval, mißt in der Höhe 19 mm, in der Breite 17 mm, und zeigt im größeren unteren Teil des Siegelfeldes ein gleichfalls hochovales Medaillon mit der Darstellung eines Mannes mit Kopfbedeckung (Hut oder Eisenhaube?) und knielangem Kittel, der seinen linken Arm abgewinkelt in die Hüfte stützt, während seine Rechte ein nach dem Siegelrand gerichtetes, aufrecht gehaltenes Beil hält. Oberhalb dieses Medaillons befindet sich eine Zierkrone, und links und rechts davon liest man die Initialbuchstaben ‚A(ndreas)' und ‚H(ofer)'."[17]

Von diesem Siegel schreibt ein früher Hofer-Biograph, es stelle dessen Familienwappen dar und stamme wahrscheinlich aus "alt-adeligen" Zeiten.[18] Hye hingegen sieht hierin das Privat- oder Haussiegel, "welches Hofer auch als Kommandant der Aufgebotsmannschaft seines Gerichtsbezirkes geführt hat, in welcher Funktion er einer unter mehreren gleichrangigen Hauptleuten war, die als Kommandanten gleichfalls ihre Privatsiegel weiter gebraucht haben".[19] Die Theorie von diesem Petschaft als ererbtem "Haussiegel" ist aber fraglich, da etwa Caspar Hofer, Andreas' Urgroßvater, im 17. Jahrhundert ein ganz anderes Siegel verwendete (Abb. 19), das als "Bauernsiegel" bezeichnet werden kann: "So gut wie jedes Familienoberhaupt besaß in der Barockzeit ein persönliches Petschaft, dessen Abdruck statt einer Unterschrift galt, obwohl im 18. Jahrhundert die meisten Handwerker und auch viele Bauern bereits schreiben konnten."[20] Es ist bis dato nicht

---

wenn sie beritten sind, und zu Pferde verschickt werden, Ordinanz-Reiter heißen." Zit. nach: Johann Christoph Adelung, Grammatisch-kritisches Wörterbuch der Hochdeutschen Mundart, Leipzig 1793 (http://www.zeno.org/Adelung-1793/A/Ordinanz,+die; 15. Juni 2008).
[16] Neuner, Postgeschichte, 26.
[17] Hye, Siegel, 3.
[18] Anonym, Leben und Thaten, 22.
[19] Hye, Siegel, 4.
[20] Schmidtbauer, Sozial- und Wirtschaftsgeschichte, 200.

Abb. 18: Privatsiegel (I) und Unterschrift Andreas Hofers, Innsbruck 1809 August 24. Stadtarchiv Hall in Tirol, Verordnungen vom Gubernium 1809, Fasz. VIII. Foto: Oberhofer.

Abb. 19: Siegel und Unterschrift des Caspar Hofer, 1689. Privatbesitz. Foto: Oberhofer.

gelungen, eine Besiegelung von Hofers Vater Josef oder dessen Vater Johann zu finden, die Hyes Vermutungen eines „Haussiegels" entkräften oder bestätigen könnte. Jedenfalls hatte erst Maria Theresia am 1. März 1765 eine Entschließung erlassen, die es „jedermann" erlaubte, ein Petschaft oder ein Siegel zu führen, „eigentliche Wappen mit Schild und Helm aber nur auf Grund einer besonderen landesfürstlichen Verleihung".[21] Dementsprechend zeigt das Siegel Caspar Hofers rein ornamentale (florale) Elemente und die Initialen „C H" in einem achteckigen Rahmen. Zu erwähnen ist an dieser Stelle ein Sie-

---

[21] Stolz, Rechtsgeschichte, 346.

gel, das Andreas Hofer 1797 bei der Unterzeichnung der Standeslisten „seiner" Passeirer Kompanie verwendete. Es handelt sich um eine Besiegelung in rotem Lack, das Siegelbild zeigt in ebenfalls achteckigem Rahmen ein einfaches Gebäude mit beidseitig abgeschrägtem, oben gekapptem Dach und mittigem Rundtor, sowie die Initialen „C H", es könnte sich somit auch hier um ein Petschaft des Caspar Hofer handeln. Fischnaler führt dieses Siegel zwar an[22], jedoch ordnet er es fälschlicherweise Andreas Hofer zu.

Die Darstellung auf dem Privatsiegel (I) wirkt für das 18. Jahrhundert unzeitgemäß, was auf älteres Herkommen hinweisen kann. Die Buchstaben „A" und „H" könnten somit nicht als Initialen Andreas Hofers, sondern Abraham Hafners (†1663) interpretiert werden, dem Karl Fuchs von Fuchsberg, Gerichtsherr von Passeier, am 25. November 1653 die Grundgülten aus dem „Puechhof" am Sand bzw. Auflegerhof verkauft hat[23] und der im Sterbebuch von St. Leonhard als „geweste[r] Wirth am Sanndt"[24] bezeichnet wurde. Bei der eigenwilligen Darstellung auf dem Siegelbild könnte (!) es sich um einen sog. Schildherren handeln, d. h. den Besitzer eines Schildhofes, obwohl der Sandhof nachweislich nicht zu den Passeirer Schildhöfen gehörte.[25] Allerdings tauschte der erste quellenmäßig fassbare Bauer als Besitzer des Schildhofes Untergereut (Baumkirch), Michael Bierbaumer, am 19. Jänner 1622 dem Johann Hofer den Schildhof samt „Schildgerechtigkeit" ein, der ihn sogleich an Johann Hafner (!) verkaufte. Dieser übernahm den Hof für ein Jahr bestandsweise, 1694 war er nicht mehr im Besitz der Familie Hafner.[26] Es kann aber durchaus sein, dass ein Siegelstempel des Abraham Hafner (dessen Verwandtschaft zu Johann Hafner noch zu klären wäre) auf den Sandhof gelangte, wo ihn die Vorfahren Andreas Hofers übernahmen.

Diese Theorie wird aber in Frage gestellt durch die auffallende Ähnlichkeit des Siegels mit jenem des Bozner Stadtzimmermeisters Johann Georg [Kink] (1801 Juni 13, Abb. 20)[27], das sogar vom selben Stempelschneider stammen könnte: Das Siegel weist dieselbe Zierkrone auf wie Hofers Privatsiegel (I), auch die links und rechts flankierenden Zweige sind von ihrer Anordnung fast deckungsgleich. Damit ist auch die Lesung der Krone als sprechendes Symbol für den Namen von Hofers Wirtshaus (an der goldenen Krone) auszuschließen.

Das Privatsiegel (I) begegnet gemeinsam mit Andreas Hofers Unterschrift zum ersten Mal am 22. Oktober 1805, zum letzten Mal am 15. November 1809[28], jedoch nicht an einem von Hofer, sondern von Josef Gufler ausgestellten Dokument. Hier stellt sich

---

[22] Fischnaler, Wappenschlüssel, 2. Teil, 2. Folge, 389.
[23] SLA, Sammlung Steiner, Nr. 419.
[24] SLA, Tauf-/Heirats-/Sterbebuch St. Leonhard 1624–1719, Mikrofilm Rolle 79, Sektion 1, 5 (die Paginierung des Bandes unterscheidet sich je nach Abschnitt).
[25] Die Schildhöfe im Passeiertal gehen auf ein Privileg von 1317 zurück, als Heinrich, Sohn Meinhards II., sieben Ministerialen zu Schildherren erhob und ihnen Steuerfreiheit gewährte als Gegenleistung für die Stellung eines bewaffneten Reiters. Es handelt sich nach Josef Weingartner (1928) um ursprüngliche Adelssitze, die später in bäuerliche Hände übergegangen sind, wobei aber die auf ihnen haftenden Privilegien erhalten geblieben sind. Die Schildherren waren Dienstmannen oder Ministerialen des Landesfürsten, die in mehr oder weniger engem Verhältnis zu diesem standen. Laut Freiheitsbrief von Herzog Leopold vom 5. Juli 1396 war es allen Passeirern erlaubt, Schwert, Messer und Spieß zu tragen, die Schildleute durften dies auch in der Kirche und „am Rechtstag" (Moser, Schildhöfe, 8–47).
[26] Moser, Schildhöfe, 107.
[27] ASBz, Kreisamt Bozen, Fasz. 36 A (Polizei 1802).
[28] Hye, Siegel, 3.

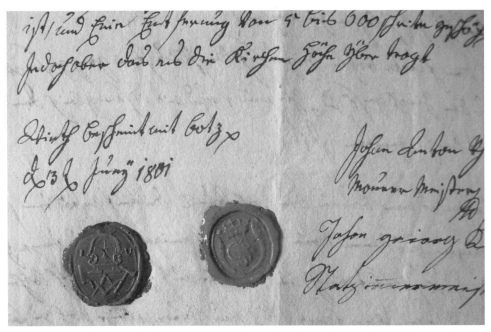

Abb. 20: Siegel des Bozner Stadtzimmermeisters Johann Georg Ki[nc]k, 1801 (rechts). ASBz, Kreisamt Bozen, Fasz. 36a (Polizei 1802). Genehmigung zur Veröffentlichung vom 13. Mai 2008, Konzession Nr. 5 (Prot. Nr. 342 Kl. 28.13.07/1.5).

die Frage, warum das Siegel, hätte es sich bereits seit längerem in Familienbesitz befunden, erstmals 1805 verwendet wurde.

Das **zweite Privatsiegel** Andreas Hofers (Abb. 21), das Hye nur zwei Mal nachweisen konnte, wurde am 29. November 1809 sowie am 26. Jänner 1810, beide Male also im Passeiertal, gesetzt.[29]

> „Es ist ebenfalls oval (Höhe = 20 mm, Breite = 17 mm) und zeigt lediglich das Profil eines bärtigen, nach rechts gewandten Männerkopfes mit breitkrämpigem, niederem Hut, auf dem sich eine lange, von der Stirne bis zum Nacken reichende Feder befindet. Links und rechts dieses Profilkopfes stehen wiederum, diesmal in mittlerer Höhe – neben dem Mund bzw. Nacken – die Initialbuchstaben ‚A' und ‚H'."[30]

Sollte es sich bei diesem Siegelbild wirklich um eine Porträtdarstellung Hofers handeln (Bildnissiegel), wäre die auffallende Hutfeder evtl. als „Rauffeder" (schwarze Hahnenfeder) zu identifizieren, die auch den Autorinnen und Autoren des „Journal des Luxus und der Moden" (1810) als auffallendes Merkmal an der Tracht des Sandwirts in Erin-

---

[29] Vgl. Hye, Siegel, 3. Im Fall der zweiten Ausfertigung ist das Siegel dermaßen zerstört, dass es kaum mehr erkennbar ist; Hye hat es offensichtlich anhand der Form eines erhaltenen Buchstabens identifiziert.

[30] Hye, Siegel, 3.

Abb. 21: Privatsiegel (II) Andreas Hofers. Aus: Hye, Siegel, 11.

Abb. 22: Das „Amtssiegel" Andreas Hofers. Aus: Hye, Siegel, 10.

nerung geblieben war.[31] Auch der Hut, den Hofer im September 1809 angeblich von Innsbrucker Klosterfrauen als Geschenk erhielt, wies diese Besonderheit auf: „Auf der Krempe war eine Madonna in Oel gemalt; darüber eine Feder; auf dem breiten schwarzen Sammtbande standen mit zollhohen goldenen Buchstaben die Worte: ‚Andreas Hofer, Ober-Commandant der Tyroler'."[32] Da Andreas Hofer in seiner Heimat als Raufer bzw. Robler bekannt war (s. o.), wäre die Hervorhebung der Feder als Auszeichnung für besondere „sportliche" Leistungen sogar auf einem Porträtbild nicht abwegig.

Dass in den Wirren Ende November 1809 die Siegelstöcke von Privatsiegel (I) und Amtssiegel verloren gegangen sind, wie Hye nahelegt[33], ist denkbar; die Frage aber, ob dieses zweite Petschaft bereits länger in Hofers Besitz war oder erst im November 1809 im Passeiertal angefertigt wurde, muss weiter offen bleiben, da es auch im Zuge der Recherchen zu vorliegender Arbeit nicht gelungen ist, weitere Dokumente mit diesem Siegel nachzuweisen. Ebenso wenig ist ein schriftlicher Auftrag zur Anfertigung eines neuen Siegelstempels überliefert. Ein wichtiges Argument für die Anfertigung eines Porträtsiegels aber wäre die Berühmtheit, gehobene Stellung und/oder das Selbstbewusstsein des Dargestellten, was für eine Datierung dieses Siegelstempels in das Jahr 1809 sprechen würde.

Das dritte Siegel, **das „Amtssiegel"** (Abb. 22), verwendete der Sandwirt wahrscheinlich kurz vor dem 28. August 1809 zum ersten Mal. Ein Schreiben von 1809 Mai 14 (Trient) weist zwar dieses Siegel auf, allerdings wurde damit zur späteren Bekräftigung des Textes ein älterer Abdruck überdeckt. Ein Dokument von 1809 August 17 (?) trägt zwar ebenfalls das Amtssiegel, dort aber ist die Datierung nicht mehr lesbar und deshalb

---

[31] Zeitgenössische Urteile über Andreas Hofer, in: Innsbrucker Nachrichten 1929, Nr. 212, 3.
[32] Anonym, Leben und Thaten, 234.
[33] Hye, Siegel, 6.

Abb. 23: Papiersiegel „k. k. Pr Oester [...] Po[l]i [...] zu [...]sbruck". Stadtarchiv Hall in Tirol, Verordnungen vom Gubernium 1809, Fasz. VIII. Foto: Oberhofer.

fraglich; das Schreiben kann genauso gut am 17. September oder 17. Oktober ausgefertigt worden sein. Das Amtssiegel

> „hat ebenfalls hochovale Form (Höhe = 28 mm, Breite = 24 mm). Es zeigt ein von einer fünfzackigen Krone überhöhtes und von einem Lorbeer- und einem Palmenzweig, die an ihrem unten liegenden Kreuzungspunkt verbunden sind, umgebenes ovales Medaillon mit der Darstellung des bekrönten Tiroler Adlers, neben dessen Kopf sich wiederum die Initialbuchstaben ‚A' und ‚H' befinden."[34]

Hofer präsentierte sich damit als Chef einer Landesbehörde, da er sein Siegel mit dem Landeswappen – allerdings wurde der Adler ohne Flügelspangen dargestellt – versehen ließ. Weiters fehlt der heute im Tiroler Landeswappen fixierte, den Kopf des Adlers umkränzende Lorbeer, was allerdings dadurch wettgemacht wurde, dass Lorbeer- und Palmenzweig das gesamte Siegelbild umschließen.

Im Sinne der Vollständigkeit seien noch erwähnt: ein Rundsiegel mit der Umschrift „TIROLISCHE LAN(DES)DEFENSION" und einem bekrönten Tiroler Adler[35], ein Siegel der Innsbrucker Polizei (Abb. 23) sowie das Siegel der K. K. BRIGADE [VON] BUOL (Brenner 1809 Mai 23), die allesamt auf von Hofer unterzeichneten Schreiben von 1809 begegnen. Schließlich sind mehrere Dokumente mit fremden Siegeln versehen, die die Initialen „I H" aufweisen. Hierzu gehört ein Siegelbild, das einen nach rechts gewandten Löwen zeigt, ein anderes mit einem burgartigen Gebäude[36] sowie ein Initialensiegel mit den Buchstaben „J H". Vermutlich handelt es sich dabei um Petschafte Johann Hofers, des Gerichtsanwalts und Hauptmannes einer Passeirer Schützenkompanie. Hierfür spricht die Tatsache, dass die entsprechenden Schreiben noch nicht in Innsbruck, d. h. vor allem im April und Mai 1809 ausgestellt wurden, in einer Zeit also, als Andreas Hofer seine Siegel noch nicht als Vertreter der Tiroler Landesverteidigung eingesetzt hat. Es ist nahe-

---

[34] Hye, Siegel, 3.
[35] Vgl. Hye, Siegel, 3–4.
[36] Vgl. Fischnaler, Wappenschlüssel, 1. Teil, 5. Folge, 554.

liegend, dass er auf die Siegel des Gerichtsanwaltes als höchstem Vertreter der Gerichtsgemeinde Passeier zurückgegriffen hat, um seinen Aussendungen Autorität zu verleihen.

Öfters kommt in den Texten zum Ausdruck, welche Bedeutung für die Glaubhaftigkeit einer Anordnung dem Siegel beigemessen wurde. So lässt Hofer am 15. November 1809 schreiben: „Indem ich mein Siegel zu Hause vergessen habe, so ist der von mir Abgeordnete selbst Augenzeuge, daß es wirklich meine selbst eigene Handschrift ist." Auf einem im Original von Hofer unterzeichneten Reisepass für Johann (?) Thurnwalder (Steinach 1809 November 3) findet sich der entschuldigende Hinweis des Zertifizierten: „Als ich im bayer. Lager am Berg Isl beym Piquet Feuer übernachten must ist das Siegell geschmolzen."

5.2. Die gedruckten Kundmachungen

In der Zeit der Regierung Andreas Hofers als „Oberkommandant in Tirol" in der Innsbrucker Hofburg von Mitte August bis Mitte Oktober 1809 sind insgesamt 26 gedruckte und im Briefstil[37] verfasste Aufrufe[38], versehen mit seinem Namen, in Umlauf gebracht worden, von denen neun auch in italienischer Sprache gedruckt wurden, sieben zweisprachig, d. h. mit deutschem und italienischem Text. Das Tiroler Landesmuseum Ferdinandeum in Innsbruck verfügt über eine vollständige Sammlung der Proklamationen, in anderen Sammlungen in ganz Alt-Tirol und Bayern sind einzelne Drucke überliefert, sodass die Texte vollständig erfasst werden können. Zu beachten ist hierbei, dass einige Kundmachungen in mehreren Auflagen mit minimalen Abweichungen gedruckt worden sind, etwa die Kapitulation von 1809 November 8. Bei diesem Beispiel gibt ein Dokument im Archiv der Druckerei Weger in Brixen darüber Auskunft, wie es zu den zwei Varianten gekommen ist: Ein (in Innsbruck?) gedrucktes Blatt wurde zusammen mit einem Handschreiben ohne Unterschrift (geschrieben in Brixen) an ebendiese Druckerei geschickt, das besagt, die gleiche Proklamation solle in einer Auflage von 1.500 Stück nachgedruckt werden.[39] Auf einem Schreiben Chastelers, dat. Innsbruck 1809 April 18, findet sich ein Hinweis auf die Auflage der gedruckten Fassung: „1000 Exempl(are) Deutsch".[40]

Die gedruckten Blätter wurden, um möglichste Verbreitung der Inhalte erreichen zu können, auf dem Land an Gasthäusern und Kirchentüren angeschlagen, angesichts der mangelnden Alphabetisierung der Bevölkerung aber vor allem auf den Kirchenkanzeln vorgelesen.[41] Dass sie auch wie die in ihrer Entwicklung verwandten Flugzettel einfach

---

[37] Vgl. Meisner, Urkunden- und Aktenlehre, 37.
[38] Die Geschichte der Einblattdrucke beginnt bereits im Mittelalter und führt über Gutenberg zur Entwicklung des Plakates und damit zur visuellen, großflächigen Werbung. Die meisten großformatigen Einblattdrucke dienten aber weniger der Werbung als der Kundmachung, Verlautbarung. Solange die Kenntnis des Lesens nicht vorausgesetzt werden konnte (auf dem Lande im Grunde genommen bis ins 19. Jahrhundert hinein), wurden die Kundmachungen von einem Austrommler vorgetragen, zudem aber am Gerichtssitz und an der Kirchentür angeschlagen (Pizzinini, Alt-Tirol, 11).
[39] Archiv der Druckerei Weger, Brixen. Herr Andreas von Mörl hat mir dankenswerterweise die Einsichtnahme gestattet.
[40] TLA, Bay. Archiv, lit. H, Fasz. 26, Bündel 4: Defensions-Sachen, Akt Nr. 12 ½.
[41] Andreas Hofer schreibt am 10. September ausdrücklich: „Welches sodann von gesammten Oberkeiten öffentlich bekannt zu machen, und an den gewöhnlichen Orten anzuheften ist." Ein Aufruf vom 1. September 1809 enthält die ausdrückliche Anweisung: „Gegenwärtiger Befehl soll übrigens auf allen

Abb. 24: Die Verlesung einer von Andreas Hofer (Bildmitte) stammenden Proklamation in der Innsbrucker Neustadt (heutige Maria-Theresien-Straße) durch einen Adjutanten bzw. Beamten (mit Dreispitz). Aquarellierte Federzeichnung von Josef Leopold Strickner (1744–1826). Im Hintergrund ist auf einem Dach der Doppeladler angebracht, Wappen der österreichischen Monarchie. Beim Herrschaftswechsel wurden diese Hoheitszeichen durch die bayerischen ersetzt, der Künstler wollte hier offensichtlich prominent darauf hinweisen, dass das Land 1809 wieder – wenn auch nur für kurze Zeit – österreichisch war. TLMF, FB 6385.

unter der Volksmenge verteilt wurden, belegt ein Bericht des Schützenhauptmannes Michael Pfurtscheller, wonach Hofer eine gedruckte Aufforderung nach der Sonntagsmesse insgeheim verteilen lassen hätte.[42] Dass sich dies anbot, liegt auf der Hand, kam zu den kirchlichen Feiern doch annähernd die ganze Dorf- bzw. Stadtbevölkerung auf dem Hauptplatz einer Gemeinde zusammen.

Eine bildliche Darstellung über die Verlesung einer Proklamation von 1809 August 25, die vielfach publiziert wurde, heute aber zumeist abwertend als „Sittenmandat" bezeichnet wird, gibt Aufschluss über die vermutliche Art der Verkündigung in der Stadt: Andreas Hofer steht neben einem den Text der Proklamation rezitierenden „Vorleser" (mit Dreispitz) auf einem Podest vor der Kulisse der Innsbrucker Altstadt (Abb. 24).

Kirchenkanzeln verkündet, und in jeder Gemeinde angeschlagen werden" (vgl. Pfaundler/Köfler, Freiheitskampf, 274). Dies gilt nicht nur für die gedruckten Proklamationen; in einer handschriftlichen Aussendung findet sich der Satz: „Diese Verordnung ist überall von den Kanzeln zu verlautbaren."

[42] Pfaundler/Köfler, Freiheitskampf, 275.

Die gedruckten Kundmachungen 107

In den verschiedenen Sammlungen finden sich zudem zahlreiche Abschriften der gedruckten Kundmachungen, was einerseits bedeutet, dass die Auflagen[43] wahrscheinlich zu gering waren, um die Zielgruppen zu erreichen, andererseits aber gab es bald fleißige Archivare, die die Texte in möglichst vielen Beständen hinterlegt haben wollten, um sie der Nachwelt zu erhalten.[44]

Wie kamen die Texte der Proklamationen zustande? In ihren wesentlichen Aussagen wurden sie wohl großteils von Andreas Hofer selbst diktiert, den Schreibern war es aber überlassen, sie auszuformulieren und in eine gefällige Form zu bringen. Eine Ausnahme bildet aber z. B. das bereits erwähnte „Sittenmandant" – das übrigens am 11. September in zweiter Auflage in Rovereto herausgegeben wurde – von dem Hirn schreibt, es stamme nicht von Hofer, sondern von einem „alten" Herrn von Stadler, der einen sehr fehlerhaften Entwurf zu dem Erlass in der Hofburg hinterlegt hätte. Matthias Purtscher hätte den Text umformuliert, was dieser auch in seinen Schriften bestätigt.[45] Auch Daney schreibt, in Hofers Umgebung hätten sich vor allem ein „finstere[r] Kooperator K… [Köck, Anm.] aus dem 11. Jahrhundert und Herr von St… [Stadler, Anm.] aus den Vorzeiten der alten Burgherren und deutschen Ritter" mit der Sittsamkeit beschäftigt und das Mandat drucken lassen.[46] Über einen weiteren, an die Geistlichkeit gerichteten Aufruf vom 21. August 1809 äußert sich Daney sarkastisch:

„Drei Tage nach der Kundmachung der […] angeführten Sandwirt'schen gesetzerhebenden Verordnung [von 1809 August 18, Anm.] beehrte uns die theologische Offizin mit folgendem Geistesprodukte: ‚Hochwürdige Seelsorger in Tirol! […]' Wer eigentlich der Verfasser dieses schwärmerischen Aufsatzes war, weiß ich nicht. Indessen gab er den Kanzelrednern, vorzüglich auf dem Lande, einen ganz neuen, besonderen Schwung. In Schlanders begeisterte er einen Priester so sehr, daß er dem Volke eine ganze Stunde lang die Ähnlichkeiten, die er zwischen dem Simon Machabäus[47] und dem Sandwirt aufgefunden hatte, von der Kanzel herabtschepperte [sic]."[48]

---

[43] Auf der Rückseite der Aufrufe findet sich manchmal der handschriftliche Vermerk der Druckerei über die Auflagenhöhe, die sich, wenn in Tirol gedruckt, zwischen 50 und 300 Stück bewegte und nur ganz selten höher war (Pfaundler/Köfler, Freiheitskampf, 274). Allerdings wurden die Proklamationen von 1809 offensichtlich in größeren Auflagen gedruckt (s. o.).

[44] Vor allem im TLMF findet sich eine große Anzahl von Abschriften nicht nur der Proklamationen, sondern mehr oder weniger aller Texte über den Aufstand, die um die Jahrhundertwende zum 20. Jh. entstanden sind, geschrieben zu einem großen Teil von Konrad Fischnaler; offensichtlich war es Ziel der Museumsleitung, die Texte – wenn schon nicht im Original, so doch in Abschriften – zu sammeln, um einen möglichst vollständigen Bestand zu haben.

[45] Hirn, Erhebung, 655 und 655[1]. Vgl. auch Paulin, Leben, 98–99. Wie dieser Aufruf in der Bevölkerung rezipiert wurde, zeigt ein Beispiel: Josef Kühbacher schreibt in einem Brief an einen Freund in Meran am 27. August 1809: „Da aber auch in ein paar Tagen hier schon mehre Spetagel gesehen worden sind, das Bauren Frauenzimmer die Haar und Rollen auf ofner Gassen abgeschnieden haben, so sieth mann insgesamt gar keine mehr, auf diesen Afeckt lacht jedermann" (TLA, Materialiensammlung Rapp, Schuber 8).

[46] Blaas, Aufstand, 187. Auch die nachfolgende Proklamation vom 10. September legt Daney den beiden „Sittenverbesserern" zur Last (ebd., 172).

[47] Judas Makkabäus und seine Brüder Jonatan, Simon und Johannes Hyrkan führten den jüdischen Kampf gegen die hellenistischen Syrer, unter dem Hohepriester Simon Makkabäus erlangte Juda für kurze Zeit seine Unabhängigkeit wieder.

[48] Blaas, Aufstand, 181–182.

Zur Erklärung der Niederlegung der Waffen vom 8. November 1809 schreibt Daney, er hätte Sieberer, Purtscher und Sweth den Text diktiert, nachdem Hofer erklärt hätte, er wüsste sich nicht mehr zu helfen: „Sobald mehrere Abschriften fertig und von Hofer unterschrieben und gesiegelt waren, schickte ich sie an alle Gerichte und an alle Täler des nördlichen Tirol aus."[49]

Es gibt auch einen Hinweis darauf, dass mindestens ein Aufruf (1809 September 1), der nicht von Hofer stammt, gewissermaßen „recycelt" wurde: Der Text entspricht nämlich in seinem Anfang einer bereits am 7. Mai ohne Unterschrift in Innsbruck erschienenen Proklamation.[50]

Über den Inhalt der im Namen des „Oberkommandanten" Hofer erschienenen, „bald erhaben diplomatischen, bald dumm fanatischen, bald wütend stürmischen" Aufrufe schreibt Daney: „Aus dem Inhalte und vorzüglich aus den Daten der vom Sandwirt ausgeschickten sonderbaren Proklamationen scheint der ganze Aufstand nach dem Abzug der Österreicher bloß sein Werk zu sein." Hofer aber wäre gar nicht imstande gewesen, selbständig einen der Texte zu verfassen: Er „war aber ja nicht fähig, irgendein höheres Regierungsgeschäft zu verstehen oder zu leiten".[51]

Trotzdem finden sich aber doch Texte, die in auffallendem Gegensatz zum gespreizten Kanzleistil anderer auf eine Beteiligung Hofers an der Formulierung hinweisen. Als Beispiel sei der „Aufruf an die Bewohner Kärnthens" angeführt, ein flammender Appell, nach dem Beispiel der Tiroler die Waffen zu ergreifen. Floskeln wie „Unter dem sichtbaren Beystande des Himmels" oder die Widmung „an die getreuen Kärthner, welche Gott auch segnen wird" – ein Beleg dafür, wie eigenhändige Zeilen des Sandwirts in den gedruckten Text einflossen – sind typisch für Hofers Diktion, ebenso der Hinweis, dass die Kärntner Untertanen Österreichs seien und sich doch darauf besinnen sollten. Dasselbe gilt für eine an die „welschen Tyroler" gerichtete Proklamation vom 4. September 1809. Auch hierin finden sich Passagen, die der Diktion Hofers in den handschriftlichen Zeugnissen entsprechen, etwa „Mein aufrichtiges Herz", „in meinem vaterländischen Herze" etc. Weiters findet sich in diesem Text der gewohnte Gottes- und Moralbezug „Ein jeder braver rechtschaffener Vaterlandsvertheidiger", „seine Ehre und Nächstenliebe nicht zu besudeln", „wodurch Gott Mißfallen über Uns verbreiten könnte, der Uns so augenscheinlich und wunderbarliche beschützte", „unserer Pflichten gegen Gott, Religion, Vaterland" etc. Und schließlich fehlt auch nicht der Appell an das Volk zu verstärktem Gebet: „flehet gemeinschäftlich zum Schöpfer aller Dinge".

5.3. Zeitliche Verteilung der Dokumente

Von dem im Editionsteil folgenden Corpus von derzeit 684 Katalognummern (exklusive der gedruckten Proklamationen, die unabhängig von dieser Zählung mit römischen Zahlen bis XXVIII durchnummeriert sind), stammen allein 624 aus dem Aufstandsjahr 1809. Die Jahre 1789 (Ehevertrag) bis 1808 schlagen somit eher dürftig zu Buche,

---

[49] Blaas, Aufstand, 265.
[50] Vgl. Hochenegg, Bibliographie, 86. Daney schreibt von einer weiteren Proklamation vom September, die sich der bereits „vorhandenen Sprache" eines im Mai gedruckten Textes bedient hätte (Blaas, Aufstand, 192).
[51] Blaas, Aufstand, 179–180.

was angesichts des sozialen und kulturellen Umfeldes des Sandwirts nicht verwundert. Die vormals verbreitete Ansicht, „die Produkte schriftsprachlicher Betätigung ‚kleiner Leute'" wären nicht überliefert worden, wurde mittlerweile widerlegt, tatsächlich aber ist es eine anerkannte Tatsache, dass die privaten Aufzeichnungen von Angehörigen mittlerer und niederer sozialer Schichten nur in sehr begrenzter Anzahl erhalten geblieben sind[52] – die Kultur der „Unterschichten" war eine mündliche. Bei Andreas Hofer ist hierbei zu berücksichtigen, dass die Zuordnung zu einer sozialen Gruppe (noch) nicht eindeutig möglich ist. Es besteht aber kein Zweifel, dass er in privatem Rahmen niemals viel geschrieben hat. Dass überhaupt – außerhalb der Verfachbücher, durch die sich biographische Fakten über die ländliche Bevölkerung des 18. und beginnenden 19. Jahrhunderts am Besten greifen lassen – Zeugnisse seiner Schriftlichkeit aus der Zeit vor 1809 überliefert sind, ist der Tatsache zu verdanken, dass die Schreiben bereits früh als Reliquien verstanden und sorgfältig gesammelt und verwahrt wurden.

Dieses Ungleichgewicht ist für eine Auswertung der Dokumente hinsichtlich ihres Entstehungszeitpunktes etwa in Hinblick auf die Rekonstruktion von Hofers Werdegang, seines („politischen", ökonomischen und kommunikativen) Handelns vor 1809 problematisch. Andererseits ist es durchaus verständlich, war der Sandwirt doch nur im Jahr 1809 durch seine plötzliche „Karriere" zu reger Schriftlichkeit gezwungen (im Vergleich hierzu haben wir von den Kriegsjahren 1796/97 nur sehr wenige Belege für Hofers Tätigkeit als Schützenleutnant bzw. -hauptmann).

Die Verteilung der Katalognummern über das Jahr 1809 zeigt folgendes Diagramm:

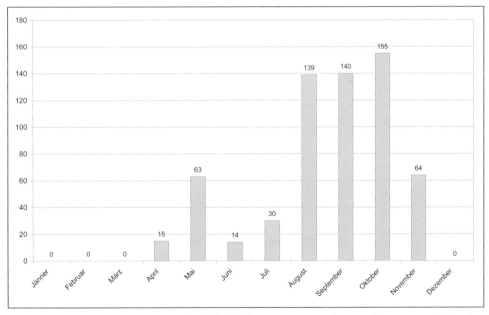

Diagramm 1: Zeitliche Verteilung der handschriftlichen Zeugnisse Andreas Hofers von 1809 (N = 620, Stand: 1. Juli 2008).

---

[52] Schikorsky, Schriftlichkeit, 17.

Der Großteil der Schreiben datiert von den Monaten August, September und Oktober 1809 und damit aus der Zeit der „Regierung" Hofers in Innsbruck.

Die Zählung der überlieferten Schreiben pro Entstehungstag ist eine wenig aussagende Spielerei, leuchtet doch ein, dass etwa die Anzahl der ausgeschickten Laufzettel unmittelbar vor den Gefechten am größten war. Allein der Zeitraum des „Bauernregiments" von Mitte August bis Mitte Oktober 1809 ist betrachtenswert, um etwa Regelmäßigkeiten der Erledigung von amtlichen Angelegenheiten feststellen zu können. Folgendes Diagramm zeigt die Verteilung zwischen dem 15. August und 15. September 1809, wobei aufgrund der niedrigen Werte keine statistische Relevanz gegeben ist:

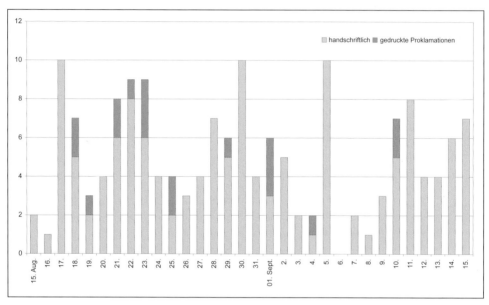

Diagramm 2: Zeitliche Verteilung der Dokumente aus Hofers „Kanzlei" aus dem Zeitraum zwischen dem 15. August und 15. September 1809 (N = 162, Stand: 1. Juli 2008). In die Statistik sind nur jene Dokumente eingeflossen, die eindeutig einem Datum zugeordnet werden können.

Auffallend ist, dass auch an Sonntagen an den Aussendungen gearbeitet wurde (20., 27. August, 3., 10. September), am intensivsten aber nach dem Einzug in Innsbruck (15. August) am 17. August, am 30. August und 5. September. Anfang September hielt sich Hofer eine Woche in Südtirol auf, es zeigt sich hervorragend sein Itinerar: Am 1. scheint er sich beeilt zu haben, noch einige Unterschriften in Innsbruck zu setzen; am 2. September begegnet er in Sterzing, am 3. in Brixen. Am 4. September war der Sandwirt in Bozen tätig, am 5. in Meran, der 6. war wahrscheinlich ein „Reisetag", am 7. schließlich war Hofer wieder daheim „am Sand" anzutreffen. Über den Jaufen und Sterzing (8. September) reiste er zurück nach Innsbruck, wo er am 9. wieder Schreiben ausfertigte. Durch die Rekonstruktion derartiger Reiserouten können nur kopial überlieferte Datierungen (z. B. Innsbruck 1809 September 7) als falsch entlarvt werden (bei den gedruckten Proklamationen ist aber zu bedenken, dass das Datum ihrer Ausfertigung nicht mit jenem der Ausarbeitung des Textes oder der Drucklegung übereinstimmen muss).

Eine statistische Auswertung der zeitlichen Abfolge der Dokumente, die von Hofer in seiner Funktion als Wirt und Händler ausgestellt wurden, ist aufgrund der geringen Überlieferung (d. h. vor allem aufgrund des Fehlens von „Geschäftsjournalen") sinnlos, allerdings zeigt sich bei der Durchsicht der Ausstellungsdaten der entsprechenden Briefe, Verträge und Rechnungen, Quittungen sowie der Einträge in den Verfachbüchern eine gewisse Regelmäßigkeit: Sie konzentrieren sich v. a. auf die Wintermonate. Eine mögliche Erklärung hierfür ist, dass die Bäuerin oder der Bauer in dieser Jahreszeit am meisten Zeit hatte, der Schriftlichkeit nachzugehen.

Der Transport über den Jaufen unterlag jahreszeitlichen Schwankungen, so war der Säumerverkehr im April sehr gering, da die Schneedecke die Pferde nicht trug (auch die Lawinengefahr wird hier eine Rolle gespielt haben); die Kraxenträger gingen ihrem Gewerbe aber weiter nach. Die maximale Transportleistung lag in den Monaten September bis Februar, was sich einerseits durch die Herbstmärkte, andererseits durch die Weinlese erklären lässt sowie die Ernte von Früchten und Kastanien.[53] Wir können also davon ausgehen, dass Andreas Hofer im Frühsommer, Sommer und Frühherbst genug Zeit hatte, sich um Hof und Gasthaus zu kümmern, im Winter hingegen um geschäftliche und gerichtliche Angelegenheiten: Die Hofer betreffenden Gerichtsakten von Passeier, d. h. jene Dokumente, bei deren Abfassung er nachweislich persönlich in der Kanzlei anwesend war und dies entweder durch die eigenhändige Unterschrift oder die Ablegung eines Gelübdes bestätigt hat, datieren vor allem aus den Winter- und Frühlingsmonaten mit Schwerpunkt im Februar. Diese Häufung hängt sicher auch damit zusammen, dass die Steuern üblicherweise um Lichtmess eingefordert wurden, „denn der Passeyrer besitzt nur in einem Vierteljahre Geld, und zwar von Lichtmessen bis Georgi".[54] Im Februar, März und April widmete sich Hofer bevorzugt dem Verhandeln von Schulden und dem Verfassen von entsprechenden Briefen, die im „privaten" Rahmen „am Sand", d. h. nicht in der Gerichtskanzlei, in der professionelle Schreiber zur Verfügung standen, die die Gemeindebevölkerung mit Rat und Tat bei der Abfassung vor allem an höhere Stellen adressierter Briefe unterstützten, ausgestellt wurden. Dass aber auch diese Kanzlei am Land durchaus nicht an einen festen Sitz gebunden war (das Zivilgericht Passeier tagte abwechselnd in St. Martin und St. Leonhard[55]), zeigt etwa das Testament der Anna Ladurner (1836 September 9[56]), das ebenfalls „am Sand" – am Krankenbett – diktiert, verfasst und gerichtlich beglaubigt wurde.

---

[53] Judith Gögele, Transportwesen, 83–85.
[54] ASBz, Passeier Fasz. 1/1, Akt Nr. 869, o. Pag.: „Operat" über die Organisation des Gemeindewesens an das königlich bayerische Generalkommissariat des Innkreises, dat. St. Leonhard 1811 September 9.
[55] Zingerle/Egger, Weisthümer, 89–90, Anm. *.
[56] TLMF, FB 2082, Nr. 8, 5–10.

6. Edition

6.1. Transkriptions- und Editionsrichtlinien

Die Edition bietet die von Andreas Hofer geschriebenen bzw. ausgefertigten Briefe und Schreiben in chronologischer Reihenfolge. Undatierte Dokumente, die nicht einordenbar sind, sind am Ende aufgeführt. Wurden mehrere Dokumente an einem Tag ausgestellt, so sind sie bestmöglich nach Wichtigkeit geordnet, falls sie keine Angaben zur Tageszeit („morgens", „abends", „mittags um eins" etc.) aufweisen. Kann das Ausstellungsdatum nur ungefähr festgemacht werden, so wurde der Text so eingeordnet, dass er thematisch in die chronologische Abfolge passt – Rückschlüsse hierauf lassen sich etwa aus dem Ausstellungsort ziehen.

Jedem Katalogeintrag ist jeweils die laufende Nummer vorangestellt, gefolgt von Angaben zu Aussteller und Empfänger sowie Kurzbetreff, Ausstellungsort und Datierung (Kurzregest). Darauf folgen die Quellen- oder Formalbeschreibung (Fundort/Archivsignatur, Beschreibstoff, Format und Umfang, weiters Angaben zu Erhaltungszustand, Schreiber und Siegel) und schließlich die Edition von Text, Adresse und eventuellen Kanzleivermerken.

Der oberste Grundsatz bei der Auswahl war, jene Dokumente aufzunehmen, bei deren Ausfertigung Hofer offensichtlich anwesend bzw. beteiligt war und dies mit eigenhändigen Wörtern oder seiner Unterschrift bestätigt hat, d. h. die vermutlich ursprünglichste Version (Leithandschrift), die den späteren Fassungen zugrunde lag, wurde in die Edition aufgenommen. Dazu gehören

- alle eigenhändigen Schreiben Hofers, evtl. mit eigenhändiger Unterschrift,
- alle Schreiben, die ein eigenhändiges Postskript Hofers tragen,
- alle Schreiben, die von Hofer eigenhändig unterschrieben sind,
- alle Schreiben, die eindeutig als Kopie eines Schreibens Hofers ausgewiesen sind, sei es durch einen Hinweis auf das Original, sei es durch die genaue Nachzeichnung der Schrift (Faksimile), sei es durch eine buchstabengetreue Abschrift, evtl. auch der Unterschrift. Liegen mehrere gleichwertige zeitgenössische Abschriften eines Dokuments vor, sind diese erwähnt, ediert ist aber jene mit dem repräsentativsten Text. Auf den Standort von Zweit- und Drittausfertigungen von Abschriften wird nicht verwiesen, da solche teilweise in großer Zahl überliefert sind.
- Alle gedruckten Kundmachungen, die im Namen Hofers erschienen sind,
- die Gerichtsakten, deren Großteil nur durch Hofers eigenhändige Unterschrift zitiert wurde. Diese Quellengattung entspricht am wenigsten den Anforderungen an ein Autograph, sie ist in Kanzleisprache verfasst und – wenn überhaupt – von einer Rechtspartei, in unserem Fall Hofer, unterzeichnet. Eine Gesamtedition war aufgrund des Umfanges einerseits und der Themenstellung der vorliegenden Arbeit andererseits nicht angebracht. Es schien jedoch als unabdingbar, einige wichtige Texte in Gesamtedition wiederzugeben, um den Ablauf von Gerichtsverfahren verständlich zu machen.

Die edierten rechtsrelevanten Texte (Schuldobligationen, -verschreibungen, Quittungen, Verträge etc.), die zum Großteil aus den Verfachbüchern des Gerichtes Passeier, aber auch aus Quellenbeständen aus den Gerichtsakten stammen, stellen somit eine repräsentative Auswahl aus dem vorhandenen Aktenmaterial dar. Anschließend an die Edition finden sich Hinweise auf weitere Nennungen Hofers (ohne Unterschrift) in den Verfachbüchern, die Rechtsverbindlichkeit wurde in diesen Fällen durch den Hinweis auf ein abgelegtes oder abzulegendes Gelöbnis festgehalten. Diese Hinweise mögen ein Anreiz für weitere Forschungen sein.

Bei der Transkription wurde grundsätzlich darauf geachtet, Wortlaut und Zeichenbestand so originalgetreu wie möglich wiederzugeben, da jede Übersetzung bzw. Anpassung der Schreibung an moderne Gepflogenheiten einer Interpretation gleichkommen würde. Die eigenhändig von Hofer geschriebenen Passagen wurden dabei buchstaben- und satzzeichengetreu übernommen; eigenhändige Textteile von Hofer sind in der Edition kursiv gedruckt (Achtung: In den Kurzregesten sind direkte Übernahmen aus dem Text ebenfalls kursiv).

Runde Klammern bezeichnen Auslassungen und Abkürzungen, die angedeutet sind und durch die wahrscheinlichste Variante ergänzt wurden. Abkürzungen wie *sig(natum)* wurden entsprechend den Tendenzen des jeweiligen Schreibers entweder in Deutsch oder Latein aufgelöst. Dies ist vor allem beim Dorsalvermerk *praes(entata)/praes(entiert)* eine häufige Schwierigkeit. Bei Abkürzungen, die sicher aufgelöst werden können (z. B. die *en*-Endung), wurde auf Klammern verzichtet.

Eckige Klammern bezeichnen unlesbare bzw. beschädigte Stellen, die nicht sicher entziffert werden können. Die Klammern blieben entweder leer […], wurden mit der wahrscheinlichsten Ergänzung versehen oder geben die geschätzte Zahl der fehlenden Zeichen an. Im Fall von physischen Schäden wird in einer Fußnote die Art des Schadens angeführt (Loch im Papier, Brandschaden, Nässeschaden, etc.).

Wurde ein Text nicht als Volledition wiedergegeben, ist die Auslassung durch eckige Klammern gekennzeichnet. Diese Art der Kennzeichnung bzw. die Auslassung kam auch dann zur Anwendung, wenn ein Original oder eine Abschrift in mehreren Varianten überliefert ist und sich nur einzelne Textteile voneinander unterscheiden.

Bei allen Schreibern mit Ausnahme von Autographen Hofers wurde die Groß- und Kleinschreibung modernen Kriterien angepasst, ebenso die Zeichensetzung. Da es bei Hofer oft schwierig ist, zwischen Groß- und Kleinschreibung zu unterscheiden, wurde die wahrscheinlichere Variante wiedergegeben. Auch die Verwendung von *I/J* sowie *U/V* am Wortanfang wurde – mit Ausnahme eigenhändiger Passagen Hofers sowie bei Personen- und Ortsnamen – modernisiert; $\acute{Y}$ bzw. $\acute{y}$ wurde ohne diakritisches Zeichen transkribiert.

Die Abkürzung V^o wurde bei Hofers Schrift als solche transkribiert, ansonsten als *V(on)/v(on)* aufgelöst, sofern eine Abkürzung angedeutet ist, im Fall der Schreibung *v* aber belassen. Die Abkürzung für *et caetera* ist als *(etc.)* aufgelöst, auch in den von Hofer stammenden Passagen.

$\acute{a}$, $\acute{o}$ und $\acute{u}$ wurden als Umlaute transkribiert mit Ausnahme der Großbuchstaben $\acute{A}$, $\acute{O}$, $\acute{U}$, die als *Ae*, *Oe* und *Ue* wiedergegeben sind. Konnte zwischen *u* und *ü* nicht mit Sicherheit unterschieden werden, kamen eckige Klammern zur Anwendung.

Durchstreichungen wurden übernommen, dabei aber doppelte, dreifache Durchstreichungen oder Tilgungen auf einen einfachen Querstrich reduziert. Hoch- oder tiefgestellte, d. h. nachträglich eingefügte Wörter bzw. Passagen wurden in der Edition durch punktierte Unterstreichung wiedergegeben. Auf nachträgliche Einfügungen durch Verweise (mit entsprechenden Verweiszeichen im Text) wird bei der Edition des jeweiligen Textes aufmerksam gemacht. Unterstreichungen wurden nur in den Fällen übernommen, in denen sie im Original wirklich der Hervorhebung dienen.

Zusammenschreibungen (*zuerweisen*) wurden sinngemäß getrennt (*zu erweisen*). Bei zusammengesetzten Hauptwörtern sind beide Teile mit Majuskelanfang wiedergegeben, wenn es sich um zwei eigenständige Substantive handelt (*Schützen Kompanie*), ansonsten wurden die Teile kommentarlos verbunden: *Neben absichten* zu *Nebenabsichten* (Ausnahme: eigenhändige Passagen Hofers).

Zwischen *s*, *ss* und *ß* wurde so genau wie möglich unterschieden; bei Hofers eigenhändigen Texten ist dies sehr schwierig, was die Verwendung eckiger Klammern notwendig machte, die die wahrscheinlichere Variante enthalten.

Währungsangaben wurden pauschal mit *fl* (Gulden) und *xr* (Kreuzer) wiedergegeben, obwohl Hofer offensichtlich gängige Zeichen verwendete, die abgewandelte Formen von *f* bzw. *x* darstellen.

Auf Kommentare zu den in den Schreiben erwähnten Ereignissen wurde verzichtet. Hierfür sei auf die sehr umfassende Literatur zu 1809 und Andreas Hofer verwiesen. Zur chronologischen Abfolge der Ereignisse von 1809 ist insbesondere auf das immer noch gültige Werk von Josef Hirn hinzuweisen (Tirols Erhebung im Jahre 1809, Innsbruck 1909). Betreffs der Dokumente aus der Zeit vor 1809 verweise ich auf die letzterschienene umfangreichere Biographie von Meinrad Pizzinini (Andreas Hofer. Seine Zeit – Sein Leben – Sein Mythos, Innsbruck 1984).

N.B.: Die Abschriften aus den Beständen TLMF, FB 1649, FB 1651 und FB 2707 sind größtenteils mit „von Lama" signiert. Beim Abschreiber handelt es sich aber mit großer Wahrscheinlichkeit *nicht* um Matthias Delama/von Lama, sondern um einen späteren Träger dieses Namens.

6.2. Edition der datierten/datierbaren Texte in chronologischer Reihenfolge

Nr. 1

Interne Aufzeichnungen über die Verköstigung einer Anna Platter, für die ein *Beinggerter* aufkam; bestellte Gottesdienste und Kosten für Medizin.

o. O., o. D. [nach 1787]

TLMF, Autographensammlung Andreas Hofer. Orig.-Pap. 21,1 : 7,2 ca., Querformat, 1 Blatt, 1 Seite.

Text von Andreas Hofer eigenhändig geschrieben, o. S.

die ännä Platterins zörung ist Bei mir in alen vnnd Ei[e]den 9 fl 20 xr.
von den beinggerter Empfang ich 26 fl 7 xr fir ännä Plaitterin
die gottes Tienst Bei herrn Pfarrer ßeint 8 fl 38 xr
die um khösten oder mödezin Bei herrn Räffl zu Sant martin 2 fl
mer 2 fl 42[a]
mer gib ich her 3 fl 27 xr

---

[a] Zeile mit Graphitstift vorgeschrieben, wobei sich die Wertangabe von der endgültigen Version in Tinte unterscheidet.

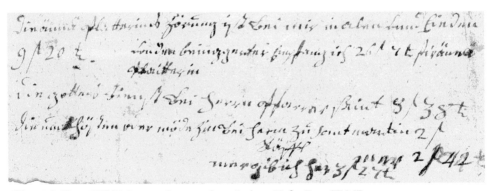

Abb. 25: S. Nr. 1. TLMF, Autographensammlung Andreas Hofer. Foto: TLMF.

Nr. 2

Ehevertrag („Ehe Packt") zwischen Andreas Hofer und den gesetzlichen Vertretern der Braut Anna Ladurner.

St. Leonhard 1789 Juli 22

SLA, Verfachbuch Passeier 1789 fol. 748v–751r.

Text vom Gerichtsschreiber Georg Gelmo (?) geschrieben, eigenhändige Unterschriften Andreas Hofers u. a., o. S.

Actum Sanct Leonhard in Gerichte Paßeuer den 22t(en) July 1789
vor Herrn Johann Veit Neurautter Gerichts Anwaldten als bestelter Obman.
Zugegen Johann Georg Gelmo Schreiber alda.
[...]
Andree Hofer alls Ehe fogt [„Vogt" im Sinn von „Vormund", Anm.]

Michl Königsrain(er) als Karater [Kurator, Anm.]

Peter Ladurner als Fatter

Mathies Ladurner als Zeug

Joh. Georg Gelmo [manu propr]ia quo testis

Nr. 3

Andreas Hofer bestätigt dem Gericht Passeier, seiner Stiefmutter Anna Frick, Gattin Johann Reiners, Wundarztes in Passeier, 76 fl 12 ½ xr schuldig zu sein wegen eines von der oö. Appellationsstelle in Innsbruck erlassenen Urteils, dem Appellationsgericht selbst aber 9 fl 33 xr zu schulden. Die Summe sollte innerhalb von 14 Tagen entrichtet werden.

   Hofer erklärt sich bereit, die 9 fl 33 xr an das Gericht zu bezahlen, die 76 fl 12 ½ xr aber sollten in „gerichtlicher Verwahr" bleiben, bis ein weiterer Prozess zwischen Anna Frick und ihrem Gerhaben Peter Pamer *in Fahrtleut* einerseits und Andreas Hofer und seinen Geschwistern andererseits durch das Appellationsgericht beendet sei. Dieses Urteil würde nämlich zugunsten Letzterer ausfallen, „und da die Frichhin bekantermassen mit einichen Mitlen nit wohl vorgesechen, [...] in Gefahr laufen, und nichts erlangen möchte", bittet Hofer, das Geld zu verwahren und nicht auszuzahlen.

Sand 1792 Jänner 9

Privatbesitz. Orig.-Pap. 22,5 ca. : 35,5 ca., Hochformat, Doppelblatt, 3 Seiten.

Text von unbekanntem Schreiber, Andreas Hofers eigenhändige Unterschrift. Auffallend die Namensform *„Ander Hofer"* in der Unterschrift, o. S.

[...]
Von Sandt in Passeyr den 9ten Jenner 1792.
Ander Hofer

[Eingangsvermerk des Gerichts sowie Bestätigung der Weiterleitung an Johann *Reiner* und Anna *Frikin*.]

Nr. 4

Da Andreas Hofers „Rechtsfreund" (Anwalt) in Sterzing zugesichert hätte, die Beschwerdeschrift betreffs Hofers Stiefmutter Anna Reiner geb. Frick nächstens einzusenden, dies bisher aber unterlassen hätte, bittet Hofer in seinem und im Namen seiner Schwestern um eine Verlängerung der Frist um 14 Tage, um die bei dem Anwalt liegenden Dokumente zurückzuholen und die Beschwerdeschrift in Bozen verfassen lassen zu können.

Sand 1792 Februar 1

Privatbesitz. Orig.-Pap. 22 ca. : 35,5 ca., Hochformat, Doppelblatt, 1 ½ Seiten.

Text von unbekanntem Schreiber, Andreas Hofers eigenhändige Unterschrift, o. S.

[…]
St. Leonhardt in Passeyer auf d(en) Sandt, den 1t(en) Febr(uar)y 1792.
Jch Andree Hofer wie auch maria vnd gedrautt hoferin

[Eingangsvermerk des Gerichts und Bestätigung der Weiterleitung].

Nr. 5

Johann Staffler bei St. Gertraud in Ulten erstattet dem Gericht Passeier folgenden, durch ein *Handgelibd* bekräftigten „Gütigen Bericht": Andreas Hofer hätte am 12. April 1792 in Brennbichl im Oberinntal *von einem Menschen, dessen Namen ihm unbekant*, einen *schimelten Hengst* für 55 fl gekauft. Nachdem er dieses Pferd auf die Ultner Alm *Selendt* getrieben hätte, sei es innerhalb dreier Tage krepiert. Der Abdecker hätte den Kadaver geöffnet, wobei sich gezeigt hätte, dass das Tier *innerlich ganz faul* gewesen sei. Hofer erteilt nun Franz Kopp, Fleischermeister zu Imst, die Vollmacht, wegen der Rechtssache alles Nötige vorzukehren, um seine Forderung nach Rückzahlung des Geldes durchzusetzen.

St. Leonhard 1792 Oktober 19

SLA, Sammlung Steiner, 5. Orig.-Pap. 22 ca. : 36 ca., Hochformat, 2 Blatt, 3 Seiten, vermutlich Auszug aus einem Verfachbuch.

Gerichtsakt geschrieben von Anwalt Josef Gufler (?), Andreas Hofers eigenhändige Unterschrift. Auffallend ist hier wie in weiteren der frühen Dokumente die Namensform *Andree* im Gegensatz zu *Andere*, wie sich Hofer später meistens unterschrieben hat.

[…]
Zur Bekräf(f)tigung dessen die eigenhändige Unterschrif(f)t ad Prothocollum erfolgt.
Jch Andree Hofer an ßant wirth

Nr. 6

Andreas Hofer bevollmächtigt den Brennbichler (?) Wirt Rochus Mayr, 55 fl Kaufgeld für einen Hengst, der gleich nach dem Kauf wegen „innerer Fäulnis" krepiert sei (s. Nr. 5), zurückzufordern; das Pferd war durch einen Fuhrmann *zu Ez* (Ötz?) am 12. April 1792 verkauft worden. Das Geld sei mitsamt aller entstandenen Unkosten (darunter: Gerichtskosten sowie Entgelt für den Zeugen Staffler aus Ulten) einzufordern und eine Quittung auszustellen.

St. Leonhard 1792 Dezember 10

SLA, Sammlung Steiner, 6. Orig.-Pap. 22 ca. : 36 ca., Hochformat, 1 Blatt, 2 Seiten.

Gerichtsakt von unbekanntem Schreiber, Andreas Hofers eigenhändige Unterschrift, o. S.

dt alles
Vollmacht für H(err)n Rochus Mayr, Wirth und Gastgeb zu Prempichl in Oberyhnthall, von Andreas Hofer Santwirth in Paßßeyr
Actum St. Leonhardt in Ghte Paßßeyr den 10t(en) Xbr 1792
[…]
will der Endes Benante hiemit dem Rochus Mayr, Wirth und Gastgeb zu Prempichl, mit unter seiner Vermögenheits Verpfändung zusichernder Gnehm- und Schadloos-Haltung die ganze Vollmacht ertheillen.
Zur Bekräftigung deßen die eigenhändige Unterschrift ad Prothocollum erfolgt
Jch Andree Hofer an sant
[…]

Nr. 7

„Gütiger Bericht": Andreas Hofer sagt bei Gericht aus, er hätte am 14. Mai 1794 beim *Nägele*-Wirt in Sterzing mehrere Pferde gefüttert und getränkt und dabei beobachtet, wie ein ausgebrochenes Pferd einen Esel bzw. ein Maultier verletzt hätte, das Johann *Gieneti zu Pfund am Nonsberg* dem Jakob *Bertagnol* geliehen hatte. Hofer bezeugt, der Esel sei vorher bei bester Gesundheit gewesen und vermutlich durch einen Tritt des Pferdes verletzt worden.

St. Leonhard 1794 Mai 21

SLA, Verfachbuch Passeier 1794, fol. 555r–556r.

Gerichtsakt von unbekanntem Schreiber, Andreas Hofers eigenhändige Unterschrift, o. S.

dt 50 xr
Gütiger Bericht für Johann Gieneti zu Pfund am Nonsberg von Andrea Hofer Sandwürth
Actum St. Leonhard im G(eric)hte Passeyer den 21ten May 1794
[…]
Andree Hofer an ßant

Nr. 8

Gerichtsprotokolle, wonach sich Andreas Hofer in einer Auktion um das Mitterwirtshaus in St. Martin (?) zur Zahlung bestimmter Summen für Leitkauf, Armengeld (Almosen) und Heilige Messen verpflichtet.

1795 Februar 25

SLA, Sammlung Steiner, 421. 2 Doppelblätter, Folio, 4 Seiten.

Gerichtsakt von unbekanntem Schreiber (Johann Hofer?), drei eigenhändige Unterschriften Andreas Hofers, o. S.

[…]
Andree Hofer Wirth am Sant übersteigt das Johann Hoferische Darlegen um 100 fl giebt 3.600 fl 12 fl Leykauf, 10 fl in der Almoßen Cassa, und 2 fl zu H. Meßen, verspricht alles in Erfüllung zu bringen, und hat hierwegen sich eigenhändig untersch(rieben).
Andree Hofer
Zeigen wie vor […]

[…]
Andreas Hofer überlegt um 20 fl mehr, giebt 4.070 fl 14 fl [sic] Leykauf, 10 fl Armen Geld, 2 fl H. Meßen, erfillet all obiges, und hat unter seiner Vermögenheits Verpfänd(ung) sich eigenhändig untersch(rieben)
Andree Hofer
Testes ut ante

[…]
Andreas Hofer sagt 4.240 fl obigen Leykauf, Allmosen Geld und H. Meßen, verspricht all Obiges zu halten, und hat nebst Verpfänd(ung) seines Vermögens sich aigenhändig unter schrieben
Andree Hofer
Zeige[r] ut ante.

Nr. 9

„Gütiger Bericht": Auf Ansuchen des Säumers Michael Ennemoser zu Rabenstein berichtet Andreas Hofer bei Gericht, er erinnere sich, dass Ennemoser Anfang Dezember 1791 und etwa vier Wochen später jeweils einen Saum Branntwein im Sandhof liegen gelassen hätte. Nach Dreikönig 1792 hätte Ennemoser den Branntwein abgeholt und weggeführt (der „Gütige Bericht" dient hier zur Aufklärung einer Rechtsstreitigkeit zwischen Ennemoser und dem Zollamt St. Martin).

St. Leonhard 1796 Februar 11

SLA, Verfachbuch Passeier 1796, fol. 181v–182v.

Text von unbekanntem Schreiber, Andreas Hofers eigenhändige Unterschrift, o. S.

Gütiger Bericht für Michael Ennemoser Saumer zu Rabenstein von Andreas Hofer Sandwürth […]
Andree Hofer
[…]

Nr. 10

„Um von der zuständigen Nördlichen Schutzdeputation die Bewilligung zur Aufstellung einer eigenen Kompanie zu erreichen, wurden aus dem Tal der Schützenmeister Johann Holzknecht, Stroblwirt in St. Leonhard, und Andreas Hofer, der Sandwirt, Ende August nach Innsbruck geschickt. Hielten sie sich bis zu einer Entscheidung in der Landeshauptstadt auf oder wurden sie ein zweites Mal entsandt – auf jeden Fall ersuchten sie am 9. September, daß den Passeirer Schützen die Löhnung nicht erst vom Abmarsch aus Meran, sondern bereits ab Passeier ausbezahlt werden möge."

1796 September 9

Zit. nach: Pizzinini, Hofer, 59, Original nicht eruierbar. Im Bestand TLA, Landtagsakten, Bozner Aktivität 1796–97 liegen zwar die an Josef Gufler adressieren Antwortschreiben, jedoch keine Ausfertigung bzw. Abschrift der Anfrage. Die Landtagsakten im TLA weisen große Lücken auf, die nach Auskunft der Archivbediensteten vor allem auf Bombenschäden im Zweiten Weltkrieg zurückzuführen sind.

[...]
„Andre Hofer de budierter".

Nr. 11

Andreas Hofer fragt in seinem und im Namen seiner Schwestern Maria und Gertraud zum zweiten Mal (das erste Ansuchen wurde nicht beantwortet) beim Gericht Passeier an, wer ihnen als Vormund zugewiesen worden sei, Peter Pamer *in Fartleis* oder Johann Pichler *auf der Mörr*, bzw. ob vielmehr beide gemeinsam als Gerhaben verpflichtet worden seien. Im Mittelpunkt steht die Frage, wer von beiden „die Einkhaufung und Aufgaben bewerkhet haben wirdet".

Sand 1797 Februar 12

Privatbesitz. Orig.-Pap. 22 ca. : 34 ca., Hochformat, Doppelblatt, 2 ½ Seiten.

Text von unbekanntem Schreiber, Andreas Hofers eigenhändige Unterschrift, o. S.

[...]
St. Leonhardt in Paßeyer, auf den Sant d(en) 12 Februari 1797
Andree Hofer ßant wirth wie auch maria vnd gedraut hoferin,

[Eingangsvermerk. Der Richter Andreas Auer verweist die Bittsteller auf die „Vermögensergänzung" des Josef Hofer, Vaters von Andreas, Maria und Gertraud, vom 10. Dezember 1774.]

Nr. 12

Bestätigung der Schützenkompanie über Ablieferung und Empfang von Waffen.

St. Martin 1797 März 19

SLA, Sammlung Steiner, 7. Orig.-Pap. 21,8 ca. : 34,1, Hochformat, Doppelblatt, 1 ½ Seiten.

Text von Johann Saxl (?) geschrieben, u. a. Andreas Hofers eigenhändige Unterschrift, o. S.

Wir Unterzeichnete(n) bekennen, von die welche Andere Hofer Wirth an Sandt und Johan Holzknecht Strobl Wirth zu St. Leonhard von einer Hochen Landes Stölle erhaltenen 45 Stutzen sage fünfundvierzig, in Empfang genohmen zu haben 50 St[u]ck Sabl samt Qupplen und Schliessen auch Paterontschaschen [sic] und 6 Zenten Blei folgende Sticken in Empfang genohmen zu haben.
Ich Peter Jlmer habe der Kompignie zue gelieferte Stutzen 36 Stück
Säbl samt Kupplen et Schliessen 50 Stück
Einige Blei Stüke so gewogen zusamen 154 Pfund
Ich Andere Hofer Sandtwirth habe der Kumpegnie ab geben Stutzen 6 Stück
Ich Johan Hofer Sitzen Maister erhaltene(n) Stutzen 1 Stück
Ich Georg Holzeisen bey St Martin Stutzen er halten 2 Stück

Rückseite:
Darumen wir bescheinen St Martin in Passeyr den 19 Mörz 1797
Peter Jlmer
Joh Hofer bekent ain Stuzer empfangen zu haben.
Gëorg Holzeisen
Andree Hofer
Johan Saxl als Zug [Zeuge, Anm.]

Nr. 13

„**Tabella der jenigen Scharf- und Flinten Schützen Kompagnien, welche von Gerichte Passeyr des Bozner Kreißes zur Landes Defension ausgerüket, vor anderen sich ausgezeichnet, und denen, welche ihr Leben verlohren haben.**"

St. Leonhard 1797 Oktober 11

TLA, Landsch. Archiv, Landesverteidigungs- und Schießstandswesen, Standeslisten 1796/1797, Schuber 49, Nr. 121, Beil. 1.

Text von unbekanntem Schreiber, Andreas Hofers eigenhändige Unterschrift, Siegel „C H" (Caspar Hofer?). Der „manu propria"-Verweis bei einer Unterschrift Hofers findet sich ausschließlich auf den drei hier vorliegenden Standeslisten, vermutlich wurde er von anderer Hand hinzugefügt.

[…]

St. Leonhardt im Ghte Passeyr den 11t(en) 8br
1797

LS *Andree Hofer[manu propri]a*
Haup Man

Nr. 14

„**Verpflegs Lista**
Passeyrer Schützen Kompagnie. Auf 16 Täge vo(n) 24te(n) Merz inclusive 9ten Apprill 1797."

St. Leonhard 1797 Oktober 11

TLA, Landsch. Archiv, Landesverteidigungs- und Schießstandswesen, Standeslisten 1796/1797, Schuber 49, Nr. 121, Beil. 2.

Text von unbekanntem Schreiber, Andreas Hofers eigenhändige Unterschrift, Siegel „C H" (Caspar Hofer?). Zum „manu propria"-Verweis vgl. vorhergehende Nr., in vorliegendem Fall ist die Tinte etwas heller als jene des Schriftzuges, außerdem entspricht die Form des nach der Abkürzung angefügten „a" nicht Hofers gewöhnlichem Schreibduktus.

[…]

St. Leonhardt in Passeyr den 11t(en) 8br
1797

LS *Andree Hofer[manu propri]a*
Haupman

Nr. 15

„**Tabella der vor dem allgemeinen Land Sturm untern 25te(n) März 1797 vo G(eric)hte Paßßeyr ausgerückten Mannschafft.**"

St. Leonhard 1797 Oktober 11

TLA, Landsch. Archiv, Landesverteidigungs- und Schießstandswesen, Standeslisten 1796/1797, Schuber 49, Nr. 121, Beil. 3.

Text von unbekanntem Schreiber, Andreas Hofers eigenhändige Unterschrift, Siegel „C H" (Caspar Hofer?). Zum „manu propria"-Verweis vgl. vorhergehende Nr.

[…]

St. Leonhardt im Ghte Passeyr den 11t(en) 8br
1797

LS *Andree Hofer[manu propri]a*
Haupman

Nr. 16

Verzeichnis der von der Tiroler Landschaft empfangenen Waffen und Munition.

o. O., o. D. [1797?]

SLA, Sammlung Steiner, 70. Orig.-Pap. 20,4 ca. : 33,5 ca., Hochformat., Doppelblatt, 1 ½ Seiten.

Text von unbekanntem Schreiber, eigenhändiger Kommentar und Unterschrift Andreas Hofers, o. S.

Verzeichnis
der jenigen Munitzions Waffengattungen, welche dem lob(lichen) Schiesstan [d]t Passejr von wohl lob(lich)er Tyrolischen Landschaft folgender Massen verabgefolget sind
Säbl 50 Stuck samt die Kupplen et Schliessen
Patrontaschen 24 samt die Riemb
Stutzen 36 samt Ladung Kuglmödl und Zugehörde
Blej Stücker 2
No 1 ain Pfann dem H(err)n Andere Hofer Sandwirth
No 2 ain Pfann den H(errn) Joh. Haller Mairhofer
No 3 et 4 ain kupferer Hafen et 1 deto Hengkössele
No 5 ain Pfann samt 1 Muser den Mathias Egger
No 6 ain Eisen Stollkössele den Bartlme Thurnwalder
No 7 ain Eisen Stollkössele et 1 Pfan den Peter Jlmer [div] 7
No 8 ain Eisn Stollkössele den Mössner a St Martin
No 9 ain Pfann den H(errn) Georg Hofer a St Martin
diße stickhe werden Er ßuecht durch das ge Richt meran durch for span verlifferet zu werden, wiß auf der negsten stäzian vnd hernach so fort wiß zur khumegnie
Andree Hofer oberleite nant von schieß stand Paßeyr

Rückseite:
Der Verdeidigungs Mannschaft
No 1 ain Stollkössele den Haperger
No 2 ain Pfandl den k. k. Zolls Einnehmer alda
No 3 ain Eisn Stollkössele den Georg Schwaikhofer Böck
No 4 ain kupferenes Lateötschl den H(errn) Auer Mahler
No 5 ain Eisn Stollkössele den H(errn) H(err)n Franz Wohlf alda a St Martin
No 6 ain Pfann den Leonhard Wagger

Nr. 17

Gerichtsakt.

St. Leonhard 1799 November 9

TLA, Tiroler Landesverteidiger 1809, Fasz. I., Pos. 1. Orig.-Pap. 21,6 ca. : 34,2 ca., Hochformat, Doppelblatt, 1 1/3 Seiten.

Text von Anwalt Josef Gufler (?), Andreas Hofers eigenhändige Unterschrift, o. S.

Lobliche Gerichts Oberkeit!
Ich habe heüer im Fr[u]hjahr dem Paul Pamer in Luimes 4. k. k. Souverainsdor mit betragenden 56 fl auf unnbestimte Zeit geliehen, Kleinvieh in Ungarn einzukaufen. Destwegen ich dem Schuldner Paul Pamer, falls er die Richtigkeit der Schulde in Abred stellen wollte, über das Gegentheil den Haupteid auf[f]trage, zugleich aber mich erbüthe, den Haupteid, falls er mir zurükgeschoben würde, über dem Umstand, daß ich ihm am verwichenen Frühling 4. Souverainsdor mit betragenden 56 fl auf unnbestimte Zeit geliehen habe, selbst abzuschwören.
Da nunn der Schuldner das erkauf[f]te Vieh bereits zu Geld gemacht, mir aber unngeacht der an ihn versuchten gütigen Ermahnungen die schuldigen 56 fl noch nicht vergütet hat, so bithe ich, lobliches Gericht geruhe durch Urtheil zu erkennen: Paul Pamer seye schuldig, die zum Anlehen empfangene 4. Souverainsdor mit 56 fl samt den hievon ab Georgy verwichen inclusive dies Jahrs verfallenen Interese zu 4. S. [d(or)] und den verursachten Gerichtskosten mir binnen 14 Tägen bey Vermeidung der Ececution [sic] zu bezahlen.
St. Leonhard in Passeyer den 9ten 9v(em)ber 1799
Andree Hofer

Das mündliche Verfahren in dieser Causa wird am 16. November angesetzt (1799 November 11). Beiliegend das Protokoll vom 16. November 1799, unterschrieben von Richter Andreas Auer, weiters ein Dokument von 1799 November 18, Gericht Passeier, in welchem Paul Pämer Hofer beschuldigt, die ihm verkauften Schafe nicht bezahlen zu wollen und ihm, Pämer, 66 fl schuldig zu sein. Richter Auer schreibt im Bescheid, für den 27. November würde ein neues mündliches Verfahren anberaumt. Am 27. November erscheint zwar der Kläger, nicht aber der Beklagte: Hofer lässt sich entschuldigen und hat um Verschiebung der Tagsatzung um 14 Tage angesucht wegen unaufschiebbarer Weinhandelsgeschäfte. Die Tagsatzung wird also mit Einverständnis des Klägers auf den 11. Dezember verlegt; der Beklagte muss dafür dem Kläger 1 fl 12 xr bezahlen sowie die Gerichtskosten erlegen.
Am 11. Dezember bestätigt Hofer, er wolle die Schafe nicht bezahlen, da der Kauf von vornherein nicht rechtens gewesen sei: Hofer hätte dem Kläger auch noch ungarische (Banatische) Schafe abgekauft, die dieser zu teuer eingekauft hätte, wodurch der Kaufvertrag nicht eingehalten worden sei. Hofer hätte nur die zwölf einheimischen Schafe kaufen wollen, der Kläger erwidert, er hätte ihm auch nur diese verkauft, hätte aber die Banater Schafe importiert und Hofer hätte sie ihm abgenommen, kurz: Hofer behauptet, der Kaufvertrag sei null und nichtig, der Kläger hingegen erklärt ihn für gültig.
Offen ist nun die Frage, was mit elf Schafen passieren soll, die Hofer dem Kläger nicht abnehmen will. Urteil: Der Kaufvertrag ist ungültig und Hofer nicht verpflichtet, den Kaufpreis von 66 fl zu erlegen. Der Kläger muss die Schafe, die Hofer offensichtlich nicht will, zurücknehmen sowie Hofer die Fütterung derselben (5 fl) bezahlen und obendrein die Gerichtskosten erlegen.

Nr. 18

Kostenaufstellung Andreas Hofers über verschiedene Pferdehändel und andere Zahlungen von 1799, 1800, 1802, 1803 und 1809 (Erinnerungshilfe).

o. O. 1799 ca. – 1809 ca.

TLMF, Autographensammlung Andreas Hofer. Orig.-Pap. 15,2 ca. : 20, Hochformat, 1 Blatt, 2 Seiten.

Das Blatt ist von Hofer eigenhändig auf beiden Seiten beschrieben und nicht gesiegelt. Ob die Zahl „191" auch von Hofer stammt, ist nicht mit Sicherheit zu sagen; neben der Schrift finden sich verschiedene Kritzeleien, teilweise überschrieben, darunter der Schriftzug „dl". O. S.

191
Joseph Enamosser vnd michial gufler ver Bleiben auf ain Rosß Vo liecht mößen 1799 Zu zu ver zinsßn 100 fl
der föstl Pue vnd der Pintter Joß 50 fl
als den 10 mörzen hab ich vnd Joseph Rain stadler auf der haßl staud abge Raittet von der andani Rainstadler ischen verlaßen schafft von allen vnd Jeden ver Bleiben ßie mir 1799 Rest 75 fl in Jahr
als den 21 octob(er) 1800 ver khauffe ich den Joseph Enemosser ain Rosß per 110 fl dar an habe ich 52 f 30 x das Jberige ist auf liecht mössen zu zallen
als den 6 apprill 1802 ~~hab ich Joseph~~ *hab ich Andere Hofer vnd Joseph Enemosser alles ab vnd auß geRaittet ver Bleibt mir Joseph Enemosser noch Rest150 fl*
den 1 mörzen 1803 Ehr halte ich von Joseph Enemosser 53 fl der Zinß ist noch auß stendig als den 9 apprill 1809 habe ich vnd der Joseph gufler der mallen an wald, abge Raitet, so Bin ich ihm ver Bliben, mit Prueder schafft gelt vnd alles zußamen, wan mir unß nich noch ötbaß Beßinen 1600 fl – x ßage söch zöchen haudert

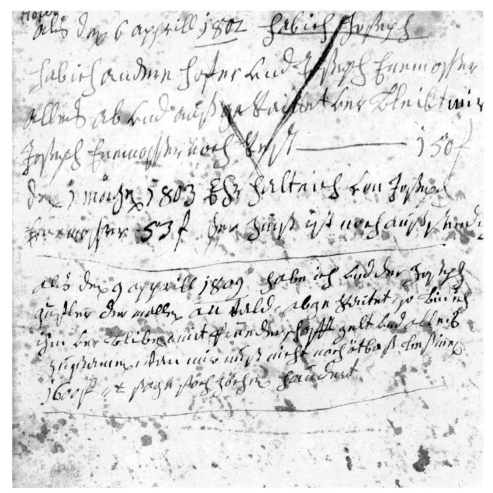

Abb. 26 a/b (Rückseite): S. Nr. 18. TLMF, Autographensammlung Andreas Hofer. Foto: TLMF.

Nr. 19

Andreas Hofer schreibt an Martin *Raich* und Johannes *lunnsch* in Pfelders, diese sollten fünf bestellte Pferde erwerben, wenn möglich jene eines *miller* (Müllers?) in Matrei; die Tiere wolle er, Hofer, dann weiterverkaufen.

o. O. 1800 März 16

Pfarrarchiv St. Leonhard in Passeier. Orig.-Pap. 16 ca. : 14 ca., Querformat, 1 Blatt, 1 Seite.

Das Schreiben ist in der Form von fünf etwa gleich großen, länglichen Fragmenten überliefert, die als Markierungen in einem älteren Codex gedient haben. Das Papier ist an den Rändern teilweise beschädigt. Durchgehend eigenhändig von Andreas Hofer, o. S.

geliebte khum[er]atten
Jch Brauchette 5 Bestölte Roß 2 Recht grosse schene Braun oder schbarze ßöcht die miller Rosse zu khauffen zu matteren aus Pfunß wer auch Ein ganzer Ein dunckhel Praun mit Ein Zeichen von 4 Jahr vm gefehr, uon mitterer grösse 2 sollen sein von 2 wiß 300 f aber auch schene, disse werden mir schon guet [v]er khauffen wan Jhr solliche gattung habt.
Ade Andere Hofer den 16 mörzen ̶1̶8̶ 1800

Rückseite:
Martin Raich [&] Johanes lunnsch in Pfeld Ers

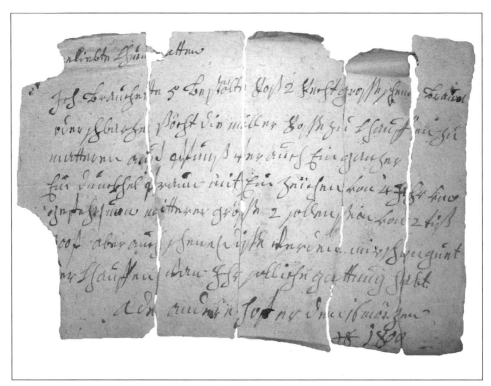

Abb. 27: S. Nr. 19. In Form von fünf Teilen, die als Markierungen in einem älteren Codex gedient haben, überliefertes Handschreiben Andreas Hofers (1800 März 16). Pfarrarchiv St. Leonhard in Passeier. Foto: Oberhofer. Mit freundlicher Genehmigung der Reproduktion durch den Herrn Pfarrer P. Christian Stuefer.

Nr. 20

Aufzeichnung Andreas Hofers über von „welschen" Säumern noch einzunehmende (?) Geldsummen für die Jahre 1802 und 1803.

o. O. 1802–1803

Museum Passeier – Andreas Hofer. Orig.-Pap. 21,5 ca. : 18,5 ca., Querformat, 1 Blatt, 1 Seite.

Text eigenhändig von Andreas Hofer geschrieben, o. S. Auf dem Blatt zwei Tropfen roten Siegellacks. Blatt am unteren Rand beschädigt, vermutlich fehlt ein Teil des Textes und evtl. auch das Siegel.

auf schreibung Vo die welschen ßämer Vo Jahr <u>1802</u> et <u>1803</u>
Joseph Pöll --- 8 fl [...][a]
Joseph Enemosser ßämer --- 8 fl 24 xr mer 7 fl 33
franz Engl zu khlasß in merere Posten --- 14 fl [et] 1 Plach
der Engl Engl [sic!] zu khlasß in 2 Posten --- 9 fl 30 xr [et] Vo ain Ross
so ich habe miessen an nemen lözerung --- 90 fl
leon Hard[t] albertin --- 2 fl 27 xr
mer franz Engl --- ~~8 fl 20 xr~~
Peder Engl --- ~~7 fl 15 xr~~
Peter mengin --- ~~22 fl 39~~
Partl a[ff]enzin sein sohn --- 10 fl 1 xr
[Johan ...]ini zu khlasß --- 13 fl 34 xr
[...] --- 22 fl 54 xr
[...]

---

[a] Tilgung durch Tintenfleck.

Nr. 21

Aufzeichnung Andreas Hofers über den Pferde- und Maultierhandel betreffende geschlossene Verträge.

o. O. 1802

Museum Passeier – Andreas Hofer. Orig.-Pap. 21,5 ca. : 35,3 ca., Hochformat, 1 Blatt, 1 Seite.

Text eigenhändig von Andreas Hofer geschrieben, o. S. Von zweiter Hand am Rand hinzugefügt: „Hofers eigenhendige Notaten". Die vermutlich zeitgenössische Bemerkung „d[t]" für „detto" nachträglich im Textfeld eingefügt.

Rosß khanttract waß ich habe Rosß ver khaufft in Jahr 18[02]
Den alluiß mengin habe ich mein Rosß göben das Plinte genant, ist der Preisß 8[6] fl vnd ist wisß ausß gienetten mörzen, ganz zu zallen in Jahr <u>1803</u>
Den franz oder Petter mengin habe ich Ein Rosß ver khauft so ist mir mengin auf gab schuldig auf den Rosß ~~110~~ fl
ist khein zeit Bestimbt zu zällen ist all zeit zu Bedreiben 1802
in Jahr 1803 den 7 Juni Ehr halte ich von Petter 50 fl [längs]
der stefian [Ä]fenzin ist mir auf gab schuldig auf ain ösßl [Esel, Anm.] 65 fl ist <u>khein</u> Zeit Bestimbt, wan zallen, ist alzeit zu fodern <u>1802</u>
Der gewano [Ivano, Anm.] Engl, ver Bleibt mir Ein Ross zu zallen auf das lengeste, auf liecht mössen <u>1803</u> mit 150 fl

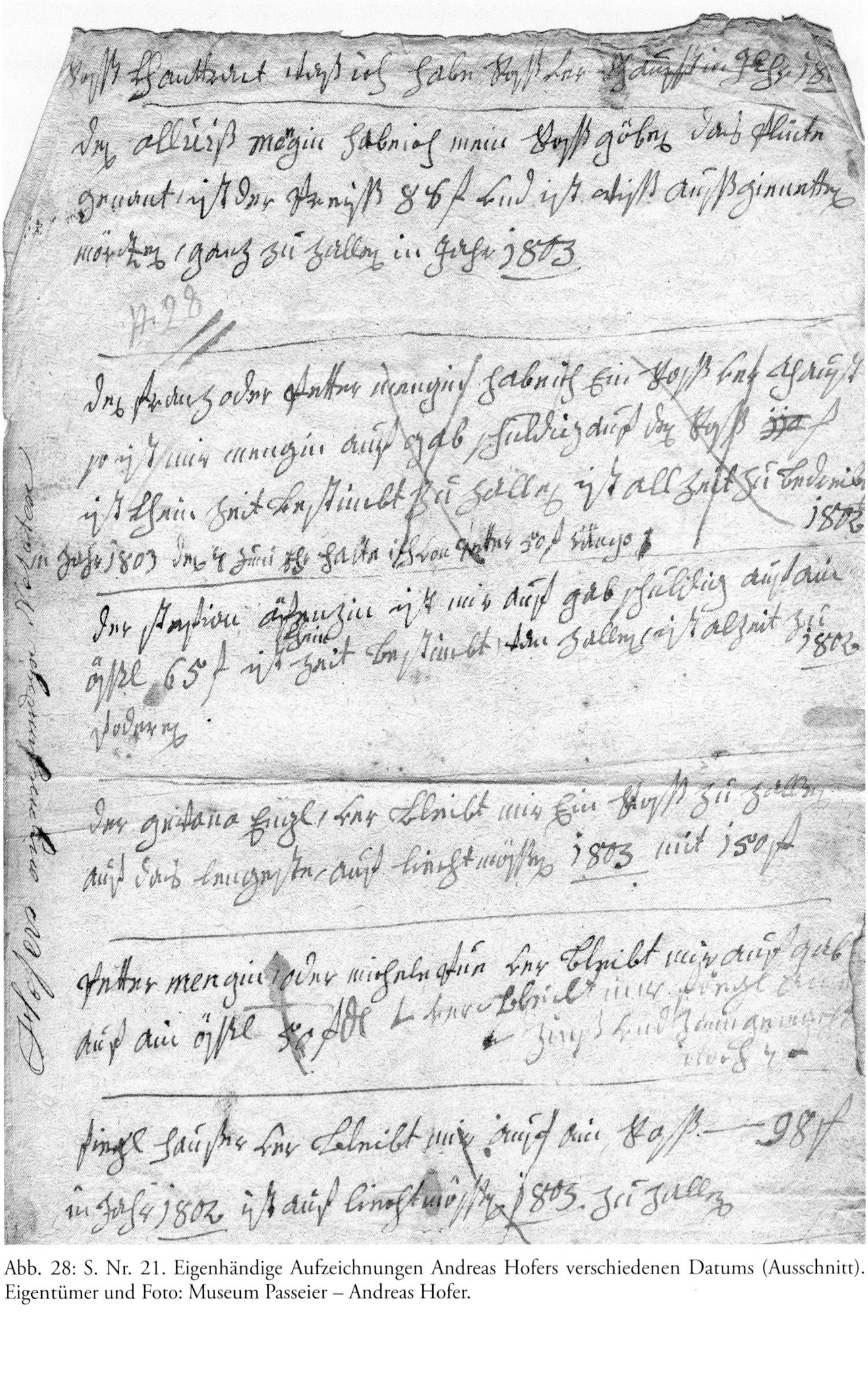

Abb. 28: S. Nr. 21. Eigenhändige Aufzeichnungen Andreas Hofers verschiedenen Datums (Ausschnitt). Eigentümer und Foto: Museum Passeier – Andreas Hofer.

Petter Mengin, oder michele Pue ver Bleibt mir auf gab auf ain ösßl 50 fl ver Bleibt mir fiegl ane zinß vnd zam gemacht noch [7] fl

fiegl hauser ver Bleibt mir auf ain Rosß --- 98 fl in Jahr <u>1802</u> ist auf liechtmössen <u>1803</u> zu zallen

von fiegl hauser Ehr halte ich den 28 feb(ruari) 1803 [?] 63 fl

von liecht mössen 1803 ver Bleibt mir fiegl, von der obgesözt ßumä noch 33 fl ~~von ab~~ vnd von Rosß Tschausch von 14 Juni 1803 ver Bleibt mir fiegl 30 fl so auf leicht mössen [sic] 1804 zu zallen

ist die 30 fl aber [...]^a zinß

d[t]

<u>N. 28</u>

Rückseite:
N. 28

---

^a   Seite beschädigt.

Nr. 22

Gerichtsakt.
[Landgericht Neuhaus, Terlan] 1802 März 31

Zit. nach: Granichstaedten, Andreas Hofer als Schiedsrichter, 4. Original (nicht eruierbar) laut Hinweis in den „Moos-Leeg-Akten" des Gerichtes Neuhaus 1802.

Text von unbekanntem Schreiber, Andreas Hofers eigenhändige Unterschrift.

„Da griffen die Terlaner zur Selbsthilfe und beschlagnahmten am 27. März 1802 drei schöne Passeirer Pferde. Die hierüber aufgebrachten Passeirer wandten sich an Andreas Hofer, Sandwirt in Passeier, der sofort nach Terlan eilte, wo im Beisein Dr. v. Plattners beim Landgerichte Neuhaus (Terlan) schon am 31. März 1802 folgendes Protokoll zustande kam: ‚Herr Dr. Franz v. Plattner hat unter dem 30. März der Obrigkeit schriftlich eröffnet, daß jene drei Pferde, so die Passeirer am 27. März auf dem Terlaner Moos zur Weide getrieben und von da aus von Terlaner Bauern in Pfand[1] genommen worden sind, dem Herrn Andre Hofer, Santwürth in Passeier, gegen vorherige Einvernehmung zu Protokoll, Bezahlung der Unkösten und übrigen Verbindlichkeiten ausgefolgt werden mögen. [...] Zur Bekräftigung dessen hat Herr Andre Hofer dieses Protokoll unterschrieben: (Unterschrift)

‚Andre Hofer bekennet für diese drei Pferde.'"

---

[1]   Zum Begriff des „Pfandrechts" in der Tiroler Rechtsgeschichte vgl. Stolz, Rechtsgeschichte, 76–77.

Nr. 23

Von Andreas Hofer ausgestellter Schuldschein für Josef Gasser in Lavis (?).

o. O. 1802 April 21

Museum Passeier – Andreas Hofer. Orig.-Pap. 17,8 : 11 ca., Querformat, 1 Blatt, 1 Seite.

Text durchgehend eigenhändig von Hofer geschrieben, o. S. Auch die Unterschrift Gassers ist vermutlich von Hofer geschrieben, Gasser hat mit einem Vollzugszeichen (+) signiert.

Joseph Gasser in Näfi ver Pleibt mir auf ain Rosß 139 fl daran Ehr halte ich 50 fl = xr den 21. apprill 1802 ver Bleibt noch Rest auf Pfingsten zu zallen 89 fl
Joseph Gasser in näfi
+
ver Bleibt noch 14 fl

N. 23

Nr. 24

„Schulds Obligation für Tit(el) H(err)n Joseph vo(n) Call Pfleger [und Landrichter zum Stein unter Bärenberg, Anm.] von Andrea Hofer Gastwürth auf dem Sand". Leihsumme: 525 fl.

Passeier 1802 Oktober 13

SLA, Verfachbuch Passeier 1802, fol. 684v–685r.

Text von unbekanntem Schreiber, Andreas Hofers eigenhändige Unterschrift, o. S.

[…]
Andere Hofer [s]ant Wirth in Passeyr

Nr. 25

„Schulds Obligation für Tit(el) H(err)n Franz vo(n) Schasser Urbar Pfleger zu Kaltern vo(n) Andre Hofer Wirth am Sant in Passeyr". Leihsumme: 1.100 fl. Hofer verpflichtet sich, das Geld zu verzinsen und unter Verpfändung des gekauften *Piglianer Mooses* zurückzuzahlen.

Passeier 1802 Dezember 17

SLA, Verfachbuch Passeier 1802, fol. 792r–v.

Text von unbekanntem Schreiber, Andreas Hofers eigenhändige Unterschrift, o. S.

[…]
Andere Hofer ßant Wirth

Nr. 26

„Schuldsobligation für Johann Margesin beym Weisplatter zu Laubers von Andrea Hofer Gastwürth am Sandt". Leihsumme: 3.000 fl. Hofer verpflichtet sich, das Geld zu verzinsen und unter Verpfändung des Wirtshauses und der Güter „auf dem Sand" zurückzuzahlen.

Passeier 1803 Februar 23

SLA, Verfachbuch Passeier 1803, fol. 188v.

Text von unbekanntem Schreiber, Andreas Hofers eigenhändige Unterschrift, o. S.

[…]
Andere Hofer sant Wirth Bekhent

Nr. 27

„Schulds Obligation für Christian Hofer ledig zu Schramach von Andrea Hofer Sandtwürth". Leihsumme: 900 fl. Hofer verpflichtet sich, das Geld zu verzinsen und unter Verpfändung seiner „Wirths Tafferne" und Güter zurückzuzahlen.

Passeier 1803 März 15

SLA, Verfachbuch Passeier 1803, fol. 441r–v.

Text von unbekanntem Schreiber, Andreas Hofers eigenhändige Unterschrift, o. S.

[…]
Andere Hofer Bekhent

Nr. 28

Andreas Hofer erteilt Franz Anton *Tschohl* die Vollmacht, die 120 fl, die ihm Josef Haller, *Greil* in Dorf Tirol, schuldet, einzutreiben.

Passeier 1803 Juli 12

SLA, Verfachbuch Meran 1804, ohne Foliierung (eingebunden ad fol. 178v–180r). Orig.-Pap. 20,5 ca. : 35 ca., Hochformat, 1 Blatt, ½ Seite.

Text von unbekanntem Schreiber, Andreas Hofers eigenhändige Unterschrift, o. S.

Vollmacht.
Welche der Unterzeichnete für sich und seine Erben dem Franz Anton Tschohl in Meran dahin ertheilet, die bey Joseph Haller Greil zu Tirol zu fod[er]n habende 120 fl samt Unkosten gütig oder recht(lich) einzutreiben, das Geld zu empfangen, zu quittiren und einem allfällig(en) Geld Darschiesser die alt(en) Rechte abzutreten.
Passeyr d(en) 12. Juli 1803.
Andere Hofer

Nr. 29

Vertrag zwischen Andreas Hofer und Anton Atzwanger; dieser bestätigt den Kauf von 50 Yhren Weißwein zu je 24 ½ fl von Andreas Hofer, die erste Lieferung hat im Jänner, die zweite im Februar 1804 zu erfolgen.

Rattenberg 1803 Oktober 18

Privatbesitz Ing. Otto Auer, Innsbruck. Orig.-Pap. 22,5 ca. : 18 ca., Querformat, 1 Blatt, ½ Seite.

Text von Anton Atzwanger geschrieben und unterschrieben (das Wort „Weinn" nachträglich eingefügt), Andreas Hofers eigenhändige Unterschrift, o. S. Nachträgliche Bestätigung (mit Graphitstift) von erfolgter Lieferung und Bezahlung.

Dato accordiere mit H(errn) Andre Hoffer am Sand in Basßeyer auf 50 Yh(ren) weis guth und brobhaltigen [einer Überprüfung standhaltend, Anm.] Weinn Brandwein die Yh(ren) f[or]o hier gelögter à fl 24 ½, die erste Lifferung im Monath Jenner und die zweyte im Febr(uar) 1804 zu machen.
Zu deßen Bekrefftigung folget die Untherschrifft
Rattenberg d(en) 18(ten) 8bre 1803
Anton Azwanger
Andere Hofer ßant wirth

Alles geliffert und bezalt

Nr. 30

Andreas Hofer hatte 1802 dem Säumer Martin *Raich*, mit dem er gemeinsam Saumpferde besaß, auf einer „Geschäftsreise" zum Herbstmarkt in Hall 200 fl übergeben, für die er Salz kaufen wollte. *Raich* aber hatte auf dem Weg über den Jaufen das Säckchen mit dem Geld verloren, im darauffolgenden Frühjahr aber wurde es durch die Sterzinger Wegmacher gefunden und beim Gericht Sterzing hinterlegt. Da die Zeit, das Geld „auswechseln" zu lassen, vorbei ist, reicht Hofer beim Gubernium eine Bittschrift ein, um die Frist für die Auswechslung aufgrund dieses Unglücksfalles zu verlängern.

Passeier 1803 November 20

TLA, Jüngeres Gubernium, Fasz. 1051 (Kassa 1804), Akt Nr. 1455.

Zeitgenössische Abschrift, im Original eigenhändige Unterschrift (?) Andreas Hofers. Es könnte sich aber auch um ein im Auftrag Hofers etwa von einem Gerichtsbeamten verfasstes Schreiben (Text und Adresse) handeln, da eine Ausfertigung mit Originalunterschrift nicht überliefert ist. Kanzleivermerke des Empfängers auf der Adressseite, o. S.

Hochlöbliches kayser(lich) könig(liches) o/ö(sterreichisches)es Landes-Goubernium!
Der Unterzeichnete gab in Herbste des vergangenen Jahrs 1802 den Samer Martin Reich eine Summe von 200 fl – xr in Zwölfern zur Umsetzung und Einkaufung einer Quantität Salz auf, war aber dabey so unglüklich, daß ihm der benannte Samer nach dessen eigener vor Gericht geschechener und nach der Beylage – – – Littera A. erwähnte Summe über den Jaufen per [sic] verlohr; heuer in Frühjahr aber so glü[c]klich, daß sein verlohrnes Geld von den Weegmacher über den Jaufen Her Joseph Senn, der das Geld den gerichtlichen Zeugniß der löb(lichen) Gerichts Obrigkeit von Sterzingen von 28t(en) August d. J. gemäß – – – Litt(er)a B. hinterlegte, gefunden wurde, und er also wieder zu seiner Zwölfern kamm. Er bittet daher unterthänigst gehorsamst um die hohe

Gnade der Annahme dieser Summe und die gnädige Vergütung derselben.
Passeyer den 20t(en) 9ber 1803.
Andrä Hofer Sandwirth.

Rückseite:
Hochlöbliches kayser(lich) könig(liches) o/ö Landesgouberniuim!
Andrä Hofer Sandwirth in Passeyr bittet unterthänigst gehorsamst, daß eine ihm verlohrne gegangene und wieder gefundene Summe von 200 fl – xr in Zwölfern gnädigst angenohm(en) werden möchte.
Mit zwey Beylage(n)

Protokoll der Verhandlung dieser Causa vor dem Gericht Passeier im Februar 1804.

Gerichtskanzlei Passeier 1804 Februar 25

Gerichtsprotokoll, das sowohl die Aussagen Andreas Hofers als auch jene des Säumers Martin *Raich* enthält. Hofer hat sich für die Tatsache zu rechtfertigen, dass er in seinem Ansuchen um die Auswechslung des Geldes (hier wird ausdrücklich auf ein eigenhändiges „Zettelchen" bzw. eine Notiz auf einer Zollbollette verwiesen) nicht die verlorenen und wiedergefundenen 200, sondern 1.200 fl eingefordert hat. Eigenhändige Unterschrift Andreas Hofers, o. S.

[…] werde ich etwa vor der Zahl 1200 ein Beystrichl, weil ich solches wohl öfter hinseze, wo es nicht hingehört, hingesezt haben, so daß es dann die Obrigkeit anstatt 200 1200 laße; oder es kann vieleicht sonst ein Strich vor dieser Zahl von einem Buchstabe herab oder hinauf gestand(en) seyn; weil ich überhaupts eine unleserliche Schrift mache […].
Andere Hofer ßantwirth

Zweites Ansuchen Andreas Hofers um die Auswechslung des am Jaufen verlorenen und durch den Wegmacher wiedergefundenen Geldes.

Sand 1804 Juni 9

Zeitgenössische Abschrift durch den Richter Andreas Auer, im Original eigenhändige Unterschrift (?) Andreas Hofers. Es könnte sich aber auch um ein im Auftrag Hofers vom Richter verfasstes Schreiben (Text und Adresse) handeln, da eine Ausfertigung mit Originalunterschrift nicht überliefert ist. Kanzleivermerke des Empfängers auf der Adressseite, o. S.

Hochleblich k. k. o/o(esterreichisch)es Landesgubernium!
Schon vor ein Viertl Jahre wird von loblicher Gerichtsoberkeit das mit mir und dem Martin Raich in Betref meines bald vor einem Jahre an hoche Landesstelle eingegebenen Gesuches um Auswechslung meiner verlohren gegangen und wieder gefunden wordenen ungefähr per 200 fl-Zwölfern aufgenomene Einvernehmungsprothokoll an höchere Behörde eingesendet worden seyn.
Da mir aber meine Oberigkeit sagt, daß bis izt keine Entscheidung hierüber erfloßen oder eröfnet worden sey, so sehe ich mich veranlaßt widerhohlt zu bithen:
Hochlobliche Landesstelle wolle geruhen mir die angesuchte Auswechslung der besagten Zwölfern hochgnädigst zu verwilligen; indem ich dieses Geldes bedurftig und nur durch Unglük darumgekomen bin.
Sand [jn] Paßeyer den 9-ten Juny 1804.
Andre Hofer

Rückseite:
An hochloblich k. k. o/o(esterreichisch)es Landesgubernium!
Bitte des Andre Hofer am Sand um Auswechslung seiner 200 fl-Zwölfer.

Nr. 31

Eigenhändiges „Exlibris" Andreas Hofers in einem „Gebett-Buch", gedruckt 1747 in Konstanz.

1804

Buch 1909 in Privatbesitz. Fotografie in: Österreichs Illustrierte Zeitung, 18. Jg. (1909), Heft 46, 1071.

Text von Hofer mit Tinte auf die Innenseite des vorderen Buchdeckels geschrieben.

disses Piechl gehört mir Andere Hofer an ßant in Passeyr 1804

Nr. 32

Hofer bestätigt, 127 fl 14 xr richtig empfangen zu haben, die Franz Anton *Tschohl* in seinem Namen bei Maria *Mumelterin*, Gattin des Josef Haller, Greil in Dorf Tirol, eintreiben sollte (s. Nr. 28), die aber schlussendlich Jakob Flarer, Widumbaumann in Dorf Tirol, erlegt hat.

St. Leonhard 1804 Februar 3

SLA, Verfachbuch Meran 1804, ohne Foliierung (eingebunden ad fol. 178v–180r). Orig.-Pap. 20,5 ca. : 35 ca., Hochformat., 1 Blatt, ½ Seite.

Text von unbekanntem Schreiber, Unterschrift Andreas Hofers und weitere eigenhändige Unterschriften, o. S.

Der Unterzeichnete bekennt hiemit, aus Handen jenes Gewalthabers Franz Anton Tschohl zu Meran die bey dem Joseph Haller Greil zu Tirol wegen eines Pferdkaufs zu fordern gehabte, von des leztern Ehegattin Maria Mumelterin schuldhaft übernohmene, und von Jakob Flarer Wiedumbauman bezahlte 120 fl samt 7 fl 14 xr erloffenen Unkosten richtig empfangen zu haben.
St. Leonhard in Passeyr den 3. Feb(ruar) 1804.
Andere Hofer Bekhent Empfangen zu Hab

Joh Hofer(m. p.). als Zeig.
Ant[o]n Plater als Zeig

Nr. 33

Hofer schreibt, er hätte um 9 Uhr zwei Briefe von Morandell erhalten, lehnt aber das Angebot desselben ab, ihm mit 1.000 fl auszuhelfen, da er keine Obligation (persönliche Haftung für eine Verbindlichkeit) abgeben könne. Er fürchtet, seine Knechte würden Morandell nicht genehm sein. Weiters bestätigt Hofer, die Unterschrift des Johann *Griner* sei gleich viel wert als seine eigene.

o. O. 1804 Februar 14

BSB Autogr. Cim. Hofer, Andreas 1. Orig.-Pap. 16,3 ca. : 36 ca., Hochformat, 1 Blatt 1 Seite.

Geschrieben und adressiert eigenhändig von Hofer, gesiegelt mit fremdem Siegel (Initialen „G H"?).

Beßonders Hoch ge Ehrttester H etc.
Als auf den 14 vm 9 vrr, Ehr hielte ich 2 Prief von Jhnen, vnd Ehr ßiche, das sie mir wollen, mit 1000 fl ver hilflich sein, indöß sen, aber, die zeit nit zue lasset, Jhnen, die obligatiom [sic] abzu göben, nach inen ver lagen, den meine khnecht wurden Jhnen filleicht nit an

stendig sein, vnd kheine andere, khente ich nicht haben, vm 9 vrr Ehr hielte ich die Prief, vnd vm 5 vrr in der frue den 15 febr(uar) schickhe ich den Prief widerumen, nacher, meran, mit hin ob iches von Herzen gehrne wolte, alles folziechen, in dössen aber nit hat khenen sein, so haben ßie ßich zu ver ßicheren, wan ßich der Johan Griner vntter zeichnet, nemen ßie dorten Zeigen, nach Jhnen Belieben, vnd sein vntter schrifft dient fir meinder, Behalten ßie Jhnen nur auch dissen 1 Prief auf, albo ich mein vntter schrifft, mache vnd das ßiggil Bei druckhe, wiß mir Bede geßunder zu ßamen khomen
in dössen sein ßie vnd inen frau liebste, stetß in mein Angedenckhen, vnd in schuz Gottes Be fohlen, auf Richt iger diener
Andere Hofer ßant Wirth in Passeyr
alß den 14 febr(uar) 1804

Rückseite:
an dem wohl ge Pohrnen Herrn Joseph Vo morendel etc. zu khalteren Zu ge Ehrttesten handen

Nr. 34

„Schulds Obligation für H(err)n Franz Joseph vo(n) Teiß der Rechte Doctor und Advokaten in Botzen von Andrea Hofer Gastwürth auf dem Sand". Leihsumme: 400 fl.

Passeier 1804 Februar 23

SLA, Verfachbuch Passeier 1804, fol. 300v–301r.

Text von unbekanntem Schreiber, Andreas Hofers eigenhändige Unterschrift.

[…]
Andere Hofer

Nr. 35

Schreiben Hofers an einen unbekannten Empfänger, wonach dieser der Engelwirtin in Hall zwei Geschirr Rot- und ein Geschirr Weißwein schicken soll; sollte der Wein nicht ausreichen, so hätte sich der Empfänger darum zu kümmern, weiteren zu besorgen.

Hall 1804 Mai 14

Germanisches Nationalmuseum Nürnberg, Historisches Archiv: WF Österreich 1797–1835. Orig.-Pap. 18,7 : 20,9, Hochformat, 1 Blatt, 1 Seite.

Eigenhändiger Text von Andreas Hofer, o. S. Die Rückseite ist nicht einsehbar, da das Dokument auf Trägerpapier aufgezogen wurde.

Beßanders Hoch ge Ertter H H etc.
ich Ehr ßueche ßie, das ßie der frau Engl Wirthin zu hall, wohlen 2 geschirr Rotten ßiessen, Wein Jber schickhen, nebst 1 geschirr Weissen guetten, vnd wan ßie nit ßollen auß lanen, so ßöchen ßie antert wo Ehr Ein zu khriegen, [ß]ie wirth selbsten, an ßözen wie vill ßie fir der mallen haben wolte, Thuen ßie disse wirthin, Recht lauth Bedienen, in dem ßie wolte auch das negste Jahr Bei Jhnen, ver lieb nemen, von Einer grösseren zalle wein, wie ßie schon selbst schreiben wirth hall den 14 mei 1804
Andere Hofer Auß Passeyr

Nr. 36

Gegen *Benevenuti von Burgetto*, der Hofer 135 fl schulde, hätte dieser bisher durch Ersuchen um die Zahlung nichts ausrichten können. Hofer bittet deshalb das Stadtgericht Hall, jenem ein Pferd zu beschlagnahmen. Das Ansuchen wird genehmigt.

Hall 1804 Mai 14

Stadtarchiv Hall in Tirol, Urk. 1516. Orig.-Pap. 36,5 ca. : 21,5 ca., Hochformat, Doppelblatt, 1 Seite.

Text von unbekanntem Schreiber (*Esterhamer?*), Andreas Hofers eigenhändige Unterschrift, o. S.

Actum Stadtg(eric)htsk(an)zley Hall den 14. Mai 1804.
Vor lob(licher) Stadtg(eric)hts Oberkeit actuante Ig(naz) Esterhamer
Andre Hofer Wirth am Passeyer machet dato das Ansuchen, das einem Wälschen, der sich Benevenuti von Burgetto schreiben soll, ein Pferd ~~mit~~ von brauner Farbe mit Verboth belegt werden möchte, weil er an selben ~~100~~ 135 fl zu fodern habe, und biethet sich an seine Foder(ung) zu erweisen, sichert auch dem G(eric)hte für allenfällige Schimpf und Schaden die fürpfänd(liche) Schadloshalt(ung) zu.
Zur Bestättig(ung) hat er sich hier im Protokoll unterschrieben, mit dem Beisaz, das er den Schuldner um die Bezahlung gütigen Standes zwar angegangen, aber nicht erhalten habe, und [desse]n Vermögensumstände ihm nicht bekannt seyen.
Andere Hofer ßant Wirth auß Passeyr

Rückseite:
Auf Ansuchen des Andre Hofer im Passeyr wird auf desselben Wach und Gefahr hiemit der g(eric)ht(lich)e Verboth auf ein dem H(err)n Benevenuti in Borgetto angehöriges Pferd hiemit verwilliget und dem Simon Schober Wirth am Bärn aufgetragen, das er das von Verbothswerber befingerzeigte Pferd solange nicht abführen lassen solle, bis dieser Verboth wieder als aufgehoben erklärt seyn wird.
Sig(natum) Stadtg(eric)htsk(an)zley Hall d(en) 14t(en) Mai 1804.

Rückseite: Kanzleivermerk.

Nr. 37

„Schuldsübergab- und Quittung für die Michael Ennemoserische Verlassenschaft in der Viehscheid in Allgund von Andrea Hofer Sandwürth auf Franz Wallnöfer von Schlanders". Hofer bestätigt, die aus einem von dem später verstorbenen Ennemoser getätigten Pferdekauf schuldigen 192 fl empfangen zu haben und tritt Ennemosers Erben die Rechte bei Franz Wallnöfer ab.

Passeier 1804 November 15

SLA, Verfachbuch Passeier 1804, fol. 673r–v.

Eigenhändige Unterschrift Andreas Hofers, o. S.

[…]
Andere Hofer ßanth Wirth

Nr. 38

Hofer lässt in einem Gerichtsakt festhalten, er hätte Johann *Schwaikhofer* einen Brief mit Geld übergeben, den jener dem Mondscheinwirt in Bozen überbringen sollte. *Schwaikhofer* hat bereits ausgesagt, den Brief der Kellnerin übergeben zu haben, Brief und Geld seien – so Hofer – aber nie beim Empfänger angekommen. Das Geld (57 fl) sollte in Bozen von einem Fleimser Bauern abgeholt werden, dieser aber hätte sich an Hofer direkt gewandt, um nicht nur die 57 fl einzufordern, sondern auch für die weite Reise vom Fleims- ins Passeiertal entlohnt zu werden. Diese Summe (70 fl) will Hofer nun von *Schwaikhofer* ersetzt bekommen.

Passeier 1804 November 19

TLA, Tiroler Landesverteidiger 1809. Fasz. I., Pos. 1.: Akten über Zivilprozesse Andreas Hofers. Akten des Landgerichtes Passeier. Orig.-Pap. 21,8 ca. : 35,5 ca., Hochformat, Doppelblatt, 2 ½ Seiten.

Text von unbekanntem Schreiber, es handelt sich hierbei um ein Duplikat, sodass die Unterschrift Hofers nicht eigenhändig ist. Die Passage „u. […] Eid" nachträglich eingefügt durch Verweis.

Löbl(iches) Gericht!
Als Johann Schwaikhofer zu St. Leonhard sich vor einigen Jahren nach Bozen begab, händigte ich ihm einen Brief ein, mit dem Bedeuten, daß Geld darinn verschlossen wäre, und ersuchte ihn, solchen dem Mondschein-Wirth in Bozen zu bestellen, wozu er sich auch herbeyließ. Allein anstatt das Schreiben dem Mondschein Wirth zu bestellen, behändigte er es der Kellerin, wie er dieses alles selbst gerichtlich eingestand, und im Nothfalle durch H(err)n Johann Oberdörfer Oberschreiber und Peter Weyerberger mittels der Weis Artickel Litt. A u. meinen Erfüllungs Eid erwiesen werden kann.
Sey es nun, daß Schwaikhofer den Brief nicht einmal der Kellerin oder diese nicht ihrem Wirth übergab, genug, Brief und Geld war für mich verloren, und da 57 fl darinn enthalten waren, so erbiethe ich mich meinen diesfälligen Schaden eben auf 57 fl zu beschwören. Noch mehr! Der Mondschein-Wirth in Bozen war von mir beauftragt, die genannten 57 fl in meinem Namen einem Fleimser Bauern zu bezahlen, der diese Bezahlung bey dem Mondschein Wirth zu erheben eben von mir angewiesen wurde. Der Fleimser, der nun nie seine Befriedigung erhalten konnte, machte den weiten Weg von Fleims bis nach Passeyer zu mir, wo ich ihm nicht nur die schuldigen 57 fl, sondern auch für Hin- und Herreise, dabey verlegte Zehrung und Zeitversäumniß 13 fl zahlen mußte, so daß mein Schaden u. Daranliegen wegen des vom Schwaikhofer nicht behändigten Briefes sich auf 70 fl beläuft, welches ich durch den Schätzungs Eid zu beschwören mich hiemit erbiethe. Ich bitte daher zu erkennen: Johann Schwaikhofer sey mir 70 fl nebst den diesfälligen Kosten zu be ersetzen schuldig.
Passeyer den 19ten 9b(er). 1804.
Andree Hofer.

Rückseite: Kanzleivermerke.

Hofer sucht um die Verschiebung der angesetzten Verhandlung an, da er wegen dringender Geschäfte nach Kaltern reisen müsse.

St. Leonhard 1804 Dezember 12

Bestand s. oben. Orig.-Pap. 21,3 ca. : 34,8 ca., Hochformat, Doppelblatt, ½ Seite.

Text von Anwalt Josef Gufler (?) geschrieben, Andreas Hofers eigenhändige Unterschrift, o. S.

Lobliche Gerichts Oberkeit!
Da ich wegen dringenden Weinhandel unverzüglich nacher Kaltern verreisen muß, so bitte ich, lob(lich)e Gerichts Oberkeit geruhe die wider Johann Schwaikhofer Kramer dahier auf dem 14ten[a] dieß Monats bestimte Tagsatzung auf dem 8ten Jänner künftigen Jahrs zu überlegen.
St. Leonhard in Passeyer den 12ten Xber [Dezember, Anm.] 1804
Andere Hofer

Rückseite: Kanzleivermerke.

Am 19. Jänner 1805 erfolgt die Urteilssprechung am Gericht Passeier, wonach *Schwaikhofer* verpflichtet wird, binnen 14 Tagen an Hofer als Kläger den geforderten Schadenersatz von 70 fl samt den Gerichtskosten zu bezahlen. Hauptgrund für dieses Urteil ist die Tatsache, dass der Angeklagte nicht zur Tagsatzung erschienen sei und somit nach dem Gesetz als schuldig gelte.

---

[a] Urspr. „17ten", korrigiert zu „14ten".

Nr. 39

Gerichtsakt.

TLA, Tiroler Landesverteidiger 1809. Fasz. I., Pos. 1.: Akten über Zivilprozesse Andreas Hofers. Akten des Landgerichtes Passeier.

Josef *Bauerschafter* aus Lana wendet sich (Lana 1804 Oktober 10) an das Gericht Lana mit der Klage, Andreas Hofer schulde ihm Geld. Es kommt zur Verhandlung im Gericht Passeier, wobei für den 15. November 1804 beide Parteien vorgeladen werden. Der Geklagte Andreas Hofer bietet einen Vergleich an und erklärt sich bereit, statt den von *Bauerschafter* geforderten 90 fl die Hälfte, also 45 fl, zu bezahlen. Der gerichtliche Vertreter *Bauerschafters* Dr. von Gasteiger aber erklärt, zur Schließung eines Vergleichs nicht bevollmächtigt zu sein.

Hofer sucht um die Verschiebung der angesetzten Verhandlung an, da er wegen dringender Geschäfte nach Kaltern reisen müsse.

St. Leonhard 1804 Dezember 12

Orig.-Pap. 21,2 ca. : 34,6 ca., Hochformat, Doppelblatt, ½ Seite.

Text von Anwalt Josef Gufler (?), Andreas Hofers eigenhändige Unterschrift, o. S. Die Passage „wider mich" durch Verweis nachträglich eingefügt.

Lobliche Gerichts Oberkeit!
Da Unterzeichneter in dringenden Weinhandelschaftsangelegenheiten nacher Kaltern reisen muß, so bitte ich ~~in Sachen~~ lobliche Gerichts Oberkeit geruhe die in Sachen Joseph Bauerschaffter zu Lahna auf den 14t(en) dieß wider mich außgeschriebene Tagsatzung bis nach den Weihnachtsferien zu erstreken.
St. Leonhard in Passeyer den 12 ten Xber 1804
Andere Hofer

Rückseite: Kanzleivermerke.

Im Gericht Passeier wird die Aussage Hofers festgehalten (1805 Jänner 8): Es sei wahr, dass der Kläger *Bauerschafter* dem Beklagten Hofer einen Schuldschein zu 90 fl, den ihm ein Wirt in Verona wegen einer rückständigen Zahlung ausgestellt hatte, nach Verona mitgegeben hätte mit dem Auftrag, entweder die Schulden einzutreiben oder den Schuldschein zurückzubringen. Hofer hätte den Wirt in Verona wirklich um Zahlung ersucht, dann aber den Schuldschein dem Handelsmann Anton *Biasi* in Ala übergeben mit dem Auftrag, die Schulden in Verona einzutreiben. Hofer hätte sich alsdann sofort nach Lana begeben und den Kläger mündlich über das Geschäft informiert, wobei *Bauerschafter* mit diesem Vorgehen einverstanden gewesen sei.

In einer Replik des Klägers äußert dieser den Verdacht, Hofer hätte die 90 fl einkassiert und für sich behalten. Da die Rückgabe des Schuldscheins nicht mehr möglich sei, fordert *Bauerschafter* nun die Zahlung der 90 fl durch Hofer (eigenhändige Unterschrift Andreas Hofer).

Am 31. Jänner 1805 wird im Gericht Passeier das Urteil gesprochen, wonach Hofer *Bauerschafter* entweder den Schuldschein zurückgeben oder 90 fl zusätzlich der Gerichtskosten zu bezahlen hätte. Der Geklagte aber hätte weiterhin die Möglichkeit, zu beweisen, dass die Übergabe des Schuldscheins an *Biasi* vom Kläger gebilligt gewesen sei.

Hofer übergibt dem Gericht die Eidesformel für seinen Gegner Josef *Bauerschafter*.

Passeier 1805 März 24

Orig.-Pap. 21 ca. : 35 ca., Hochformat, Doppelblatt, ½ Seite.

Zweitausfertigung (?).

Lobliche Gerichts Oberkeit!
Im Anschluss übersende ich die Eidesformel an meinen Gegner Joseph Bauerschafter und bitte, lob(lich)e Gerichts Oberkeit geruhe sollche demselben zur Beschwörung vorzulegen.
Passeyer den 24ten März 1805
Andrea Hofer Sandwürth

Josef *Bauerschafter*, gewesener *Rößlwirth* in der Gemeinde Vill zu Lana, legt am 2. April 1805 in Lana den Eid ab, dass er die Übergabe des Schuldscheins an Anton *Biasi* nicht gutgeheißten hätte. An dieser Stelle bricht die Überlieferung in den Gerichtsakten ab, der Ausgang der Streitsache bleibt unklar.

Nr. 40

„Schuldsobligation für Anton *Höllriegl* Gemeinen bey dem k. k. Infanterie Regiment Neugebaur von Andrea Hofer Sandwürth". Leihsumme: 85 fl 11 xr. Hofer verpflichtet sich, das Geld zu verzinsen und unter Verpfändung des Sandhofes zurückzuzahlen.

Passeier 1805 Februar 6

SLA, Verfachbuch Passeier 1805, fol. 112v–113r.

Eigenhändige Unterschrift Andreas Hofers, o. S.

[…]
Andere Hofer

Nr. 41

Gastwirtschaftsrechnung, wonach das Geld, das ein geistlicher Herr (wahrscheinlich der Bischof von Chur Karl Rudolf Freiherr von Buol-Schauenstein[1]) dem Sandwirt schuldet (21 fl 33 xr), für Heilige Messen im Namen Hofers verwendet werden soll.

o. O. 1805 Oktober 22

TLMF, FB 2729, 2. Orig.-Pap. 22,5 ca. : 8,1 ca., Querformat, 1 Blatt, 1 Seite.

Text eigenhändig von Andreas Hofer, zwei Privatsiegel (I) als Verschluss.

waß Jhro hoch firstlich gnaden, (etc.) Bein sant Wirth, schuldig sein ist mit geistliche Herrn (etc.) vnd alles wie auch [ʋ]herr gollrainer 2 fl 8 xr zu ßamen in allen 21 fl 33 xr vnd disse ßume, solle zu heillige mössen applizierth werden, zu meiner meinung, in [d]össen[a] *mein khumpplement nebst höflicher Enttfehlung Andere Hofer ßant Wirth den 22 october 1805*

---

a Loch im Papier.

Nr. 42

Gerichtsakt: Da über das Vermögen des Johann Graus, Gastwirts in Sterzing, der Konkurs eröffnet wurde, haben unter anderen Gläubigern auch Andreas Hofer, Josef und *Jennewein* Gufler (beide Säumer) sowie Josef Haller (Bauer zu Walten) von Passeier *wider dessen Gandmassa* eingeklagt. Da sie bei den Verhandlungen nicht persönlich anwesend sein können, erteilen sie Pankraz Reinisch, Oberschreiber beim Stadt- und Landgericht, die Vollmacht, ihre Interessen zu vertreten.

Passeier 1806 Juli 16

SLA, Sammlung Steiner, 315, vermutlich Auszug aus einem Verfachbuch.

Eigenhändige Unterschrift Andreas Hofers, o. S.

[…]
Andere Hofer ßant Wirth

---

1 Vgl. Hirn, Erhebung, 166.

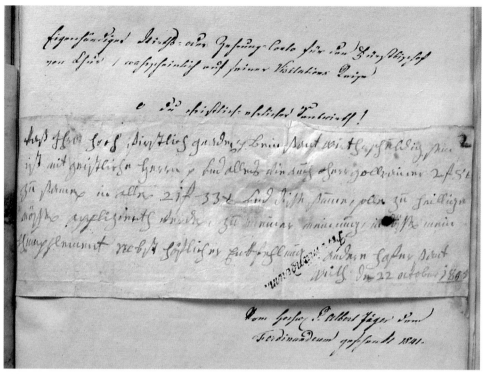

Abb. 29: S. Nr. 41. Eigenhändige Gastwirtschaftsrechnung Andreas Hofers für einen geistlichen Herrn mit Gefolge (1805 Oktober 22). TLMF, FB 2729, 2. Foto: Oberhofer.

Nr. 43

Hofer schreibt – auch im Namen von Josef Hager, Wirt in Oberndorf, des Verwesers des Bergwerks Schneeberg, sowie eines Sparber von Sterzing – an Erzherzog Johann, er hätte bereits wiederholt um Nachricht gebeten, und schildert die vor allem religiösen und wirtschaftlichen Sorgen der Tiroler; er deponiert seinen Wunsch nach einem Treffen mit dem Erzherzog.

Oberndorf 1806 August 8

Privatbesitz. Orig.-Pap. 22 ca. : 37 ca., Hochformat, Doppelblatt, 2 Seiten.

Text und Adresse von unbekanntem Schreiber (Josef Hager?), Andreas Hofers eigenhändige Unterschrift, o. S. Späterer Dorsalvermerk von zweiter Hand.

An Ihro könig(lich)e Hochheit (etc.) (etc.).
Daß ich mich Entes Gesezter zum 2t(e)n Mal erkeke, Euer könig(liche)n Hochheit zu schreiben. Ja mit so grosen Begierden erwarte ich von Ihro k. kr Hochheit (etc.) (etc.) eine bar Zeillen, das mier dieses nicht kente geglaubet werden, in dem ich schon in Zeit vor 3 Monath ge antwortet habe und durch ein Gewissen habe schreiben lasen; indessen ist von uns aufrichtigen Herzen, was aber Verstokte sind gehen uns nichts an, widerholt v(on) Herzen die nach Gott, nach dem Kaiser und Ihro könig(lich)[e] Hochheit (etc.) (etc.) denken, diese tragen folgende Sorgen: Erstens es mechte uns ergehen, als wie ich

zu Ihro k. k. Hochheit (etc.) (etc.). zu Praunneggen gesagt habe, das uns nicht leicht kente oder mier nicht kenten helfen; mehr zum 2.t(e)n Mal gleich des die Gesetz oder Geboth derfen nicht mehr gar zu genau gehalten werden; mehr von unserer Religion, mithin wehr es als wan mier kenten das Ewige Licht verlieren, ach Gott nur das nicht wan wür bitten dörfen. Zum 3t(en) wie es uns mit dem Geld ergehet; wirdet Ihro könig(lich)e Hochheit (etc.) (etc.) ehe vor wissen, das alle Sortten der Münz bald hoch, bald nider oder minder, das man nimmer weis wie man drein ist. Wegen der Banco Zetlen komt es ain und andern Armen gar so hart an, das man es nicht leicht glauben mag; wegen meine Parr Dausent braucht es Geduld, aber auch sehr hart falt es mier. Wan ich aber wiset, wo Ihro könig(lich)e Hochheit (etc.) (etc.) wehren, so lasset ich mier keinen Weg zu weid sein, um einmal Sie noch sechen zu können und zu gleich zu bitten, um mier die Banco Zetl aus bringen zu können. Aber noch mehr denkt mein Herz nur ein bar Stunde, wo nicht lenger mit Ihro könig(liche)n Hochheit zu sprechen zu können, nebst bey ich mich unter thänigst gehorsamst empfehle.
Die Atxesse [Akzise, Anm.] ist folgende zu machen: welcher der sicherste Mann, mier es widerum sicher behändiget. Dem Joseph Hager Wierth und Gastgeb zu Oberndorf nechst der Post Station St. Johann des Gerichts Kitzbühel.
Die besondere Empfehlung folgt von mier Unterzeichneten; dan von bemelten Wierth Joseph Hager als vormals gewesten 2t(e)n Hauptman der Schützen Compag(nie), dan von H(err)n Verweser v(on) Schneberg zu Sterzing und von Sparbar [sic] zu Sterzing.
Oberndorf de(n) 8t(e)n Augu(sti) 1806.
Andere Hofer

Rückseite:
S.r könig(liche)n Hochheit der durchläuchtigste Fürst und Herr Herr Joh. Bapt. Joseph könig(liche)r Prinz von Ungarn und Böhmen (etc.) (etc.) Erzherzog von Oesterreich (etc.) (etc.).

Schreiben des Andreas Hofer an kais(erliche) Hoheit Erzherzog Johann dd. Oberndorf den 8. Aug. 1806.

Nr. 44

„Schulds Obligation für Andrea Hofer Sandwürth von Johann Gufler Saumer in Saltaus". Gufler bekennt, Hofer wegen abgekauften Saumpferden samt Zubehör 894 fl 10 xr sowie wegen eines baren Darlehens 41 fl 25 xr schuldig zu sein, insgesamt also 935 fl 35 xr. Als Abschlag tritt Gufler an Hofer das Erbe nach dem Ableben seines Vaters im Ausmaß von 492 fl ab. Gufler verpflichtet sich, den Rest zu verzinsen und unter Verpfändung seiner sechs Saumpferde samt Zubehör zurückzuzahlen.

Passeier 1806 September 24

SLA, Verfachbuch Passeier 1806 fol. 692r–693r.

Eigenhändige Unterschrift Andreas Hofers.

[…]
Andere Hofer

Nr. 45

Hofer rechtfertigt sich in einem Brief an den Müllermeister Josef Rössler in Bozen für seine Schulden damit, dass ihn sein eigener Gläubiger in Bozen nicht auszahlen wolle und er das Geld somit nicht aufbringen könne. Er würde selbst nach Bozen gehen, um das Geld zu kassieren.

Sand 1807 Februar 18

TLMF, FB 2731, 18. Text als Abschrift von 1867 überliefert, das Original befand sich laut Bemerkung des Abschreibers zu diesem Zeitpunkt in der Handschriftensammlung des Anton Trientl, Großhändler in Salzburg.

Das Original ist mit Sicherheit durchgehend eigenhändig von Hofer geschrieben und – laut Abschreiber – gesiegelt. Es lassen sich hier auch einige Kopierfehler ausmachen, so etwa die Lesung „vahr" für „wahr", „hie vntter" für „hin vntter", „laben" für „leben", Hofer hat diese Wörter mit großer Wahrscheinlichkeit richtig geschrieben. Ansonsten scheint die Abschrift dem Original sehr nahe zu sein.

[…]
Böster H(err) meister
Ja Eß ist vahr, ich habe schon, vm Thomaß herum, ßie zallen lassen wollen, ich habe Eine schuld zu Pozen, Vo 70 f. – x vnd mit dissen gelt hötten ßie sollen Bezalt werden, Jezt ist mihr geschriben worden, Ehr khente mich nicht zallen, ich ßolle das Ross annemen, oder Ein winde, Jezt schreibe ich Jhm noch Ein mall, durch den Ötlles gei khnecht, wo Ehr mich wohle zu friden ßöllen oder nicht, Eß ßei wie Eß doch wohle, in zeit Vo 10 oder 12 Theg gehe ich ßelbst hie vntter, vnd gibt Ehr Eß herr so gibt Eß Jhnen der gei khnecht, laben ßie guet[.] vnd ich ver Bleibe der auf Richte schuldner
Andere Hofer
ßant den 18 Feb(ruar) 1807

[…]
Vo Passeye(r) An den Thitl. herrn Joßeph Rös[s]ler miller meister in Pozen.

[…]

Nr. 46

Gerichtsakt.

TLA, Tiroler Landesverteidiger 1809. Fasz. I., Pos. 1.: Akten über Zivilprozesse Andreas Hofers. Akten des Landgerichtes Passeier.

Meran 1807 Mai 22: Anton Vorhauser aus Meran gibt an, im vergangenen Jahr an Andreas Hofer 14 Yhren, 3 Pazeiden und 5 Maß Branntwein verkauft zu haben, die Yhre zu 53 fl, in Summe also für 758 fl 49 xr. Der Geklagte Andreas Hofer hätte davon bereits 420 fl bezahlt und Vorhauser eine Stute im Wert von 224 fl übergeben, Vorhauser hätte also in Summe 644 fl erhalten, womit ihm Hofer noch 114 fl 49 xr schuldig sei. Der Kläger hätte öfters versucht, das Geld in Güte zu erhalten, sei aber immer wieder mit Ausflüchten vertröstet worden.
Am 1. Juni 1807 erklärt Hofer bei Gericht (Passeier), er willige in das schriftliche Verfahren ein (eigenhändige Unterschrift Andreas Hofers).

Einrede Hofers: Er schulde Vorhauser nicht 758 fl 49 xr, sondern nur 704 fl 10 xr, von dieser Summe hätte er bereits 644 fl bezahlt, u. a. durch den Verkauf einer Stute. Hofer wolle nun den Haupteid ablegen, dem Kläger nur mehr 60 fl 10 xr schuldig zu sein, sollte dieser den Vorschlag zur Zahlung dieser Summe nicht akzeptieren.

Passeier 1807 Juni 11

Bestand s. oben. Orig.-Pap. 21,2 ca. : 35,3, Hochformat, Doppelblatt, 2 ½ Seiten.

Text von Anwalt Josef Gufler (?); eigenhändige Unterschrift Andreas Hofers, o. S. Die Passage „Brandwein, und" im letzten Absatz nachträglich eingefügt.

Pfandgericht Passeyer!
Über die Klage des Anton Vorhauser zu Meran vom 22ten v. und Erhalt 1ten d. M. erstattet Unterzeichneter nach dem mit selbem getroffenen Einverständnis zum schriftlichen Verfahren, und destwegen laut Dekrets vom 1ten dies Monats und gerichtlicher Zustellung vom nähmlichen Dato erhaltener Frists Verlängerung folgende schriftliche Einrede:
ad a: Es wird als unwahr widersprochen, daß der Unterzeichnete (wie Kläger vorgiebet) von selbem 14. Yhrn 3. Patzeiden 5. Maas Brandwein, die Yhrn zu 53 fl gekauft, daß der Sämerschneller Johann Ratschiller so viel Brandwein in des Unterzeichneten Läglen abgezohen, und der Beklagte abgeführt habe.
Beklagter kaufte und empfieng vom Kläger nur 14. Yhrn 1. Pazeiden Brandwein, und zwar die Yhrn nur per 50 fl.
Es betragt also meine ursprüngliche Schuldigkeit nicht (wie Kläger vorgiebt) 758 fl 49 xr, sondern nur 704 fl 10 xr.
An dieser Schuldigkeit bezahlte ich demselben theils in B. Z [= Barzahlung?, Anm.], theils mittels einer verkauften Stutte, wie Kläger richtig eingesteht, in Summe 644 fl – xr.
Ich bleibe also dem Kläger, wenn diese von ihm empfangene Abschlags Zahlung von meiner ursprünglichen Schuldigkeit abgezohen wird, nicht (wie Kläger falsch vorgiebt) 114 fl 49 xr, sondern nur mehr Rest schuldig 60 fl 10 xr, wellchen ich dem Kläger also gleich zu bezahlen bereit binn.
Auf dem Fall aber, wenn derselbe ~~nicht~~ sollchen nicht annehmen will, erbüthe ich mich den mir vom Kläger aufgetragenen Haupteid, daß die von selbem in der Klage angeführten Umstände a et [d]. nicht wahr seyen, und daß ich nur 14 Yhrn 1. Pazeiden ~~und~~ Brandwein, und zwar die Yhrn nur zu 50 fl meines Wissens und Erinnerns von ihm erkauft und abgeführt habe, folglich ihm urspringlich nur 704 fl 10 xr schuldig geworden, nun aber nach ~~der~~ geschehener Abschlagszahlung per 644 fl ihm nur mehr 60 fl 10 xr schuldig seye, abzuschwören, mit beyfügender Bitte, das Pfandgericht geruhe durch Urtheil mich zu Ablegung des Haupteides zuzulassen, und den Kläger mit seiner übertriebenen Foderung ab- und zum Ersatz der verursachten Prozesskosten anzuweisen.
Passeyer den 11ten Juny 1807
Unterthänig gehorsamer Andere Hofer

Rückseite: Kanzleivermerke.

Anton Vorhauser antwortet auf die Einrede Hofers in einer Replik (Passeier 1807 Juni 26): „Wer sollte sich wohl einbilden: daß unter einen so ehrwürdigen schwarzen Bart ein eben so schwarzes Gewißen stehe: womit sich Beklagter waget sich zum Eyd anzutragen: […]." Er bezeichnet die Bereitschaft Hofers, einen Eid abzulegen, dass Vorhauser ihm nicht 14 Yhren, 3 Pazeiden und 5 Maß, sondern 14 Yhren und 1 Pazeide Branntwein (die Yhre nicht zu 53 fl, sondern nur zu 50 fl) verkauft hätte, als „Verwegenheit". Vorhauser lässt festhalten, Hofer hätte sich ihm gegenüber nicht wegen Menge und Preis, sondern vielmehr in „kindische[r]" Weise wegen der Qualität des Branntweins beklagt. Er erklärt, sich vorerst mit Vorbehalt mit 60 fl 10 xr zufriedenzugeben, bis er imstande sei, weitere Beweise für die Schuld Hofers zu liefern.

Hofer antwortet hierauf mit folgender Duplik:

Passeier 1807 Juli 9

Bestand s. oben. Orig.-Pap. 22,1 ca. : 36, Hochformat, Doppelblatt, 3 Seiten.

Text von Anwalt Josef Gufler (?), Andreas Hofers eigenhändige Unterschrift, o. S.

[…]
Pfandgericht Passeyer!
Über die von Anton Vorhauser wider mich eingestellte Repplik vom 26ten und Empfang 30t(en) vorigen Monats folgt diese meine Dupplic:
Wenn der Kläger schon unter einem schwarzen Barth ein so schwarzes Gewissen zu finden glaubt, was soll man erst von einem rothen Barth denken, wellcher nach dem gemeinen Sprichwort so sehr verschreiet ist. Doch zu was dienen entehrende Anzüglichkeiten?
Ich kann und werde den angebothenen Haupteid über die in meiner Einrede angeführten Umstände abschwören, ohne mein Gewissen dadurch im Geringsten zu beflecken.
Der Kläger ist daher mit seinen Erinnerungen auf die Straffen, wellche der Meineid nach sich ziehet, bey mir nicht recht daran, indem mir sollche schon zum Voraus bekant sind, und es mir niemals einfiel, die Ruhe meines Gewissens und meinen ehrlichen Namen um alles in der Welt, viel weniger um eine sollche Kleinigkeit zu vertauschen.
Daß ich aber (wie Kläger vorgiebet) nur über die Qualität, nicht aber über die Quantität und den Preiß des Brandweins Einwendungen gemacht habe, ist falsch, ich beschwärte mich immer, und zwar mit Recht, nicht nur über die Beschaffenheit des Brandweins, wellche weit schlechter war, als mir versprochen word(en), sondern auch über das Maaß, und den Preiß des Brandweins, wellche der Kläger höher, als wür meines Erinnerns eins geworden sind, ansezte.
Ich erhohle also die Schlussbitte meiner Einrede und setze das Kosten Verzeichnis allda bey [folgt, Anm.].
Passeyer den 9 ten July 1807
Gehorsamster *Andere Hofer*

Rückseite: Kanzleivermerke.

Verzeichnis der im Streitfall Hofer gegen Vorhauser vorliegenden Akten.

Passeier 1807 Juli 16

Bestand s. oben. Orig.-Pap. 22,5 ca. : 34 ca., Hochformat, 1 Seite.

Text von Richter Andreas Auer, Andreas Hofers eigenhändige Unterschrift, o. S.

Verzeichniss jener Akten, welche in der Streitsache Anton Vorhauser wider Andre Hofer wegen Schuldsfoderung bey der auf heut ausgeschriebenen Inrotulierungs-Tagsazung zu Schöpfung des erstinststanzischen Urtheils vom geklagten (der Kläger ist da[t]on ausgeblieben) eingelegt worden sind: […]
Paßeyer am 16t(en) July 1807.
And Auer[manu propria] Richter
Andere Hofer

Am 31. Juli 1807 (Passeier) wird gerichtlich für Recht befunden, dass der Beklagte Hofer dem Kläger nicht 114 fl 49 xr, sondern nur 60 fl 10 xr schulde. Hofer solle den Haupteid darüber ablegen, dass er vom Kläger nur 14 Yhren und 1 Pazeide Branntwein, die Yhre zu 40 fl gekauft hätte.

Eidesformel.

Passeier 1807 August 15

Bestand s. oben. Orig.-Pap. 21,8 : 33,5 ca., Hochformat, 1 Blatt, ½ Seite.

Text von Anwalt Josef Gufler (?), Andreas Hofers eigenhändige Unterschrift, o. S.

Eides Formel
Ich Andrea Hofer schwöre vor dem allmächtigen und allwissenden Gott einen reinen Eid: daß ich vom Kläger Anton Vorhauser meines Wissens und Erinnerens nur 14. Yhrn 1. Patzeiden Brandwein, und zwar die Yhrn nur zu 50 fl erkauf[f]t, und nach bezahlten 644 fl ihm daran nicht mehrer als 60 fl 10 xr mehr schuldig seye, und dieß, so wahr mir Gott helfe.
Passeyer den 15ten August 1807
Andere Hofer

Am 1. September 1807 wird am Gericht Passeier festgehalten, der Angeklagte Andreas Hofer hätte den Haupteid geschworen. Eigenhändige Unterschrift Andreas Hofers.

Nr. 47

Kaufvertrag um sechs Pferde, die Hofer *Jacob Mengin in ainß Perg* (Nonsberg) *zu wriz* (Brez?) verkauft hat, zugleich Quittung für eine zurückgelassene Stute um 80 fl. Auf der Rückseite des Papiers findet sich eine weitere Quittung Hofers für denselben *Mengin*, dat. 1807 Dezember 12.

o. O. 1807 August 14

Museum Passeier – Andreas Hofer. Orig.-Pap. 19,8 ca. : 22 ca., Hochformat, 1 Blatt, 2 Seiten.

Text eigenhändig von Andreas Hofer geschrieben, o. S. (unkenntlicher Siegelrest auf der Rückseite). Eigenhändige Unterschrift des Giacomo Menghini sowie des Zeugen. Die Nummerierung später von anderer Hand. Auf der Rückseite Quittung mit eigenhändiger Unterschrift des Giacomo Menghin.

Als den 14 augusti 1807 habe ich vnd Jacob mengin, in ainß Perg zu wriz, Ein Rosß contract gemacht, also 6 Rosß sein in Preisß per 425 fl = xr 3 [et] 1 halben khronen
Thaller lei khauff, mit hin die helffte Vo disser ßuma, mueß gezalt werden, wiß in lösten augusti vnd die helffte wiss auf marttini, vnd zum fahl ich wurde mit die fristen nicht ge halten, so folgt der zeig, vnd sein vntter schrifft das ich Jhm, mangin khone, an gien vm meine fristen zu halten, wo ich will, oder vm mich gezalt zu machen, nach marttini wan ich will

io giacom menghini afirmo quanto sopraa

Gio. Bat(tist)a Dal […] [fui] presente [et] [a]gustai il contrato

den 14 augusti Ehr halt ich 80 fl fir ainer stueten zu Rug lassen,

N. 30

Rückseite:
als den 12 decemer 1807 haben ich vnd Jacob mengin, ganz abge Raitet, so Ehr scheint sich das mir Jacob mengin, noch Rest ver Pleibt auf Ross vnd Zörung zu ßamen – – – 146 fl 54 xr

io giacom menghin afirmo

No. 3

Nr. 48

Hofer versichert in einem Brief an den Müllermeister Josef Rössler in Bozen, er versuche bereits seit einem Jahr, in Schwaz Geld einzutreiben, um seine Schulden von 500 fl zurückzahlen zu können, zeigt sich aber ziemlich ratlos. Er will es am 30. Oktober erneut versuchen und das Geld – sollte er es kriegen – auf dem Markt von Girlan (?) an Rössler übergeben.

Meran 1807 Oktober 29

TLMF, FB 2729, 3. Orig.-Pap. 21 ca. : 36 ca., Hochformat, 1 Blatt, ½ Seite.

Text durchgehend eigenhändig von Hofer geschrieben, Privatsiegel (I) als Verschluss.

Böster H(err) meister
den 29 Ehr hielte ich Jhnen schreiben, vnd Ehr ßiche wie das [s]ie glauben, ich Thätte ßie fegßßieren, aber nein, schon Ein Jahr das ich Ein auf schbaz Threiben Thue vm 500 f – x Ein vm 200 f – x vm mathieß wahr der khnecht draussen, vnd hat Bede khomen lassen, vnd die

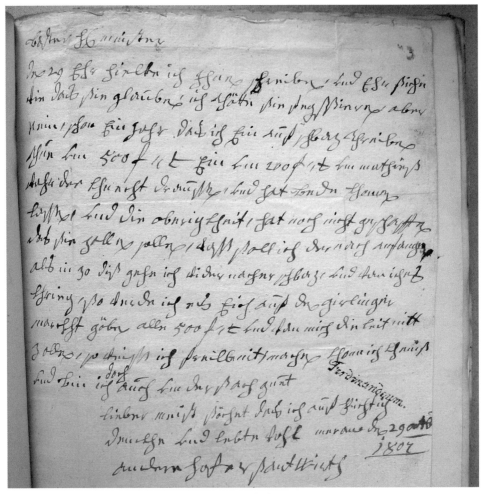

Abb. 30: S. Nr. 48. TLMF, FB 2729, Nr. 3. Foto: Oberhofer.

oberigkheit, hat noch nicht geschaffen das sie zallen sollen, waßß ßoll ich dernach anfangen als in 30 diß gehe ich wider nacher schbaz, vnd wan ich es khrieg, ßo werde ich es Eich auf den girlinger marckht göben alle 500 f – x vnd wan mich die leit nitt zallen, so weiß ich freille nit, machen khone ich kheinß und Bin ich doch auch vm der ßach guet
lieber meist ßöchet das ich auf Richtig Denckhe vnd lebte wohl meran den 29 oct(o)b(er) 1807
Andere Hofer ßant Wirth

Rückseite:
An H(errn) Joseph Rössler miller meister in Pozen

Nr. 49 → 47 (Rückseite)

Nr. 50

Hofer schreibt in einem Brief an den Müllermeister Josef Rössler in Bozen, Morandell würde ihm Geld vorstrecken. Er hoffe, in Sterzing seine Schulden von 400 fl einzutreiben, um dann zusammen mit Morandell 1.000 fl aufbringen zu können. Rössler solle Morandell ausrichten, Hofers Knecht würde diesem 100 fl überbringen.

Passeier 1808 Mai 3

TLMF, FB 2729, 4. Orig.-Pap. 22 ca. : 37 ca., Hochformat, 1 Blatt, 1 Seite.

Text und Adresse durchgehend eigenhändig von Hofer, urspr. ein Verschlusssiegel (abgebrochen).

Pöster Herr meister
den 27 Ehr hielte ich Jhnen schreiben, vnd Ehr ßiche wie das ßie wohlen mit mir hart sein, vnd zu gleich guet, in dössen aber wirth Thitl H(err) Joseph Vo moren dell, zu Jhnen khomen, wiß auf den 4 oder 5 maien, vnd wirth auch ötbaß gelt Ehr lögen fir mich, Ehr wirth auch das weittere spröchen mit Jhnen, sörgen ßie nur nicht, ßie dörffen nicht verlieren auf mich das ich Bin heir so ver umglicht worden, das falt mir selbsten hart, vnd muesse mein glaubiger(e)n, Eß lassen Entgelten, das ich sie nicht khan zallen wie ich ver sprochen habe, aber wan mich meine leitlen hätten gehalten so würde ich dennoch auch alles haben aussen geförttiget, Jezt sezt der Eine in anderen an, wieeß hald iber all gleicht zu sein, ich habe hofnung, Eß ist mir Einder in ght störzing 400 f – x schuldig, vnd habes Jhm lassen ßagen, das Ehr Jhmes Richt, auf heilligen khreiztag, albo ßie Jhmen gewendlich zallung haben, vnd wan ich selbe khrieget, so glaubet ich, wurde ich vnd H Vo morendell, Bei 1000 f doch derzallen vnd das Jberige miessen sie hald gedult dragen, sie söchen wohl harte zeiten, mehr als wass ich Jhme(n) schuldig. Bin, umglich haben, nirgent khein gelt sein, ich wisset nit wass ßagen oder Thuen, ßagen ßie den H Vo morendel mein khnecht habe 100 f gelt Be khomen fir im, leben ßie guet, vnd oberig kheitliche quittung geben sie kheine ab, Ehe for nicht alles gezalt ist, nur handschrifft, in dössen sein ßie vnd die frau meisterin, Vo mir freintlich ge griest vnd in der hand gottes Be fohlen
Passeyr den 3 mei 1808
Ehr gebnester andere Hofer ßant Wirth

Rückseite:
An dem wohl fir nemen H Joseph Rössler miller meister zu Pozen

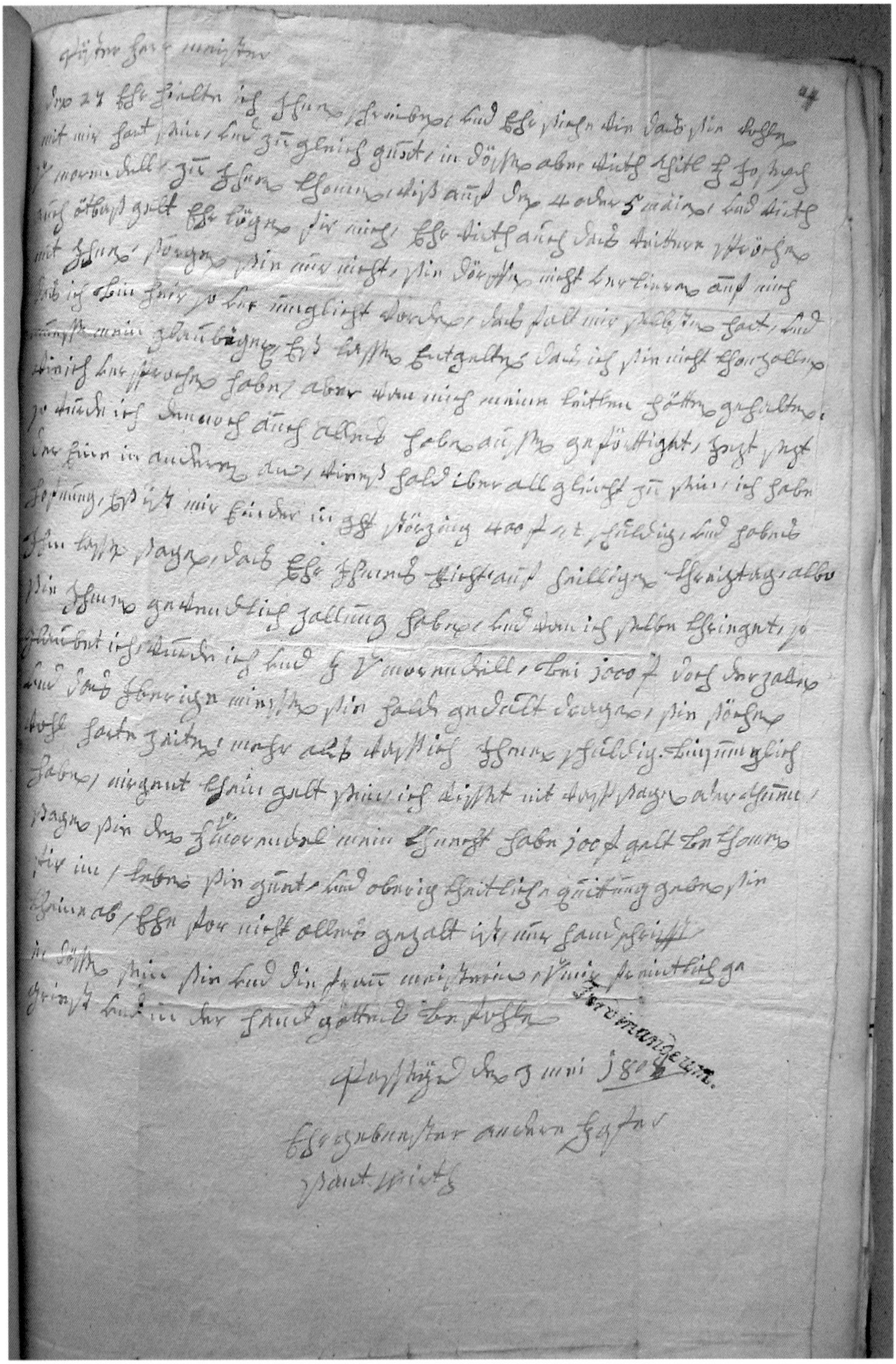

Abb. 31: S. Nr. 50 (1808 Mai 3). TLMF, FB 2729, Nr. 4. Foto: Oberhofer.

Nr. 51

Marschbefehl und Ernennung von Kommandanten, ausgefertigt von Hofer und Martin Teimer, ohne Empfänger.

Sand 1809 April 9

TLMF, FB 4355, 18. Orig.-Pap. 21 ca. : 36 ca., Hochformat, Doppelblatt, 2 Seiten.

Text von Martin Teimer geschrieben, Andreas Hofers eigenhändige Unterschrift, o. S.; die Unterstreichungen vermutlich zeitgenössisch. Granichstaedten-Czerva schreibt über dieses Dokument, es sei von Josef Ennemoser verfasst worden (Granichstaedten-Czerva, Garde, 192).

Am 9ten Aprill früh morgens marschieren H(err) General Hiller aus Salzburg nach Unterinnthal, u. H(err) General Chasteler aus Kärnthen nach Pusterthal in Eillmärschen. Am 11ten oder 12ten Aprill 809. wird Ersterer in Innsbruk und Letzterer in Brixen eintreffen: Die Millbacher Klaußen wird auf Befehl Sr. kayserlichen Hoheit des Erzherzogs Johann von Pusterthaler Baurn, der Kuntersweg von Rittnern doch so besetzt, daß alles, was aus Botzen nach Brixen marschirt, passiren gelassen u. erst dann die allerstrengste u. wirksamste Speer [Sperre, Anm.] angelegt werde, so bald man bemerket, daß sich das bayrische Militär oder Civill aus Brixen nach Botzen flüchten will. Aber es darf dann gar nichts mehr vorbeygelassen werden, nicht einmal Fuhrwerk. H(err) Köbl, Baurman an d(en) Ritten, soll auf Befehl des Erzherzogs Anführer am Kuntersweg seyn. Was sich am Ritten oder wo immer an königlichen Aerarialgut befindet, soll mit Beyziehung dreyer rechtschaffener Männer in Beschlag genohmen u. gut verwahret werden. Der Persohnen so wie der Papiere jener b. Beamten, die sich während der b. Regierung gegen das Hauß Oestreich verdächtig gemacht haben, ist sich mit Art u. Ordnung (ohne geringster Mißhandlung) zu versichern. Von Ritten soll auch von Ortsbewohnern niemand (habe er Vorwand, was er immer für einen will) nach Botzen gelassen werden. Die Löhnung der Gemeinen wird nachträglich, wie Erzherzog oder General Chasteler ankömmt, gleich wie auch die Officiers Gagen bezahlt werden. Eben so wird für Kaltern u. der dortigen Gegend als Salurn, Neumarkt u. s. w. als Commandant auf Erzherzogs Johann Befehl erwählet Jos. vo Morendel zu Kaltern, der bereits seine Weisung, was zu thun ist, hat – im Nonsberg kommandirt H(err) Graf vo Arzt.
Sant im Gericht Passeyr am 9t(en) Aprill 809
Martin Teimer[manu propr]ia k. k. Oekonom u. Abgeordneter Sr. k. k.
Andere Hofer sant Wirth

Nr. 52

Hofer schreibt an den Geistlichen Jakob Hofer in Stuls, die Österreicher wären bereits in Tirol eingerückt. Die Landesverteidiger, bei denen er sich als Feldpater zur Verfügung stellen sollte, seien aufzubieten und nach Walten abzukommandieren, da Hofer die bayerischen Soldaten in Sterzing gefangen nehmen und sich der österreichischen Armee anschließen wolle.

o. O. 1809 April 9

TLMF, Historische Sammlungen. Orig.-Pap. 17,8 : 21,3, Hochformat, Doppelblatt, 1 Seite.

Text von unbekanntem Schreiber, Andreas Hofers eigenhändige Unterschrift und Adressierung, Kanzleivermerk. Bestätigung der Echtheit (St. Leonhard 1824 November 20) auf der Rückseite.

Hochwirdigen Herrn Jacob Hofer
Es wirt Ihnen hiemit kuntgemacht wie das die ÖsterReicher [?] Thrupen die Thüroler Grenzen schom [sic] wircklich pethreten und feintlich angegriffen, von welchen mir richtige Nachricht erhalten.
Also werden Sie ersuecht, was streitpares Volck sich auf Stuls pefindet, das auf zu pietten und das es morgen pis [?] um drey Uhr auf Walten sich einfindet, vermög man gesinnet die in Störzing pefindliche peirische Soldaten gefangen zu nemen und so sich an der österreichischen Arme anzuschliesen, welche wirchlich in den Anzug durch das Pusterthall herabziecht.
Thäto den 9t(en) Aprill 1809
Pey welchen Sie als Feltpater zu erscheinen haben
Andere Hofer als Ehr nentter comäntänt
Vertatur.

Rückseite:
An Den Hoch wirdigen Herrn Jacob Hofer [etc.?] als Ehr nentter feld Pader Vo ght Passey(e)r A stulß

Lit. A /

Nr. 53

Hofer ernennt Johann Valentin Tschöll als Mitkommandanten, Johann Hofer und Andreas Pichler als Hauptleute, Jakob Hofer als Feldpater. Pulver und Blei seien gerecht aufzuteilen, den notleidenden Gegenden vorzustrecken. Anwalt Gufler (?) solle ihm mitteilen, ob er ein Packross mit sich führen wolle oder nicht.

o. O. 1809 [April] 10

Privatbesitz. Orig.-Pap. 20,2–20,5 : 22,3–22,5, Hochformat (beschnitten), 1 Blatt, 1 Seite.

Durchgehend eigenhändig von Hofer geschrieben, o. S. Eingangsvermerk des Empfängers (?).

in dem ich nit Jberall khon sein
so werden folgende offezier Ehr nent Vo mir, vnd wanen den leiten nit anstandig ist, so werden sie Jhnen wohl selbst Jhre Ehr wöhlen
mit comändänt ist Johan T[sc]höll gärber meister in der wißß schizen haupleit werden Vo mir 2 forgeschlagen Jo[c]han hofer cass[?][a] *cassier, vnd andere Pichler schizmeister*
waß die anderen ofizie[r][b] *sein solle man söchen, guete ver Thraut[e]*[c] *vnd [w]are herz haffte leit zu nemen, als feld Patter, ist der Thitl H Hofer (etc.) Ehr nant, Prauchttes noch mehr,*

so wirth man Eß wohl söchen, söchet wan die leit khom[en], das die khopperalschafften waß khriegen, vnd Thailt auß nander, waß Pulfer vnd Plei ist damit nicht alles, auf die löst Bleibt zum ab maschieren

vnd man mueß auch söchen, den Be nach Berten gögen ten ötbas for zu ströckhen, wan ſie sollen noth leiden, sonst khenen mir nicht Priederlich leben, vnd khenen unß auch nicht helfen, wan der an wald sein meinung saget, ober glaubet Ein Packh Rosß mit zu nemen oder nit, den 10 dis 1809

Andere Hofer Ehr nentter comän dänt

Rückseite:
[Pr]es(entiert) 10t(en) Aprill 1809.

---

a   Papier beschnitten.
b   Tintenfleck im Original.
c   Papier beschnitten.

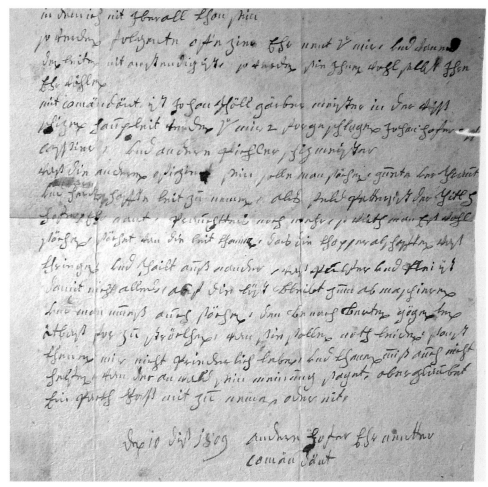

Abb. 32: S. Nr. 53. Privatbesitz. Foto: Oberhofer.

Nr. 54

Hofer antwortet auf eine Anfrage Johann Hofers, die über Munition verfügenden Männer sollten nach Gasteig kommen, die anderen könnten selbst entscheiden, ob sie in Kalch blieben oder nicht.

Gasteig 1809 April 11, Viertel nach acht Uhr

SLA, Sammlung Steiner, 9. Orig.-Pap. 18,8 ca. : 24 ca., Hochformat, 1 Blatt, ½ Seite.

Text und Adresse von unbekanntem Schreiber, Andreas Hofers eigenhändige Unterschrift, o. S. Dorsalvermerk von anderer Hand.

Auf die Fragen, ob Sie in Gasteig oder Sterzing einr[ü]cken sollen, machen wir zu wissen, daß jene, welche Munition haben, nach Gasteig kommen sollen. Die übrigen könen nach Wohlbefinden in Kalch bleiben oder bleiben gar herab kommen.
Andere Hofer Comantand
Gasteig 11t(en) April ¼ über 8 Uhr.

Rückseite:
An H(errn) Johan Hofer Cassier

Kalch halbe 10 Uhr

Nr. 55

Hofer schreibt an Josef Gufler, er hätte erfahren, die österreichischen Truppen seien durch das Pustertal marschiert und bereits bis Freienfeld vorgestoßen, er wolle den Franzosen nachrücken. Der ganze Vinschgau solle aufgeboten werden, die kaiserlichen Soldaten würden Bozen unterstützen.

Gasteig 1809 April 12, halb sieben Uhr

TLMF, FB 1648, I 59. Pap. 18 ca. : 23 ca., Hochformat, Doppelblatt, 1 ½ Seiten.

Zeitgenössische Abschrift durch Josef Gufler mit eigenhändigem Kommentar desselben, im Original Andreas Hofers eigenhändige Unterschrift (?), Adressierung an Gufler. Dieser schickt seine Abschrift an Alois Elsler weiter.

Heute ½ sieben Uhr kam die Ordinanz, die Kayserlichen sind durch ganz Pusterthall und die ersten Vorposten sind auf Freyenfeld, wür rüken den Franzosen nach, indessen sollen jene, die noch enders Joch seynd, hinaus marschieren und das Land Volk unterstützen, nur aber Achtung, damit wir auf den Ruken sicher sind.
NB: Man soll ganz Vintschgau aufbiethen, die Käyserlichen werden Botzen unterstützen, so bald es möglich ist, vieleicht werden wir kayserliche Truppen über den Jaufen Euch zur Hilfe schiken.
Gasteig den 12t(en) halb 7 Uhr
Andre Hofer als Comendant.

Dokument 55

Gegenwartiges Schreiben erhielte um 10 ½ Uhr, will also solches zur Wissenschaft und genauesten Befolgung übermachen, und wen Noth erfordert wird, so wird eben sogleich durch Ordinanz gewärtiget was wir weitters zu thun haben, den unsere noch übrige Trouppen warten einsmahls dahier, und dies in Eil.
Passeyr den 12t(en) Apprill um 11 Uhr Mittag[e]s
Joseph Gufler Anwald

Rückseite:
Herrn Herrn Alloyß Elser Schul untergestelt bey H(errn) Tschöll, oder den Widum Bauman auf Tyrol Meran, vel ibi ubi.

No. 31.

Diese Bersohn sol man unver hinter passieren lassen.
Diese Ordananz ist zu Saltaus dem 12 April ein [3] in Eill nach 1 Uhr angekomen und eilfertigst fortgeschikt.

Der Empfänger des Schreibens Alois Elsler fertigt eine weitere Abschrift an und erweitert diese um einen eigenen Zusatz.

Privatbesitz. Pap. 21,5 ca. : 35 ca., Hochformat, 1 Blatt, 1 Seite.

Zeitgenössische Abschrift von Alois Elsler (?) geschrieben, o. S.

[…]
Gastayg den 12t(en) halb 7 Uhr.
Andre Hoffer Comandant

Dieses wird jeden zu sein Benehmen und Verantwortung und Bekantmachung übersendet und alle mögliche Anstalten zu träffen, uns zu Hilf gögen Botzen zu kömen [sic], auch nach Tisens und Ulten alles dißes zu berichten.
Meran den 12t(en) Appr(il) 1809
Alloys Elsler Untergestälter bey H(errn) k. k. Comandant Franz Välln Tschöll

Nr. 56

Hofer bittet Erzherzog Johann um Unterstützung durch das österreichische Militär mit Munition und Mannschaft. Da die Bayern und Franzosen wieder den Brenner überschreiten würden, sei dringend Hilfe nötig.

Sterzing 1809 April 12, halb sieben Uhr abends

ÖStA, Kriegsarchiv, AFA 1809, 8. Corps IV Nr. 87 [= Karton 1434]. Orig.-Pap. 22 ca. : 36 ca., Hochformat, 1 Blatt, 1 Seite.

Text und Adresse von Johann Hofer (?), die Adresse an Chasteler von anderer Hand. Andreas Hofers eigenhändige Unterschrift, o. S.

Euer k. k. Hochheit aller durchleichtigster Erzherzog? [sic]
Unten Gefertigter stellet die aller unterthänigste Bitte, uns mit Munition und Manschaft zu unterstützen, solten uns 4 bis 600 Man zu Hilfe kommen, so wird der thätige Geist der gedrückten Tyroller erwachen, und alles für sich, für Vatterland und für Haus Oestreich wagen, gegen wärtig gesendeten möchten die Gnade ertheilt werden, mit Sr Hochheit oder Offic[re] sich wegen gegenwärtig müslichen Umständen zu besprechen. NB Die Bayren und Franzosen woll(en) neuerdings wieder den Brenner herein marchieren. Dahero schleinige ~~Of~~ Hilfe nöthig.
Halb 7 Uhr abends
Sterzing den 12t(en) April
Andere Hofer als comendänt
JohHofer[manu propria]: Hauptman.

An ein k. k. oestreichisches – Comando
eiligst per Ordinanz.

An Sr. Excellenz Feld Marschall Lieut[ene]t Marqui[e]d de Chadler [Chasteler, Anm.] zu Müllbach
12(ten) April

Nr. 57

Hofer schreibt an Johann Valentin Tschöll, er hätte von den Österreichern eine Zusage auf Unterstützung erhalten, will aber wissen, ob er k. k. Truppen über den Jaufen nach Meran schicken solle.

o. O. 1809 April 13, zwei Uhr früh

TLMF, FB 1648, I 60. Orig.-Pap. 17,5 ca. : 22 ca., Hochformat, Doppelblatt, 1 Seite.

Text und Adressierung an Tschöll von unbekanntem Schreiber, Andreas Hofers eigenhändige Unterschrift, o. S. Dorsalvermerke von verschiedenen Händen.

Lieber Bruder
Eben diesen Augenblick erhielte ich von ~~Obe~~ esterreichisten Komando die Nachricht, das mir Unterstizung erhalten werden wie vüll mir wolten, in deß[s]en ist mir zu berichten, ob ich solt k. k. Trupen über den Jaufen nach Meran schiken solte, Eich zu Beihilf

wegen die Franzosen. Wegen den Prener wirt negstens komen und zu Wissen gemacht, in desen umbekimmert und seid ordentlich.
Den 13t(en) Apprill ½ 2 Uhr Frue 1809
Andere [H] Hofer comändänt

Rückseite:
Ann Hern Tschöll in Meran
Eiligst.

Abgeornet um 6 Uhr

Vo Unter Eg 3/7 Uhr St Leonhardt 7 Uhr v Sandt um Fiertl auf 8 Uhr passiert

St Martin um halbe 8 Ur

Die Ordenantz ist zu Saltaus angekan ¼ nach 9 Uhr und eilfertigst fortageschicket

Andrea Offer comand(ant) den 13 April. 1809 No 3.

Nr. 58

Hofer befiehlt, überall Andachten zu veranstalten.

Sterzing 1809 April 13

TLA, Materialiensammlung Rapp, Schuber 12. Abschrift der „Memoires de Mais" von P. Thomas Voglsanger (geschrieben nach 1810 und vor 1836), fol. 44v–45r.

Die „Originalabschrift", auf die sich der vorliegende Text stützt, wahrscheinlich von Josef Gufler geschrieben. Im Original Andreas Hofers eigenhändige Unterschrift (?).

Auf a. h. [allerhöchsten, Anm.] k. k. Befehl sollen überall Andachten u. Kreuzgänge angestellet werden zur Danksagung u. neuerlicher Bitte um den glücklichen Ausgang des Krieges. Dieser Befehl soll durch Ordonnanz von Gericht zu Gericht eiligst befördert werden.
Sterzing am 13. Apr 1809
Andreas Hofer, Sandwirth, vom Haus Österreich erwählter Kommandant

Was H(err) Komandant Hofer überschrieben, will anmit in Eile übersenden
Anwald von St. Martin den 13. Apr.

Nr. 59

Hofer informiert Johann Valentin Tschöll, dass in Sterzing 3.000 österreichische Soldaten angekommen seien, in Mühlbach stehe Chasteler mit 10.000 Mann; der Großteil der Passeirer könnte also nach Meran geschickt werden, um sich dem Landsturm anzuschließen.

Sterzing 1809 April 13, halb acht Uhr abends

TLMF, FB 1648, I 61. Orig.-Pap. 18,3 ca. : 21,9 ca., Doppelblatt, 2 Seiten.

Text und Adresse von unbekanntem Schreiber, Andreas Hofers eigenhändige Unterschrift. Dorsalvermerke von weiteren Händen. Verschlussiegel (Johann Hofer?).

Hochgeehrtester Herr Titl (etc.)!
Heunte muß ich Ihnen eine sehr erfreuliche Nachricht hinterbringen, wie das heunt in Sterzing 3.000 k. k. Truppen vor- und nachmittag angekomen sind, welche sich nacher dem Prenner heunt die Nacht begeben, um die in Stainach noch befindenden Bayrn und Franzosen zu bekriegen. Uibrigens befindet sich Se Exellenz Chataler in Milbach mit 10.000 Mann Infanterie, Gabalerie und Artarelie [Kavallerie und Artillerie, Anm.]. Da wir also hier keine Forcht mehr auszustehen haben, so schikte ich eilends ein Ersuch Schreiben an Gen(eral) Chateler mit der Bitte ab, mit dem, das er von der Güte sein möchte, unß mit etliche hundert Mann und Munition in Etschlande zu Hilfe zu kommen.
Da also unser Paßeyrer Volk hier nicht mehr alles nothwendig ist, so könnte man von diesen schon das meiste uiber den Jaufen nach Meran schiken, um sich bey dem Land-Volke anschlüßen zu können. Wan also eines nothwendig ist, so berichten Sie eilends an unser Gerichts Obr(igkei)t.
Sterzing den 13t(en) Aprill 1809.
Um ½ 8 Uhr abends –
Andere Hofer als Comen dänt

Rückseite:
Von Sterzing. An Titl Herrn Valentin Tschöll Comandant – In Meran
Eilends – do –

[¼] auf 10 Uhr vo Jaufen Leit ½ 11 Uhr an- et ab gangen

Zu Walten um halbe 12 Uhr passiert

Sandt um halbe ½ Uhr passiert

Vo Unter Eg 1/1 Uhr

Pfinstag 1 Uhr

Halbe 3 Puschen
Zu Saltaus angekomen um 3 Uhr frue.

Von Comandant Hofer von Lager Sterzing den 13 April um ½ 8 Uhr abends, empfang(en) um 3 Uhr fr[u]he. [Praesentata] 3 ½.

P(raesentata) d(en) 14t(en) Aprill 1809 um 4 Uhr morgents.

13. April 1809. 3 ½

Nr. 60

Hofer befiehlt dem Gericht Passeier, drei bis fünf Saumpferde nach Sterzing zu führen, um Munition transportieren zu können.

Sterzing 1809 April 13

Zit. nach: Innerhofer, Die Heimat, Jg. 1912, Heft 8, 182. Das Original befand sich 1912 im Museum Meran.

Im Original Andreas Hofers eigenhändige Unterschrift, evtl. auch der Zusatz „es mögn auch 5 Pferdt sein". Dorsalvermerke von verschiedenen Händen.

„Von Sterzing an das Gericht in Paßeyer. Eilends
Bester Freind!
Von dem Komandant wird hiemit an das Gericht der Befehl gemacht, daß alsogleich und zwar so geschwind, so geschwind es seyn kann, 3 bis 4 Saumpferde nach Sterzing geführt werden, um die hier befindliche Munition denen Leuten nachführen zu können. Darbey muß aber auch der dazue gehörige Zeig seyn.
Sterzing, den 13. Aprill 1809.
Andere Hofer, Comendant.
es mögn auch 5 Pferdt sein.
[…]

[Rückseite, Anm.:]
¾ auf 5 Uhr vom Jaufen

½ 6 Uhr Leiteben ankommen

Zu Walten ¼ nach 6 Uhr passiert

Zu Unter Eg 7 Uhr."

Nr. 61

Hofer schreibt an das Generalkommando Mühlbach, die dort liegenden Truppen sollten nach Bozen abgeordnet werden, um die Etschländer zu unterstützen.

Sterzing 1809 April 14

ÖNB, Autographen Andreas Hofer 28/16–2. Orig.-Pap. 21,5 ca. : 36 ca., Hochformat, 1 Blatt, ½ Seite.

Text von unbekanntem Schreiber, Andreas Hofers eigenhändige Unterschrift, o. S.

An das k. k. General Comando in Mihlbach –
Sterzing den 14(ten) Aprill 1809
Es wir [sic] hier zur Einsicht folgende von Meran aus erhaltende Copia abgeschikt. Und es wird wiederum neüerdings gebetten, indem hier- und auf dem Prener keine Gefahr zu beförchten ist, die in Mihlbach liegende Truppen nacher Botzen abzuordnen, damit solche den Etschländern Hilfe leisten können.
Andere Hofer comendant

Nr. 62

Erlass Hofers, wonach Militärbesitz und geraubte Privatgegenstände innerhalb von 48 Stunden im Posthaus in Sterzing abgegeben werden sollen, um sie den rechtmäßigen Besitzern zurückgeben zu können.

Sterzing 1809 April 14

TLMF, FB 2729, 7. Orig.-Pap. 22 ca. : 16,9, Querformat, 1 Blatt, 1 Seite.

Text von unbekanntem Schreiber, Andreas Hofers eigenhändige Unterschrift, o. S. Dorsalvermerk von anderer Hand.

An allejene, welche militärische oder geraubte Privatsachen in ihren Handen haben, beschieht hiemit ernstliche Erinnerung, bey strengster Verantwortlichkeit und exemplarischer gesetzlicher Bestraffung binnen 48. Stunden an den Herrn Commandanten Andrä Hofer im Posthaus allda No 92. auszuliefern, um damit gehörige Verfügung treffen und die geraubten Privatsachen wiederumm den wahren Eigenthümer rückstellen zu können.
Sterzing den 14ten Aprill 1809.
Andere Hofer als Comendant

Rückseite:
14. April.

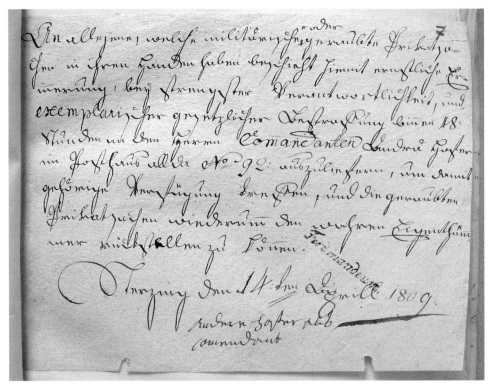

Abb. 33: S. Nr. 62. TLMF, FB 2729, Nr. 7. Foto: Oberhofer.

Nr. 63

Hofer berichtet, alle (!) Franzosen und Bayern seien in Gefangenschaft, am 16. bzw. 17. April wolle er in Meran eintreffen. In der Nacht sei General Chasteler mit zahlreicher Mannschaft in Sterzing angekommen.

Sterzing 1809 April 15, halb drei Uhr früh

Fotografie in: Kirchmair, Tirol, Bd. 14, 163. Kirchmair zitiert das Dokument mit TLMF, FB 1648, 61, dort ist es aber nicht (mehr) auffindbar.

Text von unbekanntem Schreiber, Andreas Hofers eigenhändige Unterschrift, o. S.

Der Sieg über Franzo[ß]en und Bayren ist richtig und gewiß, den sie sind alle gefangen und in oestreichischen Händen. Weil wir wegen Marche sind etwas verhindert worden, so werden wir bis 16ten abends oder 17ten fruhe in Meran ein treffen. Die Zahl unserer Leite wird eine sterke Compagnie seyn, sollen aber zu wenig seyn, so soll eiligst berichtet werden. NB Heint um 12 Uhr in der Nacht traf hier H(err) General Schateler ein nebst einer sehr grosen Manschaft.
Andere Hofer Comen dant
Sterzin den 15ten April 809
halb 3 Uhr in der Fruh.
NB Ein Compliment von H(errn) Genra(len) Schateler und Comendant[e]

Nr. 64

Hofer berichtet Johann Valentin Tschöll, er sei mit seinen Leuten am 15. April in Passeier angekommen, nachdem er in Sterzing mit Chasteler gesprochen und gegessen hätte. Dieser hätte ihn angewiesen, mit seinen Männern heimzugehen und zwei bis drei Tage zu rasten, bis er ihm weitere Berichte zukommen lassen würde. Weiters schreibt Hofer, Chasteler sei mit den Tirolern durchaus zufrieden und er (Hofer) hoffe, Tschöll am 18. oder 19. zu sehen.

Sand 1809 April 16, fünf Uhr

TLMF, FB 1648, I 62. Orig.-Pap. 21,8 ca. : 35 ca., Hochformat, 1 Blatt, ½ Seite.

Text und Adresse durchgehend eigenhändig von Hofer geschrieben, dieser adressiert das Schreiben fälschlicherweise mit „Joseph [sic] fallentin Thöll". Zwei Verschlusssiegel (Johann Hofer?); Dorsalvermerke von verschiedenen Händen.

schez Parester H comendant
ich Be Richte Eich Prieder, allen, so nur guet denckhen, wie das mir alle. den 15 diß, sein in Passeyr angekhomen, vnd for der ab Reisß, habe ich in störzing die Ehre gehabt, mit gener all[n] scheteller, selbst zu spröchen vnd war auch, Bei seiner daßl Eingeladen, Ehr ßagt vnd Befihllet mir, ich ßolle mich nebst unssere droppen, nach auß Begöben, vnd solle: zu hauß 2 oder 3 deg auß Rasten, wiß weitteren Befehl, Ehr werde mir Be Richt göben, waß zu machen seie, in dössen lasset Ehr, auf alle Threie diroller alles schenß ver melden durch mich, vnd ist auch alle zu fridenheit Vo unß, ade Herz aller liebst Prueder, wan nicht anders for fahlt, so söchen, mir wiß auf den 18 oder 19 dis in nander
ßant den 16 apprill 1809 um 5 urr
Andere Hofer als comen dant

Rückseite:
An Thitl Herrn Joseph fallentin Thöll Vo der landes wöhr comen dänt zu meran cito

St Martin ½ 6 Uhr passiert

Zu Saltaus um ½ 7 passiert

No. 35.

Nr. 65

Hofer schreibt an den Wirt in Gasteig, es sei der Auftrag eingelangt, mit 800 Mann nach Welschtirol abzumarschieren. Die Truppen hätten sich folglich in Bereitschaft zu halten, die Ordinanzen sollten durch das Gericht Sterzing zum „endern" (drüben gelegenen) Jaufenhaus geschickt werden.

o. O. 1809 April 18

ÖStA, Kriegsarchiv, AFA 1809, 8. Corps IV, Nr. 187 (= Karton 1434). Orig.-Pap. 17,5 ca. : 21,8 ca., Hochformat, Doppelblatt, 1 Seite.

Text und Adresse von unbekanntem Schreiber, Andreas Hofers eigenhändige Unterschrift, ebenso das Wort „gasteig" in der ersten Adressierung; ein Siegel (Johann Hofer?) als Verschluss. Die zweite Adressierung könnte vom Schreiber des Textes stammen, was allerdings unwahrscheinlich ist; vielmehr hat wohl der Wirt den Brief weitergeleitet.

Da wir heute als den 18ten dies dem Auftrag erhalten, das wir morgen als den 19ten Apprill wiederum mit 800 Man gegen Welschlandt abmarschieren müßen, um dorten dem Feindt zu verfolgen, bittet sich Unterzeichneter, in Bereitschaft zu halten, auf dem ersten Winck ~~ihme~~ uns Hilfe zu leisten.
Weiters würdet daß Ght. Sterzing gebetten, die Ordinanzen biß zum endern Jaufenhaus eilligst zu über schicken. Und zu gleich aufgetragen bey schwärer Verantwortung zu befolgen.
Wertister Freündt, ich bitte Dich, befördere die Sach eilligst, in deme sonsten nicht weiß wem ich schreiben solte.
Andere Hofer als comendant

Dieses Briefl ist dem S[eins]er Jäger geschwind zu überschicken

An dem Wirth in Gasteig durch Ordinanz eilligst zu bestellen
Cito.

gasteig

18. April

Nr. 66

Hofer schreibt an einen unbekannten Empfänger, er hätte von General Chasteler den Auftrag erhalten, am ersten Mai um drei Uhr morgens die Passeirer Kompagnien ausrücken zu lassen und nach Innsbruck abzukommandieren, wo sie weitere Befehle erhalten würden. Das Gericht solle außerdem dafür sorgen, dass alle „schießbaren" Männer aufgestellt werden, damit diese bis zum vierten Mai in Sterzing sein können.

Meran 1809 Mai 1

SLA, Sammlung Steiner, 10. Orig.-Pap. 23,1 ca. : 35,6 ca., Hochformat, 1 Blatt, ½ Seite.

Durchgehend von Andreas Hofer geschrieben, o. S.

Auf Ehr haltener ordenanz Vo comen dierentten generall khasteller (etc.) so ist mir der auf Thrag gemacht worden vnd Ehr halten, den Ersten mei 1809 um 3 urr frue das die so guet Ein ge Thragnen, vnd ver Thrautten Passeyrer khomenieen oder manschafften, wider umen, auf Ein neies Auß Richchen sollen, vnd nacher in sprugg abge ordnet werden albo dortten die weitere anweißung Ehr halten wirth mithin wirth die ght vor stehe ung Böstens Ehr ßuecht, das sie die schiesß Paren manschafften, zu ßamen Richten Thuet, damit man wiß auf den 4 wider umen nacher störzing khomen oder Ein dröffen khönte
meran den 1 mei 1809
Andere Hofer comen dant Vo Passeyr

Nr. 67

Hofer schreibt an die Kommandantschaft Meran, er kenne die Gegend zwischen Brescia und Passeier gut, und fragt an, ob die dortigen Angelegenheiten wichtiger seien als jene in Tirol; jedenfalls müssten die Befehle des Generalkommandos abgewartet werden. Er hätte von General Fenner den Befehl erhalten, ihm so bald als möglich nachzufolgen, es hätten sich aber nicht viele Freiwillige gemeldet, was den Auszug verhindere. Deshalb bittet er die Meraner Kommandantschaft, ihre waffenfähigen Freiwilligen auszuschicken.

Sand 1809 Mai 3

TLMF, FB 8706, 58. Orig.-Pap. 21 ca. : 34 ca., Hochformat, 1 Blatt, ½ Seite.

Text und Adresse eigenhändig von Hofer geschrieben, zwei Siegel (Holzknecht? Vgl. Fischnaler, Wappenschlüssel, 2. Teil, 1. Folge, 14) als Verschluss. Dorsalvermerke von verschiedenen Händen, Eingangsvermerk des Empfängers.

An de[r] k k Komendantschafft meran
mueßß ich zu wissen machen. wie das ich selbsten local khentniß habe, Vo Bresse, wiß hie hero, vnd wan nicht Ein anders wresse ist, als wie ich weis, oder Ein andere gögent das so heist, so muesse ich ab Pitten, vnd fragen, obes grössere stunde gibt als wie Bei unß, wan disse local khentnis, auf das millitarcommendo khombt, als dan, werde ich die grosse gefahr, auch Ein söchen miessen das man ab warth Thuet waß Vo general comando khombt, das ist auch mein gedanckhen, aber ich habe ordene Vo general fener (etc.), das mir nach folgen solten, so Pald möglich, aber mir haben defacto nicht zu fill frei willige, öben das ver hintert unsseren auß zug, sint ßie Vo der giet wan sie so ville frei willige sollen haben, das doch waffen fechige manschafft auß Rickhen möchte den die anderen helfen unß wenig
Ehr halten um 4 abgöben um 5 urr
sant den 3 mei 1809 Andere Hofer comendant Vo Passeyr

Rückseite:
Vo ßant in Passeyr An der hoch loblichen comen dant schafft (etc.) zu meran
Von Saltauß um 7 Uhr passiert.

Pres(entiert) d(en) 3t(en) May 1809 um ½ 9 Uhr nachts. Nr 117

3. Mai 1809 117. III.

Nr. 68

Hofer schreibt an die Kommandantschaft Meran, die Lage in Welschtirol scheine nicht so dramatisch zu sein wie von Johann August von Plawenn geschildert. Die Mannschafft solle bis zu einem evtl. eintreffenden Gegenbefehl dahin marschieren, wohin sie von Chasteler abkommandiert wurde.

Passeier 1809 Mai 3, neun Uhr vormittags

TLMF, FB 1649, 11. Orig.-Pap. 23 ca. : 36,8 ca., Hochformat, Doppelblatt, 1 ½ Seiten.

Text und Adresse von Josef Gufler (?) geschrieben, Andreas Hofers eigenhändige Unterschrift, fremdes Verschlusssiegel. Eingangsvermerk des Empfängers, Dorsalvermerke von verschiedenen Händen.

Wohllobliche k. k. Komandantschaft!
Ich muß wohlselber in Eile berichten, daß die von dem Herrn vo Plawenn wohlselber uiberschikte Nachricht nur auf Vermuthungen gegründet und somit nicht so sehr in Betrachtung zu ziehen seye.
Die Sache scheinet mir nicht so gefährlich zu seyn, denn ich habe von einer sichern Persohn, die einen grosen Theil des Welschlandes recognoscieret hat und mir uiber alles, was dort vorfällt, Nachricht ertheilt, nichts von der gleichen in Erfahrung gebracht; und wenn auch die Feinde von Brescia aus einen Einfall in Tyrol zu wagen gesinnet wären, so müste derselbe vielmehr uiber Lodron und Storo erfolgen. Ich binn also der Meinung, daß bis auf weitern Gegenbefehl die dortige Mannschaf(f)t einsweils dahin marschieren soll, wohin sie bereits von seiner Exzellenz dem Herrn komandierenden General Marquis Chasteller die Anweisung erhalten hat.
Passeyer den 3ten May 9. Uhr vor Mittags 1809
Andere Hofer comendant Vo Passeyr

Rückseite:
Von Passeyer der wohlloblichen k. k. Komandantschaf(f)t in Meran
durch Ordinanz eiligst

St Martin um halbe 10 Ur fort

Auf Saltaus um ½ 12 Uhr passiert

Pres(entiert) d(en) 2t(en) May 1809 um 12 Uhr mittags.
Nr 115

Nr. 69

Hofer informiert die Kommandantschaft Meran darüber, dass sich die Franzosen bis Calliano zurückgezogen hätten; das Aufgebot soll gesammelt und in Bereitschaft gehalten werden, dies sei auch Hauptmann Franz Frischmann zu berichten.

o. O. [1809 Mai]

TLMF, FB 1649, 12. Orig.-Pap. 23 ca. : 35,5 ca., Hochformat, Doppelblatt, 1 ½ Seiten.

Text und Adresse von Ignaz Auer (?) geschrieben, eigenhändige Passage und Unterschrift Andreas Hofers. Drei Siegel als Verschluss (Johann Hofer?). Dorsalvermerke von verschiedenen Händen, Eingangsvermerk des Empfängers.

An – der Comandantschaft in Meran
Es muß einer lob(lich)en Comandantschaft zu wißen gemacht werden, daß sich die Franzosen wiederum bis Calian zurükgezochen haben. Dahero also soll die Comandantschaft ihre unterhabende Mann eilends zusamm samelen und in Bereitschaft halten, damit solche auf den ersten Aufboth alsogleich abmarschieren können.
Andere Hofer comen dant Vo Passeyr
Eß ist auch den Herr(en) frisch man hauppman Vo schlanders zu wissen zu machen

Rückseite:
Von Paßeyer. An – einer loblichen Comandantschaft des Land Volks zu Meran durch Ordinanz eilends – eilends

Vo S Martin um halbe 10 Uhr abgangen

Um ½ elfuhr in Saltaus ankomben

P[r]aes(entiert) d(en) 4t May 1809 um ½ 12 Uhr mittags
Nr 119

Nr. 70

Hofer informiert die Kommandantschaft Meran darüber, dass die Passeirer (?) am 6. Mai nach Kaltern oder Eppan marschieren würden; die Kommandantschaft wird ersucht, mit zahlreichen Kompanien, aber nicht in Masse (gemeint ist wohl: ohne den Landsturm) auszurücken. Diese Information ergeht auch an die übrigen Ortschaften, vor allem an die Sarntaler (Adressierung an Josef Zöggele), die sich bisher wenig aktiv gezeigt haben.

Sand 1809 Mai 5, halb drei Uhr

TLMF, FB 1649, 13. Orig.-Pap. 21,3 ca. : 36 ca., Hochformat, 1 Blatt, 1 Seite.

Text und Adressierung eigenhändig von Andreas Hofer, zwei Siegel als Verschluss (Johann Hofer?), Dorsalvermerke von verschiedenen Händen, Eingangsvermerk des Empfängers.

An der k k Comen dant schafft meran
ich vnter zeichnetter mach[t]e zu wissen wie das wir morgen mit unsserer manschafft werden, nacher khälteren oder öppan, in dem wir heint noch als in 5 diß auß marschieren werden also mithin wirth Eine Hoch lobliche k k comendantschafft zu Meran Ehr ßuecht, in zall Reiche manschafft Comppangnien, auß zu Rickhen, vnd nicht in mässe, auf zu stehen

öben so möchte man es den Jberigen orth schafften, zu wissen machen, ab sonderlich, in särn Thalleren, in dem sie noch wenig oder nicht gedan haben, die attreß ist auf den Joseph Zögele zu machen
ßant den 5 mei 1809 vm halbe 3 vrr
Andere Hofer comendant Vo Passeyr

Vo Passeyr an der k k comen dant schafft zu meran
durch ordinänz in Eill abgöben

St Martin um 2/4 fort

Umb 5 Uhr in Saltaus ankommen

Praes(entiert) 5(ten) Mai 1809 um 7 Uhr fr[ü]he
Nr 124

Nr. 71

Hofer teilt Josef Gufler mit, die Franzosen hätten sich aus Trient zurückgezogen; deshalb müsse nicht der Landsturm ausrücken, sondern es sollten lediglich drei Kompanien aus Passeier abgeschickt werden. Die Bewohner von Trient hätten sich dem kaiserlichen Militär gegenüber ungebührlich verhalten.

Meran 1809 Mai 6

SLA, Sammlung Steiner, 12. Orig.-Pap. 18,9 : 24,2 ca., Querformat, Doppelblatt, 1 Seite.

Schreiber von Text und Adresse Ignaz Auer (?), Andreas Hofers eigenhändige Unterschrift, ein Siegel als Verschluss (unkenntlich). Dorsalvermerke von verschiedenen Händen.

Bester Freind!
Da ich eben heunt in der Nacht die Nachricht erhalten, daß sich die Franzosen aus Trient rederieren mußten, indem ihnen der Prinz Rohann in die Flanken gefallen ist. Deßtwegen finde ich es nicht für nothwendig den Landsturmm, sondern nur 3 Kompagnien aus Paßeyer ab- und ausruken zu laßen, weil mehrere Mannschaft einsmalen nicht nothwendig sind. Doch aber müßen 3 Kompagnien complet und eilends zum Abmarsch gesezt werden. Eben muß ich auch berichten, welche Spitzbubereien die Trientner erwerket haben, indem sie, da der Angrif in Trient geschach, 14 Mann Kaiserliche durch Herabwerfung der Brigel, Glößer und allerley anderer Sachen und Schiesen aus den Fenstern getödtet haben.
Meran den 6.(ten) May 1809. um 5 Uhr Fruhe.
Andere Hofer comen dant Vo Passeyr

Rückseite:
Von Meran an dem Herrn Gerichts Anwald Joseph Gufler in Paßeyer
durch Ordinanz eilends–eilends

Saltaus ¼ auf 8 Uhr pasiert.

St Martin um hal 8 fort

Nr. 72

Hofer befiehlt Josef Gufler auf eine von Morandell erhaltene Nachricht hin, die in Saltaus befindliche halbe Kompanie nach Meran vorrücken zu lassen, alle Übrigen aber sollten stehen bleiben. Die Franzosen seien nämlich noch nicht aus Trient vertrieben und er, Hofer, hätte den Befehl erhalten, ebenso stehen zu bleiben.

Meran 1809 Mai 6

SLA, Sammlung Steiner, 11. Orig.-Pap. 22 ca. : 35,8 ca., Hochformat, 1 Blatt, 1 Seite.

Text und Andresse von unbekanntem Schreiber, Andreas Hofers eigenhändige Unterschrift. Drei Initialensiegel als Verschluss, jeweils überprägt und deshalb unkenntlich. Dorsalvermerke von verschiedenen Händen.

Vielgeliebter Anwaldt
Auf erhaltener Nachricht von Herrn vo Morandell von 5t(en) dies mues ich Euch berichten und den Auftrag geben, das die halbe Compagnie so in Saltaus ist bis Meran vorrücken soll, die übrigen aber so wo sie sich befinden stehen zu bleiben haben, indem die Franzosen noch nicht aus Trient getrieben sind. Und ich also den Befehl [er]ᵃ erhalten, mit mein Leithe stehen zu bleiben und nicht nacher Haus gehen zu lassen, weilen ich um 8 Uhr fr[ü]he nacher Bozen fahre, um weitere Order zu erhalten, welche ich geschwind berichten werde.
Meran den 6t(en) Mai 1809.
Andere Hofer comen dant Vo Passeyr

Dem wohl fürnemen Joseph Gufler Anwaldt in Paseyr
durch Ordinanz.
Paßßiert um ¼ auf 10 Uhr fr[u]e zu Saltaus.

ᵃ Tintenfleck im Original.

Nr. 73

Hofer erwidert auf ein Schreiben Johann Valentin Tschölls, er hätte bereits den Befehl erteilt, vier Kompanien nach Kaltern abzuordnen.

Bozen 1809 Mai 6

TLA, Materialiensammlung Rapp, Schuber 6. Orig.-Pap. 18,8 : 23,8, Hochformat, 1 Blatt, ½ Seite.

Text von unbekanntem Schreiber, Andreas Hofers eigenhändige Unterschrift, o. S. Eingangsvermerk des Empfängers.

Dem Herrn Comandant Joh. Valentin Tschöll in Meran
In Erwiderung des geehrten Schreibens von heute meld ich Ihnen, daß ich bereits den Befehl ertheilt habe, die 4 Compagnien nach Kaltern zu beordern, allwo ich denenselben die fernern Befehle ertheilen werde.
Bozen d(en) 6t May 1809.
Andere Hofer comen dant Vo Passeyr

Rückseite:
Pres(entiert) den 6 Mäy 1809
Nr 135.

Nr. 74

Hofer trägt dem Pfleger von Kastelruth Johann von Steiner auf, seine Mannschaft in Bereitschaft zu setzen und diese nach Bozen, Neumarkt und Trient abzuordnen, wobei Steiner selbst die Kommandantschaft übernehmen und sich bei der Ankunft in Trient bei Hofer melden soll.

Bozen 1809 Mai 6

Abbildung in: Auktionskatalog Venator & Hanstein KG Köln, Frühjahrsauktion 2006 (96/97), 199. Orig.-Pap. Folio, 1 Seite.

Text von unbekanntem Schreiber, Andreas Hofers eigenhändige Unterschrift, Siegel (unkenntlich) und Verschlusssiegel.

An dem Herrn Pfleger zu Kastelruth Johann v(on) Steiner
Demselben wird hiemit der Auftrag ertheilet, alle mit Feuer Gewehr versehene Mannschafft alsogleich im [sic] Bereitschafft zu setzen und selbe unversäumt über Bozen, Neumarckt nach Triend in Marsch zu beordern.
Man erwartet vom Patriotismus des Herrn Pflegers, daß sich dieser der Komandantschafft der aus rükenden Mannschafft nicht entziehen wird und überhaupt alle Vorkehr treffen wird, das die Mannschafft ordentlich in Compagnien einzutheilen, die Herren Offiziers zu wählen und Sorge zu tragen, das bei deren Leuten alle Ordnung hersche und wärend dem Marsch ordentlich verpflegt und einquartiert werde. In Triend hat sich der Herr Pfleger bei mir zu melden, um die fernern Befehle zu erhalten
Bozen d(en) 6t May 1809
LS *Andere Hofer comen dant Vo Passeyr*

Rückseite nicht abgebildet.

Nr. 75

Hofer ersucht Johann Valentin Tschöll, die ihm unterstehenden Kompanien sofort ausrücken zu lassen.

Kaltern 1809 Mai 6

TLA, Materialiensammlung Rapp, Schuber 6. Orig.-Pap. 22 ca. : 33,5 ca., Hochformat, Doppelblatt, ½ Seite.

Text und Adresse von Josef Valentin von Morandell (?), Andreas Hofers eigenhändige Unterschrift. Drei Siegel als Verschluss (Morandell; vgl. TLA, Materialiensammlung Rapp, Schuber 7/8 sowie Fischnaler, Wappenschlüssel, 2. Teil, Nachträge zu Band V, 393). Dorsalvermerke von verschiedenen Händen, Eingangsvermerk des Empfängers.

An Herrn Comandanten Tschöl
Wohlselber wird ersuchet, alle unter Ihren Komando stehende organisierten Kompagnien ohne Zeitverlurst alsogleich nachrücken zu lassen, damit der Feinde von unsern lieben Vaterland hinausgetrieben wird.
Kaltern am 6ten May – 809
Andere Hofer comen dant Vo Passeyr

Rückseite:
V(on) k. k. Comissariat Kaltern an kaiserl(ich) königl(ichen) Comandanten Herrn Johann Valentin v(on) [sic] Tschöl zu Meran.
Durch Ordonanz.
Eil

V(on) Kaltern abgangen 10 ½ Uhr nachts.

Praes(entiert) den 7 Mäy 1809
Nr 134

Nr. 76

Hofer informiert Johann Holzknecht und Karl Thurnwalder, dass die Franzosen von Trient nach Brescia gezogen seien; die beiden sollten daher mit ihrer Mannschaft nicht nachrücken, bis nähere Befehle von Erzherzog Johann eingehen würden. Holzknecht und Thurnwalder könnten entweder stehen bleiben oder heimgehen; die übrigen Kompanien werden vorläufig aus dem Dienst entlassen. Die beiden Kommandanten sollen Hofer über die Stimmung unter den Schützen berichten.

Trient 1809 Mai 9, ein Uhr Nachmittag

SLA, Sammlung Steiner, 13. Orig.-Pap. 24,5 ca. : 37,5 ca., Hochformat, Doppelblatt, 1 ½ Seiten.

Text und Adresse von unbekanntem Schreiber, Andreas Hofers eigenhändige Unterschrift, drei fremde Siegel als Verschluss.

An Herrn Hauptmann Johann Holzknecht und Herrn Karl Thurnwalder der 3(ten) und 4(ten) Paßeyrer Schützen Kompagnie.
Denenselben wird hiemit eröffnet, daß die Franzosen einsmalls sich von Trient bis Perscha hinein begeben haben. Dahero ist meine Meinung, daß Ihre Mannschaft nicht nachrüken soll; die uibrigen 2 Kompagnien, welche schon näcker an Trient an sind, behalt ich einsmals bey mir und zwar bey 4. oder 5 Täg, deßtwegen weil ich an dem Prinz Johann Ordere abgegeben habe, was zu thun oder zu machen ist.
Bis also die Nachricht von diesen vom Prinz Joh. ankommt, glaub ich also, daß Ihr unterdeßen stehen bleibt mit Ihren Volke, doch aber nur wann Sie gern wollen; wollen Sie aber nicht nach Hauß gehen bis die Nachricht vom Prinz kommt, so können Sie warten, die uibrigen Kompagnien als Unteretschländer lasen ich einsmals nacher Hauß marschieren, nur aber mit demm, daß wann sie zu nothwendig sind, alsogleich wiederum hernehmen zu können.
Machen Sie dieses also den Leuten zu wißen und vernehmen Sie wie sie gesint sind und berichten Sie eilends ob Sie warten wollen oder nicht. Sollten Sie allenfalls warten, so werde ich Ihnen eilends die Nachricht vom Prinz zuschiken.
Andere Hofer comen dant Vo Passeyr
Trient den 9(ten) May 1809.
Um 1 Uhr Nachmittag.

Von Trient an dem Herrn Hauptmann Johann Holzknecht und Karl Thurnwalder der 3(ten) und 4(ten) Pseyrer Kompagnie zu Tramin oder vel ibi ubi.
Durch Ordonanz eilends.

Nr. 77

Hofer schreibt an den Grafen Josef von Hendl, die heimkehrenden, unter dem Kommando von Johann Valentin Tschöll stehenden Mannschaften von Lana, Tisens, Ulten und Marling seien mit Verpflegung und Vorspann zu versorgen.

Trient 1809 Mai 9

SLA, Sammlung Steiner, 110.

Abschrift. Im Original Hofers und Tschölls eigenhändige Unterschriften (?), Dorsalvermerke von verschiedenen Händen.

Copia
Die unter Commando des H(errn) Valentin Tschöll zu Tramin u. weiters hinauf stehende Mannschaft von Lana, Tisens, v. Ulten u. Marling gehet einsmalen nach Hause zurück, erhält auf ihrem Marsche die vorschriftsmäßige Verpflegung u. Vorspann gegen Quitt(ung), u. hat zum Ausrücken auf jeden Wink sich bereit zu halten.
Trient, am 9ten Mai 1809.
Andere Hofer, Commandant v. Passeyr
Joh. Valentin Tschöll Comandant v. Meran.
~~Die Ordonanz hat den Brief, welcher an Herrn Adjutanten H(errn) v. Vinschgau adressirt~~ (Ist im Originale gestrichen)

Dem Titl H(errn) Grafen Joseph von Hendl Commandanten in Tramin.
(Kenntnis)
Zur Comuniciert an alle Hauptleute wo selbe stehen.

In Welschmichael um 4 ½ Uhr empfangen u. gleich wieder abgeschickt.

Nr. 78

Die heimkehrende Eppaner Landwehrmannschaft ist mit Verpflegung und Vorspann zu versorgen.

Trient 1809 Mai 9

Privatbesitz Heinrich von Mörl, Eppan. Orig.-Pap. 21,5 ca. : 36 ca., Hochformat, 1 Blatt.

Text von unbekanntem Schreiber, Andreas Hofers eigenhändige Unterschrift, eigenhändige Passage und Unterschrift von Bartholomäus von *Gioanni*, o. S.

Marchroute.
Die von hier nachr [sic] Eppan zuruk marschierende Landwöhr Mannschaft nebst 6 Off(i)z(ie)rs aus 248 Köpfe bestehend nimt ihren Rükmarsch über Nävis, Salurn u Neümarkt, u ist derselben nebst unentgelt(liche)r Verpflegung auch die nöthige Vorspan zu verabfolg(en).
Signatum Trient d(en) 9t(en) May 1809.
Andere Hofer comen dant Vo Passey(e)r

Sind 2 sage zwey Pferde samt Callesch zu erfolgen. Sig(natum) eadam
Bart. [d(e)] Gioanni m(anu) p(ropria) [?]raf[?]

Nr. 79

Hofer schreibt an Thurnwalder (Karl oder Johann Nepomuk), dieser solle, sofern er mit seinen Männern nicht nach Hause gehen wolle, nach Trient vorrücken, von wo die Landesverteidiger nach Riva abmarschieren würden; die Kalterer seien bereits Richtung Brescia gezogen.

Trient 1809 Mai 10, halb sechs Uhr abends

SLA, Sammlung Steiner, 14. Orig.-Pap. 17,2 ca. : 22,1 ca., Hochformat, Doppelblatt, 1 Seite.

Text und Adresse von unbekanntem Schreiber, Andreas Hofers eigenhändige Unterschrift, drei Siegel als Verschluss (Johann Hofer; vgl. Fischnaler, Wappenschlüssel, 1. Teil, 5. Folge, 554).

Geherster [sic] H(err)n Hauptman [?]Thurnwalder;
auf Befelch des Comitanden, wenn Sie nicht n[o]ch die in Gedanchten gesind sein, nach Haus zu gehen, so sollen Sie an hero nacher Trient r[ü]cken, so Sie dan weittere den Befehl erhalden wehren. Mir wehren morgen v(on) hier, wie h[ie]set, ab marschieren nach Ri[?]bä, die Kalter sind schon nach [B]ressen ab marschierret.
Trient. D(en) 10(ten) May 1809. ½ 6 Uhr abents
Andere Hofer comen dant

Rückseite:
V(on) Trient. An Herrn Hauptman Luite Holzknecht und Thu[ren]walder v(on) der Passeyrer Comiga(nie), Treim [= Tramin, Anm.].
Eilist.

Nr. 80

Wintersteller teilt Christian Blattl mit, sollte dieser einen Rückzug bemerken, hätte er sofort zu berichten, die Lage des Feindes sei im Auge zu behalten. Von General Buol, Schmiedt oder Erzherzog Johann solle er in Erfahrung bringen, ob sich die Tiroler in Bereitschaft zu halten hätten. Hofer versieht den Text mit zwei Ergänzungen und ruft vor allem zum Zusammenhalt auf.

o. O. 1809 nach Mai 10

Zit. nach: Peternader, Landes-Vertheidigung, 2.

Im nicht eruierbaren Original zwei eigenhändige Passagen und Unterschrift Andreas Hofers (?).

„Erstlich. wo eine wahre Rettirat bemerkt wird, ist auf der Stöll umzukehren, und der Rapport an Winterstöller abzustatten.
2. ist nach aller möglichkeit zu besichtigen in was für Lage der Feind sich befindet, wo und wie stark er ist.
3. Ist von den General Bolli (Buol) oder Schmidl oder nach Möglichkeit von Prinz Johann sich zu erkundigen, in was für Umständ wir uns befinden, ob wir das Gewöhr auf Abforderung abgeben, oder nicht, ob wir uns zum wöhren in Bereitschaft halten sollen, oder ob von uns gar keine Hoffnung der Erlösung mehr da sei.
Anmerkung des Verfassers. Hier hatte Hofer mit seiner Handschrift als Antwort beigesetzt: ‚Ja hofnung Gott verlaß unß nicht.'

4. Wegen der Kanonen in Kößen daß selbe schon verstöckt waren, mußten aber auf anzeig des Herrn Vikari wieder hergeben werden.
4. Das alle Hauptleit gegen Erlag vieler Tukaten mit Einlieferung vogelfrei, und auch alle gutgesinnten Landofficiere erklärt wurden.
Kirchdorf, am 10. Mai 1809.
Hofer schrieb eigenhändig unter diese Bemerkungen:
‚Wan wir nicht zam halten Thätten, so wirden wir noch fill wöniger freier werden, weillen wir Alles verlieren thätten, Gott, Tugend und habschafften.'
Andere Hofer m/p., Commandant von Passeyer."

Nr. 81

Hofer teilt Johann Holzknecht und (Karl oder Johann Nepomuk) Thurnwalder mit, dass sich andere Umstände ergeben und die Mannschaften doch auf ihren Posten zu verbleiben hätten.

Trient 1809 Mai 11, sechs Uhr früh

SLA, Sammlung Steiner, 15. Orig.-Pap. 21,4 ca. : 17,6 ca., Querformat, Doppelblatt, 1 Seite.

Text und Adresse von unbekanntem Schreiber, Andreas Hofers eigenhändige Unterschrift. Urspr. ein Verschlusssiegel, abgebrochen.

An an die 2 H(err)n Hauptleit Holzknecht und Thurnwalder,
es wird Ihnen berichtet, wenn des Volck noch besamen ist, auf den Posten bis weittern Befelch Halt zu machen, es ist die so gleich Nachricht zu geben, wen Sie et wann auf Weeg sind. Auf den ersten Torf stehe bleiben bis weittern Befelch, es sint eine andere Umstenden ein gelofen.
Trient d(en) 11(ten) May 1809. Um 6 fruhe.
Andere Hofer comen dant Vo Passeyr

Rückseite:
V(on) Trient. An Herrn Johann Holzknecht Hauptman bey der Passeyer Comiga(nie).
Treim [= Tramin, Anm.] – oder Margreit.
Eilist.

Nr. 82

Hofer fordert Josef *Tainer* auf, sich nach Welschnofen zu begeben, von dort nach Moena, San Pellegrino und Agordo, wo er besonders das Schloss zu versorgen habe.

[Trient] 1809 Mai 11

Abbildung in: Auktionskatalog Venator & Hanstein KG Köln, Frühjahrsauktion 2006 (96/97), 200 (Nr. 751). Orig.-Pap. Quart, Doppelblatt, 1 Seite.

Text und Adresse von unbekanntem Schreiber, Andreas Hofers eigenhändige Unterschrift, Verschlusssiegel (nicht abgebildet).

121.
An Herrn Jos. Tainer Richter von Kastelruth als Hauptman
Soll sich nach Welschnoven begeben, von da nach Mojena, dan nach Schappeledrin und Agordo, und hier bis weiter(en) Befehl stehen bleiben und die nöthigen Pigete sorgsamst unter eigener Verantwortung ausstellen, besonders aber das Castel Agordie zu versorgen.
Andere Hofer comen [sic] *Vo Passeyr*
Den 11t(en) May 1809

Rückseite:
V[on] Trient
an dem Herrn Herrn Jos. Tainer Richter v(on) Kastelruth Hauptman in Botzen ligend
ex offo

Nr. 83

Von Hofer ausgestellte Quittung für einen halben Wagen Vorspann nach Borgo, der von der Kompanie Johann Hofers in Anspruch genommen wurde.

Levico 1809 Mai 12

Faksimile im Hotel „Goldener Adler" in Innsbruck, das Original dürfte sich in Privatbesitz befinden. 18 ca. : 5,5 ca. (verkleinert?, gerahmt), Querformat, 1 Blatt, 1 Seite.

Original von Andreas Hofer eigenhändig geschrieben und nicht gesiegelt.

quittung for ain halb wagen, for span nacher [v]orgo[a] *wöllicher for Johan hoferische comppegnie gePraucht worden*
levico den 12 mei 1809
Andere Hofer comen dant Vo Passeyr

---

[a] Tierfraß.

Nr. 84

Andreas Hofer befiehlt Johann Hofer, vorerst nicht vorzurücken, er wolle sich vielmehr bis Pergine (?) zurückziehen, um danach in alle Richtungen agieren zu können. Weiters solle sich Johann Hofer erkundigen, wo Schweiggl mit seiner Mannschaft stehe, dieser solle nämlich über den Rückzug informiert werden und nicht zu viel riskieren.

Levico 1809 Mai 13, sieben Uhr morgens

SLA. Orig.-Pap. 15,1 : 21,8 ca., Hochformat, Doppelblatt, 1 ½ Seiten.

Unbekannter Schreiber, ein wesentlicher Teil sowie die Adresse eigenhändig von Andreas Hofer, ein Siegel als Verschluss (großteils abgebrochen, Johann Hofer?).

An H. Hauptman Hofer Peseirer Gumpeni. Es ist mier durch General Marschschal, das Ei[e] solten nach Primier und nach Puster Tall reißen. In deßen ist aber den General Marschal Ordenantz eungelofen und könt wieder meier dings [sic] Pefelch geben werden den wir geschleinig abarten [sic]. Also solten Sie desto nicht foruchen, und meine Gedancken sein diese: Mir wer zurick ziechen auf Persula, nach den könten wir uns wenden wie mir wolten.
Lebiko d(en) 13 Maeii 1809
7 ur morgtz
Andere Hofer comen^{dant} Vo Passeyr

seie Vo der giete vnd frag wo der schbeiggl ist mit seine leit, vnd die khalterer manschafft, das ßie vnß afißieren, wie Eß ligt vnd steht, mit den feint, in die dorttigen gögenten, albo Ehr ist ßagihm das wir vnß werden zu Rigg ziechen, vnd Ehr solle sich nicht zu weit in der gefahr göben, in dem der abschid mir Jber macht ist worden Vo general märschall, fir der mallen will ich gern söchen wie Eß herauß khomen wirth, vnd wan ich khein orde nänz mer gib, so khombt, E[s] wi[s] Auf die nacht herauf lebe wohl

Rückseite:
*Vo lebico An Herrn Haupman Hofer Vo Passey(e)r, nacher wurgen
durch ordinänz in Eill
abgangen um 7 ½ vrr*

Nr. 85

Hofer fordert die Kommandantschaft Meran auf, ihre Kompanien sofort auszuwechseln sowie Ulten, Lana und andere Orte anzuhalten, bei der Stellung von Schützen mehr Bereitschaft zu zeigen. Zwei bis drei Kompanien sollen sofort nach Lavis abmarschieren, dabei ist vor allem darauf zu achten, dass kein „Lumpengesindel" mitziehe. Die Passeirer seien diesmal zu verschonen, da sie bereits genügend Mann gestellt hätten.

Levico 1809 Mai 14

TLMF, FB 1649, 62. Orig.-Pap. 21,5 ca. : 29,8 ca., Hochformat, Doppelblatt, 1 ½ Seiten.

Text und Adresse von Ignaz Auer (?) geschrieben, Andreas Hofers eigenhändige Unterschrift, zwei Siegel als Verschluss (Johann Hofer?). Eingangsvermerk des Empfängers, Dorsalvermerke von verschiedenen Händen.

An der Komandatschaft in Merann.
Derselben wird eilends berichtet, daß alsogleich die Auswechslung der Meraner Kompagnie vor sich gehen soll. Ebenfalls hat selbe den Ultnern, Lahner und den uibrigen, die so lau in Stellung der Mannschaft waren, den schärfsten Auftrag zu machen, daß sich selbe hinfüro beser einstellen. Aniezto aber sollen selbe eilends 2. bis 3 Kompagnien in Abmarsch setzen und sich nebst den Meranern bis am 18t(en) May in Nävis einfinden, allwo sie vom Landrichter daselbs ihr Bestimmungsort erhalten werden. Sie haben sich also aldort zu melden. Die Paseyrer aber sollen einsmalls in Ruhe gelassen werden, indemm selbe ehevor schon viele Mann verwendet und abgeordnet haben.
Anbey muß auch angeführt werden, daß kein Lumppegesindel, sondern ehrliches Volk abgeschiket wird. Eben so muß auch ein jeder, der von[a] einem gestellt wird, eben daß besitzet, was der Stellende beyhatt. Den Vermuthen nach wird der Krieg im Lande bald zu Ende laufen.
Levico den 14(ten) May 1809.
Andere Hofer comen dant Vo Passeyr

Rückseite:
Von Levico. An die lob(liche) k. k. Komandantschaft zu Merann
durch Ordinanz eilends do.

Um ½ 9 Uhr abends empfangen unnd um ¾ au 9 Uhr abg(angen) Trient am 14t(en) May 1809 Gos. Alois Stu[e]fer [manu propria] [I]r Com Hofer

Ricevvuta a S.to Michelle alle ore 2 di notte [?iomi] li 14 maggio, e sul momento stesso speditta per ordinanza a Cal[dr]o.

Haupt [W]ache Botzen um ½ 2 Ur a(m) 15 t(en) May 1809 Nägele

Gargazohn um 6 Uhr abents von 7 ¾ Uhr

Pres(entiert) den 15 Mäy 1809. um 9 Uhr abents.
Nr 180

---
[a] Korrigiert von „fon" zu „von".

Nr. 86

Hofer verspricht, die Grieser Kompanie innerhalb einer Woche durch Bozner, Eppaner, Meraner und andere Mannschaften abzulösen.

Levico 1809 Mai 14

Stadtarchiv Bozen, Kiste 297, Kommandantschafts-Akten 1809, Fasz. „Defensions Acten pro 1809". Orig.-Pap. 22 ca. : 17,5 ca., Querformat, 1 Blatt, ½ Seite.

Text von unbekanntem Schreiber, Andreas Hofers eigenhändige Unterschrift, o. S.

Unterzeichneter verspricht, die Grießer und Botzner Kompagnie bis spästens 4 oder 5 6 Tägen und zwar mit Botzner, Eppaner, Meraner und anderen mehren Truppen ablößen zu wollen. Weiters wird befohlen, das die ausrukende Mannschaft die Befehle genau vollziechen, sowohl in Marsch- od(er) Ruhe Stand.
Levico den 14(ten) May 1809.
Andere Hofer comendant Vo Passeyr

Nr. 87

Hofer erteilt Josef Alois *Stuefer* die Vollmacht, alles zu tun, was dem Rang eines Kommandanten entspricht.

Trient 1809 Mai 14

SLA, Sammlung Steiner, 16. Orig.-Pap. 30,5 ca. : 18,5 ca., Querformat, 1 Blatt, 1 Seite.

Text von unbekanntem Schreiber, Andreas Hofers eigenhändige Unterschrift, Amtssiegel (ein Vorgängersiegel überdeckend): Die Verwendung des Amtssiegels in dieser frühen Zeit ist unmöglich; wahrscheinlich wurde die Vollmacht durch eine Erneuerung des Siegels von Hofer als Oberkommandant bestätigt.

Vollmacht
Dem Jos. Alois Stuefer ertheile ich hiemit die Vollmacht, im meinem Namen Compagnien aufzufordern, sie anzuweisen, March Routen vorzuschreiben, einzuquartieren, Verpflegungen zu fordern, Vorspannen sowol für sich als auch für andere Tyroller Schitzen zu fordern, in meiner Abwesenheit Sturm und Styroller [sic] Schitzen zu comandire[n][a] und alles jenes bemächtiget zu seyn, waß einen Comandanten zusteht.
Trient am 14ten May 1809.
LS *Andere Hofer comen dant Vo Passeyr*

---

[a] Loch im Papier.

Nr. 88

Hofer sichert Andreas *Haußer*, der wegen Unpässlichkeit aus Welschtirol ins Passeier zurückkehrt, Vorspann und Verpflegung zu. Der Kranke wird von Josef Molt und Johann Gufler begleitet.

Levico 1809 Mai 15

SLA, Sammlung Steiner 17. Orig.-Pap. 21,5 ca. : 29,5 ca., Hochformat, 1 Blatt, 1 Seite.

Text von Ignaz Auer (?) geschrieben, eigenhändiger Zusatz Andreas Hofers mit zweimaliger Unterschrift, ebenso die Ergänzung „khalteren vnd öppan" eigenhändig von Hofer, „öppan" nachträglich eingefügt durch Verweis. O. S.

Marsch Ruithe.
Für Andrea Haußer, es reißet dieser von hier wegen Unbäßlichkeit halber uiber Trient, Nevis, Salurn, Neümarkt, ~~Branzoll, Botzen~~, Terlän, *khalteren vnd öppan* und Meran nach Hauße in Paßeyer. Es werden also dahero alle obig beschriebene Ortschaften dienfreundlichst ersuchet, gegenwärtigen Hauser mit aller vorschriftmäßiger Verpflegungund Vorspanns Leistung zu unterstützen, auch frey und ungestörter durchpaßieren zu laßen.
Levico den 15t(en) May 1809.
Andere Hofer comendant Vo Passeyr
wögen gewissen hauß geschöfften ist in Bei sein auch Joseph molt vnd Johan gufler
Andere Hofer comendant als zeig

Nr. 89

Hofer fordert Josef von Giovanelli sen. auf, die Stadt Bozen solle sich mehr engagieren, da es dort gute Schützen gebe.

[Kaltern] 1809 Mai 16

Abschrift in: Gottfried von Giovanelli, Giovanellische Familiengeschichte, Band V, Buch VII, 2. Teil (1807–1812), [Bozen 1924], S. 3551 (TLA, Mikrofilm-Rolle 1235, Abschn. 3).

Das Original laut Begleittext von Josef Valentin von Morandell geschrieben und gesiegelt, im Original Andreas Hofers eigenhändige Unterschrift (?).

„[…] ‚Von Kaltern – An des Herrn Joseph v. Giovanelli. Hochgebor[en] (etc.) (etc.) zu Bozen. –
Hoch zu verehrender Herre! Nach dem ich bereits bis Kaltern gereist bin, um in Eil dem nördlichen Vaterlande zu Hilfe zu kommen, so bin ich entschloßen, meine Reise fortzusetzen. Indessen kann ich Ihnen versichern, da[ß] für das südliche Vaterland schon gesorgt ist, indem ich alle im Etschlande befindlichen Gerichter aufgefordert habe, ihre Kompagnien dorthin zu schicken. An Anführer fehlt es nicht, indem so brave und rechtschaffene österr. Off[e]zier alldort sich befinden. Nur eines müste ich noch bitten, wenn die Stadt Bozen sich tätig zeigen möchte, da es bekannt ist, daß in selber sehr gute Schützen sich befinden – Ich verbleibe indessen mit aller Hochschätzung
Euer Hochgeboren Andere Hofer, Komedant v. Passeyr.' […]".

Nr. 90

Hofer ordnet – da er in das Inntal ziehen will und „seine" Passeirer in „Italien" stehen – der Gemeinde Eppan an, die versprochene Kompanie gleich zu organisieren und nach Lavis abmarschieren zu lassen.

Kaltern 1809 Mai 16

Privatbesitz. Orig.-Pap. Hochformat, Doppelblatt, 1 ½ Seiten.

Text und Adresse von unbekanntem Schreiber, Andreas Hofers eigenhändige Unterschrift, ein Siegel als Verschluss (Morandell?; s. nachfolgende Nr.).

An die löbliche Gemeindes-Vorstehung zu Eppan!
Die Gefahren haben es nothwendig gemacht, daß ich nach Jnnthal ziehe und meine in Jntalien [sic] stehende Paseyer-Compagnien an andern Orten bestimme, doch aber auf die Hut in Jtalien wachsames Auge trag.
Und daher, den Herrn Comandanten Grafen v(on) Leiningen mit angemesener Stärke von Landvolk zu versehen und das handgreifliche Wohl des Vaterlandes zu benützen, fallt es nothwendig, das die löb(lich)e Gemeinde ihre versprochene Compagnie sogleich zahlreich ohne einigen Verzug organisiren und längstens bis den 18t(en) d. M. nach Nävis marschiren solle, woselbst sie bey H(errn) Landrichter das Weitere erfahren werd(en).
Ich hofe den Vollzug meines Wunsches um somehr, als ich die Nothwendigkeit bewiesen ersieh.
Kaltern am 16t(en) May 1809
Andere Hofer comen dant Vo Passeyr

Rückseite:
Von Kaltern an die löb(lich)e Gemeindes-Vorstehung zu Eppan
durch eilige Ordonanz
Nr. 12

Nr. 91

Hofer beschwert sich bei der Marktvorstehung und den Gemeindeleuten von Tramin über die Schwierigkeiten, dort eine Kompanie zusammenzustellen und appelliert eindringlich an das Gewissen der Dorfbewohner.

Kaltern 1809 Mai 17

TLA, Sammelakten Reihe E, Nr. 546 lit. f. Orig.-Pap. 22,5 ca. : 33,8 ca., Hochformat, Doppelblatt, 2 Seiten.

Text und Adresse von Josef Valentin von Morandell (?) geschrieben, Andreas Hofers eigenhändige Unterschrift, ein Siegel als Verschluss (Morandell; vgl. TLA, Materialiensammlung Rapp, 7/8 sowie Fischnaler, Wappenschlüssel, 2. Teil, Nachträge zu Band V, 393).

An die M(ar)kts Vorstehung und Gemeindsleuthe zu Tramin.
Mit wahren Mißvergnügen muß der Unterzeichnete die Schwierigkeiten vernehmen, welche sich bey Ausrückung einer Compagnie v(on) Markte Tramin darstellen, er kan sich unmöglich überzeigen, daß es an der Betriebsamkeit der dortigen Marktsvorstehung

fehlen solle, indem von Männern von Einsicht die Nothwendigkeit der Stellung dieser Compagnie unmög(lich) verkennt werden kann. Unterzeichneter hält es für pflichtmässig, jeden an die Vaterlands-Pflichten zu erinnern und bittet zu beherzigen, daß grose Ereignisse, so glück(lich) sie auch sind, mit grosen Beschwerden verbunden sind.
Daher ermahnet er jeden diese kurze Zeit hindurch zur Geduld, zur Genügsamkeit und Schonung der eigenen sowohl als fremden Gemeinden, und jeder solle bedenken, daß bey einen solchen wie der gegenwärtige Kampf ist keine Bequemlichkeit oder Wohlleben gesucht werden kann, sondern in ein [sic] so andern der Religion und dem Vaterlande ein Opfer gebracht werden muß, wo erst alsdan die Ruhe wiederkehren und V̶e̶r̶ die Verheisungen Sr. k. k. Majestät und Hochheit des Erzherzog Johann in Erfüllung gehen werden.
Kaltern am 17ten May 1809
Andere Hofer comen dant Vo Passeyr

Rückseite:
An der lob(lich)en Marktraths Vorstehung zu Tramin

Nr. 92

Hofer befiehlt einem unbekannten Empfänger, ihm sofort gute Schützen nach Sterzing nachzuschicken. Das österreichische Militär sei im Abzug und die Bayern legten Feuer, von ihnen seien aber nur noch ca. 6.000–8.000 Mann im Land.

Leiteneben 1809 Mai 19

TLA, Materialiensammlung Rapp, Schuber 12. Abschrift der „Memoires de Mais" von P. Thomas Voglsanger (geschrieben nach 1810 und vor 1836), fol. 75r–v.

Vorliegende Abschrift ist vollständiger als die zweite, unten erwähnte, der Schreiber der „Memoires de Mais" bemerkt an dieser Stelle, er habe das Original einsehen können, dieses mit Hofers eigenhändiger Unterschrift (?). Die zahlreichen und offensichtlich nicht authentischen Unterstreichungen in der Abschrift sind hier nicht wiedergegeben.

Liebster Freund!
In Eil muß ich Euch berichten, daß Ihr gleich die Anstalt treffet und mir eilends die ganze Mannschaft über den Jaufen nach Sterzing nachschicken möchet. Auch seyd Ihr so gut, den übrigen Gerichtern gleich zu berichten, daß das Volk geschwind mir nacheilet und das ohne Verzug, indem das Militär alles retiriret. Auch haben wir vernommen, daß die Baiern alles verbrennen; sie verschonen kein Kind. Es sind 6 bis 8.000 Baiern. Eilet nur, und lebet wohl.
Ich bin Euer Freund
Ach traurender Andrä Hofer Commandannt von Passeyr
Leiteneben den 19. May 1809
(gute schießbare Leut)

[…] Eilends durch Ordinanz zu übersenden
Von St. Martin um 12 Uhr fort
Von Saltaus um ¾ auf 2 Uhr abgegangen
In Mais um 4 Uhr angekommen

Zweite Abschrift desselben Textes, adressiert an den Anwalt Gufler (?), die sich offensichtlich auf eine andere Quelle stützt als obige Abschrift.

SLA, Sammlung Steiner, 18. Pap. 23,5 ca. : 36 ca., Hochformat, 1 Blatt, ½ Seite.

Zeitgenössische Abschrift von Balthasar Leiter (?) geschrieben, im Original vermutlich der letzte Satz („Sey so gut […] nachkomt.") von Hofer eigenhändig.

Lieber Bruder Anwald!
In Eil muß ich Dir berichten, daß Du gleich die Anstalt treffen thuest und mir eilends 2. Kompagnien nachschikest, aber guete Leüthe, wellche schüssen können, das muß aber, wenn es seyn kann, heüte noch nach Sterzing abgeschikt werden. Eile nur, indem das Militär alles retiriert und die Bayrn thun alles verbrennen, sie verschonen kein Kind, es sind aber nur der Aussage nach 6– bis 8.000 Bayrn. Lebe wohl, ich binn Dein Freind.
Leiteneben am 19ten May 809
Andrea Hofer Komandant
Sey so gut und mache es geschwind allen uibrigen Gerichtern bekant, daß das Volk geschwind mir nachkomt.

Nr. 93

Hofer schreibt an Josef Gufler, die Schützen sollten sich nach Passeier zurückziehen; er wolle – offensichtlich in Begleitung – zu Erzherzog Johann reisen.

Sterzing 1809 Mai 20, halb zwei Uhr nachts

SLA, Sammlung Steiner, 19. Orig.-Pap. 17,4 ca. : 22,3 ca., Hochformat, Doppelblatt, 1 Seite.

Text und Adresse von unbekanntem Schreiber, Andreas Hofers eigenhändige Unterschrift. Drei Privatsiegel (I) als Verschluss. Die Datierung ist unsicher, wahrscheinlich wurde „19" zu „20" korrigiert. Hofer hielt sich am 20. Mai in der Nähe von Sterzing auf.

Beste Freunde!
Ich muß Euch in Eil berichten, daß Ihr Euch alle nach Passeyr zurück ziehen möchte bis auf weitern Befehl, indem ich einen wichtigen Gang vor mir habe; ich werde schon wieder zu Euch zurück eilen, lebet indessen recht wohl, und bin Euer Freund.
Sterzing d(en) [20]ten May 809. um ½ 2 uhr nachts.
Beruft also gleich das Volk in Welschland ab, mir reisen bis zum Erzherzog Johann, weil hier viele Schlechtigkeiten geschehen sind, macht es also gleich dem andern Gerichtern zu wissen.
Andere Hofer comen dant Vo Passeyr

Sterzing. An dem wohlgeachten Joseph Gufler Anwald in St. Leonhard
eilents zu befördern.
Die Mannschaft soll sich gleich zurück ziehen.
Abgegangen um 2 Uhr nachts von Sterzing

Nr. 94

Hofer schreibt an Josef Gufler, er warte auf drei Kompanien, die in Sterzing eintreffen sollten. Auch die Schützen von Lana, Mais, Meran, Algund, Tirol und Schenna sollten sich mit Proviant versehen und über den Jaufen nach Sterzing marschieren.

Vintl 1809 Mai 20, vier Uhr Nachmittag

TLMF, FB 1649, 66. Orig.-Pap. 17,5 ca. : 22 ca., Hochformat, Doppelblatt, 1 Seite.

Schreiber von Text und Adresse unbekannt, Andreas Hofers eigenhändige Unterschrift, zwei Siegel als Verschluss (Morandell? Vgl. TLA, Materialiensammlung Rapp, 7/8 sowie Fischnaler, Wappenschlüssel, 2. Teil, Nachträge zu Band V, 393).

Liebster Bruder!
In diesen Augenblick kamm ich wieder von Braunegen mit 8.000 Mann Soldaten an, welche nach Sterzing heute marschieren, also sey so gut, daß die 3 Kompagnien bis morgen längstens Mittag nach Sterzing eintreffen, ich warte mit Sehnsucht auf sie. Habe auch die Güte und berichte gleich denen Lanener Kompagnie, Maißer Kompagnie, Meran, Algund, Tyroll, Schena, d alle diese sollen sich auf 6 Täg mit Proviant versehen und sollen gleich nach Passeyer über den Jauven nach Sterzing marschieren, dorten werde ich schon das Weitere besorgen; indessen lebet alle recht wohl, und bin allzeit
Euer aufrichtiger Freund
Vintl am 20ten May 809, um 4 Uhr Nachmittag
Andere Hofer comen dant Vo Passeyr

Rückseite:
Von Oberkomandant von Passeyer. Dem wohlgeachten Joseph Gufler Anwald zu in Passeyer zu St. Leonhard.
Durch Ordinanz eilents zu befördern.

Nr. 95

Hofer schreibt einem unbekannten Empfänger, er hätte die vorliegende Depesche geöffnet erhalten, was schon öfters vorgekommen sei. Er bedauert, in Sterzing bleiben zu müssen; er hätte versucht, die österreichischen Soldaten davon zu überzeugen, in Tirol zu bleiben, hätte aber vor allem bei Buol keinen Erfolg gehabt; alsdann sei er nach Bruneck gereist, wo er das Militär aufhalten konnte. Buol hätte sich wieder am Brenner in Stellung gebracht, Chastelers Truppen sollten nachfolgen. Für den 23. Mai plane er, Hofer, die Verfolgung des Feindes, hierzu solle ein vorbereitendes Treffen stattfinden, an dem er persönlich teilnehmen wolle. Der Empfänger vorliegenden Schreibens solle derweil die Verteidigung aufrechterhalten, sich bei Leiningen um Truppennachschub bemühen sowie Hofer das Schreiben eines *Deliweckj* (Dellavecchia) übermitteln.

Sterzing 1809 Mai 21

TLA, Materialiensammlung Rapp, Schuber 18. Pap. 22,2 ca. : 36,2 ca., Hochformat.

Zeitgenössische Abschrift, Dorsalvermerk von anderer Hand. Im Original Andreas Hofers eigenhändige Unterschrift (?), vielleicht sogar der gesamte Text von Hofer eigenhändig.

No. 60
Schez barister H(err).
Ich mache Ihnen zu wissen, das ich die Tepesche um 12 Uhr mittags richtig erhalten, aber offner, nemblich den 21(ten) May, und habe auch erfahren, das derley Öffnungen

schon zum öftern geschöchen sindt. Es ist mir sehr leidt, das ich hier und bey Ihnen nicht sein kan, weil hier der Umstandt zu gros ist, so das sich schon das ganze Millitter schon bis Branöggen geflichtet, war just das Glick, das ich und H(err) Badlwirth hier in Störzing den 19(ten) ein traffen, alsdan gab ich gleich den H(errn) Comisser, das er die Sache bösser beobachten möchte, und habe auch zu gleich merere Punckten darein gemacht von ein und andtern Hern, das sie bösser beobachtet werdten turften. Als wir um 12 Uhr nachts auf den Brenner waren, so maschiertten die lezten Truppen von die Soltatten ab, ich wolte die Soltatten dort aufhalten, alles sagte mit grösten Freidten ja bis auf den General Buel, diesser sagte, er knentte es nicht thuen vermög den Pefelch, und auf diesse Weise wurdten wir gezwungen, Tag und Nacht nach Branöggen zu reissen, und dorth das Millitter aufzu halten, mein Verlangen wurdte mir in Brannögen zu gesagt. Und General Buel war schon mit seiner Manschaft widtrum auf den Brenner zur Besazung, und war mir versprochen worden, das die übrigen Druppen von General Schadler nachfolgen werdten, weil nun die Gefahr bey Hal und Insprug so gros ist, das die feindliche Badtrol schon so gar bis über Steinnach herein batrolieren. Also habe ich den Plan schon in alle Gögendten aus geschriben, auf den 23(ten) May ihm zu verfolgen, so ist es höchst nothwenttig, das ich bey diessen Trefen selbsten gögen werdtig bin. Es ist nicht schön, doch danck ich Gott und Euch das Ihr mir so grosses Zu drauen schencket, den das Zu drauen ist hier nicht weniger als bey Euch, und so sechen Sie woll selbsten ein, das es fast um möglich ist, von hier abzuziechen; so balt es aber möglich ist, werde ich gleich kommen.
Nemblich wen diesses Dröffen vorbey ist. In dieser Zeit bitte ich Sie, das Sie sich auf alles Möglichste zu vertheittigen suchen, bis ich selbsten an komen werdte, langen Sie in dössen bein Graff Leinningen an wegen den Millitter, sechen Sie mir auch jene Schrift von H(errn) Deliweckj zu über schicken, von der sie schon wissen, in dem ich sie jezt villeich nothwenttig brauche. Das Weittere, hoffe ich, werdten mir mitsamen mindtlichen spröchen, so balt es möglich ist.
Die Zahl der Feindte in Hall und Insprug belauft sich 7 bis 8 tausentt.
Sterzing den 21(ten) May 1809 um 1 Uhr Mittag
Andtre Hoffer Comatant v(on) Passeier

Rückseite:
~~Auch~~ Übrigens vernahm ich aus Ihrem werthesten Schreiben, daß ~~Ihnen~~ Gott der Allmächtig die ~~Ihre~~ Waffen unserer Landesvertheidig(er) am 25t(en) dieß ~~gesegnet~~ und ich hoffe auch am 29t(en) gesegnet ~~hat~~ haben werde. [?] und ich bitte, wie eher wie lieber mir eine gute Zeitung zu überschück(en).

Nr. 96

Hofer versichert der Kommandantschaft Meran (mit Adresse an Josef Gufler), die Lage sei nicht so schlimm, wie sie dargestellt worden sei; er sei keineswegs gewillt zu kapitulieren, alle Kräfte würden aufgeboten; die Meraner (Passeirer?) werden angewiesen, über den Brenner zu marschieren, um auf Hofers Schützen zu treffen.

Sterzing 1809 Mai 21

TLMF, FB 1649, 68. Orig.-Pap. 21,5 ca. : 34,4 ca., Hochformat, Doppelblatt, 1 ½ Seiten.

Schreiber von Text und Adresse unbekannt, Andreas Hofers eigenhändige Unterschrift, drei Siegel als Verschluss (Morandell? Vgl. TLA, Materialiensammlung Rapp, 7/8 sowie Fischnaler, Wappenschlüssel, 2. Teil, Nachträge zu Band V, 393). Dorsalvermerke von verschiedenen Händen, Eingangsvermerk des Empfängers.

An der k k Oberkomandantschaft Meran
Durch gegenwärthigen Berichte will ich der k. k. Oberkomandantschaft Meran angezeigt haben, daß sich die Lage nicht so schlim befinde, wie mann es bey Ihnen vormahlt. Daß Militair hat vom Erz-(Herzog) Johann Befehl erhalten, sich für Tyroll auf dem letzten Mann zu vertheidigen, und wür sind keines Wegs gesind zu kapitaliren. Alles steht hier in Massa auf, ja nicht nur hier, sondern in Ober Innthal, Unter Innthall, Zillerthall, Tux, ganz Pusterthall, kurz alles, waß gangbar ist, marchirt dem Feinde rasch und mit Ritter Muth entgegen.
Ich hoffe, Sie werden sich wie imer in der Klasse der Tapfersten einstellen, und so wie wie [sic] unsere Mitbrüder rech zahlreich nacher Störzing über dem Brenner, wo Sie uns antröffen werden, marchiren, wo Sie sodann Ihre Weisung erhalten werden.
NB Da wür die Sache rasch und kurz vorzunehmen gedenken, so bitte Sie, daß Volke so ~~geschwind~~ [?]ᵃ geschwind als möglich heran marchi re ren zu lassen.
Störzing am 21t(en) May 1809.
*Andere Hofer comen dant Vo Passe[yr]*ᵇ
Nachden es gelesen ist, es sogleich nach Meran an der Obrkomandantschaft [sic] zu übersch[ük]en.

Rückseite:
Herrn Anwald Joseph Gufler in Passeyr a Paseyr
eiligst durch Ordinanz

Walt(en) den 21 May 809 um 11 uhr Abend M. M.

Praes(entiert) d(en) 22 May 1809 ¾ 4 Uhr frühe.
Nr 220

ᵃ   Tintenfleck im Original.
ᵇ   Nicht lesbar wegen Bindung.

Nr. 97

Hofer schreibt seiner Frau Anna Ladurner und Josef Valentin von Morandell, es gehe ihm wieder gut, Oberst Graf von Leiningen sei zum Kommandanten in Tirol ernannt worden und auch die Kapitulation sei zurückgewiesen. Morandell solle Acht geben, dass die Zerstörungen nicht zu groß würden.

Sterzing 1809 Mai 21

BSB, Autographensammlung, Autogr. Cim. Hofer, Andreas: 3. Orig.-Pap. 22,5 ca. : 36,5 ca., Hochformat, Doppelblatt, 1 Seite.

Schreiber von Text und Adresse unbekannt, Andreas Hofers eigenhändige Unterschrift, drei Privatsiegel (I) als Verschluss. Eingangsvermerk des Empfängers.

Liebstes Weib!
Ich mahe dir zu wißen, daß ich heute schon wieder sehr frehlich bin, ob woll ich gester(en) sehr traurig war, den mir ist meine Wunsch gelungen und ich hofe ietz das beßere, weil H(err) Oberist Graf von Leiniger Commendierenter von Tyrol geworden war. Deßwegen mahe ich dir zu wißen, das du ietz wegen mir nicht mehr trauren turftest, und ich hofe dir in Kurzen wieder sehr freudige Nachrichten geben zu können, schicke geschwind dieses Brieflein den H(errn) von Morendel nach Kalter(en).
Andere Hofer
den 21(ten) Mey
Soll aber auch niemand denken, das die Capitulation auf genohmen worden sey, sonderen viel mehr hat sie Graf von Leiniger gar zernichtet.
Schötzbarster H(err), sehen Sie in dees(en) alle Anstalten zu trefen, damit die Gegenden icht gar zu starck verruiniert werdn.
Andere Hoferr [sic] *comen dant Vo Passeyr*

Rückseite:
Vo Störzing. An die wohlersamme Annä Ladurerin in Paßeyr zu Sanct Leonhart Sant Wirthtin ad Paßeyer
Man leße ihn der Wirtin für und her nach nach Kalteren an H(errn) Morendel
Den 22(ten) Mey um 1 Uhr nachts

Praes(entiert) am 23t(en) May 809 um 5 ¾ abends.

Jahr 1809 gehört dem Morandel

April Mai 1809

Nr. 98

Passierschein für Leopold *Kranner*, der ungehindert von Sterzing nach Brixen und zu den Vorposten des österreichischen Militärs reisen soll.

Sterzing [1809] Mai 21

Museum Passeier – Andreas Hofer, Leihgabe Dr. Siegfried Unterberger, Meran. 1 Blatt, ½ Seite.

Text von unbekanntem Schreiber, Andreas Hofers eigenhändige Unterschrift, o. S.

Vorzeiger dieses Paßes.
Da wird das lobliche Milather als Zifil gebetten, den H(errn) Lepolt Kranner unn gehindert paßieren zu laßen von Störzing bis Prixen, und hin aus bis an die Vorposten des k. k. Milathers. Störzig den 21t(en) Mey
Andere Hofer comendant Vo Passey(e)r

Nr. 99

Hofer schreibt an die Obrigkeit Passeier, alles, worüber ihn Kommissär von Morandell in einem Schreiben befragt, sei eine Lüge. Er hätte aus Gries einen Bericht erhalten, wonach bei Steinach ein Vorpostengefecht mit den Franzosen ausgetragen worden wäre, der Feind sei zurückgeworfen worden. Die bayerischen Lager befänden sich auf den Wiltener Feldern, auf der Langwiese und bei Amras; die Konfinen seien gut zu besetzen.

Sterzing 1809 Mai 22

TLMF, FB 2729, 8. Orig.-Pap. 22 ca. : 36 ca., Hochformat, Doppelblatt, 2 Seiten.

Schreiber von Text und Adresse unbekannt, Andreas Hofers eigenhändige Unterschrift. Drei Siegel als Verschluss (Morandell? Vgl. TLA, Materialiensammlung Rapp, 7/8 sowie Fischnaler, Wappenschlüssel, 2. Teil, Nachträge zu Band V, 393). Eingangsvermerk des Empfängers, Dorsalvermerke von verschiedenen Händen.

No. 73
An dem k. k. H(errn) Comissaire Jos. v(on) Morandell
Alles, was mich der Herr Comis(saire) in dem mir werthen Schreiben v(on) 22t(en) corrent 7 Uhr fruh, so ich am 22t(en) ½ 8 Uhr ~~fruh~~ abends erhalten habe, anfragen, ist glaterdings eine Lüge. Deneben diesen Augenblike erhielt ich von Grieß ein Bericht, daß ein Streif Batroili von Störzingen ein Vorposten Gefecht hieger Steinach mit die Franzosen, so aus 40 Reiter besteht, welche zurük geworfen ħ worden sind. Die Mannschaft bittet nur den H(errn) Comand(anten) zu sagen, daß man vorrüken möchte, es seyn so ħ viele Leite beysamen, es ist kein Unterkompft mehr zu finden; daß keiserliche Militair hat sich recht gut gehalten, am 25ten hoffe was Mehrers berichten zu kön(n)en.
Die k. bay(erischen) Lager sind eins auf die Wildauer Felder daß zweite auf der Langwies daß 3t(e) bey Amraß, und diese Lager sind niemals vorgerükt, womit Ssie [sic] das Volk beruhigen konen.
Schlüslich bitte ich Sorge zutragen, daß die Confinen gut besetzt werden, damit der Feind dorth indessen nicht zuweit vorrüken konen, womit im Schutz Gottes befohlen.
Storzing am 22t(en) May 1809
Andere Hofer comendant Vo Passeyr

Damit wür die Ordnanzen schohnen, so wird jeder Berichte nach Paseyer dann nach Meran an die Comandatsch(aft), dan auf den Comissair nach Kaltern.
NB: Jene Zeilen von Erz(herzog) Johann, so Delavechia eröfnet hat, bitte mir geschwind zu überschiken.

Rückseite:
An die Obrigkeit zu Paßeyr
¾ auf 9 Uhr abends durch Ordinanz eiligst

Walten 2 Uhr fruh den 23 May

Praes(entiert) am 23t(en) May 1809 1 Uhr Nachmittag

Nr. 100

Hofer schreibt, die Schützen seien bis Steinach vorgerückt, die Bayern hätten ihre Lager um Innsbruck herum aufgeschlagen.

[Sterzing 1809 Mai 22]

Zit. nach: Rapp, Tirol, 323 (Original nicht eruierbar).

Im Original Andreas Hofers eigenhändige Unterschrift (?).

„Unsere Truppen sind bis Steinach vorgerückt, wobei sich die Soldaten recht brav hielten. Die Bayern sind nicht stark und haben ihr Lager um Innsbruck herum, eines auf der Langwiese, eines auf den Wiltauer Feldern und das dritte in Ambras.
Den 25. ein mehreres.
Andrä Hofer m. p., Kommandant."

Nr. 101

Hofer teilt Verpflegung zu.

Sterzing 1809 Mai 22

SLA, Gemeindearchiv Sterzing, Reihe XIX, Fasz. 8 (Militaria 1802–1837), 18. Orig.-Pap. 22,5 ca. : 18 ca., Querformat, 1 Blatt, 1 Seite.

Schreiber unbekannt, Andreas Hofers eigenhändige Unterschrift, o. S.

Auf Befehl des H(errn) Comen[t]anten Andere Hofer wird befohl(en), ein jeden 1 Seitl Wein nebst übrigen Verpflögung zu geben.
Störzing d(en) 22t(en) Mey 1809
Andere Hofer camendant Vo Passeyr

Nr. 102

Hofer teilt wahrscheinlich den Bewohnern des nördlichen Tirol mit, von den „Etschländern" stünden bereits viele am Brenner, er bittet die Empfänger des Schreibens um ihre Unterstützung; er hätte durch Intervention bei Erzherzog Johann erreicht, dass Graf Leiningen zum Kommandierenden in ganz Tirol gemacht wurde. Zwei Abgeordnete vom Unterinntal hätten Hofer gebeten, erst am 25. anzugreifen, da im Achental zuerst Wegverhaue anzulegen seien.

Brenner 1809 Mai 23

TLMF, FB 2729, 9. Orig.-Pap. 22 ca. : 34,1, Hochformat, 1 Blatt, ½ Seite.

Text von Andreas Hofer eigenhändig, Siegel: „K. K. BRIGADE […] BUO[L …]".

ware Prieder vnd freint
ich mach Eich zu wissen, wie das Vo vnß öz lender, Ein sehr grosse zalle menschen wirckhlich
schon Jber den Brener her stehen, vm Eich Vo denen Pairischen Panden loss zu machen: als
nemlich auch mir Vo disser sauerei, nicht dörfen darein zu khomen, mit hin wirth Jhr ge

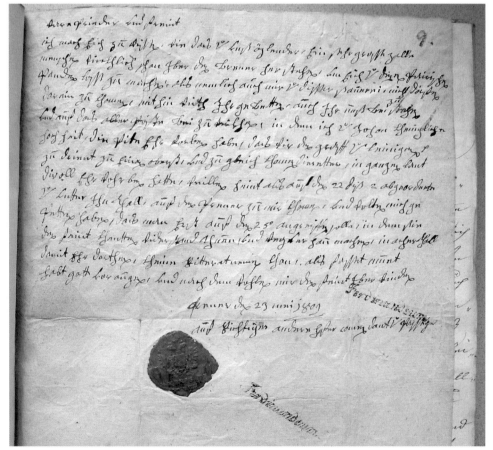

Abb. 34: S. Nr. 102. Eigenhändiges Schreiben Andreas Hofers mit dem Siegel der Brigade Buol (Brenner 1809 Mai 23). TLMF, FB 2729, Nr. 9. Foto: Oberhofer.

Betten, auch Jhr unß Bei zu stehen vnd auf das aller Pöste Bei zu wirkhen, in dem ich Vo Johan khenigliche hoch heit, die Pite Ehr worben habe, das wir den graff Vo leinigen (etc.) zu drient zu Einen oberst, vnd zu gleich khomendieretter, in ganzen lant diroll Ehr wohrben hatte, weillen heint als auf den 22 diß 2 abgeordete Vo vntter Jhn Thall, auf den Prener zu mir khomen, vnd wolten mich ge Petten haben, das man Erst auf den 25 angreiffen solle, in dem ßie den feint khentten wider stand Thuen, vnd weg ver hau machen, in acher Thall damit Ehr dorthen, kheine Ritterat [=Retirade, Anm.] nemen khan, als fasset muet habt gott vor augen, vnd nach dem wohlen mir den feint Jber winden
Prener den 23 mei 1809
auf Richtiger Andere Hofer comen dant Vo Passeyr
LS

Nr. 103

Hofer bestätigt, ein Schreiben in Empfang genommen zu haben; er bittet die Kalterer Schützen, sich in Bereitschaft zu halten.

Brenner 1809 Mai 23

TLA, Materialiensammlung Rapp, Schuber 18. Orig.-Pap. 22 ca. : 36 ca., Hochformat, 1 Blatt, ½ Seite.

Schreiber unbekannt, Andreas Hofers eigenhändige Unterschrift, o. S. Eingangsvermerk des Empfängers.

No. 77
Uiberbringer dieses haben Gefertigten heute fruh um 9 Uhr mich auf der Post im Brenner angetroffen und daß Schreiben richtig über geben.
Sig(natum) Brenner am 23ten May 1809
Auch werden die Brüder Kaltern gebetten sich in Bereitschaft zu halten, um bei erst ankommender Ordnanz gleich abrucken zu können.
Andere Hofer comen dant Vo Passeyr

Rückseite:
Praes(entiert) am 24ten May 1809 5 Uhr fruh.

Nr. 104

Andreas Hofer schreibt an das Gericht Passeier, ein Spion werde melden, ob die Bayern bereits abgezogen sind. Er hoffe auf die österreichische Unterstützung durch Leiningen und Buol; Chasteler und Schmiedt, die in Lienz stehen, würden dem Land nur Schaden zufügen. Deputierte von allen Gegenden pochten darauf, den Aufstand fortzusetzen und nicht zu kapitulieren. Zwei Deputierte aus Hall schließlich hätten berichtet, der Feind ziehe nach Salzburg ab.

Brenner 1809 Mai 24, zehn Uhr Vormittag

Wiener Stadt- und Landesbibliothek, I. N. 130.261. Orig.-Pap. 23,5 ca. : 36 ca., Hochformat, Doppelblatt, 2 Seiten.

Text und Adresse von Johann Holzknecht (?), Andreas Hofers eigenhändige Unterschrift. Zwei fremde Verschlusssiegel, Dorsalvermerke von verschiedenen Händen, Eingangsvermerk des Empfängers.

An die Ghts Oberkeit Paßeyr!
Ich eile einsweils zu berichten, daß sich die Bairn schon göstern fruhe meistens von Innsbruck entfehrnet haben, einsmals weis mann nur bis über Hall hinab; ob sich die Feinde da halten werden oder über das Achenthall, Kufstein oder gegen St. Johann hinziehen, wird der Spion, der stundlich erwartet wird, zu sagen wißen! Heute wird vo diesseitigen Gegenden sowohl das Militar als eine Menge Land Volk vorgerückt. Graf Leininger hat eigentlich das Komando über sich, auch H(err) General Buel ist hier mit Gabeleri, Infanteri und Kaveleri, ein Nehmliches bringt auch H(err) Graf von Leininger mit sich! Schatler, Schmid (etc.) wurde in Lienz erfragt, dieße, wie mann hört, würden imer noch unßern lieben Vaterland mehr Schaden zu fiegen, wann sie nur noch kenten, aber das Volk samt den Graf vo Leininger mit sein Militar hat ganz die Gesinungen, sich bis auf den lezten Mann zu vertheidigen! Und es läßt sich hofen es wird von hieraus alles gut gehen! Wegen einer Kapitalatzion ist gar nicht zu denken, von allen Gegenden komen Deputierte hieher nur mit der Bitte, wir sollen uns nur wehren, sie werden uns auf allen Seiten unter stützen, unge acht das so viele falsche Broklomatzionen im Umlauf kommen und sovielle sind die sich Mühe geben, das Volk abwendig zu machen. So bleibt der gemeine Mann doch felsenfest und vertrauet auf seiner gerechten Sache auf Gott, eintweders glücklich zu siegen oder mit Ruhm zu sterben. Nicht Gutes soll dem bevorste(n), der hier darüber arbeiten soll oder einen abwendig mach will, jeder würd schon gefunden werden.
Solten sich würklich ein- oder der ander von solchen erlauben, hievon Gebrauch zu machen, so soll er auf der Stelle ohne Unterschied der Bersohn aretiert und bis auf das Weitere in Verhaft behalten werden.
Dießes ist an die lob(liche) K(o)mandantschaft Meran, von da an H(err)n Malonati, H(err)n Stepfanelj, H(err)n von Morendel Joseph, den Frischmann Hauptmann auf den Tonall zuekomen zu machen, das sie auch das Volk verständigen und belehren!
So eben kommen ~~kome~~ 2 Deputierte von Hall mit der Nachricht, das der Feind auch von da weeg begeben hat nach der Ausage der Bairn, gehen sie nach Salz Purg! Wahrscheindlicher ist es in Verwirung nach Bairn, so viel einsmals in ersichtlicher Eil, da mann wegen allzuviellen Geschäften nie Mehrers zu schreiben nicht Zeit hat.
Prener am 24t(en) May 10 Uhr Vormitag 1809
H(err) ~~Oder~~ Oberdörfer hat dieß abzuschreiben und an die K(o)mandantschaft gegen Rezepißße hinauf zu schicken; laßßen Sie dies auf den Sand und beim Strobl (etc.) auch zu wißßen machen.
Andere Hofer comen dant Vo Passeyr

Rückseite:
Von Prener an die lob(liche) Gerichts Oberkeit zu Paßeyr durch Ordonanz eiligst eiligst

Den 24 May um 3 Uhr abents von Jaufen abgangen

Walten 24 May ½ 5 Uhr Abend gesech(en) et abgangen

Praes(entiert) am 25t(en) May 809 5 ¼ Uhr früh.
No 172

Im TLMF, Historische Sammlung, Flugschriften – Autographen, liegt eine Abschrift, die mit dem Wort „Salzburg" endet, sich also vielleicht auf eine zweite Originalausfertigung stützt.

Nr. 105

Hofer berichtet an Johann Nep. von Kolb, der Feind hätte sich zurückgezogen, es gebe aber noch Patrouillen der Franzosen. Hofer fordert Kolb auf, in einem umfangreichen Schreiben an Erzherzog Johann über die Militärangehörigen zu berichten, die das Land heimlich verlassen haben. Der Erzherzog hätte Leiningen und Hofer das Oberkommando übertragen.

Brenner 1809 Mai 24, 12 Uhr Mittag

TLMF, FB 1649, 80. Orig.-Pap. 23 ca. : 37 ca., Hochformat, Doppelblatt, 1 Seite.

Text und Adresse von Johann Holzknecht (?) geschrieben, Andreas Hofers eigenhändige Unterschrift. Zwei Siegel als Verschluss (Holzknecht).

Hochedl gebohren, theürester Herr von Kolb!
Auß den Beyliegenden werden Sie ersehen, welche Vertheidiguns Anstalten hier getrofen worden sein! Das Mehrere werden Sie auch durch die Überbringer dieß mündlich vernehmen! Ihre mir zu sehr bekante Täthigkeit giebt mir auch Hof(fen), daß Sie auch in Ihrer sich dermalligen befindlichen Gegenden nicht minder beitragen werden, daß alles nach einen Sin und Herz mitsamen beitragen hilft. Auf Gott vertraut, ist bei unß allgemein das Loßungs wort, einweders zu siegen oder mit Ruhm zu sterben! Der Feind hat sich einsmals über Hall hinab retiriret und dieß göstern, auch haben sie wiederum abents einige Batrolen über Na Schönberg bis Materej herauf geschickt! Bis Navis sollen neuerlich einige Franzoßen herauf streifen, viellmehr scheint es nur ein blinter Larm zu sein! Sechen Sie alles anzuwenden, an Sr. k. Hocheit den Prinz Johann ein um ständliches Schreiben abzuschicken, seine Exelenz der H(err) General Schatler, Schmit, Marschal, Baron von Hormayr und Teimer (etc. etc.) haben sich ganz in der Stille von unß weggezochen, ohne unß waß wißßen zu laßßen, auch H(err) General von Buel wäre auf Befehl nachgefolgt, wann ich nicht dawieder wäre. Daß Oberkamando hat Prinz Johan durch eigenhändiges Schreiben dem Titl (etc.) Herrn Grafen von Leiniger üb und mir übertragen. Soviel eins mall in ersichtlicher Eil, da die überheiften Geschäft(en) ein Mehrers zu schreiben nicht erlauben. In deßßen geharre mit ausnehmender Hochachtung.
Am Prener den 24ten May 1809 um 12 Uhr Mitag
Die Deputierten sind um 7 Uhr frühe hier ankomen
Andere Hofer ober comen dant Vo Passeyr
lieber Prueder Thuen ßie waß ßie nur khenen

Rückseite:
Von Prener dem hochedlgebohrn gnädigen Herrn Herrn Jos(eph) Maria von Kolb in Lienz
Eiligst zu über liferen

Nr. 106

Freipass für Josef Ignaz Straub.

Brenner 1809 Mai 24

TLMF, FB 1649, 82.

Abschrift wahrscheinlich durch Delama. Das Original offensichtlich von Hofer eigenhändig geschrieben, deswegen ist an dieser Stelle die Abschrift zeichengetreu übernommen:

Frei Pass for H. straub v(on) hall
oder for seiner familli, vnd zu gleich for 6 Ross 2 Wägen vnd waß sie Bei sich habenten sachen, sollen nacher schen Perg vnd so weiter Passieren khenen.
Prener den 24 Mai 1809
Andere hofer comen dant v(on) Passeyr.
Copie von dem eigenhändigen Original.

Nr. 107

Hofer versichert Josef Ignaz Straub, auf keinen Fall kapitulieren zu wollen.

Brenner 1809 Mai 24

TLMF, FB 1649, 83.

Abschrift wahrscheinlich von Delama. Im nicht eruierbaren Original Andreas Hofers eigenhändige Unterschrift (?).

An Herrn Straub Gasthalter beyn Winckel zu Hall.
Zu Beruhigung sämentlicher wehren und bidern Tyroller, denen Religion und Vaterland lieb ist, kann man sämmentliche Bewohner Tyrols versichern, das wir alle insgesammt bereit sein alles aufzuopfern vor Gott, Religion und Vaterland. Und liebste Landsleute thuet alles und auch wir versichern alles zu thun, dann Gott ist ober unser und Gott wird der gerechten Sache gewiß beystehen. Und erst heute sind von Lienz, Ober Innthal, Pusterthal und Etschland die Deputierten bey uns, so alle der gutten und nämmlichen Meinung seind wie wir alle.
Prenner den 24. May 1809.
Andere Hofer Commandant v(on) Passeyr. m. p.
[…]

Nr. 108

Hofer ruft die Zillertaler zur allgemeinen Bewaffnung und zum Vorrücken gegen die Zillerbrücke auf.

Stafflach 1809 Mai 24, halb acht Uhr abends

Heimatmuseum Fügen. Pap. 21 ca. : 34 ca., Hochformat, 1 Blatt, 1 Seite. Das Original 1908 in Privatbesitz.

Zeitgenössische Abschrift. Im nicht eruierbaren Original Andreas Hofers eigenhändige Unterschrift (?).

An die Gemeinden und Vorsteher des Thales Zillerthal.
Stafflach den 24. May abends ½ 8 Uhr (1809)
Da morgen der Angriff auf die Feinde geschehen soll, müßen alle brave und gutdenkente Zillerthaler unter Gewehr tretten und frühe gegen die Ziller Brücke vorrücken, um alldorten den Feind soviel möglich Abbruch zu thun. Auch solle in Angerberg und wo immer möglich im Gerichte Kufstein die Wege veramelt und besetzt werden.
Andere Hofer Oberkommandant Passeyer.

Rückseite:
Offne Order.

Nr. 109

Andreas Hofer hält fest, er sei mit den Deputierten von Puster- und Oberinntal sowie dem Etschland übereingekommen, den Aufstand fortzusetzen. Die Tiroler seien zwar von wichtigen Offizieren im Stich gelassen worden, mit Leiningens Hilfe aber würden sie weiterkämpfen.

Matrei 1809 Mai 24

Zit. nach: Kirchmair, Tirol, Bd. 4, 204. Original laut Kirchmair im HHStA (Kriegsakten Provinz Tirol), dort aber nicht eruierbar.

Im Original Andreas Hofers eigenhändige Unterschrift (?).

„Matrei, den 24-ten May 1809:
Von Pusterthal, Oberinntal und dem Etschland sind die Abgeordneten bey mir und wir sind einer Meinung geworden. Obgleich falsche Proklama das Volk abwendig machen wollen, so bleibt der gemeine Mann doch fest und vertraut auf die gerechte Sache und auf Gott.
Demjenigen soll nichts Gutes bevorstehen, der einen abwendig machen will; er soll sogleich arretiert werden.
Chasteler, Schmidt, Marschall, Hormayr und Teimer sind heimlich davongegangen. Buol hätte es ebenso gemacht, wenn wir ihn nicht zurückgehalten hätten. Leiningen hat eigentlich das Commando, auch Buol ist hier. Chasteler und Schmidt wurden in Lienz erfragt. Wie man hört, würden diese immer noch unserm lieben Vaterland Schaden zufügen, wenn sie nur noch könnten. Aber das Volk sammt Leiningen mit seinem Militär hat die Gesinnung, bis auf den letzten Mann sich zu vertheidigen.
Mit Gott und für das Vaterland!
Andere Hofer Obercommandant von Passeyer."

Nr. 110

Von Hofer ausgestellte Garantie auf Vorspann und Verpflegung für einen heimkehrenden Verletzten und seine Begleitpersonen.

Matrei 1809 Mai 27

SLA, Sammlung Steiner, 20. Orig.-Pap. 22 ca. : 17,3 ca., Querformat, 1 Blatt, 1 Seite.

Text von Johann Holzknecht (?) geschrieben, Andreas Hofers eigenhändige Unterschrift, o. S. Vermerke von verschiedenen Händen.

Marsch Ruote
für Michael Huber, welcher schwer bleßiert, mit ihme der Mathies Verdorfer und Michl Kofler von Compagnie des H(err)n Hauptmann Johann Pruner zu Schenna. Dieße gehen von hier über Störzing, Brixen, Botzen, Meran nach Hauß, hiezue ist bey jeder Marsch Statzion ¼ tl Waagen und die unentgeltlich Verpflegung verabfolgen zu laßen.
Materej den 27ten May 1809
Andere Hofer obercomen dant Vo Passeyr

zu pißieren
Gries am 30 May 1809
Ed. Su[st]erschi [manu propria] Li[e]utenant

Zu passi[ren] Pamer

Rückseite:
Beym Tänzl würth

Nr. 111

Hofer ersucht den Kommandanten Josef Glatzl, Männer für die Besetzung der Straße von Kreith bis Telfes und Gallhof zur Verfügung zu stellen.

Schönberg 1809 Mai 27

TLMF, FB 2729, 11. Orig.-Pap. 22 ca. : 36,2 ca., Hochformat, 1 Blatt, ½ Seite.

Text und Adresse von unbekanntem Schreiber, Andreas Hofers eigenhändige Unterschrift. Ein Siegel als Verschluss (unkenntlich).

Herr Comandant Glazl
Schen Berg am 27t(en) May 1809
Der Herr Comand(an)t Glätzl wird hie mit ersucht, denen Deputirten von Stubey H(errn) Mazegger und H(errn) Hauptman Dandler zur Besetzung des Fahrweges von Kreit bis Telfes und Galhof die nothige Wachmannschaft zum Piket von Ihren unterhabenden Compagnien zu verabfolgen.
Die Wegweiser werden von der Gemeinde Mieders abgeben werden, denen zu vertrauen ist.
Andere Hofer ober comendant Vo Passeyr

Rückseite:
Dem Herrn Comandant Glazl zu Mieders

Nr. 112

Da nicht mehr als 2.000 Tiroler Schützen in Innsbruck stehen sollten, befiehlt Hofer, Glatzl solle mit seiner Mannschaft stehen bleiben, da das Militär am folgenden Tag angreifen wolle.

Schönberg 1809 Mai 27

TLMF, FB 2729, 12. Orig.-Pap. 21,5 ca. : 18 ca., Querformat, 1 Blatt, ½ Seite.

Text und Adresse von unbekanntem Schreiber, Andreas Hofers eigenhändige Unterschrift. Urspr. ein Siegel als Verschluss (abgebrochen).

Da sich die Gestalte der Sachen verenderet und nicht mehr als 2000 Man in Innsbruk vermög Nachrichten sein solten, so wird an H(err)n Comm[an]danten[a] Glatzl anbefolchen, mit samentlicher Manschaft stehen zu bleiben, weil morgen das Militair attagieren will.
Schönberg d(en) 27t(en) Mai 1809
Andere Hofer ober comendant Vo Passeyr

Rückseite:
An dem Herrn Commandanten Glazl eiligst zu befördern.

---

[a] Fleck im Original.

Nr. 113

Hofer berichtet dem Gericht Passeier, in Matrei hätte ein gewisser Georg Koch sich angemaßt, als Unterkommandant die Mannschaft in den südlichen Gerichten aufzubieten; dieser sei auf der Stelle in Arrest zu nehmen. Die bereits ausgerückten Mannschaften sollen nach Hause zurückkehren, da sie nicht verpflegt werden können.

Schönberg 1809 Mai 27

TLA, Materialiensammlung Rapp, Schuber 18. Pap. 21 ca. : 34,7 ca., Hochformat, 1 Blatt, 1 Seite.

Zeitgenössische (?) Abschrift, im nicht eruierbaren Original Andreas Hofers eigenhändige Unterschrift (?).

Copia
An die Gerichts Oberkeit zu Pasßeyr und die übrigen benachbarten Gerichtern.
Da man durch ein heute erhaltenen Schreiben von der Oberkeit Pasßeyr ersicht, das in Matrey ein gewiser Georg Koch als Unterkomandant sich erlaubt hat, in die südlichen Gerichtern alle waffenfächige Manschaft aufzubiethen, da aber weder vo den Komandanten Hofer weder vo jemand anderen vo einen solchen Befehl, der hierzu berechtiget, etwas wu[ß]bar ist und wirklich schon mehrere Compagnien über den Jaufen in Anzug seyn. So wird hierzu der Vorweiser dies, der anher gekomene Expresse der Lothen Sohn von Schena, der Alois Ladurner und Joseph Ladurner Würth in Meran mit dem Auftrag sogleich vo hier abgeschikt, das sie den vorgeblichen Georg Koch, wo er immer ansichtig oder aus findig gemacht werden kann, gleich auf der Stelle hand fest zumachen und in wohl versicherter Verwahrung bringen zu lasen und der ausrükenden Manschaft zu

sagen, das sie, wo sie sich befindet, ihren Weg rükwerts zu ihren hauslichen Geschäften nehmen sollen, indem sie dermahlen wegen Mangl der Lebens Mitl nicht kennen untergebracht werden und dies nicht der Willen des Unterzeichneten ist.
Überhaubts mus aufgetragen werden, nur nichts zu glauben, was nicht aus bekanter Hand zuverlässig bekant ist, hierzu berechtiget zu sein, dergleichen Befehle zu ertheilen.
Schönberg den 27 Mäy 1809.
Andre Hofer, ober Comd(an)t vo Passeyr.

Nr. 114

Hofer schreibt an die Oberinntaler, er wolle „übermorgen" (d. h. am 29. Mai) von der Seite des Bergisel aus angreifen, und ruft diese auf, ihn zu unterstützten.

[Schönberg 1809 Mai 27]

Original nicht eruierbar, Hinweis in: Paulin, Leben, 60; Rapp, Tirol, 341.

Nr. 115

Andreas Hofer kündigt Anton von Leis-Laimburg (?) an, der Angriff sei für Montag den 29. Mai festgesetzt, von Leis solle für die nötigen Vorbereitungen sorgen.

Schönberg 1809 Mai 27

TLMF, FB 9582, 20. Pap. 22 ca. : 34,8 ca., Hochformat, 1 Blatt, 1 Seite.

Zeitgenössische Abschrift, im Original Andreas Hofers eigenhändige Unterschrift (?).

Schönberg den 27ten May 1809
An Herrn Comandanten v Leis,
dieweil wir uns zum Angrife recht vorzubereiten gedencken und nicht zu voreilig darein gehen wollen, so haben wir uns sämtliche Commandanten und Hauptleüte verabredet, den Angrif de~~ auf den Montag als 29ten dies mit Tags Anbruch ~~den Angrif~~ an allen Seiten zu machen.
Dieserwegen bitte ich, der Commandant v Leis wolle die Gnade haben, uns hierin möglichst zu unterstützen, Sie werden also sorgen, das Kuglen gegossen und alles hiezu vorbereitet wird.
Andre Hofer Ober-Commandant v Passeyr

Von Leis bestätigt eigenhändig die Richtigkeit der Abschrift, von anderer Hand ist auf der linken Papierhälfte ein weiterer Text geschrieben.

Nr. 116

Passierschein.

Schönberg 1809 Mai 27

Abbildung in: Auktionskatalog Venator & Hanstein KG Köln, Frühjahrsauktion 2006 (96/97), 201 (Nr. 752). Orig.-Pap. Queroktavbogen.

Text von Johann Holzknecht (?) geschrieben, Andreas Hofers eigenhändige Unterschrift, o. S. Rückseite nicht einsehbar.

Vorweißer dieß Johan Jllmer und Martin Flirler seind durch alle Vorposten ungehindert basßiern zu lasßen, Schenperg den 27t(en) May 1809
Andere Hofer comen dant Vo Passeyr

Nr. 117

Hofer kündigt den Oberinntalern an, am nächsten Tag würde der letzte Angriff stattfinden, und ersucht sie um ihre Unterstützung.

o. O., o. D. [Schönberg 1809 Mai 28]

TLMF, Historische Sammlung, Flugschriften-Autographen.

Abschrift. Das Original könnte durchgehend von Hofer geschrieben sein.

Liebe Brüeder Oberinthaler! Für Gott, den Khaysser und das thayre Vatterland! Morgen in der Frueh ist der löste Angriff. Wier wollen die Boaren mit Hilff der göttlichen Muetter fangen oder erschlagen und haben uns zum liebsten Hertzen Jesu verlobt. Kombt uns zu Hilff, wollt Ihr aber gscheiter seyn als die göttliche Firsichtigkeit, so werden wir es ohne Euch auch richten.
Andere Hofer Oberkomandant

(Wahrscheinlich aus dem Schupfen-Wirtshaus; am 28. Mai 1809 erlassen)

Nr. 118

Josef Ignaz Straub wird von Hofer angewiesen, sich mit Speckbacher in Judenstein in Verbindung zu setzen; erst bei Tagesanbruch dürfe losgeschlagen werden.

Schönberg 1809 Mai 28

TLMF, FB 1649, 82.

Abschrift durch Delama (?). Das nicht eruierbare Original dürfte von Hofer eigenhändig geschrieben sein, deshalb wurde die Abschrift hier zeichengetreu übernommen.

Pöster Herr straub sein sie vo der giete vnd Thuen sie sich mit den Herr sPöckh Beim Juden stain verstendigen
Ehr weiß alles, aber nur bei An[n]Pruch des Tages anfangen
schenperg den 28. Mai 1809.
Andere hofer Comen dant Vo Passeyr.
[…]

Nr. 119

Hofer bestätigt, dass die Kompanie Pfeffersberg vom Gerichtskassier Peter Mayr 30 fl erhalten habe.

Schönberg 1809 Mai 28

TLMF, Dip. 1283, VII, 2. Orig.-Pap. 21 ca. : 23 ca., Hochformat, 1 Blatt, ¼ Seite.

Text von unbekanntem Schreiber, Andreas Hofers eigenhändige Unterschrift, o. S.

Von den Gerichts Casier Peter Mair hatte die Gungagni [sic] Pfefperg dreisig Gulden sage 30 fl erhalten.
Schienperg den 28t(en) Mey 1809
Andere Hofer ober comen dant

Rückseite:
No. 2.

Nr. 120

Quittung über Heu und Hafer, die von der Gemeinde Schönberg für die Kavallerie-Patrouille des Regiments Hohenzollern zur Verfügung gestellt wurden.

Schönberg 1809 Mai 28

TLA, Tirolische Landesverteidiger 1809, Sep.-Fasz. III, Pos. 20: „Verzeichnis bzw. Abschriften von Akten aus dem Jahre 1809, darunter auch von der Hand Andreas Hofers, aus dem Besitze des Elias Domanig, Gastwirt in Schönberg und Vertreter des Gerichtes Stubai, stammend. Diese Akten befinden sich jetzt [1938/39, Anm.] im Besitze des Antiquars Halle in Amsterdam bzw. K. Seuffer in München. Infolge des zu ihrem wirklichen Wert zu hohen Preises von 100 Mark hat das Landesregierungsarchiv im Einvernehmen mit dem Archivamt in Wien den Ankauf vorderhand abgelehnt."

Masch. Abschrift von 1939, im Original Andreas Hofers eigenhändige Unterschrift (?).

„Quittung über 28 Porzionen Heu und eben soviel Haber, welche der k. k. Piket Kavallerie Patroulle von Cheval. Hochenzollern Regiment von der Gemeinde Schönberg gestern und vorgestern verabfolgt worden sind.
Schönberg 28. May 1809.
(eigenhändig:) Andere Hofer Obercomendant von Passeyr.
Id est zwanzig acht Porzionen."

Nr. 121

Hofer schreibt, zwei Deputierte von Reutte hätten ihm berichtet, die Schlacht bei Wien sei für Österreich gut ausgefallen, was mit einer aus Lienz eingegangenen Nachricht übereinstimme; er hofft, von Österreich Truppenverstärkung zu bekommen, es sei nötig, dass die Landesverteidiger in Kontakt bleiben und sich gegenseitig alle Neuigkeiten zukommen lassen.

unter der Schupfen 1809 Mai 29

TLMF, Historische Sammlung, Flugschriften – Autographen (Dauerleihgabe der Tiroler Versicherung). Orig.-Pap. 36 ca. : 22 ca., Hochformat, 1 Blatt, 2/3 Seite.

Durchgehend eigenhändig von Andreas Hofer, o. S. Mehrere Beschädigungen bzw. Löcher im Papier.

als den 29 meien khamen zu mir, vntter zeichnetten
Johan georg kherlle vnd magnuß dieffen Prun Vo marckht Reide vnd so Ehr fahre ich, das die mir Jber schickhte nach Richt Vo lienz wirckhlich Jber Einß stum, mit der nach Richt, der ob Beßagten 2 abgeordnetten Vo Reitte, wölliche Vo der schlacht Vo Wien, die auf khlerung gibt,
wögen der appellierung Vo insPru[e]g, wirth Bei unß nicht guet kheissen, in dem die Prob ßie selbsten machen werden, weillen sie selbsten, die nemliche zeit Ein dröffen, wie mir mit den Feint ge fochten haben.
waß ich noch die pöste Hoffnung habe, ist die, weillen E[s] die nach Richt sicher gibt, das die grosse schlacht in wien sehr guet ist aussge fahlen, also mit hin ver hofe ich sicher heit, das mir werden Threies millider Bekhomen, vnd werden nicht alzeit die angefiertten sein wie for hero,
meine [m]einung[a] *ist disse, zam söchen, vnd in nander, afisieren, waß fohr falt, nach dem wirth es unß guet Ehr gehen, also alles was wir [...]en*[b] *werden, in namen deß hern, vnd in dissen namen fehltes [uns leicht]*[c]
vnder der schupfen den 29 mei 1809
Andere Hofer ober comenda[nt][d] *Vo Passeyr*
for zeiger disses, ist Vo stazion zu stazion auf das aller schleinigiste zu Be förderen

---

[a] Loch im Papier.
[b] Loch im Papier.
[c] Loch im Papier, 1–2 Zeichen, „auch leicht"?
[d] Loch im Papier.

Nr. 122

Hofer kündigt Josef Glatzl an, Teimer wolle in der Nacht mit 20.000 Mann nach Zirl kommen.

unter der Schupfen 1809 Mai 29

Abbildung in: Auktionskatalog Venator & Hanstein KG Köln, Frühjahrsauktion 2006 (96/97), 201 (Nr. 753). Orig.-Pap. 9,3 : 22,0, Querformat, durch Siegel zusammengeklebt mit einem weiteren Blatt.

Andreas Hofer eigenhändig. „Rückseitig mit Siegel auf Papierbogen montiert und dort von fremder Hand bezeichnet".

~~vm 9 vfr~~ vm 9 vrr frue Ehr hielte ich die nach Richt Vo herrn Theimer das Ehr heint auf nacht werde auf zirlle khomen, mit 20000 man, vm Jhmen nach Richt zu Ehr Theillen folgen disse Par zeillen
vntter der schupf[f]en den 29 mei 1809
Andere Hofer comen dant

Rückseite:
an herrn comen dant glössl vo meran

Nr. 123

Hofer berichtet an einen unbekannten Empfänger sowie an Josef Valentin von Morandell über die Kämpfe vom 29. Mai; der Krieg solle jetzt erst recht weitergehen, die Tiroler wollen nach Innsbruck gelangen. Es gebe das Gerücht, Napoleon wäre in der Schlacht bei Wien getötet worden. Weiters berichtet Hofer, die Franzosen hätten Innsbruck am Morgen verlassen.

Unterschupfen 1809 Mai 30

TLA, Materialiensammlung Rapp, Schuber 6. Pap. 23,5 ca. : 37 ca., Hochformat, 1 Blatt, ½ Seite.

Zeitgenössische Abschrift, im Original Andreas Hofers eigenhändige Unterschrift (?).

Copia.
Am 29t(en) May ist der [?]attag [die Attacke?, Anm.] so vorgegangen, daß wir die Bayrn haben zurück geschlagen, aber haben anoch für dermahlen viele Blesierte und das Eggenstainer Jörgele ist todt. Iezt haben wir unser Vorhaben, den Krieg fortzusetzen, bis wir in Inspruck seyn, gehe es uns, wie es wolle; die Paseyrer haben schon wiederum Beut gemacht, glaube sonst nichts, ~~alles~~ als was ich oder der Strobl schreiben thuet, weil wir alleweil beysammen seyn. Lebe wohl und bettet fleisig, es wird schon gut gehen, bey Wien ist ein so ein Schlacht vorbeygangen, daß die Todten 3 Mann hoch seyn aufeinander gelegen, absonderlich 3 hoche Häupter seyn todt, man will sagen, der Bonaparte soll drein verstanden seyn. Zu Augspurg hat man diese Sache heimlich gehört, und mir hat es ein Gewisser geschrieben von Lienz, der gerade von Wien komt, ich glaube, daß es wahr wird seyn, überschicke diese paar Zeilen den Morendell.
P. S. V(on) Inspruck seyn die Franzosen d(en) 30t(en) Früh abgeraißt.
Unterschupfen d(en) 30t(en) May 1809.
Andrä Hofer (etc.).

Rückseite:
Praes(entiert) d(en) 31 Mäy 809, ¼ auf 2 Uhr
Nr 269

Nr. 124

Hofer garantiert einem Verwundeten und seiner Begleitung Vorspann und Verpflegung.

Unterschupf 1809 Mai 30

SLA, Sammlung Steiner, 21. Orig.-Pap. 22 ca. : 18,3 ca., Querformat, 1 Blatt, 1 Seite.

Text von unbekanntem Schreiber, Andreas Hofers eigenhändige Unterschrift; Vermerke von Benigni und Johann Valentin Tschöll.

Für Vorzeiger dieß solte auf jeder March Station ain ¼ Wagen gegen Quittung ausgefolget werden. Nebst Verpflegung.
Unterschupf den 30ten May 1809 *Andere Hofer ober comendant Vo Passeyr*

Kollmann den 1tn Juni 1809. Mit 1. S(ei)tl [Wein] Wein ½ [M] [Flschl] und 3 Olr B(ro)d. verpflegt worden. [P] Benigni M. Deput.

(V(on) der Allgunder Compagnie 2. Mann mit einem Verwundeten) sollen heünt über Nacht verpflegt und der Verwundete allda verbleib(en).
Meran den 2t(en) May 1809. Joh(ann) Valentin Tschöll Comandant.

Nr. 125

Hofer berichtet Feldmarschallleutnant Chasteler, der Feind sei zuerst vom Schönberg nach Wilten gedrängt worden, dann heimlich abgezogen und werde noch von den Tirolern, v. a. Teimer, verfolgt. Hofer bittet um finanzielle Unterstützung sowie um die Versorgung mit Munition und Ochsen wegen großen Mangels an Rindfleisch.

Innsbruck 1809 Mai 30

ÖStA, Kriegsarchiv, AFA 1809, 8. Korps V [= Karton 1436]. Orig.-Pap. 23 ca. : 37 ca., Hochformat, Doppelblatt, 2 1/3 Seiten.

Text von unbekanntem Schreiber, Andreas Hofers eigenhändige Unterschrift, o. S.

An Seine des kommandierenden Herrn Feldmarschallieutenant Marquis Chasteler Excellenz.
Insbruck am 30t(en) May 809.
Eure Excellenz werden durch die Militär Behörde bereits erfahren haben, wie glücklich meine biedern Landsleute vereint mit den k. k. Truppen durch Hilfe des Allmächtigen die Feinde den 29. d. M. von dem Schönberge bis gegen Wilten zurück drückten.
Ein von mehreren Seiten erlittener Verlust von 1,800 bis gegen 2000 Mann an Todten, Blessirten und Gefangenen benahm ihnen allen Muth, längeren Widerstand zu leisten, und sie zogen in der Nacht in aller Stille von Insbruck ab und waren heute morgens schon über Volders hinaus, werden aber von allen Seiten verfolgt, indem glücklicher Weise Herr Major von Teimer diese Nacht eingetroffen und mit dem Oberinthaler Landsturm die Feinde auf dem linken Inn Ufer verfolgt.
Um unsere Fortschritte rühmlich und zur allgemeinen Zufriedenheit zu beendigen, auch die Feinde aus unserem Vaterlande vertreiben zu können, muß ich Euer Excel-

lenz dringendst bitten, mir durch Uiberbringer dieses eine Unterstützung an Geld zu übersenden, da ich für eine so grosse Anzahl von Landesvertheidigern sehr drängende Abgaben habe.
Zur kraftvollen und schnellen Vertreibung des Feindes gebricht es allgemein an Infanterie und vorzüglich an Artillerie Munizion, auch hierinn rechne ich auf Euer Excellenz kräftigsten Beistand, indem ich schon so viele Beweise der besondern Güte und Gnade erhalten habe, so hoffe ich keine Fehlbitte zu machen, wenn ich Euer Excellenz dringendst bitte, mir so schleunig wie möglich bei Tag und Nacht mit Munizion auszuhelfen.
Da der Mangel an Rindfleisch täglich mehr und mehr anfängt, die nöthige Baarschaft zu Ankaufung nicht vorhanden ist, so wage ich es zugleich um eine Anzahl Ochsen und deren schleunige Nachtreibung gehorsamst zu bitten.
Andere Hofer ober comen dant Vo Passeyr

Nr. 126

Hofer berichtet an Jakob Margreiter, die Tiroler Truppen seien von Innsbruck nach Hall gerückt, von wo aus man den Feind weiter verfolgen werde. Er hofft auf die Hilfe der Rattenberger, den Feind entweder zu verfolgen oder einzuschließen, das südliche Tirol sei bereits befreit.

Hall 1809 Mai 31, drei Uhr früh

TLMF, FB 1649, 90. Orig.-Pap. 22,3 ca. : 36 ca., Hochformat, 1 Blatt, 1 Seite.

Text und Adresse von Johann Holzknecht geschrieben (?), Andreas Hofers eigenhändige Unterschrift, drei Siegel als Verschluss (unkenntlich); Dorsalvermerke von anderer Hand. Mehrere durch das Aufreißen der Siegel entstandene Fehlstellen im Text.

An des Herrn Jakob Margreither k. k. Major von Gericht Rattenberg!
Hall den 31t(en) Mai 1809 um 3 Uhr früh
Auf Ihr verehrtes Schreiben von gesterigen Dato ½ 10 Uhr früh diene gleich in in [sic] Rück Antwort! Wir seind göstern den bereits schon vorgerückten k. k. Militar und denen neu ankommenen Ober Inthalleren unter Aufehrung des Ober Comendanten k. k Major von Teimer und einer größerer Anzahl Manschaft unter Anführung des k. k. Oberluit(nants) und Kamandant[en] Herrn von Leis von Innsbr[uck] bis Hall nach gerückt, wo wir [heute] unßeren Marsch gleich mit noch mehreren Kompagnien vortsetzen und unß an Obenente anschließen werden, und in vereinter Verpindung den Feind weiters zu verfolgen oder soviel möglich einen allfälligen Rückz[ug] hartnäckig zu verhintern!
Liebe Brüder, thuet auch das Eurige auf Vertrauen zu Gott, das wir den Feind, der gar nicht mehr stark sein soll, einweders einschließen oder hartnäckig verfolgen. Ich hofe alßo auf Eurer Hilfe, die unßerige habt Ihr bereits schon erfahren, und überdießß werden wir noch alles anwenden, Euch hilfreich an Handen zu gehen! Ungeacht das wir das siedliche Vatterland bereits gereiniget, Gottes Seegen sey mit unß, das wir einmal von dießen Übl erlößt werden. Unter allseitig freunt(lichen) Gruß geharre
Ihr aufrichtiger Bruder
Andere Hofer ober comen dant Vo Passeyr

Rückseite:
Von Ober Comendanten Andere Hofer aus Paßßey(e)r an dem k. k. Landes Schützen Major von Rattenberg H(err)n Jakob Margreuther zu Oberwildschenau
Durch Ordonanz eilig, eilig, eiligst

Um hober [a]cht Uhr ankomen um 8 Uhr abgegangen von Schwatz

Nr. 127

Hofer fragt beim bayerischen Generalkommando an, ob sich die Bayern nicht ergeben wollen.

Scharnitz 1809 Mai 31

TLMF, Historische Sammlung, Flugschriften – Autographen. 17–18,3 : 22 ca., Hochformat, 1 Blatt, 1 Seite.

Text und Adresse von unbekanntem Schreiber, Andreas Hofers eigenhändige Unterschrift, Privatsiegel (I) als Verschluss.

Von Se[i]tte des Coment[i]ern H(er)r Andre Hofer wierdt de[n] Bayrn Commentier(nden) Genräll an ge deit ob Erhr sich sambt Seiner under habenden Manschafft ~~auch~~ gegen B[a]r don er ge wen wolle. In Weigerungs Falle aber nach hero keine Capitulazion mer an genomen werde.
Schar(nitz) d(en) 31t(en) May. 1809
Andere Hofer ober comendant Vo Paß seir Ehr Piettet ßich das löste mall –

Rückseite:
An dass beyrische Generall Commatto bey dero Ärme in Tiroll

Nr. 128

Hofer trägt Rupert Wintersteller auf, nach Kössen und Walchsee zu marschieren, um einen feindlichen Rückzug zu verhindern.

Rattenberg 1809 Mai 31

Zit. nach: Kirchmair, Tirol, Band 11, 540 (Original nicht eruierbar).

Im Original Andreas Hofers eigenhändige Unterschrift (?).

„Von Unterzeichnetem wird dem Herrn Ober-Commandanten Wintersteller des Gerichtes Kitzbühel befohlen, sich eiligst nach Kössen und Walchsee zu begeben, die feindliche Retirade zu verhindern.
Rattenberg, den 31-ten May 1809.
Andrä Hofer Obercommandant von Passeyer"

Nr. 129

Da Tirol vom Feind geräumt ist, darf die Mannschaft des „Etschlandes" heimkehren. Die Grenzen müssen durch Kundschafter überwacht werden, gehende und reitende Ordinanzen sind in Bereitschaft zu halten, um das Nachrichtenwesen zu optimieren. Die Pässe und Posten sind besetzt zu halten, ebenso wie alle Schützen in Bereitschaft bleiben müssen.

Rattenberg 1809 Juni 1

Kriegsarchiv München, B 450, Fasz. II. Orig.-Pap. 23,2 : 38,5 ca., Hochformat, Doppelblatt, 4 Seiten.

Unbekannter Schreiber, Andreas Hofers eigenhändige Unterschrift, Privatsiegel (I). Das Schriftstück wurde offensichtlich von Gemeinde zu Gemeinde weitergegeben, um Abschriften anzufertigen, wie Hofer ausdrücklich im Text befiehlt, und von den jeweiligen Gemeindevertretern unterzeichnet.

Ofner Befehl an alle Gemeinden Tirols.
Das unterzeichnete Commando hat unterm heutigen Tage in Hinsicht der künftigen Vertheidigungs Anstallten inn Tirol, da der Feind dasselbe bereits ganz bis auf die Festung Kufstein geraumt hat, Folgendes beschlossen und hoft von der Vaterlands Liebe aller Gemeinden, daß sie sich bestreben werden, mit aller Thätigkeit diese Anstallten und Aufträge in pünchtlichen Vollzug zu setzen.

1. Die Mannschaft von Etschland kehret nach Hause zurück, die übrige bleibt.
2. Haben alle Gränz-Gemeinden an ihren Gränzen und über dieselben hinaus ununterbrochen Tag und Nacht geschikte und treügesinnte Kundschafter zu unterhalten, welche allerschnellste Nachrichten über die allfällige Ankunft des Feindes zurükzubringen haben.
3. Ferner haben alle Gemeinden nach allen Richtungen hin in nicht zu langen Zwischenräumen gehende und reitende Ordinanzen mit aller Pün[c]ktlichkeit Tag und Nacht aufgestellter und in Bereitschaft zu erhalten, damit ein augenbliklicher Aufruf an die nächsten und entfernten Gegenden nach Bedarf möglich ist und die Briefschaften schnell laufen können.
4. Ist es nöthig, daß alle festen engen Posten und Pässe von einigen der dorthin benachbarten Schützen stets besetzt sind, damit durch diese die Verkündung und schnelle Ausbreitung der Vertheidigungs Anstallten geschehen können.
5. Zugleich haben die Schützen aller Orten sich immer in Vertheidigungs Zustand bereit zu halten, damit sie augenblicklich wo immerhin gerufen werden und zu Hilfe kommen können.

Da nun durch diese Anstallt es möglich und thunlich ist, daß an allen Gefahr drohenden Orten in wenigen Stunden mehrere Tausend wehrhafte Männer sich versammeln und dem Feinde das Eindringen verwehren können, zugleich aber auch die bereits unerschwinglichen beständigen Gränzbesetzungen vermieden und entbehrt werden, so werden die Gemeinden zum Wohl und Rettung des Vaterlandes dringenst aufgefordert, sich den genauen Vollzug dieser nützlichen und einfachen Vertheidigungs Anstallten nach Kräften angelegen seyn zu lassen.

Dieser offene Befehl ist von Rattenberg abwärts durch eigene schnelle Ordinanzen an alle Gemeinden des ganzen Tirols von Gemeinde zu Gemeinde zu senden, und aller Orten eine schnelle Abschrift sogleich davon zu nemmen.

Damit man aber verläßlich wisse, ob dieser Befehl an alle Gemeinden richtig gekommen seye, so hat sich jeder derselben hier hinterher zu unterschreiben, und die letzte dem unterzeichneten Commando geziemend zuzustellen.
Rattenberg den 1 Juny 1809.
K. k. Landes Vertheidigungs Commando im Tirol.
LS *Andere Hofer ober comen dant Vo Passeyr*

In Abweßenheit des Ausschuß Probst Bauersman

Johann Gföller G(eri)chts Ausschuß an der Wiltschnau.

Peter Ant. de Barde[manu propr]ia Marche Deputirter. Den 2ten Juny um 2. Uhr Nachmittag erhalten und nach Kirchbichl beförderet.

In Abwesenheit des Gemeinds Vorstehers Peter Aufinger zu Herring

In Abwesenheit deß Mitnachbars. In Schwoich Georg Daxenbichler

In Abwesenheit deß Mitnachbar zu Kirchbichl Franz Pöckhl

Rückseite:
Anst[att]ª des Mitnachtbar unterschreibt sich Johann Wahsstötter Angath empfangen um 12 Uhr abgeschickht um 1 Uhr den 3 Juny Georg Egger Ausschuß der Schronne Langkampfen, empfangen um 2 Uhr Nachmittag den 3ten Juni expitiert um ½ 3 Uhr.

In Abwesenheit des Mitnachbars des Viertl Thiersee Jgnatz Pirmoser. Joseph Hechl

Praes. 23t(en) Juny 1809.

ª Fleck im Original.

Nr. 130

Bei einer Versammlung des Landesverteidigungskommandos wurde beschlossen (s. Nr. 129): Die Mannschaft des „Etschlandes" dürfe heimkehren, die Grenzen müssten durch Kundschafter überwacht werden, gehende und reitende Ordinanzen seien in Bereitschaft zu halten, um das Nachrichtenwesen zu optimieren.

Rattenberg 1809 Juni 1

Zit. nach: Kirchmair, Tirol, Bd. 11, 540 (Original nicht eruierbar).

Im Original Andreas Hofers eigenhändige Unterschrift (?).

„Es wird hiemit beurkundet, daß am heutigen von dem hier anwesend gewesenen Landesvertheidigungs-Commando in Tirol unter Beiziehung mehrerer allseitiger Gemeindeglieder folgende Punkte in Hinsicht der künftigen Vertheidigungs-Anstalten beschlossen und ausgemacht wurden:

1. Die vom Oberland herabgerückte Etschländer Mannschaft kehrt zurück.
2. Dafür aber haben alle Gemeinden Tirols unter strengster Verantwortung in ihrem Bezirke zu sorgen, daß Tag und Nacht stets geschickte und treue Kundschaften an und über die Gränzen unterhalten, und ein schnelles und richtig gehendes und reitendes Ordonanzwesen in allen Ortschaften in nicht großen Zwischenräumen aufgestellt und streng darauf gesehen werde, damit in kurzer Zeit und allerschnellstens die Anzeige und das Aufgeboth gegen einen anrückenden Feind geschehen könne.
3. Hat jede Ortschaft ihre festen Orte und Pässe und Eingänge mit einigen Schützen stets besetzt zu halten, damit allseitiger Aufruf in einem Augenblick möglich ist.
Übrigens werden diese getroffenen Anstalten auch noch durch eine offene Order allgemein und an allen Gemeinden geschickt und bekannt gemacht werden.
Rattenberg, am 1-ten Juni 1809.
K. k. Landesvertheidigungs-Commando in Tirol.
Andrä Hofer Commandant von Passeyer."

Nr. 131

Hofer schreibt an einen unbekannten Empfänger, er hätte die Nachricht erhalten, Erzherzog Karl hätte ein Gefecht gegen die Franzosen gewonnen, die Kriegsbeute der Österreicher sei beträchtlich. Erzherzog Johann soll in Graz stehen, die kroatische Insurrektion bei Marburg, Erzherzog Ferdinand soll in der Oberpfalz eingetroffen sein.

Innsbruck 1809 Juni 3

TLA, Materialiensammlung Rapp, Schuber 7. Pap. 21,5 ca. : 35,5 ca., Hochformat, 1 Blatt, 1 Seite.

Zeitgenössische Abschrift. Im Original Andreas Hofers eigenhändige Unterschrift (?); Dorsalvermerk von anderer Hand. Die Passage „Wagen [...] Plessierten." nachträglich eingefügt durch Verweis, der Sinn dieser Aussage wird aus der zweiten Überlieferung des Textes (s. u.) klar.

Copia
Liebster Bruder!
Durch ein Expresse erhielt ich die gute Nachricht, daß zwischen Erzherzog Karl und Franzosen ein sehr hitziges Gefecht zum Vortheil des E. Carl ausgefallen seye, daß bey den Franzosen bei 50000 Mann tod liegen, mehrere wurden in die Donau gesprengt, Wagen es waren auch 146. Plessierten. Wie viel Gsch[ü]tz erobert worden, kann noch nicht angegeben werden. Diese Schlacht gieng zwischen Wien und Krems vor.
Auch muß ich melden, daß mir der von S. k. k. Hochheit Erh. Johann anher geschickte Courier die Nachricht überbracht habe, daß hochselber in Gratz stehe, den F. M. L. v(on) Jellechich mit 12000 Mann an sich gezohen habe. Die Croatische Insurrection 10000 Mann stark stehe bei Marburg.
Auch sagt man, der Prinz Ferdinand samt vielen Russen seyen in der Oberpfalz eingetroffen und wir hoffen, in wenigen Tagen in einem oder dem andern Ort einen Paß offen zu finden.
Innsbruck d(en) 3t(en) Juni 809
Andrä Hofer Ober Coman dant v(on) Passeyr.

Rückseite:
Praes(entiert) d(en) 5 Jun 1809 9 Uhr frühe. Nr 299 ½.

Zweite zeitgenössische (?) Abschrift desselben Textes:

SLA, Sammlung Steiner, 128. Pap. 22,3 ca. : 18 ca., Querformat (beschnitten), 1 Blatt, 1 Seite.

Copia
Durch ein Expressen erhielt ich die gute Nachricht, daß zwischen Erzherzog Karl und Franzosen ein sehr hitziges Gefecht zum Vortheil des Erzherzogs Karl ausgefallen sey, daß bey den Franzosen bey 50000. Mann tot liegen, mehrere wurden in die Donau gesprengt. Es wurden auch 146. Wägen Blessierte und viel Geschitz erobert, dern Anzahl noch nicht angeschrieben werden kann. Diese Schlacht gieng zwischen Wien und Krems vor.
Auch muß ich melden, daß mir der von Sr. k. k. Hochheit Erzherzog Johann anher geschikte Curier die Nachricht überbracht habe, daß hochselber in Gräz stehe, den Feld Marschall von Jelachitz mit 12000. Mann an sich gezohen habe, die croatische Insurrection 10,000. Mann stark stehe bey Marburg, auch sagt mann, der Prinz Ferdinand sammt vielen Russen seye in der obern Pfalz eingetroffen. Nunn hoffen wir, in wenig Tägen in einen oder den andern Orth einen Pass offen zu finden.
Insbruk den 3 Juni 1809
Andre Hofer Obercomandant Vo Passeyer

Nr. 132

Quittung über Kleidung aus dem Innsbrucker Magazin.

Innsbruck 1809 Juni 4

Stadtarchiv Innsbruck, Fasz. Militär 1809. Orig.-Pap. 21,3 ca. : 17,1 ca., Querformat, 1 Blatt, 1 Seite.

Unbekannter Schreiber, Andreas Hofers eigenhändige Unterschrift, o. S.

Quittung
uiber 1 Röckl und 1 Baar Schuh von dem Magazin zu Innsbruck erhalten zu haben.
Sign(atum) Innsbruck (den) 4 Juny 1809.
Andere Hofer ober Comen dant Vo Passeyr

Nr. 133

Hofer wirft Johann Valentin Tschöll vor, die Kriegsgefangenen würden sehr schlecht behandelt und verwahrt, sodass viele die Flucht ergriffen; Tschöll solle sich in dieser Angelegenheit um Besserung bemühen.

Innsbruck 1809 Juni 6

TLA, Materialiensammlung Rapp, Schuber 7. Orig.-Pap. 22 : 35,5 ca., Hochformat, Doppelblatt, 1 Seite.

Unbekannter Schreiber, Andreas Hofers eigenhändige Unterschrift, urspr. zwei (?) Privatsiegel (I) als Verschluss (eines abgebrochen). Eingangsvermerk des Empfängers.

Innsbruck den 6ten Juni 1809.
An Herrn Commandanten Tschöll zu Meran.
Endesgefertigter brachte in Erfahrung, daß die k. b. Kriegsgefangenen so schlecht verwahret werden, daß die meisten derselben wiederum durch Flucht ihre Freyheit erhalten.
Es erhält daher derselbe die Freyheit und alle hiezu nöthigen Mittel, solche Anstalten zu treffen, die hinreichend sind, solchen Unfug vorzubeügen.
Man hoffet hierüber die strengste Erfüllung als wiedrigen Falls derselbe mit seiner eigenen Persohn zu haften hätte.
Womit sich empfiehlt.
Andere Hofer ober Comen dant Vo Passeyer

Rückseite:
V(on) Innsbruck. An Herrn Commandanten Johann Valetin Tschöll zu Meran.
Mittelst Ordonanz zu befördern.

P[re]s(entiert) d(en) 7 Juni 809 8 Uhr abents.
Nr 326.

Nr. 134

Garantie auf Verpflegung für einen verwundeten Schützen.
                                                                                      Brixen 1809 Juni 11

Privatbesitz KR Hans M. Reisch, Kufstein. Pap. 20 ca. : 17 ca., Querformat (Ausschnitt), 1 Blatt, 1 Seite.

Zeitgenössische Abschrift, im Original Andreas Hofers eigenhändige Unterschrift (?).

Der sich hier befindliche bey den Bergisll am 19t(en) d. v. M. von die feindlichen Bairn schweer blesierte Sohn von Mair auf Labers zu Freyberg negst Meran ist sowohl in Hinsicht seiner ervorderlichen Verpflegung alles Mögliche beyzubringen. Und den Betrag hievon entweders den hiesigen Stadt Magistratt oder an Unterzeichneten benanntlich einzureichen, wornach vor der Bezahlung auf der ain oder ander[e] Seiten gesorget wird.
Brixen den 11ten Juny 1809.
Andre Hofer Ober Comen dant Vo Passeir.

Zweite zeitgenössische (?) Abschrift desselben Textes, jedoch mit anderer Datierung:

                                                                                      Brixen 1809 Juni 10

SLA, Sammlung Steiner, 22. Pap. 22 ca. : 36 ca., Hochformat, 1 Blatt, ½ Seite.

Nr. 135

Hofer antwortet auf einen Bericht Johann Nepomuk von Kolbs, er werde sich sofort um Pulver kümmern. Wegen der Besetzung von Kufstein und Radstadt könne er nichts unternehmen, da das entsprechende Kommando bei Kommissär von Roschmann liege. Sollte es auch Mangel an Blei geben, solle sich Kolb an den General von Buol wenden. In Trient und bis Kufstein sehe es für die Tiroler gut aus, Hofer bedankt sich bei Kolb für verschiedene Gefälligkeiten.

Bozen 1809 Juni 12

TLMF, FB 1650, 118. Orig.-Pap. 21,5 ca. : 36,5 ca., Hochformat, Doppelblatt, 1 Seite.

Schreiber von Text und Adresse unbekannt, ausführliche Passage eigenhändig von Andreas Hofer, zwei Privatsiegel (I) als Verschluss. Dorsalvermerke von verschiedenen Händen.

Bester Freund!
Eben erhielt d[e] ich Ihnen Bericht von 10ten d. richtig erhalten, habe auch sogleich dem Bericht nach Meran er wegen Pulver dem H(err)n Verdroß erstattet, wo ich hoffe, das Ihnen das Pulver, sobald es möglich ist, zu geschikt werd(en).
Wegen der Besetzung Kufstein und Raastatt kann ich Ihnen dermalen nichts thun, indem es alles den H(err)n Commissair v(on) Roschmann das ganze Kommando übergeben worden ist.
Indessen empfehle ich mich und bin stäts Ihnen Freund
Botzen d(en). 12ten Juny 809.
NB. Haben Sie etwann an Pley einen Mangel, so wenden Sie Ihnen an dem H(err)n General v(on) Boul nach Brixen. Auch wann dieser Pulver von Verdroß nicht zu bekommen wäre, so wenden Sie sich ebenfals an dem General Bouel, ut supra.
Eß wirth Jhnen for hero Be wust sein, das Eß in drient, vnd auch wiss auf khopf stein, ganz guet auß sicht, d mit den feint, wanes sich nit widerumen Ender(en) Thuet, schen danckh for fille gefölligkeiten
Auf Richtiger Andere Hofer ober Comen dant Vo Passeyr

Rückseite:
An dem Herrn Johan Nep(omuk) Maria v(on) Kolb Commandant der Landes Vertheitiger zu Lienz.
Durch Ordinanz eilents, eilents

Kollman um 8 Uhr abends angekommen, und gleich expedirt worden. Kollman den 12t(en) Juny 1809.

Firholz den 12 Juny. 1809. um 9 ¼ Uhr abents angekomen u. gleich expedi[er]t, Kla[m]er

Nr. 136

Von Hofer und Josef Eisenstecken unterzeichnetes Zeugnis für die Kompanie von Kastelruth, wonach diese unter Führung des Hauptmanns Franz Krienseisen eine bayerische Kolonne in Mutters angegriffen und vom Bergisel gedrängt hat.

Bozen 1809 Juni 13

Zit. nach: Santifaller, Schützenrechnung, 355, wonach sich das Dokument seit 1924 in einem Museum – wohl im Stadtmuseum – in Bozen befindet, es ist aber verschollen. Pap. 38,5 : 42, Hochformat, Doppelblatt, 1 Seite.

Im Original Hofers und Eisensteckens eigenhändige Unterschriften (?), Siegel.

„Wir Endesunterfertigte bezeugen, daß die 350 Mann starke Kompagnie von Kastelruth unter Anführung des Herrn Hauptmanns Franz Krienseisen in Verbindung mit einer 60 bis 70 Mann starken Kompagnie k. k. Jäger am 29. Mai dieß Jahrs eine bairische Kolonne von mehr als 1000 Mann in dem Walde von Mutters muthig angegriffen und über den Berg Jsl nach Wiltau zurückgeworfen habe. Die gesagte Kompagnie von Kastelruth hatte bei jener Affaire einen Verlust von 6 Todten und 14 Blessirten, und man haltet sich verpflichtet derselben, und zwar vorzüglich dem Herrn Hauptmann Franz Krienseisen und Herrn Oberlieutenant Joseph Heufler das Zeugnis eines wahrhaft tapferen Betragens und unserer vollkommensten Zufriedenheit zu erteilen, so wie auch dieselben der allerhöchsten Berücksichtigung Seiner Majestät zu empfehlen.
Botzen den 13. Juni 1809.
Zum Anfang war dise Coopangnie wirklichn brav
L. S. Andere Hofer, Obercommandant von Passeyr. m. p.
L. S. Jos(ef) Eisenstecken, Unterk(ommandant). m. p."

Nr. 137

Hofer schärft der Delegations-Organisationskommission von Fondo ein, sich nur an die Anweisung Malanottis und Stefenellis zu halten, die vom Hofintendanten Freiherrn von Hormayr bestellt wurden; dasselbe gilt für die k. k. Delegationen von Cles und Pellizzano.

Meran 1809 Juni 14

ÖNB, Autographen Andreas Hofer, 28/16–4. Orig.-Pap. 21,8 ca. : 34,5 ca., Hochformat, Doppelblatt, 2 Seiten.

Unbekannter Schreiber, eigenhändige Unterschrift Andreas Hofers, Privatsiegel (I). Das Schreiben wurde nachträglich korrigiert, so z. B. in der Zeichensetzung.

Meran den 14ten Juny 1809
Von der von Sr k. Hochheit Erzherzog Johann in südlichen Tyrol aufgestellten Oberkomandantschaft
Der k. k. Dellegations Organisations Comission zu Fondo!
Da nun die wahre Zeit vorhanden, daß nur Ordnung und Einhelligkeit zur Rettung des Vaterlands das Meiste beytragen muß, als würdet besagter Dellegations Comission wie auch der k. k. Dellegation von Kleß und Pellizano aufgetragen, von keinen andern, seye derselbe wer er immer wolle, unter schwerer Verantwortung einen Auftrag in Ver-

teidigungs und Organisations Geschäften anzunehmen, sondern muß die diesfällige Anordnungen und Befehle von dem k. k. Herrn Herrn Hofintendanten Freyherr v(on) Hormayr bestellten Organisations Komissär, Herrn v(on) Malanottj und Herrn v(on) Stefenelli, bede zu Meran, zu befolgen wissen. Welches ich hiemit in Abesenheit [sic] des Herrn Hofintendanten Freyh(errn) v(on) Hormayr, da sich wieder vorbesagten H(errn) v(on) Malanoti und Stefenelli nicht das mindeste Wiedrige, sondern alle Thätigkeit zur Vertheidigung des Vaterlands erweislich gemacht werden kann. Diese nemliche Ordnung und Maßregel wird befolgt werden, auch kan allen und jeden Volks Vorstehungen in dem Lande Judicarien und allen jenen Gegenden, die jenem Lande gränzen. Die k. k. Dellegation von Cles ist bevolmächtigt, diese unsere Anordnung durch einen Expresen also gleich und sicher in jenen Gegenden an die dießfälligen Volks Vorstehungen zu versenden; auf diese Art wird das Ziel erreichet. Man wiederhollet, daß dieses Geschäft keine Saumniß zu läßt; also solle überall unsere genommene Maßregel und Anordnung öffentlich verkündet werden.
LS *Andere Hofer ober Comen dant Vo Passeyr*

Nr. 138

Hofer antwortet auf ein Schreiben der Kommandantschaft Meran, er kenne einen darin erwähnten Herrn (den bayerischen Leutnant *de Vigili*) gar nicht und sehe sich deshalb außerstande, über diesen zu urteilen; der Gefangene könne also vorerst damit entlassen werden, dass er weiter versorgt und möglichst isoliert wird. In einem zweiten Schritt, nach Bestätigung seiner Ungefährlichkeit, könne er entlassen werden; Hofer überlässt die letzte Entscheidung aber der Kommandantschaft Meran.

o. O. 1809 Juni 15

TLMF, Autographensammlung Andreas Hofer. Orig.-Pap. 18,3 ca. : 23 ca., Hochformat, Doppelblatt, 1 Seite.

Text und Adresse eigenhändig von Andreas Hofer, zwei Privatsiegel (I) als Verschluss, Dorsalvermerke von verschiedenen Händen.

an Einer loblichen k k comen dant schafft zu meran
Auf Ehr haltener anfrag, so muesse ich zur nach Richt Ehr Theillen folgenttes
in dem ich dissen H: noch Vo aussent, noch Vo Ein wendig nicht khen khan, oder Thue, so khane ich nicht leicht Ein vrttheill föllen, weillen die welt fir der mallen, mueßß wohl in obacht genamen werden, also mit hin Ehr Theille ich meine meinung, Ehr khone, auf disser arth Entlassen werden, das Ehr ver[k]ocht wirth, vnd so ver [ß]orgt, das niemant zu Jhm alleinig hin khombt, vnd ötban khein schreiben khente göben werden, oder Ehr auf wem anderen schreiben, oder cor Respondieren, khurz wie Eß wirckhlich Einen ver döchtigen zue gehört, als dan wan ßie glauben das alles wohl Be obachtet wirth, so khanman Jhm lassen nach auß gehen, Thuen [ß]ie hernach nach Jhnen meinung meine ist disse
Ehr göbnester Andere Hofer ober comen dant Vo Passeyr den 15 Juni 1809

An Einer k k comen dantschafft zu meran
durch ordinänz Eilligst zu Befordern

Abgangen zu Saltaus um halbe 8 Uhr frue

Ab gangen um 2/9 Ur frue fon Kuens

Nr 391.

Wegen des bairischen Lieutenants de Vigili.
15. Juni 1809. 391. IV.

1809 – 15t(er) Jun. Zi[ni] oder Rungger

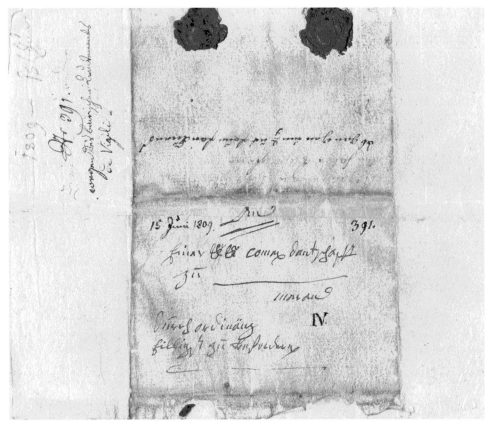

Abb. 35–36 (= Rückseite): S. Nr. 138. TLMF, Autographensammlung Andreas Hofer. Foto: TLMF.

Nr. 139

Hofer schreibt an die Kommandantschaft Meran, er sei wegen vieler Arbeit am 18. Juni nicht abkömmlich, es seien viele Berichte eingelaufen und die Mannschaft sei „in Ordnung zu stellen". Am 19. aber könnte er nach Meran kommen, um Hormayr dort zu treffen. Sollte dieses Treffen nicht zustande kommen, so solle Hormayr Eisenstecken die nötigen Weisungen erteilen.

Hofer sollte Teimer sechs Kanonen aus Sterzing schicken, weiß aber nichts von sich dort befindlichen Waffen. Er will versuchen, der besonderen Gnade, die Gott ihm gegeben hat, vor allem mit der Hilfe „seiner" Passeirer gerecht zu werden.

Sand 1809 Juni 18

TLMF, Autographensammlung Andreas Hofer. Orig.-Pap. 23 ca. : 35,5 ca., Hochformat, 1 Blatt, 1 Seite.

Text und Adresse eigenhändig von Andreas Hofer, o. S., Eingangsvermerk des Empfängers.

An Einer Hoch loblich comendant schafft meran (etc.)
ich gibe zur nach Richt, wie das ich an 18 vm mög lich ab khomen khan, weillen ich wögen Be Richt, so mir sein Ein geloffen, sehr ville arbeit habe, vnd wögen, ganz in ordnung stöllen der manschafft, mich nicht ab khomen lassen wollen, also mithin siche ich Ein – das disses auch sehr not wendig ist, vnd sie ane meinder nicht Thuen khenen wohlen

An

Einer hoch löblich commandant schafft meran

Juni 18

Sand den 18 Juni 1809

ergebenster andere Hofer sand wirth

Ferdinandeum LEGAT Joh. Wieser

Abb. 37: S. Nr. 139. TLMF, Autographensammlung Andreas Hofer. Foto: TLMF.

Eß wehre aber der fahl, das der frei Herr Vo hormeir (etc. etc.) Erst den 19 wiss 9 oder 10 Vo meran abgieng, so khent ich wohl Ein dröffen in meran, Es seie das wir nit. zam dröffen khöntten, so hate waran hormeir, den Eissen stöckhen, alles an zu Befehlen

Jezt weisse ich aber nicht, Bin ich Ein narr oder solte ich Einder werden, ich solte den Herrn Theimer: 6 stickh lein schickhen Vo störzing, in dem Ehr Vo grossen ge schosß ganz Ent Raubt seie, vnd ich habe nie gehört das in störzing, Vo derlei ge wör oder geschosß, waß zu finden wehre

gott hatte mir disse gnad gegöben, das ich gewisß nicht Ent spröchen werde, abßondlich, waß ich glaube, vnd waß mein ge Ringer verstand Beßizt, vnd waß ich glaub ette, das gott, den kheisser, den lant gedeilich wehre – ich muesse wohl ab Pitten, das ich auch disse um dugent habe, wan ich glaube das ich das Herz fohl hätte, mir auch das munt Jber geth,

nach mein ver stand, wie ich in die mir Jber schickhten Be fehl Ehr siche, so werde ich mit meine lieben Passeyrer, alles auf das aller Pöste, verdeit tigen, andere comen dant schafft Ehr siche ich kheine, in dem Eß alle gögenten Bestimbt weist – vnd wir werden gewiss Thuen, wass andere ge Richter Thuen, oder gedan haben,

in dössen ver Bleibeich Ein warer Patteriot, des lant dirollß nebst meinder Ent fehlung, abßonderlich an Jhro freiherrlich gnaden Vo hormeir (etc. etc.)
sant den 18 Juni 1809
Ergöbnester andere Hofer sant Wirth

Praes(enta)to den 18t(en) Juny 1809. um 12. Uhr Mittag.
Nr 406 V.

Nr. 140

Schreiben Hofers an Josef Valentin von Morandell bezüglich Pulverlieferungen aus der Schweiz sowie politische Nachrichten vom spanischen und englischen Kriegsschauplatz.

Sand 1809 Juni 21

Hinweis auf das Dokument in: TLA, Tirolische Landesvertheidiger 1809, Sep.-Faszikel III, Pos. 21. Es befand sich 1940 im Völkerschlachtmuseum (d. i. Privatmuseum beim Völkerschlachtdenkmal) in Leipzig, dessen Bestände im Zweiten Weltkrieg verstreut wurden. Pap. Folio, 2 Seiten.

Schreiber des Textes laut Hinweis von 1940 wahrscheinlich P. Joachim Haspinger, im Original Andreas Hofers eigenhändige Unterschrift (?), drei Siegel als Verschluss.

Nr. I

Da es in Welschtirol offenbar gravierende Missstände im Verteidigungswesen gibt, verordnet die Oberkommandantschaft die Auflösung einiger herumstreifender bzw. nicht autorisierter oder ordentlich aufgestellter Kompanien; im Land nicht ansässige Landesverteidiger hätten in ein ordentliches Dienstverhältnis zu treten oder das Land zu verlassen.

Trient 1809 Juni 26

Zit. nach: Hormayr, Geschichte, 127–129 (Fußnote).

(Gedruckte?) Proklamation.

„Da die Unbändigkeit und die Excesse jener italienischen Schützen-Compagnien, welche nächst dem Gardsee, in den Judicarien, und den anliegenden Gegenden herumstreifen, die bedrückten Gemeinden sogar zur Gegenbewaffnung gezwungen haben, um Eigenmächtigkeiten, Erpressungen und Beeinträchtigungen aller Art abzuwehren; da die meisten Individuen dieser Compagnien Ausländer sind, bey denen man weder schonende Rücksichten noch feste Anhänglichkeit an das Vaterland, noch die erforderliche Mannszucht erwarten kann, da ferner ordentliche italienische Schützencompagnien in diesem Augenblicke organisirt werden, die nicht aus Raub- und Geldsucht, sondern aus Liebe zu ihrem angebeteten Fürsten, zur Behauptung der Unabhängigkeit vom Fremdlingsjoche und zur Vertheidigung der vaterländischen Gränzen mit Edelmuth und Kraft zu den Waffen greifen; da endlich häufige Klagen und flehentliche Bitten um schnelle Abhülfe der erwähnten Gewaltthätigkeiten von allen Seiten einlaufen:

So wird hiemit beschlossen, und verordnet, wie folgt:

I. Alle nächst dem Gardsee und Villa hinauf, in den Judicarien, im Lederthal und den anliegenden Gegenden stationirte und herumstreifende italienische Schützen-Compagnien, namentlich die Compagnien Meneghelli, Bertelli, Belluta, Collini, Cantonati, Chiesi, Frizzi, sind hiermit aufgelöst, und deren Offiziers werden persönlich verantwortlich gemacht, die unter sich habenden Leute auf der Stelle zu entlassen.

II. Es können jedoch besagte Individuen bey den vorzunehmenden freyen Officiers-Wahlen der neu zu organisirenden Landesdefension zu den Compagnie-Chargen ernennt werden.

III. Die Unterofficiers oder Gemeinen der besagten Compagnien, welche im Lande nicht ansässige Ausländer sind, müssen entweder bey dem k. k. Militär Dienste nehmen, oder sich auf eine standhafte Art bey den Obrigkeiten ausweisen, wie sie ihr Brod verdienen wollen und können, und sich hierüber Attestate ausfertigen lassen, oder binnen acht Tagen das Land räumen.

IV. Wenn in dem Bezirke des Etsch-Kreises noch andere, weder von der k. k. Militärbehörde, noch von der Intendantschaft, noch von Comités oder von Kommandanten, die im Zirkulare vom 20. dieses genannt sind, autorisirte, noch von Gemeinden ordentlich aufgestellte italienische Compagnien sich befänden, so sind diese ebenfalls für aufgelöst anzusehen, und es findet in deren Rücksicht die in den vorhergehenden Paragraphen festgesetzte Ordnung Statt.

V. Die Gemeinden sind vom Tage der Bekanntmachung dieser Verordnung nicht mehr verbunden, den erwähnten Compagnien irgend eine Verpflegung abzureichen, werden aber eingeladen, bey rücksichtswürdigen Umständen ihre Hülfe und Unterstützung eintreten zu lassen.

Nicht nur die k. k. Behörden, sondern auch Gemeinds-Vorstehungen haben auf die genaue Vollziehung dieser Verordnung in allen ihren Theilen zu wachen.
Trient den 26. Juni 1809.
Christian Graf von Leiningen Oberstlieutenant und Kommandant im südlichen Tyrol
Karl von Menz k. k. Unter-Intendant in Tyrol.
Andreas Hofer."

Nr. 141

Johann Nepomuk von Kolb berichtet, Erzherzog Johann sei auf dem Weg nach Tirol, er selber (Kolb) hätte am 15. an den Kaiser geschrieben. Außerdem hätte er General Rusca durch die Drohung einen großen Schrecken eingejagt, er wäre mit 30.000 Tirolern zur Unterstützung der k. k. Armee unterwegs. Hofer lässt eine Nebenbemerkung schreiben, laut der die Pferde eines Stadler, sollte man noch keine Unterkunft gefunden haben, zu ihm geschickt werden könnten; außerdem plane er eine Reise nach Bozen.

Lienz 1809 Juni 28

SLA, Nachlass Streiter, Karton 34, „versch. Abschriften 1809–1816", 11.

Zeitgenössische Abschrift des Kolb-Textes, der Verfasser dieser Abschrift bringt den Text Hofers zu Papier, worauf Hofer eigenhändig unterschreibt und das Schreiben an Morandell adressieren lässt. Zwei Privatsiegel (I) als Verschluss, Eingangsvermerk des Empfängers.

[…]
N Wegen die Stadler Roß habe ich noch kenne Antwort; wan sie sonsten kein Ort bekomen so schicken Sie mir sie gerad herauf, und vor ich in Pusterthall gehe, werde ich nach Botzen komen, wirt Ihnen der Badler woll geschriben haben von Botzen in Nammen meiner. *den 28 Juni 1809*
Auf Richtiger Prueder vnd freint Andere Hofer ober Comen dant Vo Passeyr
Uhm 8 Uhr Vormitag ehrhalten abgöben uhm 3 Uhr Nachmitag

Rückseite:
von Paßeyr An den k. k Joseph vo Morandel Comandant zu Kaltern eiligst durch Ordinanz

Praes(entiert) am 1t(en) July 1809 früh

Nr. 142

Hofer bittet Josef Valentin Tschöll um eine Abschrift des Berichtes, den Malanotti an Hormayr geschickt hat. Malanotti dürfe auf keinen Fall arretiert werden, die beiden sollen ihre Meinungsverschiedenheit unter sich beilegen, ohne einen „Volksaufstand" anzuzetteln.

Meran 1809 Juni 29

TLMF, Autographensammlung Andreas Hofer. Orig.-Pap. 23 ca. : 36,4, Hochformat, Doppelblatt, ¼ Seite.

Text und Adresse von Andreas Hofer eigenhändig, Eingangsvermerk des Empfängers, Dorsalvermerke von verschiedenen Händen. Zwei fremde Siegel als Verschluss.

schezParester H fötter
sint sie Vo der giette, vnd göben sie mir Eine ab schirfft [sic], *Vo den Pe Richt, wöllicher Vo mallenati, auf den hor meir, göben worden ist*
sein sie Vo der giete, vnd Thuen sie den mallenati, auf kheinen wög, arettieren ane mein wissen, den for hero, ist notbendig spiz Pueben, in a Rest sözen Ehe for man Patteriotten, Ein fieren lasst,
ßie sollen Jhmene Be leidig ung, mit zam aus machen wie sie wohlen aber nicht das zbischen den folckh auch noch khentte, Einen auf stand abgöben
meran den 29 Juni 1809
Andere Hofer ober Comen dant Vo Passeyr

An dem k k Comen danten Johan fallentin Tschöll zu selbst Eignen handen a merano

Praes(entiert) d(en) 29 Juni 1809 ¾ 8 Uhr frühe. Nr 462.
Particulare, Mallanotti
29. Juni 1809. 402. VI.

Nr. 143

Hofer kündigt seine Ankunft in den Welschtiroler Tälern an, am 6. Juli werde ein Treffen in Revò stattfinden, das er leiten werde und an dem die genannten Gemeinden teilnehmen sollen.

Fondo 1809 Juli 4

Archivio Comunale di Trento, Ms. 610, 25. Orig.-Pap. 22 ca. : 31 ca., Hochformat, Doppelblatt, 1 Seite.

Text und Adresse von unbekanntem Schreiber, Andreas Hofers eigenhändige Unterschrift, o. S.

Dal comando superiore del Tirolo meridionale instituito da S. A. I. l'arciduca Giovanni
Per correnda Sarnonico Romeno Sanzeno e Dambel.
Il sottosegnato annunzia l'arrivo in queste valli per affari di somma importanza: Quindi le pievi tutte spedirà un ben parso e patriotico soggetto, affine d'assistere al congresso, che verrà tenuto li 6 – sei – corrente mese alle ore tre promeridiane in Revò e palazzo Arsio, al qual oggetto il soscritto presiederà.
Andera. Hofer comen. dant di Seir
Dato in Fondo li 4. luglio 1809.

Rückseite:
Per correnda. Sarnonico Romeno Sanzeno e Dambel.
Cadauna pieve spedirà in tutta fretta all'altra per ordinanza il p(rese)nte ordine.

Nr. 144

Hofer teilt der Kommandantschaft Bozen mit, er hätte sein Hauptquartier in Bozen aufgeschlagen, diese hätte sich also in Defensionsangelegenheiten an ihn selbst oder an die Bozner Schutzdeputation zu wenden. Im Fall seiner Abwesenheit sei Josef Eisenstecken sein Vertreter.

Bozen 1809 Juli 9

TLMF, FB 2729, 16. Orig.-Pap. 21,5 ca. : 35,5 ca., Hochformat, Doppelblatt, 1 Seite.

Text und Adresse von unbekanntem Schreiber, Andreas Hofers eigenhändige Unterschrift, zwei Privatsiegel (I) als Verschluss. Eingangsvermerk des Empfängers, zahlreiche Korrekturen, v. a. in der Groß- und Kleinschreibung, in der vorliegenden Transkription nicht berücksichtigt.

An der k.k. Komandantschaft zu Botzen.
Botzen. D(en) 9ten July. 1809
Ich habe die Ehre, Sie hiermit zu benachrichtigen, daß ich mein stehendes Hauptquartier hier in Botzen aufgeschlagen habe und daß Sie sich also für die Zukunft in Defensionssachen entweder an mich oder an die Schutzdeputation hierher nach Botzen zu wenden haben.
In meiner Abwesenheit ist mein Unterkommandant H(err) Joseph Eißenstecken Bad-Wirth ermächtigt, in meinem Namen zu handeln und seine Unterschrift ist dann eben so wie die meinige zu respeckt tieren.
In dem ich Sie hier von in Kenntniß setze, gebe ich mir die Ehre, Sie meiner vollkommen(en) Achtung zu versichern.
Andere Hofer ober Comen dant Vo Passeyr

Rückseite:
An den k. k. H(err)n Kommandant(en) Titl[?]. H(err)n v(on) Reich in Botzen
Ex Offo

Ad Not. No. 190
Pr[e]s(entiert) 9t(en) July 1809
H(er)r And[er]e Hoffer Ober Comandant von Paßeyr giebt die Vollmacht seinen Unter Comandanten H(err)n Joseph Eißenstecken

Dasselbe Schreiben ergeht an die Kommandantschaft Meran, namentlich an Tschöll:

TLMF, FB 1650, 121. Orig.-Pap. 21,5 ca. : 34,5 ca., Hochformat, Doppelblatt, ½ Seite.

Text und Adresse von unbekanntem Schreiber, Andreas Hofers eigenhändige Unterschrift, zwei Privatsiegel (I) als Verschluss, Eingangsvermerk des Empfängers.

An der k. k. Komandantschaft zu Meran
Botzen d(en) 9t(en) July 1809
[…]
Andere Hofer ober Comen dant Vo Passeyr

Rückseite:
An den k. k. H(errn) Kommandanten Tschöll in Meran
Ex Off[ici]o

Pres. d(en) 10 July 1809 10 Uhr Vormittag. No 494

Nr. 145

Hofer schreibt an Hauptmann *Canzonati*, dieser solle seine Kompanie zusammenstellen und die Posten besetzen. Weiters berichtet Hofer, es gebe gute Neuigkeiten und man hoffe auf die Wiederherstellung der Kommunikation mit der österreichischen Armee (s. Abb. 2).

Meran 1809 Juli 10

TLMF, Autographensammlung Andreas Hofer. Orig.-Pap. 22 ca. : 35,5, Hochformat, Doppelblatt, 2/3 Seite.

Text und Adresse von Hieronymus Stefanelli (?) geschrieben, Andreas Hofers eigenhändige Unterschrift, drei Privatsiegel (I) als Verschluss; Dorsalvermerk des Empfängers. Die Passage „che … stan[pi]ni" nachträglich eingefügt durch Verweis.

B
Al sig(nor) capit(an)o Canzonati di Rendena.
Stimatis(si)mo sig(nor) capitano!
Il sottos(crit)to comandante superiore del Tirolo meridionale desidera ed è sua volontà che il sig(nor) capitanio si compiacesse d'unire la Sua compagnia, ed 'indi che volesse avere cura di con[serv]are li posti ed '[inv]igilare à quelli che riguardano li contorni della Rocca ossia il forte d'Anfio [= Arsio?, Anm.].
Del resto avemmo ottime nove che piú buone non poson es[ser], sperando in sequito di sperdirGli li stan[pi]ni, [l…va] anzi sperare che frà poco tempo sarà di novo ristabilita la comunicazione coll'armata supre(ma) reg(i)a i(mperiale).
Merano li 10 luglio 1809,
Andere Hofer ober Com endant di pseir

Rückseite:
D[a]l[a] coma(ndo) sup.e del Ti(rolo) me(ri)d(ionale) sig(natum) Andrea Hoffer
All sig(nor) capitanio Canzonatti in Rendena
per ordinanza.

Ricevutta in Caldej alle ore 1. promeridiane del giorno 11. luglio 1809

---

a Tintenfleck im Original.

Nr. 146

Von Josef Glatzl, Josef Graf Hendl und Hofer ausgestelltes Zeugnis für Josef Rangger, Oberjäger von Sterzing.

Meran 1809 Juli 12

Privatbesitz, Innsbruck. Orig.-Pap. 24 ca. : 36 ca., Hochformat, 1 Blatt (?), 1 Seite.

Text von Josef Glatzl geschrieben, Andreas Hofers eigenhändige Unterschrift, Privatsiegel (I), zweites Siegel (Glatzl?). Rückseite nicht einsehbar (Rahmung).

Unterzeichneter bezeuget nach Wissen und Gewissen, daß Joseph Ranker Oberjäger von Sterzing von den Oberkomandanten in Passeyr Andräas Hofer Sandwirth beordert worden sey, wegen seiner sehr grosen Local Erkenntniß die meinem Comando unterstehende Truppen der Landesvertheidigung [sic] des Landgerichts Meran von Matrey

nach Mieders, Natters, Mutters, Bergisel und Gallwiese zu zu führen; daß er diese seine Führung so geschickt geleistet habe, ohne welcher ein groser Theil dieser Truppen in die Gefangenschaft gerathen oder auf dem Schlachtfelde geblieben wäre, und daß er bey diesem den 25ten May d. J. vorgefallenen Gefechte sich sehr tapfer und ~~gemeine~~ ungemeine Geschicklichkeit in allen bezeigt [habe so]ᵃ daß Unterzeichneter selben allen Militär- und Zivil-Behörde bestens empfehlen muß.
Meran den 12ten July 1809
LS Joseph Gläzl Comandant
Jos. Graf Hendl[manu propria] k. k. Major und Comme(ssär).
LS *Andere Hofer ober comen dant Vo Passeyr*

ᵃ   Tinte ausgebleicht.

Nr. 147

Von Hofer unterzeichnetes Zeugnis für Oberstleutnant Hermann Dominik von Ertl, wonach am 29. Mai nach dessen Schlachtplan vorgegangen wurde und dadurch Innsbruck durch die Tiroler und das kaiserliche Militär eingenommen werden konnte.

Passeier 1809 Juli 13

Fotografie des Originals in: ÖStA, Kriegsarchiv, AFA 1809 8. Korps VII [= Karton 1437], 127. 1 Blatt, 1 Seite.

Text von unbekanntem Schreiber, Andreas Hofers eigenhändige Unterschrift; Rückseite nicht abgebildet.

Attestat.
Daß der Herr Obrist Lieut(enant) v. Ertel des k. k. Marq. Lussignanschen Infanterie Regiments No. 16. die von ihme entworffene Disposition zum Angriff des auf dem Berg Isel gestandenen Feindes den 28ten May d. J. an Euch Endesgefertigten hinausgegeben, und daß dieser Angriff mit [Einverstendniß] den 29ten May ganz nach Innhalt der Disposition ausgeführt wurde, welches die Einnahme von Insbruck zur Folge hatte.
Ein solches wird anmit zur Steuer der Wahrheit von mir bestättiget. Sig(natum) Passeyer den 13t Juli 809.
Andere Hofer Ober Comen dant Vo Passeyr

Nr. 148

Hofer schreibt an Johann Nepomuk von Kolb, von einem Kurier, der ein Spion gewesen sein könnte, wisse er nichts. Er hoffe, am 18. oder 19. Juli in Lienz anzukommen, Kolb solle General Schmiedt und Peter Wieland von seiner Ankunft in Kenntnis setzen. Weiters berichtet Hofer, „ganz Italien" erhebe sich gegen die Franzosen und die „Freimaurer".

Passeier 1809 Juli 14

TLMF, FB 1650, 124. Orig.-Pap. 21,5 ca. : 36 ca., Hochformat, 1 Blatt, 1 Seite.

Text von unbekanntem Schreiber, Andreas Hofers eigenhändige Unterschrift, o. S.

An k. k. Defension Comandant Nep. v(on) Kolb
Den an mir zurück geschückten L[ar]ch ist nicht von mir geschücket worden, sondern nur freywillig dahin gegangen.
Wegen den Curier wie Sie mir schreiben habe ich gar nichts gesehen oder was erfragt, er turfte wohl nicht mich angegangen seyn oder gar ein Spion gewesen.
Den 18 oder 19 dies hoffe ich in Lienz wenn nicht Widriges vorfält einzutreffen, und ich Sie ersuche, den General Schmid und wan der Peter Wieland zurück gekommen ist, zu av von meiner Ankunft zu avisiren, indem ich mit jenen wegen verschidenen Gegenständen zu sprechen habe.
Übrigens bitte ich Sie, keinen andern von meiner Ankunft was wißen zu laßen, mündlich das Mehrere, indeßen leben Sie wohl(en)
Paseyer ten 14 Juli 1809
warer freint Andere Hofer ober Comen dant Vo Passeyr
N. Sch. Ganz Italien ist wieder die Frazosen in Aufstand und werden bereits 80000 Man die Waffen ergrifen haben und den Freymauren ein Ende gemacht, besonders in Scio, Tiene, Padua und Verona, wie auch die Sette Comuni.

Nr. 149

Hofer befürwortet die von Josef Valentin von Morandell bestätigten Bataillonskommandanten; die Vollmacht betreffs der Wirte hätte er Eisenstecken erteilt. Am folgenden Tag wolle er ins Pustertal reisen.

Sand 1809 Juli 14

TLA, Materialiensammlung Rapp, Schuber 18. Orig.-Pap. 21,8 ca. : 36,2 ca., Hochformat, Doppelblatt, 1 Seite.

Text und Adresse von unbekanntem Schreiber, Andreas Hofers eigenhändige Unterschrift, drei Privatsiegel (I) als Verschluss. Die Passage „den Batalions Komandanten" nachträglich eingefügt durch Verweis. Eingangsvermerk des Empfängers.

No 235. No 235.
Liebstes [sic] Bruder
Da ich gestern abends von Ihnen an mir erlaßenen Schreiben mit die Beylagen von 13 dies richtig erhalten habe und die zwey Batelions Komandanten, welche Sie bestätiget haben, auch von mir bestadiget werden.

Wegen den G(eric)hts En und Kaldiv wird es Ihnen so wie allen Übrigen bewußt seyn, daß wo das Vock [sic] das Zutrauen hat, den Batalions Komandanten erwählen kennen, welcher auch von mir bestädiget werden wird.
Wegen den Wirthen habe ich die Volmacht den H(errn) Eisenstocken ertheilet, welcher mir sagte, daß er Ihnen bereits wegen denen obigen H(errn) Wirthen hinaus berichtet hat. Inligenden Briefe bitte ungesäimt an bestimten Orte zu schücken,
morgen oder übermorgen reise ich nach Pusterthall. In Eile und unter freundlicher Begrüsung nebst mein Compliment an der Frau Liebsten mit aller Hochachtung verharre
Patter Andere Hofer an sant Vo Passeyr
Sant ten 14 Juli 1809

Rückseite:
Von Paseyer an k. k. Comisser Jos. v Morandel in Kaltern zu Kaltern
durch Ordinanz

Pras(entiert) am 14tn July 809.

Nr. 150

Hofer fügt dem Anstellungsdekret der k. k. Armee-Oberintendantschaft und der Tiroler Landesschutzdeputation für Josef Ignaz Straub einen zustimmenden Kommentar bei.

o. O., o. D.

TLMF, FB 2707, S. 197.

Abschrift, im Original mit Sicherheit eigenhändiger Kommentar Hofers, hier zeichengetreu nach dieser Abschrift wiedergegeben.

Andere Hofer m. p. ober Comen dant in diroll hat nicht in gögen. wan Ein oder andere waß in gögen haben, ist zu Eissern.

Nr. 151

Hofer bestimmt über die Aufstellung der Ordinanzen in Riffian; zum Ordinanz-Korporal ernennt er Josef Haller, der während Hofers Abwesenheit für die Beförderung der Post zuständig ist. Es solle darauf geachtet werden, dass nicht Kinder und alte Männer als Ordinanzen eingesetzt würden.

Sand 1809 Juli 16

TLA, Materialiensammlung Rapp, Schuber 11. Orig.-Pap. 23,2 : 36,3 ca., Hochformat, Doppelblatt, 1 Seite.

Schreiber von Text und Adresse unbekannt, Andreas Hofers eigenhändige Unterschrift, zwei Privatsiegel (I) als Verschluss. Dorsalvermerke von verschiedenen Händen, Eingangsvermerk des Empfängers.

An einer loblich k. k. Comendantschaft Meran!
Auf erhaltener schriftlicher Nachricht wegen neuer Einrichtung der Ordinanzen in Rifian so erwiedert sich Gericht Paßeyer, daß die Ordinanzen solten biß zum Tischler Wirth in Riffian gehen.

Wann die Gemainden also dencken, so werden mir unsere Ordinanzen beim Saltausbachl auf stellen, dann dorthen sind unsere Confinen.
Wiederigenfalls haben Sie sich mit dem Joseph Haller Weeger am Ried ein zuverstehen in Abweßenheit meiner ~~ein zuverstehen~~, welchen ich als einen Ordinanz Corporal bestimmt habe.
Insonders wolte aber gebeten haben, die Ordinanzen durch Riffian beser zu beferdern, dann jedes Kind oder alter Mann ist nicht hinlänglich zur Ordinanz gebrauchen, dann man muß wiesßen, daß oft auf einer Ordinanz vieles gelegen ist.
Sant den 16ten Juli 1809.
Andere Hofer ober Comen dant Vo Passeyr

Rückseite:
Vo. Pasßeyer an einer loblich(en) k. k. Comendantschaft zu Meran
durch Ordinanzen eiligst zu beferder(e)n

Um [4] Uhr frue in Saltaus.

Praes(entiert) d(en) 17t(en) Juli 1809.
Rescript daß sich mit der Gemeinde Riffian, Tirol et Saltaus wegen den Ordonanz(en) einzuverstehen seye.
Nr 13

Nr. 152

Hofer und Johann Nepomuk von Kolb berichten an Josef Valentin von Morandell, Napoleon sei bei Austerlitz geschlagen worden und die bayerische Königsfamilie in Gefangenschaft.

Untervintl 1809 Juli 18

Hinweis auf das Original in: TLA, Tirolische Landesvertheidiger 1809, Sep.-Faszikel III, Pos. 21. Es befand sich 1940 im Völkerschlachtmuseum (d. i. Privatmuseum beim Völkerschlachtdenkmal) in Leipzig, dessen Bestände im Zweiten Weltkrieg verstreut wurden. Pap. Folio, 1 Seite.

Masch. Abschrift von 1940, aus der hervorgeht, dass zumindest die Unterschrift Hofers eigenhändig sein dürfte:

Andere Hofer ober comedant v. Passeyer.

Nr. 153

Hofer an Josef Valentin von Morandell.

o. O. 1809 Juli 19/20

Hinweis auf das Original in: Jahrbuch der Auktionspreise für Bücher, Handschriften und Autographen. Ergebnisse der Auktionen in Deutschland, den Niederlanden, Österreich und der Schweiz, Band 50/1999, Stuttgart 2000, 770 (Auktion Stargardt 1999, 671, Nr. 1162). Pap., Folio, 1 Seite. Könnte mit der vorhergehenden Nr. (s. o.) ident sein.

Unbekannter Schreiber, teilweise eigenhändig („Unterschrift 11 eigenhändige[n] Schlußworte[n]") von Andreas Hofer, drei Siegel.

Nr. 154

Vollmacht des Generalfeldwachtmeisters Baron von Schmiedt und Hofers für Oberleutnant von Türck, die Landmiliz zu kommandieren und alles für die Verteidigung Nötige auf eigene Faust zu unternehmen. Die Proklamationen des Bischofs von Chiemsee seien zu ignorieren.

Lienz 1809 Juli 19

ÖStA, Kriegsarchiv, AFA 1809 8. Korps VII [= Karton 1437], 126. Pap. 23 ca. : 35,5 ca., Hochformat, 1 Blatt, 1 Seite.

Zeitgenössische Abschrift, Bestätigung derselben von zweiter Hand. Im Original Siegel Schmiedts (?).

Gewalt u. Vollmacht!
Für dem k. k. Tyroler Landesschützen Herrn Ober Lieutenant v. Türck, mittels welchen derselbe beglaubet und bekräftiget wird, zur Zurückhaltung und Abhaltung feindlicher Einfälle nicht nur <u>eine Landmiliz</u> zu comandiren und zu disponiren, sondern auch alles Nöthige zu veranlassen, was das Eindringen des allgemeinen gefährlichen Feindes zu hindern vermag, und sind hiebey keineswegs die vom Feind bereits besetzten Erbstaten als nemlich: Salzburg und Bertolsgaden ausgenohmen. Dahero auch die sehr bös gesinten und höchst unverantwortlichen Proclamationen des Herrn Bischofs von Kümsee nicht geachtet werden dürfen, welcher seiner Zeit vor dem Richterstuhl Sr. k. k. Majestät vor diese aufrührischen Proclamationen verantwortlich bleibt.
Lienz den 19tn July 809.
Sr. k. k. apost(olischen) Majestat[?] wurk(licher) General Feldwachtmeister, Ritter des milit(ärischen) Maria Theresischen und St. Mauritii Ordens.
(L. S.) Ba. v. Schmiedt m. p.
Andree Hofer OberComand(ant) v. Passeyr.

Dem Original gleichlautend befunden. Gmünd am 24ten Julli 809. [...]

Zweite Abschrift desselben Textes: TLMF, FB 1650.

Text von Johann Nepomuk von Kolb geschrieben, Andreas Hofers eigenhändige Unterschrift, o. S.

Ist dem Originali vollkommen gleichlautend. In cuius fidem etc. subscribimus sub dato ut supra
Joh. Nep. Ma(ri)a v(on) Kolb[manu propr]ia k. k. Defensions Comandant
Andere Hofer ober Comendant Vo Passeyr

Nr. 155

Zeugnis für Josef Larch.

Lienz 1809 Juli 19

TLMF, FB 2073, 82. Orig.-Pap. 23 ca. : 36,5 ca., Hochformat, 1 Blatt, ½ Seite.

Text und Adresse von unbekanntem Schreiber, Andreas Hofers eigenhändige Unterschrift, fremdes Siegel.

Zeugniß
für Herrn Joseph Larch aus Maran gebürtig.
Kraft welchen Unterzeichneter bekräftiget, daß Vorzeiger dies durch fünf Wochen unter meinem Obercommando gestanden, sich während dieser Zeit in allen Fählen sowohl vor dem Feinde tapfer und unerschroken bezeuget hat, als auch sich besonders auf mein Commando bei dem Angrif des Bergs Isels zu meiner Zufriedenheit auszeichnete und wegen seiner geprüften Treu und Verschwiegenheit zu vertrauten Aufträgen verwendet worden ist, auch diese Dienst Zeit ohne Beziehung einer Löhnung ausgeharret; dahero der Bekräftigung meiner volkomenen Zufriedenheit sich dieser Zeugniß nicht nur würdig gemacht hat, sondern auch jedermann zu seinen ferneren Fortkommen anempfohen wird.
Lienz den 19. July 809.
LS *Andere Hofer oberComen dant*

Nr. 156

Da Hofer von bedenklichen Ereignissen am Nons- und Sulzberg erfahren hat, bevollmächtigt er Josef Eisenstecken, nach eigenem Gutdünken zu handeln. Steiner soll sich selbst zum Oberkommandanten gemacht haben und versuchen, Kolb ins Abseits zu drängen. Hofer berichtet weiter, die Kärntner aufgeboten zu haben, außerdem von zwei französischen Gesandten, die einen fingierten Waffenstillstand verkündet hätten.

Sachsenburg 1809 Juli 20

TLMF, FB 1650, 132. Pap. 21 ca. : 34,2, Hochformat, Doppelblatt, 2 ½ Seiten.

Zeitgenössische Abschrift, im Original Andreas Hofers eigenhändige Unterschrift (?). Eingangsvermerk des Empfängers, Dorsalvermerk.

Liebster Bruder!
Da ich die nun in Nonns und Sulzberg ganz unverhofte Ereignisse aus den lieben an mir erlassenen Schreiben mit Unwillen vernomen habe und mit so veränderlichen und wankelmüthigen Leuten mich entschlossen habe, sie selbsten schalten und walten zu lassen, oder mache was Du für bescheiden befindest.
Uibrigens geht es auch hier mit die Oberkommandanten so, indem sich selbsten Herr Steiner die Stimme zum Oberkommandanten zugeeignet hat und den Herrn rechtmäßigen Oberkommandanten Herrn von Kolb zu unterdrücken sucht. Hierorts wird kein anderer als obiges [sic] Herr von Kolb als Oberkommandant anerkannt und bestättiget. Wenn sich was Wichtiges dorten ereignet, so ersuche ich Dich, mir es alsogleich wissen zu lassen und es den Herrn Oberkommandanten von Kolb dermalen, in dem ich mein Aufenthalt nicht bestimmen kann, einzusenden.

Uibrigens bothe ich die Karner zu den Waffen auf, welche es mit vielen Vergnügen gethan haben und eine besondere Freude dazu zeigten und durch diesesmal den unsrigen Leuten den Weg her aus dadurch erspahrt habe, doch aber mache alle mögliche Anstalten, wenn die Compagnien dortige Gegenden noch nicht organisirt sind, alsogleich geschehen muß, indem sich wohl der Fall ereignen könnte, daß alle auf einmal ausrücken müssen, um den retirirenden Feunde einen ungeheuren Schaden zufügen zu können.
Gestern kommen zwey französische Parlamenteur hier an, welche einen Waffenstillstand von dem k. k. General Baron von Wimpfen unterzeichnet war mit sich brachte, welches aber nur eine feindliche Fineß war, um ihre Retirade mit einen kleinen Verlurst zu Stande zu bringen, allein sie schmeichelten sich ganz eine falsche Hoffnung, indeme es ihnen sehr viele Leute kosten wird.
Wenn dorten etwa ein groser Bleymangel seyn sollte, so berichte mir ungesäumt nach Lienz, damit ich Dir einige Zentner alsogleich übermahen kann.
Sachsenburg in Karnthen d(en) 20ten July 1809.
Dein (etc.) Andre Hofer OberCommandant.

Rückseite:
Praes(entiert) 23(ten) Juli 1809

Von diesen Brief, welcher an H(er)rn Major Eißensteken addressiert ware, ist also gleich auf Anverlangen des H(er)rn Ober Comandanten Hofer dem H(er)rn Major Jos(eph) Grafen von Hendl zu eine Abschrüft zuzufertigen.
Und es verstehet sich von selbsten das alles Ybrige Hochdemselben zu wißen gemacht wird.

Nr 36

Nr. 157

Hofer und Johann Nepomuk von Kolb schreiben an Rottmayr, Hauptmann der Mittersiller Schützenkompanie, General Rusca wolle durch das Lungauer Tal über den Radstädter Tauern ziehen, die Unterinntaler hielten sich bereit. Rusca hätte einen Gesandten samt Trompeter nach Sachsenburg geschickt, um mit einem Waffenstillstands-Bescheid, den Hofer für gefälscht und für einen Vorboten des Rückzugs Napoleons hält, die dortige Festung zu übernehmen; der Gesandte befinde sich in Gefangenschaft. Auf keinen Fall würden die Franzosen durch das Unterinntal und die salzburgischen Täler marschieren dürfen.

Lienz 1809 Juli 21

Salzburger Landesarchiv, churf. u. k. k. österr. Reg., Rubrik XIX, 43/1/2, Nr. 107. Pap. 20,5 ca. : 30,8 ca., Hochformat, Doppelblatt, 3 Seiten.

Zeitgenössische Abschrift, im Original Andreas Hofers und Kolbs eigenhändige Unterschriften (?).

Abschrift
An den k. k. H(errn) H(au)ptm(ann) der Mittersiller Schützen Compagnie v(on) Rottmayr auf dem Paß Luftenstein.
Hiemit wird Ihnen die officiele Nachricht gegeben, daß die biedern Unterinnthals Bewohner sich augenblicklich auf all möglichste Art aufmerksam bereit halten, denn

der General Rusca möchte sich allen Ansehen nach durch das Lungauer Thal über den Radstadter Tauern mit seinem elenden Corps ziehen. Dann gestern hat selber einen Parlamenteur mit einem Trompeter nach Sachsenburg geschickt, daß man ihm diesen Fort übergeben möchte mit einem verfälschten gedruckten Waffenstillstands-Ausweis. Man nahm den Parlamenteur in Verhaft und ließ dem Rusca durch einen andern Parlamenteur die abschlägige Antwort erwiedern.
Der Parlamenteur kam just eben zurecht, da der thätige H(err) General Major und Brigadier Freyherr v(on) Schmidt mit dem H(errn) Oberkommandant And. Hofer und andern tapfern Tirollern sich auch eben in Sachsenburg befunden. Der Trompeter wollte seinen Mantel und Trompete mit sich selbst in Schutz des H(errn) Oberkommandanten Hofer Sandwirth begeben, um sicher zu seyn. Denn als Parlamenteur geschickten französ(ischen) Officier schmeckte weder Essen noch Trinken, nachdem der H(err) Oberkommandant Hofer mit selben auf Italienisch gesprochen hat und sich wünschte, alsogleich bey dem General Rusca zu seyn. Allen nachgespurten Auskundschaften gemäß dürfte dieser Waffenstillstand, der hier gar nicht anerkannt wird, als ein bloßer Vorboth des Bonaparte seiner Retierade seyn.
(Die anschlüßige Neuigkeiten werden nebst den gestern abgeschickten Nachrichten diese unsere Muthmassung gewiß rechtfertigen.
An diesen Tiroller Theil darf Bonaparte sich keine Bewilligung eines Durchzuges oder Abtrettung vertrösten und wir halten uns auch versichert, daß Ihr lieben benachbarten Unterinthaler und salzburg(ischen) Thälerbewohner Euch unter das elende Sklaven Joch weder durch Schmeicheley oder durch tollsinnige Schreckdrohungen bringen lassen werdet.
Haltet Euch nur untr[ü]glich gesichert, daß die Helden Oesterreichs den Feind auf den Fuß nachfolgen werden. Liebste Brüder! Bleibt standhaft und Gottes Segen leite Eure Geisteskraft. Liebet Ordnung und Einstimmigkeit und verscheuet alle elende Zusprüche, welche nur als teuflische Liste angewendet werden.
Lienz den 21 July 1809
Joh. Nep. M(a)r(ia) v(on) Kolb k. k. Denfensions [sic] Com(an)d(an)t im Puster Thal
Diesen unsern Willen haben Herr Hauptmann ungesäumt durch das ganze Pinzgau und Unterinthal bis Kuefstein kund zu machen, und zwar ohne mindesten Zeit Verlurst. Der Unterzeichnete legt Euch allen seinen väterlichen Gruß bey, besonders an Speckbacher und Siberer.
Lienz den 21 July 809.
Andreas Hofer Oberkommandant v. Passeyer

Rückseite:
Extra Zuschluß an sämt(liche) Pinz Gau(ische) löb(lich)e Pfleggerichte
ad [A] 148.

Nr. 158

Proklamation, in der Hofer die Nachricht vom Waffenstillstand als Feindeslist hinstellt und die Tiroler zu den Waffen ruft, er selbst bietet sich als Anführer an. Alle Schützenkompanien sollten sich entweder in Lienz oder im Unterinntal einfinden; wer nicht an der Landesverteidigung mitarbeiten wolle, gelte als Landesverräter und werde des Landes verwiesen werden.

o. O. 1809 Juli 22

TLMF, Autographensammlung Andreas Hofer. Orig.-Pap. 23,5 ca. : 37,2, Hochformat, Doppelblatt, 2 Seiten.

Im TLA (Tirolische Landesvertheidiger 1809, Sep.-Faszikel III, Pos. 21) findet sich der Hinweis auf ein Originalschreiben Hofers, das sich 1940 im Völkerschlachtmuseum (d. i. Privatmuseum beim Völkerschlachtdenkmal) in Leipzig befand, dessen Bestände im Zweiten Weltkrieg verstreut wurden. Bei dem verschollenen Dokument (Orig.-Pap., Folio, 3 Seiten) dürfte es sich um eine weitere Ausfertigung des vorliegenden Textes mit Andreas Hofers eigenhändiger Unterschrift handeln, die in die Aufstellung im TLA fälschlich als ausgestellt in Linz am 11. Juli 1809 aufgenommen wurde. Wörtlich heißt es dort: „Linz, 11. Juli 1809. Aufruf an das Volk von Tirol. ‚Zur allgemeinen Kundmachung'. Dieses wichtige historische Schriftstück fordert die Tiroler auf, zur Befreiung des Vaterlandes, der Religion u. s. w. die Waffen zu ergreifen. ‚Andere Hofer ober comedant v. Passeyer'".

Text laut Hirn von Hofer und Kolb „entworfen" (Hirn, Erhebung, 559). Schreiber von Text und Adresse unbekannt, Andreas Hofers eigenhändige Unterschrift, o. S. Dorsalvermerke von verschiedenen Händen. Die Passage „nach Ihen bestimten Orte ein" nachträglich eingefügt.

Tyroler!
Da der allgemeine Feind der Thronen, der Religion und des Wohlstandes der Völker mit der Kraft der Waffen nicht mehr auslangen zu können einsicht, so hat er zu den Künsten des Arglistes nach seiner schon alten Gewohnheit wieder neüe Zuflucht genohmen –
Er streüet zur Empörung der Menschheit aus, als ob von den höchsten oesterreichischen Kayser Hofe ein monathlicher Waffenstillstandt eingeleitet worden seye, wovon die Folgen in nichts weniger als in der gänzlichen Zernichtung der oesterreichischen Monarchie bestünde –
Allein da Se. Majestät unser allergnädigster Kayser Franz der 1te erst jüngsthin die ewige Vereinigung des Tyrols mit Oesterreich sanctionirte, so erhellet die Nichtigkeit dieses empörenden Gedankens von selbst –
Wie unerhört! Der Feind kündiget uns einen Vertrag an, von dem weder Se. Majestät der Kayser und Prinz Johann eine Kenntniß hat, sondern geradezu darwieder ~~protestiret~~
– protestiret –
Ein Vertrag, der dem Umsturz der ganzen Monarchie enthält –
Kein Weiser kann einen solchen Vertrag ohne Entsezen vernehmen, wohl aber wieder wird jeder wünschen, daß dagegen Maßregeln ergriffen werden, welche diesen schaudervollen Absichten die vollständigste Gegenwage halten –
Sehet hier sind Sie –
Jeder rechtschaffene ehrlich denkende Tyroler ergreiffe die Waffen –
Ich mache es mir zum Vergnügen Eüer Anführer zuseyn –
Die Schützen Compagnien von jedem Gerichte finden sich sobald nur ~~möglich hier in Lienz ein, und in Unterinnthal.~~ nach Ihen bestimten Orte ein.
Sind schon von einigen Gerichtern solche im Dienste, so wird doch (wie ich sicher hoffe) noch von jeden Gericht eine diensttaugliche Maßa Compagnie eilfertig ~~hieher erscheinen~~

Die Zeit ist kurz –
Der Zeitpunkt von unermeßlicher Wichtigkeit komt – rettet den Kayser – rettet Eüch selbst – rettet Eüer Haab und Guth – durch die Zögerung ist auf einmahl alles, und weit mehr noch, als was Ihr glaubt, auf immer verlohren –
Sollten sich Leüte finden, welche unserer gerechten Sache entgegen zu arbeithen sich bemühen, so erklären wir selbe nicht nur für Feinde des Vaterlandes, sondern sie sind nach der Erklärung des Kaysers (wie die untern 4t May 1809 in Innsbruk in Druk herausgegebene Auffoderung lautet) der Wuth des Volkes preißgegeben, und es wird der Zeitpunkt in Kürze kommen, wo wir selbe als Nicht Patrioten des Landes verweisen werden –
Wer in Tyrol will wohnen, muß selbes beschützen – wer es nicht beschützet, der wird im Lande gar nicht geduldet –
Andere Hofer ober Com En dant Vo Passeyr

Rückseite:
An k. k. Landgericht Meran zu verbreiten.

Praes(entiert) 26 Juli 1809
Nr 45. VII.

1809 – 26t(en) [sic] Jul:

Zweite Originalausfertigung desselben Textes:

ÖNB, Autographen Andreas Hofer, 28/16–3. Orig.-Pap. 22 : 36,5 ca., Hochformat, Doppelblatt, 3 Seiten.

Schreiber von Text und Adresse unbekannt, Andreas Hofers eigenhändige Unterschrift, o. S. Die zweite Zeile „vom Ghts Cassier in Passeier" vielleicht von anderer Hand. Text ist mit Ausnahme von Rechtschreibung und Schriftbild ident mit dem vorhergehenden.

[…]
Lienz den 22 July 809.
Andere Hofer ober Comen dant Vo Passeyr

Rückseite:
K. k. Gericht Passeyr zu verbreiten.
No. 4.

Dritte Originalausfertigung desselben Textes:

TLMF, FB 1650, 135. Orig.-Pap. 22 ca. : 36,5 ca., Hochformat, 1 Blatt, 2 Seiten.

Schreiber unbekannt, Andreas Hofers eigenhändige Unterschrift, o. S. Text mit Ausnahme von Rechtschreibung und Schriftbild ident mit den vorhergehenden.

[…]
Lienz d(en) 22 July 809.
Andere Hofer ober Comen dant Vo Passeyr.

Vierte Originalausfertigung desselben Schreibens, adressiert an das Gericht Steinach.

TLA, Landgericht Steinach Lauf-Fasz. Nr 44 a Abt. C Militär 1806–1849. Orig.-Pap. 22,2 ca. : 36,3 ca., Hochformat, Doppelblatt, 2 ½ Seiten.

Schreiber unbekannt, Andreas Hofers eigenhändige Unterschrift, o. S. Text mit Ausnahme von Rechtschreibung und Schriftbild ident mit den vorhergehenden. Die Passage „und in Unterinthal" ist eine spätere Ergänzung, auch die zweite Nebenbemerkung wurde nachträglich am Rand des Textes eingefügt.

[…]
Seht, hier sind sie:
Jeder rechtschaffene ehrlich denkende Tyroler ergreife die Waffen. Ich mache es mir zum Vergnügen, Euer Anführer zu seyn.
NB: Die Schützen kompagnien von jeden Gerichte finden sich so bald nur möglich hier in Lienz ein und in Unterinthal. Sind schon von einigen Gerichtern solche im Dienste, so wird doch (wie ich sicher hoffe) noch von jeden Gericht eine diensttaugliche Massa Kompagnie eilfertig hier erscheinen –
NB Obige Compagnie hat in Bereitschaft zu stehen, bis der H(err) Eisenstocken ankommen wird.
[…]
Lienz am 22t(en) July 1809.
Andere Hofer ober Comendant Vo Passeyr

Rückseite:
An das lob(liche) G(ericht) Steinach

Nr. 159

Schreiben von Hofer, Johann Nepomuk von Kolb und Inwinkl an Hauptmann von Steiner, wonach diesem die „Gesundheitspflege", um die er bei von Schmiedt angesucht hat, genehmigt wird. Inzwischen aber soll er die anmarschierenden Schützenkompanien frei passieren lassen. Von der Gefahr, die durch die Franzosen von Italien aus droht, wisse man noch nichts Genaues.

Lienz 1809 Juli 23

TLA, Materialiensammlung Rapp, Schuber 16. Pap. 22,2 ca. : 36,5 ca., Hochformat, Doppelblatt, 2 ½ Seiten.

Zeitgenössische Abschrift, im Original Hofers, Kolbs und Inwinkls eigenhändige Unterschriften (?).

An den k k Herrn Hauptmann des löb(lichen) Infanterie Regiments Baillet von Steiner Wohlgebohrn.
Der Herr General Major und Brigadier Freyherr v Schmiedt hat das Anschüssige an Hochselben gestelte Schreiben vermög der beigesezten eigenhändigen Erinerung richtig erhalten und den Unterzeichneten zugestelt, der selben Wunsch ist, daß Herr Hauptmann Ihre bei hochgemelten Herrn General angezeigte Gesundheitspflege nach aller Bequemlichkeit benutzen wollen, wozu der beste Erfolg gedeüen wolle mit der aufrichtigsten Versicherung, daß die Unterzeichneten ohne Ihrer gefährlichen Gesundheits Strapazierung die Landes Vertheidigung für Pusterthall mit der zugesicherten bereitwilligsten und theuersten Beihilf des braven und unermideten Herrn General und Brigadier Freyherrn v Schmiedt unter Gottes Hilf[a] besorgen werden.

Untereinst aber haben die Unterzeichneten zu erinnren, daß Herr Haupt Mann die auf den Anmarsch komenden Schützen Compagnien ungehindert hieher marschieren lassen, wo dieselbe so dann von dem Herrn General hier ihre Bestimung erhalten werden.
In Betref der feindlichen Gefahr von der itallienischen Seite hat der thättige und erfahrene Herr Rittmeister v(on) Baniza, welcher alschon mit Anfang Monats May als Comandant über die Pässe Kreutzberg und Ampezzo bestimmt worden, bis zur Stunde noch keine Nachricht an den Herrn General gegeben und man hat doch heünt sichere Kundschaften erhalten, daß von Itallien nichts weniger als eine bedäutende Gefahr seyn kann, indem der Franzosen ihre ganze Macht von Mantua aus bis Pontafel mit Einschluß Ossopo sehr gering ist. Die von den Franzosen nach Italien bestimte Proclamen sind samt dessen Bothen habhaft gemacht worden.
Lienz den 23 Juli 1809
Unterzeichnete
Andreas Hofer Ober Comandant v Pseyre
Joh. Nep. M. v Kolb k k Defens. Comandant im Pusterthall
Jnwinckl Hauptman. Deput.

---

a   Nachträglich eingefügt.

Nr. 160

Hofer versichert dem Landgericht Mittersill, zu dessen Unterstützung würden baldmöglichst Schützenkompanien abgeordnet.

Lienz 1809 Juli [26]

Salzburger Landesarchiv, churf. u. k. k. österr. Reg., Rubrik XIX, 43/1/1 (Karton 212). Orig.-Pap. 21,3 ca. : 32 ca., Hochformat, Doppelblatt, ½ Seite.

Unbekannter Schreiber, Andreas Hofers und Johann Nepomuk von Kolbs eigenhändige Unterschriften, zwei Siegel als Verschluss (Kolb?).

An das löb(liche) k. k. Pfleg- und Land Gerichts Obrigkeit Mittersill
Zu Folge dessen wird die Anzeig hiemit bestättiget mit der Gesicherung, daß zu Unterstützung die Schützen Compag(nien) schleunigst in Bewegung gesetzet werden. Lienz den 26ª July 809.
Andere Hofer ober ober [sic] *Comen dant Vo Passeyr*
Joh. Nep(omuk) Ma(ri)a v(on) Kolb[manu propria] k. k. Defensions Comandant im Pusterthal

Rückseite:
An das löb(liche) k. k. Pfleg- und Land Gericht Mittersill ex offo

Praes. d. 30t(en) July 1809 abends 4 Uhr.
B. 165.

---

a   Zahl undeutlich, könnte auch „28" heißen.

Nr. 161

Hofer berichtet seiner Frau Anna Ladurner, er sei aus Sachsenburg in Kärnten nach Lienz zurückgekehrt und mit dem Verlauf des Krieges zufrieden, obwohl falsche Gerüchte im Umlauf seien, deren Urheber auf der Stelle zu verhaften seien. Von Erzherzog Johann hätte er ein Schreiben erhalten, wonach die Tiroler ohne dessen Vorwissen nichts unternehmen sollten.

Lienz 1809 Juli 27

TLA, Materialiensammlung Rapp, Schuber 11. Pap. 23 ca. : 35,7 ca., Hochformat, Doppelblatt, 1 Seite.

Zeitgenössische Abschrift auf einem Blatt, das noch einen weiteren Text trägt (Johann Holzknecht an die Schutzdeputation Meran, St. Leonhard 1809 Juli 26).

Copia
Liebstes Weib!
Den 20ten dieses bin ich von Saxenburg in Kar[n]then glicklich wiederum nach Lienz zurück gekommen, daß Waffenglick ist ymer Gott sey Danck auf unserer Seite. Nur einige Böswichte verbreiten einige herumlaufenten unverschämten lügenhafte Nachrichten, an welchen aber nicht der mindiste Glauben beygemeßen werden kann. Uibrigens sehe so guth möglich auf unsere Wirtschaft, indeme ich nicht weiß wann ich nacher Haus kommen kan. Sage so gleich auch dem Strobl und dem Garber, daß es alles gut geth. Und in keinen Unverschämtem Gehör geben, sondern sie alsogleich in Verhaft nehmen.
Übrigens traue sicher wann waß Wichtiges vorfält nicht ermanglen werde, Dich und dem übrigen guten Freündten zu afisiern; sage so gleich dem obigen benanten Freünden, daß ich nicht umsonst diese Reiße nach Lienz und Saxenburg und Karenten gemacht habe, indeme sonsten einige Compag(nien) von unsern Leüten anhero häten marsch(ieren) müßen.
Weiters erhielt ich von Erzherzog Johann durch eine eigene Stafete den Auftrag, daß wir uns ymmer so betragen solten, wie wir eß ymer pflegten, und ohne sein Vorwissen nichts geschechen werde, vor ich nicht von einen seinen Schreiben benachrichtiget werde.
Lebewohl, so bist Du und meine Kinder in Schutz Gottes befohlen.
Lienz den 23ten Juli 1809
Andree Hofer Ober Comendant Vo(n) Paßeyr.

Zweite zeitgenössische Abschrift desselben Textes:

SLA, Sammlung Steiner, 28. Pap. 19 ca. : 24,5 ca., Hochformat, 1 Blatt, 1 Seite.

Text von Johann Holzknecht (?) geschrieben. Die Passage über den Vorarlberger Spion kommt nur in dieser Abschrift vor!

Copia
Liebest Weib!
[…]
Weiters erhielt ich von Erz Herzog Johann durch eine eigene Stafete den Auftrag, das wir uns immer so betragen solten wie wir es immer pflegten, und ohne sein Vorwißen nichts geschehen werde vor ich nicht von einen seinen Schreiben benachrichtiget werde. In Fall der Spion von Voradlerperg mit Namen Gotlieb Mock dorthin kommen

solte, übermache mir also gleich das Schriftliche mit erster Bost gegen Recepiß anhero, welches er mir von Erz Herzog Johann gebracht hat. Lebe wohl, so bist Du und meine Kinder in Schuz Gottes befohlen.
Lienz den 23ten July 1809
Andere Hofer Ober Camedant Vo Pasßeyr

Nr. 162

Hofer und Johann Nepomuk von Kolb teilen den Pustertaler Gerichten mit, der Feind nähere sich den Grenzen, und fordern diese auf, sofort jeweils eine Kompanie nach Lienz zu schicken, die sich selbst mit Lebensmitteln zu versorgen habe. Außerdem seien auch die nicht ausrückenden Mannschaften in Bereitschaft zu halten.

Lienz 1809 Juli 28

SLA, Nachlass Streiter, Karton 34, „Briefverkehr betreffend Kriegsereignisse 1809–1823", 12. Orig.-Pap. 23 : 35 ca., Hochformat., Doppelblatt, 1 Seite.

Text von unbekanntem Schreiber, Hofers und Kolbs eigenhändige Unterschriften, Datierung von Kolb geschrieben, o. S.

An sämtliche Gerichtsbarkeiten in Pusterthalle.
Nach dem man in Erfahrung gebracht hat, das der Feund unter den Vorwand der vermög ausgestreuten Waffen Stillstand ihm zugesagten Reumung Tyrols von Salzburg aus sich unsern Gränzen nähret, so findet der Unterzeichnete für guth, unverzügliche und zweckmäs[ß]ige Vertheidiguns Masregeln zu treffen.
Es werden demnach sämtliche Gerichte in Pusterthall aufgefodert, bey Empfang dies alsogleich eine Schützen Compagni hie her zu schicken. Man verspricht sich, das die Manschaft sich auf einige Tage mit Lebens Mitteln versehen und in Hinsicht der Löhnung nach den Beyspiele der brafen Etschländer bey den gegenwärtigen Geld Mangel nicht auf den augenblicklicher Bezahlung verharen, sondern mit der Versiherung sich begnügen werde, das man ihr selbe so bald es möglich verabfolgen wird.
Der wahre Tyroller mus in diesen Augenblücke, wo es nur allein um die Erhaltung des geliebten Vaterlandes zu thun ist, frey von allen Nebenabsichten und ohne Eugennutz das Seinige beytragen, um sowohl jedes Einzeln als auch das allgemeine Beste zusichern.
Vorsichts wegen hat über die von jedem Gerichte ausrückente Compagni auch aller übrige Manschaft in Bereitschaft zu seyn, um im nöthigen Falle sich auf dem ersten Winck in Marsch setzen zu können.
Lienz den 28t(en) Juli 1809
Ehr göbnester Andere HoferOber Comen dant Vo Passeyr
Joh. Nep(omuk) Ma(ri)a v(on) Kolb[manu propr]ia k. k. Defensions Commandant im Pusterthal

Zweite Originalausfertigung gleichen Datums:

TLMF, FB 1650, 161. Orig.-Pap. 23 : 35 ca., Hochformat., 1 Blatt, ½ Seite.

Schreiber unbekannt, Andreas Hofers eigenhändige Unterschrift, o. S.

[…]
Lienz ten 28 Juli 1809.
Andere Hofer oberComen dant Vo Passeyr

Dritte Originalausfertigung gleichen Datums, die sich von den vorhergehenden durch das Indorsat unterscheidet, das besagt, ein (nicht genanntes) Gericht habe anstatt einer gleich zwei Kompanien nach Lienz zu schicken, da im Unterinntal bereits angegriffen wurde und die Schlacht im Gange sei.

Museum der Stadt Villach. Orig.-Pap. 22 ca. : 35 ca., Hochformat, 1 Blatt, 1 Seite.

Schreiber unbekannt, Andreas Hofers eigenhändige Unterschrift, o. S. Dorsalvermerk mit speziellen Anweisungen und Hofers eigenhändiger Unterschrift.

[…]
Lienz am 28t(en) July 1809.
Andere Hofer oberComen dant Vo Passeyr

Rückseite:
An einer loblichen G(eric)hts Vorstehung wird zu wißen gemacht und zugleich auf getragen, aufs allerschleinigste 2 Compagnien anhero zu schücken, indem in Unter Inthall der Angrif schon gemacht worden ist und den ganzen Tag gerauft wird. Damit auch hier dem Feind Widerstand geleistet werden kan.
Andere Hofer Ober Comen dant Vo Passeyr

Vierte Originalausfertigung (?):

Zit. nach: Auktionskatalog Venator & Hanstein KG Köln, Frühjahrsauktion 2006 (96/97), 200 (Nr. 754). Orig.-Pap. Folio, Doppelblatt, 1 ½ Seiten.

Text von unbekanntem Schreiber, Andreas Hofers eigenhändige Unterschrift:

Andere Hofer ober comendant von Passeyer

Nr. 163

Hofer und Johann Nepomuk von Kolb teilen der Landesschutzdeputation Bruneck mit, vorliegendem Schreiben liege eine Ausfertigung der Aufforderung an alle Pustertaler Gerichte bei, sofort jeweils eine Kompanie nach Lienz zu schicken (s. Nr. 162).

Lienz 1809 Juli 28

SLA, Nachlass Streiter, Karton 34, „Briefverkehr betreffend Kriegsereignisse 1809–1823", 12. Orig.-Pap. 23,5 ca. : 36,5 ca., Hochformat, Doppelblatt, 1 Seite.

Text von unbekanntem Schreiber, Hofers und von Kolbs eigenhändige Unterschriften, o. S., Eingangsvermerk des Empfängers. Die Passage „im Pusterthale" nachträglich eingefügt durch Verweis.

An die wohl löb(liche) k. k. Landes Schutz Deputation zu Brunecken
Im Anschlusse giebt sich der Unterzeichnete die Ehre, einer wohl löb(lichen) Schutz Deputation eine Abschrift von der an alle Gerichtsbarkeiten im Pusterthale erlassenen Auffoderung mitzutheilen, vermög welcher jedes Gericht alsogleich eine Schützen Comp(agnie) hieher zu stellen und überdies alle übrige Mannschaft in Bereitschaft zu halten hat, um nöthigenfals dahin aufbrechen zu können, wo es die Umstände erfodern sollten.
Sig(natum) Lienz den 28 July 809
Andere Hofer ober Comen dant Vo Passeyr
Joh. Nep(omuk) Ma(ri)a v(on) Kolb[manu propr]ia k. k. Defensions Commandant im Pusterthal.

Rückseite:
Praes(entiert) 28. July 1809. Um 1/8 7 ½ Uhr nachts

Nr. 164

Schreiben Hofers an die Bewohner des Drauufers, Möll- und Gailtales, wonach er mit Freuden die Herausforderung annehme, gemeinsam mit ihnen zu kämpfen.

Lienz 1809 Juli 28

TLMF, FB 1650, 162. Orig.-Pap. 22,5 ca. : 35 ca., Hochformat, 1 Blatt, 1 Seite.

Text von unbekanntem Schreiber, Andreas Hofers eigenhändige Unterschrift, o. S. Datierung von dritter Hand.

Aufruf.
An die benachbarten Bewohner des Drau Ufers, Möll- und Gailthals!
Liebe brave Nachbarn! Eben so willkommen als rührend war es für mich, von Euch gerufen zu werden. Eure Herzensstimme ist also mit jener jedes gutdenkenden Tyrolers im Einklange, und nie wird selbe aufhören, für Oesterreichs Kaiser zu tönnen. Schon stehe ich mit einer Masse von Landesleuten an Euern Gränzen, mehrere Tausende folgen nach. Mit Gemeinkraft wollen wir zum edelsten Zweke hinarbeiten. Ich stelle mich an Eure Spitze, aber anspruchloß auf alle Ordnung und gute Sache.
Setzet Euer ganzes Vertrauen auf Gott; haben wir denn nicht schon Dinge gethan, über die das Ausland staunte, nicht durch Menschenkräfte, sondern durch unverkennbare

Hilfe von oben. Tugend giebt wahre Stärke und schaffet den Schwachen zu einem Helden um. Es gilt jezt nicht bloß der Rettung unßerer Habe und zeitliches Eigenthum. Nein! Augenbliklische Gefahr drohet unßerer heiligsten Religion. Für dieße haben wir das große Werk begonnen. Aber jezt handelt es sich um die Vollendung desselben. Halbs gethan ist nichts gethan.
Wohlan dann, Brüder und Nachbarn! Stehet auf, ergreiffet die Waffen wider den allgemeinen Feind Himmels und der Erde. Zaudert nicht mehr, denn jeder Augenblik ist kostbar und entscheidend. Keiner, dem eigenes und aller unßerer Nachkömlinge Wohl am Herzen liegt, bleibe weg! Das einzige und lezte Looß von uns allen seye: Für Gott, und den Kaiser Franz – siegen oder sterben.
Lienz den 28. July 809
Andere Hofer obercomen dant Vo Passeyr

Nr. 165

Hofer schreibt an seine Frau Anna Ladurner, er sei in Lienz gut untergebracht; er berichtet über militärische Vorfälle und ruft zu fleißigem Gebet auf. Weiters sollten die Meraner und Passeirer Kompanien sofort nach Hall abmarschieren, Hofer selbst würde das Pustertal aufbieten.

Lienz 1809 Juli 28, acht Uhr abends

SLA, Sammlung Steiner, 34. Pap. 19 ca. : 24,5 ca., Hochformat, 1 Blatt, 1 Seite.

Zeitgenössische Abschrift durch Johann Holzknecht (?), im Original Andreas Hofers eigenhändige Unterschrift (?). Das Schreiben wurde vermutlich Gufler zugestellt, der vielleicht die zweite (s. u.) Abschrift (Auszug aus dem Original) angefertigt hat.

Copia
Geliebte Würthin, ich berichte Dir,
wie das ich gottlob gesund bin, und loschieren thue ich in Lienz bey einen H(errn) Kaufmann mit Hausnamen Oberhueber, dracktiert werde ich wie ein Graf, sowohl mit Quartier als mit Verpflögung!
Waß aber das Kriegswößen anbelangt, das haben wir sehr gefehrlich! Es erfordert fleisig Betten und die Vorbitte der Heiligen und die Gnad Gottes, daß mueße uns auch Gott mit wirken, wie ehr uns noch nie verlaßen hat!
Eben dießen Augenbluck komt eine reittende Staffete von Pinsgau, das der Feund anstatt Waffen Stillstand wiederummen durch Unter Ihnthal herauf adegiern! So kann mann söchen, was mann von Militär fir eine Hilfe hat!
Wann der Bädler nicht heruiber ist mit die Compagnien, wie ich ihme geschrieben habe, so sollen der Garber und der Strobl die allerscheinigst [sic] Anstalt tröffen, sich aufzumachen und der Comandantschaft zu Meran zuwießen machen, das sie machen ausrucken wie viel das Compagnien kennen, öben so auch von Passeyr, und nur Hall zue, es liegt wurcklich an Zeit Bunkten, wo es zum Ausgien kombt, so ist Pflicht und Schuldigkeit, das mann thuet was mann nur kann.
Wir bietten in Pusterthall auch öben so auf, wir werden es – glaube ich – schon erhöben, lebe wohl und veranstaltet Andachten und bettet fleißig.
Lienz den 28ten July abent um 8 Uhr
Ein ehrgebenster warer Andere Hofer Oberkomandant von Paßeyr

Zweite zeitgenössische Abschrift (Auszug) desselben Textes:

TLA, Materialiensammlung Rapp, Schuber 8. Pap. 22,5 ca. : 37 ca., Hochformat, 1 Blatt, 1 Seite.

Eine Vielzahl von Korrekturen mit Graphitstift zeigt, dass der Abschreiber großen Wert auf Originaltreue gelegt hat.

Copia.
Eben den Augenblick komt eine reittende Staffette von Pinzgau, daß der Feind anstatt Waffenstillstand wiederum durch Unterinthall herauf attequieren, so kann man sehen, was man vom Millitair für Einhilfe hat.
Wann der Padler nicht herüber ist mit den Compagnien, wie ich ihm geschrieben habe, so sollen der Garber und Strobl die allerschleunigst Anstalt treffen, sich aufzumachen und der Kommandantschaft zu Meran zu wißen machen, daß sie machen ausrücken wieviel das Kompagnien können, eben so auch von Paßeyer, und nur Hall zu. Es liegt wirklich an Zeit Punkten, wo es zum ausgien kömmt, so ist Pflicht und Schuldigkeit, daß man thuet, was man nur kann.
Wir bietten im Pusterthall auch eben so auf, wir werden es glaube ich schon erhöben, leb[a] wohl und veranstaltet Andachten, bettet fleisig.
Lienz den 28ten July 1809 abends um 8 Uhr.
Eur[b] ergebenster warer Andre Hofer obercommandant von Paßeyr.

Rückseite, in Graphitstift, vom Schreiber der Korrekturen:
1809 28 Jul. No. 527

---

[a] Ursprünglich „lebe", das letzte e nachträglich mit Graphitstift gestrichen.
[b] Urspr. „Ein", nachträglich mit Graphitstift geändert zu „Eur".

Nr. 166

Von Johann Nepomuk von Kolb und Hofer unterfertigtes Schreiben, wonach eine Ehe bei Erfüllung der Auflagen ohne weiteres geschlossen werden könne.

Lienz 1809 Juli 28

ASBz, Kreisamtsakten Bruneck, Fasz. 190,1. Orig.-Pap. 23 ca. : 27,8 ca., Hochformat, 1 Blatt, 1 Seite.

Text von unbekanntem Schreiber, von Kolbs und Hofers eigenhändige Unterschriften, o. S.

No. 2216
Vorweiserin dies Theresia The[a]dosin, in Brixen gebürtig, hat auf ihr Anlangen, sich mit Joseph Frener verehelichen zu dürfen, sich nach Brixen zu begeben, um aldort 1 ihren Taufschein zu beheben, 2 von ihren Vatter den Einwilligung Consens zur Heurath einzuhollen, und 3 die gewöhnliche ofentliche Verkündigung vorzuweisen. Wo als dann an der Copulirung beider kein Anstand genohmen werden wird. Lienz den 28. July 809.
Joh. Nep(omuk) Ma(ri)a v(on) Kolb[manu propr]ia
k. k. Defensions Comandant inn Pusterthal.
Andere Hofer ober Comen dant Vo Passeyr

Nr. 167

Johann Nepomuk Freiherr von Schneeburg berichtet an Josef Ignaz Straub im Namen der Schutzdeputation (Innsbruck 1809 Juli 28), dem Feind müsse nun entgegengetreten werden, da er bereits den Pass Strub überschritten habe, dazu solle der gesamte Distrikt aufgeboten werden. Alle jenseits der Sill gelegenen Dörfer von Steinach bis Hall werden zur Unterstützung der Unterinntaler bestimmt, die Masse von Innsbruck bis Mühlau aber für die Unterstützung der Oberinntaler.

Innsbruck (!) 1809 Juli 28

TLMF, FB 1650, 169.

Abschrift. Im Original Andreas Hofers eigenhändige Unterschrift (?). Da sich dieser am 28. Juli nicht in Innsbruck, sondern in Lienz aufhielt, ist die Echtheit der Unterschrift anzuzweifeln; sie könnte erst später erfolgt sein, oder aber das Schriftstück wurde wirklich in Lienz unterzeichnet und es liegt ein Schreibfehler vor.

[…]
J. F. v. Schneeburg mp.
Andere Hofer Ober Commandant in Diroll.

Nr. 168

Hofer, Johann Nepomuk von Kolb u. a. berichten an Ignaz Freiherrn von Buol, die sichere Nachricht vom Waffenstillstand sei nun eingetroffen. Sie bitten darum, dass das österreichische Militär nicht aus Tirol abgezogen werde (was die Besetzung des Landes durch den Feind zur Folge hätte), da im Waffenstillstand von einer feindlichen Besetzung nicht die Rede sei.

Lienz 1809 Juli 29

SLA, Nachlass Streiter, Karton 34, „Briefverkehr betreffend Kriegsereignisse 1809–1823", 17. Orig.-Pap. 21,8 : 36, Hochformat., Doppelblatt, 4 Seiten.

Text von Johann Nepomuk von Kolb (?) geschrieben, Andreas Hofers eigenhändige Unterschrift, o. S. Dem Schreiben liegen ein Entwurf ohne Unterschrift und der Teil einer Zweitausfertigung ohne Unterschrift bei.

An Se. Excellenz des Herrn Herrn Comandierenden General Major und Brigadier Freyherrn v(on) Buol hochgebohrn.
Lienz den 29ten Juli 1809.
Der hohe Erlass Eüer Excellenz vom 28ten diess ist richtig anher gediehen.
Unerklärbar ist das ausserste Schmerzengefühl, welches jedem gut Denkenden hierüber betroffen hat, betreffen muste, da man von einem plözlichen Waffenstillstand die Nachricht erhalten hat.
Die vor drey Wochen an Sr. May(estät) unseren allergnädigsten Kayser und dem durchlauchtesten Erzherzog Johann abgeschikte und heünt die Nacht zurukgelangte vier Kuriere brachten auch die Bestättigung des Waffenstillstandes, der nun nicht mehr bezweiflet werden kann.
Die Unterzeichnete sind bereit, solchen heilig und unverbrüchig zu halten.
Da aber bey eintrettenden Waffenstillstand jedesmal der Status quo zur Grundlage angenohmen worden, als glauben Unterzeichnete, die Gesinnungen höchsten Ortes mit der Bitte nicht zu verfehlen, daß weder das k. k. oestreichische Millitär von Tirol

abziehe, noch weniger selbes von Feinden besetzt werde; wo im wiedrigen Falle bey der eifrigsten Gesamtstimmung des Volkes weder für Einhaltung der Ruhe und Ordnung Gewehrschaft geleistet, weder der erst jüngsthin äusserst aufgereizten Erbitterung der sonst so guten und rechtschaffenen Bewohnern unseres Landes gegen ihre Unterdrücker Einhalt könte gethan werden.

Eüer Excellenz danken wir verbindlichst für die so väterliche Landesanempfehlung an dem Herzog v(on) Danzig und Hochdieselbe werden also dringendst gebetten, vom hochbesagten Herzog eine schriftlich verläsliche Zusicherung vor dem oestreichischen Militaers Abzug gnädigst abzuheischen, daß man im vollen Bezug auf obige Bitte bis zum Ablaufe des Waffenstillstandes unserem Lande keine feindliche Besatzung aufdringen wolle. Um so weniger, als der IVte § des Waffenstillstandes von keiner feindlichen Besatzung des Landes nicht die geringste Erwehnung macht, und uns die feindlich geschlagene und Oestreichisch siegende Armee, wie auch unsere eigene ungeschwächte Landeskräften Landeskräfte [sic] genüglich bekannt sind, und uns der Allmächtige, wie wir sicher hoffen, seinen ferneren Beystand verleihen wird.

Von dieser unserer Vorstellung und angelegenster Bitte haben wir eine gleichlautende Abschrift an unseren geheiligten Monarchen untereinstens durch eigenen Kurrier abgeschickt.

In dieser tröstenden Zuversicherung empfehlen sich die Unterzeichneten und geharren in tiefester Ehr Furcht.

Eüer Excellenz!
Andere Hofer ober Comen dant Vo Passeyr

Joh. Nep(omuk) Ma(ri)a v(on) Kolb[manu propr]ia k. k. Defensions Comandant im Pusterthal.

Joseph Aigner von Ght Heinföls Dept.

Peter Wiellandt

Jos. Mil[b]mann[manu propr]ia

[Buol, Brixen 1809 VII 31]

Zweite Originalausfertigung desselben Textes:

TLMF, FB 1650, 166. Orig.-Pap. 23 ca. : 38,5 ca., Hochformat, Doppelblatt, 3 Seiten.

Unbekannter Schreiber, Hofers und Kolbs eigenhändige Unterschriften, o. S.

[…]
Eüer Excellenz
Andere Hofer oberComendant Vo Passeyr
Joh. Nep(omuk) Ma(ri)a v(on) Kolb[manu propr]ia k. k. Defensions Comandant im Pusterthal

[…]
Euer Excellenz
Andere Hofer ober Comen dant Vo Passeyr
Joh. Nep(omuk) Ma(ri)a v(on) Kolb[manu propr]ia k k. Defensions Comandant im Pusterthal

Nr. 169

Hofer schreibt an Josef Valentin von Morandell, Peter Wieland vulgo Wastlmair sei von Erzherzog Johann zurückgekommen und hätte den Waffenstillstand bestätigt; die Kompanien, mit denen Eisenstecken abmarschiert sei, reichten vorerst aus. Im Unterinntal werde der Waffenstillstand nicht eingehalten, dort gebe es Unruhen, über deren Verlauf Hofer aber noch nichts Genaues weiß; die Schlachten „bei Wien" seien für die Tiroler und Österreich gut ausgefallen.

Lienz 1809 Juli 29

British Library, Manuscripts Add 33964, f. 39. Orig.-Pap. 21,5 ca. : 32 ca., Hochformat, Doppelblatt, 1 Seite.

Text und Adresse von Garber (?) geschrieben, Andreas Hofers eigenhändige Unterschrift, drei Privatsiegel (I) als Verschluss; Eingangsvermerk des Empfängers.

An den k. k. Comeser Jos. v(on) Morandel zu Kaltern.
Heunte nachts um 12 Uhr kamm der Wastl Mair welcher von den Prinz Johann kommt hier an und den Waffen Stillstand bestättiget hat.
Folglich, wen H(err) Jos. Eissenstecken mit denen 6 Compagnien abmarschiert ist, dermallen hinlänglich sint und nur die übrigen in Bereitschaft gehalten werden missen.
– –
Wen obiger Waffen Stillstand von die Franzosen und Bairen auf Bincklichste gehalten wirt, auch wir ihn halten missen, widrigenfals Represalien brauchen missen werden.
Solte in Abwesenheit meiner von Unterinthall eine Staffete oder sonsten ein Expresen ankomen und um Compag(nien) anlangen, so sint selbe nach verhältnismässig zu unterstizen, in dem dorten nach einen mir eingelaufenen Berichte der Waffen Stillstand von den Feunde nicht gehalten worden und schon bereits zu einen Trefen gekomken ist, der Ausgang aber mir dermallen noch um[b]ekant ist.
In Kürze hofe ich in dortigen Gegenten zurück zu kehren. Mintlich das mehrere, adio.
N: Das der Ez. H(erzog) Johann und der Keiser selbsten gesagt hate, das ehr das Land Tjroll niemalls verlassen werde, und das Weitere werde er uns schreiben, und die Schlachten bey Wien sint für uns alle guth aus gefallen.
Lienz den 29tn July 1809
Andere Hofer ober Comen dant Vo Passeyr

Rückseite:
V(on) Lienz an dem k. k. Comesser H(errn) Joseph v(on) Morandel a Kaltern

Praes(entiert) den 31 Juli 1809 3 Uhr morgends
No 94

In den zahlreich überlieferten Abschriften des Textes zeigt sich, dass sie teilweise nach dem Gutdünken der Abschreiber erweitert wurden:

TLA, Materialiensammlung Rapp, Schuber 8. Orig.-Pap. 22,5 ca. : 35 ca., Hochformat, Doppelblatt, 2 Seiten.

Zeitgenössische Abschrift durch Gufler.

An das k k. Landgericht Sterzing
[…]
Alle Vorsteher werden ersucht, die Anstalten zu treffen, daß gleich mehrere Andachten gehalten werden sollen.
Lienz den 29ten July 1809
Andrea Hofer Oberkomandant Vo Passeyer.

TLMF, FB 2728, 32. Orig.-Pap. 21,5 ca. : 35 ca., Hochformat, Doppelblatt, 1 ½ Seiten.

Zeitgenössische Abschrift:

[…]
Nachtrag. Der Prinz Karl ist von russischen Kaiser gezwungen worden, einen Waffenstillstand abzuschliesen.

Nr. 170

Hofer erteilt Josef Glatzl den Befehl, sich mit seinen Schützen von Brixen nach Hall zu begeben und sich in Judenstein mit Speckbacher zu bereden; sollte sich dieser im Unterinntal aufhalten, hätte Glatzl die Truppen stehenzulassen und nach Strass zu gehen, um dort auf Hofers Eintreffen zu warten.

Lienz 1809 Juli 30

TLMF, FB 2729, 17. Orig.-Pap. 22,5 ca. : 35 ca., Hochformat, Doppelblatt, 1 Seite.

Text und Adresse von unbekanntem Schreiber, Andreas Hofers eigenhändige Unterschrift, zwei Privatsiegel (I) als Verschluss.

Auf Anlangen der drey Teputiert(en) von Meran wirth den H(errn) Glatzl folgenter Befehl erteilt.
Weilen die Französsen mit der Falschheit, wie sie immer jeblich haben, schon sollen bey S. Johannes herein sein.

Also ist sich Herr Glazl k. k. Comandant v(on) die Meraner Troppen zu Prixen sich auf zu machen mit seiner Manschaft, und hat sich nacher Hall zu begeben.
Herr Comandant hate aber wemm mit sich zu nehmen und foraus zu fahren, auf Hall hate sich H(err) Glatzl zu ehr kundigen, ob der Joseph Speckbacher nicht zu Haus wehre v(on) Juden Stein.
Ist solcher zu Haus, haben Sie sich mit ihm zu verabreden, ist er aber nicht zu Haus, so werden Sie sollichen ehr fragen, wo ehr sich auf halten möchte. Wehrer zum Beyspiell in Unterinthall, so haben Sie die Troppen in Fall stehen zu lassen, und sie giengen gleich nacher Strass, und dorth warten Sie, ich werde auch dorten eintrefen v(on) Pinsgau her über. Wan ich Ihnen saummen solle, so berichten Sie v(on) Hall aus an Speck-Bacher, das ehr sich wiss au[f][a] Strass solle einfinden bein Wirth mit Nammen Adam [Adam Eder, Anm.], und da wollen mir das weittere räden verab.
Lienz d(en) 30tn July 1809
Andere Hofer ober Comen [sic] *Vo Passeyr*
Lienz den 30. Jul. 1809.

Rückseite:
Vo Lienz an den k. k. Schützen Comandant H(errn) Jos. Glatzl wohlgebohrn (!) a Brixen ibi ubi
Durch Expresen
No 13.

---

[a] Zeichen getilgt.

Nr. 171

Josef Gufler berichtet über einen Befehl Hofers, wonach die Männer der ersten bis elften Kompanie des Gerichtes Passeier in Bereitschaft stehen sollten, das Zeichen zum Aufbruch über den Jaufen werde mit stündlichen Böllerschüssen gegeben (Passeier 1809 Juli 30). Hofer schreibt vielleicht eigenhändig auf dasselbe Papier, Gufler solle auf die Böllerschüsse hin losmarschieren (?).

o. O. 1809 Juli 31

SLA, Sammlung Steiner, 32. Pap. 23 ca. : 36,3 ca., Hochformat, 1 Blatt, ½ Seite.

Zeitgenössische Abschrift mit Siegel (Andreas Ilmer?), im nicht auffindbaren Original Andreas Hofers eigenhändige Unterschrift (?).

Ueber dises ist zu wissen zu machen, wann der schnelle Aufboth kommen solte, auf den Obern Egg zu Walten in den Tahl hin ein loß zu schiessen ein und andere Stücke, dann auf dieses Zeichen werden Sie sich bereith machen zu marschieren.
Sonst wusten sie nicht und höreten nicht.
LS den 31 Julii 1809
Andre Hofer

Nr. 172 → Nr. 336

Nr. 173

Hofer schreibt seiner Frau Anna Ladurner, er reise nach Sterzing, und fordert sie auf, zwei Knechte mit den Schützen mitgehen zu lassen. Josef Gufler solle mindestens vier Kompanien nach Sterzing schicken.

Niedervintl 1809 August 1

SLA, Sammlung Steiner, 29. Pap. 23 ca. : 36,5 ca., Hochformat, 1 Blatt, 2/3 Seite.

Zeitgenössische Abschrift durch Ignaz Auer (?), im (nicht auffindbaren) Original Andreas Hofers eigenhändige Unterschrift (?).

Copia.
Ich berichte Dir, das ich heunte oder den 1t(en) dies Monats meine Reise nach Störzing genomen haben. Bettet unterdesen fleisig und seit standhaftig, in deme es alles guth gehen wird mit der Hilf Gottes, und lase 2. brauch bare Knecht mit die Schitzen gehen, wann es anderst möglich ist, werde ich dir alle Tag Nachricht geben. Verhare.
Dein aufrichtiger Andrea Hofer Oberkomandant Vo Paßeyer
Niederfindl, den 1(ten) August 1809.
Jezt aber verbleibe ich in Sterzing.
Mache den aller liebsten Anwald zu wissen, das er auf das allermindeste 4 Kompagnien nacher Störzing überschiken solle.

Nr. 174

Hofer ordnet einem unbekannten Empfänger an, das sich in Bozen befindliche Pulver und Blei dem Hauptmann Josef *Schwarzer* auszufertigen. Derselbe Hauptmann sei, falls notwendig, zu unterstützen.

Niedervintl 1809 August 1

SLA, Nachlass Streiter, Karton 34, „versch. Abschriften 1809–1816", 15. Pap. 21,3 ca. : 34,5 ca., Hochformat, Doppelblatt, 2/3 Seite.

Zeitgenössische Abschrift, im Original Andreas Hofers eigenhändige Unterschrift (?).

Copia
Da in Botzen sich ein mehrers Bulfer und Bley findeth, so wird auf Ansuchen des Endes Geschriebenen selbes an H(errn) Hauptman Joseph Schwarzer von Gerichtenburg gegen Quittung ausfolgen zu lassen.
Gegeben zu Nidervintl d(en) 1t(en) August 1809.
P. S. Auch ist weiters Ansuchen, solte obgenanter Herr Hauptman Schwarz mit seiner Compagnie zu schwach oder getrangt werden, selben von Seiten andern Gerichtern: Botzen und so weiter nach Erforderniß zu unterstützen.
Ut supra
M. P. Andre Hofer Ober Comedant Vo Pasßayr

Schwarzer versieht die Abschrift mit einem eigenhändigen Kommentar (Girlan 1809 August 2) und adressiert sie an Morandell in Kaltern.

Nr. 175

Auf die Mitteilung aus Brixen hin, die Gerichte Pfeffersberg, Feldthurns, Salern, Albeins und das Hofgericht Rodeneck hätten beschlossen, die Waffen zu ergreifen und auch die übrigen Gerichte wären aufgefordert, Richtung Brenner aufzubrechen (Brixen 1809 August 1), antwortet Hofer, vier starke Kompanien hätten sofort zu ihm abzumarschieren.

o. O., o. D.

Zeitgenössische Abschrift in: SLA, Sammlung Steiner, 33. Wahrscheinlich handelt es sich hier um die Antwort auf ein unter der gleichen Signatur liegendes Schreiben, dat. Brixen 1809 August 1. Das Original befand sich 1938/39 im Besitz entweder des Antiquars Halle in Amsterdam oder K. Seuffers in München (Hinweis in: TLA, Tirolische Landesvertheidiger 1809, Sep.-Fasz. III, Pos. 20).
Transkription im Katalog „Newe Zeitungen. Relationen, Flugschriften, Flugblätter, Einblattdrucke von 1470 bis 1820", Katalog 70, J. Halle Antiquariat München 1929 (Nr. 2061):

Untterzeichnet Befihlt dass so gleich sollen 4 starckhe commenien hie hero khommen vom allen fahlss ötbass fohr fahlen solle so werden mir gleich Berichten Andree Hofer Ober Commendant von Passeyer.

Nr. 176

Hofer und Anton Stebele ordnen an, alle Kompanien hätten sich am folgenden Tag in Sterzing einzufinden.

Mauls 1809 August 1

Bayerisches Hauptstaatsarchiv, MA 7035.

Text von Stebele (?) gechrieben, Andreas Hofers und Stebeles eigenhändige Unterschriften, jeweils ein Siegel.

Mauls dem 1ten August 809.
Ees [sic] haben sich die Compag(nien) morgen alle zu Störzing einfinden und aldort werden Sie den weitern Befehl erhalten.
LS *Andere Hofer ober Comen dant Vo Passeyr*
LS Stebele[manu propria] k. k. Oberleu(tnant) [O.] Comandant

Nr. 177

Hofer und Anton Stebele bieten alle Oberinntaler Gemeinden auf.

Sterzing 1809 August 2

Zit. nach: Blaas, Aufstand, 159.

Abschrift durch Josef Daney, das nicht eruierbare Original durchgehend eigenhändig von Andreas Hofer (?), Stebeles eigenhändige Unterschrift (?).

„(No. 32)
Störzing den 2ten August 1809
Um die Gemeinde in ganz Oberjnthal hat sich wiederum die Waffen zu ergreifen, alles, was möglich, gehen sollten; dann unser theuerstes Vatterland ist alles Werth, dan die unter Jnthaler sind alle auf, da schon zwey Depedirte zu mir gekomen sind, folglich werde auch da keine Streitigkeiten werden.
Andere Hofer Ober-Comendant v. Passeyr.
Stebele Comendant"

Nr. 178

Hofer und Anton Stebele ordnen der Kommandantschaft Meran an, alle zur Verfügung stehenden Kräfte aufzubieten und nach Sterzing zu schicken.

Sterzing 1809 August 2

TLMF, FB 1650, 190. Orig.-Pap. 21,5 ca. : 36 ca., Hochformat, 1 Blatt, 1 Seite.

Text von Anton Stebele geschrieben, Andreas Hofers eigenhändige Unterschrift, o. S., Eingangsvermerk des Empfängers.

Sterzing(en) d(en) 2t Aug(ust) 809.
A die löbliche Commandant-schaft Maran.
Weil nun wiederum Feind in unsern teureste Vaterland ist und sehr traurige lange Stunde wann wir uns nicht wiederum loßwerden, so soll alles Mögliche zur Waffen greifen, alles was gehen kann, und eili[g]ste nach Sterzingen ein finden, und was möglich alles in o[rt]enlichen Betrag und ein Begleitung zu treffen diese 16 Commpagnien. Und die Depe(tierten)[a] sind von Unterinthal und Oberinthal gekommen, die alle zur Waffen greifen, und der Feind betragt sich auch wie immer schlecht, und begleiten Sie dieses an alle andere Commandantschaften.
Andere Hofer ober comen dant Vo Passeyr
Stebele[manu propria] Commandant.

Rückseite:
Praes(entiert) d(en) 2 Aug(us)t 809 5 Uhr abents.

---

[a] Abkürzung unklar.

Nr. 179

Hofer und Anton Stebele berichten an die Kommandantschaft Meran, die Zeit sei zu kurz gewesen, am Brenner hätten sich zu wenige Landesverteidiger eingefunden, um den Pass zu besetzen; da die Franzosen in Sterzing eingerückt seien, will Hofer einstweilen nichts unternehmen, die Meraner sollten eventuell den Kuntersweg besetzen.

Sterzing 1809 August 2

SLA, Nachlass Streiter, Karton 34, „versch. Abschriften 1809–1816", 17. Pap. 22,5 ca. : 35 ca., Hochformat, Doppelblatt, 1 Seite.

Zeitgenössische Abschrift, im (nicht eruierbaren) Original Hofers und Stebeles eigenhändige Unterschriften (?), zwei fremde Siegel als Verschluss.

Copia
An die k. k. Commandantschaft Meran.
Sterzing den 2(ten) August 1809
Es traf heute der Tag ein, wo sollte sich alles zur Waffen tretten, aber die Zeit war zu kurz und die Leute auch nicht genug beisammen waren, daß wir hätten den Prenner besetzen können, und mit wenigen wäre nur blos ein Opfer und schlimmer, wo der Feind hinkomt. Es ist vor diesmal nichts zu thun und möchte also stille halten, bis ich

weiters avisieren werde, es sind die Franzosen schon in Sterzing eingerückt, unter dessen halten Sie alles in Ruhe und Ordnung, und wann ich die Befehle ertheilen werde, daß ja keine Zögerung geschieht.
Die Meraner, wann sie etwas machen wollten, so sollten sie den Kuntersweg gut besetzen. So machen Sie es denen übrigen Kommandantschaften zu wissen, und die Gefahr ist so groß nicht, ich glaube, daß die Franzosen in einer größern Gefahr stehen, ich habe wenigsten alle gute Hoffnung, wenn alles mitwirket.
Andrä Hofer Oberkommandant v(on) Passeyr.
Stebele Commandant
Abends um 8 Uhr abgangen,
vertatur.

Auf der Rückseite ein Zusatz vom gleichen Schreiber (Meran 1809 August 3), weiters eigenhändige Bemerkung und Unterschrift Tschölls, die Abschrift wird an Morandell weitergeleitet.

Nr. 180

Hofer schreibt an Josef Glatzl, Deputierte seien zu ihm nach Sterzing gekommen und hätten ihm über die Übergriffe der Franzosen berichtet. Die Unter- und Oberinntaler Schützen würden sofort zu den Waffen greifen, Hofer ruft auch Glatzl zu deren Unterstützung auf.

Sterzing 1809 August 2

TLMF, Historische Sammlung, Flugschriften – Autographen. Orig.-Pap. 20,5 ca. : 18 ca., Querformat, 1 Blatt, 1 Seite.

Durchgehend eigenhändig von Andreas Hofer, urspr. ein Verschlusssiegel (abgebrochen).

An Herrn Comen danten Gläs(ß)l
wirth zu wissen gemacht, das den 2 diss fill deppudierte, zu mir auf störzing khomen, vnd sagt mir, das sich die Franzzossen sehr schlecht auf fieren, also mit hin wohlen sie wissen, ob sie vntter stizung haben, oder khein, sie wohlen gleich zue die waffen greiffen, so wohl in vntter in Thall, als in ober in Thall, also mithin, Ehr foderet sich Bei unß die gögen liebe, den neben menschen zu vntter stizen, vnd wohlen Eß auch duen
mit hin seint sie Vo der giete, vnd Prechen gleich auf, die gefahr ist mit *nit wie die spiz Pueben auß sprengen,*
ich ver Pleibe Jhro auf Richtiger andere hofer oberComen dant Vo Passeyr
störzing den 2 augusti 1809

Nr. 181

Hofer fordert die Tiroler, vor allem die Passeirer auf, seine Anordnungen zu befolgen. Er selbst sei „vogelfrei" und halte sich versteckt, da auf ihn ein Kopfgeld ausgesetzt sei. Zwei Boten sollen abgeschickt werden, um in Bozen oder Brixen abgelegte Munition zu übernehmen. Frischmann und Morandell seien hierüber zu informieren, Frischmann solle zudem gewarnt werden, sich nicht auf Teimer zu verlassen. Außerdem solle man sich über das weitere Vorgehen der Schweizer informieren.

o. O. 1809 August 4

Zit. nach: Blaas, Aufstand, 160–161.

Abschrift durch Josef Daney, das nicht eruierbare Original vielleicht durchgehend eigenhändig von Hofer geschrieben, jedenfalls eigenhändiger Zusatz Josef Guflers.

„Abgeschükt um 6 Uhr den 4ten August 1809.
Herzalliebsten Tyroller absonderlich aufrichtige Baseyrer!
Seyt von der Güte, versehet alle jene Bunkten, welche ich euch vorschreib. Affisiert oder berichtet alle Gerichter, so in Land Tyroll seind, daß mit eylfertigen Staffeten. Berichtet auch, daß mein Herz nicht untreu seyn solle, man möcht mir verzeichen, indem ich vogl frey bin und eine grössere Suma Geld auf mir gelegt worden ist, so bin ich dermahlen in einem ungelegenen Ort, und werde nicht sichtbar werden. Bis ich nicht sieh, das sich die wahren Batrioten von Land Tyrol hervorthun werden und die Gegenlieb einander so erzeigen und sagen: Wegen Gott, Religion, und Vaterland wollen wir streiten und kämpfen, werde ich den ersten Augenblick sichtbar seyn und werde sie anfiren und comendiren, soviel mein Verstand besitzt; die Botschafter aber sind auszuschüken in Eill. Und wird angemerkt, auf wahre Landesvertrauten von einen Gericht zum andern bis auf dahero abzugeben diese Bunckten.
Das noch eingeführte den Deputirten nach Botzen:
Indessen aber möchten zwey ab deputirt werden, um Munition nacher Gries nägst Botzen zum Anwald hinzukomen, um selbige zu erheben. Es wär der Fall, sie wäre ihm nicht eingeräumet worden, so hat Hr. Anwald von Gries zum Badlwirth, sein Schwager, Gastwirth am Weintrauben, hinzugehen, um sich zu erkundigen, wo er die Munition hat abgelegt. Wan allenfalls in Botzen keine abgelegt worden ist, so müßten sie sich zum Kreutzwirth auf Brixen wenden; was ich mich weiß zu erinnern, so wird ein Fasl Bulver noch beym Badlwirth liegen, wo die Wirthin ist anzufragen, und das Bley wird sicher beym Anwald in Gries seyn, damit man nicht bedarf nach Brixen zu gehen. Stellet mir diese abgesetzten Bunckten eilfertig in Werck, alsdan werden wir mit Gott siegen für Religion und Vatterland.
Den Frischman zu Schlanders ist dieß auf das allerersten zu berichten, wie auch den Herrn Morendell. Den Frischman ist auch zu schreiben, daß er sich nicht auf den Teimer verlassen solle, das heis ich Abweichen oder Verräther des Tyrols. Er mochte auch den Deputirten schreiben in Voradelberg, den er schon hätte sehen kommen von Lienz herauf mit dem Badlwirth, es habe dabey zu verbleiben, wegen dem Vaterland, was ich ihm dorten zugeschickt habe. Er möchte aber machen, daß bey ihm auch Wort gehalten werde, er dörfet sich auch erkundigen, wie die Schweizer sagen oder machen.
Euer treues Herz –
Andere Hofer Ober-Comendant von Baseyr dermahlen wo ich bin.

Gegenwärtige Eröffnung wird zu Wiesen und Benehmen mit dem mitgetheilt, daß man hier bereit ist, Obiges zu befolgen und sich zu vertheidigen, welches man auch von dort aus hoffet.
Um ¾ auf 3 Uhr abgeschickt den 4ten August 1809.
Joseph Gufler Anwalt"

Zweite zeitgenössische Abschrift desselben Textes:

Privatbesitz (Gröden). Fotografie und Hinweis in: Moroder-Rudolfine, Schreiben, 50. Orig.-Pap. Folio, Hochformat, 2 Blatt.

Dieser Text ist wohl von Josef Gufler geschrieben, urspr. zwei Siegel als Verschluss (abgebrochen).

Dritte zeitgenössische Abschrift desselben Textes:

TLMF, FB 4355, 22. Pap. 21,5 ca. : 35,8 ca., Hochformat, 1 Blatt, 1 Seite.

Die Abschrift stützt sich wahrscheinlich auf die gleiche Originalausfertigung wie obige, ist aber nicht vollständig:

D(en) 4 August 809.
Copia.
Seyd von der Gütte, verseht alle Punckten, welche ich Euch vorschrieb. Affisiert d̶ oder berichtet alle Gerichter, so in Land Tirol existieren, das mit eilfertig Stafeten, berichtet auch das mein Herz nicht untrei i̶s̶t̶ solle seyn, man möcht mir verzeichen, in dem ich vogl frey bin und eine grosere Suma Geld auf mich geschlagen ist. So bin ich dermahlen in einen ungelenen Orth und werde nicht sichbar werden, bis ich nicht sich, daß sich die wahren Patrioten von Land Tirol hervor thuen werden. Und die Gegen Liebe ein ander so erzeigen und sagen: Wegen Gott und Vatterland Religion wollen wir streitten und kämpfen, als dann werde ich den ersten Augenblick sichbar sein und werde sie anführen und komandiern, so vill mein Verstandt besitz. Und wird angemerckt auf wahre Lantes Vertraute von ein Gericht zum andern. Abgeschickt um 6 Uhr d(en) 4 August 1809.
Euer treues Herz Andre Hofer Ober Komandant Vo Paseyer oder wo ich dermall bin

Gegenwärtig Eröfnung wird hiemit zum Wisen und Benehmen mit dem hiemit mitgetheillet, das man von Seite hier bereit ist, Obiges getreü zu befolgen und sich zu vertheitigen, welches man auch von dort aus hoffet.
Den 4 August 809. Jos. Gufler Anwald.

Nr. 182

Da der Feind bereits bis Brixen abgezogen ist und von den dortigen Schützen verfolgt wird, sollen die genannten Kompanien über den Jaufen nach Sterzing marschieren und sich mit dem Passeirer Landsturm zusammenschließen; die übrigen Kompanien ziehen gegen Bozen. Hofer fürchtet, der Feind würde sich über Innsbruck zurückziehen, da der Kuntersweg versperrt ist.

o. O. 1809 August 5

TLA, Materialiensammlung Rapp, Schuber 8. Pap. 20,7 ca. : 34 ca., Hochformat, Doppelblatt, 1 ½ Seiten.

Zeitgenössische Abschrift, im Original Andreas Hofers eigenhändige Unterschrift (?); Eingangsvermerk des Empfängers.

Copia
Da, wie man hört, sich der Feind schon bis gegen Brixen mit einer Abtheilung hin abgezogen hat und die selbe Gegen in storckten [zweite Abschrift: „im störksten", Anm.] Begrif waren, den selben zu verfolgen, so befehle ich Euch als die Schlanders, welhe ich weis, das sie mit den Landsturm bis Rabland, Laturs [Naturns, Anm.] und Algund sich genehert haben, als auch von Gericht Meran nah mit 4 Compagi(en) über den Jaufen gegen Storzigen, wo sie an den Paseyerer Landsturm angeschosen werden, abzumarschiren.
Die übrigen Compagi(en) aber haben ihre Bestimmung nach Botzen gegen den Kunters Weg, und die von Lana und Ulten sollen sich gleich dennen von Einsberg in bester Ordung in Bereitschaft halten, und nur Lana und Ulten sollen sich 2. Compagi(en) gleich gegen Botzen dennen ubrigen anschlisen, das Weitere aber wird gleich nachfolgen.
Die Ober Inthaller sind schon alle in str[ü]kter Bewegung.
Es wäre zu wünschen, wan diese Compagi(en) noch heunte über den Jaufen marschiren kenten, indem ich förchte, der Feind mochte seine Reterade neuerlich über Insbruckt nehmen, weil der Kunters Weg starck verromelt ist, damit man ihn bevor kommen kan.
Gegeben ten 5 August 1809
Andre Hofer Oberkomandant von Paseyer.

Rückseite:
Praes(enta)to den 5ten August 1809. Um 2. Uhr Nachmittag.

Zweite zeitgenössische Abschrift desselben Textes: Gleicher Bestand. Pap. 20,3 ca. : 34,5 ca., Hochformat, Doppelblatt, 1 Seite.

Dritte zeitgenössische Abschrift desselben Textes: Gleicher Bestand. Pap. 23 ca. : 37,5 ca., Hochformat, 1 Blatt, 1 Seite.

Nr. 183

Hofer ordnet an, alle österreichischen Jäger sollten sich in Richtung Jaufen begeben, um sich Thomas Zingerle anzuschließen.

Sterzing 1809 August 5

TLA, Materialiensammlung Rapp, Schuber 8. Orig.-Pap. 23 ca. : 18,4 ca., Querformat, 1 Blatt, ½ Seite.

Text von unbekanntem Schreiber, Andreas Hofers eigenhändige Unterschrift, o. S.; Eingangsvermerk des Empfängers.

Es ist zu berichten, daß alle k. oesterreische [sic] Jäger, so sich in Meran oder wo immer sehen lassen, auf der Stelle mit dennen Compagnien so hieher beordert sind aufbrechen sollen dem Jaufen zu, um sich dem H(errn) Unterjäger Thomas Zingerle beyzugesellen.
Sterzing den 5t(en) August 1809.
Andere Hofer ober Comen dant Vo Passey(e)r

Rückseite:
Praes(entata) d(en) 5t(en) Aug(us)t 809 3 Uhr Nachmittag

Nr. 184

Hofer ordnet (mit Adresse an Jakob Flarer) an, auch die Passeirer sollten sich aufmachen und über den Jaufen nach Sterzing oder Gasteig marschieren, ebenso die Meraner mit zehn oder zwölf Kompanien, da der Kuntersweg bereits genügend besetzt sei.

Passeier 1809 August 5

TLMF, FB 1650, 192. Orig.-Pap. 22,5 ca. : 36,5 ca., Hochformat, 1 Blatt, ½ Seite.

Text und Adresse von unbekanntem Schreiber, Andreas Hofers eigenhändige Unterschrift, ein Privatsiegel (I). Eingangsvermerk des Empfängers.

Offene Ordre:
Da der Aufbuth des Land Sturms am H(errn) Comendanten Tschöll schon i[m] aller Früh befördert worden und die von Schlanders, Laaß und dieser Gegend schon im Algundt in Bereitschaft gestanden, und doch keinen im Paseyr ersehen hat, so will und befehle ich, daß sich selbe eilends aufmachen, wenn es nicht schon geschehen ist, und über dem Jaufen nach Sterzing oder Gasteig marschieren, und sich die von Meran mit 10 oder 12 Compagnien auch eilends nachmachen, indem es auf dem Contersweeg nicht für dermal mehr brauchet.
Nur geschwind und nicht versaumbt, es gehet leicht.
Paseyr den 5t(en) August 1809.
LS *Andere Hofer oberComen dant Vo Passeyr*

Rückseite:
Am H(errn) Jacob Flarer Wiednbauman auf Tyrol zu befördern
durch Ordinanz

Praes(entiert) d(en) 6 Aug(us)t 809 4 Uhr Frühe.

Nr. 185

Passierschein für Martin Firler, der den Oberinntaler Landsturm aufbieten soll.

Passeier 1809 August 5

TLMF, FB 2729, 19. Orig.-Pap. 22 ca. : 36,5 ca., Hochformat, 1 Blatt, 1 Seite.

Text von unbekanntem Schreiber, Andreas Hofers eigenhändige Unterschrift, Privatsiegel (I).

Reiß Baaß.
Da Vorzeiger dieß Martinn F[ü]rler von Hall gebürdig sich wegen Geschäften entfernet hat, so wird eine löb(liche) Obrigkeit aller Orten ersuchen, den selben bey der nach Hauß Reiß frey zu bassieren, an aller Orten den Vordschub angedeien zu lassen, Paseyr den 5t(en) August 1809.
Auch wird diesen von Unterzeichneten der ganze Gewald ertheillet und die Comission übergeben, daß Martin F[ü]rler dem Oberinthaler Landsturm aufzubiethen soll und dieses nur durch Anzeige auf diese, welche in jeder Gemeinde sich alzeit zu diesen Ende haben brauchen lassen.
LS *Aandere* [sic] *Hofer oberComendant Vo Passeyr*

Nr. 186

Hofer schreibt an Johann Valentin Tschöll, dieser solle sich bemühen, das gesamte Aufgebot nach Sterzing zu führen, da die Pustertaler beim „Kläusl", einer Talenge bei Mittewald, den Feind geschlagen hätten. Um diesen aber vertreiben zu können, seien alle verfügbaren Kräfte notwendig.

Kalch 1809 August 6

TLMF, FB 1650, 195. Orig.-Pap. 23 ca. : 36,5 ca., Hochformat, 1 Blatt, 1 Seite.

Text und Adresse von unbekanntem Schreiber, Andreas Hofers eigenhändige Unterschrift, drei Privatsiegel (I) als Verschluss. Eingangsvermerk des Empfängers.

Am H(errn) Comenta(n)ten Tschöll.
Daß Schreiben, so gestern um 6 Uhr abents von Ihnen abgangen wegen der Beschaffenheit des Vingster Landsturms, hab ich erhalten.
Aber sehen Sie nur mit ganzen Ernst über alles daß, das Sie das Volk nur so bald möglich mit ganzer Masse herüber bringen sambt der betreffenden Comando, indem die Pusterer und derselben Gegend beym Kleißl dem Feund so geschlagen, das sie 400 Mann an Gefangene und bey 500 Mann Blesierte, so nach Sterzing gekommen sind, und richtige Beweise hievon ~~haben~~ gemacht haben. Ohne Zweifel wird auch unter so viel Blesierte etwas todt geblieben seyn, wir besorgen immer die Reterade von Feundt, welche wir ihm auf keinen Fall benehmen können, wenn nicht sehr vieles Volk beysammen ist. Nur geschwind, geschwind.
Kalch den 6ten August 1809
Andere Hofer ober comen dant Vo Passeyr

Einfügungen links vom Text ohne Kennzeichnung:
Gefangene sagt man woll gar 900 Mann, das aber weiß ich nicht.
Auch sollen Sie sehen, für daß Volk alle vorfindige Monizion mitzunehmen.

Rückseite:
[V](on) Kalch. Am H(errn) Jos(eph) Fallentin Tschöll Comendant zu Meran.
Durch Ordinanz eiligst, eiligst.

Praes(entiert) d(en) 6tn Aug(us)t 809 1 Uhr Nachmittag.

Nr. 187

Peter Mair berichtet (Unterau 1809 August 6), er hätte am Vorabend 300 Gefangene gemacht und sieben Pferde erbeutet, 1200 Männer seien getötet oder verletzt worden, davon 25 Offiziere. Hofer versieht das Schreiben mit einer Bemerkung.

Kalch 1809 August 6

SLA, Sammlung Steiner, 36.

Zeitgenössische Abschrift, im Original Andreas Hofers eigenhändige Unterschrift (?).

[…]
Diese Abschrift ist gleich den Originale, und bitten zu gleich selbe von Ort zu Ort durch Ordonanzen eilends zu schicken.
Kalch den 6(ten) Aug(ust) 1809
Andrä Hofer Oberkommandant v(on) Passeyr.

Nr. 188

Hofer schreibt an Josef Speckbacher, den Männern, die sich in dessen Nähe postieren würden, hätte er befohlen, sich ihm, Speckbacher, zu unterstellen. Am folgenden Tag würde der Angriff stattfinden, Speckbacher solle Graf von Mohr zur Unterstützung verwenden. Die Maiser und Algunder Kompanien seien zusammen mit jenen von Schenna zu postieren.

o. O. 1809 August 7

TLMF, FB 2729, 20. Orig.-Pap. 22,5 ca. : 36,3 ca., Hochformat, 1 Blatt, 1 Seite.

Text und Adresse von Balthasar Leiter (?) geschrieben, Andreas Hofers eigenhändige Unterschrift sowie eigenhändiger Zusatz auf der Rückseite; zwei Privatsiegel (I) als Verschluss.

An H(errn) Comendanten Spekhbacher.
Ich habe dem Volk, welches beyläufig gegen Ihnen zu stehen kombt, auf 1400 bis 1500 Mann sogleich dem Befehl ertheilt, sich gleich auf Ihnen Comanda auf die Posten zu stehen und stellen zu lassen. Und sehen Sie nur, daß der ganz zur Reterath befindliche Argwohn gehembt werde, wo wir also morgen sehen werden, von unten und oben dem Angrif zu mach[en]ª. Auch nehmen Sie dem Titl Graf v(on) Mohr zu Ihrer Beyhilf auf, indem Ihr nicht überal seyn könnet –

Halten Sie sich tapfer, wir werden mit der Hilfe Gottes die Sach gut machen.
Den 7t(en) August 1809.
Andere Hofer ober Comen dant Vo Passeyr

Rückseite:
Am H(errn) Jos(eph) Speckpacher Comandant bey Telfes und dort gegen über a Telfes durch Ordinanz oder durch Mayser Compagnie übersendet.

die maisser comppengnie vnd la[g]under[b] *manschafft sollen alle mit der schenener manschafft Postiert werden*
sie sint verdraut

---

[a] Riss im Papier.
[b] Der Buchstabe sieht am ehesten wie ein „w" aus, aber keinesfalls wie ein g.

Nr. 189

Hofer ordnet Josef Prünster (?) an, in einer Versammlung taugliche Männer wählen zu lassen, die von Bozen Gewehre abfordern und diese zusammen mit Pulver und Blei nach Brixen bringen sollen – falls nötig mit Gewalt. Sollte der Feind von Trient anrücken, sei er sofort anzugreifen.

o. O. 1809 August 7

TLA, Materialiensammlung Rapp, Schuber 8. Pap. 22,5 ca. : 38 ca., Hochformat, 1 Blatt, ½ Seite.

Zeitgenössische Abschrift (Kanzleischreiber Meran), im Original Andreas Hofers eigenhändige Unterschrift (?).

Copia
Bester Vater Sittner.
Wann es sein sollte, daß die Gewehre von Botzen abgefordert worden sind, so machet gleich Anstalten durch einer Versamlung oder Ausschüßen. Wählet von diesen taugliche Männer heraus, welche das Gewehr v(on) Botz(en) abfordern sollten und gleich Anstalten machen, dasselbe nacher Brixen bis zu uns herzuliefern zu lassen wie auch das verhandene Pulver und Bley, so die Botzner auch richtig abgefordert haben werden, eilends abzugeben.
Wenn sie es aber nicht thun wollen, so machet gleich Anstalt, daß es ihnen mit Gewalt genommen werde, zu dem gieb ich Euch den Gewalt.
Die Gutdenkende aber, ersuche ich, möchten von der Güte sein, gute Obsorg zu tragen, und wann etwas von Trient heraufkommen sollte, gleich zum Waffen zu greifen, daß bitte ich Euch.
Den 7(ten) Aug(ust) 1809.
Andrä Hofer Oberkommandant v(on) Passeyr.
So geht es alles gut, wir werden mit der Hilf Gottes und des H(errn) Heiligen Antoni gute Siege machen, und darnach wird alles in Erfüllung gemacht werden, was so viele tausend und tausend arme Gedruckte schon lang gewunschen haben.

Nr. 190

Da die Pustertaler von Süden her angreifen und es scheint, als hätten auch die Posten gegenüber Gossensaß angegriffen (?), soll der Feind auch bei der *Knöbler* Brücke unter Anführung von Johann Wild angegriffen werden. Da Thurnwalder (Johann Nepomuk oder Karl) nicht zur Verfügung stehe, bittet Hofer *Knobloch* (Knoflach?), sich als Feldscherer (Wundarzt) zu verwenden.

o. O. 1809 August 8

TLMF, Historische Sammlung, Flugschriften – Autographen. Orig.-Pap. 20 ca. : 15,5 ca., Querformat, 1 Blatt, 1 Seite.

Text von unbekanntem Schreiber, zweiter Teil durchgehend eigenhändig von Andreas Hofer, o. S. Dorsalvermerk von anderer Hand.

Da auch die Pusterthaller von untenher den stärkten Angrif gemacht, so scheint es auch, daß die so gegen über Gossensaß besezte Posten angegrifen haben, so soll man auch sehen die bey der Knöbler Pruggen anzugreifen, auf daß alles zugleich verwirret wurde, zu welchen sich Joh. Wild unterfangen wolt voraus zu gehen.
Signato den 8t(en) August 1809

der H kh[n]oblo[c]h wolte unß die Ehr der weissen, vnd wolte sich als feld scherer Prauchen lassen, weill sich der durn walder nicht [ß]öchen last, so glaube ich Ehr dätte unsß Ehr der weissen
Andere Hofer ober Comen dant Vo Passeyr

Rückseite:
8. August 1809.
X.

Nr. 191

Hofer schreibt an Johann Valentin Tschöll, da die Kompanie von Dorf Tirol gegen Mareit abmarschiere und in Gasteig 1.400–1.500 Mann stünden, sollten zwei (Passeirer) Kompanien *gegen Egge* postiert werden. Der Angriff würde am gleichen Tag stattfinden, der linke Flügel dann bei Telfes vorrücken. Graf von Mohr sei zum Kommandanten ernannt worden.

o. O. 1809 August 8

TLMF, FB 8706, 59. Orig.-Pap. 23 ca. : 36 ca., Hochformat, Doppelblatt, ½ Seite.

Text und Adresse von unbekanntem Schreiber, Andreas Hofers eigenhändige Unterschrift, zwei Privatsiegel (I) als Verschluss. Dorsalvermerk von anderer Hand. Die Passage „Und […] geschechen" nachträglich eingefügt durch Verweis.

Am H(errn) Comendanten Tschöll
Da die Tyroler Compagnie gegen Mareid abmarschiert und dort dieselben stark vonnöthen sind wegen der weitschichtigen Besatzung, und im Gasteig bey 1400 bis 1500 Mann stark sind, so scheinet mir, soll man die 2 Compagnien von dort aus auf das verlangte Postum gegen Egge hinstellen, welches auch durch Baseyrer Compagnien geschehen kann.

Wegen dem Angrif hat es diese Beschaffenheit, gestern machte ich Bericht hinab gegen Unterau, daß Sie auf heunte angreifen sollen, wann also dieß nicht geschiht, so müssen wir es auch unter wegen lassen, und wenn die von unten her schon angreifen, so muß der linke Fligel bey Telfer [sic] vorr[u]cken, auf dem rechten Flügen muß man es lassen bis aufs Leßte, so wäre mein Plann. Und wenn Ihr ein Fortel ersechet, so kan es schon frühe geschechen.
Titl H(err) Graf vo Mohr ist schon zum Comendanten ernennt worden. Und weiters sind alle Compagnien so hieher beordert sind angekommen.
Andere Hofer ober Comendant Vo Passeyr

Rückseite:
Am Herrn Joh. Fallentin Tschöll Commendant a Gasteig
durch Ordinanz eiligst, eiligst.

8. August 1809. XIV.

Nr. 192

Befehl Hofers an „[Johann Valentin] Tschöll in Gasteig, dass Hauptmann Freiseisen ‚gleich nach Telfes' gehe. ‚Zum Fall der Feind ziehet sich gegen Mareit, so soll der obgemelte Hauptmann ein wachbares Aug haben, sonst wäre in Mareit zu wenig Besatzung.'"

[Kalch 1809 August 8]

Hinweis in: Hirn, Erhebung, 586², wonach sich eine Abschrift des Originals im Archiv der Matrikelstiftung (früher Tiroler Adelsmatrikel) befinde, diese ist aber nicht auffindbar (2004).

Nr. 193

Hofer fordert *Stippler* (Josef Kuen) auf, die Verteidigungsanstalten zu beschleunigen, am folgenden Tag wolle er „auf allen Seiten" angreifen. Schon am 4. und 5. August hätten die Tiroler viele Gefangene gemacht sowie viele Feinde verwundet und getötet. Hofer zeigt sich sehr zuversichtlich und hofft, Stippler bald in Innsbruck zu treffen; er will die bestehenden Munitionsmängel so bald als möglich beheben und überlässt die Offizierswahl den Mannschaften. In einer beigefügten Notiz bekräftigt Hofer, dass Gegner des Volksaufstandes, die er mit Gegnern des Christentums gleichsetzt, nicht geduldet würden.

o. O. 1809 August [8]

TLMF, FB 2729, 21. Pap. 22 ca. : 35 ca., Hochformat, Doppelblatt, 2 Seiten.

Zeitgenössische Abschrift, im Original zwei eigenhändige Unterschriften Andreas Hofers (?), der Text auf dem „Extra Zöttele" im Original vielleicht von Hofer eigenhändig.

An H(err)n Stippler zu Lengenfeld.
Auf die von 7ten August erhaltene Staffete wird berichtet, daß sich das Landes Vertheidigungs Volk bei uns in so groser Menge versammlet haben, daß man wahrhaftig besorgt seyn mueß, obwohl so viel Platz anzutreffen ist, daß die Bayrn nicht zertretten werden. Ich glaube also nicht, das bei Euch und Innthal nicht gleicher Eifer hersche – Sehet also nur, Eure Vertheidigungs Anstalten zu beschleinigen, indem bei uns morgen

als den 8t(en) dieß auf allen Seiten angegrifen wird, und wird hoffentlich keiner über den Prenner mehr hinaus kommen.
Schon den 4ten et 5t(en) dies haben die Ober Pusterer und Unterstraßler bei Oberau und Mittewald 500. Gefangene und bei 1200. Mann Todte und Pleßierte gemacht auch 10. Pferdte erobert, und sind nicht mehr von denen Unsrigen als 7. Todte – und nur ein wenig Pleßierte geblieben, sehen wir nicht, wie Gott mit uns ist. Wegen den Ordinanzen, scheinet es mir, sey es un nothwendig, indem wir uns da nicht lange mehr aufhalten werden, sondern dem Feind im Kürze zerschlagen oder gefangen nehmen werden, und wann etwas muß berichtet werden, so werden wir einen Exbreßen abschicken, und was auf das Weitere ist, hoffen wir uns wohl in Inspruck zusam zu kommen, wenn anderst Ihr auch euer Schuldigkeit zu thun nicht versaumet.
Eür aufrichtiger Freünd oder Bruder Andre Hofer Ober Commandant v(on) Paßeyr.
N: Wögen Munitzion müßet Ihr uns verzeichen, weillen die Zahl der Mannschaft so gros ist angekommen, das mir selbst zu wenig haben, aber in Kürze werden mir euch sehen zu unterstützen.
Wögen die Offizier erwählen, das stet bei der Mannschaft; wem sie wählen, der mus sich brauchen laßen, also verstehet sich, wo das Zutrauen ist.

Extra Zöttele
Liebe Brüder + Wann es etwan so Leith göben thätte, die unser Veranstaltung verhintern wolten, diesen ist nicht zu verschonen, den es ligt Kristenheit daran, und wer an Kristenthum nicht denckt, der ist hätte ich bald gesagt bößer a wöckh.
Andre Hofer Obercommandant v(on) Paßeyr.

Rückseite:
Am Herrn Joseph Kuen Anwald zu Lengenfeld zu behändigen a Lengenfeld durch Exbreßen oder Ordinanz eiligst, eiligst.

Eingetroffen in Lengenfeld d(en) 8t(en) um 3. Uhr Nachmittag.

Nr. 194

Hofer fordert die Schützen von Axams und Umgebung auf, sich bei Eintreffen des Oberinntaler Aufgebotes und Hofers Landstürmern diesen anzuschließen. Dann wolle er auch über die „Lumpenstücke" der „verfluchten Nation" Auskunft geben.

Kalch 1809 August 8

TLMF, FB 1650, 202. Orig.-Pap. 20 ca. : 31,2 ca., Hochformat, 1 Blatt, ½ Seite.

Text von unbekanntem Schreiber, Andreas Hofers eigenhändige Unterschrift, Privatsiegel (I). Die Ortsangabe „Kalch" in der Datierung von anderer Hand (?).

Brüder v(on) Axiums und dieser ganzen Gegend.
Eben den Augen Blick haben wir einen Deputierten in Oberinthal abgeordnet, kan also die Zeit nicht bestimmen, wann sie mit ihren Sturm anrücken werden; sobald Ihr aber von oben oder von hier aus merken sollet, daß wir uns nähern, so dörfet Ihr keinen Augenblick versaumen, die Waffen zu ergreifen, es ist eine Sache, wo es um Religion und

Khristenthum zu thun ist. Lasset Euch von den Spitzbuben nicht ihre irre machen, wir werden sie gewiß antreffen und dem gebürenten Lohn geben, den sie schon lange verdient haben. Also liebe Brüder lasset uns nur einig seyn, ich werde Euch die Lumpestück von dieser verfluchten Nation erst aldann sagen, so bald wir zusam kommen werden. Nur gutes Muthes, die Sach kombt alle von Gott her.

Kalch signato den 8t(en) August 1809
Andere Hofer ober Comen dant Vo Passeyr
LS

Nr. 195

Andreas Hofer schreibt an einen unbekanntem Empfänger, diesem würden zwei oder drei Kompanien zu Hilfe eilen.

o. O. 1809 August 8

TLA, Autogramme F 13. Orig.-Pap. 19,6 : 16 ca., Querformat, 1 Blatt, 1 Seite.

Text von unbekanntem Schreiber, Andreas Hofers eigenhändige Unterschrift, o. S.

Es wird dem H(errn) Oberjäger bedeutet, daß gleich zwey oder 3 Compagnien zu Hillfe eulen werden,
dn 8t(en) August 1809
Andere Hofer ober Comen dant Vo Passeyr

Nr. 196

Jakob Torggler erhält von Hofer die Vollmacht, in der Gegend von Bozen und südlich davon alle Kompanien aufzubieten, um den Feind, der bei Trient steht, verfolgen zu können. Gegner dieses Aufgebotes seien zu arretieren.

o. O. 1809 August 8

Gemeindearchiv Salurn, Reihe IX, Fasz. 6. Pap. 22,8 ca. : 37 ca., Hochformat, 1 Blatt, ¾ Seite.

Zeitgenössische Abschrift, Text von unbekanntem Schreiber.

Copia
Da nun, das Vatterland zu retten und die Religion zu erhalten, sich in allen Eken Tyrol sich alle zur Vertheidigung aufgemacht haben, und nur eine kleine Abtheilung des Etsch-Kreises sich dessen wiedersetzet, so übergieb ich die Vollmacht dem Jacob Torgler von Mays auf, in der Gegend Botzen, Kaltern und weiters hinab so vielle Kompagnien als vonnöthen, um dem Feind, so albereit bey Trient sich befinden, zu verfolgen. Solte aber, wie ich nicht glaube, ein od(er) der andere seyn, so es zu verhinder(e)n suchet, der solle auf der Stelle arrettieret und bis zu meiner Ruckkunft auf das Schärfste verwahrt werden.
Die Gutdenkenden aber sollen nicht denken, das es nicht zum Besten aus fallen wird.
Signatu(m) den 8.t(en) Aug(u)sti 1809
Der Vorzeiger solle sich bey H(errn) Morandel melden.
L. S. Andree Hofer Ober Komandant von Passeyr.

Nr. 197

Hofer empfiehlt Johann Valentin Tschöll, die Penser möchten bei den Schützen von Mittewald um Hilfe ansuchen, da es dort mehr Schießpulver und Blei gebe und die Mannschaft auch größer sei.

Kalch 1809 August 9

TLMF, Historische Sammlung, Flugschriften – Autographen. Orig.-Pap. 22 ca. : 36 ca., Hochformat, 1 Blatt, ½ Seite.

Text und Adresse von Johann Holzknecht (?) geschrieben, Andreas Hofers eigenhändige Unterschrift, Dorsalvermerk von weiterer Hand. Zwei Privatsiegel (I) als Verschluss. Hofer verwendet ein bereits beschriebenes Papier mit einem Brief von Josef Heiß, Hauptmann der Kompanie Pens, an die Kommandantschaft Gasteig.

An Hern Comandanten Vallentin Tschöll!
Hier uibermache Ihnen d(ies) so eben erhaltene Schreiben, ertheilen Sie Ihnen Pensern die Antworth, sie möchten eiligst eine Hilfe von Mitenwald herauf suchen, da dorten die Mannschaft zahlreicher und auch mit Pulfer und Bleï beßer als wir versechen sind, und wir eins und das andere selbsten höchst nöthig haben.
Kalch den 9ten August 1809
Andere Hofer oberComen dant Vo Passey(e)r

Rückseite:
An Herrn Kamandanten Vallentin Tschöll in Gasteig
eilig dur Ordonanz

8. August 1809.
XIII.

Nr. 198

Hofer ordnet dem Grafen Josef von Mohr an, auf seinem Posten etwas vorzurücken sowie mit Speckbacher und dem Oberjäger von Tuins (Johann Wild?) in Verbindung zu bleiben. Er erklärt, von einem französischen General zur Kapitulation aufgefordert worden zu sein (s. Abb. 14).

o. O. 1809 August 9

TLMF, FB 2729, 22. 1 Blatt, 1 Seite.

Faksimile; Text und Adresse des Originals von unbekanntem Schreiber, ausführliche eigenhändige Passage und zwei Unterschriften Andreas Hofers.

Fac simile.
Am Titl Herrn Graf(en) v(on) Mohr Comendant.
Da der Feund sich heunt in der Fruh schon vorzutringen sucht, so wäre meine Meinung, daß Sie sehten, auf Ihnen Posten etwas besser vorzurucken, damit es dennen zu Gasteig ein wenig haltsammer wirde.
Dem 9t(en) August 1809
ßint sie auch in guetter cor Respan den[d]ß mit Herrn spöckh Pacher, vnd ober Jeger Vo Thuenß

Andere Hofer oberComendant Vo Passeyr
Heint frue khombt mir Ein schreiben zue. Vo französchen general das ich mich solle Ehr göben, ßonst(en) Thue Ehr sengen vnd Prenen
geben sie mir gleich nach Richt, ob sie sich noch guet halten khenen Jber göben wan sie, sich än benig halten khenten Thue ich wohl nicht gerne
Andere Hofer oberComendant Vo Passeyr [mp]

Rückseite:
A Telfes, vel ibi ubi.

Nr. 199

Hofer, Johann Spitaler und Johann Brunner fordern Johann Mösl auf, sechs oder sieben Kompanien nach Kalch zu schicken, vor allem deshalb, da die Vinschger „wahrhaft schlecht" seien. Auch Munition und Lebensmittel seien knapp.

Kalch 1809 August 9

TLMF, FB 3704, 120. Orig.-Pap. 18,5 ca. : 30,5 ca., Hochformat, 1 Blatt, 1 Seite.

Zeitgenössische Abschrift, das Original laut Daney von Kajetan Sweth verfasst (vgl. Blaas, Aufstand, 186); im Original Hofers eigenhändige Unterschrift (?).

Copia.
Besonders lieber Stallele
Indeme die Vinschger wahrhaft schlecht sein und alle zum Teufl laufen, und gienge so gut, weil wir wegen die Vinschgauer zu schwach sein könnten, so wirst Du dringend ersucht, gleich 6 oder 7 Compagnien hieher zu verordnen, aber nur geschwind, es gehet sonst alles gut, pur wegen die Vinschger, damit sie uns nicht alle weil rechts und links auf den Buggl kommen, lieber Stallele! Mach nur, daß sie Tag und Nacht gehen.
Kalch den 9t(en) August 1809
Andre Hoffer Oberkommandant von Passe[y]er
Johann Spitaler Weisblatter
Johann Prunner Höbsacker
Mache nur, daß auch noch mehr kommen, es ist zum Ausgehen, und das verhoffe, versprich dir es, wir wie sie sein, aber nur vorwärts. Siehe auch wegen Munition, hier gehet sie aus, und wegen Lebens Mittl.

Nr. 200

Hofer teilt der Kommandantschaft Meran mit, er wolle keine deutschen Kompanien auf die Posten in Welschtirol stellen, da Deputierte von *Eins-* und Nonsberg immer wieder bestätigten, diese selbst behaupten zu wollen, die deutschen Kompanien würden außerdem auch anderswo benötigt.

Kalch 1809 August 10

TLMF, FB 1650, 201. Orig.-Pap. 22 : 34,5 ca., Hochformat, Doppelblatt, 1 Seite.

Text und Adresse von Balthasar Leiter (?) geschrieben, Andreas Hofers eigenhändige Unterschrift, zwei Privatsiegel (I) als Verschluss. Eingangsvermerk des Empfängers, Dorsalvermerke von verschiedenen Händen.

An der k. k. Comendant [sic] Meran
Auf das heunte Angekommene wegen dennen vorrückenden 3 Comp., eine von Tisens und zwey von Ulten, habe ich ganz keinen Aufboth gemacht und dieß um so weniger, da Eins und Nonsberg oft schon Deputierte zu mir abgeschückt, selbsten diesen Bosten zu verdeidigen. Also wäre es mir und euch allen wenig Nutzen, wann wir teutsche Compagnien auf solche Posten stellen sollten, alwo sie nicht vonnöthen sind, da wir Gelegenheit genug finden, anders wo selbe zu gebrauchen. Da ich diese Comp(agni)[en] nicht dahin affisiert habe, so kann und weiß ich nichts anderes zu thun, als ihnen die freie Wahl zu lassen, ob sie stand halten oder abziehen wollten.
Kalch den 10ten August 1809.
Andere Hofer oberComen dant Vo Passeyr

Rückseite:
An der k. k. Comendantschaft Meran a Meran
durch Ordinanz eiligst, eiligst.

In Saltaus ankomen um 11 Uhr

Sant um 9 Uhr Abent an et abgang(en)

In St Martin um ¼ auf 10 Uhr fort

Praes(entiert) d(en) 11 Aug(us)t 809 3 Uhr frühe.

Nr. 201

Hofer schreibt an die Kommandantschaft Meran, er hätte gehört, einige in Meran arretierte Gefangene seien wieder freigelassen worden, was er scharf verurteilt. Auch die Ordinanzen seien besser zu organisieren, da von Saltaus bis Meran etwa nur Kinder als solche eingesetzt würden. Der im Mai arretierte Landrichter Rungger dürfe nach Meran zurückkehren.

Kalch 1809 August 10

TLMF, Historische Sammlung, Flugschriften – Autographen. Orig.-Pap. 23 ca. : 35,5 ca., Hochformat, Doppelblatt, 1 Seite.

Text und Adresse von Johann Holzknecht (?) geschrieben, Andreas Hofers eigenhändige Unterschrift, zwei Privatsiegel (I) als Verschluss. Dorsalvermerke von verschiedenen Händen. Die Passagen „Frey Paaß" und „solang ich Comandant bin," nachträglich eingefügt durch Verweis.

An die k. k. Comandantschaft Meran!
Da ich in Erfahrung gebracht, das einige feündliche Gefangene in Meran eingeliefert worden, dieße aber widerum mit einen Frey Paaß entlaßen! So berichte, das der gleichen Gefangene oder sonst für unßer Vatterland gefährliche Bersohnen eintweders zu aretiern oder als Gefangene zu behalten – und darnach zu behandlen, indem ich nicht will, solang ich Comandant bin, das sich zdie Zahl der barisch [sic] Gesinden vermehren und nur so frey herumschwärmen, und die guten Einwohner in Forcht, und Schröcken bringen.
Uibrigens mueß ich bemerken, das wegen die Ordonanzen beßer gesorgt wird, da mann von Saltaus bis Meran selten eine antrift oder nur Kinder.
Kalch den 10ten August 1809
So eben hat sich Herr Landrichter Rungger bei mir gemeldet, um wiederum nacher Meran rück kehren zu törfen, ich finde dahero keinen Anstand solches zu bewilligen! Wann die Comandantschaft und sein vorgeblicher Herr Schwager von Praitenperg darselbs gut stehet, welches sodan Herrn Rungger kann zum Wißen mitgetheilt werden.
Andere Hofer ober Comen dant Vo Passeyr

Rückseite:
Von Kalch an die k. k. Comandantschaft zu Meran
durch Ordonanz eiligst

In Saltaus ankomen um 11 Uhr

San[t] um 9 Uhr abe(nds) an et abgang(en).

In St Martin um ¼ auf 10 Uhr fort

Praes(entiert) d(en) 11 Aug(us)t 809 3 Uhr frühe.

Nr. 202

Hofer berichtet an Herrn Pögler in Alpbach, ganz Tirol stehe unter Waffen, der Feind hätte bereits erhebliche Verluste erlitten. Gegenwärtig werde in Innsbruck von verschiedenen Seiten angegriffen, Vertreter des Unterinntales hätten Hofer um seine Unterstützung gebeten.

Schönberg 1809 August 10 [sic!]

Privatbesitz Familie Duftner, Alpbach. Text nach Abbildung in: Pfaundler/Köfler, Freiheitskampf, 166–168. Orig.-Pap. 33,6 ca. : 48,2, Hochformat, 1 Blatt, 2 Seiten.

Text von Johann Holzknecht (?) geschrieben, eigenhändige Passage und Unterschrift Andreas Hofers. Die Ortsangabe passt nicht in das Itinerar, die Datierung aber ist eindeutig lesbar. Aus den Datumsangaben im Text geht hervor, dass das Schreiben am bzw. nach dem 13. August verfasst worden sein muss.

Liebster Bruder!
Auf Eüeren Schreiben von 9ten und empf 13ten dies M. habe Euch zu berichten! Daß sowohl von Etschland, Ober- und Unter Vinschgau als auch das ganze Öztthall- und Ober Ihnnthall bereit alles die Waffen ergriffen und den Feund schon einen zimlichen Verlurst zue gefueget haben! Zwischen Bruz und Ried in Oberinthall verlohr der Feünd bey 900 Mann theils an Todten, Blesierten und Gefangenen, von Brixner Kleißl bis Innsbruck kann mann sicher auf mehr als 9000 Mann rechnen. Auch wurden 4 Kanan [Kanonen, Anm.], mehrere Bagaga u Pferde erobert. Gegenwärthig ist der Feund in Innsbruck und wird so eben von [H]ötting, Kranawiten, von Bergisl und uiber die Ellen Bögen gegen Amraß und Hall atakiert, auch vor Schwaz würde eine feundliche Batrol von 150 Mann und auch die feundlichen Ordonanzen theils erschlagen und zum Theil auch erschoßen. Und im Ganzen verhoffen wir vor diesmall mit göttlicher Beyhilf einen glücklichen Ausgang.
Auch sind von Unter Innthall zu mir mehrere Deputierte gekommen, die mir nicht nur allein versprachen, sich standhaftig zu vertheidigen, sonder sie haben mich viellmehr um Gegenwähr gebeten, ich verhofe auch diesmals von Euch bößere Thättigkeit und schleinige Beyhilfe, wenn ich anderst bey Eüch auf Kristen rechnen darf, die für Gott- und Religion zu streiten gedenken. Das Mehrere wird Euch der Uiberbringer deß hinterbringen, indeßen grüße Euch freundlich und rechne auf Eüre thätige Freundschaft.
In ersichtlicher Eil. Schenperg den 10ten August 1809.
lieber Prueder seie in schuz gottes Befohlen vnd munder das folckh auf zum khristen dum Andere Hofer oberComen dant in diroll Vo Passeyer

Adresse nicht abgebildet.

Nr. 203

Hofer schreibt an Johann Valentin Tschöll, sobald man mit Sicherheit wisse, dass sich der Feind zurückgezogen hätte, seien sogleich alle Hauptleute zu benachrichtigen, die alsdann gleich nachrücken sollen.

Kalch 1809 August 11, zwei Uhr nachts

Heeresgeschichtliches Museum Wien, R 15710 D. Orig.-Pap., Hochformat., 1 Blatt, 1 Seite.

Text und Adresse von Johann Holzknecht (?) geschrieben, Andreas Hofers eigenhändige Unterschrift, ein Privatsiegel (I) als Verschluss.

An Herrn Comandant Vallentin Tschöll
Ich bestättige Ihr Schreiben und berichte hierauf, so mann vergwißt sein soll, das der Feund wirklich reterirte, soll mann gleich die samentlichen Hauptleüte benachrichten, das sie den Feund gleich nachrücken und dabey fleißig bedach sein, ob es dabey keine Verstöllung bedeutet oder eine Falsch darhinter steckt.
Kalch den 11ten August 2 Uhr Nacht 1809
Andere Hofer ober Comen dant Vo Passey[r][a]

Rückseite:
An Herrn Comandant Tschöll in Gasteig eiligst eiligst

---

[a] Abnutzung des Blattrandes.

Nr. 204

Hofer berichtet an alle Kommandanten und Hauptleute (Adresse an Johann Valentin Tschöll), der Feind hätte sich von Sterzing nach Innsbruck zurückgezogen; es wären nun Spione auszuschicken, um die Einzelheiten auszukundschaften. Es gelte vor allem, die Inntaler zu unterstützen, denen Hofer Hilfe zugesagt hat.

Kalch 1809 August 11

TLMF, Autographensammlung Andreas Hofer. Orig.-Pap. 22,5 ca. : 34 ca., Hochformat, 1 Blatt, 1 Seite.

Text und Adresse von unbekanntem Schreiber (Balthasar Leiter?), eigenhändige Passage Andreas Hofers, zwei Privatsiegel (I) als Verschluss.

Berichte.
Auf alle Commendanten und Hauptleuten –
Da der Feund wirklich von Sterzing nach Insspruck zurück gezohen und was man hört auch schon Unterihnthal selben angegriffen, welches ich doch zweifle, so müssen wir uns so viel möglich denselben nachmachen, aber daß wäre gut, wenn Ihr sehet, einen oder mehrere Spionnen, so daß Ort und alle Gegenden gut kennen vorauszuschiken, zum Fall der Feund sich lings oder rechts bostieret hätte, nicht unverhoft überfallen würdet. Ich werde auch gleich nachkommen so bald die andern Comp. nachkommen, auch überschüket diese französische Estaffate – indem Ihr sie zuvor weggelassen habt.
Kalch den 11t(en) August 1809

liebe Prieder söchet, nur das mir den Jhn Thalleren khenen zu hilf khomen, in dem ich Jhmen habe ver sProchen gleich hilf zu leisten
Eir auf Richtiger Andere Hofer ober Comen dant Vo Passeyr

Rückseite:
Am Herrn Comendanten Joh. Fallentin Tschöll a Gasteig
durch Ordinanz eiligst, eiligst.
Ich hoffe von Euch über daß was vorfalt gleich Report zu erhalten.

11. August 1809. XVII.

Nr. 205

In der Nacht soll der Feind von Sterzing über den Brenner ziehen, von Kundschaftern weiß Hofer, dass die Inntaler angegriffen haben. Auf Landesfeinde und Gefangene solle besser geachtet werden.

Kalch 1809 August 11

TLMF, FB 1650, 214. Orig.-Pap. 23 ca. : 36, Hochformat, Doppelblatt, 1 Seite.

Text und Adresse von Johann Holzknecht (?), Andreas Hofers eigenhändige Unterschrift, zwei Privatsiegel (I) als Verschluss. Eingangsvermerk des Empfängers, Dorsalvermerke von verschiedenen Händen.

An die lob(liche) k. k. Comandantschaft Meran!
Die heutige Nacht gegen 12 Uhr ziecht sich der Feund ganz von Störzing uiber den Prener! Ob er auf seiner Retirad Wiederstand findet, wird sich erst zeigen! Unßere Kundschafter versichern uns, d(aß) der Feund in- und bey Innsbruck und Hall göstern von die dortigen Vollkmasßa sey angepackt worden, Unter Innthall wird den[a] Feund auch nicht gut empfangen!
Dies ist eiligst durch das Vinschgau, Nonsberg, Kaltern und denen uibrigen benachbarten Ortschaften kund zu machen.
Wegen unßere Landes Feunde und Gefangene sol von nun an wachtbarer als bis her gesorgt werden, und [sic] uns soviel möglich dadurch den Rücken zu decken.
Kalch den 11ten August 1809
Andere Hofer ober Comen dant Vo Passeyr

Rückseite:
Von Oberkomandant von Kalch an die lob(liche) k. k. Comendantschaft zu Meran durch Ordonanz eiligst eiligst

11 August 8 Uhr früh bassiert Jaufen

St. Martin 11 Uhr Mitag an et ab(gangen)

Um halb 10 Uhr von Walden abgeben

Abgangen zu Saltaus ¼ nach 12 Uhr Nachmitag

Praes(entiert) d(en) 11tn Aug(us)t 809 ½ 2 Uhr Nachmittag.

---

[a] Nachträglich korrigiert zu „der".

Nr. 206

Vollmacht und Kommission für Josef Prünster, die gefangenen Bayern „gut zu verwahren", für ihre Verpflegung zu sorgen und weitere Gefangene in Bozen unterzubringen. Außerdem soll er wegen „verdächtiger Personen" aufmerksam sein.

Sterzing 1809 August 11

TLMF, FB 1650, 215. Orig.-Pap. 23,5 ca. : 36 ca., Hochformat, 1 Blatt, 1 Seite.

Text von unbekanntem Schreiber, eigenhändiger Zusatz und Unterschrift Andreas Hofers, Privatsiegel (I). Das Wort „genau" nachträglich eingefügt.

Vollmacht.
Da nunmehro sehr vielle gefange Bayern im Etschland eingeliefert worden und dahero von sich selbst versteht, daß im diesen Fall aller möglichste Fleiß angewendet werden sollte, um selbe gut zu verwahren, so hab ich dem Jos(eph) Prinster die Kommission überlassen und zugleich die Vollmacht ertheilt, sowohl in der Stadt Bozen als im allen übrigen Orten, wo sich dergleichen befinden, die Veranstaltung zu treffen, daß so wohl die normalmässige Verpflegung der Gefangenen als auch deren Wache, wenn sie nicht selbst von Orte versehen wird, genau beobachtet werde. Und wann sich begeben sollte, das noch dergleichen Gefangene sich in der Stadt Bozen nähern sollten, dieselbe gutwillig angenohmen werden müssen, und im keinen Fall sollen dergleichen Gefangenen ein Ausgang gestattet werden.
Sterzing den 11t(en) August 1809
wie auch hat Ehr: wögen ver döchdige Berßonen Ein wach Pares aug zu drggen [sic] *Andere Hofer ober Comendant Vo Passeyr*
LS

Nr. 207

Hofer ordnet dem Stadtmagistrat Bozen an, die von Jakob Torggler übergebenen Kriegsgefangenen „in Verwahrung zu halten", ihnen jeden Ausgang zu verweigern und sie zu verpflegen; die Aufsicht wird Franz Lang übertragen.

Sterzing 1809 August 12

Stadtarchiv Bozen, Kiste 296, Magistratsakten 1809, Fasz. VIII, Nr. 230 (306, 321). Orig.-Pap. 23,5 ca. : 36,5 ca., Hochformat, Doppelblatt, 1 1/3 Seiten.

Text und Adresse von unbekanntem Schreiber, Andreas Hofers eigenhändige Unterschrift, zwei fremde Siegel als Verschluss. Dorsalvermerke von anderen Händen.

Von Commando in Tirol.
An daß löbliche Magistrate Stadt Botzen.
Es hat das löb(liche) Magistrate die Kriegsgefangenen in Verwahrung zu halten ohne das ihnen das Ausgehen stadtfindet.
Daß löb(liche) Magistrate hat daher bey großer Verantwortung, wan sie nicht gut verwahrt werden, daß solte Einnigen entkommen, so wäre es auf Ihrer Verantwordung.
Daß löbli(che) Magistrate hat daher sie zu verpflegen als wie Krigs Gefangenen.
Solten Klagen ein lauffen so wäre man genöthiget, 1 Comp(agnie) Schützen zur Wache geben und die Verpflegung kommet auf die Stadt.

Die Kriegs Gefangenen sind die jenigen welche der Jakob Torggler den 10t(e)n August über geben hat. Dan in dem Mor[?] nicht so viel Last haben kann.
Darüber hat auch die Aufsicht der Franz Lang Kübl über die Kriegs Gefangenen, er solte auch verpflegt werden.
Sterzing d(en) 12ten Aug(ust) 809.
Andere Hofer oberComen dant Vo Passeyr

Rückseite:
Von Commando in Tirol. An daß löbliche Magistrat Stadt Botzen.
E[X].

Fasc VIII. No 230
Nota v(on) Commandanten Hofer, wie es mit den hiesigen Kriegsgefangenen zu halten.
N 306. 321.

Dasselbe Schreiben liegt in einer zweiten Fassung vor, die das „Mor[?]" als „Maroner" (= Meraner?) wiedergibt:

TMLF, FB 1650, 216. Pap. 23,5 ca. : 36 ca., Hochformat, Doppelblatt, 1 ¼ Seiten.

Text von unbekanntem Schreiber, Andreas Hofers eigenhändige Unterschrift, o. S. Eingangsvermerk des Empfängers.

[…]
Andere Hofer ober Comen dant Vo Passeyr
In dem die Maroner nicht so viell Last haben kon(en)

Rückseite:
Praes(entiert) d(en) 13 Aug(us)t 1809 ¼ auf 2 Uhr frühe.

Nr. 208

Andreas Hofer ersucht das Stadt- und Landgericht Sterzing, Vorspannpferde zum Transport von Lebensmitteln und Munition zur Verfügung zu stellen; außerdem sei für die Gefangenen zu sorgen.

Sterzing 1809 August 12

TLMF, Historische Sammlung, Flugschriften – Autographen. Orig.-Pap. 23 ca. : 37,5 ca., Hochformat, Doppelblatt, ½ Seite.

Text und Adresse von Johann Holzknecht (?) geschrieben, Andreas Hofers eigenhändige Unterschrift, Privatsiegel (I) als Verschluss. Eingangsvermerk des Empfängers. Die Passage „Lebensmitel und Monation" nachträglich durch Verweis eingefügt.

An die lob(liche) Stadt- und Landgerichts Oberkeit Störzing!
Dieselbe wird aus Vaterlands [sic] ersucht und zugleich erinert, sogleich die Veranstaltung zu treffen, daß gleich Vorspans Pferde herbey zu schaffen, damit unaufgehalten der Vertheidigungs Manschaft Lebensmitel und Monation kann nachgeliefert werden,

das nicht das Muren der Leute uiber sie looß gehet! Und das auch wegen die Gefangenen und allenfals Bleßierten thätigst gesorgt wird. In sicherer Erwartung all deßen geharre unter höf(licher) Empfehlung mit aller Hochachtung. Störzing den 12ten August 1809
Eüer Hochgebohrn!
Aufrichtig ergebener
Andere Hofer ober Comen dant in Diroll Vo Passeyr

Rückseite:
Von Ober Comandant in Tyrol von Storzing an eine lob(liche) Stadt- und Landgerichts Oberkeit zu Störzing

No. 161. Praes. d(en) 12. August 1809.

Nr. 209

Ortsvorsteher und Quartiermeister Anton Nater bittet Hofer (Sterzing 1809 August 12), das Gericht Sterzing möge der Marschstation Steinach mit Vieh und Getreide aushelfen, damit diese die Soldaten verpflegen könne. Hofer, der das Schreiben zurückschickt, vermerkt, das Gericht Steinach solle hierzu alles Nötige in die Wege leiten und auch das Stadt- und Landgericht Brixen für die Sache zu gewinnen suchen.

Brenner 1809 August 12

TLMF, Historische Sammlung, Flugschriften – Autographen.

Geschrieben von Johann Holzknecht (?), eigenhändiger Zusatz und Unterschrift Andreas Hofers, o. S.

Dieß so eben erhalte Ansuchen wird den lob(lichen) Stadt- und Landgerich [sic] Störzing hiemit zum Mithleiden des Ght Stainach uibermacht mit dem Ansuchen, das selbes bey gegenwärtig bedirftigen Zeit Umständen alles Mögliche beytragen wolle und hiezue auch das lob(liche) Stadt- und Landt Ght Brixen thätigst zu bewegen und zu ermahnen. Prener den 12ten August 1809
Andere Hofer ober comendant Vo diroll in Passeyr
machen ßie das dödig hilf ge leistet wirth, vnd nur geschbind
ade

Ergänzung auf der Adressseite:
Von Prener an die Stadt- und Landgerichts Oberkeit zu Störzing

Nr. 210

Hofer befiehlt den in Mutters stehenden Passeirer Hauptleuten auf ein Schreiben derselben hin, aus dem er „Kindereien" herausliest, für seine Ankunft zu bürgen, sollte jemand nicht daran glauben; als Kommandanten setzt er Haspinger und den *Thurner Jeger* (Johann Hofer?) fest. Sollte sich der Feind zurückziehen, sei er zu verfolgen.

Schönberg 1809 August 12, elf Uhr abends

BSB, Autogr. Cim. Hofer, Andreas: 2. Orig.-Pap. 22 ca. : 35,5 ca., Hochformat, 1 Blatt, ½ Seite.

Mit Ausnahme der ersten Zeile durchgehend eigenhändig von Andreas Hofer, zwei Privatsiegel (I), davon eines als Verschluss. Eingangs- und Besitzvermerk Johann Hofers.

Vom GhtsCassier in Passeier
Herz liebste Prieder
aufn schen Perg. Ehr hielte ich Eir schreiben, vnd Ehr ßiche darein, merere neikheitten, oder zu ßagen khindereien
ich Befihle Eich, das Eß wirth Pirg sein wögen meinder an khonfft denen die Eß nicht glauben, mein handschrifft, wirth Eir zeig sein, außgen[a]men gotß gewalt,
Eire khomedanden sein, der Päder mit den Rotten Parth, vnd der Thurner Jeger, wan der Pader nicht Bei Eich ist, so söchet wo Ehr zu Ehr fragen ist
morgen wanes gottes willen ist werden mir in nander ßöchen, lebet alle in schuz des almechtigen, vnd steth Pirg wögen meinder gögen warth, Eich wirth mein selbst Eigen hand schrifft Pirg sein
schen Perg den 12 augusti 1809.
vm [ij] vrr abentß LS *Eir auf Richtiger Andere Hofer ober Comen dant Vo diroll in Passeyr zum fahl, Eß wehre, waß wögen morgen fr[u]e, das angrifen würde, so ßöchet das Eir dapfer ig kheit: auch*[a] *hier nicht schlaffen wirth, vnd weheres ötban, wögen das der feint Ritterieren Thätte, so ver saumbt das nach Eillen nicht*

Rückseite:
An die Herrn haupleit Vo Passeyr zu mutters
durch ordinanz Eilligst zu Bestöllen

No 110
[Praes](entiert) d(en) 12t(en) August 1809. Gehorret mir Johann Hofer am Thurnfeld Passeyr. No. 1.

---

[a] Urspr. „auf" korrigiert zu „auch".

Nr. 211

Hofer verkündet, dass am folgenden Tag, den 13. August, der Angriff stattfinde, Genaueres werde durch Martin Firler bekanntgegeben.

Schönberg 1809 August 12, abends

TLMF, Historische Sammlung. Orig.-Pap. 17,5 : 20,8, Hochformat, 1 Blatt, ½ Seite.

Durchgehend eigenhändig von Andreas Hofer, Privatsiegel (I).

Alle liebe lantß Prieder
wo Eß Eich Jhmer Befinden, will ich Eich durch Jber Pringer disser Par zeillen, zu wissen gemacht haben, das an 13 der angriff gemacht wehren solle, wie oder wan wirth Eich der martin flirler mindlich zu wissen machen
schenPerg den [d]ᵃ 12 abentß 1809
LS Andere Hofer oberComen dant in diroll Vo Passeyr

ᵃ Zeichen getilgt.

Nr. 212

Andreas Hofer teilt allen Kommandanten mit, dass noch am gleichen Tag der Angriff erfolgen werde, das Zeichen dazu werde durch Stutzen- oder Musketenschüsse gegeben werden. Sobald die Oberinntaler auf Innsbruck zustürmten, solle auch Johann Valentin Tschöll mit seinen Schützen nachrücken und den Feind verfolgen; Ordinanzen seien bis zu Speckbacher an der Haller Brücke hin aufzustellen.

Schönberg 1809 August 13

TLMF, Autographensammlung Andreas Hofer. Orig.-Pap. 22,5 ca. : 35,5 ca., Hochformat, 1 Blatt, 1 Seite.

Text und Adresse von Johann Holzknecht (?) geschrieben, eigenhändige Passage (inkl. der Datierung) und Unterschrift Andreas Hofers, drei Privatsiegel (I) als Verschluss.

An alle Herrn Comandanten jenseits uiber die Ellenbögen!
Es wird hiemit zu wißen gemacht, das heute ein allgemeiner Angrif uiber den Feund geschechen soll! Hiezue wird vorläufig von 10 bis 12 Uhr Mitag mit 3 Stutzen- oder Muschgeten Schuße gegen den Pergisl das Zeichen gegeben, von da wird anfangs nurᵃ mit Blencklen der Anfang gemacht! Hierauf soll jenseits von Pasch Perg bis zur Haller Brucken hinab gleichfals fortgefeirt und auf allen Puckten der Feundᵇ verfolgt werden, es verstehet sich von selbst, das dieße Posten vorlaufig sehr wohl- und bedachtsam besetzt werden mueßen!
Sobald wahrgenohmen wird, das die Ober Inthaller gegen der Stadt Innsbruck eindringen, so soll auch Ihrer Seits, nach dem sich der Feund hinzieht, nachgeruckt und unaufhörlich verfolgt werden, doch so, das mann sich der Gabelerie nicht zu allzu großer Gefahr aussetzt.

*stölt ordinanzen auf. wiss zum spöckh Pacher, der ßicher Bei der haller Prugen sein wirth, damit Eß um alle um stende wissen Thiet, vnd auch unß Re Pord Ehr Theillen Thiet, schen Perg d(en) 13 augusti 1809*ᶜ
Andere Hofer ober Comen dant Vo Passeyr in diroll

Rückseite:
Von Oberkomandant in Tyrol von Schenberg an dem Herrn Comandant Vallentin Tschöll, und sodann gleich denen uibrigen Herrn Mithcomandanten zum Wißen mithzutheillen a Patsch vel ibi ubi
eiligst durch Expreßen

13. August 1809.

ᵃ Nachträglich am Textrand eingefügt.
ᵇ „der Feund" nachträglich eingefügt durch Verweis.
ᶜ „d(en) 13 augusti 1809" nachträglich eingefügt durch Verweis.

Nr. 213

Hofer berichtet, er befinde sich seit der Nacht in Schönberg, was den Kommandanten Tschöll, Speckbacher, Peter Mayr und dem Grafen Hendl bekanntzumachen sei. Der unbekannte Empfänger erhält die Vollmacht, Lebensmittel zu requirieren.

Schönberg 1809 August 13

TLMF, Historische Sammlung, Flugschriften – Autographen. Pap. 23 ca. : 36 ca., Hochformat, 1 Blatt, 2/3 Seite.

Zeitgenössische Abschrift, das Original könnte durchgehend eigenhändig von Hofer geschrieben sein.

Copia
Lieber Bruder
ich berichte Dir, daß ich mich seyd heüte die Nacht hier befinde und bis aufs Weitere aufhalten werde.
Ich ersuche Dich, dieses auf denen deiner Seite ausgestelten Comandanten H(errn) Tschöll, Spöchbacher und Peter Mayr von der Maar, auch H(errn) Grafen Hendl zu wissen zu machen und mir über alle Vorfallenheiten schnelle Ordinaz zu schicken. Des gleichen auch gib ich Dir die Vollmacht, daß nothwendige Schlachtvieh und Brod von denen Gemeinden jenseits der Sill zu requirreren und da für zu quittiern, damit nicht Unordnungen einreissen.
Schenperg den 13t(en) Aug(ust) 1809
Andre Hofer Ober Comendant in Tiroll von Passeir

Nr. 214

Aufgebot für alle Landesverteidiger im Stubai und in den umliegenden Orten, die sofort auf den Bergisel zu marschieren hätten.

o. O. 1809 August 13, halb zwölf (?) Uhr Mittag

TLMF, FB 1650, 217. Orig.-Pap. 23,5 ca. : 19,1 ca., Querformat, 1 Blatt, 1 Seite.

Text von Balthasar Leiter (?) geschrieben, Andreas Hofers eigenhändige Unterschrift, o. S. Dorsalvermerke von anderer Hand.

Gewald:
Dieser Vorzeiger erhält hiemit den schärften Auftrag, alle Landes Vertheidiger, welche sich im Stuwach und dennen umliegenden Orten befinden, eilends nach dem Bergißl zu befördern, um dort dennen schon im Feur stehenden Brüdern Hilfe zu leisten. Und denke auch nicht, daß unter ihnen einer seyn solte, der nicht augenbliklich Hilfe leistet, indem wir es nur wegen Gott und dem Glauben thun.
Dem 13t(en) August 1809 um 11 ½ Uhr Mittag
dieses mueß reitend durch dem Joh. Braxmarrer geschehen.
Andere Hofer oberComen dant Vo Passey(e)r

Rückseite:
1809 im August
Aufgeboth von Oberkomandanten Andre Hofer (etc. etc.) aus Passeyr

Nr. 215

Die Stadt Brixen erhält den dringenden Auftrag, sechs Zentner Pulver zu liefern.

Schönberg 1809 August 13

TLMF, Autographensammlung Andreas Hofer. Pap. 22 ca. : 33,5 ca., Hochformat, 1 Blatt, ½ Seite.

Zeitgenössische (?) Abschrift, im Original Andreas Hofers eigenhändige Unterschrift (?).

Auf Befehl des H(errn) Comandanten Hofer (etc.) Wirth in Passeier wird der Stadt Brixen aufgetragen, ihm Pulver ausfolgen zu lassen durch die 2 Deputierten, 6 Zenten, welches mir Unterzeichneten zuverlässig ist angezeigt worden. Widrigenfalls und mir das Pulver nicht abgegeben wird durch die 2 Deputierten in schwerster Verantwortung setzen werden, und das muß geschwind sein, das heist, deitz gesprochen. Schenberg den 13t Augst 1809.
Andre Hofer Oberconan dant in Tirol v Passeir

Nr. 216

Andreas Hofer bittet die Wirte um Versorgung der Schützen mit zwölf Yhren (die Yhre entspricht in Meran 78,92 Litern) Wein, der schnell zu schicken sei, da der Kampfgeist ansonsten schwächer werde, die Verpflegung gehe zur Neige.

Schönberg 1809 August 13

TLMF, FB 1650, 220. Orig.-Pap. 23 ca. : 18 ca., Querformat, 1 Blatt, ½ Seite.

Durchgehend eigenhändig von Andreas Hofer, o. S.

liebste wirth seit Vo der giette
diet nur den leitten 12 Jhrn wein ver helfen, vnd geschbind herauß schickhen, das sie morgen was[ß] haben, sonst wohlen sie den feint nicht mer Ehr hoben [her haben = dem Feind überlegen sein, Anm.], *die ver Pflögung ist auß gegangenang*[a]*, seit Vo der giet vnd Befohlgt mir disse gnade*

schen Perg den 13 augusti 1809
Andere Hofer ober Comen dant Vo Passeyr

---

[a] Urspr. „gegangang", dann „a" durch „en"-Abkürzungszeichen überschrieben und „ng" gestrichen.

Nr. 217

Andreas Hofer berichtet an Johann Hofer, er hätte für die Verpflegung der Schützen gesorgt, ermahnt aber auch, mit der Munition sparsam umzugehen.

1809 August 13

Zit. nach: Hirn, Erhebung, 617 (Original nicht eruierbar).

„Ich sehe schon ein, dass an allem Mangel herrscht, besonders wegen Abganges an Vorspannpferden. Aber ich habe möglichst viel Pulver, Blei, Wein und Brot hinausführen lassen. Der Frickhofer sagt mir, der Bucherhansl hätt ihm gesagt, es seien auch zwei Ochsen hier, man soll sie so lang hier lassen, bis sie berichten. Sobald etwas nötig ist, so schickt einen eigenen Menschen, dass man weiss, dass es euch richtig zukommt. […] Übrigens haltet die Mannschaft möglichst beisammen und lasst die Leute die Munition nicht vergebens verschiessen, wenn sie sehen, dass sie den Feind nicht damit erreichen. Habt nur Geduld, Gott wird uns alle segnen. Auf euch verlass ich mich am meisten."

Nr. 218

Hofer lobt den Grafen Josef von Mohr wegen seiner bewiesenen Tapferkeit, hat aber auch gehört, die Tiroler hätten trotz der weißen Fahnen der Bayern weitergeschossen; sollte dies noch einmal vorkommen, seien die Anliegen der Bayern anzuhören.

o. O. 1809 August 13

ÖNB, Cod. Ser. nov. 3785, 78. Pap. 21 ca. : 34,8 ca., Hochformat, 1 Blatt, 1 Seite.

Zeitgenössische Abschrift, im Original Andreas Hofers eigenhändige Unterschrift (?).

Copia.
An Titl H(errn) Grafen v. Mohr.
Da ich allenthalben mit höchster Freud vernommen, daß Ihro Gnaden Ihre Tapferkeit, wenn Sie einmal eine gehabt haben, gewiß anheut selbe gezeigt haben.
NB. Ich habe auch gehört, daß die Bayern unter 2 Mal einen weißen Fahn heraus geschwungen haben, die Leute aber doch immer fortgeschossen; wenn sich dieses nochmals ereignen sollte, so ersuche ich Ihro Gnaden, ihr Begehren anzuhören.
Mit höflichster Empfehlung
den 13ten August 1809.
Andree Hofer OberCommandant in Tyrol.

Rückseite:
V. Schönberg an Titl Herrn Major Grafen v. Mohr auf das Gebürg.
Durch Expreßen.
Danksagungsschreiben für die geleistete Helden-Muth auf dem Berg Isel.
No 17.

Nr. 219

Hofer schreibt, er hätte vorübergehend alle Angriffe untersagt, damit man sich mit Munition versehen und auf Verstärkung warten könne; alle Kommandanten klagten über Munitionsmangel, Wein würde geliefert werden.

Schönberg 1809 August 14

TLMF, Historische Sammlung. Orig.-Pap. 18 ca. : 23,5 ca., Hochformat, 1 Blatt, 1 Seite.

Durchgehend eigenhändig von Andreas Hofer, o. S. Bestätigung der Echtheit (Landgericht Meran 1843 Juli 15) auf angeklebtem Blatt.

liebe Passeyrer haupleit
ich habe auf alle orthen Be Richtet, das nie mand [s]olle angreiffen, der weill khenen mir unß mit m[o]nizion ver [s]öchen, vnd auch leit khomen nach, damit mir Eß leichter ver ziechen khenen, vntter stizung khriege ich kheine, Vo die anderen Comen dant, sie wohlen alle selbst noch ver störckh ung, vnd auch wögen der m[o]nizion, khlagt Ein Jeder
söchet das E[s]es [sic] ver Pflögt wirth, wein wan Es Jh[n nit]a Ehr halten habt wirth nach khomen ich befelche Eich alle in schuz des aller högsten, den H graff muest du Eß sagen auch schen Perg den 14 augusti 1809
Andere Hofer ober Comen dant Vo diroll in Passey[er]b

Rückseite:
An den H haupman Hofer in Passey(e)r
an Pergißl

Nr. 220

Hofer schreibt, der Feind hätte sich in Innsbruck zusammengezogen, die Kommandantschaft Meran solle also zwei Kompanien von Lana und Marling mit Schießpulver abschicken, ebenso eine Kompanie von Naturns sowie jeweils eine von Ober- und Untermais. Der Sittnerbauer (Josef Prünster) solle Pulver gegen Quittung beziehen und nach Innsbruck schicken.

Schönberg 1809 August 14

TLMF, FB 1650, 223. Pap. 22 ca. : 35,5 ca., Hochformat, Doppelblatt, 1 Seite.

Zeitgenössische Abschrift, im Original Andreas Hofers eigenhändige Unterschrift (?).

An die k. k. Kommandantschaft Meran
Da der Feind sich zu Innsbruck zusam gezohen hatte und folg(lich) denselben auf allen Seiten Widerstand zu thun noch immer zu wenig Landesvertheidiger gegenwartig sind, so ersuche ich die Kommandantschaft Meran, zwey Kompagnien von Lane und Marling samt dem Pulver, so sich in Lana befindet, wie auch eine Kompagnie von Naturns, welche wir immer erwartet haben, in moglichster Geschwindigkeit anher zu weisen, um denen sonsten zu schwachen Brüdern zu Hilfe zu eilen. Auch soll noch eine Kompagnie von Ober und Untermais aufgebothen wer(den).
Ich bitte also dieß in moglichster Geschwindigkeit zu bewerken, in dem sehr vieles, ja alles daran gelegen ist.
Schenberg d(en) 14(ten) Aug(ust) 1809
Andrä Hofer Oberkommandant v(on) Passeyr
Auch möchte der Sittenbaur sehen, von Morandel von der Pulvermihle das vorräthige Pulver gegen Quittung zu erheben und gleich hieher zu überschicken.
NB. Auch sollen die Komp(agnien) die Verpfleg(ung) auf 4 bis 5 Tag von Hause nehmen, absonder(lich) aber besorgt sein alle Munition aufzusuch(en) und anhero zu schicken.

Praes(entiert) d(en) 14 Aug(us)t 809 ½ 7 Uhr abents.

Nr. 221

Hofer rechtfertigt sich in dem Schreiben an die Oberinntaler, nicht immer überall sein zu können, sondern sich im Hintergrund (d. h. in Schönberg) zu halten. Er gibt sich sehr siegessicher, ruft zu Zusammenhalt und Gottvertrauen auf.

o. O. 1809 August 14

TLMF, FB 2729, 26. Orig.-Pap. 22,5 ca. : 36,5 ca., Hochformat, Doppelblatt, 1 Seite.

Text und Adresse geschrieben von Balthasar Leiter (?), eigenhändige Unterschrift und Zusatz von Andreas Hofer, Privatsiegel (I).

Liebste Brüder aus Oberihnthal.
Ich habe ja mit Eure Deputierte schon vielmahl gesprochen, ich habe ihnen mein ganzen Plan entworfen, ich sagte ihnen und Euch durch ihnen, was die Ursach unser Vertheidigung ausmachte. Glaubet ihnen, Ihr wisset ja, daß ich nicht alter [sic] Orten seyn

kann, denket nicht, daß ich nicht in Euer Mitte bin, ich muß mich immer in der Mitte halten, um allenthalben im kürzigsten Weege dem Report zu erhalten. Ich habe grose Freude wegen Eurer ruhmvollen Tapferkeit, die Ihr Oberihnthaler je alzeit erzeiget habt, gehorchet Euren Mayjoren und Comendanten, sie sind gewiß verständige und beherzte Männer, so Euch nach allen Beßten anführen. Ich sage Euch und befehle Euch, alle einander in der Hande zu gehen, keiner soll dem andern verlassen, denn wir streiten nur für Gott und dem Glauben, und nicht für Land und Leute.

Was würden wir uns nicht verantwortlich machen, wenn wir iezt noch einander verlassen sollten, da wir doch dem Sieg schon im Händen haben.

Ich versichere Euch, daß ich lengsten bis dreyen Tagen bey Euch bin, Ihr werdet ja noch mir zu Lieb diese wenige Täge beyeinander ausharren können.

Drauet und bauet auf Gott, der uns ja augenscheinliche Hilfe leistet.

Ich verbleibe Euer ergebnester

Andere Hofer ober Comen dant in diroll

glaubet sicher lich das ich in schen Perg mein qattier notbendig haben mueß

den 14t(en) August 1809.

LS

Rückseite:

Am alle H(erren) Landesverdeidiger aus Ober-Ihnthal a Zirl

durch Ordinanz

No. 3.

Nr. 222

Hofer versichert den Oberinntalern, sich persönlich in Schönberg aufzuhalten und nicht zu ihnen kommen zu können, da er bei seiner „Kanzlei" bleiben müsse, um ausgehende Schreiben unterzeichnen zu können.

Schönberg 1809 August 14

TLMF, Historische Sammlung, Flugschriften – Autographen. Orig.-Pap. 20,5 ca. : 21 ca., Hochformat, 1 Blatt, 1 Seite.

Durchgehend eigenhändig von Andreas Hofer, Privatsiegel (I). Dorsalvermerk von anderer Hand.

liebe ober Jhn Thaller (etc.)

glaubt ßicher lich, das ich in schen Perg ge wiß Ber sendlich Bin, das ich Eich nit khon hin Jber khomen, weill meine 2 schreiber kheine antborth göben khenen – wan Ein Be Richt khombt, ane meine vntter schrifft nembt Eß Bei Eich selber war, weill Eß meinder schrifft nit glauben wölt, noch minder, werden andere glauben, wan mein vntter schrifft nicht ist waß göbet Eß her nach ab, in lösten augenPlickh ver zeicht mir das ich Vo der Conzllei, nit ab khomen khon,

Eir warhafftes herz andere Hofer ober Comen dant in diroll

schen Perg den 14 augusti 1809 LS

Rückseite:

14. August.

Nr. 223

Hofer klagt in dem Schreiben an Josef Marberger über die „Kaltsinnigkeit" einiger Landesverteidiger. Er ersucht den Empfänger, er möge trotzdem Kommandant bleiben. Die Schlacht am 13. August sei nicht verloren gegangen, sondern im Gegenteil hätten die Tiroler Gebiete dazugewonnen, ein großes Problem aber sei der Munitionsmangel. Am laufenden Tag würde nicht mehr gekämpft werden, dem Feind werde der Abzugsweg freigeräumt.

o. O. 1809 August 14

TLMF, FB 2730, 45. Orig.-Pap. 22 ca. : 35,8 ca., Hochformat, Doppelblatt, 2 Seiten.

Text und Adresse von Balthasar Leiter (?) geschrieben, Andreas Hofers eigenhändige Unterschrift, zwei Privatsiegel (I) als Verschluss.

An hoch zu verehrenden Herrn Marburger Comendant.
Ich sahe Ihren grosen Eifer so in Klaren, das ich schon ganz überzeiget bin.
Allein ich siehe auch die Kaltsinnigkeit bey vielen Vertheidigern bey Euch wie bey uns, sehr viele sind, so nicht einmal einen Schritt zu diesen gemacht haben.
Ich ersuche aber ungeacht diesem dem H(errn) Marberger als Comendant dem Volke noch vorzustehen, indem es doch sehr viele recht gute Vertheidiger vorhanden sind, wir haben gestern nicht verlohren, sondern mehr erobert, nur daß ist, daß wir sehr wenig Monizion haben, und doch hoffe ich, der Feund werden sich im Kürze darvon machen –
Unsere Leute haben sich recht gut gehalten, nämlich die Paseyrer, Algunder und Mayser:
Die Paseyrer auf dem Berg Isel, die übrigen aber jenseits, ich hoffe es wird alles zum Beßten ausfallen, indem wir eine gute Beschützerin haben.
Für heunte haben wir uns unterhandelt und haben beschlosen, dem Feund ganz in der Ruhe zu lassen, wenn wir von ihnen nicht angegriffen werden, und haben zugleich die von Tux und dieser Gegend von der Folderer Bruggen weggezohen und daß Volk herauf gezohen, auf das die Reteradi nicht verhindert werde, da wir doch einsehen, dem Feund nicht ganz einzuschrenken. Auch kommt durch der Verzägerung nach dem neuen Aufbuth wieder mehrere Compagnien an nebst der Monizion, auf das wir uns um desto leichter halten können.
Und wann ein algemeiner ~~Aufb~~ Angrif geschehen sollte, so werde ich Euch schon berichten.
Mithin leben Sie recht vergnügt.
Den 14t(en) August 1809.
Andere Hofer ober Comen dant in diroll

Rückseite:
Am Herrn Marberger Comendant des Oberinkreises a Kranewitten wel ibi ubi.
Durch Exbressen.
N 32

Nr. 224

Hofer schreibt an Josef Marberger, er hätte von Speckbacher die Nachricht erhalten, die Bayern würden sich vielleicht auf einen Rückzug vorbereiten. Nun sei besondere Aufmerksamkeit angebracht.

Schönberg 1809 August 14

TLMF, Historische Sammlung, Flugschriften – Autographen. Orig.-Pap. 21,8 ca. : 35,5 ca., Hochformat, 1 Blatt, 1 Seite.

Text und Adresse von Balthasar Leiter (?) geschrieben, eigenhändige Passage von Andreas Hofer, Privatsiegel (I) als Verschluss.

Geehrtester H(err) Marberger.
Gleich dem Augenblick hab ich vom Comendant Spekbacher die Nachricht erhalten, daß die Bayern mehr als 70 Wägen mit Blessierte abgeschikt haben und es scheinte ihme, daß es ganz auf einer Rederady muß angesehen seyn.
Wenn dieses ist, so machen Sie sich nur ganz wachtbar auf, daß nicht versaumbt werde, denn es wird schon mit einen Mußkettenschuß daß Zeichen zur richtigen Reterady gegeben werden.
Und schon überhaupt ist dieß die gefahrlichste Nacht, welche würdig ist, sie zu beobachten.
Schenberg den 14t(en) August 1809
Eir auf Richtiger Andere Hofer ober Comen dant in diroll
der anderle ist wohl hier an schen Perg

Rückseite:
Am Herrn Comendant Marberger a Zirl.
Durch Exbressen.
14. Aug(ust)

Nr. 225

Matthias Purtscher schreibt an Johann Valentin Tschöll, er hätte Hofer die Lage der Dinge berichtet und untenstehende Antwort erhalten, mit der er nichts anfangen könne. Hofer hat nämlich geantwortet, die Kommandanten sollten keine Gefechte anfangen, sondern sich nur verteidigen. Er, Hofer, vermutet, der Feind wolle nur durchziehen und sieht es als ratsamer, diesen zu verfolgen.

Patsch 1809 August 14

TLMF, FB 8706, 61. Pap. 24,5 ca. : 40 ca., Hochformat, 1 Blatt, 1 Seite.

Zeitgenössische Abschrift von Matthias Purtscher mit Siegel (Purtscher?), im Original Andreas Hofers eigenhändige Unterschrift (?).

Auf das so eben erhaltene Schreiben berichte, daß ich über meiner Meinung bereits die H(errn) Kommandanten benachrichtiget hab, so auch den Ihrigen, das vor heute mit dem Feind nichts soll angefangen werden und nur sich vertheidigen wo man gegenwärtig ist, indem mehrere Hilfe auch Pulver und Bley erwartet wird. Auch soll der Feind [Be]wegung[a] machen sich durchzuziehen, und da wird es rathsammer seyn, denselben

zu verfolgen, als bei Innsbruck backen zu wollen. Sollten sich indessen die Umstände anderst endern, so gewärtige zeitlichen Raport. In Eil Schönberg d(en) 14t(en) August 1809
Andre Hofer Oberkommandant in Tirol.

ᵃ Riss im Papier.

Nr. 226

Hofer beklagt sich bei Johann Valentin Tschöll, die Begeisterung der Landesverteidiger sei großteils erloschen, außerdem gebe es keinen Pulvernachschub. Er hätte befohlen, die Volderer Brücke zu räumen, die Schützen sollten Richtung Bergisel (?) ziehen. Sollte der Feind nicht angreifen, würden sich auch die Tiroler ruhig verhalten.

o. O. 1809 August 14

TLMF, Historische Sammlung, Flugschriften – Autographen. Orig.-Pap. 23 ca. : 36 ca., Hochformat, 1 Blatt, 1 Seite.

Text und Adresse von unbekanntem Schreiber, Andreas Hofers eigenhändige Unterschrift, Privatsiegel (I) als Verschluss. Eingangsvermerk des Empfängers.

Böster Comendant H(err) Joh. Fallt(in) Tschöll,
ich seche selbst, daß es für dießmal sich sehr schlecht zeigt, indem der Geist der Landes Vertheidiger bey dem meisten ganz erloschen und die Braven dem ganzen Tag freilich nicht aushalten können, und daß das Pulfer niemals ankommt machet mir sehr Angst, doch kann es nicht mehr lang dauren, bis es ankömmt – Ich habe die Mannschaft, d̶s̶oᵃ bey der Folderer Bruken steht, Befehl geben dieselbe zu verlassen und das Volk herauf zu ziehen, auch kommen die Compagnien v(on) Naturns und Lanna hier gleich an, so oder vielleicht schon über die Ellen Bögen marschiert sind.
Ich ersuche Sie also das Volk aufzumundern, und vielleicht hat es bis morgen grose Veränderungen, da die Volderer Pruken nicht mehr besezet bleibt, über welches Sie auch von H(errn) Speckbacher wegen denselben Compagnien die Aufklärung erhalten werden. Und sonnst, wen der Feund unsere Leute heunt nicht angreift, so müssen wir auch ruhig sind [sic].
Den 14t(en) August 1809
Andere Hofer ober Comen dant in diroll

Rückseite:
Am H(errn) Joh. Fallentin Tschöll Comendant a Lans
durch Exbressen. Um 12 Uhr Mittag.

14. August 1809.
XXVIII.

ᵃ Zeichen überschrieben.

Nr. 227

Hofer teilt den Meraner Landesverteidigern mit, die angeforderten Kompanien seien nicht mehr nötig und müssten nicht ausrücken, da sich die Bayern nach Kufstein zurückgezogen hätten.

o. O. 1809 August 15

TLMF, FB 1650, 223. Orig.-Pap. 22 ca. : 19,4 ca., Querformat, 1 Blatt, 1 Seite.

Text und Adresse von Balthasar Leiter (?) geschrieben, Andreas Hofers eigenhändige Unterschrift, Privatsiegel (I) als Verschluss. Eingangsvermerk des Empfängers.

Ofene Ordre.
An einer wohl(loblichen) Commendantschaft Meran
Da die Bayern den 14t(en) August aus Insspruck nacher Kufstein retieriert und die Comp. so untern 13t(en) dieß v(on) Meran neuerdings aufgefodert worden nicht mehr nothwendig sind, so haben selbe zu Hause zu bleiben.
Ein schöne Empfehlung am H(errn) Bock.
Den 15t(en) August 1809.
Andere Hofer ober Comen dant Vo diroll

Rückseite:
Offene Ordre. Am alle Landes Vertheidiger der Comendantschaft Meran.

Praes(entiert) d(en) 17tn Aug(us)t 809 d(en) ½ 2 Uhr Nachm(ittag)

Nr. 228

Auf Befehl des Oberkommandanten soll das Landgericht Sonnenburg vier Arrestanten in das Kräuterhaus in Innsbruck übernehmen und dieselben verhören (Innsbruck 1809 August 15), ausgefertigt vom k. k. Polizeidirektor. Vidimierung durch Hofer.

Innsbruck 1809 August [15]

TLMF, FB 2074, 37 a.

Andreas Hofers eigenhändige Unterschrift:

Andere Hofer ober Comen dant in diroll

Nr. 229

Hofer fordert vom Herzog von Danzig (Pierre François Joseph Lefebvre) den Austausch von Gefangenen, der an der Grenze erfolgen sollte, und fordert den französischen Marschall auf, die Gefangenen nach Völkerrecht gut zu behandeln.

Innsbruck 1809 August 16

Bayerisches Hauptstaatsarchiv, Abt. II: Geheimes Staatsarchiv, MA 6974. Pap., 21,6 ca. : 33,2 ca., Hochformat, 1 Blatt, 1 ½ Seiten.

Zeitgenössische Abschrift, im Original Andreas Hofers eigenhändige Unterschrift (?).

Copie.
An seine Excellenz des Herrn Herrn Marschall Herzog von Danzig Comandant et Chef aller sowohl kaiserlichen als französischen Trouppen von den alliirten Mächten.
Mit aeusserster Verwunderung und höchsten Mißvergnügen habe ich bei meiner Ankunft in Innsbruck vernehmen müssen, daß Euer Excellenz die wackeren ehrlichen Männer, den 77-jährigen Herrn Grafen Sarenthein und den so braven und rechtschaffen H(errn) Baron von Schneeburg, und sogar auch eine Frau, die Baronesse Sternbach, mitgeschleppt haben.
Ich bitte und hofe, Sie wollen diese guten unschuldigen braven Leute des ehestens ganz unbeschädiget rückschiken, wo ich hingegen auch eben so viele gefangene Staabs Officiere, die Sie benamsen werden, ausfolgen zu lassen bereit bin. Die Auswechselung kan und wird an den Gränzen erfolgen.
Indeßen und bis zur Auswechselung hofe ich, daß die Mitgeschlepten nach Völkerrecht gut behandelt werden, widrigenfalls werden die in meiner Gewalt befindliche Gefangene so viele Staabs- und andere Officiere und Gemeine die schärfeste Behandlung zu erfahren haben, so wie es auch die unmenschlichste Grausamkeit verdienet hätte, mit welcher einige todt gefundene Landesvertheidiger behandelt worden
Haupt Quartier Innsbruk am 16. August 1809.
Andrä Hofer Oberkomendant in Tyrol.

Nr. 230

Hofer berichtet an einen unbekannten Empfänger, der Feind sei bis Schwaz zurückgedrängt, nachdem es fürchterliche Gefechte gegeben habe. Die Grenzpässe seien streng zu bewachen und Kundschafter auszuschicken, die Mannschaften ordentlich zu organisieren und in Kompanien einzuteilen.

Innsbruck 1809 August 17, halb acht Uhr früh

TLMF, Historische Sammlung, Flugschriften – Autographen. Pap. 22,5 ca. : 34,5 ca., Hochformat, 1 Blatt, 1 Seite.

Zeitgenössische Abschrift mit urspr. einem Siegel (abgebrochen), im Original Andreas Hofers eigenhändige Unterschrift (?).

Nachricht
Ich habe zur freintlichen Nachricht zu dinen, das hier ales gut gehet, der Feint ist nun bis Schwatz zuruck getrengt worden, ale seyne Anstrengungen wahren umsonst und vergebens, wir haten mit den Feint fürchteliche Gefechte.

Alein Gott wahr mit uns! Und mir sigte alemal, die Bayrn und Sachsen werden bey 6000 Mann an Totte, Blesierten und Gefangenen verlohren haben, nun befünden sie sich in Schwatz und derselben Gegent, aber auh dort werden sie nichts ausrichten, und ich hofe, wo nicht ale, doch die mei[e]sten zu Grunde zu richten.
Ubrigens wirt sehr anbefolen, die Grenz Baße genau zu beowachten und Kuntschafter auszuschücken, und so dann bey jeden Vorfale eiligst die Anzeige zu machen.
Entlich [mu]s auch Bedacht genomen werden, das ale Manschaft oderntlich [sic] organisiert und in Compa(gnien) eingetheilt werden, damit man auf den ersten Ruf ordentlich und zweckmesig kan ausrucken.
Innspruk den 17ten August 1809 um ½ 8 Uhr frue
Andre Hofer Ober OberComandant [sic] in Tirol.

Nr. 231

Da sich der Feind noch in Schwaz befinde, fordert Hofer die Kommandantschaft Meran auf, neue Kompanien nach Innsbruck ausrücken zu lassen, da die anderen heimgegangen seien, ohne sich abzumelden.

Innsbruck 1809 August 17

TLMF, FB 1650, 227. Orig.-Pap. 22 ca. : 35,2 ca., Hochformat, Doppelblatt, 1 Seite.

Text und Adresse von Matthias Purtscher (?) geschrieben, Andreas Hofers eigenhändige Unterschrift, zwei Privatsiegel (I) als Verschluss. Die Passage „ohne […] melden." nachträglich eingefügt durch Verweis, Eingangsvermerk des Empfängers.

An die lobl(iche) Kommandantschaft Meran
Innsbruck d(en) 17t(en) August 1809.
Da nun bereits die meisten Compagnien des dortigen Gerichts ohne mein Wissen und Willen nach Hause gegangen und der Feind sich noch in Schwatz befindet – wo wir also noch keineswegs außer Gefahr sind, so hat also die dortige Kommandantschaft eiligst die Einleitung zu treffen, das diese von hier weggegangene Compagnien durch andere ersetzt und so bald als möglich hieher geschickt werden.
Andere Hofer oberComen dant in diroll
P. S. Der glückliche Erfolg wird Ihnen zwar schon bekannt seyn: Ja, wir könen mit Wahrheit sagen, Gott ist mit uns.
Der Feind verlohr schrecklich – wir machten viele Stabsoffiziere und auch Frauenzimmer v(on) Bedeutung zu Gefangenen. Itzt sind sie in Schwatz, und wir haben dermal zimmlich wenig Leute, um sie ganz aufreiben zu können, denn die Leute gehn nach Hause wie sie wollen, ohne sich bei dem Oberkommandanten zu melden. Besorgen Sie, das eiligst Compagnien nach kommen.

Rückseite:
Von der Oberkommandantschaft in Tirol. An die löbliche Kommandantschaft zu Meran
mittlst Expressen

Praes(entiert) d(en) 18tn Aug(us)t 809 9 Uhr abents.

Nr. 232

Hofer meldet der Kommandantschaft Meran, die neu aufgebotenen Kompanien hätten nicht auszurücken, die bereits ausgerückten könnten zurückberufen werden. Nach Möglichkeit seien Gebete und Gottesdienste zu veranstalten.

o. O. 1809 August 17

TLMF, FB 1650, 229. Orig.-Pap. 21 ca. : 34,4 ca., Hochformat, Doppelblatt, 1 Seite.

Text und Adresse von unbekanntem Schreiber, Andreas Hofers eigenhändige Unterschrift, zwei Privatsiegel (I) als Verschluss. Eingangsvermerk des Empfängers.

An der löbl(ichen) Comendantschaft Meran.
Ich glaube, die löbl(iche) Commendantschaft Meran wird sich mit mir erfreuen ~~werde~~ wegen den glücklichen Sieg, den wir gegen die Bayern erobert haben, mit Gott allein – Dahero haben alle neu aufgebothene Compagnien vom Landgericht Meran für dermal bis auf weitere zu Hause zu verbleiben und die schon ausgerückten zurück zu berufen. Auch werden alle über dem Jaufen gerückte Compagnien nach Hause zurückkehren, wo sodan im Meran für jedem ein Maß Wein auf Verlangen des H(errn) Tschöll Commendant beygeschaffen werden muß, H(err) Bock et H(err) Zingerle müssen auch darbey seyn.
Den 17t(en) August 1809 –
Andere Hofer ober Comen dant in diroll
NB Auf Verlangen des H(errn) Obercomendanten sollen zur Lob und Danksagung Gebethe und Gottes Dienste wie möglich entrichtet werden.
Ich bitte auch, dieß allsogleich mein H(errn) Pfarrer Graf v(on) Wika zu berichten.

Rückseite:
Am einer Comendantschaft zu Meran a Meran.
Durch Ordinanz.

Praes(entiert) d(en) 19 Aug(us)t 809 ½ 5 Uhr abents.

Nr. 233

Hofer fordert alle Obrigkeiten und Gemeindevorsteher der Orte, *wohin der Feund verfolgt wird*, auf, Lebensmittel und Wein für die Landesverteidiger herbeizuschaffen, andernfalls würde Gewalt angewendet werden.

Hall 1809 August 17

TLMF, FB 2729, 28. Orig.-Pap. 22,5 ca. : 18 ca., Querformat, 1 Blatt, ½ Seite.

Text und Adresse von Johann Holzknecht (?) geschrieben, Andreas Hofers eigenhändige Unterschrift, o. S.

Hiemit werden lob(liche) Gerichter und Gemeinden noch zum Leztenmall ersucht und gewarnet, sogleich vor die Landes Vertheidiguns Mannschaft gegen Schwaz und Vumpp Lebens Mittel nebst Wein (etc. etc.) herdann zu schaffen, wo in widrigen Fall ich die Erlaubnus zu ertheillen gezwungen werde, die Mannschaft Gewalt brauchen zu laßen.
Hall den 17ten August 1809
Andere Hofer ober Comendant in diroll

Rückseite:
Offene Ordere an alle Oberkeiten und Gemeindes Vorstehr wohin der Feund verfolgt wird

Nr. 234

Andreas Hofer teilt Josef von Giovanelli jun. (?) mit, wegen der nach Bozen gebrachten Kriegsgefangenen gebe es keine andere Möglichkeit; er hoffe aber, dass sie bald verlegt werden könnten. Das Volk solle einen Kommandanten wählen, der für die Bewachung zuständig ist.

Innsbruck 1809 August 17

Stadtarchiv Bozen, Kiste 296, Magistratsakten 1809, Fasz. VIII, o. Nr. Orig.-Pap. 22 ca. : 35,3 ca., Hochformat, Doppelblatt, 1 Seite.

Text und Adresse von Matthias Purtscher (?) geschrieben, Andreas Hofers eigenhändige Unterschrift, zwei Privatsiegel (I) als Verschluss. Eingangsvermerk des Empfängers (?).

An des Herrn Jos. v(on) Giovanelli Hochwohlgeboren zu Botzen.
Innsbruck am 17t(en) August 1809.
Es ist den Unterzeichneten sehr leid, Ihrem Begehren in Betreff der Kriegsgefangenen nicht willfahren zu können, den für diesen Augenblick kann es nicht anders seyn, in dem täglich mehrere eingebracht werden.
Ich werde zwar darauf Bedacht nehmen, allein ich kann Ihnen versichern, daß Sie wirklich zufrieden seyn können, wenn es dabei verbleibt und ich nicht gezwungen werde, mehrere dahin zu verlegen! Wo soll man hin damit? Leiden Sie sich einmal, es wird hoffentlich bald eine Oeffnung geben, wo man davon los wird.
Was die Bewachung betrifft – soll sich daß gemeine Volk einen Kommandanten (wenn dermal keiner seyn sollte) wählen, denn bei dieser Zeit glaube ich wird[a] man ihn am meisten brauchen, und dieser hätte sodan die Wache zu besorgen.
Sie werden mir also verzeihen, denn für dermal kann es nicht anders seyn. Womit geharre ich mit vieler Hochachtung
Andere Hofer oberComen dant in diroll

Rückseite:
Von der Oberkommandantschaft in Tirol. An des Herrn Joseph v(on) Giovanelli (etc.) Hochwohlgeboren zu Botzen.
Durch Ordonanz zu beförder(en)

Fasc. VIII. No
Nota v(on) Andreas Hofer Oberkommandant die hiesigen Kriegsgefangene betref(f)end.

---

[a] Nachträglich eingefügt durch Verweis.

Nr. 235

Hofer beruft die Gerichtsausschüsse des Landgerichts Sonnenburg zu einer Versammlung am folgenden Tag ein.

Innsbruck 1809 August 17

TLMF, FB 2074, 37 c. Orig.-Pap. 21,5 ca. : 34,5 ca., Hochformat, 1 Blatt, 1/3 Seite.

Text und Adresse von unbekanntem Schreiber, Andreas Hofers eigenhändige Unterschrift, ein Privatsiegel (I) als Verschluss.

Unterzeichnete Ober-Komandantschaft wünschte morgen als am 18. Aug. alle Ausschuß-Männer von Sonnenburg, Axams, Stubai, Wilten, Ambras einzuberufen wegen Verpflegung und das Weitere der Komandantschaft vorzulegen.
Ober-Komandantschaft in Tyrol
Innsbruck am 17. Aug. 1809.
Andere Hofer ober Comen dant in dirolln

Rückseite:
An das löbl(iche) Landgericht Sonnenburg zu Innsbruck.

Nr. 236

Hofer teilt Josef Ignaz Straub mit, zwei Gesandte, die dieser nach Innsbruck geschickt haben soll, wären arretiert worden. Brot würde nach Hall geschickt werden, wegen Wein und Fleisch solle man sich aber dort umsehen.

Innsbruck 1809 August 17

TLMF, FB 2707, S. 306.

Abschrift. Das Original ist – zumindest teilweise („Prott […] Wein." sowie die Adresse) – wahrscheinlich von Hofer geschrieben. Bei dem „Pfläzer Dire" dürfte es sich wohl um eine falsche Lesung bei Anfertigung der Abschrift handeln.

Praesentirt den 17. Aug(ust) 1809. Von Oberkommand(anten) And(re)a Hoffer aus Innsbruck
No. 4.
An den Herrn Stadtkommandanten Straub zu Hall.
Innsbruck am 17. August 1809.
Die zwei Pursche, welche so eben mit Ordonanz hieher geschickt wurden, kamen dem Unterzeichneten bedenklich vor und werden daher einsweilen in Arest behalten, wofür der H(err) Stadtkommandant zu haften und nähere Auskunft zu geben hat.
Prott wirth nach geschickht werden, was aber Wein und Fleisch anbelangt, werden Sie Bei Ihnen in Hall um söchen, der Pfläzer Dire [sic] hat mir gesagt, ehr hätte Wein und Prant Wein.
Eir auf richtiger Andere Hofer Ober Comedant in Dirolln

An dem Herrn Herrn Joseph Straub Khronen Wirth in Hall
durch Ex Pressen

Zweite Abschrift desselben Textes in: SLA, Nachlass Streiter, Karton 34, „Kopien Abschriften", 21.

Nr. 237

Hofer ordnet an, die Sterzinger Kompanien hätten nicht auszurücken.

Innsbruck 1809 August 17

Hinweis in: FB 53120 (Auszug aus: Auktionskatalog Tenner 126, Heidelberg, 6. Mai 1980). Orig.-Pap. Folio, Hochformat., Doppelblatt, 1 Seite.

Andreas Hofers eigenhändige Unterschrift, zwei Siegel.

„… so haben alle … Vertheidigungs Compagnien in Gericht Sterzing bis aufs weitere zu Hause zu verbleiben. und die schon ausgerückten zurückgerufen werden."

„Andere Hofer ober comendant in Diroll"

Nr. 238

Den Gemeinden Mutters und Natters werden für den Schanzbau am Bergisel 50 Gefangene überlassen, die ordentlich zu verköstigen und zu bewachen sind.

o. O. 1809 [August] 17

Privatbesitz Ing. Otto Auer, Innsbruck. Orig.-Pap. 22,2 ca. : 36 ca., Hochformat, Doppelblatt, ½ Seite.

Text von Matthias Purtscher (?) geschrieben, Andreas Hofers eigenhändige Unterschrift, Amtssiegel. Bei Datierung und Unterschrift ist die Tinte stark ausgeblichen.

Der Gemeinde Mutters und Natters werden amit zum Schanzbau am Berg Isl 50 Gefangene gegen deem überlassen, daß sie diese Leute mit etwas Brandwein in der Früh dann mit ordentlicher Mittags Kost versehen und zugleich auf die Desertion sehr wachsames Auge tragen, weswegen immer bewaffnete Schützen als Wacht dabey zu bleiben haben.
K. k. Ob[erkomman]do Ty[rols] d(en) 17 [?][a]
LS [*Andere Hofer*]

---

[a] Loch im Papier.

Nr. 239

Hofer informiert Anton Wallner, der Feind sei bei Sterzing geschlagen worden und hätte sich nach Innsbruck zurückgezogen, wo es hitzige Gefechte gegeben habe. Wallner soll durch das Zillertal vorrücken, sodass die feindlichen Soldaten eingeschlossen werden können.

Innsbruck 1809 August 17

TLMF, Historische Sammlung, Flugschriften – Autographen.

Abschrift, im Original Andreas Hofers eigenhändige Unterschrift (?). Eine zweite Abschrift im gleichen Bestand gibt die Anzahl der feindlichen Verletzten und Verwundeten nicht mit 3.000, sondern mit 8.000 an.

Copia.
An Herrn Anton Wallner (Aichberger) Kommandanten der Pinzgauer Schützen.
Ich gebe hiemit die Nachricht, daß wir den Feind bei Sterzing tüchtig geschlagen, so zwar, daß er an Todten, Blessirten und Gefangenen bei 3000 Mann verlor. Der Feind zog sich ganz unverhofft in der Nacht zurück bis Innsbruck, dort kam es zu zwei hitzigen Gefechten, wobei der Feind wieder bei 2000 Mann verloren hat.
Die nämliche Beschaffentheit hatte es im Oberinnthal; allein man verfolgt ihn überall, und ich hoffe, wenn es der göttliche Wille, daß wenige davon kommen werden, denn wir haben sie bereits ganz umrungen. Mein Wunsch wäre also freilich, wenn Sie so eilig als möglich durchs Zillerthal vorrücken könnten, wo wir sodann den Feind ganz in der Mitte hätten, so zwar, daß uns kein Mann durchkäme.
Eilen Sie also, so viel Sie können, damit der Feind uns ja nicht entkommen kann. Wenn Sie Vorrath an Munition haben, ist solcher mitzubringen.
Innsbruck 17. August 1809.
Andere Hofer Oberkommandant in Tirol.

Nr. 240

Hofer trägt Anton Wallner (?) auf, nach Saalfelden zu eilen, um dort Ruhe und Ordnung herzustellen.

[1809 August, nach dem 17.]

Zit. nach: Kirchmair, Tirol, Band 11, 524 (Original nicht eruierbar).

Im Original Andreas Hofers eigenhändige Unterschrift (?). Die Passage über die Versorgung der Familie im Unglücksfall scheint hier etwas deplaziert, auch im Vergleich zu den übrigen Ernennungsschreiben; es ist fraglich, ob der Text authentisch ist.

„Lieber Bruder!
Eilt nach Saalfelden, dort Ruhe und Ordnung wieder herzustellen, das ganze Volk und besonders die Schützen erwarten Dich mit Freuden. Sie wollten keinen andern Commandanten haben, und auch ich weiß keinen besseren als Dich. Sollte Dich im Kampfe fürs Vaterland irgend ein Unglück treffen, so schwöre ich Dir, daß ich für Deine Familie sorgen werde, was ich im andern Fall für die Meinigen zu thun Dich ebenfalls verpflichte; Dein Freund und Bruder Andre Hofer."

Nr. II

Um das Vaterland schützen zu können, ist es notwendig, alle waffenfähigen Männer zu erfassen und Offiziere zu wählen. Die Ortsobrigkeiten und Gemeindevorsteher sollen dies bewerkstelligen und die Standeslisten nach Innsbruck schicken.

Innsbruck 1809 August 18

TLMF, Dip. 1383, 98. Einblattdruck, Orig.-Pap. 21 ca. : 36,3 ca., Hochformat.

Gedruckte Proklamation.

Da wir nun mit Gottes Hilfe den Feind geschlagen und von unsern lieben Vaterlande vertrieben haben, so ist es also sehr nothwendig, darauf bedacht zu seyn und auf Mittel zu denken, daß das liebe Vaterland künftig hin geschützt und vor allen feindlichen Einfällen bewahret werde.
Dieses zu erzwecken ist also das Nothwendigste, daß alle waffenfähige Mannschaft von 18 bis 60 Jahren ordentlich beschrieben, in Compagnien eingetheilt, zu jeder Compagnie taugliche und rechtschaffene Offiziere gewählt und die Standeslisten an den Unterzeichneten eiligst eingeschickt werden.
Diejenigen aber, welche zu alt oder zum Dienste untauglich sind und Vermögen besitzen, sollen gehalten seyn, den ausrückenden Compagnien eine billige Zulage (welche nach Verhältniß von der Orts-Obrigkeit bestimmt werden solle) zu geben.
Es ist hier auch zu bemerken, daß jeder Compagnie-Mannschaft frey stehe, ihre Offiziere selbst zu wählen. – Dagegen wird der Mannschaft schärfstens aufgetragen, dieselben gehörig zu respektiren und ihre Befehle genau zu vollziehen: denn Widerspenstige und Ungehorsame werden in Zukunft gehörig bestraft werden.
Jeder vernünftige Mensch wird und kann sich wider diese Verordnung nicht auflehnen – denn ohne Ordnung, ohne Respect und Unterwerfung gegen seine Obern kann nichts Gutes ausgeführt werden.
Ordnung ist die Seele der Geschäfte.
Lieben [sic] Brüder, überlegt es selbst! Wenn unter uns Uneinigkeit und Zwietracht herrscht: was würde in der Folge daraus werden? Innerlicher Krieg, Zerstörung, Mord und Todtschlag würden die unausbleiblichen Folgen seyn – wie es dem vorher glücklichen Frankreich ergangen ist.
Ueberdenkt und überlegt es also wohl, und laßt uns daher mit vereinten Kräften arbeiten, den Segen des Himmels anflehen – und dann werden wir unsere gute Sache glücklich ausführen.
Dieses also zu bewerkstelligen werden hiemit alle Oberkeiten und Gemeindsvorsteher aufgefordert, die vorbenannte Beschreibung und Eintheilung in Compagnien gleich bei Ansicht dieses vorzunehmen und in kürzester Eile die Standlisten anhero einzusenden.
Uebrigens haben sich sämmtliche Oberkeiten und Beamte an die vormals im Jahre 1805 bestandenen k. k. oesterreichischen Verordnungen und Befehle pünktlich zu halten.
Innsbruck den 18. August 1809.
Andreas Hofer, Ober-Commandant in Tyrol.

Derselbe Text wurde auch zweisprachig – deutsch und italienisch – veröffentlicht, die italienische Version lautet:

TLMF, Dip. 1362, II 41. Einblattdruck, Orig.-Pap. 25 ca. : 38, Hochformat.

Avendo noi coll'ajuto dell'Altissimo battuto il nemico, ed obbligato ad abbandonare la nostra cara patria, egli è perciò più che necessario di pensare ai mezzi opportuni, onde assicurarla anche per l'avvenire, e preservarla da qualunque irruzione inimica.

Per attignere dunque questo scopo salutare egli è della prima necessità il coscrivere tutti gl'individui atti all'armi dai 18 cioè fino li 60 anni, di formarli in compagnie, di eleggere presso ognuna delle medesime dei probi ed abili offiziali, e di trasmettere tantosto al sottoscritto le liste dei medesimi.

Quelli poi, che passano l'età o che sono inabili al servizio militare, e che possedono beni, saranno tenuti di contribuire a queste compagnie un quid in denaro, che verrà regolato dalle autorità secondo le circostanze.

È però da osservarsi, che ogni compagnia può da se eleggersi i suoi uffiziali. – All'opposto viene alle medesime rigorosissimamente ordinato, di portare il debito rispetto ai medesimi, e di osservare esattamente i loro comandi; mentre i trasgressori saranno per l'avvenire rigorosamente puniti.

Nissuna persona di senno non può nè vorrà disapprovare queste prescrizioni, mentre senz'ordine, senza rispetto e sommessione ai superiori, non potrassi giammai ottenere niente di buono.

Il buon ordine è l'anima degli affari.

Cari fratelli, considerate da voi stessi! Se fra noi s'introducono la disunione, e la discordia, cosa ci possiamo mai attendere? Una guerra intestina, calamità, estermini, omicidi in fine ne saranno le indispensabili conseguenze, – appunto come avvenne alla una volta felice Francia.

Pensatevi bene e riflettete, facciamo ogni nostro sforzo, imploriamo l'aiuto del cielo; con questo noi riusciremo sicuramente nelle nostre intraprese.

Per effettuare dunque questo vengono con ciò eccitate tutte le autorità e rappresentanti delle comuni, di intraprendere a vista di quest'ordine la sunominata coscrizione, e divisione in compagnie, e di qui spedire al più presto la lista delle medesime.

Del resto tutte le autorità ed impiegati pubblici dovranno osservare a puntino tutte quelle ordinazioni imperiali regie austriache, che vigevano nel 1805.

Innsbruck li 18 agosto 1809.

ANDREA HOFER comandante supremo in Tirolo.

Daneben gibt es noch eine dritte, nur italienische Ausgabe des Textes:

TLMF, FB 2073, 126. Einblattdruck, Orig.-Pap. 19 ca. : 32 ca., Hochformat.

Nr. III

Aufruf zur Ablieferung von Beutegut.

Innsbruck 1809 August 18

TLMF, Dip. 1383, 98 ½. Einblattdruck, Orig.-Pap. 20 ca. : 34,8 ca., Hochformat.

Gedruckte Proklamation.

Da in Hinsicht der erbeuteten Pferde, Gewehre und dergleichen sehr viele Unbilligkeiten, ja sogar Gewaltthätigkeiten sich ergeben, so werden also sämmtliche Partikulär hiemit aufgefordert, alle Pferde, Sättel und Zeug, dann Gewehre, Munition etc. oder was immer, und besonders die Kanonen an ihre Oberkeiten einstweilen gegen Quittung abzugeben: Von diesen aber sobald als möglich anher einzuliefern, wo sodann seiner Zeit der Betrag hievon gemeinschaftlich vertheilt werden wird.
Innsbruck den 18ten August 1809.
Andreas Hofer, Ober-Commandant in Tyrol.

Derselbe Text wurde auch zweisprachig gedruckt, die italienische Version lautet:

TLMF, Dip. 1299, 29. Einblattdruck, Orig.-Pap. 21,5 ca. : 32 ca., Hochformat.

Essendo accadute in riguardo dei cavalli, armi, e simili altri oggetti bottinati molte ingiustizie non solo, ma ben anche delle violenze, perciò con questo vengono eccitati tutti i particolari di consegnare per tanto tutti i cavalli, selle e attrecci a ciò spettanti, armi, monizioni ec. e specialmente i cannoni alle autorità contro una quittanza, che verrà loro dalle medesime rilasciata. Le suddette autorità poi dovranno tantosto qui trasmettere questi capi, l'importo dei quali verrà a suo tempo generalmente scompartito.
Innsbruck li 18 Agosto 1809.
ANDREA HOFER comandante superiore in Tirolo.

Nr. 241

Da der Feind neuerlich bei Rattenberg eingefallen ist, wird die gesamte Mannschaft in Innsbruck, Hall und Umgebung aufgefordert, dorthin abzugehen.

Innsbruck 1809 August 18

TLMF, FB 2707, S. 307. Vermerk, wonach das Original von Carl Graf Choteck „für einen seiner besten Freunde in Wien zurückbehalten" wurde.

Abschrift, im Original Andreas Hofers eigenhändige Unterschrift (?).

Pressent(iert) 18ten August 1809
Vom Ober Commandanten And(re)a Hoffer von Insbruck
Noch zu No. 4.
Copia.
Offene Ordre:
Da nach so eben eingegangener Nachricht der Feind sich bey Rattenberg neuerlich gestellt hat. So wird also hiemit alle sich noch in hiesiger Gegend als Insbruck, Hall und

den umliegenden Örtern befindliche Vertheidigungs Mannschaft aufgefodert, eiligst dahin abzugehen, und erst dann nach Hause zurück zu kehren, wenn der Feind wirklich schon über die Gränze hinaus – wo selbe sodann die Entlassung von dem Unterzeichneten erhalten werden, ohne welcher keine Compagnie nach Hause gehen därf.
Insbruck am 18ten August 1809.
Andere Hofer Ober Commandant in Tirol.

Nr. 242

Da der Landsturm entlassen wird, fordert Hofer den Landrichter von Steinach auf, eine Kompanie nach Wörgl abzuordnen.

Innsbruck 1809 August 18

TLA, Landgericht Steinach, Fasz. 44 a, Abt. C: Militär 1806–1849. Orig.-Pap. 22,2 ca. : 36 ca., Hochformat, Doppelblatt, ½ Seite.

Text von Matthias Purtscher (?) geschrieben, eigenhändige Unterschrift und nachträgliche Ergänzung Andreas Hofers, o. S.

An den Herrn Landrichter zu Stainach.
Innsbruck d(en) 18t(en) August 1809.
Da man den Landsturm und besonders die weitentlegene Mannschaft nach Hause gehen lassen muß – so wird allso, um doch die Posten besetzen zu können, von Landgerichte Stainach eine Compagnie abgefodert – welches der Herr Landrichter zu besorgen hat, damit selbe morgen *Bei der arme zu wirgl* hier richtig eintreffe.
Andere Hofer ober Comen dant in diroll

Rückseite: Kanzleivermerk des Landgerichtes Steinach.

Nr. 243

Hofer überträgt dem „Mahrwirt" Peter Mayr die Aufgabe, Lebensmittel in den Gerichten Brixen und Bozen zu besorgen, nötigenfalls auch durch Requisition.

Innsbruck 1809 August 18

TLMF, Dip. 1283, VII 3. Orig.-Pap. 22 ca. : 35,5 ca., Hochformat, 1 Blatt, ½ Seite.

Text von Matthias Purtscher (?) geschrieben, eigenhändige Unterschrift Andreas Hofers, Privatsiegel (I).

Da man bei gegenwärtiger Lage, wo man hier beinahe nichts mehr bekomt, für die Landesvertheidiger Lebensmittel nach liefern muß –
So wird dem Vorzeiger dieß Peter Mayr v(on) Brixen dieses Geschäft zu besorgen überlassen und hiemit beauftragt, solches so eilig als möglich zu betreiben.
Sollte er gegen Quittung gütiger Gestalten nichts bekomen, so ist derselbe hiemit begwältigt, Lebensmittl auch allenfals zu requirieren – wo sodann aber doch die Quittung auszustellen wäre.
Dieser Gewalt erstreckt sich nur in den G(eric)ht(en) Brixen und Botzen.
Sig(natum) Innsbruck d(en) 18ten August 1809.
LS *Andere Hofer comen dant in diroll*

Nr. 244

Garantie auf Vorspann und Verpflegung für drei Offiziere und 112 Schützen von Schlanders auf ihrem Heimweg.

Innsbruck 1809 August 18

TLA, Autogramme F 13. Orig.-Pap. 22 ca. : 35 ca., Hochformat, 1 Blatt, 1/3 Seite.

Text von Matthias Purtscher (?) geschrieben, Andreas Hofers eigenhändige Unterschrift, o. S.

Marcheroutte
für drey H(errn) Offiziers und 112 Gemeine von G(eric)hte Schlanders, welche nun nach Hause reisen.
Diesen ist in den betreffenden Stationen die vorschriftmäßige Verpflegung und einen halben Vorspanns Wagen gegen Quittung beizuschaffen.
Sig(natum) Innsbruck am 18t(en) August 1809.
Andere Hofer oberComendant in diroll

Nr. 245

Major Josef Marberger und Hofer bezeugen, dass die Scharfschützen aus der Leutasch sich mutig, rechtschaffen und verträglich gezeigt hätten.

Innsbruck 1809 August 18

TLMF, Historische Sammlung, Flugschriften – Autographen. Orig.-Pap. 22,7 ca. : 38 ca., Hochformat, 1 Blatt, ½ Seite.

Text von Matthias Delama (?) geschrieben, Andreas Hofers eigenhändige Unterschrift, o. S.

Daß die in Zirl Kranawitten gestandenen Scharfschützen aus der Leutasch unter Anführung des Johann [Klooz][a] Müller sich jederzeit muthvoll, rechtschaffen und verträglich betragen haben, auch in Verfolgung des Feindes bis nach Rattenberg vorgedrungen sind, mußs diesen braven Leuten zur Steuer der Wahrheit hiermit bezeuget werden. Insbruck am 18. August 809.
Marberger [manu propr]ia Major
Andere Hofer ober Comen dant in diroll

---

[a] Nachträglich eingefügt mit anderer Tinte.

Nr. IV

Aufruf zur Meldung in Tirol zurückgebliebener Militärpersonen.

Innsbruck 1809 August 19

TLA, Landesverteidiger 1809, Sep.-Fasz. III, Pos. 2. Einblattdruck, Orig.-Pap. 21 ca. : 35,1 ca., Hochformat.

Gedruckte Proklamation.

Oeffentliche Bekanntmachung.
Da sich hier im Lande Tyrol sehr viele theils zurückgebliebene, theils selbst ranzionirte Militäristen befinden und zum Theil als unnütze, verlassene Menschen ohne Versorgung herum vagiren und in dieser Lage liederliche, ja wohl gar gefährliche Menschen werden könnten und müßten: so werden selbe hiemit kraft dieß angewiesen, daß sich solche, wo sie sich immer aufhalten, auf der Stelle bei der dort befindlichen Oberkeit stellen, von dieser sodann mit Marschroute versehen an den Herrn Oberst, Freyherrn von Luxsheim, nach Brunecken ins Pusterthal anzuweisen sind; allwo selbe von obenbenannten Herrn Oberst wiederum gehörig armirt, dienstfähig gemacht und mit allem Nöthigen versorgt werden.
Wenn sich aber einer oder der andere diesen Befehl nachzukommen weigern sollte – derselbe ist von der Oberkeit auf der Stelle anzuhalten, und mittelst Escort dahin zu liefern.
Innsbruck den 19ten August 1809.
Andreas Hofer, Ober-Commandant in Tyrol.

Derselbe Text wurde auch zweisprachig gedruckt. Die italienische Variante lautet:

TLMF, Dip. 1299, 30. Einblattdruck, Orig.-Pap. 21,5 ca. : 33,5 ca., Hochformat.

Avviso al pubblico.
Ritrovandosi nel paese del Tirolo non pochi militari in parte restati addietro, ed in parte ranzionati, molti dei quali privi d'arte e di sussistenze, e perciò costretti ad andar vagando possono e devono diventare uomini dissoluti, ed anche pericolosi alla società; così vengono con ciò i medesimi eccittati a presentarsi tantosto alle autorità del luogo ove essi dimorano. Le suddette autorità dopo d'averli provveduti d'una marcia rotta, gl'invieranno alla volta di Brunecken in Pusteria presso il sig. colonnello barone di Luxsheim, il quale gli armerà, li provvederà del necessario, e li porrà in istato di poter di bel nuovo agire offensivamente.
Se poi qualche individuo non osservasse quest'ordine, le autorità sono incaricate di farlo tantosto arrestare e di spedirlo ben scortato presso il suddetto sig. colonello.
Innsbruck li 19 Agosto 1809.
Andrea Hofer, comandante superiore nel Tirolo.

Daneben gab es eine dritte, nur italienische Ausgabe des Textes:

TLMF, FB 2073, 126. Einblattdruck, Orig.-Pap. 19,5 ca. : 30 ca., Hochformat.

Nr. 246

Hofer, Freiherr von Luxheim und Anton Steger schildern Kaiser Franz die Lage in Tirol und bringen ihre Enttäuschung über das Verhalten und den Vertrauensbruch des Kaisers zum Ausdruck (Tirol wird nach dem Waffenstillstand zwischen Österreich und Frankreich von den k. k. Truppen geräumt). Weiters wird in dem Schreiben der letzte Sieg der Tiroler in der Gegend von Innsbruck erwähnt, bei dem der Feind bis nach Kufstein zurückgedrängt worden sei. Schließlich bitten die Aussteller, der Kaiser möge sie mit Mannschaft, Munition und Geld unterstützen, wenigstens aber die Tiroler über die aktuellen Ereignisse auf dem Laufenden halten.

Innsbruck 1809 August 19

SLA, Sammlung Steiner, 38. Orig.-Pap. 21,8 ca. : 30 ca., Hochformat, Libell mit 10 ½ beschriebenen Seiten.

Text von unbekanntem Schreiber, Andreas Hofers, Luxheims und Stegers eigenhändige Unterschriften, o. S.

Eüer Majestaet!
Das schon seit vielen Jahrhunderten an der uralten Regenten Famillie Oestreichs mit eisenfester Treü angehangene Land Tyrol schmeichelt sich auch in dieser wichtigen und traurigen Kriegs-Epoche, durch die vielen gebrachten Opfer seinem lieben Landesfürsten einen neüen Beweis seiner unerschütterlichen Treü und Anhänglichkeit gegeben zu haben.
Eüer Majestät und die vom ganzen Lande so angebetete kaiser(lichen) Brüder haben schon mehrmalen in den gnädigsten und huldvollsten Ausdrüken die vollste Zufriedenheit dem getreüen Lande zu erkennen gegeben und sogar die trostvolle Zusicherung feyrlichst gemacht, daß das getreüe Land von allen Unfällen ganz sichergestellet und kein anderer Friede mit den feindlichen Mächten jemals geschlossen werden würde, der nicht der geliebten Kaiserkrone die edelste Perle Tyrol rükerstattete.
Diese so liebvollen Worte unseres angebeteten Landes Vatter waren allein schon vermögend, das getreüe Volk zu bestimmen, die traurigen Verhörungen ganzer Dörfer und die grossen Wunden, die der Feind dem Lande schlug, zu vergessen, und auch ohne thätigerer Mitwirkung der von Eüer Majestaet abgesandten Hilfe dem wüthenden Feinde, der in allen Gegenden nichts als Tod und Verherungen zurückließ, mit unerschütterlichem Muthe ganz auf Gott und seinen Fürsten vertrauend unter die Augen zu tretten.
Dem aus harrenden Muthe ist es mit göttlicher Hilfe auch mehrmalen gelungen, die zahlreich eingedrungenen Feinde mit blutigen Wunden zurükzuweisen oder auch mehrmalen beynahe ganz aufzureiben und dadurch zu beweisen, was ein seinem Gott und Fürsten getreües Land auch wider geordnete Heere auszurichten vermöge.
Die durch volle 6. Monate ununterbrochen angedauerte Landes Vertheidigung muste nothwendig die ohnehin kleinen Kassen des erarmeten Landes vollends erschöpfen, und wenn schon manch Reicherer sein letztes Ersparniß auf dem Altare des lieben Vatterlandes mit patriotischen Eifer opferte, so war dies alles bey weitem nicht hinreichend, die ausständigen Löhnungen der Landes-Vertheidiger nur in etwas zu bedeken.
Aber ohngeacht dieser traurigen Aussichten, ohngeacht der verstimmelte biedere Bewohner ohne Unterstützung dahin schmachten, die armen Waisen ihres braven Vaters beraubt, manchmal nur der Güte fremder mitleidigen Menschen ihr Leben und Unterhalt verdanken musten, konnte doch der angebohrne Muth der braven Bewohner Tyrols nicht erschüttert werden.

Die vielen Brandstätte, die Grausamkeiten der Feinde scheinen vielmehr den Muth zu verdopplen, und Fürst und Vatterland waren das Losungswort für das zwar kleine aber eisenfeste Häufchen der braven Bewohner,
Durch mehrere erfochtene merkwürdige Siege, welche dem geschlagenen Feinde bey 22000 theils Gedötete, theils Gefangene, theils Blesirte, mehrere hundert Pferde und ein beträcht(liche) Anzahl Artillerie kosteten, glaubte nun das getreue Land mit Zuversicht ehestens in die Arme unseres so angebeteten Landesfürstens rükkehren und an seinem Vaterherze die geschlagenen Wunden heilen zu können – aber leider war auf einmahl alle Hoffnung dahin –
Ein aus dem Hauptquartier seiner kaiser(lichen) Hohheit unseres geliebten Erzherzog Johann angekommener Curier hinter brachte die offizielle Nachricht eines wegen Drange militärischer und auch politischer Verhältnisse zwischen Eüer Majestät und dem Kaiser Napoleon abgeschlossenen Waffenstillstandes, vermög welchen das so getreue Land Tyrol und Vorarlberg von den kaiser(lichen) Truppen geräumet und vom Feinde, von welchem wir nichts als Tod und Verderben zu besorgen hatten, besetzt werden solle. Schon der Gedanke an die fürchterlichste Zukunft, ohne alle Fürsprache der Wuth des Rache schnaubenden Feindes preisgegeben zu werden, war für jeden Rechtschaffenen mehr als Tod; aber noch niederdonerender waren einige Ausdricke in der Waffenstillstands Ankündigung seiner kaiser(lichen) Hochheit, da er zwar mit vätter(licher) Vorsorge das unglükliche Land anwieß, die Amnestie S(ein)er Mayestät des Königs von Bayrn anzuflehen, ein Ausdruck, wodurch zu erkennen gegeben ward, daß für das Land, welches für seinen Fürsten das Leben und Vermögen seiner Inwohner, kurz alles mit Freüden geopferet, keine andere Aussicht wäre, als leider neüerlich von dem lieben Vatterherze seines Fürsten losgerissen zu werden.
Der kurz hierauf unter Thränen aller Landesbewohner erfolgte Abzug der kaiserlichen Truppen bestättigte nun wirklich die lange bezweifelte Wahrheit des Waffenstillstandes. Schon die ersten Schritte bey gleich hierauf erfolgten feindlichen Einzuge waren mit Grausamkeiten bezeichnet, Häuser geblündert, ruhig nach Haus kehrende Vertheidiger gefangen genohmen, und kurz alle Gegenden in Todesschreken versetzet.
Der Wuth des Feindes genügte noch nicht, unmittelbar darauf alle Gattungen von Gewehre, alle Munition unter fürchterlicher Androhung der grausamsten Todesstraffen, Verheerung ganzer Gegenden von dem armen Landmann abzufordern, um auf diese Art nach Willkühr mit den Bewohnern schalten und walten zu können, ja es wurden die ganzen Gegenden, wo die zahlreiche bey 22000 Mann starke Truppe sich befand, dergestalt mit Requisitionen überhäufet, daß den Bewohnern nichts als der grausame Hunger Tod bevorstand.
Dieses Betragen besonders während des Waffenstillstandes zwischen civilisirten Mächten empörte das edle Gefühl der biedern Bewohner und erregte den Entschluß: siegen oder als getreüe Unterthanen des uralten Regentenhauses mit den Waffen in der Hand sterben zu wollen.
Es war ein Sinn, ein Herz, eine Kraft unter allen Bewohnern, nur fehlte eine Seele, besonders da der nun wirkliche k. k. Mayor Teimer in obiger Eigenschaft das Land nebst dem Militär räumen zu müssen sich erklärte.
Der Wunsch, das Zutrauen des gesammten Volkes fiel auf den gehorsamst Unterzeichneten.
So unübersehbar die Hindernisse waren, es mit einem so starken mit allen Kriegserfordernissen versehenen Feinde ohne Geschütz, ohne Cavallerie, mit so weniger Munition

und mit Gefahr, d[en] ganzen Lande den Untergang herbeyzuführen, aufzunehmen, konnte ich doch nicht, besonders da ich aus der feindseligen Behandlung der Truppen den ganzen Waffenstillstand zu bezweiflen mich bestimmet fand, dem Patriotismus und der gerechten Wuth des gereizten Landmannes Schranken setzen.
Auf die Vorsehung, auf die gerechte Sache vertrauend begann ich nur mit einem Rükblick auf das schon halb gefesselte Vatterland mit meinen wenigen getreüen Landbewohnern den ersten grossen Kampf mit einem ~~weit~~ in jeder Rüksicht weit überlegenen Feinde. Unbeschreiblich war der Muth des armen gedrükten Volkes, schaudernd war der Anblik der ringsum brennenden Dörfer und Häuser, fürchterlich war der Kampf in der Gegend vo[n] Sterzing, in Oberinnthal und zuletzt bey Innsbruk.
Aber endlich ist es doch mit Hilfe Gottes dem aus harrenden Muthe meiner braven Brüder gelungen, den Feind aus der Gegend von Innsbk, welche er mit einem an 8000 Mann gränzen(den) Verlurst an Todten, Blesirten und Gefangenen und mit Rüklassung 8. Feürschlunde und sehr vielen theils Munition theils Proviantwägen in der Nacht am 16 dies Monats verlassen mussten, bis gegen Kufstein zu delogiren.
Diese vom Lande Tyrol geübten Thaten für Fürst und Vatterland werden gewies in den Analen eine der merkwürdigsten bleiben und Eüre Majestät von der Treüe der braven Nation überzeigen. Tyrol ist nun gegenwärtig wider frey – Aber desto schauerlicher dürfte die Zukunft seyn, da von einem gereizten Feinde, dessen Stolz mit so empfindlichen Verlurste gedemüthiget worden, für das von Allen verlassenen Land nichts als Tod und Verderben zu befürchten ist.
In dieser traurigen Lage wage ich es im Namen der ganzen Nation, zu dem Vaterherz Eüer Majestät die Zuflucht zu nehmen und flehendst zu bitten, Eüer Majestät wollen dem bedrängten Vatterlande, das von allen Seiten mit Feinden umgeben, eiligste Hülfe an Mannschaft, Munition und wo möglich an Gelde gnädigst zuschicken, oder wenn doch die Umstände unmittelbare Hülfe gegenwärtig unmöglich machen, dem getreüen Lande wenigstens die gegenwärtige Lage der Dinge mittheilen, um hieraus zu ersehen, ob weiterer bereiter Widerstand die Erlösung des so theüren Vatterlandes oder den gänzlichen Untergang herbeyführen würde.
Dies ist, was ich Eüer Majestät für ein Land, das für seinen Fürsten alles was in seinen Kräften stand geleistet und mit Hindansetzung Gut und Blut, um wider in seine Arme rükkehren zu können, noch zu leisten bereit ist, flehend bitte.
Gegeben im Hauptquartier Innsbruk d(en) 19. Augst 1809.
Untertähnigst gehorsamster
Andere Hofer oberComen dant in diroll
Freyherr von Luxsheim Ober Commandant. Von Puster Thal

P. S. Zugleich drang Ruska gegen Pustertal nach Lienz vor, um sich mit Lefebre in Brixen zu vereinigen, auch von Seite Ampezo wurde von Feinde vorgedrungen, und dem Rußka wurden noch von dem General Bouel die Canonen u bey 800 gefangene Bayren abgegeben. Ruska wurde aber am 8t(en) August von Unterzeichnetem bey Lienz angegriffen und endlich genöthiget, nach einigen hundert rükgelassenen Todten u Blesirten Lienz wieder zu verlassen.
Freyherr von Luxsheim

Anton Steeger[manu propria] Haupt(mann) der Bruneck(er) Schützen Compag(nie) und Command(ant) in der Lienz(er) Klaußen.

Nr. 247

Hofer fordert Josef Ignaz Straub, Platzkommandant in Hall, auf, für den Vorspann der Getreidewägen zu sorgen, die von Rattenberg nach Innsbruck fahren.

Innsbruck 1809 August 19

TLMF, FB 2707, S. 308.

Abschrift, im Original Andreas Hofers eigenhändige Unterschrift (?).

Present(iert) den 19ten Aug(ust) 1809.
Von Ober Commandant(en) And(re)a Hoffer aus Insbruck. No. 5.
An den Herrn Platz-Commandanten Straub zu Hall.
Innsbruck den 19ten August 1809.
Da heute von Rattenberg einige Wägen Getraid etc. nach Innsbruck geliefert werden müssen und hier kein Vorspann zu bekommen ist – So wird der H(err) Platzkommandant hiemit ersucht, dieses erbeutete Magazin entweder durch Vorspannswägen von Hall aus oder, da heute Wägen von Achenthal, welche man dem Feind abgenommen, hieher gebracht werden sollen – durch diese anher gebracht werde.
Womit der Unterzeichnete mit Hochachtung geharret.
Andere Hofer Ober Comedant in Diroll.

Von der k. k. Oberkommandantschaft in Tirol. An den Herrn Platzkommandanten Straub zu Hall
durch Ordonanz eiligst

Nr. 248

Begleitschreiben für Druckschriften; diese seien sogleich von der Kanzel aus bekannt zu machen, den Gerichten mitzuteilen und sodann öffentlich anzuschlagen.

Innsbruck 1809 August 20

ÖNB, Autographen Andreas Hofer, 28/16–6. Orig.-Pap. 22,1 ca. : 33,5 ca., Hochformat, 1 Blatt, ½ Seite.

Text von Matthias Purtscher (?) geschrieben, Andreas Hofers eigenhändige Unterschrift. Eingangsvermerk des Empfängers.

An das lobl(iche) Landgericht Sterzing.
Innsbruck am 20t(en) Aug(ust) 1809.
Die im Anschlusse mit folgenden Druckschriften sind also gleich von der Seelsorgs Geistlichkeit auf der Kanzel öffentlich bekannt zu machen, den Patrimonial Gerichten mit zu theilen und sodann zu avigieren.
Andere Hofer oberComen dant in diroll

Rückseite:
N.o 177. Praes. den 20ten August.

Dasselbe Schreiben (zeitgenössische Abschriften) an das Landgericht Bozen:

Stadtarchiv Bozen, Kiste 296, Magistratsakten 1809. Pap. 22,5 ca. : 37 ca., Hochformat, 1 Blatt, 1 Seite.

Gemeindearchiv Salurn, Reihe IX, Fasz. 6. Pap. Pap. 21,3 ca. : 35,5 ca., Hochformat, 1 Blatt, 1 Seite.

Nr. 249

Garantie auf Vorspann und Verpflegung für Johann Hofer und Georg Laner, die auf dem Heimweg sind, um eine neue Kompanie aufzustellen.

Innsbruck 1809 August 20

TLMF, FB 9582, 53. Orig.-Pap. 22 ca. : 35,5 ca., Hochformat, 1 Blatt, ½ Seite.

Text von Matthias Purtscher (?) geschrieben, eigenhändige Passage von Andreas Hofer, Privatsiegel (I).

Marcheroute
für einen H(errn) Hauptman Johann Hofer und Georg Lahner auch Haupt(mann) aus Passeyr welche nun nach Hause reisen um eine neue Compagnie zu errichten.
Diesen ist stationatim die ordentliche Verpflegung und unaufhältlich einen Viertl Vorspanns Wagen gegen Quittung beizuschaffen.
Innsbruck am 20t(en) Aug(ust). 1809.
denen Vo dreien auß ge haltenen haupleiten ist die for span ane wider Röd for zu göben
LS *Andere Hofer oberComen dant in diroll*

Nr. 250

Freiherr von Luxheim und Andreas Hofer ersuchen das Landgericht Bruneck, die *Doctores* Stifler und Marchetti zu arretieren und auf das Schloss Welsberg zu bringen.

Innsbruck 1809 August 20

ASBz, Kreisamtsakten Bruneck, Fasz. 190,1. Orig.-Pap. 22,5 ca. : 35,5 ca., Hochformat., Doppelblatt, 1 ½ Seiten.

Text und Adresse von unbekanntem Schreiber, Hofers und Luxheims eigenhändige Unterschriften, o. S. Eingangsvermerk des Empfängers.

No. 2127
vom k. k. Obercommando in Pusterthal.
An das wohllöbliche k. k. Landgericht zu Bruneck.
Das wohllöbliche k. k. Landgericht zu Bruneck wird hiemit ersucht, gleich nach Empfang dies die Herrn Doctores Stifler und Marchetti zu arrettieren auf Befehl des Herrn Oberkommandanten Andrääs Hofer, und sie mit Escort nach dem Schlosse Welsberg zu schicken, jedoch so, daß selbe vor allen Schimpf und Mishandlungen gesichert werden, auch soll weder in dem Hause des einen noch in dem des andern ein Unfuug oder wohl gar Plünderung bey Verantwortung statt haben.

Im Anschlusse folgen einige Exemplare.
Sich dienstfreundlich empfehlend.
Signatum Innsbruck den 20ten August 1809.
Andere Hofer ober Comen dant in diroll
Freyherr von Luxsheim[manu propria] Ob(er) C(ommandant) [in] Puster Thal,

Rückseite:
Vm k. k. General Obercommando in Tyrol an das wohllöbliche k. k. Landgericht zu Bruneck
ex off(ici)o durch Estaffette

Nro. 2127. Pr. 21. Aug(ust). 1809

Nr. 251

Franz Rahm erhält von Hofer den Auftrag, in den genannten Orten die vorhandenen Bestände an Metall und alles Geld einzusammeln, sowie dort Kommissäre einzusetzen.

Innsbruck 1809 August 20

TLMF, Autographensammlung Andreas Hofer. Orig.-Pap. 21,5 ca. : 35 ca., Hochformat, 1 Blatt, 1 Seite.

Text von unbekanntem Schreiber, eigenhändige Passage von Andreas Hofer, Privatsiegel (I). „und Achrain" sowie „Billerse" nachträglich eingefügt mit anderer Tinte.

Dem Franz Rahm, Bauersmann und Schützenhauptmann v(on) Thauer wird hiemit schärfstens vom Unterzeichneten aufgetragen, sich an folgende Oerter uverzüglich zu begeben nemlich nach
1tens Brixlegg und Achrain
2tens Heydach,
3tens auf den Kiefer und Billerse
4tens Empach und Kössen
und alldorten in ersten Orte alles Tyroler Silber und Kupfer, in den übrigen aber alles Eissen, sowohl bearbeitetes ~~und~~ als rohes aufzunehmen, auch alles vorhandene Geld gegen Quittung abzufodern ~~auch~~ und überall Kommissär hinzusetzen, kurz alles nach seinem Gutdüncken zu verordnen. Es wird h daher jedermann ermahnt, genau nach diesem Auftrag zu achten und ihn schärfstens zu beowachten.
Innsbruck den 20ten Aug(ust) 1809.
LS *Andere Hofer ober Comen dant in diroll*
khein anderen solle khein glauben Bei gemessen werden, ötbaß ab zu fodern, als Befolmechig[en][a] *Eten, der abgeordnet wirth*

Rückseite: Kanzleivermerke

---

[a] Tintenfleck im Original.

Nr. V

Die Geistlichkeit wird aufgefordert, öffentliche Gebete und Danksagungen zu verstärken.

Innsbruck 1809 August 21

TLMF, Dip. 1383, 101. Einblattdruck, Orig.-Pap. 20 ca. : 36,3 ca., Hochformat.

Gedruckte Proklamation.

Hochwürdige Seelsorger in Tyrol!
Die Geschichte dieses Jahres, die Lage der Dinge und die außerordentlichen Verhältnisse, in welchen ich zu meinem Vaterlande Tyrol stehe, ermächtigen mich, auch zu Ihnen mit der Ihrem Stande gebührenden Hochachtung meine Stimme zu erheben. Auch sind es vorzüglich eben Sie, welche es gerne hören, wenn allenthalben und auch öffentlich dem Unendlichen die Ehre gegeben, wenn er als der Urheber alles Gelingens der Unternehmungen anerkannt, wenn das Christenthum Gefahren entrissen, und an der Förderung und mehrern Emporbringung desselben thätig und wirksam gearbeitet wird.
Nehmen Sie also, Hochwürdige, die hochachtungsvolle kurze Eröffnung meiner Gesinnungen und sehnlichsten Wünsche mit geneigtem Gehöre auf.
Zuförderst erkläre ich, daß der unendlichen Güte Gottes, welche sich in den Vorfallenheiten dieses Jahres überhaupt und in den letzten Ereignissen insbesondere so auffallend gezeiget hat, alle Ehre gebühre, und ersuche hiermit angelegenst, daß allenthalben dafür der Herr gepriesen und ihm Danksagung geleistet werde.
Ich finde mich zu dieser Aeußerung, zu diesem Ersuchen um so stärker verpflichtet, je sichtbarer ich die göttliche Hülfe erfuhr, nachdem ich dem Herrn gelobet hatte, die christliche Religion nach meinen Kräften zu befördern und in Aufnahme zu bringen, falls er, der Gott des Segens die für das Heil des Vaterlandes für nothwendig erkannte Unternehmung segnen würde.
Ja, ich will es halten dieses dem Herrn gemachte Versprechen, selbst durch den von oben schon erlangten günstigen Erfolg hierzu aufgefordert und verpflichtet; und gegenwärtige gedruckte Aeußerung an Sie hochwürdige Seelsorger gehöret eben auch mit zu meinen Bemühungen, womit ich mein dem Herrn gemachtes Verlobniß auf die füglichste und wirksamste Art zu erfüllen strebe.
In solcher Absicht mache ich Ihnen meine Gesinnung und das gemachte Verlobniß bekannt, und eben nur in solcher Absicht und mit aller Rücksicht auf kirchliche Gewalt und Ansehen fordere ich Sie hochachtungsvoll auf, nach der Ihnen gegebenen Gewalt und nach ächten Grundsätzen die öffentlichen Gebete eben so wie die Danksagungen zu verstärken, damit der Herr, in dessen Hände die Schicksale der Länder sind, das Werk vollende, und unserm theuern Vaterlande volle Rettung, Sicherheit und Heil gewähre.
Endlich und immer mit eben denselben Gesinnungen der Vaterlandsliebe und der ungeheuchelten Ehrfurcht vor kirchlichen Ansehen ersuche und bitte ich Sie, besonders jetzt mit angestrengten Bemühungen sich dahin zu verwenden, daß in unserm Vaterlande die Hindernisse des Guten geschwächt und gehoben, die Gefahren für die christliche Religion und Tugend nach Möglichkeit entfernt, die Anhänglichkeit an Religion und Tugend belebet und in allem das wahre gemeine Beste befördert werde.
Innsbruck, den 21ten August 1809.
Andreas Hofer,
Ober-Commandant in Tyrol.

Derselbe Text wurde auch in italienischer Sprache gedruckt:

TLMF, Dip. 1299, 31. Einblattdruck, Orig.-Pap. 20,5 ca. : 30,7 ca., Hochformat.

REVERENDISSIMI CURATORI D'ANIME NEL TIROLO!
GLI avvenimenti dell'anno corrente, la situazione delle cose, e le straordinarie relazioni, in cui io m'arritrovo rapporto alla mia patria, al Tirolo, m'autorizzano, d'indirizzare le mie parole, sempre però col rispetto dovuto al vostro carattere, a Voi, che siete quegli individui, che sopra degli altri con sommo piacere sentono, se dappertutto, ed anche pubblicamente si dà lode all'Altissimo se se lo riconosce come l'origine d'ogni felice intrapresa, se il cristianesimo strappato viene dai pericoli, e se si si adopera con fervore ed attività all'innalzamento ed esaltazione del medesimo.

Accogliete dunque benignamente, Reverendissimi, questi miei pochi; ma rispettosi sentimenti, e queste mie sincere brame.

Da prima dichiaro, che sia dovuto ogni onore, e rispetto all'infinita bontà dell'Onnipossente, la quale negli avvenimenti di quest'anno, e specialmente in questi ultimi si è tanto chiaramente dimostrata, e prego caldamente, che in ogni luogo ne vengano perciò rese le dovute lodi, ed i più caldi ringraziamenti al Supremo.

Io mi ritrovo tanto più astretto a queste mie dimostrazioni, a queste mie ricerche in quanto che, dopo d'averlo implorato, ho sperimentato più evidentemente l'aiuto divino, nell'avanzare e promuovere, per quanto mi fu possibile, la religione cattolica, caso ch'egli, il Dio della benedizione voglia benedire l'intrapresa riconosciuta necessaria per la salvezza della patria.

Sì, ch io voglio mantenere questa promessa fatta al dator d'ogni bene, alle medesima invitato e costretto dal buon successo di già avuto e qui sopra espostovi; e questa mia espressione a Voi fatta, reverendissimi curatori d'anime, fa pure parte di quegli sforzi, coi quali procurerò di mantenere fedelmente e ad ogni costo la promessa a Dio fatta.

Con queste mire Vi faccio palesi i miei sentimenti rendenti ad effettuare questo mio proponimento, e con queste mire appunto, e con ogni riguardo alla potestà ed autorità ecclesiastica rispettosamente V'invito di accrescere le pubbliche preghiere, come non meno i ringraziamenti, giusta l'autorità a Voi attribuita, e le vere massime, affinchè il Signore, nelle cui mani sta la sorte dei paesi, compia l'opera, e compartisca alla nostra cara patria scampo, sicurezza, e salute.

Finalmente e per sempre con quegli stessi sentimenti d'amor patrio, e con quel sincero rispetto dovuto all'autorità ecclesiastica Vi prego e Vi supplico, di adoperarvi ora più che mai affinchè nella nostra patria vengano indeboliti e tolti di mezzo tutti gli ostacoli al bene, allontanati più che sia possibile i pericoli, che sovrastar potessero alla religion cristiana ed alla virtù, ravvivato l'attaccamento alla religione ed alla virtù, e promosso in ogni cosa il comune ben essere e la vera felicità.

Innsbruck li 21 Agosto 1809.
ANDREA HOFER, COMANDANTE SUPERIORE IN TIROLO.

Nr. VI

Festlegung der Wein-, Branntwein- und Essigaufschläge. In Kollmann, Mauls, Gries am Brenner, an der Mühlbacher Klause, an der Töll und in St. Martin in Passeier seien diese wie bisher zu bezahlen. Die Branntweinbrenner werden von der Aufschlagszahlung befreit, die Weg- und Brückengelder bleiben so, wie sie 1805 festgesetzt wurden.

Innsbruck 1809 August 21

TLMF, Dip. 1383, 102. Einblattdruck, Orig.-Pap. 21 ca. : 36,3 ca., Hochformat.

Gedruckte Proklamation.

Es hat zwar schon die k. k. Intendantschaft durch Patent vom 14. Julius d. J. die fernere Entrichtung des Aufschlages vom Wein, Branntwein und Essig bey den aufgestellten Stationen anbefohlen.
Man findet aber dennoch für nothwendig, neuerlich Folgendes zu verfügen:
1tens. Bey den Aufschlags-Stationen zu Kollmann, Mauls, Gries am Brenner, Mühlbacher-Klause, Thöll und St. Martin im Passeyr (von welch letztern aber nur was über die Confinen von Passeyr geht) muß jedermann ohne Unterschied oder Ausnahme den Aufschlag vom Wein, Branntwein und Essig wie bisher bezahlen; doch wird
2tens. der Aufschlag von Wiener-Eimer Wein anmit auf 48 Kreutzer und vom Branntwein auf zwey Gulden festgesetzt.
3tens. Bey dem Aufschlagsamte zu Nevis muß aber dasjenige entrichtet werden, was im Jahre 1805 vom Wiener-Eimer bezahlt wurde. Dagegen hat
4tens. der Aufschlag, welcher bisher bey den Branntweinbrennern von jedem Brande und Eimer entrichtet werden mußte, von nun an ganz aufzuhören, doch müssen die patentisirten Branntweinbrenner die in ihren Patenten bestimmte Rekognition fortan an die betreffenden Rentämter wie vorhin erlegen.
5tens. Hat es wegen dem Weg- und Bruckengeld, so wie es Anno 1805 bestanden, zu verbleiben.
6tens. Gegen jene, welche den oben vorgeschriebenen Verordnungen nicht nachkommen werden, wird mit den festgesetzten Strafen ohne Nachsicht vorgeschritten werden.
Innsbruck den 21. August 1809. Von der Ober-Commandantschaft in Tyrol. Andreas Hofer, Ober-Commandant in Tyrol.

Nr. 252

Hofer berichtet an das Gericht Miesbach, die Tiroler hätten viele Pferde und Wägen aus diesem Gericht erbeutet; er bietet an, diese loszukaufen, andernfalls würden sie öffentlich versteigert.

Innsbruck 1809 August 21

Bayerisches Hauptstaatsarchiv, Abt. II: Geheimes Staatsarchiv, MA 6974. Orig.-Pap. 22 ca. : 35 ca., Hochformat, Doppelblatt, 2 Seiten.

Text und Adresse von unbekanntem Schreiber, Andreas Hofers eigenhändige Unterschrift, Privatsiegel (I) als Verschluss.

An ein k. b. Landgericht zu Mirschbach.
Innsbruck den 21ten August 1809.
Da bey der letzten Lieferung mehrere Unterthanen samt Pferd und Wägen vom Landgericht Mirschbach in unsere Gefangenschaft gerathen sind und sich auch noch befinden, so wird obigen Landgericht hievon Meldung gemacht und zugleich berichtet, daß obige gefangengenommene Fuhrleute in der Zahl 62 samt Pferd und Wägen ungehindert nach ihrem Vaterlande zurückkehren können, wenn nemlich ein k. b. Landgericht zu Mirschbach die Pferd und Wägen loskaufen ~~würde~~ und zwar für jedes Pferd im Durchschnitte 70 fl und für jeden Wagen 40 fl bezahlen würde. Doch müßte dieses Geld binnen 4 Tagen hier eingeliefert werden, indem sonst, falls diese Frist verstrichen wäre, alle Pferde und Wägen hier öffentlich um die Unkösten zu ersparen versteigert werden müßten.
Auch wird wegen der Mannschaft gleich gesorgt werden, indem die 2 Abgeordneten auch einen Brief an seine Mayestet dem König erhalten, daß nemlich unsere Leute ehestens ausgelößt und dagegen ausgedauscht werden.
Womit man sich in Freundschaft empfiehlt und der Antwort entgegen wartet.
Andere Hofer ober Comendant in diroll

Rückseite:
V(on) Innsbruck. An ein löb(liches) k. b. Landgericht zu Mirsbach.

Nr. 253

Hofer bietet König Max Josef von Bayern durch einen Abgeordneten einen Austausch von Gefangenen an.

Innsbruck 1809 August 21

Bayerisches Hauptstaatsarchiv, Abt. II: Geheimes Staatsarchiv, MA 6974. Orig.-Pap. 23,8 ca. : 37 ca., Hochformat, Doppelblatt, 1 ½ Seiten.

Text und Adresse von unbekanntem Schreiber, Andreas Hofers eigenhändige Unterschrift, Privatsiegel (I) als Verschluss.

Innsbruck den 21ten August 1809.
An Seine Maiestaet dem König in Baiern!
Da durch die öftern kriegerischen Auftritte einige von unsern Landsleuten in die Gefangenschaft Seiner Majestät gerathen sind, auch mehrere Vorspannsleister mit dem

k. b. Militär Tyrol zu verlassen gezwungen wurden, so wird durch diesem Abgeordneten an Seine Majestaet der Antrag gestellt, diese Gefangene gegen diejenigen beyrischen Unterthanen, welche so zahlreich sich in unsrer Gefangenschaft befinden, auszudauschen, weil wir nemlich sonst gezwungen wären, diese beyrische Unterthanen obwohl wider unsern Willen zurückzubehalten.

Auch hofft mann, daß unsere Landsleute bis zur Auswechslung gut behandelt werden, und daß mann sie eben so ebenso behandle, wie die Gefangenen hier behandelt werden.

Womit man sich an Seine Majestaet gehorsamst und unterthenigst empfiehlt

Andere Hofer ober Comen dant in diroll

Rückseite:
V(on) Innsbruck in Tyrol. An Seine Durchlaucht dem König in Baiern.

Nr. 254

Hofer schreibt an die Kommandantschaft Meran, die von Schlanders nach Meran gebrachten Kriegsgefangenen könnten dort bleiben, die Schlanderser und Tscharser (?) müssten aber für den Unterhalt derselben sorgen. Ein erbeutetes Pferd solle nach Innsbruck gebracht werden.

Innsbruck 1809 August 21

TLA, Materialiensammlung Rapp, Schuber 8. Orig.-Pap. 21,9 ca. : 35,5 ca., Hochformat, 1 Blatt, 1 Seite.

Text und Adresse von Matthias Purtscher (?) geschrieben, Andreas Hofers eigenhändige Unterschrift, o. S. Eingangsvermerk des Empfängers.

An die k. k. Kommandantschaft Meran.
Innsbruck d(en) 21t(en) Aug(ust) 1809.
In Betref der so eben angelangten Beschwerde wegen den von Schlanders oder vielmehr vom dortigen Marschdeputierten Gellmo und Michl Mayr nach Meran geschickten Kriegsgefangenen erwiedert Unterzeichneter, daß dieselben zwar (wenn sich Raum vorfindet) in Meran können belassen werden, dagegen aber sollen die Schlanderscher und Tscharscher gehalten seyn, für selbe die Lebens Mitteln nach Meran zu liefern. Wiedrigenfals können selbe zur Strafe ihres eigenmächtigen Benehmens ohne weiters wieder zurückgeliefert werden.

Daß dem H(errn) Rittmeister v(on) Voll abgenommene Pferd, wovon Unterzeichneter schon in Kenntniß gesetzt (ja ihm solches gegen einen bestimmten Ersatz angetragen) wurde, ist auf der Stelle mit seiner ganzen Rüstung (das ist Statl [sic] und Zeug) hieher einzuliefern.

Andere Hofer ober Comen dant in diroll

Rückseite:
Pres(entiert) d(en) 23tn Aug(us)t 809 ½ 6 Uhr abents.

Nr. 255

Hofer ruft das Stadt- und Landgericht Sterzing auf, zur Besetzung der Grenzen so schnell als möglich eine Schützenkompanie nach Innsbruck zu schicken.

Innsbruck 1809 August 21

TLMF, Historische Sammlung, Flugschriften – Autographen. Orig.-Pap. 22 ca. : 35,5 ca., Hochformat, Doppelblatt, 1 Seite.

Text und Adresse von Matthias Purtscher (?) geschrieben, Andreas Hofers eigenhändige Unterschrift, Privatsiegel (I) als Verschluss. Eingangsvermerk des Empfängers.

An das lob(liche) Stadt und Landgericht zu Sterzing.
Innsbruck am 21ten August 1809.
Da der Landsturm nun bereits nach Hause gegangen und beinahe keine Landsvertheidiger mehr hier sind – die Granzen aber doch immer gut besetzt werden müssen, so ist es also nothwendig, daß man die hiezu nöthigen Schützen Compagnien aufrufe.
Das lob(liche) Stadt und Landgericht wird also hiemit aufgefodert, so eilig als möglich eine Compagnie Schützen hieher zu stellen, wo selbe sodann von hier aus ihre weitere Bestimmung erhalten wird.
Andere Hofer ober comen [sic] *in diroll*

Rückseite:
Von der k. k. Oberkommandantschaft in Tirol. An das lob(liche) k. k. Stadt und Landgericht zu Sterzing.

No. 181. Praes. den 22. August. 1809

Nr. 256

Hofer erteilt dem Grafen Josef von Mohr erneut die Vollmacht als Kommandant von Vinschgau, Bozen und Trient.

Innsbruck 1809 August 21

TLMF, FB 2729, 29. Pap., 1 Blatt, 1 Seite.

Genaue Abzeichnung (Faksimile). Im (nicht eruierbaren) Original unbekannter Schreiber, zwei eigenhändige Passagen Andreas Hofers (die erste nachträglich eingefügt am Rand des Textes). Die gestrichenen Stellen sind – da im zitierten Faksimile nicht lesbar – entnommen aus einer Abschrift im TLMF, Historische Sammlung, Flugschriften – Autographen.

Fac simile.
Zeugniß.
Ich übergebe Ihnen die ganze Vollmacht wieder auf ein Neues – als Major und Commandant von ganz Vinschgau *wie auch in Pozen, vnd drient* und der übrigen in der Linie stehenden Truppen, in soferne sie fast in gleiche Posten zu stehen haben. Jeder Ungehorsame muß und kann durch Ihnen bestrafet werden – Jeder muß seine Schuldigkeit in allem, auch widrigen Zufällen, thun.
In Ermanglung Ihrer karaktermäßigen Gage auch Fourage auf die Zahl der gebührenden Pferde sind Sie solche, so lange Sie für Vaterland und Religion Dienste leisten, bey

den betreffenden Gerichtsobrigkeiten zu fassen berechtiget, wofür das Land haften wird.
Innsbruck den 21ten August 1809.
Andere Hofer ober Comen dant in diroll
alle in woner des lantß diroll, sollen doch Ein wenig nach gott denckhen vnd die Befehl fohl ziechen

Rückseite:
An den H(err)n Major und Comandanten Grafen v. Mohr.

Nr. 257

Hofer beauftragt den Graveur Josef Grubhofer, neue Münzprägestempel zu schneiden.

Innsbruck 1809 August 21

TLA, Münzsachen, Karton XXVI, Münzakten 1809. Orig.-Pap. 22 ca. : 35,8 ca., Hochformat, 1 Blatt, ½ Seite.

Text von Matthias Purtscher (?) geschrieben, Andreas Hofers eigenhändige Unterschrift, Privatsiegel (I). Eingangsvermerk des Empfängers.

Offene Ordre
Gemäß dieser wird der H(err) Jos. Grubhofer hiemit an den H(errn) Münzverwalter in Hall angewiesen und von der Oberkommandantschaft in Tirol beordert, ein neues Münzpräg zu verfertigen. Wo sodann der H(err) Münzverwalter mit obigen Gruphofer das Nöthige vorzukehren hat, damit die Sache so schleinig als möglich vor sich geht.
Innsbruck d(en) 21t(en) Aug(ust) 1809.
LS *Andere Hofer ober Comen dant in diroll*

Rückseite:
Ober Kommendantschaft in Tirol.
Praes(entiert) den 22ten Aug(ust) 1809.

Nr. VII

Aufruf zur Abgabe von Beutegut in der Innsbrucker Hofburg.

Innsbruck 1809 August 22

TLMF, Dip. 1383, 216. Einblattdruck, Orig.-Pap. 22 ca. : 35,8 ca., Hochformat.

Gedruckte Proklamation.

Da es viele Privat-Personen giebt, welche die von dem k. b. Militär geraubten und den armen und ehevor verunglückten Bewohner Tyrols abgenommenen Sachen aufkauften, so wird denselben und allen, welche derley Sachen besitzen, hiemit schärfstens aufgetragen, selbe in Zeit von acht Tägen hier in der Hofburg einzuliefern, wo man sonst gezwungen wäre, solche Sachen nach Verfließung der acht Täge zu schätzen, wo denn

derjenige, bey welchem es aufgefunden würde, für jeden Kreuzer einen Gulden Strafe bezahlen; oder aber im Falle er solches nicht bezahlen könnte, mit Leibes-Strafe belegt werden müßte.
Innsbruck, den 22sten August 1809. Andreas Hofer, Ober-Commandant in Tyrol.

Derselbe Text wurde auch in italienischer Sprache gedruckt:

TLMF, Dip. 1299, 33. Einblattdruck, Orig.-Pap. 22 ca. : 31,5 ca., Hochformat.

Ritrovandosi molte persone private, le quali comperarono dal militare regio bavaro degli effetti rubati e portati via ai poveri e di già in avanti infelici abitanti del Tirolo; così si ordina sotto le pene le più rigorose ai medesimi ed a tutti quelli, che possedessero simili ogetti, di portarli entro otto giorni in questo castello, trovandosi caso contrario obbligati, di far stimare, passato il suddetto termine, questi effetti, e di condannare quell'individuo, presso del quale ne verranno ritrovati, a pagare un fiorino per carantano del loro valore, e se questi non fosse in istato di pagare la suddetta pena in danaro, di castigarlo con pene corporali.
Innsbruck li 22 Agosto 1809.
ANDREA HOFER, COMANDANTE SUPERIORE IN TIROLO.

Nr. 258

Hofer antwortet auf eine Anfrage der Kommandantschaft Meran, festgenommene „Chyrurgen" (Wundärzte) könnten unmöglich entlassen, wohl aber in den Spitälern eingesetzt werden.

Innsbruck 1809 August 22

TLA, Materialiensammlung Rapp, Schuber 8. Orig.-Pap. 22,8 ca. : 36 ca., Hochformat, Doppelblatt, ½ Seite.

Text und Adresse von Matthias Purtscher (?) geschrieben, Andreas Hofers eigenhändige Unterschrift, zwei Privatsiegel (I) als Verschluss. Dorsalvermerke von verschiedenen Händen, Eingangsvermerk des Empfängers.

An die k. k. Kommandantschaft Meran.
Innsbruck d(en) 22t(en) August 1809
Uiber die so eben angelangte Anfrage in Betref der gefangenen Chyrurgen wird erwiedert: daß man dermal dieselben bei gegenwärtigen Umständen unmöglich entlassen kann.
Dieselben sind also bis weitere Ordre zu behalten.
So bald sich die Umstände ändern, so wird man geschwind ertheilen, was damit zu thun ist.
Uibrigens könnten selbe in Spitäler verwendet werden.
Vom k. k. Oberkomando in Tirol.
Andere Hofer ober Comen dant in diroll

Rückseite:
Von k. k. Oberkommando in Tirol an die löb(liche) k. k. Kommandantschaft zu Meran durch Ordonanz eiligst.

In Salt [sic!] ankomen den(n) 23 August u ¾ auf 8 Uhr so gleich abgangen

Praes(entata) d(en) 23 Aug(us)t 809 ¾ 10 Uhr Vormittag.

Nr. 259

Hofer ersucht das Stadt- und Landgericht Sterzing, drei sich am Brennerpass oder in Sterzing befindliche Platten Blei möglichst schnell abzuliefern.

Innsbruck 1809 August 22

Hinweis in: Auktionskatalog Kronenberg (Internetressource), Fernauktion vom 10. Februar 2004, Los-Nr. 4255. Orig.-Pap. Großfolio, Hochformat, 2/3 Seite.

Unbekannter Schreiber, Andreas Hofers eigenhändige Unterschrift, Privatsiegel (I).

„Andre Hofer ober comm(en)dant in Diroll"

Nr. 260

Hofer zeigt sich in dem Schreiben an die Schutzdeputation Imst zufrieden über die Aufstellung von vier Kompanien und ermahnt, mit der Munition sorgsam umzugehen. Imst solle seine Kompanien möglichst nach Reutte schicken, da jene von Landeck am Arlberg gebraucht würden.

Innsbruck 1809 August 22

Abbildung in: Auktionskatalog Stargardt 11/2004 (Internetressource). Orig.-Pap. Fol., Hochformat, 1 Seite.

Text von Matthias Purtscher geschrieben (?), Andreas Hofers eigenhändige Unterschrift, Siegelreste (unkenntlich).

An die löb(liche) k. k. Schutzdeputation zu Immst.
Innsbruck d(en) 22t(en) Aug(ust) 1809.
Ich gebe Ihnen hiemit meine Zufriedenheit über die so schleinige Mobillmachung der 4 Compagnien zu erkennen, machen Sie nur, daß dieselben so eilig als möglich auf den angewiesenen Posten kommen.
Anmit übermache ich Ihnen einige Munition, besorgen Sie, daß selbe nicht unnütz verschwendet werde, denn Sie wissen schon, daß wir immer Mangel haben.
Wegen den in Nasereith bei der Salzfacktorey liegenden 400 fl hat es seine Richtigkeit, in dem der Herr ~~Cassier v(on)~~ [Ingram] Facktor[a] die Anweisung von dem Unterzeichneten bereits ~~geschehen ist~~ erhalten hat.
Uibrigens empfiehlt man Ihnen möglichste Thätigkeit und rechnet sicher darauf, daß Sie zum Beßten des Vaterlandes alles Mögliche thun werden.
Vom k. k. Oberkommando in Tirol
Andere Hofer ober Comen dant in diroll

P. S. So eben erhielte ich Nachricht daß von Lanndeck keine Compagnien nach Reutte geschickt werden können, indem ~~sie~~ selbe ihre Comp(agnien) nach Arlberg brauchen – es wird Ihnen daher der Posto bei Reutte beßtens empfohlen und ersucht, so viele Comp(agnien) dahin zu beordern als nöthig sind.
Uibrigens laufen von allen Seiten gute Nachrichten ein.

Rückseite nicht abgebildet.

---

[a]   Nachträglich eingefügt durch Verweis.

Nr. 261

Josef Ignaz Straub, Stadtkommandant in Hall, wird von Hofer aufgefordert, von Hall bis Wörgl in jedem Ort zwei Mann zur Beförderung der Ordinanzen aufzustellen.

Innsbruck 1809 August 22

TLMF, FB 2707, S. 309.

Abschrift, im (nicht eruierbaren) Original eigenhändige Unterschrift und eigenhändiger Beisatz „nur eilligst […]" von Andreas Hofer (?).

Present(iert) d(en) 22ten Aug(ust) 1809.
Von OberComand(anten) And(re)a Hoffer aus Innsbruck
an den Stadtkomandanten Straub in Hall. No. 6
Auf Befehl des k. k. Her Oberkomanden [sic] Hoffer Sie möchten die Gitte haben, by Ihnen in Hall 2 Mann von Hall zur Ordinaz beßtöhlen, ud dan auch pis Wörgl alle zbey Stunden mindistns schöchen 2 Mann von jeden Orth zu stehn, damit die Ordinanzen eilligst befördert werden. Also möchtn Sie diesse Order von Ihnen gleich durch Ordinaz am negsten Orth wo Sie glauben hinsicken u von dortiger Ordinaz gleich wieder auf den negsten Orth, in dessen leb(en) Sie wohl.
Innsbruck den 22 August 1809
Andere Hofer Ober Comen dant in Diroll nur eilligst machen Sie das die Sach in Ordnung khombt.

An den Hern Statt Komandanten Straub a Hall
Eillg durch Ordinaz

Nr. 262

Hofer ordnet den zwei Gemeinden Mutters und Natters an, zwei Mannschaften beim Schupfenwirt als Ordinanz aufzustellen.

Innsbruck 1809 August 22

Museum Passeier – Andreas Hofer. Orig.-Pap., 1 Blatt, ½ Seite.

Text von unbekanntem Schreiber, eigenhändige Passage Andreas Hofers, o. S.

Es wurde den zwei Gemeinden Muters und Naters vo[n] H(errn) Ober-Com(endanten) auf getragen, das bis auf weithere Verordnung zwey orthliche rechtschaft Manschaft under der Schupfen zu einner Ortinäntz auf gestelth werden.
In(sp)ruck d(en) 22t(en) August 809
das mueß ane weiters folzochen werden
Andere Hofer ober Comen dant in diroll

Nr. 263

Von Hofer ausgestelltes Zeugnis für den Grafen Josef von Mohr.

Innsbruck 1809 August 22

Zit. nach: Maretich von Riv-Alpon, Berg Isel-Schlacht, 253–254[1]. Original 1899 in Besitz des k. u. k. Oberstlieutnants Leutnants Hermann von Reinhardt zu Ferklehen und Thurnfels in Wilten.

Im Original Andreas Hofers eigenhändige Unterschrift (?).

„Nr. 12. Es wird hiemit Kraft dies zur Steuer der Wahrheit bezeugt, daß der hoch und wohlgeborene Herr Graf v. Mohr zu Latsch sich bei dieser Kriegs-Epoche äußerst thätig benommen; alle Feldzüge in diesem Monat mitgemacht, die Leute aufgemuntert und überhaupt seinen wahren, patriotischen Eifer werkthätig bei jeder Gelegenheit an den Tag gelegt habe – weßwegen der Unterzeichnete keinen Anstand nimmt obigen Herrn Graf öffentlich anzurühmen.
Innsbruck den 22. August 1809
Andere Hofer Ober-Commendant in Diroll."

Nr. 264

Hofer fordert den Defensions-Kommissär Ferdinand Alois Fischer in Landeck auf, keine Kompanien nach Reutte zu schicken, wohl aber den Arlberg und das Zeinisjoch im Auge zu behalten und sofort über eventuelle Feindbewegungen zu berichten.

Innsbruck 1809 August 22

Privatbesitz. Abbildung in: Pfaundler/Köfler, Freiheitskampf, 196. Orig.-Pap. 22,6 : 28, Hochformat, Doppelblatt, 1 Seite.

Text und Adresse von Matthias Purtscher (?) geschrieben, Andreas Hofers eigenhändige Unterschrift, zwei Privatsiegel (I) als Verschluss. Die Passage „auf den Arlberg und Zeinis" nachträglich eingefügt am Textrand.

An den k. k. Defensions Commissaer H(errn) Ferd. Alois Fischer zu Lanndeck.
Innsbruck d(en) 22t(en) Aug(ust) 1809
In Betreff Ihres so eben gemachten Ansuchens wird hiemit ertheilt: Daß Sie dermalen nach Reutti keine Compagnien schicken därfen, außer wenn eine offenbare Feinds Gefahr alldort vorfiele.
Dagegen aber haben Sie ein äußerst wachsames Aug auf den Arlberg und Zeinis zu haben, damit uns der Feind dort nicht zu kommt, und über jede Vorfallenheit die schleinige Anzeige zu machen.
Man rechnet auf Ihren alten Diensteifer und hoft, daß Sie zur Rett(ung) des Vaterlandes alles Mögliche beitragen werden.
Uibrigens laufen von allen Seiten gute Nachrichten ein.
Vom k. k. Oberkommando in Tirol.
Andere Hofer ober Comen dant in diroll[.]

Rückseite:
Vom k. k. Oberkomando in Tirol an den k. k. Defensions Commissaer H(errn) Ferdinand Alois Fischer wohledlgeborn zu Lanndeck:
durch Ordonanz eiligst

Nr. 265

Zeugnis für Johann Degeser, Kooperator in Meran, der sich als Feldkaplan bei der Meraner Kompanie ausgezeichnet hat.

Innsbruck 1809 August 22

Stadtarchiv/Stadtmuseum Meran. Orig.-Pap. 22,5 ca. : 35,3 ca., Hochformat, 1 Blatt, 1 Seite.

Text von unbekanntem Schreiber, Andreas Hofers eigenhändige Unterschrift, ein Privatsiegel (I) als Verschluss (teilweise abgebrochen).

Zeugniß.
Von Seite des Oberkommandanten in Tyrol wird hiemit dem Herrn Johan Degeser Cooperator zu Meran das sehr verdiente Zeugniß ertheilt, daß er sich als Feldkaplan bey der Meraner-Compagnie in öftern Ausruckungen so betragen hat, wie man es von einem rechtschaffenen, unermüdeten, wahren Seelsorger nur wünschen kann, der zur Be[y]behaltung der Ordnung, zur Beruhigung der Unzufriedenen, zur Besorgung der

Verwundeten und Sterbenden keinne Mühe, Ungelegenheit und Gefahr gescheuet hat. Wodurch er sich dann der Danckbarkeit des Vaterlandes und aller Empfehlung würdig bezeugt zu haben versichert wird.
Insbruck den 22 August 1809
Andere Hofer ober Comen dant in diroll

Nr. VIII

Da die Sicherheit von Personen und Eigentum gefährdet ist, ist es dringend nötig, die Behörden und Autoritäten wieder herzustellen. Die Gerichte, Finanzdirektionen, Rentämter, Kreiskommissariate etc. werden deshalb bestätigt, zusätzlich wird in Innsbruck eine zentralisierte Oberbehörde, die *Provisorische General-Landes-Administration*, **eingesetzt, die die in Tirol bisher vom Hof getragenen Funktionen übernehmen soll.**

Innsbruck 1809 August 23

TLA, Tiroler Landesverteidiger 1809, Sep.-Fasz. III, Pos. 2. Doppelblatt, 2 ½ Seiten, Orig.-Pap. 21,5 ca. : 32,5 ca., Hochformat.

Gedruckte Proklamation.

Die jüngst eingetretenen Ereignisse haben leider den Verband der gesetzlichen Ordnung in so einer Art gelähmt, daß bey einer längeren Ansicht dieses stockenden Zustandes die Sicherheit der Personen so wie auch jene des Eigenthums der Gefahr ausgesetzet bleiben würde.
Auf Ordnung gründet sich das wahre Glück der bürgerlichen Gesellschaft, nur darinnen kann sich jeder Staatsbürger der Handhabung seiner wohl erworbenen Rechte erfreuen, und nur dieser Vorzug ist es, welcher jeder Menschen-Klasse überhaupts die Erfüllung der Berufspflichten zu lehren und dadurch den erwünschten Zustand glücklicher Staatsbürger zu befördern und aufrecht zu erhalten vermag. –
Die erste und eben so dringende Nothwendigkeit, welche zu diesen Zweck führen kann, ist unverkennbar die Wiederherstellung der erforderlichen Autoritäten oder Behörden, damit der Landesbewohner bey selben Handhabung seiner Rechte und Hilfe suchen auch solche finden möge.
Von diesen Ansichten geleitet und in der weiteren Erwägung, daß von mir unterfertigten Ober-Commandanten alles, was gehandelt wird, für Se. Majestät den Kaiser von Oesterreich bewirket werde, werden demnach nicht nur die Patrimonial- und Landgerichte, die Rentämter, die Finanz- oder Cameral-Directionen, die General-Kreis-Commissariate, und die dahier und in Trient bestehenden Appellations-Gerichte in ihren ehemaligen Wirkungskreisen provisorisch bestätiget und zur schleunigen Fortsetzung ihrer Functionen andurch angewiesen, sondern die unterzeichnete Oberkommandantschaft hat den gegenwärtigen Verhältnissen auch angemessen und nothwendig zu seyn befunden, in Innsbruck noch über dies für das publico Politicum und für das Camerale eine centralisirte Oberbehörde unter der Benennung: provisorische General-Landes-Administration in Tyrol zusammen zu setzen und aufzustellen, und dieser Stelle die Oberleitung über die in bemeldte Dienstes-Fächer einschlägigen Kreis- und über jene Behörden, welche bisher nur eigenen Hofstellen unterstanden, vom ganzen Lande Tyrol zu übertragen, auch selber anbey die Erledigung jener Geschäfts Gegenstände zur Pflicht zu machen, die bisher nur von der Vorlage und Entscheidung des Hofes abhiengen.

A.) Die 3 Kreis-Commissariate,
B.) die 3 Finanz-Directionen,
C.) die Stiftungs-Commission,
D.) die Kron- und Stiftungs-Fiskalate,
E.) der hiesige akademische oder Studien-Senat,
F.) das Salz-Oberamt,
G.) das Münzamt,
H.) das Bergdirectorat,
I.) die Polizeidirectionen oder Commissariate hinsichtlich auf die höhere Polizey-Agenda,
K.) die Oberst- und Oberpostämter,
L.) die Aufschlägämter,
M.) die Strassen- Wasser- und Civil-Bau-Inspectionen und
N.) die Lotto-Administrationen sind also dieser General-Landes-Administration unmittelbar untergeordnet.
Die Abfuhr der Gefällen Ueberschüsse muß von den Kreis- und übrigen Kassen an die dahier errichtete Centralkasse erfolgen, und selbe haben ihre Kasse-Stände oder Ausweise mit Schluß jeder Woche an die bemeldte General-Landes-Administration einzusenden.
Die unterzeichnete Oberkommandantschaft hält sich vollkommen überzeugt, daß in dieser Verfügung jedermann die reine Absicht des bemerkten heilsamen Zweckes erkennen und den aufgestellten Behörden den schuldigen Gehorsam, Folge und Achtung zu leisten sich beeifern werden, sie hält sich anbey aber auch versichert, daß die Behörden überhaupt und jedes einzelne Mitglied derselben nur von dem ausschließenden Gesichtspunkte ausgehen werden, das Wohl des Landes und seiner Bewohner zu befördern und zu befestigen.
Jedes Dienst-Individuum muß unweigerlich an jenen Platz, zu welchen es oder bisher angestellt war oder einen neuen Ruf erhält, zur Dienstesleistung sich verwenden lassen und seine Berufspflichten pünktlich zu erfüllen besorgt seyn, sollte jedoch wider alle Erwartung ein Dienst-Individuum hierunter eine Widersetzlichkeit sich beygehen lassen, so ist dasselbe als ein offenbarer Feind des Vaterlandes anzusehen und hiernach ohne Rücksicht seines Standes gesetzlich zu behandeln.
Innsbruck den 23. August 1809.
Andreas Hofer,
Ober-Commandant in Tyrol.

Nr. IX

Rüge wegen der vernachlässigten Ordinanzen.

Innsbruck 1809 August 23

TLA, Tiroler Landesverteidiger 1809, Sep.-Fasz. III, Pos. 2. Einblattdruck, Orig.-Pap. 16,9 ca. : 20,7 ca., Hochformat.

Gedruckte Proklamation.

Da in Erfahrung gebracht worden, daß, nachdem schon öfters die genaue Befolgung der Ordonanzen anbefohlen worden, selbe doch an einigen Orten vernachlässiget wurden, so wird hiemit neuerlich schärfstens anbefohlen, daß in allen Gerichten und Ortschaften die Ordonanzen wieder hergestellt werden.
Die Ortsoberkeiten und Gerichtsverpflichte haben für die genaue Befolgung dieser Verordnung bey schwerster Verantwortung zu haften.
Innsbruck den 23. August 1809.
Andreas Hofer,
Ober-Commandant in Tyrol.

Nr. X

Baron von Luxheim und Hofer berichten über die aktuelle militärische Lage.

Innsbruck 1809 August 23

TLMF, Dip. 1299, 35. Einblattdruck, Orig.-Pap. 21 ca. : 31,5 ca., Hochformat.

Gedruckte Proklamation.

RELAZIONE.
Dopo una conferenza tenuta in Merano furono li 3 agosto anno corrente spediti al quartier generale di S. A. R. l'Arciduca GIOVANNI i sigg. maggiore de Müller di Vorarlberg, barone de Lichtenthurn, Biaggio Trogmann capitano della prima compagnia di cacciatori di Maisen, e giunti colà li 13 a ore quattro pomeridiane, furono tosto admessi all'udienza della succennata A. I., cui presentarono le carte seco loro portate. Indi il sig. Maggiore de Müller, ed il Barone de Lichtenthurn vennero dalla prelodata A. I. inviati alle ore 8 e mezzo in tutta fretta col mezzo della posta di campagna al quartier generale di S. M. I. a Comorn, ove a ore 9 di sera vi sono arrivati.
Il giorno seguente a ore 4 di mattina fu il sopramentovato Trogmann in qualità di corriere spedito nel Tirolo di ritorno colla vocale ambasciata, che presentemente da parte di casa d'Austria non sia stata accettata la pace, ma al contrario che sarà continuata la guerra, il giorno però non si potrebbe determinare, per non essere stata insinuata a S. A. I. fin allora la disdetta dell'armistizio.
Altronde brama S. A. che li Tirolesi si volessero costantemente difendere.
Parimente brama e prega la prelodata I. A. che si volesse quanto prima spedirle un fidato corriere per recarle vocali ma esatte notizie della situazione del Tirolo, assicura poi il Tirolo, che nel periodo di 6 in 8 giorni spedirà coll'aiuto di Dio un altro corriere colle ulteriori comunicazioni.
Arrivato in Innsbruck li 23 agosto 1809 a ore 7.
BARONE DE LUXSHEIM vidit PARTSCHER [sic] imp. reg. aiutante.
ANDREA HOFER sopra comandante del Tirolo.

Nr. 266

Hofer berichtet an die Kommandantschaft Meran, Major von Müller, Baron von Lichtenthurn und Blasius Trogmann seien zum Erzherzog Johann abgesandt und von diesem empfangen worden. Trogmann sei alsdann nach Tirol zurückgeschickt worden mit der Nachricht, Österreich hätte keinen Frieden geschlossen und der Krieg würde fortgesetzt. Der Erzherzog hätte sich zudem gewünscht, von einem Kurier Näheres über die Umstände in Tirol zu erfahren.

Innsbruck 1809 August 23

TLMF, Historische Sammlung, Flugschriften – Autographen. Orig.-Pap. 22,5 ca. : 31 ca., Hochformat, Doppelblatt, 2 ½ Seiten.

Text von unbekanntem Schreiber, Andreas Hofers eigenhändige Unterschrift, Privatsiegel (I). Eingangsvermerk des Empfängers.

An eine lob(liche) k. k. Comandantschaft in Meran.
Innsbruck den 23ten August 1809.
Nota
Den 3ten August dieß Jahrs wurden bey der in Meran abgehaltenen Conferenz H(err) Major v(on) Müller, Joseph Frey H(err) v Liechtenthurn und H(err) Blasi Trogman zu S.er k. k. Hochheit den E. H. Johann abgeschickt, und kommen in höchstselben H(au)ptquatier den 13t(en) in Tschakathurn um 4 Uhr Nachmittag an, allwo selbe ihre Depeschen vorgewießen und bei höchselben eine mündliche ~~Ordonan~~ Audienz gehabt.
H(err) Major v(on) Müller und Frey(herr) v(on) Liechtenthurn würden von seiner k. k. H. dem E. H. Johann an S.e Majestätt dem Kaiser nach Comorn mitlst Feldpost um ½ 9 Uhr abends eilends ~~in das~~ abgeschickt.
Den andern Tag um 4 Uhr morgens wurde obbemelter Trogmann alsogleich als Currier nach Tyrol zurück beordert mit dem mündlichen Aufträgen, daß dermalen v(on) Seite Oestereich kein Frieden angenohmen worden, sondern daß richtig der Krieg fortgeführt werden soll; jedoch könne der Tag nicht bestimmet werden, indem Ser k. k. H. E. H. Johann die Aufkindung noch nicht erkläret worden sey; indessen wüntschte höchstselber, daß sich die Tyroler tapfer und standhaft vertheidigen möchten.
Höchstselber wünschet und bittet, daß man ihm einen vertrauten Kurier je eher je lieber mit verläßlichen mündlichen Aufschlüssen überschicken sollen, welcher höchstselber über die Lage von Tyrol Bericht erstatten möchte. Höchstselber laßt Tyrol versichern, daß binnen 6 oder 8 Tagen ein neuer Currier unter den Segen Gottes die mehrere Aufschlüsse dem Lande eroffnen werde.
Dieses ist von der lob(lichen) Comandantschaft allen unterstehenden G(eric)hten bekannt zu machen.
LS *Andere Hofer ober Comen dant in dirolln*
Alles Übrige wird nachgetragen werden pr Bericht.

Rückseite:
Praes(entiert) d(en) 24tn Aug(us)t 809 ½ 2 Uhr Nachmit(a)g.

23. August 1809.
XXX.

Nr. 267

Hofer befiehlt dem Landgericht Steinach, Personen, die sich dem „allgemeinen Besten" nicht fügen, zu arretieren und beim Oberkommando anzuzeigen; die Standeslisten seien vorzulegen.

Innsbruck 1809 August 23

TLA, Landgericht Steinach Fasz. 44 a, Abt. C: Militär 1806–1849. Orig.-Pap. 22,5 ca. : 35,8 ca., Hochformat, Doppelblatt, 2/3 Seite.

Text und Adresse von Matthias Purtscher (?) geschrieben, Andreas Hofers eigenhändige Unterschrift, Privatsiegel (I) als Verschluss. Eingangsvermerk des Empfängers.

An das löb(liche) k. k. Landgericht zu Stainach.
Innsbruck d(en) 23t(en) Aug(ust) 1809
Da nun die Klage hieher gekomen, daß sich hie und da im Ghte Stainach Leute befinden, welche dem allgemeinen Beßten zu wieder und sich in die Organisation nicht fügen wollen.
Das löbliche Landgericht hat solche Leute ohne weiters und auf der Stelle in Verhaft zu nehmen und die Anzeige anhero zu machen. Uibrigens erwartet man ehestens die Standeslisten.
Vom k. k. Oberkommando in Tirol.
Andere Hofer, ober Comen dant in diroll

Rückseite:
Vom k. k. Oberkommando in Tirol an das löb(liche) k. k. Landgericht zu Stainach

Nr. 268

Der Plan des Landgerichtes Brixen zur Herbeischaffung von Lebensmitteln wird von Hofer genehmigt; hinsichtlich der Zölle werde es eine gedruckte Verordnung erhalten, außerdem solle es für Ruhe und Ordnung sorgen und die Getreidelieferungen beschleunigen sowie die Standeslisten einschicken. Ein Kurier von Erzherzog Johann hätte gute Nachrichten gebracht.

Innsbruck 1809 August 23

TLMF, Historische Sammlung, Flugschriften – Autographen. Orig.-Pap. 22,5 ca. : 37 ca., Hochformat, 1 Blatt, 1 Seite.

Text und Adresse von Matthias Purtscher (?) geschrieben, Andreas Hofers eigenhändige Unterschrift, o. S.

An das lob(liche) k. k. Landgericht zu Brixen
Innsbruck d(en) 23t(en) Aug(ust) 1809.
In Betref des v(on) 21t(en) d. vorgelegten Plan erwiedert der Unterzeichnete, daß es in Hinsicht der Beischaffung der Lebensmittel ganz dabei seyn Verbleiben habe und hiemit begnehmigt wird.
In Hinsicht der Zölle wird des ehestens eine gedruckte Verordnung heraus kommen, welche ich sodann eiligst übersenden werde.
Uibrigens wird das Landgericht hiemit angewiesen, Ruhe und Ordnung so viel immer möglich herzustellen und zu erhalten – auch die Lieferung des Getreides so viel möglich zu beschleinigen.

Endlich wird demselben die Organisierung der waffenfähigen Mannschaft dringend ans Herz gelegt – und man erwartet ehestens die ordentlichen Standeslisten.
Heute ist ein Courier v(on) E. H. Johann hier angekommen, welcher gute und tröstliche Nachrichten mitgebracht.
Andere Hofer ober Comen dant in diroll

Nr. 269

Personalstand des provisorischen Kreiskommissariates am Inn.

Innsbruck 1809 August 23

Privatbesitz Ing. Otto Auer, Innsbruck. Orig.-Pap. 21,5 ca. : 34,2 ca., Hochformat, Doppelblatt, 1 Seite.

Text von unbekanntem Schreiber, Andreas Hofers eigenhändige Unterschrift, o. S. Dorsalvermerk von anderer Hand.

Personal Stand
des provisorischen Kreis-Commissariates am Inn.
Herr Jos. v(on) Röggla Kreisrath an der Etsch und dermalen zur Gesundheits-Pflege auf Urlaub dahier, einsweilen Kreis Commissair.
Herr Sebastian Hecher Kreisrath
 "   Joseph v(on) Schenk detto

Secretärs
Herr Joh. v(on) Strobl
 "   Karl v(on) Eggelhof

Registratorn
Pini.
Pusch.

Expeditamt
3. Appeller Repartitor
1. Sebast Gamper Repartitor
2 Schenach.
4. Kasper Kemter
4. Karl Pichler

Kanzlei Diener
Rochus Hefele
Cordian Rennl
Innsbruck den 23. August 1809.

Andere Hoferober Comen dant in dirolln

Rückseite:
Satt Jos. von Schenk Johann v(on) Delatora. Als Kreisrath statt Tennel-Tararretscher

Nr. 270

Begleitschreiben für Akten über die Bestätigung bestehender Behörden und die Aufstellung der Provisorischen General-Landes-Administration.

Innsbruck 1809 August 23

An das Kronfiskalat Trient:

Archivio Comunale di Trento, Ms. 1255, 5. Orig.-Pap. 21,5 ca. : 34 ca., Hochformat, Doppelblatt, ½ Seite.

Text von unbekanntem Schreiber, Andreas Hofers eigenhändige Unterschrift, Siegel: „Franciscus Austriacus Imperator". Eingangsvermerk des Empfängers.

Von der Circular Verordnung, welche die Bestättigung der bisher bestandenen Behörden und die Aufstellung einer provisorischen General Landes Administration zum Gegenstande hat, werden im Nebenschluße die benöthigten Abdrücke zur Benehmung mitgetheilt.
Innsbruck den 23. August 1809
Andere Hofer ober Comen dant in dirolln
An das Kron-Fiskalat zu Trient.

Rückseite:
An das Kron- und Stiftungs Fiskalat zu Trient
ex off(ici)o

Fiscale della corona e delle fondazioni in Trento, nell'anno 1809, era il Dr. Gio(vanni) Pietro Baroni Cavalcabò di Sacco

An die Straßen-, Wasser- und Zivilbauinspektion Brixen:

TLMF, Dip. 1383, 102 ½. Orig.-Pap. 22 ca. : 33,5 ca., Hochformat, 1 Blatt, 1 Seite.

Text von unbekanntem Schreiber, Andreas Hofers eigenhändige Unterschrift, Siegel: „Franciscus Austriacus Imperator". Eingangsvermerk des Empfängers.

[...]
Andere Hofer Ober Comendant in dirolln
An die Strassen- Wasser- und Civil Bau Inspektion zu Brixen

Rückseite:
An die Strassen- Wasser- u. Civil Bau Inspection des Eysack-Kreises zu Brixen
ex off(ici)o

521. Praes(entat)o 30t(en)/8 – 1809. No 23

An die Straßen-, Wasser- und Zivilbauinspektion Innsbruck:

TLMF, Historische Sammlung, Flugschriften – Autographen. Orig.-Pap. 21,7 : 34 ca., Hochformat, Doppelblatt, ½ Seite.

Text von unbekanntem Schreiber, Andreas Hofers eigenhändige Unterschrift, Siegel: „FRANCISCUS AUSTRIACUS IMPERATOR". Eingangsvermerk des Empfängers.

[…]
Andere Hofer oberComen dant in diroll[n]
An die Strassen- Wasser- und Civil Bau Inspektion in Innsbruck.

Rückseite:
An die Strassen- Wasser- u. Civil Bau Inspection des InnKreises dahier

Praes(entiert) 28ten August 809 dd(o) 23ten

An das General-Kreis-Kommissariat am Eisack in Brixen. Der Text ist hier durch die Bemerkung erweitert, jeder Beamte hätte sich an dem ihm zugewiesenen Posten aufzuhalten.

TLA, Bay. Archiv, D: Akten des Generalkommissariats des Eisackkreises 1808–1810, Fasz. 9 (1. Hauptabteilung Classis VII/Sectio V). Orig.-Pap. 21,5 ca. : 34,2, Hochformat, Doppelblatt, 1 Seite.

Text von unbekanntem Schreiber, Andreas Hofers eigenhändige Unterschrift, Siegel: „FRANCISCUS AUSTRIACUS IMPERATOR". Eingangsvermerk des Empfängers.

Von der Circular Verordnung, welche die Bestättigung der bisher bestandenen Behörden und die Aufstellung einer provisorischen General Landes Administration zum Gegenstande hat, werden in dem Nebenschluße die benöthigten Abdrücke zur eigenen Benehmung und zur schleunigen Publications Veranlassung mitgetheilt.
Es ist zur Befolgung dieser Verfügung vorzüglich nothwendig, daß jedes Dienst Individuum an dem ihm zugewiesenen Platz sich befinde; so fern also etwa ein oder anderes Dienst Individuum sich von dem Orte seiner Bestimmung entfernt haben würde, so ist dessen Einberufung unter Anberaumung eines achttägigen Termins sogleich zu bewirken und über die diesfallige Befolgung sohin die Anzeige an die provisorische General Landes Administration zu erstatten. In dem Personale geschiehet keine Abänderung, sondern dasselbe wird in seinem bisherigen Zustande bestättiget.
Innsbruck den 23. August 1809
Andere Hofer ober Comen dant in dirolln
An das General Kreis-Komissariat am Eysack.

Rückseite:
An das General Kreis-Commissariat am Eysack Brixen
ex offo
No 4646.

Praes. d(en) 29/8 1809

Nr. 271

Hofer schreibt an einen unbekannten Empfänger, der Personalstand der provisorischen Straßen-, Wasser- und Zivilbauinspektionen bleibe unverändert.

Innsbruck 1809 August 23

TLA, Autogramme. F 13. Orig.-Pap. 21,4 ca. : 34,2, Hochformat, Doppelblatt, ½ Seite.

Text von unbekanntem Schreiber, Andreas Hofers eigenhändige Unterschrift, o. S.

Personal Stand
der provisorisch(en) Strassen- Wasser- und Civil Bau Inspecktionen in Tirol
Hiebey bleibt das nemliche Personale, welches bisher in diesen Eigenschaften angestellet war.
Innsbruck den 23. August 1809.
Andere Hofer ober Comen dant in dirolln

Nr. 272

Hofer schreibt an den Hauptmann von Pustertal, betreffs der Vorgänge im Zillertal solle sich dieser mit *Ed lenz* besprechen.

Innsbruck 1809 August 24

TLMF, FB 4354, 95. Orig.-Pap. 22 ca. : 35,3 ca., Hochformat, 1 Blatt, ½ Seite.

Durchgehend von Andreas Hofer eigenhändig geschrieben, o. S.

Böster H haup man
ich mach dir zu wissen, wie das du dich fir Eine guet denckheten mener zu wenden hast, wass in ziller dall an Be langt hast du dich auf den sogenantten, Ed lenz zu wenden, mit Be Radschlagen allen fahls, oder mit die ordinänzen, der lenz weiß her nach schon wass Ehr zu Thuen hat, vnd wo Ehr die guetten freind schon wissen werde, das weitter mit Jhmen zu ver anstalten, der dir den Prief Jber Pringt ist der sohn Vo Ed lenz, oder selbsten
in sprugg den 24 augusti 1809
Andere Hofer ober Comen dant in dirolln

Rückseite:
An H Haupman Vo Pusterie so der mallen in zell, in ziller dall, ist an zu dröffen

Nr. 273

Andreas Hofer teilt Siard Haser, Kurat in Strass im Zillertal, mit, die Franzosen drohten von Salzburg her anzugreifen, die Kommandanten klagten über den Mangel an Schützen. Haser solle sich darum bemühen, dass die Unterinntaler aufgeboten würden.

Innsbruck 1809 August 24

TLMF, FB 2729, 30. Orig.-Pap. 22 ca. : 35 ca., Hochformat, Doppelblatt, 1 Seite.

Text und Adresse von Matthias Delama (?), Andreas Hofers eigenhändige Unterschrift, zwei Privatsiegel (I) als Verschluss.

An den hochwürdigen H(errn) Curat zu Straß.
Innsbruck d(en) 24ten Aug(ust) 809.
So eben kamm eine sehr ungünstige Nachricht ~~voll~~ von Pillersee hieher: Es heißt darinn, daß die Franzosen sich in Salzburg sehr verstärcken und sie aussagen, unser Leben werde nicht mehr lang dauren, sie werden uns ~~ihren~~ Wuth empfinden lassen.
Die Kommandanten beklagen sich sehr, ~~und wenn etwas~~ daß sie bey nahe keine Leut haben, und wenn etwas kommen sollte, sich nicht halten könnten.
Ich ersuche Sie dahero, machen Sie doch Anstalt, das die Unter-Innthaler mit helfen und Leute stellen. Wie bald wär es geschehen, daß der Feind einen Einbruch wagte – was würde das wohl abgeben – ein gränzloses Elend. Ich bitte, thun Sie was Sie können und ertheilen Sie Nachricht.
So viel in Eil.
Andere Hofer ober Comen dant in diroll

Rückseite:
Von k. k. Oberkommando in Tirol. An dem hochwürdigen Herrn Curaten zu Straß.
Durch Estaffete eiligst eiligst
abgangen um ½ 7 Uhr abends.

Nr. 274

Hofer befiehlt der Kommandantschaft Meran, vorerst keine Gefangenen zu entlassen. Die Schätzung der Traubenmaische (Praschlat) solle so wie immer gehandhabt, das eingehende Getreide versteigert werden, was auch dem Rentmeister von Strobl mitzuteilen sei.

Innsbruck 1809 August 24

TLA, Materialiensammlung Rapp, Schuber 8. Orig.-Pap. 22,2 : 35,3 ca., Hochformat, Doppelblatt, 1 ¼ Seiten.

Text und Adresse von unbekanntem Schreiber, Andreas Hofers eigenhändige Unterschrift, Privatsiegel (I) als Verschluss, Eingangsvermerk des Empfängers. Die Passage „Auch […] versteigert werden" nachträglich am Textrand eingefügt.

An die lob(liche) Comandantschaft Meran.
Auf dero gemachte Anfrage in Hinsicht der Gefangenen wird bis weiterer Eröffnung kein Mann entlassen, und ist auf alle die genaueste Aufsicht zu tragen.
In Hinsicht der Praschlat aber ~~sollen~~ wie allzeit dieselbe von 2 Schätzmännern geschätzt ~~werden~~ und dann licidiert werden, wo der Kaufer 1 fl 24 xr ab jeder Ihre gleich an

Capara zu erlegen und den Uiberrest um Martini par abzuführen hat. Auch soll das etwa eingehende Getreid versteigert werden.
Dieses ist H(errn) Rentmeister v(on) Strobl zu seinen Wissen und Benehmen zu eröffnen.
Innsbruck am 24ten Aug(ust) 1809
vertat(ur)

Diese Verordnung soll auch den Räntämtern Botzen (etc. etc.) mitgetheilet [sic] werden.
Andere Hofer Ober Comen dant in dirolln

Rückseite:
Von der Oberkomandantschaft in Tyrol. An die lob(liche) k. k. Komandantschaft in Meran

Pres(entiert) d(en) 25tn Aug(us)t 809 ¾ auf 1 Uhr Nachmittag.

[?]ᵃ für die Rentamter Meran Botzen et Fürstenburg.
614

ᵃ Nicht lesbare Unterschrift mit „manu–propria"–Verweis oder „vidimus"–Abkürzung.

Nr. 275

Hofer ordnet dem Stadtmagistrat Hall an, die Waren des Kaufmanns Nocker aus München genau zu beschreiben und danach mit obrigkeitlicher Sperre zu belegen.

Innsbruck 1809 August 24

Stadtarchiv Hall in Tirol, Verordnungen vom Gubernium 1809, Fasz. VIII. Orig.-Pap. 21,5 ca. : 34,5 ca., Hochformat, Doppelblatt, ½ Seite.

Text und Adresse von unbekanntem Schreiber, Andreas Hofers eigenhändige Unterschrift, ein Privatsiegel (I) als Verschluss.

Insbruck am 24t(en) Aug(us)t 1809.
An dem k. k. Stadt Magistradt zu Hall
Demselben wird andurch aufgetragen, die dem Kaufmann Nocker von Minchen angechörige in Hall in sogenanten Schlechl und Rathshaus Gewölb anliegende Wahren sogleich in eine ordentliche Beschreibung zu bringen und durch oberkeitliche Spöre bis Austrag der Sache in oberkeitliche Verwahr zu bringen.
Von der k. k. Oberkomandantschaft in Tyrol.
LS *Andere Hofer ober Comen dant in diroll*

Rückseite:
An dem k. k. Stadt Magistradt zu Hall.

Kanzleivermerke Stadtmagistrat Hall

Nr. XI

Als Dank für die göttliche Hilfe sind am 3. September in jeder Seelsorgskirche ein zehnstündiges Gebet sowie ein Hochamt mit Te Deum abzuhalten.

Innsbruck 1809 August 25

TLMF, FB 1651, 48. Einblattdruck, Orig.-Pap. 21 : 33, Hochformat.

Gedruckte Proklamation.

Nachdem uns Gott der Allmächtige durch die Vorbitte seiner göttlichen Mutter abermal von dem alles verheerenden Feinde wunderbarlicher Weise errettet und uns seine Hilfe augenscheinlich gezeigt hat, so gebühret es auch und ist unsere größte Schuldigkeit, daß man ihm allgemeinen Dank abstatte. Es wird dahero zur schuldigen Danksagung (theils für die vergangenen glücklichen Ereignisse, als auch für die Zukunft Glück für unsere Waffen zu erbitten) verordnet: daß am Sonntag als am 3ten September in jeder Seelsorgs-Kirche ein zehn stündiges Gebeth vor ausgesetzten allerhöchsten Gut, dann Hochamt und darunter eine den gegenwärtigen Zeitumständen anpassende Kanzelrede und feyerliches Te Deum abgehalten werde.
Uebrigens wird befohlen, alle Gottesdienste wie vorhin (als wir noch Oesterreichisch waren) zu halten, und das Volk zur Andacht bestmöglichst aufzumuntern.
Innsbruck den 25. August 1809.
Von der k. k. Obercommandantschaft in Tyrol.
Andreas Hofer,
Ober-Commandant in Tyrol.

Nr. XII

Durch züchtigen und frommen Lebenswandel soll Gottes Gewogenheit erhalten werden.

Innsbruck 1809 August 25

TLMF, FB 1651, 49. Einblattdruck, Orig.-Pap. 21 : 33, Hochformat.

Gedruckte Proklamation. Josef Daney schreibt, der Kooperator Franz Xaver Köck aus Innsbruck und Josef Anton von Stadler zeichneten für den Text verantwortlich (vgl. Blaas, Aufstand, 187).

Daß wir Ursache über Ursache haben dem allmächtigen gütigsten Gott für die durch seine außerordentliche Hilfe erfolgte Befreyung des Vaterlandes von dem so mächtig als grausamen Feinde zu danken, muß und wird wohl jedermann erkennen und jedermann wünschen, fernerhin von dieser großen Plage befreiet zu bleiben, mit welcher Gott so wie im alten und neuen Testament sein Volk so oft und also auch unser Vaterland heimgesucht und gezüchtiget hat, auf daß wir uns zu ihn wenden und bessern sollen.
Mit herzlichen Dank für des gütigen Gottes so große Erbarmniß und mit aufrichtigen Vorsatz einer ernstlichen Besserung müssen und wollen wir uns also zu ihn wenden und um fernere Verschonung bitten. Wir müssen seine väterliche Liebe mit wahrer Gegenliebe durch auferbaulichen, züchtigen und frommen Lebenswandel, und, wie er als Vater befiehlt, mit aufrichtiger und wahrer Liebe des Nächsten zu erlangen uns ernstlich bestreben, und also Haß und Neid und Raubsucht und alles Lasterhafte verbannen,

den Vorgesetzten Gehorsam und dem bedrängten Mitbürger so viel wir können Hilfe leisten; überhaupt aber alle Aergernisse vermeiden.

Viele meiner guten Waffenbrüder und Landesvertheidiger haben sich geärgert, daß die Frauenzimmer von allerhand Gattungen ihre Brust und Armfleisch zu wenig oder mit durchsichtigen Hudern bedecken und also zu sündhaften Reizungen Anlaß geben, welches Gott und jedem christlich Denkenden höchst mißfallen muß.

Man hoffet, daß sie sich zu Hintanhaltung der Strafe Gottes bessern, widrigenfalls aber sich selbst zuschreiben werden, wenn sie auf eine unbeliebige Art mit – – – bedecket werden.

Innsbruck den 25sten August 1809.

Andreas Hofer, Ober-Commandant in Tyrol.

Derselbe Text wurde auch zweisprachig (deutsch/italienisch) gedruckt, die italienische Version lautet:

TLMF, Dip. 1299, 42. Einblattdruck, Orig.-Pap. 22 ca. : 34,3, Hochformat.

Ciascuno comprenderà, e deve comprendere, che noi abbiamo motivi sopra motivi di ringraziare Iddio onnipossente e benignissimo per la liberazione della patria da un nemico del pari possente che inumano, seguìta mediante il suo aiuto sovragrande; e ciascheduno desidererà di rimanere anche per l'avvenire liberato da questo gran flagello, con cui Iddio come nel veccio così nel nuovo testamento visitò e punì sì spesso il suo popolo, ed in conseguenza anche la nostra patria, acciocchè noi dovessimo rivolgerci a lui, e migliorarci.

Con sincera gratitudine per una così grande misericordia del benignissimo Iddio, e con sincero proponimento di migliorarci davvero, dobbiamo, e vogliamo noi quindi rivolgerci a lui, e pregarlo, che voglia anche per l'avvenire preservarci da ogni male. Noi dobbiamo cercare seriamente di meritarci il suo paterno amore con pari amore mediante una vita edificante, casta, e pia; e, com'egli comanda qual padre, mediante un vero e sincero amore del prossimo; ed in conseguenza bandire l'odio, l'invidia, la rapacità, ed ogni altro vizio; prestare ubbidienza ai superiori, ed aiutare per quando possiamo i nostri concittadini angustiati; in generale poi evitare ogni scandalo.

Molti de'miei buoni fratelli d'armi, e difensori della patria si sono scandalizzati, che le donne d'ogni condizione coprano i[l] loro petto, e i loro bracci troppo poco, ovvero con pezze trasparenti, ed in conseguenza danno occasione a stimoli peccaminosi, ciò che non può che sommamente dispiacere a Dio, ed a chiunque pensa cristianamente.

Si spera, che affine di tener lontano il castigo di Dio, esse si miglioreranno: in caso contrario dovranno ascriver a se stesse, se in un modo loro disaggradevole verrano lordate di ……

Innsbruck li 25 agosto 1809.

Andrea Hoffer comandante superiore in Tirolo.

Siccome si è veduto, che quest'abuso si è particolarmente introdotto fra le donne nel Tirolo italiano; così quest'ordine, che è fondato sulla religione, e sulla moralità, vien portato a pubblica cognizione dal sottosegnato comando, e si attende ubbidienza ed esecuzione, tanto più che ciò può farsi senza incomodo alcuno.

Dal comando autorizzato

Roveredo gli 11 settembre 1809. Jacopo Torgler Giuseppe Schweigl Antonio Thenig comandanti.

Nr. 276

Hofer befiehlt, alles erbeutete Kriegsgut in Imst, Landeck und Laudegg nach Innsbruck zu liefern, womit Hauptmann Johann Schlapp beauftragt wird.

Innsbruck 1809 August 25

TLA, Standeslisten der Tiroler Schützenkompagnien 1809, Landgericht Laudegg (Ried) (= Fasz. VI). Pap. 20,3 ca. : 33 ca., Hochformat, 1 Blatt, 1 Seite.

Zeitgenössische Abschrift, im Original zwei eigenhändige Unterschriften von Andreas Hofer (?).

Copia
Offene Ordre
Es wir hiemit Kraft dies beordert, daß alle erbeutete Kanonen, Munition samt Pulverwagen, welche im Gerichte Imst, Landeck und Laudeck, oder wo selbe immer stehen, auf der Stelle mittelst Vorspann eiligst hiehergeliefert werden.
Dieses zu betreiben wird dem H(errn) Hauptmann Schlapp hiemit aufgetragen.
Insbruck den 25t(en) August 1809
Andrä Hofer Ober-Comandant in Diroll
P. S. Es wird auch obiger H(err) Hauptman 18 Stücke erbeutete Pferde zu samlen und eiligst anher zu liefern
Datum wie vor
Andrä Hofer Comandant.

Nr. 277

Hofer teilt über ein vor ihm ausgetragenes Gerichtsverfahren mit, der Angeklagte Johann Michael Sutor sei vollständig freigesprochen worden, der Kläger hätte die Klage zurückgezogen.

Innsbruck 1809 August 25

Stadtarchiv Hall in Tirol, Verordnungen vom Gubernium 1809, Fasz. VIII. Orig.-Pap. 21,5 ca. : 34,5 ca., Hochformat, Doppelblatt, ½ Seite.

Text und Adresse von unbekanntem Schreiber, Andreas Hofers eigenhändige Unterschrift, Verschlusssiegel: „K. K. Pr Oester […] Po[l]i […] zu […]sbruck".

Innsbruck den 25 Augst 1809.
An dem k. k. Stadtmagistrat zu Hall.
Auf Erklagen des Anton Harb Metzger zu Wehr Landgerichts Schwatz wurde der resignierte Stadtschreiber von Hall Herr Johann Michael Sutor auf heute hieher berufen und durch ordentlich schriftlichen Verhör über das angeschuldete Vergehen einvernohmen; derselbe hat sich sohin durch seinen zu Protokoll gegebenen Aussagen vollends gereinigt und als unschuldig ausgewiesen.
Herr Sutor wird also als unschuldig erklärt und als solcher dem k. k. Stadtmagistrat notifiziert und als rechtlicher Man mit dem Beisatz anempfohlen, daß Anton Harb seine Klage zurück genohmen, sich mit Herrn Sutor ganz ausgesöhnet und ein ruhiges friedfertiges Betragen zugesicheret habe.
Von der k. k. Oberkommandantschaft in Tirol
Andere Hofer ober Comen dant in dirolln

Rückseite:
Von der k. k. Oberkommendantschaft. An den k. k. Stadtmagistrat zu Hall.
Ex off(ici)o.

Kanzleivermerke Stadtmagistrat Hall.

Nr. 278

Hofer schreibt, der Empfänger solle zwei vertrauenswürdige Männer nach Innsbruck schicken, um ihn zu unterstützen.

Innsbruck 1809 August 26

TLMF, Autographensammlung Andreas Hofer. Orig.-Pap. 20 ca. : 17,3 ca., Querformat, 1 Blatt, ½ Seite.

Text durchgehend von Andreas Hofer eigenhändig geschrieben, ein Privatsiegel (I).

den Josepch […]er[a] wirth auf gedragen, das Ehr ßohle 2 ver Thrautte mener hie hero zu ver ordnen, in dem ich ane mit gehilfen Eß um möglich zu Ehr Thuen ist, vnd Ehr hate auch merer folmacht, ver an staltung zu dröffen, in dem ich Eß um miglich alles ver ßöchen khan, ich möchte die ßache gern Recht haben weillen mir Vo gott schuldig sein, die aller Pöste veranstalt ung zu dröffen, die Regillion, auf Recht in Pur [empor, Anm.] zu Pring En, vnd Jhm danckh Par zu sein
in sprugg den 26 augusti 1809
LS Andere Hofer ober Comen dant in dirolln

---

[a] Loch im Papier.

Nr. 279

Hofer antwortet auf eine Anfrage der Kommandantschaft Meran, 300 der Gefangenen sollten nach Bozen und 200 nach Lana gebracht werden, die übrigen seien in Meran gut zu verwahren; außerdem seien zwei der arretierten „Chyrurgen" nach Innsbruck zu schicken. Um die Kornlieferungen gewährleisten zu können, würden vier Magazine errichtet. Die Kommandantschaft solle die Standeslisten nach Innsbruck schicken, Hauptmann Auckenthaler sei zu befragen, wohin er die Gefangenen Albertini, Gilg, Jud und Feilmoser gebracht hätte.

Innsbruck 1809 August 26

TLMF, FB 1651, 105. Orig.-Pap. 21,5 ca. : 34,3 ca., Hochformat, Doppelblatt, 2 Seiten.

Text und Adresse von Matthias Purtscher (?) geschrieben, Andreas Hofers eigenhändige Unterschrift, Privatsiegel (I) als Verschluss.

An die löbl(iche) k. k. Kommandantschaft zu Meran.
Innsbruck d(en) 26t(en) August 1809
Ich sehe wohl ein, daß es hart ist, allein was thut man: Niemand will die Gefangenen haben, und an einem Orte müssen selbe doch seyn. Die Botzner beschwerten sich schon früher und verlangten, daß man ihnen selbe abnehmen möchte.

Allein weil es nun heißt, daß die Botzner ihre Gefangenen nach Brixen geliefert haben – so können 300 nach Botzen und 200 nach Lahnen geschickt werden.

Die Uibrigen haben sodann in Meran zu verbleiben und gut verwahrt zu werden und nicht in der Stadt herum gehen zu lassen – denn die Gefangenen, welche Sie von uns haben, haben nicht die Freyheiten – es wird also schärfstens aufgetragen, selbe in Zukunft besser zu verwahren.

Da hier im Spital Noth an Chyrurgen, so sind zwey v(on) den Gefangenen Chyrurgen mittelst Escort hieher zu schicken.

In Rücksicht des Erlasses vom 23t(en) d. in Betreff der Korneinlieferung erwiedert der Unterzeichnete, daß es nicht so zu verstehen als wenn es ein Allmosen für die Unter-Inthaler wäre – sondern: Es werden 4 Magazine als 1 in Botzen 1 in Brixen 1 in Meran und 1 in Brunecken errichtet. In diese wird das Getreid geliefert und so in jene Gegenden wo allenfalls Mangl herscht entweder gegen Baar Geld oder Quittung abgegeben. Dieser Plan wurde hier vorgelegt hier vorgelegt [sic], und weil ich ihn für einer allenfälliger Noth zu steuren für gut befunden – bestättigt.

In Betref der Organisierung muß man melden, daß es sehr langsam gehe – es wird also der k. k. Kommandantschaft aufgetragen, die Standlisten bis 3t(en)[a] 7ber einzuschicken, widrigenfalls selbe verantwortlich seyn wird.

Letztlich hat die Kommandantschaft den Haupt(mann) Auckenthaler zu Red zu stellen wo er die H(errn) Albertini, Gilg ~~und~~ Jud und Feilmoser[b] hingeliefert – und warum er selbe gemäß Auftrag nicht nach Meran gebracht hat.

Vom k. k. Oberkommando in Tirol

Andere Hofer

Rückseite:
Vom k. k. Oberkommando in Tirol an die löbl(iche) k. k. Kommandantschaft zu Meran

mittlst Expressen

durch Ordonanz.

Pres(entiert) d(en) 28t(e)n Aug(us)t 809 7 Uhr frühe.

---

[a] „3" nachträglich eingefügt.
[b] „und Feilmoser" nachträglich eingefügt.

Nr. 280

Kommandant Johann Wille fertigt dem Adjutanten Lob eine Offene Order aus (Reutte 1809 August 24), die ihm den nötigen Vorspann bis Innsbruck garantiert; diese wird von Hofer bestätigt.

Innsbruck 1809 August 26

TLA, Standeslisten der Tiroler Schützenkompanien 1809, Landgericht Reutte (= Fasz. IX). Papierlibell, Hochformat, 1 Blatt, 1 Seite.

Zeitgenössische Abschrift, im Original Andreas Hofers eigenhändige Unterschrift (?), Siegel.

Obigem Herrn Adjutanten, welcher nun wieder zurück reiset, gebühret stationatim die anständige Verpflegung sammt einem halben Vorspannswagen gegen Quittung.
Innsbruck den 26ten August 1809
L. S. Andere Hofer Ober Commandant in Tyrol

Zweite zeitgenössische (?) Abschrift im gleichen Bestand: Pap. 22,2 ca. : 35,3 ca., Hochformat, 1 Blatt, 1 Seite.

Nr. 281

Das Landgericht Bruneck wird von Hofer angewiesen, ein Verzeichnis der Kriegsgefangenen, der eroberten Gerätschaften und der vorhandenen Munition anzufertigen und dieses nach Innsbruck zu übermitteln. Feldärzte unter den Gefangenen seien dorthin zu eskortieren, ebenso die Kanonen, Munitionswägen und Munition.

Innsbruck 1809 August 27

ASBz, Kreisamtsakten Bruneck, Fasz. 190,1. Orig.-Pap. 22 ca. : 35,8 ca., Hochformat, Doppelblatt, 1 ½ Seiten.

Text und Adresse von unbekanntem Schreiber, Andreas Hofers eigenhändige Unterschrift, Privatsiegel (I) als Verschluss. Eingangsvermerk des Empfängers (?).

No 2164
V(on) der k. k. Commandantschaft in Tyroll
an das k. k. Landgericht zu Brunecken.
Insbruk den 27t(en) August 809
Da die k. k. Ober Commandantschaft in Tyrol noch bis dato nicht in die genaue Kenntniß der im Land befind- [sic] Anzahl Kriegsgefangenen und eroberten Canonen und Munitions-Wägen gesetzet ist, welches doch zu einer allgemeinen Übersicht höchst nothwendig ist, so wird hiemit das k. k. Landgericht angewießen, ein genaues Verzeichniß der Kriegsgefangenen sowohl als der Canonen und Munitions-Wägen nebst den Vorrath der Stück Munition als Kugel und Kartätschenpatronen nebst Haubitzgranaten so schleunig als möglich aufzunehmen und solches Verzeichniß dem k. k. Herrn Hauptmann und Platzkommandanten zu Insbruk Freyherrn v(on) Lochau zu überschicken. Sollten sich unter den Gefangenen einige Feld-Aertzte befinden, so sind solche hieher nach Insbruk um die viellen Blesierten zu besorgen mittelst Escorte abzusenden.

So sind auch ebenfahls die Canonen nebst Munitions Wägen und Stück Munition hierorts einzuliefern, damit sie durch die hier befindlichen k. k. Artille[ris]ten wieder zum Dienstgebrauch können hergestellt werden.
Andere Hofer ober Comen dant in dirolln

Rückseite:
Von der k. k. Oberkommandantschaft in Tyrol.
An das k. k. Landgericht zu Bruneggen
ex offo
[pr.]

Nr. 282

Hofer antwortet auf eine Anfrage des Kommandanten Peter Mayr, das Gerichtspersonal von Brixen könne arretiert und provisorisch ersetzt werden, sollte es sich in irgendeiner Weise schuldig machen. Dieses müsse aber durch eine genaue Untersuchung bewiesen werden.

Innsbruck 1809 August 27

TLMF, Dip. 1283, VII, 4–5. Orig.-Pap. 21,5 ca. : 34,8 ca., Hochformat, Doppelblatt, 1 ½ Seiten.

Text und Adresse von Matthias Purtscher (?) geschrieben, Andreas Hofers eigenhändige Unterschrift, Privatsiegel (I) als Verschluss. Die Passage „[Aus]schuß […] hätte" nachträglich eingefügt durch Verweis.

An den H(errn) Unterkommandanten Peter Mayr im Gerichte Pfeffersberg
Innsbruck d(en) 27t(en) August 1809
Auf das vom 24t(en) d. gemachte Ansinnen wird erwiedert: Daß der H(err) Landrichter zu Brixen samt dem übrigen Gerichtspersonale (wenn der gesammte Gerichtsausschuß selbe für verdächtig oder wohl gar selbe schuldig findet) vom demselben entlassen und mit Arrest belegt werden könne. Wo sodann der Gerichts Ausschuß diese Stellen mit andern rechtschaffenen Männern profisorischen zu besetzen hätte.
Dagegen aber wird ermahnet, die Sache genau zu untersuchen, ehvor dieser Schritt gemacht wird. Denn es heüßt nicht gleich einführen und absetzen – man muß wichtige und gründliche Ursachen haben – die sich nicht etwan nur auf Schwätzereyen und vom Hören Sagen her gründen. Es ist oft nur Privat Passion! Man überlege es nur – der Mensch ist bald verläumdet, bald um seine Ehre gebracht und unglücklich gemacht. Es ist eine Gewissens Sache –
Wir sind Christen – und müssen daher auch christlich handeln.
Wie gesagt, wenn Grund vorhanden, so sind diese (wie alle andere, seyen sie wer sie immer wollen) ohne weiters und auf der Stelle in Verhaft zu nehmen, aber keineswegs zu mißhandeln – sondern selbe sind ordentlich zu untersuchen; und wenn sie dann für schuldig befunden werden – nach Verdienst von der dazu beorderten Stelle zu strafen.
Ich befehle daher, auf alles genaue Obsorge zu tragen und besonders auf verdächtige Leute Acht zu haben – aber immer mit Ordnung zu Werke zu gehen.
Vom k. k. Oberkomando in Tirol
Ander Hofer[mp]

Rückseite:
Vom k. k. Oberkommando in Tirol an den H(errn) Kommandanten Peter Mayr zu Pfefferberg
mittlst Expressen

Nr. 283

Andreas Hofer schreibt an die „Messing-Verwesung" in Lienz, diese dürfe ohne bergoberamtliche und gewerkschaftliche Weisung weder Messingvorräte noch Vermögen ausfolgen lassen.

Innsbruck 1809 August 27

Privatbesitz, Innsbruck. Orig.-Pap., 22 ca. : 34 ca., Hochformat, Doppelblatt, ½ Seite.

Text und Adresse von Matthias Purtscher (?) geschrieben, Andreas Hofers eigenhändige Unterschrift, zwei Privatsiegel (I) als Verschluss. Eingangsvermerk des Empfängers.

An die Mössings-Verwesung zu Lienz.
Innsbruck d(en) 27t(en) Aug(ust) 1809.
Derselben wird bedeutet, daß sie ohne bergoberämtlich mit gewerkschaftlichen Weisung keine Mössing-Vorräthe oder des Handels Vermögenheit bei schwerer Verantwortung auf ein unerwartetes Auffodern verabfolgen lassen sollte.
Vom k. k. Oberkommando in Tirol
Andere Hofer

Rückseite:
An die Mössings-Verwesung zu Lienz.
Durch Estaffette eiligst.
Abgangen um 7 Uhr abends.

K. k. Oberkommandantschaft in Innsbruck. A(ct)o 27t(en) praesentat(a) den 29t(en) August 1809; um 5. Uhr Früh. No. 362.

Nr. 284

Hofer teilt dem Landgericht Sonnenburg die Liste der Deputierten mit, die am 28. August zu einer Besprechung erscheinen sollen.

Innsbruck 1809 August [vor dem 28.]

TLMF, FB 2074, 37–38. Orig.-Pap. 21,5 ca. : 36 ca., Hochformat, 1 Blatt, 1 Seite. Hirn bezieht sich wohl auf eine andere Ausfertigung, wenn er schreibt, die Verpflegung werde als einziger Beratungsgegenstand erwähnt, außerdem gibt er den 23. August als Ausfertigungsdatum an (vgl. Hirn, Erhebung, 639).

Text und Adresse von Kajetan Sweth (?) geschrieben, Andreas Hofers eigenhändige Unterschrift, Amtssiegel als Verschluss.

Die Teputirten, welche den 28ten Aug 1809 in Insbruck bey Tiroler Oberkomando einzutreffen haben, sind folgende:
Franz Tiefenthaler zu Kempen [Kematen, Anm.]
Elias Domanig Wirth zu Schenberg.
Mathias Stern zu Wildau
Martin Pitsch zu Lanz.
Ameras hat selbst einen auszuschliesen
Petr Zorn zu Heting
Johan [St]ollinger [Dollinger, Anm.] deto
Schütz von Batsch.

Daß alle genau erscheinen, wollen Sie sich sehr darangelegen seyn lassen.
Andere Hofer ober Comen dant in dirolln

Es folgt die Bestätigung, dass die Genannten einberufen wurden (Innsbruck 1809 August 27).

Rückseite:
Von dem k. k. OberComando in Tyrol an das löbliche Landgericht zu Sonnenburg.

Nr. 285

Vorschriften für die zur Übermittlung der Kriegspost eingesetzten Ordinanzen, um Spionage zu vermeiden: Die Schreiben dürfen von den Boten nicht geöffnet, geöffnete Schreiben nicht weitergegeben werden. Zuwiderhandeln wird mit Arrest bestraft.

Innsbruck 1809 August 28

TLMF, FB 1651, 80. Orig.-Pap. 22 ca. : 34,5 ca., Hochformat, Doppelblatt, 1 ½ Seiten.

Zeitgenössische Abschrift, im Original Andreas Hofers eigenhändige Unterschrift (?), Siegel.

Copia
Currenda
Das kais(erlich) könig(liche) Oberkommando in Tirol hat die unangenehme Anzeige erhalten, daß die von demselben nach verschiedenen Orten erlassenen Schreiben wie die von den aufgestellten Unterkommandantschaften an dasselbe erstatteten Berichte und Rapporte entweder von den Ordonanzen oder von andern eigenmachtiger Weise eröffnet werden, gleichsam als könnten das k. k. Oberkommando und die k. k. Unterkommandantschaften mit Verrähereyen hinter gehen.
Jederman kann und muß leicht einsehen, daß an Verheimlichung mancher Aufträge sehr vieles gelegen ist und daß aus unzeitiger Verlautbarung derselben die gefährlichsten Folgen in dem Vertheidigungsdienst entstehen könnten. Man findet sich daher veranlaßt, Folgendes zu verordnen:
1mo Keine Ordonanz solle sich für die Zukunft unterfangen, ein vom k. k. Oberkommando oder von einem oder dem andern k. k. Unterkommandanten übernohmenes Schreiben entweder selbst zu eröffnen oder durch andere eröffnen zu lassen. Sollte ihr aber Gewalt angethan werden, so hat sie also gleich der nächst gelegenen Oberkeit die Anzeige zu machen.
2do Wenn ein Ordonanz der andern ein eröffnetes Schreiben übergeben will, so darf es diese letzter[e] nicht annehmen, ausser sie habe vorleifig in Erfahrung gebracht, durch wem das selbe eröffnet worden ist, in welchem Falle ebenmäßig die ungesäumte Anzeige an die nächste Oberkeit geschehen muß.
3tio Jede Oberkeit, welcher eine solche Anzeige gemacht wird, hat den beschuldigten Freßler vorrufen zu lassen und nach beigestellten Beweise zum warnenden Beispiele anderer mit angemessenen Arrest zu bestrafen.
Diese Verordnung ist überall von den Kanzeln zu verlautbaren.
Innsbruck den 28t(en) August 1809.
Vom k. k. Oberkommando in Tirol
(L. S.) Andere Hofer.

Nr. 286

Hofer teilt dem Stadtmagistrat Hall mit, bei der Offizierswahl hätte sich dieser an die gedruckte Verordnung zu halten, wonach jede Kompanie ihre Offiziere selber wählen könne.

Innsbruck 1809 August 28

Stadtarchiv Hall in Tirol, Verordnungen vom Gubernium 1809, Fasz. VIII. Orig.-Pap. 21,5 ca. : 34,5 ca., Hochformat, Doppelblatt, ½ Seite.

Text und Adresse von Matthias Purtscher (?) geschrieben, Andreas Hofers eigenhändige Unterschrift, Amtssiegel als Verschluss.

An den k. k. Stadtmagistratt zu Hall.
Innsbruck d(en) 28t(en) Aug(ust) 1809.
In Betref der Organisierung und so auch in Hinsicht der Officiers Wahl ist sich lediglich an die gedruckte Verordnung zu halten: Wo es jeder Compagnie freysteht, ihre Officiere aus der Compagnie oder aus dem ganzen Stande zu wählen.
Uibrigens kann man löb(lichen) Magistratt berichten, daß so eben die tröstlichsten Nachrichten eingegangen sind.
Vom k. k. Oberkomando in Tirol.
Andere Hofer

Rückseite:
Vom k. k. Oberkommando in Tirol an den löb(lichen) k. k. Stadtmagistratt zu Hall durch Ordonanz eilig

Kanzleivermerke Stadtmagistrat Hall

Nr. 287

Hofer beklagt sich bei Giovanelli d. J., dass er im Fall von Feindseligkeiten völlig verlassen dastehe, sogar von seinen besten Freunden. Nur von Gott und Erzherzog Johann fühle er sich nie im Stich gelassen, die Kuriere brächten gute Nachrichten.

Innsbruck 1809 August 28

Zit. nach: Hirn, Erhebung, 642[1], Original 1909 im Archiv Giovanelli in Bozen.

Das nicht eruierbare Original durchgehend eigenhändig von Hofer geschrieben.

„schezpareste Herrn, besonder wass noch ganz v. Herzen ist, ich khon mich nit verstehn, glauben sie ich denkhe mit die unttderan zu handeln als wie Ein Herder (Hirt), alles zam dreiben dar mit in stall zu, nein, sie haben derfahrenheit genugsam, ordnung Rechgeschaffenheit, das hat Platz bei mir, und glaubten sie, das Papa sich hat Ein Ehre gemacht, uns nicht zu understizen, mit den auszigen, wan es Rueig ist, so ist die schenste ordnung, wan es aber zu grösser feintselligkeiten khombt, so Bin ich so ga (r) v. mein pöstn freinten verlassen, aber gott hat mich noch nie ver lassen und der E. H. Johann, ich Bin schon auch Böstens getröst v. Einem khurier und in khirze wirth mir widerum Einder ankhomen, aber in Pozn wass ich ver stehe, glaubt man mehr in lant Räbern (den Landräubern), mir und den E. H. filleicht dörfften sie sich nicht untterwirffig zu machen, dieses ver stehe ich durch nach richt v. gewisse herrn. schezparester H. Guanelli arbeitten sie fir Regillion und vatterland, wass sie nur khenen, sein sie v. mir in diser sachen Böstens anentfohlen, leben sie in der hand Gottes und sein guettenckhet in derselben Entfohlen."

Nr. 288

Hofer antwortet auf ein Ansuchen Jakob Margreiters, der Ausschuss solle eine provisorische Obrigkeit wählen und anstellen und darüber nach Innsbruck berichten.

Innsbruck 1809 August 28

TLMF, FB 1651, 8. Orig.-Pap. 22,5 ca. : 34,5 ca., Hochformat, Doppelblatt, 1 Seite.

Text und Adresse von unbekanntem Schreiber, Andreas Hofers eigenhändige Unterschrift, Amtssiegel als Verschluss. Dorsalvermerke von verschiedenen Händen.

An dem Herrn Major Jakob Margreiter zu Wörgl
Innsbruck den 28t(en) August 1809
Auf Ihr gemachtes Ansuchen wird erwirdert, daß der Ausschuß oder wenn es betrift allso gleich eine Obrikeit zu wählen und profisorisch anzustellen habe, wo es sodann der jenige auf welchen die Wahl fällt und das Volk das Zutrauen zeigt ohne weiters es anzunehmen hie mit angewiesen wird.
Hierüber ist sodann die Anzeige anhero zu erstatten.
Es wird auch berichtet, das heunte sehr tröstliche Nachrichten eingelaufen sind; es wird ersuchet, es den übrigen Comandanten zu wüssen zu machen.
Von k. k. Oberkomando in Tyroll
Andere Hofer

Rückseite:
Von k. k. Oberkomando in Tyroll an dem Herrn Major Jakob Margreitter zu Worgl.
Durch Ordinanz eilig.

Den 29ten August früh angekemmen und sogleich abgegangen um [7] Uhr 3 Uhr früh

Schw[ä]tz den 29t(en) August 1809 Joh Pal[?] or[?]z

D(en) 29t(en) August 1809 nach(er) Rattenberg um 8 Uhr früch gelangt, und sohte sogleich durch

Nr. 289

Hofer beklagt sich beim Stadt- und Landgericht Sterzing, die in Innsbruck angekommene Kompanie zähle nur 75 Mann; sie müsse ergänzt werden, da laut Vorschrift eine Kompanie aus drei Offizieren, 120 „Gemeinen" und zwölf Korporalen zu bestehen habe.

Innsbruck 1809 August 28

TLMF, Historische Sammlung, Flugschriften – Autographen. Orig.-Pap. 21, 5 ca. : 35 ca., Hochformat, Doppelblatt, 1 Seite.

Text und Adresse von Kajetan Sweth (?), Andreas Hofers eigenhändige Unterschrift, Amtssiegel als Verschluss. Eingangsvermerk des Empfängers.

An die Stadts und Landgerichts Obrigkeit zu Sterzing.
Innsbruck den 28ten August 1809.
Gestern kam die Compagnie von Sterzing hier an und die H(erren) Officiere brachten ihre Stands Listen hieher, allein man sach mit Misvergnügen, daß diese Compagnie nur 75 Mann stark ist – es wird daher der Obrigkeit schärfstens aufgetragen, diese Compagnie zu ergänzen und die übrige Mannschaft nachzuschicken, denn die Vorschrift ist, daß doch wenigstens jede Compagnie aus 3 H(erren) Officiere 120 Gemeinen und 12 Corporalen bestehe. Man erwartet also schleinige Befolgung, wiedrigenfals die Obrigkeit dafür verantwortlich seyn wird –
Denn es ist nicht, als wenn Sterzing ein kleines Gericht wäre und keine Leute hätte, allein hierin sieht man den Patriotismus; es wird daher ermahnt, eifrig zu Werke zu gehen, oder man ist gezwungen, andere Maßregeln zu brauchen.
Hier folgt die Standliste, um die Obrigkeit hievon zu überzeugen.
Uibrigens erwartet man, daß die ganze Organisirung bald zu Ende gebracht und die Standlisten hieher geschickt werden.
Andere Hofer Ober Comen dant in diroll[n]

Rückseite:
Von dem k. k. Oberkomando in Tirol an die löb(liche) Stads und Landgerichts Obrigkeit zu Sterzing.
Eiligst eiligst zu befördern.

No. 211. Praes. d(en) 29t(en) August 1809 um 9. Uhr Vormittag.

Nr. 290

Hofer trägt dem Landgericht Bruneck auf, im Pustertal eine Filial-Schutzdeputation zu errichten, die die Landesverteidigung eigenständig organisieren könne. Die Pustertaler werden ermächtigt, einen Kommandanten selbst zu wählen, sie müssten die Männer zwar versorgen, aber vorerst nicht mit Uniformen, da dies zu teuer sei.

Innsbruck 1809 August 28

ASBz, Kreisamtsakten Bruneck, Fasz. 190,1. Orig.-Pap. 22 ca. : 35,5 ca., Hochformat., Doppelblatt, 1 1/3 Seiten.

Text und Adresse von Matthias Purtscher (?) geschrieben, Andreas Hofers eigenhändige Unterschrift, Amtssiegel als Verschluss. Eingangsvermerk des Empfängers.

No. 2172.
An das löb(liche) k. k. Landgericht Brunecken im Pusterthal.
Innsbruck d(en) 28t(en) Aug(ust) 1809.
Da heute vom Pusterthal drey Deputierte erschienen, so wird denselben über ihr Anbringen folgendes erwiedert. Als –
1mo Soll dortselbs eine Filial Schutzdeputation errichtet werden – zu welcher der H(err) Georg Pezer als Praeses ernennt ist.
2.do Hat sodann diese Schutzdeputation alles in Betref der Landesvertheidigung zu veranstalten und H(err) Oberst v(on) Luxheim hat sich lediglich an diese zu wenden, um mit derselben gemeinschäftlich zu arbeiten – und dann über alles an diese gleich Rechnung zu erstatten. NB. Schoeneck[a]
3tio Steht dem Pusterthale frey, für die Landesvertheidiger selbst einen Commandanten zu wählen.
4to Hat die Mondierung des Militärs einsmals zu unterbleiben, indem es zu kostspielig – übrigens ist demselben die ordentliche Verpflegung beizuschaffen und dieselben so viel möglich mit Gewehr zu versehen.
Uibrigens wird der Schutzdeputation beßtens empfohlen, gemeinschäftlich mit dem H(errn) Oberst v(on) Luxheim alles Mögliche zur Landesvertheidigung anzuwenden und über alle Vorfallenheiten sodann eiligst Rapport zu erstatten.
Vom k. k. Oberkommando in Tirol.
Andere Hofer

Rückseite:
Vom k. k. Oberkommando in Tirol an das löb(liche) k. k. Landgericht zu Brunecken

31. Aug(ust) pr. 1809

---

[a] „NB. Schoeneck" nachträglich eingefügt von anderem Schreiber.

Nr. 291

Bei Hofer geht die Anfrage ein, ob in Wilten ein Markt abgehalten werden dürfe, da der Laurenzimarkt ausgefallen sei (Innsbruck 1809 August 28); Hofer stimmt der Abhaltung eines Marktes am 7. Dezember zu.

[Innsbruck 1809 August 28]

TLMF, FB 2074, 37 e.

Andreas Hofer eigenhändig. Er zwängt seinen Kommentar zwischen Text und Unterschrift, obwohl der Rest des Blattes frei ist; zudem hat er für das Wort „Bestattiget" zu wenig Platz und verlegt es deshalb in einem zweiten Anlauf in die nächste Zeile.

Also wirth der marckht den 7 decemer ~~Best[o]ttig~~ Bestattiget
Andere Hofer ober Comen dant in dirolln

Nr. XIII

Die Oberkommandantschaft betont, alle Behörden in Tirol seien der General-Landes-Administration untergeordnet, darunter auch die durch die Hofstelle in München zentralisierten Hall- und Obermautämter.

Innsbruck 1809 August 29

TLMF, Dip. 1383, 112. Einblattdruck, Orig.-Pap. 22 ca. : 36,3 ca., Hochformat.

Gedruckte Proklamation.

Ungeachtet schon aus dem Sinne des von diesem Oberkommando in Tirol unterm 23ten August abhin erlassenen gedruckten Patents entnommen werden kann, daß der bestellten provisorischen General-Landes-Administration alle und jede in Tirol bestandene Behörden und Dienstes-Branchen unterworfen seyn sollen, so wird doch, um allen widrigen Auslegungen vorzubeugen, hiemit erklärt: daß auch jene Aemter, welche unter königl. baierischer Regierung an die Hofstelle zu München unmittelbar centralisirt und dem Wirkungskreise der Finanz-Direction nicht eingegeben waren, benanntlich die Hall- und Ober-Mautämter eben die nemliche Folgeleistung wie alle übrige in gedachten Patent ausdrücklich benennten Aemter an gedachte prov. General-Landes-Administration bey den in mehr besagten Patent angedrohten Bestrafungen ohne Widerrede zu leisten haben.
Innsbruck den 29ten August 1809.
Von der k. k. Obercommandantschaft in Tyrol.
Andreas Hofer.

Nr. 292

Das provisorische Landgericht Innsbruck wird von Hofer aufgefordert, die Funktionen der aufgelösten landesfürstlichen Gerichte Axams, Amras und Stubai weiterhin zu übernehmen, da es sich nicht auszahlen würde, diese wieder einzurichten.

Innsbruck 1809 August 29

TLMF, Historische Sammlung, Flugschriften – Autographen. Orig.-Pap. 21, 5 ca. : 34,5 ca., Hochformat, Doppelblatt, 1 Seite.

Text und Adresse von Matthias Purtscher (?) geschrieben, Andreas Hofers eigenhändige Unterschrift, Amtssiegel als Verschluss. Eingangsvermerk des Empfängers.

An das l[ö]b(liche) provisorische Landgericht Innsbruck
Innsbruck d(en) 29t(en) August 1809.
Dasselbe wird angewiesen, die Dienst Functionen über die eingezirkten landesfürchtlichen [sic] kleinen Gerichte Axams, Amras und Stubay wie bisher bis auf weiters fort zu führen und fleißigst zu besorgen, indem dieser mein Befehl in dem IIIten Pun[c]kten des allerhöchsten Besitz Ereigniß Ergreifungs Patentes des durchlauchtigsten Erzherzogs Johann kaiß(erlicher) Hochheit d(e) d(at)o Udine 13t(en) April 1809 gegründet ist, und die Restaurirung dieser aufgelößten Gerichte, welche keine Patrimonial Gerichte sind, dem Aerarium nur neue Unkosten verursachen würde, die dermal nicht passirlich sind.
Andere Hofer ober Comen dant in dirolln

Vermerk über die Benachrichtigung des provisorischen Richters von Stubai, von Stolz, von zweiter Hand.

Rückseite:
Vom k. k. Oberkomando in Tirol an das lob(liche) k. k. provisorische Landgericht zu Innsbruck

Praes(entiert) den 29. August 1809 1737
I/126

Nr. 293

Hofer verordnet, die Gewehre, welche Hauptmann *Campi* zu Nals von Hormayr in Trient erhalten hat (?), seien Ersterem zurückzuerstatten. Wer den Hauptmann in seiner Ehre verletzt (hat), wird scharf ermahnt, jegliche Anschuldigungen zu unterlassen.

Innsbruck 1809 August 29

TLMF, Historische Sammlung, Flugschriften – Autographen; TLMF, FB 2729, 33. Original um 1900 im Besitz des Grafen von Herberstein. Hochformat, 1 Seite.

Faksimile. Im nicht eruierbaren Original Andreas Hofers eigenhändige Unterschrift, Amtssiegel.

Jenne Gewöhr, welche Herr Hauptmann vo[n] Campi zu Nahs [sic] von den keyser(lich) könig(lich)en Herrn Oberintendanten Baron vo[n] Hormayr in Trient gestossen hat, sind eben bemelten H(err)n Hauptmann vo[n] Compi widerum in natura abzugeben und zu restituiren. Sollte daher diesen Auftrag weder von Ein- oder den Anderen nicht Folge geleistet werden, so hätte H(err) Hauptmann hievon ohnverzüglich die Anzeige zu erstatten an die – käyser(lich)- könig(liche) Oberkomandantschafft in Tyrol [mit] der weitters beyfügend scharfesten Ahndung, daß es einig übel gesinnte Menschen gebe, die H(err)n Hauptmann ehr verletzende Grobheiten und Anschuldigungen ohne mindesten Beweiß zugestossen haben. Jede derselben werden also hiemit ernstgemessen gewarnet, solche inskunftig zu unterlassen, sondern vielmehr zum Wohl des Vaterlandes sich thätigst zu erzeigen und vielmehr zu Aufmunterung der Landesvertheidiger sich rechtschaffen zu betragen sich zur Pflicht angelegen seyn lassen werden.
Gegeben in Haupt Quartier zu Innsbruck den 29t(en) August 1809
LS *Andere Hofer ober Comen dant in diroll[n]*

(Original im Besitz des Grafen v. Herberstein[?].)

Nr. 294

Da es im Neustifter Spital zu einer regelrechten Hausdurchsuchung gekommen ist, befiehlt Hofer, Derartiges in Zukunft zu unterlassen.

Innsbruck 1809 August 29

TLMF, FB 2073, 126. Orig.-Pap. 22 ca. : 35,5 ca., Hochformat, 1 Blatt, ½ Seite.

Zeitgenössische Abschrift; im Original Andreas Hofers eigenhändige Unterschrift (?), Siegel.

Abschrift
Da dem Unterzeichneten zugegangen, daß sich Einige beigehen lassen und sich mit Gewalt erlaubten, in das zu Neustift sich befindliche k. k. Militair Spital einzudringen, ja alldorten mit Ungestümm Gewehre, Munition etc. verlangten, zu gleicher Zeit auch eine förmliche Haus-Untersuchung vornahmen.
So wird also hiemit nachdrucksamst befohlen, in Zukunft dieses Spital so wohl als den Herrn Hauptmann von Simonis zu respectiren und nicht das Mindeste im Wege zu legen.
Sig(natum) Innsbruck d(en) 29.(ten) August 1809.
Von dem k. k. OberCommando in Tyrol
(L. S.) Andere Hofer.

Nr. 295

Hofer schreibt an Elias Domanig am Schönberg, sobald der Gerichtsausschuss von Stubai einen Vorschlag unterbreiten werde, wie das Hofgericht wiederhergestellt werden könne, würde man darüber beschließen.

Innsbruck 1809 August 29

TLMF, FB 1651, 1. Orig.-Pap. 22 ca. : 37 ca., Hochformat, Doppelblatt, 1 Seite.

Zeitgenössische Abschrift; im Original Andreas Hofers eigenhändige Unterschrift (?), Siegel.

Copia
An den H(err)n Elias Domenig Anwald am Schönberg
Insbruk d(en) 29 August 1809.
Sobald der gesamte Ger. Ausschuß von Stubaj mir einem Vorschlag machen wird, wie auf was Art das Hofgericht Stubaj ohne Unkosten des Aerariums, welches dermal möglichst für Sparsamkeit besorgt seyn muß, wieder behörig restaurirt werden kann, als dann wird weitere Entschließung folgen. Inzwischen wird nach dem Wunsche der Gerichts Ausschüsse Jos. von Stolz bey der hiesigen Schutz Deputazion verwendet werden.
Andere Hofer OberComendant in Tyrol
den 3 7(em)ber do. haben sich die Ger. Ausschüsse zu Mieders versammelt und sind wegen Setzung einer Oberkeit am Schönberg nicht eins geworden.

Rückseite:
29 Aug(ust). 1809
Copia von wegen Setzung eüner lob(lichen) Gerichts Obrigkeit im Thal Stebaj

Nr. 296

Georg Hatzl erhält die Vollmacht, an Hofers Stelle für die zur Verfügung gestellten Lebensmittel zu quittieren.

Innsbruck 1809 August 29

TLMF, FB 2729, 32. Orig.-Pap. 20,5 ca. : 10 ca., Querformat, 1 Blatt, 1 Seite.

Text von Johann Holzknecht (?) geschrieben, Andreas Hofers eigenhändige Unterschrift, o. S.

[B] zum Belege(t)
Uiber dem was dem Georg Hatzl an Viech und andern Vicktuallien für die Landes Vertheidigungs Mannschaft verabfolgt worden, hat selber hiemit die Vollmacht, in Namen des Unterzeichneten einsweilen dafür zu quittiern. Sig(natum) Innsbruck den 29ten August 1809
Andere Hofer ober Comen dant in dirolln

Nr. 297

Hofer ordnet dem Landgericht Sonnenburg (?) an, dieses solle so schnell wie möglich drei genannte Personen in die Hofburg abschicken, da sie ansonsten als Feinde des Vaterlandes betrachtet würden.

Innsbruck 1809 August 30

TLMF, FB 2074, 37 g. Orig.-Pap. 22,5 ca. : 35,8 ca., Hochformat, Doppelblatt, 1 Seite.

Text und Adresse von unbekanntem Schreiber, Andreas Hofers eigenhändige Unterschrift, Amtssiegel als Verschluss. Eingangsvermerk des Empfängers.

An das k. k. Landgericht dahier.
Das k. k. Landgericht erhaltet hiemit v(on) unterzeichneter k. k. Oberkommandantschaft den schärfsten Auftrag, bis morgen vormittags um 8 Uhr den Marthin Witsch zu Lans, den Thomas Schütz zu Patsch und den Franz Tiefenthaler zu Kemathen einzuberufen und hieher zur Oberkommandantschaft in die Hofburg zu schücken, indem man sie falls ihres Außenbleibens als Feinde des Vaterlands zu betrachten und sie auch als solche zu behandeln gezwungen wäre.
Innsbruck den 30ten August 1809.
K. k. Obercommandantschaft
Andere Hofer.

Rückseite:
An das k. k. Landgericht. Dahier.

Praes(entiert) den 30. August 1809 um halb 7 Uhr abends

Nr. 298

Hofer verspricht Josef Valentin von Morandell, ehemöglichst nach Trient zu reisen, vorerst aber überträgt er – da er den Erzherzog Johann erwartet – diesem die Gewalt, nach eigenem Ermessen zu handeln, um in Trient die Ordnung zu erhalten, und damit die Vollmacht als Kommandant im südlichen Tirol. Die Kanonen im Widum von St. Pauls könne Morandell abholen.

Innsbruck 1809 August 30

TLMF, FB 4355, 25. Orig.-Pap. 21,5 ca. : 34,3 ca., Hochformat, Doppelblatt, 1 ½ Seiten.

Text und Adresse von Matthias Purtscher (?), Andreas Hofers eigenhändige Unterschrift, zwei Amtssiegel als Verschluss. Eingangsvermerk des Empfängers.

An den H(errn) Commandanten v(on) Morandel zu Kaltern.
Innsbruck d(en) 30t(en) Aug(ust) 1809.
Ich sehe wohl ein, daß es bei Trient sehr schlecht hergeht – allein ich war zwar willens morgen dahin abzureisen – aber es wird wegen wichtigen Geschäften schwerlich was abgeben.
Jedoch versichere ich Sie, daß ich so bald als es immer möglich ist kommen werde. Sie sehen wohl selbst ein, daß ich unmöglich alles übersehen und über sein kann.
Ich gebe Ihnen, da ich von Ihrer Rechtschaffenheit mehr als überzeugt bin, den ganzen Gewalt, alle Vorkehrungen zu treffen, wie Sie es für gut befinden.

Sie können also Unter-Commandanten wählen, welche Sie für tauglich und fähig halten – und alle diese stehen unter Ihnen und müssen Ihnen auf meinen Befehl in allem gehorsamen.
Wenn sich etwann sehr wichtige Umstände ergeben sollten, haben Sie sich bei mir anzufragen, außer diesem haben Sie ganze Vollmacht.
Ich ersuche Sie dahero, wenden Sie alles an, um dort alles in Ordnung zu erhalten.
Ich verlasse mich auf Ihnen, indem ich Ihren Eifer kenne.
Was die Canonen betrift, welche in Widum zu St. Pauls liegen, gebe ich Ihnen den vollen Gewalt, selbe abzuhohlen und dafür zu quittiern.
Wenn es möglich ist, werde ich bis am Sonntag nach Botzen kommen, aber nach Trient werde ich nicht Zeit haben zu gehen, indem ich dem Versprechen gemäß in Bälde den E. H. Johann erwarte.
Indessen verlasse ich mich wie gesagt auf Ihnen – und erwarte über jeden Vorfall eiligst Nachricht.
Vom k. k. Oberkommando in Tirol.
Andere Hofer

Rückseite:
Vom k. k. Oberkommando in Tirol an den H(errn) Kommandanten Jos. v(on) Morandell wohlgeboren zu Kaltern
durch Estaffette eiligst
abgangen um 10 ½ Uhr nachts

Praes(entiert) am 31t(en) August 1809. – 12 Uhr nachts.
Inhalt wo ich als Oberkomandant in Sey-Tyrol [sic] bevollmächtiget word(en)
No 3.

Nr. 299

Hofer schreibt an das bayerische Landgericht Miesbach, er akzeptiere das eingegangene Schreiben des Grafen von Preysing, an das sich die Bayern aber nicht hielten. Er zählt die von den Bayern in Tirol verübten Gräueltaten auf: Seefeld etwa sei nicht vom bayerischen Militär, sondern von bayerischen Bauern in Brand gesteckt worden. Er klagt über die von den Bayern als Geiseln genommenen Tiroler und das requirierte Vieh und bietet einen Austausch an.

Innsbruck 1809 August 30

Bayerisches Hauptstaatsarchiv, Abt. II: Geheimes Staatsarchiv, MA 6975. Orig.-Pap. 21,8 ca. : 34,5 ca., Hochformat, Doppelblatt, 4 Seiten.

Text von Matthias Purtscher (?) geschrieben, Andreas Hofers eigenhändige Unterschrift, o. S.

An das k. b. Landgericht Miesbach
Innsbruck d(en) 30ten Aug(ust) 1809.
Der Unterzeichnete respektiert das am 30t(en) d. M. von H(errn) Graf v(on) Praeising erhaltene Schreiben vollkomen und wünscht nur, daß dasjenige, was H(err) Graf uns zuspricht, von den Bajern beobachtet worden wäre.
Ich wünschte H(err) Graf sehete selbst mit Augen die Greuelthaten, welche die Bajern in unserm Vaterlande angerichtet – Es ist schreckbar, wenn man die ungeheuren Brandstätten so vieler Unglücklichen, die nun itzt mit ihren unschuldigen Kindern am Hunger-

tuche schmachten, betrachtet. Von allen andern Plünderungen gar nicht zu gedenken – Wenn man betrachtet jene schauervollen Thaten, die sie – die Unmenschen, an alten Greißen, an wehrlosen Menschen, welche sie stümmelten und denselben lebendig die Haut über den Kopf auszogen – ja selbe so mißhandelten, daß man es sich zu sagen schämen müßte.

Zween so mißhandelte Menschen wurden erst kürzlich in den Wäldern bei Innsbruck gefunden.

Niemand ist im Stande, die Greuelthaten zu beschreiben – welche die Bajern, die doch auch Christen seyn sollen, in unserm Vaterlande ausgeübt haben.

Ich sage nicht, daß diese Bauern so etwas gethan, und am einer solchen Sache Antheil genommen haben. Allein erhoben ist es, daß doch durch Bauern manche Mordbrennereyen geschehen sind. So z. B. ist es erwiesen, daß Seefeld nicht durchs Militaer, sondern durch bajerische Bauern ist angezündet worden. Es ist war, diese Bauern welche vom Gerichte Miesbach hier sind, stritten nicht – gehören keineswegs unter die Linie – Allein, wie viele von uns hatten das Unglück, von den Bajern fortgeschleppt zu werden, die nie ein Gewehr in die Hand genommen – ja gar nie vor dem Feinde gestanden haben – so z. B. mit was für einem Gewehr focht Baroness v(on) Sternbach, H(err) Baron v(on) Schneeburg und der alte etwas siebenzig jährige Graf Sarnthein, dann mehrere Geistliche und noch viele andere – Sie waren die rechtschaffensten Männer von der Welt – sie wurden schimpflich zum größten Herzenleid ihrer Famil und aller Menschen weckgeschleppt – nie würde man ein Ende finden, wenn man ihre Greuelszenen erzählen wollte.

H(err) Graf Praeising sagt in seinem Schreiben, die Pferde und Wägen seyen Privat Eigenthum und gehören zurück nach allen Rechten?

Waren die zehn Pferde, welche sie dem Georg Kaltschmid in Brixlegg von der Alpen weckgenommen, nicht auch Privat Eigenthum? Dann jene 400 Stück Rindvieh, welche sie ebenfalls in Sterzing von den Alpen entführten. Und so wären hundertley Beispiele aufzuweisen ohne derer zu gedenken, wo sie an der Landstrasse hie und da einem Privaten theils Pferde, theils Rindvieh aus den Ställen und von der Gemein Weide gewalthätiger Weise fort genommen haben. Und letztlich wie viel Vorspannsleister haben sie nicht fortgeschleppt, wo von vielen nicht einmal die Leute, geschweigen Pferde und Wägen zurück gekommen sind. Ja einen solchen Vorspannsleister fand man bei Währ mit zwey Kreuzhieben auf dem Kopfe und einem Schuß durch die Brust tod auf der Strasse liegen.

Diese und noch unzählige andere sind die schönen Thaten, die die Bajern in unserm Vaterlande ausübten.

Ich bin mit der Auswechslung zwar einverstanden, allein vorher will ich ohne weiters alle namentlich wissen, welche man für diese Bauern austauschen will.

H(err) Graf Preising hat sich daher an seine Majestaet den König zu wenden – denn ich will ohne weiters und vor allen die ehrlichen und schuldlosen Herrn Geistlichen, dann den H(errn) Baron v(on) Schneeburg, Graf Sarnthein, Baroness Sternbach und mehr andere wichtige Personen haben. Widrigenfals sich mehrere Ortschaften (welche hier nicht benannt werden) hervor gethan haben – mit uns Tiroler zu streiten, wo wir sodann München finden und sie selbst abholen werden. Ich führe mit Gott diesen Stolz und meine es dem König zu Guten, und sollte sich auch wirklich Ponaparte selbst dawider aufhalten, so sind wir dennoch unerschütterlich –

Was die Wägen und Pferde betrift, wird man diese (so bald man uns die unsrigen zurückgeben wird) ohne weiters auch zurück geben.

Andere Hofer ober comen dant in dirolln

Nr. 300

Das Landgericht Sterzing erhält von Hofer den Auftrag, den Wundarzt Knoflach sowie Zeugen zu vernehmen und das Erhobene nach Innsbruck zu schicken. Pinzgau und Brixental haben gebeten, mit Tirol kämpfen zu dürfen; die Sterzinger sollen sich etwas mehr für die Sache der Tiroler anstrengen.

Innsbruck 1809 August 30

TLMF, Autographensammlung Andreas Hofer. Orig.-Pap. 21,5 : 34,8, Hochformat, Doppelblatt, 1 Seite.

Text und Adresse von unbekanntem Schreiber, eigenhändige Passage und Unterschrift von Andreas Hofer, urspr. zwei Siegel als Verschluss (abgebrochen). Eingangsvermerk des Empfängers.

An die Landgerichts Oberkeit zu Sterzing.
Derselben wird anmit aufgetragen, nach beiliegender Note Wundarzt Knoflach unverzüglich zu vernehmen, nach Umständen auch die weiteren Zeügen-Aussagen aufzunehmen und das Erhobene anher einzuschicken.
Innsbruck den 30ten Aug(ust) 1809.
Kaiser(lich) könig(liche) Oberkommandantschaft in Tyrol.
Andere Hofer

schez Parester H lant Richter lassen sie sich, nicht, gräben, Eß ist ganz Pinßgau, vnd Prixen dall – zu mir khomen, vnd Peden mich,
das sie khentten, vntter meinen schuz khomen, vnd wolten mit willen, die waffen Ehr greiffen vnd alles ist in follen muett

öben ßagen sie den in waneren Vo störzing, sie sollen sich doch auch dödiger zeigen, damit, mir nicht alle leiden miessen, sie wie ich vnd filleicht, das ganz fohr haben

Rückseite:
Innsbruck
von der k. k. Oberkommandantschaft in Tirol. An die Landgerichts Obrigkeit zu Sterzing.

No. 215. Praes. den 31. August. 1809.

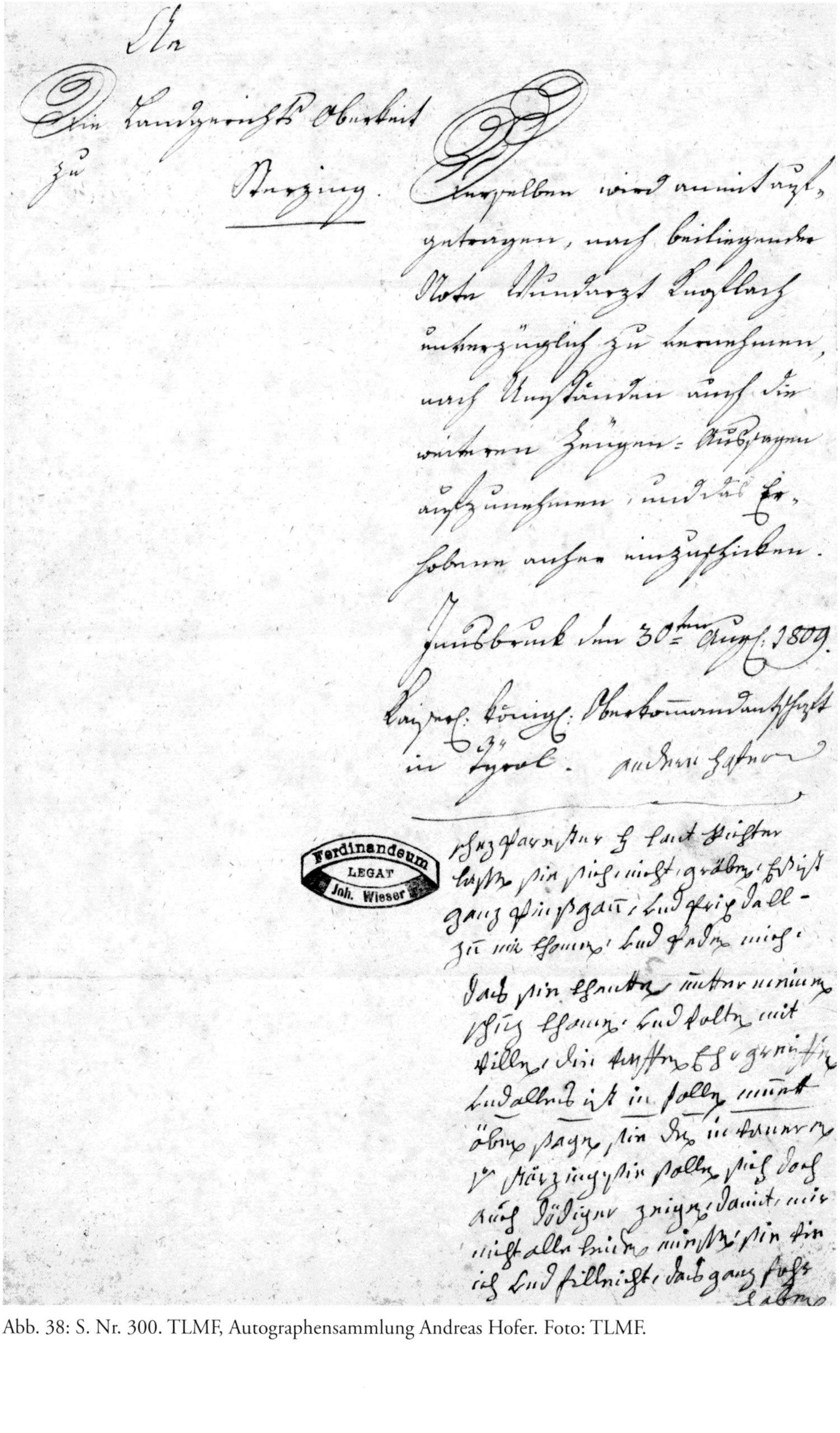

Abb. 38: S. Nr. 300. TLMF, Autographensammlung Andreas Hofer. Foto: TLMF.

Nr. 301

Hofer lädt Josef Ignaz Straub zu einer Besprechung in Innsbruck ein, dieser soll evtl. zwei bis drei Männer mitbringen.

Innsbruck 1809 August 30

TLMF, FB 1651, 88. Das Original im 19. Jh. in Privatbesitz des Grafen Choteck.

Abschrift durch Delama (?). Das Original, das dem Verfasser der Abschrift wahrscheinlich vorlag, ist offensichtlich teilweise von Hofer eigenhändig geschrieben („Prueder […] auß.").

Dem Herrn Straub in Hall.
Derselbe erhält hiemit von unterzeichneter k. k. Oberkommandantschaft den Auftrag, bis morgen früh 8 Uhr hier bey der Oberkommandantschaft zu erscheinen, weil nemlich über mehrere Dinge Conferenz gehalten werden wird.
Innsbruck den 30. August 1809.
K. k. Obercommandantschaft
Andere Hofer[?]
Prueder wan du noch 2 oder 3 wissest guette mener lasse mit dir herauf khemen, wann nie nicht in der Ordnung khombt, so gehe nach auß.
NB Der Zusatz von Hofer eigenhändig.

Nr. 302

Bittschrift an Hofer (Pfunds 1809 August 24), unterzeichnet „Aloys Rietzler depodierter". Rietzler berichtet, die Arbeiter von Pfunds könnten wegen der Soldatenpflicht nicht ihrer Einkommensquelle, dem „Holzwerk", nachgehen. Deshalb bittet er um die Anweisung von 250 Fass Salz durch das Salzoberamt Hall. Hofer genehmigt dies und fordert das Amt auf, das Salz ausfolgen zu lassen.

Innsbruck 1809 August 30

TLA, Ältere Salinenakten. Chronologische Reihe, Fasz. 3, Varia 1809.

Zeitgenössische Abschrift (August 31), im Original Andreas Hofers eigenhändige Unterschrift (?).

Da man von der Noth dieses Gerichtes überzeugt ist, so werden demselben vorbenennte Salzfaß bewilligt – wo also daß lob(lich)e Salzoberamt hiemit selbe gegen Quittung und künftiger Verrechnung ausfolgen zu lassen angewiesen wird.
Innsbruck den 30t(en) August 1809.
(L. S.) Andrä Hofer Oberkomandant in Tyrol zur Bewilligung des Titl. H(errn) Ingram.

Bestätigt durch die „provisorische[n] Finanz Direction im Innkreise", Innsbruck 1809 August 30. Kollationiert durch den Salzoberamts-Registrator Josef Rungg, Hall 1809 August 31.

Nr. 303

Hofer will von den Kommandanten wissen, was es mit den genannten vier Arrestanten auf sich habe. Er werde nach Bozen reisen, um einige Dinge in Ordnung zu bringen.

Innsbruck 1809 August 30

TLMF, FB 2729, 34. Orig.-Pap. 12,7 ca. : 31 ca., Hochformat, 1 Blatt, 1 Seite.

Andreas Hofer eigenhändig, o. S.

Geliebte Comen danten
ich mache Eich zu wissen, das Eß högst noth wendig ist, das Eß mir, Eine Rechte auf khler ung, gebt, wasses mit die 4 äre stantten fir Eine Be wantniß hat
Erstlichen Vo Pflöger zu khiz Pichl
2 Vo Pfleger zu mitter sell
3 Vo sein schreiber, oder wehrer ist
4 Vo lumppen Pfaff [Simon Köfler, s. nachfolgende Nr., Anm.] *woher Ehr ist gebet mir geschnelle auß khonfft, damit ich ßie, kh[o]n Constuttuieren lassen neieß weisse ich nicht als, das ich mueß nacher Pozen Reissen wögen um ornung, in werckh zu ställen, ab Reissen Vo hier werdeich den 2 frue, wan Eß wasß habt for zu Bringen, kh[o]n Ender Einder* [sic!] *her auf khomen, vnd machet es in der zeit Präff vnd guet, der schreiber Bleibt noch hier*
in sprugg den 30 augusti 1809
Andere Hofer ober Comen dant

Nr. 304

Hofer bittet den Kuraten von Strass Siard Haser, sich der Sache des in Innsbruck arretierten Pfarrprovisors von Kundl Simon Köfler anzunehmen.

Innsbruck 1809 August 30

TLMF, FB 2729, 35. Orig.-Pap. 21 ca. : 34,5 ca., Hochformat, Doppelblatt, 1 Seite.

Text von Matthias Purtscher (?) geschrieben, Andreas Hofers eigenhändige Unterschrift, o. S.

An den hochwürdigen Herrn Curat zu Straß.
Innsbruck d(en) 30t(en) Aug(ust) 1809.
Es liegt hier der geistliche Herr Pfarrsproviser Simon Köfler v(on) Kundl hier in Arrest. Dieser stellte heute beiliegende Schrift ein, welche ich Ihnen hiemit übermache.
Sie wissen, daß ich mein ganzes Zutrauen zu Ihnen habe – Sie wissen, daß ich gern recht und nach Gewissen handle – ich bitte dahero, haben Sie die Güte und untersuchen diese Sache, fragen Sie bei dem ietzigen Pfarrsprovisor in Kundl und auch bei der Gemeinde nach, und ertheilen Sie mir sodann über alles genaue Auskunft.
Womit ich mit aller Hochachtung geharre.
Andere Hofer ober Comen dant in diroll(n)

Nr. 305

Hofer bietet den Bewohnern des Salzburger Gebirges an, erneut mit den Tirolern zu kämpfen, vor allem die Obrigkeiten und die Geistlichkeit ruft er auf, ihre Untergebenen in dieser Hinsicht aufzumuntern und zu unterstützen. Oberstes Ziel Hofers ist die Vereinigung dieser Gebiete mit Tirol.

Innsbruck 1809 August 30

TLMF, Historische Sammlung. Flugschriften – Autographen.

Abschrift, im Original Andreas Hofers eigenhändige Unterschrift (?).

Biedere Bewohner des Salzburger Gebirges!
Ihr habt Euren Patriotismus für Gott und Vaterland schon einmal gezeigt. Ich gebe Euch hiemit meinen wärmsten Dank, meine wahre Zufriedenheit zu erkennen. Nur bedauere ich, daß Eure jetzige Lage, worin Euch das Schiksal wieder gezogen hat. Aber fasset neuen Muth, vertraut dabei auf Gott, und er wird Euch mit uns retten. Stehet auf, aber mit vereinten Kräften – wir sind bereit, Euch unsere Hand zu bieten und Euch, so viel in unserer Macht steht, zu untersützen, fasset Muth! Bedenkt Euere Lage, Euer äusserstes Elend, in dem Ihr schmachtet. Alles steht in Gefahr, Eigenthum, Religion, ja alles. Wendet also Euer Äusserstes an, um Euch aus diesem grenzenlosen Elend herauszuwinden.
Obrigkeiten und hochwürdige Geistlichkeit! Ihr seid von Gott als Führer und Leiter des Volks bestimmt – Euere Schuldigkeit ist es, für die Unterthanen zu sorgen und ihr Wohl zu befördern, alles fordert Euch auf. Könnt Ihr Eure Untergebenen, die Euch Gott anvertraut hat, länger in diesem grenzenlosen Elend schmachten sehen? Geht ihnen werkthätig an die Hand, unterrichtet und unterstützt sie, so viel in Euern Kräften steht – bedenkt es, daß Ihr für selbe dermal einst Rechenschaft geben müßt.
Nehmt das Beispiel an uns, vertraut auf Gott, hofft sicher auf ihn, er wird Euch so wie uns helfen – er verläßt keinen, der wahrhaft auf ihn vertraut.
Ich verspreche Euch, daß ich (wenn wir das Glück haben einmal wieder haben werden [sic], unter unserm theuersten Haus Oesterreich zu stehen) mir alle Mühe geben werde, Euch mit Tyrol auf immer zu vereinigen.
Innsbruck den 30. August 1809.
Vom k. k. Oberkommando in Tyrol
Andrä Hofer.

Nr. 306

Anton Wallner, der sich um die Landesverteidigung verdient gemacht hat, wird von Hofer zum Oberkommandanten im Pinzgau ernannt.

Innsbruck 1809 August 30

Salzburger Landesarchiv, churf. u. k. k. österr. Reg., Rubrik XIX, Nr. 26 (= Karton 204), Nr. 149/1. Pap. 20,5 ca. : 31 ca., Hochformat, Doppelblatt, 1 ½ Seiten.

Zeitgenössische Abschrift (September), im Original Andreas Hofers eigenhändige Unterschrift (?), Siegel.

Dekret und Anstellung des Anton Wallner als Oberkomandanten in Pinzgäu
Insbruk den 30t(en) Aug(ust) 1809
Nach dem Anton Wallner, Gastgeber in Windisch Matterei, nicht nur allein für die allgemeine Verdeutigung von Haus Oesterreich einen auserordent(lichen) Eifer stets anwendete, sondern auch itzt, da alles in Pinzgäu schon die Waffen verwarf, seinen grossen Muth ganz allein bey Täxenbach erneuerte, für Gott den Beschützer der Reiche und Vater aller Menschen, für die Religion und unsern liebvollen Vater von Oesterreich ritterlich kämpfte, so wird ihm als einen ruhmvollen und eifrigen Manne die Oberkomandantschaft über Pinzgäu von dem k. k. Oberkommandanten in Tyroll übergeben, welchen auch in gleicher Zeit mit alle übrige Comandanten und Befehlshaber von Tyrol seine Gemeinschaft und Correspodenz zu haben die Volmacht von Obgemelten anvertrauet ist. Ihm ist die Volmacht gegeben, über alle in Pinzgäu stehende Compagnien nach weisen Gesetzen zu walten, über alle Offiziere nach klarer Einsicht zu befehlen, alle Verdächtige und übl Gesinte in Verhaft zu nehmen und nach Gebühr mit ihnen zu verfahren, alle Gerichter zur Thättigkeit anzueifern. Ihm wird hingegen auch gebotten, für seine Untergebenen so zu sorgen, als wie ein Vater für seine Kinder sorgt, sie zur Religion anzueifern, denn nur mit der Religion mit Gott den Helfer in allen Nöthen und Maria der liebvollen Mutter und Furbitterin bey ihren lieben Sohn ist alles zu gewinnen und zu erhalten. Ihm wird auch gebothen, Einigkeit unter seinen Untergebenen zu erhalten und so sich zeit(lich) und ewig bey Gott und der Welt mit seinen Waffen Brüdern verdient zu machen.
Von der k. k. Oberkomandantschaft in Tyrol
LS. Andr[e]e Hofer
Daß diese Abschrift mit dem Originale verglichen und denselben wört(lich) gleichlautend befunden worden sey, wird hiemit amt(lich) bezeugt
Saalfelden den 7b(er) 1809
[…]

Nr. 307

Hofer berichtet einem unbekannten Empfänger, der Feind sei aus Trient und bis nach Ala vertrieben worden, er hätte neben vielen Verletzten und Gefangenen (ca. 3.000) 7.000–8.000 Tote zu beklagen. Wichtige Tiroler Personen seien als Geiseln genommen worden. Die Salzburger Untertanen im Pinzgau, Ziller- und Brixental hätten gebeten, sich unter Hofers Schutz stellen und gemeinsam mit den Tirolern kämpfen zu können.

o. O., 1809 [nach August 30]

TLMF, FB 2703, 84. Orig.-Pap 22 ca. : 36 ca., Hochformat, 1 Blatt, 1 Seite.

Text durchgehend eigenhändig von Andreas Hofer, o. S.

Als den 30 augusti 1809
sein die feinde auch Vo drient ver driben worden wiss auf Halle hin vntter
auch haben mir sehr fille Plessierte in lant, vnd Bei 3000 ge fangene
vnd wasß der feint an dode verlorn 7 wiss 8 daussent
wass auch sehr hart wahr Bei unß ist das, der feint hat ge wichtige Ber ßohnen mitgenomen
zur geissl, vnd Thauschet unss kheine ausß, noch geissl noch gefangene
[N] Pinsßgau, vnd zillerdall ist khomen, wie auch Prixen dall. hat ge Peden, ich solle sie in
vnsseren schuz nemen, Bei Jro K K hoch heit, an Rech Comen dieren, vnd haben mir ver
sprochen Vo 8 wiss 9 daussent, vnß wohlen zu hilf khomen

Nr. 308

Hofer fordert die Finanzstellen des Landes auf, während seiner Abwesenheit von Innsbruck die Ausgaben zu beschränken und sich um Geldeintreibung zu bemühen.

Innsbruck 1809 August 31

Zit. nach: Hirn, Erhebung, 668. Original (?) 1909 im Statthaltereiarchiv Innsbruck.

„[…] da er [Hofer, Anm.] sich in Geschäften auf einige Tage entfernen müsse, so werde die Behörde verpflichtet, während seines Ausseins die Ausgaben tunlichst zu beschränken, nur im äussersten Fall Geldanweisungen zu verfügen, die aber nicht den Betrag von 50–60 G. übersteigen dürfen; das Salzamt Hall dürfe, ausser gegen eigenhändig von ihm ausgestellte Anweisungen an niemanden Salz abgeben, der nicht bar bezahlt, ebenso habe es die Bergverwaltung in Schwaz mit dem Metall zu halten; dafür solle man sehen, von den auswärtigen Ämtern recht viele Überschüsse an die Kreiskasse geliefert zu bekommen."

Nr. 309

„Andreas Hofer bevollmächtigt den Rittmeister Josef Kinzle aus Schrunz in Vorarlberg, Freiwillige für die Kavallerie aufzunehmen, ‚die Gage aber erst wenn wir wieder oestreiisch sind zu beziehen'."

Innsbruck 1809 August 31

Hinweis in: Katalog der Erzherzog Carl-Ausstellung zur Jahrhundertfeier der Schlacht bei Aspern, Wien 1909, 261: „Sammlung Dr. Albert und Karl Figdor, Wien".

Text von unbekanntem Schreiber, Andreas Hofers eigenhändige Unterschrift, Siegel.

Nr. 310

Hofer fordert das Gericht Sonnenburg auf, einen Ausschuss nach Innsbruck in die Hofburg zu schicken; derselbe Aufruf ergeht an die Sonnenburg unterstehenden Gerichte.

Innsbruck 1809 August 31

TLMF, FB 2074, 37 h. Orig.-Pap. 21 ca. : 33,3 ca., Hochformat, Doppelblatt, 1 Seite.

Text und Adresse von Kajetan Sweth (?) geschrieben, Andreas Hofers eigenhändige Unterschrift, urspr. ein Siegel als Verschluss (abgebrochen). Eingangsvermerk des Empfängers.

An das löbl(iche) Gericht Sonnenburg
Innsbruck den 31ten Aug(ust) 1809.
Nachdem es der Wunsch und das Verlangen des H(errn) Oberkommandanten vom Tirol ist, von allen angeführten und zu Innsbruck verlangten Gerichtern die Ausschüße hier zu sehen, so werden alle Gerichter ersucht, ihre Ausschüße (nähmlich jedes derselben einen Mann) nach der k. k. Burg in ~~Tirol~~[a] Inspruck und Oberkomando als morgen früh um acht Uhr den 1ten September 1809 abzuschicken, welcher vermittelst eines ~~eines~~ Dekrets unausbleiblich und bey schwerer Verantwortung morgen und obgemelte Stund zu erscheinen hat.
NB. Dieses Gericht hat also seine unterordnete Gerichter aufzufodern und ihre Ausschüße, daß sie um gemelte Stunde erscheinen zu befehlen.[b]
Die dazu gehörigen Gerichter sind Ameras, Axams, Stubey, Wildtham et cet(era) …
Es scheinet daher dem Endes Unterzeichnetem, daß es jedweder sich daran gelegen seyn lasse, für sein geliebtes Vatter Land alles mögliche anzuwenden und so dem ganzen Lande und sich selbst nützlich zu seyn. Denn nur dieses Gericht wird ihre Trägheit, Mistrauen und falsche Gesinnungen beweißen, dessen Ausschüße als morgen zur obgenannten Stunde nicht erscheinen werden.
Von diesen Gerichte erscheinet daher als Ausschüße[c] Schitz von Patsch, H(err) Domanig von Schönberg, Etschman unter der Schupfe, Johan Dollinger von Hetting, Kern gebürtig von Kemeten wohnt in Innspruck. Nachzeitig abzuwechseln sind Joseph Eller, Joseph Mugler.
Von dießen Ausschüßen hat also einer mit einem Dekret zu erscheinen.
Vom k. k. Oberkommando in Tirol.
Andere Hofer

Rückseite:
Von dem k. k. Oberkommando in Tirol an das lobliche Gericht von Sonnenburg a Sonnenburg
durch Ordonanz eiligst sehr eiligst.

Praes den 31. August 1809 um halb 7 Uhr abends.
Sogleich die betreffenden Dekrete ausgefertigt.

---

a   Getilgt durch Überschreibung.
b   Nebenbemerkung nachträglich am Textrand eingefügt.
c   „als Ausschüße" nachträglich am Textrand eingefügt.

Nr. 311

Der Bürgermeister von Imst Johann Georg Strele wird von Hofer aufgefordert, seine Wahl zum Kommandanten anzunehmen und sich wegen der Munition an die Schutzdeputation in Reutte zu wenden.

Innsbruck 1809 August 31

Stadtarchiv Imst, Urkunde M 126. Orig.-Pap. 22 ca. : 34,5 ca., Hochformat, Doppelblatt, ¾ Seite.

Text von Kajetan Sweth (?), Adresse von Matthias Purtscher (?) geschrieben, Andreas Hofers eigenhändige Unterschrift, Amtssiegel als Verschluss.

An den H(errn) Bürgermeister Johan Georg Strelli zu Imst.
Innsbruck d(en) 31ten Aug 1809.
Da vermög durch einen Expresser hier eingegangenen Bericht der H(err) Bürgermeister das allgemeine Zutrauen besitzt und dahero aus dieser Ursache zum Commandanten gewählet wurde, derselbe aber diese Charge anzunehmen sich weigert, so wird hiemit demselben nachdrücksamst aufgetragen, auf der Stelle die Charge zu übernehmen und alles das vorzukehren, was dieses Amt mit sich bringt und zur Rettung des Vatterlands erfoderlich ist.
In Betref der Munition ist sich an die Schutzdeputation zu Reutte zu wenden, indem dieser Tage solche dahin abgeliefert worden.
Von dem k. k. Oberkomando in Tirol.
Andere Hofer [m. p.]

Rückseite:
Vom k. k. Oberkomando in Tirol an den H(errn) Commandanten Joh. Georg Strelle zu Imst.

Nr. 312

Hofer schreibt, zwei Kärntner Abgeordnete hätten um Hilfe gebeten wegen der Bedrohung durch den französischen General Rusca, der gegen das sechste Gebot verstoße, das dem Christen das Töten untersagt.[1]

[Innsbruck 1809 September]

Zit. nach: Hormayr, Geschichte, 54–55.

Original vermutlich eigenhändig von Hofer geschrieben.

„Anheint sint zwey Carner (Kärthner) ankhommen, und bitten so um Hillff, wass sie nur bitten khennen, Pur wögen Russpa [Lesefehler: „Russga", Anm.] söcht zu Kringen [Lesefehler: „Kriegen", Anm.] und dass wögen ihren pitten halber, Ehr verlangt gegen das sechste Gepot, was man nie erhert hat.
Die engen und gueten Posten thiet wohl besötzen, und sunst glaubet ich ender zurückziehen, bis zu diese posten."

Nr. XIV

Eine eingelangte Depesche bestätigt Friedensverhandlungen zwischen Österreich und Napoleon, Österreich aber hätte versichert, Tirol und Vorarlberg auf keinen Fall aufgeben zu wollen. Hofer fordert die Tiroler auf, standhaft und gehorsam zu bleiben bis zum Eintreffen österreichischer Unterstützung.

Innsbruck 1809 September 1

TLMF, Dip. 1383, 115. Einblattdruck, Orig.-Pap. 22 ca. : 36,3 ca., Hochformat.

Gedruckte Proklamation.

Tiroler! Liebe Landsleute!
Ein Vertrauter von dem k. k. oesterreichischen Hoflager kam heute in meinem Hauptquartier hier an, nachdem er die Reise von Hungarn bis hieher in der Zeit von 7 Tagen zurückgeleget hat.
Seine aus verläßlicher Quelle mitgebrachte Depesche enthaltet im Wesentlichen Folgendes:
1) Habe das noch mächtige Haus Oesterreich, wovon gering gerechnet bloß die Hauptarmee über 300,000 Mann ohne der beträchtlichen Korps der Erzherzoge Johann und Ferdinand kaiserl. Hoheiten, auch ohne der Hungarischen Insurrektion und böhmisch- und oesterreichischen Landwehren zählet, den von seiner Generalität geschlossenen Waffenstillstand zwar gehalten, ja sich sogar in Friedensunterhandlungen eingelassen; jedoch seye aber

---

[1] Hormayr versteht unter dem sechsten Gebot nicht das Verbot des Tötens, sondern jenes des Ehebruchs. Die Auslegung der entsprechenden Bibelstellen ist umstritten, die gängige Nummerierung gibt Hormayr in dieser Hinsicht aber nicht recht.

2) höchstdasselbe durchaus und immer bedacht, das seine getreue Länder Tirol und Vorarlberg auf diese oder jene vortheilhafte Art künftighin dergestalt kräftigst zu unterstützen, daß diese Länder als die Perle seiner Staaten erhalten oder doch wenigstens für einen oesterreichischen Prinzen behauptet werde.

Es ist nun an Euch, liebe Landsleute, daß Ihr bis zum Erfolg des Friedens, oder, wenn dieser vielleicht nicht schon bald jetzt zu Stande kommen sollte, bis zur Eintreffung der k. k. oesterreichischen Unterstützung aller Art in Euerer Beharrlichkeit das Land zu vertheidigen standhaft und unermüdet fortfahrt, da doch der Herr aller Könige und Herrscher sowohl den Anfang als die Fortsetzung unserer Vertheidigung wider die alles verheerenden Feinde bisher so handgreiflich gesegnet hat und gewiß auch das Ende nicht minder segnen wird.

Damit aber der göttliche Segen bis zum Ende nicht entzogen werde, erwartet die Oberkommandantschaft unbedingten Gehorsam in Befolgung der Befehle, Ruhe, Ordnung und rechtschaffenes Betragen überhaupt ab Seite der Landesvertheidiger, die auf den erst erscheinenden Aufruf sich sogleich an die Gefahr-Plätze hinzuverfügen haben, dann aber auch auf die richtige Erlangung ihrer Lohnungs-Quoten Rechnung machen können, da Seine kaiserl. Majestät von Oesterreich nicht nur den Ersatz derselben, sondern auch aller wie immer Namen habenden ausgewiesenen Kriegsschadens-Gegenstände erst wieder neuerlich allerhuldreichst zugesichert haben.

Endlich ergeht an alle Gerichts-Obrigkeiten noch insbesondere der gemessenste Auftrag, mit Zuzug der aufgestellten Schutzmänner oder in Ermanglung auch Ausschüsse die Organisirung der Compagnien nach Vorschrift auf der Stelle zu bewerkstelligen und rastlos diesem Geschäfte gar vorzüglich obzuliegen, denn im Unterlassungsfall müßten sie sich es lediglich selbst zuschreiben, wenn sie als Feinde des Vaterlandes angesehen und behandelt werden würden.

Gegenwärtiger Befehl soll übrigens auf allen Kirchenkanzeln verkündet und in jeder Gemeinde angeschlagen werden.

Innsbruck den 1. September 1809.

Von der k. k. Obercommandantschaft in Tyrol. Andreas Hofer.

Derselbe Text wurde auch in italienischer Sprache publiziert:

TLMF, Dip. 1362, II 49. Einblattdruck, Orig.-Pap. 21,4 ca. : 28,7 ca., Hochformat.

Tirolesi! Cari compatriotti!

Una persona di confidenza proveniente dal campo imp. r. austriaco giunse oggi al mio quartier gen., dopo ch'ella fece il viaggio dall'Ungheria fino qui nello spazio di 7 giornate. I dispacci tratti da sicura fonte dalla medesima portati contengono in sostanza quando appresso:

1) Che la potente casa d'Austria, la di cui sola grande armata ascende a dir poco a più di 300,000 uomini senza contare i considerevoli corpi delle loro AA. II. gli arciduchi Giovanni e Ferdinando, e senza l'insurrezione ongarese, e le milizie della Boemia e dell'Austria, ha bensì osservato l'armistizio conchiuso dai suoi generali, e si è persino lasciata in trattative di pace; ma

2) Ch'ella è di sentimento, di soccorrere per l'avvenire in qualunque maniera sempre però vantaggiosa in suoi fedeli paesi del Tirolo e del Vorarlberg, e di conservare questi paesi, che sono la perla dei suoi stati, per se, o almeno per un principe della sua augusta famiglia.

Ora sta in Voi, cari compatriotti, il continuare a difendere con costanza e coraggio il paese fino alla pace, o se questa non si effettuasse così presto, fino che giungerà un soccorso imp. reg. austriaco d'ogni sorte, tanto più che il Re di tutti i re ha così visibilmente protetto tanto in sul principio come in seguito la nostra difesa contro un nemico devastatore, e che vorrà pure proteggerne egualmente la fine.

Affinchè poi la benedizione divina, accompagni le nostre imprese sino alla fine, il comandante supremo s'attende una cieca ubbidienza nell'eseguire gli ordini, nel conservare la tranquillità, il buon ordine, e nell'osservare un buon contegno e specialmente da parte dei difensori della patria, i quali al primo cenno si dovranno tantosto portarsi, dove il bisogno ed il pericolo li chiamano; potendo i medesimi contar sicuramente sul conseguimento delle loro paghe, mentre S. M. I. d'Austria si è degnata d'assicurare nuovamente, che non solo ci indenizzerà delle medesime, ma ben anche di tutte le spese e danni della guerra, purchè siano comprovati.

Finalmente si ordina a tutti i giudici locali d'intraprendere subito coll'assistenza dei deputati, o sindaci l'organizzazione delle compagnie secondo la norma, e di adoperarsi per ciò con tutta l'attività possibile; mentre caso contrario non avrebbero ad incolpar che se medesimi, se venissero considerati quai inimici della patria e trattati come tali.

Il presente ordine dovrà venir pubblicato dai pulpiti ed affisso in ogni comune.
Innsbruck il 1mo. settembre 1809.
Dall'i. r. comando superiore in Tirolo ANDREA HOFER.

Nr. XV

Hofer gibt bekannt, Bernhard Riedmüller und Josef Marberger zu Oberkommandanten ernannt zu haben.

Innsbruck 1809 September 1

TLMF, Dip. 1383, 114. Einblattdruck, Orig.-Pap. 22 ca. : 36,3 ca., Hochformat.

Gedruckte Proklamation.

Da es sehr einleuchtend ist, daß meine Gegenwart bald da bald dort nothwendig seyn muß, und daß gerade während meiner Abwesenheit Verhältnisse eintreten könnten, welche schnelle Verfügungen erfordern; so bin ich im Betrachte, daß für jeden einzelnen Vertheidigungs-Punkt ein eigener Oberkommandant nicht bestehen kann, zur Beförderung des Dienstes genöthiget, für den Bezirk Oberinnthal wie für die Gerichte Glurns, Mals, Marienberg und Matsch die Majors Riedmüller und Marberger zu Ober-Commandanten aufzustellen und denselben das Befugniß zu ertheilen, alle jene Anstalten zu treffen, welche die von Zeit zu Zeit wechselnden Umstände erheischen werden; jedoch haben sie mir über alles getreulichen Bericht zu erstatten, und wenn es thunlich ist meine Befehle einzuholen.

Alle Oberkeiten, Gemeinden, Unter-Commandanten und Hauptleute werden daher angewiesen, nach ihren Verfügungen bey schwerster Verantwortung sich auf das Genaueste zu richten.

Innsbruck am 1sten September 1809.
K. k. Ober-Commando in Tyrol. L. S Andreas Hofer.

Nr. XVI

Befreiung der genannten Salinen- und Bergwerksarbeiter vom Auszug bei Sturmaufgeboten.

Innsbruck 1809 September 1

TLMF, Dip. 1383, 113. Einblattdruck, Orig.-Pap. 22 ca. : 36,3 ca., Hochformat.

Gedruckte Proklamation.

Es ist heilige Pflicht, daß bey Sturmaufgebothen jedermann zum Schutz und zur Rettung des Vaterlandes ausrücke. Der biedere Tyroler hat bey jedem Aufgeboth Beweise gegeben, daß die streitbare Mannschaft aus jedem Stande dieser heiligen Pflicht eingedenk war und willig die Waffen ergriff. Er wird es bey dem neuerlich eintretenden Fall der Nothwendigkeit mit gleicher Bereitwilligkeit wieder thun. Allein es giebt Fälle, wo nothwendig Ausnahmen im Einzelnen zum Besten des höchsten Aerars statt finden müßen.
Die Herbeyschaffung der so nothwendigen Geld-Einflüße in die Staats-Cassen begründet diese Ausnahme. Ohne diese Einflüsse würde es an der erforderlichen Unterstützung der Streitkräfte gebrechen und das Ganze in eine unheilbare Stockung gerathen.
Aus diesen wichtigen Gründen bewogen wird hiemit festgesetzt, daß, um die Salzpfannen und die Schmelzwerker, die wesentlichsten Gefällsquellen in Tyrol, aufrecht zu erhalten, die Pfannhausarbeiter zu Hall, die Schmelzer zu Brixlegg und bey den übrigen Verwesämtern, dann die Messing-Arbeiter zu Achenrain und Lienz nebst den vorgesetzten Manipulations, Magazins und Casse-Beamten vor der Hand bey Sturmaufgebothen vom Auszuge befreyet, und daß von den Salzbergsarbeitern, dann den Knappen oder Bergwerkern immer nur ein Theil in organisirten Kompagnien, die nach der erstreckten Dienstzeit durch eine neu zu organisirende ersetzt werden müßen, zur Ausrückung gehalten seyn sollen.
Innsbruck den 1sten September 1809. Von der k. k. Obercommandantschaft in Tyrol.
Andreas Hofer.

Nr. 313

P. Joachim Haspinger schreibt an Hofer (Kitzbühel 1809 August 31), er hätte erfahren, dass in Innsbruck 180 Zentner Kupfer „in der Schmelze" seien; das Metall könnte in Hall zu Münzen geprägt oder verkauft werden, um so zu Geld zu kommen. Hofer leitet den Brief – versehen mit seinem Einverständnis – an die Provisorische General-Landes-Administration weiter.

Innsbruck 1809 September 1

TLMF, FB 1651, 23.

Text von Matthias Purtscher (?) geschrieben, Andreas Hofers eigenhändige Unterschrift.

Obiges wird der k. k. provisorischen General Landes Administration mit deme übergeben, daß selbe den Verkauf beschleinige.
Insbruck d(en) 1ten 7ber 1809.
Andere Hofer oberComen dant in dirolln

Nr. 314

Von Hofer eigenhändig geschriebenes Zeugnis für die Gastwirtin Moll in der Hofgasse in Innsbruck.[1]

Innsbruck 1809 September 1

Privatbesitz, Bozen. Orig. Pap. 24,2 : 13, 4, Hochformat, 1 Blatt, 1 Seite.

Andreas Hofer eigenhändig, Amtssiegel.

vntter zeichnetter
hintter lasset der frau moltin gast wirthin zu in sprugg, negst der Purg, die ganze zu friden
heit, vnd das aller Pöste ver gniegen, damit die frau kheinen nach deill solle haben, Vo den ge
spröch, wie Ein mall Exe stiert hat
in sprugg[.] den Ersten Sept(ember):1809
LS *Andere Hofer ober Comen dant in diroll[n manu propria]*

Nr. 315

Hofer beauftragt Johann Dollinger und Johann Etschmann sowie die übrigen Mitglieder der Schutzdeputation, vier (vom Leopoldsbrunnen am Rennweg stammende) Erzstatuen zu einem Glockengießer (Sebastian Zach) nach Hötting zu bringen, damit dieser daraus Doppelhaken (= Büchsen, schwere Gewehre) gießen könne.

Innsbruck 1809 September 1

TLA, Bay. Archiv E, Fasz. 282, Bündel 9. Orig.-Pap. 22 ca. : 35 ca., Hochformat, 1 Blatt, ½ Seite.

Text von unbekanntem Schreiber, Andreas Hofers eigenhändige Unterschrift, o. S.

N. 2.
Von Seite der Ober Comandantschaft in Tyrol wird anmit Johan Dollinger von Hötting, Johan Etschman von der Schupfen und alle übrigen Mitglieder der lob(lichen) tyrol(ischen) Schuz Deputation strengst beauftragt, die 4 vorfindigen erzenen kleineren Statuen, wovon 2 in Reithaus sich befünden, also gleich mittelst Vorweisung dieses Auftrages abzufordern, und zu dem Glockengieser nach Hötting, welcher zur Giesung Doppelhacken untereinst beauftragt wird, auf der Stelle zu überliefern.
Von der k. k. Ober Commandantschaft in Tyrol.
Andere Hofer
Innsbruck den 1. Sept(ember) 1809

---

[1] „Die Wirtin ‚beim Moll' in der Hofgasse zunächst der Burg hatte die Küche zu besorgen. Sie erwarb sich des Oberkommandanten Zufriedenheit." (Hirn, Erhebung, 636). „Einmal lief ein törichter Stadtklatsch um, die Wirtin habe Hofer vergiften wollen. Zu ihrer Sicherheit stellte er ihr, als er für einige Zeit Innsbruck verliess, folgendes eigenhändiges Zeugnis aus: […]." (636[4]).

Nr. 316

Hofer berichtet an Erzherzog Johann (?), er hätte auf die eingegangene Nachricht hin sofort die Schützenkompanien an die Grenzen abkommandiert. Die am meisten bedrohten Orte seien Reutte, Scharnitz, Kufstein und Salzburg, wo der Feind einen Einfall in Tirol für den 7. September festgesetzt haben soll, auch sollen in Salzburg die feindlichen Truppen verstärkt worden sein. Den Landesverteidigern fehle es an Geld, Munition und Lebensmitteln. Hofer bittet um die Absendung von General Laudon, Hauptmann Auerbeck, Rittmeister von Hibler und des Grafen von Leiningen nach Tirol, auch sehne er sich nach der Ankunft des Adressaten.

Sterzing 1809 September 2

TLMF, FB 2073, 91. Orig.-Pap. 23 ca. : 34,3 ca., Hochformat, Doppelblatt, 3 Seiten.

Text von unbekanntem Schreiber, Andreas Hofers eigenhändige Unterschrift, o. S. Die Passage „d. Salzburg […] Feindes" nachträglich eingefügt durch Verweis.

Euer kais. koen. Hoheit!
Heute in der Fruh um 6 Uhr habe ich die zwey an mich gesendeten Couriers auf dem Schönberge 3 Stunde von Innsbruck gegen Matrey erhalten, und diesen zufolge habe ich unverweilt die Veranstaltung getroffen, daß von allen Seiten die organisirten Schützen-Compagnien gegen die von dem Feinde bedrohten Gränzen eiligst und häufigst ausrückten.
Die Puncte aber, die von dem Feinde gegenwärtig vorzüglich bedroht werden, sind:
a. Reitti, b. Scharnitz., c. Kuefstein, d. Salzburg, allwo den Vernehmen nach von dem Feinde Kriegsrath gehalten wurde, im welchen der neuerliche Einbruch ins Tyrol auf den 7ten Septemb(er) beschlossen wurde. Auch bemerkte man am ernant(en) Salzburg eine augenscheinliche Verstärkung des Feindes, hier aber weniger, hingegen an den zwey erstern Plätzen wurde eine häufigere Versamlung der Feinde verspüret.
Das Vaterland glühet noch immer von der nemlichen Liebe zu seinen angebetheten Monarchen und ist bereit, diese Liebe durch neue Thaten zu erproben; allein da es sich selbst überlassen einem zahlreichen und wüthenden Feinde zu widerstehen in die Länge nicht mehr im Stande seyn könte, besonders, da es von dem Mangel an Gelde, Munition und meistentheils an Lebensmittel sehr gedrücket wird, so flehet es Euer kais. koenigl. Hoheit kniefällig an, Höchstdieselben wollen in möglichst kurzer Zeit dasselbe wieder besuchen, den Mangel an erwähnten zum Streite wesentlichen Stüken abhelfen und selbst den Muth der Landesvertheidiger durch die Hereinsendung eines General Laudons, Hauptman Auerbecks vom Jäger-Corps, Rittmeisters v(on) Hilber und Grafen v(on) Leiningen beleben.
O! Wie sehnt sich das Vaterland nach jenen gewünschten Augenblick, in welchem es das unnenbare Glück haben wird, seinen innigstgeliebten Erzherzog Johan als seinen gnädigsten Protector in seiner Mitte verehren zu können.
Da jede Minute des Daseyns des geliebtesten Erzherzzoges dem Vaterlande von unendlichen Werthe und Troste ist, so bittet im Nahmen des Vaterlands um Beschleinigung höchst dero Ankunft der allerunterthänigst treugehorsamste
Andere Hofer ober Comen dant in dirolln

Rückseite:
Sterzing am 2ten September 1809.

Nr. 317

Hofer klagt bei Erzherzog Johann (der eigenhändige Zettel lag wohl dem Brief Nr. 316 bei) seine Kampfgenossen an, die das Land fluchtartig verlassen hätten, und fordert, dass diese nicht mehr zurückkehren dürften bis auf Franz Frischmann und Franz Anton Nössing. Martin Teimer wolle Hofer – sollte dieser nicht in Österreich erschossen werden – selber erschießen bzw. erschießen lassen. Außerdem kündigt Hofer an, dem Erzherzog Dinge zu berichten, die diesen „verwundern" werden.

Sterzing 1809 [September] 2

TLMF, FB 2073, 91. Orig.-Pap. 21,5 ca. : 35,5 ca., Hochformat, 1 Blatt, 1 Seite.

Andreas Hofer eigenhändig, o. S.

An Eiro khenig liche hoch heit
alles habe ich verder mallen schreiben lassen wißß auf das
von die, so sich Vo lant diroll, in der aller grösster gefahr stehe Entten den lantß verlasser
wölliche, sie zu for haben, selbst, vnd durch schlecht denckhet Berßonen, zu grossen stöllen
Ehr höchet haben
werden nimer leicht angenomen werden, in unsseren lant, wiss ötban auf den frischman vnd
nössing, der deimer, wan Ehr in öster Reich nicht Ehr schossen wirth, so Pald Ehr for findig
wirth, so wirth Ehr Vo mir, oder anderen guetten lantß ver deidiger, auf der stöll derschossen,
warum werde ich mindlich for Bringen, wan mir gott das leben schenckhen Thuet
ich werde warheiten for dragen, das sich Eiro khenig liche hoch heit ver wunder(en) wirth,
so wohl Vo milli der als Vo, vnsseren diroller(en)
Auf Richtiger Andere Hofer ober Comen dant in dirolln
sie leben in schuz des aller högsten das ist mein gruess
die Erster schrifft wirth sein Ein gehendiget worden Vo for adler Perger
störzing den 2 d M 1809

Nr. 318

Hofer berichtet, der Kaiser hätte die Tiroler aufgerufen, sich vorerst noch selbständig zu verteidigen; er schreibt der Kommandantschaft Meran vor, welche Gemeinden wie viele Kompanien zu stellen hätten, diese seien über den Jaufen nach Innsbruck zu schicken.

Sterzing 1809 September 2

TLMF, Historische Sammlung, Flugschriften – Autographen. Orig.-Pap. 21,5 ca. : 35,5 ca., Hochformat, Doppelblatt, 3 1/3 Seiten.

Text von unbekanntem Schreiber, Andreas Hofers eigenhändige Unterschrift, o. S. Eingangsvermerk des Empfängers.

An einer löb(lichen) Komandantschaft von Meran.
Sterzing den 2ten September 1809
Laut gestern von dem Hauptquartier seiner Majestaet des Kaisers Comorn hier eingetroffenen Courier, welcher am 25 d(ies) selbes verließ, wünschet seine Majestaet unser huldreichster Kaiser von denen biedern Tyrolern, daß selbe sich noch eine kurze Zeit mit der wie bisher gezeugten bewunderungswirdigen Tapferkeit selbständig erhalten

u(nd) vertheitigen sollen und giebt uns zugleich die tröstendsten vätterlichen Versicherungen, daß auf jeden Falle das ihm so treue Tyrol niemahls v[on] seinem erhabenen Hause soll getrent werden.
Seine Armeen sind jenen des Feindes weit überlegen, der sie ohne denen Corps des durchleuchtigsten Erzherzogs Johann u(nd) Ferdinands ohne denen Landwehren die Zahl von 300000 Mann übersteiget.
Das trurige [sic] Beyspiel, da unser liebes Vatterland von einem Augenblick zum andern der grausamen Wuth u(nd) Mordbrennerey der Feinde ausgesetzt ist, wenn wir nicht durch eine hinlängliche Macht die Gränzen besetzen und uns auf jeden ersten Angriff der Feinde schon so bereit halten, daß wir selben Trotz biethen und schlagen können, macht es nothwendig (wie Sie schon deutlicher aus dem heute unter der Presse liegenden Consense ersehen werden), das alle Gerichter des Landes das ihre zur so nothwendigen Defension beytragen. Den zu Folge err[e]chte ich das

die Stadt Meran – 2 Compagn[in]
die Gen(ein)d Mais – 2 d.o
Ge(ric)ht Schönen – 2 Compagnien
G(emein)de Algund – 2 d.o
G(eric)ht Lahnen – 2 "
 "   Marling – 1
 "   Ulten – 2
G(emein)de Föhren & Hafling 1
 "   Parschins & Laturns 4
 "   Tyrol – 2
 "   Riffian & Kains – 1
G(eric)ht Tisens – 2
~~Passeyer~~

Purgstall & Gargazon und Terlan hat mitsam eine Compagnie zu zu [sic] stellen. Die nähere und geschwindeste Organisirung aller dieser obenanten Compagnien wird der lob(lichen) Komandantschaf[f]t überlassen, nur wünsche ich, daß die sämtlichen Compagnien bis Montag als den 4ten d(ies) über den Jaufen Innsbruck zu sich instradiren, wo selbe schon die weitere Bestimmung erhalten werden.
Auch hat sich jede Compagnie auf 7 Täge mit Lebensmittel zu versehen und selbe mit sich zu führen.
Die nähere Aufklärung über allen wird der Uberbringer dießes so einer löb(lichen) Komandantschaft mündlich mitheilen.
Andere Hofer ober Comen dant in diroll[n]

Pres(entiert) den 3t(en) 7b(e)r 1809 um ½ 11. Uhr Vormittag.
XXXI.

Nr. 319

Hofer fordert das Gericht Passeier auf, zwei (?) weitere Kompanien marschfertig zu machen und diese nach Sterzing und Innsbruck abzuschicken.

Sterzing 1809 September 2

TLMF, Historische Sammlung, Flugschriften – Autographen. Orig.-Pap. 21,8 ca. : 36 ca., Hochformat, Doppelblatt, 1 Seite.

Text und Adresse von Johann Holzknecht (?) geschrieben, Andreas Hofers eigenhändige Unterschrift, zwei Privatsiegel (I) als Verschluss. Eingangsvermerk des Empfängers.

An die lob(liche) Ghts Obkt- und Vorstehung zu Paßeyr
Der Überreicher dies Johan Mößl Stallele in Maiß wird sowohl mündlich als schriftliche an Handen geben, aus welchen Grunde neüerlich Compagnien aufgefordert werden. Hiezue wird auch daß Ght Paßeyer aufgefordert, also gleich die schon ausgerückte Kommpagnie zu ergänzen und noch darüberhin [2][a] Kompagnien im marschfertigen Stande zu setzen, das selbe sp[ä]tenstens auf negst kommenten Orchtag [Dienstag, Anm.] als den 5ten dies M[o]nat sich hier in Störzing sich ein findet und sodann ihren Marsch un aufgehalten nacher Innsbruck vortzusetzen, auch die Manschaft auf 7 Täg soviel möglich mit Lebensmitlen zu versehen.
Störzing den 2ten 7ber 1809
Andere Hofer ober Comen dant in diroll[n]

Rückseite:
Von der k. k. Oberkomandantschaft in Tyrol an die lob(liche) Ghts Obkt- und Vorsteh[g] zu Paßeyer
durch Expressen[.][b]

Erh. 3ten 7ber 809 um 6. Uhr fruhe 261

---
[a] Tintenfleck im Original.
[b] Fleck im Original.

Nr. 320

Hofer bestätigt Christian Hummel die Anstellung als Gerichtsarzt im Distrikt Passeier, er soll für seinen Unterhalt in St. Leonhard hinlänglich unterstützt werden. Sollte ausgerückt werden, sei Hummel als Leibchirurg und erster Wundarzt des Oberkommandos zu besolden.

Sterzing 1809 September 2

Zit. nach: Innsbrucker Nachrichten 1895, Nr. 264, 5. Original 1895 bei der Tochter Christian Hummels, Elisabeth Hummel in Frastanz.

Im Original Andreas Hofers eigenhändige Unterschrift (?).

„In Rücksicht der Bedingnissen und Anstälung, welche vermög in dem Distrikte Paseier für den Christian Hummel als Wundartz und Geburtshelfer von der unterzaichneten Obercomandantschaft festgesetz werden, sind folgende: 1) Daß dieser als Wundartz und Geburtshelfer in diesem Distrikte angestält sei. 2) Daß vermög meiner Zufriedenheit kein anderer Wundartz und Geburtshelfer solle mehr angestält werden und 3) daß man diesem verspricht, für seinen disfäligen Unterhalt in Passeier St. Liendhart hinlenglich zu unterstützen, und 4) diesen von der Obercomandantschaft solte für die Landesvertheidiger zum Außrücken bestimmt werden, so solle der obbenannte alß Leibchirurg und alß erster Wundartz bei der unterzeichneten Obercomandantschaft aufgenohmen werden und ihme die in diesem Range gehörige Soldung zugesichert sein zu siner Zeit. Dieses wird daher zur wahren Bestädigung und Sicherheit von der Obercomandantschaft und den in diesen Distrikte festgesetzten Gerichts Anwald unterzeichnet. – Sterzing, den 2. September 1809. – Andere Hofer Obercomandant in Diroll."

Nr. 321

Hofer trägt den Gerichten im Pustertal auf, einen Kommandanten und einen Vorstand der Schutzdeputation zu wählen sowie in Lienz und Bruneck Filialkassen einzurichten. Weiters seien die noch ausständigen Darlehensgelder in diese Kassen einzuzahlen. Für den 5. September setzt Hofer eine Sitzung im Pustertal an, deren Beschlüsse nach Brixen mitzuteilen seien.

Brixen 1809 September 3

ASBz, Gerichtsakten Schöneck, Fasz. 62/1. Pap. 23 ca. : 36 ca., Hochformat, Doppelblatt, 1 ½ Seiten.

Zeitgenössische Abschrift, im Original Andreas Hofers eigenhändige Unterschrift (?), Siegel.

Copia
Um die Vertheidigung des Vaterlandes auch von Seite Pusterthals auf eine zweckmäsige Art zu erzielen, findet unterzeichnetes Oberkomando sämtlichen pusterthalischen Ghtrn nachstehende Punkte nachdrüksamst ans Herz zu legen für nothig, als:
1mo Daß sich dieser Kreiß oder Landestheil zwey Männer erwähle, die das allgemeine Zutrauen besitzen, wovon einer die Stelle eines Comandanten, der andere die Stelle eines Vorstandes der Schutzdeputation zu vertretten haben solle.
2do Sind Filiar Cassen eine in Lienz und die andere in Brunek aufzustellen und hiezu ebenfals die tauglichsten und rechschaffensten Individuen zu erwählen.
3cio Haben die Ghrter [sic] die nöthige Versorge zu treffen, um wenigstens bey Abgang des Geldes die nöthigen Lebensmittel verabreichen zu können. Und da man endlich
4to in Erfahrung gebracht, daß einige Gerichter die fonirten Darlehens Summen noch nicht ganz oder eine zum Theil eingeschittet haben, so werden hiemit die diesfälligen Gerichter gemessenst beauftragt, diese Summen längstens binnen 6 Tägen einzusammeln, in die geeigneten Filliar Cassen einzuschitten und zwar um so mehr, als wir die neuerlich tröstliche Versicherung erhalten haben, daß Sr. Mayestätt der Kaiser v(on) Oestreich unser allergnädigster Herr alle Auslagen treu rückvergüten wird.
Endlich werden auch
5to Herr Brtlmä v(on) Guggenberger, Herr v(on) Wörndle und Herr v(on) Preu anmit beauftragt, von diesen Wünschen und Aufträgen des Unterzeichneten sämtlichen pusterthalischen Ghtrn zu verständigen und die Oberkeiten als Ausschusse sowohl auf den 5ten dies Monats zur endlichen Abschliesung zu versammeln und die bey dieser Versamlung gemachten Beschlüsse anhero vorzulegen –
Brixen den 3ten 7ber 1809
(L. S.) Andrä Hofer OberComandant in Tirol

Nr. 322

Anweisung Hofers, wonach die sich in Mühlbach befindenden sächsischen Kriegsgefangenen mittels Eskorte in das Gericht Schöneck (Vintl) zu bringen seien.

Brixen 1809 September 3

Archiv Ehrenburg, Sammlung von Kriegsschriften. Abbildung und Transkription in: Künigl, Marschbefehl, 690–691. Die vorliegende Transkription nach der Fotografie. Orig.-Pap., Hochformat, Doppelblatt, ½ Seite.

Text von unbekanntem Schreiber, eigenhändige Passage und Unterschrift Andreas Hofers, o. S.

Die gegenwörtigen in Mühlbach befindlichen gefangenen Sachsen sind einsweilen mittelst Escort nach dem Gericht Scheneck zu transportieren, allwo sie bis weitern Befehl zu bequartieren sind.
Von Oberkommando in Tyrol
Brixen den 3t(en) 7ber 1809.
Alle ortschafften haben wögen die gefangen haben last zu dragen, nach ge Pir das Eine wie das andere,
Andere Hofer[m. p.]

Von Preu, Landrichteramts-Adjunkt von Rodeneck, bestätigt den Abtransport nach Schöneck (Mühlbach 1809 September 4).

Unterweger, Marschdeputierter, fügt hinzu, die Gruppe der Kriegsgefangenen bestünde aus drei Offizieren, einem Sergeant und 55 gemeinen Gefangenen (o. O., o. D.).

Nr. XVII

Da die „welschen Tyroler" von den Aufständischen „schlecht behandelt" wurden, versichert ihnen Hofer, ein Vaterlandsverteidiger dürfe seine Ehre und Vaterlandsliebe niemals verletzen. Die Angesprochenen sollten Hofers Truppen möglichst unterstützen, Josef Valentin von Morandell wird als Oberkommandant des südlichen Tirol bestätigt.

Bozen 1809 September 4

Stadtarchiv Bozen, Magistratsakten 1809, Kiste 296. Einblattdruck, Orig.-Pap. 25 ca. : 38,5 ca., Hochformat.

Gedruckte Proklamation.

Herzliebsten welschen Tyroler!
Mit Mißvergnügen vernehme ich, daß Ihr von meinen Truppen sehr schlecht behandelt wurdet.
Ich ertheile Euch nun, meine lieben theuren braven Landsleute und Waffenbrüder, eine Proklamation, damit sich die rechtschaffen Gesinnten von den Bößgesinnten ferners und mit Vorweisung dieses in Acht zu nehmen wissen. –
Mein aufrichtiges Herz, daß mit Euch allen rechtschaffen und redlich denkt, verabscheuet Räuberbanden und Plünderung, – verabscheuet Requisitionen und Contributionen und alle Arten Bekränkungen und Forderungen an quartiertragenden Partheyen. Keine von diesen niederträchtigen Handlungen finden in meinem vaterländischen Herze Platz. –

Ein jeder braver rechtschaffener Vaterlandsvertheidiger hat sich wohl in Acht zu nehmen, seine Ehre und Nächstenliebe nicht zu besudeln und zu verletzen, wodurch Gott Mißfallen über uns verbreiten könnte, der uns so augenscheinlich und wunderbarliche beschützte. –

Liebe Waffenbrüder! überlegt es selbst – Gegen wen ziehen wir zu Felde? – Gegen Feinde oder Freunde? – Gegen Feinde zogen wir und ziehen noch. – Aber nicht gegen die ohnehin schon gedrückten und ausgebeuteten Mitbrüder. –

Bedenkt, daß wir uns mit unsern Nebenmenschen, die auch nicht Waffen tragen können, brüderlich betragen müssen. Was würden die gegenwärtigen Augenzeugen und dann erst die Nachwelt von uns sagen, wenn wir diese Pflichten nicht auf das Genaueste erfülleten? – – der Ruhm aller Tyroler würde zu Staube werden. –

Lieben [sic] Landsleute! die ganze Welt staunt über unsere Thaten. – – Der Nahme Tyroler ist schon verewigt, nur Erfüllung unserer Pflichten gegen Gott, Religion, Vaterland und Mitbrüder siegeln dann unsere Werke. –

Tapfere Waffenbrüder und Landsleute! Flehet gemeinschäftlich zum Schöpfer aller Dinge, der Königreiche beschützen und zernichten kann, – der das kleinste Völkchen zu Helden und die Unüberwindlichsten zu besiegen weiß. –

Wenn je noch die alles zerstörenden Feinde unsers Vaterlandes sich gelüsten lassen wollten, unsere Ruhe zu stören, so fodre ich alle Geistlichkeit und alle jene, die nicht Waffen tragen können, auf, meine Truppen möglichst zu unterstützen, und jene, die dieß nicht leisten können, mit gefalteten Händen zu Gott um gesegnete Waffen zu bitten.

Ferners mache ich allen Gemeinden, Städten, Märkten, Dörfern und meinen Truppen öffentlich bekannt, daß nunmehr, da sich so viele Unordnungen durch mehrere selbst aufgedrungene und unberechtigte Kommandanten ergeben haben, in Abwesenheit des Untergefertigten Herr Joseph v. Morandell zu Kaltern im südlichen Tyrol als authentisirter und berechtigter Kommandant aufgestellt ist, und folglich keinen Proklamen, Befehlen, Anordnungen und was immer Befehlendes geschieht Glauben beyzumessen, wenn nicht solche vom obbemeldten Herrn v. Morandell oder vom untergefertigten Oberkommandanten selbst unterzeichnet sind.

Botzen am 4ten September 1809. Andreas Hofer, Oberkommandant in Tirol.

Derselbe Text wurde auch in italienischer Sprache gedruckt:

TLMF, Dip. 1362, II 50. Einblattdruck, Orig.-Pap. 21,1 ca. : 28,8 ca., Hochformat.

Amatissimi Tirolesi italiani!
Con dispiacere intendo, che Voi foste mal trattati dalle mie truppe.

Io Vi comunico perciò, miei cari e bravi compatriotti, e compagni d'armi una proclamazione, affinchè i ben intenzionati si sappiano per l'avvenire, e col mostrare le medesima guardare dai mal intenzionati.

Il mio cuor sincero, il quale pensa, come pensano tutti i buoni, abborre bande d'assassini, e saccheggi, – abborre requisizioni, e contribuzioni, ed ogni sorte di disgusti, e pretese, che si vanno facendo a quelli, che ci somministrano i quartieri. Nissuna di queste infami azioni vengono approvate dal mio cuor patriottico.

Ogni bravo, ed onorato difensore della patria deve procurare di non macchiare il suo onore, e l'amor verso il suo prossimo, mentre se ciò avenisse, Iddio, che ci fu fin qui visibilmente propizio, potrebbe spargere sopra di noi delle sciagure.

Cari compagni d'armi! consideratelo voi stessi. – Contro chi portiamo noi l'armi? Contro inimici o contro amici? – Le abbiamo portate contro inimici e le portiamo ancora. – Ma non già contro i nostri fratelli i quali trovansi per l'innanzi oppressi e rovinati. – Riflettete, che noi ci dobbiamo comportare fraternamente coi nostri eguali, sebbene questi non possano portar l'armi. Cosa direbbe l'età presente, cosa direbbe la posterità di noi, se non osservassimo a puntino questi doveri? – La gloria dei Tirolesi sarebbe ad un tratto perduta.
Cari compatriotti! Il mondo intero ammira i nostri fatti. – Il nome tirolese è di già immortale: l'adempimento dei nostri doveri verso Dio, la religione, la patria ed i nostri simili porrà l'ultimo suggello alle nostre azioni.
Valorosi compagni d'armi! cari compatriotti! invocate l'Altissimo, quell'ente supremo, che protegge ed annienta i regni, quell'ente, che del più picciol popolo forma degli eroi, e che sa domare anche i più invincibili. –
Se gl'inimici devastatori della nostra patria osassero mai di perturbare la nostra tranquillità, in allora eccito tutto il clero, e tutti quelli, che non sono abili all'armi, a soccorrere, per quanto sta in loro potere, le mie truppe; e quelli, che non possono far nemmen questo, a pregare Iddio, che sparga la sua benedizione sopra le nostre armi.
Innoltre notifico a tutte le comuni, città, borghi, e ville ed alle mie truppe, che essendo accaduti molti disordini per mezzo di molti comandanti da per se stessi introdottisi e non autorizzati, in assenza del sottossegnato è stato nominato qual comandante autorizzato nel Tirolo meridionale il signor Giuseppe de Morandell di Caldaro, e di non dover in conseguenza d'ora innanzi prestar fede a nissun proclama, ordine ec. se questi non sono sottoscritti dal suddetto sig. de Morandell, o dal sottossegnato comandante superiore istesso.
Bolzano li 4 settembre 1809.
Andrea Hofer, comandante superiore nel Tirolo.

Nr. 323

Hofer schreibt an den Pfarrer von Kaltern Simon Kapferer, dessen Weinlieferung, die nach Innsbruck geführt werden sollte, sei von den Landesverteidigern konsumiert worden. Der Geistliche werde durch Erzherzog Johann entschädigt werden.

Bozen 1809 September 4

Deutsches Historisches Museum Berlin, Sammlung Do 1, Do 53/120.

Text von Johann Holzknecht (?) geschrieben, Andreas Hofers eigenhändige Unterschrift, Aktenvermerk des Empfängers. Rückseite bzw. Adressierung nicht einsehbar.

ad 1 Lit B.
An Ihro Hochwürden Herrn Pfarrer zu Kaltern Siman Kapferer!
Ich habe Eüer Hochwürden hiemit zu bedeiten, das jener Wagen Wein, welcher vor einer Frau zu Jnnsbruck hätte sollen hinaus gefuert werden, ganz vor die Landes Vertheidigungs Manschaft verbraucht worden! Dahero ist an selbige Frau keine Forderung zu machen, wohl aber werde dies zu seiner Zeit zu einer allfälligen Verguetung S(ein)er k. k. H. E. Johann anzeigen. Indeßen geharre unter höf(licher) Empf(ehlung) mit gebührender Hochachtung!
Eüer Hochwürden ergebenster
Andere Hofer ober Comen dant in dirolln
Sig(natum) Bozen den 4t(en) 7ber 1809

Nr. 324

Hofer schreibt an Josef Valentin von Morandell, von der Forderung nach 23 Kompanien könne er nicht abgehen, es sei also jeweils eine Kompanie von Terlan, Nals, im Notfall auch von Bozen aufzubieten.

Meran 1809 September 5

TLA, Materialiensammlung Rapp, Schuber 18. Orig.-Pap. 23 ca. : 36,5 ca., Hochformat, 1 Blatt, 1 Seite.

Text und Adresse von Johann Holzknecht (?) geschrieben, eigenhändige Passage und Unterschrift Andreas Hofers, zwei Privatsiegel (I) als Verschluss. Eingangsvermerk des Empfängers.

An Herrn Jos. vo Morendell k. k. Comißar- und Oberkommandant des Etsch Distrucktes!
Auf das so eben erhaltene Schreiben habe zu erwiedern, das ich dermahlen von die 23 bestimten Kompagnien nicht abgehen kann! Es ist also eine Compagnie von Terlan – und Nals, im Nothfall auch von Botzen eine biliche Mannschaft abzufordern, das Weitere werde nach Umstände die erst ausgefohrst werden berichten, indeßen geharre mit Achtung Meran den 5ten 7ber 1809.
Der Überbringer dies ist der Herr Carlo Vigilio Colinj von Binzoll, dieser Herr wird dahero um somehr entpfohlen, da er schon evor als Commißar auf gestelt war.
Andere Hofer ober Comen dant in dirolln
nebst mein grueß, an ßie vnd an Eissen handler

Rückseite:
Von dem k. k. Oberkommando in Tyrol an Herrn Jos. von Morendell k. k. Comisser und Oberkommandant im Etschkreis zu Kaltern
eiligst durch Ordnanz

Praes(entiert) am 5t(en) 7b(er) 1809

Nr. 325

Hofer überträgt Josef Glatzl das Kommando über die Kompanien des Landgerichtes Meran, die dieser nach Innsbruck führen soll.

Meran 1809 September 5

TLMF, FB 2729, 36. Orig.-Pap. 22,5 ca. : 36,5 ca., Hochformat, 1 Blatt, 1/3 Seite.

Text von unbekanntem Schreiber, Andreas Hofers eigenhändige Unterschrift, Amtssiegel.

Offne Ordre
Kraft welcher der H(err) Comandant Joh~~an~~seph Glätzl von Meran auf Befehl des kk.en Herrn Oberkomandanten von Tyrol Andreas Hofer das Comando über ~~sieben~~sechs Compagnien von Landgerichte Meran zu übernehmen und selbe nach Innsbruck zu führen hat, wo selber die weiteren Verhaltungs-Befehle erhalten wird.
Meran den 5 7ber 1809
Von der kk.en Oberkomandantschaft von Tyrol
Andere Hofer
LS

Nr. 326

Hofer bittet den Merkantilmagistrat Bozen um ein Darlehen von 12.000 Gulden, das er innerhalb von drei Monaten zurückzahlen will.

Meran 1809 September 5

SLA, Akten des Merkantilmagistrates, VII, Nr. 48, fol. 306–307. Orig.-Pap. 23,5 ca. : 34,5 ca., Hochformat, Doppelblatt, 2 1/3 Seiten.

Text und Adresse von unbekanntem Schreiber, Andreas Hofers eigenhändige Unterschrift, zwei Privatsiegel (I) als Verschluss. Eingangsvermerk des Empfängers.

An den wohllöblichen Mer[c]kantil Magistrat von Botzen
Nach dem es mir durch augenscheinliche Mitwirkung des Allmächtigen Vorsicht gelungen ist, unser gutes Vaterland neuerdings von den feundlichen Truppen zu befreuen, so finde ich mich durch meine auf habenden Pflichten und durch die Stime des Vatter Landes aufgefodert, alle jene Mittel anzuwenden, welche uns die mit großer Anstrengung errungene Ruhe und Sicherheit der Person und des Eigenthums auch für die Zukunft erhalten werden.
Da die öffentlichen Kassen beinache ganz ausser Stand sind, die Defensions Geschäfte mit den nöthigen Zuflüssen zu unterstützen, so seche ich mich genöthiget, für den gegenwärtigen Augenblick zu einen Anlechen meine Zuflucht zu nehmen, welches längstens binnen 3 Monathe pünctktlich rück ersetzt werden soll.
Ich wende mich daher an die Kaufmanschaft von Botzen als den einzig hier wohlhabenden Stand und ersuche die wohllöblichen Mer[c]kantilvorstehung, sich thätigst dahin verwenden zu wollen, das mir längstens binnen 2 Tagen eine Summa von 12,000 f R. W. als Anlechen zur Bestreutung der Defensions Auslagen her geschossen wird, wor über ich gleich nach erfolgt(en) Empfang eine ordentliche Obligation aus stellen und mich verbindlich machen werde, die Rückzahlung nach 3 Monathen richtig zu leisten.
Ich verspreche mir mit voller Zuversicht, das die Botzner, welche mich im Felde auch nicht mit einem einzigen bewaffneten Mann unterstützen, hierin ihren Patriotismus an Tage legen werden und das zwar um so mehr, da sie selber eine solche Geld Untersützung höchst billig finden müssen, wen sie bedencken, was ihnen das feundliche Truppen Korps gekostet haben würde, wenn es ihre Stadt gewiß nicht mit geringer Anzahl auf längere Zeit besetzt hätte.
Ich halte es für überflissig, noch mehrere Beweggrunde beizufügen und bin vielmehr überzeugt, das es keinen biedern Tyroller gibt, der die Vortheile von der mit dem Blute seiner Mitbruder erkauften Rettung seines Vatter Landes genießt und nicht mit Vergnügen sich bestreben sollte, auch das Seinige beizutragen, wenn sich ihm eine Gelegenheit dazu darbiethet.
Meran d(en) 5ten 7b(er) 18[09][a]
Andere Hofer ober Comen dant in dirolln

Rückseite:
Von den k. k. Oberkomando in Tyroll an den wohl loblichen Merkantilmagistrat von Botzen. A Botzen.
Durch Expresen gegen Rezepis.

Praes. am 5ten Septemb(er) 1809 um ½ 8. Uhr abends.

---

[a] Durch Öffnen des Siegels entstandene Fehlstelle.

Nr. 327

Da das Umgeld an der Zollstation Töll trotz erlassener Verordnung (vgl. die in Innsbruck gedruckte Kundmachung dat. 1809 August 21) öfters nicht bezahlt wird, soll Partschins abwechselnd mit Algund Wachen aufstellen. Fuhrleute, die nicht bezahlen, seien zu arretieren.

Meran 1809 September 5

TLMF, FB 1651, 102. Orig.-Pap. 24 ca. : 36,7 ca., Hochformat, Doppelblatt, ½ Seite.

Text von unbekanntem Schreiber, Andreas Hofers eigenhändige Unterschrift, o. S. Eingangsvermerk des Empfängers.

Da ungeachtet des erlaßenen Auftrags das Umgeld auf der Zoll Stazion Thöll von Einigen nicht entrichtet wird, so erhält die Gemeinde Partschins den Auftrag, abwechselnd mit Algund 2 Mann als beständige Wache auf die Thöll hinzustellen, welche dem Oberaufschläger zur Habhaftwerdung des Umgelds verhilflich zu seyn haben. Sollte sich dem ohngeacht ein oder anderer Fuhrmann beygehen laßen, seine Gebühr nicht zu entrichten, so ist selber ohne weiters mit Beyzug der benachbarten Bauren zu arretieren und nach der Vorschrift der k. k. österreichischen Gesetze wieder die Contr[o]bandiers zu behandlen.
Diese Verordnung ist an alle Obrigkeiten von Vinschgau und Oberinthal wie auch den Gemeinden Partschins und Algund und de[m] Oberaufschläger auf der Thöll zur Publication und Affigierung durch die k. k. Commandantschaft v. Meran mitzutheilen.
Meran d(en) 5t(en) 7br 1809.
Andere Hofer ober Comen dant in diroll(n)

Rückseite:
Pres(entiert) d(en) 5tn 7b(e)r 809.

Nr. 328

Hofer teilt dem Bürgermeister von Imst Johann Georg Strele mit, er werde vom Kommandantenamt entlassen, sobald sich jemand finde, der dafür besser geeignet ist.

Meran 1809 September 5

Abb. in: Online-Katalog Kotte-Autographs Stuttgart (http://ssl.kotte-autographs.com/produkte), Abfragedatum 08. September 2006, Art. 5013. Orig.-Pap. Quart, 1 Seite.

Text von unbekanntem Schreiber (erster Absatz), Johann Holzknecht (?), Andreas Hofers eigenhändige Unterschrift, rückseitig Siegel.

Johann Georg Strele Bürgermeister von Jmst bittet den k. k. Herrn Obercomandanten in Tyrol seiner mündlich angeführten Gründe wegen, von der Comandantschaft entlassen zu werden.
~~Jmst~~ Meran den 5.ten 7ber 1809

Die Entlaßung wird gegen dem hiemit bewilliget, wenn ein Anderer mit mehr Zuetrauen zu der Landes Vertheidiguns Manschaft kann ausfindig gemacht werden.
Von der k. k. Oberkommandantschaft in Tyrol
Meran de(n) nehmlichen dato wie oben
Andere Hofer ober Comen dant in dirolln

Nr. 329

Hofer ordnet an, dass Josef Garber auf Kosten der Stadt Meran mit einer vollständigen Jägeruniform ausgestattet werde.

Meran 1809 September 5

TLMF, FB 1651, 101. Orig.-Pap. 22 ca. : 16,6 ca., Hochformat, 1 Blatt, 1 Seite.

Text von unbekanntem Schreiber, eigenhändige Passage und Unterschrift Andreas Hofers, o. S. Eingangsvermerk des Empfängers.

Anweißung
für Joseph Garber [C]ourier[a] bey den kk.en Oberkomandanten in Tyrol Andreas Hofer, Kraft welcher selber auf Kösten der Stadt Meran mit einem volständige[n] Jager Uniform zu versehen ist.
Meran am 5ten 7ber 1809
Von der kk. Oberkomandantschaft von Tyrol
in Ehr mir fihle gefahlig kheiten Ehr wissen hat, woich Vo meran solliche untter stizung Vo kheinen Ehr halten habe
Andere Hofer OberComen dant in dirolln

---

[a]   Evtl. „Fourier" (= Unteroffizier).

Nr. 330

Gerichtsakt: An das Oberkommando in Tirol gerichtete Bitte des Balthasar Garber, Tappeinerischen Masseverwalters, und des Andrä Mayr, Präfingers von Partschins, die Versteigerung einer Wiese als nichtig zu erklären. Hofer unterschreibt zur Bestätigung.

Meran 1809 September 5

TLMF, FB 1651, 65.

Andreas Hofers eigenhändige Unterschrift, o. S.:

Vor *Andere Hofer ober Comen dant in dirolln*

Nr. 331

Passierschein für Jakob Unterweger, Schnalshuber von Algund, der als Proviantmeister der Algunder Schützenkompanien mit Wein, Branntwein und Essig reist.

Meran 1809 September 5

Privatbesitz. Abbildung in: Hye, Geschichte von Algund, 105. Orig.-Pap.

Text und Adresse von unbekanntem Schreiber, Andreas Hofers eigenhändige Unterschrift, Siegel. Vermerk des k. k. Einnehmers von Kollmann.

Freü Paß
Vorweiser dieses Paßes mit Namen Jakob Unterweger Schnalls Hueber v(on) Allgund ist frey und ungehindert mit Wein, Brandwein, Ößig als Proviant Meister v(on) der Compagnien der Gemeinde Allgund unendtgeldlich passieren zu lassen auf Zoll- und Mauth- und Weeggeld Amt. Bestättiget Meran den 5ten September 1809.
Andere Hofer ober Comen dant in dirolln
LS

Vidit Kollmann den 7. 7ber. 1809 frey passiert
Perthaler[K? manu propria] k. k. Einnehmer

Rückseite:
Frey Paß für Jakob Unterweger, Broviantmeister der Compagnien v(on) Allgund

Nr. 332

Hofer befiehlt Michael Mayr, die Kompanien von Kastelbell, Schnals und Naturns zu übernehmen, die Vollmacht des Grafen von Hendl ist damit außer Kraft gesetzt.

Meran 1809 September 5

Stadtarchiv/Stadtmuseum Meran. Orig.-Pap. 23 ca. : 35,5 ca., Hochformat, 1 Blatt, ½ Seite.

Text von unbekanntem Schreiber, Andreas Hofers eigenhändige Unterschrift, o. S.

Offne Ordre
Kraft welcher Herr Michael Mayr v(on) Kastelwell die dortigen Compagnien [als] Kastelwell, Schnals und Naturns auf Verlangen derselben unter seinem Comando zu übernehmen hat und die Volmacht für den H(errn) Grafen Johann v(on) Henl aldort außer Kraft seyn solle.
Von der kk.en Ober Comandantschaft v(on) Tyrol *Andere Hofer*
Meran am 5 7b(er) 1809

Nr. 333

Der Vikar und Pfarrprovisor Nikolaus Patscheider schreibt an die Oberkommandantschaft (Meran 1809 September 5), das Volk ärgere sich über den Priester Johann Pedroni, gebürtig vom Nonsberg, wohnhaft in Meran. Dieser sei bereits vom Trienter Bischof angehalten worden, in seine Diözese zurückzukehren und seine Wirtschafterin zu verlassen. Nun sei ihm vom Bischof von Trient und vom Ordinariat von Chur das Messelesen verboten worden, außerdem soll er bayerische Erlässe unterzeichnet haben. Hofer möge diesem Priester befehlen, in seine Diözese zurückzukehren. Dieser unterzeichnet das Schreiben und leitet es an die Kommandantschaft Meran (Tschöll) weiter.

o. O. [1809 September 5]

TLMF, Historische Sammlung, Flugschriften – Autographen.

Eigenhändiger Text Andreas Hofers als Reaktion auf das eingegangene Gesuch, o. S. Das verlängerte „[n]" in der Unterschrift könnte auch als „manu propria" gedeutet werden.

Vo mir vntter zeichnetten wirth E[s] Be st[ä]ttiget, vnd der Comen dant zu meran Jber göben Andere Hofer ober Comen dant. in diroll[n]

Johann Valentin Tschöll schreibt auf dasselbe Papier (Meran 1809 September 6), der Geistliche habe sich sofort aus der Stadt zu entfernen und in seine Heimat zurückzukehren.

Nr. 334

Hofer teilt der Kommandantschaft Meran mit, was betreffs der Gefangenen im Vinschgau zu tun sei. Wegen der Getreideausfuhr seien Wachen aufzustellen; Hofer empfiehlt hierfür Josef Garber als vertraute Person.

am Sand 1809 September 7

TLMF, FB 1651, 104. Orig.-Pap. 21,5 ca. : 35,8 ca., Hochformat, Doppelblatt, 1 Seite.

Text und Adresse von unbekanntem Schreiber, eigenhändige Passage Andreas Hofers, zwei Siegel (Johann Hofer?) als Verschluss. Eingangsvermerk des Empfängers.

An der Kommendantschaft Meran
Vermög Beylag ersiechet selbe, waß für Vorkehrungen in Betref der Gefangenen in Vintschgau zu trefen seind, auch in Betref der Ausfuhr des Getreids sint aller Orthen wo Noth[a] Wachen auf zu stellen, damit so wohl eines wie daß andere verhindert wirdt und ein sehr wachtbars Aug getragen wirdt.
Sant den 7ten 7b(er) 1809
Von dem k. k. Oberkomdanten [sic] in Tyrol *Andere Hofer*
ich Rech khome diere den Joseph gärber in dem Ehr, ver Ein sehr ver drautte Ber [ß]ohn ist, und mir mehr dienst hat ge leistet, als wan Ehr wehre mit die schizen gegangen

Rückseite:
Vo Sant an der Kommedantschaft Meran a Meran
durch Ordinanz eilligst

Pres(entiert) d(en) 7tn 7b(e)r 1809 ½ 12 Uhr Mittag

---

[a] Nachträglich eingefügt.

Nr. 335

Hofer an Philipp von Wörndle in Bruneck.

Innsbruck (!) 1809 September 7

Hinweis auf das Original in: TLA, Tirolische Landesvertheidiger 1809, Sep.-Faszikel III, Pos. 21. Es befand sich 1940 im Völkerschlachtmuseum (d. i. Privatmuseum beim Völkerschlachtdenkmal) in Leipzig, dessen Bestände im Zweiten Weltkrieg verstreut wurden. Orig.-Pap. Folio, 1 ½ Seiten, Siegel.

Im Original Andreas Hofers eigenhändige Unterschrift (?).

Nr. 336

Hofer erteilt Anton Steger am 31. Juli 1809 in Lienz erstmals die Vollmacht als Kommandant im Pustertal, danach zum zweiten Mal am 8. September 1809. Alle Bataillonskommandanten sollen sich bei diesem melden, ebenso die Schutzdeputationen.

Sterzing 1809 September 8

ÖNB, Autographen Hofer, 28/16–5. Orig.-Pap. 22 : 35,6 ca., Hochformat, Doppelblatt, 1 Seite.

Text von unbekanntem Schreiber, eigenhändige Passage Andreas Hofers, zwei Privatsiegel (I, das erste Siegel etwas misslungen, d. h. der Wappenschild ist nicht sichtbar, das Siegel wurde noch einmal gesetzt, war aber danach auch nicht deutlicher).

Für Herrn Anton Steeger k. k. Schützen Major, welcher in Abwesenheit meiner mit Einverständniß des Herr v Kolb, welcher hier in Lienz mit seiner Kanzley dermalen zu verbleiben hat, als von mir Auserwälter und Bevolmächtigter ernent worden ist, und dessen Befehle auf Genauigste zu beobachten und zu volziehen sind bescheint
Lienz ten 31 Juli 1809.
Andere Hofer ober Comen dant Vo Passeyr
LS *den H andanisteger wirth die Comen dant schafft, auf Ein neies, gegöben vnd ver neiert das Ehr solle in ganz Puster dall, wögen der ver deidigum[m]g manschafft, zu Comendieren vnd haben sich alle Padellionß Comen danten Bei sich zu melden,*
vnd haben sich auch alle schuz dePo dactionen mit Jhm zu ver stehndigen
störzing den 8 7b(er) 1809
Andere Hofer oberComen dant in dirolln

Rückseite:
Vollmacht fur Herrn Anton Steeger k. k. Schutzen Major

Nr. 337

Da es im Gericht Landeck Vorbehalte gegen den Richter und Schreiber Johann Chrysostomos Linser gibt, soll sich das Gericht mit seiner Bittschrift an den Dynasten und Gerichtsherrn Josef (?) Graf von Spaur (Landeshauptmann 1791–1793) wenden, betreffs der Landesdefension könnten die Gerichtsausschüsse eigenmächtig Personal auswählen. Dem Richter dürfe aus dieser Affäre keinerlei Nachteil erwachsen.

o. O., [1809 September 9]

TLMF, FB 2074, 35 h. Orig.-Pap. 22 ca. : 37 ca., Hochformat, 1 Blatt, 1 Seite.

Zeitgenössische Abschrift von Matthias Purtscher (?) geschrieben, im Original Andreas Hofers eigenhändige Unterschrift (?).

An das lobl(iche) Gericht Landeck.
Bei dem Umstande, wo einige der Gericht Landeckischen Unterthanen gegen die Person des bisherigen Richters und G(eric)hts Schreibers Joh. Chrisostomus Linser Bedenklichkeiten erreget haben, wird dem lobl(ichen) Landgericht über dessen Einlage de dato 31t(en) Aug(ust) prees(entiert) 9t(en) 7ber hiemit erwiedert: Man gedenke dießfals, denen H(errn) Grafen von Spaur als Dynasten und Gerichtsherrn dieses Landg(eric)hts an dessen Rechten nicht vorzugreifen, und hat sich daher das Gericht mit seiner hiemit zurückschließenden Bittschrift an denselben zu wenden, welcher sodann die Sache zu untersuchen und in Absicht auf die Justitzverwaltung dem Appellations Gericht anzuzeigen hat.
Für die Gegenstände, die in die Landes Defension einschlagen, wird denen Gerichtsausschüssen freygestellt, ein taugliches und vertrauliches Subject sich selbst mit Ordnung und ohne tumultuarischen Auftritten zu wählen und diesem Oberkommando anzuzeigen.
Im Übrigen werden die Vorsteher des Gerichts verantwortlich gemacht, daß sich niemand beigehn lasse, dem Linser an dessen Person, Vermögen und Familie die mindeste Beschimpfung oder sonstige Gewalthägikeit zu verüben, massen wider einen solchen Ruhestöhrer denen Criminal Gesetzen der Lauf gelassen werden müßte.
Vom k. k. Oberkomando in Tirol.
Andere Hofer

Nr. 338

Hofer erlaubt Josef Ignaz Straub zwar, aus geschäftlichen Gründen ins Zillertal zu reisen, verlangt aber, dass in der Zwischenzeit der Bürgermeister dessen Posten als Kommandant übernimmt.

Innsbruck 1809 September 9

TLMF, FB 2707, S. 314.

Abschrift, im Original Andreas Hofers eigenhändige Unterschrift (?).

Pressent(iert) den 9ten 7ber 1809.
Vom Ober Commandanten Andrea Hoffer aus Innsbruck
No. 11.
An H(errn) Jos. Ig. Straub k. k. Platzkommandant zu Hall.
Da man in Ihrem Schreiben vernommen, daß Sie wegen weiteren Geschäften, um mit denen Bauern im Zillerthal abzurechnen, dahin zu reisen willens sind, so wird es Ihnen

auf dieser Zeit erlaubet, jedoch so, daß der angezeigte H(err) Bürgermeister unterdessen statt Ihnen aufgestellet werde, um für dies Ganze zu sorgen. Auch wäre mir erwünschlich, nachgehends hieher zu kommen.
Inspruck den 9ten 7ber 1809
Andre Hofer Ober-Comendant in Diroll

Von den k. k. Oberkomando in Tyrol am Herrn Jos. Ig. Straub k. k. Plaz-Comendant zu Hall.
Durch reitende Ordinanz.

Nr. 339

Die Pinzgauer haben sich bereiterklärt, gemeinsam mit Tirol zu kämpfen. Hofer verspricht, dass Pinz- und Pongau, Abtenau und Lungau für immer mit Tirol vereint bleiben sollen, diese müssten sich dafür aber verpflichten, für das gemeinsame Wohl zu sorgen. Die Steuern seien nicht mehr an Salzburg, sondern an Tirol zu zahlen, die Mauten zwischen Salzburg und Tirol nicht mehr zu entrichten.

Innsbruck 1809 September 9

TLMF, Historische Sammlung, Flugschriften – Autographen.

Abschrift. Im Original Andreas Hofers eigenhändige Unterschrift (?).

An die Bewohner im salzburgischen Gebirgsland.
Nachdem sich der Pinzgau durch hieher geschickte Deputirte geäussert, mit uns Tyroler (zwar mit dem Bedingniß, daß dieselben auf immer mit Tyrol vereinigt und gleiche Rechte zu geniessen habe) gemeinschaftliche Sache zu machen, welches der unterzeichneten Oberkommandantschaft sehr angenehm ist, so verspricht daher der Unterzeichnete, daß Pinzgau mit Pongau, Abtenau und Lungau in Zukunft nach ihrem Begehren auf immer einverleibt bleiben solle und wir dessen Bewohner als unsere Brüder anerkennen werden.
Dagegen wird denselben nachdrucksamst befohlen, alles zu thun und anzuwenden, was immer dem Lande zuträglich und dessen Nutzen befördert, widrigenfalls wann sich Pinzgau mit den obbenannten Distrikten hierinfalls eigene Schuld beigehen lassen sollte, dieses Versprechen aufhören und selbes vielmehr als feindlich angesehen werden würde.
Es hat also dieses Thal, wenn es gegen Tyrol seine Schuldigkeit thun wird, von nun an nach Salzburg nichts mehr zu bezahlen, sondern die ordentlichen Giebigkeiten wie selbe für in Tirol gewöhnlich hieher einzuschicken.
In Rücksicht der Wegmauthen wird das Weitere folgen, indem alle übrigen Mauthen, so bisher zwischen Salzburg und Tyrol wechselseitig bezogen worden sind, vom Tage der Auswechslung diesfälligen Vertrages aus der Ursache aufzuhören haben, weil hiefür das Pinzgau als ein ergänzender Theil Tyrols zu verbleiben hat.
Sollte jedoch Seine Majestät der Kaiser von Oesterreich ein oder andere Gemeinde Tirols wegen ausserordentlichen Verdiensten vorzügliche Gaben und Wohlthaten zu erweisen geruhen, so will unterzeichnetes Komando allerhöchstdenselben in so weit keineswegs vorgreifen, daß auch die ehmals salzburgischen Unterthanen hierauf keinen Anspruch zu machen hätten.
Innsbruck 9 September 1809
Andrä Hofer, Oberkommandant.

Nr. XVIII

Um göttlichen Strafen vorzubeugen, werden Tanzmusik und Bälle verboten, während der Gottesdienste darf in den Wirtshäusern nicht gegessen und getrunken werden; auch das nächtliche „Herumschwärmen" hat zu unterbleiben. Ledige Mütter müssen die Obrigkeiten über den Namen des Vaters bzw. die Geburt des Kindes informieren.

Innsbruck 1809 September 10

TLMF, Dip. 1383, 116. Einblattdruck, Orig.-Pap. 22 ca. : 36,3 ca., Hochformat.

Gedruckte Proklamation.

Haben wir jemals Gottes schonende und rettende Güte gegen uns erfahren, so war es gewiß in der ersten Hälfte des Monats August, wo uns die Hülfe von oben so augenscheinlich den Händen eines grausam unterjochenden und weder Religion noch Verträge noch Menschheit ehrenden Feindes entrissen hat.

In Erwägung nun, daß Gottes Wohlthaten zur Dankbarkeit gegen ihn verpflichten und daß Drangsalen und Gefahren zur Vermeidung dessen auffordern, was die göttliche Strafgerechtigkeit gegen uns reizen würde; in Erwägung, daß auch der staatsbürgerliche Verein durch die in seiner Macht liegenden Mittel alle dem, was Laster erleichtert, nach Möglichkeit zu wehren, die Hindernisse der wahren Tugend zu beseitigen und die Ausübung derselben zu sichern und zu erleichtern suchen darf und soll; und daß hierin zuverläßig die große Mehrzahl der tyrolischen Nation übereinstimmt: so hat man sich bewogen gefunden, folgende Verordnungen zu erlassen:

1stens. Es seyen von nun an weder in Städten noch auf dem Lande, und zwar weder in Gasthäusern und Schenken aller Art und bey Tracteuren, noch selbst in Privathäusern Tanz-Musik und Bälle gestattet, den Fall einer Hochzeit ausgenommen.

2tens. Zur Zeit des feyerlichen Gottesdienstes in den Seelsorgskirchen darf an Sonn- und gebothenen Feyertagen weder in den Bier- noch Weinschenken, noch in Kaffeehäusern Speise oder Getränke abgereicht werden: Ankommende oder Abreisende, Fremde und Fuhrleute und überhaupt den wahren Nothfall ausgenommen. Auch müssen die Polizeystunden überhaupt genau beobachtet und die Uebertreter unnachsichtlich zur Strafe gezogen werden.

3tens. Die Obrigkeiten haben allenthalben genau darauf zu sehen, daß das so oft die Ruhe störende und immer für die Sittlichkeit gefährliche nächtliche Herumschwärmen unterbleibe, und wo es von Nöthen, soll auch durch eine veranstaltete Patrouille diesem Umfuge gewehret werden; die Uebertreter sollen eingefangen und nach Befund auch mit Leibesstrafe belegt werden.

4tens. Damit die Väter unehelicher Kinder in Zukunft nicht mehr so leicht die ganze Last des Unterhalts und der Erziehung zum Nachtheil der Kinder und des gemeinen Wesens von sich abwälzen können, und es Lüstlingen und Verführern nicht so leicht falle, auf fremde Kosten und sogar auf Kosten milder für Arme und Kranke etc. bestimmter Stiftungen Weibspersonen zur Unzucht zu verleiten: so wird verordnet, daß von nun an, sobald eine Weibsperson außer der Ehe Mutter geworden, selbe nicht nur dem Seelsorger den Vater des Kindes anzugeben habe, sondern auch der betreffenden Obrigkeit die Anzeige davon zu machen seye. Die Obrigkeit hat sofort den angegebenen Vater einzuberufen, zu verhören, in der Sache zu urtheilen, den Schuldigen zur Erfüllung seiner Vaterpflichten zu verhalten und nach Verhältniß der dabey angewandten Verführung zu bestrafen.

Letzlich werden alle geistliche Vorsteher dringenst erinnert, und alle weltliche gemäßenst angewiesen, daß sie forthin eingedenk ihrer großen Pflichten und der ihnen zukommenden Gewalt sorgfältig zusammenwirken, um allenthalben Unsittlichkeit und Laster hintanzuhalten, und christliche Religion und Tugend zu befördern.
Innsbruck den 10ten September 1809.
Andreas Hofer. Ober-Commandant in Tyrol.

Dieselbe Proklamation wurde auch zweisprachig (deutsch/italienisch) gedruckt, der italienische Text lautet:

TLMF, Dip. 1299, 41. Einblattdruck, Orig.-Pap. 22 ca. : 34,4 ca., Hochformat.

Se noi abbiamo giammai sperimentata la bontà d'un Dio, che sa preservare e liberare dai pericoli, egli si fu certamente nei primi giorni di agosto, dove il sovr'umano aiuto ci ha così visibilmente strappati dalle mani di un inimico oppressore, e che non osserva nè Religione, nè patti, nè umanità.
Considerando perciò, che i benefici dall'Altissimo ricevuti ci obbligano ad essere verso di lui riconoscenti, e che traversie e pericoli ci eccitano ad evitare tutto ciò, che può che può attirarci la divina vendetta: Considerando, che anche l'unione dello Stato coi mezzi che sono in di lei potere può e deve usare di tutti quegli espedienti atti a tener lontano tutto ciò, che può agevolare il vizio, togliere gl'impedimenti alla virtù, ed assicurare e facilitare la pratica della medesima; e che in ciò è concorde la maggior parte della nazione Tirolese: si si trovò nella necessità di rilasciare le seguenti ordinazioni:
1mo. Non si permetterà d'or innanzi nè nelle città, nè nelle ville, e perciò nè nelle osterie, bettole o trattorie, e neppure nelle case private nissun ballo, tranno in caso di nozze.
2.do Nei giorni di domenica o festivi non si potrà sotto le funzioni delle parocchie nelle birrarie, osterie, come nemmeno nelle botteghe di caffè dar niente da mangiare, nè da bere, eccetto ai forestieri, o carrettieri, che arrivassero, o che partissero, od in caso d'un' estremo bisogno. Si dovrà inoltre osservare appuntino l'ore dalla polizia prefisse, ed i contravventori saranno irremissibilmente puniti.
3zo. Tutte le superiorità dovranno attentamente invigilare, che cessi l'andar vagango di notte tempo, ciocchè sturba così spesso la pubblica tranquillità, ed è tanto pericoloso alla moralità; e se fa d'uopo, si dovrà pure por freno a questo disordine con una pattuglia per ciò destinata. Gli trasgressori devono esser arrestati, e condannati a pene corporali secondo le circostanze.
4to. Affinchè poi i padri d'illegittimi fanciulli non possano più per l'addietro così facilmente scansarsi dal mantenimento, ed educazione dei medesimi a danno dei fanciulli istessi, e dell'interesse pubblico, ed acciò libertini e seduttori non possano così agevolmente a spese altrui, e persino a spese delle fondazioni destinate al mantenimento dei poveri, degli ammalati ec. trarre le femmine al male, viene ordinato, che cominciando dal giorno d'oggi, tostochè una donna non maritata diventa madre debba denunziare il padre del fanciullo non solo al parroco, ma ben anche alla rispettiva autorità, la quale farà tantosto chiamare il padre denunziato, lo esaminerà, lo giudicherà, obbligherà il reo ad adempiere ai doveri di padre, e lo condannerà a norma dei mezzi, di cui fece uso a sedurre la femmina.
Finalmente ventono seriamente avvertite tutte le superiorità ecclesiastiche e civili, che per l'avvenire memori dei loro doveri e dell'autorità loro compartita cooperino unitamente, onde bandire per ogni dove le immoralità, ed i vizi, e promuovere la cristiana religione, e la virtù.
Innsbruck li 10 settembre 1809.
Andrea Hofer, comandante superiore in Tirolo.

Nr. XIX

Den Wehrdienst verweigernde Gerichte verlieren als „Feinde des Vaterlandes" alle eventuellen Löhnungen und werden beim Kaiser angezeigt.

Innsbruck 1809 September 10

TLMF, Dip. 1383, 117. Einblattdruck, Orig.-Pap. 22 ca. : 36,3 ca., Hochformat.

Gedruckte Proklamation.

Da das k. k. Ober-Commando in Erfahrung gebracht hat, daß manche Gerichter in der Vertheidigung des Vaterlandes sich sehr schläferig und unthätig bezeigen; ja wohl gar sich weigern, ihre Compagnien ausrücken zu lassen; so findet sich dasselbe veranlaßt, hiemit öffentlich bekannt zu machen: daß alle diejenigen Gerichte und Privat-Personen (wessen Standes selbe immer sind), welche in der Vertheidigung nachlässig oder derselben nur im Mindesten hinderlich sind – als Feinde des Vaterlandes angesehen, ihrer wegen der Vertheidigung noch habenden rückständigen Löhnungen oder andern Forderungen verlurstig, und noch über dieß seiner Zeit Sr. Majestät dem Kaiser von Oestreich als unthätige und dem Vaterlande überflüssige Menschen werden angezeigt werden.
Was die ausständigen Löhnungen betrifft, wird man das Aeußerste thun, um selbe so bald als möglich bezahlen zu können; doch solle niemand berechtiget seyn, den Landes-Vertheidigungsdienst bis zur Bezahlung zu verweigern. Welches sodann von gesammten Oberkeiten öffentlich bekannt zu machen und an den gewöhnlichen Orten anzuheften ist.
Innsbruck den 10ten September 1809. Von der k. k. Obercommandantschaft in Tyrol. Andreas Hofer, Purtscher k. k. Adjutant.

Dieselbe Proklamation wurde auch zweisprachig (deutsch/italienisch) gedruckt, der italienische Text lautet:

TLMF, Dip. 1299, 40. Einblattdruck, Orig.-Pap. 22 ca. : 31,3 ca., Hochformat.

Avendo l'imperal regio comando superiore osservato, che diverse giurisdizioni si mostrano neghitose, e poco attive, nel cooperare alle difesa della patria; e ricusano persino di far marciare le loro compagnie; così lo stesso si trova costretto di portare con ciò a pubblica cognizione; che tutte quelle giurisdizioni o persone private (di qualsivoglia condizione elle siano) che si mostreranno trascurate nella difesa della patria, o che saranno anche del più picciolo impedimento alla medesima, verranno considerate come inimici della patria, perderanno il diritto sopra quelle paghe, od altere pretese, che avranno da ripetere per la difesa della medesima, ed ancora oltre di ciò verranno a suo tempo indicate a S. M. l'imperatore d'Austria come persone inoperose, ed inutili alla patria.
Riguardo alle paghe, che rimangono addietro, si farà ogni sforzo, onde poterle subito che sarà fattibile pagare; tuttavia nissuno sarà autorizzato di ricusare il servizio per la difesa del paese fino al pagamento. Il qual'ordine sarà per mezzo dei giudici da farsi pubblicamente noto, e da affiggersi nei luoghi soliti.
Innsbruck li 10 settembre 1809.
Dall'i. r. comando superiore in Tirolo ANDREA HOFER.
PURTSCHER imp. reg. aiutante.

Nr. 340

Hofer fordert das Rentamt Brixen auf, die Präbenden (= Pfründen) von sechs Domherren samt der Currenda („laufendes Gehalt") eines Chorherrn für die Neuanstellung von Professoren am neu einzurichtenden Lyzeum zu verwenden.

Innsbruck 1809 September 10

TLMF, FB 1651, 55. Pap. 22 ca. : 34,7, Hochformat, Doppelblatt, ½ Seite.

Zeitgenössische Abschrift, im Original Andreas Hofers eigenhändige Unterschrift (?), Eingangsvermerk des Empfängers.

Copia
pr. 12/9. 1809 No 707.
An das k. k. Rtamt zu Brixen.
Es wird hiemit dem k. k. Rentamte zu Brixen durch Gegenwärtiges der Auftrag gemacht, die Präbenden von dreyen verstorbenen und dreyen noch lebenden Domherrn als die des Grafen von Wolkenstein, der in Wien sich aufhält, die des Baron von Rechberg, der in München sich befindet, und die des Grafen von Lodron, der noch ungeweiht, samt der Currenda eines Chorherrn, welche zusammen 4800 fl ohne der offenstehenden Präbende der Canonicer in ambitu ausmachen, in Zukunft dahin zu verwenden seyen, daß daraus die neu anzustellenden Herrn Professorn des dort wieder aufzurichtenden Lycaeums ihren Gehalt beziechen sollen. Dem dortigen Rentamt wird hiemit auch aufgetragen, den drei noch Lebenden im Mindesten etwas ausfolgen zu lassen und die ganze Summe bis auf weiters pünktlich aufzubewahren.
Innsbruk den 10t(en) 7ber 1809
Andre Hofer Oberkommandant in Tirol.

Nr. 341

Hofer befiehlt dem eingetroffenen Bataillon unter Kommandant Josef Glatzl, sich nach St. Johann zu begeben, um die Grenzgegend zu besetzen. Alle bereits vorhandenen Kräfte sollen den Kommandanten dabei unterstützen durch Verpflegung, Vorspann und Lokalkenntnis.

Hall 1809 September 10

TLMF, FB 2729, 38. Orig.-Pap. 22 ca. : 36 ca., Hochformat, Doppelblatt, 1 Seite.

Text von Balthasar Leiter (?) geschrieben, Andreas Hofers eigenhändige Unterschrift, Siegel: „Tirolische Lan-(des)defension" (Schriftzug unkenntlich).

Marschroutte.
Dieß angekommene Patallion unter dem H(errn) Kommendanten Glazl hat sich nach St Johan zu verfügen, um aldorten die Gränzen Gegend Kufstein zu besezen.
Dahero wird dennen zu St Johan (alwo H(err) Komendant sein Haupt Quartier annimbt) als auch der übrigen Gegenden auf das Schärfste aufgetragen, sowohl denselben durch ihre vom Ort errichteten Kompagnien als auch mit Verpflegung und Quartier sambt dennen nöthigen Vorspannen aller Orten gegen Reittung alles unklagbar beyzuschaffen; absonderlich aber mit dennen dieser Orts errichteten Kompagnien gemeinschäftlich zu

handlen, und dennen nun angekomenen Comp. durch Vorgehen, weil selbe die Lokal nicht können, gehörig zu unterstüzen und dem Befehlen des H(errn) Kommendanten pünktlich nachzu kommen.
Hall den 10ten 7ber 1809.
LS *Andere Hofer ober Comen dant in dirolln*
10. 7ber 1809.

Nr. 342

Die sechs Kompanien unter Kommandant Josef Glatzl, die von Meran ins Unterinntal ziehen, sind mit Verpflegung und Vorspann zu unterstützen.

Innsbruck 1809 September 10

TLMF, FB 2729, 37. Orig.-Pap. 20,5 ca. : 36 ca., Hochformat, 1 Blatt, 1/3 Seite.
Text von Matthias Purtscher (?) geschrieben, Andreas Hofers eigenhändige Unterschrift, Amtssiegel. Die Passage „auch […] Schenna" nachträglich eingefügt.

Marche-Route
für ~~fünf~~ sechs Comp(agnien) ~~und~~ unter dem Herrn Kommandanten Glätzl von Meran, welche nach Unter-Innthal beordert sind. Als 1 von Merann, 2 v(on) Maiß, 1 v(on) Algund, 1 v(on) Tirol und 1 v(on) Partschins, auch eine Zuewachß von Schenna. Denselben ist stationatim die vorschriftmäsige Verpflegung wie auch die nöthige Vorspann gegen Quittung beizuschaffen. LS
Innsbruck d(en) 10t(en) 7ber 1809.
Andere Hofer ober Comen dant in dirolln

Nr. 343

Hofer bedankt sich im Namen des Landes beim Merkantilmagistrat Bozen für ein ihm zugesagtes Darlehen von 4.000 Gulden.

Innsbruck 1809 September 10

SLA, Akten des Merkantilmagistrates, VII, Nr. 48, fol. 316–317. Orig.-Pap. 23 ca. : 37,3 ca., Hochformat, Doppelblatt, 1 ½ Seiten.

Text und Adresse von Matthias Purtscher (?) geschrieben, Andreas Hofers eigenhändige Unterschrift, Amtssiegel als Verschluss. Eingangsvermerk des Empfängers.

Libo. 48 No. 15.
An den lob(lichen) Merkantil Magistratt zu Botzen
Innsbruck d(en) 10t(en) 7ber 1809.
Durch das Schreiben von 8t(en) Empfang 10ten d. Monats bin ich in die Kenntniß gesetzt worden, wie viele Opfer der löb(liche) Handelsstand zu Botzen bereits auf den Altar des Vaterlands geleget habe.
Ich erstatte hiefür im Namen des Vaterlands den lebhaftesten Dank und erklären [sic], daß mein Beihilfsgesuch v(on) 5t(en) d. M. nicht die Vergessenheit des bereits Geleiste-

ten, sondern nur den gegenwärtigen Drang der Zeiten zum Gegenstand gehabt habe, bei welchem man mehr auf die momentane Hilfsfähigkeit als auf einen förmlichen [P]eraequations Fuß sehen muß. Sollte Gott Frieden und ruhige Zeiten schicken, wird man nicht ermangeln, seiner Zeit die verhältnismäßigen Ausgleichungen zu machen. Indessen ist das angetragene Darlehen pr 4000 fl immer eine schöne patriotische Handlung, welche ich im Namen des Vaterlands danknehmig annehme und unter einstens dem Franz Thalguter von Meran die Vollmacht ausstelle, hiefür den Empfangs-Schein auszustellen, worüber sodann in Bälde die förmliche Obliegation folgen wird.
Vom k. k. Oberkomando in Tirol.
Andere Hofer

Rückseite
Vom k. k. Oberkommando in Tirol
an den löb(lichen) Merkantil Magistratt zu Botzen
mittelst Expressen.

Pres. am 12ten Sept. 1809 um 7. Uhr abends

Nr. 344

Vollmacht für Franz Thalguter, dem Merkantilmagistrat Bozen einen vorläufigen Empfangsschein für die geliehenen 4.000 Gulden auszustellen (s. vorhergehende Nr.).

Innsbruck 1809 September 10

SLA, Akten des Merkantilmagistrates, VII, Nr. 48, fol. 352–353.

Abschrift, im Original Andreas Hofers eigenhändige Unterschrift (?), Siegel.

Vollmacht
für Franz Thalguter von Meran, dem löb(lichen) Handels Stand in Botzen für ein baares Darlehen pr vier tausend Gulden einen Interims-Empfangs-Schein auszustellen, bis von mir die förmliche Obligation ausgefertigt werden wird.
Innsbruck den 10ten 7ber 1809
L. S. Andere Hofer Ober Comendant in Diroll.

Unterzeichneter bekennet, von dem Herrn Merkantil-Deputierten Johann Anton Grätzl das Anlehen des Botzner Handelstandes pr viertausend Gulden sage 4000 fl laut vorstehender Vollmacht richtig empfangen zu haben. Botzen am 13ten Sept(empber) 1809
Franz Thalguter.

Nr. 345

An Dr. von Wörndle ergehendes Dekret, sich sofort ins Pustertal zu begeben, um in Bruneck eine Schutzdeputation einzurichten; Wörndle erhält die Vollmacht eines Intendanten im Pustertal. Hofer aber fügt bei, man müsse zuerst die im Pustertal getroffenen Beschlüsse abwarten und die Gemeinden mitreden lassen, außerdem sei Anton Steger bereits zweimal zum Oberkommandanten im Pustertal ernannt worden.

Innsbruck 1809 September 11

SLA, Nachlass Streiter, Karton 34, „versch. Abschriften 1809–1816", 18. Pap. 21 ca. : 23 ca., Hochformat, 1 Blatt, 1 Seite.

Zeitgenössische Abschrift des Empfängers, o. S. Die Passage „schez barster […] auch Röden" sowie die Unterschrift im Original mit Sicherheit eigenhändig von Andreas Hofer.

Dekret an H(errn) Dr. v(on) Worndle Dikasterial Advokaten in Innsbruck.
Demselben wird hiemit aufgetragen, sich unverweilt nach Pusterthal zu begeben. Erstens in Bruneck eine Schutz Deputation anzuordnen und hiezu den H(errn) Battig als Vorstand, den H(errn) Kirchberger als Schutz Deputirten, den H(errn) Matzegger als Concepisten und H(errn) Ant. Rauch als Recognoscisten und den H(errn) Landgerichts Assessor Dr. v(on) Reinhart als als [sic] Rechts Consulenten beyzuziehen. –
da H(err)
Zweitens wird ihm H(errn) v(on) Worndle hiemit die Vollmacht eines Intendanten im ganzen Pusterthal in dem nemlichen Maase ertheilet, wie er solche in den Monaten Mai, Juny und July dieses Jahres wirklich bekleidet und ausgeübt hat –
gegeben zu Innsbruck d(en) 11t(en) 7br 1809.

schez barster Herr (etc.) disse sach mueß alle Erst in dem gehörigen orth aus gemacht werden, Erstens ist der steger dandl [Anton, Anm.] als oberComendant in Puster thall 2 mall schon Ehrnant worden, und wan die gemeinten filleicht schon mehrer forstellung gemacht hätten, so Chentt es zbisch [F]eldigCheiten [Zwischenfälle, Anm.] abgöben, die gemein wohlen heint zu dag auch Röden
Andere Hofer ober Comendant in Diroll[n]

Dem Original buchstäblich gleichlautend zu seyn bürgt E. Woerndl(e).

Nr. 346

Der General-Landes-Administration wird aufgetragen, für die Streichung der Kanzleibediensteten Alois *Reilling* und Alois *Leithold* aus den Standeslisten Sorge zu tragen, da die beiden für den Verwaltungsdienst benötigt werden.

Innsbruck 1809 September 11

TLA, Bay. Archiv, Lit. H, Fasz. 31, Nr. 124.

Orig.-Pap. 22,5 ca. : 37,5 ca., Hochformat, Doppelblatt, 1 1/3 Seiten. Text von Matthias Delama (?) geschrieben, Andreas Hofers eigenhändige Unterschrift, o. S. Die Passage „seyn sollen […] wären" nachträglich eingefügt durch Verweis.

An die kaiser(lich) könig(liche) prov. General Landes-Administration
Innsbruck den 11-t(en) 7br 1809.
Da die schon fruher verfassten Landes Vertheidigungs Directiven das Kanzley-Personale der Justitz Behörden erster Instanz von dem personellen Landes-Vertheidigungsdienste in der Hinsicht ausgenohmen haben, weil diese Personen zur Erhaltung der innern Ordnung und Versicherung des Privat Eigenthums ganz unentberlich sind, so wird von daraus untereinsten das betreffende Vertheidigungs Commando in Brixen der Auftrag erlassen, die 2. Kanzley Individuen Alois Reilling und Alois Leithold von denen Compagnie Standes Listen abzuschreiben, und selbe, falls sie arm seyn sollen, vom Personal Dienste los zu zählen, wogeg(en) selbe, falls sie bemittelt wären, zu Unterstellung eines Dritten allerdings zu verhalten wären.
Man gibt sich die Ehre, dieses nebst Rükschluß des Communicats mit deme zu eröffnen, hievon die weitere Anzeige an das Appellations-Gericht machen zu wollen.
Vom k. k. OberCommando Tyrols.
Andere Hofer

Nr. 347

Ernennung.

1809 September 11

Zit. nach: Versteigerungskatalog Sothebys (Original nicht eruierbar). Orig.-Pap. Quart, Hochformat (?), 1 Seite.

Text von unbekanntem Schreiber mit eigenhändiger Passage Andreas Hofers.

„Ds, 11 Sept 1809. 1 p, 4to. Appointment for Joseph Kirchberger as his deputy. With 3-line autograph postscript."

Weiterer Hinweis auf das vielleicht gleiche Dokument in: Kronenberg AG, Fernauktion 14. Dezember 1991, Teil III, Autographen Historische Dokumente, Nr. 7629.

„LS [letter signed, Anm.] 1 S. 4to, SIG [signature, Anm.] und 2 eigenh. Zeilen, an Joseph Lirsberger (?), 11. September 1809."

Vo so sachen muess man sich mit die orth schafften vnder Röden
Andere Hofer ober Comen dant in dirolln

Nr. 348

Hofer an Josef Kirchberger.

1809 September 11

Zit. nach: Versteigerungskatalog Sothebys (Original nicht eruierbar). Orig.-Pap. Folio, Hochformat (?), 1 Seite.

Text von unbekanntem Schreiber, Andreas Hofers eigenhändige Unterschrift (?).

„Ls, 11 Sept 1809. 1 p, folio. To Joseph Kirchberger. Ordering him to report for service. With holograph subscription."

Nr. 349

Hofer erlässt dem Gericht Amras die Stellung einer ganzen Kompanie, dieses soll aber gemeinsam mit dem Gericht Wilten eine Kompanie von 150–160 Mann aufstellen und die Standesliste baldmöglichst einsenden.

Innsbruck 1809 September 11

TLMF, FB 9582, 43. Orig.-Pap. 23 ca. : 37,5 ca., Hochformat, Doppelblatt, 1 Seite.

Text und Adresse von Matthias Delama (?), Andreas Hofers eigenhändige Unterschrift, Amtssiegel als Verschluss.

Dem Vorsteher des Gerichts Amras Johan Georg Sokopf.
Innsbruck den 11t(en) 7br 1809.
In Berücksichtigung der angeführten gründlichen Ursachen will man für dermalen dem Gerichte Amras die Stellung einer ganzen Compagnie nachgesehen haben, jedoch versieht man sich, daß sich in Hinkunft das Gericht werde best angelegen seyn lassen, vereint mit dem Gerichte Wilten, welches hievon zu verständigen, alsogleich eine starke Compagnie von wenigstens 150 bis 160 Köpfen zu organisiren, die Liste ehemöglichst anhero einzusenden, damit dann im Fall der Noth die Comp(pagnie) ohne längere Verzögerung auf den ersten Ruf ausrüken könne.
Vom k. k. Ober Commando Tyrols.
Andere Hofer

Rückseite:
Vom k. k. Ober Commando Tyrols. An Joh. Georg Sokopf Gerichts Vorsteher zu Amras.

Nr. 350

In Bruneck wird eine Schutzdeputation für das Puster- und Wipptal eingerichtet, Hofer ernennt Anton Rauch als deren Ingrossisten.

Innsbruck 1809 September 11

TLMF, FB 2729, 39. Orig.-Pap. 22 ca. : 34,4 ca., Hochformat, Doppelblatt, ½ Seite.

Text und Adresse von unbekanntem Schreiber, eigenhändige Passage und Unterschrift Andreas Hofers, o. S.

An den Herrn Anton Rauch.
Das unterfertigte Ober-Commando des Landes Tirol hat es unumgänglich nöthig befunden, in der Stadt Brunecken für ganz Pusterthal und Wippthal eine Schutz-Depudation nieder zu setzen und will hiemit als Ingrossisten derselben den ehemahligen Kreis-Officier Anton Rauch dergestalt ernennet haben, daß man von ihme keine Weigerung erwarte, widrigenfalls derselbe als ein Feind des Vaterlandes erkläret werden müßte.
Von dem tirolischen Landes Ober-Commando
Innsbruck den 11ten September 1809.
auch disser wan Ehr nicht Vo der gemeine for geschlagen ist, muess man sich mit selber ver stendigen
Andere Hofer

Rückseite:
Dem Herrn Anton Rauch.

Nr. 351

Hofer schreibt an die Provisorische General-Landes-Administration, die Gemeinde Zirl bitte um Bewilligung von 18 bis 20 Fässern Salz; sollte sich dieses auftreiben lassen, werde der Bitte stattgegeben.

Innsbruck 1809 September 11

TLMF, FB 1651, 18. Orig.-Pap. 22 ca. : 36,9, Hochformat, Doppelblatt, 1 Seite.

Text von Matthias Delama (?), Andreas Hofers eigenhändige Unterschrift, o. S.

An die kaiserl(ich) königl(iche) prov. General-Landes Administration.
Insbruck den 11. 7br 1809.
In der Anlage bittet die Gemeinde Zirl, daß ihr zur leichtern Bestreittung der Defensions Auslagen und als Ersatz für die erlittenen Kriegs Last(en) 18 bis 20. Fässer Salz bewilliget werden wollen.
Da die angebrachten Gründe allerdings Rüksicht verdienen, so wäre die unterzeichnete OberCommandantschaft nicht abgeneigt, falls sich in gehöriger Anzahl Salz vorfände, ihrer Bitte zu willfahren und findet als billig, die gebethene Anzahl Salzfässer der Gemeinde anzuweisen.
Vom k. k. OberCommando Tyrols.
Andere Hofer

Es folgt auf demselben Papier (S. 3) die Anweisung von 18 Fässern Salz an die Gemeinde Zirl (1809 September 15).

Nr. 352

Hofer genehmigt die Gehaltsforderung zweier Landesverteidiger.

Hall 1809 September 11

TLA, Ältere Salinenakten. Chronologische Reihe, Fasz. 3, Varia 1809. Pap. 22,3 ca. : 34,3 ca., Hochformat, Doppelblatt, ½ Seite.

Zeitgenössische Abschrift, im Original Andreas Hofers eigenhändige Unterschrift (?).

Johann Weissteiner fordert für 7 Wochen bey der Kompagnie des Peter v(on) Walpach den Knechts Lohn täg(lich) à 29 xr. beträgt fl 23 : 41 xr
Johann Rott fordert
für das Monat May 28 Schichten à 29 xr – : 13 : 32. für die Dienstzeit bey obiger Kompagnie von 7 Wochen – : 23 : 41 :
vom Abzug der baierischen Truppen bis 9ten Septb(er) ab 3 Wochen – : 10 : – 9 :
[Summe, Anm.] fl 71 : – 3 xr
Hall den 11ten Septb(er) 1809.
Andrä Hofer Oberkommandant in Tyrol. Wird bewilliget vom 10ten August 1809 an die Zahlung ausfolgen zu lassen.

Kollazionirt und dem Originale gleichlautend befunden zu haben beurkunde hiemit
Hall den 15ten September 1809
LS Jos(eph) Rungg[manu propri]a
Salzoberamts Registrator

Nr. 353

Hofer fordert den Platzkommandanten von Brixen (Martin Schenk) auf, die in Neustift aufgebotenen Schützen abmarschieren zu lassen; die Brixner Kompanie wird in das Pustertal abkommandirt.

Hall 1809 September 12

TLMF, FB 2073, 126. Pap. 22,5 : 36 ca., Hochformat, 1 Blatt, ½ Seite.

Zeitgenössische Abschrift, im Original Andreas Hofers eigenhändige Unterschrift (?).

Copia
An den Platz Commandanten zu Brixen
Praes(entiert) am 13. 7[b](er) 809
Bester Herr Wirth.
Wenn noch kein Militair von Neustift weg ist, seyn so gut und lasse die Mannschaft 100. oder mehr Mann was ist mit gehen, da nehmet 50. Mann der Herr Condunatti, um in Welsch Land zu sehen, daß noch Soldaten hier sind. Die Brixner Mannschaft könnet es lassen nacher Pusterthal gehen.
Für dermalen lebe wohl
Hall den 12. d. M. 1809
Andre Hofer Ober Comandant in Tyroll.

Nr. 354

Hofer schreibt an das Landgericht Steinach, für die Verpflegung der Landesverteidiger sei Brot notwendig, das das Gericht nach Hall zu schicken habe, Leopold Krainer sei als für die Verpflegung Verantwortlicher autorisiert worden.

Hall 1809 September 12

TLA, Landgericht Steinach, Fasz. 44 a, Abt. C: Militär 1806–1849. Orig.-Pap. 22 ca. : 35,6 ca., Hochformat, 1 Blatt, 1 ½ Seiten.

Text von unbekanntem Schreiber, Andreas Hofers eigenhändige Unterschrift, o. S.

An das löbl(iche) Landgerichts Obrigkeit zu Steinach.
Es wird hiemit dem löb(lichen) Landt Gericht bekant gegeben, das zur Verpflegung der Landes Vertheutigungs Manschaft Brod nothwendig ist, und hat daher das Landtgericht zu der jezt so drüngenten Nothdurft allso gleich für jeden Steur Knecht 10 Laib guet gebachnes Brod, de(n) Laib zu 3. Pfund, nach Hall zu stellen, und dort dem H(errn) Verpflegs Com(m)isseri Leopold Krainer Wirth am Engl oder einem vo ihm Aufgestellten zur weitern Spedioitierung zu übergeben.
Es hoft der Unterzeichnter um so mehr Willfährigkeit, als dem feundtlichen Truppen weith mehr abgeben werden mußte. Übrigens wird bemerkt, daß die Vergüttung für das schleining gestellte Brod seiner Zeit erfolgen wird, sow wie jedes Widerspenstige gerechte mit Execution betriben werden wird, auch wird noch angefiegt, das der Leopold Krainer Wirth zu Hall künftig die Verpfleg Bedürftnüssen von den lob(lichen) Gericht(en) abzufoder(en) authorisiert von mihr atestiert worden.
Hall d(en) 12ten 7b(er) 1809
Andere Hofer ober Comen dant in dirolln

Dasselbe Schreiben an den Stadtmagistrat Hall:

Stadtarchiv Hall in Tirol, Verordnungen vom Gubernium, 1809, Fasz. IX. Orig.-Pap. 21,8 ca. : 35,5 ca., Hochformat, Doppelblatt, 1 ½ Seiten.

Text und Adresse von unbekanntem Schreiber, Andreas Hofers eigenhändige Unterschrift, Amtssiegel als Verschluss.

An dem lob(lichen) Statt Gericht Magistrat Hall.
[…] *Andere Hofer ober Comen dant in dirolln*

Nr. 355

Hofer fordert Anton (?) von Posch, „Zuchthaus"-Verwalter in Innsbruck, auf, Stoffe abzuliefern.

Innsbruck 1809 September 12

Privatbesitz Familie Weyrer, Innsbruck. Orig.-Pap. 19,8 : 10,8 (beschnitten), Querformat, 1 Blatt, 1 Seite (auf Karton aufgeklebt, Rückseite nicht einsehbar).

Text von Johann Holzknecht (?) geschrieben, Andreas Hofers eigenhändige Unterschrift, o. S.

Titl (etc.) Herr von Posch Zuchthaus Verwalter dahier wird ersucht, das noch wirkliche Tuch verhandene Tuch verabfolgen zu laßen. Innsbruck den 12t(en) 7ber 1809
Andere Hofer ober Comen dant in dirolln

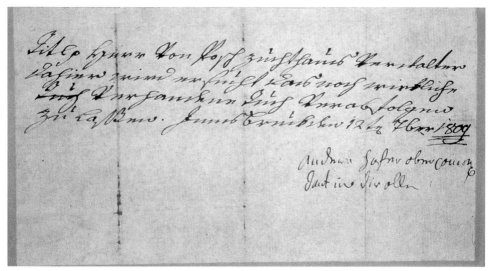

Abb. 39: S. Nr. 355. Privatbesitz Familie Weyrer, Innsbruck. Foto: Oberhofer.

Nr. 356

Betreffs des verwundeten Valentin Maurer, über den die Algunder sehr aufgebracht sind, solle man sich an den Anwalt *Öller* in Algund wenden.

Passeier (!) 1809 September 12

Zit. nach: Kirchmair, Tirol, Band 13, 215 (Original nicht eruierbar).

Im Original Andreas Hofers eigenhändige Unterschrift (?). Das Datum, das auch Kirchmair in seiner Edition mit einem Fragezeichen versieht, dürfte falsch sein, da sich Hofer am 12. September in Innsbruck aufhielt.

„Passeyer, den 12. September 1809.
Auf Ihren Schreiben von göstrigen Dato an den Strobl, darin Sie das Ansuchen machen, es möchte der in Algund verwundete Herr Maurer zu seiner Frau nach Meran hereingeliefert werden, habe zu erwidern, daß ich dieses Begehren nicht entspreche, doch muß ich bemerken, daß die Allgunder über Herr Maurer sehr aufgebracht sind und sohin gerad so gegenwärtig befehlen, ist vor mich dermalen hart; indessen glaube ich an Bösten zu sein, wennbsich [sic] an Herrn Anwald (Öller) in Algund gewendet wird; dieser kann und wird am Bösten helfen. Ich meinerseits bin gar nicht dagegen,
Kann ich sonsten was dienen, so werds jederzeit sein, unter höflicher Empfehlung und aller Hochachtung in ersichtlicher Eyl
Euer Hochwürden
Andre Hofer
Obercommendant vom land Ryroll [sic] und Oasseyer [sic].
Fußnote: Von Strobl
ein Compliment, er empfehlet sich mit mir in Euer Hochwürden Gebett. Wollen Euer Hochwürden nicht selbsten zum Anwald in Algund hingehen, so ersuchen Sie Herrn Pfarrer dortselbst, wie ich einsehe, ist es gleich, ob Herr Maurer in Algund oder in Meran krank liegt."

Nr. 357

Hofer teilt dem Superior der Innsbrucker Kapuziner Maßregeln mit, wie mit den im Kloster inhaftierten Geistlichen umzugehen sei.

Innsbruck 1809 September 13

SLA, Sammlung Steiner, 164. Pap. 21 ca. : 34 ca., Hochformat, Doppelblatt, 1 Seite.

Abschrift, im Original Andreas Hofers eigenhändige Unterschrift (?).

Tirol 1809. Copie. Andreas Hofer.
Befehl.
Von dem k. k. Obercommando in Tirol
an den wohlehrwürdigen hochgeachten und hochschätzbaresten R. Pater Superior bey die Capuciner in Innsbruck.
Allgemeiner Befehl für die geistlichen Herren welche bey den P. P. Capucinern in Gefangenschaft sind:
Die Geistlichen H. haben sich so zu verhalten, daß sie den ehrwüdigen Patern Capucinern nie zur Last fallen. Sie müßen daher:
1tens um die genannte Stunde, wie es der ehrwürdige Pater Provincial oder Superior befiehlt, täglich die Messe lesen.
2tens Um Schlag acht Uhr abends sollen die Lichter ausgeloschen sein und die Geistlichen haben sich zur Ruhe zu begeben, wiedrigen Falls man andere Maßregeln ergreifen und sie schärfer behandeln wird.
3tens haben sie nichts anderes zu fordern auf Mittag und Abendessen als Suppe und Fleisch, ein Stückchen Brod und ein Glaß Wasser, wolle der ehrwürdige Pater Superior etwas mehreres geben, so will ich es Ihnen erlauben.
4tens Um Mittag und Abendessen können sie auf Ansuchen der P. Capuciner beyeinanderessen, jedoch die Wache hat bey dem Tische zu stehen und auf sie Obacht zu geben und kein anderes Wort ist bey obgemelten Mahlzeiten zu sprechen als ein deutsches lautes, daß es die Wache versteht.
5tens Vormittag ist ihnen von 9 bis 10 ½ im Garten zu spazieren erlaubt, jedoch ein jedweder einen andern Gang und die Wache hat strenge Obsicht über sie. Nachmittag von 2–3 ½ Uhr ist es ihnen wieder erlaubt, im Garten herum zu gehen und dann geschwind jeder in seiner Zelle zu sein, aus genohmen es befiehlt der Pater Superior die Messe um 9 Uhr zu lesen; nebst dem haben sie der Wache zu folgen, auch jedweder hat nebst seiner Messe die er lie[s]t noch eine zu hören und sein Brevir und Tages Gebeth stets zu beten, wie es einem Priester zugehört.
NB. Dem Simon Köfler Pfarrprovisor von Kundl wird untersagt, der Wacht mit Grobheiten zu begegnen, wiedrigenfalls man ihm einen anderen Ort anweißen, wo es ihm übler gehen wird, denn die gestrige Wacht von 8 Uhr abends bis 4 Uhr heut morgens beschwerte sich über die Grobheiten von ihm, auch wird dem andern alles Wiedrige gegen die Wache untersagt. Wenn etwa einer einen Besuch ihnen abstatten will, so hat er ein Zettl von Obercommando aufzuweisen und dann wird es ihm erlaubt, wiedrigenfalls nicht.
Vom k. k. Oberkommando in Tirol
Andere Hofer mp.
Inn[s]brukk den 13ten 7ber 1809
[…]

Nr. 358

Hofer schreibt an das Gericht Saalfelden, P. Joachim Haspinger sei eine Schrift zur Aushändigung an das Gericht übergeben worden, es handelt sich dabei offensichtlich um den Vertrag über die Teilnahme Saalfeldens an den Kämpfen.

Innsbruck 1809 September 13

TLMF, FB 2731, 19. Das Original 1867 in der Sammlung des Anton Trientl, Großhändlers in Salzburg.

Abschrift, im Original Andreas Hofers eigenhändige Unterschrift (?), Amtssiegel (laut Siegelbeschreibung).

[…]
An das löb(liche) Gericht Saalfelden im Salzburgischen
Innsbruck d(en) 13t(en) 7ber 1809.
In Betref der an 13t(en) d. M. erhaltenen Anfrage wird erwiedert, daß das Oberkommando dem H(errn) Commandanten Pater Joachim Capuciner ~~Jos H~~ die Schrift, welche er dort zu übergeben und wornach sich dieselben zu richten haben, übergeben habe.
Es kann daher das Oberkommando, bis die Auswechslung gegenseitiger Verträge erfolgt seyn wird, nichts weiteres thun. Sobald aber dieses geschehen und Saalfelden sich an uns Tiroler angeschlossen haben wird – wird man alles Nöthige und Mögliche vorkehren.
In Rücksicht der Ausfuhr des Viehes auf den Märkten wird solches dermalen dem H(errn) Commandanten und gutgesinnten Saalfeldern, wie selbe es für gut finden, überlassen.
Vom k. k. Oberkommando in Tirol.
(L. S.) Andere Hofer m/p.
[…]

Nr. 359

Hofer trägt Philipp von Wörndle auf, sich zu bemühen, gemeinsam mit Baron von Luxheim die Geldangelegenheiten zu ordnen; außerdem solle er sich mit Martin Schenk in Verbindung setzen, da in Brixen vorhandene Waffen dem Pustertal zugeteilt worden seien.

Innsbruck 1809 September 13

SLA, Sammlung Steiner, 41. Orig.-Pap. 23 : 34,8, Hochformat, Doppelblatt, 1 Seite.

Text von Matthias Delama (?), Andreas Hofers eigenhändige Unterschrift, Privatsiegel (I). Eingangsvermerk des Empfängers.

An Herrn Intendanten in Pusterthal Do[r]. Philiph von Wörndle.
Innsbruk den 13. 7br 1809.
Die OberCommandantschaft Tyrols versieht sich von der bewiesenen Thätigkeit des dortigen H(errn) Intendanten, daß er vor allen sich werde angelegenst seyn lassen, die Sachen und vorzüglich die Geldverrechnungen mit Herrn Oberst Baron Luxheim in das Reine zu bringen. Zu Behuf dessen werden auch 2. Berichte obigen H(errn) Obrists zum weitern ~~Übersehung~~ Benehmen mitgetheilt.

Schlüsslich entstehet man nicht H(errn) Intendanten in Kentniß zu setzen, daß von den in Brixen vorfindigen Kanonen 5 Stüke wie auch einige Doppelhaggen für Pusterthal angewiesen worden sind, worüber H(err) Intendant mit dem Martin Schenk Wirth in Brixen sich in näheres Einverständniß zu setzen hat.
Vom k. k. Ober Commando Tyrols.
Andere Hofer LS

Rückseite:
Praes(entiert) den 16ten 7ber 809. Abends 7. Uhr.

Be(stellt) an Bar. Lux[s]heim d(en) 18. Sept(ember)

Nr. 360

Begleitschreiben für Akten an die Provisorische General-Landes-Administration.

Innsbruck 1809 September 13

TLMF, FB 1651, 68. Orig.-Pap. 23 ca. : 38 ca., Hochformat, Doppelblatt, ½ Seite.

Text von Matthias Purtscher (?) geschrieben, Andreas Hofers eigenhändige Unterschrift, o. S. Eingangsvermerk des Empfängers.

An das prov. k. k. General Landeskomissariat Administration.
Innsbruck d(en) 13t(en) 7ber 1809.
Die im Anbuge mitfolgenden Acten-Stücke werden dem k. k. prov. Landeskommissariat mit deme übergeben, daß dasselbe seine Meinung hierüber schriftlich anhero erlassen möchte.
Vom k. k. Oberkommando in Tirol.
Andere Hofer

Rückseite:
Pr d(en) 14t(en) 7ber 1809

Nr. 361

Jakob *Kantonati* von Rendena wird, da Josef Valentin von Morandell in den genannten Gerichten Welschtirols nicht immer anwesend sein kann, von Hofer zum Vorposten-Kommandanten der Landesdefension ernannt; dieselben Gerichte hätten auch Verpflegung und Uniformen zu stellen. Verdächtige Personen seien dem Oberkommando anzuzeigen, in der Gegend des Tonalepasses könnte Herr *Kostanzi* von Morandell zum Kommandanten ernannt werden.

[1809 September 14 oder früher]

TLMF, Autographensammlung Andreas Hofer. Orig.-Pap. 24 ca. : 38 ca., Hochformat, Doppelblatt, 2 Seiten.

Text von unbekanntem Schreiber, eigenhändige Passage und Unterschrift von Andreas Hofer, Amtssiegel.

D Volmacht für Herrn Jacob Kantonati von Dorf Rendena
Indem Herr Morendel in dennen dortigen Gegenden Rendena als auch Pinhe, Diun, Pievetibono, Condino, Staro bis auf die Gränzen nicht alzeit selbst gegenwärtig seyn kann, so ertheile ich in dieser Gegend den H(errn) Contonati dem Gewald als Vorbostens Comendant der Landes Defension dieser Gegend vorzustehen.
Doch so, das sich H(err) Comendant bey allen Vorfallenheit am H(errn) Distriz Ober-Comendant v(on) Morendel zu wenden habe und nebst Erstattung der Reporte auf dessen Befehle immer zu sehen habe.
Auch hat diese Gegend dennen Landes Vertheidigungs Truppen für dermal die nothwendige Verpflegung und in Nothfall auch einige Mondierungsstücke gegen vom H(errn) Comendanten Contonati gehöriger Ausstellung der Quittungen verabzufolgen, alwo die Zahlung darvon im Kürze erfolgen wird, welches mir Unterzeichneten der Kaiser von von [sic] Oesterreich unser vielgeliebter Vatter durch mehrere Curiere mit höchster Beteurung versprochen hat.
Obemelter hat auch, um seine Komando im vollen Masse rechtschaffen zu fiehren, dem schärfsten Auftrag, alle Verdächtige, sind sie in einer Menschen Klasse wie sie wollen, wo die Brawen wirklich vorhanden sind, gleich auf der Stelle dem H(errn) Oberkomendant v(on) Morendel zu übergeben, welcher sodann die Anzeige sambt die Beweise des Verdachtes hier Orts übersenden wird. Oder wenn von derley Menschen die That schon algemein bekannt ist, so hat auch der Vorpostens Comendant Contonati dem Gewald, selbe nach Verhältniß der That zu beurtheilen und zu strafen.
Eben so glaube ich, wenn H(err) Morendel auf der Gegend von Tonal noch keinen Comendant ernennt, könte der H(err) Kostanzi zu diesen ernennt und der obige Gewald ertheilt werden, welches ich aber dem H(errn) Morendel überlasse.
LS *Andere Hofer ober Comen dant in dirolln*
auch khan, obiger H comen dant, wan for findige gewöhr sein, gögen quittung Recurieren, oder leich wei[ß] ab foderen

Eigenhändige Vermerke: Morandell, Kaltern 1809 September 14; Schweiggl, Trient 1809 September 15. Jeweils Unterschrift und Siegel.

Nr. 362

Hofer antwortet dem Stadtmagistrat Hall auf eine Anfrage hin, die im dortigen Spital versorgten Kranken könnten vorerst nicht verlegt werden, vielmehr sollen die Haller für die Bereitstellung von Betten sorgen.

Innsbruck 1809 September 14

Stadtarchiv Hall in Tirol, Verordnungen vom Gubernium 1809, Fasz. IX. Orig.-Pap. 22,8 ca. : 37,3 ca., Hochformat, Doppelblatt, 2/3 Seite.

Text und Adresse von Kajetan Sweth (?) geschrieben, Andreas Hofers eigenhändige Unterschrift, Amtssiegel als Verschluss.

An dem löb(lichen) Stadtmagistrat zu Hall
Innsbruck d(en) 14ten 7ber 1809
Auf die Vorstellung des Magistrats aldort wegen dem in dortigen Spital befindlichen Kranken findet das k. k. Oberkommando zu erwiedern, daß man für dermalen auf Dislocirung der dortigen Reconvalescenten nicht antragen könne, wohl aber von dem Eifer des Stadtmagistrats erwarte, daß er den dortigen Einwohnern zur Beystellung wenigstens der unumgänglich nöthigen Betformitern zu vermögen nach Kräften trachten werde.
Vom k. k. Oberkommando in Tirol.
Andere Hofer[m. p.]

Rückseite:
Vom k. k. Oberkommando in Tirol. An das löb(liche) k. k. Stadtmagistrat zu Hall
pr. Ordonanz eiligst eiligst.

Kanzleivermerke Stadtmagistrat Hall.

Nr. 363

Hofer ordnet die Entlassung von vier Häftlingen an, andere werden verlegt.

Innsbruck 1809 September 14

TLMF, FB 2074, 37 i. Orig.-Pap. 23,5 ca. : 36,3 ca., Hochformat, 1 Blatt, 1 Seite.

Text von Matthias Purtscher (?) geschrieben, Andreas Hofers eigenhändige Unterschrift, o. S.

An den H(errn) v(on) Rossi allhier zu Innsbruck.
Innsbruck d(en) 14t(en) 7ber 1809.
Leopold Haselwanter und Jakob Hogl sind von Arest gegen einer geziemenden Ahndung zu entlassen.
Johann Steinberger und Cajetan Seefelder ist mit Sicherheit-Wache in ihren sein Geburtsort mit deme zu verschieben, daß das G(eric)ht Sicherheit ihrer seiner Personen verschaffe, jedoch auf ihr sein Thun und Lassen die gehörige Aufmerksamkeit habe. Und so eben ist Johann Hueber zu entlassen.
Cajetan Seefelder und Michl Eichhorn sind zu ihren Landsleuten in die Casserne zu versetzen.
Vom k. k. Oberkommando Tirols.
Andere Hofer

Nr. 364

Hofer antwortet auf ein Schreiben Josef Ignaz Straubs, dieses sei zur Kenntnis genommen worden und die entsprechenden Vorkehrungen wären bereits in die Wege geleitet.

Innsbruck 1809 September 14

TLMF, FB 2707, S. 316.

Abschrift, im Original Hofers eigenhändige Unterschrift (?).

Present(iert) d(en) 14. 7ber 1809.
Von Ober-Command(anten) And(re)a Hoffer aus Insbruck
NB in No 13 eingetheilt worden.
An Herrn Platz-Commandanten Jos. Ignatz Straub zu Hall.
Innsbruck den 14. 7ber 1809.
Den Bericht des Platz-Commandanten hat man zur Wissenschaft genommen und kann ihm berichten, daß man nach Jenbach an Verweser und an Schlossermeister Romedi Strasser das Geeignete erlassen habe; welche Briefe nebst einem an das Bergwesen Directorat in Hall Herr Commandant gehörig zuzustellen hat.
Vom k. k. Ober-Commando Tirols.
Andere Hofer m/p.

Vom k. k. Oberkommando Tirols. An Herrn Platz-Commandanten Jos. Ignatz Straub zu Hall.

Nr. 365

Hofer an die Bergwerksdirektorate betreffs der Versorgung der Minen mit Pulver.

Innsbruck 1809 September 14

Zit. nach: Versteigerungskatalog Sothebys (Original nicht eruierbar). Orig.-Pap. Folio, Hochformat, 1 Seite.

„Ns, 14 Sept 1809. 1 p, folio. To the Directors of the Mines in Tirol. Stating that orders have been given to improve the supply of the mines with powder. On 4th page of a letter addressed to him regarding the lack of powder for blasting."

Nr. 366

Hofer ordnet dem Schuhmachermeister Johann Gapp an, acht Paar Stiefel zur Verfügung zu stellen.

Innsbruck 1809 September 14

TLA, Tiroler Landesverteidiger 1809, Fasz. I, Pos. 2. Orig.-Pap. 22,2 ca. : 11,8 ca., Querformat, 1 Blatt, 1 Seite.

Text von Matthias Purtscher (?) geschrieben, Andreas Hofers eigenhändige Unterschrift, o. S.

Der Schuhmachermeister Johann Gapp wird ersuchet den H(errn) Oberfeuerwerker Hubert acht Paar Stiefel gegen Quittung ausfolgen zu lassen.
Innsbruck d(en) 14t(en) 7ber 1809.
Andere Hofer ober Comen dant in dirolln

Nr. 367

Hofer ordnet dem Schmiedemeister Romed Strasser in Jenbach an, Kanonen zu gießen bzw. schmieden.

Innsbruck 1809 September 14

ÖStA, AVA, Polizeihofstelle, Kt. 396, Akt Nr. 223/1812. Orig.-Pap. 23 ca. : 33 ca., Hochformat, Doppelblatt, 2/3 Seite.

Text von Matthias Delama geschrieben, Andreas Hofers eigenhändige Unterschrift. Eigenhändiger Vermerk (?) Hofers auf der Adressseite, stark ausgebleicht, unkenntliches Verschlusssiegel. Das Dokument weist massive Brandschäden auf.

[…]asser Schmiedmeister […] Jenbach.
Innsbruk den 14. 7br 1809.
Von Seite der k. k. Obe[…]dantschaft in Tyrol […] derselbe den strengst[…]trag, so viel in seiner [M…] liegt, Kanonen zur Verthei[…] des theüren Vatterlandes zu giessen oder, wenn selbe mehr haltbar, zu schmieden mit der Versicherung, daß sein Eifer Ser Mayestet dem Kaiser werde empfohl(en) werd(en).
Zugleich hat er sich alle Mühe zu geb(en) die dazu benöthigt entweder selbst oder durch andere güssen zu lassen.
K. k. Ober Commando Tyrols.
Andere Hofer

Rückseite:
Vom k. k. Ober Commando Tyrols.
An Romedi Strasser Schmiedmeister am Jenbach.

[d…]

Nr. 368

Hofer berichtet an Josef Rangger, er hätte erfahren, einige Hauptleute von Sterzing würden sich nicht vorbildlich aufführen, indem sie sich beträngen und mit Frauen abgäben. Rangger soll diese in Hofers Namen zurechtweisen.

Innsbruck 1809 September 15

TLMF, FB 2729, 40. Orig.-Pap. 22,5 ca. : 37 ca., Hochformat, Doppelblatt, ½ Seiten.

Text und Adresse von Matthias Purtscher (?) geschrieben, Andreas Hofers eigenhändige Unterschrift, Amtssiegel als Verschluss.

An den H(errn) Battaillons Commandant Jos. Rangger. Innsbruck d(en) 15t(en) 7ber 1809
Mit Mißvergnügen vernahm das k. k. Oberkommando, daß sich einige Hauptleute von Sterzing nicht aufs Beßte aufführen, indem sich selbe auf den Abend gerne beweinen und zu dem noch sich mit Menscher abgeben.
Es wird demselben hiemit aufgetragen, auf diese H(erren) Acht zu haben und denselben dieses Benehmen im Namen zu un meiner zu untersagen und sie zu warnen, hinfüro alles dieses zu unterlassen und sich so zu verhalten, wie es einem rechtschaffenen Officier zusteht, wiedrigen fals sind selbe nach Hause zu schicken.
Vom k. k. Oberkommando Tirols
Andere Hofer

Rückseite:
Vom k. k. Oberkommando in Tirol an den H(errn) Bataillons Commandanten Jos. Rangger dermal zu Innsbruck. (B)

Nr. 369

Hofer schreibt an das Kreiskommissariat Innsbruck, das Gericht Imst wolle ein erzwungenes Darlehen von seinen vermögenden Einwohnern aufnehmen, dazu sei aber die Einwilligung des Kreiskommissariates notwendig.

Innsbruck 1809 September 15

TLMF, FB 1651, 46. Orig.-Pap. 22,5 ca. : 36,8 ca., Hochformat, Doppelblatt, 1 Seite.

Text und Adresse von unbekanntem Schreiber, Andreas Hofers eigenhändige Unterschrift, zwei Amtssiegel als Verschluss. Eingangsvermerk des Empfängers.

An das hoche Kreis-Comissariat zu Inspruk.
Inspruk den 15ten 7ber 1809
Das Gericht Imst hat beschlosen, zur Unterhaltung der Landes Vertheidigungs Kompagnien ein gezwungenes Anlechen von mindestens 8000 f(len) im Gericht selbst von den vermöglichen Gerichtsbewohnern aufzunehmen.
Da es aber verordnungs-wiedrig ist, dergleichen Anlechen ohne Bewilligung der bolitischen Oberbehörde zu negociren und anderer Seits daß Gericht Imst die Nothwendigkeit vollständig anher ausgewiesen hat, so wolle das hohe Kreis-Comissariat

hierzu die Bewilligung ertheilen und die betreffende Urkunde ungesäumbt dahin ausfertigen.
Von der [sic] k. k. Oberkomando im Tyroll.
Andere Hofer

Pr. am 16/9 1809.

Rückseite:
Von der k. k. Oberkomando in Tyrol an das hoche Kreiß-Comissariat zu Ispruk beizuschliesen ad N. 254.

Nr. 370

Hofer ersucht das Stadt- und Landgericht Sterzing, die Stadt Sterzing möge – da sie bisher nichts an Geld und Getreide für die Schützen zur Verfügung gestellt hat – Geld leihen und es dem Überbringer vorliegenden Schreibens übergeben; die zwei Sterzinger Kompanien sollen auf dem Wasserweg nach Wörgl gebracht werden. Außerdem seien die Akten über das Verhör eines Herrn *Knobloch* (Knoflach?) nach Innsbruck zu schicken. Graf Leiningen hätte Hofer seine Unterstützung mit Truppen zugesagt.

Innsbruck 1809 September 15

TLMF, Historische Sammlung, Flugschriften – Autographen. Orig.-Pap. 21,8 ca. : 35 ca., Hochformat, Doppelblatt, 2 Seiten.

Text und Adresse von unbekanntem Schreiber, zweite Bemerkung („Es wird […] schicken.") von Matthias Purtscher (?) geschrieben, eigenhändige Passage und Unterschrift Andreas Hofers, Amtssiegel als Verschluss. Eingangsvermerk des Empfängers.

An dass lob(lich)e Stadt und Landgericht zu Störzing.
Da es die Nothwendigkeit erfordert, dass die ausgerükten Schützen Compagnien von Störzing eben so wie von andern Orthen mit Geld und ~~Lebensmittel~~ Getraid unterstizt werden müssen und die Stadt Störzing aber bies dato weder Geld noch andere Lebens-Mittel abgegeben hat, so wird die lob(lich)e Stadt und Landg(eric)hts Oberkeit dringendst ersucht, dass für die ausgezochenen zwey Störzinger Schützen Compagnien bei H(err)n Kaspar Baur und bey der alten Frau Nagelinn auf das Gericht gegen alsobald möglicher Zurükzahlung 6– bis 700 Gulden Geld aufgeliechen und zum allernothwendigsten Bedarf denjenigen Mann zu übergeben, welcher dies Schreiben überreichen wird.
Von Neuigkeiten wird alles Gutes berichtet, sobald der Unterzeichnete eine kleine Zeit hat, wird er nicht enstehen, daß Nähere zu schreiben.
Die zwey Störzinger Compagnien sind beordert, von Hall auf das Wasser nacher Wörgl sich einschiffen zu lassen, alwo selbe die weitere Instradierung erhalten werden.
Innsbruk am 15(ten) 7ber 1809.
N.[B]. Dass H(er)r Kaspar Baur ein Geld zu entbehren hat, hat sich der H(er)r Bürgermeister selbst geäussert, dass derselbe und die Fr(au) Nagelin gegen Versicherung der richtigen Zurükzahlung eines herleichen wird.

NB Es wird ersucht, die Verhörs Acten v(on) H(errn) Knobloch hieher zu schicken.

das mueß sein, in dem mir der graff leining geschriben hat, das Ehr mich werde khomen zu vntter stizen in Einer zeit Vo 12 deg vnd sonst schaug es in öster Reich ganz guet au[ß], Vo alle Jberige schreibt Ehr nicht
Andere Hofer ober Com En dant in diroll[n]

Rückseite:
Vom k. k Oberkommando Tirols an die löb(liche) Stadt und Landgerichts Oberkeit zu Sterzing

No. 272. Praes. den 16. 7ber. 1809.

Nr. 371

Kommandant Johann Baptist Battig bittet (Bruneck 1809 September 11), vier sächsische Kriegsgefangene und drei „Soldatenfrauen" entlassen zu dürfen, da die Männer offensichtlich keine Soldaten sind; sie hätten sich ordentlich betragen, die Verpflegung koste das Land ohnehin nur viel Geld. Hofer weist das Ansuchen zurück.

Innsbruck 1809 September 15

ÖNB, Autographen Andreas Hofer, 28/16–10.

Kommentar zu eingelangtem Schreiben, geschrieben von Matthias Delama (?), Andreas Hofers eigenhändige Unterschrift, Privatsiegel (I).

Praes(entiert) d(en) 15t(en) 7ber 1809
Kann dermalen der angetragenen Entlassung nicht statt gethan werden.
K. k. OberCommando Tyrols.
Innsbk d(en) 15. 7br 1809.
LS *Andere Hofer*

Nr. 372

Der Tiroler Franziskanerprovinzial P. Ezechiel Lang sucht um die Bewilligung der Weinsammlung in Lana und Marling zugunsten des Klosters in Lienz an (Hall 1809 September 15). Hofer genehmigt das Ansuchen.

o. O., o. D. [1809 September 15 oder später]

Archiv der Tiroler Franziskanerprovinz, Schwaz. Cista 14–Z–1 (Kloster Lienz).

Andreas Hofer eigenhändig, Amtssiegel.

fiat Eß gescheche, vnd will ßie Böstens an Entfohlen Haben
Andere Hofer ober Comen dant in dirolln
LS

Nr. 373

Hofer an Wörndle.

Innsbruck 1809 September 15

Hinweis auf das Dokument in: TLA, Tirolische Landesvertheidiger 1809, Sep.-Faszikel III, Pos. 21. Es befand sich 1940 im Völkerschlachtmuseum (d. i. Privatmuseum beim Völkerschlachtdenkmal) in Leipzig, dessen Bestände im Zweiten Weltkrieg verstreut wurden. Orig.-Pap. Folio, 1 ½ Seiten, Siegel.

Nr. 374

Von Hofer und Untergruber ausgestellter Reisepass für Herrn Baron von Völderndorf, der nach München gesandt wird; bis zur Grenze werde ihn ein Vertrauter begleiten, ebenso auf der Rückreise.

Innsbruck 1809 September 15

Museum Passeier, Leihgabe Dr. Siegfried Unterberger, Meran. Orig.-Pap., Folio, 1 Blatt, 1 Seite, Hochformat.

Text von Matthias Purtscher (?) geschrieben, Hofers und Untergrubers eigenhändige Unterschriften, Amtssiegel.

Vorzeiger dieß H(err) v(on) Völderndorf, welcher nach München in sehr wichtigen Angelegenheiten abgeschicket wird, ist auf seiner Dahin Reise und auch retour hieher ohne allen Anstand passieren zu lassen.
Es ist aber zu merken – obigen H(errn) v(on) Völderndorf wird zum Geleite und zu allenfälliger Sicherheit ein vertrauter Mann bis auf die Gränze mitgegeben; das Nemliche hat jeder Commandant wo derselbe auf seiner Rückreise ankommt zu beobachten und ihm einen Vertrauten bis zum Oberkommando mitzugeben.
Sig(natum) Innsbruck d(en) 15t(en) 7ber 1809.
Vom k. k. Oberkomando Tirols.
LS *Andere Hofer[m. p.]*
Untergruber Comedant

Nr. 375

Nachdem zwei Abgesandte Josef Glatzls Hofer die Lage der Dinge dargestellt haben, wurde dieser Bericht gleich an Martin Firler weitergeleitet. Dieser solle sich sofort mit Glatzl in St. Johann in Verbindung setzen, am 27. d. M. könne eine Auswechslung der Kompanien erfolgen.

Innsbruck 1809 September 16

TLMF, FB 2729, 41. Orig.-Pap. 22,5 ca. : 36,7 ca., Hochformat, Doppelblatt, 1 ½ Seiten.

Text und Adresse von Balthasar Leiter (?) geschrieben, Andreas Hofers eigenhändig Unterschrift, Amtssiegel als Verschluss.

Am H(errn) Commendant Glazl
Ins(s)pruck den 16ten 7ber 1809
Die von Ihnen abgeordneten zwey Männer sind ganz richtig den 15ten hier eingetrofen und haben theils schriftlich, theils ganz eindringend mündlich die Laage der Dinge angebracht.

Mann hat also gleich dieß dem Martin Flierler, welcher als Ober Komendant für dortiger Gegend aufgestelt und sich dermal in Wirgl befindet, bedeutet,[a] daß selber sich gleich nach St Johann zu Ihnen verfüget, um sich miteinander wegen Besezung der Bässe zu unterreden, zu diesen Ende werden auch zwey Kompagnien dahin beordert, um die dortige Gegenden um desto leichter zu besetzen.

Was aber die Auswechslung der Kompagnien betrift, haben die abgeordneten Männer wegen langen Anhalten endlich dahin gebracht, daß selbe den 27ten dieß Monats geschehen kann, da es doch schon ganz ausgemacht ist, das alle Komp. volle 4 Wochen auf die angewiesene Posten stehen müssen, und nur wegen nahe heran Nahung des Wimmath Rücksicht genommen worden. Auch ist anzumerken, das H(err) Komendant Flierler gar ein rechtschaf(m)er guter Mann, folglich wo immer möglich gehorchet werden muß.

Andere Hofer ober Comen dant in dirolln

Rückseite:
Von k. k. Oberkomando Tyrol. Am Herrn Komendanten Glazl a St Johan. Durch Exbressen

---

[a] „bedeutet," nachträglich eingefügt durch Verweis.

Nr. 376

Hofer schreibt an Anton Wallner, auch Kärnten bereite sich auf einen Aufstand vor und das Eintreffen österreichischer Truppen stehe bevor. Wallner solle sich mit Türk, dem Oberkommandanten in Kärnten, in Verbindung setzen und an Hofer berichten.

Innsbruck 1809 September 16

TLMF, FB 2731, 20. Original 1867 in der Sammlung des Anton Trientl, Großhändlers in Salzburg.

Abschrift, im Original Hofers eigenhändige Unterschrift (?), Amtssiegel (laut Siegelbeschreibung).

[…]
An den H(errn) Anton Waldner Commandant in Pinzgau.
Innsbruck den 16ten 7ber 1809
Gestern erhielt ich von Jos. Türk(en) vom 11ten d. M. aus Murau ein sehr tröstliches Schreiben.
Es wird in Kärnten Anstalt zu einem allgemeinen Aufstand und Vertheidigung gemacht. H(err) Graf Leiningen hat mir selbst eigenhändig geschrieben, sein Brief war vom 28t(en) Aug(ust) datiert. Er sagte auch ausdruklich in seinem Schreiben, daß er in (B (die Zahl ist im Original nicht recht sichtbar; soll es heißen 6 oder 4, wie nachträglich ersichtlich gemacht worden zu sein scheint) Wochen bei mir seyn werde – der Krieg mit Oestreich hat seine Richtigkeit und wir sehen einer baldigen und glücklichen Erlösung entgegen.
Es ist allso nur darum zu thun, daß wir gute und verläßliche Kundschafter nach Murau zu Türk(en) haben, damit wir über alles sichere und zeitige Nachricht erhalten, wenn die Oestreicher anrücken, damit wir zu rechter Zeit agieren und ihnen zu Hilf kommen können.

Ich befehle Dir daher, eiligst Anstalt zu treffen, daß Du von allem eiligste Nachricht von H(errn) Türk(en) zu Murau bekommst was dort fortgeht.
Setze Dich also mit ihme in Korrespondenz, damit Du von ihme und er von Dir in Rücksicht des Angrifes, kurz von allem sichere Nachricht erhaltest, welche Du mir allemal eiligst anher zu schicken hast.
Gegenwärtigen Brief schicke durch einen sichern eigenen Menschen dahin ab, welcher sodann wieder eine Antwort zurück zu bringen hat.
Ich bitte Dich, besorge dieses Geschäft so gut als es nur immer möglich – denn Du siehst selbst, das unser ganzes künftiges Schicksal davon abhängt.
Ich verlasse mich auf Deine Ehrlichkeit und bekannten Diensteifer und erwarte von Dir eiligste Nachricht.
Andere Hofer Ober Comen dant in Dirolln m/p.
[…]
Von k. k. Oberkomando Tyrols an Herrn Anton Waldner Kommendant in Pinzgau durch Ordinanz
[…]
Ist durch einen eigenen Menschen nach Drau zu schicken
Expediert um 8 Uhr abends nach den 18. 7ber m/pria Mittersill
Um ½ 1 Uhr nachts richtig eingetroffen, und so dann weiters befördert worden. Neukirchen den 19. 7ber 809 Dorfmeister
Titl lisch [sic] Commandanten Anton Walner befindet sich derzeit in Saalfelden, und retour gesendet. Am 19. 7ber 809 frühe um ½ 2 Uhr.

Siegelbeschreibung und mehrere Kommentare des Kopisten.

Nr. 377

Hofer teilt dem Stadtmagistrat Meran mit, der Unterricht an den höheren Schulen könne wieder aufgenommen werden, die Professoren seien aus dem Kloster Marienberg zu rekrutieren. Es wird auch erlaubt, die Wiederaufnahme des Schulbetriebes öffentlich anzukündigen.

Innsbruck 1809 September 16

SLA, Sammlung Steiner, 42. Orig.-Pap. 22,8 ca. : 37,3 ca., Hochformat, Doppelblatt, 1 Seite.

Text und Adresse von unbekanntem Schreiber, Andreas Hofers eigenhändige Unterschrift, Amtssiegel als Verschluss. Eingangsvermerk des Empfängers.

An das k. k. Stadtmagistrat zu Meran
Innsbruck d(en) 16ten 7ber 1809.
Nachdem schon seit einiger Zeit in dem Schulfache zu Meran die größte Verwirrung vorgieng und die Schulen wegen den kriegerischen Zeiten ja gar aufgehoben wurden, so hat ein k. k. Oberkommando in Tirol der Stadt Meran die vollständige Erlaubniß ertheilet, die 6 Hummaniora und auch die Philosophie so wie zuvor wieder zu betreiben. Um aber Professoren zu haben, so hat sich die Stadt mit einem Ansuchen an die Praelatur des ehrwürdigen Klosters Mariaberg zu wenden, wo man sich eine genaue und bereitwillige Vollziehung hoffet.

Es solle sich da her die Stadt darangelegen seyn lassen, alle Anstalten zu treffen, damit zu Allerheiligen dieses Jahres die Schulen ihren Anfang nehmen.
Um aber Studenten zu gewinnen, so wird von einem k. k. Oberkommando Tirols der Stadt Meran erlaubt, den Schulengang in den nahe gelegenen Gegenden zu verkünden und zu berichten, daß sie die vollständige Erlaubniß von dem löb(lichen) Oberkommando erhalten habe.
Von dem k. k. Oberkommando Tirols.
Andere Hofer

Rückseite:
Vom k. k. Oberkommando in Tirol an das löb(liche) k. k. Stadtmagistrat zu Meran.

Ddo. 16ten praes(entiert) 19ten 7ber 809.
Bewillig(ung) der Wiedereröffnung des Gymnasiums und Lycaeums.

Nr. 378

Damit der Bergwerksbetrieb durch die Verwendung von Landesverteidigern nicht beeinträchtigt wird, verordnet Hofer, dass aus allen Bergwerksarbeitern nur drei Kompanien gebildet werden.

Innsbruck 1809 September 17

TLMF, FB 2729, 42. Orig.-Pap. 22,5 ca. : 36,3 ca., Hochformat, Doppelblatt, 1 ½ Seiten.

Text und Adresse von Matthias Delama (?) geschrieben, Andreas Hofers eigenhändige Unterschrift, Amtssiegel als Verschluss. Eingangsvermerk des Empfängers.

An Herrn Commandanten Martin Firler zu Worgl.
Damit die Bergwerke durch Herdannahme der brauchbaren Individuen zu Schützen Compagnien ohne Unterschied nicht in Stoken gerathen, findet hinsicht(lich) des Personal Dienstes der Bergwerk Leüte zum Defensionswees(en) das k. k. OberCommando in Tyrol über vor läufige Einvernehmung des Bergwerksdirectorats rüksicht(lich) Unterinnthals Folgendes zu verordneren:
1. In Hinkunft sollen [aus] aus gesamten Bergwerks Arbeitern Unterinnthals, den Fall der äussersten Noth wo jeder auszurüken verbunde[n][a] ist ausgenommen, nur 3 Compag(nien) zum wirklichen Dienst aufgefordert werden. Nemlich aus den Bergleüten von Falkenstein, Eisenstein und den Hüttarbeitern zu Jenbach die erste Compagnie.
Die 2te dan aus den Hüttamts Arbeitern zu Brixlegg, Achen Rein und von den Bergleiten von Ringenwechsl, Kogl und Thierberg und endlich die
3te von den Bergleüten von Kitzbichl und Pillersee.
Dieses hat H(err) Kommandant Firler auch seinen übrigen Herrn Collegen, dem Spokbacher, Pater Joachim und dem in Achenthal glegenheitlich zu insinuiren.
Vom k. k. OberCommando Tyrols
Innsbk den 17. 7b(er) 1809.
Andere Hofern [sic]

Rückseite:
Vom k. k. Oberkommandant in Tirol an den H(errn) Comandanten Martin Flirler zu Wörgl
durch Ordonanz eiligst

Praes. 19ten 7tb(e)r 1809.

---

^a Papier beschnitten.

Nr. 379

In der Zeit der Weinlese will die Stadt Bozen nur jeweils zwei Kompanien stellen, was Hofer mit vorliegendem Schreiben an den Stadtmagistrat genehmigt. Wegen der Gefangenen in Bozen solle sich die Stadt noch etwas gedulden.

Innsbruck 1809 September 17

Stadtarchiv Bozen, Kiste 296, Magistratsakten 1809, Fasz. IX, Nr. 280 (387). Orig.-Pap. 22,5 ca. : 36 ca., Hochformat, Doppelblatt, 1 ½ Seiten.

Text von unbekanntem Schreiber, Andreas Hofers eigenhändige Unterschrift, o. S. Eingangsvermerk des Empfängers.

Auf das wohll(öbliche) Stadt Magistrat Bozen
Da untern 16ten dieß von Seiten des Landgerichts Bozen durch 2 Deputierten das Ansuchen gemacht worden, absonderlich auf gegen wärtiger Weinlöß Zeit mit minderen Auszügen der Landes Vertheidigungs Kompagnien zufrieden zu seyn und zugleich doch willig und bereit wären (im Fall es nöthig), immer zwey Kompagnien abwechslungsweiß auf denen angewiesenen Bosten zu stellen, alwo selbe doch nach den jezigen Stand fast den dritten Theil[a] ausmachen.
Im Rücksicht diesen, da vermuthlich andere Gerichter in Bezug des Gleichgewichtes nicht genugsam beygetragen, so habe ich selben in soweit es die redliche Ordnung und Gleichheit sämmtlicher Gerichter erlaubet, mit denen zwey abwechslenden Kompagnien bewenden lassen, im Fals nicht ein grösere Feundesgefahr seyn sollte, alwo sie auch im diesem Fall bereit sind, nach Perportion daß ihrige gehorsamst beyzutragen.
Wegen denen Gefangenen wird ein wohll(öbliches) Stadt-Magistrat ersuchet, für dermal noch ein wenig Geduld zu haben, indem ich glaube, daß im Bälde eine Auswechslung zu Stand kommen würde, und werden auch versichert seyn, wo immer thunlich die Zahl derselben nicht zu vermehren.
Inspruk den 17ten 7ber 1809.
Andere Hofer ober Comen dant in dirolln

Rückseite:
Praes(entiert) am 20.(ten) 7br 1809
Fasc IX No 280
Erlaubniß v(on) Oberkommandanten Hofer, daß v(on) Stadt- u Lght Bozen bis Eintritt einer größern Gefahr nur 2 Kompagnien gestellt werden dörfen.

N 387.

---

^a Nachträglich eingefügt durch Verweis.

Nr. 380

Hofer befiehlt der Kommandantschaft Meran, die Arrestanten gut zu verwahren.

Innsbruck 1809 September 17

TLMF, FB 1651, 69. Orig.-Pap. 22,5 ca. : 37 ca., Hochformat, Doppelblatt, 2 Seiten.

Text von unbekanntem Schreiber, Andreas Hofers eigenhändige Unterschrift, Amtssiegel als Verschluss. Eingangsvermerk des Empfängers.

An der k. k. Kommendantschaft Meran.
Inspruck den 17ten 7ber 1809.
Dieselbe wird angewiesen, die letzt überschikten Arrestanten als dem Professor Jud, Hubl und dem von Triendt in guter Verwahr zu halten und inn keinen Fall daß Ausgehen ohne Wache (auser das selbe zum Verhör berufen werden, welcher aber glaublich nicht so sehr nothwendig scheint, indem man nur gar zu überzeigend ist, wie sehr ersterer[a] sie die priesterliche Würde geschändet, die andern aber ihren Stand verlezet haben) er laubet sey, noch minder aber soll denselben ein Zutritt verdächtiger Personen gestattet werden.
Soll sich aber der Fall ereignen, daß noch ein oder mehrere dergleichen nach Meran verwiesen werden, so wird die wohll(öbliche) Kommendantschaft erwarnet, in Zukunft mit dergleichen besser besorgt zu seyn[b] und nicht gestatten, wie schon geschehen, das selbe zu vor alle liebe Mitkammeraden in Meran besprechen und dann erst dem eusersten Verlangen des Oberkommendanten (man kann sagen gezwungen) Geniegen leisten. Auch gehet der Wunsch der Oberkomando immer dahin, alle schlecht Gesitteten zu warnen und die, welche wirklich Fehlende sind, nach Beschaffenheit zu bestraffen, zu welchen sich bey jeziger Zeit meistens die Kommendantschaf(f)ten als Strafer gebrauchen lassen müssen, indem die darzu Beorderten bey jeziger Zeit mit dem Nichts Thun beschäftiget sind.
Von k. k. Oberkomando v(on) Tyrol
Andere Hofer

Rückseite:
Von der k. k. Oberkomando Tyrols an der k. k. Kommendantschaft zu Meran durch Ordinanz

Pres(entiert) den 18t(en) 7ber 1809.

---

[a] Nachträglich eingefügt durch Verweis.
[b] „zu seyn" nachträglich eingefügt durch Verweis.

Nr. 381

Hofer antwortet auf Berichte Josef Valentin von Morandells, in Sachen Grenzschließung sei er dessen Meinung; wegen des Bleis des Kaufmanns Kaltenhauser soll der Preis erhoben werden, bevor ein Vertrag geschlossen wird.

Innsbruck 1809 September 17

TLA, Materialiensammlung Rapp, Schuber 18. Orig.-Pap. 22,5 ca. : 37,8 ca., Hochformat, Doppelblatt, ½ Seite.

Text und Adresse von Matthias Delama (?) geschrieben, Andreas Hofers eigenhändige Unterschrift, Amtssiegel als Verschluss. Eingangsvermerk des Empfängers.

An dem wohledelgebohrenen H(errn) v(on) Morandel zu Kaltern.
Datum Innsbruck d(en) 17ten 7ber 1809.
Dem H(errn) Comandanten findet man auf seine 2 Berichte von 15 u. 16. d. M. zu erwiedern:
Was die Spörre der Gränzen anbelangt, ist man diesorts mit der Meinung des H(errn) Commandanten ganz einverstanden.
Rüksichtlich des Bleyes bey H(errn) Kaufmann Kaltenhauser hat einsmal der Preis desselben erhoben und selber sogleich anher angezeigt werden, wo man sohin einen ordentlichen Accord abschließen kann.
Von d(em) k. k. Oberkommando in Tirol.
Andere Hofer

Rückseite:

Vom k. k. Ober Commando Tyrol. An Herrn OberCommandanten v Morantell zu Kaltern.
Durch Ordonanz. Eilig.

Pras(entiert) am 20t(en) 7br 809.
Exp(ediert) am 22t(en)

Nr. 382

Von Hofer ausgestellte Quittung über 4.000 Gulden, die der Merkantilmagistrat Bozen als Anleihe zur Verfügung gestellt hat.

Innsbruck 1809 September 17

SLA, Akten des Merkantilmagistrates, VII, 48, fol. 351–354. Zwei weitere Abschriften desselben Textes im gleichen Bestand (fol. 318–319 sowie 344–345).

Abschrift (1810), im Original Andreas Hofers eigenhändige Unterschrift (?), Siegel.

Abschrift
Quittung.
Uber 4000 fl – sage vier tausend Gulden, welche endesgefertigter Ober Commandant Tyrols vom Merkantillmagistrat zu Botzen zu Bestreittung der sehr beträchtl(ichen) Defensions Auslagen auf Rechnung des ganzen Landes Tyrol als Anlehen baar und richtig empfangen zu haben anmit und kraft dies bestättiget.
Vom k. k. Ober Commando Tyrols
Innsbruck den 17 7ber 1809
L. S. Andre Hofer

Dem vorgelegten Original gleichlautend, so beurkundet wird.
Vom k. Stadt G(eric)ht Bozen am 16ten Jenn. 1810.
LS Tschidrer mp Stadthter

Nr. 383

Der General-Landes-Administration wird mitgeteilt, dem Bittgesuch der Weinwirte von Meran um die Aufrechterhaltung eines Pachtvertrages von 1804 sei stattzugeben.

Innsbruck 1809 September 17

TLA, Bay. Archiv, Lit. H, Fasz. 31, Nr. 263.

Orig.-Pap. 22 ca. : 37 ca., Hochformat, Doppelblatt, 1 Seite. Text von Matthias Delama (?) geschrieben, Andreas Hofers eigenhändige Unterschrift, o. S.

An die kaiser(lich) könig(liche) General Landes-Administration Tirol.
Innsbruck den 17. 7br 1809.
Im Anbuge übermachet man das Bittgesuch der Wein Wirthe zu der Stadt Meran um Beybelassung des Pachtungs Vertrages vom Jahre 1804, vermög welchem sie ein jährliches Aversum von 1490 fl 17 xr zu bezahlen hatten.
Das unterzeichnete Ober-Commando findet die Gründe dieses Bittgesuches als statthaft und schmeichelt sich, da für das Aerarium kein Nachtheil, für die Privaten aber Nutzen erwächst, der ehebäldesten Erledigung entgegen sehen zu können.
Vom k. k. Ober Commando Tyrols.
Andere Hofer

Nr. 384

Hofer fordert den Stadtmagistrat Hall auf, dem Wachkommandanten Franz Thurner genügend Leute zur Verfügung zu stellen und ihn auch sonst zu unterstützen.

Innsbruck 1809 September 18

Stadtarchiv Hall in Tirol, Verordnungen vom Gubernium 1809, Fasz. IX. Orig.-Pap. 22,5 ca. : 37, Hochformat, Doppelblatt, ½ Seite.

Text und Adresse von Matthias Purtscher (?) geschrieben, Andreas Hofers eigenhändige Unterschrift, Amtssiegel als Verschluss.

An den löb(lichen) Stadtmagistratt zu Hall.
Innsbruck d(en) 18t(en) 7ber 1809.
Es wird dem Stadtmagistratt hiemit bei schwerster Verantwortung aufgetragen, dem dortigen Wachtkommandanten Franz Thurner so viel möglich an Handen zu geben und demselben zur Wache und Beförderung der Ordonanzen so viele Leute beizugeben als er vonnöthen hätte hat.
Vom k. k. Oberkomando Tirols.
Andere Hofer[m. p.]

Rückseite:
Vom k. k. Oberkommando Tirols an den löb(lichen) Stadtmagistratt zu Hall.
Durch Ordonanz eiligst.

Kanzleivermerke Stadtmagistrat Hall.

Nr. 385

Hofer ordnet Josef Ignaz Straub an, Haspinger zwei Zentner Schießpulver zu schicken; ein Abgesandter werde nach Hall gehen, der Hersteller der Kugelmodeln sollte diesen begleiten. Straub werde Blei erhalten; Haspinger sei wegen seiner „hitzigen Unternehmungen" in die Schranken zu weisen.

Innsbruck 1809 September 18

TLMF, FB 1651, 115. Das Original im 19. Jh. im Besitz des Grafen Chotek.

Abschrift durch Matthias Delama (?), im Original Hofers eigenhändige Unterschrift (?).

An den Stadt Commandanten Straub zu Hall.
Es wird demselben auf sein Erlaß von heutigen Datum berichtet, daß derselbe dem Pater Rothbarth zwey Zenten Pulver vom Walder Pulver Macher überschicken sollen. In Rücksicht alles Uebrigen wird morgen Einer hinunter kommen, welcher eigens dahin abgeschickt wird, um alles Nöthige vorzukehren. Es wäre sehr gut, wenn der jenige, welcher diese Kugl Mödl machet, mit demselben dahin abgienge. Wie auch Sie, Herr Straub, Bley wird mit gegöben werden.
Innsbruck den 18 7(ember) 1809.
Andere Hofer.
Am Donnerstag wird das Pulver geliefert von Wald.
NB. (Mündlich will Straub von Hofer ersucht worden seyn, nach Unterinnthal zu gehen, alles zu untersuchen und den vorhabenden Angriff zu leiten, auch den Streit zwischen Wintersteller, Speckbacher und Firler in brüderliche Ordnung zu bringen.)
Extra dem Pater wegen seine hitzingen Unternehmungen zu predigen bitte.
Gott mit uns.
Das Original in den Händen des Grafen Choteck.

Abschrift einer zweiten, erweiterten Ausfertigung durch Matthias Delama (?), im Original Hofers eigenhändige Unterschrift (?).

TLMF, FB 2707, S. 317–318. „Das Original in den Händen des Grafen Choteck." (1823)

Die in dieser Abschrift von obigem Text stark abweichenden Zeilen hat im Original offensichtlich Straub selbst ergänzt: Hofer habe ihn ins Inntal geschickt, um alles zu untersuchen; außerdem solle er den Streit Winterstellers mit Speckbacher und Firler schlichten sowie Haspinger wegen dessen Übermut ins Gewissen reden.

[…]
Andere Hofer.
Am Donnerstag wird das Pulver geliefert von Wald.
Mündlich sagte mir der H(err) Hofer: Lieber Straub, gehe auch Du diesmal nach Unter Innthal und Binxgau mit dem Rabländer Wirth und untersuch alles genau; und bleib Du bey diesem dermalen vorhabenden feindlichen Angriff und leite alles nach Deinen Einsichten; alles, das ganze Commando ist dir von mir übergeben. Pulver und Bley, Brod, Wein und Brandwein wird nach geschickt werden, richte auch die Winterstellerische Streit Affaire wegen mit Spöckbacher und Firler in die brüderliche Ordnung und Ruhe. Extra dem Pater wegen seine hitzingen Unternehmungen zu predigen bitte. Gott mit uns.

Nr. 386

Josef Grubhofer vom Zollamt Torbole und Josef Sandweber vom Zollamt in Riva werden von Hofer als Einnehmer ernannt, Ersterem wird die Oberaufsicht über alle Zollämter in Welschtirol übertragen.

Innsbruck 1809 September 18

TLMF, FB 1651, 11.

Abschrift (1832), im Original Hofers eigenhändige Unterschrift (?), Siegel.

244. Vollmacht.
Innsbruck am 18. Sept. 1809.
Auf Wohlbefinden des k. k. Oberkommando wegen den Zohlämtern wird dem Joseph Grubhofer an dem Zohlamte Turbele samt seinem Mitzohlbeamten Joseph Sandweber zu Reif die gänzliche Vollmacht von dem k. k. Oberkommando gegeben, als Einnehmer von dem heutigen Dato zu seyn. Ihm wird die gänzliche Erlaubniß ertheilet, in alle Zohlämter, wo Beamte abgehen, solche einzusetzen und die Obsorge in dem ganzen Welschtirol über alle Zohlämter zu haben. Auch wird ihm die Macht ertheilet, von den dort umliegenden Defensionstruppen Bewachung zu wählen, den Widerstand leistenden (Partheien) Gewalt anzuthun und sie zur Beobachtung und Gehorsamleistung der Gesetze zu bringen. Ihm dem Joseph Grubhofer wird aber auch von dem löb(lichen) Oberkommando gebothen, einen Mann vorzustellen, der an Rechtschaffenheit, Unpartheilichkeit, Treue und Vaterlandsliebe allen übrigen Beamten zum Spiegel dient und sie auf solche Weise zur Thätigkeit aneifert.
Datum vom k. k. Oberkommando Tirols
L. S. Andere Hofer m/p
Dieser Joseph Grubhofer ist Siegelstecher in Hötting. (Scheint Obermeyrs Schrift zu seyn).

Rückseite: Vermerke zur Abschrift.

Nr. 387

Bernhard Riedmüller schreibt an das „Tirolerische Oberkommando" (Innsbruck 1809 September 18): Da der Landammann Rainer abgereist sei, ohne dem Korporal ein Trinkgeld oder „Tagdiet" zu geben, hätte dieser bei Hofer ein Schreiben geholt, in dem der Oberkommandant 4 fl ansetzt. Der Korporal aber hätte angenommen, die 4 fl seien pro Tag fällig. Also hätte man den Herrn *Dilatori* einbezogen, welcher zusagte, er werde die von Hofer festgesetzte Summe bezahlen, dieser solle nun bestimmen, was für 20 Tage zu erlegen sei. Außerdem bittet der Korporal wegen schlechter Schuhe und Anwesenheit seiner Frau um ein Viertel Vorspann. Hofer versucht in seiner auf demselben Papier geschriebenen Bemerkung zu diesem Schreiben, jeden der Bittsteller zufriedenzustellen.

Innsbruck 1809 September 18

TLMF, Historische Sammlung, Flugschriften – Autographen.

Andreas Hofer eigenhändig, o. S.

zur nach Richt
wan die 4 fl zu wenig sein so Ehr laube ich noch 2 fl also macht 6 fl nebst der ver Pflögung,
nach dem kh[o]n Jed Pöderer [jedweder, Anm.] *zu friden sein*
Andere Hofer Ober Comen dant in dirolln
in sprugg den 18 7b(er) 1809

Die oblige 6 fl richtig bezalt
Joseph Antoni Rüdesser

Nr. 388

Anfrage der Provisorischen General-Landes-Administration an das Oberkommando in Tirol (Innsbruck 1809 September 16). Hofer antwortet durch einen Vermerk auf demselben Papier, Franz Rahm hätte keinesfalls den Auftrag erhalten, Eisen oder Kupfer aus den Bergwerken einzukassieren.

TLMF, FB 1651, 35.

o. O. 1809 September 18

Eingangsvermerk, Text von Matthias Delama (?) geschrieben, Andreas Hofers eigenhändige Unterschrift, o. S.

Pr d(en) 18t(en) 7ber 1809

Da Franz Ram vom OberCommando keinen andern Auftrag erhalten, als in dortigen Werken nachzusehen, nicht aber Eisen oder Kupfer wegzunehmen und zu verkaufen, so hat die k. k. Land(e)s Administration durch das Bergwerk Directorat zu Hall wegen Rückerhaltung der befrag(lichen) 25. Zenten Kupfer das Geeignete vorzukehren.
K. k. OberComando Tyrols d(en) 18. 7br 1809.
Andere Hofer

Nr. 389

Hofer bittet die Provisorische General-Landes-Administration, sich des Militärspitals in Brixen anzunehmen, das sich in einer argen Notlage befinde: „Es fehlte an allem, an Wäsche, Betten und Bandagen. Nicht einmal Stroh war in genügender Weise aufzutreiben. Für Arzneimittel und Kommisbrot musste der Spitalskommandant, dem die Zentrale nur wenig anweisen konnte, schuldig bleiben" (Hirn, Erhebung, 676).

1809 September 18

Zit. nach: Hirn, Erhebung, 676[4] (Original nicht eruierbar).

„Bezüglich dieses Spitals weiss ich nicht, was zu tun ist; es wird daher die Administration ersucht, ein Mittel zu treffen und das Nötige zu veranlassen."

Nr. 390

In Sachen Währungszuschlag plant Hofer die Drucklegung einer Verordnung, hierzu erwünscht er die Meinung des Appellationsgerichtes über „seinen" Entwurf.

Innsbruck 1809 September 19

TLMF, Historische Sammlung, Flugschriften – Autographen (mehrere Abschriften desselben Textes in diesem Bestand).

Abschrift, im Original Hofers eigenhändige Unterschrift (?).

Copia.
An das hochl(öbliche) kk. Appellations Gericht zu Innsbruck.
Innsbruck d(en) 19 7ber 1809.
Durch die unausgesetzten Beschwerden des Publikums veranlasset hat sich die unterzeichnete Oberkommandantschaft entschlossen, in Belang des so allgemein verhaßten Währungszuschlages eine einsweilige Verordnung zum Druck zu befördern.

Das hochlob(liche) kk Appellations Gericht beliebe über den diesfällig mitfolgenden Aufsatz seine Wohlmeinung Punkt für Punkt anher mitzutheilen.
Von dem k. k. Oberkomando in Tirol
Andere Hofer.

Nr. 391

Hofer schreibt an Andreas Auer, dieser möge dem Zöllner im Passeier zum wiederholten Mal die Zolltarife mitteilen, da sie dieser offensichtlich nicht kenne.

Innsbruck 1809 September 19

SLA, Sammlung Steiner, 43. Orig.-Pap. 22,3 ca. : 37 ca., Hochformat, Doppelblatt, 1 Seite.

Text und Adresse von Matthias Purtscher (?) geschrieben, Andreas Hofers eigenhändige Unterschrift, Amtssiegel als Verschluss. Eingangsvermerk des Empfängers.

An den H(errn) Richter Andre Auer in Passeyer.
Innsbruck d(en) 19t(en) 7ber 1809.
Da der dortige Zoller in Hinsicht des Zolls noch nicht in claris, so wird Ihnen hier wieder ein gedrucktes Circulare beigeschlossen und bedeutet, daß von einem Emer Wein, welcher über die Confinen geht, 48 xr. zu bezahlen, welcher aber in Passeyr bleibt, ~~bleibt~~ kömmt[a] nichts zu bezahlen. Vom Brandwein 2 fl – xr, aber auch nur was über die Confinen geht.
Das Geld ist durchaus im vier und zwanzig Guldenfuß zu nehmen.
Was älterer Rest ist, ist dermalen nichts zu fordern.
Sollte es H(err) Einnehmer noch deutscher verlangen, so müßte er wirklich in eine andere Landschaft gehn bis weitere Verordnung. Sie werden daher ersucht, dieses dem H(errn) Einnehmer zu intimieren.
Andere Hofer ober Comen dant in dirolln

Rückseite:
Vom k. k. Oberkommandanten in Tirol an den H(errn) Richter Andre Auer zu St. Leonhard in Passeyr
durch Ordonanz eilig.

Den 20t(en) 7bter um halbe 7 Uhr abents auf den Prenner ankomen und gleich abgeloffen

Erh. 21tn 7ber 809. 274

---

[a] „~~bleibt~~ kömmt" nachträglich eingefügt durch Verweis.

Nr. 392

Hofer fordert Josef Ignaz Straub, den Platzkommandanten von Hall, auf, sich über den Zustand von Schanzen, Gräben und Minen zu informieren und zu berichten.

Innsbruck 1809 September 19

TLMF, FB 2707, S. 319.

Abschrift, im Original Andreas Hofers eigenhändige Unterschrift (?).

Pressent(iert) d(en) 19ten 7ber 1809.
Von Ober Comand(anten) And(re)a Hofer aus Insbruck
No. 15.
An H(errn) Platz Commandanten Jos. Ignatz Straub zu Hall
Innsbruck den 19ten 7ber 1809.
Hier erhält H(err) Platz-Commandant das anverlangte Zeugniß und wird sich angelegen seyn lassen, nachzuforschen, ob die Verschanzungen recht angelegt, die Graben und Minen recht bereitet und alles in ordentlichen Vertheidigungsstande gesetzt seye, und sohin alles zu berichten.
Vom k. k. Ober-Commando Tirols. Andere Hofer m/p.

Vidit Comanto Wörgl den 20ten 7ber 809.
L. S. In Abwesenheit des Comendat(en) Firler Beham m/p Adjutant

Nr. 393

Von Hofer ausgestellter Passierschein für Josef Ignaz Straubs Reise in das Unterinntal.

Innsbruck 1809 September 19

TLMF, FB 1651, 117.

Abschrift durch Delama, im Original Andreas Hofers eigenhändige Unterschrift (?), Siegel.

Vorweiser dies Herr Platz Commandant Jos. Ignatz Straub ist vom k. k. Ober-Commando Tyrols beauftraget, in Defensions Gegenständen nach Unterinnthal zu reisen. Daher jedermann derselben frey und ungehindert passiren und repassiren zu lassen hat.
Vom k. k. Ober Commando Tyrols
Innsbruck den 19 7br 1809
L. S. Andere Hofer.

Vidit Wörgl, wie früher.
Von Lama

Nr. 394

Hofer ernennt Josef von Pühler von Neumarkt zum Major.

Innsbruck 1809 September 19

TLA, Englische Subsidien, Karton 3, Pos. 7.

Abschrift (1810), im Original Andreas Hofers eigenhändige Unterschrift (?), vielleicht auch die Passage „Nach […] bestättiget" eigenhändig von Hofer.

Litt. M
Vom kaiserl(ichen) königl(ichen) Ober Commando Tyrols wird H(er)r Joseph von Pühler von Neumarkt rücksichtlich seiner durch die vorgelegten sehr schönen Zeugnisse der verdientesten Oberkommandanten sowohl inn als ausser den Landes Gränzen bewiesenen militärischen Fähigkeiten, Bravour und handgehabten guten Zucht und Ordnung als Major der Landes-Vertheidigungs Truppen kraft dies anmit ernannt und in dieser Eigenschaft allenthalben authorisiret.
Vom kais(erlich) konigl(ichen) Ober-Commando Tyrols
Innsb(ruck) den 19ten Sept(ember) 1819 [sic].
Nach Aussagen des Herrn Teimers wird es bestättiget.
Andre Hofer Oberkommandant in Tyrol.

Collationirt und dem Original gleichlautend befunden
Wien den 18ten Feb(ruar) 1810. […]

Nr. 395

Hofer schreibt an Erzherzog Johann, er sei glücklich darüber, durch Vertrauen auf Gott und auf den Kaiser auch ohne österreichische Unterstützung Tirol befreit zu haben. Das Zillertal, der Pinzgau, das Brixental und der Pongau hätten sich den Tirolern angeschlossen, dafür hätte Hofer den Vertretern dieser Gegenden versprechen müssen, sie könnten für immer mit Tirol vereinigt bleiben. Er bittet um finanzielle Unterstützung, ersucht den Erzherzog ausdrücklich, persönlich nach Tirol zu kommen sowie um die Entsendung des Generals Fenner nach Tirol.

Innsbruck 1809 September 20

HHStA, Kriegsakten 1809–1813, Karton 425 (alt 488), fol. 211–212. Pap. 22,8 ca. : 37,8 ca., Hochformat, Doppelblatt, 3 ½ Seiten.

Zeitgenössische Abschrift, im Original Andreas Hofers eigenhändige Unterschrift (?).

Abschrift eines Schreibens des Insurgenten Anführers in Tyrol Andreas Hofer an S[e] kais(erliche) H. den Herrn Erzherzog Johann.
Insbruck den 20t 7bre 1809
An Seine kaiserl(iche) Hoheit den allgeliebten E. H. Johann.
Der Wunsch, der in meiner Brust herrscht, Euer kaiserl(iche) Hoheit bald zu sehen, ist mit Worten nicht auszudrücken. Unser Elend war groß, – äußerst groß, aber Gott war mit uns augenscheinlich – wenn man betrachtet. Selbst von denen, auf die ich anfangs mein Vertrauen setzte – war ich verlassen, alles verließ mich, kein Militair, kein Geld &c[etera], kurz von allem verlassen. Allein ich vertraute auf Gott und unsern allgelieb-

ten Kaiser! Und wir waren endlich mit Gottes Hülfe so glücklich, das liebe Vaterland von dem alles verheerenden Feinde zu befreyen. Aber an manchen Orten sieth es sehr traurig aus, wenn man die so vielen Brandstätten, Plünderungen und Mißhandlungen betrachtet. Allein so groß das Elend ist – noch viel größer wird die Freude seyn, wenn wir uns wieder in den Armen unsers allgerechten Kaisers fühlen, alle Unglücke, so groß sie immer waren, werden auf einmal vergessen seyn. –
Auch muß ich Euer kais(erlichen) H. melden, daß sich Zillerthal, Pinzgau, Brixenthal und Bongau an uns angeschloßen haben. Sie sind bereit, mit Tyrol zu halten. Ich mußte aber denselben versprechen, daß sie mit Tyrol auf immer vereinigt bleiben. – Ich versprach es denselben, und es sind bereits die Urkunden gegen einander ausgewechselt worden. Die Leute kamen beständig und hielten an, und ich versprach es ihnen, weil ich es für das Land nützlich fand.
Ich muß schließen, denn ich würde kein End finden, und ich hoffe mit Hochselben in Kürze, wenn es anders der göttliche Wille, das Mehrere mündlich zu sprechen. – Aber noch eins – den Geld Mangel werden Euere kais(erliche) H. Ihnen leicht vorstellen können – Ich bitte daher dringend um Unterstützung; machen E. K. H. nur, daß wir Geld bekommen, damit man doch einmal die Leute nur ein wenig unterstützen kann.
Uibrigens hoffe ich, daß Sie uns in Kürze erlösen und wir Hochdieselben in unserer Mitte persönlich sehen werden. Gott gebe es – an meiner und des ganzen Landes Treue zweifeln Sie nicht, wir sind bereit, den letzten Mann zu opfern. Ich muß auch noch fragen, was mit denen verdächtigen Personen zu thun sey? Ich habe selbe einmal in Arrest gesetzt, – und bin willens, jenen, welche ich wirklich für schuldig finde, kurzen Prozeß zu machen. Ich bitte nochmal, säumen Sie nicht, uns zu Hülfe zu kommen, in dieser getrösteten Hoffnung bleibe ich:
Sig(natum) Ihr wahrer aufrichtiger Diener Andere Hofer Ober Commandant in Tyrol.
P. S. Auch bitte ich nebst den andern schon verlangten Generalen mir den General von Fenner zu schicken.

Nr. 396

Hofer erlaubt der Kommandantschaft Meran, die Kriegsgefangenen in Lana nach Eppan zu verlegen, sie müssten aber zusammengehalten werden. Der Häftling Gasser sei weiter in Meran zu „verwahren".

Innsbruck 1809 September 20

TLA, Materialiensammlung Rapp, Schuber 9. Orig.-Pap. 22,4 ca. : 37,2 ca., Hochformat, Doppelblatt, ½ Seite.

Text und Adresse von Matthias Purtscher (?) geschrieben, Andreas Hofers eigenhändige Unterschrift, Amtssiegel als Verschluss. Eingangsvermerk des Empfängers, das Schreiben wird nach Lana weitergeleitet.

An die löbliche Commandantschaft zu Meran
Innsbruck d(en) 20t(en) 7ber 1809.
In Betref der zu Lana liegenden Kriegsgefangenen wird bedeutet, daß dieselben von dort auf eine Zeit ins Gericht Eppan können verlegt werden. Es ist aber zu merken, daß man diese nicht, wie es bis daher geschehen, auseinander lasse, sondern beisammen behalte und gut verwahre.

In Hinsicht des H(errn) Gassers wird erwiedert, daß derselbe in Meran zu behalten und ordentlich zu verwachen sey, und zwar so lange er seinen Starrsinn nicht ändert – und eine ordentliche Abbitt leisten wird.
Vom k. k. Oberkomando Tirols
Andere Hofer

Rückseite:
Vom k. k. Oberkommando Tirols an die k. k. Kommandantschaft zu Meran durch Ordonanz eiligst

Pres(entiert) den 22t(en) 7ber 1809

Der Oberkeit zu Lanna intimiert.

Nr. 397

Hofer teilt Martin Firler in Wörgl mit, ein Angriff gegen das Salzburger Gebirgsland sei beschlossen; deshalb hätte sich Firler mit den anderen Kommandanten zu verständigen und einen Angriffsplan zu vereinbaren mit dem Ziel, nur den Pass Lueg und die Passage in den Radstädter Tauern zu erobern. Dafür sei es notwendig, die Defensionslinie gegen Kufstein zu besetzen. Firler soll den Landsturm von den Gerichten Kufstein, Kitzbühel und Rattenberg aufbieten, auch seien Gräben, Verhaue und Schanzen anzulegen.

Innsbruck 1809 September 20

TLMF, FB 2729, 45. Pap. 22,5 ca. : 34,5 ca., Hochformat, Doppelblatt, 2 ½ Seiten.

Zeitgenössische Abschrift, im Original Andreas Hofers eigenhändige Unterschrift (?).

An den H(errn) Comandanten Martin Firler zu Wergel
Inspruk d(en) 20 7br. 809
Da es eimahl der Wunsch der k. k. Comandantschaft Tyrols ist, durch Gewinnung einer mehr concentrirten Stellung in Salzburgischen dem Lande Tyrol mehrere Sicherheit zu verschaffen, so hat man einen algemeinen Angriff gegen das salzburgische Gebirgsland beschloßen, um den wichtigen Paß Lueg und einige Nebenpäße zur leichten Defension des Landes zu erobern.
Da diser Angriff mit aller Pünktlichkeit und mit der meglichsten Accurattesse einverständlich mit den übrigen Comandanten unternommen werden muß, so hat sich Herr Comandant mit seinen übrigen H(errn) Colegen in daß beste Einvernehmen zu sezen und mit selben den Angriffs Plan auf die Minute von allen allen [sic] Seiten eintreffend persönlich zu verabreden.
Bevor nicht alles pünctlichst verabredet, soll nichts unternohmen werden.
Ungefähr 2. Tage schon vor dem Angriff sein alle Piquette sehr zu verstärken, damit nicht allenfalls durch Spionen oder Übelgesinte den Feinden der Plan entdeket werde, daher auch niemand über die Vorposten zu belaßen ist.
Welches auch von Seite Kufsteins zu beobachten ist.
Die Vorrückung selbst hat nur insoweit und so lange zu geschehen, bis Lueg und die der Passage am Rastatterthaurn dekende Gegend in unsern Händen ist.

Inzwischen hat H(err) Comandant die ganze Defensions Linie gegen Kufstein dergestalt zu besezen, daß von dort her kein feindlicher Einbruch zu beförchten ist.
Damit es aber an Truppen nicht fehle, hat derselbe die Landsturms Compagnien vom Gericht Kufstein, Kitzbichl und Rathenberg und dortiger umliegender Gegend zu sammeln, und mit selben nebst den dort schon befindlichen Compagnien die Kufsteiner Defensions Linie zu decken und zu besezen.
Auch würde nicht schaden, wen die Strasse von dort her, wenn es nicht bereits schon geschehen, durch Gräben, Verhaue und Schanzen ungangbar gemacht würde.
Übrigens werden die H(errn) Comandanten Sorge tragen, daß nicht etwa durch Voreiligkeit oder übertribene Hize die Landesvertheitiger in die Enge gebracht und dadurch dem Lande Schaden zugefügt werde.
Vom k. k. Ober Comando Tyrols Andre Hofer.

Rückseite:
Copia. No. 4.

Nr. 398

Hofer ordnet Martin Firler an, der im Brixental aufgebotene Landsturm solle den Kufsteiner Wald verteidigen und die übrige Mannschaft auf *die Kister* vorrücken. Haspinger wolle nach Salzburg vorstoßen, was Firler verhindern soll, da für die Tiroler im Moment nur wichtig sei, die Pässe zu besetzen. Der Geistliche Karl Mahler in der Kanzlei in Wörgl sei nach Innsbruck zu schicken.

Innsbruck 1809 September 20

TLMF, FB 2729, 44. Orig.-Pap. 23 ca. : 36,4 ca., Hochformat, Doppelblatt, 2 Seiten.

Text und Adresse von Matthias Purtscher (?) geschrieben, eigenhändige Unterschrift und Passage Andreas Hofers, drei fremde Siegel als Verschluss. Dorsalvermerke von verschiedenen Händen.

An den H(errn) Kommandant Martin Flirler [sic].
Innsbruck d(en) 20t(en) 7ber 1809.
Nachdem das unterzeichnete Oberkommando in Erfahrung bebracht, daß im Brixenthal der Landsturm auf gebothen, daß selbe den Kufsteiner Wald vertheidigen und die übrige Mannschaft wolle auf die Kister vor r[u]cken.
Ich erhielt so eben ein Schreiben vom Pater, worinn er sagt, das nächste Schreiben soll von mir aus Salzburg geschehen.
Gehen Sie also eilends hin und machen Sie, daß er sich etwan nicht zu weit hinaus wagt, denn wenn es was nutzt es, wenn sie in Salzburg sind. Unser einziges Augenmerk muß blos auf das gerichtet seyn, das wir unsere Posten suchen zu verängern und gute Pässe zu besetzen. Weit hinaus gehen mit wenig Leute nützet dermal nichts, man könnte nur unglücklich werden.
Weiters schrieb er, das er gern Geld hätte, vier Zenten La[s]iter zu bezahlen. Sagen Sie ihm, er möchte geschwind schreiben wie viel er hiezu Geld vonnöthen, wo ich ihm solches geschwind schicken werde.
Nach allen Aussagen habe ich vernommen, soll ein gewisser Geistlicher mit Namen Karl Mahler in der Kanzley zu Wörgl seyn und zwar bei Ihrer Schreiberey, densel-

ben haben Sie, wenn es so ist er dort sich befindet, auf der Stelle mittelst Escort hieher zu schiken.
Uibrigens haben Sie ihren Weg eilends fortzusetzen und alle mögliche Anstalten zu treffen.
Vom k. k. Oberkomando Tirol.
dein auf Richtiger Andere [A] Hofer:
vnd ver saum nicht, um 9 vrr abentß ist mir disse nach Richt Ein ge gangen

Rückseite:
Vom k. k. Oberkommando Tirols an den H(errn) Kommandanten Martin Firler beim Englwirth zu Hall. Wörgl durch Ordonanz eiligst eiligst eiligst

Eilig nachzuschiken und zu übergeben, von Volders sol sie gleich reitent gehn, abgangen um 9 Uhr

D(en) 21. Sebt(ember) um 1 ¼ [zl] Nachmittag in Schwaz abgangen –

Nr. 399

Die Kompanien *in der Roßschläg* wollen nicht mit Einsatz am Schanzenbau mitarbeiten, ihnen droht Hofer deswegen mit einer Anzeige beim Kaiser.
Innsbruck 1809 September 20

TLMF, FB 2729, 43. Orig.-Pap. 22,5 ca. : 35,9 ca., Hochformat, Doppelblatt, ½ Seite.

Text von Matthias Delama (?), Andreas Hofers eigenhändige Unterschrift, Amtssiegel. Eingangsvermerk des Empfängers.

Vom kaiser(lich) könig(lichen) Ober Commando Tirols wurde die mißfällige Anzeige vernohmen, daß die Compagnien in der Roßschläg bey dem Schanzenbau zuwider ihrer Vatterlands Vertheidigungs Pflicht nicht kräftigst genug mitwirken wollen.
Es wird daher zum Wohle des Vatterlandes die Anordnung hinausgegeben, daß jeder, welcher zu diesem Ende vom dortigen Schanzenbau Director Major Nauß aufgefordert wird, ohne mindeste Ausrede oder Verweigerung pünktlichst zu erscheinen, widrigenfalls derselbe als ein feindlich Gesinnter angesehen und seiner Zeit S(ein)er Majestät dem Kaiser angezeigt werden würde, wogegen ein täg(liche) Löh[nu]g pr 30 pr Kopf bestimmet wird.
Vom kais(erlich) könig(lichen) OberCommando Tirols. Innsbruck den 20. 7br 1809.
LS *Andere Hofer*

Rückseite:
Pres(entiert) 24t(en) 7ber 1809 No 49.

Nr. 400

Bestätigung für Romed Strasser in Jenbach über die erfolgte Lieferung von zwei Kanonen.

Innsbruck 1809 September 20

ÖStA, AVA, Polizeihofstelle, Kt. 396, Akt Nr. 223/1812. Orig.-Pap. 19 ca. : 16 ca., Querformat, 1 Blatt, 1 Seite.

Text von unbekanntem Schreiber, Andreas Hofers eigenhändige Unterschrift, eigenhändiger Vermerk Hofers (?) auf der Adressseite, o. S. Das Dokument weist massive Brandschäden auf.

Das Romedy Strasser k. k. Kundschafter v[on] Nienbach die zwey eisenen kleinen Kano[…] hieher richtig eingeliefert hat wird bescheinet […].
Inspruck den 20ten 7ber 1809
In Namen des Oberkommendant[…]
Andere Hofe[…]

Rückseite:
[ein geliffert]

Nr. 401

Der Innsbrucker Bürgermeister Kasimir Schumacher bittet das Platzkommando um die Erwirkung der ihm zugesicherten Schuldlosigkeitserklärung durch das Oberkommando. Hofer antwortet auf dieses Ansuchen, der Bittsteller solle sich noch gedulden.

o. O. 1809 September 20

TLMF, FB 3704, 149.

Eingangsvermerk des Empfängers, eigenhändiger Kommentar Andreas Hofers, o. S. Das Wort „wenig" könnte auch als „weing" gelesen werden (vgl. Nr. 573).

Praesentirt den 20(ten) September 1809
*Thuen sie noch Ein wenig gedulden
Andere Hofer Ober Comen dant in dirolln*

Nr. 402

Das Landgericht Sonnenburg soll eine Schützenkompanie in das Unterinntal abmarschieren lassen, Hofer erwartet außerdem die Standeslisten der Landwehrkompanie.

o. O. 1809 September 21

Oberösterreichisches Landesarchiv, Panzerschrank V/66, Sammlung Krackowizer. Orig.-Pap. 22,5 ca. : 35,3 ca., Hochformat, Doppelblatt, ½ Seite.

Text und Adresse von Matthias Delama (?), Andreas Hofers eigenhändige Unterschrift, Amtssiegel als Verschluss. Eingangsvermerk des Empfängers.

An das k. k. Landgericht Sonnenburg.
Dasselbe erhält annit [sic] den gemessensten Auftrag, bis 23. d. M. Nachmittag eine Schützen Compagnie vom dortigen Landgerichts Bezirk nach Unterinnthal abmarschiren zu lassen, für dessen Vollzug die Obrigkeit zu haften hat.
Ubrigens erwartet man ehestens die Stand Listen der Landwehr Compag(nie).
Vom k. k. Ober Commando Tyro[l]s.
D(en) 21. 7br 1809. *Andere Hofer*

Rückseite:
Vom k. k. OberCommando Tyrols. An das k. k. Landgericht Sonnenburg. Dahier.

Praes(entiert) den 21. 7br 1809

Nr. 403

Da der Gerichtskassier in Schlanders die neu eingeführte Dominikalsteuer nicht eintreiben kann, wird die Gerichtsobrigkeit von Hofer mit dem Eintreiben beauftragt.

Innsbruck 1809 September 21

SLA, Sammlung Steiner, 44. Orig.-Pap. 23,3 ca. : 37 ca., Hochformat, Doppelblatt, ½ Seite.

Text und Adresse von Matthias Purtscher (?) geschrieben, Andreas Hofers eigenhändige Unterschrift, Amtssiegel als Verschluss. Eingangsvermerk des Empfängers.

An die löb(liche) Gerichts Oberkeit zu Schlanders
Innsbruck d(en) 21t(en) 7ber 1809
Es wurde unlängst dem dortigen Gerichte eine Dominical Steur zu treiben bewilligt, um selbe zur Vertheidigung des Vaterlandes zu verwenden. Da aber gemäß so eben gemachter Anzeige H(err) Gerichtskassier selbe nicht habhaft werden kann, so wird es der löb(lichen) Oberkeit aufgetragen, dieses Geschäft zu besorgen und diejenigen, die es betrift, zur Zahlung anzuhalten.
Vom k. k. Oberkomando Tirols *Andere Hofer*

Rückseite:
Vom k. k. Oberkommando Tirols an die löb(liche) Gerichts Oberkeit zu Schlanders.

Praes(entiert) 25/9 1809

Nr. 404

Der Richteramtsadjutant des Gerichtes Rodeneck von Preu schreibt an die Oberkommandantschaft (Mühlbach 1809 September 21), bereits am 14. wäre von Anton Steger eine Kompanie des Gerichtes aufgeboten worden. Alle Gemeinden hätten die durch das Los bestimmten Zuzüge gestellt, nur die sieben Gemeinden des Rodenecker Berges hätten sich geweigert, das Los zu ziehen. Außer den Anwälten sei niemand zu den an Feiertagen stattfindenden Treffen gekommen, nur zwei Männer seien gestellt worden, trotz eines neuerlichen Aufrufes durch den Richter. Schon 1805 sollen sich die Rodenecker starrsinnig gegenüber den Befehlen gezeigt haben. Hofer antwortet auf diese Eingabe, sollten sie sich ein weiteres Mal weigern, würden sie als Feinde des Vaterlandes betrachtet und die Schützen durch Militärgewalt eingezogen (?).

o. O. 1809 September 21

TLMF, Historische Sammlung, Flugschriften – Autographen.

Text der Bemerkung von Matthias Delama (?) geschrieben, Andreas Hofers eigenhändige Unterschrift, o. S.

Sind die Rodeneker Gemeinden im fernern Weigerungs Falle als Feinde des Vatterlandes zu erklären und auf der Stelle mit militärischer Execution der Land Vertheidiger zu belegen.
Vom k. k. OberCommando Tyrols d(en) 21. 7br 1809.
Andere Hofer

Nr. 405

Von Andreas Hofer ausgestellter „Sicherheits-Pass" für den Pfleger in Hopfgarten Johann Andreas von *Laaser*, er und seine Familie dürften an Person und Habseligkeiten keinen Schaden nehmen.

Innsbruck 1809 September 21

TLMF, FB 2730, 49.

Abschrift (1864), im Original Andreas Hofers eigenhändige Unterschrift (?), Amtssiegel.

Abschrift
Sicherheits-Pass.
Für den wohledlgebohrnen Johann Andreas von Laaser, Pfleger in Hopfgarten im k. k. Gericht Itter, kraft welchen von Seite der k. k. Ober Commandantschaft in Tyrol demselben alle Sicherheit für seine Person und Habseeligkeiten zugesichert wird und daher an alle Unterthanen der ernstgemessenste Auftrag ergehet, weder ihm noch seiner Familie unter was immer für einen Vorwande auf irgend eine Art zu beleidigen oder denselben ohne höhere ober commandantschaftl(ichen) Auftragen in weitere Verhaft zu nehmen.
Vom k. k. Ober Commando Tyrols
Innsbruck den 21. September 1809.
L. S. Andere Hofer m/p (Eigenhändige Unterschrift des Andrä Hofer)

[…]

Nr. 406

Der Pulvermacher Blasius Bergmann in Goldrain wird von Hofer gemeinsam mit dem „Saliterer" mit „schwerster Exekution" bedroht, sollten die beiden nicht fleißiger in der Schießpulverproduktion sein.

o. O. 1809 September 21

TLMF, FB 2701, S. 32.

Abschrift (1845), im Original Andreas Hofers eigenhändige Unterschrift (?).

21. Sept. 1809.
An den Pulvermacher Blas. Bergmann zu Goldrain.
Da einem k. k. Oberkommando die Nachläßigkeit des Pulvermachers und Saliterers hinterbracht wurde, so wird diesen beyden von einem löbl. Oberkommande [sic] der schärfste Auftrag gemacht, eilends Pulver und Saliter zu verfertigen. Widrigenfalls man aber gezwungen seyn wird, diese beyde als Feinde des Vaterlandes mit schwerster Exekution zu belegen und an ihrer Stelle andere, die es sich besser darangelegen seyn lassen, hinzusetzen.
Von dem k. k. Oberkommandanten in Tirol.
Andreas Hofer.

Nr. 407

Johann Valentin Tschöll bittet die Oberkommandantschaft (Meran 1809 September 19) auf Anfrage der Stadt Meran hin, das auf Zusage Hofers wieder eröffnete Gymnasium in Meran, welches für die Unterbringung von Kriegsgefangenen verwendet wird, möge für den Unterricht geräumt werden. Hofer antwortet auf die Bittschrift, dies sei unmöglich.

Innsbruck 1809 September 21

TLMF, Historische Sammlung, Flugschriften – Autographen.

Eingangsvermerk, Text von Matthias Purtscher (?) geschrieben, Andreas Hofers eigenhändige Unterschrift, o. S.

Praes(entiert) d(en) 21t(en) 7ber 1809
Für dermal kann dem Gesuch unmöglich nicht statt gethan werden. Sobald es thunlich wird man Rucksicht nehmen.
Insbruck den obigen.
Andere Hofer Ober Comen dant in dirolln

XXXIII.

Nr. 408

Alexander Graf von Taxis bittet um eine Anweisung von 200 Fässern Salz „auf Abschlag" seiner Ärarialforderung. Hofer lehnt das Ansuchen ab.

o. O. 1809 September 21

TLMF, FB 1651, 21.

Text von Matthias Purtscher (?) geschrieben, Andreas Hofers eigenhändige Unterschrift, o. S.

Kann bey gegenwärtigen Salzmangel der Bitte nicht statt gethan werden.
K. k. OberCommando Tyrols d(en) 21. 7br 1809.
Andere Hofer

Nr. XX

Da die Einzahlung der Steuern vernachlässigt wird, sieht man sich gezwungen, diese „exekutivisch" einzuziehen; die Gelder sind dringend notwendig zur Unterstützung und Bezahlung der öffentlichen Anstalten, der Seelsorger, Beamten, ehemaligen Klosterangehörigen, Witwen und Waisen.

Innsbruck 1809 September 22

TLMF, Dip. 1383, 120. Einblattdruck, 1 ½ Seiten, Orig.-Pap. 21 ca. : 34,8 ca., Hochformat.

Gedruckte Proklamation.

Es sind zwar schon von der k. k. Intendantschaft unterm 6. und 20. Junius, dann 6. und 14. Julius d. J. durch öffentliche Bekanntmachungen alle getreuen Unterthanen des Landes Tyrol zur pflichtschuldigen Abführung der annoch bestehenden Steuern und Staatsabgaben auf das Allerdringendste aufgefordert worden.
Allein die von allen Kassen-Aemtern einlangenden Anzeigen geben den traurigen Beweis, daß dessen ungeachtet in die öffentlichen Staats-Kassen fortan beinahe nichts einfließe, die Rückstände schon lang verfallener Gefälle immer mehr anwachsen und der gesammte Gefällenbezug in eine gänzliche Stockung gerathen sey.
Die dringendste Nothwendigkeit, die itzt mehr als jemals erforderlichen Geldeinflüße in die Staats-Kassen herbey zu schaffen, bedarf wohl keiner näheren Auseinandersetzung, sondern spricht sich schon in den außerordentlichen Umständen aus, in denen unser geliebtes Vaterland wirklich sich befindet.
Die unterzeichnete Oberkommandantschaft hat bereits in der unterm 1. d. M. erlassenen Circular-Verordnung wiederhohlt erinnert, daß ohne diese Einflüsse das Ganze in eine unheilbare Stockung gerathen würde, und hält sich dringendst verpflichtet, hiermit neuerlich zu erklären, daß diejenigen, die wider alle Erwartung noch länger die von jedem rechtlichen Unterthan unmöglich zu verkennende Zahlungs- und Abgabspflicht von sich ablehnen sollten, ohne weiters exekutivisch betrieben werden würden.
Man versieht sich demnach ganz zuversichtlich, daß nicht nur alle noch wirklich bestehenden Staatsabgaben, als die Ordinar- und Extraordinar-Steuern, Aufschlags- oder Umgelds-Gefälle, Urbar- und Forestal-Rekognitionen, Grundzinse, Zehenten, Pachtgelder, Kapitals-Interessen, Zölle und Weggelder, kurz alle in der Circular-Verordnung

vom 20. Julius d. J. nicht ausdrücklich als aufgehoben erklärten Abgaben ganz unverweigerlich entrichtet, sondern eben so die gesammten noch behangenden sehr beträchtlichen Rückstände aller Gattung, somit auch die bereits verfallenen kammeralischen Kaufschillinge ohne längeren Verzug werden abgeführt werden.
Gleichwie nun die Kameral-Direktionen und Kameral-Bezirksämter bereits angewiesen stehen, auf die Abfuhr aller sowohl rückständigen als fortlaufenden Giebigkeiten, jedoch unter billigmäßiger Schonung der Verunglückten mit allem Nachdrucke anzudringen, und zu diesem Ende auch die Assistenz der Gerichtsobrigkeiten und Gemeindsvorstehungen zu requiriren; so wird es hiermit auch diesen letzteren, jedoch mit Einraumung des Befugnisses, den dürftigeren Steuerpflichtigen einige Zahlungsfristen zugestehen zu mögen, zur strengsten Pflicht gemacht, die erforderliche Assistenz in jedem vorkommenden Falle so schnell als thätig zu leisten.
Nur hierdurch wird die öffentliche Staatsverwaltung in den Stand gesetzt werden, die zum größten Nachtheile des ganzen Landes gehemmten Staatsanstalten wieder in Gang zu bringen und darin aufrecht zu erhalten, die in der drückendsten Noth darbenden Seelsorger, Beamten, Exreligiosen, Exnonnen, Wittwen und Waisen zu befriedigen und überhaupt auch jenen Staatsgläubigern, die an die Schuldentilgungs-Kasse und andere Aerarial-Fonde Forderungen haben, wieder Einnahme zu verschaffen.
Innsbruck am 22. September 1809.
Von der k. k. Obercommandantschaft in Tyrol.
Andreas Hofer.

Nr. 409

Hofer lässt einen Rechtsstreit dokumentieren, dessen Kläger ihn als richterliche Instanz (!) aufgesucht haben.

Innsbruck 1809 September 22

TLMF, Historische Sammlung, Flugschriften – Autographen. Orig.-Pap. 23 ca. : 35,5 ca., Hochformat, Doppelblatt, 2 Seiten.

Text von Kajetan Sweth (?) geschrieben, eigenhändige Passage und Unterschrift Andreas Hofers, weitere eigenhändige Unterschriften, Amtssiegel als Verschluss. Matthias Purtscher (?) adressiert das Schreiben an das Landgericht Sonnenburg, das seinen Eingangsvermerk anbringt.

Anklage
an das löb(liche) k. k. Landgericht zu Innsbruck.
Innsbruck d(en) 22ten 7ber 1809.
Da Johan Dollinger Wirth in Hetting als gestern d(en) 2ten 7ber von seinen Nachbaren Pius Norer, Wolfgang Natterer, Georg Gogl, Joseph Hutter, Georg Hanzl viele Unbilden, Schläge und andere grobe Behandlungen mit seinem Weibe wegen keiner anderen Ursache ertragen mußte, als darum, daß er zu diese sagte: <u>Ihr seyd Räuber</u>, so itte ter [sic] bey dem löb(lichen) Landgerichte eine baldige Untersuchung zu treffen, indem er sich bey seinem Hause nicht mehr zu bleiben getraut und die Schützen, welche bey ihm in Quatier sind, ihm verlassen wollen, weil auch sie dem Wirth halfen und ihn zu vertheidigen suchten und daher von obengemelten Beleidigern auch viele Unbilden ertragen mußten. Die Schützen, die da von Zeuge waren samt den Feldwebl sind Endes

Unterzeichnete, und bitten samt dem Wirth von dem lob(lichen) Landgerichte Satisfaction.
Auch ersuchet ~~ein lob(liches)~~ O das Oberkommando Tirols diesen Wirth als einen ächten Patrioten in Sicherheit zu setzen.
Hier folgen die Zeugen samt dem Kläger.

Johan Tollinger als Kleger
Ant. Gumpoldt[m. p.] Feldwebl von der 2ten Sterzinger Comp(agnie) aus [sic] Zeig
Aloys Tratter als Kaberat [Kamerad, Anm.] Zeig
Veit Tratter
~~Sew~~ Sewastian Huwer

die zeigen sint zu mir ge khom En, vnd haben sich Beschbert
Andere Hofer ober Comen dant in dirolln

Rückseite:
An das k. k. Landgericht Sonnenburg dahier.

Praes den 24. 7ber 1809 um 4 Uhr nachmittag

Nr. 410

Hofer fordert den bayerischen Festungskommandanten in Kufstein auf, es zu unterlassen, den Untertanen zu verbieten, Steuern und Gefälle an das Oberkommando zu bezahlen. Widrigenfalls und sollte die Festung nicht den Tirolern abgetreten werden, werde der Kommandant „als eine Fahne" an der Festungsmauer „aushangen".

Innsbruck 1809 September 22

Kriegsarchiv München, B 450, Fasz. III. Orig.-Pap. 23,1 ca. : 36,6 ca., Doppelblatt, 2 Seiten.

Text und Adresse von Kajetan Sweth (?) geschrieben, Andreas Hofers eigenhändige Unterschrift, drei Amtssiegel als Verschluss.

An dem baierischen Herrn Festungskommandanten in Kopfstein.
Innsbruck d(en) 22te September 1809.
Obgleich zwar der H(err) Festungs Kommandant von Kopfstein unter doppelter Geldstraffe und anderen Straffen den Unterthanen von dort die Gefälle und Steuern den Rebellen Tirols zu bezahlen verboth, so werden doch die Unterthanen Tirols von Kopfstein dem k. k. Oberkommando Tirols die Gefällen und Steuern so lang bezahlen, bis es ihm gefallen wird, sie an Bayern abzutreten.
Sollte aber dennoch der H(err) Festungskommandant sich erfrechen, die Unterthanen Kopfsteins mit Straffe und Steuer belegen, so wisse er, daß man mit ihm andere Maßregeln treffen werde und ihn, wenn er nicht bald mit Guten die Festung mit Guten [sic] den Tirolern abtrit, binnen kurzer Zeit als eine Fahne bey der Festungsmauer Kopfsteins aushangen werde. Denn Tirol läßt sich von Betrügern, Lügnern, allgemeinen Dieben, Kirchenräubern, Mördern und galgenwürdigen Bayern keine Gesetze vorschreiben. Tirol streitet für die gerechte Sache, für Religion, Ruhe und Einigkeit. Das neue König-

reich Bayern streitet aber mit dem Verwüster des ganzen Erdbodens, dem allmächtigen Napoleon, um den Armen den letzten Tropfen Blut gleich den Egeln auszusaugen, die Waisen und Witwen zu unterdrüken, den Unschuldigen zu martern, die Religion zu vernichten und so sich selbst und den übrigen Allirten den ewigen Sitz in der Hölle zu zu [sic] bereiten.
Sollte nun also der H(err) Festungskommandant sich wegen diesen wohlverdienten Titl und Ehrene[x]pressen beleidigt finden und sich an Tyrol rächen wollen, so wird es uns eine Gnade seyn, ihn zu empfangen und mit den von spitzbübischen Königreich Bayern erbeiteten Kanonen ihm ein ehrliches Salve zu geben.
Datum von Oesterreich liebenden k. k. Oberkommando Tirols
Andere Hofer ober Comendant in dirolln
[Psst]. Zu des H(errn) Festungs Kommandanten seinner Freude lebe Franz Kaiser von Oesterreich, Prinz Carl und Johan.

Rückseite:
Von d(en) k. k. Oberkommando in Tirol. An dem H(errn) Festungs Kommandanten von den Bayern zu Kopfstein:
per Ordonanz gegen Recepisse eiligst eiligst

Nr. 411

Hofer ordnet Elias Domanig am Schönberg an, alle Männer zwischen 16 und 60 zu erfassen und in Kompanien einzuteilen, die mit Offizieren zu versehen seien; Stubai hätte dabei vier bis fünf Kompanien zu stellen. Jede Kompanie hätte vier Wochen auf dem Posten zu bleiben, die tägliche Entlohnung betrage 30 Kreuzer, das Gericht hätte für die Verpflegung zu sorgen, für die Ausrüstung mit Waffen sorge die Oberkommandantschaft. Posthalter und Dorfvorsteher, die nicht ausrücken müssen, hätten finanzielle Hilfe zu leisten. Im Stubai sei so schnell als möglich ein Kommandant zu wählen.

o. O. 1809 September 22

TLMF, FB 1651, 107. Orig.-Pap. 23 ca. : 35,6 ca., Hochformat, Doppelblatt, 2 1/3 Seiten.

Text und Adresse von Matthias Delama (?) geschrieben, Andreas Hofers eigenhändige Unterschrift, Amtssiegel als Verschluss, Eingangsvermerk des Empfängers. Die Passage „sondern […] berücksichtigen" nachträglich eingefügt.

Empfangen den 23 7ber Früh 7 ½ Uhr

Dem Herrn Gerichts Kassier in Stubay.
Auf die wegen anbefohlner Ausrükung der Compagnie bis 23. d. M. ger[ügten] Anstände und Anfragen findet das k. k. OberComando zu erwidern:
Ad 1mum will man die Comp. nur auf 120 statt 150 Mann bewilligen, ungeacht dessen und ohne Conseq[s]uenz muß man aber bemerken, daß die Organisirung der Landwehr Compag(nien) nicht nach dem Patent von 1804 zu geschehen habe, sondern bey dem gegenwärtigen Drang der Umstände alle waffen fähige Mannschaft von 16. bis 60 Jahren beschrieben und in ordentliche Compagnien eingetheilt werden müssen, welche dan mit ordentlichen Offizieren zu versehen sind. Diese Compagnien sind dan mit N. zu bezeichnen.

Hieraus ist ersichtlich, daß es auf den Fall der Noth Stubey wohl allerdings 4. bis 5 Compag(nien) treffen könnte, gleich Sonenburg sicher 12 bis 14 Compa(gnien) betreffen.
Ad 2dum hat jede Compagnie 4. volle Wochen auf dem Posto ohne Einrechnung des Hin und Hermarsches zu verweilen.
Ad 3tium hat jeder Gemein[e] wie vorher 30 xr taglich Lohenz zu erhalten, jedoch wird jede Zulage nicht bewilliget.
Ad 4tem [sic] Hinsichtlich der Verpflegung erhalten die Schützen täglich (jedoch nur in Unterinnthal) 1 Pfund Fleisch und 1 ½ Pfund Br[od]. Jedoch dan haben selbe nur mehr 12 xr täglich anzufordern. Das übrge [sic] nemlh 18 xr werden für Kost aufgerechnet. Sollte aber die Compag(nie) nach Scharnitz abmarschieren, hat das Gericht ihnen [...] der Kost nachzuführen, und der Erhalt [no]ch jeder täglich 12 xr. Die 18 xr für Kost hat das Gericht anzufordern(e)n und wird denselben richtig seiner Zeit ersetzt werden.
Ad 5. Wird für den Abgang der Gewehre die OberCommandantschaft Sorge tragen.
Ad 6tum. Ist zwar kein Dorfvorsteher oder Posthalter zum persönlichen Dienst verbunden, sollte ihn aber das Looß treffen, so hat er einen verhaltnismassigen Beytrag fur arme Landes Vertheidiger zu [eusern].
Dieser Beytrag ist in 4. Klassen getheilt, die Besten zahlen für 4. Wochen 8 fl, die Bessern 6 f – xr, die andern 4 fl und die schlechtesten 2 fl – xr zur Compagnie Kass[a].
Ad 7ten sind Stubay nach Achtenthal in Unterinthal bestimmt.
Ad 8um. Wen das Br[ot] in einen Haus auf Mehrere fallen sollte, ist, um die Haushalte[rey] nicht zu entblösen, demselben bey dem gegenwärtigen Plan nicht statt zu thun, sondern ist das Verhältniß der Köpf Anzahl zu berücksichtigen.
Ad 9. Auch im Auslande Befindliche müssen beytragen zur Defension.
Auch ist in Stubey über die zu organisirenden Compag(nien) ein ordentlicher Commandant zu ernennen und anhero anzuzeigen, welcher sich diesem Geschefte zu widmen und die Aufforderungen und Stellungen der Compagnien, nur den Defensionsplan so kurz und schnell als möglich zu machen, zu besorgen hat.
Dieser ist von allen Geenden [sic] zu wählen.
Vom k. k. OberCommando Tyrols.
D(en) 22. 7br 1809. *Andere Hofer*

Rückseite:
Dem H(errn) Elias Domanig am Schönberg.

Nr. 412

Begleitschreiben für an das Stadt- und Landgericht Sterzing übermittelte Akten.

Innsbruck 1809 September 22

Abb. in: Online-Katalog Kotte-Autographs Stuttgart (http://ssl.kotte-autographs.com/produkte), Abfragedatum 08. September 2006, Art. 5014. Orig.-Pap. Folio, Doppelblatt, ½ Seite.

Text von Matthias Purtscher (?) geschrieben, Andreas Hofers eigenhändige Unterschrift, Verschlusssiegel.

An die löb(liche) Stadt und Landghts Oberkeit zu Sterzing.
Innsbruck d(en) 22.t(en) 7ber 1809
Es wird ersucht die in dem beiliegenden Briefe enthaltene Sache gehörig zu untersuchen und sodann die Meinung hie her zu erstatten.
Vom k. k. Oberkomando Tirol.
Andere Hofer

Nr. 413

Hofer an die Kommandantschaft Meran: Da die Kompanien aus Lana und Marling abgelöst werden wollen, soll dies bis zum 1. Oktober passieren, dasselbe gilt für die Ultner und Tisenser Kompanien.

Innsbruck 1809 September 23

TLA, Materialiensammlung Rapp, Schuber 9. Orig.-Pap. 23 ca. : 36,2, Hochformat, 1 Blatt, ½ Seite.

Text von Kajetan Sweth (?) geschrieben, eigenhändige Ergänzung und Unterschrift Andreas Hofers, o. S. Eingangsvermerk des Empfängers.

An die löbl(iche) k. k. Kommandantschaft zu Meran.
Innsbruck d(en) 23ten 7ber 1809.
Da die Laner und Marlinger Compagnien schon ihre bestimmte Zeit ~~schon~~ gedienet haben und selbe abgelößt zu werden verlangten bey dem k. k. Oberkommando, so wird die Commandantschaft Merans ersucht, bis auf 1ten 8ber diese Compagnien abzulößen von den nähmlichen Gemeinden.
Vom k. k. Oberkommando Tirols
wie auch d̲i̲e̲ vltner vnd dissenßer
Andere Hofer

Rückseite:
Praes(entiert) d(en) 24 7br 809 ¾. 12 Uhr nachts.

Nr. 414

Zwei Abschriften (Haspinger an Hofer?, 1809 September 20; Ilmer an Hofer?, Innsbruck 1809 September 23) werden adressiert an Anna Ladurner in Passeier mit dem Vermerk, diese solle den Brief mit dem Privatsiegel Hofers und vorliegendem Text (Johann Hofer hat am 30. September mit einer Kompanie auszurücken) weiterleiten.

Innsbruck 1809 September 23

SLA, Nachlass Streiter, Karton 34, „versch. Abschriften 1809–1816", 21. Orig.-Pap. 22,8 ca. : 38 ca., Hochformat, Doppelblatt, 1/3 Seite.

Text und Adresse von unbekanntem Schreiber, Andreas Hofers eigenhändige Unterschrift, drei Privatsiegel (I) als Verschluss.

An Hern Johan Hofer Kasier.
Auf Befelch des Hern Ober Commendanten solst du, wan unter dieser Zeit nicht anderes forfalt, gleich nach Michaeli mit 1 Compagnie den 30ten 7b(e)r ausruken.
Insbruck am 23ten 7b(er) 1809
Andere Hofer ober Comen dant in dirolln

Rückseite:
Vo Insbruck. Ann der Anna Hoferin zu St. Leonhart im Paßeyr. A Passeyr.
No 6

Nr. 415

Hofer will durch vorliegendes Schreiben an den Pfleger Sigmund von *Lospehl* in Taxenbach in Erfahrung bringen, warum der Leutnant *Brodman* als Gefangener nach Innsbruck gebracht wurde.

Innsbruck 1809 September 23

Privatbesitz KR Hans M. Reisch, Kufstein. Orig.-Pap. 35,5 ca. : 22,8 ca., Hochformat, Doppelblatt, 1 Seite.

Text und Adresse von Matthias Purtscher (?) geschrieben, Andreas Hofers eigenhändige Unterschrift, zwei Amtssiegel als Verschluss. Die Passage „Hier […] Tirols" nachträglich eingefügt. Dorsalvermerke von verschiedenen Händen, Eingangsvermerk des Empfängers.

An den H(errn) Pfleger Sigmund v(on) Lospehl in Taxenbach
Innsbruck d(en) 23t(en) 7ber 1809.
Da die k. k. Oberkommandantschaft die Gründe der Verhaftnehmung die [sic] hier in Arrest liegenden Leutnants Brodman nicht weiß und derselbe von Taxenbach hieher eingebracht wurde – so wird daher ersucht, ehemöglichst die Ursache seiner Verhaftung gefälligst anhero zu erlassen, damit man das Geeignete vorzukehren weiß.
Hier folgt auch ein Schreiben vom vorbenennten H(errn) Lieut(enant).
Vom k. k. Oberkomando Tirols.
Andere Hofer

Rückseite:
Vom k. k. Oberkomando in Tirol. An den H(errn) Pfleger Sigmund v(on) Lospehl wohlgeborn zu Taxenbach
durch Ordonanz zu befördern

Am ½ 9 Uhr in vor Mitternach eingethrofen und gleich nacht Mittesil expedt den 26 7rber.

Um ¼ auf Uhr 11 nachts richtig eingetroffen und gleich nach Attendorf abgeschückt; exped(iert) den 26ten 7ber Mittersill 1809.

Jos. Raffl Unterlieut(enant)(manu propr)ia. Halbe 1 Ur ein gestölg Urdemdorf

Praes. zu Taxenbach am 27(ten) Septb. 1809 um 8 ¾ Uhr Frühe

Nr. 416

Von Hofer ausgestelltes Empfehlungsschreiben für Kajetan Sweth.
Innsbruck 1809 September 23

TLA, Autogramme F 13. Orig.-Pap. 23,5 ca. : 34,3 ca., Hochformat, 1 Blatt, ½ Seite.

Text von Matthias Purtscher (?) geschrieben, Andreas Hofers eigenhändige Unterschrift, Amtssiegel. Schreiben auf Trägerpapier aufgezogen, die Rückseite weist aber keine Beschreibung auf (Durchlicht).

Lit. 9.
Daß unterz[eich]nete[a] Oberkomando bezeugt hiemit: daß Herr Kajetan[?][b] Sweth, Hörer der Philosophie, von 5ten August d. J. [be][c] dem tirolischen Defensions-Wesen als Oberjäger bei der zweiten Passeyrer Compagnie die beßten Dienste geleistet und seinen patriotischen Eifer bei jeder Gelegenheit werkthätig gezeigt und sich mit seinen [sic] unermüdeten Fleiß und gute Aufführung ausgezeichnet habe – wegen welchem er Sweth aller Orten beßtens empfohlen wird.
Gege[ben zu J]nnsbruck[d] d(en) 23t(en) 7ber 1809.
K k. Obercommando Tirols.
Andere Hofer

---

[a] Fehlstelle im Original.
[b] Fehlstelle im Original; hier urspr. vermutlich mindestens ein weiterer Buchstabe.
[c] Fehlstelle im Original.
[d] Fehlstelle im Original.

Nr. 417

Dorfmeister Kajetan von Stadler von Wilten und Matthias Stern schreiben an die Oberkommandantschaft (Wilten 1809 September 24), in Wilten solle eine Komödie aufgeführt werden, ein Josef *Hinterainer* **hätte dazu die Erlaubnis der Polizeidirektion erhalten. Die Zeitumstände seien aber für „Lustbarkeiten" kaum geeignet, vielmehr sollte man an Sonn- und Feiertagen den Gottesdiensten beiwohnen und den Segen des Himmels erbitten. Hofer wird gebeten, beim Landgericht zu intervenieren, dieser erklärt in seinem eigenhändigen Vermerk, er hätte die Aufführung der Komödie niemals erlaubt.**

o. O. 1809 September 24

TLMF, Historische Sammlung, Flugschriften – Autographen.

Andreas Hofer eigenhändig, o. S.

An K K lant ght in sprugg
Vo mir vntter zeichnetten wirth filleit nie mallen nicht Ehr laubt sein worden, also mit hin ist Eß ane mein wissen geschechen, albo ich die gemeinde mit so [s]achen nicht wolt in ver lögen heit Pringen
Andere Hofer ober Coman dant in dirolln
den 24 7br 1809

Nr. XXI

Ausschreibung eines Zwangsdarlehens.

Innsbruck 1809 September 25

TLMF, Dip. 1383, 123. Einblattdruck, 1 ½ Seiten, Orig.-Pap. 21 ca. : 35 ca., Hochformat.

Gedruckte Proklamation.

Schon unterm 2ten Julius d. J. hat die k. k. oesterreichische Intendantschaft durch den Drang der Umstände sich bewogen gefunden, nach vorläufig gepflogener Berathung mit einem Ausschusse aus allen vier Ständen im Nahmen Seiner Majestät des Kaisers und Königs von Oesterreich in dem ganzen Lande Tyrol ein forcirtes Darlehen auszuschreiben.
Wenn es schon damahls landkündig nöthig war, zu einem außerordentlichen schnellen Hilfsmittel zu schreiten: so macht es der seitherige Gang der Ereignisse und die dadurch eingetretene dermalige Lage der Dinge zur noch weit dringenderen Nothwendigkeit, dasselbe mit allem Nachdruck, mit aller Anstrengung zu verfolgen.
Alle öffentlichen Kassen sind ganz erschöpft und die darauf haftenden bereits verfallenen Auslagen belaufen sich schon wirklich auf eine so unerschwingliche Summe, daß selbst in dem Falle, wenn die gesammten Gefälls-Rückstände vollständig eingebracht werden würden, dennoch keineswegs die erforderliche Bedeckung verschafft werden könnte.
Alle öffentlichen auch noch so dringenden Staatsanstalten sind gehemmt. Die Seelsorger, Beamten, Pensionisten und Provisionisten sind dem drückensten Elende preis gegeben. Nicht nur arme Wittwen und Waisen, Ex-Religiosen und Ex-Nonnen, sondern auch selbst Familien, die sonst wohlhabend waren, und die milden Orte, besonders die Spitäler, darben in der äußersten Noth.

Aus einer Anzeige der Kreiskasse zu Brixen, welche von der k. k. Intendantschaft zur einsmahligen Zentral-Landeskasse und zum Empfange des forcirten Darlehens bestimmt war, ergiebt sich, daß hieran nicht einmahl der vierte Theil eingegangen ist, folglich noch mehr als drey Viertheile im Rückstande haften, weil dasselbe durch die Entfernung der k. k. Intendantschaft einsweilen in das Stocken gerieth.
Gleichwie aber dieses Darlehen vermög der angeführten Ausschreibung schon lange vor dem Abzuge der k. k. oesterreichischen Truppen hätte eingehen sollen und aus einem pflichtwidrigen, zugleich unpatriotischen Saumsahle in Befolgung höchster Befehle schon überhaupt nie ein auch für diejenigen, die bereits wirklich bezahlt haben, äußerst unbilliger Vortheil für die Saumsähligen entstehen soll: So findet die unterzeichnete Ober-Kommandantschaft, von welcher alles nur für Seine Majestät den Kaiser von Oesterreich gehandelt wird, zur ganz unerläßlich nöthigen Bedeckung der vielfältigen dringendsten Staatsbedürfnisse am angemessensten, eben dieses forcirte Darlehen neuerlich in den Gang zu bringen und hiermit allgemein zu verordnen, daß alle hieran noch rückständigen Beträge, jedoch mit gehöriger Schonung der bey den letzten Ereignissen vorzüglich verunglückten Gerichtsbezirke, auf das Strengste ganz unverzüglich einkassirt werden sollen, und zwar, um keine Verwirrung zu veranlassen, nach der in der Ausschreibung vom 2ten Julius enthaltenen Vorschrift, deren genaue Befolgung hiermit den Stadt- und Marktmagistraten, den Land- und Patrimonial-Richtern und den Kameral-Bezirksämtern (Rentämtern) so wie der zur dießfalligen Obligations-Ausfertigung schon einmahl authorisirten Kreiskasse zu Brixen maßgebig eingeschärfet wird.
Jedoch versteht es sich von selbst, daß diese letztere alle nur immer entbehrlichen Darlehens-Ueberschüße an die nunmehr dahier bestehende Zentralkasse einzusenden habe.
Uebrigens erhalten die darleihenden Privaten um die Summe, die sie darschießen, schon dadurch volle Sicherheitsbedeckung und hinlängliche Verzinsung, daß denselben von den Städten, Märkten oder Gerichten für diese Kommunitäten vollkommen verbindliche, auf das Gemeindsvermögen hypothezirte und vom Tage des Erlags an zu 5 Prozent verzinsliche Schuldurkunden ausgestellet werden. Was hingegen die Städte, Märkte und Gerichte selbst belangt: ist ihnen bereits von der durch das allerhöchste Okkupazionspatent Seiner kaiserlichen Hoheit des allgeliebten Erzherzogs Johann bevollmächtiget gewesenen k. k. Intendantschaft im Nahmen Seiner Majestät des allergnädigsten oesterreichischen Kaisers die feyerlichste Versicherung abgegeben worden, daß die Zurückzahlung mit sechsprozentigen Zins-Raten in Konvenzions-Münze erfolgen und die k. k. oesterreichische Regierung für jeden auch den schlimmsten Fall um Kapital und Zinse Garantinn und Selbstzahlerinn seyn werde.
Tyroler! liebe Landsleute! – Die wohlthätigste Erfahrung von einem halben Jahrtausend bürgt Euch für die ganz unerschütterliche Redlichkeit dieser guten, milden Regierung, deren ganz unermeßliche innere Selbstkräfte auch bei dem mehrjährigen mit so vielen unglücklichen Ereignissen standhaft ausgehaltenen Kampfe noch immer aufrecht geblieben sind, und deren fortan wiederholte Verheißungen mit so unverkennlich sichtbarer Hilfe Gottes in Bälde zur wirklichen Erfüllung kommen dürften.
Innsbruck am 25ten September 1809.
Von der k. k. Obercommandantschaft in Tyrol.
Andreas Hofer.

Nr. XXII

Aufruf zur Zahlung der Steuern.

Innsbruck 1809 September 25

TLMF, Dip. 1383, 121. Einblattdruck, Orig.-Pap. 21 ca. : 34,8 ca., Hochformat.

Gedruckte Proklamation.

Die von einigen Gerichten angetragene Zurückhaltung der landschäftlichen Steuern zur Bestreitung des Gerichts-Bedarfs und Zahlung der rückständigen Löhnungen an die Landesvertheidiger würde nur zu Unordnungen und Rechnungs-Irrungen führen.
Diese Steuern und landesfürstliche Gefälle jeder Art müssen ohne Ausnahme an die geeigneten Kassen abgeführt und daselbst in Verrechnung genommen werden, und wenn sodann ein Gericht hierauf eine Rückzahlung ansprechen zu mögen glaubt, so muß eine solche Forderung unter Vorlegung einer ordentlichen bescheinigten Rechnung diesem Oberkommando eingestellt werden, worauf dann das Gehörige folgen wird.
Innsbruck den 25ten September 1809.
Andreas Hofer. Ober-Commandant in Tyrol.

Nr. XXIII

Appell an die militärischen Behörden, sich an ihre Befehle zu halten und ihre Kompetenzen nicht zu überschreiten.

Innsbruck 1809 September 25

TLMF, Dip. 1383, 122. Einblattdruck, Orig.-Pap. 21 ca. : 34,8 ca., Hochformat.

Gedruckte Proklamation.

Es ist dieser Oberkommandantschaft mißfällig zu vernehmen gekommen, daß ohngeachtet den diesseits erlassenen Verordnungen manche derjenigen, die von da aus unter was immer für Benennungen zur Leitung der Defensions-Geschäfte in verschiedenen Orten aufgestellt worden, statt den Civil- und Kameral-Aemtern zur Aufrechthaltung des so nothwendigen Ansehens die gehörige Assistenz zu leisten, sich vielmehr beygehen lassen, nicht nur in politische Gegenstände sich einzumischen, sondern selbst in Kassa-Sachen die ausschweifendsten Anmassungen sich erlauben.
Solche Eingriffe sind nicht nur Ueberschreitungen der Gränzen der von Seite dieser Oberkommandantschaft ertheilten Aufträge; sie sind Entgegenstrebungen gegen den vorgesteckten großen Zweck – gegen das Wohl des Vaterlandes.
Es wird sich daher jeder von selbsten zu bescheiden wissen, was seiner wartet, wenn er nicht von solchen eigenmächtigen Anmassungen sich enthalten wird; das, was auf einen Störer der guten Ordnung – einen Feind seines Vaterlandes, wartet – Verachtung seiner Mitbürger und strengste Ahndung seiner Oberbehörde.
Der Oberkommandantschaft bestimmter Wille ist, daß die Militär Behörden nicht die ihnen gegebene Vollmacht überschreiten und im schönsten Einklang mit den Civil- und Kameral-Behörden zur Aufrechthaltung des Ansehens der letztern im Nothfall auch mit Macht mitwirken.

Dargegen erwartet aber auch selbe, daß die Civil- und Kameral Behörden ihrer Amtspflichten nachzukommen und für Handhabung der guten Ordnung – überhaupts für das allgemeine Wohl nach Kräften zu sorgen um so mehr sich angelegen seyn lassen werden, als sie widrigenfalls zur strengsten Verantwortung unnachsichtlich gezogen werden würden.
Innsbruck den 25. September 1809.
Von der k. k. Obercommandantschaft in Tyrol. Andreas Hofer.

Nr. 418

Josef Ignaz Straub erhält zusammen mit vorliegendem Schreiben die von ihm verlangte Munition und das Schreibmaterial.

Innsbruck 1809 September 25

TLMF, FB 1651, 119.

Abschrift durch Delama (?), im Original eigenhändige Passage („der Jber Pringer [...] Comendant", wurde hier unverändert übernommen) und Unterschrift Andreas Hofers, dem Kopisten lag wahrscheinlich das Original vor.

An den H(errn) Commandanten Jos. Ignatz Straub dermal zu St. Johann.
Anmit folgt, wie H(err) Commandant in seinem Schreiben von gestrigen Datum verlangt, 2 Lt Pulver und 2 Blatten Bley samt 4 Bücher Papier, 4 Stangl Siglwachs, eine Scheer und einige Schreibfedern.
Uebrigens wird alle Vorsicht beßtens empfohlen – richten Sie alles in gute Ordnung und machen Sie, daß die guten Leute nicht etwan sich zu weit wagen und zuletzt unglücklich werden.
Geben Sie über alles eiligst Nachricht.
Innsbruck den 25 7br 1809.
Vom k. k. Oberkommando Tyrols
Andere Hofer ober Comen dant in Diroll[n].
Der Jber Pringer disser disser [Ss]ache mit namen Peter Pfändler Wirth Pöstens an Entfohlen Ehr ist sicher und verdraut. ReComendiren sie Jhm bei Einen Comendant.
NB. der Beysatz eigenhändig

Nr. 419

Der Gerichtsvorstand von Wilten, der die Aufstellung einer Kompanie verzögert, wird von Hofer aufgefordert, auf der Stelle sein Kontingent zu stellen und nach Scharnitz marschieren zu lassen.

o. O. 1809 September 25

TLMF, FB 2729, 46. Orig.-Pap. 22 ca. : 34,5 ca., Hochformat, 1 Blatt, 1 Seite.

Text und Adresse von Matthias Delama (?), Andreas Hofers eigenhändige Unterschrift, o. S.

An den H(errn) Vorstand des Gerichts Wilten.
Misfällig hat die G OberCommandantschaft vernohmen, daß der Gerichts Vorstand alldort die so sehr betriebene und höchst nöthige Compagnie zur bessern Besetzung von Scharnitz unter dem Vorwande, daß er keinen Auftrag erhalten habe, verzögere.
Gleichwie der Gerichts Vorstand von Amras in diesseitigen Namen schon aufgefordert worden, einverständ(lich) mit Wilten eine Compag(nie) gleich marschfertig zu stellen, so sieht man nicht, daß solches für Wilten nicht hätte hinlänglich seyn sollen.
Bey strengster Verantwortung und persönlicher Haftung hat daher derselbe sein Contingent auf der Stelle zu stellen und ehemöglichst langstens binen 2 Tagen nach Scharnitz abmarschiren zu lassen.
K. k. OberCommando Tyrols d(en) 25. 7br 1809.
Andere Hofer

Rückseite:
Dem Gerichts Vorstand von Stadler zu Wilten.

Nr. 420

Die provisorische Landesadministration berichtet (Innsbruck 1809 September 22), aus Brixen seien in vier Fässern 46 1/2 Star Roggen für die „Abgebrannten" im Unterinntal eingeschickt worden, aus dem Getreide sei aber irrtümlich Brot für die Schützenkompanien gebacken worden. Hofer wird gefragt, ob der Ersatz nun *in natura* oder in Geld erstattet werden solle.

Innsbruck 1809 September 25

TLA, Bay. Archiv, Lit. H, Fasz. 31, Nr. 414 ad Nr. 273.

Orig.-Pap., Kommentar Hofers auf demselben Blatt. Text von Matthias Purtscher geschrieben, Andreas Hofers eigenhändige Unterschrift.

Es wird seiner Zeit in natura oder in Geld bezahlt werd(en).
Insbruck d(en) 25t(en) 7ber 1809
Andere Hofer Ober Comen dant in dirolln

Nr. 421

Hofer weist die Provisorische General-Landes-Administration darauf hin, dass das Geld, das die Schwazer für (durch den Brand) „Verunglückte" erhalten haben, gerecht verteilt werden solle. Für Vomp und Schwaz werden 70 Zentner Salz bewilligt, welche ebenfalls gerecht zu verteilen sind.

Innsbruck 1809 September 25

TLMF, FB 1651, 22. Orig.-Pap. 23 ca. : 36,5 ca., Hochformat, 1 Blatt, 1 Seite.

Text und Adresse von Matthias Purtscher (?) geschrieben, Andreas Hofers eigenhändige Unterschrift, o. S. Eingangsvermerk des Empfängers.

An die löbl(iche) k. k. General Landes Administration
Innsbruck d(en) 25t(en) 7ber 1809.
Auf die anliegende Bitte in Betreff der Schwatzer wird erwiedert, daß dieselbe einmal Anstalt treffen möchte, daß das Geld, swelches [sic] für die Verunglückten eingeschickt worden, gehörig vertheilt werde[a], damit sowohl die Armen als Vermöglichern ihr Betreffniß erhalten ~~damit~~ und in Zukunft der Unterzeichnete nicht mehr so wie bis dato von denselben mit dieser Klage (die Armen bekommen nichts) überlaufen werde.
So bald dieses geschehen ist, werden für Fumpp u Schwaz[b] 70. Zenten Salz bewilligt, welches sodann auch gleichfals unter die Armen wie unter die Reichen zu vertheilen kömmt.
Vom k. k. Oberkomando Tirols
Andere Hofer

Rückseite:
An löbl(iche) k. k. prov. General Landesadministration.

Pr d(en) 26t(en) 7ber 1809

---

[a] Nachträglich eingefügt.
[b] „Fumpp u Schwaz" nachträglich eingefügt durch Verweis.

Nr. 422

Die Oberkommandantschaft erklärt sich bereit, Pinzgau, Abtenau, Lungau, Zillertal, Brixental und Windisch-Matrei (das „salzburgische Gebirgsland") als Teile Tirols anzuerkennen. Diese Gemeinden verpflichten sich dafür, fällige Abgaben nicht mehr an Salzburg, sondern an Tirol zu entrichten, außerdem wollen sie sich an der Landesverteidigung beteiligen.

Pinzgau (!) 1809 September 25

TLMF, Historische Sammlung, Flugschriften – Autographen.

Abschrift. Hirn erwähnt Matthias Purtscher als Verfasser der Originalurkunde (Hirn, Erhebung, 688). Es handelt sich hier um das Gegenstück zum entsprechenden Vertrag mit den Bewohnern des „salzburgischen Gebirgslandes" (s. o., 1809 September 9). Hofers Unterschrift wurde – sofern sie im Original wirklich authentisch ist – mit Sicherheit nicht im Pinzgau, sondern in Innsbruck gesetzt.

[…]
Nachdem die Oberkommandantschaft des Landes Tirol sich bereits mündlich erklärt hat, das ehemal zum Fürstenthume Salzburg gehörige Gebirgsland als: Pinzgau, Abtenau

und Lungau, Zillerthal, Brixenthal und Windisch-Matrei gegen gewisse Bedingnisse als einen ergänzenden Theil Tirols zu erklären, so wollen wir endesgefertigten Vorsteher solcher Thalgemeinden (wie hiermit aus Kraft dieß geschieht) diese Bedingnisse auf folgende Punkte und Artikel festsetzen:
1. Verbinden wir uns, von der Regierung des übrigen Salzburgischen Fürstenthums weder Befehle anzunehmen oder zu befolgen, noch weniger an Unterthansgaben oder Pflichten das Mindeste mehr zu leisten; dagegen
2. versprechen wir, hiefür alle Unterthans Abgaben u Pflichten lediglich und aus schließlich an das Land Tirol zu entrichten u in dieser Hinsicht
3. auch eben den Landesvertheidigungsdienst zu leisten, sowohl die ganze mannbare Volksmasse von 18. bis 60 Jahren zur Disposition eines jeweiligen tirolischen Oberkommando zu unterwerfen, als auch dieselben in Kompagnien zu theilen u zu organisiren, ihnen taugliche Anführer oder Hauptleute zu bestellen, sie selbst auf eigene Unkosten im Kriegsdienste zu verpflegen und im Falle des Invalidenstandes oder Tödtung für ihre Familien zu sorgen, überhaupt alles zu thun u zu lassen, was alle übrigen Tiroler in Kriegs- oder Friedenszeiten zu thun oder zu lassen verbunden sind.
Die Kraft dieser Verbindlichkeit hat von dem Tage anzufangen, wo beiderseitige Vertrags Urkunden ausgewechselt werden.
Die Unterfertigung dieser Urkunde ist geschehen zu Pinzgau d(en) 25 Spt 1809.
Andrä Hofer
Andrä Loithaler
Urban Schaker [= Seekircher, vgl. Nr. 423]
[…]

Nr. 423

Vertreter des Zillertales haben sich bereiterklärt, gemeinsam mit Tirol zu kämpfen. Hofer verspricht, das Tal werde für immer mit Tirol vereint bleiben, die Zillertaler müssten sich dafür aber verpflichten, für das gemeinsame Wohl zu sorgen. Die Steuern sollten nicht mehr an Salzburg, sondern an Tirol gezahlt werden, die Mauten zwischen Salzburg und Tirol seien nicht mehr zu entrichten.

[Innsbruck 1809 September 25]

Zit. nach: Bartholdy, Krieg, 258–261 (Original nicht eruierbar).

Im Original Andreas Hofers eigenhändige Unterschrift (?).

„Nachdem sich das Zillerthal durch hieher geschickte Deputirte geäussert, mit uns Tyrolern, (mit der Bedingniß daß dieses Thal auf immer mit Tyrol vereinigt seyn und mit ihm gleiche Rechte zu geniessen habe) gemeinschaftliche Sache zu machen, welches der unterzeichneten Ober-Commandantschaft sehr angenehm ist, so verspricht daher der Unterzeichnete, das Zillerthal solle, nach seinem Begehren, dem Tyrol auf immer einverleibt bleiben, und wir selbe als unsere Brüder anerkennen werden.
Dagegen wird demselben nachdrucksamst anbefohlen, alles zu thun und anzuwenden, was immer dem Lande zuträglich, und dessen Nutzen befördert. Widrigenfalls, wenn sich das Zillerthal hierin eine Schuld beigehen lassen sollte, dieses Versprechen aufhören, und selbes vielmehr als feindlich angesehen würde.

Es hat also dieses Thal, wenn es gegen Tyrol seine Schuldigkeit thun wird, von nun an nach Salzburg nichts mehr zu zahlen, sondern die ordentliche Giebigkeiten, wie solche in Tyrol gewöhnlich, hierher einzuschicken.
In Rücksicht der Wegmauthen wird das Weitere folgen, indem alle übrigen Mauthen, welche bisher zwischen Salzburg und Tyrol wechselseitig bezogen worden sind, vom Tage der Auswechslung dieser Verträge aus der Ursache aufzuhören haben, weil hinführo das Zillerthal als ein ergänzender Theil Tyrols zu verbleiben hat.
Sollten Se. Majestät der Kaiser von Oestreich eine oder die andere Gemeinde Tyrols, wegen ausserordentlicher Verdienste, vorzügliche Gnade und Wohlthaten zu erweisen geruhen, so will unterzeichnetes Ober-Commando Allerhöchstdemselben in so weit keinesweges vorgegriffen haben, daß auch die ehemals Salzburgischen Unterthanen hierauf keinen Anspruch zu machen hätten. Würden jedoch von Sr. Majestät dem Kaiser von Oestreich nach Tyrol Geldunterstützungen für den Kriegsdienst erfolgen, oder für die Invaliden und Wittwen Pensionen ausgeworfen werden, so soll dieser Zuflüsse und allerhöchsten Gnaden auch das Zillerthal sich verhältnißmäßig zu erfreuen, und auch solche zu genießen haben.
Die Unterfertigung dieser Urkunde ist geschehen zu Innsbruck den fünf und zwanzigsten September Eintausend achthundert und neun.
Andere Hofer.
Andere Loythaler, Gerichtsausschuß.
Urban Sekircher, Gerichtsausschuß."

Nr. 424

Andreas Hofer erlaubt dem Gericht Sonnenburg, eine Wüstungssteuer zur Verpflegung der Landesverteidiger einzuheben.

Innsbruck 1809 September 25

TLMF, Historische Sammlung, Flugschriften – Autographen. Orig.-Pap. 22 ca. : 36 ca., Hochformat, 1 Blatt, 1/3 Seite.

Text von Matthias Purtscher (?) geschrieben, Andreas Hofers eigenhändige Unterschrift, Amtssiegel.

Da das Gericht Sonnenburg zur Verpflegung der Landesvertheidiger (etc.) sehr nothwendig Geld braucht – so wird demselben ~~erlaubt~~ 6. Termin Wüstungs Steur in dieser Rücksicht einzutreiben erlaubt.
Innsbruck d(en) 25t(en) 7ber 1809.
Vom k. k. Oberkomando Tirols.
LS *Andere Hofer*

Nr. 425

Von Hofer ausgestelltes Zeugnis für Joachim Auer von Umhausen im Ötztal, der ansucht (Innsbruck 1809 Oktober 7), nach erfolgter Ernennung durch Andreas Hofer und auf dessen ausdrücklichen Wunsch (bezugnehmend vermutlich auf vorliegendes Schreiben) als Zollaufseher in Kollmann angestellt zu werden.

o. O. 1809 [September 25]

TLA, Bay. Archiv, Lit. H, Fasz. 33, Nr. 716.

Orig.-Pap. 23 ca. : 35 ca., Hochformat, 1 Blatt, 1/3 Seiten. Auf der Seite an erster Stelle befindet sich ein Zeugnis für Joachim Auer von Josef Marberger, dat. Innsbruck 1809 September 25. Der Text Hofers eigenhändig, o. S.

nach dem ich vernomen, das der auf söcher zu kholman, hate Vo Einen fuer man schmirbal[a] Ein genomen, so glaubet ich disses lantß khind hin zu stöllen, oder Ihr get wo, auf Ei[m]en anderen Posten
Andere Hofer ober Comen dant in dirolln

Nr. 426

Hofer schreibt, er hätte die Nachricht über einen Sieg der Tiroler bei Schneizelreuth erhalten und berichtet dem Landgericht Sterzing ausführlich über die Zahl von Toten und Verwundeten auf beiden Seiten.

Innsbruck 1809 September 26, 11 Uhr nachts

TLMF, Historische Sammlung, Flugschriften – Autographen. Orig.-Pap. 23,5 ca. : 37 ca., Hochformat, Doppelblatt, 1 Seite.

Text und Adresse von Matthias Purtscher (?) geschrieben, Andreas Hofers eigenhändige Unterschrift, zwei Amtssiegel als Verschluss. Eingangsvermerk des Empfängers.

So eben kam die glückliche Nachricht hier an, daß unsere Compagnien bei Schneitzlreith im Salzburgischen einen großen Sieg erfochten: Der Feind verlohr in allem[a] 600 Mann, 30 Pferd, 2 Canonen. Hievon wurden[b] Gefangene ~~machten unsere~~ gemacht 300, 100 wurden blessiert und 200 blieben todt auf dem Platz.
Dieser Bericht gieng während der Affair von dort ab und man erwartet erst morgen die umständlichere Relation.
Von unserer Seite wurden 4 blessiert und zwey blieben todt und zwar von der Pinzgauer Compagnie.
Wer kann dieses Glük fassen! Man kann es wirklich mit Händen [zw] fühlen, daß unsere Waffen eine höhere Hand leitet.
<u>Alle diese Schriften sind eiligst nach Passeyr zu schicken.</u>
Jro auf Richtiger Andere Hofer Ober Comen dant in dirolln
Innsbruck d(en) 26t(en) 7ber 1809 um 11 Uhr nachts

Rückseite:
Vom k. k. Oberkommando Tirol an das löb(liche) k. k. Landgericht zu Sterzing durch Ordonanz eiligst eiligst
No. 310. Praes. d(en) 27. Sept(ember) 1809

---

a „in allem" nachträglich eingefügt durch Verweis.
b „Hievon wurden" nachträglich eingefügt durch Verweis.

Nr. 427

Hofer berichtet den Gerichten Königsberg und Grumeis zu Lavis, die Akten, die zusammen mit drei Arrestanten übergeben wurden, seien dem Kreiskommissariat in Trient weitergeleitet, die Gefangenen freigelassen worden. Weiters befiehlt er, die zwei zum Ausrücken eingeteilten Kompanien abmarschieren zu lassen und die Zuzugslisten nach Innsbruck zu schicken.

Innsbruck 1809 September 26

TLMF, Historische Sammlung, Flugschriften – Autographen. Orig.-Pap. 21,5 ca. : 33,5 ca., Hochformat, Doppelblatt, 1 ½ Seiten.

Text von unbekanntem Schreiber, Andreas Hofers eigenhändige Unterschrift, o. S.

Der Obrigkeit des Gerichts Königsberg und Grumeiß zu Nävis.
Über die mit Bericht von 16ten dieß nebst den 3 Arrestanten Alberti, Rimhal, und Festner übergebenen Ackten hat man Folgendes zu veranlassen befunden:
Primo sind die Acten dem k. k. Kreiscomissariat in Trient zur Herstellung der Ordnung nach Befund der Umstände übergeben worden, welchen Anordnungen und Befehln bey strengster Verantwortung und Bestraffung von jedermann nachzukommen ist.
Secundo. Die oben benanten Arrestanten sind auf den freyen Fuß einsweilen gestellt, und ist denselben ihr Vermögen und Eigenthum ohne mindester Einschrenkung zu gestatten, auch hat die Obrigkeit für ihre persönliche Sicherheit bey eigener Haftung zu sorgen.
Tertio. Die zwey aus zu marschieren beordnete Compagnien haben, wen es nicht bereits beschehen ist, ohne Verzug nach den untern 8ten dieß getroffenen Modalitäten ohne weitere Einwendung auszumarschieren, und derjenige, welcher noch mahlen dieser einsweilen zu bestehenden Ordnung wiederstrebet, soll dem dortigen nächsten Comando angezeigt und ohne weitern Verzug bestraffet werden.
Quarto. Die Auszugs Unkosten sind nicht aus der Ordinari Steür, sondern aus einer Wüstungs Anlage zu bestreiten, denn erstere gehören zu den betreffenden Kassen, und endlich
quinto hat die Obrigkeit und die in den Ackt vom 8ten dieß vorkommende Regolani und Vorsteher die Compagnien sogleich so wie die streitbare Mannschaft bey eigner Haftung zu organisieren und die Zuzugs Listen binen 8 Tagen längstens anher zu senden.
Vom k. k. Ober Comando.
Innsbruck den 26ten September 1809.
Andere Hofer

Rückseite:
26t(en) 7ber 1809 No. 2

Nr. 428

Von Hofer unterfertigte Marschroute, wonach jeweils ein Hauptmann, Ober- und Unterleutnant, Fähnrich und Feldpater mit 120 Schützen in das Achental marschieren; dieselben sind mit Verpflegung und Vorspann zu versorgen.

Innsbruck 1809 September 26

TLMF, FB 1651, 108. Orig.-Pap. 23 ca. : 36,5 ca., Hochformat, Doppelblatt, ½ Seite.

Text von Matthias Delama (?) geschrieben, Andreas Hofers eigenhändige Unterschrift, Amtssiegel.

Marche Routte.
Für ein H(errn) Hauptman, 1. Oberlieutenant, 1. Unterlieutenant, 1. Fähndrich und 1 Feldpater, welche nach Achenthal mit ihrer 120 Köpf starken Schutzen-Compagnie abzugehen beordert sind.
Dieselbe gehen über Jenbach [na]ch Achenthal.
Denselben gebührt die unentgeltliche Verpflegung und denen Offiziers darüber hin die benöthigte Vorspann.
Vom k. k. OberCommando Tyrols
Innsbruck^a d(en) 26. 7br 1809. *Andere Hofer*
LS

---

^a Nachträglich eingefügt von anderer Hand.

Nr. XXIV

Aufruf an die Kärntner, sich an den Aufständen zu beteiligen.

Innsbruck 1809 September 27

TLMF, FB 2074, 5/43. Einblattdruck, Orig.-Pap. 24,5 ca. : 36,5 ca., Hochformat.

Gedruckte Proklamation.

Aufruf an die Bewohner Kärnthens.
Unter dem sichtbaren Beystande des Himmels hat es uns Tyrolern gelungen, seit fünf Monaten vier Einfälle des Feindes zwecklos zu machen, seine Heere theils zu vernichten, theils zu fangen, theils zur Flucht zu nöthigen. Was hierzu von menschlicher Seite beygetragen werden konnte, war Unerschrockenheit, Thätigkeit in Beyschaffung der Streit-Kräfte, vorzüglich aber der allgemeine Entschluß, eher vor seiner Haustühre zu sterben, als sich wie eine Heerde Schaafe für die unersättliche Eroberungssucht des Feindes der deutschen Nation auf die Schlachtbank führen zu lassen, wie es leider so vielen deutschen Völkern widerfahren ist, deren eine Menge von 30 bis 40,000 ihr Leben und ihre Glieder eingebüßt haben, von den feindlichen Generälen gegen unsere Feuergewehre und Felsenmassen mit dem Säbel in der Faust angetrieben, um Tyrol unterjochen zu helfen.
Kärnther Oesterreichs Unterthanen! Euch drohet das nämliche traurige Schicksal, wenn ihr Eure Streit-Kräfte nicht anwendet. Diese sind viel größer als jene des größtentheils

unfruchtbaren Tyrols; auch Ihr habt hohe Gebirge, die Euch die Natur zur Schutzwehre gegeben hat, bedienet Euch derselben.

Ich schicke Euch Tyroler-Schützen unter muthigen bereits kriegserfahrnen Kommandanten zu Hilfe, schließet Euch an selbe an, machet Hand in Hand Bruderschaft, läßt Euch nicht schrecken, wenn es auch dem Feinde da oder dort gelinget, zwecklose Grausamkeiten zu begehen.

Gott wird zwischen ihm und Euch Richter seyn, wie er es in Tyrol war, wo mehrere Mordbrenner in eben das nämliche Feuer zurückgeworfen wurden, welches sie angezunden hatten.

Innsbruck den 27ten September 1809.

Andreas Hofer, General-Oberkommandant in Tyrol, wegen Aufruf der Mannschaft in Pusterthal zur Vertheidigung, vorzüglich an die getreuen Kärthner, welche Gott auch segnen wird.

Derselbe Text liegt auch in handschriftlicher Überlieferung vor mit eigenhändigem Beisatz Hofers:

Abdruck mit Abbildung der eigenhändigen Zeilen Hofers (vorliegende Transkription anhand dieser Fotographie) in: C. G. Boerner, Leipzig (Auktionskatalog), 23. Orig.-Pap. Folio, 2 Seiten.

Text von unbekanntem Schreiber, eigenhändige Passage und Unterschrift Andreas Hofers.

Andere Hofer ober Comen dant in dirolln wögen auf Ruef der manschafft, in Pusterie zu ver deittigen, forziglich an die gedreien Carner, wölliche gott auch segnen wirth

Nr. 429

Hofer erklärt, die Verfügungsgewalt über eine Angelegenheit, die von der k. k. Intendantschaft in die Hand genommen wurde, liege nicht bei der Provisorischen General-Landes-Administration.

Innsbruck 1809 September 27

TLMF, FB 1651, 62. Orig.-Pap. 23 ca. : 36,6 ca., Hochformat, Doppelblatt, 2 1/3 Seiten.

Text von Matthias Purtscher (?) geschrieben, Andreas Hofers eigenhändige Unterschrift, o. S. Eingangsvermerk des Empfängers.

An die provisorische General-Landesadministration
Innsbruck d(en) 27t(en) 7ber 1809.
Da von Seite der k. k. Intendantschaft die Rückstellung des Fürstenburgischen Urbars sammt Schloß und Zugehörde decretirt, durch Indorsat von 20t(en) Junius d. J. bereits der Tag, von welchem an die Urbarsgefälle dem hochwürdigsten H(errn) Fürst Bischofe von Chur zu verrechnen kommen, bestimmt, und endlich durch ein weiteres Indorsat von 8t(en) Julius der Freyherr v(on) Mont als aufgestellter Urbarsverwalter verständiget wurde, daß die Finanz Directionen des Inn- und Eisackkreises zur ordnungsmäßigen Extradition würden angewiesen werden, so unterliegt die ganze Sache keineswegs einer Verfügung der prov. General Landesadministration, als welche die Entscheidung der k. k. Intendantschaft um so weniger entkräften kann, da sich dieselbe auf die <u>gemessens-</u>

ten allerhöchsten Befehle beruft, wodurch eine jede frühere Inkammerierung, sey sie unter was immer für einem Titel erfolgt, sehr natürlich wieder aufgehoben wurde. Daraus ergiebt sich von selbst, daß die nicht erfolgte Anweisung der ordnungsmäßigen Extraditions-Verfügung bloß einem Verstoße, der in der Wesenheit der Sache keineswegs etwas ändert und einzig und allein auf Rechnung der verwirrten Zeitsumstände kommt, zu zu schreiben und folglich nach der durch allerhöchst dessen bevollmachtigten Intendanten deutlich erklärten allerhöchsten Willensmeinung S(eine)r Majestätt des Kaisers von Oestreich von Seite der prov. Landesadministration zu suppliren sey. Uibrigens kann die Rücksicht, daß durch diese Verfügung den Rechte des künftigen Landesherren praejudicieret [sic] würde, keinesweges in Betrachtung kommen. Denn kommen wir, wie ich mit Gotteshilfe hoffe, an S(eine)r Majestätt den Kaiser von Oestreich zurück, so wird ja eben dadurch seinem allerhöchsten Befehle entsprochen; in einem entgegen gesetzten unglücklichen Falle hingegen würde aus der aufgestellten Ansicht das Absurdum folgen, das alle in Cameral-Gegenständen von Seite der k. k. Intendantschaft gemachten Verfügungen zum Beßten des künftigen Landesherrn zu anuliren wären.
Vom k. k. Oberkommando Tirols
Andere Hofer

Rückseite:
Pr d(en) 28t(en) 7ber 1809

Nr. 430

Hofer teilt dem Kommandanten von Johann August Plawenn mit, seinen Truppen sei es gelungen, den Feind aus dem Pinzgau zu vertreiben. Auch hätte er vom vorbildlichen Verhalten der Schützen in Reutte erfahren.

Innsbruck 1809 September 27

TLMF, FB 1198, S. 261–262. Pap. 22 ca. : 33,5 ca., Hochformat, 1 Blatt, 1 ½ Seiten.

Zeitgenössische Abschrift, im Original Andreas Hofers eigenhändige Unterschrift (?).

An den Herrn Oberkomandanten von Plawen in Reutti
Insbruk den 27t(en) 7ber 1809
Mann beeilet sich, dem Herrn Commandanten die erfreuliche Nachricht mitzutheilen, daß es mit der Hilfe Gottes meinen braven Truppen gelungen seye, die Feinde auf der Seite von Pinzgau gegen Gotting und von St Johann bis Schneizelreith mit einem Verlurst von 8 Canonen, 300 Gefangenen, 200 Todten, 100 Blessirten, 30 Cavallerie Pferde, 2 Doppelhaken zu delogiren, unsere Truppen sind noch immer in Verfolgung des Feindes begriffen. Furcht und Verwirung bemeisterte sich derselben solcher Art, daß sehr viele in in d[ie] Wasser sprangen, Cavalleristen in die Felsen hinein ritten und so hervorgezogen werden mußten.
Augenscheinlich war die Hand Gottes bey dieser Affair im Spiel, und nun dancken wir demüthig diesen errungenen Sieg.
Unsere Truppen kriegen immer mehrer Gefangene ein.
Unser Verlurst bestand ungefahr in 4 Todten und 8 oder 9 Blessirten.
Vom Berichte aus der Gegend von Reutti ersah man auch das brave Benehmen und den und den [sic] rühmlichen von Gott gestärkten Muth der dortigen Truppen.
Vom k k OberCommando Tyrols Andre Hofer

Nr. 431

Hofer ordnet Josef Ignaz Straub an, acht von 30 erbeuteten Pferden P. Joachim Haspinger zu übergeben, damit dieser acht Husaren beritten machen könne, die übrigen Pferde seien nach Innsbruck zu bringen, ebenso wie die Feldschlangen und sechs erbeutete Kanonen.

Innsbruck 1809 September 27

TLMF, FB 1651, 127.

Abschrift durch Delama (?), im Original Andreas Hofers eigenhändige Unterschrift (?).

An den Commandanten Joseph Ignatz Straub zu Schneitzelreith in Salzburgischen.
Vor allem sey Gott unendlicher Dank gesagt für die so augenscheinlich geleistete göttliche Hülfe.
Ihnen Herr Kommandant für die mitgetheilte gute Nachricht und sämmtlichen Truppen für die an Tag gelegte Standhaftigkeit und tapferes Betragen.
Von den erbeuteten 30 Cavallerie Pferden sind 8 dem Pater Joachim mit dem Rüstzeug zuzufertigen, damit er seine 8 Husaren, die er erst erhalten, beritten machen kann. Es sind brave altgediente Krieger, die sich rantionirt haben und zum Pater gekommen sind; die übrigen Cavallerie Pferde sind eilends nach Innsbruck zu schicken, um unsere Cavalleristen ganz beritten machen zu können.
Nur behutsam, nicht auf die Ebene zuviel hinabgewagt.
Übergens empfehle wie alle Leute und Ihnen H(errn) Commandanten in göttlichen Schutz und Vorsehung.
Die Feldschlangen und die vom Harasser erbeuteteten 6 Canonen sind, wenn keine Munition oder Artilleristen vorhanden, eiligst zur Ausrüstung anher zu senden.
Vom k. k. Ober-Commando Tyrol.
Innsbruck den 27. Septbr. 1809.
Andere Hofer. m/p.

Nr. 432

Hofer ordnet dem Landgericht Sonnenburg an, auf der Stelle Josef Farbmacher aus Telfes und Anna Angerer über ihr Vergehen zu vernehmen.

Innsbruck 1809 September 27

TLMF, FB 2074, 37 k. Orig.-Pap. 23,5 ca. : 35,5 ca., Hochformat, Doppelblatt, ½ Seite.

Text und Adresse von Matthias Delama (?) geschrieben, Andreas Hofers eigenhändige Unterschrift, Amtssiegel als Verschluss. Eingangsvermerk des Empfängers.

An die Landgerichts Obrigkeit zu Sonnenburg
Innsbk d(en) 27. 7br 1809.
Dasselbe hat auf der Stelle den Jos. A̶n̶g̶e̶r̶e̶r̶ ̶u̶n̶d̶ Farbmacher von Telfes und s̶e̶i̶n̶e̶ ̶D̶[̶i̶r̶n̶e̶]̶ die [Anna] Angererin über ihr zu Last gelegtes Vergehen puncto puncti zu ver nehmen und das Geeignete vorzukehren, widrigenfalls werde ich sie selbst vernehmen und werde wissen was ich weiters zu thun habe.
Vom k. k. Ober Commando Tyrol.
Andere Hofer

Rückseite:
Vom k. k. OberCommando Tyrols. An das k. k. Landgericht Sonenburg. Dahier.
Praes den 27. 7ber 1809.

Nr. 433

Hofer ordnet dem Stadtmagistrat Hall an, in der Stadt Brot für die Landesverteidiger im Unterinntal zu sammeln.

Innsbruck 1809 September 28

Stadtarchiv Hall in Tirol, Verordnungen vom Gubernium 1809, Fasz. IX. Orig.-Pap. 23 ca. : 35,8 ca., Hochformat, Doppelblatt, 1 ½ Seiten.

Text von Matthias Delama (?) geschrieben, Andreas Hofers eigenhändige Unterschrift. Adressierung von Matthias Purtscher (?) geschrieben, Amtssiegel als Verschluss.

An Stadtmagistrat zu Hall.
Innsbk den 28. 7br 1809.
Derselbe hat auf der Stelle zu Verpflegung der Landesvertheidiger in Unterinnthal 1500 Laib Brod in der Stadt Hall zu sammeln und dem Platz Comandanten alldort zu über geben, welcher die Ablieferung besorgen wird.
Vom k. k. OberCommando.
Andere Hofer

Rückseite:
Vom k. k. Oberkommando Tirols an den löb(lichen) Stadtmagistratt zu Hall

Kanzleivermerke Stadtmagistrat Hall

Nr. 434

Die Bewohner des Oberen Gerichts könnten zwar nicht zur Landesverteidigung gezwungen werden, Hofer wolle aber dafür sorgen, ihre „Schläfrigkeit" dem Kaiser anzuzeigen.

o. O. 1809 September 28

TLMF, Autographensammlung Andreas Hofer. Pap. 22 ca. : 36 ca., Hochformat, 1 Blatt, ¼ Seite.

Zeitgenössische (?) Abschrift, im Original Andreas Hofers eigenhändige Unterschrift (?), Siegel.

Copia
Wenn die Obern Gerichts Leuthe nicht so viele Liebe zum Vatterland und zu ihrem eignen Hab und Gut haben, so kan die Oberkomandantschafft sie zwar directe nicht zwingen, aber seiner Majestet dem Keiser wird selbe diese Unthätigkeit und Schläfrigkeit anzurühmen wißen.
Vom k. k. Ober Commando Tyrols d(en) 28ten 7ber 1809 Andre Hofer
L. S.

Nr. 435

Josef Zöggele wird als Magazineur in St. Johann eingesetzt und zum Platzkommandanten ernannt; dieselbe Vollmacht erhält auch Fellner.

Innsbruck 1809 September 28

TLMF, FB 1651, 129.

Abschrift durch Delama (von Lama), im Original Andreas Hofers eigenhändige Unterschrift (?), Siegel.

Offene Ordre
kraft welcher der geachte Jos. Zöggäle aus Sarnthal gleichsam als Magazineur, welcher hauptsächlich für Pulver und Bley zu sorgen hat, bevollmächtigt wird und nach St. Johann beordert ist.
Derselbe wird als wirklicher Platzkommandant dahin abgeschickt und hat daher nicht nur für Obiges, sondern auch für Lebensmittel wie auch für alle zur Vertheidigung des Vaterlandes nöthigen Anstalten zu sorgen und das Nöthige vorzukehren. Gleicher Gewalt wird auch dem [B]rä[u] Feller ertheilt, welcher mit dem Vorzeiger dieß und den übrigen Commandanten gemeinschaftlich zu arbeiten hat.
Innsbruck den 28. 7br 1809
Vom k. k. Oberkommando Tyrols
L. S. Andere Hofer[m. p.]
von Lama.

Nr. 436

„An den Intendanten von Wörnle [Wörndle, Anm.] zu Bruneck. Wegen der Anstellung des Baron von Luxheim. ‚Der Unterzeichnete ist mit Ihnen in Rücksicht des Baron v Luxheim gänzlich einverstanden, nur der Gehalt schien mir zu gross …' Befürwortet außerdem eine nur provisorische Anstellung."

Innsbruck 1809 September 28

Zit. nach: Auktionskatalog Venator & Hanstein KG Köln, Frühjahrsauktion 2006 (96/97), 202 (Nr. 757). Orig.-Pap. Folio, 2/3 Seite.

Text von Matthias Purtscher (?) geschrieben, Andreas Hofers eigenhändige Unterschrift (?), o. S.

„Andere Hofer ober comendant in diroll"

Nr. 437

Hofer schreibt an Johann August von Plawenn, dieser solle zwei Wundärzten befehlen, sich dem Oberarzt Jakob Lauterer unterzuordnen und den verletzten Schützen Hilfe zu leisten.

[Innsbruck 1809 September 28]

Zit. nach: Kirchmair, Tirol, Bd. 11, 356 (Original nicht eruierbar).

Im Original Andreas Hofers eigenhändige Unterschrift (?).

„Der Herr Kommandant hat gleich nach Empfang dieses Schreibens den dort befindlichen zweien Wundärzten in diesseitigen Namen zu bedeuten: Man erwarte ja nit mehr eine fernere Widersetzlichkeit aus beleidigtem Ehrgeiz den blessierten Schützen unter Anleitung des dort aufgestellten Oberarztes, Jakob Lauterer, zu Hilfe zu kommen, als man sich sonst bemüßiget sehen würde, fernere Widersetzlichkeit als feindselige Gesinnung anzusehen und als solche zu behandeln.
Vom Oberkommando Tirols. Andre Hofer m. p."

Nr. XXV

Damit Ruhe und Sittlichkeit nicht weiter gefährdet werden, wurde die „Provisorische General-Landes-Administration" als höchstes Tribunal eingesetzt. Um diese Behörde effizienter zu machen, brauche sie mehr Personal; aus jedem der drei Kreise sollen deshalb zwei Räte ernannt werden. Zugleich werden sechs mitstimmende Räte aufgestellt, es werden somit Kreisreferate für die verschiedenen Gegenstände wie Justiz, Finanzen etc. gebildet; die Landesverteidigung aber behält sich Hofer selbst vor.

Innsbruck 1809 September 29

TLMF, Dip. 1383, 124. Doppelblatt, 3 ½ Seiten, Orig.-Pap. 21 ca. : 34,8 ca., Hochformat.

Gedruckte Proklamation.

Sicherstellung vor jeder äußern Gewalt und kraftvolle Handhabung eines rechtlichen Verhältnisses im Innern ist der Zweck eines jeden bürgerlichen Vereines. Der Zustand anarchischer Gesetzlosigkeit, – wo nicht das Recht, sondern der Eigenwillen und die Kraft des Stärkern entscheidet, wo die Person und das Eigenthum jedes Einzelnen und die Sittlichkeit und Ruhe Aller gefährdet wird, – wäre noch weit schrecklicher als die Verheerungen selbst des grausamsten Feindes. –
Gesetzliche Ordnung, nnd [sic] die daraus hervorgehende Ruhe und Sicherheit jedes einzelnen Bürgers läßt sich aber nicht denken; wenn nicht ein höchstes Tribunal besteht, bei welchem alle politischen Geschäfte als in einem Mittelpunkte zusammenfließen, und das als oberste Instanz – in gleichem Maße besorgt für die Rechte jedes Einzelnen wie für die genaue Pflichterfüllung der untergeordneten Behörden – darüber entscheidet.
Um in dieser Hinsicht dem dringendsten Bedürfnisse abzuhelfen und in der Voraussetzung, daß dadurch dem sehnlichsten Wunsche jedes rechtlichen Bürgers entsprochen wird, hielt sich der unterzeichnete Oberkommandant verpflichtet, schon am 23sten August d. J. in Innsbruck eine centralisirte Oberbehörde unter der Benennung: Provisorische General-Landes-Administration in Tirol zu constituiren, und dieser Stelle die Oberleitung über alle untergeordnete Behörden zu übertragen.

Diese Oberbehörde hat als höchste Instanz in politischen und Cameral-Geschäften auf der Stelle ihre Amtsfunktionen begonnen und, so viel es immer möglich war, dem augenblicklichen Bedürfnisse gesteuert: Doch einerseits der große Umfang und die Wichtigkeit der Geschäfte, welche sich mit jedem Tage immer mehr und mehr anhäufen, und die um so schneller und pünktlicher besorgt werden müssen, je größer der Drang des Augenblickes ist, und anderseits die Natur der Sache selbst, gemäß welcher bei der gegenwärtigen Lage der Dinge das Volk an der Verwaltung der öffentlichen Angelegenheiten den größten Antheil zu nehmen hat, machen es nothwendig, dieser bisher bestandenen Oberbehörde eine etwas größere Ausdehnung in Hinsicht des bestehenden Personals und eine solche Einrichtung zu geben, daß das tirolische Volk, welches nun durch seine eigenen Repräsentanten als Stimmführer bei vorkommenden Geschäften vertreten werden soll, sich selbst überzeuge, daß alles, was geschieht, nichts bezwecke als das Beste des Vaterlandes. –

Es handelt sich jetzt – abgesehen von unsern althergebrachten constitutionellen Rechten und Freyheiten – bloß um Constituirung einer politischen Oberbehörde; und gleichwie der Drang des Augenblickes und das allgemeine Wohl die Aufstellung eines solchen höchsten Tribunals gebiethet, so muß auch einzig und allein dadurch die Form desselben bestimmt werden. Es werden demnach die Repräsentanten des Volkes, welche allen politischen und finanziellen Verhandlungen als Stimmführer beisitzen und gemeinschäftlich mit den referirenden Räthen durch Stimmenmehrheit darüber zu entscheiden haben, unmittelbar durch den unterzeichneten Oberkommandanten ernannt werden, und zwar aus jedem der drei Kreise zwey; – mit der gewissenhaftesten Sorgfalt, daß die Ernennung nach seinem besten Ermessen und nach allen darüber eingehohlten Erkundigungen solche Individuen treffen, welchen nichts am Herzen liegt als das Wohl des Vaterlandes, und die eben deßwegen durch das vollste Zutrauen ihrer Mitbürger vorzüglich dazu geeignet sind, als Repräsentanten des Volkes aufzutreten. Der unterzeichnete Oberkommandant glaubt mit Gewißheit voraussetzen zu können, daß dadurch den Wünschen der Nation, deren unbeschränktes Zutrauen er sich durch sein leidenschaftloses Benehmen verdient zu haben schmeichelt, um so mehr entsprochen wird, als im entgegengesetzten Falle bei den langwierigen Förmlichkeiten einer vorzunehmenden Wahl das gemeine Beste – alle übrigen Rücksichten und Verhältnisse zu geschweigen – schon durch die Länge der Zeit, bis eine förmlich gewählte Volks-Repräsentation in Thätigkeit gesetzt werden könnte, auffallend gefährdet würde.

Um diese Nationalrepräsentanten, welche mit allen Lokalverhältnissen innig vertraut das Wohl ihres Kreises im beständigen Einklange mit dem allgemeinen Besten zu berücksichtigen haben, in die Lage zu setzen, daß sie nach reifer Ueberlegung, wie es die Wichtigkeit der Gegenstände erfordert, darüber entscheiden können, werden sechs referirende und zugleich mitstimmende Räthe aufgestellt, und zwar so, daß das Studienfach, das Camerale und endlich alle jene Gegenstände, welche in die Sphäre der Justiz eingreifen, drey eigene über alle drey Kreise des Landes Tirol sich ausdehnende Referate bilden, alle übrigen politischen Geschäfte hingegen, nach den drey Kreisen gesondert, sich in drey Kreisreferate theilen.

Alle Institute der Nationalbildung für den heranreifenden Bürger haben sich in gleichem Maße über das ganze Land zu verbreiten, sind überall nach den nähmlichen Grundsätzen und Ansichten zu behandeln und beschäftigen demnach, da sie sich von allen übrigen politischen Gegenständen genau ausscheiden lassen, füglich ein eigenes Referat in Studiensachen.

Eben so verhält es sich mit dem Referate in Cameralgegenständen, welches nun um so mehr die angestrengteste Aufmerksamkeit und den thätigsten Eifer eines Mannes, der sich einzig und allein mit diesem Zweige der öffentlichen Verwaltung beschäftigt, dringend fordert, da es wirklich schon zum äußersten Bedürfnisse geworden ist, alle Quellen des National-Einkommens so schnell und so ergiebig als nur immer möglich ist flüssig zu machen, wenn nicht aus Mangel der nöthigen Deckung für die unerläßlichen und nicht mehr länger zu verzögernden öffentlichen Auslagen eine gänzliche Stockung in der öffentlichen Verwaltung eintreten und die Sicherheit der einzelnen Bürger sowohl als das allgemeine Beste der größten Gefahr Preis gegeben werden soll. –

Da es endlich sehr viele politische Geschäfte gibt, welche mit den rechtlichen Verhältnissen der Bürger untereinander in der genauesten Verbindung stehen, und die nur mit Rücksicht auf diese letztere ohne Kränkung des Einzelnen zum Wohl des ganzen entschieden werden können; da es ferner – wie die bisherige Erfahrung lehrt – mit Gewißheit vorauszusehen ist, daß von Seite der provisorischen General-Landes-Administration viele Fragen zu lösen und viele Gegenstände zu behandeln seyn werden, welche nur nach rechtlichen Grundsätzen richtig beurtheilt werden können; so ergibt sich daraus wohl von selbst die höchste Nothwendigkeit eines eigenen Referenten in allen jenen Geschäften, welche in das Gebieth des Rechtes gehören, dessen streng bezeichnete und bei allen kultivirten Völkern als heilig geachtete Gränzen in keinem Falle überschritten werden dürfen.

Alle übrigen politischen Geschäfte, welche einerseits schon ihrer Natur nach in einem engeren Verbande untereinander stehen, andererseits hingegen sehr oft nur nach den verschiedenen Lokalverhältnissen richtig beurtheilt werden können, theilen sich eben deßwegen am natürlichsten in drey Referate nach der bestehenden Eintheilung des Landes in drey Kreise.

Die oberwähnten sechs referirenden Räthe wie auch die sechs Repräsentanten der Nation stehen unter dem Präsidenten als Chef dieses aufgestellten höchsten Tribunals, der in den abzuhaltenden Sitzungen den Vorsitz führt und durch seine Unterschrift die zu erlassenden Dekrete und Verordnungen bekräftiget.

Die Leitung aller jener Geschäfte, welche die Vertheidigung des Vaterlandes betreffen, bleibt dem unterzeichneten Oberkommandanten ausschliessend vorbehalten: Hingegen haben sich die betreffenden Partheien in was immer für politischen Angelegenheiten für die Zukunft nicht mehr an ihn, sondern an die provisorische General-Landes-Administration zu wenden, deren Beschlüsse und Verordnungen er mit aller ihm zu Gebothe stehenden Macht stäts aufrecht erhalten und handhaben wird.

Uebrigens behält sich der Oberkommandant vor, allen Sitzungen der Generaladministration durch einen oder mehrere Kommissäre beizuwohnen, um von ihren Verhandlungen und Beschlüssen Notiz zu nehmen.

Man erwartet von jenen Individuen, welche zur Repräsentation ernannt werden, um so weniger eine Weigerung, dem an sie ergehenden Rufe zu folgen, als es sich um die innere Wohlfahrt des Vaterlandes handelt, die gleichsam in dem auf sie gesetzten Zutrauen beruht und eine solche Mitwirkung zur Beförderung derselben ihnen die Billigung und Zufriedenheit jeder künftigen Landesregierung zusichert.

Innsbruck den 29. September 1809.
Von der Oberkommandantschaft in Tirol. Andreas Hofer.

Nr. 438

Hofer fordert die Kommandantschaft Meran auf, zwei Deputierte nach Innsbruck zu schicken, um die bisherigen abzulösen, und schlägt hierzu vier Personen namentlich vor. Die aus Wien zurückgekehrten Gesandten hätten gute Nachrichten gebracht.

Innsbruck 1809 September 29

TLMF, Historische Sammlung, Flugschriften – Autographen. Orig.-Pap. 23 ca. : 36 ca., Hochformat, Doppelblatt, 1 Seite.

Text und Adresse von Matthias Purtscher (?) geschrieben, Andreas Hofers eigenhändige Unterschrift, Amtssiegel als Verschluss. Eingangsvermerk des Empfängers.

An die löb(liche) k. k. Commandantschaft zu Meran.
Innsbruck d(en) 29ten 7ber 1809
Derselben wird hiemit bedeutet, daß bis 3t(en) 8ber zwey andere Deputirte hieher geschickt werden, indem diese zwey, welche hier sind, ihre Zeit vollstrecket haben.
Es werden daher der löb(lichen) Kommandantschaft vier vorgeschlagen als – H(err) v(on) Lobenwein, Gaßhueber von Partschins, Oberwirth von Marling und Räßmayr von Schennen. Von diesen vier haben 2 bis obbenennten Tag richtig einzutreffen.
Uibrigens kann man zur erfreulichen Nachricht dienen, das Badlwirth, Frischmann und H(err) Siberer heute von Wien hier angekommen und alles Gute mit gebracht haben, das Mehrere wird erst folgen.
Vom k. k. Oberkomando Tirols.
Andere Hofer

Rückseite:
Vom k. k. Oberkommando Tirols an die löb(liche) k. k. Kommandantschaft zu Meran durch Ordonanz eiligst

Den 30ten 7bt(ember) um 1 Uhr Nachmitag auf den Prenner ein und abgeloffen

Praes(entiert) d(en) 30t(e)n 7br 809 ½ 11 Uhr nachts.

29. September 1809. XXXV.

Nr. 439

Hofer und Andreas Ilmer schreiben an Johann Hofer in Passeier, die für Innsbruck bestimmte Kompanie solle stattdessen nach Trient abmarschieren, da Rovereto bereits erobert sei. Hofer ergänzt eigenhändig, ein Gefecht sei laut Nachricht gut ausgegangen. Ilmer schreibt auf dasselbe Papier, nachdem der Brief noch einmal geöffnet wurde, der Kaiser hätte zwei Tiroler nach England geschickt.

Innsbruck 1809 September 29

TLA, Tirolische Landesvertheidiger 1809, Sep.-Fasz. III, Pos. 3. Orig.-Pap. 23 ca. : 38 ca., Hochformat, Doppelblatt, 2 Seiten.

Text und Adresse von Matthias Purtscher (?) geschrieben, eigenhändige Passage Andreas Hofers („aber […] Prauchen" nachträglich eingefügt am Textrand), nachträgliche eigenhändige Bemerkung Ilmers, zwei Amtssiegel als Verschluss (da der Brief schon verschlossen war, wurden die Siegel offensichtlich aufgebrochen und später neu gesetzt). Eingangsvermerk des Empfängers.

An den H(errn) Anwald und Hauptman Hofer in Passeyr.
Insbruck d(en) 29t(en) 7ber 1809
Da sich hier dermalen keine weitere Gefahr zeiget, so wird daher denselben bedeutet, daß so eiligst als möglich die Compagnie, welche hieher bestimmt war, nach Trient abgehe, indem heute die Nachricht eingelaufen, daß der Feind Ro [ve]d veredo schon genomen und dort herauf zu rücken drohe. Machen Sie also Anstalt, das die Comp(agnie) eiligst dahin abgeht.
Vom k. k. Oberkomando Tirols.
Andere Hofer
Eben dissen Augen Blichen Ehr hielten mir Vo Jorg läner Ein Prief das sie Vo frue 6 vrr wiß abent 9 vrr, in grossen ge fecht wahren, vnd ver lor nur 1 man aber war alles guet[e] abgegangen vnd haben widerumen den feint ge schlagen, in khurzer zeit werden sie nach aus khomen, sie sein aber weit Entfehrnet, das sie aus marsch 10 deg Prauchen

Den Augen Blick da der Brief schon geschlosen kompt ein Kurier von Wien, das Ganze kan ich nicht zuwisen machen, dan der Brief muß eilents fort, nur das, die Englender haben Tiroller zu sehen begehret, welhen auch der Keiser 2 geschickt hat, das Weiter vo diesen last sich vermuthen. –
Der Wafen Stillstand endet sich mit einen Friden, welcher noch nicht zu Stand ist. Also Krieg oder Friden, und sonst alles Guttes, bald ein Mererers.
Eill Andere Jllme(r) Hauptman.

Rückseite:
Vom k. k. Oberkommando in Tirol an den H(errn) Anwald und H(errn) Hauptman Hofer in Passeyr zu St. Leonhard Gericht Passeyr
durch Ordonanz eiligst eiligst

B[res(entiert)] d(en) 1t(en) 8bter um 6 fr[u]he 1809.

Nr. 440

Kommandant Johann Valentin Tschöll schreibt (Meran 1809 September 28), die im Gymnasiumsgebäude in Meran untergebrachten Kriegsgefangenen sollten an die umliegenden Gemeinden verteilt werden, damit der Schulbetrieb wieder aufgenommen werden könne; das Schreiben enthält die Anzahl der an die einzelnen Gemeinden zuzuweisenden Häftlinge. Außerdem seien die (bestellten?) Mäntel fertig und würden übersendet. Hofer befürwortet ersteren Vorschlag, sofern die Gefangenen weiterhin gut versorgt würden.

Innsbruck 1809 September 29

TLMF, Historische Sammlung, Flugschriften – Autographen.

Eingangsvermerk von Matthias Delama (?), Text von Matthias Purtscher (?), Andreas Hofers eigenhändige Unterschrift, o. S.

Pr[ae]s(entiert) d(en) 29. 7br 1809. N 297.

Wird gegen deme bewilligt, das dieselben gut versorgt werden.
Innsbruck d(en) 29t(en) 7ber 1809
Andere Hofer

XXXVI.

Nr. 441

Hofer schreibt an Anton Dominikus Verdroß in Meran, da sich dessen Buchhalter in Arrest befinde und verhört zu werden bitte, solle Verdroß alle Unterlagen über diesen nach Innsbruck schicken. Auch solle der Empfänger bei der Kommandantschaft anfragen, was diese mit den Mänteln tue, die dringend in Innsbruck gebraucht würden.

Innsbruck 1809 September 29

TLMF, FB 2729, 47. Orig.-Pap. 22,5 ca. : 35,7 ca., Hochformat, Doppelblatt, 1 Seite.

Text und Adresse von Matthias Purtscher (?) geschrieben, eigenhändige Passage und Unterschrift Andreas Hofers, zwei Amtssiegel als Verschluss.

An den H(errn) Anton Dominikus Verdroß zu Meran
Insbruck d(en) 29t(en) 7ber 1809.
Da der vormalige Buchhalter von Ihnen nun schon eine geraume Zeit in Arest sich befindet und immer um verhört zu werden bittet, so muß der Unterzeichnete ersuchen, daß Sie ihm alles das, was Sie wider diesen wissen, so geschwind als möglich schriftlich an Handen geben, was Sie sich bereits mündlich zu mir herdan gelassen haben.
Ich hoffe also dieses in Kürze von Ihnen, damit man [weiter] das Geeignete mit ihm vorkehren kann.
Uibrigens wird man sehr behutsam zu Werke gehen und Ihren Namen so viel möglich verschweigen.
sein sie Vo der giete, sagen sie alles waßs sie wissen: nach dem sie mir haben, die 2 wörtlen gesagt. habe ich alle weill, a wenig Ein aug drauf
Andere Hofer ober Comen dant in dirolln
sein sie Vo der giete Thuen sie der Comen dant schafft, melden lassen, wass sie mit die mäntl machen drein, mir miessen die leith lassen her warth drauf, Eß ist alle weill Regnerisch

Rückseite:
Vom k. k. Oberkommando Tirols. An den Herrn Anton Dominikus Verdroß Handlsmann zu Meran
eilligst durch ordinänz

Nr. 442

16 Salzburger Fuhrleute, die in Tirol in Gefangenschaft gelangt waren und in Hall einquartiert wurden, bitten die Oberkommandantschaft um ihre Entlassung (Hall 1809 September 29). Hofer erlaubt ihnen, nach Hause zurückzukehren.

o. O., o. D.

TLMF, FB 1651,128.

Abschrift. Der Originalvermerk wahrscheinlich eigenhändig von Andreas Hofer, deshalb hier unverändert wiedergegeben.

Anjezo khönen die salz-Purger Pauern nach auß gehn.
Andere hofer m/p. Ober komandant in Diroll.

Nr. 443

Hofer warnt Martin Firler vor einem bei Kössen drohenden feindlichen Einfall, die dortigen Posten seien verstärkt zu verteidigen. Drei Kuriere haben Geld und Wechsel von Kaiser Franz gebracht, wodurch sich Hofer wieder bestätigt fühlt.

Innsbruck 1809 September 30

TLMF, FB 2729, 48. Orig.-Pap. 22,5 ca. : 35,7 ca., Hochformat, Doppelblatt, 1 ¼ Seiten.

Text und Adresse von Matthias Delama (?) geschrieben, Andreas Hofers eigenhändige Unterschrift, zwei Amtssiegel als Verschluss. Eingangsvermerk des Empfängers. „K." für „Kaiser" nachträglich eingefügt in anderer Tinte, der Name „Franzl" könnte auch als „Franz (etc.)" gelesen werden.

An Herrn Ober Commandanten Martin Firler zu Schneizl-Reidt im Salzburgisch(en).
Innsbk d(en) 30. 7br 1809.
Aus anschlüssigen Schreiben des Commandanten Wintersteller wird H(err) Firler ersehen, daß gegen Seite von Kössen ein feindlicher Einfall drohe, welcher die Abschneidung des ihrigen K[hor]s, dan den des Spekbacher u Pater Joachim hervorbringen könnte.
Ihr Sorge mus also nicht das Vorrük(en), sondern nur die Vertheidigung ~~dort~~ der dort behaupteten Posten seyn.
Biethen Sie also alle Leute auf gegen Kössen und besorgen Sie, daß in allen Langericht(en) die Steuer Compag(nien) eilends nach Kössen und Kufstein marschiren.
Gestern abends sind 3 Curier mit Geld u Wechsl von K. Franzl gekommen, der Krieg ist richtig. Also nur tapfer gewöhrt. Pulver und Bley ist schon hinunter.
Avisiren Sie sogleich den Spekbacher, daß er sich nicht zu weit ausdehne.
Vom k. k. OberCommando Tyrols.
Andere Hofer

Rückseite:
Vom k. k. OberCommando Tyrols. Den H(errn) OberCommandanten Martin Firler zu Schneizelreith in Salzburgischen über Strub.
Durch Estaffette eiligst.

Praes. den 1t(en) 8b(er) 809

Nr. 444

Hofer warnt Josef Ignaz Straub vor einem bei Kössen und Kufstein drohenden feindlichen Einfall. Dieser soll deswegen die Kompanien aufbieten und sie nach Wörgl führen; die Sturmkompanien seien in Bereitschaft zu halten.

Innsbruck 1809 September 30

TLMF, FB 1651, 130.

Abschrift von Delama (von Lama), im Original Andreas Hofers eigenhändige Unterschrift (?).

An Platz Commandanten Straub zu Hall.
Innsbruck den 30. 7br 1809.
Nachrichten vom Wintersteller zufolge drohen bey Kössen und Kufstein ein feindlicher Einfall.
Biethen Sie daher in Thaur, Hall, Rettenberg, Rottenburg, Zillerthal und übrigen Orten Compagnien auf und marschieren Sie sogleich gegen Wörgl.
Die Sturm Compagnien müssen so in Bereitschaft stehen, daß sie gleich ausrücken können.
Versorgen Sie alles pünktlich und setzen Sie sich sogleich mit Wintersteller in das Einverständniß.
K. k. Ober Comando Tyrols
Andere Hofer
von Lama.

Nr. 445

Hofer befiehlt Rupert Wintersteller, alle Kompanien aufzubieten und die Wege nach Tirol zu sperren. Drei Kuriere haben Geld vom Kaiser gebracht, Hofer fühlt sich dadurch in seiner Rolle bestätigt.

Innsbruck 1809 September 30

TLMF, Historische Sammlung, Flugschriften – Autographen. Mehrere Abschriften desselben Textes im Bestand.

Abschrift, im Original Andreas Hofers eigenhändige Unterschrift (?).

An Herrn Kommandanten Rupert Wintersteller in Kössen.
Innsbruck den 30. Sept(em)ber 1809.
Ihren Bericht haben wir erhalten und alle Kommandanten davon durch Estaffetten verständiget.
Ruffen Sie alle Kompagnien so viel deren benöthiget sind, auch Landsturm-Kompagnien von allen Seiten auf, und sehen Sie nun, diesen Posten und den von Kufstein zu vertheidigen.
Herr Straub ist auch schon avisirt, er wird die Kompagnien von Rattenberg, Thauer, Hall (etc.) aufbieten und mit solchen dahin abgehen.
Drei Kouriere haben wir gestern vom Kaiser erhalten mit Geld. Der Krieg ist richtig.
Also nur frisch und tapfer und auf die göttliche Hülfe vertraut.

Untergrabt nur alles und ruinirt alle Wege, daß keine Kanon oder Kavallerie hereinkommt.
Verhaut alles und somit Gott befohlen. – Die Herrn Kommandanten sollen sich besonders über alles ordentlich avisiren.
Vom k. k. Oberkommando Tirols
Andere Hofer m/p.

Nr. 446

Von den Gemeinden Fulpmes, Telfes und Kreith sollen jeweils 30 Mann zum Schanzbau am Bergisel geschickt werden.

o. O. 1809 September 30

TLMF, FB 1651, 132. Orig.-Pap. 23 ca. : 36,3 ca., Hochformat, Doppelblatt, ½ Seite.

Text von Matthias Delama (?) geschrieben, Andreas Hofers eigenhändige Unterschrift, Amtssiegel.

Offne Ordre.
Um den Schanz Bau am BergIsel gehörig fortsetzen zu können, hat man mehrere Arbeits Leüte nöthig.
Es haben daher die Dorfvorsteher von Fulpmes, Telfes und Kreit auf den 3t(en) um 6 Uhr früh von jeder Gemeinde 30 Mann zum Schanzbau unfehlbar abzuordnen, sich aber vorl[oe]fig bey Jos. Leis zu Mutters zu melden.
K. k. OberCommando Tyrols
d(en) 30. 7br 1809.
LS *Andere Hofer*

Nr. 447

Von Hofer unterzeichnete Quittung über 3.000 Dukaten, die der Kaiser den Tirolern übermittelt hat.

Innsbruck 1809 September 30

Abbildung in: Innsbrucker Zeitung 1934, Nr. 235, 10. Querformat, 1 Blatt, 1 Seite (?).

Text von Matthias Purtscher (?) geschrieben, Andreas Hofers eigenhändige Unterschrift, Amtssiegel. Rückseite nicht abgebildet.

Quittung
Uiber 3000 sage dreytausend Stücke Ducaten, welche die unterzeichnete Oberkommandantschaft aus den H[a]nden des H(errn) Majors Jos. Eisenstecken Badwirths in Botzen, der diese Summa gemeinschäftlich mit dem H(errn) Major Jakob Siberer zur Uiberbringung nach Tirol von S(eine)r Majestaet dem Kaiser von Oestreich übernahm, richtig und baar erhalten hat.
Innsbruck d(en) 30t(en) 7ber 1809.
Vom k. k. Oberkomando Tirols.
LS *Andere Hofer*

Nr. 448

Die Kompanie des Gerichtes Sonnenburg, welche nach Scharnitz marschiert, soll verpflegt und mit Vorspann versehen werden.

Innsbruck 1809 September 30

Autographensammlung „Dr. Georg Heberlein" der Bibliothek am Guisanplatz, Bern, Katalognr. 185,1. Orig.-Pap. Oktav, 1 Blatt, ½ Seite.

Text von Matthias Purtscher (?) geschrieben, Andreas Hofers eigenhändige Unterschrift, Amtssiegel. Die Passage „unter [...] Hilber" nachträglich mit dunklerer Tinte eingefügt.

Marcheroute
für die Sonnenburger Compagnie, welche nach Scharnitz beordert ist unter den H. Hauptman Paul Hilber.
Diese Compagnie besteht aus 3 H(erren) Officier und 105 Mann, welchen in den betreffenden Stationen die ordentliche Verpflegung und ein halber Vorspans Wagen gegen Quittung beizuschaffen ist.
Innsbruck d(en) 30t(en) 7ber 1809.
Vom k. k. Oberkomando Tirols.
LS *Andere Hofer*

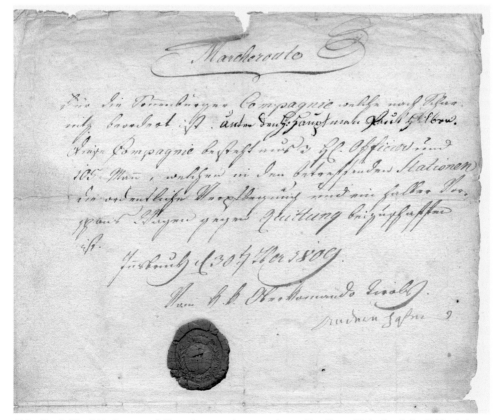

Abb. 40: S. Nr. 448. Besitz und Foto: Autographensammlung „Dr. Georg Heberlein" der Bibliothek am Guisanplatz, Bern, Katalognr. 185,1.

Nr. 449

Josef Landinger aus Meran eilt mit zwei Männern mit einem Gewehrtransport nach Bozen und soll entsprechend verpflegt werden.

Innsbruck 1809 September 30

TLA, Materialiensammlung Rapp, Schuber 9. Orig.-Pap. 23,2 : 38 ca., Hochformat, 1 Blatt, ½ Seite.

Text von Matthias Purtscher (?) geschrieben, Andreas Hofers eigenhändige Unterschrift, Amtssiegel.

Marche Routte
für Jos. Landinger von Meran, welcher mit noch 2. Andern mit Gewehr Transport mit 2. Wägen und 6. Pferden nach Botzen eilends beordert [sies].
Denselben gebühret freye Verpflegung und für die Pferde die betreffenden Fourage Portionen auf jeden betreffenden Stationen.
Von Botzen weg ~~ist~~ sind demselben [1.] ~~Wagen~~ mit 2. Pferd ~~bespannt~~ unfehlbar abzureichen.
Vom k. k. Ober Commando Tyrols.
Innsbk d(en) 30. 7b(er) 1809.
LS *Andere Hofer*

Nr. 450

Bataillonskommandant Josef Rangger sucht um die Übersendung von Geld für die zwei in seiner Zuständigkeit liegenden Sterzinger Schützenkompanien an (Unterlangkampfen 1809 September 29), auch die Offiziere bitten um eine Aushilfe. Die zwei Sterzinger Kompanien wollen abgelöst werden, nachdem sie 14 Tage ihren Dienst geleistet haben. Hofer antwortet, die Kompanie hätte noch 14 Tage auf dem Posten zu bleiben; es sei falsch, die Zeit auf den Wegen zu verschwenden und den Marschstationen Unkosten zu bereiten.

o. O. 1809 September 30

TLMF, Autographensammlung Andreas Hofer.

Eingangsvermerk und Text von Matthias Delama (?), eigenhändige Passage und Unterschrift Andreas Hofers, o. S.

Pr(aesentiert) d(en) 30. 7br 1809.
Hat die Compag(nie) nach den allgemeinen Regeln noch 14 Tag auf dem Posto zu verbleiben.
Wegen Geld werdet Ihr etwas erhalten.
K. k. OberComando Tirols d(en) 30. 7br 1809.
liebe Prieder, die zeit auf den weg ver schleissen,, vnd den stazi onen vm costen machen. khent nie mallen Plaz haben
Andere Hofer

Nr. 451

Der Fürstbischof von Brixen Karl Franz von Lodron verleiht in einem Schreiben ohne Empfänger (Brixen 1802 [!] November 04) dem Gerichtsschreiber von Feldthurns für seine Verdienste auch in der Landesverteidigung die Hauptmannschaftsstelle in Buchenstein. Hofer leitet dieses Schreiben an die Provisorische General-Landes-Administration weiter.

o. O. [1809 September 30]

TLMF, FB 1651, 76.

Eingangsvermerk und Text von Matthias Purtscher (?) geschrieben, Andreas Hofers eigenhändige Unterschrift, o. S.

Praes(entiert) d(en) 30t(en) 7ber 1809
Wird mit deme an die provisorische G. L. Administration übergeben, daß auf selben bei einer allenfälligen Dienstserledigung zu Brixen der gehörige Bedacht genommen werde.
Innsbruck d(en) obigen
Andere Hofer

Nr. 452

Hofer bedankt sich bei Kaiser Franz für das erhaltene Ehrenzeichen und die 3.000 Dukaten und schildert dem Empfänger, Erzherzog Johann, ausführlich, was Tirol seit dem 11. April 1809 für das Haus Österreich geleistet habe.

o. O. [1809 Oktober]

TLMF, FB 2073, 110. Pap. Hochformat.

Zeitgenössische Abschrift, im Original Andreas Hofers eigenhändige Unterschrift (?).

[…]
2te Beilage.
Am 28t des v. M. sind die beiden Couriere Joseph Eisensteken und Jakob Sieberer aus dem Hauptquartier Seiner Majestat des Kaisers hier angekommen und haben die goldene Medaille und Kette, wodurch Seine Majestät in der Person des unterzeichneten Oberkommandanten dem biedern Tyroler Volke allerhöchst Ihre Zufriedenheit zu erkennen geruhten – nebst den 3000 Stük Dukaten als einen einsweiligen Beitrag zu den Defensions Auslagen richtig überbracht.
Ich halte es für Pflicht, S(eine)r Majestät für die mir allergnädigst zugedachte Auszeichnung selber zu danken und erlaube mir die Bitte, Euer kais(erliche) Hoheit wolle das beiliegende Schreiben so wie auch den Hauptinhalt des Gegenwärtigen an Seine Majestät gelangen machen und die sehnlichsten Wünsche und dringendsten Bitten meines guten Vaterlandes, in dessen Namen ich schreibe, durch höchstdero mächtiges Vorwort unterstützen.
Was Tyrol seit 11t April d. J. gethan und gelitten hat, ist E. K. H nicht unbekannt. Wenn ein Volk, das durch einen dreijährigen nahmenlosen Druk der bairischen Regierung ausgesaugt, dann durch öftere Einbrüche unmenschlicher Feinde geplündert, endlich durch seine Freünde und Erlöser, durch die oesterreichischen Truppen, welche ohne Geld, ohne Munizion und ohne Lebens Mittel seine Gränzen betraten, von seinen noch

übrigen Subsistenz- und Vertheidigungs Mitteln entblößt und letztlich durch einen unglüklichen Traktat der willkürlichen Wuth barbarischer Unmenschen preis gegeben wird; – wenn ein Volk, das in dieser schreklichen Lage, wo ihm nichts mehr erübrigte, als Blut und Leben, auch noch dieses der Freiheit und dem Vaterlande, seinem Kaiser und seiner Religion muthig und entschlossen zum Opfer bringt, wenn ein solches Volk Berüksichtigung verdient, so glaube ich zu förderst verpflichtet und berechtiget zu seyn, Euer K. H. dringendst ans Herz zu legen, daß man in dem Falle eines abschließenden Friedens (den aufgefangenen Briefe und ausländische Blätter vermuthen lassen) Tyrol nicht vergesse, – wie bei dem Waffenstillstande geschah, damit nicht etwa noch unsere Kinder und Kindeskinder dafür büssen, daß ihre Väter für das oesterreichische Kaiserhaus ihr Herzblut vergossen haben. – Weder an Bevölkerung noch an Einkommen kann sich Tyrol mit andern Provinzen messen, doch jeder meiner Landsleute ist stolz darauf, daß Seine Majestät der Kaiser in dem weiten Umfange allerhöchst ihrer Staaten keine Unterthanen zählen, die es redlicher meinen, die allerhöchstdieselben mit herzlichern Gefühle Vater! nennen und die für allerhöchst dessen Interesse so bereit wären, Blut und Leben zu lassen wie wir. – Eigenschaften, die freilich in einer statistischen Tabelle oder in den Augen eines Finanz Ministers nicht in Anschlag kommen, die wir aber getrost dem großen Vater Herzen Seiner Majestät zu würdigen überlassen.

Dies vorausgesetzt, erlauben mir E. K. H. nur, in wenigen Zügen eine Schilderung unseres gegenwärtigen Zustandes hinzu zu fügen, woraus das dringendste Bedürfniß einer baldigen Unterstützung – es mag nun, wie ich hoffe, der Krieg wieder ausbrechen oder der Friede zu Stande kommen – klar hervorgehen wird. Die Hunderttausende (der letzte von der baierischen Regierung noch übrig gebliebene Nothpfennig), welche die k. k. Intendantschaft und die k. k. Herrn Kommandirenden von allen Seiten als freiwilliges und erzwungenes Anlehen erhoben und zum Theile mit aus dem Lande fortschleppten, sind noch nicht getilgt, die Zinse aller öffentlichen Fonds, der einzige Unterhalt vieler Familien, stehen schon seit vielen Monaten aus. Die Schuldenlast aller Städte, Märkte und Gerichter, welche die Löhnung und Verpflegung der im Felde stehenden Landesvertheidiger gröstentheils übernahmen, ist ins Ungeheure vermehrt, alle Quellen des Nazionaleinkommens sind versigt, alle öffentlichen Kassen sind geleert und alle ihre ehemaligen Zuflüsse stoken, die Beamten und Pensionisten schreien um Brod, viele Tausende, welche den Flammen ihrer zerstörten Heimath entkamen, ringen mit dem Hungertode. – Wenn nicht bald, recht bald die von Seiner Majestät dem Kaiser heilig zugesicherten Geld Zufließe und zwar in etwas beträchtlichern Summen uns aus der äußersten Noth herausreißen, dann müssen alle Bande des innern bürgerlichen Vereins sich von selbst auflösen und Hunger, Elend und Noth von innen ersparen jedem Feinde die gefährlichen Angriffe von aussen. Nach der Aussage der beiden Kuriers soll bereits zur Unterstützung unseres armen Vaterlandes ein Wechsel an das Haus Zellweger in der Schweitz abgegangen seyn, ich wende mich unter einem durch Expresse an dieses Handlungshaus und an die k. k. Gesandtschaft in Bern, durch welche die von Zeit zu Zeit erforderlichen Geld Zuschüße – gleich viel ob in klingender Münze oder in guten Wechseln am Füglichsten veranlaßt werden könnten.

Den von Seiner Majestät vorgeschriebenen Operazionsplan habe ich richtig erhalten; ich werde nicht ermangeln, ihn mit allen mir zu Gebothe stehenden Kräften nach Zeit und Umständen auszuführen, vielleicht auch noch in einem größeren Umfange, als er mir vorgezeichnet wurde. Gegen Ulm und Augsburg sind die Unternehmungen schwer – wo nicht unmöglich, – dagegen eröffnen sich in Italien schöne und weite Aussichten; –

wenn es zum Bruche kommt, werde ich E. K. H. die bestimmten Details hierüber gehorsamst unterlegen.

Vorder Hand glaube ich, zum Besten des Landes und der guten Sache nichts unternehmen zu sollen, bis ich nicht eine ganz sichere Nachricht über die bereits schon ausgebrochenen Feindseligkeiten erhalten habe, denn in der gegenwärtigen Lage hat der Feind noch zu viel disponible Macht, wir würden also jetzt ohne Aussicht eines guten Erfolges sehr viel von unsern Kräften, die auf den günstigen Augenblik aufgespart werden müßen, sehr zwekwidrig verschwenden. Ich bitte E. K. H dringendst um schleunige Nachricht wenn die Feindseligkeiten wieder beginnen, ich erwarte blos dieses Signal, um loszubrechen.

Von der höchsten Wichtigkeit ist es, daß, wenn wieder ein oestereichisches Armeekorps nach Tyrol bestimmt seyn sollte, ein solcher Kommandirender es anführe, der zu unserm Volke Zutrauen hat und das gegenseitige Vertrauen des Landes besitzt, der mehr für das allgemeine Beste als für eitlen Ruhm besorgt ist, und der mit militärischen Kenntnißen und besonnenem Muthe nach Rechtlichkeit des Karakters und tirolischen Biedersinn verbindet; daß ferner der k. k. Intendant, der ihn begleitet (wenn man ja einen solchen als unumgänglich nothwendig erachtet) als ein reifer und praktischer Geschäftsmann und mit ausgedehnter Vollmacht versehen – wie einst der hochverehrte Minister Graf Lehrbach – der Geschäftsleitung gewachsen sey, daß er mit reinem Interesse für des Landes Wohlfahrt sorge, daß er im Stande sey, der unter der vorigen k. k. Intendantschaft eingetrettenen allgemeinen Verwirrung, der Quelle so vielen Unheils und Unrechtes, kräftig zu steuern und die muthwillig gelößten Bande der bürgerlichen Unterordnung wieder fester zu knüpfen. In dieser zuversichtlichen Hoffnung getraue ich mich für den pünktlichsten Gehorsam und für die gränzenlose Hochachtung und Verehrung, welche man allgemein den Stellvertretern unsers allgeliebten Landes Vaters erweisen wird, mit meinem Leben zu bürgen. Ich bin überzeugt, daß diejenigen, welche zum Theil eben nicht sehr rühmlich unser Land verließen, die ganze Schuld so mancher mißlungenen Unternehmung auf den üblen Willen unseres Volkes wälzen werden; es ist hier nicht der Platz, darüber weitläufig zu sprechen; doch E. K. H. werden gewiß mit der Zeit, wenn alles, was geschah, an den Tag kommen soll, die Langmuth, den ächten Patriotismus, und den unter allen Umständen sich gleichen edlen Karakter eines Volks bewundern, das bei den zwekwidrigsten Anstalten und bei so vielen Veranlassungen zu lauten Klagen diejenigen stäts als seine Vorgesetzten verehrte, welche Seine Majestät dazu bestimmt hatten, und das öfters dem äußersten Elende Preis gegeben, während die Flammen der heimatlichen Hütten zum Himmel empor stiegen, mit erneuerten Muthe zu den Waffen griff und das wieder gut machte, was andere verdorben mit dem hohen, nie zu erschütternden Entschluße, alles auch das Letzte zu wagen für Gott, für seinen innigstgeliebten Kaiser, für sein theuers Vaterland. – Letzlich erlauben E. K. H. noch in Kürze zu berühren, was sowohl in Hinsicht der Landes Vertheidigung als der öffentlichen Verwaltung im Innern als zwekdienlich erachtet und ausgeführt wurde.

Das salzburgische Gebürgsland (Cillerthal, Pinzgau, Pongau, Abtenau, Lungau etc.) habe ich unter Vorbehaltung der allerhöchsten Ratifikazion auf dessen eigenes Verlangen als einen integrirenden Theil des Landes Tyrol erklärt unter der Voraussetzung, daß dafür zu unserer gemeinschaftlichen Landes Vertheidigung 10,000. Mann gestellt werden müßen. Die militärischen Vortheile dieser im Nothfalle ergriffenen Maaßregel sind nicht zu berechnen. Mit Hilfe unserer neuen Landsleute haben unsere braven Kommandanten Haraßer, Pater Joachim, Spekbacher, Firler, Laner etc. am 25t und 27ten v. M. einen

kombinirten Ausfall in das Salzburgische unternommen und die zwei glüklichen Treffen, die wichtigen Posten Werfen, Radstadt und den Paß Lug wie auch vom Passe Strub hinaus Lofers, Unken und Hallein erobert, wo nun überall Schanzen und Verhaue angelegt und die gefährlichen Nebenstraßen abgetragen werden. Die Feinde verloren in beiden Affairen 400. Gefangene, über 200 Bleßirte, die auch in die Gefangenschaft geriethen und bei weitem mehr als 200. Tode, wovon ein Theil im Wasser zu Grunde gieng, 6. Kanonen, 2. Feldschlangen, 2. Doppel Haken, 2. Munizions Karren und 30. Pferde. Ich fühle mich verpflichte [sic], E. K. H. zu bitten, Höchstdieselben wollen bei Seiner Majestät interemdiren, daß diese Vereinigungs Akte allergnädigst ratifizirt werden wolle. Zur Herstellung der innern Ruhe habe ich für nötig erachtet, eine provisorische Landes Administrazion als oberste Behörde in politischen und Kameralgeschäften niederzusetzen, deren Organisatzion E. K. H aus dem beigebogenen Patente gnädigst zu entnehmen geruhen. Aus dem Umstande, daß in Folge ausländischer Blätter der H(err) F. ML. Marquis de Chasteler wieder ein Kommando erhalten haben soll und auch daraus, daß ich darüber von E K H. nie eine gnädigste Erwiederung erhielt, muß ich schließen, daß meine im Mai und Juni an Höchstdieselben abgeschikten Bittschriften den Ort ihrer Bestimmung nicht erreicht haben, in diesem Falle würde ich mir die unterthänigste Freiheit nehmen, sie nachträglich zu senden, weil sie vielleicht doch noch einiges Interesse haben: Zugleich bitte ich gehorsamst, dem Uiberbringer dieses nur mit zwei Worten einen Empfangsschein gnädigst verabfolgen zu wollen, damit er sich über die richtige Uibergabe legitimiren kann.
Andre Hofer mp. Oberkommandant in Tyrol
[…]

Nr. 453

Da sehr gute Nachrichten eingelaufen seien, ersucht Hofer die Geistlichkeit, an St. Franziskus eine Andacht abzuhalten zu Ehren des Kaisers.

o. O. 1809 Oktober 1

TLMF, FB 1651, 133. Pap. 21,5 ca. : 36 ca., Hochformat, 1 Blatt, 1 Seite.

Zeitgenössische Abschrift, das nicht eruierbare Original könnte durchgehend eigenhändig von Hofer geschrieben sein. Die Abschrift von Johann Hofer (?) gesiegelt, Eingangsvermerk des Empfängers.

K. k. Ober Comedant in Dirol Andre Hofer
Sehr guete Nach richten sein uns ein geloffen an den herlichen Föst des heiligen Micheli Tag!
Es werden die Pfarr Herrn ermahnet, eine Andacht anzustöllen am Föst des heiligen Froncisgi Tag als den 4ten dies Manatz und das De deum laudamus abhalten zum Keüssers sein Tag.
Wie ehr das Mahl uns Diroller eine so schene Meldung macht, es mues uns erfreien!
Den 1ten October 1809
abgeschribner nach Möran schicken

Rückseite:
Vo an Sant an die kk. Comodantschaft in Möran
durch Ordinanz eiligst eiligst

Pres(entiert) d(en) 3 8ber 1809

Nr. 454

Hofer fordert Josef Glatzl auf, jene, die im Unterinntal Beute gemacht hätten, darauf hinzuweisen, diese abzugeben, damit sie gerecht aufgeteilt werden könne.

Innsbruck 1809 Oktober 1

TLMF, FB 2729, 49. Orig.-Pap. 22 ca. : 36,5 ca., Hochformat, 1 Blatt, ½ Seite.

Text und Adresse von Matthias Purtscher (?) geschrieben, Andreas Hofers eigenhändige Unterschrift, Amtssiegel als Verschluss.

Da der Unterzeichnete bei der letzten Affair im Unter-Innthal nicht gegenwärtig gewesen und immer einer nach dem andern zu klagen kömmt und jeder der Erste und Beßte gewesen seyn will und sich daher in Betref der Beute beschwerten: So wird daher dem H(errn) Commandant Glatzl der Auftrag ertheilt, alle diejenige, welche Beute gemacht, zur Abgabe anzuhalten und sodan die gesamte Beute unter alle dort gestandenen Compagnien ordentlich und gewissenhaft zu vertheilen. Innsbruck d(en) 1t(en) 8ber 1809 Vom k. k. Oberkommando Tirols.
Andere Hofer[n]

Rückseite:
Dem H(errn) Kommandanten Glatzl zu Meran
durch Ordonanz eiligst.

Den 4t(en) 8ber enpfangen
No. 16.

Nr. 455

Die k. k. Gerichts- und Gemeindedeputation von Primör (Primiero) an den Oberkommandanten von Tirol Andreas Hofer (Primör 1809 September 21): Da der Feind jede Kommunikation zwischen Tirol und Italien verhindert und die Einfuhr von Getreide und anderen Viktualien nicht möglich ist, bittet man den Oberkommandanten um Erlaubnis, Roheisen des Welsbergischen Eisenwerkes requirieren und verkaufen zu dürfen. Zu diesem Zweck wird ein Deputierter mit der Bitte abgeordnet, die Oberkommandantschaft möge den Zollämtern Primör und Bastia auftragen, das Eisen passieren zu lassen. Auf diese Weise hofft man, mit den Italienern Handel treiben zu können; die welschen „Kontrabandierer", welche Tabak, Eisen und Holz notwendig haben, würden in Folge Getreide und Wein liefern. Hofer antwortet auf diese Anfrage, die Gemeinde verdiene die Unterstützung, sie sei aber nur dann möglich, wenn das Privateigentum des Grafen Welsberg nicht geschädigt werde.

o. O. 1809 Oktober 1

TLMF, FB 1651, 37.

Eingangsvermerk und Text von Matthias Delama (?) geschrieben, Andreas Hofers eigenhändige Unterschrift, o. S. Eingangsvermerk des Empfängers.

Praes(entiert) d(en) 27t(en) 7ber 1809
Wenn den Rechten des H(errn) Grafen v Welsberg kein Abbruch dadurch geschieht, glaubt man, daß die bittstellende Gemeinde allerdings eine Unterstützung verdiene, nur muß das Privat Eigenthum des Grafen von Welsberg gesichert werden.
K. k. OberCommando Tyrols.
D(en) 1t(en) 8br 1809.
Andere Hofer

Pr d(en) 2t(en) 8ber 1809

Nr. XXVI

Verordnungen, „gestocktes" Kapital freizugeben und so die Not von Familien zu lindern sowie den Handel zu fördern.

Innsbruck 1809 Oktober 2

TLMF, Dip. 1383, 125. Einblattdruck, 2 Seiten, Orig.-Pap. 21 ca. : 34,8 ca., Hochformat.

Gedruckte Proklamation.

Die allgemeine Stockung, welche schon durch mehrere Monathe bereits bey allen Zahlungen – zum größten Nachtheile des Handels und Wandels und zur drückendesten Verkümmerung des Unterhaltes so vieler Familien – eingetreten ist, fordert die unterzeichnete Oberkommandantschaft auf, eine provisorische Verfügung dahin zu treffen, daß diese verderbliche Stockung gehoben und dadurch der innern Wohlfahrt des Vaterlandes der bestmögliche Vorschub geleistet werde.

Da nach den bisher erhobenen Beschwerden dieses Uebel vorzüglich in dem Währungs-Zuschlage seinen Grund zu haben scheinet und in der That durch den gegenwärtigen Geldmangel doppelt fühlbar gemacht wird; so werden zur möglichsten Erleichterung der Zahlungen folgende Bestimmungen festgesetzt:

1stens. Sämmtliche Gerichts-Taxen und Sporteln sind für jetzt zwar nach der in den Tax-Ordnungen vorgeschriebenen Gulden- oder Kreuzer-Zahl ohne Währungszuschlag im 24 Guldenfuße zu entrichten.

2tens. Kein Privatgläubiger, der ein Kapital abtreiben will, ist dermal befugt, die betreffende Summe, wenn sie ursprünglich auf Tiroler-Währung oder den 21 Guldenfuß lautete, anders als im 24 Guldenfuße ohne Zuschlag zurückzufordern und in so fern das allerhöchste Aerar entweder Kapitalien bey Privaten anliegen oder Kaufschillingsreste zu fordern hat, wird es den Privatgläubigern vollkommen gleichgestellt.

3tens. Diese Verfügung erstreckt sich auch auf jene Kapital-Zahlungen, welche bereits verfallen sind, das ist solche, die vermög erfolgter Aufkündungen, Testamente, Verträge oder rechtskräftiger Urtheile entweder schon hätten geschehen sollen, oder in einer festgesetzten Zeit zu geschehen haben.

4tens. Wollte hingegen ein Schuldner ein Kapital von freien Stücken zurückzahlen; so soll ihm die in den vorhergehenden Absätzen enthaltene Wohlthat nicht zu statten kommen, sondern er verpflichtet seyn, die Zurückzahlung ohne weiters nach den bestehenden Gesetzen mit dem betreffenden Zuschlage zu leisten.

5tens. Kommen derzeit alle Kapitals-Zinse – zwar nach den bedungenen Prozenten, jedoch nicht anders als im 24 Guldenfuße und zwar so abzuführen, daß die Zins-Summe, welche vorhin von einem ursprünglich auf Tiroler-Währung lautenden Kapitale im 21 Guldenfuße zu entrichten war, gegenwärtig in Reichs-Währung angenommen werden muß.

6tens. Diese Zahlungs-Art tritt gleichmäßig bey Pacht-Grund- und andern Zinsen ein, und auch hierinfalls hat das allerhöchste Aerar vor den Privatgläubigern keinen Vorzug. Eben so wenig wird ein Unterschied gemacht, ob diese Zinsgiebigkeiten bereits verfallen sind oder erst abreifen.

Dem zufolge ist daher

7tens keine Obrigkeit befugt, dermal bey den erwähnten Zahlungen auf einen Währungs-Zuschlag – den Fall des 4ten Absatzes ausgenommen – zu erkennen, oder die Exekution zu ertheilen.

Dagegen ist es
8tens. billig und gerecht, daß bey der großen Erleichterung, welche den Schuldnern für jetzt zugewendet wird, die Gläubiger nicht minder in Schutz genomen und zu Erlangung aller dieser provisorischen Verfügung angemessenen Zahlungen kräftigst unterstützt werden.
Zu diesem Ende wird nicht nur jede kompetente Behörde hiemit nachdrücklichst angewiesen, den Gläubigern hierinfalls alle mögliche Assistenz zu leisten, sondern noch ausdrücklich festgesetzt, daß jene Schuldner, welche noch ferners aus Muthwillen oder schuldbarem Saumsale den Gläubigern ihre Schuldigkeiten vorenthalten, von der Wohlthat gegenwärtiger Verfügung ausgeschlossen und gehalten seyn sollen, ihre Zahlungen ohne weiters mit Währungs-Zuschlag abzuführen.
Innsbruck den 2ten Oktober 1809.
Von der k. k. Oberkommandantschaft in Tyrol. Andreas Hofer.

Nr. 456

Da die beiden Hauptleute Josef Valentin Schweiggl und *Tausch Garber* **über einen in Gefangenschaft geratenen Hauptmann berichtet haben, der an den Brandschatzungen in Tirol beteiligt gewesen sein soll und sich abfällig über Tirol geäußert habe, ordnet Hofer an, die beiden Hauptleute noch genauer zu befragen. Außerdem seien die Befehle betreffs der Gefangenen gewissenhafter zu befolgen.**

Innsbruck 1809 Oktober 2

TLMF, Historische Sammlung, Flugschriften – Autographen. Orig.-Pap. 23 ca. : 37 ca., Hochformat, Doppelblatt, 1 ½ Seiten.

Text und Adresse von Matthias Purtscher (?) geschrieben, eigenhändige Passage und Unterschrift Andreas Hofers, zwei Amtssiegel als Verschluss. Dorsalvermerke von verschiedenen Händen, Eingangsvermerk des Empfängers.

An die löb(liche) Kommandantschaft zu Meran.
Innsbruck d(en) 2t(en) 8ber 1809.
H(err) Hauptmann Schweigl und Tausch Garber sagten hier vor ihrer Abreise vieles von dem letzthin in Gefangenschaft gerathenen Hauptmann, als wenn dieser bei den Mordbrennereyen hier in Tirol Antheil genomen – welches obiger Haupt(mann) selbst wie sie selber herauf geführt noch geäußert haben solle – auch hätte dieser sehr über Tirol geschmäht –
Da wir aber Christen sind – so fodert es, daß man Grund habe, befor man einen strafet – Es wird daher der löb(lichen) Kommandantschaft aufgetragen, denn H(errn) Schweigl und Tausch Garber über diese Sache gehörig abzuhören und das species factum des ehestens anhero zu schicken. Uibrigens wird der Kommandantschaft schärfstens aufgetragen, die Befehle in Rücksicht der Gefangenen in Zukunft besser zu befolgen und nicht blos nach ihren eignen Kopf zu handeln.
Die Gefangenen sind so zu verwahren wie ich befohlen – denn beim Thorwirth ist kein Arrest.
H(err) Kommandant wird mich wohl verstehen und hoffe, das in Zukunft nach meinen Befehlen gehandelt werde.
Vom k. k. Oberkommando Tirols.
ver gestes nicht, auf negste mall
Andere Hofer

Rückseite:
Vom k. k. Oberkommando Tirols an die lob(liche) k. k. Kommandantschaft zu Meran durch Ordonanz eiligst.

Den 4t(en) Oct(ober) umb ½ 10 Uhr in Saltaus ankommen und sogleich abgangen

Pre(sentiert) den 4ten 8ber 1809.

2. October 1809. XXXVII.

Nr. 457

Hofer schreibt an das Stadt- und Landgericht Sterzing, er hätte erfahren, die österreichischen Truppen hätten dort Geld hinterlegt; die Angelegenheit soll sofort und genau untersucht werden.

Innsbruck 1809 Oktober 2

TLMF, Historische Sammlung, Flugschriften – Autographen. Orig.-Pap. 23,5 ca. : 36,5 ca., Hochformat, Doppelblatt, 2/3 Seite.

Text und Adresse von Matthias Purtscher (?) geschrieben, eigenhändige Passage und Unterschrift Andreas Hofers, urspr. zwei Siegel als Verschluss (ausgeschnitten). Eingangsvermerk des Empfängers. „eiligst und zwar" nachträglich eingefügt durch Verweis.

An das löb(liche) Stadt und Landgericht zu Sterzing
Insbruck d(en) 2t(en) 8ber 1809.
Es wurde hier die Anzeige gemacht (wie Sie aus der Beilage sehen werden), daß dortselbst beim Abmarsch der k. k. Truppen ein Geld abgelegt worden sey.
Es wird also ersucht, die Sache eiligst und zwar <u>eidlich</u> zu untersuchen und sodann die Erläuterung anhero zu erstatten, wobei man auch die Beilage wiederum rückerbittet.
Vom k. k. Oberkomando Tirols.
wan Es allen fahlß khent for findig gemacht werden, so wehr unß sehr ge holfen, vnd ich werde inen helfen
[ß]öchen sie E[ß] geschbind zu Ehr höben
Andere Hofer ober Comen dant in dirolln

Rückseite:
Vom k. k. Oberkommando Tirols an das löb(liche) k. k. Landgericht zu Sterzing.
Exoff(icio). Ergo Recepisse

No 329 prae(sentiert) 3t(en) 8b(er). 1809 um 7 Uhr Vormittag.

Nr. 458

Hofer teilt dem Präsidium des Appellationsgerichtes des Inn- und Eisackkreises in einer Beilage zum vorliegenden Schreiben die neue Struktur der Provisorischen General-Landes-Administration mit. Da Appellationsgerichtsrat von Peer nunmehr in zwei Gremien sitze, seien die Sitzungstermine so festzusetzen, dass sich keine Überschneidungen ergäben.

Innsbruck 1809 Oktober 2

TLMF, Historische Sammlung, Flugschriften – Autographen.

Abschrift, im Original Andreas Hofers eigenhändige Unterschrift (?).

An das Präsidium des Appellations-Gerichtes vom Inn- und Eisakkreise.
Aus der Anlage beliebe das Präsidium des Appellationsgerichtes vom Inn- und Eisakkreise zu entnehmen, welche erneuerte Form man der bisher bestandenen prov. General-Landes Administration zu geben für nöthig befunden hat.
Das allgemeine Zutrauen, dessen sich Herr Appellations Rath v(on) Peer zu erfreuen hat, bestimmte den Unterzeichneten, ihm die neu kreirte Stelle des Justizreferenten zu übertragen.
Indem man sich die Ehre gibt, das Appellations Präsidium hievon in Kenntniß zu setzen, wird zugleich das Ersuchen beigefügt, daß, da der Herr Appellationsrath v(on) Peer seine bisherigen Amtsfunktionen nichts desto weniger fortzusetzen hat, die Einleitung getroffen werden wolle, daß die allfällige Kollision mit den Sitzungen der prov. General-Landes Administration, welche am Dienstag und Freitag gehalten werden, und jenen des Appellationsgerichtes vermieden werde.
Innsbruck den 2. Oktober 1809.
Vom k. k. Oberkomando Tirols.
Andere Hofer.

Nr. 459

Der provisorische Stadtmagistrat Hall (prov. Bürgermeister Franz Josef von Aichinger und prov. Stadtschreiber Alois Leyer) schreibt an die Oberkommandantschaft (Hall 1809 Oktober 2), er hätte zwar die Hauptleute über den vom Platzkommandanten ergangenen Aufruf zur Bereithaltung der Zuzugskompanien informiert, nur stelle sich die Frage, wer die Kompanien mit Geld, Proviant und Waffen versorgen würde. Die Stadt Hall sei durch ständige Truppendurchzüge und das Militärspital ohnehin genug belastet; der Stadtmagistrat bittet also um die Befreiung vom Zuzug. Hofer fordert den Auszug mindestens einer Kompanie.

o. O. 1809 Oktober 3

Stadtarchiv Hall in Tirol, Verordnungen vom Gubernium 1809, Fasz. X.

Eingangsvermerk und Text von Matthias Purtscher (?) geschrieben, Andreas Hofers eigenhändige Unterschrift, o. S.

Praes(entiert) d(en) 2t(en) 8ber 1809.
Hat der Auszug wenigstens einer Compagnie ohne weiters zu erfolgen, und man muß fernerre Aufschüb glatterdings als Halsstörrigkeit ansehen.
K. k. Ober Commando Tyrols d(en) 3. 8br 1809.
Andere Hofer

Nr. 460

Hofer berichtet an Josef Valentin von Morandell, er habe die Nachricht erhalten, dass der Feind in Lavis stehe; in Meran und Vinschgau sollen deshalb alle nötigen Kompanien aufgeboten werden. Außerdem würde dem Kommandanten Lang ein Zentner Pulver geschickt werden.

Innsbruck 1809 Oktober 3, 10 Uhr nachts

TLMF, FB 2729, 51. Orig.-Pap. 23 ca. : 38 ca., Hochformat, Doppelblatt, 1 Seite.

Text und Adresse von Matthias Purtscher (?) geschrieben, Andreas Hofers eigenhändige Unterschrift, drei Amtssiegel als Verschluss. Eingangsvermerk des Empfängers. Die Passage „Um […] nachts" nachträglich eingefügt, ebenso „von […] Botzen" (Verweis).

An den H(errn) Oberkommandanten Jos. v(on) Morandel zu Kaltern.
Insbruck d(en) 3t(en) 8ber 1809. Um 10 Uhr nachts.
So eben kam durch extra Estaffette die Nachricht vom H(errn) Commandant Lang v(on) Botzen hier an, das der Feind seine Position in Lavis genommen habe – Der H(err) Oberkommandant hat also den Uiberbringer dieß Franz Thalguter eiligst nacher Meran mit der gehörigen Vollmacht nach Meran und Finschgau abzuschicken, um so viel Compagnien als nöthig sind, dem Feind zu bezwingen, ab aufzubiethen. Biethen Sie alles auf und machen Sie dieser Hand voll Leut, die eine ganze Verwirrung machen könnte, ein Ende.

Auch schreibt H(err) Lang wieder um Pulver – ich weiß nicht, ob Sie die andern 4 Zenten wohl empfangen haben – Zur Fürsorge überschicke ich hier noch eines.
Machen Sie also Anstalt und thun Sie was Sie immer können.
Andere Hofer ober Comen dant in diroll

Rückseite:
Vom k. k. Oberkommando Tirols an den H(errn) Oberkommandanten Jos. v(on) Morandel zu Kaltern
eiligst eiligst

Praes(entiert) am 5t(en) 8br 809.

Nr. 461

Hofer schreibt an einen unbekannten Empfänger, die in Reutte stehenden Kompanien hätten vier Wochen auf ihren Posten zu verbleiben und würden vorerst nicht abgelöst. Er werde sich bemühen, einen Geldvorschuss zur Verfügung zu stellen.

o. O. 1809 Oktober 3

TLMF, FB 2701, S. 36–37.

Abschrift (1845), im Original Andreas Hofers eigenhändige Unterschrift (?).

3. Octobr. 1809.
In Rücksicht der Anfrage wegen der Ablösung der dermal in Reutte stehenden Kompagnien wird bedeutet, daß dermal, wo die die [sic] Gefahr im südlichen Landestheile sich zeiget, die Ablösung der zwey Compagnien unterbleiben könne, indem die Weisung an den Herrn von Plawen schon dahin abgegangen, daß selbe durch andere Compagnien ersetzt werden.

Jedoch aber haben diese 2. Kompagnien, welche sich in Reutte befinden, 4 volle Wochen auf dem Posten zu verbleiben.
In Rücksicht eines Geldvorschusses wird man alles Mögliche thun – und man hoft, bis in 14 Tägen sicher alle mögliche Hülfe leisten zu können.
Vom k. k. Oberkommando Tyrols.
Andere Hofer m/p.

Nr. 462

Hofer kündigt Josef Ignaz Straub an, ihm Wein, Branntwein und Schießpulver zu schicken, den Wein soll Straub in das Unterinntal bringen.

Innsbruck 1809 Oktober 3

TLMF, FB 1651, 131.

Abschrift durch Delama (von Lama), im Original eigenhändige Passage „Eß [...] etc." und Unterschrift Andreas Hofers.

An den H(errn) Platzkommandanten Straub zu Hall.
Ich werde Ihnen vielleicht heute noch einen Wein und Brandwein schicken, mit welchem auch das Pulver folgen wird – warten Sie also, bis der Wein etc. kommt, und gehen Sie sodann mit diesen nach Unter Innthal ab und machen Sie Anstalten so wie Sie selbe für gut finden.
Innsbruck den 3. 8ber 1809.
Vom k. k. Oberkommando Tyrols
Andere Hofer.
Eß wirth Ein verdräuter mit khomen und Bei der sache Bleibn etc. (Von Hofer eigenhändig)
von Lama.

Nr. 463

Hofer schreibt an Rupert Wintersteller in Kössen, die Zugänge von Bayern nach Tirol müssten unpassierbar gemacht werden. In Kitzbühel seien die nötigen Kompanien aufzubieten, auch die Pinzgauer könnten mithelfen.

Innsbruck 1809 Oktober 3

TLMF, Historische Sammlung, Flugschriften – Autographen.

Abschrift, im Original Andreas Hofers eigenhändige Unterschrift (?).

An Herrn Major Wintersteller in Kössen.
Innsbruck am 3. Oktober 1809
Auf den verehrlichen Erlaß vom 1. d. M., den man zur Wissenschaft genommen, kann man erwiedern:
Vor allem müssen alle Zugänge von Baiern her auf der Kufsteiner Seite ganz ruinirt und [ein]er Wüste gleich gemacht, Gräben aufgeworfen und aller Teufel quer und kreuz gehackt werden und das augenblicklich.
2. hat Herr Kommandant in Kitzbichl die nöthigen Kompagnien augenblicklich aufzubieten und damit die Kufsteiner Position wie auch jene bei Kössen gehörig zu decken und solcher Art den Firler zu unterstützen.

Herr Straub wird auch dahin kommen.
Helfen Sie auch mit dem Landsturm von Pinzgau. Die Pinzgauer wollen und können auch Kompagnien abgeben. Sie haben organisirte Kompagnien.
Herr Sieberer wird diese Tage bei Ihnen eintreffen, berichten Sie solches dem Wallner, dem Pater, damit er Ihnen gleich wenn es nöthig Kompagnien schicke, welche bereits avisirt sind, daß sie nicht mehr weiter vorrucken sollten.
K. k. Oberkommando Tirols.
Andere Hofer.

Nr. 464

Hofer trägt dem Hauptmann Simonis auf, die im Brixner Spital befindlichen Rekonvaleszenten samt der vorrätigen Ausrüstung nach Innsbruck zu schicken, da eine zweite Militärkompanie zusammengestellt werden soll.

Innsbruck 1809 Oktober 3

TLMF, FB 2073, 126. Pap. 22,5 ca. : 36 ca., Hochformat, 1 Blatt, ½ Seite.

Zeitgenössische Abschrift des Empfängers, im Original Andreas Hofers eigenhändige Unterschrift (?).

An k. k. Herrn Hauptmann Simonis zu Brixen.
Herr Hauptmann werden ersucht, die im dortigen Spital befindlichen Reconvallescenten also gleich und so bald es immer thunlich mit Escorte anhero zu senden, um die 2te Militair Compagnie ordentlich errichten zu können. Dieser Mannschaft sind auch die vorräthige Armatour Stücke mitzugeben.
K. k. Ober Commando Tyrols
Innsbruck d(en) 3t(en) 8b(er) 1809.
Andere Hofer.

Nr. 465

Zwei Gesandte haben Hofer die Lage in Kärnten geschildert, dieser fordert die Kärntner auf, mit den Tirolern zu kämpfen, wozu sie Schützenkompanien aufstellen sollen.

Innsbruck 1809 Oktober 3

TLMF, FB 2729, 50. Orig.-Pap. 22,5 ca. : 37 ca., Hochformat, Doppelblatt, 1 Seite.

Text von Matthias Purtscher (?) geschrieben, Andreas Hofers eigenhändige Unterschrift, Amtssiegel.

Ends Unterzeichneter bezeugt, daß die Vorzeiger dieß Peter Groanegger und Jacob Schachner von Gericht Groskirchen unter heutigen Dato zu mir gekommen und mir die Lage von Kärnten entdecket haben.
Liebe Brüder! Ich mache Euch daher zu wissen, daß bei uns dermal alles gut aussieht – Wenn Ihr also mit uns gemeinschäftliche Sache machen wollet, so ist es sehr nothwendig, das Ihr Eure gesammte waffenfähige Manschaft in Compagnien eintheilet, damit Ihr, wenn wir Euch zu Hilfe kommen, ordentlich und zweckmäßig ausrücken könnet.

Machet also unter der Hand Anstalt so gut Ihr könnt – wir werden Euch so bald es möglich zu Hilfe eilen. Ihr habt itzt diese Unmenschen, diese Unthiere erfahren – ist es noch möglich, das Ihr diese Thrauer Szenen noch ansehen könnet –
Stehet auf – rettet Euere Altäre, Euer Vaterland und Eigenthum – Stehet mit gesammten Kräften auf – vertrauet auf Gott – aber fest, und Ihr werdet die augenscheinliche Hilfe so – wie wir erfahren.
Innsbruck d(en) 3t(en) 8ber 1809.
Vom k. k. Oberkomando in Tirol.
LS *Andere Hofer*

Rückseite:
~~Anweisung für das Landgericht~~

aufgefunden J. Sigwart

Nr. 466

Hofer bestellt Kartätschen (mit Bleikugeln gefüllte Artilleriegeschosse) bei einem Schmiedemeister (Romed Strasser) in Jenbach.

o. O. 1809 Oktober 3

ÖStA, AVA, Polizeihofstelle, Kt. 396, Akt Nr. 223/1812. Orig.-Pap. 23 ca. : 33,5 ca., Hochformat, 1 Blatt, 1/3 Seite.

Text und Adresse von Matthias Delama (?) geschrieben, Andreas Hofers eigenhändige Unterschrift, eigenhändiger Vermerk Hofers (?) auf der Adressseite, Tinte stark ausgebleicht, o. S. Das Dokument weist massive Brandschäden auf.

[…] 6: löthige Kartitschen […]
2000 Stük zu verfertigen und dann […] anhero einzusenden.
Vom k. k. OberCommando Tyrols
den 3. 8br 1809.
Jeder Verzug unterwirft der strengst(en) Verantwortung. *Andere Hofer*

Rückseite:
Dem Schmiedmeister welcher Kanonen Kugel giest in Jenbach.
Durch Esstaffette eiligst

Kärt daschen
K[?]

Nr. 467

Hofer dankt dem Erzherzog Johann für die Ehrenkette, ruft diesen aber auf, so schnell wie möglich nach Tirol zu kommen. Anschließend bittet er um die Wiedereinsetzung der Jesuiten. Die ehemaligen Kommandanten wolle er nicht wieder als solche einsetzen, da sie feige das Land verlassen hätten. Die Tiroler stünden zwar schon bei Salzburg, es fehle aber an Geld, Munition und Lebensmitteln; der Feind hingegen stehe bei Lavis. Das Fest für den Kaiser sei mit gebotener Feierlichkeit begangen worden.

Innsbruck 1809 Oktober 4

TLMF, FB 2073, 103. Orig.-Pap. 11,5 : 18,8, Hochformat, Doppelblatt, 3 ½ Seiten.

Text von Matthias Purtscher (?) geschrieben, Andreas Hofers eigenhändige Unterschrift, o. S.

12.
An S(ein)e K. Hochheit den allgeliebten Erzherzog Johann etc.
Gerührt im Innersten meiner Seele danke ich für das überschickte Ehrenzeichen – Ich thate zwar was ich konnte, allein unsere Rettung ist nur ein Wunder – ein Werk des Himmels – menschlicher Weise wäre es nie möglich gewesen. Aber ich bitte, kommen Sie nur bald uns zu Hilfe – eilen Sie so viel Sie können – alles wartet mit gespannten Herzen und wünscht nur einmal Euer Kaiserliche Hochheit zu sehen und in unserer Mitte zu haben – jedes Tiroler Herz lebt und schlägt nur für das oestreichische Kaiserhaus –
Ich muß eine Bitte wagen – als ich im stärksten Drange war, machte ich das Gelübd, die Religion zu unterstützen und selbe aufrecht zu erhalten und so die Jesuiten, welche die Stütze der Religion, wieder empor zu bringen – ich bitte daher, machen Sie, daß es in Erfüllung gebracht und die Jesuiten wieder eingesetzt werden.
Ich habe Euer Kaiserlichen Hochheit noch zu melden – daß die letzthin aus dem k. Hoflager hier Angekommenen als Siberer, Frischmann, Eisenstecken gleich wieder als Commandanten eintreten wollten, welches ich unmöglich zu geben konnte – diese haben mich verlassen, und so mußte ich mir vernünftiger Weise um andere Leute umsehen – und ich habe wirklich solche Leute an der Hand, daß ich um viele Generäle nich tauschen könnte. H(err) Siberer, Eisenstecken etc. haben sich beim Volke durch ihr Fortgehen ~~beim Volke~~ einiger Maßen verhaßt gemacht, sie besitzen das Zutrauen nicht mehr so wie vorher – Was würde das wohl abgeben, wenn ich nun diese, welche im Drange das Vaterland verlassen und ihre Sicherheit suchten, itzt wieder anstellte und jene würdigen Männer – die ihr Äußerstes thaten und aufopferten absetzen sollte – das wäre ja unmöglich –. Sie werden mir es daher keineswegs uebel nehmen – ich muß einmal so thun wie ich kann, damit ich das Volk in der guten Stimmung erhalte.
Zum Beschluß bitte ich dringend – kommen Sie uns doch wenn es anderst möglich bald zu Hilfe – denn lange kann es das Land unmöglich mehr aushalten – Euer Kais. Hochheit können sichs leicht vorstellen – wir liegen an Geld, Munition und Lebensmittl auf – wenn es noch lang thauren sollte –
Eilen uns zu Hilfe – wir werden unser Äußerstes thun, jeder ist bereit – unsere Verheidiger stehen schon bei Salzburg.
In getröster Hofnung Euer Kais. Hochheit bald zu sehen gebleibe ich.
Innsbruck d(en) 4t(en) 8ber 1809
danckh schuldigester Andere Hofer

So eben kam die Nachricht, daß der Feind bis Lavis vorgedrungen sey, er soll aber nur 2500 Mann stark seyn. Auch wird gemeldet, daß heute das Fest unsers allgeliebten Kaisers mit möglichster Feyerlichkeit abgehalten wurde, wo sodann der Courier um 5 Uhr abends abgeschickt worden.
So viel in Eil.

Nr. 468

Ein Zillertaler hat öfters gebeten, heiraten zu dürfen; Hofer hat dies erlaubt (!), die dortige Geistlichkeit will das Paar aber nicht verheiraten. Deshalb bittet der Oberkommandant seinen Freund Siard Haser, Kuraten in Strass im Zillertal, die Trauung durchzuführen.

Innsbruck 1809 Oktober 4

TLMF, FB 2729, 52. Orig.-Pap. 22 ca. : 36,2 ca., Hochformat, Doppelblatt, 1 Seite.

Text und Adresse von Matthias Purtscher (?) geschrieben, Andreas Hofers eigenhändige Unterschrift, Amtssiegel als Verschluss.

An den hochwürdigen hochgelehrten H(errn) Siard Haaser zu Straß
Innsbruck d(en) 4t(en) 8ber 1809.
Schon einigemal gieng mich Georg Haisler von Fügen an, ich möchte ihm die Bewilligung, sich verehelichen zu dürfen, ertheilen.
Schon zweymal ertheilte ich demselben die Bewilligung, aber unmöglich wollen H(err) Dechant und die dortige Oberkeit dieses geschehen lassen.
Haben Sie daher die Güte und copoliern Sie dieses Paar – denn was soll es da für einen Anstand nehmen? Wie ich haben beide Geld, und man weiß nichts Ungleiches – da es nun einmal so weit gekommen, wird es das Beßte seyn, man macht die Sache vorwärts.
Uibrigens grüße ich Sie freundlich und bleibe Ihr wahrer Freund. Auch bitte ich, vergessen Sie mich im heiligen Meßopfer nicht.
Sobald ich einmal hinunter komme, werde ich gewiß nicht vorbei gehen
Andere Hofer

Rückseite:
Vom k. k. Oberkommando Tirols an den hochwürdigen und hochgelehrten Herrn Siard Haaser würdigsten Curat zu Straß.

Nr. 469

Der Salzoberamtsrat von Hall Josef von Walpach fragt bei der Oberkommandantschaft an, ob er den Deputierten von Naudersberg, denen 150 Fässer Salz ausgefolgt werden sollten, die Transportkosten für 100 Fässer vorstrecken könne, da das Gericht das Geld aufzubringen nicht fähig sei (Hall 1809 Oktober 04). Hofer antwortet auf die Anfrage, er habe nichts dagegen.

Innsbruck 1809 Oktober 4

Privatbesitz Hermann Pegger, Latsch.

Text von Matthias Purtscher (?) geschrieben, zwei eigenhändige Unterschriften Andreas Hofers.

Es wird hierinfals keinen Anstand genommen und so mit bewilligt
Innsbruk d(en) 4t(e)n 8ber 1809.
Andere Hofer
P. S. Es wird noch bemerket, daß die 100 Fässer eiligst abspediert werden, damit Sie sodann die Fracht bezahlen können – und wenn die Fracht bezahlt ist, sind die übrigen 50 Faß ausfolgen zu lassen.
Andere Hofer

Nr. 470

Hofer teilt der Obrigkeit von Rettenberg mit, in der Streitsache zwischen Josef Beham und Georg Schwentner solle Ersterem ein Moratorium gewährt werden, da er offensichtlich nicht zahlungsfähig sei.

Innsbruck 1809 Oktober 4

TLMF, Historische Sammlung, Flugschriften – Autographen. Orig.-Pap. 23,5 ca. : 37,5 ca., Hochformat, Doppelblatt, 1 Seite.

Text und Adresse von Matthias Purtscher (?) geschrieben, Andreas Hofers eigenhändige Unterschrift, Amtssiegel als Verschluss. Eingangsvermerk des Empfängers.

An die löb(liche) Oberkeit zu Rettenberg
Innsbruck d(en) 4t(en) 8ber 1809
Der geachte Joseph Beham kam heute mit der Beschwerde hieher, daß ihn der Georg Schwentner um eine Capitals Post pr 1600 fl im Trieb habe.
Da aber obiger Jos. Beham um diese Schuld gut genug ist, wie man mir sagte, und derselbe in einen unendlichen Schaden bei dieser krittischen Zeit geriethe, so soll ihm auf dem Fall, daß keine Verlurstsgefahr für den Gläubiger vorhanden wäre, von lob(licher) Oberkeit ein Moratorium ertheilet werden.
Vom k. k. Oberkommando Tirols
Andere Hofer

Rückseite:
Vom k. k. Oberkommando Tirols an das löb(liche) Gericht zu Rettenberg

Praes(enta)to 5 octb[er] 1809
4. October 1809 XXXVIII

Moratorium. Ein Beweiß, daß auch Wirthe Moratorien ertheillt(en), ein Reservat des Konigs heut zu Tag.

Nr. 471

Da beim Oberkommando immer wieder Klagen über große Unordnung im Nonsberger Verteidigungswesen eingehen, beauftragt Hofer Josef Valentin von Morandell, sich um diese Missstände zu kümmern. Außerdem solle dieser alles tun, was zur Verteidigung notwendig ist, und gemeinsam mit Josef Eisenstecken den Feind zurückzuwerfen versuchen.

Innsbruck 1809 Oktober 5

TLMF, FB 4355, 27. Orig.-Pap 23 ca. : 37 ca., Hochformat, Doppelblatt, 1 Seite.

Text und Adresse von Matthias Delama (?) geschrieben, Andreas Hofers eigenhändige Unterschrift, Amtssiegel als Verschluss. Dorsalvermerke von verschiedenen Händen.

An Herrn Commandanten von Morandel zu Kaltern.
Innsbk. den 5. 8br 1809.
Bey diesem ~~Gerichte~~ OberCommando gehen immer Klagen wegen grosser Unordnung im Defensionsweesen am Nonsberg ein.
H(err) Commandant wird entweder selbst oder durch seine H(errn) Commandanten diesem Uebel, wenn es anders jezt auf der Stelle möglich seyn sollte, zu steüren sich angelegen seyn lassen.
Vertheidigen Sie übrigens ihren Post(e)n auf das Beste, biethen sie alle Kräfte auf, lassen Sie alles verschanzen und vergraben und sehen Sie nur gemeinschäftl(ich) mit dem [~~Eisenstecken~~] Eisenstecken den Feind zurükzuwerffen.
Vom k. k. OberCommando Tyrols.
Andere Hofer

Ist von Vertheidigen zu einer Beylage abgeschrieben worden

Rückseite:
Vom k. k. OberCommando Tyrols. An H(errn) OberCommandatnen v Morandell im südlichen Tyrol. Zu Kaltern
durch Ordonanz eiligst.

D(en) 5t(en) 8tb(er) um 9 Uhr abents auf den Prener ein und abgeloffen

A. Sant ankomen den 6t(en) 8t(ober) um ½ 9 Uhr fr[u]e sogleich abgangen.

Ankommen zu Saltaus den 6ten 8bre um ½ 11 Uhr Mittag und so gleich abg(angen)

D(en) 5 8b 809
N.o 5. N.o 11

Nr. 472

Andreas Hofer verleiht Josef Valentin von Morandell in Kaltern die ganze Vollmacht, in seinem Zuständigkeitsbereich im Bedarfsfall den Landsturm aufzubieten. Eventuelle Truppenbewegungen der Franzosen um Trient und am Nonsberg sind genau zu überwachen.

o. O., o. D. [Anfang Oktober? 1809]

Landeskundliches Museum Schloss Tirol. Orig.-Pap. 22,8 ca. : 38 ca., Hochformat, Doppelblatt, 1 ½ Seiten.

Text von unbekanntem Schreiber, eigenhändige Passage Andreas Hofers, drei Privatsiegel (I) als Verschluss.

Schazbahrster H(err) Jos. Morendel.
Das Schreiben hab ich richtig am Handen erhalten, daß ich aber geschrieben, das Ihr auch gleich andern Orten dem Landsturm aufbiethen sollet, daß ist für dermal nicht nöthig. Aber das ersuche ich Euch, daß Ihr ein wachtbahres Aug traget über die Franzosen auf Triendt und der übrigen Gegenden Einsperg, machen Sie nur wegen diese so viele Anstalten, daß wenn sie vorruken sollten gleich die Verdeidigung hergestellt ist, machen Sie dieses nur ohne Sorgen in dem wir auf Seiten des Kaysers dennen Franzosen in mintesten übergeben sind. Wohl aber haben uns die schönnen Herrn im Lande feylgebothen, allein über dieß gehen wir alles aus, seynd Sie nur gutes Muthes, mit der Hilfe Gottes werden wir einen gutten Kampf kempfen, der sowohl für Gott, Religion und dem Kaiser verdienstlich ausfallen wird. Die Waffen sind immer gesegnet und haben dem Feund schon grosen Schaden zugefiegt: 400 Mann sambt 10 Pferdt gefangen, 1.200 Mann Plesierte und Todte gemacht, glauben Sie nur, das imer minder wird, daß ich aber dem Aufbuth einzeln von oben angefierten Ortschaften überall machen kann, daß ist fast unmöglich.
Ich übergieb also Ihnen die ganze Vollmacht des Aufbuthes, Sie wissen auch geschwinde die Wendungen der Feunde bei Triendt und Einsperg und dieser Gegend.
Ich bitte also nochmal, denken Sie nicht, daß es für uns nicht gut und vortheilhaft ausfält, wir streiten wie Löben nur für dem Glaube, alles ist nur Verrätherey, der Kaiser wird uns im Kürze wiederum Hilfe leisten.
Auch kommen immer Deputierte von allen Orten und sind imer nur mit Bitten auf mir, die Verdeidigung vortzusezen, sie werden aller Orten mit ganzen Kräften beytragen, so auch schon geschehen, nur daß verfluchte Rappenöst Eurer Gegend ist alzeit darwider, indem daß meiste Freudenker sind.
Gehaben Sie sich gut und versorgen nur mit ganzen Fleiß die Verdeidigung, andern Orten werden nicht so schläfrig seyn können, daß sie es von Ihnen nicht annehmen wollen.
Indem ich Ihnen die ganze Vollmacht ertheile
Eiro warer freint vnd Prueder, Eß ist Eine freid die döttig kheit des folckhß an zu ßöchen Andere Hofer oberComen dant Vo Passey(e)r, der Ihnen die wirckhlich fohl macht Ehr deilt

Rückseite:
Am Herrn Joseph Morendel Comendant zu Kaltern
durch Ordinanz eiligst, eiligst eiligst.

Nr. 473

Die Provisorische General-Landes-Administration wendet sich wegen eines Bittgesuchs der Meraner Wirte an die Oberkommandantschaft in Tirol (Innsbruck 1809 September 19); Hofer antwortet auf dieses Schreiben, die Zuständigkeit in der Angelegenheit liege nicht bei ihm, sondern bei der Landesadministration.

Innsbruck 1809 Oktober 5

TLMF, FB 1651, 13.

Text von unbekanntem Schreiber, Andreas Hofers eigenhändige Unterschrift, o. S.

Da nach dem Patente vom 29 t(en) 7(ber) 1809 alle politischen Gegenstände lediglich von der prov. Gen. Land. Adm. zu erledigen sind, so ist das inliegende Bittgesuch der Gastwirthe zu Meran ganz nach den aufgestellten Ansichten von derselben mit dem zu verbescheiden, daß man seiner Zeit sich möglichst verwenden werde, daß allerhöchsten Ortes ihren Wünschen ein Genügen gethan werden wolle.
Innsbruck den 5t(en) 8b(er) 1809
Ober kommandantschaft Tirol.
Andere Hofer

Nr. 474

Hofer ernennt Peter Hager zum Kommissär und schickt diesen ins Unterinntal, nach Berchtesgaden etc., um das erbeutete Salz nach Innsbruck zu liefern bzw. zu verkaufen. Vorspann und Vorschub für die Reise werden garantiert.

Innsbruck 1809 Oktober 5

Archivio Comunale di Trento, Ms. 2668, 11. Orig.-Pap. 21,5 ca. : 32,5 ca., Hochformat, 1 Blatt, 1 Seite.

Text von Matthias Purtscher (?) geschrieben, Andreas Hofers eigenhändige Unterschrift, zwei Amtssiegel.

Offne Ordre
kraft welcher der geachte Herr Peter Haager als Comissaer ernennt wird und von da nach Unter-Innthal, Berchtalsgaden (etc.) abgeschickt wird, um dort das Salz, welches von dem Feinde in unsere Hände gefallen, hieher zu liefern oder wie er es für zuträglicher findet auch allenfals zu verwenden oder zu verkaufen, kurz alles das vorzukehren, wie er es dem Lande am zuträglichsten erachtet.
Die sämmtlichen Marchstationen werden hiemit angewiesen, demselben die nöthige Vorspann beizuschaffen und zwar gegen Quittung – auch überhaupts allen möglichen Vorschub zu leisten.
Gegeben zu Innsbruck d(en) 5t(en) 8ber 1809.
Vom k. k. Oberkommando Tirols.
LS *Andere Hofer*
LS

Nr. 475

Hofer und Andreas Ilmer ordnen Josef Gufler an, die in Innsbruck in der Hofburg stehenden Passeirer Kompanien abzulösen.

Innsbruck 1809 Oktober 6

TLA, Tiroler Landesverteidiger 1809, Fasz. I., Pos. 10. Orig.-Pap. 23 ca. : 37,5 ca., Hochformat, Doppelblatt, 1 Seite.

Text und Adresse von Matthias Purtscher (?) geschrieben, Andreas Hofers eigenhändige Unterschrift, eigenhändiger Textteil und Unterschrift von Andreas Ilmer, Amtssiegel als Verschluss.

An Hern Joseph Gufler Gerichts Anwald. In Paßeyr.
Da die hier 2 Kompagnien stehende Manschaft ihre bestimbte Zeit per 1 M[o]nnat beinahe ganz vollendet und in ihrer Heimat zur[ü]ck kehren dörften, so will Her Ober Commendant, das von Paßeyr widerum 1 K[a]mpagnie (aber 1 ganze), die hier in der Burg die Wahen versehen, ablösen solte, welche auch zu diesen Dienst angewisen werden, diese Manschaft hat also am 10 dies oder am 11ten allerspeti[g]stens hier in Insbruck einzutreffen und das bei fr[u]een Tag,
Insbruck den 6ten 8br 1809
Andere Hofer
B: Es werden etwelliche Mann, die hier sind, für andere stehen bleiben wans beliewig ist, ich werde geschwind die Nemmen derr schreiben und auch den Breis um wie vüll gelt, macht und das wir die be[stimb]te Tege abgelöst werden,
dan die Leite gehen widerum einmall gern nach Hauß und forderist, weill ihre[n] Zeit aus ist. Andere Jllmer Hauptman.

Rückseite:
Vom k. k. Oberkommando Tirols an den H(errn) Jos(eph) Gufler Anwald in Passeyr durch Ordonanz eiligst eiligst

Den 6ten 8tber um 11 Uhr abents auf den Prener ankomen und gleich weiter beferdert worden

Nr. 476

Das Landgericht Landeck bestätigt, Christian Penz, ein Bauer aus Ried (?), habe auf ein Ansuchen von Major Teimer hin die reitende Ordinanz mit zwei Pferden bzw. einem Pferd auf eigene Kosten „ohne Bestimmung der Löhnung und Wartgeldes gehalten". Der Aussteller des Schreibens vermerkt, auch er hätte die Ordinanz von April 25 bis Mai 23 auf eigene Kosten versehen, ohne bisher eine Vergütung erhalten zu haben. Hofer lässt auf demselben Blatt schreiben, der Bauer solle das Ordinanzpferd weiter einsetzen und dafür vom Gericht ein Ritt- oder Wartegeld bekommen.

Innsbruck 1809 Oktober 6

Hinweis und Abbildung in: Auktionskatalog Kronenberg AG, Historische Dokumente, Autographen. Fernauktion, Dienstag, 17. Juni 1997, Nr. 457. Orig.-Pap. Folio.

Text von Matthias Purtscher (?) geschrieben, Andreas Hofers eigenhändige Unterschrift, Amtssiegel.

Jak. Jos. Schweiggl[m. p.]

Derselbe wird ~~einsweilen~~ mit dieser Foderung an das G(eric)ht angewiesen, welches ihn bis einmal die Oestreicher kommen zu unterstützen hat!

Was die Ordonanz Pferde betrifft – hat derselbe die Ordonanz mit einem Pferd fortzusetzen. Da aber das Gericht die Ordonanzen zu besorgen hat, so ist auch dießfals das Rittgeld oder Warthgeld mit ihme Penz auszumachen und zu bestimmen.
Innsbruck d(en) 6t(en) 8ber 1809
Vom k. k. Oberkommando Tirols.
LS *Andere Hofer*

Nr. 477

Johann Kleinhans, Müller *bei der Faggen*, sucht beim k. k. Oberkommando um „gütigste Vermittlung einer allgemeinen Landes-Samlung" an (Prutz 1809 Oktober 1). Hofer leitet das Ansuchen an die Provisorische General-Landes-Administration weiter.

Innsbruck 1809 Oktober [6]

TLMF, FB 1651, 73.

Eingangsvermerk und Text von Matthias Purtscher (?) geschrieben, Andreas Hofers eigenhändige Unterschrift, o. S.

Praes d(en) 6t(en) 8ber 1809. Zur Beherzigung an die k. k. Landes Administration.
V. k. k. Oberkommando Tirols
Andere Hofer

Nr. 478

Hofer befiehlt den Unterinntalern, da es um die Landesverteidigung dort nicht gut stehe, solle jede Kompanie volle vier Wochen auf ihrem Posten bleiben, jedes Gericht hätte seine Kompanien selbst zu versorgen; auf den ersten Aufruf hin müssten sie abmarschbereit sein und dürften nicht ohne Anweisung ihrer Kommandanten „schändlich davonlaufen".

Innsbruck 1809 Oktober 7

TLMF, FB 1651, 135. Pap. 21 ca. : 34,5, 1 Blatt, 1 Seite.

Abschrift von Delama, im Original Andreas Hofers eigenhändige Unterschrift (?), Siegel.

Offne Ordre
für sämmtliche Gerichte in Unterinnthal.
Da die Landesvertheidigung noch immer nicht mit gehörigen Eifer betrieben wird, die Compagnien nicht die vorschriftmässige Zeit dorthalten und die Verpflegung der Truppen nicht so statt findet, wie selbe sein soll, so findet man den gesamten Obrigkeiten nachträglich Folgendes aufzutragen.
1. In Hinkunft soll jede Compagnie 4 Wochen complet auf dem Posten verbleiben uneingerechnet des Hin und Hermarsches.
2. Jedes Gericht hat für die Verpflegung ihrer eigenen Compagnien sowohl als der Fremden, die in ihrem Bezirke stehen, unter Verantwortung zu haften.
3. Sind alle Compagnien dergestallt wie die Landwehr in Bereitschaft zu halten, daß selbe auf ersten Ruf ausrucken können, welchen Ruf die Ober Comandantschaft zu erlassen hat.
4 hat jede Obrigkeit für Aufbringung so viel immer möglich Salpeter und Saliter Sorge zu tragen und den aufgebrachten gleich anher zu liefern

5. die Ordinanzen ordentlich zu unterhalten.
Vom k. k. Ober Commando Tyrols.
Innsbruck den 7. 8ber 1809
L. S. Andere Hofer.
Zugleich ist allen Compagnien schärfstens zu befehlen, das sie in Hinkunft nicht mehr ohne Ordre ihres H(errn) Commandanten von ihren angewiesenen Posten schändlich davon laufen.

Nr. 479

Hofer fordert den Stadtmagistrat Hall auf, bis zum folgenden Tag eine Schützenkompanie zu stellen.

Innsbruck 1809 Oktober 7

Stadtarchiv Hall in Tirol, Verordnungen vom Gubernium 1809, Fasz. X. Orig.-Pap. 22,8 ca. : 36,8 ca., Hochformat, Doppelblatt, ½ Seite.

Text und Adresse von Matthias Delama (?) geschrieben, Andreas Hofers eigenhändige Unterschrift, Amtssiegel als Verschluss.

An lob(lichen) Stadtmagistrat zu Hall.
Innsbruck den 7. 8br 1809.
Der Stadtmagistrat zu Hall hat längstens bis morgen 12. Uhr eine Schützen Compag(nie) um so gewisser bey dem dortigen Platz Commandanten marschfertig zu stellen, als widrigenfalls einige Compagnien auf Execution dahin beordert werden würden.
Vom k. k. Ober Commando Tyrols.
Andere Hofer

Rückseite:
Vom k. k. Oberkomando Tirols an den löb(lichen) Stadtmagistrat zu Hall.
Durch Ordonanz eiligst.

Kanzleivermerke Stadtmagistrat Hall

Nr. 480

Balthasar Pfitscher und Johann Platter suchen im Namen der Säumer des Gerichtes Passeier beim Oberkommando an, das Weggeld beim Einnehmeramt auf dem Gries möge für jedes Saumpferd auf sechs Kreuzer herabgesetzt werden (Passeier 1809 September 30). Hofer leitet das Schreiben an die Provisorische General-Landes-Administration weiter.

Innsbruck 1809 Oktober 7

TLMF, FB 1651, 14.

Text von Matthias Purtscher (?) geschrieben, Andreas Hofers eigenhändige Unterschrift, o. S.

Der prov. G. Landesadministration mit dem, daß von denen Saumpferden nur die Helfte des in der Weggeldstariffe vom ~~180~~ Jahre 1780 angesetzt[en] Weggelds, das Bruckengeld jedoch ganz abzufodern für billig erachtet werde.
Insbruk d(en) 7t(en) 8ber 1809
V. k. k. Oberkommando Tirols
Andere Hofer

Nr. 481

Hofer berichtet an die Provisorische General-Landes-Administration, vom Zollamt St. Martin in Passeier werde für einen Eimer Wein nicht der festgesetzte Tarif eingenommen; die Landesadministration solle dafür sorgen, dass alle Zollämter nach der Verordnung von 1809 August 21 gleich viel forderten.

Innsbruck 1809 Oktober 7

TLMF, FB 1651, 15. Orig.-Pap. 22 ca. : 37,2 ca., Hochformat, Doppelblatt, ½ Seite.

Text von Matthias Purtscher (?) geschrieben, Andreas Hofers eigenhändige Unterschrift, o. S. Eingangsvermerk des Empfängers

An die löbl(iche) k. k. General Landesadministration allhier
Innsbruck d(en) 7t(en) 8ber 1809
Es ist zu vernehmen gekommen, daß bei dem Zollamt St Martin in Passeier von jedem Eimer Wein nicht 48 xr R. W. nach der Vorschrift vom 21t(en) Aug(ust) d. J., sondern 1 fl 4 xr abgefodert werde.
Es wolle daher die schleinige Einleitung getroffen werden, daß nach der Vorschrift von 21t(en) Aug(ust) bei allen Aemtern der Aufschlag gleichförmig bezohen werde.
Vom k. k. Oberkommando Tirols
Andere Hofer

Rückseite:
Pr(aesentiert) d(en) 7t(en) 8ber 1809

Nr. 482

Hofer wünscht von Josef Valentin von Morandell dringend zu erfahren, wie die Dinge im südlichen Tirol ständen; die Intendantschaft im Pustertal sollte über jeden Vorfall informiert werden. Hofer befürchtet, Morandell sei nicht mehr recht im Kopf, da er die Oberkommandantschaft nicht mehr auf dem Laufenden halte, auch verstehe er nicht, wofür Morandell so viel Blei brauche. Außerdem solle dieser berichten, ob er das Schießpulver erhalten hätte.

Innsbruck 1809 Oktober 8

BSB, Autographensammlung, Autogr. Cim. Hofer, Andreas: 4. Orig.-Pap. 22,5 ca. : 37 ca., Hochformat, Doppelblatt, 1 Seite.

Text und Adresse von Matthias Delama (?) geschrieben, eigenhändige Passage und Unterschrift Andreas Hofers, Amtssiegel als Verschluss.

An Herrn Ober Commandanten v Morandell von Kaltern.
Innsbk den 8t(en) 8br 1809.
Die k. k. Ober Commandantschaft Tyrols wünscht aus wichtigen Gründen eilends zu wissen, wie die Sachen im südlichen Tyrole stehen.
H(err) Comandant wird sich also angelegenst seyn lassen, über alle Vorfälle, Situationen dem OberCommando sogleich Bericht und ausführliche Anzeige zu machen und zu gleichen seine unterstehenden Commandanten anzuweisen.
Zugleich ist auch planmässig, daß die Intendantschaft in Pusterthal aus äusserst wichtig(en) Gründen – –

über jeden Vorfall durch Estaffette in Kentniß gesetzt werde, um seine Plane hienach auszuführen.
K. k. OberCommando Tyrols.
Andere Hofer
Eß ist auch das unsser sorg, ßie möchten sein Vo khopf khomen, in dem unss gar kheine nach Richt zue khombt, ausser das, Vo sellurn das man ßolle 40 Platten Plei schickhen, ich habe mir denckht sie wohlen nach meillant Reissen und dort, die grossen fostige [Festungen, Anm.] zam schissen, sonst khan ich nicht ver stehen, wass ma so vill Plei Prauch möchte,
Be Richten ßie auch ob sie haben, die Vo den 4 octb(er) 4 zenten Pulfer Ehr halten haben

Rückseite:
Vom k. k. Ober Commando Tyrols. An H(errn) Ober Commandanten Jos. v Morandell. Zu Kaltern.
Durch Estaffette eiligst.

Nr. 483

Hofer bescheinigt, Graf Matthäus von Thun hätte sechs Kanonen zur Verfügung gestellt.

Innsbruck 1809 Oktober 8

TLA, Materialiensammlung Rapp, Schuber 18. Orig.-Pap. 22,5 ca. : 35,1, Hochformat, Doppelblatt, 1/3 Seite.

Text von unbekanntem Schreiber, Andreas Hofers eigenhändige Unterschrift, o. S.

Daß Herr Matheus Graf v(on) Thun auf ausdrückliches Anverlangen sechs unaufgerichtete Canonen von 10 letigen Kuglen zur Vertheidigung des Vaterlandes ausgehändiget hat, für welche das Land Tyrol haften wird.
Bescheine
Innsbruck den 8ten 8ber 1809.
Andere Hofer ober Comen dant in dirolln

Nr. 484

Hofer befiehlt Anton Steger, alle Kompanien des Pustertales aufzubieten, die Hälfte davon soll nach Kärnten marschieren, die andere im Land als Reserve zurückbleiben. Die Kärntner hätten sich bereiterklärt, gemeinsam mit den Tirolern zu kämpfen, die Tiroler sollten sich deshalb in Kärnten ordentlich benehmen; die Kompanien hätten vier Wochen auf ihren Posten zu bleiben, die Schützen ihren Oberen gegenüber gehorsam zu sein.

Innsbruck 1809 Oktober 9

TLMF, Dip. 1283, VII, 6–7. Orig.-Pap. 22 ca. : 34,5, Hochformat, Doppelblatt, 3 Seiten.

Zeitgenössische Abschrift. Im Original eigenhändige Passage und Unterschrift Andreas Hofers (?), Siegel.

Copia
An den Herrn Oberkommandanten Steeger im Pusterthal
Innsbruck den 9ten October 1809.
Offene Ordre
kraft welchen [sic] hiemit alle Kompagnien Pusterthal aufgefodert werden. Die halben Kompagnien haben sodann eiligst nach Kärnten aufzubrechen, die andern aber im Lande als Reserv zurück zu bleiben.
Säumet nicht lieben Brüder! – der Zeitpunckt ist wichtig – brechet mit vereinten Kräften auf und wendet alles an, unser theures Vaterland auf immer zu retten und wider die Unmenschen zu beschützen, welche alle Rieb und Räncke brauchen werden und so unser liebes Vaterland wider zu bezwingen und zu unterjochen suchen werden.
Glaubet niemand, wenn man Euch davon abzuhalten suchet, folget meinem Rath – vertraut dabei auf Gott – er wird, er muß helfen – denn wir streiten nicht aus Ehrgeitz, um Länder zu erobern, sondern für Gott, für Religion, für Vaterland und Eigenthum.
Meine lieben Brüder, Ihr müsst aber nicht dencken und sagen, wie es sonst gewöhnlich war – wir gehen nicht ausser Land – sondern denckt, wir gehen unsern bedrängten Mitbrüdern, welche für den nämlichen Monarchen wie wir streiten – Die Kärntner sind bereit, ja 15000. Mann stehen schon mit den Waffen in der Hand, um mit uns Tiroler gemäinschäftlich zu arbeiten und so sich selbst und uns von den unerdencklichen Unheilen zu befreyen. Nehmt und überlegt es selbst bei Euch – welchen Vortheil wir dabei gewinnen, wenn uns mehrere und andere Provinzen beifallen, denn wie weiter als wir den Feind von unsern Gränzen abhalten, desto glücklicher sind wir – desto sicherer ist unser Eigenthum –
Aber noch eins habe ich Euch zu sagen: Bedenkt, wenn Ihr nach Kärnten kommt, daß Ihr nicht in Feindes Land – haltet daher gute Mannszucht, beleidiget niemand, sondern vertraget Euch mit selben brüderlich – damit Ihr Euch nicht durch Rauben und Stehlen die Hilfe Gottes ablehnet und dadurch die Strafen zuziechet.
Letzlich ist noch zu mercken, daß jede Kompagnie vier volle Wochen ohne Hin- und Herreise auf den Posten zu stehen hat und sich ja keine ohne Erlaubnis vom Posten entferne, sollte sich auch der Fall ereignen, daß ihre Stand Zeit, nämlich die 4. Wochen, verflossen wären.
Uibrigens seyd Euren Officieren gehorsam; denn ohne Ordnung kann unmöglich etwas Gutes ausgeführt werden.
L. S. Eur aufrichtiger und wahrer Freund zum Euch und zum Hauß Österreich Andrä Hofer Oberkommandant in Tyrol

Nr. 485

Hofer fordert das Gericht Passeier auf, sofort eine weitere Schützenkompanie aufzustellen und nach Innsbruck zu schicken.

Innsbruck 1809 Oktober 9

TLA, Tirolische Landesverteidiger 1809, Sep.-Fasz. III. Pos. 3. Orig.-Pap. 23 ca. : 38 ca., Hochformat, 1 Blatt, ½ Seite.

Text und Adresse von Matthias Purtscher (?) geschrieben, Andreas Hofers eigenhändige Unterschrift, Amtssiegel als Verschluss. Die Passage „welches […] haben" nachträglich am Textrand eingefügt.

An die Gerichtsvorstehung in Passeyr.
Innsbruck den 9t(en) 8br 1809.
Ausser der hieher beorderten Wacht Compagnie hat die Gerichts Vorstehung in Passeyr also gleich eine weitere Schützen-Compagnie zu zusammen [sic] zustellen und ehemöglichst anhero abmarschiren zu lassen. In Innsbk wird dann diese Compagnie die weitere Bestimmung schon erhalten, welches um so leichter seyn kann, als die andern 2. Compa(gnien) bereits ihre Rükreise angetretten haben.
Vom k. k. OberCommando Tyrols.
Andere Hofer

Rückseite:
Vom k. k. Oberkommando Tirols an die löb(liche) Gerichts Oberkeit in Passeyr zu St. Leonhard
durch Ordonanz eiligst. Eiligst.

Nr. 486

Auf von der Schutzdeputation Bruneck eingegangene Beschwerden antwortet Hofer: Die Kassen seien überall leer, nicht nur in Bruneck, doch erhalte die Schutzdeputation 600 Säcke Salz für das Magazin St. Lorenzen und ebenso viele für Lienz, auch der Erlös des ärarischen Messings in Brixen komme zur Hälfte dem Pustertal zugute. Stadtkommandant Schenk solle von seinen Eigenmächtigkeiten Abstand nehmen. Die Gerichte Taufers, Schöneck, Michelsburg, Sonnenburg und Thurn wären nicht bereit, sich an Aufstand zu beteiligen, Hofer droht diesen mit Repressalien im Fall weiterer Weigerung. Auch die Obrigkeit von Michelsburg und der Kommandant Kolb sollen durch den Intendanten von Eigenmächtigkeiten abgehalten werden. Vom geplanten Vorrücken nach Kärnten erhoffe man sich, Gewehre zu erhalten, um das Ampezzo mit Waffen unterstützen zu können.

Innsbruck 1809 Oktober 9

SLA, Nachlass Streiter, Karton 34, „Briefverkehr betreffend Kriegsereignisse 1809–1823", 27. Orig.-Pap. 22,5 ca. : 33,8, Hochformat, 2 Doppelblätter, 4 ½ Seiten.

Text von unbekanntem Schreiber, Andreas Hofers eigenhändige Unterschrift, o. S.

Auf die von der Schutz-Deputation zu Brunecken unterm 6t(en) 8ber 1809 anher vorgelegten Bitten und Beschwerden beschließt die Ober-Commandantschaft wie folgt:
Ad Imum
Das Ober-Commando mißkennt die Aufliegenheit der Pusterthaler Defensions Cassen keineswegs; doch ist diese Aufliegenheit allgemein und kann daher derselben bei der

gegenwärtigen Lage nicht vollkommen gesteuert werden. Um doch alles Mögliche zu thun, bewilligt das Ober-Commando einsweilen die unentgeldliche Abgabe von 600 Säcken Salz für das Magazin Lorenzen und eben so viel für Lienz zum Behufe beyderseitiger Defensions-Cassen. Eben so bewilliget man, daß aus dem Erlöse des ärarialischen Messings, der gegenwärtig sich in Brixen befindet, die Hälfte der Pusterthaler Defensions-Casse zu Guten komme.
Ad II.dum
Den Stadt-Commandanten Martin Schenk hat bereits die Intendantschaft zurecht gewiesen und ist selbe ohnehin bevollmächtigt, derley Eigenmächtigkeiten abzuhalten. Übrigens darf nicht immer für willkührliche Überschreitung der Gränzen das angesehen werden, was oft nur der Drang der Umstände nothwendig zur Folge hat.
Ad III.um
Nachdem alle übrige Theile Tyrols ihr Möglichstes anstrengen, um in Erfüllung der Pflichten nicht im Rückstande zu erscheinen, so hofft man nicht, daß die Gerichte Taufers, Schöneck, Michaelsburg, Sonnenburg, Thurn sich derselben noch länger entziehen werden. Da es sich um Erfüllung strenger Pflichten handelt, so ist die Intendantschaft ohnehin berechtigt, alles vorzukehren, was sie zu diesem Behufe für dienlich erachtet. Vorzüglich werde ich selbst
1. im Falle fernerer Weigerung diese Gerichte bey erster Gelegenheit S.er Majestät dem Kaiser als dem gemeinen Wohl widerspänstig darstellen.
2. Werde ich ihre Widersetzlichkeit dem ganzen Tyrol in Druck vorstellen und sie auch für die Zukunft vor aller Welt zu brandmarken.
3. Will ich, daß die ranzionierten Gefangenen vorzüglich in solchen widerspänstigen Gerichten einquartiert werden; ferner
4. werde ich auf von solchen Gerichten vorgebrachte Beschwerden gar keine Rücksicht nehmen und keine weitere Schonung eintreten lassen.
5. Solle der Geistlichkeit aufgetragen werden, daß sie die Widerspänstigen zur Pflicht-Erfüllung auffordern, welcher sie unter keinem Vorwande entziehen können, und sollten endlich alle diese Mittel die erwünschte Wirkung nicht hervorbringen, so
6. ist nicht nur die Intendantschaft ermächtigt, sondern die Ober-Commandantschaft befiehlt es ausdrücklich, daß die dienlichsten Executions-Wege eingeschlagen werden.
Ad IVtum
Die Ober-Commandantschaft hat bereits bewiesen, welche Schonung sie für Pusterthal getragen habe und wie sehr ihr auch dieser Landtheil am Herzen liege. Dagegen erwartetet sie auch, daß selber sich nicht weigere, die bey der gegenwärtigen Lage der Dinge nun einmahl unausweichliche Lasten zu tragen.
Ad Vtum
Die Intendantschaft hat der Obrigkeit Michaelsburg zu empfehlen, sich von den Ausschüssen keine Eigenmächtigkeiten aufdringen zu lassen, sondern das Wohl des Ganzen mit Hinblick auf das Ganze dergestalt zu besorgen, daß alle Einseitigkeiten und Partheylichkeit vermieden und ohne Rücksicht auf Privat-Interesse gegenwärtig nur allgemeines Beste befördert werde.
Ad VItum
Ist durch den ersten Beschluß erledigt.
Ad VIImum
Da gegenwärtig keine Kanone vorhanden ist, so kann dem Wunsche des Ober-Commando nicht entsprochen werden; eben so macht es der Mangel der Feuergewähre

unmöglich, jenen der Gemeinde Ampezzo, deren Eifer man übrigens zu beloben findet, zu befriedigen. Indessen hoffet man, daß durch die angetragene Vorrückung nach Kärnthen, deren man herzlich entgegen sieht und von der man, wenn gute Anstalten getroffen werden, den besten Erfolg erwartet, diesem Mangel könne abgeholfen werden; wornach auch die Gemeinde Ampezzo eine verhältnißmässige Anzahl Gewähre zu Theil werden sollen. Die von der Intendantschaft erbethene Korporalschaft Cavallerie ist alsogleich in Eilmärschen nach Lienz instradiert worden, um das Pusterthal von der Fürsorge der Ober-Commandantschaft für selbes noch mehr zu überzeugen.
Dieser Korporalschaft sind noch für 4 Mann Pferde und Rüstung beygegeben worden.
Ad VIIIvum
Mißkennt die Ober-Commandantschaft den patriotischen Eifer des Herrn v(on) Kolb keineswegs; sollte aber durch dessen einseitige Denkart und Eigensinn die dem gemeinen Wohle ersprießlichen Anstalten auffallend gehemmt werden, so hört dessen Nutzen für den respectiven Wirkungs-Kreis auf, und man überläßt es der Intendantschaft, demselben einen Tauglichern zu bestimmen.
Innsbruck den 9t(en) 8ber 1809.
Andere Hofer ober Comen dant in dirolln

Nr. 487

Hofer ordnet dem Landgericht Bruneck an, die von dem von Freiherrn von Luxheim ungerechtfertigterweise arretierten Dr. Johann Marchetti gestellte Kaution freizugeben.

Innsbruck 1809 Oktober 9

ASBz, Kreisamtsakten Bruneck, Fasz. 190,1. Orig.-Pap. 23 ca. : 36,5 ca., Hochformat., Doppelblatt, 1 Seite.

Text von zwei unbekannten Schreibern, Andreas Hofers eigenhändige Unterschrift, zwei fremde Siegel als Verschluss, Eingangsvermerk des Empfängers.

No 3107.
An das Landgericht zu Brunecken.
Da wider den vom Freiherrn von Lunsheim [sic] wider allen Fug arretirten Dr. Joh. Marchetti in Bruneck gar z[e] keine Inzichten vorgefunden werden konnten, so ist dessen bei dem Landgerichte Bruneck gestellte Caution de se in judicio sistendo als aufgelöst zu betrachten.
Innsbruck d(en) 9. 8ber. 1809
Der General Obercommd(an)t
Andere Hofer ober Comen dant

Dem H(errn) Dr. v(on) Marchetti eine vidimirte Abschrift hievon mitgetheilt und der Verboth auf die Caution aufgehoben
den 10t(en) 8ber 809

vom General OberCommando in ~~Pusterthal~~ Tyrol.
An das k. k. Landgericht in Brunecken
exoffo.

Praes(entiert) den 19t(en) 8ber 809

Nr. 488

Da Hofer die vom Feind verbreiteten Friedensnachrichten nicht glauben will, sollen die Gerichte Hörtenberg und Petersberg ebenso wie die Landesverteidiger wachsam sein.

o. O. 1809 Oktober 9

TLMF, FB 2729, 54. Orig.-Pap. 23 ca. : 36 ca., Hochformat, Doppelblatt, ½ Seite.

Text und Adresse von Matthias Delama (?) geschrieben, Andreas Hofers eigenhändige Unterschrift, Amtssiegel als Verschluss.

Offne Ordre.
An das Gericht Hertenberg und Petersberg.
Da der Feind durch seine Leüte nichts als Frieden aus streüet und man diese Gerichte vor Einlangung eines oestreichischen Couriers lediglich für Ausstreüungen und Kriegs Finnessen halten muß, so will man hievon vorläufig die Obrigkeiten mit deme genauest gewarnet haben, alle äusserste Sorge auf der Defension zu tragen, so viel immer mögliche wachsam zu seyn und alle Landes Vertheidiger auf der eüssersten Hut zu seyn anzuweisen.
Vom k. k. OberCommando Tyrols.
D(en) 9. 8br. 1809.
Andere Hofer

Rückseite:
Vom k. k. Ober Commando Tyrols. An die Gerichts Obrigkeit zu Hertenberg zu Telfs. Durch Estaffette eiligst.

Nr. 489

Bürgermeister von Menz und die Stadträte von Bozen klagen über den hohen Geldaufwand für die Truppendurchmärsche und die Verpflegung der sieben städtischen Kompanien und bitten um augenblickliche Aushilfe mit Bargeld. Hofer empfiehlt, vorerst Anleihen von den Händlern zu nehmen.

Innsbruck 1809 Oktober 9

Stadtarchiv Bozen, Kiste 296, Magistratsakten 1809 (399).

Text von Matthias Purtscher (?) geschrieben, Andreas Hofers eigenhändige Unterschrift.

Sie werden angewiesen, einsweilen vom Handlstand Geld aufzunehmen, indem von hier aus dermalen diesem Mangl nicht abgeholfen werden kann. Bis in 14 Tägen hoft man sichern solches sodan wieder rücksersetzen zu können.
Innsbruck d(en) 9t(en) 8ber 1809.
Vom k. k. Oberkommando Tirols
Andere Hofer

Nr. 490

Peter Schwaiger, der sich als Wilderer betätigt und einen Jäger ermordet hatte[1], wird von Hofer rehabilitiert, da er seinen Fehler bereut hätte und schon einige Jahre der Heimat fern bleiben musste.

Innsbruck 1809 Oktober 9

Privatbesitz Andreas Reisch, Kufstein. Orig.-Pap. 22,5 ca. : 36 ca., Hochformat, 1 Blatt, 1 Seite.

Text von Matthias Purtscher (?) geschrieben, Andreas Hofers eigenhändige Unterschrift, Amtssiegel.

Offene Ordre
Der Vorzeiger dieß Peter Schwaiger von Wattenberg hat sich zwar vor einigen Jahren (weil derselbe ein Wilschütz und daher in verbothene Forst um Wild zu schießen gieng, dort von einem Jäger ertappt wurde, wo es dann zum Raufen gekommen) eines schweren Verbrechens schuldig gemacht – worauf sich derselbe entfernte und nun heut Dato zur k. k. Oberkommandantschaft kam und seinen Fehler bereute und um Verzeihung anhielt.
Es wird daher demselben sein begangener Fehler aus dem Grunde, und weil er schon durch eine mehr jährige Zeit als ein Flüchtling seyn Vaterland nicht mehr betreten durfte und in der Welt herum irren mußte, nach gesehen – mit dem gemessensten Auftrag, sich in Zukunft besser zu verhalten und sich in derley Händl nicht mehr einzulassen und sich sorgfältigst zu hütten, ja sich in allen Stücken so zu verhalten, wie es einem rechtschaffenen Manne zusteht.
Innsbruck d(en) 9t(en) 8ber 1809
Vom k. k. Oberkomando Tirols.
LS *Andere Hofer*

Nr. 491

Der Pulvermacher Josef U. in Gnadenwald erhält den Auftrag, soviel Schießpulver wie möglich nach Hall zu schicken.

Hall 1809 Oktober 9

Stadtarchiv Innsbruck, Faszikel Militär 1809.

Abschrift, im Original eigenhändige Passage („Jetz ist […] Einzuschießen") sowie Unterschrift Andreas Hofers (?).

Copia
Von k. k. Ober Commando Innsbruck.
So wird den Herrn Joseph U. Bulfer Macher in Gnadendorf Auftrag gemacht, so viel Pulver, das er bis jetz bis hero erzeigt hat, gleich morgen in aller Früh das an verlangt zu überschicken und sonsten werden Sie zur Verantwortung gezogen.
Hall den 9(n) 8ber 809.
Jetz ist der zeit Punkt arbeit was du nur der thuen magst, daß mir Pulver kriegen, den Frieden Einzuschießen
Andre Hofer mp. Commandant in Tyroll.

---

[1] Dies geht zwar aus vorliegender Quelle nicht hervor, wird aber in der Handschrift TLMF Dip. 1176 IX („Geschichte eines von Andreas Hofer, Ober-Kommandanten in Tirol im Jahre 1809 begnadigten Todtschlägers") dargelegt.

Nr. 492

Hofer fordert den bayerischen König auf, die gefangenen Tiroler gut zu behandeln.

1809 Oktober 10

Zit. nach: Hirn, Erhebung 698 (Original nicht eruierbar), die Unterschrift ebd. in Fußnote 4 transkribiert.

„[…] wenn den Tirolern im Königreich keine so gute Behandlung zuteil werde wie den königlichen Untertanen in Tirol, so werde man gezwungen sein, abschreckende Beispiele aufzustellen. […]"
„Warer manns liebling Andre Hofer Oberkommandant in Diroll."

Nr. 493

Da Hofer nicht an den Friedensschluss zwischen Österreich und Frankreich glauben will, schärft er auch seinen Leuten ein, keine entsprechende Nachricht ernst zu nehmen; die Schützen sollten die Posten verstärken und im Fall der Notwendigkeit die Sturmmasse aufbieten. Ankommende österreichische Offiziere seien auf der Stelle in das Hauptquartier zu schicken, die Grenzen müssten stärker bewacht werden als bisher.

o. O. 1809 Oktober 10

TLMF, FB 1651, 178.

Abschrift durch Delama (?), im Original Andreas Hofers eigenhändige Unterschrift (?).

Offene Ordre
an alle Herren Comandanten in Unterinnthal.
Da man von Seite Beyerns nichts als Frieden hört und man aus sehr wichtigen Ursachen diese Nachricht ganz bezweifeln, vielmehr als eine Kriegslist halten muß, bis nicht ein k. k. Kurier obige Nachricht aus dem kaiser(lich) oesterr(eichischen) Hauptquartier überbringet, zugleich aber wohl geschehen könnte, daß hierinfalls eine Masquerade unter kaiser(licher) Uniform vor sich gehen könnte, so findet sich das Ober Commando zur Schützung des lieben Vaterlandes Folgendes zu beordern aufgefordert:
1. Keiner wie immer gearteten und mitgetheilten Friedens Nachricht vom Feinde ist ein Glauben beyzumessen, und sind die Posten so viel möglich zu verstärken, auch in diesem Falle die Sturmmassa aufzubiethen und jeder Einfall zu verhindern, ausser es wird Euch von unsern Hauptquartier die von S.r M(ajestät) dem Kaiser eingelangte offizielle Nachricht mitgetheilt, nach welcher allein Ihr Euch zu richten habt.
2. Sollte auch wirklich ein k. k. oesterr(eichischer) Offizier an den Vorpostens Linien anlangen, so ist selber herein zu lassen, jedoch unter Begleitung eines Offiziers auf der Stelle eilends in das hiesige Hauptquartier abzusenden, wo dann die gehörige Untersuchung gepflogen und das Nöthige auf der Stelle an Euch durch Estaffeten erlassen werden wird.
3. Sind die Gränzen strenger als sie je zu besetzen, die Gerichte hin und hin aufmerksam zu machen und zur möglichsten Vertheidigung und Anstrengung aufzurufen.
4. Werden besonders die Ordonanzen und Staffetten die möglichste Genauigkeit und Accuratesse erfordern.
Vom k. k. Oberkommando Tyrols
den 10. 8ber 1809.
Andere Hofer

Nr. 494

Hofer schreibt an die Kommandantschaft Meran, dem Gerücht vom Friedensschluss zwischen Österreich und Frankreich, das überall verbreitet wird, solle kein Glauben geschenkt werden; er halte es für eine Feindeslist.

Innsbruck 1809 Oktober 10

TLMF, Historische Sammlung, Flugschriften – Autographen. Orig.-Pap. 23 ca. : 37,5 ca., Hochformat, Doppelblatt, 2 Seiten.

Text und Adresse von Matthias Purtscher (?) geschrieben, eigenhändige Passage und Unterschrift Andreas Hofers, zwei Amtssiegel als Verschluss. Eingangsvermerk des Empfängers.

An die löb(liche) k. k. Kommandantschaft zu Meran.
Insbruck d(en) 10t(en) 8ber 1809.
Da sich nun bereits überall das Gerücht verbreitet – als wäre der Frieden zwischen dem Kaiser von Oestreich und Frankreich wirklich unterzeichnet – so wird also der löblichen Kommandantschaft berichtet, daß dieselbe diesen Gerüchte keinen Glauben beimessen solle – indem ich im Gegentheil gestern durch einen Eigenen ganz widersprechende Nachrichten erhalten habe.
Kurz, so lang Sie die Nachricht vom Frieden nicht positiv von mir erhalten – so ist dieses nie auf keinen Fall zu glauben – denn glauben Sie sicher, daß ich auch etwas erhalten muß – und sodann nicht säumen werde, solches meinen lieben Mitbrüdern mitzutheilen.
Meine Sorge ist – der Feind suchet uns mit diesen einzuschläfern und zu hintergehen und so uns unthätig zu überfallen und zu bezwingen. Es braucht daher doppelte Fürsorge und Anstalten. –
Belehren Sie das Volk und halten Sie die gesammte waffenfähige Mannschaft so bereit, daß selbe auf jeden Ruf in Massa sich dem Feind entgegen stellen kann.
Wir kennen die List unserer Feinde, indem wir schon oft gewitziget worden.
Uns bleibt nichts anders übrig als siegen oder sterben – Haltet Euch daher bereit, um auf jeden Ruf ausrücken zu können.
Auch wird ersucht, dieses der Commandantschaft mit zu Schlanders mit zu theilen und so auch Kaltern.
damit wan Ein Einfahl geschicht, das mir in nander Bei stehen khenen[,] vnd den feind mit gott zu Poden lögen dörffen, den wan Ehr khombt, so khombt Ehr, mit Einer grösseren macht, waner nur kh[o]n, d wögen öster Reich
Andere Hofer ober Comen dant in diroll[n]
Auch die zur Nachricht, das der Feind von den oestreichischen Staaten 260. Milionen Contribution aufgelegt hat, und das Napoleon am 12t(en) d. nach München kommen soll.

Rückseite:
Vom k. k. Oberkommando Tirols. An die löb(liche) Kommandantschaft zu Meran.
Durch Ordonanz eiligst

In Firholz an komen [um] 9 Uhr vormitag. 11. [8]b[e]r 1809 [klam…]

Praes(entiert) d(en) 11ten 8b(e)r 809 ¾ auf 11 Uhr nachts.

10. 8b(e)r 1809. XXXVIIII.

Von diesem Schreiben gab es offensichtlich eine zweite, nicht adressierte Ausfertigung, die mit der Datierung endet:

TLMF, FB 2701, S. 39–40.

Abschrift (1845).

[…] Haltet euch bereit, auf jeden Ruf ausrücken zu können. Auch wird ersuchet, solches der Commandantschaft N. mitzutheilen. Auch zur Nachricht, daß der Feind den Österreichern 260 Millionen Contribution aufgelegt und daß Napoleon den 12. dies in München kommen soll.
Innsbruck 10. Octob. 1809.
Andere Hofer.

Nr. 495

Hofer ermahnt Johann Valentin Tschöll, nicht mit Ärarialgeldern eigenmächtig umzugehen, da er damit gegen die Zirkularverordnung vom 25. September (s. Nr. XXIII) verstoße.

Innsbruck 1809 Oktober 10

TLA, Materialiensammlung Rapp, Schuber 9. Orig.-Pap. 22,5 ca. : 37,3 ca., Hochformat, Doppelblatt, 1 Seite.

Text und Adresse von Matthias Purtscher (?) geschrieben, Andreas Hofers eigenhändige Unterschrift, Amtssiegel als Verschluss. Dorsalvermerke von verschiedenen Händen, Eingangsvermerk des Empfängers.

An Herr Commandanten Tschöll zu Meran.
Innsbruck den 10. 8br 1809.
Da zu vernehmen gekommen, daß der H(err) Commandant Tschöll zu Meran sich habe bey gehen lassen, von der Religions Fonds Administration 250 fl – xr. an das dortige Bürgermeisteramte anzuweisen und andere Verfügungen mit Aerarial Geldern zu treffen.
Da dieses Benehmen wider die Circular Verordnung vom 25. 7b(er) gerade hier laufet, so wird in Hinkunft derley Benehmen strengst verbothen und H(err) Commandant lediglich auf obige Verordnung verwiesen.
Vom k. k. OberCommando Tyrols.
Andere Hofer

Rückseite:
Vom k. k. OberCommando Tyrols. An Herrn Commandanten Tschöll in Meran.
Durch Ordonanz eiligst.

Den 11t(en) 8tber um halbe 2 Uhr Nachmitag auf den Prenner ankomen und gleich weiter beferdert worden

Praes(entiert) d(en) 12 8b(e)r 809. ½ 4 Uhr frühe.

Nr. 496

Begleitschreiben für eine Weisung an die Vorpostenkommandanten: Im Moment könnten keine Geldvorschüsse bezahlt werden, vielmehr hätten die Gerichte die Schützen zu versorgen; Josef Ignaz Straub solle Pulver nach Innsbruck schicken.

Innsbruck 1809 Oktober 10

TLMF, FB 1651, 178.

Abschrift von Delama (?), im Original Andreas Hofers eigenhändige Unterschrift (?).

An Herrn Platz Commandanten Jos. Ignatz Straub zu Hall
Innsbruck den 10. 8ber 1809.
Ihrer gute Meinung gemäß folgt im Anbuge die Weisung für alle Vorpostens-Commandanten, welche Sie denselben eiligst mitzutheilen haben.
Wegen der Obrigkeiten wird der Aufruf gleich nachfolgen.
Geldvorschüsse können vom Oberkommando dermalen keine in Voraus abgegeben werden, vielmehr hat unterdessen jedes Gericht den Schützen was vorzuschiessen.
Wenn Pulver vom Wald kommt, schicken Sie gleich eines hieher. Bley werden Sie heute erhalten.
Vom k. k. Ober Commando Tyrols
Eir auf Richtiger Andere Hofer.
Gegeben den 11. dto
H(err) Peter Hoffer
Anton Wallner
Martin Firler
Speckbacher
Wintersteller
Pehem
Peer
Pletzacher.

Nr. 497

Hofer schreibt an Michael Pfurtscheller in Fulpmes, die besonderen Schwierigkeiten, die sich im Stubai bei der Organisierung des Landsturms ergäben, sollten durch den Gerichtskassier Elias Domanig in Ordnung gebracht werden. Die zweite Kompanie hätte vorerst nicht auszurücken, für den Proviant der ersten werde gesorgt.

Innsbruck 1809 Oktober 10

TLMF, Historische Sammlung, Flugschriften – Autographen. Pap. 22,5 ca. : 35,5, Hochformat, Doppelblatt, 2/3 Seite.

Es handelt sich um eine Abschrift bzw. Fälschung, da die Unterschrift Hofers mit Graphitstift vor- und etwas ungeschickt nachgezeichnet wurde. Das Schriftbild sowie das Papier entsprechen nicht dem Üblichen, auch handelt es sich bei Text, Adresse und Eingangsvermerk wahrscheinlich um den gleichen Schreiber.

Dem Herrn Michael Pfurtscheller als Organisirungs-Kommissär in Fulpmes.
Auf die anher machen gelassene Anfragen wird ergegnet, daß die speziellen Anstände, die im Stubay wegen Organisirung der Landwehre sich ergeben, mit Beyzug der dortigen Ausschüsse, denen die Local-Bedürfnisse am besten bekannt sind, berichtiget

werden sollen, wozu jedoch die dem Gerichts Kassier Elias Domanig mitgetheilte und hieraus gegebene Weisung anzuwenden ist. –
In diesem Anbetrachte mag mit Ausmarschierung der 2ten Komapgnie bis auf weitern Aufruf eingehalten werden, und in Betreff 1ten Kompagnie und ihrer Verprofiantirung ist neuerlich gesorgt.
Von der k. k. Oberkommandantschaft in Tirol den 10. Oktober 1809.
Gegeben zu Innsbruck
Andere Hofer ober Comen dant in diroll[n].

Rückseite:
Vom k. k. Oberkommando Tirols an Herrn Michael Pfurtscheller zu Fulpmes

Praes(entiert) d(en) 10. 8ber 1809 abends 9. Uhr

Die Organisirung der Landwehr Kompagnie in Stubaj betreffend.

Nr. 498

Hofer fragt einen unbekannten Empfänger, wo er mit der „Exekution" beginnen solle, da 52 Mann, die meisten ohne Gewehr, ausgerückt seien.

Innsbruck 1809 Oktober 10

ÖStA, Kriegsarchiv, AFA 1809, Aufstand in Tirol unter Andreas Hofer (= Karton 1394), 131 b.

Abschrift, im Original Andreas Hofers eigenhändige Unterschrift (?).

Ich frage Sie, – wo ich nun zu erst bey Ihnen – oder bey den Übrigen die Execution anfangen solle – jetzt sind 52 Mann ausgerückt und beynahe da jeder ohne Gewehr.
Ich erwarte die Antwort.
Innsbruck den 10ten 8ber 1809.
Andere Hofer Obercomendant in Diroll.

Nr. 499

Auf die Anfrage des Gerichts Zell im Pinzgau (1809 September 26) hin schlägt Hofer vor, den Dienst als Pfleger Johann Georg von Trauner, Oberschreiber in St. Johann im Pongau, zu übertragen.

Innsbruck 1809 Oktober 10

Salzburger Landesarchiv, churf. u. k. k. österr. Reg., Rubrik XIX, Nr. 26 (= Karton 204), Nr. 149/7. Pap. 20,5 ca. : 31,5 ca., Hochformat, Doppelblatt, 1 Seite.

Zeitgenössische Abschrift, im Original Andreas Hofers eigenhändige Unterschrift (?).

An die Gerichts Gemeinde in Zell im Pinzgau
Derselben gerechte Bitte von 26t(en) v. Monats wird über einen erhaltenen Vorschlag dahin erledigt, da[ss] die dieseitige Oberkommandantschaft geneigt wäre, den dortig erledigten wichtigen Pflegdienst dem sehr empfohlenen H(errn) Johann Georg v(on) Trauner der Zeit Oberschreiber zu St. Johann in Pongau provisorisch zu verleihen.

U[e]ber diesen Antrag hat sich die Gerichts Gemeinde zu Z[i]ll ungesäumt aufrichtig und offenherzig zu äußern und zugleich anher namhaft zu machen, was obigen Pflegs Provisor an Besoldung bemessen werden könnte, wornach dann das Anstellungs Decret unverzüg(lich) ausgefertigt werden würde?
Von der k. k. Oberkommandantschaft in Tyrol. Inspruck den 10 Octo(ber) 1809.
Andre Hofer

Rückseite:
Abschrift
No. 6.

Nr. 500

Andreas Hofer gibt der Provisorischen General-Landes-Administration zu verstehen, in Kriegszeiten sei es selbstverständlich, dass die „tyrolische Nation" eigenmächtig Verfügungen treffe, die ansonsten nur der landesfürstlichen Regierung zustehen würden; zu diesem Zweck sei die General-Landes-Administration konstituiert worden.
  Da der Fürstbischof von Brixen auf der Existenz eines Gymnasiums und Lyzeums in Brixen bestehe, ordnet Hofer die Wiedererrichtung des Lyzeums an, es solle aus Pfründengeldern finanziert werden. Beigefügt ist ein Verzeichnis der anzustellenden Lehrer an der theologischen und philosophischen Fakultät, am Gymnasium und an den deutschen Schulen in Innsbruck.

Innsbruck 1809 Oktober 11

TLMF, FB 1651, 57. Orig.-Pap. 23,5 ca. : 38,5 ca., Hochformat, 3 Doppelblatt, 10 Seiten.

Text von Matthias Purtscher (?) geschrieben, eigenhändige Passage und Unterschrift Andreas Hofers, o. S. Eingangsvermek des Empfängers. Als Urheber des Schreibens wird – auch von Purtscher – Franz Xaver Nikolaus Köck, ein Geistlicher aus Innsbruck, angegeben (Hirn, Erhebung, 659[1]).

An die prov. k. k. General Landesadministration
Innsbruck d(en) 11t(en) 8ber 1809.
Die außerordentliche Lage, in welche die tyrolische Nation in Folge des Waffenstillstandes durch den Abzug der k. k. Truppen gegen das Ende des Monats Julius gerieth, versetzte die Nation eben sowohl in die vollen Rechte als in die Nothwendigkeit der Selbstvertheidigung und der Selbsthülfe überhaupt. Es muß also in dieser Zwischenzeit bey der Nation die Gewalt und das Recht seyn, selbst solche Verfügungen zum allgemeinen Wohl zu treffen, welches sonst nur der landesfürstlichen Regierung zustehen würden – zugleich hat aber die Nation stehts das Verlangen gezeigt und ihre Absichten und Bemühungen soviel möglich dahin gerichtet, daß die Hindernisse gehoben werden und das Land die so ersehnte wirkliche Vereinigung mit dem durchläuchtigsten Kaiserhause wieder erhalten und in der That selbst das Glück seiner alten Grundverfassung unter dem milden östr(eichischen) Scepter geniesen möge.
Von solchen Grundsätzen und nicht zu verkennenden Absichten geleitet, hat die tyrolische Oberkommandantschaft die provisorische General-Landesadministration konstituiert und diese Konstituierung war eben ein Ausfluß der provisorischen Gewalt, welche durch die außerordentlichen Verhältnisse eben zu Folge der Gesinnungen und Bestrebungen der Nation in die Hände der Oberkommandantschaft gelegt worden war; und schon deßhalben hätte man erwarten können, daß die meisten Bedenklichkeiten unter-

bleiben würden, welche in der Nota Nro 353 von der General-Landesadministration geäußert werden.
Die Oberkommandantschaft rechnet anbey sicher darauf, daß S(ein)e Majestät der Kaiser von Östreich die Gewaltschritte der nun erloschenen bayrischen Regierung um so weniger als einen Zuwachs landesherrl(ich)er Rechte je ansehen werden, je deutlicher derselben Mißbilligung von Seite Östreichs ausgedrückt worden ist.
Endlich lassen die gnädigsten Äusserungen Seiner Majestät des Kaisers von Östreich die Oberkommandantschaft nicht zweifeln, daß allerhöchst dieselben die gerechten Wünsche der Nation erhören und insbesondere die zum Besten der Religion gemachten Einrichtungen genehm halten werden. Nur durch ein solches Benehmen glaubt die Oberkommandantschaft sowohl den gnädigsten Gesinnungen S(ein)er Majestät als dem Zutrauen der Nation zu entsprechen. Zufolge der angeführten Grundsätze, welche jeder Kenner mit dem allgemeinen Staatsrecht sowohl als mit der Treue und Anhänglichkeit gegen S(ein)e Majestät und das Vaterland übereinstimmend finden wird, hat die Oberkommandantschaft in Betreff der Lehranstalten einige Verfügungen getroffen, und nur der Drang überhäufter Geschäfte verursachte es, daß hievon die Provisorische Landes-Administration nicht früher in Kenntniß gesetzt worden.
Und zwar 1o Da der Oberhirt einerseits aus so gemeinnützigen Gründen darauf[a] besteht, daß zu Brixen ein Lycäum und Gymnasium existiere und diese Lehranstalten unter dem östr(eichischen) Scepter stets existieret haben, so trug die Oberkommandantschaft kein Bedenken, die Wiederherstellung des Lyceums anzuordnen, das Lehrer-Personal zu bestimmen und den von dem hochwürdigsten Fürst-Bischof gemachten Vorschlag zu genehmigen, wie eines Theils eine geringe Pension für einige alte Professoren, andern Theils aber für die beyzubehaltenden und neu anzustellenden a) eine hinlängliche Besoldung[b] b) und zwar eigentlich aus kirchlichem Fonde zuzumitteln wäre.
Die Oberkommandantschaft kann sohin nicht ermangeln, den wie immer erforderlichen Konsens zu ertheilen, daß dem Pr. Aloys v(on) Söll das erledigte Kanonikat in ambitu verliehen werde und, so wie sie schon in der ersten Hälfte Septembers dem Rentamte zu Brixen aufgetragen hat, an Gr. v(on) Lodron, Bar. v(on) Rechberg und Jos. Gr. v(on) Wolkenstein keine Zahlung ferner mehr aus Pfründ-Gefällen zu leisten, so findet sie es nothwendig, die Anweisung und Vertheilung dieser drey Domherr-Pfründen als Schulfonds provisorisch zu bestättigen in der sichern Hof(f)nung, daß S(ein)e Majestät sowohl als S(ein)e päpstliche Heiligkeit solche Verwendung genehm halten werden. Jedoch haben diese Gefälle dem Rentamte bis auf weitere Verfügungen unterzustehen, bey welchem das am Lycäum angestellte Personale die Gehalts-Betreffnisse quartaliter zu erheben hat; der sich ergebende Überschuß aber dem Studien-Direktor zur bestimmten Verwendung zu überlassen ist.
2.do Da die hiesigen Lehranstalten, besonders die Universität, je länger je mehr bey Oberhirten, beym Klerus und beym Volke in Mißkredit gekommen und so manche vom Lehrerpersonale in Betreff ihrer Religions-Grundsätze, ihrer Lehren, ihres Benehmens gegen die Kirche (etc.) und zum Theil auch in Betreff ihrer Sittlichkeit den nothwendigen guten Ruf bey der tyrolerischen Nation verlohren haben, so zwar, daß die Sicherung der allg(emeinen) Ruhe und das Beste der Lehranstalten, welche nicht von übel berüchtigten Lehrern besetzt seyn dürfen, die Entfernung d(es) Prof. Bertoldi und Spektenhauser und späterhin anderer Professoren nothwendig machten, so kann die Oberkommandantschaft nicht um hin, darauf zu bestehen, daß solche Individuen an den hiesigen Lehranstalten nicht mehr beyzubehalten sind.

Insbesondere war der bisherige Schuldirecktor Hubel ohnehin schon vor 1805 vermöge des vom allerhöchsten Orte vorgeschriebenen Schulplanes zum Austretten und zur Anstellung in einem Bureau geeignet.
Dem Pr. Jos. Jsser mag nach der Äusserung des Oberhirten eine ihm angemessene Pfründe zugemittelt werden, wo jedoch, falls die Einkünfte der Pfründe der seinen Dienstjahren angemessenen Pension nicht gleich kämen, das Abgängige durch eine Zulage aus den Studienfonds-Mitteln ersetzet werden könnte.
Die Oberkommandantschaft füget nunmehr das Verzeichniß des Lehrer-Personals für die hiesigen Lehranstalten bey mit der vorläufigen Bemerkung, daß nicht das Ordinariat dieses Lehrer-Personale bestimmet habe, sondern die Oberkommandantschaft hat schon in der ersten Helfte Septembers das Verzeichniß der anzustellenden Lehrer nach Brixen geschickt aus dem Grunde, weil vermög allerhöchster östr(eichisch)en Direktiven kein Lehrer ohne günstiges Zeugniß des Fürst-Bischof(f)es angestellet werden darf – als auch weil es dem Oberhirten zustehet, die unterstehenden Priester zu solchen Anstellungen zu bewilligen.

Verzeichniß
für die theologische Fakultät
Zur Pastoral: Priester Johann Fuhrmann Coop. zu Imst.
Zur Moral: Pr(ofesso)r Franz Nikolaus Köck.
Zur Dogmat. Pr. Franz Kraffonara –
Zur Kirchengesch. Pr. Aloys Röggl, Chorherr zu Wilten, Bibliothekär.
Zum Studium der Bibel und Bibel-Sprachen Pr. Ingenuin Koch, geistl(ich)en Rath; und
Pr. Edmund Lamp Cisterzienser zu Stams.
* Zum Kirchen-Rechte: [Dr]. Joh. Schuler.
Für die philosophische Fakultät
Zur Logik, Metaphysik (etc.): Pr. Kaspar Karl v(on) Hochenbalken, derzeit in Meran.
Zur Mathese: Pr. Simon Reiner bisher Professor am Gymnasium.
Zur Physik: Pr. Franz v(on) Zallinger. (Etc.).
Zur Religions-Lehre: Pr. Kaspar Hirn, derzeit in Pfaffenhofen.
Zur Weltgeschichte, Pr. Wenter in Meran.
Zur Ästhetik (falls diese Lehrkanzel beybehalten werden wird) Pr. Benizius Mayr Servit, zugleich Prediger an der Universitäts-Kirche; hätte aber auch auf den Fall, daß ihm das so wichtige und beschwerliche Predigtamt allein bliebe, dennoch ohne Schmählerung seinen Gehalt zu beziehen.
Für das Gynasium allhier.
Zur Poetik: Pr. Kaspar Unterkircher.
Zur Rhetorik: Pr. David Moritz, d. Zeit in Axams
Zu den Grammatikal-Klassen: Pr. Aloys Geiger, Pr. Peter Burgmann, Pr. Hermann Mader, Chorherr zu Neustift.
Gymnasial-Präfekt: Pr. Jos. Rigler, welcher von der bayrischen Regierung mit Pension abgesetzet worden, so wie der Gymnasial-Professor Pr. Geiger mit Pension abgesetzet worden war, wo also zwey Pensionen in Ersparniß kommen.
Dagegen wird der von der bayrischen Regierung angestellte Rektor Nitzche mit einer seinem Alter und seinen Dienstjahren angemessenen Pension in Ruhestand versetzet.

Für die deutschen Schulen
Als Direktor der deutschen Schulen zu Innsbruck, als Bezirksaufseher in diesem Dekanat und als Professor der Katechetik und Pädagogik: Pr. Anton Piger, bischöfl(ich) Brix(nerischer) geistl(ich)er Rath.
Nach Schulplan §. §. 25, 26 (etc.) haben die weltlichen Oberaufseher der deutschen Schulen ohnehin aufzuhören.
3tio In Betreff der Schul- und Vorlesbücher will die Oberkommandantschaft einstweilen nur darauf bestimmt antragen, daß alle nicht nach dem Sinne der römischkatholischen Kirche verfaßte, alle für Religion und Sittlichkeit gefährliche Bücher entfernet zu bleiben haben und es den ernennten rechtschaffenen Professoren bis auf weiters frey zu lassen sey, nach einem von ihnen anzugebenden Buche oder nach eigenen Heften zu lehren.
fir H stapf. Be halte ich mir in for wan es notbendig ist, Ein zu stöllen Andere Hofer ober Comen dant in diroll(n)

Rückseite:
Pr(aesentiert) d(en) 12t(en) 8ber 1809

---

a   Nachträglich eingefügt durch Verweis.
b   „a) […] Besoldung," nachträglich eingefügt durch Verweis.

Nr. 501

Josef Gufler leitet ein Schreiben Hofers an die Kommandantschaft Meran weiter, in welchem jener berichtet, die sechste Kompanie werde die Tiroler ablösen; diese müsse aber sofort in das Unterinntal marschieren, da am 13. oder 14. Oktober ein feindlicher Angriff stattfinden soll. Gufler hätte alle Kompanien in Bereitschaft zu halten.

Innsbruck 1809 Oktober 11, zwölf Uhr Nachmittag (!)

TLA, Materialiensammlung Rapp, Schuber 9. Pap. 23,5 ca. : 36,5 ca., Hochformat, Doppelblatt, 2 Seiten.

Zeitgenössische Abschrift durch Gufler, im Original Andreas Hofers eigenhändige Unterschrift (?). Urspr. zwei Verschlusssiegel (abgebrochen); Dorsalvermerk von anderer Hand, Eingangsvermerk des Empfängers.

An die k. k. Kommandantschaft zu Meran.
Eben in diesem Augenblick erhält man dieß Orts folgendes an den diesseitigen Ghts-Anwald gestelltes Schreiben.
Innsbruck d(en) 11t(en) 8ber 1809 um 12 Uhr Nachmittag.
Bester Anwald
Ich berichte Dir ganz kurtz, daß zwar heute, wie ich höre, die Kompagnie No. 6. ankommen werde und [sic] uns abzulösen; allein wir mußten noch einstweilen hier bleiben, und die erst ankommende Kompagnie muß geschwind nach Unterinnthal vormarschieren, denn, wie man durch Spionen gehört hat, sollen wir den 13t(en) oder den 14t(en) von den Feind angegriffen werden.
Du sollst also geschwind alle Kompagnien auf das Beste in Bereitschaft halten, um auf dem ersten Ruf abmarschieren zu können (auf Befehl des Oberkommandanten); Du sollst es auch der Kommandantschaft zu Meran geschwind zu wissen machen.

Wann wir mit Gott diesen Sturm noch erleiden, so seyn wir nach Aussage oder Bericht vom Prinz Johan befreit, aber nach Aussagen wollten sie uns dasmahl in mehreren Orten anpacken und stark, sag zum Anderls-Weib, er kommt noch nicht nach Haus.
Andre Hofer Oberkommandant.
Joseph Gufler Anwald
Paßeyr d(en) 13t(en) 8ber 1809.

Rückseite:
Von Paßeyr an die k. k. Kommandantschaft zu Meran eilig d(at)o

In Saltaus umb ¼ nach 12 Uhr Mittag ankommen und sogleich abgangen

Pres(entiert) d(en) 13tn 8b(e)r 809 ½ 3 Uhr Nachmittag

Nr. 502

Das Platzkommando Brixen berichtet an den „Generalkommandanten in Tirol" mit Adresse an den Kreuzwirt und Platzkommandanten Martin Schenk (Brixen 1809 Oktober 10), der Oberkommandant im südlichen Tirol hätte dieses ersucht, mehrere Kompanien aufzubieten und sie nach Trient zu entsenden. Da sich Kompanien aus den genannten Orten aber bereits im Pustertal befänden, fragt der vertretende Platzkommandant an, wem er nun Folge zu leisten habe, dem Oberkommando oder dem Kommando im südlichen Tirol. Schenk hat dieses Ansuchen offensichtlich an Hofer weitergeleitet, der eine einfache Lösung findet.

Innsbruck 1809 Oktober 11

Bayerisches Hauptstaatsarchiv München, MA 7035.

Text von Matthias Delama (?) geschrieben, Andreas Hofers eigenhändige Unterschrift, o. S.

In(sbruck) den 11. 8br 1809.
Wird erwidert, daß wo die Noth am grösten, dorthin die Compa(gnien) abgesandt werden müssen.
Jezt ist schon einmahl so.
Andere Hofer

Nr. 503

Hofer ordnet Josef Ignaz Straub an, von dem erhaltenen Blei die entsprechenden Anteile gleich weiterzuschicken, Schießpulver nach Innsbruck, aber auch zu Firler und Speckbacher zu übermitteln. Die Hälfte der nach Schwaz gelieferten Pferde und Wägen sollen nach Innsbruck gebracht werden.

Innsbruck 1809 Oktober 11

TLMF, FB 1651, 179.

Abschrift durch Delama (?), im Original Andreas Hofers eigenhändige Unterschrift (?), o. S.

An den H(errn) Platzkommandanten Jos. Straub.
Innsbruck den 11. 8ber 1809.
Von dem mitkommenden Bley haben Sie eine Platte ~~dem Firler~~ nach Achenthal, das übrige dem Firler und Speckbacher zu zuschicken und zwar <u>eiligst</u>. – Auch können Sie dem Firler und Speckbacher bedeuten, das überall der Landsturm aufgebothen sey.

Von dem Pulvermacher in Wald schicken Sie (mir) ein paar Zenten Pulfer hieher und das übrige eiligst zum Firler und Speckbacher oder auf St. Johann.
Wegen den gestrigen Brief bedanke ich mich, es hat mich sehr gefreut – ich vertilgte Ihren Namen und ließ ihn sodann öffentlich aufschlagen.
Auch lassen Sie die Hälfte von den nach Schwatz gelieferten Pferden und Wägen herauf kommen und hieher bringen.
Vom k. k. Oberkommando Tirols
Ejr auf Richtiger Andere Hofer.

Nr. 504

Hofer bittet das Appellationsgericht Innsbruck um die Einleitung eines Verfahrens im Fall des wegen Diebstahls angeklagten Josef Gruber vom Gericht Altrasen.

Innsbruck 1809 Oktober 11

TLMF, Historische Sammlung, Flugschriften – Autographen. Zweite Abschrift: TLMF, Dip. 1176, IX.

Abschrift, im Original Andreas Hofers eigenhändige Unterschrift (?), Amtssiegel, Eingangsvermerk des Empfängers.

Copia.
An das k. k. Appellations Gericht allhier.
Das k. k. Oberkommando ersucht das hochlöb(liche) Appellations Gericht, es möchte mit dem in beiliegenden Zeugnissen sub litt. A. B. C. theils angeklagten, theils entschuldigten Joseph Grueber Gchts Altrasen nach der hohen Einsicht ein gnädiges Verfahren wo möglich der gänzlichen Entlassung eintretten lassen.
Indem vermög Betheuerung seines Weibes das Gestohlene bereits zurückgegeben, er sich selbst wieder zur Landesvertheidigung freywillig ins Land begeben und bey derselben ununterbrochen rechtschaffen aufgeführt hat.
Innsbruck den 11. 8ber 1809
k. k. Oberkomando
L. S. Andere Hofer.

Rückseite:
Praes. 12. Oktober 1809
Criminale 498./210.

Nr. 505

Sebastian Riedl von Ried im Zillertal erhält von Hofer die Vollmacht, alle Kompanien in Unterinntal und Zillertal aufzubieten, die sodann nach Wörgl marschieren sollen; auch seien die Ordinanzen in Fügen und Zell neu anzuordnen.

Innsbruck 1809 Oktober 11

TLMF, FB 3704, 159. Orig.-Pap. 22,5 ca. : 37 ca., Hochformat, 1 Blatt, 1 Seite.

Text von Matthias Purtscher (?) geschrieben, eigenhändige Passage und Unterschrift Andreas Hofers, Amtssiegel.

Vollmacht.
Für Sebastian Riedl von Ried in Zillerthal, welcher hiemit nach Unter-Innthal abgeschickt wird, um alldorten die gesammten Compag(nien) sowohl im Unter-Innthal als auch in Zillerthal aufzubiethen – welche so dann nach Wörgl zu marschieren angewiesen sind – allwo selbe die weitere Innstradierung erhalten werden.
Lieben Brüder! Säumet nicht und greift vereint zu den Waffen – den es drohet unserm Vaterland ein gewaltiger Sturm – haben wir diesen ausgehalten, dann sind wir befreyt und können einer glücklichen Zukunft entgegen sehen. Gott hat uns bis daher augenscheinlich geholfen – er wird uns auch dießmal, wenn wir das Unsrige thun – gewiß helfen.
Innsbruck d(en) 11t(en) 8ber 1809.
Vom k. k. Oberkomando Tirols.
LS *Andere Hofer ober Comen dant in dirolln*
for weisser disser Par zeillen hat auch die ordinänzen, in Richtig kheit zu stöllen, weillen die ordinänzen in figen, vnd zu zell sehr schlecht, Be sorget werden, Andere Hofer ober Comen dant in dirolln

Nr. 506

Die Provisorische General-Landes-Administration teilt dem Oberkommando in Tirol mit (Innsbruck 1809 Oktober 10), drei irrtümlich beschlagnahmte Fässer Messing sollten dem rechtmäßigen Besitzer rückerstattet werden. Hofer empfiehlt die Weitergabe an das Bergdirektorat.

o. O. 1809 Oktober 11

TLMF, FB 1651, 64.

Text von Matthias Purtscher (?) geschrieben, Andreas Hofers eigenhändige Unterschrift, o. S.

In bemelte 3. Fasslen Messing sind dem Directorat frey herauszugeben. K. k. OberCommando Tyrols d(en) 11. 8br 1809.
Andere Hofer

Nr. 507

Hofer berichtet an Josef (?) Freiherrn von Reinhart, er hätte die „Repräsentanten der Nation" einberufen, jedenfalls aus dem Inn- und dem Eisackkreis, da der Etschkreis noch vom Feind besetzt sei.

Innsbruck 1809 Oktober 12

ÖNB, Autographen Andreas Hofer, 28/16–7. Orig.-Pap. 22,5 ca. : 37 ca., Hochformat, Doppelblatt, 1 ½ Seiten.

Text und Adresse von Matthias Purtscher (?) geschrieben, Andreas Hofers eigenhändige Unterschrift, zwei Amtssiegel als Verschluss, Eingangsvermerk des Empfängers. Die Passage „Zu […] den" nachträglich eingefügt.

An des H(errn) Präsidenten der Prov. General Landes Administration Joh. [sic] Freyherrn v(on) Reinhart (etc.) Hochwohlgeboren.
Innsbruck d(en) 12t(en) 8ber 1809.
Ich habe es in dem gegenwärtigen für unser Vaterland wichtigen und entscheidenden Augenblicke für zweckmäßig gefunden, die Repräsentanten der Nation einzuberufen. Wenn auch der südliche Landestheil noch immer von dem Feinde besetzt ist, so können doch die Repräsentanten der andern zwey Kreise in Wirksamkeit gesetzt werden.
Für den Innkreis habe ich den H(errn) v(on) Wenger aus Hall und den H(errn) Syndikus Seitner[a] aus Innsbruck zu ernennen für gut befunden, für den Eissackkreis hingegen den provisorischen H(errn) Landrichter v(on) Meran Joh v(on) Mörl und den H(errn) Jos. v(on) Giovanelli den Sohn, welche sich bei den nächstfolgenden Sitzungen sicher einfinden werden. Zu Repräsentanten des Etschkreises bestimmte ich den H(errn) Grafen Jos. Thun aus Trient und den H(errn) Johann Peter von Fedrigotti aus Roveredo, welche gleich nach geöffneter Kommunikation werden einberufen werden.
Indem ich mir die Ehre gebe, Euer Hochwohlgeboren von der Ernennung dieser mit den referendierenden Räthen gemeinschäftlich und einzig stimmführenden Repräsentanten der Nation in Kenntniß zu setzen, erlaube ich mir noch die Versicherung meiner vollkommensten Hochachtung hinzu zu fügen.
Andere Hofer ober Comen dant in dirolln

Rückseite:
An des H(errn) Presidenten der prov. General Landes Administration Joh. Freyherrn v(on) Reinhart (etc.) Hochwohlgeboren dahier.

Pr(aesentiert) d(en) 15t(en) 8ber 1809
862

---

[a] Hirn liest „Suitner", vgl. Hirn, Erhebung, 645².

Nr. 508

Hofer trägt der Provisorischen General-Landes-Administration auf, zukünftige Beamtenbestellungen immer dem Oberkommando mitzuteilen, damit dieses die Ernennungsschreiben ausstellen könne. Er erläutert eigenhändig, es gehe vor allem darum, dass keine dem Land schädlichen Beamten eingestellt würden.

Innsbruck 1809 Oktober 12

TLMF, FB 1651, 9. Orig.-Pap. 23 ca. : 36,8 ca., Hochformat, Doppelblatt, 1 Seite.

Text und Adresse von Matthias Purtscher (?) geschrieben, eigenhändige Passage und Unterschrift Andreas Hofers, o. S. Eingangsvermerk des Empfängers.

An die löbl(iche) k. k. prov. General Landesadministration
Innsbruck d(en) 12t(en) 8ber 1809
Der Unterzeichnete giebt sich die Ehre, der k. k. Landes Administration zu bedeuten, daß selbe in Zukunft, wenn ein Beamter (von welcher Klasse er immer seyn mag) angestellt wird – immer die Anzeige an das k. k. Oberkommando zu machen habe, damit derselbe von da aus die Bestättigung erhalte.
Dieses ist in jeder Rücksicht zu beobachten.
Vom k. k. Oberkommando Tirols.
Öben Beiligente[r] schrifften, sein ane wissen meinder, auß geförttiget worden
Andere Hofer
so Be stettes auch mit ge wisse ober ig kheiten sögen
vnd fir das lant, anstandige Beambten Eß khentte gar noch auf schlecht denckh ente, Proffißoriss khomen
das ich um alles nichtß wissen dörffet auf disser arth ist es nicht gemeint ge wössen, ßonderen, die gemeinschafften wohlen wissen, vm der sachen

Rückseite:
Vom k. k. Oberkommando Tirols an die löbl(iche) prov(isorische) k. k. General Landesadministration dahier.

Pr(aesentiert) d(en) 13t(en) 8ber 1809.

841 f III.
H(err) v Peer

Nr. 509

Hofer ernennt Johann von Mörl zum Repräsentanten des Eisackkreises in der Provisorischen General-Landes-Administration. Während dessen Abwesenheit vom Richteramt in Meran soll dieses von Dr. Falser aus Bozen übernommen werden.

Innsbruck 1809 Oktober 12

Privatbesitz Siegfried Mayer, Marling. Orig.-Pap. 22,5 ca. : 38 ca., Hochformat, Doppelblatt, 1 Seite.

Text und Adresse von unbekanntem Schreiber, Andreas Hofers eigenhändige Unterschrift, zwei Amtssiegel als Verschluss.

112
An den Herrn Johann v Mörl wohlgeborn (etc.).
Aus der Anlage belieben Wohldieselben gefälligst zu entnehmen, welche erneuerte Form der Prov(isorischen) General-Landes Administration zu geben für gut befunden wurde. Da nun die Stelle eines Repräsentanten von großer Wichtigkeit ist und da ich glaube, daß Wohldieselben alle in dem constituirenden Patente bezeichneten hiezu erforderlichen Eigenschaften vorzüglich besitzen, so finde ich es meiner heiligsten Pflicht, für des Vaterlandes Wohlfahrt zu sorgen, gemäß, Euer Wohlgeborn zum Repräsentanten der Nation für den Eisack-Kreis mitdem zu ernennen, daß sich Wohldieselben ehemöglichst hieher verfügen, um den Sitzungen als Stimmführer beyzuwohnen.
In Betreff des prov(isorischen) Richteramtes zu Meran ist die einsweilige Verfügung getroffen worden, daß Herr Doktor Falser von Botzen es auf die Zeit Ihrer diesseitigen Verwendung übernehmen soll.
Innsbruck den 12ten Oktober 1809.
K. k. Obercommandantschaft in Tirol.
Andere Hofer

Rückseite:
An den Herrn Johann v(on) Mörl wohlgeborn (etc.). zu Meran.

Familienschatz
Landes Repräsentation 1810

Nr. 510

Hofer berichtet an Josef Valentin von Morandell in Kaltern, soeben sei eine glaubwürdige Nachricht über den Friedensschluss zwischen Österreich und Frankreich eingelangt. Morandell solle in Trient alles wegen der Lebensmittel in Ordnung bringen und sich wegen vom Kaiser zur Verfügung gestellten Kapitals an Giovanelli wenden. Hofer ergänzt eigenhändig, Morandell solle sich persönlich um einige bestehende Missstände kümmern.

Innsbruck 1809 Oktober 12

Staatsbibliothek Berlin – Preußischer Kulturbesitz. Sammlung Darmstadt 1 1809 (2): Hofer Andreas. Orig.-Pap. 23 ca. : 36,5 ca., Hochformat, Doppelblatt, 1 ½ Seiten.

Text und Adresse von Matthias Delama (?) geschrieben, eigenhändige Passage und Unterschrift Andreas Hofers, Amtssiegel als Verschluss. Eingangsvermerk des Empfängers, wonach das Schreiben offensichtlich auf dem Postweg geöffnet wurde.

An Herrn Commandanten v Morandel im südlichen Tyrol zu Kaltern.
Innsbruk den 12. 8br 1809.
So eben erhielten wir die verläßliche Nachricht, daß der Friede mit Oestreich abgeschlossen seyn sollte.
Dieser Friede soll für Oestreich sehr ehrenvoll und für Tyrol sehr befriedigend seyn.
Einen Curier erwarten wir stündlich.
Indessen wäre gut, wenn vor Einlangung eines Curiers die Sache bey Trient abgethan würde.
Die Curiers Nachricht wird sogleich mitgetheilt werden.
Seyn Sie aber durch Ihre Commandanten doch sehr behutsam, dem Feind kann man nicht trauen.
Gehen Sie selbst nach Trient und bringen dort wegen Lebensmittel alles in Ordnung.
Vom k. k. OberCommando Tyrols.
In Betreff des Gelds wenden Sie sich an H(errn) v Giovanelli, der bereits vom Kaiser eines erhalten hat.
Wegen die Commandanten, was Tömig und Schweigl thut in Abwesenheit Ihrer, ist richtig.
mit Ein ver stendnis, filler, warer lantß ver deidig Er, so dorten gögen wertig sein, den sturm läffen. wie der Pädler will. das wurde leit khosten, aber wiss weidere order, so ßollen sie den feint wohl ver ßorgen, guet wehr wan ßie selbst hin untter giengen weill mir schon mehrere khlagen sein Ein gelofen, wo aber nicht wille ich nicht haben das alle Comen dieren, so hat es sein ver Bleiben wie schon for an ge fiert ist
Auf Richtiger Andere Hofer ober Comen dant in dirolln
vnd wögen löben gefahr Vo Pädler habe ich schon zu for gesagt, warum glaubt man mir nicht, Ehr ist noch nicht sicher, vnd wan ßie Jhm in namen Jhmen hätten abge schickht, so ist eß Vo mir auß nichtß,

Rückseite:
Vom k. k. Ober Commando Tyrols. An H(errn) Commandanten in südlichen Tyrol Jos. v Morandell in Kaltern.
Durch ~~Estaffette~~. Eiligst.

Um 6 ½ Uhr abends angekommen und wie ersicht(lich) wahrscheinlich geöfnet worden.

Nr. 511

Hofer berichtet an Josef Ignaz Straub, die Österreicher hätten den Feind bereits bis „ober Wien" getrieben, der bayerische General Karl Philipp Graf von Wrede wolle nach Tirol kommen. Von Hall sollen sofort zwei Kompanien in den Pinzgau aufbrechen, um Harrasser zu unterstützen.

Innsbruck 1809 Oktober 12

TLMF, FB 1651, 177. Orig.-Pap. 22,5 ca. : 36 ca., Hochformat, 1 Blatt, 1 Seite.

Abschrift durch Delama (?), im Original Andreas Hofers eigenhändige Unterschrift (?).

An den Herrn Platz-Commandanten Straub zu Hall.
Innsbruck den 12. Okbr. 1809.
So eben kam die Nachricht vom H(errn) Hauptmann Harasser, daß die Feindseligkeiten mit Frankreich und Österreich wirklich angefangen und die Österreicher die Franzosen schon bis ober Wien heraufgejagt hätten. In Salzburg seye General Freden mit 6000 Mann angekommen, welcher vielleicht uns eine Visitte machen will. Machen Sie also eiligst Anstalt, daß von Hall zwey Compagnien also gleich nach Apenau ins Pinzgau zum Harasser aufbrechen, indem dieser sehr schwach ist. Diejenigen Arbeiter beim Amt, welche immer entbehrlich sind – können alsogleich mit dem H(errn) Hauptmann Seitz dahin abmarschieren.
Thun Sie also, was Sie können, damit Leute hinunter kommen und die Posten gut besetzt werden.
So viel in Eil.
Vom k. k. Oberkommando Tyroll.
Andere Hofer m/p.

Nr. 512

Andreas Hofer an die Gemeindevorstehung von Igls.

Innsbruck 1809 Oktober 12

Hinweis in: Jahrbuch der Auktionspreise, Band 47/1996, 778: Auktion Stargardt 1996 663, Nr. 1367. Orig.-Pap. Folio, 1 Blatt, ¾ Seite.

Andreas Hofers eigenhändige Unterschrift.

Nr. 513

Hofer erwidert auf ein Schreiben der Kommandantschaft Meran, Landrichter Rungger sei nicht von ihm, sondern von Hormayr arretiert worden und er könne deswegen auch nichts dagegen unternehmen. Rungger hätte also vorerst in Arrest zu bleiben, dies sei für ihn besser, als zu seinen aufgebrachten Gerichtsuntertanen zurückzukehren.

Innsbruck 1809 Oktober 13

TLA, Materialiensammlung Rapp, Schuber 9. Orig.-Pap. 22,6 ca. : 37,6, Hochformat, Doppelblatt, 1 ½ Seiten.

Text und Adresse von Matthias Purtscher (?) geschrieben, Andreas Hofers eigenhändige Unterschrift, zwei Amtssiegel als Verschluss, Eingangsvermerk des Empfängers. Der Satz „Hierüber […] verständigen" nachträglich eingefügt durch Verweis.

An die löbl(iche) k. k. Kommandantschaft zu Meran
Innsbruck d(en) 13t(en) 8ber 1809.
In Betref des H(errn) Landrichters Rungger wird erwiedert:
1mo ist derselbe nicht von dem Unterzeichneten, sondern von dem k. k. Armee Intendanten Baron v(on) Hormayr veraretiert worden. Da der Unterzeichnete hierin gar keine Einsicht hat und die Ursache hierorts keineswegs bekannt ist – so kann auch keines Wegs eingeschritten werden – und sich daher derselbe lediglich seiner Zeit an den Baron v(on) Hormayr zu wenden hat.
2do ist dem Unterzeichneten von Seite des Gerichts nichts zu gekommen als [wann] ob dasselbe obiger Rungger wieder verlange.
Die Meinung der k. k. Oberkommandantschaft geht allso gutmeinend dahin – H(err) Rungger solle dermalen bleiben wo er ist – indem es die dermaligen Umstände nicht anders zulassen und für ihn in jeder Rücksicht so besser ist – als wenn er zu seinen wieder ihn aufgebrachten Gerichts Unterthanen zurück kehren würde.
Ist einmal Friede – so wird es sich wohl weisen, ob er schuldig oder unschuldig ist – ist jetzt ist nicht Zeit, solche Weitläufigkeiten zu untersuchen, obwohl ihn vielleicht[a] seine in der Gefangenschaft erworbenen Zeugnissen bei H(errn) Baron v(on) Hormayr rechtfertigen werden.
Hierüber ist also H(err) Rungger zu verständigen.
Andere Hofer oberComen dant in dirolln

Rückseite:
Vom k. k. Oberkommando Tirols an die löb(liche) k. k. Kommandantschaft zu Meran durch Ordonanz eiligst.

A. Sant ankamben um ¼ nach 2 Uhr abenz sogleich abgangen

Praes(entiert) d(en) 14 8b(e)r 809 ½ 7 Uhr abents.

---

[a] Nachträglich eingefügt durch Verweis.

Nr. 514

Der Landrichter von Meran, von Mörl, plant, den arretierten Professor Jud nach Taufers im Pustertal zu versetzen, was Hofer aber ablehnt wegen dessen „sittlicher Schwäche". Da das Oberkommando durch seine Verhaftung versucht hätte, die Moral des Professors zu stärken, solle dieser vorerst noch in Meran bleiben.

Innsbruck 1809 Oktober 13

TLA, Materialiensammlung Rapp, Schuber 9. Orig.-Pap. 22,9 ca. : 31,8 ca., Hochformat, Doppelblatt, 1 ½ Seiten.

Text und Adresse von unbekanntem Schreiber, Andreas Hofers eigenhändige Unterschrift, Amtssiegel als Verschluss. Eingangsvermerk des Empfängers.

An die k. k. Komandantschaft zu Meran.
Obwohl mit der Beendigung der Rechnungs Sache des Herrn Professors Jud nach vom H(err)n v(on) Mörl provis(orischen) Landrichters unter dem 9ten d. M. eingeschükter Anzeige auch die Abführung bemelten H(err)n Professors in seinen ersten Bestimungs Ort nach Taufers in Pusterthal aus dem Grunde, einen unpartheiischen Rechts Freund alldort eher als in Meran finden zu kennen, verbunden zu seyn scheinet, das k. k. Oberkomando aber seine erprobten Gründe hat, daß des H(err)n Professor Juds sitliche Schwäche durch den Aufenthalt in Taufers von alldort sich befindenden allzufreundschäftlichen reitzenden Gegenständen zu heftige Stürme möchte auszuhalten haben und besagtes k. k. Oberkomando bey dessen Verhaftung auch hauptsächlich die Besserung seines moralischen Characters beabsichtigte, so wird hiemit aus dem Grunde, daß bey gegenwärtiger Spannung der Staats Verhältnisse ähnlich verwikelte Processe ohnehin nicht sobald kennen geschlichtet werden, verordnet, daß der H(err) Professor Jud bis weiterer Weisung auf <u>seine Unkösten</u>, indem dem k. k. Oberkomando bereits zuverlässig 200 fl, die benenter Herr Jud hinterlegt hat, sind entdeket worden, in Meran zu verbleiben habe. Welches dem H(err)n v(on) Mörl und S(eine)r Hochw(ürden) dem H(err)n Vikar alsogleich zu eröffnen ist. Die Bittschrift der Ex Kloster Frauen ist der General Landes Administration zur weitern Verfügung übergeben worden.
K. k. Oberkomando Insbruk den 13ten 8b(er) 809
Andere Hofer

Rückseite:
Vom k. k. Oberkomando zu Insbruk an die k. k. Komandanschaft a Meran
par Ordonanz

In Saltaus umb ½ 10 Uhr abends abgangen

Pres(entiert) d(en) 14tn 8b(er) 809 ½ 12 Uhr ~~frühe~~ nachts

Nr. 515

Hofer trägt der Kommandantschaft Meran auf, Johann Ladurner und Georg Waldner nach Innsbruck zu schicken, da die Deputierten dort ihre Zeit abgedient hätten.

Innsbruck 1809 Oktober 13

TLMF, FB 1651, 87. Orig.-Pap. 22,5 ca. : 37,3 ca., Hochformat, Doppelblatt, ½ Seite.

Text und Adresse von Matthias Purtscher (?) geschrieben, Andreas Hofers eigenhändige Unterschrift, zwei Amtssiegel als Verschluss. Eingangsvermerk des Empfängers.

An die löbl(iche) Kommandantschaft zu Meran
Innsbruck d(en) 13t(en) 8ber 1809.
Nachdem die dermalen sich hier befindlichen Deputierten ihre Zeit bereits vollstrecket –, so hat dieselbe bis 17t(en) d. M. den Joh. Ladurner Kloster Baur in Algund und Walder Ober-Wirth zu Marling in dieser Art unfehlbar anher zu schicken.
Vom k. k. Oberkomando Tirols.
Andere Hofer

Rückseite:
Vom k. k. Oberkommmando Tirols an die löbl(iche) k. k. Kommandantschaft zu Meran.
Durch Ordonanz eiligst.

Pres(entiert) d(en) 14 8b(e)r 809 ½ 7 Uhr abents.

Nr. 516

Hofer trägt Josef Ignaz Straub auf, für die Axamer Kompanie einige Gewehre zu beschaffen.

Innsbruck 1809 Oktober 13

TLMF, FB 2707, S. 333.

Abschrift, im Original Andreas Hofers eigenhändige Unterschrift (?).

Pressent(iert) d(en) 13ten 8ber 1809.
Von Ober Comandant(en) And(re)a Hoffer von Innsbruck
No. 25.
An den H(errn) Platzkommandanten Straub zu Hall.
Innsbruck d(en) 13ten 8ber 1809.
Da die Axamer Compagnie einige Gewehre mängelt – so haben Sie die Güte, selben wenn es möglich einige beizuschaffen.
Vom k. k. Oberkommando Tirols.
Andere Hofer m. p.

Dem H(errn) Platzkommandant Straub zu Hall

Nr. 517

Hofer trägt einem unbekannten Empfänger auf, Vikar Karl Finsterwalder von Landl und seine Häuserin aus der Haft zu entlassen.

Innsbruck 1809 Oktober 13

Bayerisches Hauptstaatsarchiv, Hofkommission Tirol 192.

Abschrift (1814), im Original Andreas Hofers eigenhändige Unterschrift (?), Amtssiegel (laut Siegelbeschreibung). Die Abschrift gesiegelt mit „König(lich). baier. Landgericht Kufstein".

Abschrift.
Nachdem man an den hochwürdigen Herrn Vikar Karl Finsterwalder von Landl weiter nichts gefunden, und daher selben länger in Arrest zu behalten nicht Ursache hat, und überdieß der Herr Tschurtschenthaler für ihn und seine Häuserin gut gestanden – so werden be[e]de nach Hause entlassen und der Hochwürdige zu seiner Seelsorge angewiesen. Dieselben sind also ungehindert passiren zu zu [sic] lassen und nichts in Wege zu legen oder denselben ein Leid zuzufügen.
Gegeben zu Innsbruk den 13.(ten) 8ber 1809.
Vom k. k. Oberkommando Tirols
(A. H. L. S. Einfacher Adler.) Andre Hofer.
In fidem copiae den 21. Juny 1814.
König(lich) b. Landgericht Kufstein.
LS Hilger Landrichter

Nr. 518

Hofer ordnet dem Stadtmagistrat Hall an, 200 Zentner guten Heus in das Innsbrucker Magazin einzuliefern.

Innsbruck 1809 Oktober 13

Stadtarchiv Hall in Tirol, Verordnungen vom Gubernium 1809, Fasz. X. Orig.-Pap. 23 ca. : 37 ca., Hochformat, 1 Blatt, 1/3 Seite.

Text und Adresse von Matthias Purtscher (?) geschrieben, Andreas Hofers eigenhändige Unterschrift, Amtssiegel als Verschluss.

Da man gegenwärtig für die Cavallerie und andere Pferde an der Fourage aufliegt – So hat also die Stadt Hall eiligst zwey hundert Zenten gutes Heu in das hiesige Magazin einzuliefern.
Innsbruck d(en) 13t(en) 8ber 1809
Vom k. k. Oberkommando Tirols.
Andere Hofer.

Rückseite:
Dem löb(lichen) Stadmagistrat zu Hall durch Ordonanz eiligst

Kanzleivermerke Stadtmagistrat Hall

Nr. 519

Auf eine Anfrage der Kameral-Direktion am Eisack (Tschiderer) an die Provisorische General-Landes-Administration (Brixen 1809 Oktober 3) hin antwortet Hofer, der Zoll- und Mauteinzug am Grenzzollamt Ahrn sei einzustellen.

o. O. 1809 Oktober 13

TLMF, FB 1651, 16.

Text von Matthias Purtscher (?) geschrieben, Andreas Hofers eigenhändige Unterschrift, o. S.

Die k. k. G. Land(e)sadministration wolle für dermalen den Zoll u Mauth Bezug auf dem Gränzzollamt Ahrn ganz aufhören machen.
K. k. OberCommando Tyrols
d(en) 13. 8br 1809.
Andere Hofer

Nr. 520

Martin Antner, k. k. Staatsbuchhaltungs-Ingrossist, bittet das k. k. Oberkommando „vom Lande Tirol" (Innsbruck 1809 September 28), in einer unter Österreich innegehabten angemessenen Stellung wiedereingestellt zu werden und legt die Belege zu seiner früheren militärischen Laufbahn bei. Hofer empfiehlt, die Qualifikationen des Bittstellers zu beachten.

Innsbruck 1809 Oktober 13

TLMF, FB 1651, 76.

Text von Matthias Purtscher (?) geschrieben, Andreas Hofers eigenhändige Unterschrift, o. S.

Ist hierauf Bedacht zu nehmen in de[m] dieser ein verdienter Mann seyn solle
Insbruck d(en) 13t(en) 8ber 1809
V. k. k. Oberkommando Tirols
Andere Hofer

Kanzleivermerke.

Nr. 521

Hofer bestätigt, ein Schreiben erhalten zu haben, und trägt Josef Ignaz Straub auf, eine der Beilagen Philipp von Wörndle direkt weiterzuleiten.

Innsbruck 1809 Oktober 14

TLMF, FB 2707, S. 334.

Abschrift, im Original Andreas Hofers eigenhändige Unterschrift (?).

Pressent(iert) 14ten 8ber 1809.
Vom Oberkommandanten And(re)a Hoffer von Innsbruck
No. 26.
Copia.
An den Platz Commandanten Straub zu Hall.
Das überschickte Schreiben habe ich datto richtig erhalten nebst 3 Beilagen, aber mir wäre lieber, die Beilage, allwo die 600 Säck Salz darin stehen, für Herrn v(on) Wörndle selbst, weil ich habe vernohmen, daß er in ein gewissen Orth hat fl 2000,– abgehohlt, also hätte er für dermahlen schon eine Vergüttung.
Innsbruck den 14ten 8tber 1809.
Eir aufrichtiger Andrä Hofer.

Nr. 522

Von Hofer ausgestellte Vollmacht für Josef Daney.

Innsbruck 1809 Oktober 14

TLMF, FB 2729, 55. Orig.-Pap. 22 ca. : 36 ca., Hochformat, Doppelblatt, ½ Seite.

Text von Matthias Purtscher (?) geschrieben, Andreas Hofers eigenhändige Unterschrift, Amtssiegel.

Dem Vorweiser dieß, dem hochwürdigen Herrn Jos. Daney, wird hiemit vom k. k. Oberkommando der Auftrag und die unumschränkte Vollmacht ertheilt, bei allen Gränz Compagnien, Oberkeiten und Decanaten mit Einverständniß der respectiven H(errn) Comandanten alle jene Vorkehrungen zu treffen, die durch brüderliche Eintracht und durch das Zusammenwürken der gesamten Kräfte die gute Sache, das allgemeine Wohl des Vaterlandes zu befördern abzielen werden
Innsbruck d(en) 14t(en) 8ber 1809.
Vom k. k. Oberkommando Tirols
LS *Andere Hofer*

Rückseite:
Vollmacht
Lit K

No 19 ~~10~~ No 1 A

Nr. 523

Hofer trägt der Kommandantschaft Meran auf, den Priester Augustin Glas von Fiecht aus dem Arrest in Meran zu entlassen.

o. O., o. D.

TLA, Materialiensammlung Rapp, Schuber 9. Orig.-Pap. 22,5 ca. : 37,3 ca., Hochformat, Doppelblatt, ½ Seite.

Text und Adresse von Matthias Purtscher (?) geschrieben, eigenhändige Passage und Unterschrift Andreas Hofers, Amtssiegel als Verschluss. Dorsalvermerke von verschiedenen Händen, Eingangsvermerk des Empfängers.

An die k. k. Comandantschaft in Meran
Dieselber [sic] erhält hiemit den Auftrag, den Priester Augustin Glas, Benedictiner von Fiecht, welcher sich bey den P. P. Capucinern alldort in Arrest befindet, aus demselben zu entlassen, da er auch in Fiecht über die in Passeyr vorgefallenen Ereignisse zur Verantwortung gezohen werden kann.
Vom k. k. OberCommando in Tyrol
Andere Hofer
wolte ßich Patter augustin ßich nicht vntter wirffig machen, so hat selber dort zu ver Bleiben

Rückseite:
Vom k. k. Oberkommando Tirols an die löb(liche) k. k. Kommandantschaft zu Meran durch Ordonanz eiligst.

Den 15ten 8ber um halbe 7 Uhr fr[ü]he auf den Prener ankomen und gleich abgangen

A. Sant ankomen um 4 Uhr abentz so gleich abgangen

In Saltaus umb 6 Uhr abends ankommen und sogleich abgangen.

Pres(entiert) d(en) 15 8ber 809 ½ 8 Uhr abents.

Nr. 524

Rupert Wintersteller berichtet (Kössen 1809 Oktober 13) über einen erbeuteten Pferdewagen mit einem Fass Wein darauf und fragt an, ob die Beute als konfisziert anzusehen sei oder nicht. Hofer antwortet, die zwei Pferde seien nach Innsbruck zu bringen.

Innsbruck 1809 Oktober 14

TLMF, Historische Sammlung, Flugschriften – Autographen.

Abschrift, im Original Andreas Hofers eigenhändige Unterschrift (?).

Innsbruck am 14 Oktober 1809
Die zwei Pferde sind eiligst hieher zu schicken, mit dem Uebrigen können Sie nach Ihrem Vorschlag handeln.
Vom k. k. Ober-Kommando Tirols.
Andere Hofer m/p.

Nr. 525

Hofer ersucht Josef Ignaz Straub namens zweier Ultner, diesen die „Nachführsachen" nachzuschicken.

Innsbruck 1809 Oktober 15

TLMF, FB 2729, 56. Orig.-Pap. 11,5 ca. : 13,5 ca., Hochformat, 1 Blatt, 1 Seite.

Text und Adresse von Andreas Hofer eigenhändig, o. S. Eingangsvermerk des Empfängers.

schez Parester H Plaz Comen dant
ich Ehr ßueche sie in namen der 2 vlner das wan sie Vo der giette wehren, vnd dötten Jhme-
nen die nach fuer sochen nach zu schickhen leben sie vnd Jhnen frau wirth in schuz gottes
Andere Hofer ober Comen dant in dirolln
in sprugg den 15 d M 1809

Rückseite:
An hern Winckhl Wirth zu hall(n)

Pressent(iert) d(en) 15ten 8tber 1809
Vom Ober Comand(anten) And(re)a Hoffer aus Insbruck

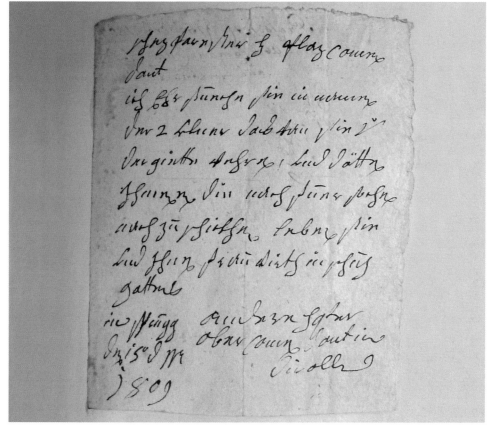

Abb. 41: S. Nr. 525. TLMF, FB 2729, 56. Foto: Oberhofer.

Nr. 526

Hofer schreibt an das Landgericht Steinach, die Kranken unter den sich dort befindenden Kriegsgefangenen dürften in das Spital gebracht werden, eine Verlegung der anderen Gefangenen nach Matrei komme nicht in Frage; andererseits würde sich aber das Schloss Matrei als Gefängnis anbieten.

Innsbruck 1809 Oktober 15

Tiroler Kaiserjägermuseum, Andreas-Hofer-Galerie. Orig.-Pap. 21,5 ca. : 35,5 ca., Hochformat, Doppelblatt, 1 Seite.

Text und Adresse von Matthias Purtscher (?) geschrieben, zwei eigenhändige Unterschriften Andreas Hofers, zwei Amtssiegel als Verschluss.

An das löb(liche) k. k. Landgericht Stainach
Innsbruck d(en) 15t(en) 8ber 1809.
In Rücksicht der dort liegenden Kriegsgefangenen wird erwiedert – daß dasselbe die Kranken hievon ohne Anstand in das hiesige Spital hieher liefern könne – die Gesunden aber sind ohne weiters dort zu belassen, indem man hier schon ohne hin mit solchen genug überhäuft ist – und zu dem kann man das Gericht vertrösten, das es hoffentlich nicht mehr lange dauren werde, bis man denen Gefangenen los wird. Was die Verlegung nach Matrey belangt – hat der Markt Matrey verhältnißmäßig ohne weiters die Last mit tragen zu helfen und ist keines Wegs hievon ausgenommen. Uibrigens sind selbe unter guter Aufsicht zu halten.
Andere Hofer ober Comen dant in dirolln
P. S. Am Besten wird es seyn, wenn selbe in das Schloß Matrey gelegt werden – indem sie dort leicht zu verwachen sind – denn die Gefangenen sind bei schwerster Verantwortung streng zu verwachen.
Andere Hofer

Rückseite:
Vom k. k. Oberkommando Tirols an das k. k. Landgericht Stainach zu Stainach.
Durch Ordonanz eiligst.

Kanzleivermerk Landgericht Steinach.

Nr. 527

Die Provisorische General-Landes-Administration teilt der Oberkommandantschaft mit (Innsbruck 1809 Oktober 13), die ehemaligen Nonnen von Meran und Maria Steinach bäten um die Zahlung ihrer ausständigen Pensionen; die Gefälle eines Religionsfonds, der dafür aufzukommen hätte, hätte nämlich Johann Valentin Tschöll eigenmächtig zur Bestreitung der Defensionsausgaben beschlagnahmt. Hofer antwortet auf die Anfrage, die Nonnen möchten sich gedulden, bis Roschmann die Angelegenheit regeln werde.

o. O. 1809 Oktober 15

TLMF, FB 1651, 63.

Text von Matthias Purtscher (?) geschrieben, Andreas Hofers eigenhändige Unterschrift, o. S.

An k. k. G. Land(e)s Administration
Sind die Exnonnen auf den Zeitpunkt einsweilen zu verweisen, bis H(err) LandesComissair v Roschmann eintrifft, wo dann die Pensions Anweisungen erfolgen werden.
K. k. OberCommando Tyrols d(en) 15. 8br 1809.
Andere Hofer

Nr. 528

Die Gerichtsgemeinde Zell antwortet (Zell im Pinzgau 1809 Oktober 12) auf den Vorschlag Hofers hin, dem Oberschreiber im Pongau Johann Georg von Trauner den Pflegsdienst in Zell provisorisch zu übertragen, der Gerichtsausschuss wisse gar nichts von einer solchen Übertragung. Außerdem würde die Gemeinde Herrn von Trauner kein Vertrauen entgegenbringen, wie sie es beim jetzigen Schreiber Kreutzseeler tue. Hofer vermerkt, es hätte also alles beim Alten zu verbleiben.

o. O. 1809 Oktober 15

Salzburger Landesarchiv, churf. u. k. k. österr. Reg., Rubrik XIX, 26 (= Karton 204), Nr. 149/8.

Eingangsvermerk und Text von Matthias Purtscher (?) geschrieben, Andreas Hofers eigenhändige Unterschrift, o. S.

Praes d(en) 15t(en) 8ber 1809
Hat also ohne weiters beim Alten zu verbleiben.
Innsbruck d(en) obigen
Andere Hofer ober Comen dant in dirolln

Nr. 529

Hofer ersucht die Leitung des Kaufhauses Habtmann, Hemden für die Dragoner auszuliefern.

[Innsbruck] 1809 Oktober 15

Zit. nach: Hirn, Erhebung, 676[1]. Original laut Hirn (1909) im Staatsarchiv München.

Im Original Andreas Hofers eigenhändige Unterschrift (?).

„Denen Dragonern sein Hemeter ausfolgen zu lassen aus Ursach, dass gar keiner keins hat."

Nr. 530

Hofer informiert den Freiherrn Josef von Reinhart, die Referenten der Provisorischen General-Landes-Administration seien grundsätzlich in ihrer Rangordnung gleichgestellt. Die Kommissäre wohnten den Sitzungen zwar bei, dürften aber keine Stimme abgeben; die Landesadministration sei nur eine politische Oberbehörde und hätte mit der (aufgehobenen) ständischen Verfassung nichts zu tun.

Innsbruck 1809 Oktober 16

ÖNB, Autographen Andreas Hofer, 28/16–8. Orig.-Pap. 22 : 33, Hochformat., 1 Blatt, 1 Seite.

Text von Matthias Purtscher (?) geschrieben, Andreas Hofers eigenhändige Unterschrift, o. S. Eingangsvermerk des Empfängers.

An S(ein)e des H(errn) Präsidenten der prov. General Landesadministration Jos. Freyherr v(on) Reinhart Hochwohlgeborn
Insbruck d(en) 16ten 8ber 1809.
Ueber die gefällige Note von heutigen Datum gebe ich mir die Ehre, Euer Hochwohlgeborn zu erwiedern:
1mo Die H(errn) Referenten, als welche vermöge ihrer größern Geschäftskenntniß viel geübter sind, die richtige Ansicht irgend eines Gegenstandes aufzufassen, haben aber aus diesem Grunde zu erst ihre Stimme zu geben.
Da übrigens die H(errn) Repräsendanten sämmtlich die nämliche Stelle bekleiden und alle nur für des Vaterlandes Wohlfahrt zu sorgen bestimmt sind, worinn sich keiner von dem andern wird übertreffen lassen wollen, so findet unter ihnen auch kein Vorrang statt. Sehr wahrscheinlich wird sich auch kein Rangstreit erheben; im sich ergebenden wiedrigen Falle aber wird es ganz dem weisen Ermessen v(on) ~~Ermessen~~ Euer Hochwohlgeborn an heim gestellt, denselben zu schlichten.
2do Die Comissaers, welche von Seite der Oberkommandantschaft den Sitzungen in beliebiger Anzahl beiwohnen werden, haben, wie die Verordnung v(on) 29t(en) 7ber klar ausdrückt, von den Verhandlungen und Beschlüssen Notiz zu nehmen.
Da Sie die Stelle des Unterzeichneten, welcher die prov Landes Administration konstituirte, vertreten, so sehen Euer Hochwohlgeborn wohl von selbst, daß der Unterzeichnete mit sich selbst im Widerspruche stünde, wenn Sie mit stimmen sollten.
3tio Die prov. Landesadministration ist nach dem Sinne der beiden konstituirenden Verordnungen vom 23t(en) Aug(ust) und von 29t(en) 7ber d. J. blos eine politische Oberbehörde und hat folglich mit der ständischen Verfassung, deren feyerliche Rückstellung dem künftigen Landesherrn vorbehalten bleiben muß, nichts zu schaffen.

Eben deßwegen haben auch oberwähnte Verordnungen nicht die H(erren) Stände als Stimmführer ernannt, wo übrigens unsere konstitutionellen Rechte und Freyheiten ausdrücklich vorbehalten wurden.
Der Titl H(err) Prälat v(on) Wilten H(err) v(on) Stadler, Freyherr von Lichtenthurn, H(err) Bürgermeister Riß und H(err) v(on) Stolz, welche bisher den Sitzungen beiwohnten, können als anerkante Patrioten, wenn es ihnen beliebt, auch für die Zukunft hiebei erscheinen, da die zweyte konstituirende Verordnung vom 29t(en) 7ber ihnen weder eine neue Eigenschaft beilegt, noch ihnen eine von denen, welche sie zuvor besaßen, entzieht. Indem ich durch diese Erklärung dem Wunsche von Euer Hochwohlgeborn entsprochen zu haben glaube, gebe ich mir die Ehre, Hochdieselben meiner unwandlbaren Hochacht(ung) zu versichern.
Andere Hofer ober Comen dant in dirolln

Rückseite:
Pr d(en) 17t(en) 8ber 1809
[...]

Nr. 531

Hofer ernennt Rupert Anton von Markenstein zum Bataillons-Kommandanten.

Innsbruck 1809 Oktober 16

TLMF, FB 2073, 81. Orig.-Pap. 21,5 ca. : 35,5 ca., Hochformat, 1 Blatt, 1 ¼ Seite.

Text von unbekanntem Schreiber, Andreas Hofers eigenhändige Unterschrift, o. S.

An H(errn) Rupert Anton von Marckenstein[er] zu Zell an See.
Innsbruck den 16. Oct(ober) 1809.
Der selbe wird anmit für seinen Belobungs werthen Defensionseifer für das Vaterland als Batallions-Comandant der dortigen Landwehr Compagnien vom k. k. OberComando kraft dies anmit bestättigt und ernant und hiedurch samtliche sowohl Ober- als Unter Officiers dieser Compagnien verbündlich gemacht, seinen Befehlen Folge zu leisten.
Was den angeschlossenen Aufruff an die Bewohner des salzburgischen Gebürgs Landes betriff [sic], findet solchen das Ober-Comando sehr Zweck mässig und hält sich verpflichtet, dem H(errn) Verfasser für seinem patriotischen Eifer unsere Zufriedenheit und Hochschäzung zu erkennen zu geben.
K. k. OberComando Tyrols
Andere Hofer

Nr. 532

Steuernachlass für 42 Bewohner von Schlitters, deren Häuser angezündet worden waren.

[Innsbruck] 1809 Oktober 16

Hinweis in: Hirn, Erhebung, 663[3]. Original laut Hirn (1909) im Bayerischen Staatsarchiv München.

Im Original Andreas Hofers eigenhändige Unterschrift (?).

Nr. 533

Hofer schreibt an Rupert Wintersteller in Kössen, dieser möge recht haben mit seiner Vermutung, die Friedensnachricht sei nicht wahr; er mahnt zur Vorsicht, Wintersteller hätte sich an Firler und Speckbacher zu wenden, wegen der Munition nach Wörgl oder St. Johann.

Innsbruck 1809 Oktober 17

TLMF, FB 2729, 57. Orig.-Pap. 22 ca. : 35,5, Hochformat, Doppelblatt, 1 Seite.

Text und Adresse von Matthias Purtscher (?) geschrieben, Andreas Hofers eigenhändige Unterschrift, Amtssiegel als Verschluss.

An den H(errn) Kommandant Rupert Wintersteller zu Kessen
Innsbruck d(en) 17t(en) 8ber 1809.
Es mag seyn, daß der Friede, wie Sie in ihrem gestrigen Schreiben berichtet, unwahr ist. Aber eben dann können Sie Ihre Macht am wenigsten nach Tirol brauchen – dann werden Sie schon genug bei der Haupt Armee zu thun haben.
Vorsicht ist aber immer gut und Sie haben recht gethan.
Sie haben sich daher an den Firler und Speckbacher zu wenden – diese sind Oberkommandanten von Unter-Inthal und haben die mit den Unterkommandanten das Geeignete vorzukehren. Auf einen solchen Fall ist in der dortigen Gegend alles in Bereitschaft, um auf jeden Wink ausrücken zu können.
In Rücksicht der Munition haben Sie sich nach Wörgl oder St. Johann zu wenden – auch werden mehrere Compagnien nach folgen.
Andere Hofer ober comen dant in dirolln

Rückseite:
Vom k. k. Oberkommando Tirols an den H(errn) Kommandanten Rupert Wintersteller zu Kessen.
Durch Ordonanz eiligst.
No. 6.

Nr. 534

Hofer ordnet Martin Firler an, für die versprochene Übersendung von Saliter nach Innsbruck zu sorgen; auch seien die Positionen, vor allem bei Kössen und Kufstein, weiter gut zu besetzen und zu verteidigen, Firler werde weitere Kompanien zur Unterstützung erhalten.

Innsbruck 1809 Oktober 17

TLMF, FB 2729, 58. Orig.-Pap. 22 ca. : 35,8, Hochformat, Doppelblatt, 1 1/3 Seiten.

Text und Adresse von Matthias Delama (?) geschrieben, Andreas Hofers eigenhändige Unterschrift, Amtssiegel als Verschluss.

An Herrn Commandant Martin Firler zu Melek.
Innsbk den 17. 8b(er) 1809.
Ihrer Zusicherung gemäß, daß von Pillersee von Fuidl Saliter in grösserer Quantitaet erhalten werden könnte, ist bis dato noch nicht entsprochen worden. Da man Saliter nöthig hat, so wird H(err) Commandant so viel möglich eilends solchen, den man nicht selbst alldort sehr nöthig hat, anhero übersenden.

Zugleich wird Herr Commandant besonders aufmerksam wachen, daß die Positionen recht besetzt und vertheidiget werden, besonders da sie jezt 2. [Ax]aner Compagnien haben und mehrere Compag(nien) ungefähr 18 bis 20. auf diese Linien beordert worden und dieser Tagen dort eintreffen werden.
Sehet nur, daß bey Kössen und Kufstein alles gut besetzt und verrammelt wird.
Vom k. k. Ober Commando Tyrols.
Andere Hofer

Rückseite:
Vom k. k. OberCommando Tyrols an Herrn Commandanten Martin Firler zu Melek.
Über St Johan.
Durch Ordonanz eiligst.

Nr. 535

Da der Feind im Unterinnthal eingedrungen und bereits bis St. Johann vorgerückt ist, hat der gesamte Landsturm so schnell wie möglich nach Innsbruck zu marschieren.

o. O. 1809 Oktober 18

Abbildung in: Auktionskatalog Stargardt, 3./4. März 1994, 196–197. (Nr. 1459). Orig.-Pap. Folio, Hochformat, Doppelblatt, 1 Seite.

Text von Matthias Delama (?) geschrieben, Andreas Hofers eigenhändige Unterschrift, urspr. ein Verschlusssiegel (zerstört). Transkription (Rückseite nicht abgebildet) nach der Fotographie.

Offne Ordre.
Da der Feind in Unterinnthal mit grösserer Macht vorgetrungen, unsere Landes Vertheidiger geworff(en) und schon gestern bis St. Johan vorgerrükt ist, so hat alles, was Waffen tragen kann, folglich alle Compag(nien) und Sturm also gleich <u>eiligst eiligst</u> ohne Zaudern, wem immer das Vatterland lieb ist, nach Innsbk abzumarschiren.
Vom k. k. OberCommando Tyrols.
D(en) 18. 8br 1809.
Andere Hofer

Grcht. Imst. Landek. Laudek. Pfunds. Nauders.

Rückseite:
„durch Estaffette eiligst eiligst"

Nr. 536

Hofer ordnet der Kommandantschaft Meran an, sofort vier Kompanien nach Innsbruck zu schicken, da der Feind im Unterinntal an drei Stellen eingefallen sei.

Innsbruck 1809 Oktober 18

TLMF, FB 1651, 184. Orig.-Pap. 22 ca. : 35,5 ca., Hochformat, Doppelblatt, ½ Seite.

Text und Adresse von Matthias Delama (?) geschrieben, Andreas Hofers eigenhändige Unterschrift, Amtssiegel als Verschluss. Eingangsvermerk des Empfängers.

An die Commandantschaft in Meran.
Innsbk den 18. 8br 1809.
Da der Feind in Unterinnthal in 3. Punkten eingebrochen und unsere Truppen gedrängt hat, so hat die Commandantschaft also gleich eiligst eiligst 4 Compag(nien) anhero abmarschiren zu lassen, nur Eile Eile.
Vom k. k. OberCommando Tyrols.
Andere Hofer

Rückseite:
Vom k. k. Oberkommando Tirols an die löbl(iche) k. k. Kommandantschaft zu Meran durch Post Estaffette eiligst eiligst
Abgangen d(en) 18t(en) 8ber um 6 Uhr abends.

Pres(entiert) d(en) 19tn 8b(e)r 809 ½ 12 Uhr nachts.
Beantwortet d(en) 20t(en) dies(es)

Nr. 537

Hofer schreibt an Johann Holzknecht und Josef Gufler, der Feind sei im Unterinntal an drei Stellen eingedrungen; Holzknecht solle so viele Leute wie möglich aufbieten und nach Innsbruck führen, wenn möglich insgesamt sechs Kompanien.

Innsbruck 1809 Oktober 18

SLA, Sammlung Steiner, 48. Orig.-Pap. 22,3 ca. : 36,1 ca., Hochformat, Doppelblatt, 1 Seite.

Text und Adresse von unbekanntem Schreiber, eigenhändige Passagen Andreas Hofers, drei Amtssiegel als Verschluss. Eingangsvermerk des Empfängers.

An Herrn Holzknecht von Passeyr zu Botzen.
An Herrn anwald in Pass seir Joseph gufler
Innsbk den 18. 8br 1809.
So eben kam die höchst traurige Nachricht, daß der Feind in Unterinnthal auf 3. Orten mit ansehnlicher Macht eingedrungen seye.
Sieh also von Meran, Passeyr, Brixen, Sterzing, Vinschgau so viel immer möglich Leüte aufzubiethen und anhero mitzubringen.
K. k. OberCommando Tyrols.
wan drein die gefahr minder wehr, Bei drient, wehr wohl guet wan 4 khomeneen herauß marschier Thätten, vnd 2 Vo Passeir aber nur ge schbind
Andere Hofer ober Comen dant in dirolln

Rückseite:
Vom k. k. OberCommando Tyrols.
An Herrn Joh. Holzknecht von Passeyr dermalen zu Botzen oder wo selber auf dem Weeg anzutreffen ist.
Durch Post Estaffette eiligst eiligst eiligst. Um 9. Uhr am 18. abgang(en).

In Saltaus den 19t(en) Oct(ober) umb 7 Uhr in der Früh abgangen

Pre(sentiert) 19t(en) 8ber 9 Uhr nachts 1809

Nr. 538

Hofer fordert das Landgericht Sonnenburg auf, sofort den gesamten Landsturm aufzubieten und nach Rattenberg abmarschieren zu lassen.

Innsbruck 1809 Oktober 18

TLMF, FB 1651, 185. Pap. 21,5 ca. : 35,8 ca., Hochformat, 1 Blatt, ½ Seite.

Zeitgenössische Abschrift, im Original Andreas Hofers eigenhändige Unterschrift (?).

Copia
Das Landgericht Sonnenburg wird hiermit beauftragt, alsogleich bey Angesicht dessen den Sturm im ganzen Landgerichtsbezirke wie auch in Stubay und Amras aufzubiethen und nach Rattenberg eiligst zu beordern, indem der Feind schon gestern St. Johann genommen und immer näher komt.
Innsbruck den 18. Ocktober 1809
Vom k. k. Oberkommando Tirols
Andrä Hofer.

Welches anmit demselben zu seinen Benehmen und pünctklicher Erfüllung mit dem bekannt gemacht wird, […] Dem Elias Domanigg Bezirkkassier von Stubey. zu Schönberg und übrige Gemeinden. […]

Nr. 539

Da der Feind schon in St. Johann stehe, fordert Hofer Josef Gufler auf, mit dem gesamten Landsturm auszurücken und Verpflegung mitzunehmen.

Innsbruck 1809 Oktober 18

SLA, Sammlung Steiner, 47. Pap. 22,5 ca. : 35,3 ca., Hochformat, 1 Blatt, ½ Seite.

Zeitgenössische Abschrift, im Original Andreas Hofers eigenhändige Unterschrift (?).

An dem H(err)n Anwald in Passeyer
Innsbruk den 18ten 8tober 1809
So eben komt die höchst traurige Nachricht, daß der Feind schon gestern in St. Johann eingerükt seye und immer näher kome.

Es ist also die höchste Zeit, wenn wür unser Vaterland den Unmenschen nicht preis geben wollen.
Ich fodere Euch lieben Brüder daher auf, komet in Massa und verweilet keinen Augenblick, denn es ist die höchste Zeit, sehet auch Verpflegung mit zu nehmen.
Vom k. k. Oberkomando Tyrols
Andrea Hofer.

Nr. 540

Hofer fordert das Landgericht Steinach auf, alle verfügbaren Landwehrkompanien nach Innsbruck zu schicken und den Landsturm in Bereitschaft zu halten.

Innsbruck 1809 Oktober 18

Tiroler Kaiserjägermuseum, Andreas-Hofer-Galerie. Orig.-Pap. 22 ca. : 36 ca., Hochformat, Doppelblatt, ½ Seite.

Text und Adresse von Matthias Delama (?) geschrieben, zwei eigenhändige Unterschriften Andreas Hofers, Amtssiegel als Verschluss.

An das lob(liche) Gericht Stainah
Inns Bruk d(en) 18. 8br 1809.
Der Feind ist in 3. Orten in Unterinthal mit ansehnlicher Macht eingedrungen. Was also an Landwehr Compag(nien) auf zu bringen ist eiligst eiligst anher zu beordern. Der Sturm ist so in Bereitschaft zu halten, daß selber auf den ersten Ruf anhero aufbrechen kann.
Eiligst Eiligst.
Vom k. k. OberCommando Tyrols.
Andere Hofer
2 comenieen sollen Eiligst nach Rickhen
Andere Hofer

Rückseite:
Vom k. k. Ober Commando Tyrols. An das Gericht zu Stainach. Durch Estaffette eiligst am 18. um 9 Uhr abgangen.

Kanzleivermerk Landgericht Steinach.

Nr. 541

Hofer fordert das Landgericht Sterzing auf, zwei weitere Kompanien nach Innsbruck zu schicken sowie den Landsturm in Bereitschaft zu halten. Das Schreiben soll sofort an Josef Gufler weitergeschickt werden.

Innsbruck 1809 Oktober 18

Hinweis und Abbildung in: Auktionskatalog Kronenberg AG: Historische Dokumente, Autographen. Fernauktion, Dienstag, 17. Juni 1997, Nr. 464. Orig.-Pap. 1 Seite, 12 : 20 cm.
Text laut Abbildung, Zitat laut Katalogtext.

Text und Adresse von Matthias Purtscher (?) geschrieben, Andreas Hofers eigenhändige Unterschrift.

H(err) Landrichter hat eiligst, indem der Feind wirklich auf 3 Punkten im Unter-Inthal vor gedrungen, noch zwey Comp(agnien) hieher zu beordern. Und den Landsturm so bereit zu halten, daß selber auf den ersten Wink aus rücken kann.
Gegenwärtigen Brief schicken Sie eiligist dem Anwald im Passeyr. So viel in Eil.
Innsbruck d(en) 18.t(en) 8ber 1809
An dere Hofer ober Comen dant

„,Vom k. k. Oberkommando Tirols' (offene Ordre) ,An das Löbl(iche). k. k. Landgericht zu Sterzing'. ,Mittelst Post Estaffette eiligst'. Mit Abgangsvermerk , … 9 Uhr Früh …' und Präsentationsvermerk vom selben Tag ,… um halb 7 Uhr Abends'."

Nr. 542

Hofer fordert die Gerichte Hörtenberg und Petersberg auf, alle Landwehrkompanien sowie den Landsturm mobilzumachen und nach Zirl und Innsbruck zu schicken; vor allem der Zirler Berg sei zu besetzen.

o. O. 1809 Oktober 18

TLMF, FB 2729, 61. Orig.-Pap. 22 ca. : 35,8 ca., Hochformat, Doppelblatt, 1 Seite.

Text und Adresse von Matthias Delama (?) geschrieben, Andreas Hofers eigenhändige Unterschrift, drei Amtssiegel als Verschluss.

Offne Ordre
an alle Gerichte in Oberinnthal: Hertenberg, Petersberg, ~~Imst, Landeck, Laudeck, Pfunds, Nauders.~~
Da der Feind in Unterinnthal auf 3. Seiten mit ansehnlicher Macht eingedrungen, so haben semtliche obenaufgeführte Gerichte sämtliche Landwehr Compagnien mobilzumachen und theils nach Zirl theils nach Innsbk eiligst eiligst abzuordnen und marschiren zu lassen. Der Landsturm ist ebenfalls so aufzurufen, daß er auf den ersten Ruf abmarschiren könne.
Oberinnthal hat besonders den Zirler Berg zu besetzen und wird schon die Weisungen erhalten.
Jede Obrigkeit hat diesen Befehl der anderen eiligst eiligst durch Post Estaffette eiligst mittheilen.
Vom k. k. OberCommando Tyrols. D(en) 18. 8b(er) 1809.
Andere Hofer

Rückseite:
Vom k. k. Ober Commando Tyrols. An das lob(liche) Gericht Hertenberg zu Telfs.
Durch Post Estaffett(en) eiligst um 9. Uhr am 18t(en) abgangen.

An die lob(liche) Ob(rigkei)t nach Silz eilends zu befördern

No 223. 18. Oct.

Nr. 543

Hofer fordert den Stadtmagistrat Hall auf, die ausgerückte Kompanie zu ergänzen und eine zweite abzuschicken.

Innsbruck 1809 Oktober 18

Stadtarchiv Hall in Tirol, Verordnungen vom Gubernium 1809, Fasz. X. Orig.-Pap. 22 ca. : 35,5 ca., Hochformat, Doppelblatt, 2/3 Seite.

Text und Adresse von Matthias Purtscher (?) geschrieben, Andreas Hofers eigenhändige Unterschrift, Amtssiegel als Verschluss.

An den löb(lichen) Stadtmagistrat zu Hall
Innsbruck d(en) 18t(en) 8ber 1809.
Da nun laut so eben eingelaufenen Nachrichten die Feindesgefahr im Unter Innthale sehr nahe und der Feind wirklich schon dortselbst vorgerückt ist – so hat die Stadt Hall nicht nur die schon ausgerückte Comp(agnie) zu ergänzen, sondern auch auf der Stelle <u>bei schwerster Verantwort(ung)</u> eine zweyte Conp(agnie) längstens bis morgen dahin abzuschicken.
Andere Hofer

Rückseite:
Vom k. k. Oberkommando Tirols an den löb(lichen) Stadtmagistrat zu Hall
eiligst eiligst

Kanzleivermerke Stadtmagistrat Hall.

Nr. 544

Hofer fordert den Stadtmagistrat Hall auf, 200 Zentner Heu in das Innsbrucker Magazin zu liefern.

Innsbruck 1809 Oktober 18

Stadtarchiv Hall in Tirol, Verordnungen vom Gubernium 1809, Fasz. X. Orig.-Pap. 22 ca. : 36 ca., Hochformat, Doppelblatt, ¾ Seite.

Text und Adresse von Matthias Delama (?) geschrieben, Andreas Hofers eigenhändige Unterschrift, Amtssiegel als Verschluss.

An Stadtmagistrat zu Hall.
Innsbk den 18 8br 1809.
Da man an Heü für die Cavallerie sehr aufliegt, so hat der Stadtmagistrat längstens bis übermörgen als 20. dies um 9 Uhr früh 200 Zenten Heü in das hiesige Magazin unter strengster Verantwortung einzuliefern.
Hiefur wird einsmalen eine Quittung und seiner Zeit die volle Geld Befriedigung erfolgen.
Vom k. k. OberComando. Tyrols.
Andere Hofer

Rückseite:
Vom k. k. OberCommando Tyrols. An lob(lichen) Stadtmagistrat zu Hall.
Durch Ordonanz
eiligst eiligst eiligst.

Kanzleivermerke Stadtmagistrat Hall.

Nr. 545

Hofer berichtet an Josef Gufler, der Feind sei nicht zu stark vorgerückt; es würde also eine Kompanie ausreichen, die so schnell als möglich nach Innsbruck ziehen soll, die Meraner aber müssten nicht aufgeboten werden. Hofer vermutet, es gebe unter den Tirolern nicht mehr als 100 Gefangene und Tote. In Spanien, wo noch kein Frieden absehbar sei, soll es um die Franzosen nicht gut stehen.

[Innsbruck 1809 Oktober 18/19]

TLA, Materialiensammlung Rapp, Schuber 9. Pap. 23 ca. : 35,5 ca., Hochformat, Doppelblatt, 1 1/3 Seiten. Die Abschrift liegt einem Schreiben Johann Holzknechts, dat. 1809 Oktober 21, an die Kommandantschaft Meran bei.

Zeitgenössische Abschrift, im Original Andreas Hofers eigenhändige Unterschrift (?). Dorsalvermerk von anderer Hand.

Bester H(err) Anwald.
Ich berichte, daß Gott Lob der Feind nicht ist zu stark vorgerückt, so glaube ich, daß wann eine starke Kompagnie kommt, wird es genug seyn, und auf Meran kann man es für dermal berichten, daß sie können zu Haus bleiben, weil wir nicht wissen wie es in Trient aussieht.

Wie viel Tode, wieviele Gefangene daß wir haben, kann ich für dermalen nicht berichten, es hätte können schröcklich seyn vermigen den Überfall, wie unsere Leut angegriffen seyn worden. Indessen glaube ich nicht, daß mehr als 100 Mann zwischen Gefangene und Tode seyn, indessen ist bey unsere Leut das Zutrauen, sehet also, daß die Kompagnie so geschwind als möglich her kommt.

Ich muß auch melden, daß auf den Zoll zu St. Martin sollen nur 1 Aufseher seyn, 1 Mann der zum Ausrücken unbrauchbar ist zu ein Cordenist angestellt werden, damit die brauchbare Mannschaft zum Ausrücken kann hergenommen werden was hat nöthig, daß alles auf den Zoll muß seyn, wie ich mir sagen habe lassen. Indessen habe ich auch erfahren durch 2 Stabsoffizier von Spanien, daß die Franzosen in Spanien so traurig stehen, das wann Wane Parthe [Bonaparte, Anm.] keine Verstärkung kann geben, sie sich alle ergeben müßen, und derentwegen wird es kein Friden abgeben haben, weil der Kaiser das Spanien nicht hat wollen auser Acht lassen, sonst würde der Frieden schon daseyn.

Indessen volzieht mein Verlangen und seyt von mir freundlich gegrießt und in Schutz Gottes befohlen, Euer aufrichtiger Andre Hofer Oberkommandant.

Rückseite:
vom 18. oder 19. Oct. 1809

Nr. 546

Hofer ordnet an, der Landsturm von Hall hätte auf der Stelle zur Zillerbrücke abzumarschieren.

o. O. 1809 Oktober 19

Stadtarchiv Hall in Tirol, Verordnungen vom Gubernium 1809, Fasz. X. Orig.-Pap. 22 ca. : 36 ca., Hochformat, Doppelblatt, ½ Seite.

Text und Adresse von Matthias Purtscher (?) geschrieben, Andreas Hofers eigenhändige Unterschrift, Amtssiegel als Verschluss.

An den Magistrat zu Hall.
Derselbe hat auf der Stelle gesammte Compag(nie) allen Landsturm auf der Stelle [sic] und um so gewieser aufbrechen und nach der Ziller Brüke abmarschiren zu lassen, als sonst Hall als feindlich gesinnt angesehen werden müsste.
K. k. Ober Commando Tyrols.
D(en) 19. 8br 1809.
Andere Hofer

Rückseite:
Vom k. k. Ober Commando Tyrols.
An Stadtmagistrat zu Hall.

Kanzleivermerke Stadtmagistrat Hall.

Nr. 547

Hofer ordnet Johann August von Plawenn an, nach Reutte zu ziehen, da der Feind voraussichtlich auch dort einfallen werde.

Innsbruck 1809 Oktober 19

SLA, Sammlung Steiner, 49. Orig.-Pap. 21,2 ca. : 35,2 ca., Hochformat, Doppelblatt, 1 Seite.

Text und Adresse von Matthias Purtscher (?) geschrieben, Andreas Hofers eigenhändige Unterschrift, urspr. zwei Amtssiegel als Verschluss (eines abgeschnitten). Dorsalvermerke von verschiedenen Händen. Die Passagen „daß […] derselbe" und „Auf […] Länna" nachträglich eingefügt durch Verweis.

An den Herrn Oberkommandanten Joh. Aug(ust) v(on) Plawen wohlgeboren
Innsbruck d(en) 19t(en) 8ber 1809
Da es dem Feind abermal gelungen, im Unter-Innthale vorzurücken und unsere Comp(agnien) zu werfen und zurückzudrängen, ja nach eingegangener Nachricht bis Wörgl vorzudringen – so zwar das die Leute in eine völlige Verwirrung gerathen – und es sehr zu fürchten, daß selbe nicht noch weiter vorrücken.
So wird der H(err) Comandant hiemit aufgefordert, daß sich derselbe so <u>eilig als immer möglich</u> auf seinen Posten nach Reute begebe, indem der Feind, wenn er sich zu halten gedenket, sicher auch auf dieser Seite vorrücken wird.
Vom k. k. Oberkommando Tirols
Andere Hofer

Rückseite:
Vom k. k. Ober Commando Tyrols. An H(errn) Major und Commandanten zu Reutti dermalen zu ~~Latsch~~ vel ibi ubi. Auf demm Griebl Hof zu Mitter Länna
durch Estaffette eiligst, eiligst. Um 4. Uhr Nachmittag am 19 abgang(en).

H(err) von Plawen Lanna.

Botzen um 1 ¾ Uhr Nachmittag d(en) 20t 8ber 1809

Meran um ½ 9 Uhr abents.

Im Ober Lana um 2 Uhr Nachmitag angekomen und gleich wider abgegangen d(en) 21 8b(e)r 1809
No 4

Nr. 548

Die Kommandantschaft Meran wird von Hofer ersucht, einerseits ihre Mannschaft so schnell als möglich abzuschicken, anderseits die Gemeinde Schlanders zu beauftragen, 1.000 Star Getreide nach Innsbruck zu schicken.

Innsbruck 1809 Oktober 19

TLMF, FB 1651, 192. Orig.-Pap. 22 ca. : 36 ca., Hochformat, Doppelblatt, 1 Seite.

Text und Adresse von Matthias Delama (?) geschrieben, eigenhändige Passage Andreas Hofers, drei Amtssiegel als Verschluss. Eingangsvermerk des Empfängers.

An die Commandantschaft zu Meran. Innsbruk den 19. 8br 1809.
Nebst der Auftreg die Absendung der Manschaft so eilig als möglich hat zu bewerken, hat die Commendantschaft nach Schlanders in diesseitigen Namen den strengsten Auftrag zu erlassen, daß sie von dortiger Commenda alsogleich 1000 Staar Getreid zur Verpflegung der Truppen anhero senden sollen.
Zugleich hat Schlanders mehrere Compagnie anhero eiligst abzuordern.
Wein und Brandwein brauchen wir auch in ziemlich grosser Anzahl.
K. k. OberCommando Tyrols.
nur Eilligst das gedraut [Getreide, Anm.] *her khombt Andere Hofer*

Rückseite:
Vom k. k. OberCommando Tyrols. An die löb(liche) Commandantschaft zu Meran.
Durch Post Estafette eiligst um 9 Uhr früh an 19t(en) abgangen.

Praes(entiert) d(en) 20 8ber 1809 11 Uhr Mittag
Nach Schlanders berichtet. 12 Uhr [Mittag]

Nr. 549

Hofer schreibt an Josef Ignaz Straub in Hall, es sei verwunderlich, dass die Obrigkeit von Thaur erst auf einen Befehl gewartet habe, ihre Kompanie auszuschicken.

Innsbruck 1809 Oktober 19

TLMF, FB 2707, S. 335.

Abschrift, im Original Andreas Hofers eigenhändige Unterschrift (?).

Pressent(iert) 19ten 8ber 1809.
Vom Ober Commandanten And(re)a Hoffer von Innsbruck.
No. 27.
Copia.
An Platz Commandanten Straub zu Hall.
Es ist schon ehender der schärffeste Auftrag nach Thaur, aber es ist doch zu verwundern, das eine Oberkeit bei einer solchen Lage noch auf einen Befehl wartet.
Morgen werden schon Leut und Brod kommen – thun Sie, was Sie immer können und geben Sie Nachricht. Soviel in Eile. Und wann die Oberkeiten noch nicht ziehen wollen, lögen sie nur Execution an.
Innsbruck den 19. 8ber 1809.
Andere Hofer Ober Commandant in Tirol.

Nr. 550

Hofer ordnet Ignaz Josef Straub an, die Brücken so zu präparieren, dass sie schnell abgetragen werden können.

Innsbruck 1809 Oktober 19

TLMF, FB 2707, S. 336.

Abschrift, im Original Andreas Hofers eigenhändige Unterschrift (?).

Pressent(iert) den 19ten 8ber 1809.
Vom Ober Comand(anten) And(re)a Hoffer aus Innsbruck.
No 28.
An Titl H(errn) Stadt Commandanten Joseph Straub in Hall
Innsbruck den 19. Oktober 1809.
Ihre Veranstaltung ist ganz recht, machen Sie solche in aller Eille besonders bei dennen Brücken, um solche in aller Eil abtragen zu kennen.
Andere Hofer m. p.

Nr. 551

Hofer und Martin Firler informieren Josef Ignaz Straub, dass der gesamte Landsturm im Oberinntal zwar aufgeboten, aber noch nicht bis Innsbruck gekommen sei. Dort seien Wein, Branntwein, Brot usw. requiriert worden.

Innsbruck 1809 Oktober 19

TLMF, FB 2707, S. 337.

Abschrift, im Original Andreas Hofers eigenhändige Unterschrift (?).

Pressent(iert) d(en) 19ten 8ber 1809.
Von Ober Comandant(en) And(re)a Hoffer von Innsbruck
No 29.
An dem k. k. Herrn Stadt Comand(anten) Joseph Straub in Hall und H(errn) OberComandanten Firler.
Innsbruck den 19ten Oktbr. 809.
Habe die Ehre zu berichten, das der ganze Landsturm im Oberinnthalle aufgebothen, welcher wegen Kürze der Zeit noch nicht eintreffen konnte, aber so balt selber hier ankömmt auf der Stelle nachgesendet werden wird. –
In Hinsicht der Verpflegung ist alle möglichste Vorkehrung getroffen, indeme in Innsbruck Wein, Prandtwein, Brod etc. etc in Menge requiriert worden und nachgesendet werden wird.
Andere Hofer m. p. Ober Comendant in Dirolln
Morgen kömmt der ganze Landsturm hinunter und Lebensmittel dazu.

Von der k. k. Ober Comandantschaft in Tiroll. An dem Herrn Stadt Comandanten Joseph Straub in Hall.

Nr. 552

Hofer beschwert sich beim Landgericht Steinach über die desertierenden Landesverteidiger, die auch Pulver und Blei mitnähmen, und fordert das Gericht auf, eine Wache aufzustellen. Alle verfügbaren Männer seien nach Innsbruck zu schicken, dies sei auch dem Landrichter von Sterzing mitzuteilen.

Innsbruck 1809 Oktober 19

TLA, Landgericht Steinach, Fasz. 44 a, Abt. C: Militär 1806–1849. Orig.-Pap. 21,8 ca. : 35,5 ca., Hochformat, Doppelblatt, 1 ½ Seiten.

Text und Adresse von Matthias Purtscher (?) geschrieben, Andreas Hofers eigenhändige Unterschrift, zwei Amtssiegel als Verschluss. Eingangsvermerk des Empfängers. Die Passage „eiligst hieher kommen" nachträglich eingefügt durch Verweis.

An das löb(liche) Landgericht zu Stainach.
Innsbruck d(en) 19t(en) 8ber 1809.
Es ist doch schrecklich, wenn man die Leute betrachtet – alles geht zu Hause ohne alle Erlaubniß und bei der dringensten Gefahr. Ja, wenn die Leute es so machen – dann kann niemand helfen, wenn wir alle unglücklich werden. Ich ersuche Sie, machen Sie Amstalt, daß die Leute, alles was immer gehn kann, eiligst hieher kommen und berichten Sie es auch dem Herrn Landrichter zu Sterzing, daß er auch dort alle mögliche Anstalten trifft, damit die Leute so eilig als möglich hieher kommen.
Dann w[ü]rde es sehr gut seyn, wenn Sie eine Wache aufstellen ließen, damit keiner entlaufen kann – denn es geht beinahe alles zu Haus – und was das Schlimmste ist – sogar Pulfer und Bley nehmen sie noch mit – woran man immer Noth hat. Allen diesen Kerl hat die Wache sowohl Gewehr als Pulfer und Bley abzunehmen und hieher zu transportirn.
Ich rechne auf Ihre Rechtschaffenheit und Vaterlandsliebe und bin mit Achtung.
Andere Hofer oberComen dant in dirolln

Rückseite:
Vom k. k. Oberkommando Tirols an das löb(liche) k. k. Landgericht. Zu Stainach.
Durch Post Estaffette eiligst eiligst.
Abgangen d(en) 19t(en) 8ber um ½ 8 Uhr abends

(De dat)o. 19t(en) et praes(entiert) 20t(en) Okt(ober) 1809 Fasc X No 644.
[…]

Nr. 553

Die Landwehrkompanien von Petersberg, Imst, Landeck, Laudegg, Nauders und Pfunds haben auf der Stelle nach Innsbruck zu marschieren, jene von Hörtenberg nach Scharnitz, Seefeld und Leutasch sowie ins Unterinntal.

Innsbruck 1809 Oktober 19

TLMF, FB 2729, 62. Orig.-Pap. 21,5 ca. : 34,5 ca., Hochformat, 1 Blatt, ½ Seite.

Zeitgenössische (?) Abschrift, im Original Andreas Hofers eigenhändige Unterschrift (?).

Offne Ordre.
Sämmtliche Landwehr Compagnien von Petersberg, Imst, Landeck, Laudek, Nauders, Pfunds haben unter strengster Verantwortung <u>eiligst</u> <u>eiligst</u> nach Innsbruck abzumarschiren.
Die Compagnien von Hertenberg haben einsmalen nach Scharnitz und Seefeld und Leütasch zu marschiren, mit den entbehrlichen Compagnien aber auch noch [sic] Unterinnthal abzumarschiren.
Vom k. k. Oberkommando Tyrols.
Innsbruck am 19ten 8ber 1809
Andrä Hofer.

Rückseite:
No 224 19. Oct.

Nr. 554

Eine Abordnung von Schützen mit bayerischen, sächsischen, italienischen und französischen Deserteuren und Arrestanten zieht nach Silz, sie ist mit Verpflegung und Vorspann zu versorgen.

o. O. 1809 Oktober 19

TLMF, FB 2729, 67. Orig.-Pap. 22 ca. : 34,3 ca., Hochformat, Doppelblatt, 1 Seite.

Text von unbekanntem Schreiber, eigenhändige Unterschriften Andreas Hofers und des Pflegers von Braitenberg, Amtssiegel. Die Passage „Die Escort […] abzulösen" nachträglich eingefügt.

March-Route
für 40 Mann v(on) der Insbrucker Garde, die mit k. bayrischen, sachsischen, italienischen und französischen Deserteur 301[a] und 29[b] Arrestanten auf Befehl der Oberkommandantschaft von hier nach Telfs und von dort nach Silz, allwo sie von der lo(blichen) Oberkeit nach Oetzthal oder nach dessen Gutbefinden gehörig zu vertheillen und zu bewahren sind.
Der Escort als wie den Kriegsgefangenen ist die normalmässige Verpflegung zu verabreichen.
Zur Transportirung der geschlossenen Arrestanten ist ein halber Vorspans Wagen nothwendig, der in den betreffenden Stationen zu verschaffen ist. Die Escort ist im Telfs gehörig abzulösen.
K. k. Oberkomando in Tyrol den 19ten 8ber 1809

LS *Andere Hofer*
Da in Telfs merere Conpagnien von Landes Vertheitige(rn) ein quartiert sind, so mus diesses Comado von Insbruk weiters nach Rietz seinen Marsch vorsetzen und dort einquartiert werden

V. Braitenberg Pfleg(er manu propria)

Rückseite:
No 225.
19. Oct.

---

a   Nachträglich eingefügt.
b   Nachträglich eingefügt.

Nr. 555

Hofer fordert die Dorfobrigkeit von Wilten auf, die *Türkenschober* in den Feldern zu entfernen, da dieselben sonst abgebrannt würden.

o. O. 1809 Oktober 19

TLMF, FB 2729, 66. Orig.-Pap. 21,5 ca. : 34,5 ca., Hochformat, 1 Blatt, ½ Seite.

Text und Adresse von Matthias Delama (?) geschrieben, Andreas Hofers eigenhändige Unterschrift, Amtssiegel.

An die Dorf Obrigkeit von Wilten.
Dieselbe erhält den strengsten Auftrag, die dortigen Unterthanen strengst anzuweisen, daß sie die im Wiltinger Feld befindlichen Türkenschober binen 24 Stund um so gewieser abführen sollen, widrigenfalls selbe angezunden werden müssten.
K. k. OberCommando Tyrols. D(en) 19. 8br 1809.
LS *Andere Hofer*

Rückseite:
An Herrn Kajetan von Stadler.

Nr. 556

Befehl zur Ausfolgung von zwei Zentnern Blei.

Innsbruck 1809 Oktober 19

TLMF, FB 2729, 65. Das Original wurde 1882 dem Hofer-Enkel Karl Edlen von Hofer in Wien überlassen (laut Beischrift).

Abschrift (1882?), im Original Andreas Hofers eigenhändige Unterschrift (?).

(Abschrift)
Dem Georg Pucher von Axams sind vom Zeughaus 2 Zentner Bley gegen Quittung zu verabfolgen.
K. k. Ober-Commando Tyrols Innsbruck am 19. October 1809.
Andere Hofer.

Nr. 557

Befehl zur Ausfolgung von zwei Zentnern Blei und Schießpulver.

o. O. 1809 Oktober 19

TLMF, FB 2729, 63. Orig.-Pap. 21,5 ca. : 20,3 ca., Hochformat, 1 Blatt, 1 Seite.

Text von Matthias Delama (?) geschrieben, Andreas Hofers eigenhändige Unterschrift, o. S.

Dem Herrn Commandanten der Sonnenburger Landwehr Battailons ist ein Bley St(u)k von 2. Zenten gegen Quittung zu verabfolgen.
Vom k. k. Ober Commando Tyrols d(en) 19. 8b(er) 1809 *Andere Hofer*
Auch ist demselben, wenn in Hall ein Pulver sich befindet, eines zu verabfolgen.

Nr. 558

Da der Feind an drei Stellen im Unterinntal eingefallen ist, sei es nicht möglich, die Kompanien abzuwechseln, da die Schanzen Scharnitz und Leutasch verteidigt werden müßten; außerdem seien diese noch auszubauen.

o. O. 1809 Oktober 20

SLA, Nachlass Streiter, Karton 34, „versch. Abschriften 1809–1816", 28. Pap. 22 ca. : 37,5 ca., Hochformat, Doppelblatt, 2 ½ Seiten.

Zeitgenössische Abschrift, im Original Andreas Hofers eigenhändige Unterschrift (?).

Copia
Offene Ordre
an alle Schützen Compagnien in Scharnitz und Leutasch
Der ausserordentliche Zufall, daß der Feind in 3. Orten in Unterinthall bis Wörgel vorgedrungen, setzen uns leider gegenwärtig ausser Stande, die Abweschlung [sic] der Compagnien, wie es versprochen worden, zu bewerken.
Die Schanze Scharnitz und Leutasch sind gegenwärtig die für uns wichtigsten Punkte, an deren Erhaltung uns sehr gelegen seyn muß –
An Abwechslung ist gegenwärtig nicht gedenkbar, besonders, da alle waffenfähige Mannschaft nach Unterthal abmarschiert ist.
Aus Liebe zu unsern Vatterland findet sich daher das Oberkommando aufgefordert zu verordnen:
1. Haben alle Compagnien, auch diejenigen, welche ihre Dienstzeit erstrecket haben, einsmalen auf ihren Posten zu verbleiben.
2 Werden alle jene, welche ohne besondere Erlaubniß ihren Posten verlaßen, ihrer Löhnung verlurstig erklähret.
3. Wird von Unterland, was unter einem heut dahin erlaßen worden, Vieh dahin abgeführt werden, daß die Schützen wenigstens mit Fleisch versehen werden.
Brüder, halltet nur noch eine Zeit aus, Gott wird alles in Kürtze auf das Beste lenken.
Die Scharnütz und Leutasch muß aber noch mehr Befestigung erhallten, deßwegen muß ich auch dringendst empfohlen, daß
4. die Schantz Graben am Schloß Berg vom alten Schloß bis an das Hochgebürg hinauf aufgeworfen, unter dem Schloß bis zu unterst in das Thal und vor dem Schantz-Graben

noch ein neuerlicher Verhau angelegt und der Weg an mehreren Orten 10 Schuh breit und 6 Schuh tief abgegraben und einsmahlen mit einer Ueberleg Brüke versehen werde, welche bey einer Feinds Gefahr gleich abgebrochen sind.
Eben so muß
5. auf der Seite gegen Leutasch, wo der schöne dike Wald ist, ein großer Verhau, der mit dem ersten in Verbindung seyn muß, angelegt werden.
Auf gleiche Weiße soll in Leutasch, besonders aber am Lurberg, mit Verhaue und Schantzlen vorgegangen werden.
Brüder hallet Euch als Männer, die für ihr Vaterland nicht um bloses Gelt und Eigenutz streitten, und lebet wohl
k. k. OberComando Tirols d(en) 20t(en) 8ber 1809
ich bin sicher Eir aufrichtiger Andre Hofer.

Nr. 559

Hofer ordnet den Gemeinden im Stubai an, alle zur Verfügung stehenden Leute (*Männer und auch Weibsbilder*) mit Werkzeug zum Schanzenbau auf den Bergisel zu schicken.

o. O. 1809 Oktober 20

TLMF, FB 1651, 204. Orig.-Pap. 22,5 ca. : 35,3 ca., Hochformat, 1 Blatt, 2/3 Seite.

Text und Adresse von Matthias Delama (?) geschrieben, Andreas Hofers eigenhändige Unterschrift, Amtssiegel als Verschluss. Eingangsvermerk des Empfängers.

Offne Ordre.
An sämtliche Gemeinden in Stubay.
Damit die feste Position am Berg Isel gehörig behauptet werden könen, haben gesamte Gemeinden ohngeacht des Auszugs der Landesvertheidiger so viel immer an Leüten aufzubringen, Männer und auch Weibsbilder mit Pikel, Schaufel und Hacken längstens bis 7. Uhr früh auf morgen als 21. d. M. unter strengster Verantwortung abzuschiken. Man hofft, daß die Gemeinden zur Rettung des Eigenthums u[a] Vatterlandes alle möglichsten Kräfte aufbiethen werden.
Vom k. k. OberCommando Tyrols. D(en) 20. 8br 1809.
Andere Hofer

Rückseite:
An alle Gemeinden im Thale Stubay. Eiligst eiligst bey Verantwortung zuzustellen. Von Telfes angefangen.

Empfangen den 20 8ber 1809 und laut(?) Ordre geleistet am 21t(en) d(a)to

---

[a] „Eigenthums u" nachträglich eingefügt.

Nr. 560

Hofer fordert den Magistrat und das Salzamt von Hall auf, die waffenfähige Mannschaft zur Zillerbrücke abzuschicken.

o. O. 1809 Oktober 20

Stadtarchiv Hall in Tirol, Verordnungen vom Gubernium 1809, Fasz. X. Orig.-Pap. 22 ca. : 36 ca., Hochformat, 2/3 Seite.

Text und Adresse von Matthias Delama (?) geschrieben, Andreas Hofers eigenhändige Unterschrift, Amtssiegel als Verschluss.

Offne Ordre.
Da der Landsturm von ganz Oberinthal und Vinschgau hier ehestens ein treffen und nach Unter-Innthal abmarschiren wird, so wird lo(bliches) Magistrat und das Salzamt gewarnet, zum letztenmahl alle ihre waffen fähige Mannschaft, wo von schon auch etwas mit Pikel u Schaufel versehen seyn darf, um so mehr nach der Ziller Brüke abzusenden, als sonst vom Landsturm, wovon einige Offiziers bereits schon die dortige Nachlässigkeit angezohen haben, Plünderung und Raub zu befürchten wäre.
Vom k. k. OberCommando Tyrols.
D(en) 20. 8b(er) 1809. *Andere Hofer*
Obiges ist alsogleich dem k. k. Salzamt zu intimiren.

Rückseite:
Vom k. k. Ober Commando Tyrols.
An lob(lichen) Stadtmagistrat zu Hall.
Durch Ordonanz eiligst.

Kanzleivermerke Stadtmagistrat Hall.

Nr. 561

Hofer teilt mit, aus ganz Tirol seien Kompanien an den Kriegsschauplatz unterwegs, ebenso Branntwein und Brot. Josef Ignaz Straub solle dafür sorgen, dass die Landesverteidiger an ihrem Einsatzort bleiben.

o. O. 1809 Oktober 20

TLMF, FB 2707, S. 338.

Abschrift, im Original Andreas Hofers eigenhändige Unterschrift (?).

Pressent(iert) den 20ten 8ber 1809.
Vom Ober Comand(anten) And(re)a Hoffer aus Innsbruck
No. 30.
Herr Platz Commandant.
Herr Seeger wird Ihnen berichten, daß heute 3 Compag. von Stubey, 4 Comp. von Steinach, 4 Compag. v Sterzing und mehrere Compagnien von Oberinnthal hier eintreffen werden.
Eben so kömmt von Brixen, Meran, Passeyr, ganz Vinschgau und ganz Oberinthal alles nach.

Brandwein wird folgen, Brod auch. Halten Sie nur die Leute, ich bitte Sie.
Mir scheint, die Unordnung ist vom meisten Schuld. Sehen Sie nur, daß die Axamer und Sonenburger zusammen kommen.
K. k. Ober Commando Tirols den 20. 8ber 1809.
Andere Hofer m. p.

Nr. 562

Hofer ernennt Anton Seeger zum Verpflegsoffizier und schickt ihn in das Unterinntal, er sei mit Verpflegung und Vorspann zu versehen; Anton Wild werde Vieh zur Verfügung stellen.

Innsbruck 1809 Oktober 20

Privatbesitz Dr. Almut Hauck-Wagner, Lans. Orig.-Pap., Hochformat, 1 Seite.

Text von Matthias Purtscher (?) geschrieben, eigenhändige Passage Andreas Hofers, Amtssiegel.

Offene Ordre
kraft welcher der Vorweiser dieß H(err) Seeger als Verpflegs Officier ernennt und nach Unter-Innthal abgeschickt wird.
Derselbe hat die ganze Verpflegung für sämtliche Truppen zu besorgen – und alle Oberkeiten und Gerichts- auch Gemeinde Vorstehungen werden hiemit nachdrucksamst angewiesen, denselben möglichst zu unterstü[t]zen und allen Vorschub zu leisten.
Auch ist demselben überall die unentgeltliche Verpflegung wie auch die nöthige Vorspann unaufhältlich beizuschaffen.
Innsbruck d(en) 20t(en) 8ber 1809
Vom k. k. Oberkommando Tirols.
der an dani wild wirth fich her stöllen, LS *Andere Hofer*

Nr. 563

Aufgebot des gesamten Landsturms im Oberinntal.

o. O. 1809 Oktober 21

TLMF, FB 2729, 68. Pap. 22 ca. : 37 ca., Hochformat, 1 Blatt, ½ Seite.

Zeitgenössische Abschrift, im Original Andreas Hofers eigenhändige Unterschrift (?).

Offene Ordre.
Alle Kompagnien von Oberinthal haben auf der Stelle eiligst, eiligst, eiligst, aller Landsturm was Waf(f)en tragen kan auf den Hinterberg herabzuziehen und die Schanze zu besetzen.
Brüder auf eiligst, es ist die lezte Anstrengung.
Vom Oberkomando Tirols den 21ten 8ber 1809.
Andrä Hofer.

Rückseite:
No 226. 21. Oct. Hofer

Zweite zeitgenössische Abschrift desselben Textes:

SLA, Nachlass Streiter, Karton 34, „versch. Abschriften 1809–1816", 29. Pap. 17,5 ca. : 21,3 ca., Hochformat, 1 Blatt, ½ Seite.

Nr. 564

Josef Ignaz Straub (?) erhält von Hofer den Auftrag, eine Brücke, wahrscheinlich in Hall, zu bewachen und nach Überquerung durch die Tiroler zu zerstören.

Innsbruck 1809 Oktober 21

TLMF, FB 2707, S. 338–339.

Abschrift, im Original Andreas Hofers eigenhändige Unterschrift (?).

Pressentiert d(en) 21. 8ber 1809.
Vom Ober Comand(anten) And(re)a Hoffer aus Innsbruck
No. 31.
Herr Brückenmeister!
Sie erhalten hiemit den Auftrag und zwar bey schwärster Verantwortung, über die Brücke ein sehr wachsames Aug zu haben und solche, wie sie von unsern Leuten paßiert ist, allsogleich gänzlich zu zerstörren.
Innsbruck den 21ten im 8ber 809.
Doch aber hat man ehevor den Uebergang der Cavallerie und Rancionirten ehevor zu beobachten.
Andere Hofer m. p.

An das löbl(iche) k. k. PlatzComando zu Hall
Eile, Eile, Eile.

Nr. 565

Hofer ernennt Josef Speckbacher von Rinn zum ersten Kommandanten der Tiroler Truppen.

Innsbruck 1809 Oktober 21

Zit. nach: Bartholdy, Krieg, 17 (Original nicht eruierbar).

Im Original Hofers eigenhändige Unterschrift (?), Siegel.

„Offene Ordre.
Vorweiser dieses, Herr Joseph Speckbacher von Rinn wird anmit vom k. k. Ober-Commando Tyrols als erster Commandant (Vorposten??) der tyrolischen Landestruppen bestätigt und bekräftigt.
K. K. Ober-Commando Tyrols.
Innsbruck am 21. Oktober 1809.
(L. S.) Andere Hofer."

Nr. 566

Hofer bestätigt in vorliegendem Schreiben an Kaiser Franz, Innsbruck verlassen zu haben; er sieht sich von Österreich im Stich gelassen, ohne Hilfstruppen, ohne Geld, ohne Unterstützung; er kann einen Friedensschluss zwischen Österreich und Frankreich nicht akzeptieren, obwohl viele Indizien dafür sprechen. Wiederholt bittet Hofer, die hervorragenden Taten der Tiroler hervorhebend, um Unterstützung.

Steinach 1809 Oktober 22

TLMF, FB 2073, 117.

Abschrift. Das Original laut Hirn von Matthias Purtscher verfasst (vgl. Hirn, Erhebung, 735), im Original Andreas Hofers eigenhändige Unterschrift (?).

6.537 Sch[ell]
An Seine Majestät den Kaiser von Oestreich!
Nun kommt es leider so weit, daß ich mir bald nicht mehr zu helfen weiß. Gestern mußte ich Innsbruck verlassen – und der Feind wird ohne allen Zweifel heute dort eintreffen. – Schreklich ist unsere Lage. Ich sehe mich und mein liebes Vaterland bereits von allen Seiten verlassen. Ohne Hülfstruppen, ohne Geld und ohne alle Unterstützung. Man hört nichts als von Frieden – alle ausländische Blätter zeigen bestimmt den Frieden – an, und überdieß fällt uns der Feind mit einer Macht, die beiläufig etwa 20000 Mann stark seyn soll, ins Land. – Der Gedanken, daß uns Euer Majestät mit Abschließung des Friedens vergeßen haben sollten – kann und läßt sich nicht denken auf der einen Seite – aber auf der andern Seite läßt sich die lange Stille, die immer nur halboffiziellen und unbestimmten Nachrichten der von Seiner Majestät ankommenden Couriere, die äußerst säumselige Unterstützung an Geld und besonders die so eben durch einen Courier angelangte Abrufung des erst jüngst angekommenen Ober-Landes Commissär und Arm[è]e Intendanten von Roschmann – nicht erklären. – Nehmen Euer Majestät die Lage Tyrols, das namenlose Elend, in welches sich dasselbe durch diesen Krieg versetzet hat, in Erwägung – Hat eine Nation das gethan – was Tyrol gethan hat? – Man kann mit Recht sagen – Tyrol hat sein Äußerstes gethan, und für wen? – für Gott, für Religion und für seinen allgeliebten, rechtmäßigen und allgerechten Kaiser von Oestreich! – Daher nehme ich das Wort in Nahmen des ganzen Landes, Euer Majestät nochmahls um schleinigste Hülfe durch alles zu bitten – Retten Sie uns – sonst sind wir verloren – Tyrol ist bereit, für Euer Majestät seinen letzten Tropfen Blut auf dem Schlachtfelde zu verspritzen. – Ich bin Bürge dafür – aber ohne Hülfe, ohne Unterstützung können wir ja nicht länger aushalten, und wir müßten dahero einem unbeschreiblichen grenzenlosen Elende und allgemeiner Verwüstung entgegen sehen. – Ich bitte nochmahls fußfällig um Unterstützung und Hülfe. Ich und das ganze Land werfen uns in Ihre Armen und hoffen auch sicher auf Ihre Hülfe, indem Euer Majestät die Güte selbst und daher als der gerechteste unter allen Monarchen allgemein verehret werden.
Steinach den 22ten October 1809
Treue und Traurige Andreas Hofer Ober Commandant in Tyrol.

Nr. 567

Hofer bittet Erzherzog Johann um schleunigste Hilfe „aller Art" sowie darum, vorliegendes Schreiben (und das beiliegende, s. vorhergehende Nr.) dem Kaiser und dem Fürsten Johann I. Josef von Liechtenstein, dem Nachfolger Erzherzog Karls als Oberbefehlshaber, zu überreichen.

Steinach 1809 Oktober 22

TLMF, FB 2073, 117.

Abschrift. Im Original Andreas Hofers eigenhändige Unterschrift (?).

An Seine kaiserliche Hoheit den allgeliebten Erzherzog Johann!
Euer Kaiserliche Hoheit werden durch alles, was Höchstdieselben zum Mitleiden bewegen kann, um <u>schleinigste Hülfe</u> und Unterstützung aller Art gebeten – sonst ist Tyrol für immer verloren – – – !
Auch werden Euer kaiser(liche) Hoheit dringend gebethen, gegenwärtiges Schreiben Sr. M. dem Kaiser und S. E. dem Fürsten von Lichtenstein <u>eiligst</u> zu überreichen und für das <u>arme</u> und getreue Tyrol alles Mögliche zu thun, damit wir doch nicht verlassen werden.
Stainach d(en) 22ten Oct. 1809
So viel in Eil
Andreas Hoffer Ober Commandant in Tyrol

Nr. 568

Hofer berichtet an Josef Gufler und die Kommandantschaft Meran, er hätte Innsbruck verlassen und die Truppen auf dem Bergisel postiert, die Männer seien aber verängstigt und wollten flüchten. Deshalb sei es nötig, dass neue Kompanien von Passeier und Meran anrückten.

Steinach 1809 Oktober 22

TLMF, FB 1651, 207. Orig.-Pap. 23,5 ca. : 35,5 ca., Hochformat, Doppelblatt, 1 Seite.

Text und Adresse von Matthias Purtscher (?) geschrieben, Andreas Hofers eigenhändige Unterschrift, zwei Amtssiegel als Verschluss. Eingangsvermerk des Empfängers.

An den H(errn) Anwald im Passeyr Jos. Gufler dann an die Kommandantschaft zu Meran
Stainach d(en) 22t(en) 8ber 1809.
Nun hat uns das Schicksal so weit getroffen – daß wir Innsbruck gestern abends verlassen mußten. Wir postierten uns auf dem Berg Isl – allein ich förchte, wir werden sie uns hier nicht erhalten <u>können</u>, indem die Leute völlig in der Furcht sind und bereits niemand haltet.
Es ist daher äußerst nöthig, das 3 Comp(agnien) von Passeyr und 6 Compagnien v(on) Meran <u>eiligst</u> bei Tag und Nacht hieher in forzierten Märschen eilen, den sonst weiß ich nicht was anfangen, mit den hiesigen Leuten allein ist nichts zu machen. Machet Anstalt <u>eiligst</u>, sonst sieht es nicht gut aus.
Andere Hofer ober Comen dant in dirolln

Rückseite:
Vom k. k. Oberkommando Tirols an den H(errn) Anwald Jos. Gufler in Passeyr zu St. Leonhard.
Durch Expressen.

Pres(entiert) d(en) 23tn 8b(e)r 1809 ½ 1 Uhr Nachmittag

Nr. 569

Hofer bietet den gesamten Landsturm des Landgerichts Sterzing auf, ebenso die Knappen vom Schneeberg (?).

Steinach 1809 Oktober 22

TLMF, Autographensammlung Andreas Hofer. Orig.-Pap. 22 ca. : 34,8, Hochformat, 1 Blatt, ½ Seite.

Text von Matthias Purtscher (?) geschrieben, eigenhändige Passage und Unterschrift Andreas Hofers, o. S. Eingangsvermerk des Empfängers.

Offene Ordre
kraft welcher hiemit der gesammte Landsturm von Landgerichte Sterzing eiligst aufgefodert und bei schwerster Verantwortung hiemit hieher zu marschieren angewiesen wird.
Stainach d(en) 22t(en) 8ber 1809
Vom k. k. Oberkommando Tirols.
vnd wan die khnappen, Bein Perg werch fortig sein haben auch aus zu ziechen
Andere Hofer

Rückseite:
No. 403. Praes. d(en) 22. 8ber. 1809.

Nr. 570

Hofer berichtet an Josef Speckbacher, Josef Zöggele hätte die Nachricht gebracht, die Landesverteidiger seien bereit; P. Joachim Haspinger und Johann Georg Harrasser seien über die Radstädter Tauern gezogen. Sollte es Speckbacher für richtig erachten, vorzurücken, solle er dies tun.

Steinach 1809 Oktober 22

TLMF, FB 2729, 69. Orig.-Pap. 23 ca. : 35,5 ca., Hochformat, 1 Blatt, 1 Seite.

Text von unbekanntem Schreiber, Andreas Hofers eigenhändige Unterschrift, o. S.

An dem H(errn) Komändänten Speckbacher zu Läns.
Stainach d(en) 22ten 8ber 1809.
So eben kam der Comandant Zeggele und brachte die Nachricht, das von untten herauf alles bereit, dem Feündt im Ricken zu fallen, der Pätter und Härräßer sindt über den Rastetter Tauren, ich ich [sic] weiß also noch nicht, wo sie herkomen. So baldt ich

Nachricht erhalte, werde ich schon berichten – es wirdt villeicht nicht schaden, wen man sie ein wenig herauf liesße.
Daher, wen Du glaubst, das es tuenlich, so ricke nur vor, den wen nichts anders vorkömbt, bin ich selbst willens, morgen wider vorzurucken.
Beobachte aber genau alles und besorge alles sehr gutt – dann hofe ich, das in Kirze alles wider gutt gehen wirdt.
Von k. k. Oberkomändo Tiroll
Andere Hofer

Nr. 571

Hofer schreibt an das Landgericht Sterzing, er hätte Innsbruck verlassen und sich auf dem Bergisel postiert; das Gericht solle so viele Leute wie möglich schicken, vor allem in Pfitsch müsse für die Verteidigung gesorgt werden.

Steinach 1809 Oktober 22

TLMF, Historische Sammlung, Flugschriften – Autographen. Orig.-Pap. 22 ca. : 34,5 ca., Hochformat, Doppelblatt, 1 Seite.

Text und Adresse von Matthias Purtscher (?) geschrieben, Andreas Hofers eigenhändige Unterschrift, urspr. zwei Siegel als Verschluss (ausgeschnitten). Eingangsvermerk des Empfängers.

An das löb(liche) Landgericht zu Sterzing.
~~Innsbruck~~ Stainach d(en) 22t(en) 8ber 1809.
Nun bin ich gezwungen worden, Innsbruck zu verlassen und unsere Hauptstadt ist abermal dem Feinde Preis gegeben – wir haben unsere Position wieder auf dem Berg Isel genommen.
H(err) Landrichter, machen Sie nur, daß eiligst Leute so viel immer möglich – heraus kommen – dann ist eiligst Sorge zu tragen, das Pfitsch gut versorgt werde, damit der Feind uns ja nicht auf den Rücken komme und uns abschneide.
Ich kenne Sie, bin von Ihrer Rechtschaffenheit überzeugt –
ich überlasse es also Ihnen und bitte machen Sie alle mögliche Anstalten.
Andere Hofer ober Comen dant in diroll[n]

Rückseite:
Vom k. k. Oberkommando Tirols an das löb(liche) k. k. Landgericht zu Sterzing
durch ~~reitende Ordonanz~~ Post Estaffette eiligst
abgang(en) d(en) 22t(en) 8ber um 8 Uhr Fruh.

No. 399. Praes. den 22 8ber 1809.

Nr. 572

Ein Dragoner mitsamt Pferd soll am Schönberg verpflegt werden mit Heu, Hafer, Speise und Trank.

Steinach 1809 Oktober 22

Hinweis in: TLA, Tirolische Landesvertheidiger 1809, Sep.-Fasz. III, Pos. 20. Original 1938/39 im Besitz des Antiquars Halle in Amsterdam bzw. K. Seuffer in München.

Im Original Andreas Hofers eigenhändige Unterschrift (?).

„Gegenwertigen Trägoner ist auf den Schenberg die Verpflegung von sich und dem Pferdt verabfolgen zu lassen.
Steinach, den 22. 8ber 1809.
Von k. k. Oberkomando (eigenhändig:) Andere Hofer
1 Borzion Hey
1 Haber
Essen und Trunk 18 kr.

(Auf der Rückseite:)
An H. Wirth zu Schenberg."

Nr. 573

Da der Feind nicht mehr einzusperren sei und Hofer zunehmend von Desertionen erfährt, empfiehlt er Martin Firler in Kematen, sich zurückzuziehen und auf keinen Fall anzugreifen.

[Steinach 1809 Oktober]

TLMF, FB 2729, 79 a. Orig.-Pap. 24,5 ca. : 18 ca., Querformat, 1 Blatt, 1 Seite.

Andreas Hofer eigenhändig, Amtssiegel als Verschluss.

geliebter Prueder
ich Be Richte dir, wie meine gedanckh sein, Ein der spören Thuen mir den feint [nimer][a]*, wie ich Eß ver stehe*
Vo allen ortten lauffen khlagen Ein, das folckh Renen filla durch, vnd mit weing folckh sein mir nicht in stand, mein meinung ist die, du solest dich langsam Ritteri[eren,][b] *vnd angreiffen Thue du nit wan sie dich nit angreiffen, vnd das der feint durch der scharnez khente durch khomen, das mir Jhm Endlichen auß den lant Pringen khenen vntter der zeit wirt Eß sich wohl scheiden*
[dein auf Richtiger][c] *Andere Hofer ober Comen dant, das ist Bei dir alleinig zu Be halten*

Rückseite:
An martin wirler Comendant zu khemetten

---

[a] Durch Feuchtigkeit entstandene Fehlstelle.
[b] Durch Feuchtigkeit entstandene Fehlstelle.
[c] Durch Feuchtigkeit entstandene Fehlstelle.

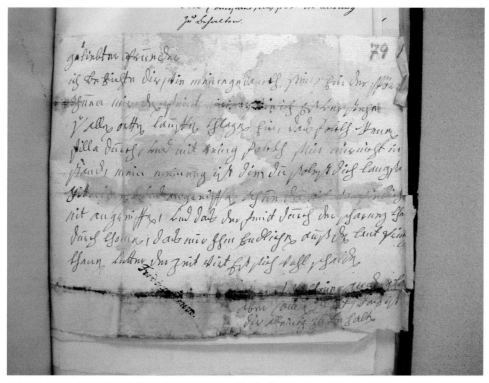

Abb. 42: S. Nr. 573. TLMF, FB 2729, 79 a. Foto: Oberhofer.

Nr. 574

Hofer befiehlt Josef Ignaz Straub in Hall, eine von den in das Unterinntal abgehenden Kompanien nach Achental abzuordnen.

[Steinach 1809 Oktober]

TLMF, FB 1651, 180.

Abschrift von Delama (?), Im Original Andreas Hofers eigenhändige Unterschrift (?).

An Herrn Commandanten Straub zu Hall.
Bruder besorge, daß von denen Compagnien, die morgen nach Unterinnthal abgehen, eine Compagnie nach Achenthal beordert werde.
Gieb derselben den Brief an Pl[e]tzacher mit.
K. k. Ober Commando Tyrols Andere Hofer.

Nr. 575

Hofer teilt der Kommandantschaft Meran mit, auf dem Bergisel und in Ellbögen hätten sich bereits genügend Leute eingefunden, es sei also unnötig, weitere Kompanien aus Meran und Passeier anrücken zu lassen, da diese vielleicht in Trient gebraucht werden.

Steinach 1809 Oktober 23

TLMF, FB 1651, 208. Orig.-Pap. 22 ca. : 35,6, Hochformat, Doppelblatt, 1 Seite.

Text von Matthias Purtscher (?) geschrieben, Andreas Hofers eigenhändige Unterschrift, o. S. Eingangsvermerk des Empfängers.

An die lobl(iche) k. k. Kommandant schaft zu Meran
Stainach d(en) 23t(en) 8ber 1809.
Da hier eben keine weitere Gefahr obwaltet, indem der Feind noch immer unter Schwatz sich befindet – und ~~hier~~ ohnehin eine sehr große Menge Volks am BergIsel und auf den Ellbögen versammelt ist, so glaubt der Unterzeichnete es für unnöthig, noch mehrere Compag(nien) aus Passeyr und Meraner Gericht anher kommen zu lassen, besonders da selbe nach Trient erforderlich werden därften und sich dieserwegen immer bereit zu halten angewiesen werden.
Andere Hofer

Rückseite:
Pres(entiert) d(en) 24tn 8b(e)r 809 ¾ 10 Uhr Frühe.

Nr. 576

Hofer teilt Martin Firler mit, der Feind stehe noch in Schwaz, die Tiroler wollten bis an die Volderer Brücke vorrücken; die Gefangenen seien im Ötztal zu belassen.

Steinach 1809 Oktober 23

TLMF, FB 2729, 72.

Abschrift (1841), im Original eigenhändige Passage („Aber […] verwaren") und Unterschrift Andreas Hofers (?), Siegel. Original 1841 im Besitz von Dr. Karl Fallenstein, Hofrat und Oberbibliothekar in Dresden (laut Vermerk).

An den H(errn) Komandanten Martin Firler zu Silz
Steinach den 23t(en) Okt. 1809
Nachdem der Feind sich noch immer in Schwatz befindet und sich nicht vorzurücken getrauet – so werden wir also mit der gesammten Mannschaft bis an die Volderer Brücke heute noch vorrücken, wo also derselbe hiemit angewiesen wird, sich eiligst zum Volk zu verfügen, um die nöthigen Anstalten zu treffen. Die Gefangenen sind dermalen im Oetzthal zu belassen und dort gut zu verwahren.
Aber Recht guet verwaren
(L. S.) Andere Hofer OberComen dant in diroll.

Rückseite:
Herrn Herrn Martin Firler Kommandant zu Zirl, Silz vel ibi ubi
durch reitende Ordonanz eüligst, eüligst.

Nr. 577

Hofer äußert in vorliegendem Schreiben an den Grafen von Erlon Drouet seine Freude über den am 14. Oktober zwischen Frankreich und Österreich geschlossenen Frieden, über den die Tiroler bisher keine Gewissheit hatten (!). Er wirft Drouet vor, trotz des Friedens noch gegen Tirol vorzurücken und trägt dem General einen Waffenstillstand an.

Steinach 1809 Oktober 24

TLMF, FB 2073, 118. Pap. 21,5 ca. : 34,4, Hochformat, Doppelblatt, 2 ½ Seiten.

Zeitgenössische Abschrift, im Original Andreas Hofers eigenhändige Unterschrift (?). Der Abschrift Daneys (vgl. Blaas, Aufstand, 229) – der Text datiert dort vom 25. Oktober – liegt offensichtlich eine zweite Ausfertigung, vielleicht das Original, zugrunde, da sie sich zwar nicht im Inhalt, aber in der sprachlichen Ausformulierung vom hier wiedergegebenen Text unterscheidet.
Eines der Originale fand sich im Online-Katalog Kotte-Autographs Stuttgart (http://ssl.kotte-autographs.com/produkte), Abfragedatum 08. September 2006, Art. 5016, mitsamt Ablichtung der Unterschrift. Diese ist aber dermaßen schlecht geschrieben, dass sie als Fälschung von Haspingers Hand angesehen werden könnte, was sich durch Schriftvergleich mit anderen Haspinger-Autographen durchaus untermauern lässt. Andererseits aber könnte Hofer diese Unterschrift im Zustand geistiger Abwesenheit, vielleicht unter Alkoholeinfluss, gesetzt haben.

No 2. Copia
An des die König(lich) baier(ischen) Armee Comandierenden Herrn Divisions Generalen Grafen von Erlau Dröüet Hochgebohrn.
Die mir heute durch Sauve Garde-Befehl aus Euer Hochgebohrn Hauptquartier zugekommene Eröffnung des am 14ten d. M. unterzeichneten und am 20ten zwischen S(eine)r Mai(estät) dem Kaiser und König Beschützer des Rheinischen Bundes und S(eine)r Mai(estät) dem Kaiser von Oestreich ratificiert gewordenen Friedens hat mich und meine unterhabende Mannschaft mit wahrer Freude erfüllet, indem wir hierinn die officielle Bestättigung desjenigen aufgefunden haben, was uns die Extra-Beylagen der Münchner Zeitung schon ein paar Tage früher verkündeten.
Friede ist also, wie Sie selbst gestehen, zwischen Oestreich und Frankreich, und doch rücken Sie feindlich in diesem Lande vor, heben Geiseln aus und bedrohen das Eigenthum und die persönliche Sicherheit des Unterhans, dieß heißt wahrlich nicht das heilige Wort der beyden Kaiser respectieren.
Ein Blick um sich mein Herr General wird Sie der Wahrheit überzeugen, daß Tausende meiner Landsleute zum Kampfe bereit stehen, mit jeder Stunde wird Ihre Lage schlimmer und die Frage, ob Sie dieses Land noch verlassen?, zweifelhafter.
Fest und unerschütterlich ist und bleibt der Tiroler der Nemliche, wie Sie ihn schon kennen, bis auf den letzten Mann entschlossen zu siegen oder zu sterben für seinen rechtmessigen Landesherrn, für seine heiligen Religionsgebräuche und seine ehrwürdige Verfassung.
Vereinigen wir uns daher, da Furcht in diesem Lande nicht zu Hause ist, wenn, wie Sie sagen und wir nicht zweifeln, der Friedens Abschluß schon zu Stande gekomken sey, und schonen wir auf diese Art des Menschenbluts, das noch von beyden Seiten fliessen kann.
Ob Euer Hochgebohrn eine Waffenruhe, bis ein Courier des Hauses Oestreich ankömmt, eingehen, oder uns Pässe zur Abschickung eines Bevollmächtigten an S(ein)e Mai(estät) den Kaiser Franz verabfolgen wollen, sey Ihrer eigenen Bestimmung überlassen. Machen Dieselben hierüber Ihren Entschluß zu erkennen zu geben, und sich versichert zu hal-

ten, daß wir auch dann nicht zagen werden, wenn Sie mit Verwerfung dieser friedlichen Anträge feindlich gegen uns vorrücken.
Empfangen Euer Hochgebohrn bey dieser Gelegenheit die Versicherung meiner ausgezeichneten Hochachtung.
Hauptquartier Steinach den 24ten 8tb(er) 1809.
Andre Hofer Oberkommandant in Tirol

Die in oben genanntem Verkaufskatalog abgelichtete Unterschrift lautet:

„Andere Hofer Ober comen dant in diroll"

Nr. 578

Da die Bayern in Hall eingerückt sind und Josef Speckbacher dringenden Bedarf nach mehr Schützen hat, soll Martin Firler sofort neun oder zehn Kompanien nach Ellbögen abkommandieren.

Steinach 1809 Oktober 24

TLMF, FB 2729, 73. Orig.-Pap. 22 ca. : 35,5 ca., Hochformat, 1 Blatt, 1 Seite.

Text von Matthias Purtscher (?) geschrieben, Andreas Hofers eigenhändige Unterschrift, o. S.

An den H(errn) Commandanten Martin Firler zu Zirl
Stainach d(en) 24t(en) 8ber 1809
So eben kam die Nachricht, daß die Bajern mit einer starken Patroull in Hall eingerückt seyen – und da der Commandant Speckbacher in seinem Berichte meldete, er hätte auf der Ellbögner-Seite zu wenig Leute und sich daher[a] fast unmöglich halten könne, wenn ihme nicht Hilfe geschickt werde – So wird der H(err) Commandant hiemit nachdrucksamst und bei schwerster Verantwortung angewiesen, gleich bei Ansicht dessen 9 oder 10 Comp(agnien) dahin abzuschicken
Andere Hofer

---

[a] Nachträglich eingefügt durch Verweis.

Nr. 579

Hofer berichtet an Martin Schenk, er finde es unnötig, dass noch mehr Kompanien nach Nordtirol ziehen, da diese in Trient wohl notwendiger sein werden.

o. O., o. D. [1809 Oktober 24]

TLMF, Historische Sammlung, Flugschriften – Autographen.

Abschrift, im Original Andreas Hofers eigenhändige Unterschrift (?).

Abschrift eines Schreibens des Andreas Hofer an Martin Schenk, Platz-Kommandanten in Brixen vom 24. Oktober 1809 (wahrscheinlich aus der Schupfen oder aus Steinach) oder Innsbruck?

Da hier keine weitere Gefahr obwaltet, indem der Feind sich immer unter Schwatz befindet und ohnehin eine sehr grosse Menge Volk am Berg Isel und auf den Ellbögen versammelt ist, so glaubt der Unterzeichnete es für unnöthig, noch mehrere Kompagnien aus Passeyrer oder Meraner Gerichten (so auch aus Brixen) anhero kommen zu lassen, besonders da selbe nach Trient erforderlich werden dürften und sich deswegen immer bereit zu halten angewiesen werden.
Andere Hofer.

Nr. 580

Hofer ordnet dem Stadt- und Landrichter von Sterzing an, alle sich dort befindlichen Kompanien sofort in Richtung Steinach aufbrechen zu lassen, da er am nächsten Tag angreifen wolle. Der Feind soll in Hall eingezogen sein, die Gegend um Ellbögen sei zu schwach besetzt.

Steinach 1809 Oktober 24

TLMF, Historische Sammlung, Flugschriften – Autographen. Orig.-Pap. 22 ca. : 36 ca., Hochformat, Doppelblatt, 1 Seite.

Text und Adresse von unbekanntem Schreiber, eigenhändige Passage und Unterschrift Andreas Hofers, Amtssiegel als Verschluss. Eingangsvermerk des Empfängers.

An den Herrn Stadt und Landrichter zu Sterzing.
Da man morgen ~~oder längstens übermorgen~~ Früh dem Feinde mit ganzer Macht zu Leibe gehen will, so ersuche ich Sie, alle die dort befindlichen Compagnien gleich bey Empfang dieß aufbrechen zu machen, daß die selben längstens morgen Früh hier eintreffen; und dieß umsomehr, da die Nachricht diesen Augenblick ~~die Nachricht~~ hier anlangte, daß der Feind in Hall eingezohen wäre und die Gegend der Ellenpögen dato zu schach [sic] besezt ist.
Ich gewärtige also sicher die ganze dort befindliche Mannschaft, und selbe soll sich wie bereits gemeldet mit Proviant versehen. In dieser sichern Erwartung bin ich steets [?]
Stainach den 24t(en) 8(cto)ber 1809
NB All gesamtes Pulver und Bley soll auf der Stelle in aller Eile hieher geschickt werden.
Bei an khonfft des ver langen solle die man schafft gleich auf Pröchen
Andere Hofer ober Comen dant in diroll

Rückseite:
An dem k. k. Stadt und Landgericht zu Sterzing.
Mittelst ~~eigenen Expressen~~ Post Estaffetten eiligst eiligst.
Sollten einige Schützen Compagnien auf dem Prenner sich befinden, so haben dieselben eiligst aufzubrechen. –

No. 406. Praes. den 24. 8ber 1809. Um 11. Uhr Nacht.

Nr. 581

Hofer entschuldigt sich bei Elias Domanig dafür, dass der Wirt für die Verpflegung zu sehr beansprucht wurde, und weist diesen darauf hin, er solle dafür sorgen, dass die Gegend um Stubai für die Landesverteidiger aufkomme.

Steinach 1809 Oktober 24

TLA, Tirolische Landesvertheidiger 1809, Sep.-Fasz. III, Pos. 20. Original 1938/39 im Besitz des Antiquars Halle in Amsterdam bzw. K. Seuffer in München.

Abschrift (1939), im Original Andreas Hofers eigenhändige Unterschrift (?).

An den H. Wirth am Schönberg.
Stainach, den 24. 8ber 1809.
Es ist mir sehr leid, dass Sie durch unsere Leute und besonders mit der Abgabe der Fourage für die Cavallerie Pferde belästiget sind – allein ich konnte es bis daher nicht anders machen. Aber für die Zukunft soll allso Stubay und die dortige Gegend ohne weiters das Nöthige gemeinschäftlich liefern und dies bei schwerster Verantwortung. Ich bitte also dieses dem H. von Stolz oder wer dort zu befehlen hat es zu sagen, damit derselbe eiligst die nöthige Anstalt treffe.
Vom k. k. Oberkommando Tirols
(eigenhändig:) Andere Hofer.
(auf der Rückseite:) Vom Oberkommando zu Stainach.
Dem Herrn Thomani Wirth und Gastgeb zu Schönberg, mittelst Expressen.

Nr. 582

Andreas Hofer ernennt Anton *Seeger* aus Hall zum Verpflegsoffizier, der Schlachtvieh, Getreide und alles für die Versorgung der Truppen Nötige requirieren darf; außerdem darf er Gehilfen anstellen und den nötigen Vorspann beanspruchen.

Steinach 1809 Oktober 24

TLMF, Autographensammlung Andreas Hofer. Orig.-Pap. 22 ca. : 35,5 ca., Hochformat, Doppelblatt, 3/4 Seite.

Text von Matthias Purtscher (?) geschrieben, zwei eigenhändige Unterschriften Andreas Hofers, Amtssiegel.

Offene Ordre.
Kraft welcher der Vorzeiger dieß H(err) Anton Seeger von Hall als Verpflegs Officier ernennt wird und zwar mit der Vollmacht, daß derselbe auf Rechnung der k. k. Oberkommandantschaft Schlachtvieh, Getraid und was sonst die Truppen nöthig haben requirieren und hiefür quittieren kann – welche Quittungen sodann als giltig anzusehen und seiner Zeit ver zu vergüten sind.
Auch wird demselben frey gestellt, noch zwey oder mehrere rechtschaffene Männer als Gehilfen zu sich zu nehmen.
Stainach d(en) 24t(en) 8ber 1809.
Vom k. k. Oberkommando Tirols.
LS *Andere Hofer*
Demselben ist aller möglicher Vorschub zu leisten und die nöthigen Vorspanns Wägen aller Orten beizuschaffen.
Datum ut Supra.
Andere Hofer ober Comen dant in dirolln

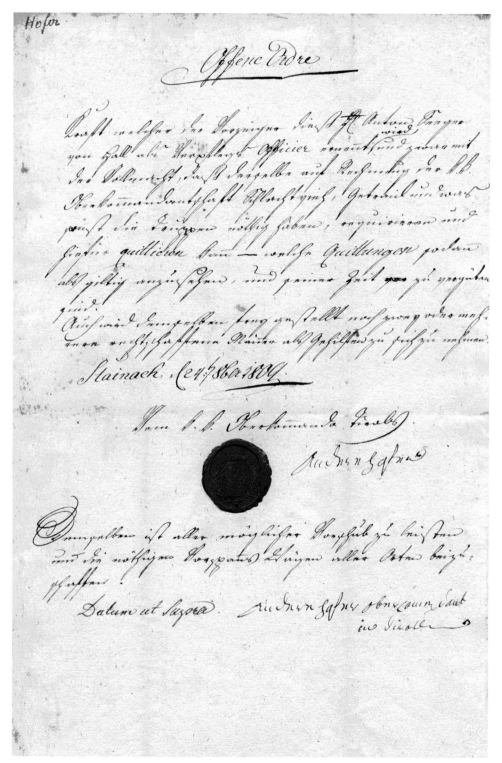

Abb. 43: S. Nr. 582. TLMF, Autographensammlung Andreas Hofer. Foto: TLMF.

Nr. 583

Hofer berichtet an das Landgericht Sterzing, der Feind sei in Innsbruck eingerückt, das Gericht hätte deswegen die Mannschaft sofort Richtung Zillertal abmarschieren zu lassen.

Steinach 1809 Oktober 25

Zit. nach: Auktionskatalog Hartung & Hartung, Auktion 107, 13.–15. Mai 2003, 405. Orig.-Pap. Folio, Doppelblatt, ½ Seite.

Andreas Hofers eigenhändige Unterschrift, zwei Siegel.

„An das Löbl Landgericht zu Sterzing … So eben kam die traurige Nachricht hier an daß der Feind heute um 1 Uhr in Innsbruck eingerückt sey … Der Hl. [sic] Landrichter hat also die Manschaft von Pfitscher Joch eiligst zu beordern … in möglichster Eile über Dux nach Zillerthal abmarschieren um dort gemeinschaftlich mit den Uibrigen dem Feind in die Flanke oder Rücken zu kommen … So viel in Eil."

Abbildung der Unterschrift im Katalog:
Andere Hofer ober Comen dant in dirolln

„Mitthelst Post Estaffette eiligst bei Tag und Nacht"

Nr. 584

Hofer schreibt an Johann Valentin Tschöll, das Gericht Lana sollte 20 Yhren (die Yhre entspricht in Meran 78,92 Litern) Wein stellen, käme der Verpflichtung aber nicht nach; die Kommandantschaft Meran scheine auf der Seite des Gerichts zu stehen. Hofer mahnt, Josef Valentin von Morandell als Oberkommandanten im südlichen Tirol ernst zu nehmen und seine Befehle zu befolgen. Der Feind sei neuerlich mit ca. 9.000 Mann in Innsbruck eingezogen.

Steinach 1809 Oktober 25, zehn Uhr abends

TLMF, FB 1652, 3. Orig.-Pap. 23 ca. : 38 ca., Hochformat, Doppelblatt, 3 Seiten.

Text und Adresse von unbekanntem Schreiber, eigenhändige Passage und Unterschrift Andreas Hofers (mit durch das Aufschneiden der Siegel entstandenen Fehlstellen), drei Amtssiegel als Verschluss. Eingangsvermerk des Empfängers.

An den Herrn Comandanten Tschöll zu Meran. –
Ganz mißfällig hat das hiesige Oberlandes Comando vernohmen, daß das Gericht Lanna auf den Gesuch des H(err)n Oberkommandanten des südlichen Tyrol v(on) Morendell in Betreff der 20 Yhren Wein, die jedoch quittiert würden, alle nur immer möglichen Ausflücht(en) zu dessen Bewerkstellung gebrauchte, dieß wahrlich keinen biedern Patriott(en), sondern vielmehr einen advocatischen [Q]avolisten eigen seyn kann; und sehr bewundert mich, daß die Comandantschaft Meran, nachdem H(er)r v(on) Morendell als Oberkommandant im Südlichen von Ober Landes Comando ernennt wurde, das wiederspenstige Gericht zu suttenieren suchen wollen.
Es wird also von hiesigen Oberlandes Comando ernstgemessen aufgetragen, dem H(err)n v(on) Morendell als Oberkommandant anzuerkennen und zugleich dem Gericht Lanna,

dieß ohnehin in der Defensions Sache sich noch immer schläfrich zeigte, schleichnigst zu befehlen, die Gesuche des H(err)n v(on) Morendell pünklich zu erfüllen.
Übrigens hat die hiesige Ob(er) Comandantschaft das Vergnügen zu melden, daß ungeacht der Feind bereits in Innsb(ruck) heute nachmittag circa 9m [= 9.000, Anm.] Mann seinen feuerlichen Einzug hielt, so haben dieselben sich schon zimlich auf den Berg Isel die Naße verbrenntt; denn die Mannschaft ist gutes Muths und prennt vor Begierde in's Handgemeng zu kommen.
Förchterlich wird der Kanpf werden, bethet für die Gute Sache, ~~und~~ seyd Brüder untereinander und biethet Euch gemeinschäflich die Hände, daß Einigkeit hersche.
Dieß empfehle ich Euch noch alle auf das nachdrücklichste.
Stainach den 25 8ber 1809 um 10 Uhr abends.
Von dem k. k. Oberlandes Comando.
disse Par zeillen sein zur Ein sicht, vnd so gleich nacher meran zu schickhen
Jhro auf Richtig Ander[e] Hofer ober Comen dant [in] dirolln
NB Fals noch Mannschaft hieher bestimmt wäre bitte solche ihre Märsche beschleinigen zu machen.

Rückseite:
Vom Ober Landes Comando zu Stainach. An der löbl(ichen) Comandantschaft zu Meran.
Mittelst reitender Ordonanz durch Passair und aldort selbes zu eröffnen. Abgangen 10 Uhr abends.

Vo Leitneben abgegangen eiligst bei Ankompft um 9 ½ Uhr

Pres(entiert) d(en) 26tn 8br 1809 2 Uhr Nachmittag.

Nr. 585

Die Mannschaften der Gerichte Meran und Passeier sollen so schnell wie möglich nach Innsbruck marschieren, da der Feind bereits in Hall stehe.

Innsbruck (!) 1809 Oktober 25

TLMF, Historische Sammlung, Flugschriften – Autographen. Orig.-Pap. 22 ca. : 35 ca., Hochformat, Doppelblatt, 2/3 Seite.

Text von Matthias Purtscher (?) geschreiben, zwei eigenhändige Unterschriften Andreas Hofers, Amtssiegel. Dorsalvermerke von verschiedenen Händen.

Offene Ordre
kraft welcher alle die von Gerichte Meran (nemlich von dortiger Comandantschaft) und Passeyr aufgefoderten und schon auf dem Weg sich befindenden Compagnien die Weisung erhalten, so eilig als immer möglich sich anhero zu verfügen, um ihren Marsch bei Tag und Nacht fortzusetzen – und dieß um so mehr, da der Feind wirklich schon in Hall eingerückt und immer weiter vorzurucken drohet.
Innsbruck d(en) 25t(en) 8ber 1809.
Vom k. k. Oberkommando Tirols.
LS *Andere Hofer*

Auch wird noch angemerkt, daß die Gerichter obigen Comp(agnien) eiligst Lebensmittl nach zu liefern haben.
Datum ut Supra
Andere Hofer

Rückseite:
1809. 25t(en) Okt(ober)
25. 8b(e)r 1809 XL.

Nr. 586

Hofer ordnet Major Jakob Margreiter an, zukünftig nur datierte und unterschriebene Berichte einzubringen, im Falle eines Angriffes soll er vorrücken.

Passeier 1809 November 26

Landeskundliches Museum Schloss Tirol. Orig.-Pap., Hochformat, 1 Blatt, 1/2 Seite.[1]

Text von Kajetan Sweth (?) geschrieben, Andreas Hofers eigenhändige Unterschrift, Amtssiegel als Verschluss.

An dem H(errn) Major Margreiter.
Passeyer d(en) 26t(en) 9ber 1809
Endesgefertigter erhielt zwar obenbenannten Dato den Bericht, aber ohne Datum und Unterschrift, und bittet sich dahero das nächstemahl Datum und Unterschrift an Berichten anzuschreibe[n][a] aus, damit man wisse, von wem und wann etwas verfertigt wird. Suchen Sie daher die Leute aufzumuntern, und bey Wahrnehmung [ei]nes[b] Angrifes rüken Sie auch vor.
Andere Hofer Vo Passeyr

Rückseite:
An den H(errn) Major Margreiter. Z ibi ubi.
LS

---

[a] Papier im Original beschädigt.
[b] Papier im Original beschädigt.

Nr. 587

Da es den Landesverteidigern an Nahrungsmitteln mangelt, wird der Stadtmagistrat Bozen von Hofer um die Stellung von 100 Star *Tirken* und 50 Star *Plenten Mehl* (Buchweizen?) gebeten.

Steinach 1809 Oktober 26

TLMF, FB 2729, 74. Orig.-Pap. 22 ca. : 36,5 ca., Hochformat, 1 Blatt, 1 Seite.

Text und Adresse von Franz Anton Nössing geschrieben, Andreas Hofers eigenhändige Unterschrift, drei Privatsiegel (I) als Verschluss. Eingangsvermerk des Empfängers.

---

[1] Auf das Dokument wird im Jahrbuch der Auktionspreise, Band 48/1997, 770 (Auktion F. Zisska & R. Kistner München, 1997, 29, Nr. 299) hingewiesen, jedoch unter Angabe des Datums 1809 Oktober 26. Aufgrund dieser Fehlinformation ist das Schreiben, das erst kurz vor Drucklegung bekannt wurde, hier eingeordnet.

An den löbl(ichen) k. k. Stadtmagistrat zu Botzen!
Stainach den 26t(en) 8ber 1809.
Bey der Lage, wo von allen Seiten ausserordentliche Massen Landesvertheidiger auf dem Kampf Platze herbey geeilt sind, daß wirklich an Lebensmitteln gebricht, als findet sich das Oberlandes Comando bemüssiget, einen löbl(ichen) k. k. Stadtmagistrat, der bereits mehrere Beweise seiner patriottischen Gesinnungen an Tag legte, um 100 Staar Tirken und detto 50 Staar Plenten Mehl zu ersuchen, damit die Mannsch(a)ft nicht maßleidig würde.
Übrigens hat das hiesige Ober Comando das Vergnügen, dem löbl(ichen) Magistrate die Versicherung geben zu können, daß von dieser Seite mit der Hilfe Gottes jawohl nicht das Mindeste zu förchten sey. Denn die Mannschaft brenn[t][a] vor Begierde zu attagürren, und schröcklich wird der Kampf seyn.
Von dem k. k. Oberlandes Comando in Tyrol. –
Andere Hofer

Auf einem kleinen, mit Siegellack aufgeklebten Zettel (7,5 : 5,5 cm, Querformat), der Zusatz:

Morgen erwarte ich meinen Freund Campi, dann wird sich der Schlauer heben. Nessing

Rückseite:
Von dem Oberlandes Comando in Tyroll. Stainach. An dem löbl(ichen) k. k. Stadtmagistrat zu Botzen.
Mittelst Estaffett(en).

Praes(entiert) d(en) 27t(en) 8b(er) 1809 um 6. Uhr abends

Fasc X No
Ansuchen v d(en) L. Vertheidigern um Lebensmittel.
N 436. 436

---
[a] Papier beschnitten.

Nr. 588

Da der Feind bei Judenstein einzubrechen droht, sollen sofort drei Kompanien nach Patsch geschickt werden, um die dortigen Landesverteidiger zu unterstützen.

Steinach 1809 Oktober 26

Zit. nach: O. N., Andreas Hofer, Auszug aus einem Gesamtwerk, ca. 1850? (TLMF, FB 2910), S. 277.

Im Original Andreas Hofers eigenhändige Unterschrift (?).

„An die Herrn Kommandanten am Berg Isel!
Steinach, den 26sten October 1809.
So eben kam die Nachricht, daß der Feind bei Judenstein herüber zu brechen drohe. Dieselben haben also gleich bei Ansicht dessen drei Kompagnien nach Batsch und selbiger Gegend unverzüglich zur Hülfe abzuschicken. Mitkommende vier Stangl Siegelwachs sind dem Adjudanten mitzuschicken.
Andere Hofer."

Nr. 589

Hofer fordert das Landgericht Sterzing auf, vorrätiges Schießpulver sofort nach Steinach zu schicken.

Steinach 1809 Oktober 27

Stadtarchiv Hannover, Sammlung Culemann Nr. 1040. Orig.-Pap. 22 ca. : 35 ca., Hochformat, Doppelblatt, ½ Seite.

Text und Adresse von unbekanntem Schreiber, Andreas Hofers eigenhändige Unterschrift, zwei Amtssiegel als Verschluss. Eingangsvermerk des Empfängers.

An das lob(liche) Landtgericht Störzing
Stainach d(en) 27. 8ber 1809.
Demselben wirdt eröfnet, so gleich das vorrettige Pulfer anhero nacher Steinach zu überschicken, es se[i]e[a] vill oder wenig, in möglichiste[r][b] Eülle.
Von kaiß(erlich) k. Oberkomando in Tiroll.
Andere Hofer

Rückseite:
Von k. k. Oberkomando zu Steinach.
An das lob(liche) Statt- und Landt Gericht. Störzing.
Stainach d(en) 27. 8ber 1809 um ½ 9. Uhr vormitag
per ~~Ordinanz~~ Estafette übergöben.

No. 418. Praes. den 27. 8ber. 1809.

---

[a]　Fleck im Original.
[b]　Fleck im Original.

Nr. 590

Hofer befiehlt Philipp von Wörndle, das aus Kärnten ankommende Pulver eiligst nach Steinach befördern zu lassen; er berichtet, die Bayern seien ein weiteres Mal aus Innsbruck vertrieben worden, ein neuer Angriff sei geplant.

Steinach 1809 Oktober 27

Zit. nach: Bartholdy, Krieg, 289 (Original nicht eruierbar).

Im Original Andreas Hofers eigenhändige Unterschrift (?).

„An den herrn v. Wörndle etc. etc.
Steinach den 27sten October 1809.
Sie werden hiermit ersucht, das aus Kärnthen ankommende Pulver eiligst bei Tag und Nacht hierher zu befördern, und wenn dieses noch nicht auf dem Wege seyn sollte, alle mögliche Anstalt zu treffen, damit es hierher gebracht werde.
Uebrigens kann zur Nachricht dienen, daß unsre Leute die Bayern aus Innsbruck wieder verjagt haben; heute wird attakirt, was da geschieht, weiß man noch nicht, doch hoffe ich, daß alles gut gehen werde, indem sehr viel Volk versammelt und alles voll Muth ist.
Andere Hofer."

Nr. 591

Hofer gratuliert Josef Speckbacher zu dessen Sieg und weist ihn an, einen Verpflegsoffizier zu ernennen. 300 Mann, welche Anton *Mussack* zugeteilt werden, sollen sich dem Kommandanten Josef Zöggele anschließen.

Schönberg 1809 Oktober 27

TLMF, Autographensammlung Andreas Hofer. Orig.-Pap. 22,3 : 35,5 ca., Hochformat, Doppelblatt, 1 Seite.

Text und Adresse von Matthias Purtscher (?) geschrieben, Andreas Hofers eigenhändige Unterschrift, Amtssiegel als Verschluss.

An den H(errn) Commandant Speckbacher.
Schönberg d(en) 27t(en) 8ber 1809
Lieber Bruder, ich bin sehr erfreut über Deinen glorreichen Sieg – fahre nur fort, es wird sodann schon recht werden.
Stelle einen Verpflegsoffizier auf, damit doch die Leute ordentlich verpflegt werden. Thue nur was du kanst.
Wegen den 300 Mann, welche Anton Mussack bekommt, hat es seine volle Richtigkeit, sie sollen die Verpflegung (etc.) wie unsere Leute erhalten.
Es ist s[o] ihnen aber zu bedeuten, daß sich selbe an den Comendant Zeggele, welcher von Tux herüber kömmt, an schließen sollen. So viel in Eil.
Lebe wohl lieber Bruder.
Andere Hofer dein lieb lingling

Rückseite:
Vom k. k. Oberkommando Tirols an den H(errn) Commandanten Speckbacher zu Judenstein
durch Ordonanz eiligst

Nr. 592

Hofer fordert Martin Firler in Zirl und Franz Fidel Jubele auf, so viele Männer wie möglich zusammenzuziehen; der Feind ziehe sich in Richtung Höttinger Alm zurück, diesem Bereich sei besondere Aufmerksamkeit zu schenken.

Schönberg 1809 Oktober 28

TLMF, FB 2729, 77. Orig.-Pap. 22 ca. : 36,5 ca., Hochformat, Doppelblatt, 1 Seite.

Text und Adresse von unbekanntem Schreiber, Andreas Hofers eigenhändige Unterschrift, urspr. ein Siegel als Verschluss (abgebrochen). Eingangsvermerk des Empfängers.

Dem Herrn Comandanten Fürler zu Zierl und Franz Fidel Jubile
Von Seite der Oberkommandantschaft wird nun dem H(err)n Comandanten Fürle der Auftrag ertheilt, so viel Mannschaft als nur immer möglich ist zusamm zu bringen und selbe auf das Schleinigste zu organisieren, damit wir längstens in ein paar Tage gemeinschäftlich den Feind angreiffen können.
Es wird demselben zugleich auch angezeigt, daß der Feind sich auf der Höche gegen der Höttinger Alpe hinaufzieht, weswegen Sie auf jenen Punkt alle Aufmerksamkeit zu

richten haben, und sobald Sie mit Ihre Mannschaft in Ordnung stehen, so gewärtiget das Oberkommando schnellen Bericht, damit man die weitern Befehle erteilen kann. Was sich des Pulversers [sic] und Pleis anbelangt, so werde ich Sie sodann hinlänglich versehen.
Schönberg den 28t(en) 8ber 1809.
K. k. Oberkomando in Tyrol.
Andere Hofer
NB Bitte die strengste Verschwiegenheit zu halt(en).

Rückseite:
Von dem Oberlandes Comando in Tyrol. Dem Herrn Comandanten Fürler zu Zierl. Mittelst Ordinanz

Pres(entiert) den 29t(en) Ob(er) 809 nachts

Nr. 593

Hofer beauftragt Josef Speckbacher, den Alpbachern mitzuteilen, sie sollten sich in Bereitschaft halten und den Zillertalern helfen. Josef Ignaz Straub solle sich zwecks besserer Verpflegung seiner Leute Speckbacher anschließen. Geld und Munition aus Kärnten würden erwartet.

Schönberg 1809 Oktober 28

TLMF, FB 2729, 75. Orig.-Pap. 22 ca. : 36 ca., Hochformat, Doppelblatt, ½ Seiten.

Text und Adresse von Matthias Purtscher (?) geschrieben, eigenhändige Passage Andreas Hofers, Amtssiegel als Verschluss.

An den H(errn) Commandanten Speckbacher zu Judenstein.
Schönberg d(en) 28t(en) 8ber 1809
So eben kam eine Anfrage von Alpach, wie sie sich zu verhalten hätten, indem selbe gesinnt ~~werden~~ wären, die Waffen zu ergreifen. Seye also so gut und berichten denselben, sie sollen sich nur eiligst in Ordnung und Bereitschaft stellen und einsweilen den Zillerthalern zu Hilfe eilen, damit einmal dort gesäubert wird.
Die Deputirte werden beim Straub zu Arnet seyn: ich schließe Dir hier den Brief bei. Uibrigens sollen sie wohl auf der Hut sey(n) und jede Gelegenheit, wo sie dem Feind schaden können, benutzen.
So bald wir einen algemeinen Angrif machen so werde ich Dich eiligst avisirn.
Haltet Euch recht brav, es wird schon alles recht gehn.
Auch ist dem Straub zu melden, daß er sich an Dich anschließt, damit man weiß, wo er ist und seine Leut mit Munition ~~und~~ versehen und verpflegen kann. Sollte auf seinem Posten Gefahr seyn, so sind Patroullen zu machen.
mir Ehr warthen alle stund mon izion vnd das Eine grössere [ß]uma Vo C[o]retten Andere Hofer ober Comen dant in diroll(n)

Rückseite:
Vom k. k. Oberkommando Tirols an den H(errn) Kommandanten Speckbacher zu Judenstain
durch Expressen eiligst eiligst.

Nr. 594

Von Hofer u. a. ausgestelltes Zeugnis für Michael Pernlochner als Verpflegsoffizier.

Lienz (!) 1809 Oktober 28

Privatbesitz Bozen (?), Abbildung zur Verfügung gestellt von der Stiftung Südtiroler Sparkasse, in deren Verwaltung sich das Original vorübergehend befand (2004). Orig.-Pap. 1 Blatt, 1 Seite.

Text von unbekanntem Schreiber, drei eigenhändige Unterschriften, jene von Andreas Hofer wohl erst später und mit Sicherheit nicht in Lienz gesetzt, Amtssiegel.

Attestat
daß Herr Michael Pernlochner als[a] Verpflegs-Ofecier der Tyroler-Land-Schützen in allen seinen Diensten sehr gehorsam, euserst getreu und besonders fleißig und diensteifrig, wie es jeden wahren Patriotten zu stehet, sich jederzeit ausgezeichnet und [erwiesen habe], bestätiget mit seiner eigenhändigen Unterschrift.
Signatum Lienz den 28ten 8ber 809.
Leopold Krainer Ob(er)- Commisaer.
Diroller Meyor Harraser, Von Ober Comando
LS *Andere Hofer oberComen dant*

---

[a] Nachträglich eingefügt.

Nr. 595

Quittung für Elias Domanig, Wirt auf dem Schönberg.

Steinach 1809 Oktober 28

Hinweis in: Newe Zeitungen. Relationen Flugschriften Flugblätter Einblattdrucke von 1470 bis 1820, Katalog 70 J. Halle Antiquariat München 1929 (Nr. 2061).

Andreas Hofers eigenhändige Unterschrift (?).

[…] Andere Hofer

Nr. 596

Hofer ordnet Johann Holzknecht an, in das südliche Tirol zu fahren, um die Feindseligkeiten zu beenden und das Volk über den Friedensschluss zwischen Österreich und Frankreich zu unterrichten.

Schönberg 1809 Oktober 29

SLA, Sammlung Steiner, 52. Orig.-Pap. 21,5 ca. : 36,8 ca., Hochformat, 1 Blatt, 1 Seite.

Text von Matthias Purtscher (?) geschrieben, Andreas Hofers eigenhändige Unterschrift, Amtssiegel.

Offene Ordre
für den H(errn) Johann Holzknecht, welcher als Abgeordneter des Oberkommando von hier wegen Zusammberufung der G(eric)hts Ausschüsse in Anbetracht des zwischen dem Hause Oestreich und dem französischen Kaiser abgeschlossenen Friedens und der

hierüber von S(eine)r kais(erlichen) Hoheit dem E. H. Johann erhaltenen Eröffnungen wegen Anknüpfung der Unterhandlungen sich in das südliche Tirol zu begeben hat, um die Einstellung der Feindseligkeiten einzuleiten und das Volk gehörig zu belehren, so wie auch die nöthigen Versammlungen und Berathschlagungen wegen Abordnung der Deputierten zu pflegen.
Schönberg den 29t(en) 8ber 1809
vom Oberkommando Tirols.
LS *Andere Hofer*

Derselbe Text liegt auch als gedruckte Proklamation vor:

Nr. XXVII

Stadtarchiv Bozen, Magistratsakten 1809 (Kiste 296). Einblattdruck, Orig.-Pap., 25 ca. : 37,7 ca., Hochformat.

Offene Ordre.
[…]
L. S. Andreas Hofer.

Nr. 597

Hofer schreibt an das Distriktskommando in Reutte, es gebe mittlerweile eine offizielle Bestätigung für den Friedensschluss zwischen Österreich und Frankreich, Österreich betrachte Tirol nicht mehr als Teil seiner Monarchie. Die Kommandanten hätten die Kriegshandlungen zu beenden, stehenzubleiben und sich gegebenenfalls zu verteidigen.

Dem Schreiben ist ein zweiter Text – adressiert an den französischen kommandierenden Divisionsgeneral in Füssen – beigelegt, der besagt, die Tiroler hätten Deputierte zum Vizekönig von Italien entsandt. Hofer bittet den General um einen Waffenstillstand bis zu deren Rückkehr bzw. bis zu einer Rückantwort des Vizekönigs.

Schönberg 1809 Oktober 29

Museum im Grünen Haus, Reutte, Urkunde M 50. Pap. 24 : 36,5, Hochformat, 1 Blatt, 2 Seiten.

Zeitgenössische Abschrift, im Original jeweils (es handelt sich um zwei Texte) Andreas Hofers eigenhändige Unterschrift (?).

Copia
An das tyrolische Districkts Commando in Reutten und ganzen dortigen Gegend.
Die so eben erfolgte Ankunft eines mit k. franz. Pässe aus dem Hauptquattier S.r k. Hochheit des Erzherzog Johann angekommenen Kurier in der Person des Freyherrn v(on) Lichtenthurn hat dem Lande Tyrol die officielle Bestättigung das zwischen dem Hause Oesterreich und seiner Maystätt den franz. Kaiser wircklich zustanden gekommenen Fridens, zugleich aber auch die Eröfnung überbracht, daß das Haus Oesterreich das Land Tyrol in Folge des Fridensschlusses von 14ten d. M. nicht mehr als einen ergänzenden Theil seiner Monarchie betrachte. Unter einst haben S. k. Hochheit der Erzherzog Johann dem Lande, wie es sich in diesen Umständen zu benehmen habe, gerathen, und man trift eben daherohalben die geigneten [sic] Verfügungen unter einem.

Den Commandanten wird daher aufgetragen, bis zum Ausschlag der Unterhandlungen mit Beseitigung alles fernern Blutvergiesens die Feindseligkeiten einzustellen, auf ihren alten Posten mit ihrer Mannschaft stehen zu bleiben und sich erst dann, wenn sie von Feinde sollten färwärts [sic] angegriffen werden, zu vertheitigen. Man wird nicht entstehen, das Weitere nachträglich bekannt zu geben, und ist der beyfolgende Einschlus alsogleich dem feindlichen General durch einen abzuschickenden Trompeter gegen Empfangsbescheinigung zuzusenden.
Schönberg den 29ten Otb(e)r 1809 von Oberkomando Tyrol
Andre Hofer

Rückseite:
Copia
An das k. franz(ösische) Truppen Corps in Füssen Comandierenten Herrn Difisions General Hochgebohren!
Die so eben erfolgte Ankunft eines mit k. franz(ösischen) Pässen aus dem Hauptquartier S.r k. Hochheit des Erzherzogs Johann angekommenen Kurier hat dem Lande Tyrol die officielle Bestättigung des zwischen dem Hause Oesterreich und Seiner Maystätt des franz. Kaiser wircklich zu Standen gekomenen Fridens überbracht. Tröstlich beruhigt, daß das Schicksaal unsers Vaterlandes der Großmuth S.r Maystätt des franz. Kaisers und König über lassen ist, haben wir, allem ferneren Blutvergissen Einhalt zu thun, alsogleich mit dem in der Abschrift beyfolgenden Schreiben Depudierte an S. kais(erliche) Hochheit dem Vice König von Italien abgeschickt, um dadurch vorläufig unsere Ehrfurcht zu bezeigen und über die nähere Bestimmungen, so die Zeitumstände gebiethen, Rücksprache zu pflegen. Ich beeile mich, dieses zür Känntniß Euer Wohlgebohren mit der angefügte Bemerckung zu bringen, das bey dem Umstande, wo bereits um Bewilligung eines 14tägigen Waffenstillstandes eingeschritten worden, die Feindseligkeiten bis zur erfolgenden Rückantwort S. k. Hochheit gefällig eingestellet werden wurde. Indem ich untereinst meine unterhabende Mannschaft darüber verständige, erbitte ich mir über diesen Gegenstand gewogentliche Aeusserung und ergreiffe mit Vergnügen die Gelegenheit, die Versicherung meiner vollkommenen Verehrung beyzufügen.
Schönberg de[n] 29ten Otb(e)r 1809 von Oberkomando Tyrol
Andreas Hofer

Nr. 598

Nachdem Graf Lichtenthurn den Tirolern die endgültige Nachricht vom geschlossenen Frieden überbracht hat, verbietet Hofer Rupert Wintersteller, den Feind weiterhin anzugreifen.

Schönberg 1809 Oktober 29

TLMF, Historische Sammlung, Flugschriften – Autographen.

Abschrift, im Original Andreas Hofers eigenhändige Unterschrift (?).

Copia.
Dem Herrn Ober-Kommandanten Rupert Wintersteller in der Gerbs[a]
Schönberg den 29 Oktober 1809
Nachdem der Graf Lichtenthurn am angeführten Dato in Schönberg von S.r Majestät dem Kaiser mit der so erwünschten Friedens Nachricht an kam, welche eines jegli-

chen bestürztes Herz erfreuen soll, so hat Endes Unterzeichneter zu berichten, daß man indessen den gerechten Feundseligkeiten Einhalt thun und so lange den Feind unbeschädet lassen, bis der Feind Sie angreifen sollte und so das Friedensband und Schwur zerspalten haben. Halten Sie daher ihre Mannschaft stets in Bereitschaft und fügen Sie bis der Feund Sie nicht angreift ihm keine Unbill zu, damit nicht der Feund sich an uns zu rechnen sich gerecht finde und der Unschuldige durch Feündes wüthende Macht ein trauriges Schlachtopfer der Kriegesflammen werde. Das Gleiche berichten Sie dem Herrn Kommandanten Zögerle und allen übrigen Bekannten.
Andere Hofer mp

---

[a]   Es handelt sich hier wahrscheinlich um einen Abschreibfehler, im Original vermutlich „Gerlos".

Nr. 599

Passierschein für den Intendantschafts-Sekretär Mazegger, der mit wichtigen Unterlagen von Bruneck nach Schönberg reisen soll.

Schönberg 1809 Oktober 29

SLA, Sammlung Steiner, 53. Orig.-Pap. 20,4 ca. : 33,8 ca., Hochformat, 1 Blatt, ½ Seite.

Text von unbekanntem Schreiber, Andreas Hofers eigenhändige Unterschrift, Privatsiegel (I).

Offene Ordreè
für den Intendantschafts Sekretär Mazegger, der von Bruneken anher mit wichtigen Aufträgen an das Ober Commando samt Schrift(en) abzugehen hat.
Ihm gebührt auf jeder P[ost] Post Station eine Calesse mit zwey Pferden gegen dessen Quittung, und ist seine Beförderung bey Tag und Nacht möglichst zu beeilen.
Ober Commando in Tirol
Schönberg d(en) 29. Oct(ober) 1809. *Andere Hofer* LS

Nr. 600

Hofer fordert die Landesverteidiger auf, weiterzukämpfen.

Matrei 1809 Oktober 30

TLMF, Dip. 1283, VII, 8. Pap. 23 ca. : 36 ca., Hochformat, 1 Blatt, 1 ½ Seiten.

Zeitgenössische Abschrift, im Original Andreas Hofers eigenhändige Unterschrift (?).

Offene Ordreé.
Copia
Tiroller! Brüder! Ich darf Eüch von der jammervollen Lage, in der unser Vaterland unter Bayerns elender Regierung seufzte, nichts mehr anführen.
Ihr wißt es alle selbst, es fragt sich nur um Glaube und Religion und um die noch nie verlohrne Freyheit unsers Vaterlandes und dem zu künftigen Wohlstand deßelben.

Brüder auf! Wir sind noch nie besigt worden, Gott ist mit uns, unter Gottes Schutz haben wir schon vielmal unsere Feunde geschlagen, vereint [n]ur Kräfte und handelt brüderlich! –.
Nur brüderlicher Vereinn unserer gesammten Kräfte können unsere gute Sache beförder[e]n, und die Commandanten müßen sich liebvoll an ein ander anschl[ie]ßen.
Brüder! Bauern! Ich bin in Euer Mitte an Euer Spitze, um für das Wohl Euers und meines Standes, von dem ich mich unter Gottes Schutz zu seyen rühme.
Brüder! Ich bitte Euch, vereinnt Eure Kräfte, wir können keine Sclaven werden, unsere Gebürge sind unsere Vesten, Gott wird unsere gute Absicht segnen, ich hoffe auf Gottes Schutz und auf den Beystand Mar[iae][a] und auf Eure brüderliche Mitwirkung.
Vertraut auf Gott, wir werden siegen und freye Menschen seyen[.][b]
Euer aufrichtiger Andree Hofer. Commendant in Tiroll.
Matere am 30ten 8ber 1809.
(L. S.)

---

[a]   Wegen der Bindung unleserliche Stelle.
[b]   Wegen der Bindung unleserliche Stelle.

Eine zweite zeitgenössische Abschrift desselben Textes ist von Kolb unterzeichnet und durch die Aussage erweitert, er werde jedem Gericht einen Bankozettel von 1.000 Gulden zur Verpflegung der Kompanien übergeben – hier handelt es sich wohl um eine bewusste Verfälschung des Urtextes.

TLMF, Historische Sammlung, Flugschriften – Autographen. Pap. 22 ca. : 35 ca., Hochformat, Doppelblatt, 1 ½ Seiten.

Text von unbekanntem Schreiber, eigenhändige Passage von Kolbs.

Offene Ordre,
an die resp(ektabl)e Ghts Oberkeiten in ganz Pusterthal.
Tiroler! Brüder! […]
Der H(err) Komandant v(on) Kolb wird iedem Gerichte einen Banco Zedl v(on) 1000 fl – gegen Quittung zur Verpflegung der Compagnien übergeben. […]
Euer aufrichtiger Andrä Hofer Ober Comandant in Tirol.
Matrey den 30t(en) 8ber 1809

Ist dem Original volkommen gleichlautend. Signatum Brunnegg den 31ten 8ct(o)ber 1809
Joh. Nep(omuk) Ma(ri)a v(on) Kolb[m. p.]ia Comend(ant)

Nr. 601

Bataillonskommandant Josef Rangger habe um die Versorgung mit Proviant angesucht, der Landrichter von Sterzing solle sich darum kümmern. Hofer versichert außerdem, das Volk wolle sich weiter verteidigen.

Matrei 1809 Oktober 30

TLMF, Historische Sammlung, Flugschriften – Autographen. Orig.-Pa. 23 ca. : 36,5 ca., Hochformat, Doppelblatt, 2/3 Seite.

Text und Adresse von Matthias Purtscher (?) geschrieben, Andreas Hofers eigenhändige Unterschrift, Amtssiegel als Verschluss. Eingangsvermerk des Empfängers.

An das löb(liche) Landgericht zu Sterzing.
Der Bataillons Commandant Rangger von Sterzing machte das Ansuchen, das unterzeichnete Oberkommando möchte die Anstalt treffen, daß den Compagnien eiligst Proviant nachgeliefert werde. Machen also der H(err) Landrichter eiligst Anstalt, daß dieses in Erfüllung gebracht wird.
Uibrigens kann man dem H(errn) Landrichter bedeuten, daß das Volk mit diesem Frieden nicht zufrieden und man ist entschlossen, sich ohne weiters zu vertheidigen, den werden wir bajerisch, wie man aus dem Frieden sicher schließen kann, so wären wir doch auf alle Fälle alles hin.
So viel in Eil.
Matrey d(en) 30t(en) 8ber 1809
Vom Oberkommando Tirols.
Andere Hofer

Rückseite:
Vom Oberkommando Tirols an das löb(liche) Landgericht zu Sterzing.
Durch Eigenen.

No. 429 Praes. den 31. 8ber 1809

Nr. 602

Hofer berichtet an Johann Holzknecht, die Bayern hätten angegriffen, die Tiroler seien zum Kampf bereit; Holzknecht solle sich um die Angelegenheiten bei Trient kümmern.

Matrei 1809 Oktober 30

TLA, Materialiensammlung Rapp, Schuber 26. Orig.-Pap. 23–23,5 ca. : 36,5 ca., Hochformat, Doppelblatt, 1 Seite.

Text und Adresse von Matthias Purtscher (?) geschrieben, Andreas Hofers eigenhändige Unterschrift, drei Amtssiegel als Verschluss. Dorsalvermerke von verschiedenen Händen.

An den H(errn) Johann Holzknecht wohledlgeborn.
Matrey d(en) 30t(en) 8ber 1809.
Herr Holzknecht, mit dem Frieden sieht es nicht gut aus –
Die Bajern haben heute attaquirt, nach sie aber einige Reuter verlohren, sind selbe wieder zurück gewichen.

Kurz, die Mannschaft giebt es durch aus nicht nach – alles ist wüth[ig]ᵃ, alles will angreifen. Und ich wollte selbe nicht gern davon abhalten. Gott gebe uns Glück – ein verzweifelter Fall wird und muß entscheiden. Bis in zwey Täge, glaube ich, werden wir mehrer hören. Verständigen Sie die Leute – H(err) Holzknecht, Spitz und Knopf ist beisamm. Machen Sie, das bei Trient alles gut besorgt wird. Es auch [sic] heute eine Klage wieder den Morandel eingelaufen – vereinigen Sie die Commandanten, stellen Sie Ihnen vor, für was wir streitten – nämlich fürs allgemeine Beßte und nicht um Ehrgeitz und Ehrenstellen. Meine Meinung wissen Sie, daß Uibrige wird Ihrer weisen Einsicht überlassen. So viel in Eil.
dein auf Richtiger Andere Hofer

Rückseite:
Vom Oberkommando Tirols an den H(errn) Johan Holzknecht dermal zu ~~Botzen oder Lavis vel ibi ubi~~ Meran oder Passeyr
durch Post Estaffette eiligst eiligst eiligst
abgangen zu Matrey d(en) 30t(en) 8ber um 4 Uhr abends.

Angekomem 8 Uhr abends und so gleich abgangen. Saltaus.

ᵃ Loch im Papier.

Nr. 603

Zwei österreichische Soldaten, die eigenen Angaben zufolge bei Melleck versprengt wurden, wurden von Schönberg zum Oberkommando nach Matrei geschickt, um weitere Befehle entgegenzunehmen. Hofer verweist sie weiter nach Lienz.

Matrei 1809 Oktober 30

TLMF, FB 2729, 78. Orig.-Pap. 22 ca. : 17,6, Querformat, 1 Blatt, 1 Seite.

Text von Josef von Stolz bzw. einem unbekanntem Schreiber, Andreas Hofers eigenhändige Unterschrift, o. S.

Die 2. mitkommenden 2. oestreichischen Soldaten sind ihrem Angeben nach bey Melek versprengt geworden, wurden gestern hier verpflegt und nehmen nun ihren Weeg nach Matrey zum General Ober Comando, um von hochselben die fernern Befehle u. Instradirung zu erhalten.
Sig(natum) Schönberg 30. Oktb(er) 1809.
Joseph v(on) Stolz GhVsthr [Gerichtsvorsteher, Anm.].

Werden nach Bruneken und von da nach Lienz an das dortig tyrolische Oberkommando instradirt und die Marschstationen zur gehörigen Verpflegung angewiesen
Matrey d(en) 30t(en) 8b(er) 809 *Andere Hofer*

Nr. 604

Hofer teilt Josef Ignaz Straub den Friedensschluss mit und die Ablehnung des von ihm angebotenen Waffenstillstandes. Deshalb wolle er sich weiter verteidigen und in der Nacht den Feind am Höttinger Berg angreifen. Straub soll dem Feind den Fluchtweg abschneiden, vorerst aber sich mit Josef Speckbacher absprechen und das Volk informieren.

Matrei 1809 Oktober 30

TLMF, FB 2707, S. 339–340.

Abschrift, im Original Andreas Hofers eigenhändige Unterschrift (?).

Pressent(iert) d(en) 30. 8ber 1809.
Vom Ober Comand(anten) And(re)a Hoffer von Mattrey
No 32.
An den H(errn) Commandant Ignatz Straub
Matrey d(en) 30ten 8ber 1809.
Mein lieber H(err) Straub! Gestern wurde uns leider von Oestreich durch einen Courier der traurige Friede angezeigt, nach welchem wir leider wieder an Bajern kommen sollten. Ich hielt um einen 14tägigen Waffenstillstand an, er wurde mir aber nicht zu gesagt. Im Frieden heißt es ~~ein~~ im 10 Artikel, Napoleon werde uns wegen unserm Vergehen volle Verzeihung erwirken. Kurz, das Volk will mit diesem nicht zu frieden seyn und ist entschlossen, sich ohne weiters zu vertheidigen. Denn was bleibt uns übrig, wie sie ins Land kommen, nehmen uns das Gewehr ab – und dann können sie mit uns machen was sie wollen. Wird [sic] werden daher einen verzweifelten Streich wagen müssen – und dieser muß entscheiden, mit Gottes Hilfe. Die Leute sind daher willens, den Feind bei der Nacht in Hettinger Berg zu überfallen – auf dieses müssen sodann alle Acht geben und zugleich vorrücken. Geben Sie nur wohl Acht auf dieses – und wenn Sie den Lärm und das Schießen hören, so spehren Sie dem Feind die Retirade ab – Sie können da sehr viel thun. Auf diese Art könnten wir sie gänzlich vertilgen. Wie länger wir warten, desto gefährlicher es mit uns, und wenn sie uns sodann auf mehrern Punkten zu gleich angreifen würden, müßten wir dann unterliegen.
Richten Sie alles in Bereitschaft und geben auf das Signal Acht.
Was Ihre Frau betrift, habe ich gehört, soll sie noch zu Hause seyn.
In Rücksicht der Verpflegung thun Sie wie Sie können, denn Sie sind von uns einmal zu weit entfernt. So bald Pulfer ankömmt, welches ich alle Stund erwarte, wird man eiligst überschicken.
Unterdessen wenden Sie sich an Speckbacher.
Lieber Straub, thun Sie was Sie können, wir sind am Äußersten, wir wollen alles wagen. – Gott wird uns helfen, so können wirs nicht mehr haben, hin sind wir auf alle Fälle.
Belehren Sie das Volk und leben Sie wohl.
Andere Hofer m. p. Ober Comendant in Diroll

Rückseite:
Vom OberCommando Tirols. An den H(errn) Commandten [sic] Ignatz Straub im großen Volderberg. A Volderberg.
Durch Ordonanz eiligst eiligst
Matrey den 30. 8ber abgangen um 7 Uhr abends.

Patsch umb ¼ iber 8 Uhr o – Ko – b und abgang(en).

Nr. 605

Die von Josef Eisenstecken ausgestellte Marschroute für Johann Hofer von der 5. Passeirer Kompanie (Bozen 1809 Oktober 28) wird von Hofer um Informationen bezüglich der Rückreise ergänzt.

Matrei 1809 Oktober 30

SLA, Sammlung Steiner, 51. Orig.-Pap. 22 ca. : 36,8 ca., Hochformat, 1 Blatt, 1/3 Seite.

Text von unbekanntem Schreiber, Andreas Hofers eigenhändige Unterschrift, Amtssiegel.

Dem obigen Herrn Hauptmann Johann Hoffer gebührt zu seiner Reteur Reiße die vorher angewießene Vorspann, dieß jede Marschstazion eiligst zu leisten habe.
Mattrey den 30(ten) 8ber 1809.
Vom Oberkomando Tyrol.
LS *Andere Hofer*

Kommentar des Passeirer Richters Andreas Auer (Passeier 1809 November 03).

Nr. 606

Hofer teilt Josef Gufler den Friedensschluss sowie seine Angriffspläne für die Nacht mit.

Matrei 1809 Oktober 31

SLA, Nachlass Streiter, Karton 34, „Briefverkehr betreffend Kriegsereignisse 1809–1823", 33. Pap. 23,8 ca. : 36,5 ca., Hochformat, Doppelblatt, 1 1/3 Seiten. Hinweis auf das Original und Fotografie der Unterschrift Hofers in: Auktionskatalog Stargardt 1910, 13–14, Nr. 84.

Zeitgenössische Abschrift, im Original Andreas Hofers eigenhändige Unterschrift.

An H(errn) Anwalt Jos. Gufler zu S. Leonh. in Paßeyer.
Matrey d(en) 31t(en) 8ber 1809
Vom G(erichts) Cassier in Passeier
Es war H(err) Baron Liechtenthurn mit d(er) Nachricht des Feindes hier angekommen, nach welchen Frieden unser liebes Vaterland wieder unter Bayern kommen sollte. Was würde das wohl abgeben –. Schröcklicher Gedanken, es ist daher nicht möglich dieses einzugehen, hin wären wir doch auf alle Fälle. Das Volk giebt es durch uns nicht nach, alles ist wüthend zum Angrif, alles schreit, lieber geschwind tod, als nocheinmal unter Bayern kommen.
Heute nachts wird man also d(en) Feind in Innsbruck überfallen, Gott gebe es, daß es glücklich geht. Machet daher Anstalt zu einer Andacht, denn nur durch augenscheinliche Hilfe des Himmels können wir geretet werden.
Schröckliche Lage, aber Gott war noch immer bey uns, er wird uns auch diesmal so retten, wie er einst das Volk Israel gerettet hat, ich hofe es sicher, daß uns Gott nicht verlaßen werde.
Nur nicht verzagen.
Andre Hofer

Nr. 607

Hofer bestätigt die von Josef Eisenstecken ausgestellte Marschroute (Hauptquartier Pressano 1809 Oktober 26) für die Deputierten vom Nonsberg Leonardo Rizzi und Bernardo Begnudelli, welche nach Innsbruck gereist sind, für die Rückreise.

Matrei 1809 Oktober 31

ÖNB, Autographen Andreas Hofer, 28/16–9.

Text von Matthias Purtscher (?) geschrieben, Andreas Hofers eigenhändige Unterschrift, Amtssiegel.

Ist auf die Rückreise giltig. Matrey d(en) 31t(en) 8ber 1809.
LS *Andere Hofer*

Nr. 608

Johann Waldner wird mit der Kasse und anderen Materialien über Ellbögen nach Matrei (?) geschickt.

o. O. [1809 November]

TLMF, FB 2707, S. 349.

Abschrift. Original wahrscheinlich eigenhändig von Hofer geschrieben, die Abschrift deshalb hier buchstabengetreu wiedergegeben.

No. 39.
Vo hier wirth der fir neme Johan Waldner Wirth zu marling, vie die forfindige khässe und wie auch alle Jberige mäderiallien, wie du glaubst, durch forspan Jber die ölle Pögen hin Ein nacher mader[en]
Andere Hofer m. p. Ober Comedant in Diroll.

Zweite Abschrift desselben Textes:

SLA, Nachlass Streiter, Karton 34, „Kopien Abschriften", 21.

Nr. 609

Hofer befiehlt Josef Ignaz Straub, die bei der Gefangennahme geraubten Habseligkeiten an den französischen Stabsoffizier Sevelinges zurückzustellen.

o. O. [1809 November]

Hinweis in: Hirn, Erhebung, 756[2].

Nr. 610

Hofer berichtet an Josef Valentin von Morandell und die Schutzdeputation Meran, er hätte zwei „Parlamentarier" zum General Drouet geschickt, um einen Waffenstillstand in die Wege zu leiten. Da dieser sich hierfür nicht bereiterklärte, hätte er Johann Holzknecht abgeschickt. Es hätte heute ein allgemeiner Angriff stattgefunden, über dessen Ausgang man noch nichts Genaues wisse.

Matrei 1809 November 1

TLMF, FB 1652, 9. Pap. 23,5 ca. : 36 ca., Hochformat, Doppelblatt, 2 ½ Seiten, o. S.

Zeitgenössische Abschrift, im Original Andreas Hofers eigenhändige Unterschrift (?). Eingangsvermerk des Empfängers.

An den Herrn Oberkommandanten Joseph v(on) Morandell und an die Schutzdeputation zu Meran
Matrey den 1t(en) 9ber 1809.
Der so unglücklich für uns ausgefallene Frieden wird Ihnen schon durch den angekommenen H(errn) Courier Baron v(on) Liechtenthurn leider bekannt seyn. Ich schickte geschwind 2 Parlamentair zum General und verlangte einen Rückzug von ihnen bis Rattenberg und einen 14 tagigen Waffenstillstand, um mit dem ganzen Lande mich unterreden zu können. Dieses wurde aber vom H(errn) Generalen nicht zu gesagt. Ich schickte auch also gleich den H(errn) Holzknecht in dieser Absicht so gleich weck. Es sind zwar bis zur Stunde noch keine Deputierte angekomen ausser von Brixen – diese stellten es mir frey, ich möchte thun wie es für besser finde – bairisch werden seye ein für allemal unmöglich.
Der Feind machte auch immer Mine weiter vorzurücken, das gesamte Volk schrie auch alles einstimmig, wir wehren uns bis auf den letzten Mann – alles war wüthend zu einem Angrif, es war daher in jeder Rücksicht gefahrlich, die Sache langer hinaus zu ziehen. Daher wurde heute ein allgemeiner Angrif veranstaltet – wie es etwa gegangen, indem noch keine Rapporte eingelaufen. Ich hoffe aber, daß es gut ausfallen wird.
Meine liebe Brüder, ich bin fest entschlossen, wir sollen uns vertheidigen, so lang wir können, was würde daß wohl abgeben, wenn wir wieder unter bairischer Regierung kommen sollten, welches doch bei diesem Frieden sicher der Fall wäre.
Der General verlangt immer, wir sollen die Waffen abgeben und niederlegen – so bald dieses geschehen – würden wir es wohl erfahren. Man darf wirklich nicht daran denken, wenn wir einig und mit vereinten Kräften arbeiten, können wir mit Hilfe Gottes viel ja sehr viel auswirken, Gott war noch immer bei uns – – er wird auch noch ferner bei und mit uns seyn, er hat immer augenscheinlich geholfen, er wird uns auch noch in Zukunft, wenn wir ihn recht darum bitten – helfen, unsere Sache ist gerecht, und aus dieser Ursache können wir sicher auf seine Hilfe hoffen.
Lassen Sie uns also mit vereinigten Kraften arbeiten, wir haben kein anderes Losungswort mehr als siegen oder sterben.
Gott starke uns in unserm Kampfe – dann wird alles gut gehen, welches ich auch sicher hoffe.
Sobald etwas anderes vorfallt, wird man Nachricht ertheilen.
Andre Hofer Oberkommandant in Tirol.

Rückseite:
Kopia. Pres(entiert) d(en) 2tn 9br 809 5 Uhr frühe.

Nr. 611

Hofer fordert die Kommandantschaft Meran auf, so schnell wie möglich die waffenfähige Mannschaft Richtung Brenner zu schicken.

Matrei 1809 November 1

TLMF, FB 1652, 12. Pap. 23 ca. : 36 ca., Hochformat, Doppelblatt, 1 Seite.

Zeitgenössische Abschrift, im Original Andreas Hofers eigenhändige Unterschrift (?). Eingangsvermerk des Empfängers.

Copia
An die löbliche Kommandantschaft Meran.
Matrey den 1t(en) 9ber 1809.
Nach dem wir heute durch einen unglücklichen Schlag bereits den Berg Isel verlohren und uns vielleicht auf den Prenner zurückziehen müssen, so ist es also nothwendig, daß wir diesen wichtigen Posten sehr besetzen.
Es ist daher nöthig, daß dieselbe so eilig als möglich alle waffenfähige Mannschaft eiligst gleich bei Angesicht dessen nach dem Prenner abschicke, damit wir uns doch dort noch halten können.
Liebe Brüder, noch ist nicht zum Verzagen – fasset Muth, noch ist nicht alles verlohren – es lebt noch der alte gerechte Gott, vertrauet auf ihn und wir werden mit der Hilfe Gottes wieder siegen.
Ich hoffe, daß jeder das Seinige thun wird – indem jedem gleich viel daranliegt.
Andre Hofer
Nach genommener Einsicht wird ersucht eiligst nach Schlanders abzuschicken, damit da [sic] Volk auch von dort aufbricht.

Rückseite:
Kopia. Pres(entiert) d(en) 2ten 9br 809 2 Uhr Nachmittag.

Nr. 612

Hofer bietet die gesamte waffenfähige Mannschaft im Stubai auf, am folgenden Tag soll vorgerückt werden, der gesamte Landsturm von Sterzing sei bereits aufgeboten.

Steinach 1809 November 1

Staatsarchiv München, Kriegsarchiv, B 454, Oktober, I. II. III. Div. Pap. 23 ca. : 35,5 ca., Hochformat, 1 Blatt, ½ Seite.

Zeitgenössische Abschrift, im Original Andreas Hofers eigenhändige Unterschrift (?), Siegel.

Abschrift N.ro 1.
Offene Ordre
kraft welcher die gesammte waffenfähige Mannschaft in Stubay aufgefodert wird – so eilig als möglich die dortige Gegend und Posten zu besezen, indem morgen in aller Fruh wieder vorgeruckt wird. – Es ist zu diesem End der ganze Landsturm von Sterzing her aufgebothen und wird so bald als möglich eintreffen. Faßet Euch liebe Brüder – noch ist nicht alles verlohren – vertrauet auf Gott, – er hilft gewiß, wenn wir nur fest auf ihn vertrauen.
Stainach den 1ten Nov(em)b(e)r 1809.
Vom Oberkommando Tirols
L. S. Andere Hofer.

Nr. 613

Hofer ruft Josef Speckbacher zu erneuter Verteidigung auf.

Steinach 1809 November 1

TLMF, FB 2729, 80. Orig.-Pap. 18,5 ca. : 23 ca., Hochformat, Doppelblatt, 1 Seite.

Text und Adresse von unbekanntem Schreiber, Andreas Hofers eigenhändige Unterschrift, Amtssiegel als Verschluss.

Stainach 1sten November 1809
Herr Komandant!
Von Seite des Oberkomando wird Ihnen berichtet, daß morgen alle Veranstaltungen getroffen werden, daß die ganze Manschaft wieder vorwärtsrücken werde. Suchet nur auf alle mögliche Art die Bosten zu behaupten, damit wir die Feinde wieder zurückdrängen können. Lebet wohl.
Ihr ergebenster Freund:
Andere Hofer ober comen dant

Rückseite:
V Stainach dem Herrn Oberkomandanten Joseph Speckbacher beym H [W]aser per Ordona(n)z

Nr. 614

Andreas Hofer schreibt an Kaiser Franz, er hätte von seinem Kurier Freiherrn von Lichtenthurn Gewissheit über den Friedensschluss erhalten und fragt, was mit den österreichischen Ranzionierten zu tun sei bzw. mit den großen Schulden, die durch den Krieg für das Land Tirol entstanden sind.

[Steinach 1809 November 2]

Zit. nach: Hirn, Erhebung, 756[3]. Das Original 1909 in der Sammlung der „Purtscherschen Papiere" des Herrn von Wörndle in Innsbruck.

Unklar ist, ob das laut Hirn von Matthias Purtscher verfasste Schreiben von Hofer unterzeichnet wurde; jedenfalls sollte es von Jakob Sieberer an den Kaiserhof gebracht werden.

„Nachdem ich durch den Kurier v. Lichtenthurn den traurigen Frieden vernommen habe, so erlaube ich mir, über folgende Punkte anzufragen.
1. Was mit den hier anwesenden österreichischen Ranzionierten zu tun ist. Ich habe sie als Kavalleristen, Artilleristen und Infanteristen mobil gemacht und mit grossen Kosten Pferde dafür angeschafft.
2. Was ist mit den unendlich grossen Schulden, in welche das Land durch diesen traurigen Krieg versetzt wurde? Wie sollen sie bezahlt werden? Diese Schulden kann das Land nicht zahlen. Wenn E. M. durch diese traurige Lage nicht erwägen und zu Herzen nehmen, in welche Lage E. M. durch diesen traurigen Krieg das Land versetzen, so ist unser verwüstetes Vaterland auf immer unglücklich. Ich flehe daher im Namen des ganzen Landes, E. M. mögen dem Lande jene Gerechtigkeit angedeihen lassen, auf die es vermöge seiner Anhänglichkeit an das Kaiserhaus vor Gott und der Welt Anspruch zu haben meint."

Nr. 615

Hofer schreibt an die Kommandantschaft Meran, ein nach Innsbruck geschickter Kurier des Vizekönigs von Italien sei abgefangen worden. Seine Depeschen mit dem Auftrag, die Kämpfe einzustellen, seien gleich nach Innsbruck weitergeleitet worden. Zwei Deputierte seien zum Vizekönig entsandt worden, inzwischen sollten die Mannschaften von Meran, Passeier und Schlanders nicht ausrücken; dies sei auch Josef Valentin von Morandell und der Kommandantschaft Schlanders mitzuteilen.

Steinach 1809 November 2

TLMF, FB 1652, 16. Orig.-Pap. 22 ca. : 35,8 ca., Hochformat, 1 Blatt, 1 Seite.

Text von Matthias Purtscher (?) geschrieben, Andreas Hofers eigenhändige Unterschrift, o. S. Eingangsvermerk des Empfängers. Die Passage „sowohl […] Schlanders" nachträglich eingefügt durch Verweis.

An die löb(liche) Kommandantschaft zu Meran. Stainach d(en) 2t(en) 9ber 1809
Gestern wurde bei Volders ein vom Vize König von Italien nach Insbruck abgeschickter Courier aufgefangen und hier eingebracht. Dieser den [sic] Auftrag, die Feindseligkeiten einzustellen. Es würde alsogleich mit diesen Depeschen ein Parlamentair nach Insbruck abgeschickt. Mit dem Courier aber wurden zwey Deputierte an den Vize König abgeschickt und man hoft die Sache wird beigelegt werden.
Es wird also bedeutet, daß bis weitere Ordre die Mannschaft sowohl v(on) Meran, Passeyr und Schlanders zu Hause zu verbleiben habe: welches die Commandantschaft dem H(errn) Oberkommandanten v(on) Morandel und der Kommandantschaft Schlanders zu berichten hat.
Andere Hofer ober comen dant in dirolln

Rückseite:
Pres(entiert) d(en) 3tn 9br 809 ½ 2 Uhr frühe.

Nr. 616

Von Elias Domanig ausgestellte Rechnung für Andreas Hofer.

Schönberg 1809 November 2

TLA, Tirolische Landesverteidiger 1809, Fasz. III, Pos. 20. Original 1938/39 im Besitz des Antiquars Halle in Amsterdam bzw. K. Seuffer in München.

Abschrift, im Original eigenhändige Passage und Unterschrift Andreas Hofers (?).

„Herr Andree Hofer Obercomandant
an Zöhrung

	Solle
1809 den 12., 13. und 14. August	13.35
an der Zurückreise nach Bozen nebst denen 22 Mann Chavalerie über Nacht	37.38
den 27., 28. & 29. 8-ber an Essen und Trunck nebst Gutscher und Chavaleristen	26.6
an Hey und Haber	18,54
	fl 96, 13

Schönberg, den 2. 9ber 1809

(eigenhändig:) Elias Domanig Gastgeb
Andere Hofer, Obercomendant in Diroll, ist be der Gemeinde ein zu stöllen.
(auf der Rückseite) Conto von Wirth am Schönberg. Nr. 62."

Nr. 617

Hofer erklärt sich in vorliegendem Schreiben an den Vizekönig von Italien Eugène Beauharnais bereit, die Waffen niederzulegen, und legt das weitere Schicksal Tirols in Napoleons Hände, auch auf Anraten des gefangenen französischen Offiziers Sevelinges.

[Steinach 1809 November 3]

Zit. nach: Blaas, Aufstand, 246.

Abschrift durch Josef Daney, das (nicht eruierbare) Original von Daney geschrieben, Andreas Hofers eigenhändige Unterschrift (fehlt in der Abschrift) u. a. Unterschriften, Siegel (vgl. Blaas, Aufstand, 245–246).

„(No. 54)
Monseigneur!
Le peuple tyrolien confiant dans la bonté, dans la sagesse et la justice de votre Altesse Imperiale remet par nos organes son sort entre vos mains. Il est prêt a déposer les armes, si par ce moyen il peut obtenir votre bienveillance et votre protection. Il a beaucoup à se plaindre de la cour d'Autriche, qui par ses insinuations toutes récentes encore l'a porté à l'insurrection. Chefs d'une population naturellement guerrière nous avons maintenu parmi elle une certaine discipline, un respect pour la religion et pour les personnes, que le sort des armes a mis en son pouvoir. Mais comme notre seul désir est d'empêcher l'effusion du sang, et de mériter votre estime, nous nous rendrons tous auprès de V. A. J. aussitôt, qu'elle aura en la bonté de nous envoyer un sauf conduit. Le Chef de Bataillon Sevelinges, notre prisonier et notre ami, nous assure de votre générosité et de votre indulgence. Nous brûlons a déposer dans le sein de V. A. I. les plaintes fondées du peuple, et nous sommes persuadés, qu'elle voudra bien les prendre en considération. La stérilité des montagnes du Tyrol, le peu de commerce, qu'il fait, ne lui permettent pas de payer les énormes contributions, auxquelles il a été assujetti. Constant dans les principes de la Religion catholique, il desire, qu'elle soit respectée.
Ayant le bonheur de vivre contemporainement avec le plus grand'homme, qui ait existé, nous nous croyons coupables de non s'opposer plus long temps aux volontés du ciel, qui l'a fait naître pour la régénération du Monde. Le grand Napoléon et son digne fils seront désormais les protecteurs du peuple Tyrolien."

Nr. 618

Nachdem eine Besprechung der Deputierten des Landes stattgefunden hat, wurden Gesandte zum Vizekönig von Italien geschickt, bis zu deren Rückkunft sind die Kampfhandlungen einzustellen; die Posten aber müssen besetzt bleiben.

Steinach 1809 November 3

TLMF, FB 2729, 82. Orig.-Pap. 21 ca. : 26,5 ca. (beschnitten), Hochformat, 1 Blatt, 1 Seite.

Text und Adresse von Matthias Purtscher geschrieben (vgl. Blaas, Aufstand, 269), Andreas Hofers eigenhändige Unterschrift, o. S. (wahrscheinlich abgeschnitten).

Currenda
Nachdem heute die Deputierte des Landes zusamm getretten, um die traurigen Angelegenheiten des Landes beizulegen und die gehorigen Verfügungen zu treffen. –
So wurden daher zu diesem Ziele so eben Deputierte an S(ein)e Majestät dem Vize König von Italien abgeschickt – und da man diese erst abwarten muß, so ~~wird~~ sind zwar

die Feindseligkeiten bis zur Rükkunft eingestellet. Dagegen aber der schärfste Befehl ertheilt, alle Posten auf das Beßte besetzt zu halten und sich bei schwerster Verantwortung keineswegs von seinen Posten zu entfernen.
Sollten wir aber vom Feinde angegriffen werden, so ist Gewalt mit Gewalt zu vertreiben.
Stainach am 3t(en) 9ber 1809
Vom Oberkommando Tirols
Andere Hofer

Rückseite:
An Herrn Comendant Zöggele. In Zillerthal
durch Ordonanz eiligst

No 234

Zweite Ausfertigung desselben Textes:

SLA, Orig.-Pap. 24,5 ca. : 32,5 ca., Hochformat, 1 Blatt, 1 Seite (auf Trägerkarton aufgeklebt, sodass die Rückseite nicht einsehbar ist).

Text von Matthias Purtscher (?) geschrieben, Andreas Hofers eigenhändige Unterschrift, Amtssiegel.

Currenda
Nachdem heute die Deputierten des Landes zusam getretten […]
Steinach d(en) 3t(en) 9ber 1809
Vom Oberkommando Tirols.
LS *Andere Hofer*

Dritte Ausfertigung desselben Textes mit eigenhändigem Zusatz Hofers, adressiert an die Landesverteidiger von Zirl, Seefeld, Leutasch und Ehrwald.

TLMF, FB 2729, 81. Orig.-Pap. 22 ca. : 35,3 ca., Hochformat, 1 Blatt, 1 Seite.

Text und Adresse von unbekanntem Schreiber, eigenhändige Passage und zweimalige Unterschrift Andreas Hofers, Amtssiegel.

[…]
Vom Obercommando Tirols.
LS *Andere Hofer*
wir haben, Eine veranstaldung gedroffen, das mir nicht vnder Pairen zu stehen khomen, vnd habe 2 deppudierte zum fizi khenig, abgeordnett, vnd Ein nacher Wien, vm auf den khlaren zu khomen, vnd zu gleich, wögen abzallung der schulden deß lantß, vnd khurz wögen allen angelegenheiten
Andere Hofer oberComendant

Rückseite:
An die gesammte Landes Vertheidigungs Mannschaft zu Zirl Seefeld Leutasch und Ehrwald
eiligst eiligst

No. 9.

Nr. 619

Hofer schreibt an Josef Ignaz Straub, er hätte einen nach Steinach geschickten französischen Offizier in seinen Dienst gestellt, diesem sollen seine abgenommenen Wertsachen wiedergegeben werden. Zwei Deputationen – eine an den Kaiser und eine an den Vizekönig von Italien – seien abgeschickt worden, die Kampfhandlungen vorübergehend eingestellt.

Steinach 1809 November 3

TLMF, FB 2707, S. 341.

Abschrift, im Original Andreas Hofers eigenhändige Unterschrift (?).

Pressent(iert) den 4ten Novbr. 1809. Um 3 Uhr Frühe. Vom Ober Comand(anten) And(re)a Hofer aus Steinach
No 33.
An den H(errn) Kommandanten Straub.
Steinach den 3. 9ber 1809.
Der hieher geschickte französische Officier ist hier bei mir und leistet uns in vielen Rücksichten gute Dienste, und daher ligt mir sehr viel daran, daß diesen die abgenommenen Sachen wieder zurück gestellt werden. Machen Sie daher diese ausfindig. Als eine goldene Repetier Uhr, ein Mantel und sein Geld etc. Uibrigens ist heute eine Deputation an den Kaiser und an den König v. Italien abgeschickt worden. Es sind daher die Posten bis weitere Ordre aufs Beßte zu besetzen – die Feindseligkeiten aber sind einsweilen eingestellt. Wen Sie aber von Feind angegriffen, so ist Gewalt mit Gewalt zu vertreiben. Speckbacher ist schon auch avisiert.
So viel in Eil.
Andere Hofer m. p.

Vom Oberkommando Tirols. An den H(errn) Kommandanten Straub zu Volderberg vel ibi ubi
durch Expressen eiligst

Nr. 620

Passierschein für Johann (?) Thurnwalder, der mit einem französischen Offizier nach Innsbruck und wieder zurück reist.

Steinach 1809 November 3

Museum Passeier – Andreas Hofer. Orig.-Pap. 21,8 ca. : 35 ca., Hochformat, Doppelblatt, ½ Seite.

Text von Matthias Purtscher (?) geschrieben, Andreas Hofers eigenhändige Unterschrift. Zusatz („Als … geschmolzen.") von anderer Hand (Johann Thurnwalder?), Siegel unkenntlich.

Der Vorzeiger dieß H(err) J[…] Thurnwalder samt einem französischen H(errn) Officier ist ohne Anstand nach Innsbruck und sodann wieder zuruck passieren zu lassen.
Sig(natum) Hauptquartier Steinach d(en) 3.t(en) 9ber 1809.
Vom Oberkommando Tirols.
LS *Andere Hofer*

Als ich im bayer. Lager am Berg Isl beym Piquet Feuer übernachten must ist das Siegell geschmolzen.

Rückseite:
N 7
7.

Nr. 621

Hofer berichtet Josef Speckbacher vom Friedensschluss zwischen Österreich und Frankreich, beharrt aber darauf, weiterzukämpfen, da er die Nachricht nicht glauben will.

o. O. [1809 November 3 oder 4]

Zit. nach: Bartholdy, Krieg, 293–294 (Original nicht eruierbar).

„Am 4ten November empfing Speckbacher mitten in einem Scharmützel bei Lans folgende Zeilen von Hofer:
,Indem ich die gute Nachricht von deinem glorreichen Siege erhalte, (am 3ten) muß ich dir die üble melden, daß Oestreich Frieden mit Frankreich geschlossen, und Tyrol – vergessen hat. Jedoch müssen wir uns bis auf weiteres wehren, wenn wir angegriffen werden, indem jene Nachricht mir nicht wahrhaft vorkömmt, und du weißt, wie oft wir belogen worden sind.'"

Nr. 622

Hofer versichert dem französischen Divisionsgeneral Jean Baptiste Drouet, alle Mannschaften abberufen und zum Heimgehen ermuntert zu haben; er bittet den General um Schonung und Güte für das Volk, um Verzeihung.

Steinach 1809 November 4, halb acht Uhr abends

Zit. nach: Hormayr, Geschichte, 423–424.

Im Original Andreas Hofers eigenhändige Unterschrift (?).

„An den kommandirenden Herrn General Reichsgrafen von Erlon Drouet (etc. etc.) Hochgebohrn.
Steinach, den 4. November 1809. um halb 8. Uhr abends.
Auf die von Sr. Majestät dem Vizekönig von Italien den Deputirten vom Pusterthale gemachten Versicherungen, daß die Einwohner Tyrols nach aller Schonung behandelt, und ihre Vergehungen vergessen und verziehen seyen, so zwar, daß keiner zu einer weiteren Untersuchung gezogen werde, – wenn das gesammte Volk die Waffen niederlege: so nahm der Unterzeichnete keinen Anstand, dem obigen Versprechen, welches so eben aus Pusterthal hier angelangt, vollen Glauben beizumessen – und daher die gesammte Mannschaft auf allen Posten Tyrols unter einst abzurufen, und nach Hause zu gehen, anzuweisen.
Der Unterzeichnete bittet daher allerunterthänigst Ew. Excellenz möchten doch das gesammte Volk mit aller Schonung und Güte behandeln, und alles Vergangene verzeihen – wo sodann der Unterzeichnete Ew. Exzellenz versichert, daß keinen von den Truppen etwas Leides zugefügt werde.

Um aber allen Unordnungen vorzubeugen, würde sehr gut seyn, wenn das Vorrücken noch einige Tage verschoben würde, damit die Leute unterdessen alle nach Hause kommen könnten.
Der Unterzeichnete empfiehlt also nochmals Ew. Excellenz das gesammte Volk mit der dringendsten Bitte, alles Vorige zu vergessen, und dem armen und gedrückten Volk Güte und Schonung angedeihen zu lassen.

Womit der Unterzeichnete in aller Ehrfurcht erstirbt.
Ew. Excellenz
allerunterthänigst treugehorsamster Andere Hofer,
Oberkommedant in Diroll gewöster.
Für gleichlautende Abschrift: Der Adjutant Kommandant Chef vom Generalstab des Armee-Corps
Boyer."

Nr. 623

Hofer ruft die gesamte Mannschaft auf, die Waffen niederzulegen.

Steinach 1809 November 4

TLMF, FB 2729, 83. Orig.-Pap. 21,5 ca. : 34,8 ca., Hochformat, 1 Blatt, 1 Seite.

Text von unbekanntem Schreiber, Andreas Hofers eigenhändige Unterschrift, Amtssiegel. Die Rückseite im Zuge einer Restaurierung durch Leinen (?) überdeckt und nicht mehr einsehbar.

Offene Ordre.
Nach soeben eingegangener Nachricht findet man sich außer Stande, sich länger vertheitigen zu kennen.
Es wird daher der gesamten Manschaft aufgetragen, sich gleich bey Ansicht deßen zurückzuziehen, die Posten zu verlaßen und sich ruhig nacher Hause zu begeben.
Hauptqua[rtier][a] Steinach den 4t(en) 9[ber 1809][b]
Vom Ober Comando Tirols.
LS *Andere Hofer ober Comen dant in diroll[n]*

---
[a] Loch im Papier.
[b] Loch im Papier.

Nr. 624

Hofer (?) bittet General Jean Baptiste Rusca, den Tirolern die Möglichkeit zu erwirken, bei Napoleon vorzusprechen. Es seien bereits Deputierte zum Vizekönig von Italien geschickt, alle Gerichtsausschüsse seien nach Bekanntwerden des Friedensschlusses zwischen Österreich und Frankreich einberufen worden, sie sollen das Volk beruhigen. Da aber wieder bayerische Truppen im Inntal eingefallen seien, bittet man nun um Waffenruhe bis zur Rückkehr der Deputierten vom Vizekönig. Wegen der von den Bayern begangenen Grausamkeiten solle Rusca den Vizekönig dazu bewegen, die Truppen in Tirol abzuziehen.

Schließlich beklagt sich Hofer (?) darüber, dass seine Anordnungen zur Waffenruhe nicht mehr beachtet würden und er von seinen eigenen Landsleuten unter Druck gesetzt würde, sodass es nicht möglich sei, die Ruhe im Land herzustellen.

Sterzing 1809 November 5

SLA, Sammlung Steiner, 195. Orig.-Pap. 23,5 ca. : 36,5 ca., Hochformat, Doppelblatt, 4 Seiten.

Text von Matthias Purtscher (?) geschrieben, ohne Unterschrift, o. S. Die Passage „wo [...] herzustellen –" nachträglich eingefügt durch Verweis.

An S(ein)e Excellenz den hochgeborenen H(errn) H(errn) General v(on) Rusca, Commandierenden General S(eine)r Majestaet des Kaisers Napoleon etc. etc.
Euer Excellenz
Der allerunterthänigst treu gehorsamst Unterzeichnete waget es, Euer Excellenz! mit diesem Schreiben seine unterthänigste Ehrfurcht an Tage zu legen und Hochdieselben zugleich seine gehorsamste Bitte darzubringen.
Schon vor einigen Tagen wurde an S(ein)e Majestaet kaiserliche Hochheit Eugen Napoleon, Vice Koenig von Italien etc. etc. die allerunterthänigste Bitte gestellet, daß S(ein)e kaiser(liche) Hoheit uns der Huld und Gnade S(eine)r Majestaet des Käisers Napoleon, Kaisers von Frankreich und Königs von Italien allergnädigst anempfehlen und uns erlauben wolle, Abgeordnete an Höchstdieselben abzuschicken, um uns dessen allerhöchstes Vorwort bei S(eine)r Majestaet den Kaiser der Franzosen allergehorsamst zu erbitten.
Wie Euer Excellenz bereits bekannt seyn wird, wurde auch an S(ein)e Majestaet den Vice-König Deputirte abgesendet, um uns bei Höchstdenselben mündlich die allerhöchste Gnade und dessen mächtiges Vorwort zu erbitten.
Gleich nachdem die Nachricht von dem zwischen S(eine)r Majestät den Kaiser von Frankreich und König von Italien und S(eine)r Majestät der [sic] Kaiser von Oestreich abgeschlossenen Frieden ankam, wurde sogleich von dem allerunterthänigst treu gehorsamst Unterzeichneten alle Einleitung und Veranstaltung getroffen, daß von sämmtlichen Gerichtern die Ausschüsse versammelt und die Anstalten getroffen werden, das Volk zur Ruhe und Ordnung zurück zu bringen.
Es würde bereits alles zu seinem gewünschten Endzwecke gelanget und die gewünschte Ordnung hergestellet seyn, wenn nicht wieder alles Vermuthen aus dem Innkreise die traurige Nachricht eingegangen wäre, daß alldort die könig(lich) bajrischen Truppen wieder durch Sengen und Brennen ihre Schritte begleiten und auf solche Art dasjenige wieder zu verschlimmern suchen, was man ansonst durch gütige Behandlung auf eine leichte Art hätte zum gewünschten Ziele bringen können.
Der allerunterthänigst treu gehorsamst Unterzeichnete, ganz beseelet von dem Wunsche, alles vorzukehren, um die über die Grausamkeiten der könig(lich) bajrischen Truppen aufgebrachten Gemüther zur Ruhe und Ordnung zurückzuführen und dadurch dem allerhöchsten Wunsche S(ein)e [sic] Majestät des Kaisers Napoleon zu entsprechen, waget

an Euer Excellenz die unterthänigste Bitte zu stellen, daß Höchstdieselbe doch wenigstens Ihr weiteres Vorrücken so lange einstellen wollen, bis die so sehnlichst gewünschte Ruhe wieder ganz eingetretten und die an S(ein)e Majestät den Vice König von Italien wieder hieher zurückkehren können. Vorzüglich aber gehet meine unterthänigste Bitte ganz besonders dahin, daß Euer Excellenz S(ein)e Majestaet den Vice König von Italien dahin zu bewegen suchen wollen, daß doch die königl(ich) bajrischen Truppen aus Tirol sich zurückziehen möchten, weil das Volk die von denselben verübten Grausamkeiten zu sehr verabscheuet, als daß gleich auf der Stelle alle Gemüther besänftiget werden könnten, wo sodann ein Leichtes seyn wird, die so sehnlichst gewünschte Ordnung und Ruhe herzustellen – und daß sogar wider alle von mir gegebene Befehle zwischen unsern und den bajerischen Truppen einige Feindseligkeiten vorgefallen seyn sollen, indem ich an alle meine Leute den strengsten Befehl erlassen, sich alles Schiesens zu enthalten, meine Befehle und Anordnungen aber wenig geachtet werden, indem unsere Leute von den königl(ich) bajerischen Truppen gegen unsern Vorposten neuerdings anrückten.

Nachdem ich von meiner Seite alles gethan, was in meinen Kräften war, um die Leute zur Ordnung zu bringen, so finde ich noch nöthig, Euer Excellenz zu eröffnen, welches Höchstdenselben zum Beweis des Abscheues gegen die k. b. Truppen dienen kann und wie schwer es ist, so lange selbe im Lande Tirol sich befinden, die so nöthige Ruhe dem Lande zu verschaffen, daß ich selbst vor den eigenen Lands Leuten der Gefahr meines eigenen Lebens mich ausgesetzt finde und dahero die gänzliche Ruhe hergestellt seyn wird, so bald als die k. b. Truppen aus Tirol entfernet seyn werden. Der unterthänigst gehorsamst Unterzeichnete wiederhohlt dahero nochmals seine Bitte um einsweilige Einstellung in Betreff des Vorrückens Ihrer Truppen und Entfernung der k. b. Truppen, und geharret mit aller Hochachtung
Euer Exzellenz allerunterthänigst treugehorsamster
Sterzing d(en) 5t(en) 9ber 1809.

Nr. 625

Hofer ruft die Etschländer zu neuem Widerstand auf.

Sterzing 1809 November 5

TLMF, Autographensammlung Andreas Hofer. Orig.-Pap. 22 ca. : 35,5 ca., Hochformat, 1 Blatt, 1 Seite.

Text von Kajetan Sweth (?), eigenhändige Passage (ohne Unterschrift) und Adresse von Andreas Hofer geschrieben, o. S. Dorsalvermerke von verschiedenen Händen.

Ofne Ordre. An die sämtlichen Bewohner von Etschland.
Zur allgemeinen Warnung siehet sich Endesgefertigter aus brüderlicher Liebe gegen Euch geliebteste Mitbrüder! gezwungen zu melden, daß im ganz Pusterthal, Oberinnthal und andern Orten alles aufs Neue die Waffen ergreift und dem Feind mit allen Kräften Widerstand zu leisten bereit. Denn, wenn gleich wir schon glaubten, dem Feind uns unterthänig zu machen, so sehen wir das traurige Beyspiel von Unterinnthal, wo von einem Dorfe zu 30 und 40 Mann ausgehoben wurden und welches auch im übrigen Tirol geschehen würde, wenn wir den Feind weiter durch unser Land streifen

lassen. Wollet Ihr daher diesen und noch mehrern gräu[e]ligen Uibeln zu vorkommen: So ergreift die Waffen! Streitet vereint! Und Gott wird aufs neue mit seinem großen Beistand uns stets der Nächste seyn.
Datum Sterzing, d(en) 5t(en) 9ber 1809
Von d(em) k. k. Ober kommando Tirols.
auf disser arth ist Eß Vo die gögenten Beschlossen worden

Rückseite:
in formazion an die Özlender Pädriotten

5. Nov(embe)r 1809. XLI.
1809: 5t(en) Nov(ember) Hofer
Wortbrüchigkeit.

Nr. 626

Hofer berichtet an das Gericht Passeier, das Pustertal sei vollständig aufgeboten, in Kollmann hätte der Feind ca. 300 Mann verloren, an der Scharnitz ca. 2.500. Es helfe nichts anderes mehr, als mit allen verfügbaren Kräften zu kämpfen.

Sterzing 1809 November 6

TLMF, Historische Sammlungen. Orig.-Pap. 23,3 ca. : 35,5 ca., Hochformat, Doppelblatt, 1 Seite.

Text und Adresse von Matthias Purtscher geschrieben, Andreas Hofers eigenhändige Unterschrift. Zweite Adressierung von Johann Holzknecht (?) geschrieben, zwei Verschlussiegel. Kanzleivermerke von verschiedenen Händen.

An die Gerichts Oberkeit in Passeyr
Sterzing d(en) 6t(en) 9ber 1809.
So eben kömmt die Nachricht von Pusterthal daß sich der Feind alldort zurück gez[?] gezohen. Uiberall hat es dort die Sturmglocken geläutet und alles steht in Waffen, und die Pusterer haben Hoffnung den Feind ganz einzuschließen.
Die Affaire von G Kollmann wird wohl bekannt seyn, wo der Feind bei 300 Mann an Todten hatte.
Aus Ober Jnnthal von der Scharnitz gieng die Nachricht ein, daß gestern der Feind bei 2500 Man verlohren habe. Nun sieht es nicht übel aus die F[einde] Leute zeigen sich thätig – und wenn alles seine Schuldigkeit thut: wird uns der Himmel gewiß segnen.
Machet nur alle mögliche Anstalten, denn itzt nützt es doch nichts anderst, als wehren, so lang man kann.
Andere Hofer

Ist nach genommener Einsicht eiligst nach Meran zu schicken.

Rückseite:
Vom Oberkommando Tirols an den H(errn) Anwald Jos. Gufler bei St Leonhard in Passeyr.
Durch Ordonanz eiligst eiligst

6. 9b(e)r 1809. XLII.
6t(en) 1809 9b(er)
Pres(entiert) den 7.t(en) 9ber 1809 um 10. Vormittag

Rückseite:
Von Störzing an die lob(liche) Kammandschaft [sic] zu Meran
eiligst eiligst eiligst
A Sant ankamen: um 7 uhr frue sogleich abg[a?]

Nr. 627

Hofer ordnet den Ausschüssen des Landgerichtes Sterzing an, 300 Star Hafer, 100 Zentner Heu und den übrigen Proviant für die ausgezogenen Sterzinger Schützen und den Landsturm zu liefern.

Sterzing 1809 November 6

TLMF, Historische Sammlung, Flugschriften – Autographen. Orig.-Pap. 23,5 ca. : 37 ca., Hochformat, Doppelblatt, 1 Seite.

Text und Adresse von Kajetan Sweth (?) geschrieben, Andreas Hofers eigenhändige Unterschrift, urspr. ein Siegel als Verschluss (abgeschnitten). Eingangsvermerk des Empfängers.

An das hochlöb(liche) k. k. Landgericht zu Sterzing
Sterzing d(en) 6t(en) 9ber 1809.
Endesgefertigtes Commando hat an obengelobtes Lcht. [Landgericht, Anm.] das Ansuchen zu machen, daß es die Ausschüße ermahnen möchte, daß Sie 300 Staar Haver und 100 Zenten Hey wie auch das übrige Proviant für die hier be in Brenner von Sterzing ausgezogenen Schützen und Landsturm ein her liefern wollten bis morgen als d(en) 7t(en) 9ber abends, wiedrigenfalls würden die Ausschüße von unterzeichneten Commando mit schärfester Execution und andern Straffen belegt, wenn auf diesen Bericht, welcher schon der 3te ist, nichts erfolgen würde.
Man wiederhollet daher nocheinmal das Ansuchen, indem es sehr nothwendig bedarf.
Andere Hofer ober Comen dant in dirolln

Rückseite:
Von d(en) k. k. Oberkommando Tirols an das hochlöb(liche) k. k. Landgericht zu Sterzing
pr Ordonanz.
No. 139 praes. den 6. 9ber. 1809.

Nr. 628

Hofer hält den Fürstbischof von Brixen Karl Franz von Lodron an, sich nicht in die „Kriegsgeschäfte" einzumischen; vielmehr solle er so viel als möglich zum Beten aufrufen.

Sterzing 1809 November 6

Zit. nach: Hirn, Erhebung, 767; Rigo, Regierung, 137. Original laut Hirn im Staatsarchiv München, Abschrift laut Rigo in: Diözesanarchiv Brixen, CP (Konsistorialprotokolle) 1809, 725–726.

Original von unbekanntem Schreiber (zit. nach Hirn) mit eigenhändiger Passage „Ich bitte […] Pauren" Andreas Hofers (zit. nach Rigo).

„Euer Gnaden […] wird bei der gegenwärtigen Lage wohl selbst einsehen, dass es am besten ist, wenn man sich in die Kriegsgeschäfte gar nicht einmischt, nachdem das Volk einmal sich zu verteidigen entschlossen ist. […] Ja es sind zwar natürlicherweise keine

Aussichten. Aber wer kann der Menge und dem Volke widerstehen? Wir müssen Gott die Sache anheimstellen und allein auf ihn vertrauen. Was die Person des P. Joachim anlangt, so ersuche ich Sie, nicht entgegen zu sein, indem Euer Gnaden sich vielen Fatalitäten aussetzen könnten. Ich ersuche daher, da wir in einer so kritischen Lage uns befinden, so viel als möglich Betanstalten zu verordnen, damit uns der Allmächtige segnet und unsern Waffen Glück erteilt. Denn da allein müssen wir es suchen."

„Ich bitte noch Einmall, machen sie nicht draus wägen den Pader Jochum, ich khente mich und Ihnen Ihro Hochfirstlich gnaden kheine Sicherung göben von die Pauren."

Nr. 629

Hofer fordert Georg Stocker auf, die gesamte Umgebung von Schlanders darüber zu verständigen, dass sich das ganze Land erneut erheben werde.

Sterzing 1809 November 6

TLMF, FB 2701, S. 48–49.

Abschrift (1845), im Original Andreas Hofers eigenhändige Unterschrift (?).

Sterzing 6. Nov. 1809.
An Georg Stocker zu Schlanders.
Es wird von Seite der Oberkommandantschaft in Tirol berichtet, daß sich nun bereits das ganze Land entschlossen, sich bis auf den letzten Mann zu vertheidigen – Derselbe hat also die dortige Commandantschaft und Umliegenheiten wie auch Glurns und Mals eiligst zu verständigen, damit sich die Leute darnach zu richten wissen.
Die in Kolman angekommenen Franzosen sind theils gefangen, theils zu Grunde gerichtet worden. – So eben kam die Nachricht an, daß gestern von den Unsrigen bey 2500 Mann Baiern in Scharnitz zu Grunde gerichtet worden.
Vom Oberkommando Tirols. – Andere Hofer m/p.

Nr. 630

Hofer berichtet der Kommandantschaft Meran von Erfolgen der Tiroler, die entbehrliche Mannschaft von Meran und Passeier sollte nach Sterzing marschieren, damit Innsbruck befreit werden könne. Die feindliche Kavallerie sollte entwaffnet und aus dem Land gejagt werden.

Sterzing 1809 November 7

TLMF, Historische Sammlung, Flugschriften – Autographen. Orig.-Pap. 23,5 ca. : 35,5 ca., Hochformat, Doppelblatt, 1 Seite.

Text und Adresse von Matthias Purtscher (?) geschrieben, Andreas Hofers eigenhändige Unterschrift, Amtssiegel als Verschluss. Eingangsvermerk des Empfängers, Dorsalvermerke von verschiedenen Händen.

An die lobliche Commandantschaft zu Meran.
Sterzing d(en) 7t(en) 9ber 1809.
Nun Gott sey Dank ist das Volk bereits einstimmig – hier im Innthal, Unter Innthal und in Pusterthal geht es sehr gut. Die Inthaler sollen einen großen Fang gemacht haben, die Feinde in Pusterthal und Kollmann (etc.) sind bereits eingeschlossen.

Es geht mit der Hilfe Gottes, wenn wir nur einig und mit gesammten Kräften arbeiten, gewiß gut.

Es würde mir sehr lieb seyn, wenn die entbehrliche Mannschaft von Meran und Passeyr hieher kämme, aber geschwind, damit man Insbruck wieder befreyen und den Ober- und Unter Inthaler zu Hilfe kommen könnte. Denn die Leute halten viel besser, wenn Passeyrer und Meraner dabei sind. Die Sache sollen, damit sich damit sich der Feind nicht verstärken kann, schnell vor sich gehen.

Die Cavalleristen sind außer Lands zu schicken, ehvor aber denselben die Pferd und Rüstung abzunehmen. Die zwey Pferd, welche sie verkauft, sind auch zu Handen zu nehmen, und sodann die Rüstung und Pferde hieher zu schicken.

Andere Hofer

Rückseite:

Vom Oberkommando Tirols an den H(errn) Anwald Jos. Gufler zu St. Leonhard in Passeyr.

Durch Ordonanz eiligst eiligst

Praes(entiert) d(en) 7tn 9b(e)r 809 ½ 8 Uhr nachts

1809. 7 t(en) Nov(ember) – Hofer.

7. Nov(em)b(e)r 1809. XLIV.

Nr. 631

Hofer schreibt an Johann Holzknecht in St. Leonhard in Passeier, er hätte erfahren, die Meraner wollten nicht ausrücken; andererseits heiße es seitens der Kommandantschaft, am folgenden Tag werde nach Bozen vorgerückt. P. Joachim Haspinger wolle nach Innsbruck ziehen, die Österreicher General Rusca verfolgen.

Sterzing 1809 November 7, neun Uhr abends

TLMF, Autographensammlung Andreas Hofer. Orig.-Pap. 23,3 ca. : 35,5 ca., Hochformat, Doppelblatt, 1 Seite.

Text und Adresse von Matthias Purtscher (?) geschrieben, eigenhändige Passage und Unterschrift Andreas Hofers, drei Amtssiegel als Verschluss. Eingangsvermerk des Empfängers, Dorsalvermerke von verschiedenen Händen.

An den H(errn) Johann Holzknecht in Passeyr
Sterzing d(en) 7t(en) 9ber 1809 um 9 Uhr abends.
So eben traf das Schreiben vom Magistrat zu Meran hier ein, worin ich ersehen, daß selbe dort nicht ausrücken wollten.
Ich kann die Ordnung, welche dermal in Meran herscht, nicht fassen – in der Fruh kam der Abschluß von der Kommandantschaft, worin es heißt, daß morgen alles nach Botzen vorrücken werde. Ich avisirte so gleich den Platzkommandant zu S̶t̶e̶r̶z̶i̶n̶g̶ Brixen, er möchte sogleich Anstalt treffen, daß auch von dieser Seite nach Botzen vorgerückt werde, damit der Sieg desto gewisser unser werde.
Machen Sie daher eiligst eiligst Anstalt, damit morgen sicher vorgeruckt wird und die andern ja nicht angeführt werden.

Nov 7

An
Den H. Johann Holzknecht
in Passeyr

Meran d 7t 9ber 1809
um 9 Uhr Abends.

So eben trift das Schreiben vom
Magistrat zu Meran hier ein
worin sie ersehen, daß selbe
dort nicht einrücken wollten.
Ich kann die Ordnung, welche Iwanel
in Meran haupt nicht stoppen —
in dem Brief kam der Abschluß
von der Commandantschaft worin es heißt, daß Morgen alles
nach Botzen vorrücken werde.
Ich avisirte sogleich den Platz Commandanten zu Meran er möchte
sogleich Anstalt treffen das dieß
von dieser Seite nach Botzen vorgerückt werde, damit das Ding desto
genauer müsse werden.
Machen sie dieser vielleicht selbst Anstalt damit Morgen sicher vorgerückt wird, und der andern zugleich
angesucht werden.

Der Pater meldete auch so
eben, daß die zwey Kutschen
wieder nach Innsbruck gehen,
welches mir sehr lieb ist.

V: nicht das Haubt über den Augenblick die Mühe, das die österreichischen in Kuffstein auf die Füße
nach Moar.

Grüße alle lassen die Kriegsge-
richt der Hauer sage, der Feind
ist nicht hier.
Ihr lieber Freund
Andreas Hofer

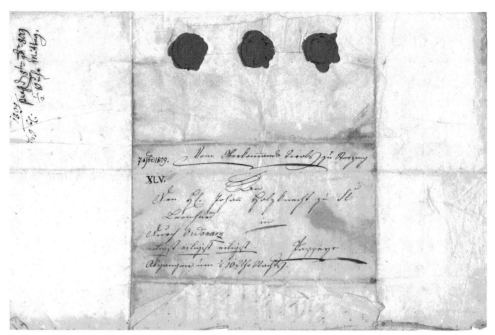

Abb. 44a/44b (Rückseite): S. Nr. 631. TLMF, Autographensammlung Andreas Hofer. Foto: TLMF.

Der Pater meldete auch so eben, daß er durch Vinschgau wieder nach Insbruck gehe, welches mir sehr lieb ist.
Prueder lassen dir khein gräbnis for khomen, wögen den friden wirth eß nicht sein.
dein lieber Prueder Andere Hofer
Vo mihlwach – khombt öben den augen-Blich die nach-Richt, das die oster Reicher ßollen in Rußgau auf den Pugl nachkhomen

Rückseite:
Vom Oberkommando Tirols zu Sterzing an den H(errn) Johann Holzknecht zu St Leonhard in Passeyr
durch Ordonanz eiligst eiligst eiligst
abgangen um ½ 10 Uhr nachts.

Praes(entiert) d(en) 8t(e)n 9b(e)r 809 ½ 10 Uhr Mittag.

7. 9b(e)r 1809. XLV.

1809 7t(er) 9b(er).

Nr. 632

Hofer teilt Josef Ignaz Straub mit, bei Kollmann hätten die Tiroler einen Sieg errungen, ganz Pustertal sei auf, ganz Vinschgau werde über die Feinde in Bozen herfallen. Auch im Oberinntal gebe es einen Sieg zu verzeichnen, Erzherzog Johann soll bei Sachsenburg stehen – um Genaueres zu erfahren, seien Kundschafter auszuschicken. Die Franzosen sollen im Rückzug begriffen sein, die Schweizer mit 60.000 Mann im Anmarsch (!), Zöggele werde dem Feind aus dem Zillertal in den Rücken fallen. Hofer selbst will wieder vorrücken und hofft auf eine „curiose" Errettung durch Gott.

Sterzing 1809 November 7

TLMF, FB 3704, 175. Pap. 23 ca. : 36,5 ca., Hochformat, Doppelblatt, 2 ½ Seiten.

Zeitgenössische Abschrift, im Original Andreas Hofers eigenhändige Unterschrift (?). Eingangsvermerk des Empfängers.

Copia
An den H(errn) Comandanten Straub in Volderberg
Sterzing d(en) 7t(en) 9ber 1809
Liebster Straub, nun ist bereits alles in Ordnung und alles entschlossen, sich biß auf den lezten Man zu vertheidigen, bey Kollman haben Unßerige die 800 angekommene Franzosen theils gefangen und theils zu grunde gerichtet; nur wenige sind nach Pozen entronnen. Im Pusterthall ist alles auf und die Feinde sind schon wider auf den Rückzug begrifen, man sucht sie aber einzuschliesen. Morgen wird ganz Vintschgau über die in Botzen sich befindlichen Feinde herfallen und ich hofe, es wird gut gehn – Auch von Oberinthal geht alles die Rede, das selbe einen schönen Sig gemacht hätten, unsere Leute stehn wieder in Steinnach und Materey, ich hofe, das es auch da gut gehet, den die Leüte zeigen jezt wider mehr Muth. Man kann sich auf die gegenwärtige Lage unmöglich verstehn; so eben kommen unsere Canonier alle zurück, sie wahren Willens nach Oesterreich zu gehn und brachten die Nachricht, der Prinz Johann komme hinten drein und wäre unter Sachsenburg. Weil wir keine Nachricht von dieser Seite aus Oesterreich bekomen, so währe es wohl gut, wen Sie gute Kundschafter abschücken könten, damit man doch auf einen Grunde kömme.
Es heißt überall, wegen den Frieden sey es nicht und die Franzosen währen auf der Retirade begriffen. Auch kom von mehreren die mündliche Nachricht hier her, die Schweitzer währen mit 60 000 Mann zur Hilfe fir Tiroll in Anmarsch. Kurz, man kan sich wircklich nicht verstehn – allein ich hoffe, das doch noch alles gut gehen werde, wen nur die Leite einig bleiben, auf Gott vertrauen und das ihrige thun.
Der Zögele wird durch Zillerthall mit seinen Leüten anrücken und den Feind in R[u]cken bedrohen.
Machen Sie was immer möglich, – avisieren Sie die Leüte und sprechen Sie ihnen Muth zu, Gott hilft uns gewiß, anders Mittel ist fir uns doch keines mehr als wehren so lang wir uns rühren könen –
Wen Sie Pulfer und Bley brauchen, müssen Sie schon Leüte her schicken, sonst weiß ich nichts hin über zu bringen. Ich hofe auf Ihre alte Rechtschaffenheit und Diensteifer und erwarte immer eiligste Nachricht.
Die Ursahen, das ich zurückzog, ist, weil die Nachricht gekomen, das das Etschland nichts mehr thue und die Franzosen uns auf den R[u]cken kommen, in diesem Falle habe ich nichts anderes thun könen.

Ich hoffe in Kürze wider vorzurücken. Hier folgt nebst bey einer Nachricht welche ich grade empfieng. Vom Oberkomando Tyrols, wen Sie können, schreiben Sie auch mir. Lieber Brueder, Gott wird uns noch auf eine curiose Weiße erlösen.
Dein aufrichtiger Andre Hofer

Rückseite:
Pressent(iert) d(en) 9ten 9mber 1809 vom OberComand(anten) And(re)a Hoffer aus Störzing

No. 40.

Nr. XXVIII

Hofer bestätigt den Friedensschluss zwischen Frankreich und Österreich vom 14. Oktober und lässt ein Schreiben des Vizekönigs von Italien und Schwagers Napoleon Bonapartes wörtlich wiedergeben. Er befiehlt, die Kampfhandlungen sofort einzustellen, da er einsehe, dass die weitere Verteidigung keinen Sinn mehr hätte und das Land in großes Unglück stürzen würde.

Sterzing 1809 November 8

TLMF, Dip. 1383, 134. Einblattdruck, Orig.-Pap. 19,5 ca. : 48,3 ca., Hochformat.

Gedruckte Proklamation. Daney schreibt: „Nun schickte ich vor allem zu dem damaligen Herrn Landrichter und ließ ihn ersuchen, er möchte mir zwei oder drei Schreiber herschicken. Diese kamen, und ich diktierte ihnen, dem Herrn Major Sieberer, dem Herrn Purtscher und dem früher erwähnten Sweth folgendes Proklam: […]" (Blaas, Aufstand, 264). Der Text wurde von Purtscher, Sweth und drei Gerichtsschreibern geschrieben und vervielfältigt (Peter, Sweth, 15).

Tiroler, liebe Brüder!
Der Friede zwischen Sr. Majestät dem Kaiser von Frankreich und dem König von Italien, und Sr. Majestät dem Kaiser von Oesterreich ist bereits unterm 14. des vorigen Monats abgeschlossen worden. Wir sind schon so darüber benachrichtiget, daß es keinen vernünftigen Zweifel mehr unterliegen kann. Napoleons Großmuth hat uns Gnade und Vergessenheit alles Vergangenen zugesichert. Ich versammelte darüber, so viel ich konnte, Deputirte aus verschiedenen Gerichten, und schickte mit Einverständniß derselben als Abgeordnete dem hochwürdigen Herrn Joseph Danei von Schlanders, meinen Vertrauten, und dem Herrn Major Sieberer von Unterlangkampfen mit einem von allen Gerichts-Deputirten unterzeichneten Schreiben an Seine Majestät dem Vice-König nach Villach. Heute sind benannte zwey Herren Abgeordneten wieder zurück gekommen und haben nachstehendes eigenhändiges allergnädistes Handschreiben von Sr. Majestät dem Vice-König von Italien mitgebracht, welches ich mir jeden zu wissen zu machen zur unverkennbaren Pflicht rechne.

Copia.
Ich habe Euer Schreiben […]
Geschrieben in unserm Hauptquartier zu Villach den 5. November 1809.
Eugen Napoleon.

Brüder!
Gegen Napoleons unüberwindliche Macht können wir nicht Krieg führen. Von Oesterreich gänzlich verlassen, würden wir uns einem unheilbaren Elende preis geben. Ich kann Euch ferner nicht mehr gebiethen, so wie ich nicht für weiteres Unglück und unvermeidlichen Brandstätten gut stehen kann. Eine höhere Macht leitet Napoleons Schritte. Siege und Staatsumwälzungen gehen aus dem unabänderlichen Planen der göttlichen Vorsicht hervor. Wir dürfen uns nicht länger darwider sträuben. Kein Vernünftiger wird wider den Strom zu schwimmen gedenken. Wir wollen uns nun durch Ergebung in den göttlichen Willen des Himmels ferneren Schutzes, und durch brüderliche Liebe und geforderte Unterwerfung Napoleons Großmuths und seiner allerhöchsten Gnade würdig machen. Vermög sicheren Berichten ist die königlich-bairische Armee bis Stainach (wie weit in Oberinthal weis ich nicht), die kaiserl. französische Armee auch schon wirklich über Botzen auf die Gebürgshöhen von Ritten und durchs Pusterthal mit drey Divisionen bis unter Kläusl vorgerückt. So wehe es meinem Herzen thuet, an Euch gegenwärtigen Bericht erlassen zu müssen, so sehr finde ich mich doch getröst, dadurch mich einer Pflicht zu entledigen, zu dessen Erfüllung mich Seine Hochfürstlich Gnaden der Fürst-Bischof von Brixen auch aufgefordert hat. Nach der gegebenen Zusicherung Seiner Excellenz des Herrn Generals Rusca werden die Armeen uns je bälder verlassen, je eher wir uns werden unterworfen haben.
Sterzing den 8. November 1809.
L. S. Andreas Hofer.

Vorliegender Text wurde offensichtlich in zwei Auflagen gedruckt, die zweite unterscheidet sich in einigen typographischen Eigenheiten von obiger:

TLMF, FB 1652, 33. Einblattdruck, Orig.-Pap. 22,5 ca. : 36 ca., Hochformat.

Weiters wurde auch eine zweisprachige Version (deutsch/italienisch) gedruckt, der italienische Text lautet:

TLMF, Dip. 1299, 55. Einblattdruck, Orig.-Pap. 34 ca. : 37 ca., Hochformat.

Tirolesi, cari fratelli!
La pace é stata segnata nel giorno 14 p. p. tra le LL. MM. l'imperatore di Francia e re d'Italia, e l'imperatore d'Austria.
Questa notizia è così certa, ch'il dubitarne ulteriormente sarebbe omai follìa.
La magnanimità di Napoleone ci promise grazia ed obblìo del passato.
Su di ciò radunai, quando m'era possibile, li delegati de' vari distretti, e d'unanime concerto furono spediti al quartier generale di S. A. I. il Principe Vicerè d'Italia con carattere di deputati il revd.o sig. Giovanni [!] Danei di Schlanders ed il sig. Sieberer di Unterlangkampfen, muniti di supplica segnata da tutti li delegati.
Questi ritornati oggidì riportarono il seguente foglio, che S. A. I. si degnò scrivere di propria mano e che doverosamente qui trascrivo a notizia d'ognuno.

Copia.
Per mezzo de' vostri incaricati […]
Dato nel nostro quartier generale di Villaco li 5 novembre 1809.
Segn. Eugenio Napoleone.

Fratelli!

Noi non possiamo guereggiare contro l'invincibile potenza di Napoleone. Già abbandonati dall'Austria non faressimo ch'esporci ad inevitabile rovina. Non mi lice comandarvi più oltre, come non vaglio garantirvi da ulterior disgrazia ed incendio.

Una superior possanza guida li passi di Napoleone; le sue vittorie e gli sconvolgimenti degli stati sono effetto, di que' piani inalterabili che formò la divina provvidenza; chi ubbidisce alla ragione non naviga contro l'insuperabil forza del torrente, rassegniamoci dunque ai voleri del cielo per essere ulteriormente protetti – un amor fraterno e la richiesta sommissione alla magnanimità dell'imperatore Napoleone ci renda degni della possente sua grazia.

Dietro sicure notizie l'armata regia Bavara si è avvanzata sino a Stainach (quanto nella valle dell'Enno superiore non lo so) l'armata imperiale francese sino Bolgiano sopra l'alture del Ritten e per la via di Pusteria con tre divisioni sino sotto Klaüsl.

Per quanto mit dolga il dover parteciparvi tali nuove, tanto vi ritrovo di conforto, mentre così supplisco pure a un obbligo, al di cui disimpegno m'eccitò S. A. reverendissima il vescovo principe di Bressanone.

Dietro l'assicurazione del sig. Generale Rusca le armate ci lascieranno sì tosto che ci saremo sottomessi.

Sterzing gli 8 novembre 1809.

LS. Andrea Hofer.

Schließlich liegt die Proklamation auch in einer rein italienischen Ausgabe vor, hiervon wurden offensichtlich zwei Auflagen gedruckt, die sich wieder in einigen Formulierungen unterscheiden:

TLMF, Dip. 1383, 133. Einblattdruck, Orig.-Pap. 22 ca. : 36,7 ca., Hochformat.
TLMF, Dip. 1362, II 61. Einblattdruck, Orig.-Pap. 19,6 ca. : 31,8 ca., Hochformat.

Nr. 633

Hofer teilt den bayerischen Vorpostenkommandanten in Steinach mit, er hätte zwei Deputierte an den Vizekönig von Italien entsandt, um eine Waffenruhe und Amnestie zu erbitten; diese seien mit einer entsprechenden Versicherung Eugen Napoleons zurückgekommen. Nun seien alle Kommandanten der Landesverteidigung aufgefordert, die Waffen niederzulegen.

Sterzing 1809 November 8, sechs Uhr abends

Kriegsarchiv München, B 454, 2. Division. Orig.-Pap. 23 ca. : 35 ca., Hochformat, Doppelblatt, 1 ½ Seiten.

Text und Adresse von unbekanntem Schreiber, Andreas Hofers eigenhändige Unterschrift, Amtssiegel als Verschluss.

An d[en] königl(ich) baiersch(en) Vorpostens Commandanten zu Stainach.
Der Unterzeichnete hat zu S(eine)r könig(lichen) Maytt dem Vice König von Ittalien Eugen Napoleon Deputirte in der Persohn des Majors Sieberer und Pr. Donay abgesendet und [sic] sowohl um Waffenruhe als allgemeine Amnestie für alle, welche an der Insurection Theil genohmen haben, zu bitten. Indem nun die gemelte Deputirte diesem Augenblik zurük angekomen sind und von S(eine)r Mayestät des Königs Napoleon die Zusicherung einer vollkommen Verzeichung alles Vergangenen zugesichert mitgebracht haben.

So hat Unterzeichneter sogleich unter einem allen Commandanten der Landes Vertheidigungs-Mannschaf(f)t des Landes Tirol den Auftrag erlassen, bey eigener Haftung nacher Hause zurük zu kehren und die Gewehre niederzulegen, welches ich anmit den k. bayerischen – Vorpostens Commandanten zu eröffnen die Ehr habe und mich anbey höflichst empfehle.
Störzing am 8ten 9ber 1809 um 6. Uhr abends.
Andere Hofer ober Comen dant

Rückseite:
Von Ober Commando Tirols. An den königl(ich) bayerisch(en) Vorpostens-Commandanten zu Steinach.
Durch eigenen Parlementair.

Nr. 634

Von Hofer ausgestelltes Zeugnis für Matthias Purtscher.

Sterzing 1809 November 8

TLMF, FB 1651, 81. Orig.-Pap. 22 ca. : 35,5 ca., Hochformat, 1 Blatt, 1 Seite.

Zeitgenössische Abschrift durch Matthias Purtscher, im Original Andreas Hofers eigenhändige Unterschrift (?), Siegel.

Copia
Zeugniß.
Endes Unterzeichneter bezeuget hiemit zur Steuer der Wahrheit, daß Vorweiser dieß Herr Mathias Purtscher von Schlanders von 15ten August bis 8ten 9ber als Adjutant von Oberlandes-Commando in Tirol zwar nicht mit Säbel in der Hand, wohl aber durch rastlose Thätigkeit und unermüdeten Fleiß bei Tag und Nacht am Schreibtische zur Aufrechthaltung der guten Ordnung, zur Verhinderung jeder Art von Mißhandlungen und zur Handhabung der bürgerlichen Gesetze mit großer Geschicklichkeit und allgemeiner Zufriedenheit gearbeitet habe, so zwar daß er allgemeines Lob verdienet. – Daher ich ihn nachdrücksamst jeder Behörde seinen Verdiensten gemäß empfehle.
Sterzing d(en) 8ten 9ber 1809.
Vom ehemaligen Oberkommando Tirols
(LS) Andere Hofer

Nr. 635

Von Hofer ausgestellter Passierschein für Franz Erler, der von Sterzing nach Innsbruck reist.

Sterzing 1809 November 8

TLA, Urkundenreihe II, Nr. 4284. Orig.-Pap. 22,5 ca. : 35 ca., Hochformat, 1 Blatt, 1/3 Seite.

Text von Matthias Purtscher (?) geschrieben, Andreas Hofers eigenhändige Unterschrift, Amtssiegel.

Der Vorzeiger dieß H(err) Franz Erler, welcher von hier nach Innsbruck abgeht, ist auf allen Vorposten ungehindert passieren zu lassen.
Sterzing d(en) 8t(en) 9ber 1809
vom Oberkommando Tirols.

LS *Andere Hofer*

Nr. 636

Quittung über sechs Rationen Heu und Hafer, die das Pfleggericht Sterzing zu besorgen hat.

o. O. 1809 November 8

SLA, Gemeindearchiv Sterzing, Reihe XIX, Fasz. 8 (Militaria 1802–1837), 19. Orig.-Pap. 23,3 ca. : 17 ca., Querformat, 1 Blatt, 1 Seite.

Text von Jakob Flarer geschrieben, Andreas Hofers eigenhändige Unterschrift, o. S.

Quittung
uber 6 Racianen Hei und Haber, belches das Pfleggerich Storzigen hat pei zu schaffen dar ein quitiert
den 8 November 1809
Jakob Flarer Teputierter
Andere Hofer

Rückseite:
No 14.

Nr. 637

Von Hofer an Freiherrn von Lichtenthurn adressierter Passierschein für Josef Marberger, der zu Erzherzog Johann nach Wien reist.

Passeier 1809 November 10

TLMF, FB 2729, 84. Orig.-Pap. 22,5 ca. : 17,8 ca., Querformat, 1 Blatt, 1 Seite.

Text und Adresse von unbekanntem Schreiber, Andreas Hofers eigenhändige Unterschrift, Amtssiegel. In der Adresse teilweise ausgebleichte Tinte.

No 4.
Ich bitte – den Vorzeiger dessen Joseph Marberger gewesenen Oberkommandanten im Oberinthal nach Wien zu S(ein)er kais. Hoheit den Erzherzog Johann auf geeignete Art befördern lassen und ihn kräftigst unterstützen zu wollen.
Passeier am 10. 9ber 809.
LS *Andere Hofer Ehe mahliger ober comen dant*

Rückseite:
10. Nov.

An S(ein)[e] Exzellenz den k. k. österreichischen Gesandten Frey(herrn) Lichtenthurn in Bern.

Nr. 638

Hofer schreibt an die Kommandantschaft Meran, von vier Arrestanten, die nach Passeier gebracht werden sollten, seien nur zwei angekommen. Der Priester Josef Daney solle sich wegen der von ihm aufgehaltenen Ordinanzen rechtfertigen, da Hofer wissen will, ob die Franzosen durch Tirol nur durchmarschieren wollen.

Sand 1809 November 10

TLMF, FB 8706, 62. Orig.-Pap. 23 ca. : 35,5 ca., Hochformat, Doppelblatt, 2/3 Seite.

Text und Adresse von unbekanntem Schreiber, eigenhändige Passage bzw. Unterschrift Andreas Hofers, zwei Amtssiegel als Verschluss. Dorsalvermerk von anderer Hand.

Von der k. k. Ober Commendantschaft
an der woll lobl(ichen) Kommendantschaft Meran.
Von den gestrigen Bericht, das 4 Arrestanten nach Passeyer abgeliferet werden sollen, berichtet man, das nur 2., nemlich der Pfleger von Terlan und der Oberhauser Wirth, hier angekommen sein, welches wir Ihnen zur Wissenschaft machen.
B. Dem Hern Deneie ist zu fragen, das er sich wegen der aufgehaltenen Ordinanzen (welche er selbs[t] aufgehalten hat) ausweisen solle, in dem mir daran ligt, unter anderen ist ihm zu fragen, ob es siher sei, das die Franzosen inn Tiroll nur wollen durch basieren, welches wir in Eill zu berichten ist.
Andere Hofer hat gott widerum gestörckht lebt khreiz woll auf in namen des herrn
Sant den 10ten 9ber 1809.

Rückseite:
V(on) Passeyer. Ann der k. k. Komendantschaft in Maran. A. Meran.
Durch Ordinanz. Eiligst.

10. Nov(ember) 1809. XLVII.

Nr. 639

„Anwalt Jos. Gufler bestellt am 10. zwei Männer vom Gerichtsausschuss, dass sie sich mit den Vertretern der anderen Gemeinden eiligst in Bozen vor [dem französischen General Honoré] Vial stellen, welcher gedroht hat, 1000 Mann nach Meran zu senden."

[1809 November 10/11]

Zit. nach: Hirn, Erhebung, 772[3], das Original laut Hirn im Statthaltereiarchiv Innsbruck (1909).

Der Kommentar Hofers laut Hirn durchgehend eigenhändig von demselben:

„Herr Holzknecht hat also den Brief zu eröffnen und (ein paar Worte unleserlich) die Angstalten zu treffen und für den Buecher hauptmann andern zu bestimmen, wo nicht er selbst gehen will. Andere Hofer."

Nr. 640

An die Geistlichkeit im Vinschgau gerichtete Offene Order, die zum neuerlichen allgemeinen Aufstand aufruft. Es sei ein Zeichen zu vereinbaren, auf welches hin *das Volk alles* verteidigungsbereit ist. Kommandant Josef Marberger soll mit seinen Kompanien vom Oberinntal nach Mals und weiter nach Bozen ziehen.

am Sand 1809 November 12

TLMF, FB 2729, 85. Pap. 22,5 ca. : 37,5 ca., Hochformat, 1 Blatt, 1 Seite.

Zeitgenössische Abschrift, im Original eigenhändige Passage („zur Wüsenschaft […] aufmachen.") und zwei eigenhändige Unterschriften Andreas Hofers (?), hier zeichengetreu übernommen, Siegel. Das Original wurde laut Daney wahrscheinlich von P. Joachim Haspinger verfasst (vgl. Blaas, Aufstand, 294).

Ofene Ordere
an der gesamte geistliche Vorsteh[rer] im Vin[sgau]^a
Nach deme mich fast alle Gerichter in ganzen Tirol ersuchet haben, sich wieder diesen Feind zu woren, so fodern Sie in meinem Namen die ganze Manschaft auf, das Volk soll ihnen ein[en] gewüses Zeichen wöllen, so wan das erste Zeichen gegeben würd, sie es in einer halben S̶t̶u̶d̶ Stunde alle wüsen und das Volk alles in Wafen ist.
Brieder, es ist nun kein Kleines zu thuen, wan wür nach geben, so ist Glauben, Religion, Volk, alles ist hin, und der Ursahen müssen wir alle zusamen helfen, und wer sich dem wüderstrebet, der würd für ein Feind Gottes und des Vaterlandes angesechen und als ein solcher bestraftet [sic] werden.
Passeyr an Sant den 12ten 9ber 1809
[LS] Andere Hofer Uo Paseir
zur Wüsenschaft des H(errn) [K]omendant Maherger, so schon Ehr die Vertheigungs Manschaft Bis auf Mals Her mit sich nemen durch das Oberinthall, und hernach sollen sich die Manschaft her unter nacher Potzen ziehen. aber Eüll Förtig soll sich die manschaft aufmachen.
Andere Hofer Uo Passeyr

---

^a Textstelle überschrieben.

Zweite zeitgenössische Abschrift desselben Textes:

SLA, Sammlung Steiner, 56. Pap. 23 ca. : 38 ca., Hochformat, 1 Blatt, 1 Seite.

[…]
Paßeyr am Sant den 12ten 9ber 809
L. S. Andere Hofer v. Paßeyr
Vorstehende Abschrift dem Protokolle und Originale gleichlautend zu seyn wird anmit bestättiget.
Kastelbell am 12ten 9ber 809 Miller[m. p.]ia Adjutant.

Dritte zeitgenössische Abschrift (November 15) desselben Textes:

SLA, Nachlass Streiter, Karton 34, „versch. Abschriften 1809–1816", 35. Pap. 21 ca. : 35 ca., Hochformat, Doppelblatt, ½ Seite.

Abschrift
Offene Ordre
An eine ehrsame Gemeinde Vorstehung in Trins und Gschnitz.
[…]
Passeyr am Sant d(en) 12t(en) 9ber 1809.
(LS AH) Andre Hofer v(on) Passeyr.
[…]
Neustift d(en) 15t(en) 9ber 809.
Franz Bruggberger[m. p.] Adjutant

Nr. 641

Hofer ernennt Bernhard Baldauf zum Bataillons-Kommandanten, dieser soll schnell Richtung Landeck ziehen.

Sand in Passeier 1809 November 12

TLMF, FB 2729, 86. Orig.-Pap. 22 ca. : 35,8 ca., Hochformat, Doppelblatt, 1 Seite.

Text und Adresse von unbekanntem Schreiber, Andreas Hofers eigenhändige Unterschrift, eigenhändiger Zusatz von Leopold Krainer, zwei Amtssiegel als Verschluss. Dorsalvermerk von weiterer Hand.

An H(errn) Bernhard Baldauf zu Graun.
Nachdem man dießorts die verlässige Nachricht von desselben ächtem Vaterlandeseifer eingezogen hat, so wollte man denselben zum Batalions-Commandanten für den Fall ernennen, daß die dortigen sämmtlichen Gerichts-Compagnien sich mit Vertrauen seiner Leitung und Befehlen unterwerfen würden.
Sand im Passair d(en) 12t(en) 9br 1809.
Andere Hofer in Passeyr
N. S. Da die Feindseligkeiten wirklich angehen, so möchte H(err) Commandant schleunigst mit seinen Leuten gegen Landek ausziehen.

Ich bitte versauhmen sie keine Zeith. So sind sie schenstens gegrist.
Leopold Krainer Cammisaer.

Rückseite:
N VI.
An Herrn Bernhard Baldauf zu Graun im Vintschgau
per Ordonanz eiligst.

Saltaus ankommen am 8 Uhr und so gleich abgangen abents

Nr. 642

Neuerlich bietet Hofer die gesamte Mannschaft auf.

Passeier 1809 November 13

Transkribiert nach der Fotografie des Originals auf einer Postkarte von 1899. Orig.-Pap., Hochformat, 1 Blatt, ¾ Seite. Original 1906/07 in Besitz des Fotografen Josef Holzner in Untermais (Der Sammler, Jg. 1, Heft 5, 16).

Text von Ignaz Auer (?) geschrieben, Andreas Hofers eigenhändige Unterschrift, Amtssiegel. Auf der Abbildung manche Wortteile unleserlich.

Nachdem mich der grösere Theil der biederen Bürgern [sic] Tyr[ols] neuerdings ersuchet hat, die Waffen gegen den alles verderbenden Feind zu ergreifen, so mache ich hiemit diesen Aufruf und [sic] alle streittbahre Mannschaft, daß sie ungesäum[bt] aufbrechen und dem Befehlen der neu erwählten und bestättigten Commendanten Folge leisten solle. Brüder! Wenn Euch Eure Religion, Eure bisherige Freyheit, Euer Eigenthum, Euer Vatterland noch theuer ist, so folget diesem Rufe, sonst ist alles hin! –
Wer sich wiedersezet oder Hindernisse macht, der soll als ein Feund Gottes und des Vatterland(e)s angesehen und bestrafet werden.
Pasayr den 13ten 9ber 1809.
LS *Andere Hofer*
Diesen Aufbuth hat der Jos. Mösmer im Gericht Lanna und Ulten zu befördern, welcher im meinen Hauß den Gewald erhalten hat.

Nr. 643

Da die Passeirer Landwehr Weisung hat, für die nachkommenden drei Schützenkompanien Quartiere in Schenna und Mölten zu bestellen, muss sie ungehindert dorthin reisen können und verpflegt werden.

am Sand 1809 November 13

TLMF, FB 9582, 55. Orig.-Pap. 21,5 ca. : 35,5 ca., Hochformat, 1 Blatt, ½ Seite.

Text von unbekanntem Schreiber, Andreas Hofers eigenhändige Unterschrift, Amtssiegel.

Marschroutte
für die Pass[e]yer Land Wehr.   ᵃ, welche die Weisung haben, für nachkommende 3 Schützen-Compagnien Quartier zu bestellen in Schöna und Mölten. Diese sind ungehindert dahin passiren zu lassen und ihnen die ordentliche Verpflegung zu geben. Oder wo immer nach dem Umstenden sie hin zu marschieren haben.
Passair am Sand d(en) 13t(en) 9br 1809.
LS *Andere Hofer Vo sant*

Rückseite:
Marschrutte.

ᵃ   Auslassung im Original.

Nr. 644

Franz Thalguter wird von Hofer als Kommandant bestätigt; zu Postenkommandanten werden Thalguter und der Hauser-Wirt (Balthasar Leiter?) ernannt, Josef Zöggele und Thalguters Bruder, der *Jörgn* (Georg Laner?), sowie P. Joachim Haspinger. Zweihundert Bayern seien einmarschiert und wieder abgezogen, danach seien 1.500 Franzosen eingetroffen, die Haspinger gefangen nehmen will. Josef Daney sei sofort zu verhaften.

am Sand 1809 November 13

TLMF, Dip. 1258 (Manuskript Josef Daneys), S. 159–160.

Daney schreibt, der Verfasser des Textes sei ein Priester M…r, ein Flüchtling aus Vorarlberg. An dieser Stelle malt er Hofers Schrift nach (vgl. Blaas, Aufstand, 297–298). Zeitgenössische Abschrift durch Daney; im Original eigenhändige Passage Andreas Hofers, keine Unterschrift (!).

An Herrn Franz Thalguter zu Allgond
Mittelst dieser Urkunde wird derselbe als Commandant der Vorposten und Verteidigungs-Mannschaft mit deme neuerlich ernannt, daß nur ihm und keinem andern, der nicht unterm heutigem Dato bevollmächtiget ist, Folge geleistet werden muß, welches er seinen untergeordneten Leuten alsogleich zu verkünden hat.
Passeier am Sand, den 13ten 9br 1809
for Posten khomendanten werden Ehrnant du und der Hauser Wirth, der zögele und mein ent wögen dein Prueder, der Jörgn und der Pader, sein auf störzing. Es sein 200 Pairen Eingedroffen und die nacht ist widerum khomen, das die Pairen widerumen abgezochen und sein 1500 franzossen Eingedroffen, und disse will der Pader alle auf höben und hernach sich nach Prixen begöben. Der Her Danei ist gleich in ver haff zu nemen, weill die nach richten sein Eingeloffen, das ganz Puster dal auf ist, in khärntten khein feintliche Droppe nicht weiß. Es scheint sehr verdechtig.

Nr. 645

Der als Feldarzt bestellte Wundarzt (*Chirurgus*) Wendelin Glotz weigert sich, das Amt zu übernehmen mit der Begründung, er hätte *mehrere gefährliche* Patienten. Hofer ordnet Johann Hofer an, das überschickte Geld unter den Hauptleuten der Kompanien gerecht zu verteilen. Sollte die Mannschaft nicht nach Passeier ziehen wollen, so sei mit derselben vorzurücken.

am Sand 1809 November 13

TLA, Englische Subsidien, Karton 1, Pos. 1.

Abschrift (1819), im Original Andreas Hofers eigenhändige Unterschrift (?).

Abschrift
An Herrn Hauptmann Johann Hofer zu Saltaus.
Der zur Compagnie abverlangte Chirurgus Wendelin Glotz von Passeyer entschuldiget sich hierwegen mit der Angabe, daß er mehrere gefährliche Patienten habe. – Sollte er jedoch bey der Compagnie höchst nöthig seyen, so mag er nachgerufen werden.
Von dem überschickten Gelde sollen den Hauptleuten der Compagnien aus andern Ortschaften zur Unterstützung der armen Schützen verhältnißmäsig mitgetheilt werden.
Dem Badler wäre zu sagen, daß die neu ernannte Commandanten schon die geeignete Weisung haben und es nicht thunlich seye, daß ich morgen hinauskomme. Sollte die Mannschaft durchaus nicht hereinziehen wollen, so ist mit derselben einsweilen vorzurüken.

Daß die Franzosen in Meran einmarschiert seyn sollen, wird dort auch Sage oder Bericht seyn.
Passeyer am Sand den 13 9ber 1809
Andere Hofer
Den Gleichlaut der Abschrift v Sant beurkundet das kais. königliche Landgericht Passeyer den 19 Februar 1819
LS Jos Nestor [m. p.]ia
k k (Gerichtsverwalter)

Nr. 646

Hofer ordnet den Vinschgauer Landesverteidigern an, sofort gegen Algund vorzurücken.

am Sand 1809 November 14

TLMF, FB 1652, 43.

Abschrift „Aus Donai's Manuscript". Im Original Andreas Hofers eigenhändige Unterschrift (?), Siegel.

Offene Ordre.
Gemäß welcher die Vintschgauer Vertheidigungs-Mannschaft eiligst gegen Allgund herzurücken aufgefordert wird. Dem Baumann von Tyrol ist als einem Widersacher in keinem Punkte Glauben beyzumessen, gleichwie dem Röslwirth aus Tyrol (?) [sic]
Passeyr am Sand den 14 9ber 809.
L. S. A. H.
Deutschhausman zu Schlanders und Jäger zu Gums sollen eiligst Anstalt machen, daß das Volk gleich sich herbeyführe und Tag und Nacht marschiren.
A. H. am Sand.

Nr. 647

Hofer berichtet, er hätte unter dem Einfluss seiner Umgebung, besonders der Geistlichen, befohlen, die Waffen niederzulegen, und bietet erneut die gesamte Landesverteidigung auf; am Vortag hätte ein für die Tiroler siegreiches Gefecht stattgefunden.

zu Sand 1809 November 15

TLMF, Historische Sammlung, Flugschriften – Autographen.

Abschrift. Im Original Andreas Hofers eigenhändige Unterschrift (?).

Copia.
Offene Ordre
an die Vintschgauer und Ober-Innthaler.
Nachdem zwar einige Verirrung entstanden, kraft dessen ich Endes-Gefertiger die Waffen abzulegen Euch befahl, welche aber alles aus Männern und zwar aus Geistlichen entstand, die ich für meine Freunde anerkannte und an welchen ich mich täuschte, so sehe ich mich demohngeachtet gezwungen, nachdem Jung und Alt die Waffen zu ergreifen

und den Feind zu schlagen sich nicht abhalten lassen, an Euch, geliebteste Mitbrüder! zu melden, daß alles in ganz Passeyr auf ist und den Feind als gestern den 14. November nach Herzenslust schlug.
Ihr sehet daher, daß alles bereit ist, ergreiffet auch Ihr mit uns die Waffen, streitet mit uns als Brüder, denn wie wir den Feinden vergeben wollen, so werdet Ihr sehen, daß binnen 14 Tagen ganz Tirol von jungen Leuten beraubt und zuletzt unsere Gotteshäuser, Eltern [Altäre, Anm.] und Klöster wie auch Religion vernichtet und somit die Feinde die ewige Verderbniß uns zubereiten würden. – Streitet daher brüderlich nach dem Beispiele der übrigen Orte, glaubet niemanden was, außer Ihr habt meine Unterschrift, und dann will ich mit Euch brüderlich streiten und nicht vergessen, Euer Vater stets zu seyn.
Passeyr zu Sant den 15. November 1809.
Dieses sehe ich mich verpflichtet Euch in Kürze zu melden, wenn ich mich selbst nicht als Opfer meinen eigenen Leuten preis geben will, welches auch Ihr von meinen Leuten zu hoffen hättet, wenn Ihr unthätig und nichts mehr für Gott und Vaterland zu thun bereit seyn wollet. – Noch aber grössere Verantwortung und Strafe erwartet denjenigen, der ein Hinderniß gibt wegen dem Auszug und selbst nichts anwenden will.
Indem ich mein Siegel zu Hause vergessen habe, so ist der von mir Abgeordnete selbst Augenzeuge, daß es wirklich meine selbst eigene Handschrift ist.
Eur wahrer Andrä Hofer, am Sant in Passeyr.

Nr. 648

Hofer berichtet, er hätte die Mannschaft von Mals aus durch das Oberinntal abmarschieren lassen, die etschabwärts befindlichen Mannschaften sollten nach Meran kommen. Außerdem soll in Erfahrung gebracht werden, wie die Schweiz sich verhält.

Saltaus 1809 November 15

TLMF, Historische Sammlung, Flugschriften – Autographen.

Abschrift. Im Original Andreas Hofers eigenhändige Unterschrift (?).

Bericht
an die Ober-Vintschgauer und Ober-Innthaler.
Indem ich es für nöthig befunden habe, daß die Mannschaft von Mals aus über Ober-Innthal abmarschiren, und was herab ist, soll eiligst nach Meran kommen, aber man hoffet Sie um so gewisser, als wie ich Sie für Patrioten erkennen thue, indessen möchte man von gutdenkenden Männern in Erfahrenheit bringen, was dann die Schweitz macht.
Saltaus in Passeyr den 15ten November 1809.
Andrä Hofer am Sant in Passeyr.

Nr. 649

Da die Franzosen von Sterzing und Brixen Richtung Passeier ziehen, wohl zur Verstärkung der Truppen von General Rusca, befiehlt Hofer Johann Holzknecht, ihnen den Weg sofort abzuschneiden. Sollten die Sarntaler nicht eingreifen, hätte Josef Zöggele mit freiwilligen Kompanien nach Meran zu ziehen.

am Sand 1809 November 15, abends um sieben Uhr

TLA, Materialiensammlung Rapp, Schuber 26. Orig.-Pap. 22 ca. : 35,5 ca., Hochformat, Doppelblatt, 1 Seite.

Text und Adresse von unbekanntem Schreiber, Andreas Hofers eigenhändige Unterschrift, Amtssiegel als Verschluss.

An H(errn) Johann Holzknecht zu Saltaus.
Aus der Anlagen ist ersichtlich, daß die Franzosen von Sterzing und Brixen in unsere Gegend, wahrscheinlich zur Verstärkung des Generals Ruska, ziehen, wogegen die zwekmässigen Anstalten zur Versperrung dieser feindlichen Absicht und Abschneidung des Weges unverzüglich getroffen werden müssen.
Passair am Sand d(en) 15t(en) 9b(e)r 1809. Abends um 7. Uhr.
Andere Hofer
Wenn die Sarnthäler nicht ernstlich mithelfen wollen, soll Commandant Zeggerle ein paar Compagnien Freywillige zur Unterstützung herausziehen und sofort dem Feinde das Sarnthal öfnen. –
Zeggerle zieht dann heraus gegen Meran. –

Rückseite:
An H(errn) Johann Holzknecht Adjudant zu Saltaus
per Ordonanz

Nr. 650

Major Jakob Sieberer bittet Hofer (Innsbruck 1809 November 15), da nun Friede im Land sei, über den Reschen nach Nauders ins Oberinntal zu reisen, um die „erhitzten Mitbrüder" zu beruhigen. Sieberer selbst wolle nach Nauders gehen, um Hofer dort zu treffen. Hofer sollte auch Josef Daney mitnehmen, der durch seine Beredsamkeit „viel Gutes ausrichten" könne. Hofer versieht das Schreiben mit einem eigenhändigen Bericht an Johann Holzknecht und schickt es an diesen weiter.

o. O., o. D.

TLMF, Historische Sammlung, Flugschriften – Autographen.

Andreas Hofer eigenhändig (Adresse von anderer Hand), zwei Amtssiegel als Verschluss.

*ßich Prueder, waßß mir fire Paderiotten haben abgeschickht
wie die deiffell, ein khentten in ver ßuechung fieren, aber filleicht hat Ehr das glickh zum d[o]nei zu khomen in öz Thall khan er auch nimer, heden sein heint dePudierte Bei mir gewössen
dein auf Richtiger Andere Hofer.*

Rückseite:
An H(errn) Johann Holzknecht Adjudant zu Saltaus

Nr. 651

Hofer ordnet Johann Holzknecht an, eine Kiste mit Geld zu verwahren. Er berichtet, es gebe einen Engpass an Munition und Schießpulver, die Sarntaler seien drauf und dran zu kapitulieren, die Penser würden in diesem Fall nicht mehr weiterkämpfen.

Sand 1809 November 16

TLA, Materialiensammlung Rapp, Schuber 26. Orig.-Pap. 21,5 ca. : 36 ca., Hochformat, 1 Blatt, 1 Seite.

Text und Adresse eigenhändig von Andreas Hofer, Amtssiegel als Verschluss.

liebster Prueder
vm 9 vrr Ehr hielte ich Vo dir die Vo gott Ehr wunschene nach Richt: gott gebe Eß, das Eß sein Richtig kheit hat.
Wögen den khistl hast du Ein sehr wach Pares aug zu dragen, in dem ich dir, vnd khein anderen, khein khistl geschickht habe, auser das so auf ßaldauß liegt, wo du schon zu for weist darfon,
lieber Prueder Pulfer vnd Plei Jber schickhe, ich dir den ganzen for Rath, vnd weiss [...][a] *der mallen auch kheinß mehr auf zu dreiben, ich mue[ß dich ....]*[b] *in der hande gottes Be fehlen, wan Vo der monizon [.........]*[c] *Ehr Beidet worden*
ich Be Richt dir, wan die ßache so E[......g][d], *w]ehre auß gefahlen wie du mir die nach schrifft machtst, so wehr mir in Eill zu Be Richten, wögen störzing, die ßärner haben die Pensser lassen ab hollen, vnd wan sie das hören döden, khentte man sie noch Ehr halten, ßonst ßagen die ßarner ßie hätten cappudalliert, vnd auf disser arth drauen sich die Pensser, nimer zu halten, so schreibt mir Jorg läner, wögen allen Jberigen werde ich ßorg dragen*
Camerat seie in der hand gottes Befohlen wie auch alle Jberigen
ßant den 16 9b(er) 1809
Andere Hofer in Passeyr

Rückseite:
Vo ßant in Passey(e)r An dem Herrn Johan holzkhnecht Zu ßalz dauß.
durch ordinänz Eilligst

---

[a] Loch im Papier.
[b] Loch im Papier.
[c] Loch im Papier.
[d] Loch im Papier.

Nr. 652

Billett.

Schießstand 1809 November 16

Zit. nach: TLA, Tirolische Landesvertheidiger 1809, Sep.-Faszikel III, Pos. 21. Das Original befand sich 1940 im Völkerschlachtmuseum (d. i. Privatmuseum beim Völkerschlachtdenkmal) in Leipzig, dessen Bestände im Zweiten Weltkrieg verstreut wurden. Versteigert bei Stargardt 1991 (649, Nr. 1485, vgl. Jahrbuch der Auktionspreise, Bd. 42/1991, Stuttgart 1992, 984). Weitere Versteigerung bei Stargardt 1996 (663, Nr. 1367).

„Disser Junge ist auf 4 Deg in cattier zu halten. Bei mathiess Plater o Drugehrle Schiessstant, den 16. November 1809. Andreas Hofer."

Nr. 653

Hofer berichtet, einem Boten von Nauders sei die Order über die Weiterführung aller Verteidigungsmaßnahmen mitgegeben worden, die er seinen Landsleuten vorzuweisen habe. Auch zwei Deputierte aus dem Ötztal hätten die gleiche Offene Order erhalten, ebenso der Kommandant Martin Firler. Umherziehende „Landverderber" seien auf der Stelle zu verhaften.

o. O. [1809 November 16]

TLMF, FB 1652, 44. Pap. 22 ca. : 35 ca., Hochformat, 1 Blatt, 1 Seite.

Abschrift, im Original Andreas Hofers eigenhändige Unterschrift (?), Siegel.

Offene Ordre.
Indem ein Expresser von Nauders kommen ist, um sich zu erkundigen, wie es mit der Vertheidigungs-Anstalt besteht, so hat selber den 15. 9ber 1809 die ordentliche Aufkündung mit sich und solche in ganz Vintschgau und Ober Innthal den Auftrag allen gutdenketen Patrioten vorzuweisen. Heut als am 16. kamen zwey Deputirte von Etzthall an, und ersuchten mich recht sehr, was denn zu thun sey, sie wissen nicht, wie sie drein sein, gab ich ihnen die nehmliche offene Ordre und sie versprachen im Namen der übrigen Mannschaft, das sie alles werden anwenden und thun, was rechtschaffenen Tyrolern zusteht: was Etzthall anbelangt. Eben so gieb ich es Kommandanten Fierler mit, daß keiner nicht solle glauben, auser es ist meine Unterschrift, weil gahr so viele Landverderber um einander schleichen, solche sollen gleich in Verhaft genommen werden und gut verwahrt werden. Dermal hab ich lassen das Volk in aller Thätigkeit aufbiethen, um noch die Religion und das Vaterland zu retten und nicht als Sclaven zu unterliegen. Ich bin auch von vielen Gegenden ersucht worden darum und das von gutdenkete Tyroler; den Hab und Gut sehen einige an, aber Religion und junge Menschen dem Teufl vorwerfen denket niemand nicht, wenn alle fortgenohmen werden.
L. S. Euer aufrichtiger Andre Hofer zu Passeyr am Sand.

Nr. 654

Hofer berichtet, das Oberinntal stehe kurz vor der Kapitulation, das Volk aber wolle weiterkämpfen. Der Feind sei im Pustertal sehr schwach und ohne Aussicht auf Verstärkung.

am Sand 1809 November 19

TLMF, FB 1652, 45. Pap. 22 ca. : 35 ca., Hochformat, 1 Blatt, 1 Seite.

Abschrift, im Original Andreas Hofers eigenhändige Unterschrift (?), Siegel. Daney stützt sich mit seiner Abschrift offensichtlich auf einen anderen Text, vielleicht auf das Original, da er eine Adressierung zitiert: „An dem Herrn Comandanten Johann Spiller zu Schlanders oder wo immer, eilligst, eilligst, eilligst" (zit. nach: Blaas, Aufstand, 306).

Offene Ordre.
An alle Gegenden und Gemeinden im Ötzkreise [= Etschkreis, Anm.].
Liebe Brüder und Landsleute, absonderlich wahre Patrioten des Vaterlandes und der Religion.
Ich mache Euch zu wissen, wie wirklich die Lage des Unterlandes steht. Oberinnthal ist mich kommen dringendst zu ersuchen ob sie müssen capituliren, es hätte Imst und Naßreit wirklich capitulirt. Das gemeine Volk hat sich entfernt und sagt nicht ja dazu, eben solche Bewandniß hat es mit den übrigen Gerichtern und so im ganzen Lande, sowohl Pusterthal, Unterinnthal, Brixen und wo immer, das gemeine Volk giebt zur Antwort: Lieber katholisch derschiessen als lutherisch sterben. Und wer einsehen will, ist es wirklich indem allso ist, und auch heute sind zwey Abgeordnete von Brixen und Pusterthal bey mir gewesen und sagen, daß unter Lienz kein Mann mehr sey, und Brixen und Pusterthal darf ihnen niemand zu Hülfe kommen, die feindlichen Truppen werden sie allein aufheben. Das haben sie mir bey der Hand versprochen, denn in ganz Pusterthal seyn 150 Mann sind zu Pruneggen, hernach was Ordonanzen seyn und hin und wieder kleine Wachten, so daß die ganze Zahl auf 400 Mann beläuft. Jetzt sehet, sie haben keine Verstärkung mehr zu hoffen, Gott wirkt mit uns, warum sollen wir nicht streiten und fechten um den Himmel und Vaterland. Jetzt liebe Brüder sehet es und wisset alles wie ich.
L. S. Euer aufrichtiger Andere Hofer am Sand den 19. Novbr. 809.
P. S. Und wenn die Affaire in Passeyr vorbey ist, so werde ich sammt dem Volke nachfolgen.

Nr. 655

Hofer schreibt an Johann Holzknecht, sollten die Franzosen kapitulieren, solle dieser die Gefangenen in das Schloss Tirol bringen lassen; alle Kompanien hätten über den Jaufen zu gehen, da die Tiroler in Brixen angreifen wollten. Deputierte aus dem Vinschgau hätten um Hilfe durch die Passeirer gebeten.

auf der Seite 1809 November 19

SLA, Sammlung Steiner, 57. Orig.-Pap. 17,8 ca. : 21 ca., Hochformat, Doppelblatt, 2 Seiten.

Text und Adresse von Kajetan Sweth (?) geschrieben, Andreas Hofers eigenhändige Unterschrift, Amtssiegel als Verschluss.

Auf der Seite d(en) 19t(en) 9b(er) 1809.
Werthester Freund! und Bruder!
Ich bitte, trachte, wenn die Franzosen nicht bald capituliren wollen, daß es zum Angrif von unserer Seite kömt, sollten sie aber capituliren, so liefere die Gefangenen in das

Geschloß Tirol, damit dann unsere Leute wieder weiter ihre Sachen fortführen, laß daher eilends etliche Compagnien nach vollendeter Sache [m] über den Jaufen gehen, damit dieser Rüken gedeckt wird, indem heute auch zu Brixen angegriffen wird von unserer Seite. Ich bitte, eile und trif die schleinigsten Anstalten, damit nicht etwa den Franzosen Verstärkung ihrer Truppen nachkömt. Neues weiss ich Dir sonst nichts zu schreiben, als daß 4 Deputirte von Vinschgau hier waren, worunter der Re[i]ßmayer und Rübler sich befanden und vorgaben, daß die Untermaiser sich nicht auf das Beste vertheidigen wollten, auch rufften sie schon wieder die Passeyrer um Hilfe an, daher wollte ich gern den Andreas Ilmer wie auch den Georg Laner als Commandanten nach hier vollendeter Sache mit etliche Compagnien über den Jaufen gerückt haben. Erfülle daher so viel als möglich meine ⩎ Bitten und Verlangen, um dieses ersuchet Dich Dein mit Liebe stets ausharrender Freund.
Andere Hofer auf der seit

Rückseite:
An dem H(errn) H(errn) Johan(n) Holzknecht würdigsten Adjutanten bey dem Oberwirth. Zu St. Martin.

Nr. 656

Balthasar Leiter schreibt (o. O. 1809 November 19) an Hofer in Passeier, die Schützen seien am Vortag bei Terlan überfallen worden und wollten nun den Feind angreifen; er klagt darüber, dass die Männer zu untätig seien, und bittet um neue Aufrufe Hofers. Weiters beschwert er sich über unsichere oder gar fehlende Information, etwa aus dem Passeiertal: „man weiß nicht was man thut". Aus dem Inntal würden Nachrichten über eine Kapitulation dringen: „Das beste wäre, wenn man Dich in Meran haben könnte, sonst felt es nicht gut aus." Hofer versieht das Schreiben mit einem kurzen Vermerk und adressiert es an Johann Holzknecht.

o. O. [1809 November 19/20]

TLA, Materialiensammlung Rapp, Schuber 26.

Durchgehend eigenhändig von Andreas Hofer, o. S.

lieber Prueder ſiche das die leitte zam helfen, vnd grad for werths machen, hier wirst du Ein söchen, wie Es mit unß steth wan kheine Passeyrer sein
Andere Hofer an sant in Passeyr

Rückseite:
An Jo[c]han holz khnecht Vo Passeyr
Eilligst, zu Be stöllen

Nr. 657

Hofer berichtet, die Unterinntaler würden für die bevorstehende Nacht einen Angriff planen. Kaiserliche Truppen sollen im Anzug sein, aus einem aufgefangenen Brief gehe hervor, die Bayern sähen sich als vom Feind umringt. Hofer betont, man hätte ihn umgebracht, hätte er nicht erneut aufgeboten.

Passeier 1809 November 20

TLMF, FB 1652, 46. Pap. 22 ca. : 35 ca., Hochformat, 1 Blatt, 1 Seite.

Abschrift, im Original Andreas Hofers eigenhändige Unterschrift (?), Siegel. „Hirn […] bemerkt, Hofers Anteil an den hier zitierten Briefen vom 17., 19. und 20. 11. sei nicht sicher festzustellen, eine Fälschung seiner Unterschrift nicht auszuschließen" (Blaas, Aufstand, 307[840]).

[…]
Nach Erfahrenheit durch einen Expressen mache ich diese offene Ordre.
Erfahre ich, daß unsere Mannschaft bey der Strasse wohl schwach stehe, so ersuche ich jene Gegenden als wie Marling, Lana, Tissens, Ulten und Nals, daß sie doch sehen, für dermal die Posten zu verstärken bey Terlan, bis unsere Affaire aus ist, hernach werden wir auch kommen, werden Euch unterstützen, heute Nacht erfahre ich durch Deputierte von Unterinnthal, daß sie wollen alle Kräfte wagen, den Feind zu schlagen, indem er ganz zertheilt seye.
Es ist auch diese Aussage von die zwey Deputierte, daß die Kayserlichen wirklich sollen in Anzug seyn, es ist auch ein Brief erwischt worden von einer bayerischen Frau, sagt mir dieser Unterländer, da stand darin, daß sie hatte ihren Mann geschrieben, er werde in Tyrol besser leben als wie sie in ihre Heimath, indem sie wirklich vom Feinde umrungen, und wann sie nicht alles geben, was sie haben, so thun sie sengen und brennen. Was thäts glauben, was dieß für ein Feind möchte seyn? Nehmet war, was für ein Proklame herausging, wenn die guten Patrioten die Sache noch nicht verstehen wollen, so wird es ihnen ergehen wie es mir ergangen ist, wenn ich nicht freywillig hätte mitgewirkt, so haben sie mir warmes Pley angetragen, und so wird es einem jedwedern ergehen, der mit der guten Sache oder für das Vaterland und Religion nicht mithalten will, allso thut Ihr das, was Ihr nur könnet thun, damit wir miteinander leben und sterben.
Passeyr den 20. Novbr. 1809.
L. S. Euer aufrichtiger Vater, Andere Hofer.
Daß diese Abschrift dem Original gleichlautend, bezeige
L. S. Leopold Krainer k. k. Comissär.

Nr. 658

Hofer rechtfertigt sich für seine Aufrufe, die Waffen niederzulegen, die nicht von ihm ausgegangen seien, sondern von ihn beeinflussenden Verrätern. Gemeinsam mit Josef Speckbacher ruft er zu weiterer Verteidigung auf.

in Sand 1809 November 20

TLA, Hs. 5747. Pap. 22 : 35,5 ca., Hochformat, Doppelblatt, 2 Seiten.

Zeitgenössische Abschrift, im Original Andreas Hofers eigenhändige Unterschrift (?).

Abschrift des Schreibens und Aufrufes unsers liebsten Vaters des Andreas Hofer.
Nicht auß meinen Geschäft habe ich den 8ten dieses Proklama an Euch, die Waffen niederzulegen, ergeben, sondern Meine – die ich alß meine Freunde anerkannte, wollten unser Vaterland dem Feind übergeben. Nachdem sie alß Deputierte von Vize König von Italien kamen und vorbrachten, daß der Feind mit 30,000 Mann durch Lienz vorrüket und noch eine große Menge der Feinde nachfolge, so sah ich mich gezwungen, indem mich alles verließ, Euch zu ermahnen indessen ruhig zu seyn, biß die götliche Vorsicht unser weiters Schiksal bestime.
Gott, der alles wohl weiß und alles zu unsern Besten ordnet, erleuchtete die Leute und gab ihnen ein, daß, wenn wir den Feind ergeben, wieder unser Religion, Eigenthum und was waffenfähig wäre ein Opfer des Feindes würde. Daher komt Jung und Alt und foderten mich auf, Vater zu seyn und das Amt zu betretten, welches ich vorhin verwaltete. In den Namen meines gekreuzigten Heylandes, welcher unschuldig für unß sein Leben aufopferte, will ich mein beschwerliches Amt auf mich nehmen und so lang für Gott und Vaterland streiten, biß es dem Allmächtigen gefallt, unser zeitliches Elend in ewige Freude zu verwandlen.
Wollet Ihr daher Euch selbst, das Vaterland, Euer Eigenthum und heiligste Religion gerettet haben, so ergreift nach den Beyspiel von Ober Innthal, Pusterthal, Etschland, und Wälsch Tyrol die Wafen, streitet vereint mit unß, Gott und seine liebvollste Mutter in Herzen, und so werden wir zusammen einen Feind schlagen, den alle Mächte zu überwinden unvermögend waren. Und dann alß Behaupter der Religion, Sieger des Feindes, nach überstandenen Kreuz, Trübsalen, zeitlich und ewig den Frieden und Freude, die wir unß wünschen und von Gott bereit sind, in hohen Himel genießen.
Actum Passeyr in Sand den 20ten Nov.
Andere Hofer Euer getreuer Tyroler
Joseph Speckbacher

Rückseite:
Dem Eeed Lenz auf Fügen. Auf den Hardberg.

Nr. 659

Hofer berichtet, laut einer aktuellen Nachricht aus dem Pustertal sei der Feind sehr schwach, der Vizekönig nach Mailand geflohen. Leute würden nur noch in Bozen und Sterzing, nicht aber im Unterinntal gebraucht.

Passeier 1809 November 20

TLA, Hs 5747. Pap. 22 ca. : 35,5 ca., Hochformat, Doppelblatt, ½ Seite. Originalschreiben im Besitz des Grafen Bollestrem in Wiesbaden (ca. 1900).

Zeitgenössische Abschrift, im Original Andreas Hofers eigenhändige Unterschrift (?).

Liebe Brüder noch wahre Tyroler!
Hier folgt die wahre Nachricht von mir Unterzeichneten: Ich habe zwar heute an alle Orte in Unter Innthal offene Ordere gegeben, jedoch komt mir eine neue Nachricht von Pusterthal, daß der Feind sehr schwach sey; und in Villach hätte der Vize König müßen weichen und so weichen, daß er sich nach Meyland flüchten mußte. Diese Aussage ist erfahren worden durch 3 französische Ofezier. Und daß die Ke[ü]serlichen in Villach seyn, ist mir spezifiziert gekomen. In Pusterthal wird es mit Gottes Hülf diese Täge sicher geraumt werden, so auch in Brixen. Und wir Passeyrer werden helfen Bozen raumen, und etwas Leute werden nach Sterzingen ziehen.
Diese paar Zeilen möchten alle gutdenkende Unter Innthaler wo es immer möglich zu wissen gemacht werden.
Passeyr den 20ten Nov.
Abgegeben um 2 Uhr Nachmitt.
Andre Hofer wahrer Patriot

Eine zweite Abschrift (1894) unterscheidet sich von Ersterer durch die Unterschrift Wintersellers einerseits, durch die genaue Wiedergabe einer wahrscheinlich eigenhändig von Hofer geschriebenen Passage („Diese parr […] werden") andererseits. Von Konrad Fischnaler wurde die Unterschrift Hofers als unecht bezeichnet (vgl. Hirn, 792[1]), die Vorlage, nach welcher untenstehende Abschrift angefertigt wurde, muss eine zeitgenössische Abschrift gewesen sein; diese sei zwar nicht von Wintersteller geschrieben, dessen Unterschrift laut Fischnaler aber echt.

TLMF, FB 2729, 87.

[…] Diese parr Zeillen möchten allen Gutdenckenden Unter Jntallern wo immer zu wissen gemacht werden.
Passey den 20ten 9ber 1809
Ander Hofer in Passey
Rupert Wintersteller

Nr. 660

Hofer teilt Johann Holzknecht mit, alle Hauptleute sollten sich an die Vorposten-Kommandanten Peter Thalguter, Balthasar Leiter und Johann Wild wenden, welche über die weitere Vorgehensweise zu entscheiden hätten. Auch solle Holzknecht die Hauptleute und Offiziere im Passeier anweisen, im Angriffsfall bei ihren Kompanien zu bleiben.

o. O. November 20

SLA, Sammlung Steiner, 58. Orig.-Pap. 14, 3 ca. : 21,3 ca.., Hochformat, 1 Blatt, 1 Seite.

Text und Adresse von Kajetan Sweth (?) geschrieben, Andreas Hofers eigenhändige Unterschrift, o. S.

Bester Freund!
Vermög den Aufboth von Finschgau schickte der Deutschhauser [zw] 2 Deputirte, welche ich sodan mit offener Ordre wieder zu ihm zurükschickte. Sie da [Sie haften] daher, diesen in St Martin befindlichen Deputirten zu sagen, daß alle Hauptleute sich an die Vorpostens Commandanten als Thalguter, Balthauser Leiter und Johannes Wild zu wenden, welche die weitern Anstalten schon treffen und die Einschläge geben werden. Auch möchtest Du die in Passeyer befindlichen Hauptleute und Offiziere aneifern, daß sie bei einem Addact bey den Leuten bleiben möchten, denn wenn keine Offiziere sind, so wollen auch die Leute nicht bleiben.
D(en) 20t(en) 9ber 1809.
Um dieses ersuchet Dich Dein Freund
Andere Hofer dein Prueder

Rückseite:
An meinen lieben Freud [sic] Johannes Holzknecht. Zu St Martin

Nr. 661

Bernhard Riedmüller soll sich mit Martin Firler und Josef Marberger in Verbindung setzen, um mit diesen zusammenzuarbeiten. Hofer berichtet, der Vizekönig von Italien sei vor den Österreichern nach Mailand ausgewichen, auch in Villach und Bayern stehe das kaiserliche Militär.

am Sand 1809 November 20

TLMF, FB 2729, 88. Orig.-Pap. 22 ca. : 36 ca., Hochformat, 1 Blatt, 1 Seite.

Text von Kajetan Sweth (?) geschrieben, Adresse eigenhändig von Andreas Hofers, Amtssiegel als Verschluss. Dorsalvermerke von verschiedenen Händen.

Passeyer am Sand d(en) 20t(en) 9ber 1809.
Bester Freund!
Ich mache Dir zu wissen, daß ich sowohl durch offene Ordren wie auch Deputirte und die Commendanten selbst absonderlich durch den Fürler ergehen ließ, was zu machen ist. Verständige Dich daher mit dem Fürler und Mahrberger, mit welchen Du vereint wieder wie auch [einer]ᵃ das Vaterland und [...]ᵇ Religion als ein wahrer Patriot arbeiten kannst. Neues weiß ich Dir dies zu schreiben, daß Haus Oesterreich wieder auflebt, indem ich durch sehr gewiße Nachrichten erfuhr, daß der Vizekönig von Villach nach Meiland

entweichen mußte und an ~~ihrer~~ seiner Stelle die Kaiserlichen ~~und~~ in Villach und Bayern sind. Sey daher getröst und hoffe auf Gott in der weiteren Arbeit fürs Vaterland, dann werden wir siegen, was hoffet dein Freund.
Andere Hofer Vo Passeyr

Rückseite:
*Vo Passeyr an dem Herrn Ried miller zu ge Ehrttesten Handen zu malß
durch Ex Pressen*

No 12.

Dieses Schreiben mus nach genohmener Abschrift eiligst zu rück gesendet werden

Ist den 23 9br 1809. Zu Ischgl abgeschriben und denen H(err)n Commandanten zugeschikt worden.
Zangerl[m. p.]a Richter.

---

[a] Loch im Papier.
[b] Loch im Papier.

Nr. 662

Empfehlungsschreiben für Rupert Anton Markenstein.

o. O. 1809 November 21

TLMF, FB 2073, 81. Orig.-Pap. 21 ca. : 35,3, Hochformat, 1 Blatt, ½ Seite.

Text von Kajetan Sweth (?) geschrieben, Andreas Hofers eigenhändige Unterschrift, Amtssiegel. Vermerk in französischer Sprache von anderer Hand.

Aufweisung.
Endes Gefertigter sieht sich verpflichtet, indem der hochgelehrter H(err) Rupprecht Anton Markenstein dem Vaterlande die vortreflichsten Dienste leistete und seine Thätigkeit und wahren Patriotismus ausharrendt bezeigte, selben aller Orten auf das Beste anzuempfelen, wo er sich belieben wollte, für das Vaterland seine weitere Thätigkeit zu beweisen, und auch das größte ungeheuhelte Lob zu ertheilen.
Datum d(en) 21t(en) 9ber 1809
LS *Andere Hofer Vo Passeyr*

Bon pour se rendre à S.e Marie aupres du Colonel, Command.t le Munsterthal
Munster le 23 9bre 1809 Dessie[r] Lieut(enant)

Nr. 663

Schreiben an den französischen Kommandanten in St. Leonhard, wonach die Tiroler die Franzosen keinesfalls als Freunde begrüßen könnten, sie wünschten sich nur Frieden. Der Schreiber betont, die Tiroler könnten jedem verzeihen. Hofer vermerkt an dieser Stelle eigenhändig am Textrand, *er tue* **dies nicht. Das Schreiben legt dem Kommandanten nahe, sich zu ergeben.**

o. O., o. D.

TLMF, Historische Sammlung, Flugschriften – Autographen. Orig.-Pap. 22 22,5 ca. : 37 ca., Hochformat, Doppelblatt, 1 ½ Seiten.

Text und Adresse von unbekanntem Schreiber, eigenhändige Passage mit Unterschrift Andreas Hofers, o. S.

An dem französischen Herrn Commandanten zu St. Leonard.
Aber Ihre Zuschrift vom gestrigen Tage erwidre ich Folgendes:
Dass Sie als Freund gekommen sind, darf und kann kein Tyroler glauben, indem die Behandlung gegen uns Tyroler von Seite Ihrer Generalitaet immer feindselig war, folglich wir jeden von Ihren Modie[u] als unsern Feind betrachten mussten.
Der Tyroler, für Religion und Vaterland kämpfend, wünscht Friede mit jedermann und weiss daher auch jeden nach seinen Äusserungen zu behandeln; will man uns gut haben, so behandle man uns auf eine gute Art und man wird finden, dass wir auch unsere grösten Feinden zu verzeihen im Stande sind,
disses ist ge schberei let[a]*, das du ich nicht Andere Hofer*
wollen Sie daher mit Ihrer Mannschaft uns freundlich nur zu Ihren großen Vortheile behandeln, so legen Sie Ihre Waffen ab, ergeben sich den Tyrolern als Gefangene, und zwar so sollen Sie erfahren, dass Ihre dermalen äußerst missliche Lage sich in eine aussichtsvollere Zukunft umwandeln wird, widrigens haben die Tyroler, in deren Mitte ohne Rettung Sie sich befinden, ihre vollen Rechte, Sie als Feinde zu behandeln, und Sie werden daher jede rauhe Behandlung sich nur selbsten zuzuschreiben haben, wenn Sie den Weeg der Ihnen zu Willen stehenden Gnade nicht ergreifen wollen.
Diesemnach haben sich der H(er)r Commandant bis längstens 8 Uhr fruhe zu ergeben, die Waffen niderzulegen und als Kriegsgefangene die gewiess bidere Behandlung der Tyroler zu gewärtigen oder sich einem unvermeidlichen Verderben preiss zu geben.

Rückseite:
Dem französischen H(err)n Commandanten zu St. Leonard.
Durch Ordonanze

---

[a] Im Stargardt-Katalog von 1910 Transkription als „geschbernilet", ebenso im Katalog „Die tirolische Nation" (333) mit Übersetzung „gelogen".

Nr. 664

Hofer berichtet, in Passeier hätten sich ca. tausend Franzosen in Gefangenschaft begeben, was er als neuen Beweis für Gottes Unterstützung interpretiert. Er ruft zu neuen Kämpfen auf, da kaiserliche Truppen durch Kärnten nach Tirol marschieren würden.

Sand 1809 November 22

Zit. nach: Blaas, Aufstand, 308–309.

Abschrift durch Josef Daney, ca. 1814. Im (nicht eruierbaren) Original Andreas Hofers eigenhändige Unterschrift (?), Siegel. Daney weist die Urheberschaft des Textes entweder P. Joachim Haspinger oder Kajetan Sweth zu.

Offene Ordre
an die löbliche Gemeinde Maiß, Lanna
[…]
Liebe Brüder, verlassen war ich eben niemals von Gott, auch Prinz Johan weiß wiederum, wo ich bin.
Sant in Passeyr, den 22ten 9br 1809
Euer aufrichtiger wie allzeit
L. S. Andere Hofer

Eine gedruckte Abschrift desselben Textes, adressiert an die Pustertaler, steht dem Original näher als Daneys Abschrift, es fehlt hier aber die Passage über Erzherzog Johann:

Zit. nach: Der Sammler, Jahrgang 2, Heft 11, 261.

„Offene Ordere. An die Pusterthaler Bewohner.
Geliebteste Mitbrüder! einen neuen Beweiß des göttlichen Beystandes sehet ihr jtz im Passeyr, wo der Feind auf eine leichte Art bey großer Verwirrung unserer Truppen in der Zahl über 1000 Mann sich gefangen geben haben.
Nun also! geliebte Mitbrüder! ihr seht daß Gott uns zu seinen geliebten Volk auserwählet hat, welcher eine Macht schlagen, mit des Allmächtigen Beyhilf, die die größern Fürsten zu überwinden unvermögend waren; gleich dem Volke Issrael.
Ergreifet dahero die Waffen streitet ritterlich auf Gott und seine geliebte Mutter denkend, wo wir sodann geliebteste siegen, und nach verflossenen Streit den Frieden zeitlich und ewig haben und geniessen mögen.
Verweillet und verzaget nicht. – Denn Oesterreich lebet wieder auf, indem kaysserliche Truppen durch Karnthen uns schon zu Hilfe eillen.
Datum am Sand in Passeyr 22ten 9ber 1809.
Andere Hofer in Passeyr."

Derselbe Text liegt als Abschrift von ca. 1870 vor:

TLMF, FB 2731, 15, fol. 22v–23r.

Nr. 665

In Passeier haben sich 1.000 Franzosen ergeben, das ganze Land ist wieder in Verteidigungsbereitschaft, Hofer ruft zu neuen Kämpfen auf.

am Sand 1809 November 22

TLMF, FB 2729, 89. Pap. 22,5 ca. : 36,8 ca., Hochformat, 1 Blatt, 1 Seite.

Zeitgenössische Abschrift, im Original Andreas Hofers eigenhändige Unterschrift (?), Siegel. Der Text stammt laut Daney von P. Joachim Haspinger, der „nichts zu verlieren hatte, und desto hirnloser […] seine verderbliche Wut und Verzweiflung" ausdrückte (Blaas, Aufstand, 308).

Copia
Offene Ordre
Gemes der selben wird beurkundet, daß in Passeyer, wo die Franzosen zu 1000 Mann starck sich den Unterzeichneten dato um 9 Uhr Vormittag gefangen ergeben haben. Auch hat man durch gewiße Nachrichten erfahren, daß Haus Österreich wider auflebe, indeme die Keiserlichen durch Kärnthen anherr[u]cken solten und dem Thirolern zu Hilfe kommen, in Brixen und Pusterthall ist alles auf und werden dise Tage schon ~~angreifen~~ angegriffen haben, wie es auch in ganz übrigen Thiroll ergeht, in Maran wurde auch der Feind gejagt, auch kommen taglich Deputierte von allen Gerichtern, weliche bitten sich vertheidigen zu derfen, weliches man ohnehin bewilliget. Itzt also, gelibteste Mitbrüder, an welche dise Ordere ergehet und es lessen, ist der Zeitpunckt, wo einem jeglichen Gutgesinten die Gefahr vor Augen schwebt und sich alles aufs neue vertheidiget. Ergreifet die Waffen, Gott und seine gelibte Mutter haltet in Herzen, streitet ritterlich, und wir werden dem Feind, wen er noch so groß ist, mit dem göttlichen Beystand und die wir taglich bitten müssen gewis schlagen.
Datum Passeyer am Sand d(en) 22t(en) 9b(er) 1809
AH [Verweis auf das Siegel, Anm.] Andere Hofer V Passeir

Rückseite:
Copia
No. 13.

Nr. 666

Hofer kündigt den Gemeinden Axams und Stubai an, beim ersten Angriff würden diese gleich informiert werden; danach sollten Deputierte zu Josef Speckbacher eilen, da die Gemeinden mit diesem zusammenzuarbeiten hätten. Etwa tausend Franzosen hätten sich im Passeier ergeben, durch Kärnten seien kaiserliche Truppen nach Tirol unterwegs.

Passeier 1809 November 22

TLMF, Autographensammlung Andreas Hofer. Orig.-Pap. 26 ca. : 30,5 ca., Hochformat, Doppelblatt, 1 ½ Seiten.

Text und Adresse von unbekanntem Schreiber, ebenso die vermeintliche Unterschrift Andreas Hofers (!), Amtssiegel.

An die Gemeinde Axams und Stubay.
Passeyr d(en) 22ten 9b. 1809
Derselben wird von Unterzeichneten beordret, daß bey dem ersten Angriff an einem Orte gleich die Nachricht durch 2 Deputierte dahin ergehen wird. Es selben [sic] daher

von obbenannter Gemeinde Deputierte ins Unterinthal zu dem Speckbacher geschickt werden, welche sich mit diesen zu verständigen haben, und sodann, wann der H(err) Commandant angreiffen soll, so hat diese Gemeinde vereint mit dem H(errn) Speckbacher zu arbeiten. Übrigens hat man dieses zu berichten, daß die Franzosen in der Anzahl zu 1000 Mann sich gefangen in Passeyr gegeben haben, man hofft daher auch der obbenannten Gemeinden Thätickeit und das Vertrauen auf die göttliche Hilfe, mit welcher wir dem Feind, er seye noch so groß, schlagen werden.
Aus in Brixen und Pusterthal werden diese Tage unsere Leüthe angegriffen haben, indem sie vereint Unterzeichneten gebetten haben, streiten aufs Neüe zu derffen.
Und zur Freüde kann man derselben benachrichten, daß Oesterreich wieder auf lebet und schon durch Kärnthen uns die Kayserlichen zu Hilfe eülen sollten, was man durch gewiße Nachriten erfahren hat
LS Andere Hofer Vo Passeyr

Rückseite:
Vo Passeyr an das Gericht Stubay a Stubay
eiligst
[B]

Nr. 667

Der Kurat von Weitental erhält von Hofer die Vollmacht, Verdächtige festzunehmen, das Volk aufzubieten und Kommandanten einzusetzen.

am Sand 1809 November 22

TLMF, FB 2731, 15, fol. 23v.

Abschrift, im Original eigenhändige Passage („gemeind […] wölln") und Unterschrift Andreas Hofers, Siegel.

Dem hochwürdigen Herrn Kuraten in Weitenthal.
Demselben wird bewilliget, die notirten Verdächtigen und dem Auszug Hinderlichen zu arretieren und in guter Verwahrung zu behalten – auch hat derselbe alldort das Commando zu übernehmen, das Volk aufzubiethen, rechtschaffene Männer zu Anführern zu erwählen, alles Gute zu treffen und das Vaterland vertheidigen zu helfen.
Datum am Sand in Passeyer am 22 Nov. 1809
(m. p) gemeind sein alle sein sie wer sie wölln
Andre Hofer von Passeyer.

Zweite Abschrift desselben Textes:

SLA, Nachlass Streiter, Karton 34, „versch. Abschriften 1809–1816", 36.

[…] Datum am Sand in Passeyr am 22 t(en) 9br 1809
(LS) P. S. gemeind seind alle, sein sie, wer sie wollen
Andrä Hofer v(on) Passeyr

Nr. 668

Hofer schreibt an den arretierten Priester Josef Daney, dieser hätte am ihm angewiesenen Ort zu verbleiben.

am Sand 1809 November 22

Zit. nach: Blaas, Aufstand, 314.

Abschrift durch Josef Daney, ca. 1814. Im Original Andreas Hofers Unterschrift (?), Siegel.

An den gefangenen Danej zu Saltaus
An selben berichtet der Unterzeichnete, daß der oben Benante dort zu verbleiben hat, wo der Gefertigte es befiehlt. Ich hoffe daher eine Ruh und kein Muhren mehr, wiedrigenfalls bin ich eilends gezwungen andere Maßregeln zu treffen.
Passeyer am Sand den 22ten 9br 1809
L. S.
Andere Hofer v. Passeyr

Nr. 669

Hofer schreibt an einen Kommandanten der k. k. Truppen, der Überbringer dieses Schreibens (Christian) sei von ihm abgeordnet worden, von Erzherzog Johann (?) Unterstützung zu erbitten, da er, Hofer, mit seinen Leuten allein nicht mehr die Posten verteidigen könne.

o. O. 1809 November 29

TLMF, FB 2073, 124 a. Orig.-Pap. 12,4 ca. : 3,9 ca., Querformat, 1 Blatt, 1 Seite.

Andreas Hofer eigenhändig, urspr. ein Siegel als Verschluss (abgebrochen). Laut Hye handelte es sich hierbei um das sehr seltene zweite Privatsiegel Hofers (Hye, Siegel, 7[4]; s. oben S. 102).

disser man wirth Vo mir abgeordnet, um doch Ein mall Vo Jhro K[r] K[r] hoch heit vntter stizung zu Ehr halten, in dem ich Eß mit unssere leit nimer, auß Ehr halten khan der Jber Pringer disser Par zeillen, wirth mindlich das mehrere for Pringen, mit namen Christian Jr in herz Bedriebttester Andere Hofer Vo Passeyr den 29 9b(er) 1809

Rückseite:
am dem comen dierenten Vo denen K K druppen vell ibi ubi

Nr. 670

Hofer berichtet an Peter Mayr, er werde sich mit Johann Nepomuk Kolb und den anderen Kommandanten besprechen, diese sollten Hilfe durch die Pustertaler anfordern. Von Meran aus sei der Feind nach Bozen unterwegs, die Landesverteidiger aber seien aufgeboten und die Passeirer würden nach Saltaus vorrücken. In Passeier seien bereits Gefangene gemacht worden.

Passeier 1809 November 30

TLMF, Historische Sammlung, Flugschriften – Autographen. Pap. 24 ca. : 35 ca., Hochformat, Doppelblatt, 1 ½ Seiten. Original laut Hirn (1909) im Archiv Graf Meran, Denkwürdigkeiten des Erzherzogs Johann (Hirn, Erhebung, 808[1]).

Zeitgenössische Abschrift. Konrad Fischnaler bemerkt hierzu (1896), es handle sich beim Original um ein eigenhändiges Schreiben Hofers, das der Abschreiber bei der Anfertigung vorliegender Kopie nicht entziffern konnte, weshalb die stilistischen Unsicherheiten und Fehler entstanden wären.

Copia
[Ac]tum[a] Pasajer 30ten 9ber 18 1809
An den Peter Mayr Wird in der Mahr:
An selber berichtet der Unterzeichneter, das er sich mit den H(errn) Comandanten Kolp und den übrigen Commandanten peschprechen und denen übrigen Comandier[e]ten in Pusterthahl, so bald es oben geraumbt, so solten sie um Hilfe rufen von den Pusterthallern. Die Feinde, welche Bozen zu kommen, seind von Maran, es seyn beileifig in groser Anzahl 2000. Ihr habet dahero, wann der Feind einen großen Nahwox ansaget, nicht Rübes zu peferhten sey, den es sey jezt in Maran, wen viel seyn, 3000 also in das ganzen Anzohl Bozen und Maran bei 6000, auch Pasajer ist in vollermasn auf und rugt Saltaus zu. Die ersten, so in Pasajer seind eingerugt, sind teils nider gemacht teils gefangen worden. Die lestern Tropn waren [i]ben zu spat komen, sonst wurden mier haben licht einge[z]inst, unsern Volk warn iben aus ein ander gewesen.
Wie die 2700 seyn wi[….]rde[b] Jaufen kommen, und wie sie kein Volk sahen, sind [sie sch]leinig[c] durchhaus gezochen.
Indesen Brieder haltet [… zusamen?][d], der Gizel ist gewis braf, und auch der Scherbar Wird stetter [im Original: Petter?, Anm.] bestelte Eüh vertraute Kundschaft, damit Ihr wiset um ein ander, und verlanget Hilf von den Pustern und gebet nicht nach, diesesmahl mueß es ausgien. Seit von mir alle in Schuz Gottes befohlen
Andere Hofer

[a] Loch im Papier.
[b] Loch im Papier.
[c] Loch im Papier.
[d] Loch im Papier.

Nr. 671

Hofer appelliert ein letztes Mal an das Gewissen der Bewohner von Brixen und Umgebung, sich doch noch an den Kämpfen zu beteiligen. Die Inn- und Pustertaler seien bereits erfolgreich gewesen, die kaiserlichen Soldaten sollen sich bereits in *Tragburg* (Drauburg?) befinden.

o. O. 1809 November 30

SLA, Nachlass Streiter, Karton 34, „versch. Abschriften 1809–1816", 37. Pap. 23 ca. : 38 ca., Hochformat, 1 Blatt, 1 Seite.

Zeitgenössische Abschrift von unbekanntem Schreiber, im Original wahrscheinlich Unterschrift und eigenhändiger Zusatz Andreas Hofers („Euer […] nur zam"), Siegel.

Copia
Ofene Ordre
an alle bey Brixen und dortum liegenden Gegenden.
Nicht Reichthum, Wohlergehen und Ehrentittel streiten wir, sondern um unsere katholische Religion und jungen Leute, und weil dieß daher die Ursach unserer Vertheitigung ist, so stehet als dann auf, geliebteste Mitbrüder, dann wenn wir jez schlafen, so ist es um alles was ich oben erwöhnte geschehen, eine kleine Zeit würde es anstehen, und sodann würde unsere Religion verwüstet, die jungen Leute ausgehoben, und Hurerey, Gottes Lästerung und Unzucht in unseren doch sehr katolischen Tyroll eingeführt seyn.
Brüder! Die Versprechungen Frankreichs sind groß, aber noch sind sie nie gehalten worden. Unterinthall schlief vier Wochen, aber es ist vom Schlaf aufgestanden und hat den 27(ten) 9ber angegriffen und geschlagen. Oberinnthal schlug 600 Reiter und ich weis nicht wie viel Fusgeher nieder. – Pusterthall grief gestern den [28]ten[a] 9ber an und wird uns auch bald zu Hilfe komen, auch habe ich durch einen meiniger Deputirten von Pasayer, welcher in Pusterthall war und Briefe von Kärnthen brachte, erfahren, daß die Kayserlichen wirklich in Tragburg sind. Ich hofe daher auf Gott, was auch Ihr thun werdet und so werden wir alzeit mit seiner Hilfe siegen.
Datum den 30(ten) 9ber 809
(L. S.) Euer aufrichtiger Andere Hofer v(on) Paßayer, und folgt in Namen des Herrn, dießmall wird es sich schon entscheiden mit dem Feind, helft nur zam.

Es folgt ein eigenhändiger Zusatz Johann Nepomuk von Kolbs mit Unterschrift (Milland 1809 Dezember 2), die Abschrift wurde nach Kastelruth weitergeleitet.

---

[a] Getilgt.

Nr. 672

Hofer äußert Erzherzog Johann gegenüber seine Enttäuschung darüber, von Österreich im Stich gelassen worden zu sein, da er es war, der seine Mitkämpfer immer mit der Versicherung angefeuert habe, Österreich werde die Tiroler unterstützen. Er sehe sich nun als Lügner und Ursache des Unglücks; trotz der aussichtslosen Lage bittet er noch um Truppenunterstützung.

Tragwald 1810 Jänner 26

HHStA, Staatskanzlei Vorträge 184, Vorträge 1810 III, 127. Orig.-Pap. 22 ca. : 35,8 ca. Hochformat, Doppelblatt, 4 Seiten.

Text von Kajetan Sweth geschrieben, Andreas Hofers eigenhändige Unterschrift, Privatsiegel (II). Eingangsvermerk des Empfängers. Ob die Unterstreichungen zeitgenössisch sind, lässt sich nicht mit Sicherheit sagen.

An S(ein)[e] k. k. Hochheit d(en) Erzherzog Johan.
Tragwald d(en) 26t(en) Jäner a. 1810
Mein[n] Herz, welches stets zu Sr. k. k Hochheit (den das ganze Tirol ihren Vater nennet) das Zutrauen hatte, fliehet auch itzt dahin und wartet, da es ohnehin in Meere der Traurigkeit und Trübsallen versenket ist, ob es erhöret wird oder hie sich versenken muß, allwo es itzt Tage und Nächte [mi]t^a banger Erwartung durchwandert. Nicht jene Traurigkeit wegen meinen Hab und Guts Verlurst und meinem Weib und Kindern (welche mit mir in einem öden Stall auf einer Alpe wegen den betränkten Gemüthe und harten Joche, welches meine vielgeliebtesten [sic] Mitbrüder schwer drüket, flehen und unzählige Seufzer den gerechten Gott schicken, feßelt mich, sondern die wehmüthige Stimme und das immerwährende Wort Ach! welches Elend! machet meine Selle betrübt, die vor Linderung dieses betränkten Joches nicht fröhlich seyn wird: Denn auf Haus Oesterreichs Zuspruch und Hoffnung, Ihre Heere in unserem Lande als Vertheidigungs-Mitbrüder zu zählen, sprach ich meinen Waffen Brüdern zu, Haus Oesterreich verlaßt uns nicht – – – und aus diesen Grunde rufen wir im Tonner der Kanonen und kleinen Geschütz Auf, auf Brüder! und Lustig! der edlen Religion und dem sanften Scepter Haus Oesterreichs zu Lieb!
Ja, selbst der Spruch feündlicher Mächte herschet in Tirol: Tiroler Tapferkeit ist die Ursach Oesterreichs so langer Bestandheit, und unserer Truppen Schwachheit; sie, diese Feinde wünschen Tiroler Herzen an sich zu binden und drohen dem edlen Haus Oesterreichs gewogene Tiroler seine Hüte über sein Haupt einzuäschern und ihm seiner Güter und Lebens zu berauben, wenn er Oesterreich nicht vergessen will, und doch erschüttert er sich nicht, er erschröket nicht und spricht Alles für Gott und Haus Oesterreich … ja, wenn sich unter Tiroler Vertheidigern sich einige befanden, die muthlos wurden, so sprach ich ihnen Muth zu mit diesen Worten: Bald werden wir oesterreichische Truppen bey uns sehen, und so wurde der Zaghafte wieder getröst, grif zu den Waffen und stritt ohne Rast.
Aber nun ach leider Gott!, muß ich als Lügner vor meinen Brüdern stehen, zu Schanden vor allen werden, und nichts anders wartet mir als die Fluchreden in das kühle Grab, Du bist die Ursach unsers Unglüks, aber auch dieses wollte ich gerne ertragen, nur das strenge Gericht Gottes, wo ich Rechenschaft über meine Untergebene werde ablegen müßen, befürchte ich, weil bey dieser feindlichen Regierung nicht nur allein das Zeitliche, sondern auch das Ewige verlohren ist, nehmlich die Sellen so vieler Tausenden, die durch allerhand Laster und Sünden ein Opfer des Teufels werden, und aus diesen Grunde, obwohl da ich zwar ohnehin^b nicht sicher nach Oesterreich [?] kommen köne, fällt es mir schwer, Tirol zu verlassen. Daher, wenn Sr. k. k. Hochheit wie auch Ser. k. k.

Majestät d(en) Kaiser von Oesterreich an Tirol gelegen ist, wenn Sie unser Blut für Oesterreichs Bestandheit annehmen wollen, so bitte ich in Nahmen aller gutgesinnten Tiroler, uns nur eine kleine Hilfe an Truppen zu senden, und ich werde nach Kräften meine gutgesinnten Mitbrüder (welche täglich zum Streiten bereit sind und Ruhe wünschen) in Waffen haben, und [sic] vereint mit Oesterreichs Herre zu streiten, den Feind zu schlagen mich wie zu vor bemühen, nur bitte ich Hilfe, Hilfe, das Uibrige wird Anton Wilt und Kristian N. mündlich überbringen, welche ich absendete, doch eine eigene Handschrift von S(eine)r Majestät dem Kaiser oder k. k. Hochheit Erzherzog Johan zu erhalten, damit ich gewiß weiß, wie es um Tirol stehet, denn die von mir abgesandten Courire kommen als meine wahren Freunde wieder zu mir zurük.

Dieses bitte ich auch desgleichen dem würdigsten Generalissimus Erzherzog Karl zu übersenden und zu bitten, daß er mir als einen Unbekannten verzeihe, daß ich auch ihn um Hilfe anflehe, uns Tiroller nicht zu verlassen, denn auch wir wollen Oesterreich nicht vergessen und die alle[c] Kräften nach Möglichkeit zum Streiten anspannen.

Desgleichen bitte ich auch unser[e] geliebtesten Kaiserin und Muter Tirols z davon zu verständigen, daß sie uns als ihre Kinder, wie ihre Frömmigkeit ohnehin bekannt ist, in ihren Gebeth einschließe, denn auch wir werden sie nicht vergessen, sondern ihr zu Lieb den letzten Tropfen Blut vergiessen und sie lieben bis an das End wie eine Mutter ihre getreuen Kinder.

oder arbme ver lassne, ßinder Andere Hofer
LS

Aug(ustissi)m[i]s 22[um] Martii 1810.

---

[a]   Korrigiert zu „in"?
[b]   Nachträglich eingefügt am Textrand.
[c]   Nachträglich eingefügt am Textrand.

Nr. 673

Hofer schreibt an seine Frau Anna Ladurner, er hätte einen General darum gebeten, ihr seine Schriften schicken zu lassen; außerdem hätte er um die Ermöglichung der Heimkehr seines verletzten Sohnes Johann ersucht. Er trifft wirtschaftliche Verfügungen und berichtet, er werde gut versorgt, gibt sich insgesamt sehr zuversichtlich und auf Gott vertrauend.

Neumarkt 1810 Jänner 30, fünf Uhr abends

Zit. nach: Böhm, Bekanntes, 4 (Original nicht eruierbar).

„Der ehrsamen Frau Maria Anna Hofer, geb. Ladurner, in St. Martin in Passeier.
Beim Unterwirt abzugeben.
Neumarkt, den 30. Jänner, um 5 Uhr abends, 1810.
Liebstes Weib!
Bis hierher bin ich glücklich angekommen und da ich durch Fürbitte des Herrn Vinzenz von Pühler, welcher den Strobl freundlich grüßen läßt, die Erlaubnis hier erhalten, erstlich eine Bitte an S. E. den Herrn General zu machen und etwas Dir zu schreiben. Herrn General schrieb ich nämlich, er möchte alle meine dort sich befindlichen Schriften ausscheiden lassen, wie auch einen Kalender, worin Rechnungssachen von

unseren Hausgeschäften und sodann die Arzneibücher, all diese versiegeln und Dir zu schicken. Weiters bat ich, daß der Herr General unserm Sohn, so in Bozen ist, erlauben möchte, zu Dir zu gehen und so lange zu Hause lassen, als bis er wird ganz geheilt sein und sobald Herr General ihn wieder verlangen wird, soll er sich stellen. Die Rechnung mit dem Löwenwirt in Meran mache nicht ohne daß der Fuhrknecht Hauß [= Hans?, Anm.] gegenwärtig ist, weil er von allem weiß und in dem Kalender, so Du vom Boten auch erhalten wirst, das mehrere geschrieben ist. Weiters ist der Kölb Simon auch zu fragen, ob er seinen Sommerlohn erhalten habe vom Löwenwirt. Ehevor Du mit jemanden abrechnest, außer es ist ein gut vertrauter Mann, unternehme nichts, bis Du mich nicht befragtest; ich hoffe doch, daß Dir wird erlaubt werden, mir zu schreiben, aber immer offner. Uebrigens muß ich Dir mit großen Freuden berichten, daß ich von den französischen Herren Offizieren recht gut behandelt werde, wie auch hier im Orte hat man mich recht gut und auf das Freundschaftlichste bewirtet. Du kannst also zum Teil Dich über mein Schicksal in etwas beruhigen, da Gott wohl auch nicht nur über mich, sondern auch über Dir und unsere lieben Kinder sorgen wird. Durch Herrn von Pühler hatte ich auch Gelegenheit, den Herren Offizieren zu sagen, wie ich das Land behandelt, wie ich mich gegen alle Gefangenen betragen, und wie ich zuletzt gehandelt und von meinen eigenen Leuten gehalten worden.
Ueber all diese Sachen bezeigten die Herren Offiziere gegen mich viel Güte. Liebstes Weib, wenn Du nach Kaltern gehst, Deine Kirchfahrt zu verrichten, so kehre bei Herrn von Morandell zu. Sei also beruhigter, ich hoffe mit der Hilfe Gottes, Dich wiederum zu sehen und ist es nicht, so ergebe ich mich gänzlich in den Willen Gottes; ich habe als ein ehrlicher Mann in allen Stücken gehandelt und folglich fürchte ich nichts. Bitte also alle, daß Gott mich und Euch alle unterstütze; Ich küsse Dich und meine lieben Kinder und bleibe immer Dein Andreas Hofer. Der oben angeführte Herr von Pühler bietet mir sogar ein Geld dar, und das, soviel ich wollte; nahm aber für dermalen vier Gulden, so ich wörtlich beteuere, empfangen zu haben. Allen meinen Freunden, so von mir noch was wissen wollen, lasse ich einen freundlichen Gruß sagen."

Nr. 674

Hofer schreibt an Vinzenz von Pühler[1], er werde in Mantua hingerichtet werden; die Totengottesdienste sollen in St. Martin in der Wallfahrtskirche „zum rosenfarbenen Blut" gehalten, in jeder Pfarre solle gebetet werden, beim Unterwirt seien Suppe, Fleisch und Wein zu verabreichen. Auf das Geld Hofers könne Pühler zugreifen, er soll dieses verwalten und mit Hofers Gläubigern abrechnen, Morandell sei über das Schicksal Hofers zu informieren.

Mantua 1810 Februar 20, fünf Uhr früh

Archiv der Matrikelstiftung (früher Tiroler Adelsmatrikel). Orig.-Pap. Folio, Hochformat, 1 Blatt, 1 ½ Seiten.

Text und Adresse von Hofer eigenhändig, o. S. Die Jahrzahl 1810 wahrscheinlich von 1801 zu 1810 mit dunklerer Tinte von Hofer selbst korrigiert.

---

[1] Über den Empfänger des Briefes ist sich die Literatur nicht einig: Kramer/Pfaundler/Egg führen Vinzenz von Pühler an (213–216, mit Abb.), ebenso Hormayr (Geschichte, 452), Fontana (Unterland, 560) und der Katalog zur Landesausstellung 1984 (340). Hirn nennt Josef von Pühler, den Adjutanten Hormayrs und Schützenmajor (844–845). Pizzinini enthält sich einer Zuordnung und spricht von einem „Freund" Hofers namens Pühler (Pizzinini, Hofer, 187–189).

liebster Herr Prueder, der göttliche willen, ist es gewössen, das ich habe miessen hier in mandua, mein zeitliches [in] den Ebigen ver wöxlen, aber gott seie danckh um seine gödliche gnad, mir ist Eß so nicht für ge khomen, das wan ich zu waß anderen, auß gefierth wurd, gott wirth mir auch die gnad ver leichen wiß in lösten augen Plickh, auf das ich khomen khon, alwo sich mein sell, mit alle außer wölte, ßich Ebig Ehr freien mag, albo ich auch fir alle Bitten werde Bei gott ab sonder lich fir wolliche ich in meresten, zu Bitten schuldig Bin, vnd fir sie vnd inen Frau liebst, wögen den Piechl, vnd andere guet datten, auch alle hie, noch lebente guete freint sollen fir mich Bitten, vnd mir auß die heissen flamen helfen wan ich noch in fegfeir Piessen muß,

die gottes dienst, solle die liebste mein: oder wirthin zu sanct marthin halten lassen, Bein Rossen farben Pluet, Pitten in jede Pfaren den freinten Beim vntter Wirth ist suppe und fleisch zu göben lassen nebst Einder halbe wein,

*vnd gelt waß ich da habe ge habt, habe ich in armen auß ge Theilt. vnd waß drinen noch gelt ist nim was [du f]*ᵃ*ruchst, wiß du mit den mair Hausser khonst Röden, Ehr wirth wohl spröchen mit den H(errn) (etc. etc.) vnd wögen den gel[t]*ᵇ *fir die armen,, in Jberigen Rait ab mit die leite so Rödl du khonst damit ich nicht zu Piessen habe*

*lieber herr P[ü]lhler*ᶜ*, gien sie mir hinein, vnd Bein vntter Wirth zu sanct marthin, zeigen ßie die ßache an, Ehr wirth, schon angestalt machen, vnd machen, sie sonst niemand nicht khom er Vo disser ßache, ßie machen Jhnen die 50 fl göben, nebst alle um khösten*

Vo der welt lebet alle wohl, wiß mir in himel zam khomen vnd dortten gott loben an ent alle Passeyrer vnd Bekhantte sollen mir Einge denckht sein in heilligen ge Beth vnd die wirthin, solle ßich nicht so Be khimeren ich werde Piden Bei gott, fir sie alle

Ade mein schnede welt, so leicht khombt mir das sterben vor, das mir nit die augen naß werden,

geschriben um 5 vrr in der frue, vnd um 9 vrr Reisß ich mit der Hilfe aller heillig zu gott mandua den 20 februari 1810

Dein in leben geliebter Andere Hofer Vo sant in Passeyr

*in namen den here wille ich auch die Reisse f[ü]r*ᵈ *nemen mit gott den moren dell lassen es sie wissen*

ᵃ   Tintenfleck.
ᵇ   Tinte ausgebleicht.
ᶜ   Papierfalte.
ᵈ   Papierfalte.

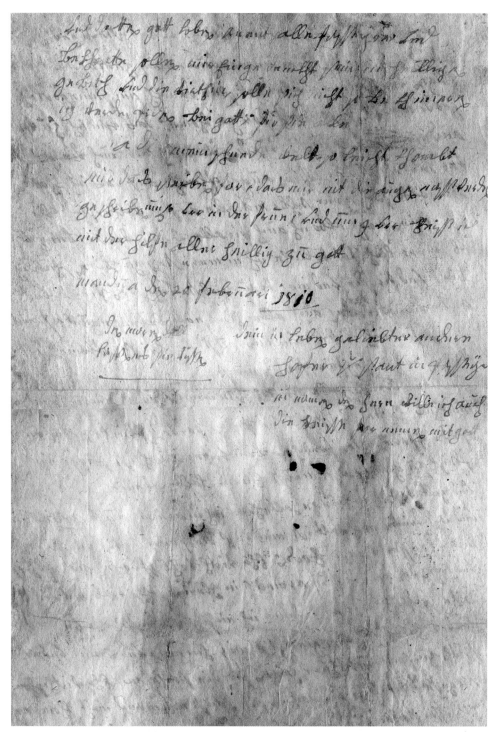

Abb. 45a/45b (Rückseite): „Abschiedsbrief" oder „Testament" Andreas Hofers, dat. Mantua 1810 Februar 20 (s. Nr. 674). Besitz und Foto: Archiv der Matrikelstiftung (früher Tiroler Adelsmatrikel).

Nr. 675

Hofer an Kajetan Sweth.
[Mantua 1810 Februar 20]

Zit. nach: Paulin, Leben, 168. Erwähnung des Textes ohne die Passage in Klammer in: Peter, Sweth, 35 (Original nicht eruierbar).

Andreas Hofer eigenhändig (?).

„Lieber Kajetan, empfange hier das letzte Vermögen, das ich habe. Lebe wohl und bete für mich, denn um 11 Uhr (nicht um 9 Uhr) muß ich sterben."

6.3. Undatierbare Texte

Nr. 676

Hofer schreibt an einen „Freund", er hätte vernommen, dass jener von zwei Gewehren keines hergeben wolle, und droht ihm mit Arrest, sollte er nicht kollaborieren.
o. O., o. D.

Archiv Stift Stams. Orig.-Pap. 11,0–11,5 ca. : 9 ca., Querformat, 1 Blatt, 1 Seite.

Andreas Hofer eigenhändig, o. S.

Pöster freint ich habe ver nomen das du 2 ge wöhr hast, vnd wolst kheinß hergöben, Eß stet dir zur wall guet willig her göben oder dich in a Rest nemen
Andere Hofer an ßant

Nr. 677

Hofer ordnet an, die Mannschaft müsse in Eile zusammengerufen werden.
o. O., o. D.

Privatbesitz Elisabeth Bair, Navis. Orig.-Pap. 27,5 ca. : 9,6–10, Querformat, 1 Blatt, 1 Seite.

Andreas Hofer eigenhändig, fremdes Verschlusssiegel.

in alle weg muess die manschafft zu ßam ge Rueffen werden, vnd das in Eill, Vo alle orthen
Andere Hofer ober Comen dant in dirolln

Abb. 46: S. Nr. 677 (o. D.). Privatbesitz. Foto: Oberhofer.

Nr. 678

Hofer ordnet an, übrig gebliebene Patronen bei Josef Gogl abzugeben.

o. O., o. D.

Brenner-Archiv, Nachlass Wallpach, Karton 21, Mappe „Tirolisches". Orig.-Pap. 14,5 ca. : 9,5 ca., Querformat, 1 Blatt, 1 Seite.

Andreas Hofer eigenhändig, o. S.

die Jber Plibenen Paderonen sein den Herrn Joseph gogl ab zu göben
Andere Hofer
100 Päckhtlen khenet es khalten

Nr. 679

Dem Überreicher vorliegenden Schreibens seien 70 Pfund Blei ausfolgen zu lassen.

o. O., o. D.

TLMF, FB 2729, 64. Orig.-Pap. 10,5 ca. : 9 ca., Querformat, 1 Blatt, ½ Seite.

Andreas Hofer eigenhändig, o. S. Weitere Unterschrift von anderer Hand.

den Jber Reich disser Par zeillen ist 70 Pf Plei
Andere Hofer

Rückseite:
Simon Kain(ß)öckch Grantz Comondönt

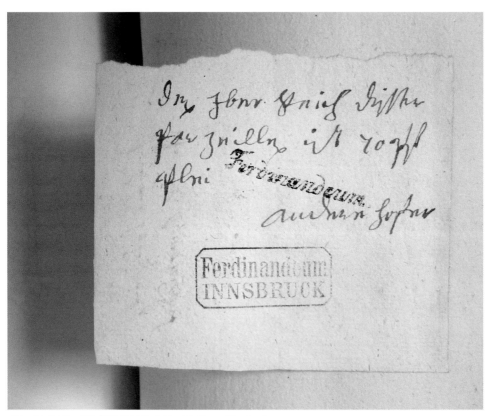

Abb. 47: S. Nr. 679. TLMF, FB 2729, 64. Foto: Oberhofer.

Nr. 680

„Ein gewisser Herr Beamter, damals zu Reutte, kam dadurch in die Verlegenheit, um abreisen zu können, sich zum Hofer selbst begeben und ihn ersuchen zu müssen, er möchte ihm doch schriftlich die Bewilligung, daß man ihm zwei Pferde dürfte ausfolgen lassen, erteilen. Weil nun Hofer äußerst hart und ungern schrieb, so sagte er dem bemeldten Herrn Beamten, er solle sich selbst einen Zettel schreiben. Wie dieser fertig war, unterschrieb Hofer wie folgt:"

o. O., o. D. [1809]

Zit. nach: Blaas, Aufstand, 185.

Abschrift durch Josef Daney, ca. 1814.

„Andere Hofer
von den requirirten Pferden"

Abschrift derselben Unterschrift:

SLA, Nachlass Streiter, Karton 34, „versch. Abschriften 1809–1816", 55.

Andreas Hofer v(on) d(en) requiriert(en) Pferd(en). [K]ehle ich habe nicht Worte. Torgler 349 fl 30 xr zurük.

Nr. 681

Eigenhändige Unterschrift.

o. O., o. D.

Abbildung in: SLA, Sammlung Steiner, 2.

nur nicht ver zagt Jhro auf Richtiger Andere Hofer ober Comen dant in dirolln

Nr. 682

„Ein Handelsmann von Mittewald, nächst der Scharnitz, ersuchte einen Kaufmann von Innspruk um die Verwendung eines Passes bei Hofer für ihn nach Innspruk. Das Handelshaus führt den Namen Jochner und Compagnie. Hofer schrieb deswegen an den Wirth und Commandanten der Scharnitz mit den Worten:"

o. O., o. D. [1809]

Zit. nach: Anonym, Leben und Thaten, 16–17 (Original nicht eruierbar).

„Es werden zwei Kaufmander aus Baiern nach Scharnitz kommen, laßt sie ruhig nach Innspruk passiren."

Nr. 683

Bescheid für einen Bittsteller, der sich auf einen bayerischen Kaufvertrag beruft.

o. O., o. D. [1809]

Zit. nach: Paulin, Leben, Hofer, 96 (Original nicht eruierbar).

Andreas Hofer eigenhändig (?).

„Kann nit seyn, dieweilen der bayrische Kontrakt bei mir kain Bstand hat."

Nr. 684

Bescheid für einen bayerischen Händler, der um die Bewilligung ansucht, Zitronen vom Gardasee nach München einzuführen.

o. O., o. D. [1809]

Zit. nach: Paulin, Leben, 96 (Original nicht eruierbar).

Andreas Hofer eigenhändig (?).

„Kann nit seyn, dieweilen mier ins nit wölln die Läus in Belz zügln."

6.4. Andreas Hofer betreffende Einträge
(ohne eigenhändige Unterschrift) in ausgewählten Verfachbüchern

SLA, Verfachbücher Passeier:

1787, fol. 666v–667r: Quittung für Andreas Hofer von Anna *Lahnthalerin*, Gattin des Joseph Haller *Mayrhofer* (St. Leonhard 1787 Mai 2).
1789, fol. 1010v–1011v: Verhandlung wegen des Todes der Mutter der Anna Ladurner (St. Leonhard 1789 November 26).
1791, fol. 624r–626r: Güter-Taxation für Hofer ohne Unterschrift; fol. 656–667: Besitzüberlassungsverhandlung durch die Geschwister an Hofer (St. Leonhard 1791 Mai 24).
1793, fol. 306v–307r: Gütiger Bericht für den Säumer Thomas *Pöhl* und Andreas Hofer von den Säumern Balthasar Pfitscher und Simon Ennemoser (St. Leonhard 1793 März 4).
1794, fol. 550v–551v: Gütiger Bericht für Andreas Hofer von Michael *Tandler* und Thomas Gufler als Gerichtsgeschworenen (St. Leonhard 1794 Mai 16).
1794, fol. 556r–559v: Gütiger Bericht von Andreas Hofer, Josef Tschöll und Thomas *Pöhl* für Anton Holzknecht, Brühwirt, und Simon Ennemoser, Wirt am Seeboden (St. Leonhard 1794 Mai 23).
1795, fol. 32r–v: „Schulds Übergab" (Schuldenübertragung) des Joachim Haller auf Michael Stubenvoll zu Mareit zugunsten Andreas Hofers (St. Leonhard 1795 Jänner 21).
1798, fol. 58r–59r: Gütiger Bericht für Andreas Hofer von Anton Tschöll und Josef *Lahnthaller* (Passeier 1798 Jänner 16).
1798, fol. 126v–127v: Gütiger Bericht für Hofer von Martin *Raich in Pucha auf Thall* (1798 Jänner 22).
1799, fol. 170v–171r: Gütiger Bericht für Andreas Hofer von Joseph *Marth Tedig* zu Platt (St. Leonhard 1799 Februar 11).
1799, fol. 289r–v: Quittung für Andreas Hofer von Katharina Platterin, Johann Tschöll, Peter *Pamer*, Joseph *Griner*, Maria und Gertraud Hoferin (1799 Februar 26).
1801, fol. 441v: Quittung für Hofer von Anna *Grinerin* und ihrem Ehemanne Sebastian *de Lueg*, Metzger in Botzen (St. Leonhard 1801 Juli 14).
1801, fol. 486r–487v: Gütiger Bericht für Andreas Hofer und Peter Ennemoser *Baumann* von Joseph *Kraininger*, Taglöhner, und Michael *Willhellm*, Fuhrknecht (St. Leonhard 1801 Oktober 7).
1802, fol. 533r: Quittung für Hofer von seiner Schwester Maria, Gattin des Johann Gerstgrasser zu St. Martin (auf dem Sand 1802 März 22).
1803, fol. 701r–v: Gütiger Bericht des Viehhändlers Johann *Prinster* für Andreas Hofer (1803 Oktober 14).
1803, fol. 890v–891r: Schuldbrief für Hofer von dem Säumer Josef *Pöhl hintern See* (auf dem Sand 1803 Dezember 31).
1804, fol. 312 v: Schuldobligation von Hofer (Passeier 1804 Mai 5) für den Schulfonds in Passeier, von dem er eine Summe von 460 fl geliehen hat.
1804, fol. 587r–v: Vollmacht von Andreas Hofer für Dr. Johann Matthias Unterberger, Dikasterialadvokaten in Innsbruck (1804 August 14).
1804, fol. 673r–v: „Schuldübergabe" und Quittung von Hofer für die Michael Ennemoserische Verlassenschaft *in der Viehschaid* in Algund (Passeier 1804 November 15).
1805, fol. 350r–v: Vollmacht von Andreas Hofer für den Fuhrknecht Jakob Mayr am Sand (1805 März 29).
1807, fol. 208v–210r: „Gütiger Zeugenbericht" von Andreas Hofer, dem Säumer Georg Gufler *hinter dem See* und Jakob Öttl am Holzlehen für Michael *Illmer* zu Gerlos (1807 Februar 21).
1807, fol. 447r–448r: „Zeugenscheins Bericht" für Karl Thurnwalder, Andreas Hofer, Sebastian Platter und Johann *Voglsperger* von den gerichtlich verpflichteten Sachverständigen Josef *Rainstadler* und Andreas *Gegele* (1807 Juni 9).
1807, fol. 579r–v: Schuldobligation für Hofer, der vom Kuraten zu Rabenstein Josef Heel die Summe von 120 fl [T]. W. geliehen hat (1807 August 6).
1808, fol. 48 ½ r–v: Schuldobligation für Andreas Hofer vom Säumer Joachim *Pöhl* zu Rabenstein (1808 Jänner 8), der von Hofer sechs Saumpferde gekauft hat.
1808, fol. 417r–v: Schuldobligation für Hofer von Leonhard Haller *zu Wasser in Schönau*, der Hofer 67 fl R. W. schuldet (1808 März 7).
1809, fol. 261v–262r: Schuldobligation für Hofer von Georg Holzknecht *im Holz in Schönau*, der Hofer 30 fl schuldet (1809 April 29).

TLA, Verfachbücher Hall in Tirol:

1803, fol. 567r–v: Hofer zitiert den Weinmesser von Hall Simon Prantl vor Gericht, um von diesem ein Zeugnis über Branntwein abzufordern, den er einem gewissen Georg *Thalhamer* zu Kapfing im salzburgischen Gericht Kropfsberg verkauft hat. Dieser lässt festhalten (1803 August 8), der Branntwein sei von guter Qualität, eine andere Lieferung (im Jänner) hingegen „etwas rötlicht, doch gut" gewesen. Prantls eigenhändige Unterschrift.

SLA, Verfachbücher Meran:

1800, fol. 887r–888r (September 12): Hofer hat dem Franz *Wal(l)nöfer* drei Pferde überlassen, die dieser im „Welschland" verkaufen sollte. Wallnöfer hat zwei um 398 fl verkauft, das dritte Hofer zurückgebracht, der ihm für seine Dienste 98 fl überlässt. Damit schuldet Wallnöfer Hofer 300 fl; dieser hat bereits einen Teilbetrag bei Gericht hinterlegt, den Rest kann er nicht aufbringen. Deshalb hat sich Michael Ennemoser, Wirt in der Viehscheid in Algund, verpflichtet, Hofer bis Lichtmess die fehlenden 192 fl zu übergeben (eigenhändige Unterschrift Ennemoser).

1803, fol. 782v–784r (September 30): Durch Urteil vom 3. Juni 1803 wurde vom Stadt- und Landgericht Meran anerkannt, dass Joseph Haller, *Greill* von Dorf Tirol, Hofer 120 fl aus einem Pferdehandel schuldig sei, zusätzlich der Gerichtskosten von 6 fl 18 xr. Die Ehefrau Hallers, Maria *Mummelterin*, bittet nun, Hofer möge sich mit dem Einfordern der 126 fl 18 xr bis Martini gedulden.

1804, fol. 178v–180r (Jänner 28): Die 126 fl 18 xr samt Unkosten erlegt statt oben erwähnter *Mummelterin* Jakob *Flarrer* von Dorf Tirol, die Schuldnerin verpflichtet sich deshalb, diesem das Geld mit Zinsen zurückzuerstatten. Als Gewalthaber Hofers fungiert Franz Anton *Tschohl* in diesen Verhandlungen (eigenhändige Unterschrift), der von Hofer legitimiert ist, das Geld in Empfang zu nehmen. Im Verfachbuch sind zwei Autographen Hofers eingebunden (1803 Juli 12, 1804 Februar 3, s. o.).

7. Anhang

7.1. Abkürzungsverzeichnis

AFA = Alte Feldakten
A. H., AH = Andreas Hofer
ASBz = Staatsarchiv Bozen
Autogr. = Autograph
AVA = Allgemeines Verwaltungsarchiv, Wien
Bay. Archiv = Bayerisches Archiv
Bd. = Band
BSB = Bayerische Staatsbibliothek München
Cim. = Zimelien
dat. = datiert
Dip. = Dipauliana
d. M. = des Monats
ebd. = ebenda
E. k. H. = Eure/Euer kaiserliche Hoheit
E. M. = Eure/Euer Majestät
etc. = et caetera
Fasz. = Faszikel
FB = Ferdinandeums-Bibliothek
fl = Gulden
FN = Fußnote
fol. = Folio, Blatt
HHStA = Haus-, Hof- und Staatsarchiv Wien
i. r. = imperialregio
Jüng. Gub. = Jüngeres Gubernium
k. b. = königlich bayerisch
k. k. = kaiserlich-königlich
lit. = litera, Buchstabe
LL. MM. = loro Maestà
L. S., LS = Locus Sigilli

masch. = maschinschriftlich
m. p., mp = manu propria
o. D. = ohne Datum
ÖNB = Österreichische Nationalbibliothek Wien
o. J. = ohne Jahr
o. O. = ohne Ort
Orig.-Pap. = Original-Papier
o. S. = ohne Siegel
ÖStA = Österreichisches Staatsarchiv
Pap. = Papier
Pos. = Position
r = recto, Vorderseite
S. = Seite, Seine
S. A. = Sua Altezza
S. A. I. = Sua Altezza Imperiale
S. A. R. = Sua Altezza Regia
s. o. = siehe oben
Se. = Seine
S. E. = Seine Exzellenz
Sep.-Fasz. = Separat-Faszikel
SLA = Südtiroler Landesarchiv
Sr. = Seiner
TLA = Tiroler Landesarchiv
TLMF = Tiroler Landesmuseum Ferdinandeum
v = verso, Rückseite
vgl. = vergleiche
W = Werner-Winkler-Sammlung
zit. = zitiert
xr = Kreuzer

7.2. Maße, Gewichte und Währungen[1]

1 Gulden (fl) = 60 Kreuzer (xr)
1 Kreuzer = 4 Vierer (fr)
Dukaten und Souverains d'or: Goldmünzen. Unter Joseph II. wurde in Hall hochkarätiges Gold zu Dukaten, geringerhaltiges zu Souverains d'or geprägt. Der Höhepunkt der Goldprägung in Hall lag in den Jahren 1786 und 1787, unter Franz II./I. wurde sie eingestellt (Moser/Rizzolli/Tursky, Münzbuch, 178–179).
1 Pfund = 500 Gramm
1 Zentner = 100 Pfund
1 Sam/Saum = die Last, die ein Pferd oder ein Maultier tragen kann = 3 Zentner oder 3 Yhren
1 Fuder/Wagen = 4 Sam/Saum

---

[1] Falls nicht anders angegeben nach: Stolz, Rechtsgeschichte, 274, 281.

2 Star = 1 Wiener Eimer. Rottleuthner gibt 1 „alten" Star (im Unterschied zum Futterstar: 45,154 Liter und Zehentstar: 32,664 Liter) in Passeier mit 23,058 Litern an, unterteilt in 12 „Massl" (Rottleuthner, Localmasse, 68, 77, 80).

1 Yhre (von urna) = 12 Pazeiden, 1 Yhre entspricht in Meran 78,92 Litern, allgemein wird sie mit 76 Litern gleichgesetzt, d. h. 1 Pazeide = 6,3 Liter. Die Weinyhre in Passeier (im Unterschied zu Vogtei-, Most- und Praschletyhre) war gleich jener von Meran in 12 Pazeiden unterteilt und die Pazeide wiederum in 6 Ortsmaße (Rottleuthner, Localmasse, 54).

1 Yhre = 1 3/8 österreichische Eimer = 55 Wiener Maß (laut Verordnung des Guberniums von 1779 Juni 28; TLMF, Dip. 1215, Nr. 57).

7.3. Verzeichnis der benützten Quellen und Literatur

Ungedruckte Quellen aus folgenden Archiven und Museen:

Tiroler Landesmuseums Ferdinandeum (TLMF), Bibliothek (Innsbruck)
Tiroler Landesmuseum Ferdinandeum (TLMF), Historische Sammlung (Innsbruck)
Tiroler Landesarchiv (TLA), Innsbruck
Stadtarchiv Hall in Tirol
Stadtarchiv Innsbruck
Archiv der Matrikelstiftung (früher Tiroler Adelsmatrikel), Innsbruck
Brenner-Archiv (Innsbruck)
Archiv Stift Stams
Archiv der Franziskanerprovinz Tirol (Schwaz)
Kaiserjägermuseum Innsbruck
Heimatmuseum Fügen im Zillertal
Museum im Grünen Haus (Reutte)

Südtiroler Landesarchiv (SLA), Bozen
Staatsarchiv Bozen (ASBz)
Stadtarchiv Bozen
Stadtarchiv Meran
Museum Passeier – Andreas Hofer (Sandhof)
Gemeindearchiv Salurn

Biblioteca Comunale (Trient)
Archiv der Generalgemeinde Fleims (Cavalese)

Österreichisches Staatsarchiv (ÖStA): Abteilung AVA (Wien)
Österreichisches Staatsarchiv (ÖStA): Abteilung Kriegsarchiv (Wien)
Haus-, Hof- und Staatsarchiv (HHStA), Wien
Österreichische Nationalbibliothek (ÖNB), Wien
Heeresgeschichtliches Museum Arsenal Wien
Wiener Stadt- und Landesbibliothek

Salzburger Landesarchiv (Salzburg)
Oberösterreichisches Landesarchiv (Linz)

Bayrisches Hauptstaatsarchiv (München)
Bayerische Staatsbibliothek (BSB), München
Germanisches Nationalmuseum (Nürnberg)
Staatsbibliothek Berlin – Preußischer Kulturbesitz
Stadtarchiv Hannover

Autographensammlung „Dr. Georg Heberlein" der Bibliothek am Guisanplatz, Bern

British Library (London)

Privatbesitz Nord- und Südtirol

Ungedruckte Quellen

Giovanelli, Gottfried von, Giovanellische Familiengeschichte, Band V, Buch VII, 2. Teil (1807–1812), [Bozen 1924], S. 3551 (TLA, Mikrofilm-Rolle 1235, Abschn. 3).
Memoires de Mais von P. Thomas Voglsanger, teilweise Abschrift in TLA, Materialiensammlung Rapp, Schuber 12.
Sieberer, Jakob, Beschreibung der tirolischen Landesvertheidigung vom Monathe Aprill bis 6ten December 1809, bezeichnet „Tagebuch des Jak. Sieberer. Aus Materialien zu Rapp 1809 No 6, Bd 13", TLA, Materialiensammlung Rapp, Schuber 13, Nr. 6.

Gedruckte Quellen

Blaas, Mercedes (Hg.), Der Aufstand der Tiroler gegen die bayerische Regierung 1809 nach den Aufzeichnungen des Zeitgenossen Josef Daney (= Schlern-Schriften 328), Innsbruck 2005.
Gemeinde Martell (Hg.), Frühmesserbuch. Marteller Chronik des Josef Eberhöfer bearbeitet von Frau Antonia Perkmann-Stricker, Lana 1991.
Zingerle, Ignaz von/Egger, Josef (Hgg.), Die Tirolischen Weisthümer, IV. Theil: Burggrafenamt und Etschland. Erste Hälfte (= Oesterreichische Weisthümer gesammelt von der Kaiserlichen Akademie der Wissenschaften. Fünfter Band. Die Tirolischen Weisthümer. IV. Theil, erste Hälfte), Wien 1888.

Nachschlagewerke und Bibliographien

Adelung, Johann Christoph, Grammatisch-kritisches Wörterbuch der Hochdeutschen Mundart, Leipzig 1793 (http://www.zeno.org/Adelung-1793).
Fischnaler, Konrad, Tirolisch-Voralberg'scher Wappenschlüssel. 1. Teil, 2. bis 5. Folge (= Ausgewählte Schriften 3), Innsbruck 1938.
Ders., Tirolisch-Voralberg'scher Wappenschlüssel. 2. Teil, 1. und 2. Folge (= Ausgewählte Schriften 4), Innsbruck 1940.
Ders., Tirolisch-Voralberg'scher Wappenschlüssel. 1. Teil, 5. Folge (= Ausgewählte Schriften 6), Innsbruck 1941.
Hochenegg, Hans, Bibliographie zur Geschichte des Tiroler Freiheitskampfes von 1809 (= Hermann Wopfner/Franz Huter [Hgg.], Tiroler Bibliographien, bearbeitet von der Universitätsbibliothek Innsbruck, Heft 1), Innsbruck 1960.
Instanzen-Schematismus für Tyrol und Vorarlberg 1805, Innsbruck 1805.
Rottleuthner, Wilhelm, Die alten Localmasse und Gewichte nebst den Aichungsvorschriften bis zur Einführung des metrischen Mass- und Gewichtssystems und der Staatsaichämter in Tirol und Vorarlberg, Innsbruck 1883.
Wurzbach, Constantin, Andreas Hofer, in: Ders., Biographisches Lexikon des Kaisertums Österreich. Neunter Teil, 1863 (Austrian Literature Online: www.literature.at, http://www.literature.at:80/webinterface/library/ALO-BOOK_V01?objid=11812; Abfragedatum: 1. April 2006).

Zeitungen und Zeitschriften

Die Heimat
Dolomiten
Gaismair-Kalender
Innsbrucker Nachrichten
Innsbrucker Zeitung
Maiser Wochenblatt
Oesterreichs Illustrierte Zeitung
Reimmichls Volkskalender
Der Sammler. Blätter für tirolische Heimatkunde und Heimatschutz
Der Schlern
Tiroler Anzeiger
Tiroler Tageszeitung
Der Volksbote
Wiener Abendpost

Auktionskataloge

Auktion LXXXVII. Autographen, Versteigerung zu Leipzig bei C. G. Boerner den 19. u. 20. Februar 1907.
Newe Zeitungen. Relationen, Flugschriften, Flugblätter, Einblattdrucke von 1470 bis 1820, Katalog 70, J. Halle Antiquariat München 1929.
Hartung & Hartung München, Auktion 107, 13.–15. Mai 2003, Wertvolle Bücher Manuskripte Autographen.
Jahrbuch der Auktionspreise für Bücher, Handschriften und Autographen. Ergebnisse der Auktionen in Deutschland, den Niederlanden, Österreich und der Schweiz, Band 42/1991, Stuttgart 1992.
Jahrbuch der Auktionspreise für Bücher, Handschriften und Autographen. Ergebnisse der Auktionen in Deutschland, den Niederlanden, Österreich und der Schweiz, Band 47/1996, Stuttgart 1997.
Jahrbuch der Auktionspreise für Bücher, Handschriften und Autographen. Ergebnisse der Auktionen in Deutschland, den Niederlanden, Österreich und der Schweiz, Band 48/1997, Stuttgart 1998.
Jahrbuch der Auktionspreise für Bücher, Handschriften und Autographen. Ergebnisse der Auktionen in Deutschland, den Niederlanden, Österreich und der Schweiz, Band 50/1999, Stuttgart 2000.
Online-Katalog Kotte-Autographs Stuttgart (http://ssl.kotte-autographs.com/produkte).
Kronenberg AG, Historische Dokumente, Autographen. Fernauktion, Dienstag, 17. Juni 1997.
Kronenberg AG, Fernauktion 14. Dezember 1991, Teil III: Autographen Historische Dokumente.
Auktionshaus Kronenberg, Fernauktion vom 10. Februar 2004, Internetkatalog.
Auktionskatalog Sothebys.
Stargardt J. A., Berlin, Sammlung von 119 Briefen und Urkunden zur Geschichte der Tiroler Freiheitskämpfe, Versteigerungskatalog 22.10.1910.
Auktion Stargardt, 3./4. März 1994, 196–197. (Nr. 1459).
Auktion Stargardt 1996, 663, Nr. 1367.
Auktionskatalog Tenner 126, Heidelberg, 6. Mai 1980.
Venator & Hanstein. Bücher Graphik Autographen, Auktion 96, 24. März 2006, Köln.

Literatur

Achenrainer, Annemarie, Anna Ladurner – die Frau Andreas Hofers, in: Tiroler Tageszeitung 1959, Nr. 186, Beilage S. 15.
Achleitner, Arthur, Zeugen des Widerstandes 1809. Stöffele. Lebensbild eines tirolischen Heldenpriesters, Arzl im Pitztal 1984.
Aegerter, L., Ein bayrischer Kriegsgefangener über Andreas Hofer, ausgeschnittener Zeitungsartikel ohne Zitat, TLMF FB 101877.
Ammann, Gert/Forcher, Michael, 1809 – Der Tiroler Freiheitskampf in Bildern von Franz v. Defregger und Albin Egger-Lienz. Eine Ausstellung des Arbeitskreises Meran in Zusammenarbeit mit der Südtiroler Landesregierung, dem Meraner Museum und der Kurverwaltung Meran. Kurhaus Meran, 31. März – 30. Juni 1984, Lana/Meran 1984.
Anonym, Leben und Thaten des ehmahligen Tyroler Insurgenten-Chefs Andreas Hofer aus authentischen Quellen gezogen. Mit seinem Brustbilde, Berlin 1810.
Atz, Karl/Schatz, Adelgott, Der deutsche Anteil des Bistums Trient. Topographisch-historisch-statistisch und archäologisch beschrieben und herausgegeben, V. Band: Das Dekanat Passeier und Schlanders und die deutschen Seelsorgen in den italienischen Dekanaten und Landesteilen der Diözese Trient, Bozen 1910.
Augschöll, Annemarie, Schüler und Schulmeister: im Spiegel der österreichischen und tirolischen Verordnungen, Innsbruck 2000.
Bartholdy, J[akob] L[udwig] S[alomon], Der Krieg der Tyroler Landleute im Jahre 1809, Berlin 1814.
Baur, C. [Carl von], Der Krieg in Tirol während des Feldzugs von 1809, mit besonderer Hinsicht auf das Corps des Obersten Grafen von Arco. Mit Anmerkungen über die Natur des Krieges in diesem Gebirgslande, nebst einer Charte des Kriegsschauplatzes, München 1812.
Anonym [Becker, Gottfried Wilhelm], Andreas Hofer und der Freiheitskampf in Tyrol 1809, Leipzig 1841.
Benedikter, Hans, Was hat uns Gaismair noch heute zu sagen?, in: Fridolin Dörrer (Hg.), Die Bauernkriege und Michael Gaismair. Protokoll des internationalen Symposions vom 15. bis 19. November 1976 in Innsbruck-Vill (= Fridolin Dörrer [Hg.], Veröffentlichungen des Tiroler Landesarchivs 2), 29–35.

Bertagnolli, Paul, Spätaufklärung in Tirol? Die Gelehrten, der Krieg und das Wunder – Zwischen Spätaufklärung und romantischer Reaktion, Dipl. Innsbruck 1998.
Blaas, Mercedes (Hg.), Der Aufstand der Tiroler gegen die bayerische Regierung 1809 nach den Aufzeichnungen des Zeitgenossen Josef Daney (= Schlern-Schriften 328), Innsbruck 2005.
Böhm, Karl, Weniger Bekanntes von Andreas Hofer u. Peter Mayr, in: Dolomiten 1951, Nr. 41, 3–4.
Braun, Oliver, Ein biographisches Projekt als methodischer Hürdenlauf. Person und politisches Weltbild des CSU-Politikers Alois Hundhammer (1900–1974), in: Hannes Obermair/Carlo Romeo (Hgg.), Biographien/Vite di provincia (= Geschichte und Region/Storia e regione, 11. Jg. [2002], Heft 1), Innsbruck/Wien/München/Bozen 2002, 11–36.
Bruckmüller, Ernst, Sozialgeschichte Österreichs, Wien/München 1985.
Chorherr, Thomas (Hg.), Große Österreicher, Wien 1985.
Cole, Laurence, „Für Gott, Kaiser und Vaterland". Nationale Identität der deutschsprachigen Bevölkerung Tirols 1860–1914 (= Südtiroler Landesarchiv [Hg.], Studien zur historischen Sozialwissenschaft des Ludwig-Boltz-Instituts, 28), Übers. Charlotte Tacke, Frankfurt/New York 2000.
Ders., Nation, anti-enlightenment, and religious revival in Austria: Tyrol in the 1790s, in: The Historical Journal, 43, 2 (2000), 475–497.
Duerr, Hans Peter, Nacktheit und Scham (= Der Mythos vom Zivilisationsprozeß, 1), Frankfurt a. M. ²1988.
Durchhardt, Heinz, Das Zeitalter des Absolutismus (= Jochen Bleicken u. a. [Hgg.], Oldenbourg Grundriss der Geschichte, 11), München ³1998.
Egg, Erich, Das Leben des Volkes, in: Tiroler Landesmuseum Ferdinandeum Innsbruck (Hg.), Die Tirolische Nation 1790–1820. Landesausstellung 6. Juni – 14. Oktober 1984, Innsbruck ²1984, 82–96.
Ders., Die tirolische Gesellschaft, in: Tiroler Landesmuseum Ferdinandeum Innsbruck (Hg.), Die Tirolische Nation 1790–1820. Landesausstellung 6. Juni – 14. Oktober 1984, Innsbruck ²1984, 19–23.
Ders., Die tirolische Nation, in: Tiroler Landesmuseum Ferdinandeum Innsbruck (Hg.), Die Tirolische Nation 1790–1820. Landesausstellung 6. Juni – 14. Oktober 1984, Innsbruck ²1984, 6–7.
Ders., Die Volksreligiosität, in: Tiroler Landesmuseum Ferdinandeum Innsbruck (Hg.), Die Tirolische Nation 1790–1820. Landesausstellung 6. Juni – 14. Oktober 1984, Innsbruck ²1984, 114–118.
Feichtinger, Josef, Tirol 1809 in der Literatur. Eine Textsammlung ausgewählt und kommentiert von Josef Feichtinger (= Literarische Zeugnisse aus Tirol 4), Bozen 1984.
Fink, Monika, „Tanzen gehöret zum festlichen Tag" (Johann Wolfgang von Goethe). Tanzkultur und Tanzleben in Tirol, in: Johann Holzner/Elisabeth Walde (Hgg.), Brüche und Brücken. Kulturtransfer im Alpenraum von der Steinzeit bis zur Gegenwart, Aufsätze. Essays, Wien/Bozen 2005, 211–222.
Fontana, Josef, Das Südtiroler Unterland in der Franzosenzeit 1796–1814. Voraussetzungen – Verlauf – Folgen (= Schlern-Schriften 304), Innsbruck 1998.
Ders., Truden in der Franzosenzeit (17699–1814), in: Gemeinde Truden (Hg.), Truden, [Truden] 2005, 169–216.
Forcher, Michael, Andreas Hofer Vorbild oder Mythos? Zum 200. Geburtstag des Sandwirts, in: Der Volksbote, Jg. 67 (1967), Nr. 47, 3–4.
Ders., „Die Szene, die ich sah, war schrecklich". Der Tiroler Freiheitskampf von 1809 in Augenzeugenberichten, in: Reimmichls Volkskalender, 63. Jg. (1984), Innsbruck/Wien/München 1984, 62–72.
Förster, Friedrich, Beiträge zur neueren Kriegsgeschichte, Erster Band, Berlin 1816.
Gögele, Judith, Transportwesen, Wirtschaft und Gesellschaft des Passeiertales in der Frühen Neuzeit, Dipl. Innsbruck 1998.
Gögele, Karl, Andreas Hofer in den Pfarrmatriken, in: Der Schlern, 1. Jg. (1920), 364–365.
Graf, Werner, St. Leonhard Passeier, Band II: Häuser- und Höfegeschichte, Marktgemeinde St. Leonhard (Hg.), St. Leonhard 1993.
Granichstaedten-Czerva, Rudolf, Andreas Hofer als Schiedsrichter in einem Weidestreit, in: Dolomiten 1947, Nr. 249, 4.
Ders., Andreas Hofers alte Garde, Innsbruck 1932.
Ders., Die Handschrift Andreas Hofers, in: Tiroler Anzeiger, 1926, Nr. 284, 12.
Ders., Ein neuentdecktes Dokument Andreas Hofers, in: Innsbrucker Zeitung, 1934, Nr. 235, 10.
Ders., Matthias von Lama. Andreas Hofers Geheimsekretär, in: Tiroler Anzeiger, 1931, Nr. 83, 5–6.
Ders., Vom Hirtenbub zum Universitätsprofessor (Dr. Josef Ennemoser), in: Tiroler Anzeiger, Innsbruck 1929, Nr. 122.
Greiter, Alois, Gerichts- und Gemeindegeschichte, in: Marktgemeinde St. Leonhard in Passeier (Hg.), St. Leonhard Passeier, Band I: Geschichte und Gegenwart, St. Leonhard 1993, 47–124.

Gruber, Max, Bruneck und das westliche Pustertal im Jahre 1809 (= Schlern-Schriften 86), Innsbruck 1952.

Hamm, Margot, Die bayerische Integrationspolitik in Tirol 1806–1814 (= Kommission für bayerische Landesgeschichte bei der Bayerischen Akademie der Wissenschaften [Hg.], Schriftenreihe zur bayerischen Landesgeschichte 105), München 1996.

Hartungen, Christoph, Michael Gaismair (ca. 1490–1532) und Andreas Hofer (1767–1810): Zwei Tiroler Freiheitskämpfer?, in: Michael-Gaismair-Gesellschaft (Hg.), Gaismair-Kalender 1984, Innsbruck 1984, 106–110.

Heigel, Karl Theodor, Andreas Hofer. Ein Vortrag von Dr. Karl Theodor Heigel, München 1875.

Heise, Ulla, Der Gastwirt. Geschäftsmann und Seelentröster, Leipzig 1993.

Heiss, Hans, 1809–2009, un approccio al bicentenario tirolese, in: Museo storico in Trento onlus (ed.), Archivio trentino: rivista di studi sull'età moderna e contemporanea, 1/2006, 5–18.

Ders., Grenzen und Transhumanzen: Politische, administrative, wirtschaftliche und kulturelle Übergangszonen in Tirol zwischen 1780 und 1848, in: Hans-Christian Maner (Hg.), Grenzregionen der Habsburgermonarchie im 18. und 19. Jahrhundert. Ihre Bedeutung und Funktion aus der Perspektive Wiens (= Mainzer Beiträge zur Geschichte Osteuropas 1), Münster 2005, 167–183.

Hermanns, Fritz, „Volk" und „Nation". Zur Semantik zweier geschichtsträchtiger Begriffe, in: Der Deutschunterricht. Beiträge zu seiner Praxis und wissenschaftlichen Grundlegung, 55. Jg. (1003), Heft 2, 26–36.

Hinrichs, Ernst, Wie viele Menschen konnten um 1800 lesen und schreiben?, in: Helmut Ottenjann/Günter Wiegelmann (Hgg.), Alte Tagebücher und Anschreibebücher. Quellen zum Alltag der ländlichen Bevölkerung in Nordwesteuropa (= Beiträge zur Volkskultur in Nordwestdeutschland 33), Münster 1982, 85–103.

Hirn, Josef, Tirols Erhebung im Jahre 1809, Innsbruck ²1909.

Hochenegg, Hans, Bruderschaften und ähnliche religiöse Vereinigungen in Deutschtirol bis zum Beginn des zwanzigsten Jahrhunderts (= Schlern-Schriften 272), Innsbruck 1984.

Hofer, Heinrich, Zur Persönlichkeit Andreas Hofers, in: Tourismusverein St. Leonhard, St. Martin, Hinterpasseier (Hg.), Andreas Hofer Woche 8.–15.6.1997 Passeiertal. Festschrift, St. Leonhard, o. J.

Hörmann, Ludwig von, Andreas Hofer als Poet, in: Bothe für Tirol und Vorarlberg, 1900, 2024, 2037.

Ders., Der Adjutant des Sandwirts, in: Bote für Tirol und Vorarlberg, 86. Jg. (1900), Nr. 89, 768–769.

[Hormayr, Josef von], Geschichte Andreas Hofer's, Sandwirths aus Passeyr, Oberanführers der Tyroler im Kriege von 1809, Leipzig/Altenburg 1817.

Ders. (Hg.), Taschenbuch für vaterländische Geschichte, 29. Jahrgang der gesamten und 11. der neuen Folge, Leipzig 1840.

Hye, Franz-Heinz, Andreas Hofers Aufstieg zum „Oberkommandanten in Tirol", in: Der Schlern, Jg. 58 (1984), 187–194.

Ders., Die Tiroler Schützen und ihre Geschichte. In Nord und Süd, in Vergangenheit und Gegenwart. In Grundzügen, Bozen 2001.

Ders., Die Siegel Andreas Hofers. Eine sphragistisch-historische Studie zur Geschichte der Erhebung Tirols im Jahre 1809, in: Tiroler Numismatische Gesellschaft (Hg.), Haller Münzblätter. Nachrichten der Tiroler numismatischen Gesellschaft Hall in Tirol, Bd. 1, März 1973, Nr. 6, 3–11.

Ders., Geschichte von Algund bei Meran. Historisches Antlitz einer Tiroler Dorfgemeinde, Algund 1986.

Innerhofer, Franz, Geschichte Andreas Hofers Oberkommandanten der Landesverteidiger von Tirol im Jahre 1809. Nach den hinterlassenen Schriften Josef Thalers und Johann Jakob Pölls herausgegeben von Dr. Franz Innerhofer, Meran 1904.

Innerhofer, F[ranz] (Hg.), Die Heimat. Blätter für tirolische Heimatkunde, Jg. 1912, Heft 8.

Jäger, Georg, Kleinhäusler und Schellenschmiede, Früchtehändler und Pfarrwirte. Zur Tradition ländlicher Gewerbe in Tirol (= Tiroler Wirtschaftsstudien. Schriftenreihe der Jubiläumsstiftung der Kammer der gewerblichen Wirtschaft 56), Innsbruck 2005.

Katalog der Erzherzog Carl-Ausstellung zur Jahrhundertfeier der Schlacht bei Aspern, Wien 1909.

Kirchmair, Fritz, Tirol von 1805–1815 aus bayerischer und österreichischer Sicht, [Schwoich 1995].

Köfler, Werner, Tirol 1809–1984. Neue Literatur über den Tiroler Aufstand aus Anlaß des Gedenkjahres, in: Innsbrucker Historische Studien 9 (1986), Wien 1986, 253–260.

Kolb, Franz, Das Tiroler Volk in seinem Freiheitskampf 1796–1797, Innsbruck 1957.

Kölzer, Theo, Diplomatik und Urkundenpublikationen, in: Toni Diederich/Joachim Oepen (Hgg.), Historische Hilfswissenschaften. Stand und Perspektiven der Forschung, Köln/Weimar/Wien 2005, 7–34.

Kramer, Hans, Andreas Hofer (= An der Etsch und im Gebirge IX), Brixen o. J.

Ders., Erzherzog Johann und Tirol 1790 bis 1814, in: Hans Kramer et al., Erzherzog Johann und Tirol (= Schlern-Schriften 201), Innsbruck 1959, 9–71.
Kramer, Hans/Pfaundler, Wolfgang/Egg, Erich, Tirol 1809. Ein Bildwerk, Innsbruck 1959.
Kühebacher, Egon (Hg.), Tirol im Jahrhundert nach Anno Neun (= Beiträge der 5. Neustifter Tagung des Südtiroler Kulturinstitutes, Schlern-Schriften 279), Innsbruck 1986.
Künigl, Erich Graf, Marschbefehl eines Gefangenentransportes von Andreas Hofer, in: Der Schlern, 51. Jg. (1977), Heft 12, 690–691.
Lanthaler, Maria, Das Schulwesen, in: Marktgemeinde St. Leonhard (Hg.), St. Leonhard Passeier, Band I: Geschichte und Gegenwart, [St. Leonhard] 1993, 301–333.
Mader, Monika, Die Pfarre des Deutschen Ordens in St. Leonhard in Passeier von 1219 bis zur Gegenwart, Diss. Innsbruck 1986.
Mahlerwein, Gunter, Die Herren im Dorf. Bäuerliche Oberschicht und ländliche Elitenbildung in Rheinhessen 1700–1850 (= Heinz Durchhardt [Hg.], Veröffentlichungen des Instituts für Europäische Geschichte Mainz, Abteilung für Universalgeschichte, 189; Historische Beiträge zur Elitenforschung 2), Mainz 2001.
Maretich von Riv-Alpon, Gedeon Freiherr von, Die vierte Berg Isel-Schlacht am 13. August 1809. (Gefechte in der Umgebung von Innsbruck am 11., 13. und 14. August, sowie im Unter-Innthale bis 17. August 1809), Innsbruck 1899.
Meisner, Heinrich Otto, Archivalienkunde vom 16. Jahrhundert bis 1918, Göttingen 1969.
Ders., Urkunden- und Aktenlehre der Neuzeit, Leipzig 1950.
Moroder-Rudolfine, Rudolf, Ein unbekanntes Schreiben Andreas Hofers?, in: Der Schlern, 28. Jg. (1954), 2. Heft, 50.
Moser, Heinz, Die Schildhöfe im Passeier. Vom mittelalterlichen Edelsitz zum Bauernhof (= Schriftenreihe des Südtiroler Kulturinstitutes 15), Bozen 1988.
Moser, Heinz/Tursky, Heinz, Die Münzstätte Hall in Tirol 1665–1809, Innsbruck 1981.
Moser, Heinz/Rizzolli, Helmut/Tursky, Heinz, Tiroler Münzbuch. Die Geschichte des Geldes aus den Prägestätten des alttirolischen Raumes, Innsbruck 1984.
Mühlberger, Georg, Absolutismus und Freiheitskämpfe (1665–1814), in: Josef Fontana u. a., Geschichte des Landes Tirol Band 2, Bozen 1986, 290–579.
Neuner, Meinhard, Tiroler Postgeschichte, in: Tiroler Landesmuseum Ferdinandeum (Hg.), 500 Jahre Post in Tirol 1490–1990. Tiroler landeskundliches Museum im Zeughaus Kaiser Maximilians I. Innsbruck 3. Mai bis 30. September 1990, 7–48.
Oberhofer, Andreas, „Ih wuaß mir nit z'helfen": Die tragische Unentschlossenheit Andreas Hofers, in: Robert Rebitsch/Elena Taddei (Hgg.), Politik Konflikt Gewalt (= Innsbrucker Historische Studien 25), Innsbruck 2007, 203–220.
Osti, Giuseppe, Philipp Jacob Tangl e la riforma scolastica del Tirolo nella seconda metà del Settecento, in: Memorie dell'Accademia Roveretana degli Agiati a. 250, ser. II, Bd. III, Rovereto 2000, 35–46.
Öttl, Florian, Die Pfarrei St. Leonhard. Ihre Bruderschaften und religiösen Vereinigungen, Dipl. Brixen 1997.
Paulin, Karl, Andreas Hofer und Innsbruck, in: Landesverkehrsamt für Tirol Innsbruck (Hg.), Festführer zur Landesgedenkfeier in Innsbruck 1. bis 9. September 1934, Innsbruck 1934, 14–19.
Ders., Das Leben Andreas Hofers. Nach geschichtlichen Quellen erzählt, Innsbruck ²1952.
Ders., Andreas Hofer in seinen Laufzetteln und Briefen. Ein Beitrag zu seiner Charakteristik, in: Tiroler Tageszeitung 1959, Nr. 186, Beilage S. 4.
Peter, Anton, Kajetan Sweth. Der Leidensgefährte Andreas Hofers, Innsbruck o. J.
Peternader, Anton, Tirols Landes-Vertheidigung oder bisher größtentheils noch unbekannte Biografien, Skizzen und Anekdoten merkwürdiger Tiroler Landesvertheidiger nebst dabei stattgefundenen Kämpfen, Kriegsberathungen, Reden, Kriegsgerichten, Proklamationen und Original-Korrespondenzen zwischen Ober-, Neben- u. Unterkommandanten, einer Biografie des Erzherzogs Johann, einer Geschichte der Festung Kufstein, und Streifzügen aus der älteren und neueren Geschichte Tirols, mit Kriegs- und Schützenliedern etc., Zweiter Theil, Innsbruck 1849.
Pfaundler, Wolfgang/Köfler, Werner, Der Tiroler Freiheitskampf 1809 unter Andreas Hofer. Zeitgenössische Bilder Augenzeugenberichte und Dokumente, München 1984.
Pfeifauf, Gottfried, Die Wandlungen des Hoferbildes in Tirol bis 1900, Diss. Innsbruck [1938].
Pichler, Adolf, Aus Tagebüchern 1850–1899. Der autobiographischen Werke Bd. III (= Gesammelte Werke. Vom Verfasser für den Druck vorbereitet), München/Leipzig 1905.

Pizzinini, Meinrad, Alt-Tirol im Plakat, Innsbruck 1983.

Ders., Andreas Hofer. Seine Zeit – Sein Leben – Sein Mythos, Wien 1984.

Ders., Andreas Hofer und „die grosse Schlacht in Wien" – Ein Laufzettel des Sandwirts vom 29. Mai 1809 als wertvolle Neuerwerbung, in: Veröffentlichungen des Tiroler Landesmuseums Ferdinandeum 83 (2003), 185–196.

Ders., Die „Tiroler Nation" und das „Heilige Land Tirol", in: Tiroler Geschichtsverein am Tiroler Landesmuseum Ferdinandeum (Hg.), Klischees im Tiroler Geschichtsbewusstsein. Symposium anlässlich des zehnjährigen Bestehens des Tiroler Geschichtsvereins 8. bis 10. Oktober 1992, Tiroler Landeskundliches Museum im Zeughaus Kaiser Maximilians I. in Innsbruck, redigiert von Rudolf Palme, Innsbruck 1996, 51–61.

Ders., Tirol in den Franzosenkriegen 1796–1814, in: Tiroler Landesmuseum Ferdinandeum Innsbruck (Hg.), Die Tirolische Nation 1790–1820. Landesausstellung 6. Juni – 14. Oktober 1984, Innsbruck ²1984, 191–217.

Ders., Zur Entstehung des Andreas-Hofer-Bildes, in: Egon Kühebacher (Hg.), Tirol im Jahrhundert nach Anno Neun (= Beiträge der 5. Neustifter Tagung des Südtiroler Kulturinstitutes, Schlern-Schriften 279), Innsbruck 1986, 57–66.

Rapp, Josef, Tirol im Jahre 1809. Nach Urkunden dargestellt, Innsbruck 1852.

Riccadonna, Graziano, Il giovane Andreas Hofer a Ballino nelle Giudicarie, in: PassatoPresente. Contributo alla storia della Val del Chiese e delle Giudicarie 7, Storo 1985, 67–92.

Rigo, Bernadette, Die Regierung des Brixner Fürstbischofs Karl Franz Graf Lodron nach der Säkularisation des Hochstifts (1803–1828), Diss. Innsbruck 1981.

Rizzolli, Helmut, Ein Amtsschreiben über Andreas Hofer aus dem Jahre 1807, in: Der Schlern, 48. Jg. (1974), Heft 11, 568–571.

Sander, Hermann, Matthias Purtscher aus Bludenz, der Adjutant Andreas Hofers. Mit einem Bildnisse Purtschers und einem Anhange über einige bemerkenswerte, aber wenig bekannte Bludenzer, Innsbruck 1913.

Santifaller, Leo, Eine Kastelruther Schützenrechnung vom Jahre 1809. Mit einem Anhang. In: Der Schlern, 7. Jg. (1926), 349–355.

Sauser, Ekkart, Antonius Abbas (der Große), Stern der Wüste, Vater der Mönche, in: Wolfgang Braunfels (Hg.), LCI. Lexikon der christlichen Ikonographie. Ikonographie der Heiligen Aaron bis Crescentianus von Rom (= Band 5), Rom/Freiburg/Basel/Wien 1973, 206–218.

Scheichl, Sigurd Paul, 1809 – Eine Geschichte – Viele Bedeutungen, in: Tiroler Geschichtsverein am Tiroler Landesmuseum Ferdinandeum (Hg.), Klischees im Tiroler Geschichtsbewusstsein. Symposium anlässlich des zehnjährigen Bestehens des Tiroler Geschichtsvereins 8. bis 10. Oktober 1992, Tiroler Landeskundliches Museum im Zeughaus Kaiser Maximilians I. in Innsbruck, redigiert von Rudolf Palme, Innsbruck 1996, 137–159.

Schemfil, Viktor, Der Tiroler Freiheitskrieg 1809. Eine militärhistorische Darstellung. Für den Druck vorbereitet und herausgegeben von Bernhard Mertelseder (= Schlern-Schriften 335), Innsbruck 2007.

Schenda, Rudolf, Volk ohne Buch. Studien zur Sozialgeschichte der populären Lesestoffe 1770–1910 (= Studien zur Philosophie und Literatur des neunzehnten Jahrhunderts 5), Frankfurt am Main 1970.

Schennach, Martin, Der Tiroler Aufstand von 1809 und die „neue Militärgeschichte", in: Christoph Haidacher/Richard Schober (Red.), Bericht über den 24. Österreichischen Historikertag in Innsbruck (= Veröffentlichungen des Verbandes Österreichischer Historiker und Geschichtsvereine, 33), Innsbruck 2006, 386–400.

Schikorsky, Isa, Private Schriftlichkeit im 19. Jahrhundert. Untersuchungen zur Geschichte des alltäglichen Sprachverhaltens „kleiner Leute" (= Helmut Henne/Horst Sitta/Herbert Ernst Wiegand [Hgg.], Reihe Germanistische Linguistik 107), Tübingen 1990.

Schmid, Gerhard, Akten, in: Friedrich Beck/Eckart Henning (Hgg.), Die archivalischen Quellen. Mit einer Einführung in die Historischen Hilfswissenschaften, Köln/Weimar/Wien ⁴2004, 74–110.

Schmid, Irmtraut, Briefe, in: Friedrich Beck/Eckart Henning (Hgg.), Die archivalischen Quellen. Mit einer Einführung in die Historischen Hilfswissenschaften, Köln/Weimar/Wien ⁴2004, 111–118.

Schmidtbauer, Peter, Sozial- und Wirtschaftsgeschichte im 17. und 18. Jahrhundert, in: Land Oberösterreich (Hg.), Welt des Barock. Oberösterreichische Landesausstellung 1986 25. April bis 26. Oktober 1986 im Augustiner Chorherrenstift St. Florian, Linz 1986, 197–200.

Schmölzer, Hans, Andreas Hofer und seine Kampfgenossen. Ein Jugend- und Volksbuch, Innsbruck 1900.

Schnaiter, David, „Beten für den Krieg?" Bruder Willram und der „Heilige Kampf" Tirols, Diss. Innsbruck 2002.
Schönhuth, Ottmar F. H., Andreas Hofer, der treue Commandant in Tirol, und seine braven Genossen, Reutlingen 1853.
Schreiber, Georg, Die Vierzehn Nothelfer in Volksfrömmigkeit und Sakralkultur. Symbolkraft und Herrschaftsbereich der Wallfahrtskapelle, vorab in Franken und Tirol, in: Ders., Die Vierzehn Nothelfer in Volksfrömmigkeit und Sakralkultur. Symbolkraft und Herrschaftsbereich der Wallfahrtskapelle, vorab in Franken und Tirol. Unter Mitwirkung von Balthasar Gritsch, Hans Hochenegg, Helmut Lahrkamp (= Schlern-Schriften 168), Innsbruck 1959, 11–89.
Staffler, Johann Jakob, Tirol und Vorarlberg, topographisch, mit geschichtlichen Bemerkungen, II. Band, 2. Heft, Innsbruck 1846.
Steinlechner, Siegfried, Des Hofers neue Kleider. Über die staatstragende Funktion von Mythen, Innsbruck 2000.
Steub, Ludwig, Drei Sommer in Tirol. Band 3: Südtirol (Originalausgabe Stuttgart 1871), 3., neubearbeitete Auflage, Innsbruck 1996.
Stolz, Otto, Geschichte des Landes Tirol. Erster Band, Innsbruck 1955.
Ders., Rechtsgeschichte des Bauernstandes und der Landwirtschaft in Tirol und Vorarlberg, Bozen 1949.
Ders., Verkehrsgeschichte des Jaufen, in: Festschrift zu Ehren Konrad Fischnalers (= Schlern-Schriften 12), Innsbruck 1927, 127–175.
Stutzer, Dietmar, Andreas Hofer und die Bayern in Tirol. Mit einem militärhistorischen Beitrag von Helmut Hanko, o. O. [1984].
Thonhauser, Josef, Osttirol im Jahre 1809 (= Schlern-Schriften 253), Innsbruck 1968.
Tiroler Landesmuseum Ferdinandeum (Hg.), Die Tirolische Nation 1790–1820. Landesausstellung 6. Juni – 14. Oktober 1984, Innsbruck ²1984.
Tlusty, B. Ann, ‚Privat' oder ‚öffentlich'? Das Wirtshaus in der deutschen Stadt des 16. und 17. Jahrhunderts, in: Susanne Rau/Gerd Schwerhoff (Hgg.), Zwischen Gotteshaus und Taverne. Öffentliche Räume in Spätmittelalter und Früher Neuzeit (= Gert Melville [Hg.], Norm und Struktur. Studien zum sozialen Wandel in Mittelalter und Früher Neuzeit, 21), Köln/Weimar/Wien 2004, 53–73.
Vajda, Stephan, Felix Austria. Eine Geschichte Österreichs, Wien 1980.
Viazzo, Pier Paolo, Comunità alpine. Ambiente, popolazione, struttura sociale nelle Alpi dal XVI secolo ad oggi (= Classici dell'etnografia delle Alpi [4]), San Michele all'Adige/Roma ²2001.
Vlk, Vladimir, Von Papier, Papierern und Wasserzeichen in Tirol, in: Tiroler Wirtschaft in Vergangenheit und Gegenwart. Festgabe zur 100-Jahrfeier der Tiroler Handelskammer, Band I: Beiträge zur Wirtschafts- und Sozialgeschichte Tirols (= Schlern-Schriften 77), Innsbruck 1951, 139–175.
Vogtherr, Thomas, Einführende Bemerkungen, in: Toni Diederich/Joachim Oepen (Hgg.), Historische Hilfswissenschaften. Stand und Perspektiven der Forschung, Köln/Weimar/Wien 2005, 1–6.
Voltelini, Hans von, Forschungen und Beiträge zur Geschichte des Tiroler Aufstandes im Jahre 1809, Gotha 1909.
Weber, Beda, Das Thal Passeier und seine Bewohner. Mit besonderer Rücksicht auf Andreas Hofer und das Jahr 1809, Innsbruck 1852.
Willms, Johannes, Napoleon. Eine Biographie, München ²2005.
Wurm, Hans, Zillertaler Erinnerungen an 1809 und Andreas Hofer, in: Innsbrucker Nachrichten 1935, Nr. 43, 9.

7.4. Orts- und Personenregister

Hochgestellte Zahlen verweisen auf eine Fußnote auf der betreffenden Seite.

Absam 47
Abtenau 91, 374, 433, 457, 501
Achenrain 300, 356, 401
Achental 90, 189f, 191, 298, 401, 424, 438, 539
Agordo 175
Agums 591
Ahrn 506
Aichinger, Franz Josef von 463
Aigentler, Maria 15, 25, 26[33]
Aigner, Josef 241
Ala 35, 141, 350
Alagna Valsesia 60
Albeins 246
Alberti 437
Albertin, Leonhard 129
Albertini, Johann 327f
Algund 26, 138, 183, 202, 251f, 254f, 278, 360, 368, 370, 379, 387, 504, 590f, 621f
Alpbach 264, 552
Altrasen 495
Ampezzo 233, 297, 480, 482
Amras 187f, 264, 286, 331, 338, 351, 383, 432, 517
Anfo, Rocca di 221
Angath 206
Angerberg 194
Angerer, Anna 39, 441
Antner, Martin 506
Appeller 318
Arco, Graf von 153
Arco, Max Graf von 45, 47
Aretin, Johann Georg von, 29
Arlberg 309f, 312
Armani-Zanini 26
Aschauer-Lichtenthurn, Josef Ignaz Freiherr von 315f, 513, 554f, 561, 563, 565, 585
Aschbacher, Anton 48
Atzwanger 80
Atzwanger, Anton 134
Aukenthaler, Josef 327f
Auer 124
Auer, Andreas 29, 53, 66, 80, 121, 125, 135, 148, 409, 561
Auer, Ignaz 80, 167f, 177, 179, 245, 589
Auer, Joachim 436
Auerbeck 358
Aufinger, Peter 206
Augsburg 63, 201, 456
Austerlitz 34, 225
Avanzin, Stephan 129
Avanzin, Bartholomäus 129

Awald 90
Axams 86, 258, 286, 338, 351, 492, 504, 515, 528, 532, 605

Bacher, Johann 99
Badler/Badlwirt → Eisenstecken, Josef
Baldauf, Bernhard 588
Ballinopass 26
Banat 125
von Baniza 233
Baraguay d'Hilliers, Louis Comte 22
de Barde, Peter Anton 206
Basevi, Dr. 12[16]
Bastia 459
Battig, Johann Baptist 381, 397
Bauerschafter, Josef 140f
Bauersman 206
Baumann von Tirol → Flarer, Jakob
Baumkirch → Untergereut
Baur, Carl von 23
Baur, Kaspar 396
Bayern 22–24, 34f, 37, 41–43, 45f, 50, 53f, 65, 80, 82, 88, 90, 98, 105f, 153f, 158, 160, 163, 181f, 187–189, 191, 198, 201, 204, 208f, 211, 225, 242, 257, 267, 275, 279, 281, 283f, 297, 305, 307f, 337, 342f, 385, 422f, 455f, 465, 485, 491f, 527, 542, 550, 554, 558, 560f, 563, 568, 570, 572f, 576, 582–585, 590, 598, 601f, 619f
Beauharnais, Eugène 40, 73, 92, 554f, 566–570, 572f, 581–583, 599–601
Begnudelli, Bernardo 562
Beham 410, 488
Beham, Josef 470
Beinggerter 116
Belluta 217
Benevenuti von Borghetto 138
Benigni 202
Berchtesgaden 226, 473
Bergisel 17, 35, 40, 45, 82, 90, 105, 197, 209, 211, 222, 227, 264, 271, 273, 275, 278, 280, 287, 452, 530, 535, 537, 540, 543, 547, 549, 564, 570
Bergmann, Blasius 419
Bern 456, 585
Bertagnol, Jakob 119
Bertelli 217
Bertoldi, Prof. 491
Biasi, Anton 141
Bierbaumer, Michael 101
Binder, *Pintter Joß* 127

Blattl, Christian 173
Bletzacher, Balthasar 488, 539
Bludenz 82
Bock 281, 284
Böckl (*Pöckhl*), Franz 206
Böhmen 353f
Bonaparte, Napoleon 19, 21, 24, 32, 35, 39, 44, 47, 50, 53, 73, 201, 225, 228f, 296, 343, 353, 423, 486f, 522, 541, 553–555, 560, 567, 572, 580–583
Bonn 78
Borghetto 138
Borgo 175
Boyer 571
Bozen 24, 30, 32f, 39[95], 56[178], 82, 101, 110, 139, 145, 150f, 153, 156f, 161, 169f, 175, 178f, 195, 210f, 218, 220, 245, 249, 251, 255, 259, 267f, 285, 292, 299, 306, 323, 327f, 333, 342, 347, 363–367, 379f, 402, 404f, 452, 454, 464, 483, 499, 516f, 523, 548f, 559, 561, 566, 577, 580, 582f, 586f, 600, 608, 612, 621
von Braitenberg 263, 527f
Branzoll 32, 179
Brennbichl 118f
Brenner 29, 32, 35f, 40, 65, 104, 158–161, 183–185, 189f, 191–193, 246f, 258, 266, 269, 309, 409, 447, 471, 474, 487, 508, 543, 564, 575
Brescia 165f, 171, 173
Brez 149
Brixen 33, 40, 105, 110, 153, 187, 195, 209, 239, 243f, 246, 249, 251, 255, 269, 273, 292, 297, 317, 319f, 328, 330, 362f, 378, 382, 385, 389–391, 408, 432, 455, 466, 480f, 490–492, 494, 506, 516, 531, 542f, 563, 575, 577, 582f, 590, 593, 596f, 600, 605f, 608
Brixental 91, 344, 350, 411f, 414, 433f
Brixlegg 82, 300, 343, 356, 401
Brixner Kläusl → Kläusl
Brodman 426
Bruggberger, Franz 588
Bruneck 34f, 84, 144, 183f, 235, 294, 297, 299f, 328–330, 336, 362, 372, 381, 384, 397, 443, 480, 482, 556f, 559, 596
Brunner, Johann, Höbsackerwirt in Mitterplars 261
Brunner, Johann, Oberwirt (Rösslwirt) in Schenna 195
Buchenstein 455
Bucher, Georg 528, 586
Bucherhansl 274
Buol 241
Buol, Brigade 189
Buol-Bernberg, Ignaz Freiherr von 47[138], 75, 173, 183f, 191f, 194, 210, 240, 297

Buol-Schauenstein, Karl Rudolf Freiherr von 66, 142, 439
Burgmann, Peter 492
Burgstall 360

Caldes 221
Call, Josef von 132
Calliano 167
Campi, Johann von 339, 549
Cantonati/Canzonati, Jakob (Giacomo) 217, 221, 385, 391
Cavalcabò, Dr. Giovanni Pietro Barone 319
Cavalese 46[133]
Champagny, Jean Baptiste, Duc du Cadore 77
Chasteler de Courcelles, Johann Gabriel Marquis von 21, 105, 153, 158, 160, 163, 165f, 183f, 191f, 194, 202, 458
Chiemsee 226
Chiesi 217
Chur 44, 371, 439
Cles 26, 129?, 211f
Colini, Carlo Vigilio 366
Condino 391
Costanzi 391
Craffonara → Kraffonara

Dambel 219
Dandler 195
Daney, Josef 12, 20, 22, 40, 59, 68, 74, 76, 86, 88, 90, 107f, 249, 261, 324, 507, 541, 567, 581–583, 586f, 590f, 593, 596, 604f, 607, 619
Danzig, Herzog von → Lefebvre, Pierre François Joseph
Daxenbichler, Georg 206
Degeser, Johann 312
Delama/von Lama, Matthias 75, 77, 80–82, 86–87, 115, 293, 322, 382–384, 394, 397, 401, 404–406, 408, 415, 417f, 423, 432, 438, 441f, 449f, 452, 454, 459, 467, 471, 476f, 483, 494, 500, 514–516, 518f, 521, 524, 528–531
Dellatorre 407
Dellatorre, Johann von 318
Dellavecchia 183f, 188
Dellavecchia, Jakob
Delueg, Sebastian 621
Dessier 602
Deutschhausmann → Spiller, Johann
Dollfuß, Engelbert 11[5]
Dollinger, Johann 331, 351, 357, 421f
Domanig, Elias 86, 199, 331, 340, 351, 423f, 488f, 517, 538, 544, 553, 566
Donau 207f
Drau 237
Drau, Ort 400

Drauburg (*Tragburg*) 609
Drouet, Jean Baptiste Comte d'Erlon 97, 541, 563, 570

Eberhöfer, Josef 57
Ebster, Josef 48
Ed (= Öd?) *Lenz* 321
Eder, Adam 244
Egge 256
Eggelhof, Karl von 318
Eggenstainer Jörgele 201
Egger, Georg 206
Egger, Matthias 124
Ehrwald 568
Eichhorn, Michael 392
Einsberg 472
Eisackkreis 49, 319f, 439, 463, 497, 499, 506
Eisenstecken, Josef 184, 211, 214, 216, 218, 220, 223f, 227f, 232, 238f, 242, 249, 447, 452, 455, 468, 471, 500, 561f, 590
Eisenstein 401
Ellbögen 22, 264, 271, 280, 540, 542f, 562
Eller, Josef 351
Elsass 44
Elsler, Alois 156f
Embach 300
Engels, Friedrich 13
Engl, Franz 129
Engl, Ivan 129
Engl, Peter 129
England 216, 448
Enn und Kaldiff 224
Ennemoser, Josef, Säumer 127, 129
Ennemoser, Josef, Student 77–80, 153
Ennemoser, Michael 120, 138, 621f
Ennemoser, Peter 621
Ennemoser, Simon 621
Eppan 167, 172, 178–180, 412
Erler, Franz 584
Ertl-Krehlau, Hermann Dominik Ritter von 222
Esterhamer, Ignaz 138
Etschkreis 49, 217, 259, 366, 497, 596
Etschland 160f, 189, 193f, 205–207, 235, 264, 267, 573f, 580, 599
Etschmann, Johann 331, 340, 351, 357
Etschtal 34f

Faggen 475
Falkenstein 401
Falser, Dr. 499
Farbmacher, Josef 39, 441
Fartleis 117
Fedrigotti, Johann Peter 497
Feilmoser, Benedikt 327f
Feldthurns 246, 455
Fellner 443

Fenner von Fennberg, Franz Philipp 165, 411f
Ferdinand, Erzherzog 207f, 353f, 360
Festner 437
Fiecht 508
fiegl, fiegl hauser 131
Finsterwalder, Karl 505
Fürholz (*Firholz*) 210, 486
Firler, Martin 39, 81[16], 198, 252, 271, 398f, 401f, 406, 410, 413–415, 450, 457, 465, 488, 494f, 514f, 525, 538, 540, 542, 551f, 595, 601
Fischer, Ferdinand Alois 312
Flarer, Jakob 136, 157, 252, 585, 591, 622
Fleims(tal) 46[133], 139
Foidl 514
Fondo 62, 119, 211, 219
föstl 127
Frankreich 44, 65, 82, 97, 289f, 295, 485f, 500f, 534, 541, 553f, 570, 572, 581, 609
Franz II./I., Kaiser 17[47], 22, 35f, 49f, 53[162], 73, 80, 92, 216, 218, 230f, 237f, 240–242, 295–297, 313, 315f, 349, 354, 359, 362, 374, 377, 391, 394, 411f, 415, 423, 428f, 435, 440, 442, 448, 450–452, 455–458, 468f, 472, 481, 485f, 491, 500, 522, 534f, 541, 555, 565, 569, 572, 581f, 611
Franzosen 24, 33, 35, 37f, 44, 50, 63, 65, 156, 158–160, 163, 167–169, 171, 187, 192, 201, 207f, 223, 227–229, 232f, 242f, 247f, 260f, 282, 322, 472, 501, 521f, 527, 576, 580, 582f, 586, 590f, 593, 596f, 603–606, 612
Freiberg bei Meran 209
Freienfeld 156
Freimaurer 65, 223
Freiseisen 257
Frener, Josef 239
Frick, Anna 15, 25, 117f
Frickhofer 274
Frischmann, Franz 82, 84[23], 167, 191, 249, 359, 447, 468
Frizzi 217
Fuchs von Fuchsberg, Karl 101
Fügen im Zillertal 469, 496, 599
Fuhrmann, Johann 492
Fulpmes 452, 488f
Fürstenburg 323, 439
Füssen 554f

Gailtal 237
Gaismair, Michael 13
Gallhof 195
Gallwiese 222
Gamper, Sebastian 318
Gapp, Johann 394
Tausch Garber 461
Garber, Balthasar 369
Garber, Josef 369, 371

Gardasee 26, 217, 620
Gargazon 177, 360
Gasser 412f
Gasser, Josef 132
Gaßhueber 447
Gasteig 80, 82, 156f, 164, 252, 256f, 260, 265f
Gasteiger, Dr. von, Advokat 140
Gasteiger, Dr. Anton von, Schützenhauptmann 22
Geiger, Alois 492
Gelmo 305
Gelmo, Johann Georg 117
Gerichtenburg 245
Gerlos 555, 621
Gerstgrasser, Johann 621
Gföller, Johann 206
Gieneti, Johann 119
Gilg 327f
Gioanni, Bartholomäus von 172
Giovanelli zu Gerstburg und Hörtenburg,
— Josef jun. von 285, 333f, 497, 500
— Josef sen. von 179
Girlan 150, 245
Gizel 608
Glas, Augustin 508
Glatzl, Josef 195f, 201, 221f, 243f, 248, 366, 378f, 398f, 459
Glotz, Wendelin 590
Glurns 576
Gmünd 226
Gnadenwald 484 → auch Wald
Gögele, Andreas 621
Gogl, Georg 421
Gogl, Josef 92, 617
Goldrain 419
Golling 440
Gollrainer 142
Gossensaß 256
Götzens 86
Grätzl, Johann Anton 380
Graun 80, 588
Graus, Johann 142
Graz 88, 90, 207f
auf dem Gries, Einnehmeramt 476
Gries am Brenner 187, 195, 303
Gries bei Bozen 178, 249
Gries im Sellraintal 86
Griner, Anna 621
Griner, Johann 30, 42[114], 136f
Griner, Josef 25f, 64[32], 621
Groanegger, Peter 466
Großkirchheim 466
Gruber, Josef 495
Grubhofer, Josef 307, 407
Grumeis 437
Gschnitz 588
Gufler, Georg 621

Gufler, Jennewein (Ingenuin) 142
Gufler, Johann 144, 179
Gufler, Josef 30, 66, 97, 101, 118, 121, 125, 127, 140, 142, 146–148, 154–157, 159, 166, 168f, 182f, 185, 238, 243–245, 249f, 474, 493f, 516f, 519, 521, 535f, 561, 577, 586
Gufler, Michael 127
Gufler, Thomas 621
Guggenberg, Bartholomäus von 362
Gummer, Anton 34
Gumpoldt, Anton 422
Gutenberg, Johannes 105[38]

Haaser, Siard 39
Habtmann 512
Hafling 360
Hafner, Abraham 101
Hafner, Johann 101
Hager, Josef 34, 143f
Hager, Peter 473
Haid 84
Haidach 300
Haisler, Georg 469
Hall in Tirol 29f, 36, 66[40], 134, 137f, 184, 191–193, 203, 238–240, 243f, 253, 264, 266, 284, 286, 291, 298, 307, 310, 323, 326f, 333, 346, 350, 356f, 386, 373f, 378f, 385f, 392f, 395, 397, 404, 406, 408, 410, 415, 442, 450f, 463, 465, 470, 476, 484, 488, 497, 501, 504f, 507, 509, 520–522, 524f, 529, 531, 533, 539, 542–544, 547, 622
Hallein 458
Haller Brücke 271f
Haller, Joachim 621
Haller, Johann 124, 621
Haller, Josef, Greil in Dorf Tirol 133, 136, 622
Haller, Josef, Bauer in Walten 142
Haller, Josef, Weger am Ried 224f
Haller, Leonhard 621
Hamburg 47
Hanzl, Georg 421
Haperger 124
Har(r)asser, Johann Georg 441, 457, 501, 536, 553
Harb, Anton 326
Häring 206
Hart im Zillertal 599
Haselwanter, Leopold 392
Haser, Siard 322, 347, 469
Haspinger, P. Joachim 21, 36f, 39, 78, 80, 97, 216, 270, 356, 388, 401, 406, 414, 426, 441, 450, 457, 466, 536, 541, 576f, 579, 587, 590, 604f
Hatzl, Georg 340
Haußer, Andreas 179
Hecher, Sebastian 318

Hechl, Josef 206
Heel, Josef 621
Hefele, Rochus 318
Heilig, Karl 98
Heiligwasser 565
Heinfels 241
Heinrich, Graf von Tirol 101[25]
Heiß, Josef 260
Hellriegl → *Höllriegl*
Hendl, Josef Graf 77, 172, 221f, 228, 272, 370
Heufler, Josef 211
Hibler, Stanislaus von 358
Hilber, Paul 453
Hilger 505
Hiller, Johann Freiherr von 153
Hinterberg 532
Hinterrainer, Josef 428
Hirn, Kaspar 492
Hochenbalken, Kaspar Karl von 492
Hofer
 – Anna 25
 – Anna Gertraud 27
 – Bartholomäus 64
 – Gertraud 27, 60, 118, 121, 621
 – Gertraud Juliana 27
 – Johann 31, 100
 – Johann Stephan 27, 42, 611f
 – Josef 15, 25–28, 31f, 61, 64, 100, 121
 – Kaspar 31, 63, 99–101, 122f
 – Kreszenz [Margareth] 27
 – Maria Anastasia 27, 60, 118, 121, 621
 – Maria Gertraud 27
 – Maria Kreszenz 27
 – Rosa Anna 27
Hofer, Christian 133
Hofer, Georg 124
Hofer, Johann, Thurnerwirt in St. Leonhard i. P. 9, 104, 120, 122, 136, 154, 156, 158, 160, 163f, 167, 173, 175–177, 270?, 274, 299, 371, 426, 458, 561, 590
Hofer, Johann, von Schenna 101
Hofer, Jakob 35, 154, 154
Hofer, Peter 488
Hogl, Jakob 392
Hohenzollern, Regiment 199
Höllriegl, Anton 142
Holzeisen, Georg 122
Holzknecht, Anton 621
Holzknecht, Georg 621
Holzknecht, Johann 32, 77, 79–81, 121f, 165, 171, 173f, 191f, 195, 198, 201, 203, 234, 238f, 260, 263–266, 268f, 271, 284, 340, 361, 365f, 368, 386f, 516f, 521, 553, 558f, 563, 574, 577, 579, 586, 593f, 596f, 601, 611

Hopfgarten 418
Hormayr zu Hortenburg, Josef Freiherr von 11f, 21, 31, 36–38, 42, 45, 63, 82, 192, 194, 211f, 214, 216, 219, 339, 353[3], 502, 612[6]
Hörtenberg 483, 519f, 527
Hötting 264, 331, 351, 357, 421
Höttinger Alm 551
Höttinger Berg 560
Hubel, Dr. 403, 492
Huber, Johann 392
Huber, Michael 195
Huber, Peter 34
Huber, Sebastian 422
Hubert 394
Hummel, Christian 361
Husaren 441
Hutter, Josef 421

Igls 501
Ilmer 426
Ilmer, Andreas 70, 73, 90, 244, 474, 597
Ilmer, Johann 63[26], 198
Ilmer, Michael 621
Ilmer, Peter 122, 124
Imst 84, 118, 309, 326, 352, 368, 395, 492, 515, 519, 527, 596
Ingram 80, 346
von Ingram 309
Inn 202
Innkreis 49, 318, 320, 346, 439, 463, 497, 572
 – Oberinnkreis 278
Innsbruck 24, 31–33, 35f, 38f, 41, 45, 46[134], 47, 49, 50[151], 52, 53–57, 65, 74, 77, 79, 80[13], 81[16], 82, 84–88, 90, 97f, 103–106, 108, 110, 117, 121, 153, 165, 184, 188, 191, 196, 200–203, 207–209, 222, 231, 240, 251, 257f, 264f, 266, 271, 276, 280–283, 285–295, 297–301, 303–327, 329–344, 346–357, 359–361, 365–367, 372–384, 386–390, 392–422, 425–444, 446–455, 459–471, 473–480, 482–484, 486–521, 523–528, 531–535, 537, 542, 546f, 550, 561f, 566, 569, 576f, 579, 584, 593, 619, 621
 – Hofburg 22f, 37, 56, 67, 77, 83, 86, 105, 107, 307f, 341, 351, 357, 474
Inntal 29, 36, 180, 257, 265f, 576, 597, 509
 – Oberinntal 81, 185, 193f, 197f, 202f, 207, 240, 246–248, 251, 253, 258, 264, 271, 276f, 288, 297, 368, 519, 525, 531f, 572–574, 577, 580, 582f, 585, 587, 591–593, 595f, 599, 609
 – Unterinntal 19, 37, 153, 185, 189, 190, 228f, 230, 232, 236, 238–240, 242–244, 246–248, 264–266, 322, 328, 379, 401, 406, 410, 417, 424, 432, 442, 459, 465, 473, 475, 485, 493, 496, 514–516, 518–

520, 523, 527, 529, 531f, 539, 573, 576f, 596, 598, 600, 606, 609
Inwinkl 232f
Ischgl 602
Israel 46, 51, 561, 604
Isser, Josef 492
Italien 63, 65, 180, 223, 232f, 456, 459, 527, 554f, 566f, 569f, 572f, 581, 583, 599, 601
Itter 418

Jäger, Jakob 591
Jaufenpass 29f, 110f, 134f, 156, 158, 160f, 164, 181, 183, 192, 196, 244, 251f, 266, 284, 359f, 596f, 608
Jellačić de Buzim, Franz Freiherr von, 207f
Jenbach 393f, 401, 416, 438, 467
Jenesien 33
Jesuiten 44, 468
Jochner und Compagnie 619
Johann, Erzherzog 34–36, 39, 42, 47, 53[162], 75, 92, 143f, 153, 158, 171, 173, 181f, 185, 188–190, 192, 207f, 211, 218f, 230, 234f, 240, 242, 295f, 315–318, 333f, 338, 341f, 353f, 358–360, 365, 411, 423, 429, 455–458, 468, 494, 535, 554f, 580, 585, 604, 607, 610f
Josef II., Kaiser 31, 43f, 45, 50
Jubele, Franz Fidelis 551
Jud, Alois 57, 327f, 403, 503
Judenstein 75, 198, 243f, 549, 551f
Judikarien 26, 212, 217

Kainßöckch, Simon 618
Kaiser → Franz II./I.
Kaiserin → Maria Ludovica
Kalch 50f, 69, 156, 253f, 257–263, 265f
Kaltenhauser 404
Kaltern 56[178], 67, 137, 140f, 153, 167, 169–171, 173, 176f, 179–181, 186, 188, 190, 218, 224, 242f, 245, 259, 266, 341f, 364–366, 391, 404, 464, 471, 477f, 486, 500, 612
Kaltschmid, Georg 343
Kapferer, Simon 365
Kapfing 621
Kapuziner 46, 88, 388, 508
Karl, Erzherzog 53[162], 207f, 243, 295, 423, 611
Kärnten 108, 153, 227f, 234, 353, 399, 438f, 466, 479f, 482, 550, 552, 590, 604–606, 609
Kastelbell 370, 587
Kastelruth 170, 175, 211, 609
Kauns 82
Kellerlahn 41, 90
Kematen 331, 341, 351, 538
Kemter, Kaspar 318
Kerle (*kherlle*), Johann Georg 200
Kern 351
auf den Kiefer 300

Kink, Johann Georg 101f
Kinzle, Josef 351
Kirchberger, Josef 381–383
Kirchbichl 206
Kirchdorf 174
die Kister 414
Kitzbühel 144, 204, 347, 401, 413f, 465
Klamer 210
Kläusl 253, 264, 582f
Kleinhans, Johann 475
Klooz, Johann 293
Knöbler Brücke 256
Knoflach 396
Knoflach, Wundarzt 256, 344
Knoflach, Anton 21, 38, 82f
Koch, Georg 196
Koch, Ingenuin 492
Köbl → Lang, Franz
Köck, Franz Xaver Nikolaus 56, 107, 324, 490, 492
Kofler, Michael 195
Köfler, Simon 347, 388
Kogl 401
Kolb von Kolbenthurn, Johann Nepomuk 39, 81[17], 192, 210, 218, 223, 225–230, 232f, 235, 237, 239–242, 372, 480, 482, 557, 608f
Kölb Simon 612
Kollmann 202, 210, 303, 370, 436, 574, 576, 580
Komorn 315, 359
König von Bayern → Maximilian Josef
Königsberg 437
Königsrainer, Michael 117
Konstanz 63, 136
Kopp, Franz 118
Kössen 174, 204, 300, 450f, 465, 508, 514f
Kraffonara, Franz 492
Krafft, Andreas 25[23]
Krainer, Leopold 187, 386, 553, 588, 598
Kraininger, Josef 621
Kranebitten 264, 278, 293
Kreith 195, 452
Krems 207f
Kreutzseeler 511
Kreuzbergpass 233
Kreuzwirt → Schenk, Martin
Krienseisen, Franz 211
Krismer, Stephan 39
Kroatien 207f
Kropfsberg 622
Kuen, Josef 48, 257f
Kuens 213, 360
Kufstein 53, 191, 194, 205, 210, 229, 281, 295, 297, 358, 378, 413f, 422f, 450f, 465, 505, 514f
Kufsteiner Wald 414
Kühbacher, Josef 107[45]

Kundl 347, 388
Kuntersweg 153, 247f, 251f

Laas 252
Laaser, Johann Andreas von 418
Labers 133, 209
Ladritscher Brücke 35
Ladurner, Alois 196
Ladurner
    – Anna Gertraud 15, 26, 34, 42, 60, 63[29], 64, 66[40], 67, 91[3], 111, 117, 186, 234, 238, 245, 426, 494, 610f, 613, 621
    – Matthias 26[33], 117
    – Peter 26[33], 117
Ladurner, Johann 504
Ladurner, Josef 196
Lama → Delama/von Lama
Lamp, Edmund 492
Lana 140f, 171, 177, 183, 251, 276, 280, 327f, 360, 397, 412f, 425, 523, 546, 598, 604
Landeck 309f, 312, 326, 373, 474, 515, 519, 527, 588f
Landinger, Josef 454
Landl 505
Laner, Georg 299, 448, 457, 590, 594, 597
Lang, P. Ezechiel 397
Lang, Franz 153, 267f, 464
Längenfeld 48, 257f
Langkampfen 206
    Unterlangkampfen 454, 581f
Langwiese 187f
Lans 280, 331, 341, 536, 570
Lanthaler, Anna 621
Lanthaler, Josef 621
Lanz, Katharina 51
Larch 223
Larch, Josef 227
Latsch 311, 523
Laudegg 82, 326, 515, 519, 527
Laudon, Johann Ludwig Alexius Freiherr von 358
Lauterer, Jakob 444
Lavis/Nave 132, 172, 177, 179f, 192, 303, 464, 468f, 559
Ledrotal 217
Lefebvre, Pierre François Joseph 54, 97[13], 241, 282, 297
Lehrbach, Graf von und zu 49, 457
Leiningen-Westerburg, Christian Ludwig Graf 180, 183f, 186, 189f, 191f, 194, 218, 358, 396f, 399
Leis, Josef 452
Leis-Laimburg, Anton von 197, 203
Leiteneben 161, 181f, 547
Leiter, Balthasar 69, 77, 182, 254, 262, 265, 273, 276, 278f, 281, 378, 398, 590?, 597, 601
Leithold, Alois 382

Leopold, Graf von Tirol 101[25]
Leutasch 293, 527, 529f, 568
Levico 35, 175–179
Leyer, Alois 463
Lichtenthurn → Aschauer-Lichtenthurn
Liechtenstein, Johann I. Josef Fürst von 535
Lienz 36, 46, 47[138], 72, 81[17], 191–194, 200f, 210, 218, 223, 226–240, 242–244, 249, 297, 331, 356, 362, 372, 397, 480–482, 553, 559, 596, 599
Lienzer Klause 297
Linser, Johann Chrysostomos 373
Lob 329
von Lobenwein 447
Lochau, Viktor Albrecht Freiherr von 329
Lodron (Ort) 166
Lodron, Graf von 378, 491
Lodron, Karl Franz Graf von, Fürstbischof von Brixen 40, 455, 490–492, 575, 582f
Lofer 458
Loithaler, Andreas 434f
Lombardei 60[11]
Lospehl, Sigmund von 426
Lothen-Sohn von Schenna 196
Löwenwirt in Meran 612
Luca, Ignaz de 55
Ludwig XIII. 55[172]
Lueg, Pass 413, 458
Luftenstein, Pass 228
Luimes 125
Lungau 91, 228f, 374, 433f, 457
lunnsch, Johann 128
Lurberg 530
Lussignan, Infanterie-Regiment 222
Luxheim, Freiherr von 49, 294f, 297, 299f, 315, 336, 389f, 443, 482

Mader, Hermann 492
Mahler, Karl 414
Mahr bei Brixen 34, 272, 608
Mailand 478, 600f
Mair auf Labers 209
Mairhauser 613
Mais 181, 183, 254f, 259, 278, 315, 360f, 379, 604
    Obermais 276
    Untermais 597
Malanotti, Anton von 191, 211f, 219
Mals 576, 587, 592, 602
Malsiner 80
Mantua 12[16], 43, 64, 82, 91, 233, 612f, 615f
Marberger, Josef 81, 278f, 293, 355, 436, 585, 587, 601
Marburg 88, 207f
Marchetti, Dr. Johann 299, 482
Mareit 256f, 621

Margesin, Johann 133
Margreid 174
Margreiter, Jakob 203f, 334, 548
Maria Ludovica, Kaiserin 42, 611
Maria Theresia 25, 59², 100
Marie Antoinette 55[172]
Marienberg 44, 400
Markenstein, Rupert Anton von 513, 602
Marling 171, 276, 360, 397, 425, 447, 504, 562, 598
Marschall, Peter de Berelat 176, 192, 194
Marth, Josef 621
Matrei 196
Matrei am Brenner 25, 40, 128, 192, 194f, 221, 358, 510, 556–564, 580
Matrei in Osttirol 92, 349, 433f
Mauls 246, 303
Maurer, Valentin 387
Maximilian Josef, König von Bayern 29, 34, 57, 92, 296, 304f, 343, 485
Mayr, Andreas 369
Mayr, P. Benitius 53, 492
Mayr, Michael 305, 370
Mayr, Jakob 621
Mayr, Peter 34, 36, 199, 254, 272, 292, 330, 608
Mayr, Rochus 119
Mazegger 195, 381, 556
Meinhard II., Graf von Tirol 101[25]
Melleck 514f, 559
Meneghelli 217
Menghin, Alois 129
Menghin, Franz 129
Menghin, Peter 129f
Menghini, Giacomo 149
von Menz 39[95], 483
Menz, Karl Anton von 218
Meran 24, 29f, 32f, 40, 57, 62, 66[40], 78, 84[23], 86, 91[4], 107[45], 110, 121, 124, 137, 145f, 150f, 156, 158–161, 163–168, 168f, 171f, 177–179, 183, 185, 188, 191, 195f, 201f, 209–212, 214, 216, 219–222, 224f, 227, 231, 234, 238f, 243f, 247f, 251f, 254, 262f, 266, 268, 276, 281, 283f, 305, 308f, 312, 315f, 322f, 327f, 359f, 366–371, 379f, 387, 400f, 403, 405, 412f, 419, 425, 447, 449, 454, 458f, 461f, 464, 473, 486f, 492–494, 499, 502–504, 508, 511, 516, 521, 523f, 531, 535, 540, 543, 546f, 559, 563f, 566, 575–577, 586, 591–593, 597, 605, 608, 611, 622
Michelsburg 480f
Mieders 195, 222, 340
Miesbach 304, 342f
Milbmann, Josef 241
Milland 609
Miller 587
Miller, Giuseppe Maria 26

Mittenwald 619
Mittewald 99, 253, 258, 260, 619
Mittersill 228, 233, 347, 400, 427
Mock, Gottlieb 234
Modena 29
Moena 175
Mohr, Josef Graf von, 254, 256f, 260, 275, 306f, 311
Moll 357
Mölltal 237
Molt, Josef 179
Mölten 589
Molveno
Mondscheinwirt in Bozen 139
Mont, Freiherr von 439
Morandell, Josef Valentin von 40, 42, 46, 72, 136f, 151, 153, 169f, 179f, 183, 185–187, 191, 201, 216, 218, 223–225, 242f, 245, 248f, 259, 276, 341f, 363–366, 391, 404, 464, 471f, 477f, 500, 546f, 559, 563, 566, 612f
Moritz, David 492
Mörl, Johann Kaspar von 497, 499, 503
Mösl, Johann 261, 361
Mosloy, Ludwig Wilhelm Otto Graf von 77
Mösmer, Josef 589
Mugler, Josef 351
Mühlau 240
Mühlbach 158, 160f, 363, 418, 579
Mühlbacher Klause 153, 303
von Müller 315f
Mumelter, Maria 136, 622
München 323, 337, 343, 378, 398, 486f, 541, 620
Münster, Münstertal 602
Murau 399f
Mussack, Anton 551
Mutters 211, 222, 270, 287, 311, 452

Nagel, Sterzing 396
Nägele, Bozen 177
Nägelewirt in Sterzing 119
Nals 366, 598
Napoleon → Bonaparte
Nassereith 309, 596
Nater, Anton 269
Natterer, Wolfgang 421
Natters 222, 287, 311
Naturns 52, 251, 276, 280, 360, 370
Nauders 80, 515, 519, 527, 593, 595
Naudersberg 470
Nauß, Major 415
Nave → Lavis
Nestor, Josef 591
Neugebaur, Regiment 142
Neuhaus, Gericht 131

Neukirchen 400
Neumarkt 42, 46, 63[29], 64, 88, 91, 153, 170, 172, 179, 411, 611
Neurauter, Veit 31, 117
Neustift bei Brixen 339, 385, 492
Neustift im Stubaital 588
Nieder-Hollabrunn 17[47]
Niedervintl/Untervintl 99, 225, 245
Nitzche 492
Nocker 323
Nonsberg/-tal 26, 34, 119, 149, 153, 227, 251, 262, 266, 371, 471f → auch Einsberg
Norer, Pius 421
Nössing, Franz Anton 34, 359, 548f

Oberau 258
Oberdörfer, Johann 66, 139, 191
Oberegg zu Walten 244
Oberes Gericht 442
Oberhauser Wirt von Terlan (?) 586
Oberhuber 238
Obermeyr 407
Oberndorf 34, 143f
Oberpfalz 207f
Oberwirt in St. Martin 597
Öd → *Ed*
Öhler in Algund 387
Osoppo 233
Österreich 24, 32, 34–36, 39, 41f, 48, 51, 54, 82, 97, 108, 153f, 156, 158f, 168, 179, 181, 183, 187, 200, 202f, 207, 211, 217, 221f, 229f, 240–242, 252, 295f, 315f, 348f, 353–355, 359f, 397, 399, 411, 423, 429, 438, 455f, 457, 462, 468, 474, 479, 485–487, 490–492, 500f, 506, 534, 541, 553–555, 559f, 565, 567, 570, 572, 577, 579–583, 598, 600–602, 604–608, 610f
Öttl, Jakob 621
Ötz 119
Ötztal 264, 436, 527, 540, 593, 595

Padler/Pädler → Eisenstecken, Josef
Padua 79, 223
Palästina 63
Pamer 25[25], 195
Pamer, Paul 125
Pamer, Peter 117, 121, 621
Papst → Pius VII.
Partschins 360, 368f, 379, 447
Paschberg 271
Passeier 26–28, 31–33, 34, 35–37, 41, 43f, 59–62, 65–67, 79f, 90, 91[4], 93, 97, 101[25], 102, 110, 117–119, 121–124, 125, 132f, 134f, 137–139, 140–142, 144–148, 151, 153, 156, 160f, 163, 165–168, 171, 173f, 176f, 179f, 182f, 185–188, 191f, 196, 201, 214, 216, 218, 222, 224f, 231, 238f, 244, 249, 251–253, 256, 270, 275, 278, 299, 360f, 387, 409, 426f, 436, 448, 474, 476f, 480, 494, 508, 516f, 519, 531, 535f, 540, 543, 547f, 559, 561, 566, 574, 576f, 579, 585–593, 595–601, 604–609, 613, 621
Passer 27, 34
Pater → Haspinger, P. Joachim
Patsch 272, 279, 331, 341, 351, 549, 560
Patscheider, Nikolaus 371
Pedroni, Johann 371
von Peer 488, 498
Peer, Josef Johann von 463
Pellizzano 211
Pens 260, 594
Penz, Christian 474f
Penz, Thomas 48
Pergine 176
Pernlochner, Michael 553
Perthaler 370
Pest 20
Petersberg 483, 519, 527
Pezer, Georg 336
Pfaffenhofen 492
Pfändler, Peter 431
Pfandleralm 42, 63
Pfandlerhof 42, 90
Pfeffersberg 199, 246, 330
Pfelders 128
Pfitsch 537
Pfitscher Joch 546
Pfitscher, Balthasar 476, 621
Pfläzer Dire 286
Pfunds 128, 346, 515, 519, 527
Pfurtscheller, Michael 106, 488f
Pichler, Adolf 8
Pichler, Andreas 73, 154
Pichler, Johann 25[23], 121
Pichler, Karl 318
Pieve di Bono 391
Piger, Anton 493
Piglianer Moos 132
Pillersee 300, 322, 401, 514
Piné 391?
Pini, Registrator 318
Pinzgau 54, 91f, 238f, 244, 288, 344, 349f, 374, 399f, 406, 411f, 433f, 436, 440, 457, 465f, 489, 501
Pinzolo 366
Pirmoser, Ignaz 206
Pitsch, Martin 331
Pius VII., Papst 44, 491
Platt 621
Platter, Amandus 29
Platter, Anna 116
Platter, Anton 136

Platter, Johann 476
Platter, Katharina 621
Platter, Matthias 595
Platter, Sebastian 621
Plattner, Dr. Franz von 131
Plawenn, Johann August von 166, 440, 444, 464, 523
Pögler in Alpbach 264
Pöll, Joachim 621
Pöll, Josef 129
Pöll, Thomas 621
Pongau 374, 411f, 457, 489, 511
Pontafel/Pontebba 233
Posch, Anton von 386
Prantl, Simon 621
Praxmarer, Johann 273
Pressano 562
Pressburg/Bratislava 34
Preu, Ignaz Theodor von 362f
von Preu 418
Preußen 47
Preysing, Graf von 342f
Primiero/Primör 176, 459
Prünster, Johann 621
Prünster, Josef 255, 267, 276
Prutz 264, 475
Pucha 621
Pühler, Josef von 411, 612[6]
Pühler, Vinzenz von 42, 64, 91, 611f
Purtscher, Matthias 41, 49, 75, 77, 80–88, 90, 93, 107f, 279, 283, 285, 287, 292f, 298f, 305–309, 312, 315, 317, 327, 330f, 333, 336, 338, 341f, 347, 352, 356, 373, 377, 379, 390, 392, 394–396, 398, 405, 409, 412, 414, 417, 419–421, 425–427, 432f, 435f, 439, 442f, 447–449, 452–455, 459, 461–464, 466, 468–470, 473–477, 480, 483f, 486f, 490, 496–498, 502, 504–508, 510–512, 514, 519f, 522f, 526, 532, 534–536f, 540, 542, 544, 547, 551–553, 558, 562, 564, 566–569, 572, 576f, 581, 584
Pusch 318
Pustertal 32, 153f, 156, 176, 185, 193f, 218, 223f, 229, 232f, 235, 237–242, 253, 256, 294, 297, 300, 321, 336, 362, 372, 381, 384f, 389f, 439, 477, 479–482, 494, 503, 557, 570, 573f, 576, 580, 582f, 590, 596, 599f, 604–606, 608f
– Oberpustertal 258

Rabenstein 78, 621
Rabland 251
Rabländer Wirt 406
Radstadt 210, 458
Radstädter Tauern 228f, 413, 536
Raffl in St. Martin i. P. 116

Raffl, Franz 15
Raffl, Josef 427
Raffl, Maria 27[35]
Rahm, Franz 300, 408, 451
Raich, Martin 128, 134f, 621
Rainer 407
Rainstadler, Anton 127
Rainstadler, Josef 127, 621
Rangger, Josef 55, 221, 395, 454, 558
Rapp 80
Räßmayr von Schenna 447
Ratschiller, Johann 146
Rattenberg 36, 66[37], 134, 203–207, 291, 293, 298, 334, 413f, 451, 517, 563
Rauch, Anton 381, 384
Rechberg, Baron von 378, 491
von Reich 220
Reilling, Alois 382
Reiner, Anna 118
Reiner, Johann 117
Reiner, Simon 492
Reinhart von Thurnfels und Ferklehen, Josef Freiherr von 49, 381, 497?, 512
Reinisch, Anton 51
Reinisch, Pankraz 142
Reißmayer 597
Rempp, Johann 31
Rendena 221, 391
Rennl, Cordian 318
Reschen 593
Rettenberg 451, 470
Reutte 200, 309f, 312, 329, 352, 358, 440, 464f, 523, 554, 619
Revò 219
Ridnaun 29
Ried im Oberinntal 82, 264, 474
Ried im Zillertal 496
Riedl, Sebastian 496
Riedmüller, Bernhard 355, 407, 601f
Rietz 528
Rietzler, Alois 346
Riffian 99, 224f, 360
Rigler, Josef 492
Rimhal, Arrestant 437
Ringenwechsel 401
Rinn 90, 533
Riß, Josef 513
Ritten 153, 582f
Riva 26, 173, 407
Rizzi, Leonardo 562
Rodeneck 246, 418
Röggl, Alois 492
Röggla-Mayenthal, Josef von 318
Rohan(n), Prinz Viktor 168
Rom 63
Romeno 219

Roschmann, Anton d. Ä. 33
Roschmann, Anton Leopold 210, 511, 534
von Rossi 392
Rössler, Josef 30, 91[4], 145, 150f
Rösslwirt in Dorf Tirol 591
Roßschläg 415
Rott, Johann 385
Rottenburg 451
Rottmayr 228
Rouyer, Division 36
Rovereto 35, 50, 84, 107, 325, 448, 497
Rübler 597
Rüdesser, Josef Anton 407
Rungg, Josef 346, 385
Rungger 213
Rungger, Josef Georg 263, 502
Rusca, Jean Baptiste 218, 228f, 297, 353, 572, 577, 579, 582f, 593
Russen 207f
 – russischer Kaiser 243

Saalfelden 288, 349, 389, 400
Sacco 319
Sachsen 44, 283, 363, 397, 527
Sachsenburg 227–229, 234, 580
Sachsenklemme 36
Salern 246
Saltaus 144, 157, 159f, 164, 166–169, 181, 213, 225, 262f, 266, 309, 462, 471, 494, 503, 508, 517, 559, 588, 590, 592–594, 607f
Saltausbach 225
Salurn 153, 172, 179, 478
Salzburg 86, 88, 153, 322, 358, 374, 389, 414, 433–435, 450, 458, 468, 501, 622
Salzburger Gebirge 91, 191, 226, 228f, 235, 348, 350, 374, 413, 433, 436, 441, 457, 513
San Michele/Welschmichael 172, 177
San Pellegrino 73, 175
Sand(hof) 19, 25–28, 30, 36, 40, 43f, 54, 63f, 66, 72, 74, 84, 90, 91[4], 99, 101, 110f, 117f, 120f, 133, 135, 142, 145, 153, 159f, 163, 165–168, 191, 214, 216, 223–225, 262f, 371, 458, 471, 502, 508, 586–596, 599, 601, 604–607, 613, 616, 621
Sandweber, Josef 407
Sanzeno 219
Sarnonico 219
Sarntal 52, 167f, 443, 593f
Sarnthein, Alois Ferdinand Graf 282, 343
Saxl, Johann 122
Schachner, Jakob 466
Scharnitz 204, 358, 424, 432, 453, 527, 529, 538, 574, 576, 619
Schasser, Franz von 132, 341
Schenach 318
Schenk, Josef von 318

Schenk, Martin 249, 385, 389f, 480f, 494, 542
Schenna 183, 195f, 254f, 360, 379, 389
Scherbar 608
Schießstand 595
Schindleregg im Wald 36
Schio 223
Schlanders 82, 84, 107, 138, 167, 249, 251f, 293, 305, 417, 486, 524, 564, 566, 576, 581f, 584, 591, 596, 622
Schlapp, Johann 326
Schlitters 513
Schmiedt, Josef von 75, 173, 191f, 194, 223, 226, 229, 232
Schnals 370
Schneeberg 29, 34, 42, 143f, 536
Schneeburg, Johann Nepomuk Anton Freiherr von 240, 282, 343
Schneizlreuth 436, 440f, 450
Schober, Simon 138
Schönau 78, 621
Schönberg 39, 45, 53, 74f, 81, 86, 192f, 195–198f, 202, 264, 270–277, 279f, 340, 351, 358, 424, 517, 538, 544, 551–556, 559, 566
Schöneck, Gericht 336, 363, 480f
Schrambach 133
Schruns 351
Schuler, Dr. Johann 492
Schumacher, Kasimir Karl 82, 415
Schupfenwirtshaus 39[98], 198, 311, 357, 542
Unterschupfen 35[78], 200–202, 311, 351
Schütz, Thomas 331, 341, 351
Schwaiger, Peter 484
Schwaikhofer, Georg 124
Schwaikhofer, Johann 139f
Schwarz, Alois 98
Schwarz, Anna 98
Schwarz, Maria 98
Schwarzer, Josef 245
Schwaz 150, 204, 264, 282–284, 326, 334, 350, 415, 433, 495, 540, 543
Schweig(g)l, Josef Valentin 176, 325, 391, 461, 474, 500
Schweiz 216, 249, 456, 580, 592
Schwentner, Georg 470
Schwoich 206
Seebach → Passer
am Seeboden 621
Seefeld 342f, 527, 568
Seefelder, Kajetan 392
Seeger, Anton 531f, 544
Seekircher, Urban 434f
auf der Seite 596f
Seitner 497
Seitz, Josef 501
Selendt, Alm in Ulten 118
Senn, Franz Michael, 77

Senn, Josef 134
Sette Comuni 223
Sevelinges 562, 567
Siebenfercher, Baptist OT 59
Sieberer, Jakob 36, 40f, 61, 68, 74, 80, 108, 229, 447, 452, 455, 466, 468, 565, 581–583, 593
Sigwart, J. 467
Sill 35, 240, 272
Silltal 39
Silz 520, 527, 540
Simith, Josef 59
von Simonis 339, 466
Sittnerbauer → Prünster, Josef
Sokopf, Johann Georg 383
Söll, Alois von 491
Soletal 26
Sonnenburg 529
Sonnenburg, Landgericht 86, 281, 286, 331f, 341, 351f, 417, 421f, 424, 435, 441, 453, 517, 531
Sonnenburg (Pustertal) 480f
Spanien 216, 521f
Sparber von Sterzing 34, 143f
Spaur, Josef Graf von 373
Speckbacher, Andreas 279
Speckbacher, Josef 21, 36f, 41, 74f, 78, 90, 198, 229, 243f, 254f, 260, 271f, 279f, 401, 406, 450, 457, 488, 494f, 514, 533, 536, 542, 551f, 560, 565, 569f, 599, 605f
Spektenhauser, Prof. 491
Spiller, Johann 591, 596, 601
Spinges 47, 51
Spitaler, Johann 261
St. Gertraud in Ulten 118
St. Johann 144, 191, 243, 378, 398f, 431, 440, 443, 495, 514–516
St. Johann im Pongau 489
St. Leonhard i. P. 25, 27, 31, 43f, 59, 61, 101, 111, 117–123, 125, 136, 139–141, 159, 182f, 186, 234, 361f, 409, 426, 448, 480, 536, 561, 577, 570, 603, 621
St. Lorenzen 480f
St. Martin i. P. 26–29, 42–44, 53, 60, 70, 111, 120, 122, 159, 164, 166–168, 181, 262f, 266, 303, 477, 522, 597, 601, 611–613, 621
St. Pauls 341f
Stadler (Bauer?) 218
Stadler, Josef Anton von 80, 107, 324, 513
Stadler, Kajetan von 428, 432, 528
Stafflach 194
Staffler, Johann 118f
Staffler, Johann Jakob 31
Stallele → Mösl, Johann
Stams 492
Stapf 493
Stebele von Sillfeld, Anton 77, 246–248

Stefenelli/Stefanelli, Hieronymus von/Girolamo de 191, 211f, 221
Steger, Anton 49, 295, 297, 372, 381, 418, 479
Steinach am Brenner 97, 105, 160, 184, 187f, 232, 240, 269, 292, 317, 386, 510, 518, 526, 531, 534–544, 546–550, 553, 564–571, 580, 582–584
– Maria Steinach 511
Steinberger, Johann 392
(von) Steiner 227, 232
Steiner, Johann von 170
Stern, Matthias 331, 428
Sternbach, Maria Theresia Freiin von, aus Bruneck 282, 343
Sterzing 29, 34f, 36, 40, 46, 53[163], 55, 80, 86, 90, 99, 110, 117, 119, 134, 143f, 151, 154, 156, 158–165, 181–188, 195, 214, 216, 221, 243, 245–248, 251–253, 265–269, 287f, 297, 361, 564, 582
Sterzing, Gericht 298, 306, 309, 335, 344, 396f, 425, 436, 462, 519, 526, 536f, 543, 546, 550, 558, 575, 585
Sterzing, Schützen 335, 395f, 422, 454, 531
Sterzing, Stadt 309, 343f, 358f, 362, 372, 396, 516, 558, 572–577, 579–581, 583f, 590, 593f, 600
Sterzinger Moos 35, 51, 79
Stifler, Dr. 299
Stippler → Kuen, Josef
Stocker, Georg, Bauer aus Vezzan 576
Stolz, Josef von, Richter im Stubai 338, 340, 513, 544, 559
Storo 166, 391
Strass im Zillertal 243f, 322, 347
Strasser, Romed, Schmied in Jenbach 393f, 416, 467
Straub, Josef Ignaz, Kronenwirt in Hall 16, 40[102], 75, 97, 193, 198, 224, 240, 286, 298, 310, 346, 373f, 393, 406, 410, 431, 441f, 451, 465f, 488, 494, 501, 504, 507f, 524f, 531, 533, 539, 552, 560, 562, 569, 580
Strele, Johann Georg, Bürgermeister von Imst 352, 368
Strobl(wirt) → Holzknecht, Johann
Strobl, von 387
Strobl, Johann von 318
Strobl, von, Rentmeister 322
Strub, Pass 240, 450, 458
Stubai 195, 199, 273, 286, 338, 340, 351, 423f, 488f, 517, 530f, 544, 564, 605f
Stubenvoll, Michael 621
Stuefer, Josef Alois 177f
Sulzberg 34, 227
Susterschi, Ed., Leutnant 195
Sutor, Johann Michael, Stadtschreiber von Hall i. T. 326, 386

Sweth, Kajetan 41f, 63, 68, 75, 78f, 81f, 86–90, 108, 261, 331, 335, 351f, 392, 421f, 425, 427, 548, 573, 575, 581, 596, 601f, 604, 610, 616

Tainer, Josef 175
Tandler, Michael 621
Tänzlwirt 195
Tappeiner 369
Tararretscher 318
Taufers im Pustertal 57, 480f, 503
Taxenbach 349, 426f
Taxis, Alexander Graf von 420
Teimer, Martin Rochus 17, 35f, 79, 82, 153, 192, 194, 201–203, 214, 216, 249, 296, 359, 411, 474
Teiß, Franz Josef von 137
Telfes 39, 195, 255–257, 261, 441, 452, 530
Telfs 483, 520, 527f
Tenig → Tönig
Tennel 318
Terlan 131, 179, 360, 366, 586, 597f
Terlaner Moos 30
Thaler, Josef 20, 61, 70, 72f
Thalguter, Franz 380, 464, 590
Thalguter, Peter 601
Thall 621
Thaur 300, 524
Theadosin, Theresia 239
Thierberg 401
Thiersee 206
Thuins 260
Thun, Emanuel von Fürstbischof von Trient 371
Thun, Graf Josef von 497
Thun, Graf Matthäus von 478
Thurn 480f
Thurner, Franz 405
Thurnfeld 270
Thurnwalder 173f, 256
Thurnwalder, Bartholomäus 124
Thurnwalder, Johann Nepomuk 105, 569
Thurnwalder, Karl 171, 621
Tiefenbrunner (*dieffen Prun*), Magnus 200
Tiefenthaler, Franz 331, 341
Tione 223, 391
Tirol, Dorf 133, 136, 157, 183, 225, 252, 256, 360, 379, 591, 622
Tirol, Schloss 596f
Tisens 157, 171, 262, 360, 425, 598
Töll 303, 368
Tonale 191, 391
Tönig, Anton 325, 500
Torbole 407
Torggler, Jakob 259, 267f, 325
Torgler 619
Torwirt in Meran 461
Tragwald 42, 610

Tramin 171–174, 180f
Tratter, Alois 422
Tratter, Veit 422
Trauner, Johann Georg von 489, 511
Trient 24, 35, 44, 50, 73, 78, 103, 168–175, 177–179, 190, 210, 217f, 255, 259, 306, 319, 339, 341f, 350, 371, 391, 403, 437, 448, 472, 494, 497, 500, 516, 521, 540, 542f, 558f
Trins 588
Trogmann, Blasius 315f
Tschakathurn/Čakovec 316
Tschars 305
Tschiderer, Kameraldirektion am Eisack 506
Tschiderer, Stadtrichter in Bozen 405
Tschohl, Franz Anton 133, 136, 622
Tschöll, Anton 621
Tschöll, Johann 621
Tschöll, Johann Valentin 26[33], 27[35], 80, 154, 157–160, 163f, 169–172, 202, 208f, 219f, 234, 238f, 248, 252–254, 256f, 260, 265f, 271f, 279f, 284, 371, 419, 449, 487, 511, 546
Tschöll, Josef 621
Tschöll, Maria 26[33], 621
Tschurtschenthaler 505
Türk, Johann Baptist 226, 399f
Tux 185, 278, 546, 551

U., Josef, Pulvermacher in Gnadenwald (?), 484
Udine 338
Ugarte, Graf 17[47]
Ulm 456
Ulten 26, 118f, 156, 172, 177, 251, 262, 360, 425, 509, 589, 598
Umhausen 436
Ungarn 125, 353f
Unken 458
Unterau 254, 257
Unterberger, Dr. Johann Matthias 621
Unteregg 159–161
Untergereut (Baumkirch) 101
Untergruber 398
Unterkircher, Kaspar 492
Unterschupfen → Schupfenwirtshaus
Unterstraß 258
Untervintl → Niedervintl
Unterweger, Marschdeputierter 363
Unterweger, Jakob, Schnalsuber in Algund 370
Unterwirt in St. Martin i. P. 611–613
Uttendorf 427

Varaždin 88
Verdorfer, Matthias 195
Verdroß in Meran 210
Verdroß, Anton Dominikus 449
Verona 79, 141, 223
Vial, Honoré 586

Viehscheid in Algund 138, 621f
de *Vigili* 212f
Vill 141
Villa 217
Villach 40, 581f, 600–602
Vinschgau 26, 34, 80, 82, 156, 253, 261, 264, 266, 306, 368, 371, 464, 516, 531, 579f, 587f, 591, 595–597, 601
    Obervinschgau 592
Vinschgau von und zu Altenburg und Hohenaus, Heinrich von 172
Vintl 35, 183, 363
Vizekönig von Italien → Beauharnais, Eugène
Voglsanger, P. Thomas 159, 181
Voglsberger, Balthasar 59
Voglsberger, Johann 621
Volderberg 560, 569, 580
Volderer Brücke 278, 280, 540
Völderndorf, Baron 398
Volders 202, 415, 566
von Voll 305
Völs 86
Vomp 284, 433
Vöran 360
Vorarlberg 82, 234, 249, 296, 315, 351, 353f, 359, 590
Vorhauser, Anton, 145–148

Wagger, Leonhard, 124
Wahsstötter, Johann 206
Waitz, Sigismund 11[5]
Walchsee 204
Wald 406, 488, 495
Waldner, Georg 504
Waldner, Johann 447, 562
Wallner, Anton 54, 229, 288, 349, 399f, 466, 488
Wallnöfer, Franz 138, 622
Walpach, Josef von 470
Walpach, Peter von 385
Walten 154, 160f, 185, 188, 192, 244, 266
Wastlmair → Wieland, Peter
Wattenberg 484
Wattens 98
Weber, Beda 20
Weger, Druckerei 105
Weer 326, 343
Weissteiner, Johann 385
Weitental 606
Welsberg, Graf von 459
Welsberg, Schloss 299
Welschmichael → San Michele
Welschnofen 175
Welschtirol/Welschland 25, 29, 30, 35, 50, 61, 164, 166, 179, 182, 217, 219, 262, 363f, 385, 391, 407, 599, 622
von Wenger 497

Wenter 492
Werfen 458
Weyerberger, Peter 139
Wicka, Josef Graf von 284
Widum-Baumann → Flarer, Jakob
Wieland, Peter 223, 241f
Wien 34f, 41–43, 65, 79, 84[16], 86, 90, 200f, 207f, 242, 378, 411, 447f, 501, 565, 568, 585
Wild, Anton 532, 611
Wild, Johann 256, 260?, 601
Wildschönau 206
    Oberwildschönau 204
Wilhelm, Michael 621
Wille, Johann 329
Wilten 65, 90, 187f, 202, 211, 286, 331, 337, 351, 383, 428, 432, 492, 513, 528
Wimpfen, Baron von 228
Windisch-Matrei → Matrei in Osttirol
Wintersteller, Rupert 173, 204, 406, 450f, 465, 488, 508, 514, 555, 600
Wipptal 35, 384
Witsch, Martin 341
Wolf, Franz 124
Wolf, Josef 59
Wolkenstein, Josef Graf von 378, 491
Wörgl 292, 310, 334, 396, 399, 401f, 410, 413–415, 451, 496, 514, 523, 529
Wörndle, E. 381
Wörndle zu Adelsfried und Weiherburg, Philipp von 80, 362, 372, 381, 389, 398, 443, 507, 550
Wrede, Karl Philipp Graf von 501

Zach, Sebastian 357
Zallinger, Franz von 492
Zangerl 602
Zanini → Armani-Zanini
Zeinisjoch 312
Zell im Pinzgau/am See 489f, 511, 513
Zell am Ziller 321, 496
Zellweger 456
Zichy, Graf 20
Zillerbrücke 194, 522, 531
Zillertal 39, 91, 185, 194, 288, 321f, 350, 373, 411f, 433–435, 451, 457, 469, 496, 546, 552, 568, 580
Zingerle 284
Zingerle, Thomas 252
Zini 213
Zirl 201, 277, 279, 293, 384, 519, 540, 542, 551f, 568
Zirler Berg 519
Znaim 36
Zöggele, Josef 167f, 443, 536, 551, 556, 568, 580, 590, 593
Zorn, Peter 331

Der Aufstand der Tiroler gegen die bayerische Regierung 1809
nach den Aufzeichnungen des Zeitgenossen Josef Daney

Auf der Grundlage der Erstausgabe von Josef Steiner (1909)
überarbeitete, vervollständigte und mit Anmerkungen, einer Einführung
und biographischen Hinweisen versehene Neuedition

herausgegeben von

MERCEDES BLAAS

Schlern-Schriften 328

2005. 480 S. mit 71 Abb., geb. ISBN 3-7030-0402-9, €50,–

Wer war dieser junge Priester aus dem Vinschgau, der den Franzosen Anfang November 1809 im Auftrag Andreas Hofers ein Angebot zur Niederlegung der Waffen unterbreitete und zwei Wochen später vom Sandwirt als Landesverräter zum Tod verurteilt wurde? Josef Daney, der nur überlebte, weil die Gefängniswachen vor den einrückenden französischen Truppen flohen, war ein unbequemer Zeitgenosse: ein Geistlicher, der ungefragt und mit Leidenschaft zu politischen Themen Stellung bezog, an Tabus rührte und gern gegen den Strom schwamm.

Seine Aufzeichnungen über den Tiroler Aufstand sind gerade auch deshalb von Interesse, weil nach ihrer Fertigstellung 1814 die bayerische wie die österreichische Regierung sorgsam darauf bedacht waren, eine Drucklegung zu verhindern. Daneys Schilderungen eigneten sich nicht zur Vereinnahmung durch die eine oder andere Seite, und seine schonungslose Abrechnung mit gewalttätigen und plündernden Landsleuten, mit disziplinlosen Landstürmern und sich absetzenden Anführern passte denkbar schlecht in das Bild der Heldengeschichtsschreibung früherer Zeit. Als 1909 anlässlich des 100-Jahr-Gedenkens an den Aufstand in Tirol eine Flut von Publikationen zur Thematik erschien, wurde auch ein Teil der Aufzeichnungen Daneys publiziert – in einer kleinen Schriftenreihe im fernen Hamburg.

Der vorliegende Band stellt die Erinnerungen Josef Daneys erstmals in vollem Umfang vor. Sie sind in Form von Briefen an einen (fingierten) Freund geschrieben, dem der Priester die Ereignisse so schildert, wie er sie selbst erlebt und zum Teil sogar aktiv mitgestaltet hat, wie sie von Freunden und Familienmitgliedern berichtet bzw. durch zeitgenössische Zeitungen, Kundmachungen u. a. publiziert wurden. Von besonderem Wert sind dabei jene Abschnitte, die Daney als Augenzeuge überliefert, etwa die Besetzung Innsbrucks durch die aufständischen Tiroler am 12. April und das folgende Chaos in der Stadt bis zum Einrücken der österreichischen Truppen, die Ereignisse vor und nach der Bergiselschlacht vom 13. August und die Friedensmission des Priesters beim Vizekönig von Italien in Villach.

Das Buch bietet neben der Beschreibung der Handschrift auch die Biographie Josef Daneys, der mit 44 Jahren völlig verarmt starb, und kurze biographische Hinweise zu den maßgeblichen Persönlichkeiten des Aufstandes 1809.

Viktor Schemfil (†)

Der Tiroler Freiheitskrieg 1809
Eine militärhistorische Darstellung

Für den Druck vorbereitet und herausgegeben von
Bernhard Mertelseder

SCHLERN-SCHRIFTEN 335

2007. XVI, 292 Seiten und 32 Farbtafeln mit militärischen Skizzen.
Geb. ISBN 978-3-7030-0436-0. € 35,–

Im Mittelpunkt der Tiroler Geschichtsschreibung zum Jahr 1809 stehen immer wieder die großen „Bergiselschlachten" und die hervorragenden Leistungen der Schützen und des Landsturms. Der Einsatz der regulären österreichischen Truppen, die bereits Ende Mai das Land verließen, wird dagegen sehr kritisch beurteilt. Die Generalität und namentlich deren höchster militärischer Führer in Tirol, Feldmarschallleutnant Johann Gabriel Marquis de Chasteler, sahen sich nach ihrem Abzug schlichtweg dem Vorwurf der Feigheit ausgesetzt: ein Vorwurf, der in den maßgeblichen Standardwerken zum Aufstandsjahr zementiert wurde. Die Überprüfung und Revidierung dieser Einschätzung durch die Einbettung der Tiroler Ereignisse in den breiteren Kontext der Kämpfe ist nur einer der Punkte, der dieses Buch von früheren Arbeiten zur Thematik abhebt.

Generalmajor Viktor Schemfil (1879–1960), renommierter Militärhistoriker und Verfasser mehrerer Werke über die Kriegshandlungen im Alpenraum während des Ersten Weltkriegs, zeichnet die Ereignisse des Aufstandsjahres 1809 anhand der Quellen akribisch nach und präsentiert in mehrerlei Hinsicht neue und überraschende Erkenntnisse. Besonders augenfällig zeigt sich dies etwa in der detaillierten Rekonstruktion der Kämpfe am Bergisel, die anhand militärischer Skizzen Zug um Zug erläutert werden. Die Ergebnisse zeitigen ein Bild, das mit der glorifizierenden Darstellung früherer Zeit wenig gemein hat. Schemfil verweist die hochstilisierten „heldenhaften Bergiselschlachten" in den Bereich des Mythos und lehnt den Terminus „Schlacht" für diese „militärischen Treffen" schlichtweg ab. Ähnlich nüchtern fällt die Bewertung der strategischen Planung und der militärischen Führung dieser und zahlreicher weiterer Gefechte aus. Auch die Rolle des kämpfenden „Landvolkes", der Schützen und des Landsturms, zeigt sich unter militärstrategischen Gesichtspunkten in einem realistischeren Licht, wobei es dem Autor aber fernliegt, die Leistungen der Aufständischen zu schmälern. Der Blickwinkel ist vielmehr darauf gerichtet, welche Ergebnisse für die Tiroler unter den gegebenen Voraussetzungen möglich und welche allein schon aufgrund der Entscheidungen an den großen europäischen Kriegsschauplätzen von vornherein nicht realisierbar waren.

UNIVERSITÄTSVERLAG WAGNER · ANDREAS-HOFER-STRASSE 13 · A-6020 INNSBRUCK
TEL. 0512/58 77 21 · FAX 0512/58 22 09 · MAIL mail@uvw.at · INTERNET www.uvw.at